Heun (Hrsg.)
Handbuch Telekommunikationsrecht

Handbuch
Telekommunikationsrecht

herausgegeben von

Sven-Erik Heun
Rechtsanwalt, Frankfurt

bearbeitet von

Dr. Martin Fischer
Rechtsanwalt, Frankfurt

Prof. Dr. Ludwig Gramlich
Technische Universität Chemnitz

Sven-Erik Heun
Rechtsanwalt, Frankfurt

Valerian Jenny
Rechtsanwalt, Frankfurt

Richard Leitermann
Rechtsanwalt, Frankfurt

Thorsten Sörup
Frankfurt

Dr. Florian A. Wäßle
Rechtsanwalt, Frankfurt

Dr. Ulrich Wuermeling
Rechtsanwalt, Frankfurt

Katrin Zwetkow
Rechtsanwältin, Frankfurt

2002

Verlag
Dr. Otto Schmidt
Köln

Zitierempfehlung:
Bearbeiter in Heun, Telekommunikationsrecht, Teil ... Rz. ...
(z.B. 1 Rz. 20)

Die Deutsche Bibliothek – CIP-Einheitsaufnahme

Handbuch Telekommunikationsrecht / hrsg. von
Sven-Erik Heun. Bearb. von Martin Fischer ... –
Köln: O. Schmidt, 2002
ISBN 3-504-56025-8

Verlag Dr. Otto Schmidt KG
Unter den Ulmen 96–98, 50968 Köln
Tel.: 02 21/9 37 38-01, Fax: 02 21/9 37 38-9 21
e-mail: info@otto-schmidt.de
www.otto-schmidt.de

© 2002 by Verlag Dr. Otto Schmidt KG

Das Werk einschließlich aller seiner Teile ist urheberrechtlich geschützt. Jede Verwertung, die nicht ausdrücklich vom Urheberrechtsgesetz zugelassen ist, bedarf der vorherigen Zustimmung des Verlages. Das gilt insbesondere für Vervielfältigungen, Bearbeitungen, Übersetzungen, Mikroverfilmungen und die Einspeicherung und Verarbeitung in elektronischen Systemen.

Das verwendete Papier ist aus chlorfrei gebleichten Rohstoffen hergestellt, holz- und säurefrei, alterungsbeständig und umweltfreundlich.

Umschlaggestaltung: Jan P. Lichtenford, Mettmann
Gesamtherstellung: Bercker Graphischer Betrieb GmbH & Co. KG, Kevelaer
Printed in Germany

Vorwort

Der durch ein umfassendes staatliches Fernmeldemonopol behütete „Dornröschenschlaf" des Fernmelderechts ist mit den seit 1989 in Deutschland erfolgten gesetzgeberischen Reformen beendet worden. Aus dem alten, durch das Fernmeldeanlagengesetz und das Telegrafenwegegesetz geprägten und eher behäbigen Fernmelderecht wurde das moderne Telekommunikationsrecht mit dem seit Juli 1996 geltenden Telekommunikationsgesetz im Zentrum.

In den seither vergangenen fünf Jahren hat sich mit dem Telekommunikationsrecht ein Rechtsgebiet heraus kristallisiert, das sich in der Praxis wie auch in der rechtswissenschaftlichen Diskussion rasant weiter entwickelt. Einzelne wesentliche Fragen, wie der Zugang zur Teilnehmeranschlußleitung und die Höhe der Lizenzgebühren sind erstmals im Jahre 2001 Gegenstand höchstrichterlicher Entscheidungen des Bundesverwaltungsgerichts gewesen. Angesichts der wirtschaftlichen Bedeutung der Telekommunikation in Deutschland – nach Angaben der Regulierungsbehörde hatte der Gesamtmarkt für Telekommunikationsdienstleistungen im Jahre 2000 ein Volumen von rund DM 110 Milliarden – ist zu erwarten, daß die Bedeutung des Telekommunikationsrechts in der rechtlichen Praxis und der höchstrichterlichen Rechtsprechung weiter zunehmen wird. So sind nach Angaben der Regulierungsbehörde im Jahr 2000 im Bereich der Telekommunikation 133 Beschlußkammerverfahren durchgeführt worden, von denen 59 vor Gericht weitergeführt wurden bzw. werden. Hinzu kommen die in den vorangegangenen Jahren wie im Jahre 2001 durchgeführten und noch nicht abgeschlossenen Verfahren. Viele praktisch bedeutsame Fragen harren der höchstrichterlichen Klärung und die Vielzahl von erneut grundlegenden Entscheidungen der Regulierungsbehörde seit Anfang 2001 lassen eine weitere gerichtliche Befassung hiermit erwarten.

Auch die seit Mitte 2000 schlechter gewordenen gesamtwirtschaftlichen Rahmenbedingungen sowie die Verknappung von Finanzierungsmitteln für die Telekommunikationsindustrie an den Kapitalmärkten ändert die Bedeutung der Telekommunikation und des Telekommunikationsrechts kaum. In der praktischen juristischen Arbeit führt dies allerdings zu Verlagerungen der Tätigkeitsschwerpunkte. Während Fragen der Lizenzerteilung in den Hintergrund treten, gewinnen Fragen der Lizenz- und Frequenzübertragung wie auch der Übertragung von sonstigen Vermögenswerten an Gewicht. Ebenso nehmen zivilrechtliche Streitigkeiten zwischen den Marktteilnehmern zu, und die Mißbrauchsaufsicht erlangt angesichts verschärfter Wettbewerbsbedingungen zusätzliche Bedeutung.

Vorwort

Mit dem vorliegenden Handbuch wollen Autoren und Herausgeber die Anwendung des Telekommunikationsgesetzes und der hierzu ergangenen Verordnungen insbesondere aus dem Blickwinkel der rechtlichen Praxis darstellen. Wenngleich hierfür bewußt nicht die Form eines Kommentars zum Telekommunikationsgesetz gewählt worden ist, so folgen die einzelnen Teile des Handbuchs doch im wesentlichen dem Aufbau und der inhaltlichen Struktur des Telekommunikationsgesetzes. Dementsprechend befassen sich die Teile 1 und 2 des Handbuchs mit Fragen des Marktzutritts, d. h. mit Telekommunikationsdienstleistungen und deren Lizenzpflicht sowie der Frequenzverwaltung. In den Bereich des Marktzutritts gehört auch Teil 6 über Wegerechte, Nutzungsrechte und Infrastrukturverträge, der allerdings im Telekommunikationsgesetz strukturell weiter hinten angesiedelt ist. Die Teile 3 und 4 befassen sich demgegenüber mit der Regulierung der Marktteilnehmer, d. h. mit der Entgeltregulierung (Teil 3) sowie mit der Regelung von Netzzugängen (Teil 4). Ebenso zum Bereich der Regulierung der Marktteilnehmer gehört auch Teil 5 über das Vertragsrecht und den Kundenschutz. Ferner enthält das Handbuch Beiträge über die Zulassung von Einrichtungen (Teil 7), die generelle Aufgabenzuständigkeit und das Verfahren der Regulierungsbehörde (Teil 8) sowie über die Regelungen zu Fernmeldegeheimnis, Datenschutz, Datensicherung und Telekommunikationsüberwachung (Teil 9). Auch innerhalb der einzelnen Beiträge folgt die Darstellung häufig der Struktur des Telekommunikationsgesetzes selbst, um die Orientierung im jeweiligen Themengebiet zu erleichtern. Darüber hinaus werden aber an vielen Stellen besondere praktische Fragestellungen oder Problembereiche einzeln hervorgehoben, um deren Bedeutung gerecht zu werden. Ebenso wurde Wert darauf gelegt, so weit wie möglich die administrative und vertragliche Praxis der Beteiligten aufzuzeigen und zu erörtern. Autoren und Herausgeber sind dabei jederzeit für inhaltliche wie auch strukturelle Anregungen und Kritik dankbar.

Besonders bedanken möchte ich mich bei den Autoren für ihren unermüdlichen Einsatz sowie bei dem Verlag für die vorbildliche Betreuung. Dies hat es möglich gemacht, das Handbuch bis zuletzt auf den neuesten Stand der Entwicklungen zu bringen (Redaktionsschluß war Mitte Dezember 2001, nur ausnahmsweise konnten spätere Entwicklungen noch berücksichtigt werden) und damit auch kürzlich ergangene behördliche, gerichtliche und gesetzgeberische Entscheidungen beispielsweise zu Resale im Ortsnetz, Line Sharing, Lizenzgebühren, Carrier-Festverbindungen und Zusammenschaltungsentgelten auf Basis von Element Based Charging (EBC) sowie zur Telekommunikationsüberwachung (TKÜV) zu berücksichtigen.

Frankfurt, im Dezember 2001 *Sven-Erik Heun*

Inhaltsübersicht

	Seite
Vorwort	V
Inhaltsverzeichnis	XIII
Literaturverzeichnis	XLI
Abkürzungsverzeichnis	XLV

1. Telekommunikationsdienstleistungen, Lizenzpflicht und Lizenzvergabe
(Zwetkow)

		Rz.	Seite
1.1	Verfassungsrechtliche Grundlagen für Telekommunikationsdienstleistungen	3	1
1.2	Rechtsnatur der Lizenz	6	2
1.3	Lizenzfreie und lizenzpflichtige Tätigkeiten	9	3
1.4	Anzeigepflicht	74	20
1.5	Voraussetzungen der Lizenzerteilung	83	22
1.6	Lizenzinhalt, Nebenbestimmungen, Versagung, Widerruf und Rechtsmittel	123	37
1.7	Pflichten der Lizenznehmer	162	47
1.8	Sanktionen	226	68
1.9	Lizenzgebühren	236	70
1.10	Alt-Lizenzen	278	83
1.11	Internationaler Status und europäische Harmonisierung	281	85
1.12	Fazit	288	87
	Anhang Musterbeispiel für einen Lizenzantrag der Lizenzklasse 3 oder 4	293	89

2. Frequenzverwaltung
(Jenny)

	Rz.	Seite
2.1 Einleitung	1	95
2.2 Frequenzplanung nach dem TKG	19	102
2.3 Frequenzzuteilung und Lizenzierung	80	129
2.4 Gebühren und Beiträge	374	228
2.5 Überwachung und Durchsetzung von Frequenzplanung und Frequenzzuteilungen	386	231
2.6 Fazit	391	232

3. Entgelt- und Marktregulierung
(Gramlich)

3.1 Von der Gebührenpolitik zur Entgeltregulierung	1	233
3.2 Neukonzeption der Entgeltregulierung und der besonderen Mißbrauchsaufsicht im TKG	38	249
3.3 Einbettung der Entgeltregulierung und der Mißbrauchsaufsicht in internationale und europäische Regelungen	48	254
3.4 Einzelfragen der Entgeltregulierung	101	275
3.5 Besondere Verhaltensaufsicht (Marktregulierung)	190	316
3.6 Rechtsschutzfragen	209	323

4. Offener Netzzugang und Zusammenschaltungen
(Fischer/Heun/Sörup)

4.1 Allgemeine Einordnung	1	329
4.2 Rechtliche Grundlagen	8	331
4.3 Begriffsbestimmungen	22	336
4.4 Besondere Mißbrauchsaufsicht gemäß § 33 TKG	55	349
4.5 Schnittstellen für offene Netzzugänge gemäß § 34 TKG	133	381
4.6 Gewährung von Netzzugängen gemäß § 35 TKG	141	384

		Rz.	Seite
4.7	Verhandlungspflicht über Netzzusammenschaltungen gemäß § 36 TKG	266	424
4.8	Anordnung von Netzzusammenschaltungen gemäß § 37 TKG	323	444
4.9	Wettbewerbsbeschränkende Vereinbarungen gemäß § 38 TKG	350	456
4.10	Regulierung der Entgelte für Netzzugänge gemäß § 39 TKG	363	462
4.11	Rechtsschutz im Rahmen von Netzzugang und Zusammenschaltungen	417	485
4.12	Besondere Arten von Netzzugängen, Zusammenschaltungen und aktuelle Rechtsprobleme in der Praxis	428	490
4.13	Fazit	484	525

5. Vertragsrecht der Telekommunikationsdienstleistungen und Kundenschutz

(Leitermann)

		Rz.	Seite
5.1	Einleitung	1	527
5.2	Telekommunikationsdienste	2	527
5.3	Vertragsparteien	15	530
5.4	Kombination von Beteiligten	24	533
5.5	Vertragstypen	36	536
5.6	Telekommunikationsverträge	65	544
5.7	Allgemeine Geschäftsbedingungen	109	554
5.8	Kundenschutz	181	578

6. Wegerechte, Nutzungsrechte und Infrastrukturverträge
(Heun)

	Rz.	Seite
6.1 Struktur der Wege- und Leitungsrechte	3	599
6.2 Verfassungsrechtliche Fragen des öffentlichen Wegerechts	8	600
6.3 Europarechtliche Fragen des Wegerechts	28	607
6.4 Der Begriff der Telekommunikationslinie	33	609
6.5 Benutzung öffentlicher Wege (§ 50 TKG)	49	615
6.6 Mitbenutzung bestehender Einrichtungen (§ 51 TKG)	174	657
6.7 Nutzung privater Grundstücke (§ 57 TKG)	244	677
6.8 Kunden- bzw. Teilnehmeranschluß	320	702
6.9 Fazit	365	713

7. Zulassung von Funkanlagen und Telekommunikationsendeinrichtungen
(Wäßle/Aminlari)

7.1 Entwicklung und Rechtsquellen	1	715
7.2 Anwendungsbereich	7	717
7.3 Zweck und Anforderungen des FTEG	11	718
7.4 Schnittstellenbeschreibung	16	720
7.5 Inverkehrbringen, Konformitätserklärung	22	721
7.6 Kennzeichnungen, Benutzerinformationen	26	722
7.7 Benannte Stellen	29	723
7.8 Personenzulassung	30	724
7.9 Amateurfunk	32	724

8. Aufgaben und Verfahren der Regulierungsbehörde
(Gramlich)

	Rz.	Seite
8.1 Entwicklung und Rechtsstellung der Regulierungsbehörde	1	727
8.2 Aufgaben der Regulierungsbehörde	45	750
8.3 Instrumente der Regulierung	93	772
8.4 Verfahren der Regulierungsbehörde	144	792
8.5 Rechtsschutz gegen Entscheidungen der Regulierungsbehörde	178	806
8.6 Schluß	186	809

9. Fernmeldegeheimnis – Datenschutz – Sicherung
(Wuermeling)

	Rz.	Seite
9.1 Einführung	1	811
9.2 Grundbegriffe	9	814
9.3 Fernmeldegeheimnis	27	819
9.4 Technische Schutzmaßnahmen	56	828
9.5 Datenschutz	80	835
9.6 Unterstützung staatlicher Überwachung	137	852
Stichwortverzeichnis		863

Inhaltsverzeichnis

	Seite
Vorwort	V
Inhaltsübersicht	VII
Literaturverzeichnis	XLI
Abkürzungsverzeichnis	XLV

1. Telekommunikationsdienstleistungen, Lizenzpflicht und Lizenzvergabe
(Zwetkow)

		Rz.	Seite
1.1	Verfassungsrechtliche Grundlagen für Telekommunikationsdienstleistungen	3	1
1.2	Rechtsnatur der Lizenz	6	2
1.3	Lizenzfreie und lizenzpflichtige Tätigkeiten	9	3
1.3.1	Betreiben von Übertragungswegen	11	4
1.3.1.1	Übertragungswege	16	4
1.3.1.2	Betreiben	24	7
1.3.1.3	Abgrenzungsfragen	32	8
1.3.1.3.1	Überschreiten der Grenzen eines Grundstücks	33	8
1.3.1.3.2	Telekommunikationsdienstleistung für die Öffentlichkeit und „Geschlossene Benutzergruppen"	38	9
1.3.2	Sprachtelefondienst	45	11
1.3.2.1	Angebot von Sprachtelefondienst	48	12
1.3.2.2	Abgrenzungsfragen	55	14
1.3.2.2.1	Selbstbetriebene Telekommunikationsnetze und lizenzfreie Aktivitäten	56	14
1.3.2.2.2	Gewerbliche Erbringung der Dienstleistung für die Öffentlichkeit	63	17
1.3.2.2.3	Sonderfall Internet-Telefonie	65	17
1.3.3	Sonstige Tätigkeiten und Dienstleistungen	70	19
1.4	Anzeigepflicht	74	20

			Rz.	Seite
1.5	**Voraussetzungen der Lizenzerteilung**		83	22
1.5.1	Antragsverfahren		85	22
1.5.2	Lizenzvoraussetzungen		88	24
	1.5.2.1	Allgemeine Anforderungen	89	24
	1.5.2.2	Zuverlässigkeit	91	28
	1.5.2.3	Leistungsfähigkeit	98	29
	1.5.2.4	Fachkunde	106	31
	1.5.2.5	Räumliche Abgrenzung, Gebiets- und Linienlizenzen	111	33
	1.5.2.5.1	Definitionen	112	33
	1.5.2.5.2	Notwendige Angaben	117	35
1.5.3	Rechtsmittel während des Lizenzerteilungsverfahrens		121	36
1.6	**Lizenzinhalt, Nebenbestimmungen, Versagung, Widerruf und Rechtsmittel**		123	37
1.6.1	Lizenzinhalt		124	37
1.6.2	Nebenbestimmungen		129	38
1.6.3	Versagung und Widerruf der Lizenz		133	39
	1.6.3.1	Versagungsgründe	134	39
	1.6.3.1.1	Mangel an Frequenzen	137	40
	1.6.3.1.2	Gewerberechtliche Anforderungen	139	41
	1.6.3.1.3	Gefährdung der öffentlichen Sicherheit und Ordnung	142	42
	1.6.3.2	Widerrufsgründe	145	42
	1.6.3.2.1	Allgemeine Regeln des Verwaltungsverfahrensgesetzes	147	43
	1.6.3.2.2	Widerruf nach § 15 TKG	152	44
1.6.4	Rechtsmittel		156	45
1.7	**Pflichten der Lizenznehmer**		162	47
1.7.1	Pflichten für alle Lizenznehmer		164	47
	1.7.1.1	Anzeige-, Berichts- und Auskunftspflichten	165	47
	1.7.1.2	Wechsel des Lizenznehmers	166	49
	1.7.1.2.1	Übertragung und Übergang der Lizenz	167	49
	1.7.1.2.2	Einzelfragen	169	50
	1.7.1.3	Universaldienst	172	52
	1.7.1.4	Verhältnis zu anderen Betreibern	177	54
	1.7.1.4.1	Verhandlungspflicht für Zusammenschaltungen	178	54
	1.7.1.4.2	Netzbetreiberportabilität	180	54

			Rz.	Seite
	1.7.1.4.3	Verbindungsnetzbetreiberauswahl	186	57
	1.7.1.5	Verpflichtungen nach dem Elften Teil des TKG	191	59
1.7.2	Besondere Pflichten für Lizenznehmer der Lizenzklasse 3		192	59
1.7.3	Besondere Pflichten für Lizenznehmer der Lizenzklasse 4		193	59
	1.7.3.1	Bereitstellen von Teilnehmerdaten	194	59
	1.7.3.2	Bereitstellen von Notrufmöglichkeiten	202	62
1.7.4	Besondere Pflichten für Anbieter mit marktbeherrschender Stellung		208	64
	1.7.4.1	Gesellschaftsrechtliche und organisatorische Pflichten	210	64
	1.7.4.1.1	Strukturelle Separierung nach § 14 Abs. 1 TKG	211	64
	1.7.4.1.2	Getrennte Rechnungslegung nach § 14 Abs. 2 TKG	214	65
	1.7.4.2	Universaldienst	217	66
	1.7.4.3	Entgeltregulierung	221	67
	1.7.4.4	Verhältnis zu anderen Betreibern	223	67
1.8	**Sanktionen**		226	68
1.8.1	Aufsicht		227	68
1.8.2	Bußgelder		231	69
1.8.3	Anspruch auf Schadensersatz und Unterlassung ...		234	70
1.9	**Lizenzgebühren**		236	70
1.9.1	Regelungen der Telekommunikations-Lizenzgebührenverordnung		237	70
	1.9.1.1	Gebührenpflichtige Tatbestände	238	71
	1.9.1.2	Berechnung und Höhe der Gebühren	240	71
	1.9.1.2.1	Lizenzklassen 1 und 2	241	71
	1.9.1.2.2	Lizenzklassen 3 und 4	242	72
	1.9.1.3	Entstehen und Fälligkeit der Kostenschuld, Säumnis und Verjährung	248	73
1.9.2	Rechtswidrigkeit der Telekommunikations-Lizenzgebührenverordnung		252	73
	1.9.2.1	Bewertung der Berechnungsmaßstäbe und der Gebührenrahmen	253	73
	1.9.2.1.1	Maßstäbe des höherrangigen Rechts	254	74
	1.9.2.1.2	Art der Gebührensätze	257	75

	Rz.	Seite
1.9.2.1.3 Unbestimmtheit von Gebührenrahmen ...	258	75
1.9.2.1.4 Unverhältnismäßigkeit der absoluten Höhe der Lizenzgebühren	262	76
1.9.2.2 Klageverfahren gegen die Telekommunikations-Lizenzgebührenverordnung	270	79
1.9.3 Möglichkeiten bei Gebührenbescheiden	273	81
1.10 Alt-Lizenzen	278	83
1.11 Internationaler Status und europäische Harmonisierung	281	85
1.12 Fazit	288	87
Anhang Musterbeispiel für einen Lizenzantrag der Lizenzklasse 3 oder 4	293	89

2. Frequenzverwaltung

(Jenny)

		Rz.	Seite
2.1	**Einleitung**	1	95
2.1.1	Gegenstand der Frequenzverwaltung	1	95
2.1.2	Internationaler Rahmen der Frequenzverwaltung ...	4	96
2.1.3	Verfassungsrechtliche Vorgaben für die Frequenzverwaltung	9	98
2.1.4	Verhältnis zwischen Frequenzverwaltung und Lizenzerteilung	17	101
2.2	**Frequenzplanung nach dem TKG**	19	102
2.2.1	Frequenzbereichszuweisungsplan	22	103
2.2.1.1	Rechtsnatur	22	103
2.2.1.2	Verfahren der Planaufstellung und des Planerlasses	23	104
2.2.1.2.1	Beteiligung der betroffenen Kreise	24	104
2.2.1.2.2	Zustimmung des Bundesrats	29	106
2.2.1.3	Inhaltliche Vorgaben für die Planung ...	32	108
2.2.1.4	Inhalt des Frequenzbereichszuweisungsplans	34	109
2.2.1.5	Rechtsschutz	36	110
2.2.2	Frequenznutzungsplan	41	113
2.2.2.1	Rechtsnatur	41	113

		Rz.	Seite
2.2.2.2	Inhaltliche Vorgaben für die Planung ...	44	114
2.2.2.3	Verfahren des Planerlasses, insbesondere Verordnung über die Aufstellung des Frequenznutzungsplans	46	115
2.2.2.3.1	Zielbestimmungen für die Planerarbeitung .	47	115
2.2.2.3.2	Einleitung von Planungsverfahren	49	116
2.2.2.3.3	Ausgestaltung des Planungsverfahrens ...	52	117
2.2.2.3.4	Beachtung rundfunkrechtlicher Festlegungen	58	120
2.2.2.4	Rechtsschutz	66	123
2.2.2.4.1	Rechtsschutz unmittelbar gegen den Plan .	66	123
2.2.2.4.2	Durchsetzung von Beteiligungsrechten ...	67	124
2.2.2.4.3	Inzidentkontrolle bei Klagen über Frequenzzuteilungen	76	127
2.2.3	Praxis der Regulierungsbehörde bis zum Vorliegen der Pläne	77	128

2.3 Frequenzzuteilung und Lizenzierung 80 129

2.3.1	Einleitung	80	129
2.3.1.1	Erfordernis der Frequenzzuteilung/Begriff der Frequenznutzung	81	129
2.3.1.2	Bestandschutz bestehender Frequenzzuteilungen	84	130
2.3.1.3	Rechtsnatur und Gegenstand von Frequenzzuteilungen	87	131
2.3.1.4	Zusammenhang zwischen Frequenzzuteilung und Lizenzierung	91	133
2.3.2	Frequenzzuteilung nach der Frequenzzuteilungsverordnung	95	134
2.3.2.1	Zuteilung auf Antrag und von Amts wegen	99	135
2.3.2.2	Allgemeine Voraussetzungen der Frequenzzuteilung	104	136
2.3.2.2.1	Verfügbarkeit und Verträglichkeit	105	137
2.3.2.2.2	Ausweisung im Frequenznutzungsplan ..	110	138
2.3.2.2.3	Vorgehen bei Fehlen von Frequenznutzungsplänen	111	138
2.3.2.2.4	Abweichung vom Frequenznutzungsplan nach § 4 Abs. 3	116	140
2.3.2.2.5	Ausnahmen nach § 4 Abs. 1 S. 2	122	141
2.3.2.2.6	Kein Anspruch auf Einzelfrequenz	124	142
2.3.2.3	Lizenzerfordernis	127	142
2.3.2.4	Inhalt von Frequenzzuteilungen, Nebenbestimmungen	129	143

XVII

			Rz.	Seite
	2.3.2.4.1	Festlegung von Art und Umfang der Frequenznutzung	130	143
	2.3.2.4.2	Nebenbestimmungen	133	144
	2.3.2.4.3	Hinweise	137	145
	2.3.2.4.4	Anzeigepflicht	138	146
	2.3.2.5	Mehrfache Zuteilung	142	147
	2.3.2.6	Versagung beantragter Frequenzzuteilungen	145	148
	2.3.2.6.1	Versagungsgründe nach dem TKG	146	148
	2.3.2.6.2	Versagungsgründe nach der Frequenzzuteilungsverordnung	147	148
	2.3.2.6.3	Typische Fälle	150	149
	2.3.2.6.3.1	Ineffiziente Frequenznutzung	151	150
	2.3.2.6.3.2	Fehlen einer erforderlichen Lizenz	153	150
	2.3.2.6.3.3	Sicherung der Frequenzplanung	154	150
	2.3.2.6.3.4	Gesundheitsgefahren	156	151
	2.3.2.7	Widerruf, Rücknahme und Erlöschen von Frequenzzuteilungen	157	152
	2.3.2.7.1	Überblick über die Widerrufsgründe	157	152
	2.3.2.7.2	Widerruf bei ungenutzten Frequenzen	159	152
	2.3.2.7.3	Widerrufsgründe nach der Frequenzzuteilungsverordnung	160	153
	2.3.2.7.4	Entschädigung	162	153
	2.3.2.7.5	Frist bis zum Wirksamwerden des Widerrufs	164	154
	2.3.2.7.6	Erlöschen der Frequenzzuteilung	167	155
	2.3.2.8	Nachträgliche Änderungen und Einschränkungen	171	157
	2.3.2.8.1	Zuteilung anderer Frequenzen	172	157
	2.3.2.8.2	Einschränkung in Notlagen	176	158
	2.3.2.8.3	Nachträgliche Änderungen nach § 7 Abs. 2 S. 2	178	159
	2.3.2.9	Zusammenfassung: Handlungsmöglichkeiten bei nach Zuteilung von Frequenzen auftretenden Unverträglichkeiten	179	159
2.3.3	Besonderheiten bei bestimmten Funkdiensten		181	160
	2.3.3.1	Frequenzzuteilungen für die Übertragung von Rundfunk	182	160
	2.3.3.1.1	Voraussetzungen und Inhalte	185	161
	2.3.3.1.2	Verfahrensrechtliche Benehmensregelung in sonstigen Fällen	189	162
	2.3.3.1.3	Lizenzpflicht nach dem TKG für Rundfunkübertragung	191	163

		Rz.	Seite
2.3.3.1.4	Auseinanderfallen von Sendernetzbetrieb und Rundfunkveranstaltung	194	164
2.3.3.1.5	Übertragung von Tele- und Mediendiensten auf Rundfunkfrequenzen	197	165
2.3.3.1.6	Widerruf von Frequenzzuteilungen für Rundfunkübertragung	199	165
2.3.3.1.7	Analoger Switch-Off	201	166
2.3.3.2	Behörden mit Sicherheitsaufgaben	206	168
2.3.3.3	Flugfunk und Seefunk	208	168
2.3.3.4	Frequenznutzungen für militärische Zwecke	210	169
2.3.4	Frequenzvergabe und Lizenzierung in Vergabeverfahren	211	170
2.3.4.1	Nachfrageermittlung	213	170
2.3.4.2	Beschränkung der Lizenzzahl nach § 10 TKG	216	171
2.3.4.3	Auswahl zwischen Versteigerung oder Ausschreibung	224	174
2.3.4.4	Zulassung und Ausschluß von Teilnehmern	231	177
2.3.4.4.1	Ausschluß nach § 11 Abs. 3 TKG	232	178
2.3.4.4.2	Zulassungsvoraussetzungen und Zulassung	233	178
2.3.4.4.3	Verfahrensfragen	235	179
2.3.4.5	Festlegung von Markt und Lizenzbestimmungen	239	181
2.3.4.6	Aufstellung von Verfahrensregeln	244	182
2.3.4.7	Verknüpfung von Lizenzerteilung und Frequenzzuteilung	247	183
2.3.4.8	Gesetzliche Ziele der Vergabeverfahren	248	184
2.3.4.9	Einzelheiten zu Versteigerungsverfahren	252	185
2.3.4.9.1	Stellungnahme zu den grundsätzlichen Einwänden gegen Versteigerungsverfahren	252	185
2.3.4.9.2	Festlegung der Frequenzausstattung	261	188
2.3.4.9.3	Abgabenrechtliche Qualifikation der Versteigerungserlöse	266	190
2.3.4.9.4	Anforderungen an die Verfahrensregeln	269	191
2.3.4.9.5	Mindestgebote	271	192
2.3.4.9.6	Durchführung der Verfahren in der Regulierungspraxis	274	193
2.3.4.9.7	Ausschluß von Doppelbewerbungen	282	196
2.3.4.10	Einzelheiten zu Ausschreibungsverfahren	287	198

			Rz.	Seite
	2.3.4.10.1	Verfahrensgestaltung und Ablauf	287	198
	2.3.4.10.2	Auswahlkriterien: Festlegung und Gewichtung	295	201
	2.3.4.10.3	Losentscheidung	308	206
2.3.5	Besonderheiten der Lizenzen für Mobil- und Satellitenfunk		309	206
	2.3.5.1	Lizenzpflicht	312	207
	2.3.5.2	Sachlicher Gegenstand der Lizenzen	313	208
	2.3.5.2.1	Mobilfunk	313	208
	2.3.5.2.2	Satellitenfunk	316	208
	2.3.5.3	Besondere Lizenzinhalte von Mobilfunklizenzen	318	209
	2.3.5.3.1	Lizenzgegenstände (Arten v. Mobilfunk)	319	209
	2.3.5.3.2	Laufzeit	325	211
	2.3.5.3.3	Versorgungspflichten	326	212
	2.3.5.3.4	Wettbewerbliche Unabhängigkeit	327	212
	2.3.5.3.5	Gemeinsame Nutzung von Infrastruktur	332	214
	2.3.5.3.6	National Roaming und Lizenznehmer als Diensteanbieter	344	219
	2.3.5.4	Lizenz„auflagen" für WLL	350	221
	2.3.5.5	Sonderproblem: Übertragung von Frequenzen und Lizenzen	354	222
2.3.6	Rechtsschutz		362	225
	2.3.6.1	Versagung von Frequenzzuteilungen im Antragsverfahren	365	225
	2.3.6.2	Versagung von Frequenzzuteilung oder Lizenz im Vergabeverfahren	366	225
	2.3.6.3	Störende Frequenzzuteilung an Dritte	369	226
	2.3.6.4	Rechtsschutz gegen Inhalts- und Nebenbestimmungen	371	227
2.4	**Gebühren und Beiträge**		374	228
2.4.1	Einzelheiten zu Frequenzzuteilungsgebühren		376	228
2.4.2	Anrechnung von Versteigerungserlösen		383	230
2.4.3	Frequenznutzungsbeiträge		385	230
2.5	**Überwachung und Durchsetzung von Frequenzplanung und Frequenzzuteilungen**		386	231
2.6	**Fazit**		391	232

3. Entgelt- und Marktregulierung
(Gramlich)

		Rz.	Seite
3.1	Von der Gebührenpolitik zur Entgeltregulierung	1	233
3.1.1	Gebühren als Gegenleistung für die Benutzung der Einrichtungen des Fernmeldewesens	1	233
3.1.2	Gebührengestaltung vor der zweiten Postreform	2	234
	3.1.2.1 Ausgangspunkt: Reichspostfinanzgesetz 1924	2	234
	3.1.2.2 Rechtslage nach dem Postverwaltungsgesetz	5	235
	3.1.2.3 Erste Reformbestrebungen	8	237
	3.1.2.4 Schritte auf dem Weg zur unternehmerischen Selbständigkeit und zum Wettbewerb: Postverfassungsgesetz 1989	12	238
	3.1.2.5 Zwischen erster und zweiter Postreform	19	242
3.1.3	„Regulierung" der Telekommunikation nach der zweiten Postreform	22	243
	3.1.3.1 Post- und Telekommunikations-Regulierungsgesetz 1994	22	243
	3.1.3.2 Telekommunikations-Kundenschutzverordnung 1995	33	246
3.1.4	Überleitung vom PTRegG zum TKG	36	248
3.2	**Neukonzeption der Entgeltregulierung und der besonderen Mißbrauchsaufsicht im TKG**	38	249
3.2.1	Ziele der Entgeltregulierung	38	249
	3.2.1.1 Sicherstellung eines chancengleichen und funktionsfähigen Wettbewerbs	38	249
	3.2.1.2 Wahrung der Interessen der Nutzer	39	249
3.2.2	Notwendigkeit einer sektorspezifischen Markt-Regulierung	40	250
3.2.3	Verfassungsrechtlicher Rahmen	44	251
	3.2.3.1 Entgeltregulierung	44	251
	3.2.3.2 Besondere Mißbrauchsaufsicht	47	253
3.3	**Einbettung der Entgeltregulierung und der Mißbrauchsaufsicht in internationale und europäische Regelungen**	48	254
3.3.1	Völkervertragsrecht	48	254
	3.3.1.1 ITU	48	254
	3.3.1.2 WTO/GATS	51	255
	3.3.1.3 Verhältnis beider Regelungen	53	257

Inhaltsverzeichnis

	Rz.	Seite
3.3.2 Europäisches Gemeinschaftsrecht	54	257
3.3.2.1 ONP-Rechtsakte	54	257
3.3.2.2 Liberalisierungsrichtlinien der Kommission	78	266
3.3.2.3 Relevante Vorschriften des allgemeinen Wettbewerbsrechts	82	268
3.3.2.4 Perspektiven	100	274
3.4 Einzelfragen der Entgeltregulierung	**101**	**275**
3.4.1 Relevante Vorschriften	101	275
3.4.1.1 TKG	101	275
3.4.1.2 Verordnungen aufgrund des TKG	115	282
3.4.1.2.1 Telekommunikations-Entgeltregulierungsverordnung	115	282
3.4.1.2.2 Telekommunikations-Universaldienstleistungsverordnung	126	287
3.4.1.2.3 Netzzugangsverordnung	131	288
3.4.1.2.4 Telekommunikations-Kundenschutzverordnung	133	290
3.4.2 Gegenstände der Entgeltregulierung	137	292
3.4.2.1 Entgelte und entgeltrelevante AGB-Bestandteile	137	292
3.4.2.2 Entgelte für Gewährung von Netzzugang bzw. Zusammenschaltung	139	293
3.4.2.3 Entgelte für Universaldienstleistungen	141	294
3.4.2.4 Sonstige	143	294
3.4.3 Regulierte Unternehmen	144	295
3.4.3.1 Marktbeherrschende Lizenznehmer	144	295
3.4.3.2 Andere Anbieter von Telekommunikationsdienstleistungen für die Öffentlichkeit	147	296
3.4.3.3 Marktabgrenzung im Telekommunikationssektor	149	297
3.4.3.4 Marktbeherrschung	153	299
3.4.4 Maßstäbe für der Regulierung unterliegende Entgelte	154	300
3.4.4.1 Kosten der effizienten Leistungsbereitstellung	154	300
3.4.4.2 Verbotene Entgeltgestaltungen	159	302
3.4.5 Modalitäten der Entgeltregulierung	164	304
3.4.5.1 *ex ante*-Kontrolle	164	304
3.4.5.2 *ex post*-Kontrolle	172	307
3.4.5.3 Beurteilungsspielräume der Regulierungsbehörde	173	308
3.4.5.4 Betriebs- und Geschäftsgeheimnisse	174	308

	Rz.	Seite
3.4.6 Widerspruch und Widerspruchsverfahren bei Allgemeinen Geschäftsbedingungen	175	309
3.4.6.1 Zweck der Kontrolle	175	309
3.4.6.2 Prüfungsgegenstand und -maßstäbe	176	309
3.4.6.3 Widerspruchsverfahren	182	311
3.4.7 Regulierungspraxis	184	312
3.4.7.1 Transparenz der Kostenrechnung als Grundlage der Entgeltregulierung	184	312
3.4.7.2 *ex ante*-Regulierung gem. § 25 Abs. 1 TKG	186	313
3.4.7.3 *ex post*-Regulierung gem. § 25 Abs. 2 TKG	187	314
3.4.7.4 Entgelte für besondere Netzzugänge (einschließlich Zusammenschaltungen)	188	314
3.5 Besondere Verhaltensaufsicht (Marktregulierung)	190	316
3.5.1 Vorgaben des Gemeinschaftsrechts	190	316
3.5.2 Sektorspezifisches Wettbewerbsrecht im TKG	194	317
3.5.3 Sonderregeln zur Wettbewerbsaufsicht	195	317
3.5.3.1 Besondere Mißbrauchsaufsicht	195	317
3.5.3.2 Inhaltlich verwandte Vorschriften	202	321
3.5.4 Regulierungspraxis	207	322
3.6 Rechtsschutzfragen	209	323
3.6.1 Entgeltregulierung	209	323
3.6.1.1 Verwaltungsrechtliche Streitigkeiten	209	323
3.6.1.2 Zivilrechtliche Streitigkeiten	213	324
3.6.1.3 Ordnungswidrigkeitenverfahren	217	325
3.6.2 Besondere Mißbrauchsaufsicht	220	326
3.6.3 Regulierungs- contra Kartellbehörde(n)?	221	326

4. Offener Netzzugang und Zusammenschaltungen
(Fischer/Heun/Sörup)

	Rz.	Seite
4.1 Allgemeine Einordnung	1	329
4.2 Rechtliche Grundlagen	8	331
4.2.1 Europarechtliche Grundlagen	8	331
4.2.1.1 Essential facilities-Doktrin	9	331
4.2.1.2 ONP-Rechtsakte	13	333
4.2.2 TKG, NZV und TKV	16	334
4.2.3 Die Systematik des Vierten Teils des TKG	17	335

		Rz.	Seite
4.3	**Begriffsbestimmungen**	22	336
4.3.1	Offener Netzzugang	23	336
4.3.2	Arten von Netzzugängen	25	337
4.3.3	Abgrenzung Allgemeiner – Besonderer Netzzugang	29	339
	4.3.3.1 Leistungsumfang des Besonderen Netzzugangs	32	341
	4.3.3.2 Beispiele für die Abgrenzung Besonderer Netzzugänge in der Praxis	33	341
	4.3.3.2.1 Carrier-Festverbindung (CFV)	34	342
	4.3.3.2.2 International Carrier Connect-Verbindungen (ICC)	41	344
4.3.4	Zusammenschaltung als Unterform des Besonderen Netzzugangs	43	344
	4.3.4.1 Mindestanforderungen an ein Telekommunikationsnetz in der Zusammenschaltung	45	345
	4.3.4.2 Differenzierung zwischen funktional unterschiedlichen Netzen	49	346
	4.3.4.3 Leistungsbestandteile der Zusammenschaltung als definitorisches Kriterium für den Begriff des Telekommunikationsnetzes	52	347
4.4	**Besondere Mißbrauchsaufsicht gemäß § 33 TKG**	55	349
4.4.1	Adressatenkreis des § 33 TKG	58	350
	4.4.1.1 Marktbeherrschung	63	352
	4.4.1.1.1 Abgrenzung des sachlich relevanten Marktes	66	353
	4.4.1.1.2 Abgrenzung des räumlich relevanten Marktes	68	354
	4.4.1.1.3 Relevanter Markt in § 33 TKG	71	355
	4.4.1.1.4 Vorliegen einer marktbeherrschenden Stellung	75	357
	4.4.1.1.5 Marktbeherrschende Stellung im Telekommunikationsbereich	76	358
	4.4.1.1.6 Neue Tendenzen im Bereich Marktabgrenzung und Marktbeherrschung	82	361
	4.4.1.1.7 Türkei-Entscheidung der Regulierungsbehörde	87	364
	4.4.1.2 Konzernklausel	91	366
4.4.2	Berechtigtenkreis	99	368
4.4.3	Zugangsanspruch des § 33 TKG	102	369

			Rz.	Seite
4.4.3.1		Zugang zu intern genutzten und zu am Markt angebotenen Leistungen	103	370
4.4.3.2		Wesentlichkeit der Leistung	106	371
4.4.3.3		Diskriminierungsfreiheit	110	373
4.4.3.3.1		Gleichbehandlung von Wettbewerbern . . .	111	374
4.4.3.3.2		Intern/Extern-Gleichbehandlung	116	375
4.4.3.3.3		Mögliche Diskriminierungen	118	376
4.4.3.3.4		Anwendung von § 33 TKG auf die unbillige Behinderung von Wettbewerbern	121	376
4.4.3.4		Sachliche Rechtfertigung ungünstigerer Bedingungen und zulässige Zugangsbeschränkungen	126	378
4.4.4	Verfahren nach § 33 TKG – Mißbrauchsverfahren . .		129	380
4.5	**Schnittstellen für offene Netzzugänge gemäß § 34 TKG**		133	381
4.5.1	Befugnisse der Regulierungsbehörde nach § 34 Abs. 1 TKG		136	383
4.5.2	Vermutungswirkung nach § 34 Abs. 2 TKG		137	383
4.5.3	Fehlen veröffentlichter Normen nach § 34 Abs. 3 TKG		140	384
4.6	**Gewährung von Netzzugängen gemäß § 35 TKG** . . .		141	384
4.6.1	Adressatenkreis der Verpflichtung		142	385
4.6.2	Berechtigtenkreis		146	386
4.6.2.1		Anspruchsberechtigte eines Allgemeinen Netzzugangs	147	386
4.6.2.2		Anspruchsberechtigte eines Besonderen Netzzugangs	148	386
4.6.2.3		Anspruchsberechtigte einer Netzzusammenschaltung	153	387
4.6.3	Zugangsanspruch des § 35 TKG		159	390
4.6.3.1		Gleichwertiger und diskriminierungsfreier Netzzugang	160	390
4.6.3.2		Konkretisierungen Allgemeiner Netzzugänge	164	390
4.6.3.3		Konkretisierungen Besonderer Netzzugänge und Zusammenschaltungen	165	391
4.6.3.3.1		Entbündelungsgebot § 2 NZV	168	391
4.6.3.3.2		Räumliche Zugangsgewährung (Kollokation) i. S. d. § 3 NZV	178	394

		Rz.	Seite

4.6.4 Abgrenzung und systematisches Verhältnis zwischen § 35 und § 33 TKG ... 191 397
    4.6.4.1 Abgrenzungskriterien ... 192 397
    4.6.4.2 Folgen aus der Abgrenzung für das systematische Verhältnis ... 195 399
4.6.5 Verhältnis zwischen § 35 TKG und dem Fünften Teil des TKG (Kundenschutz) ... 200 401
    4.6.5.1 Entbündelung gemäß § 3 TKV ... 202 401
    4.6.5.2 Angebote für Diensteanbieter gemäß § 4 TKV ... 206 403
4.6.6 Beschränkung des Netzzugangs nach § 35 Abs. 2 S. 2 TKG ... 215 406
    4.6.6.1 Begriff der Beschränkung i. S. d. § 35 Abs. 2 S. 2 TKG ... 216 406
    4.6.6.2 Beschränkungsmöglichkeiten nach Art. 3 Abs. 2 RL 90/387/EWG ... 218 406
    4.6.6.2.1 Sicherheit des Netzbetriebs ... 222 407
    4.6.6.2.2 Aufrechterhaltung der Netzintegrität ... 224 408
    4.6.6.2.3 Interoperabilität von Diensten ... 226 408
    4.6.6.2.4 Datenschutz ... 227 408
    4.6.6.2.5 Effiziente Nutzung des Frequenzspektrums ... 228 408
    4.6.6.3 Exkurs: Netzkonzept – Migrationspflicht – 48,8 Erlang-Regelung ... 229 409
4.6.7 Informations- und Vertraulichkeitspflichten im Bereich Besonderer Netzzugänge ... 238 413
    4.6.7.1 Informationspflichten gemäß § 4 NZV ... 239 413
    4.6.7.2 Vorlage und Veröffentlichung von Zugangsvereinbarungen gemäß § 35 Abs. 2 S. 3 TKG sowie § 6 Absätze 1 bis 4 NZV ... 242 415
    4.6.7.3 Vertraulichkeit von Informationen (§ 7 NZV) ... 251 418
4.6.8 Grundangebot für Besondere Netzzugänge (§ 6 Abs. 5 S. 1 NZV) ... 252 419
4.6.9 Schlichtungsverfahren vor der Regulierungsbehörde gemäß § 8 NZV ... 257 421

4.7 Verhandlungspflicht über Netzzusammenschaltungen gemäß § 36 TKG ... 266 424
4.7.1 Verpflichtete sowie Anspruchsberechtigte des § 36 TKG ... 271 428
4.7.2 Abgrenzung zu § 35 TKG ... 273 428

			Rz.	Seite
4.7.3	Struktur und Inhalt von Zusammenschaltungsvereinbarungen		274	429
	4.7.3.1	Historie in bezug auf die Vereinbarungen mit der DTAG	275	429
	4.7.3.2	Gesetzliche Vorgaben für die Zusammenschaltungsvereinbarungen	277	430
	4.7.3.3	Gegenstand der Zusammenschaltungsvereinbarungen mit der DTAG	279	431
	4.7.3.4	Einzelne Vertragsbestandteile	283	432
	4.7.3.4.1	Hauptteil	284	432
	4.7.3.4.2	Anlage A – Begriffsbestimmungen	286	433
	4.7.3.4.3	Anlage B – Interconnection-Anschluß . .	287	433
	4.7.3.4.4	Anlage C – Diensteportfolio	290	434
	4.7.3.4.4.1	Netzkonzept	291	434
	4.7.3.4.4.2	Zusammenschaltungsdienste	299	438
	4.7.3.4.5	Anlage D – Preis	301	439
	4.7.3.4.6	Anlage E – Qualität	303	439
	4.7.3.4.7	Anlage F – Orte der Zusammenschaltung	304	440
	4.7.3.4.8	Anlage G – Veröffentlichung	305	440
	4.7.3.4.9	Anhang A – Technische Parameter und Beschreibungen	306	440
	4.7.3.4.10	Anhang B – Bestellung/Bereitstellung . .	307	440
	4.7.3.4.11	Anhang C – Test	308	441
	4.7.3.4.12	Anhang D – Betrieb	309	441
	4.7.3.4.13	Anhang E – Kollokation	310	441
	4.7.3.4.14	Anhang F – Abrechnung	311	441
	4.7.3.4.15	Anhang G – Gegenseitige Leistungsbestimmungen	312	442
	4.7.3.4.16	Anhang H – Ansprechpartner	313	442
	4.7.3.4.17	Bewertung	314	442
	4.7.3.5	Carrier's Carrier-Verträge (IC-Verträge) im Festnetzbereich	317	443
	4.7.3.6	Zusammenschaltungen mit und unter Mobilfunknetzbetreibern	321	444
4.8	**Anordnung von Netzzusammenschaltungen gemäß § 37 TKG**		323	444
4.8.1	Umfang der Zusammenschaltungspflicht und der Anordnungsbefugnis		324	445
4.8.2	Einzelfragen der Zusammenschaltungspflicht für bestimmte Leistungen und Dienste		326	446
	4.8.2.1 Zugang zu Telefonmehrwertdiensten		327	446

XXVII

			Rz.	Seite
	4.8.2.1.1	Terminierung und Zuführung	328	447
	4.8.2.1.2	Konsequenzen	330	447
	4.8.2.1.3	Beschlußpraxis der Regulierungsbehörde im Bereich Telefonmehrwertdienste	332	448
	4.8.2.2	Beschränkung bei Gebiets- und Linienlizenzen	334	450
4.8.3		Anordnungsverfahren gemäß § 37 TKG i. V. m. § 9 NZV	335	451
	4.8.3.1	Anordnungsvoraussetzungen und in diesem Zusammenhang für die Verhandlungen zu beachtenden Punkte	336	451
	4.8.3.2	Durchführung und Abschluß des Verfahrens	343	453
4.9		**Wettbewerbsbeschränkende Vereinbarungen gemäß § 38 TKG**	350	456
4.9.1		Anwendungsbereich	353	458
4.9.2		Unwirksamkeitsvoraussetzungen	356	459
4.9.3		Befugnisse der Regulierungsbehörde (§ 38 Abs. 2 TKG)	362	461
4.10		**Regulierung der Entgelte für Netzzugänge gemäß § 39 TKG**	363	462
4.10.1		Auslegung von § 39 TKG	364	462
4.10.2		Anwendungsbereich	370	464
4.10.3		Verfahrensfragen	374	466
4.10.4		Exkurs: Element Based Charging (EBC)	380	470
	4.10.4.1	EBC-Modell der Regulierungsbehörde	382	470
	4.10.4.1.1	Grundlage für das EBC-Netz in Deutschland	387	472
	4.10.4.1.2	Tarifzonen und Tarife	390	473
	4.10.4.2	Entscheidungen des VG Köln und OVG Münster und erneuter EBC-Beschluß	396	474
	4.10.4.3	EBC-Modell der DTAG	401	476
	4.10.4.4	Bewertung des Beschlusses des OVG Münster	402	476
	4.10.4.4.1	Überprüfungs- und Entscheidungsmaßstab nach dem Beschluß des OVG	405	477
	4.10.4.4.2	Folgerungen aus dem Überprüfungs- und Entscheidungsmaßstab	412	479
	4.10.4.5	Entgeltgenehmigungsbeschluß der Regulierungsbehörde vom 3. 8. 2001	416a	481

		Rz.	Seite
4.11	**Rechtsschutz im Rahmen von Netzzugang und Zusammenschaltungen**	417	485
4.11.1	Rechtsschutz bei bereits bestehenden Netzzugangs- bzw. Zusammenschaltungsvereinbarungen	419	485
4.11.2	Rechtsschutz bei noch abzuschließenden Netzzugangs- bzw. Zusammenschaltungsvereinbarungen	422	487
4.11.3	Rechtsschutz bei Nichtumsetzung der Zusammenschaltungsanordnung	425	489
4.12	**Besondere Arten von Netzzugängen, Zusammenschaltungen und aktuelle Rechtsprobleme in der Praxis**	428	490
4.12.1	Teilnehmeranschlußleitung/Line-Sharing	429	490
4.12.2	Resale im Ortsnetz.	438c	496
	4.12.2.1 Resale als eine Telekommunikationsdienstleistung für die Öffentlichkeit	438e	497
	4.12.2.2 Leistungsbegriff in § 33 TKG im Hinblick auf die besondere Situation von Resale . .	438g	499
	4.12.2.3 Wesentlichkeitskriterium des § 33 TKG im Hinblick auf die besondere Situation von Resale	438h	500
	4.12.2.4 Intern und am Markt angebotene Leistung .	438i	501
	4.12.2.5 Tatbestandsmerkmal „für die Erbringung einer anderen Telekommunikationsdienstleistung" in § 33 TKG im Hinblick auf die besondere Situation von Resale	438j	501
	4.12.2.6 Sachliche Rechtfertigung	438o	503
	4.12.2.7 Ergebnis	438p	504
4.12.3	Inhouse-Verkabelung	439	504
4.12.4	Carrier-Festverbindungen	450a	509
4.12.5	Seekabellandeköpfe	451	512
4.12.6	Inkasso über die DTAG	455	514
4.12.7	Flatrate-Internet-Zugang	461	516
4.12.8	Peering-Verträge	465	518
4.12.9	National Roaming auf Grundlage des § 4 TKV . . .	470	520
4.13	**Fazit**	484	525

5. Vertragsrecht der Telekommunikations- dienstleistungen und Kundenschutz
(Leitermann)

		Rz.	Seite
5.1	**Einleitung**	1	527
5.2	**Telekommunikationsdienste**	2	527
5.2.1	Teilnehmeranschluß	4	528
5.2.2	Verbindungsleistungen	8	528
	5.2.2.1 Sprachtelefondienst	9	528
	5.2.2.2 Datendienste	10	529
5.2.3	Mehrwertdienste	11	529
5.2.4	Übertragungswege	14	530
5.3	**Vertragsparteien**	15	530
5.3.1	Anbieter	16	531
5.3.2	Kunden/Nutzer/Teilnehmer	22	532
5.4	**Kombination von Beteiligten**	24	533
5.4.1	Leistungskette im Mobilfunk	25	533
5.4.2	Leistungsbeziehungen in der Multi-Carrier-Umgebung	27	534
5.4.3	Mehrwertdienste in der Multi-Carrier-Umgebung	32	535
5.5	**Vertragstypen**	36	536
5.5.1	Verträge zwischen Telekommunikationsanbietern und Endkunden	41	538
	5.5.1.1 Anschlußvertrag	43	539
	5.5.1.2 (Rahmen-)Verbindungsverträge	49	540
5.5.2	Verträge zwischen Mehrwertdienstanbietern und Endkunden	60	542
5.5.3	Verträge mit Sprachtelefonie-Service-Providern	61	543
	5.5.3.1 Anwahl einer gebührenfreien Sonderrufnummer (0130 bzw. 0800)	62	543
	5.5.3.2 Anwahl der Sonderrufnummer 0180	63	543
	5.5.3.3 Anwahl einer 0190er Sonderrufnummer	64	544
5.6	**Telekommunikationsverträge**	65	544
5.6.1	Vertragsschluß	65	544
	5.6.1.1 Angebot	66	544
	5.6.1.2 Annahme	73	546
	5.6.1.3 Form	76	547

			Rz.	Seite
5.6.2	Unwirksamkeit des Vertrages		77	547
	5.6.2.1	Minderjährigenrecht (§§ 105 ff. BGB)	77	547
	5.6.2.2	Verstoß gegen ein gesetzliches Verbot (§ 134 BGB)	82	548
	5.6.2.3	Nichtigkeit des Vertrages wegen Sittenwidrigkeit	86	549
	5.6.2.3.1	Telefon-Sex	88	550
	5.6.2.3.2	Btx-Kommunikation mit erotischem Inhalt	91	550
	5.6.2.3.3	Stark überhöhte Tarife, wucherähnliches Rechtsgeschäft (§ 138 BGB)	92	550
5.6.3	Beweislast		102	552
5.7	**Allgemeine Geschäftsbedingungen**		109	554
5.7.1	Einbeziehung von AGB		111	555
5.7.2	Vertragsabschlußklauseln		114	555
	5.7.2.1 Vertragsabschlußklauseln für Anschlüsse an das Mobilfunk- oder das Festnetz		115	555
	5.7.2.2 Vertragsabschlußklauseln für die Nutzung von Verbindungsnetzen (Call-by-Call, Auskunfts- und andere Mehrwertdienste)		119	558
	5.7.2.3 Vertragsabschlußklauseln für Preselectionverträge		122	559
5.7.3	Leistungsbeschreibungsklauseln		123	559
	5.7.3.1 Leistungsbeschreibungsklauseln im Mobilfunk		130	561
	5.7.3.2 Leistungsbeschreibungsklauseln für Festnetzanschlüsse		135	563
	5.7.3.3 Leistungsbeschreibungsklauseln für Mehrwertdienste		137	564
5.7.4	Bonitäts- und Rücktrittsklauseln		138	564
5.7.5	Laufzeitklauseln		141	565
5.7.6	Fälligkeitsklauseln		146	567
5.7.7	Vorfälligkeitsklauseln		149	568
5.7.8	Lastschrift- und Barzahler-Aufschlagsklauseln		150	568
5.7.9	Datenverarbeitungs- und Datennutzungsklauseln		154	569
5.7.10	Haftungsklauseln		159	571
	5.7.10.1 Freizeichnungs- und Haftungsbegrenzungsklauseln		160	571
	5.7.10.2 Haftungsverlagerungs- und Haftungserweiterungsklauseln		164	572

	Rz.	Seite
5.7.11 Kündigungsklauseln	169	574
5.7.12 Sperr- und Wiederanschlußklauseln	175	576
5.7.13 Einwendungsausschlußklauseln	176	576
5.8 **Kundenschutz**	181	578
5.8.1 Telekommunikations-Kundenschutzverordnung (TKV)	182	578
5.8.1.1 Anwendungsbereich	183	578
5.8.1.2 Nichtdiskriminierung	186	579
5.8.1.3 Entbündelung	189	580
5.8.1.4 Entbündelte Angebote für Diensteanbieter	193	581
5.8.1.5 Gestaltung des Diensteanbietervertrages	198	582
5.8.1.6 Preisberechnung	200	583
5.8.1.7 Leistungsstörung	203	583
5.8.1.8 Haftung	207	585
5.8.1.9 Verjährung	211	586
5.8.1.10 Anspruch auf Universaldienstleistung	213	586
5.8.1.11 Grundstückseigentümererklärung	215	587
5.8.1.12 Sicherheitsleistung	221	589
5.8.1.13 Entstörungsdienst	223	589
5.8.1.14 Allgemeiner Netzzugang	224	590
5.8.1.15 Einzelverbindungsnachweis	229	591
5.8.1.16 Rechnungsstellung	235	593
5.8.2 Fernabsatzverträge	236	593
5.8.2.1 Pflichten des Anbieters bei Fernabsatzverträgen	239	594
5.8.2.2 Widerrufs- und Rückgaberecht	241	595
5.8.3 Verbraucherdarlehensvertrag	245	596

6. Wegerechte, Nutzungsrechte und Infrastrukturverträge
(Heun)

	Rz.	Seite
6.1 **Struktur der Wege- und Leitungsrechte**	3	599
6.2 **Verfassungsrechtliche Fragen des öffentlichen Wegerechts**	8	600
6.2.1 Gesetzgebungskompetenz	10	601
6.2.2 Verfassungsrechtliche Garantien zugunsten der Kommunen	18	604

			Rz.	Seite
6.2.3	Beschluß des Bundesverfassungsgerichts vom 7. 1. 1999		20	604
	6.2.3.1	Eigentum	22	605
	6.2.3.2	Selbstverwaltungsgarantie	23	605
	6.2.3.2.1	Gemeindeeigener Wirkungskreis	24	605
	6.2.3.2.2	Unentgeltlichkeit	25	606
	6.2.3.2.3	Mitwirkungsrechte	26	606
6.3	**Europarechtliche Fragen des Wegerechts**		28	607
6.4	**Der Begriff der Telekommunikationslinie**		33	609
6.4.1	Telekommunikationskabelanlage		35	609
6.4.2	Zubehör		41	612
6.4.3	Öffentliche Telefonstellen		43	612
6.4.4	Teilnehmeranschluß		45	614
6.5	**Benutzung öffentlicher Wege (§ 50 TKG)**		49	615
6.5.1	Nutzungsberechtigung		49	615
	6.5.1.1	Rechtsnatur des öffentlichen Wegerechts	50	616
	6.5.1.1.1	Verhältnis zum Straßenrecht	52	616
	6.5.1.1.2	Zivilrechtliche Sonderrechtsfähigkeit der Telekommunikationslinien	53	617
	6.5.1.2	Persönlicher Anwendungsbereich des öffentlichen Wegerechts – Übertragung des Nutzungsrechts auf Lizenznehmer	55	617
	6.5.1.2.1	Person des Nutzungsberechtigten	55	617
	6.5.1.2.2	Übertragung der Nutzungsberechtigung – Lizenzgebiet	57	618
	6.5.1.2.3	Übertragung der Nutzungsberechtigung bei Linienlizenzen	59	618
	6.5.1.3	Sachlicher Anwendungsbereich des Nutzungsrechts	64	621
	6.5.1.3.1	Verkehrswege	65	621
	6.5.1.3.2	Keine dauernde Beschränkung des Widmungszwecks	68	622
	6.5.1.3.3	Öffentlichen Zwecken dienende Telekommunikationslinien	74	624
	6.5.1.4	Umfang des Nutzungsrechts – Anzahl der Telekommunikationslinien	77	625
6.5.2	Zustimmung des Trägers der Wegebaulast		81	627
	6.5.2.1	Anwendungsbereich der Zustimmung	82	627
	6.5.2.2	Rechtsnatur der Zustimmung	84	629

		Rz.	Seite
6.5.2.3	Verfahren und Inhalt der Zustimmung	86	629
6.5.2.4	Zustimmungsgebühren	90	631
6.5.2.5	Vertragliche Regelung der Zustimmung	92	631
6.5.2.6	Zustimmung durch die Regulierungsbehörde	99	633
6.5.2.7	Rechtsschutz	103	634
6.5.3	Pflichten, Folgepflichten und Folgekostenpflichten des Nutzungsberechtigten	104	635
6.5.3.1	Praktische Bedeutung und Anwendungsbereich	106	636
6.5.3.2	Besondere Pflichten, Folgepflichten und Folgekostenpflichten gegenüber dem Wegebaulastträger (§§ 52, 53 TKG)	108	637
6.5.3.2.1	Wegeunterhaltung und Widmungszweck	109	637
6.5.3.2.2	Instandsetzung und Schadensersatz	112	637
6.5.3.2.3	Gebotene Änderungen	117	639
6.5.3.3	Vorhandene besondere Anlagen (§ 55 TKG)	126	643
6.5.3.4	Spätere besondere Anlagen (§ 56 TKG)	132	645
6.5.4	Besondere Einzelprobleme in der Praxis	139	647
6.5.4.1	Begrenzung des Nutzungsumfangs	140	647
6.5.4.2	Verfahrensdauer für die Zustimmung und deren Regelung	146	649
6.5.4.3	Aufgrabesperren	147	649
6.5.4.4	Instandsetzung	150	650
6.5.4.5	Koordinierung von Bauarbeiten	152	651
6.5.4.6	Sondernutzungen durch die Bauarbeiten?	153	651
6.5.4.7	Mitverlegung von Leerrohren für den Wegebaulastträger	156	652
6.5.4.8	Erweiterte Folgepflichten	159	653
6.5.4.9	Gewährleistungsfrist für die Verlegemaßnahmen	161	653
6.5.4.10	Verwaltungsgebühren und Pauschalen	164	654
6.5.4.11	Vermietung und Übertragung von Telekommunikationslinien sowie „Übertragung" des Nutzungsrechts	167	655
6.5.4.12	Regelungen für Vertragsbeendigung bzw. Beendigung des Nutzungsrechts	172	657
6.6	**Mitbenutzung bestehender Einrichtungen (§ 51 TKG)**	**174**	**657**
6.6.1	Persönlicher Anwendungsbereich des Mitbenutzungsrechts	175	658
6.6.1.1	Person des Nutzungsberechtigten	175	658
6.6.1.2	Person des Mitbenutzungsverpflichteten	176	658

		Rz.	Seite
6.6.1.2.1 Keine Begrenzung auf Lizenznehmer		177	658
6.6.1.2.2 Keine Begrenzung auf Eigentümer		180	659
6.6.2 Sachlicher Anwendungsbereich des Mitbenutzungsrechts		189	662
6.6.2.1 Für die Aufnahme von Telekommunikationskabeln vorgesehene Einrichtungen . .		189	662
6.6.2.2 Nutzung der Verkehrswege ist unmöglich oder nur mit unverhältnismäßig hohem Aufwand möglich		193	664
6.6.2.3 Wirtschaftliche Zumutbarkeit		197	665
6.6.2.4 Keine zusätzlichen größeren Baumaßnahmen		200	666
6.6.3 Angemessener geldwerter Ausgleich		202	667
6.6.4 Durchsetzung des Mitbenutzungsanspruchs		204	667
6.6.5 Mitbenutzungsverträge, Leerrohrmiete und -nutzung		209	668
6.6.5.1 Rechtsnatur der Nutzungsverträge		210	668
6.6.5.2 Einrichtungen in öffentlicher Hand		213	669
6.6.5.3 Vertragsgestaltung		220	671
6.6.5.3.1 Nutzungsgegenstand		221	671
6.6.5.3.2 Nutzungsumfang		224	672
6.6.5.3.3 Entgelt		227	673
6.6.5.3.4 Folgepflichten und Folgekosten		228	673
6.6.5.3.5 Haftung		229	673
6.6.5.3.6 Vertragsdauer und Vertragsbeendigung . .		230	673
6.6.5.3.7 Übertragung der Nutzungsrechte		231	674
6.6.6 Exkurs: Mitverlegungsverträge und Leerrohrverkäufe		235	675
6.6.6.1 Vertragsarten		236	675
6.6.6.2 Vertragsinhalte und Problembereiche		239	676
6.7 Nutzung privater Grundstücke (§ 57 TKG)		**244**	**677**
6.7.1 Rechtsnatur, Regelungsgegenstand und Durchsetzung des privaten Wegerechts		248	678
6.7.2 Nutzungsrecht nach § 57 Abs. 1 Nr. 1 TKG		254	680
6.7.2.1 Persönlicher Anwendungsbereich – Person des Nutzungsberechtigten		254	680
6.7.2.1.1 Inhaber eines gesicherten Rechts		256	680
6.7.2.1.2 Rechtsposition des Inhabers des gesicherten Rechts		260	682
6.7.2.1.3 Rechtsposition des Betreibers der Telekommunikationslinie		267	685

		Rz.	Seite
6.7.2.2	Sachlicher Anwendungsbereich und Nutzungsumfang	269	686
6.7.2.2.1	Leitung oder Anlage	270	687
6.7.2.2.2	Errichtung, Betrieb und Erneuerung einer Telekommunikationslinie	274	688
6.7.2.2.3	Keine dauerhafte zusätzliche Einschränkung der Nutzbarkeit des Grundstücks	277	689
6.7.2.2.4	Ergebnis: Zulässige Nutzungserweiterung und Maßnahmen	281	690
6.7.3	Nutzungsrecht nach § 57 Abs. 1 Nr. 2 TKG	283	691
6.7.3.1	Persönlicher Anwendungsbereich – Person des Nutzungsberechtigten	284	691
6.7.3.2	Sachlicher Anwendungsbereich	285	691
6.7.4	Ausgleichspflicht	293	694
6.7.4.1	Ausgleich für beeinträchtigende Maßnahmen	294	694
6.7.4.2	Ausgleich für erweiterte Nutzung	297	695
6.7.5	Einräumung und Übertragung/Überlassung von privaten Nutzungsrechten	302	696
6.7.5.1	Vertragliches Nutzungsrecht	304	696
6.7.5.2	Teilweise Übertragung/Überlassung des Nutzungsrechts	308	697
6.8	**Kunden- bzw. Teilnehmeranschluß**	320	702
6.8.1	Die Grundstückseigentümererklärung der TKV	322	703
6.8.1.1	Rechtsnatur der Grundstückseigentümererklärung	323	703
6.8.1.2	Inhalt der Grundstückseigentümererklärung	325	704
6.8.1.3	Eigentum an den Vorrichtungen	332	706
6.8.2	Anspruch auf Grundstücksnutzung	335	707
6.8.2.1	Anspruch des Netzbetreibers aus § 57 TKG	336	707
6.8.2.2	Mittelbarer Anspruch durch Rechte des Mieters	341	709
6.8.3	Mitbenutzungsanspruch nach § 10 Abs. 3 TKV	343	709
6.8.3.1	Eingriffswirkung des Mitbenutzungsrechts	344	710
6.8.3.2	Umfang des Mitbenutzungsrechts	351	711
6.9	**Fazit**	365	713

7. Zulassung von Funkanlagen und Telekommunikationsendeinrichtungen
(Wäßle/Aminlari)

		Rz.	Seite
7.1	Entwicklung und Rechtsquellen	1	715
7.2	Anwendungsbereich	7	717
7.3	Zweck und Anforderungen des FTEG	11	718
7.4	Schnittstellenbeschreibung	16	720
7.5	Inverkehrbringen, Konformitätserklärung	22	721
7.6	Kennzeichnungen, Benutzerinformationen	26	722
7.7	Benannte Stellen	29	723
7.8	Personenzulassung	30	724
7.9	Amateurfunk	32	724

8. Aufgaben und Verfahren der Regulierungsbehörde
(Gramlich)

		Rz.	Seite
8.1	Entwicklung und Rechtsstellung der Regulierungsbehörde	1	727
8.1.1	Vom Bundesministerium für Post und Telekommunikation zur Regulierungsbehörde für Telekommunikation und Post	1	727
8.1.1.1	Organisatorische Veränderungen seit der ersten Postreform	1	727
8.1.1.2	Aufteilung der hoheitlichen Aufgaben und Befugnisse im Telekommunikationssektor	6	730
8.1.1.3	Herausbildung von Regulierungs-Aufgaben und -Instrumenten im Bereich des Fernmeldewesens/der Telekommunikation	8	731
8.1.1.4	Übergangsprobleme	18	737
8.1.2	Allgemeine organisatorische Fragen	20	738
8.1.2.1	Die Regulierungsbehörde als „unabhängige Bundesoberbehörde"	20	738
8.1.2.2	Errichtung, Organisationsstruktur, Sitz	29	743
8.1.3	Beirat	36	745
8.1.4	Wissenschaftliche Beratung des Regulierers	43	749
8.1.4.1	Wissenschaftliche Kommissionen	43	749
8.1.4.2	Ständige wissenschaftliche Unterstützung	44	749

	Rz.	Seite
8.2 Aufgaben der Regulierungsbehörde	45	750
8.2.1 Vorgaben des internationalen und europäischen Rechts	45	750
8.2.1.1 ITU und WTO/GATS	45	750
8.2.1.2 EG	50	752
8.2.2 Aufgaben der Regulierungsbehörde im Telekommunikationssektor	59	756
8.2.2.1 TKG	60	757
8.2.2.2 Verordnungen zum TKG	71	761
8.2.2.3 FTEG	77	764
8.2.2.4 AFuG	79	766
8.2.3 Aufgaben mit Bezug zum Telekommunikationssektor	80	766
8.2.3.1 PTNeuOG	80	766
8.2.3.2 EMVG	83	768
8.2.3.3 IuKDG	87	769
8.2.4 Sonstiges	90	771
8.2.4.1 Aufgaben außerhalb des Telekommunikationssektors	90	771
8.2.4.2 Bereichsausnahme für den Verteidigungssektor	92	771
8.3 Instrumente der Regulierung	93	772
8.3.1 „Allgemeine" Aufsicht	93	772
8.3.2 Spezielle aufsichtliche Befugnisse	98	774
8.3.3 Informationsbefugnisse	105	776
8.3.3.1 Auskunftsverlangen	106	777
8.3.3.2 Vorlegungs-, Prüfungs-, Besichtigungs-, Betretungsrechte	110	779
8.3.3.3 Durchsuchung und Beschlagnahme	116	782
8.3.3.4 Grenzen der Mitwirkungspflicht betroffener Personen	121	783
8.3.3.5 Einschränkungen bei der Verwendung von Ermittlungsergebnissen und anderen Daten	123	784
8.3.4 Zusammenarbeit zwischen Regulierungsbehörde und anderen Stellen	126	785
8.3.5 Maßnahmen der Verwaltungsvollstreckung	135	788
8.3.6 Ahndung schuldhaften Fehlverhaltens	139	790
8.3.6.1 Straftaten	139	790
8.3.6.2 Ordnungswidrigkeiten	140	790

		Rz.	Seite
8.4	**Verfahren der Regulierungsbehörde**	144	792
8.4.1	Verfahrensarten	144	792
8.4.2	Beschlußkammern: Zusammensetzung und Aufgaben	145	793
	8.4.2.1 Besetzung und Qualifikation der Mitglieder	145	793
	8.4.2.2 Aufgabenverteilung	148	794
8.4.3	Beschlußkammern: Verfahrensgang	150	795
	8.4.3.1 Einleitung des Verfahrens und Beteiligte	151	795
	8.4.3.2 Anhörung und mündliche Verhandlung	154	796
	8.4.3.3 Ermittlungen, insbesondere Beweiserhebung	157	798
	8.4.3.4 Einstweilige Anordnungen der Beschlußkammer	166	801
8.4.4	Beschlußkammern: Verfahrensabschluß	169	802
	8.4.4.1 Entscheidungen	169	802
	8.4.4.2 Verfahrensbeendigung in sonstiger Weise	172	804
	8.4.4.3 Fehlende Kostenregelung	173	804
8.4.5	Kosten für sonstige Amtshandlungen	175	805
8.5	**Rechtsschutz gegen Entscheidungen der Regulierungsbehörde**	178	806
8.5.1	Rechtsbehelfe im Überblick	178	806
8.5.2	Verwaltungsgerichte	181	807
	8.5.2.1 Hauptsacheverfahren	181	807
	8.5.2.2 Einstweiliger Rechtsschutz	184	808
8.6	**Schluß**	186	809

9. Fernmeldegeheimnis – Datenschutz – Sicherung
(Wuermeling)

9.1	Einführung	1	811
9.2	Grundbegriffe	9	814
9.2.1	Telekommunikation	11	815
9.2.2	Geschäftsmäßige Erbringung von Telekommunikationsdiensten	15	816
9.2.3	Mitwirkende	24	818
9.2.4	Betreiber einer Telekommunikationsanlage	25	819

		Rz.	Seite
9.3	**Fernmeldegeheimnis**	27	819
9.3.1	Schutzbereich und Regelungsrahmen	27	819
9.3.2	Verpflichteter Personenkreis	35	822
9.3.3	Befugnisse	40	823
9.3.4	Kontrolle und Sanktionen	47	825
9.4	**Technische Schutzmaßnahmen**	56	828
9.4.1	Schutzbereich und Regelungsrahmen	56	828
9.4.2	Verpflichteter Personenkreis	59	829
9.4.3	Technische und organisatorische Maßnahmen	62	830
9.4.4	Anforderungen an lizenzpflichtige Betreiber	68	832
9.4.5	Kontrolle und Sanktionen	74	833
9.5	**Datenschutz**	80	835
9.5.1	Schutzbereich und Regelungsrahmen	80	835
9.5.2	Verpflichteter Personenkreis	85	837
9.5.3	Rechtmäßigkeitstatbestände	86	838
	9.5.3.1 Abwicklung der Telekommunikationsdienste	89	839
	9.5.3.1.1 Telekommunikationsverbindungen	90	839
	9.5.3.1.2 Entgeltermittlung und Entgeltabrechnung	95	840
	9.5.3.1.3 Entgeltverbindungsnachweis	102	842
	9.5.3.2 Störungen und Leistungserschleichung	105	843
	9.5.3.3 Marketing	110	844
	9.5.3.4 Kundenverzeichnisse und Auskunft	112	845
	9.5.3.5 Einwilligung	114	846
	9.5.3.6 Übermittlung an ausländische Stellen	120	848
9.5.4	Kontrolle und Sanktionen	129	850
9.6	**Unterstützung staatlicher Überwachung**	137	852
9.6.1	Pflichten und Regelungsrahmen	137	852
9.6.2	Verpflichteter Personenkreis	144	855
9.6.3	Inhalt der Verpflichtung	152	858
	9.6.3.1 Umsetzung von Überwachungsmaßnahmen	152	858
	9.6.3.2 Allgemeine Auskunftspflicht	160	861
	9.6.3.3 Auskunftsersuchen der Sicherheitsbehörden	162	861
9.6.4	Kontrolle und Sanktionen	163	862
Stichwortverzeichnis			863

Literaturverzeichnis

Alkas, Rabattstrategien marktbeherrschender Unternehmen im Telekommunikationsbereich, 1999, Bad Honnef

Aubert/Klingler, Fernmelderecht/Telekommunikationsrecht, Band II, 4. Auflage 1990, Heidelberg

Bartsch/Lutterbeck, Neues Recht für neue Medien, 1998, Köln (zit. *Bearbeiter*, in: Bartsch/Lutterbeck, Neues Recht für neue Medien)

Bechtold, Kartellgesetz, Gesetz gegen Wettbewerbsbeschränkungen, 2. Auflage 1999, München (zit. *Bechtold*, GWB)

Beck'scher PostG-Kommentar, 2000, München (zit. *Bearbeiter*, Beck'scher PostG-Kommentar)

Beck'scher TKG-Kommentar, Telekommunikationsgesetz, 2. Auflage 2000, München (zit. Beck TKG-Komm/*Bearbeiter*)

Bergmann/Möhrle/Herb, Datenschutzrecht, Handkommentar zum BDSG, Loseblatt, Stand 2000, Stuttgart (u. a.)

Büchner, Post und Telekommunikation, 1999, Heidelberg

Bülow, Heidelberger Kommentar zum Verbraucherkreditgesetz, 4. Auflage 2001, Heidelberg (zit. *Bülow*, Verbraucherkreditgesetz)

Bundesvereinigung der kommunalen Spitzenverbände, Die Benutzung öffentlicher Wege für Telekommunikationslinien, Stand Februar 1997, Köln

Bunte/Stober, Lexikon des Rechts der Wirtschaft, Loseblatt, Stand 1999, Neuwied

Deutscher Städtetag, Kommunale Kommunikationsnetze, 1995, Köln

Dylla-Krebs, Schranken der Inhaltskontrolle Allgemeiner Geschäftsbedingungen, 1990, Baden-Baden

Eidenmüller, Post- und Fernmeldewesen – Kommentar, 1963 ff., Stand 1991, Heidelberg

Eisenblätter, Regulierung in der Telekommunikation, 2000, Frankfurt a.M.

Engel/Knieps, Die Vorschriften des Telekommunikationsgesetzes über den Zugang zu wesentlichen Leistungen, 1998, Baden-Baden

Erichsen, Allgemeines Verwaltungsrecht, 10. Auflage 1995, Heidelberg

Etling-Ernst, Praxiskommentar zum Telekommunikationsrecht TKG, 2. Auflage 1999, Ratingen

Eyermann, Verwaltungsgerichtsordnung, 11. Auflage 2000, München (zit. *Bearbeiter*, in: Eyermann, Verwaltungsgerichtsordnung)

Literaturverzeichnis

Fangmann/Lörcher/Scheurle, Telekommunikations- und Postrecht, 2. Auflage, Neuwied

Fangmann/Scheurle/Schwemmle/Wehner, Handbuch für Post und Telekommunikation – Poststrukturgesetz, 1990, Köln

Geppert/Ruhle/Schuster, Handbuch Recht und Praxis der Telekommunikation, 1998, Baden-Baden

Gola/Schomerus, BDSG, 6. Auflage 1997, München

Gramlich, Postrecht im Wandel, 1999, Chemnitz

Großkopf, Die Vertragsfreiheit nicht-marktbeherrschender Unternehmen bei der Netzzusammenschaltung, 1999, Renningen-Malmsheim

Grünwald, Analoger Switch-Off, 2001, München

Hempell, Postverfassungsrecht, 1983, Heidelberg

Herrmann, Rundfunkrecht, 1994, München

Hesse, Rundfunkrecht, 2. Auflage 1999, München

Hoeren/Sieber, Handbuch Multimediarecht, Loseblatt, Stand 2000, München (zit. *Bearbeiter*, in: Handbuch Multimediarecht)

Holznagel/Bysikiewicz/Enaux/Nienhaus, Grundzüge des Telekommunikationsrechts, 2000, München

Immenga/Mestmäcker, Gesetz gegen Wettbewerbsbeschränkungen, 3. Auflage 2001, München (zit. *Bearbeiter*, in: Immenga/Mestmäcker, GWB)

Jarass/Pieroth, Grundgesetz, 5. Auflage 2000, München (zit. *Bearbeiter*, in: Jarass/Pieroth, Grundgesetz)

Jeserich/Pohl/von Unruh, Deutsche Verwaltungsgeschichte, Bd. 5, 1987, München

Kodal/Krämer, Straßenrecht, 6. Auflage 1999, München (zit. *Bearbeiter*, in: Kodal/Krämer)

Kopp/Ramsauer, Kommentar zum Verwaltungsverfahrensgesetz, 7. Auflage 2000, München (zit. *Kopp/Ramsauer*, Kommentar zum VwVfG)

Kopp/Schenke, Verwaltungsgerichtsordnung, 12. Auflage 2000, München

Langen/Bunte, Kommentar zum deutschen und europäischen Kartellrecht, 9. Auflage 2001, Neuwied (zit. *Bearbeiter*, in: Langen/Bunte, KartR [9. Aufl.])

Manssen (Hrsg.), Telekommunikations- und Multimediarecht, Loseblatt, Stand 9/2000, Bielefeld (zit. *Bearbeiter*, in: Manssen, Telekommunikations- und Multimediarecht)

Maurer, Allgemeines Verwaltungsrecht, 11. Auflage 1997, München

Maunz/Dürig/Herzog, Grundgesetz für die Bundesrepublik Deutschland, Loseblatt, Stand August 2000, München (zit. *Bearbeiter*, in: Maunz/Dürig/Herzog, Grundgesetz)

Mestmäcker, Netzwettbewerb, Netzzugang und „Roaming" im Mobilfunk, 1999, Baden-Baden

Münchener Kommentar zum Bürgerlichen Gesetzbuch, 4. Auflage 2000 ff., München (zit. MünchKomm/*Bearbeiter*)

Münchener Kommentar zur Zivilprozeßordnung, 2. Auflage 2001, München (zit. *Bearbeiter*, in: MK-ZPO)

Oertel, Die Unabhängigkeit der Regulierungsbehörde nach §§ 66 ff. TKG, 2000, Berlin

Palandt, Bürgerliches Gesetzbuch, 60. Auflage 2001, München (zit. Palandt/*Bearbeiter*)

Papier, Recht der öffentlichen Sachen, 2. Auflage 1984, Berlin (u. a.)

Paulweber, Regulierungszuständigkeiten in der Telekommunikation, 1999, Baden-Baden

Pawlowski, Methodenlehre für Juristen, 3. Auflage 1999, Heidelberg (zit. *Pawlowski*, Methodenlehre)

Pieroth/Schlink, Grundrechte, 14. Auflage 1999, München

Plum/Schwarz-Schilling, Marktabgrenzung im Telekommunikations- und Postsektor, 2000, Bad Honnef

Scherer (ed.), Telecommunication Laws in Europe, 4. Auflage 1998, London (u. a.)

Scherer, Die Überprüfung des europäischen Telekommunikationsrechts, 2000, Bonn

Scheurle/Lehr/Mayen, Telekommunikationsrecht, Loseblatt, Stand 2000, München

Scholl, Behördliche Prüfungsbefugnisse im Recht der Wirtschaftsüberwachung, 1989, Berlin

Schuster, Vertragshandbuch Telemedia, 2001, München (zit. *Bearbeiter*, in: Schuster, Vertragshandbuch Telemedia)

Soergel/Siebert, Bürgerliches Gesetzbuch, 13. Auflage 1999, Stuttgart (zit. Soergel/*Bearbeiter*)

Spindler, Vertragsrecht der Telekommunikationsanbieter, 2000, Köln (zit. *Bearbeiter*, in: Spindler, Vertragsrecht der Telekommunikationsanbieter)

Stamm, Die Entgeltregulierung im Telekommunikationsgesetz, 2001, Berlin

Staudinger, Kommentar zum Bürgerlichen Gesetzbuch, 12. Auflage 1999, Berlin (zit. Staudinger/*Bearbeiter*)

Stelkens/Bonk/Sachs, Kommentar zu Verwaltungsverfahrensgesetz, 5. Auflage 1998, München (zit. *Bearbeiter*, in: Stelkens/Bonk/Sachs, Verwaltungsverfahrensgesetz)

Stern, Postrecht der Bundesrepublik Deutschland, Loseblatt, Stand 2000, Heidelberg

Stumpf/Schwarz-Schilling, Wettbewerb auf Telekommunikationsmärkten, 1999, Bad Honnef

Thamm/Pilger, Taschenkommentar zum AGB-Gesetz, 1998, Heidelberg

Tipke/Lang, Steuerrecht, 16. Auflage 1998, Köln

Ulmer/Brandner/Hensen, AGB-Gesetz, 9. Auflage 2001, Köln (zit. *Bearbeiter*, in: Ulmer/Brandner/Hensen)

von der Groeben/Thiesing/Ehlermann, Kommentar zum EU-/EG-Vertrag, 5. Auflage 1997 ff., Baden-Baden (zit. *Bearbeiter*, in: von der Groeben/Thiesing/Ehlermann)

von Landmann/Rohmer, Gewerbeordnung und ergänzende Vorschriften, Loseblatt, Stand August 1996, München

von Münch/Kunig, Grundgesetz, 4. Auflage 1992, München (zit. *Bearbeiter*, in: von Münch/Kunig, GG-Kommentar)

von Westphalen/Grote/Pohle, Der Telefondienstvertrag, 2001, Heidelberg

Weber, Vom Monopol zum Wettbewerb: Regulierung der Telekommunikationsmärkte im Wandel, 1994, Zürich

Witte, Das Telekommunikationsgesetz 1996, 1996, Heidelberg (zit. *Bearbeiter*, in: Witte, Das Telekommunikationsgesetz)

Wolf/Horn/Lindacher, AGB-Gesetz, 4. Auflage 1999, München (zit. *Bearbeiter*, in: Wolf/Horn/Lindacher)

Zöller, Zivilprozeßordnung, 22. Auflage, Köln (zit. Zöller/*Bearbeiter*)

Abkürzungsverzeichnis

ABl.	Amtsblatt
ABl. EG	Amtsblatt der Europäischen Gemeinschaften
Abs.	Absatz
Abschn.	Abschnitt
AfOD	Anschluß für Onlinedienste
AFuG	Gesetz über den Amateurfunk (Amateurfunkgesetz)
AFuV	Verordnung zum Gesetz über den Amateurfunk (Amateurfunkverordnung)
AG	Amtsgericht
AGB	Allgemeine Geschäftsbedingungen
AGBG	Gesetz zur Regelung des Rechts der Allgemeinen Geschäftsbedingungen (AGB-Gesetz)
AKNN	Arbeitskreis für technische und betriebliche Fragen der Numerierung und Netzzusammenschaltung
AktG	Aktiengesetz
Alt.	Alternative
Anh.	Anhang
Anm.	Anmerkung
AO	Abgabenordnung
AOC	Advice of Charge (Entgeltinformation für Endkunden über Netzgrenzen)
AöR	Archiv des öffentlichen Rechts
APL	Abschlußpunkt der Linientechnik
ArbGG	Arbeitsgerichtsgesetz
ArchPT	Archiv für Post und Telekommunikation (Zeitschrift)
Art.	Artikel
Aufl.	Auflage
Aussenwirtschaft	(Zeitschrift)
AWG	Außenwirtschaftsgesetz
Az.	Aktenzeichen
BAkkrV	Verordnung über die Anforderungen und das Verfahren für die Beleihung von benannten Stellen und für die Akkreditierung von Testlabors für Endeinrichtungen und Prüfstellen für Qualitätssicherungssysteme auf dem Gebiet der Telekommunikation (Beleihungs- und Akkreditierungsverordnung)
BAnerkV	Verordnung über die Anforderungen und das Verfahren für die Beleihung der benannten Stellen und für die Anerkennung von zuständigen Stellen auf

	dem Gebiet der elektromagnetischen Verträglichkeit von Geräten (Beleihungs- und Anerkennungsverordnung)
BAnz.	Bundesanzeiger
BAPostG	Gesetz über die Errichtung einer Bundesanstalt für Post und Telekommunikation Deutsche Bundespost (Bundesanstalt Post-Gesetz)
BAPT	Bundesamt für Post und Telekommunikation
BauGB	Baugesetzbuch
BayObLG	Bayerisches Oberstes Landesgericht
BB	Betriebs-Berater (Zeitschrift)
BBG	Bundesbeamtengesetz
BBankG	Gesetz über die Deutsche Bundesbank
BDSG	Bundesdatenschutzgesetz
Begr.	Begründung
BegrE	Begründung des Entwurfs
Beil.	Beilage
Bek.	Bekanntmachung
ber.	berichtigt
Beschl.	Beschluß
BGB	Bürgerliches Gesetzbuch
BGBl.	Bundesgesetzblatt
BGH	Bundesgerichtshof
BGHZ	Entscheidungen des Bundesgerichtshofs in Zivilsachen
BImSchG	Gesetz zum Schutz vor schädlichen Umwelteinwirkungen durch Luftverunreinigungen, Geräusche, Erschütterungen und ähnliche Vorgänge (Bundes-Immissionsschutzgesetz)
BK	Beschlußkammer
BKartA	Bundeskartellamt
BMPT	Bundesministerium für Post und Telekommunikation
BOS-Funk	Funk der Behörden und Organisationen mit Sicherheitsaufgaben
BRRG	Rahmengesetz zur Vereinheitlichung des Beamtenrechts (Beamtenrechtsrahmengesetz)
BR-Drucks.	Bundesrats-Drucksache
BSI	Bundesamt für Sicherheit in der Informationstechnik
Bsp.	Beispiel
BT-Drucks.	Bundestags-Drucksache
Btx	Bildschirmtext
BVerfG	Bundesverfassungsgericht
BVerfGE	Entscheidungen des Bundesverfassungsgerichts

BVerwG	Bundesverwaltungsgericht
BVerwGE	Entscheidungen des Bundesverwaltungsgerichts
BVSt	Bereichsvermittlungsstellen
BZT	Bundesamt für Zulassungen in der Telekommunikation
CB	Citizen's Band (Jedermannfunk)
CCA	Carrier Customer Access
CE	Communauté Européenne
CEN	Comité Européen de Normalisation; Europäisches Normungsinstitut
CENELEC	Comité Européen de Normalisation Electrotechnique; Europäisches Komitee für Elektrotechnische Normung
CEPT	Conférence Européenne des Administrations des Postes et Télécommunications; Europäische Konferenz der Verwaltungen für Post und Telekommunikation
CFV	Carrier-Festverbindung
CR	Computer und Recht (Zeitschrift)
DB	Der Betrieb (Zeitschrift)
DECT	Digital Enhanced Cordless Telecommunications System
DBP	Deutsche Bundespost
DIN	Deutsches Institut für Normung
DÖV	Die Öffentliche Verwaltung (Zeitschrift)
DRiG	Deutsches Richtergesetz
DSI	Detailed Spectrum Investigation
DSL	Digital Subscriber Line
DTAG	Deutsche Telekom AG
DuD	Datenschutz und Datensicherheit (Zeitschrift)
DVBl.	Deutsches Verwaltungsblatt (Zeitschrift)
DZWir	Deutsche Zeitschrift für Wirtschaftsrecht (Zeitschrift)
EBC	Element Based Charging
ed.	Editor (Herausgeber)
EG	Europäische Gemeinschaft
EGV	Vertrag zur Gründung der Europäischen Gemeinschaft
Einf.	Einführung
EIRP	Equivalent Isotropically Radiated Power
EKrG	Gesetz über Kreuzungen von Eisenbahnen und Straßen (Eisenbahnkreuzungsgesetz)
EMVBeitrV	Beitragsverordnung nach dem EMVG

Abkürzungsverzeichnis

EMVKostV	Kostenverordnung für Amtshandlungen nach dem EMVG
EMVG	Gesetz über die elektromagnetische Verträglichkeit von Geräten
ERC	European Radiocommunications Committee
ERMES	European Radio Message System
ERO	European Radiocommunications Office
ETSI	European Telecommunications Standards Institute
EuGH	Europäischer Gerichtshof
EUTELSAT	European Telecommunications Satellite Organization
EuZW	Europäische Zeitschrift für Wirtschaftsrecht (Zeitschrift)
EWG	Europäische Wirtschaftsgemeinschaft
EWGV	Vertrag zur Gründung der Europäischen Wirtschaftsgemeinschaft
EWiR	Entscheidungen zum Wirtschaftsrecht
EZB	Einzugsbereich
FAG	Gesetz über Fernmeldeanlagen (Fernmeldeanlagegesetz)
FBeitrV	Frequenznutzungsbeitragsverordnung
FernAG	Fernabsatzgesetz
FGebV	Frequenzgebührenverordnung
Fn.	Fußnote
FS	Festschrift
FStrG	Bundesfernstraßengesetz
FTEG	Gesetz über Funkanlagen und Telekommunikationsendeinrichtungen
FTEV	Verordnung über die Anforderungen und das Verfahren für die Anerkennung von benannten Stellen auf dem Gebiet der Funkanlagen und Telekommunikationsendeinrichtungen
FÜG	Gesetz über die Anwendung von Normen für die Übertragung von Fernsehsignalen (Fernsehsignalübertragungs-Gesetz)
FÜV	Verordnung über die technische Umsetzung von Überwachungsmaßnahmen des Fernmeldeverkehrs in Fernmeldeanlagen, die für den öffentlichen Verkehr bestimmt sind (Fernmelde-Überwachungs-Verordnung)
GATS	General Agreement on Trade in Services
GEE	Grundstückseigentümererklärung
gem.	gemäß

GewO	Gewerbeordnung
GEZB	Grundeinzugsbereich
GG	Grundgesetz
GHz	Gigahertz
GSM	Global System for Mobile Communication (europäischer Mobilfunk-Standard)
GVG	Gerichtsverfassungsgesetz
GWB	Gesetz gegen Wettbewerbsbeschränkungen
HGB	Handelsgesetzbuch
h. M.	herrschende Meinung
Hrsg.	Herausgeber
HS	Halbsatz
HWiG	Gesetz über den Widerruf von Haustürgeschäften und ähnlichen Geschäften
HwO	Gesetz zur Ordnung des Handwerks (Handwerksordnung)
ICA	Interconnection-Anschluß
ICC	International Carrier Connect
ICP	Interconnection-Partner
i. d. F.	in der Fassung
IDR	Initiative Digitaler Rundfunk
IMT 2000	International Mobile Telecommunication
INMARSAT	International Maritime Satellite Organization
INTELSAT	International Telecommunications Satellite Organization
IP	Internet Protocol
IRU	Indefeasible Right of Use
ISDN	Integrated Services Digital Network
ISM	Industrial Scientific and Medical (radio applications)
ISP	Internet-Service-Provider
ITU	International Telecommunications Union; Internationale Fernmeldeunion
IuKDG	Gesetz zur Regelung der Rahmenbedingungen für Informations- und Kommunikationsdienste (Informations- und Kommunikationsdienste-Gesetz)
i. V. m.	in Verbindung mit
JA	Juristische Arbeitsblätter (Zeitschrift)
JbDBP	Jahrbuch der Deutschen Bundespost
JZ	Juristenzeitung (Zeitschrift)
Kap.	Kapitel
kHz	Kilohertz

IL

KOM	Kommission (Dokumente der Kommission der Europäischen Gemeinschaften)
K&R	Kommunikation und Recht (Zeitschrift)
krit.	kritisch
KWG	Gesetz über das Kreditwesen (Kreditwesengesetz)
LEZB	Lokaler Einzugsbereich
LG	Landgericht
lfd. Jg.	laufender Jahrgang
lit.	litera (Buchstabe)
LoseBl.	Loseblatt
LRIC	long-run incremental costs
Ls.	Leitsatz
LVwG	Landesverwaltungsgesetz
Mbit	Megabit
MHz	Megahertz
Mio.	Million
Mitt.	Mitteilung
MMR	Multimedia und Recht (Zeitschrift)
MSC	Mobile Switching Center
m. w. N.	mit weiteren Nachweisen
Nachw.	Nachweise
NATO	North Atlantic Treaty Organization
NJW	Neue Juristische Wochenschrift (Zeitschrift)
NJW-CoR	Neue Juristische Wochenschrift, Computerreport (Zeitschrift)
NJW-RR	Neue Juristische Wochenschrift, Rechtsprechungsreport (Zeitschrift)
Nr.	Nummer
NStZ	Neue Zeitschrift für Strafrecht (Zeitschrift)
NVwZ	Neue Zeitschrift für Verwaltungsrecht (Zeitschrift)
NVwZ-RR	Neue Zeitschrift für Verwaltungsrecht, Rechtsprechungsreport (Zeitschrift)
NZV	Verordnung über besondere Netzzugänge (Netzzugangsverordnung)
OdZ	Ort der Zusammenschaltung
OKZ	Ortsnetzkennzahl (auch ONKz)
OLG	Oberlandesgericht
OLGR	Rechtsprechung der Oberlandesgerichte auf dem Gebiete des Zivilrechts
ONP	Open Network Provision
Ordo	(Zeitschrift)

OVG	Oberverwaltungsgericht
OWiG	Gesetz über Ordnungswidrigkeiten
PersBG	Personalrechtliches Begleitgesetz zum Telekommunikationsgesetz
PersZulV	Verordnung über die Personenzulassung zum Aufbauen, Anschalten, Ändern und Instandhalten von Telekommunikationsendeinrichtungen (Personenzulassungsverordnung)
PMP	Punkt zu Mehrpunkt
POCSAG	Post Office Code Standardization Advisory Group
PostG	Gesetz über das Postwesen
PostStruktG	Gesetz zur Neustrukturierung des Post- und Fernmeldewesens und der Deutschen Bundespost (Poststrukturgesetz)
PostSVOrgG	Gesetz über die Träger der gesetzlichen Sozialversicherung im Bereich der früheren Deutschen Bundespost (Postsozialversicherungsorganisationsgesetz)
PostUmwG	Gesetz zur Umwandlung der Unternehmen der Deutschen Bundespost in die Rechtsform der Aktiengesellschaft (Postumwandlungsgesetz)
PostVerfG	Gesetz über die Unternehmensverfassung der Deutschen Bundespost (Postverfassungsgesetz)
PostVerwG	Gesetz über die Verwaltung der Deutschen Bundespost (Postverwaltungsgesetz)
PTNeuOG	Gesetz zur Neuordnung des Postwesens und der Telekommunikation (Postneuordnungsgesetz)
PTRegG	Gesetz über die Regulierung der Telekommunikation und des Postwesens (Post- und Telekommunikations-Regulierungsgesetz)
PTSG	Gesetz zur Sicherstellung des Postwesens und der Telekommunikation (Post- und Telekommunikationssicherstellungsgesetz)
PTStiftG	Gesetz zu Errichtung einer Museumsstiftung Post und Telekommunikation
PTZSV	Verordnung zur Sicherstellung von Telekommunikationsversorgung durch Schutzvorkehrungen und Maßnahmen des Zivilschutzes (Post- und Telekommunikations-Zivilschutzverordnung)
PzP	Punkt zu Punkt
RDS	Radio Data System
RDV	Recht der Datenverarbeitung (Zeitschrift)
RegTP	Regulierungsbehörde für Telekommunikation und Post

Abkürzungsverzeichnis

RGBl.	Reichsgesetzblatt
RL	Richtlinie
RNC	Radio Network Controller
RPFG	Reichspostfinanzgesetz
Rs.	Rechtssache
Rspr.	Rechtsprechung
RTkom	Zeitschrift für das gesamte Recht der Telekommunikation (Zeitschrift)
RTTE-RL	Richtlinie über Funkanlagen und Telekommunikationsendeinrichtungen und die gegenseitige Anerkennung ihrer Konformität
Rz.	Randziffer
SEZB	Standardeinzugsbereich
SFV	Standard-Festverbindung
SigG	Gesetz zur digitalen Signatur bzw. Gesetz über Rahmenbedingungen für elektronische Signaturen (Signaturgesetz)
SigV	Verordnung zur digitalen Signatur (Signaturverordnung)
SIM	Subscriber Identity Module (bei SIM-Karte)
Slg.	Sammlung
SMS	Short Messaging Service
sog.	sogenannt
StGB	Strafgesetzbuch
StPO	Strafprozeßordnung
TAE	Telekommunikations-Anschluß-Einheit
TAL	Teilnehmeranschlußleitung
TDDSG	Gesetz über den Datenschutz bei Telediensten (Teledienstedatenschutzgesetz)
TDG	Gesetz über die Nutzung von Telediensten (Teledienstegesetz)
TDSV	Telekommunikations-Datenschutzverordnung
TEntgV	Telekommunikations-Entgeltregulierungsverordnung
TFTS	Terrestrial Flight Telephone System (Terrestrisches Flugtelefonsystem)
TIDSV	Verordnung über den Datenschutz für Unternehmen, die Telekommunikations- und Informationsdienstleistungen erbringen (Telekommunikations- und Informationsdienstunternehmen-Datenschutzverordnung)
tir.	Tiret (Bindestrich)
TK-BegleitG	Begleitgesetz zum Telekommunikationsgesetz

TKG	Telekommunikationsgesetz
TKLGeBV	Telekommunikations-Lizenzgebührenverordnung
TKO	Telekommunikationsordnung
TKSiV	Verordnung zur Sicherstellung von Telekommunikationsdienstleistungen sowie zur Einräumung von Vorrechten bei deren Inanspruchnahme (Telekommunikations-Sicherstellungs-Verordnung)
TKÜV	Verordnung über die technische und organisatorische Umsetzung von Maßnahmen zur Überwachung der Telekommunikation (Telekommunikations-Überwachungsverordnung)
TKV	Telekommunikationsverordnung vom 24. Juni 1991; Telekommunikations-Kundenschutzverordnung vom 11. Dezember 1997
TKZulV	Verordnung über die Konformitätsbewertung, die Kennzeichnung, die Zulassung, das Inverkehrbringen und das Betreiben von Funkanlagen, die nicht zur Anschaltung an ein öffentliches Telekommunikationsnetz bestimmt sind, und von Telekommunikationseinrichtungen (Telekommunikationszulassungsverordnung)
TNB	Teilnehmernetzbetreiber
TNGebV	Telekommunikations-Nummerngebührenverordnung
TPflV	Verordnung zur Regelung der Pflichtleistungen der Deutschen Bundespost Telekom, Telekom-Pflichtleistungsverordnung
TUDLV	Telekommunikations-Universaldienstleistungsverordnung
TVerleihV	Verordnung zur Öffnung von Märkten für Dienstleistungen sowie zur Regelung von Inhalt, Umfang und Verfahren der Verleihung im Bereich der Telekommunikation (Telekommunikations-Verleihungsverordnung)
TVSt	Teilnehmervermittlungsstellen
TWG	Telegraphenwegegesetz
Tz.	Textzahl
Übk.	Übereinkommen
UDSV	Verordnung über den Datenschutz für Unternehmen, die Telekommunikationsdienstleistungen erbringen (Unternehmensdatenschutzverordnung)
UKW	Ultrakurzwelle
UMTS	Universal Mobile Telecommunications System
UmwG	Umwandlungsgesetz

UNO	United Nations Organization; Vereinte Nationen
Urt.	Urteil
UTM	Universale Transversale Mercator-Projektion
UZwG	Gesetz über den unmittelbaren Zwang bei Ausübung öffentlicher Gewalt durch Vollzugsbeamte des Bundes
VATM	Verband der Anbieter von Telekommunikations- und Mehrwertdiensten e.V.
VDE	Verband Deutscher Elektrotechniker e.V.
VE:N	Vermittlungseinrichtungen mit Netzübergangsfunktion
VerbrKrG	Verbraucherkreditgesetz
VersR	Versicherungsrecht (Zeitschrift)
VerwArch	Verwaltungsarchiv (Zeitschrift)
VerwRdsch	Verwaltungs-Rundschau
Vfg.	Verfügung
VG	Verwaltungsgericht
VGH	Verwaltungsgerichtshof
VNB	Verbindungsnetzbetreiber
VO	Verordnung
VSAT	Very Small Aperture Terminal
VSt	Vermittlungsstelle
VuR	Verbraucher und Recht (Zeitschrift)
VwGO	Verwaltungsgerichtsordnung
VwGrds-FreqN	Verwaltungsgrundsätze der RegTP nach § 81 Abs. 2 TKG über die Aufteilung des Frequenzbereichs von 9 kHz bis 275 GHz auf die einzelnen Frequenznutzungen sowie über die Festlegungen für diese Frequenznutzungen (Verwaltungsgrundsätze Frequenznutzungen)
VwKostG	Verwaltungskostengesetz
VwVfG	Verwaltungsverfahrensgesetz
VwVG	Verwaltungs-Vollstreckungsgesetz
VwZG	Verwaltungszustellungsgesetz
WATTC	Worldwide Administration Telegraph and Telephone Conference
W-LAN	Wireless Local Area Network
WLL	Wireless Local Loop
WRC	World Radiocommunication Conference; Weltfunkkonferenz
WRP	Wettbewerb in Recht und Praxis (Zeitschrift)
WTO	World Trade Organization
WuW	Wirtschaft und Wettbewerb (Zeitschrift)

WuW/E	Wirtschaft und Wettbewerb/Entscheidungssammlung zum Kartellrecht
WVSt	Weitervermittlungsstelle
ZHR	Zeitschrift für das gesamte Handels- und Wirtschaftsrecht (Zeitschrift)
Ziff.	Ziffer
ZIP	Zeitschrift für Wirtschaftsrecht (Zeitschrift)
ZögU	Zeitschrift für öffentliche und gemeinwirtschaftliche Unternehmen (Zeitschrift)
ZPO	Zivilprozeßordnung
ZPT	Zeitschrift für Post und Telekommunikation (Zeitschrift)
ZRP	Zeitschrift für Rechtspolitik (Zeitschrift)
ZSEG	Gesetz über die Entschädigung von Zeugen und Sachverständigen
ZUM	Zeitschrift für Urheberrecht und Medienrecht/Film und Recht (Zeitschrift)

1. Telekommunikationsdienstleistungen, Lizenzpflicht und Lizenzvergabe

Im Zuge der verschiedenen Postreformen und der Liberalisierung des Telekommunikationsmarktes wurde auch das Telekommunikationsgesetz (TKG) vom 25. Juli 1996[1] erlassen. Der Zweite Teil dieses Gesetzes befaßt sich mit der Regulierung von Telekommunikationsdienstleistungen und darin in seinem Ersten Abschnitt (§§ 6–16) mit Lizenzen. Die Stellung dieses Abschnitts an so früher Stelle im Gesetz macht deutlich, daß die Lizenzierung einen der Eckpfeiler des neuen gesetzlichen Regimes für die Telekommunikationsindustrie darstellt.

1

Im folgenden sollen zunächst die verfassungsrechtlichen Grundlagen und die Rechtsnatur der Lizenzen beleuchtet werden. Sodann wird die Unterscheidung zwischen lizenzfreien und lizenzpflichtigen Tätigkeiten erläutert; die Voraussetzungen der Lizenzerteilung sowie der Inhalt der Lizenzen, die Pflichten der Lizenznehmer, Sanktionen und Lizenzgebühren werden dargestellt, bevor auf die europaweite Harmonisierung eingegangen wird.

2

1.1 Verfassungsrechtliche Grundlagen für Telekommunikationsdienstleistungen

Im Grundgesetz ist an verschiedenen Stellen von den Bereichen Post und Telekommunikation die Rede, größtenteils jedoch bezogen auf die Fragen der Gesetzgebungskompetenz (Art. 73 Nr. 7 und Art. 80 Abs. 2 Grundgesetz[2] – GG) bzw. der Umwandlung des Sondervermögens Deutsche Bundespost (Art. 143b GG). Für die Liberalisierung des Telekommunikationsmarktes entscheidend war jedoch die Einfügung des **Art. 87f GG**, der mit Gesetz vom 30. August 1994[3] Eingang in das Grundgesetz gefunden hat.

3

Dieser Artikel, der bezeichnenderweise im Abschnitt VIII des Grundgesetzes – Die Ausführung der Bundesgesetze und die Bundesverwaltung – seinen Platz im Verfassungsgefüge gefunden hat, gibt dem Bundesgesetzgeber einerseits den Auftrag, die flächendeckende Erbringung angemessener und ausreichender Dienstleistungen im Telekommunika-

4

---
1 BGBl. I 1996, S. 1120.
2 BGBl. I 1949, S. 1.
3 BGBl. I 1994, S. 2245.

tionsbereich sicherzustellen. Er legt andererseits fest, daß diese Dienstleistungen im wesentlichen – soweit keine hoheitlichen Aufgaben betroffen sind – durch privatwirtschaftliche Anbieter zu erbringen sind. Die ausgenommenen hoheitlichen Aufgaben sind insbesondere solche der Marktregulierung, die nunmehr die Regulierungsbehörde für Telekommunikation und Post (RegTP) wahrnimmt.

5   Ansonsten ist Art. 87f Abs. 2 S. 1 GG die verfassungsrechtliche **Grundlage für die Liberalisierung des Telekommunikationsmarktes**[1], während der Gewährleistungsauftrag[2] des Art. 87f Abs. 1 GG unter anderem zu der im Ersten Abschnitt des Zweiten Teils des TKG geregelten Lizenzierungspflicht einzelner Telekommunikationsdienstleistungen geführt hat. Denn die Lizenzierung soll vornehmlich dazu beitragen, daß die von der Lizenzierungspflicht betroffenen Telekommunikationsdienstleistungen nur von solchen Unternehmen erbracht werden, die auch eine gewisse Qualität und Zuverlässigkeit der Dienste gewährleisten können.

1.2 Rechtsnatur der Lizenz

6   Grundlage für die Erteilung von Telekommunikationslizenzen ist § 8 Abs. 1 TKG, der bestimmt, daß Lizenzen auf Antrag von der RegTP erteilt werden. Die Formulierung macht deutlich, daß es zum einen einen **Anspruch** auf Lizenzerteilung gibt, da lediglich die in § 8 Abs. 3 S. 1 TKG genannten Gründe zur Versagung der Lizenz führen dürfen (s. u. Rz. 134 ff.), und daß der Lizenztatbestand zum anderen als präventives Verbot mit Erlaubnisvorbehalt ausgestattet ist[3]. Denn die angestrebte Betätigung des antragstellenden zukünftigen Lizenznehmers ist Ausdruck der grundrechtlich geschützten Freiheitsposition. Auch die Regulierungsziele der Liberalisierung des Telekommunikationsmarktes und der Förderung eines chancengleichen und funktionsfähigen Wettbewerbs auf den Märkten der Telekommunikation (§ 2 Abs. 2 Nr. 2 TKG) setzen voraus, daß die angestrebte Tätigkeit grundsätzlich erlaubt sein muß. Dies kommt schon in der Legaldefinition der Lizenz in § 3 Nr. 7 TKG zum Ausdruck, wonach eine Lizenz

> „die Erlaubnis zum Angebot bestimmter Telekommunikationsdienstleistungen für die Öffentlichkeit"

---

1 Vgl. *Lerche*, in: Maunz/Dürig/Herzog, Grundgesetz, Art. 87f Rz. 54 ff.
2 Zur Terminologie *Lerche*, in: Maunz/Dürig/Herzog, Grundgesetz, Art. 87f Rz. 85.
3 Beck TKG-Komm/*Schütz*, § 8 Rz. 2.

darstellt. Der Erlaubnischarakter ist also bereits in der Definition selbst angelegt.

Die Lizenzen werden in Form eines **Verwaltungsaktes** i. S. d. § 35 S. 1 des Verwaltungsverfahrensgesetzes des Bundes[1] (VwVfG) erlassen und nicht in Form eines Verwaltungsvertrages, wie er noch für die D2-Mobilfunklizenz verwendet wurde. Geschlossen wird dies im allgemeinen aus der Formulierung des § 8 TKG: Er spricht zum einen vom Erteilen der Lizenzen auf Antrag und von Versagungsgründe; zum anderen soll danach die Lizenz in einer Frist von sechs Wochen erlassen werden (§ 8 Abs. 1 S. 3 TKG)[2].

Hinzu kommt, daß in § 8 Abs. 2 S. 2 und 3 TKG ausdrücklich die Möglichkeit vorgesehen ist, Nebenbestimmungen zu den Lizenzen zu erlassen (s. u. Rz. 129 ff.), um das Erreichen der Regulierungsziele des TKG sicherzustellen. Nebenbestimmungen gehören aber gemäß § 36 VwVfG schon begrifflich zum Verwaltungsakt, nicht zum öffentlich-rechtlichen Vertrag. Und schließlich geht auch die RegTP offensichtlich von der Rechtsnatur des Verwaltungsaktes aus, da sie Lizenzen regelmäßig mit einer Rechtsbehelfsbelehrung i. S. d. § 58 Abs. 1 Verwaltungsgerichtsordnung[3] (VwGO) versieht (s. u. Rz. 156 ff.).

1.3 Lizenzfreie und lizenzpflichtige Tätigkeiten

Der Rahmen der Lizenzpflicht für das Erbringen von Telekommunikationsdienstleistungen ist in § 6 Abs. 1 und 2 TKG vorgegeben. Danach sind lediglich das Betreiben von Übertragungswegen (s. u. Rz. 11 ff.) und der Sprachtelefondienst (s. u. Rz. 45 ff.) lizenzpflichtig. Telekommunikationsdienstleistungen, die nicht unter eine dieser beiden Kategorien fallen, bedürfen keiner Lizenz, sondern unterliegen lediglich der allgemeinen Anzeigepflicht des § 4 S. 1 TKG (s. u. Rz. 70 ff. und Rz. 74 ff.).

Demgemäß kann der lizenzfreie Bereich nur in einer Negativabgrenzung anhand der im Gesetz genannten Kategorien der lizenzpflichtigen Bereiche ermittelt werden.

---

1 In der Fassung der Bekanntmachung vom 21. 9. 1998, BGBl. I 1998, S. 3050.
2 Vgl. *Manssen*, in: Manssen, Telekommunikations- und Multimediarecht, § 8 Rz. 9.
3 In der Fassung der Bekanntmachung vom 19. 3. 1991, BGBl. I 1991, S. 686.

1.3.1 Betreiben von Übertragungswegen

11 Gemäß § 6 Abs. 1 Nr. 1 TKG bedarf einer Lizenz, wer

> „Übertragungswege betreibt, die die Grenze eines Grundstücks überschreiten und für Telekommunikationsdienstleistungen für die Öffentlichkeit genutzt werden".

12 Die Lizenzen für das Betreiben von Übertragungswegen sind gemäß § 6 Abs. 2 Nr. 1 TKG in drei **Lizenzklassen** eingeteilt: Die Lizenzklasse 1 umfaßt die Mobilfunklizenzen, die Lizenzklasse 2 die Satellitenfunklizenzen, und die Lizenzklasse 3 gilt für alle sonstigen Übertragungswege, die nicht von den Lizenzklassen 1 und 2 erfaßt sind.

13 Im folgenden wird das Augenmerk insbesondere auf die Lizenzklasse 3 gelegt; die Besonderheiten, die es bei den Lizenzklassen 1 und 2 zu beachten gibt, werden, soweit erforderlich, in Teil 2 unter Rz. 80 ff. behandelt.

14 Laut Mitteilung Nr. 505/2000 (ABl. RegTP 16/2000) erfolgt die Veröffentlichung der Liste von Anbietern von Telekommunikationsdienstleistungen und von Lizenznehmern nicht mehr im Volltext im Amtsblatt selbst, sondern nur noch auf der Website der RegTP. Wahlweise kann auch eine Diskette mit der Veröffentlichung oder ein Ausdruck in Papierform von der RegTP bezogen werden. Nach dieser Veröffentlichung, in der letztmals alle bis zum 22. 8. 2001 gemeldeten Unternehmen aufgeführt sind, hat die RegTP bis zu diesem Zeitpunkt **363 Lizenzen der Lizenzklasse 3** erteilt (ohne diejenigen Lizenzen, die ausschließlich für den Empfang und die Verteilung von Rundfunksignalen erteilt wurden). Dabei handelte es sich aber nur bei knapp 20 Lizenzen um bundesweite Lizenzen, ein Umstand, der vermutlich auf die hohen Lizenzgebühren für eine bundesweite Lizenz der Lizenzklasse 3 zurückzuführen ist (s. u. Rz. 242 ff.).

15 Bei der Frage, was unter dem Betreiben von Übertragungswegen im Sinne der Lizenzpflicht nach § 6 Abs. 1 Nr. 1 TKG zu verstehen ist, ist von den im Gesetz selbst enthaltenen Legaldefinitionen auszugehen, die sodann ihrerseits zu interpretieren sind.

1.3.1.1 Übertragungswege

16 Übertragungswege sind in § 3 Nr. 22 TKG definiert als

> „Telekommunikationsanlagen in Form von Kabel- oder Funkverbindungen mit ihren übertragungstechnischen Einrichtungen als Punkt-zu-Punkt- oder Punkt-zu-Mehrpunkt-Verbindungen mit einem bestimmten Informationsdurchsatzvermögen (Bandbreite oder Bitrate) einschließlich ihrer Abschlußeinrichtungen".

Die Telekommunikationsanlagen, die den Übertragungswegen letztendlich physisch zugrunde liegen, sind ihrerseits in § 3 Nr. 17 TKG definiert als 17

> „technische Einrichtungen oder Systeme, die als Nachrichten identifizierbare elektromagnetische oder optische Signale senden, übertragen, vermitteln, empfangen, steuern oder kontrollieren können".

Aus diesen beiden Legaldefinitionen ergibt sich also der vom Gesetz vorgegebene Rahmen für die grundsätzliche Umschreibung der Lizenzpflichtigkeit von Telekommunikationsinfrastruktur. 18

Das erste wichtige Kriterium liegt darin, daß ein lizenzpflichtiger Übertragungsweg nicht nur Leitungsverbindungen an sich, sondern immer auch **Übertragungstechnik** enthalten muß. Unbeschaltete Kabelverbindungen, wie z. B. unbeschaltete Kupferadern (sog. „dark copper" oder „cold wire") oder unbeschaltete Glasfaserverbindungen (sog. „dark fibre"), sind keine Übertragungswege im Sinne der Legaldefinition und unterliegen daher nicht der Lizenzpflicht[1]. Erst der Einbau der Übertragungstechnik macht die Leitungsverbindung zum Übertragungsweg. Dabei ist durch die Definition auch sogleich klargestellt, daß sowohl Punkt-zu-Punkt-Verbindungen als auch Punkt-zu-Mehrpunkt-Verbindungen erfaßt sind. Demnach sind einerseits sowohl festnetzgebundene Verbindungen zwischen zwei festen Punkten als auch Punkt-zu-Punkt-Funkverbindungen von der Definition umfaßt. Andererseits sind auch die festnetzgebundenen Breitbandverteilnetze und der drahtlose Teilnehmeranschluß (Wireless Local Loop – WLL) als Punkt-zu-Mehrpunkt-Verbindungen lizenzpflichtige Übertragungswege[2]. 19

Übertragungstechnische Einrichtungen, die die Nachrichtenübermittlung in diesem Sinne mit einem bestimmten Informationsdurchsatzvermögen (also der eigentlichen Bandbreite) generieren, liegen dann vor, wenn diese Funktionseinheiten für eine **diensteneutrale transparente Punkt-zu-Punkt- oder Punkt-zu-Mehrpunkt-Übertragung** innerhalb des Übertragungswegenetzes technisch-physikalisch erforderlich sind und diese Funktionen nicht von Endeinrichtungen oder Vermittlungsstellen wahrgenommen werden können. Es handelt sich also hier um eine funktionale Einordnung des jeweiligen Anlagenteils in Abgrenzung zu den dienstespezifischen Funktionen der Vermittlungs- und Endeinrichtungen[3]. 20

---

1 Beck TKG-Komm/*Schütz*, § 6 Rz. 11.
2 Vgl. Beck TKG-Komm/*Schütz*, § 6 Rz. 13.
3 Vgl. Beck TKG-Komm/*Schütz*, § 6 Rz. 14 f.

21 Daß die **Vermittlungs- und Endeinrichtungen** nicht (mehr) zu dem lizenzpflichtigen Teil der Übertragungswege gehören, ergibt sich auch daraus, daß die Legaldefinition die Übertragungswege als Telekommunikationsanlagen einschließlich ihrer **Abschlußeinrichtungen** beschreibt. Die Abschlußeinrichtungen, also insbesondere die Hausverteilerkästen, legen demnach die technisch-physikalische Grenze fest, an denen der Übertragungsweg endet. Die Abschlußeinrichtungen dienen der Herstellung der (diensteneutralen) Betriebsfähigkeit des Übertragungsweges, während daran erst die Endeinrichtungen angeschlossen werden, und zwar außerhalb des lizenzpflichtigen Bereichs. Denn die **Endeinrichtungen** sind in § 3 Nr. 3 TKG definiert als

> „Einrichtungen, die unmittelbar an die Abschlußeinrichtung eines Telekommunikationsnetzes angeschlossen werden sollen oder die mit einem Telekommunikationsnetz zusammenarbeiten und dabei unmittelbar oder mittelbar an die Abschlußeinrichtung eines Telekommunikationsnetzes angeschlossen werden sollen".

22 Die Endeinrichtungen, die letztendlich die dem Nutzer zur Verfügung stehenden Endgeräte darstellen (Festnetztelefon, Schnurlostelefon, Funkanlagen und -geräte etc.) bzw. auch die Basisstationen der Mobilfunknetze, können an die Abschlußeinrichtungen über verschiedene Medien angebunden sein, z. B. über Kabel-, Funk-, optische oder andere elektromagnetische Systeme[1]. Gemeinsam ist ihnen allen jedoch, daß sie für die Betriebsfähigkeit des eigentlichen Übertragungsweges nicht notwendig sind, sondern lediglich die über den Übertragungsweg transportierte Nachricht wiedererzeugen und daher keine netzbezogene Funktion ausüben wie die Abschlußeinrichtungen.

23 So wie die Endeinrichtungen nicht mehr zum lizenzpflichtigen Netzbereich gehören, sind auch die **Vermittlungseinrichtungen** separat zu betrachten. Denn die Vermittlungseinrichtungen sind nicht Teil der Übertragungstechnik. Vielmehr sind sie zwischen zwei Übertragungswege zwischengeschaltet und erbringen die Vermittlungsleistung, die zwar für die Stellung eines Netzbetreibers notwendig ist, aber nicht für die technisch-physikalische Übertragungsleistung. Die Abschlußeinrichtung am B-Ende des Übertragungsweges ist zwar in der Regel Teil der Vermittlungseinrichtung, vermag diese jedoch nicht in ihrer Gesamtheit in die Lizenzpflichtigkeit mit einzubeziehen.

---

[1] Beck TKG-Komm/*Bönsch*, § 59 Rz. 5 f.

1.3.1.2 Betreiben

Für die Feststellung der Lizenzpflichtigkeit nach § 3 Abs. 1 Nr. 1 TKG ist darüber hinaus der Begriff des Betreibens der Übertragungswege näher zu untersuchen.

Das Betreiben von Übertragungswegen ist in § 3 Nr. 1 TKG definiert als das

> „Ausüben der rechtlichen und tatsächlichen Kontrolle (Funktionsherrschaft) über die Gesamtheit der Funktionen, die zur Realisierung der Informationsübertragung auf Übertragungswegen unabdingbar erbracht werden müssen".

Der zentrale Begriff der Betreibereigenschaft ist demnach derjenige der **Funktionsherrschaft**. Wie sich bereits aus der Legaldefinition ergibt, hat die Funktionsherrschaft zwei wesentliche Komponenten, nämlich zum einen die rechtliche Kontrolle über den Betrieb der Übertragungswege, zum anderen die tatsächliche Kontrolle.

Für die **rechtliche Kontrolle** ist nicht unbedingt erforderlich, daß der Lizenznehmer auch das Eigentum an den Übertragungswegen innehat. Vielmehr genügt auch eine Überlassung der Übertragungswege, die sich jedoch auf das Betreiben, nicht nur auf die bloße (Mit-)Nutzung der Übertragungswege beziehen muß. Denn der bloße Nutzer hat nicht unbedingt die Kontrolle über die In- oder Außerbetriebnahme der Übertragungswege inne.

Die **tatsächliche Kontrolle** setzt voraus, daß der Lizenznehmer derjenige ist, der dergestalt Zugang zu den Übertragungseinrichtungen hat, daß er jederzeit tatsächlich selbst die Anlagen ein- oder ausschalten kann.

Die Funktionsherrschaft besitzt also, wer in eigener Verantwortung die rechtliche und tatsächliche Kontrolle über das **Ob und Wie** des Betreibens der Übertragungswege ausübt und ein eigenes Interesse an der bestimmungsgemäßen Nutzung der Übertragungswege besitzt[1]. Reine Hilfstätigkeiten im Auftrage eines anderen, wie z. B. die Ausführung von Installations- oder Wartungsarbeiten, können eine Funktionsherrschaft damit ebensowenig begründen wie das bloße Eigentum an den Übertragungswegen oder die bloße Nutzung von Kapazitäten oder Bandbreite von Übertragungswegen, die durch einen anderen betrieben werden.

Daraus folgt schließlich auch, daß das **bloße Errichten** der Übertragungswege, also die Verlegung von Leerrohren, das Einziehen von Kabeln, das

---

[1] Näher zur Herleitung: *Bothe/Heun/Lohmann*, ArchPT 1995, 5, 14 ff.; vgl. auch Beck TKG-Komm/*Schütz*, § 6 Rz. 33 ff.

Errichten von Sendemasten oder auch das Montieren von Sendeanlagen, noch nicht lizenzpflichtig ist, da das bloße Errichten noch keinen Betrieb der Anlage bedeutet. Dennoch müssen in der Praxis zumeist schon vor dem Errichten der Telekommunikationsanlagen den Wegebaulastträgern oder Grundstückseigentümern die für den späteren Betrieb notwendigen Infrastrukturlizenzen vorgelegt werden. Denn das (unentgeltliche) Wegerecht nach §§ 50 ff. TKG knüpft an die Infrastrukturlizenz nach § 6 Abs. 1 Nr. 1 TKG an, so daß die zur Duldung Verpflichteten in der Regel den Nachweis einer entsprechenden Lizenz verlangen (ausführlich zum Wegerecht unter Teil 6).

31 Die Betreiberstellung kann im einzelnen komplizierte Fragestellungen aufwerfen, insbesondere dann, wenn sich der „Betreiber" im Rahmen von Dienst- oder Werkverträgen oder im Rahmen von Kooperationen anderer Unternehmen bedient. In allen diesen Fällen ist insbesondere bei der Gestaltung der zugrundeliegenden Verträge darauf zu achten, daß der Betreiber die Kontrolle über die übertragungstechnischen Funktionen behält. Die anderen Unternehmen müssen danach erkennbar **für** den Betreiber tätig werden und **weisungsgebunden** sein. Bei Kooperationen muß zusätzlich sichergestellt werden, daß eine „Minimalkonfiguration" für den eigenen Netzbetrieb erhalten bleibt und unter der alleinigen Kontrolle des Betreibers verbleibt.

1.3.1.3 Abgrenzungsfragen

32 Neben den beiden zentralen Fragen der Betreiberstellung und der Übertragungswege ist für das Bestimmen der Lizenzpflichtigkeit außerdem erforderlich, daß die Übertragungswege die Grenzen eines Grundstückes überschreiten und für Telekommunikationsdienstleistungen für die Öffentlichkeit genutzt werden.

1.3.1.3.1 Überschreiten der Grenzen eines Grundstücks

33 Um die Lizenzpflichtigkeit nicht von aus telekommunikationsrechtlicher Sicht eher zufälligen liegenschaftlich bestimmten Grundstücksgrenzen abhängig zu machen, ist in § 3 Nr. 6 TKG ein Grundstück definiert als

> „ein im Grundbuch als selbständiges Grundstück eingetragener Teil der Erdoberfläche oder ein Teil der Erdoberfläche, der durch die Art seiner wirtschaftlichen Verwendung oder nach seiner äußeren Erscheinung eine Einheit bildet, und zwar auch dann, wenn es sich im liegenschaftlichen Sinne um mehrere Grundstücke handelt. Straßen- und Schienennetze werden nicht als einheitliches Grundstück betrachtet".

Mit dieser Definition soll sichergestellt werden, daß z. B. die Telekommunikationsanlage, die auf einem aus mehreren **zusammenhängenden Grundstücken** im liegenschaftlichen Sinne bestehenden Betriebsgelände betrieben wird, nicht unter die Lizenzpflicht fällt. Es handelt sich dann um eine lizenzfreie Grundstücksanlage. Sobald eine Mehrheit von Grundstücken nicht mehr dergestalt einheitlich, sondern (auch) von der Öffentlichkeit genutzt wird, ist anzunehmen, daß keine wirtschaftliche Einheit mehr besteht, so daß die Lizenzpflicht zu bejahen ist. 34

Uneinigkeit herrscht bei der Frage, ob eine **Straße**, die zwischen solchermaßen zusammenhängenden Grundstücken verläuft, eine Grundstücksanlage zu einer lizenzpflichtigen Anlage macht[1]. Richtigerweise muß danach differenziert werden, ob die Straße zu der wirtschaftlichen Einheit der liegenschaftlich verschiedenen Grundstücke gehört, wie insbesondere Privatstraßen auf einem Betriebsgelände[2]. Bei einer öffentlichen Straße, die z. B. ein Betriebsgelände teilt, kann wohl auf das Kriterium der leichten Überwindbarkeit zurückgegriffen werden, um festzustellen, ob es sich um ein Betriebsnetz handelt oder nicht. 35

Entscheidend dürfte sein, ob die Grundstückseinheit maßgeblich durch die Verwendung für die Telekommunikation geprägt ist oder ob diese kommunikative Grundstückseinheit nur einem anderen wirtschaftlichen Zweck dienend untergeordnet ist. In letzterem Fall ist keine Lizenzpflichtigkeit anzunehmen[3]. 36

Mit dem ausdrücklichen Zusatz, daß **Straßen- und Schienennetze** nicht als ein Grundstück in diesem Sinne zählen, sollte verhindert werden, daß diejenigen, die im Besitz solcher Netze sind, entlang der Straßen oder Schienen umfassende Telekommunikationsnetze ohne Lizenz aufbauen können. 37

1.3.1.3.2 Telekommunikationsdienstleistung für die Öffentlichkeit und „Geschlossene Benutzergruppen"

Eng mit der Frage der Grundstückseinheit verbunden ist die Frage der Erbringung der Telekommunikationsdienstleistung für die Öffentlichkeit, die das letzte Kriterium für die Abgrenzung der Infrastrukturlizenz darstellt. 38

Die Telekommunikationsdienstleistungen für die Öffentlichkeit sind in § 3 Nr. 19 TKG definiert als 39

---

1 So grundsätzlich verneinend für leicht zu überquerende Straßen oder Gewässer: *Geppert/Ruhle/Schuster*, Handbuch Recht und Praxis der Telekommunikation, Rz. 112.
2 Beck TKG-Komm/*Schütz*, § 6 Rz. 23 ff.
3 *Grzeszick*, ZUM 1997, 911, 912.

> „das gewerbliche Angebot von Telekommunikation einschließlich des Angebots von Übertragungswegen für beliebige natürliche oder juristische Personen und nicht lediglich für die Teilnehmer geschlossener Benutzergruppen".

40 Die erfaßten Dienstleistungen sind damit sehr weit zu verstehen. Denn zum einen umfaßt die Telekommunikation gemäß § 3 Nr. 16 TKG

> „den technischen Vorgang des Aussendens, Übermittelns und Empfangens von Nachrichten jeglicher Art in der Form von Zeichen, Sprache, Bildern oder Tönen mittels Telekommunikationsanlagen".

41 Zum anderen liegt immer dann eine gewerbliche Erbringung einer Dienstleistung vor, wenn sie auf Erwerb ausgerichtet und nachhaltig, also auf eine gewisse Dauer, ausgeübt wird. Nicht ausreichend ist allerdings, daß die Telekommunikationsdienstleistung nur gelegentlich des eigentlichen Gewerbes erbracht wird (s. auch unten Rz. 63 f.).

42 In diesem Zusammenhang gilt die **gesetzliche Vermutung gemäß § 6 Abs. 3 TKG**, daß das Betreiben von Übertragungswegen, die von Dritten genutzt werden, grundsätzlich eine solche Telekommunikationsdienstleistung für die Öffentlichkeit darstellt. Insofern trifft bei der Nutzung der Übertragungswege durch Dritte den Betreiber die Beweislast dafür, daß es sich bei diesem Dritten dennoch nicht um die Öffentlichkeit, sondern um eine geschlossene Benutzergruppe handelt[1].

43 **Geschlossene Benutzergruppen** umfassen zum einen unternehmens- oder behördeninterne Netze (sog. Corporate Networks), zum anderen gesellschaftsrechtliche oder schuldrechtliche Dauerbeziehungen oder dauerhafte Verbindungen zur Verfolgung gemeinsamer beruflicher, wirtschaftlicher oder hoheitlicher Ziele[2]. Bei den unternehmensinternen Netzen sind auch Netze zwischen verbundenen Unternehmen i. S. d. §§ 15 ff. Aktiengesetz[3] (AktG) erfaßt. Im Rahmen einer sonstigen geschlossenen Benutzergruppe kann z. B. ein Unternehmer mit seinen Lieferanten zusammengefaßt sein. Die Grenzen liegen darin, daß die gemeinsame Verbindung nicht nur darin bestehen darf, denselben Telekommunikationsanbieter zu nutzen, oder daß es sich um eine beliebige Untergruppe der Allgemeinheit, also der Öffentlichkeit, handelt. Diese auch heute noch gültigen Definitionen haben ihren Ursprung in der Verordnung zur Öffnung von Märkten für Dienstleistungen sowie zur

---

1 Vgl. *Grzeszick*, ZUM 1997, 911, 913.
2 *Geppert/Ruhle/Schuster*, Handbuch Recht und Praxis der Telekommunikation, Rz. 113.
3 Vom 6. 9. 1965, BGBl. I 1965, S. 1089.

Regelung von Inhalt, Umfang und Verfahren der Verleihung im Bereich der Telekommunikation (Telekommunikations-Verleihungsverordnung – TVerleihV) vom 19. 10. 1995[1], in der die Voraussetzungen für die Anerkennung geschlossener Benutzergruppen ausführlich in §§ 4 ff. geregelt waren. Mit dem TKG hat diese Verordnung allerdings ihre Gültigkeit verloren.

Eine so definierte geschlossene Benutzergruppe wird aber nicht dadurch aufgehoben, daß es möglich ist, die einzelnen Teilnehmer der geschlossenen Benutzergruppe von außerhalb anzurufen, oder dadurch, daß die Teilnehmer selbst nach außen wählen können. Ein solcher sogenannter **einseitiger break-in- bzw. break-out-Verkehr** ist zulässig. Entscheidend soll vielmehr sein, daß stets mindestens an einem Ende der Telekommunikationsverbindung ein Mitglied der geschlossenen Benutzergruppe beteiligt ist[2]. Sonst müßten alle geschlossenen Benutzergruppen ein zweites Telefonnetz besitzen, um externe Gespräche führen zu können, was diese Freistellung ins Leere laufen ließe. Daher ist es nur unzulässig, daß zwei Externe das dergestalt betriebene Netz für ein rein externes Gespräch nutzen.

1.3.2 Sprachtelefondienst

Die zweite für die Öffnung des Wettbewerbs entscheidende lizenzpflichtige Tätigkeit ist der Sprachtelefondienst. Es bedarf gemäß § 6 Abs. 1 Nr. 2 TKG einer Lizenz, wer

> „Sprachtelefondienst auf der Basis selbst betriebener Telekommunikationsnetze anbietet".

In der Definition der Lizenzklasse 4 in § 6 Abs. 2 Nr. 2 TKG ist zusätzlich ausdrücklich festgehalten, daß diese Sprachtelefondienstlizenz nicht das Recht zum Betreiben von Übertragungswegen einschließt. Daher gibt es viele Lizenznehmer, die sowohl eine Infrastrukturlizenz (insbesondere der Lizenzklasse 3) und zusätzlich eine Sprachtelefondienstlizenz besitzen.

Nach der Veröffentlichung gemäß Mitteilung Nr. 505/2000 (ABl. RegTP 16/2000), in der letztmals alle bis zum 22. 8. 2001 gemeldeten Unternehmen aufgeführt sind, hatte die RegTP bis zu diesem Zeitpunkt **185 Unternehmen eine Lizenz der Lizenzklasse 4** erteilt; davon handelte es sich bei knapp 70 Lizenzen um bundesweite Lizenzen. Auch hier dürfte der vergleichsweise geringe Anteil von gut einem Drittel bundesweiter

---

1 BGBl. I 1995, S. 1434.
2 Ausführlich zu Corporate Networks: *Berger/Gramlich*, CR 1999, 150, 153 f.

Lizenzen mit der Höhe der Lizenzgebühren (s. u. Rz. 242 ff.) zusammenhängen.

1.3.2.1 Angebot von Sprachtelefondienst

48 Der Sprachtelefondienst ist in § 3 Nr. 15 TKG definiert als

> „die gewerbliche Bereitstellung für die Öffentlichkeit des direkten Transports und der Vermittlung von Sprache in Echtzeit von und zu den Netzabschlußpunkten des öffentlichen, vermittelnden Netzes, wobei jeder Benutzer das an solch einem Netzabschlußpunkt angeschlossene Endgerät zur Kommunikation mit einem anderen Netzabschlußpunkt verwenden kann".

49 Entscheidendes Kriterium dieser Definition ist die **Vermittlung von Sprache in Echtzeit**. Unter Sprache wird, in Abgrenzung zur Übermittlung von Daten, das Kommunikationsmittel zwischen Menschen auf akustischer Basis verstanden. Während Daten aus technischer Sicht in der Regel mit Hilfe der Paketvermittlung übertragen werden, wird Sprache in der Regel (noch) ungeteilt mit Hilfe der Leitungsvermittlung übertragen. Allerdings geht es nicht nur um die bloße Übertragung der akustischen Signale, sondern insbesondere um die Vermittlung.

50 Unter **Vermittlung** wird heute, ausgehend vom fernmeldetechnischen Wortverständnis, aber unter Berücksichtigung des finalen Elements der Auswahl zwischen mehreren Endpunkten, der fernmeldetechnische Vorgang der Verbindung von Funktionseinheiten – insbesondere von Übertragungswegen – verstanden, der dazu dient, eine zeitweise, dialogfähige Kommunikationsverbindung zwischen zwei oder mehreren Endpunkten aufzubauen, und der es dem Nutzer an einem Endpunkt dieser Kommunikationsverbindung ermöglicht, den oder die anderen Endpunkte in jedem Einzelfall des Aufbaus einer Kommunikationsverbindung jeweils aus mehreren möglichen Endpunkten auszuwählen (vermittelte Verbindung)[1]. Deutlich wird aus dieser Definition auch, daß immer eine Auswahlmöglichkeit zwischen verschiedenen Endpunkten bestehen muß, damit eine echte Vermittlungsleistung erbracht wird. Diese Frage hat insbesondere für die Frage der Lizenzpflichtigkeit von Verbindungsnetzbetreibern Bedeutung gewonnen (näher dazu unter Rz. 58).

51 Hinzu kommt, daß die Vermittlung der Sprachkommunikation in **Echtzeit** erfolgen muß. Echtzeit bedeutet grundsätzlich, daß die Kommunika-

---

[1] Definition des BMPT in Teil 1 II 2 A 1 der Verwaltungsvorschrift Sprachtelefondienstmonopol; näher Beck TKG-Komm/*Schütz*, § 6 Rz. 57 ff.

tion zwischen den Menschen mittels Sprache von diesen noch als direkt und unmittelbar empfunden werden kann. Die technische Grenze kann mit der ITU-T-Empfehlung G 114 bei einer Laufzeitverzögerung von maximal 400 Millisekunden in eine Richtung angenommen werden[1] (siehe auch Rz. 65 ff.).

Das Kriterium des **direkten Transports von und zu den Netzabschluß-** 52
punkten des öffentlich vermittelnden Netzes, das bereits im Rahmen der Vermittlungsfunktion wegen der notwendigen Auswahlmöglichkeit Bedeutung gewinnt, ist schließlich in seiner Bedeutung umstritten. Denn es ist unklar, ob der **Mobilfunk** als Sprachtelefondienst im Sinne dieser Bestimmungen zu verstehen ist oder nicht. In der Regulierungspraxis wird dies derzeit verneint, so daß über die Lizenzen der Lizenzklasse 1 zwar Sprachkommunikationsdienste angeboten werden dürfen, diese jedoch nicht als Sprachtelefondienst i. S. d. §§ 3 Nr. 15, 6 Abs. 1 Nr. 2 TKG eingestuft werden. Hintergrund für diese Praxis ist zum einen die Richtlinie 96/2/EG der Kommission zur Änderung der Richtlinie 90/388/EWG betreffend die mobile Kommunikation und Personal Communications[2], in deren Erwägungsgrund 18 ausdrücklich festgehalten ist, daß die Sprachkommunikation über Mobilfunknetze nicht als Sprachtelefondienst einzustufen ist. Zum anderen werden bei Mobilfunk- und Satellitenfunksystemen die Endgeräte nicht im physischen Sinne an einen Netzabschlußpunkt angeschlossen, so daß schon aus diesem Grund kein öffentliches, vermittelndes Netz im Sinne der Legaldefinition des Sprachtelefondienstes gemäß § 3 Nr. 15 TKG vorliegt[3].

Dagegen wird diese Regulierungspraxis in der Literatur zunehmend kritisiert, insbesondere unter Hinweis darauf, daß dadurch all diejenigen Anbieter, deren Infrastruktur unter die Lizenzklasse 3 falle, diskriminiert würden. Dies werde insbesondere am Beispiel der drahtlosen Teilnehmeranschlußleitung deutlich. Denn deren Betreiber benötigten zusätzlich zur Infrastrukturlizenz der Lizenzklasse 3 eine Lizenz der Lizenzklasse 4, die erhebliche Kosten nach sich ziehe[4]. 53

Das Kosten- und Diskriminierungsargument vermag zur Begründung der 54
Lizenzpflichtigkeit unter der Lizenzklasse 4 nicht zu überzeugen. Denn abgesehen von der Frage der Rechtmäßigkeit der Lizenzgebühren für Lizenzen der Lizenzklasse 4 (s. näher unter Rz. 252 ff.), ist der technische (und qualitative) Unterschied zwischen den Mobilfunk- und Satel-

---

1 *Manssen*, in: Manssen, Telekommunikations- und Multimediarecht, § 3 Rz. 25.
2 Vom 16. 1. 1996, ABl. EG Nr. L 20, S. 109.
3 *Manssen*, in: Manssen, Telekommunikations- und Multimediarecht, § 3 Rz. 23.
4 Beck TKG-Komm/*Schütz*, § 6 Rz. 66 und 41; *Geppert/Ruhle/Schuster*, Handbuch Recht und Praxis der Telekommunikation, Rz. 118.

litenfunknetzen auf der einen Seite und den der Lizenzklasse 3 unterfallenden Netzen auf der anderen Seite für die Einstufung der zu erbringenden Dienste entscheidend. Die Definition des Sprachtelefondienstes bestimmt, daß die Endgeräte an den Abschlußeinrichtungen angeschlossen sein müssen, was sowohl bei der kabelgebundenen als auch bei der drahtlosen Teilnehmeranschlußleitung der Fall ist. Darin unterscheiden sich aber gerade die Mobilfunk- und Satellitenfunkdienste von diesen Netzen. Denn hier liegt kein physischer Anschluß vor. Daher ist es auch gerechtfertigt, die drahtlose Teilnehmeranschlußleitung der Lizenzklasse 3 zu unterwerfen.

1.3.2.2 Abgrenzungsfragen

55 Für die Lizenzpflicht nach § 6 Abs. 1 Nr. 2 TKG sind jedoch noch weitere Kriterien erforderlich, die am besten anhand einer Negativabgrenzung bestimmt werden können. Zum einen handelt es sich hier um die Voraussetzung, daß der Sprachtelefondienst auf der Basis eines selbstbetriebenen Telekommunikationsnetzes erbracht werden muß. Zum anderen muß es sich um die gewerbliche Erbringung einer Dienstleistung für die Öffentlichkeit handeln.

1.3.2.2.1 Selbstbetriebene Telekommunikationsnetze und lizenzfreie Aktivitäten

56 Das Betreiben eines Telekommunikationsnetzes ist gemäß § 3 Nr. 2 TKG definiert als

> „das Ausüben der rechtlichen und tatsächlichen Kontrolle (Funktionsherrschaft) über die Gesamtheit der Funktionen, die zur Erbringung von Telekommunikationsdienstleistungen oder nichtgewerblichen Telekommunikationszwecken über Telekommunikationsnetze unabdingbar zur Verfügung gestellt werden müssen; dies gilt auch dann, wenn im Rahmen des Telekommunikationsnetzes Übertragungswege zum Einsatz kommen, die im Eigentum Dritter stehen."

57 Nach dieser Definition ist also die bereits definierte **Funktionsherrschaft** (s. o. Rz. 24 ff.) zwar notwendig, damit von dem eigenen Betreiben des Netzes ausgegangen werden kann, aber sie ist auch ausreichend, was durch den letzten Halbsatz noch einmal ausdrücklich belegt wird (wenn es auch dem Begriff der Funktionsherrschaft bereits immanent ist, daß Eigentum gerade nicht notwendig ist).

58 In der Praxis war die Lizenzpflichtigkeit der Tätigkeit reiner **Verbindungsnetzbetreiber** eine lange Zeit ungeklärte Frage. Daher hatte die

RegTP im Rahmen einer öffentlichen Anhörung unter anderem die Mindestanforderungen an ein Telekommunikationsnetz für die Erbringung des Sprachtelefondienstes wie folgt festgelegt: Die für den Sprachtelefondienst wesentliche Vermittlungsleistung müsse zumindest auch innerhalb einer selbst betriebenen Konfiguration möglich sein. Nicht ausreichend soll sein, daß das Telekommunikationsnetz aus nur einem oder zwei Übertragungswegen bestehe, da die Vermittlung von Sprache die Auswahlmöglichkeit zwischen mehr als zwei möglichen Endpunkten voraussetze. Nach dem heutigen Stand der Technik für den Bereich Sprachtelefondienst bedürfe eine solche Auswahl daher des Vorhandenseins von mehr als zwei Übertragungswegen, die mit mindestens einer Vermittlungseinrichtung verbunden seien[1]. Nur wenn diese Minimalkonfiguration von mehr als zwei Übertragungswegen und mindestens einer Vermittlungseinrichtung erfüllt ist, bejaht die RegTP also die Lizenzpflichtigkeit. Daher ist in einem Lizenzantrag die Netzkonfiguration entsprechend zu beschreiben. Die RegTP geht davon aus, daß das Angebot des Sprachtelefondienstes über das eigene Netz des Verbindungsnetzbetreibers hinausgeht, da er gerade Teilnehmernetze verbindet (s. auch die entsprechende Legaldefinition des Verbindungsnetzes in § 3 Nr. 23 TKG) und seine Dienstleistungen den Endkunden der dergestalt verbundenen Teilnehmernetze anbietet. Daher erteilt die RegTP keine Linienlizenzen der Lizenzklasse 4 mehr, sondern nur noch Gebietslizenzen[2] (s. auch unter Rz. 112 ff.).

Klar ist auch aus dem Definitionsmerkmal der Erbringung der Dienstleistung auf der Basis selbstbetriebener Telekommunikationsnetze, daß reine **Wiederverkäufer** (Reseller) von Sprachtelefondienst, die lediglich Minuten verkaufen, aber keine eigenen Netze betreiben, von der Lizenzpflicht ausgenommen sind[3]. Das gilt auch für den sogenannten Switch-based Resale, da die entsprechenden Wiederverkäufer zwar eigene Vermittlungsstellen besitzen, die in Kollokationsräumen von Netzbetreibern an deren Netze angeschlossen sind, um jeweils die möglichst günstigste Verbindung zum Endkunden herauszufinden. Aber trotz dieser Vermittlungseinrichtungen betreiben die Wiederverkäufer dennoch kein eigenes Netz, da sie den Verkehr von fremden Netzbetreibern zugeführt bekommen und am selben Ort, also noch im Switch, wieder an andere Netzbetreiber abgeben. Der Sprachtelefondienst wird daher nicht auf der Basis eines selbst betriebenen Telekommunikationsnetzes betrieben, so daß die Lizenzpflicht ausscheidet. Allerdings unterliegt der Netzbetreiber, dessen sich der Wiederverkäufer bedient, der Lizenzpflicht. Dies gilt 59

---
1 Mitteilung Nr. 73/1999, ABl. RegTP 4/99, S. 759.
2 Mitteilung Nr. 160/1999, ABl. RegTP 7/99, S. 1259 f.
3 Mitteilung Nr. 160/1999, ABl. RegTP 7/99, S. 1259 f.

auch dann, wenn der Netzbetreiber ausschließlich den Sprachtelefondienst über Wiederverkäufer, also nicht selbst, anbietet. Entscheidend ist nämlich aus der (zutreffenden) Sicht der RegTP nicht, wer die Verträge anbietet bzw. abschließt, sondern wer das Ende-zu-Ende-Angebot für vermittelte Sprachverbindungen realisiert.

60 Ebenso sind reine **Carrier's Carrier**, sozusagen als Gegenstück zum reinen Wiederverkäufer, von der Lizenzpflicht ausgenommen. Denn der Carrier's Carrier unterscheidet sich vom Reseller dadurch, daß er zwar ein Netzbetreiber ist, aber gerade nicht gegenüber dem Endkunden die Dienstleistungen direkt anbietet. Ein Ende-zu-Ende-Angebot wird vom Carrier's Carrier im Gegensatz zu dem Betreiber, der dies gegenüber den Endkunden verantwortet, gerade nicht realisiert. Vielmehr ist der Carrier's Carrier das Pendant zum Reseller, dem das Netz fehlt, der aber den Endkunden gegenüber als Anbieter auftritt. Beiden fehlt jeweils eines der Merkmale der Lizenzpflicht der Lizenzklasse 4, so daß beide von dieser Lizenzpflicht ausgenommen sind.

61 In bezug auf **Mehrwertdienstenummern** (Freephonedienste, Shared-Cost-Dienste und Premium-Rate-Dienste) ist eine differenzierte Betrachtungsweise geboten: Es ist zu unterscheiden zwischen dem lizenzpflichtigen Netzbetreiber, der den Sprachtelefondienst auf seinem Netz dem Diensteanbieter zuführt, und dem Diensteanbieter selbst, der die Diensterufnummer bei dem Netzbetreiber im Netz hat implementieren lassen, an der Übertragung des Verkehrs jedoch nicht beteiligt ist, sondern für den über die Nummer angebotenen Inhalt verantwortlich ist. Diese Diensteanbieter betreiben kein eigenes Telekommunikationsnetz und sind schon deswegen grundsätzlich nicht lizenzpflichtig.

62 Eine Ausnahme ist allerdings insbesondere bei **Freephonediensten** denkbar, wenn beispielsweise über Calling Cards Sprachtelefondienst substituiert wird. In einem solchen Fall läßt sich der Diensteanbieter den Verkehr zu seiner 0800-Nummer zuführen, die über Calling Cards angewählt wird. Der Inhalt des Freephonedienstes liegt dann in der Vermittlung auf andere Netze oder in der Weiterleitung der Gespräche auf einem eigenen Netz. Je nach Ausgestaltung wäre diese Art Dienstleistung als lizenzfreies Wiederverkaufen (nur Vermittlung auf andere Netze) oder als lizenzpflichtiger Sprachtelefondienst auf der Basis eines eigenen Telekommunikationsnetzes einzustufen. Für die Shared-Cost- oder auch die Premium-Rate-Dienste scheidet diese Einstufung aus, da in jedem Fall weitere Inhalte angeboten werden als die bloße Vermittlungsleistung.

1.3.2.2.2 Gewerbliche Erbringung der Dienstleistung für die Öffentlichkeit

Für die Lizenzpflicht ist nach der Definition des Sprachtelefondienstes außerdem erforderlich, daß es sich um die **gewerbliche** Erbringung der Dienstleistung für die **Öffentlichkeit** handelt. Beide Begriffe sind bereits im Rahmen der Darstellung der Infrastrukturlizenzen definiert worden (s. o. Rz. 38 ff.), so daß hier nur noch auf eine Besonderheit hinsichtlich der Frage der Gewerblichkeit eingegangen werden soll.

63

Die Erbringung des Sprachtelefondienstes nur **gelegentlich des Gewerbes** begründet noch keine Lizenzpflicht. So ist es beispielsweise in Hotels durchaus üblich, daß einzelne Zimmer mit Telefonen ausgestattet sind und der jeweilige Betreiber den Telefondienst als Teil der eigentlichen Beherbergungsdienstleistung erbringt. Hier ist aber der Telefondienst von völlig untergeordneter Bedeutung, das eigentlich ausgeübte Gewerbe ist das Beherbergungsgewerbe. Eine solche Erbringung von Sprachtelefondienst erfüllt daher nicht das Kriterium der Gewerblichkeit und ist nicht lizenzpflichtig. Dieselbe Konstellation findet sich beispielsweise auch in Krankenhäusern.

64

1.3.2.2.3 Sonderfall Internet-Telefonie

Eines der meist diskutierten Themen im Rahmen der Lizenzpflicht ist die Einordnung der Internet-Telefonie (Voice over IP). Ob es sich hierbei um Sprachtelefondienst im Sinne der Legaldefinition des § 3 Nr. 15 TKG handelt oder nicht, ist fraglich. Denn zum einen unterscheidet sich die technische Durchführung der Internet-Telefonie vom herkömmlichen Sprachtelefondienst. Zum anderen ist fraglich, ob die Kriterien der Echtzeit bei der Übertragung, der Auswahlmöglichkeit und des öffentlichen vermittelnden Netzes erfüllt sind.

65

Technisch kann die Internet-gestützte Sprachkommunikation auf folgende drei Arten realisiert werden[1]:

66

- von PC zu PC – beide Gesprächspartner müssen über kompatible Software verfügen, mittels deren der Aufbau, die Verbindung und die Beendigung des Gesprächs gesteuert werden;
- von PC zu Telefon – der Absender muß über dieselbe PC-Ausstattung verfügen wie bei der Kommunikation von PC zu PC; die Verbindung vom Internet zum Empfänger wird über das öffentliche, vermittelte Telefonnetz hergestellt;

---

1 Näher zur technischen Ausgestaltung z. B. *Windthorst/Franke*, CR 1999, 14 f.

– von Telefon zu Telefon – die Verbindung vom Absender zum Internet und vom Internet zum Empfänger erfolgt über einen Internet Service Provider, so daß die Telefonverbindung am Gateway in das Internet abgegeben und am zielnahen Gateway wieder in das Telefonnetz übertragen wird.

67 So entstehen neben den Internet-Zugangskosten bei der Internet-Telefonie demnach nur noch die Kosten für die lokale Verbindung in das Internet, was insbesondere für Fern- und internationale Verbindungen zu erheblichen Kosteneinsparungen führen kann. Am ähnlichsten zum herkömmlichen Sprachtelefondienst ist hierbei noch die dritte und technisch fortgeschrittenste Variante.

68 Problematisch bei der **rechtlichen Einstufung** ist zum einen die erforderliche Übertragung in Echtzeit, die ursprünglich nicht gewährleistet werden konnte. Allerdings ist sie mittlerweile technisch zu erreichen, insbesondere bei der Verbindung von Telefon zu Telefon. Zum anderen ist die freie Auswahlmöglichkeit für die Nutzer zumindest bei den beiden ersten technischen Varianten fraglich, bei der Verbindung von Telefon zu Telefon aber wohl auch zu bejahen. Am schwierigsten dürfte die Frage zu beantworten sein, ob es sich um eine Übertragung in einem öffentlich vermittelnden Netz handelt und ob der jeweilige Anbieter tatsächlich ein eigenes Netz betreibt. Denn oft werden Verbindungen über das Internet über feste Mietleitungen angeboten; viele Anbieter besitzen auch kein Netz, das der von der RegTP aufgestellten Minimalkonfiguration entspricht[1].

69 Die Europäische Kommission hat am 22. 12. 2000 eine neue Mitteilung zum Status der Sprachübermittlung im Internet als Ergänzung zu ihrer früheren Mitteilung vom Januar 1998 veröffentlicht[2]. Darin hält sie fest, daß Sprachübermittlung im Internet grundsätzlich nicht als Sprachtelefondienst zu qualifizieren ist, daß aber dann eine entsprechende Lizenz erforderlich sein soll, wenn tatsächlich im Einzelfall alle Merkmale des Sprachtelefondienstes erfüllt seien. Dies erfordere bereits die gebotene technologische Neutralität. Es gibt keinerlei Anzeichen dafür, daß die RegTP dieser Auffassung derzeit widersprechen wollte. Eine andere Einschätzung kann sich aber bei weiterentwickelter Technik durchaus ergeben. Die Lizenzpflicht wird dann zu bejahen sein, wenn alle Kriterien für das Angebot von Sprachtelefondienst auf der Basis eines selbst be-

---

1 Vgl. mit zum Teil unterschiedlichen Ergebnissen, die auch vom Erscheinungsdatum abzuhängen scheinen: Beck TKG-Komm/*Schütz*, § 6 Rz. 78 ff.; *Windthorst/Franke*, CR 1999, 14, 15 ff.; *Göckel*, K&R 1998, 250, 251 ff.; *Moritz/Niebler*, CR 1997, 697, 698 ff.; *Schick*, NJW-CoR 1998, 486, 488 ff.
2 ABl. EG Nr. C 369, S. 3.

triebenen Telekommunikationsnetzes erfüllt sind. Dies wird sodann eine **Abwägung im Einzelfall** erforderlich machen, wie dies auch bei dem herkömmlichen leitungsvermittelten Sprachtelefondienst der Fall ist, insbesondere bei der Frage des Betreibens eines eigenen Telekommunikationsnetzes.

1.3.3 Sonstige Tätigkeiten und Dienstleistungen

Wie bereits ausgeführt (s. o. Rz. 9 f.) sind alle Telekommunikationsdienstleistungen, die nicht unter die Lizenzklassen 1 bis 4 fallen, lizenzfrei. Dazu gehören zum Beispiel die folgenden Tätigkeiten: 70

Erfaßt sind all diejenigen Dienstleistungen, die zwar grundsätzlich das Betreiben von Übertragungswegen oder das Angebot von Sprachtelefondienst darstellen, aber nicht alle für die Lizenzpflichtigkeit erforderlichen Kriterien erfüllen, z. B. weil es sich um ein Angebot an eine geschlossene Benutzergruppe handelt oder weil der Sprachtelefondienst nicht auf der Basis eines selbst betriebenen Telekommunikationsnetzes erbracht wird. 71

Es gibt eine Reihe weiterer Tätigkeiten, die zwar eng mit Telekommunikationsdienstleistungen **zusammenhängen**, aber keine sind, wie z. B. der Verkauf von Endgeräten oder Vorarbeiten wie das Verlegen von Leerrohren etc. Von den Telekommunikationsdienstleistungen abzugrenzen sind auch die **Tele-, Medien- und Rundfunkdienste**, die allerdings teilweise mit Hilfe von Telekommunikationsdienstleistungen erbracht werden. Ganz generell erfolgt diese Abgrenzung anhand der Vorgabe, daß die Telekommunikationsdienstleistungen im Sinne der Legaldefinition der Telekommunikation gemäß § 3 Nr. 16 TKG die technische Dienstleistung meinen, während sich die Tele-, Medien- und Rundfunkdienste auf die inhaltliche Ebene beziehen. Schließlich kann auch die Gewerblichkeit entfallen, so daß keine Lizenzpflicht vorliegt. 72

Zwischen den telekommunikationsrechtlich völlig unregulierten lizenz- und anzeigefreien Dienstleistungen und den lizenzpflichtigen Telekommunikationsdienstleistungen gibt es noch die Kategorie der zwar lizenzfreien, aber anzeigepflichtigen Dienstleistungen, die im folgenden näher erläutert werden. Dabei ist zu beachten, daß auch alle lizenzpflichtigen Dienste der Anzeigepflicht unterliegen. 73

1.4 Anzeigepflicht

74 Gemäß § 4 S. 1 TKG muß jeder, der Telekommunikationsdienstleistungen erbringt, die Aufnahme, Änderung und Beendigung des Betriebes innerhalb eines Monats bei der RegTP schriftlich anzeigen.

75 Telekommunikationsdienstleistungen ganz allgemein sind in § 3 Nr. 18 TKG definiert als

> „das gewerbliche Angebot von Telekommunikation einschließlich des Angebots von Übertragungswegen für Dritte".

76 Der augenfälligste Unterschied zu den bereits beschriebenen lizenzpflichtigen Telekommunikationsdienstleistungen liegt demnach im **Fehlen** des Merkmals der **Öffentlichkeit**. Die Anzeigepflicht geht also weit über die Lizenzpflichtigkeit hinaus, umfaßt diese aber auch. Entscheidend ist, daß die Leistungen in der Bundesrepublik Deutschland erbracht werden; der Sitz des Anbieters ist dabei unerheblich[1].

77 Die RegTP selbst **veröffentlicht** regelmäßig die Anbieter von Telekommunikationsdienstleistungen, die ihre Dienste gemäß § 4 TKG angezeigt haben. Laut Mitteilung Nr. 505/2000 (ABl. RegTP 16/2000) erfolgt diese Veröffentlichung allerdings nicht mehr im Volltext im Amtsblatt selbst, sondern nur noch auf der Website der RegTP (www.regtp.de). Wahlweise kann auch eine Diskette mit der Veröffentlichung oder ein Ausdruck in Papierform von der RegTP bezogen werden. In Teil B dieser Veröffentlichung sind die verschiedenen Telekommunikationsdienstleistungen in den Bereichen festnetzgebundene Leistungen, Mobilfunkdienstleistungen und Satellitenfunkdienstleistungen beschrieben.

78 Bei den **festnetzgebundenen Telekommunikationsdienstleistungen** werden dabei die folgenden Kategorien unterschieden:
– Angebot von Festnetzübertragungswegen (ohne satellitengestützte Übertragungswege, aber einschließlich des Weitervermietens von angemieteten Übertragungswegen);
– Datenübermittlungsdienste (paketorientierte und leitungsvermittelte Datenübermittlung, Telex);
– Datenmehrwertdienste (elektronische Post, Electronic Data Interchange, Telefaxmehrwertdienste, Buchungsdienste/elektronischer Zahlungsverkehr, Fernwirkdienste);
– integrierte Mehrwertdienste (Videokonferenz, Business-TV);

---

[1] Beck TKG-Komm/*Schuster*, § 4 Rz. 6a.

Anzeigepflicht   Rz. 80 **Teil 1**

- Netzmanagementdienste (z. B. Netzbetrieb für geschlossene Benutzergruppen mit oder ohne Vermittlung von Sprache, Zusammenschaltungsdienste zwischen Netzen verschiedener Netzbetreiber, Netzzugangsdienste, netzunterstützende Dienste, intelligente Netzdienste, Callback-Dienste);
- technische Bereitstellung von Rundfunk (Übermitteln von Ton- und Fernsehsignalen, Heranführen von Rundfunksignalen, Verteilen von Rundfunksignalen über terrestrische Sender oder über Kabelnetze);
- technische Bereitstellung von Multimediadiensten;
- Sprachdienste (auf der Basis eines selbstbetriebenen Netzes, ohne selbstbetriebenes Netz oder auch als Wiederverkauf);
- Sprachmehrwertdienste (Sprachbox, Audiotex, Erteilen von Auskünften);
- öffentliche Telekommunikationsstellen (Bereitstellen von öffentlichen Telefonstellen oder sonstigen Telekommunikationsstellen);
- Herausgabe von Teilnehmerverzeichnissen.

Bei den **Mobilfunkdienstleistungen** unterscheidet man die folgenden Kategorien: 79
- Mobiltelefondienste (Sprachvermittlung für die Öffentlichkeit, Fax- und Datenübermittlung, Short Messaging Service (SMS), Mailboxdienste, Wiederverkauf von Mobilfunkdiensten als Providerdienste);
- Funkrufdienste (unidirektionale Nachrichtenübermittlung – Paging);
- Bündelfunkdienste (Sprach- und Datenübermittlung für eingeschränkte Nutzergruppen);
- Mobile Datenfunkdienste (paketvermittelte Datenübertragung);
- Flugtelefondienste (Sprach-, Daten- und Faxübertragung).

Bei den **Satellitenfunkdienstleistungen** schließlich sind die folgenden Kategorien zu unterscheiden: 80
- Angebot von satellitengestützten Übertragungswegen (auf der Basis selbstbetriebener Übertragungswege oder im Wege der Weitervermietung von angemieteten satellitengestützten Übertragungswegen);
- allgemeine Satellitenfunkdienste (Verteildienste (Broadcasting), Business-TV, Satellite News Gathering, Übertragungsdienste, VSAT-Dienste, Videokonferenz);
- mobile Satellitenfunkdienste (Flottenmanagement/Ortungsdienste, Telefondienste, Datendienste);
- satellitengestützter Rundfunk (Übermitteln von Ton- und Fernsehsignalen, Heranführen von Rundfunksignalen, Verteilen von Rundfunksignalen).

81 Die **Anzeige** erfolgt durch Formblätter, die bei der RegTP einschließlich einer Ausfüllanleitung erhältlich sind (auch als Download auf der Website). Dabei geht es um unternehmensbezogene Grunddaten und die einzelnen Telekommunikationsdienste (einschließlich Datum der Betriebsaufnahme etc.). Diese Angaben dienen sowohl der Erfüllung der Berichtspflichten der RegTP an die Europäische Kommission als auch der regelmäßigen Überprüfung von Marktanteilen und der Festlegung von Universaldienstleistungen.

82 Die **Veröffentlichung** durch die RegTP erfaßt alle Diensteanbieter, die ihre Telekommunikationsdienstleistungen angezeigt haben, mit den Angaben über die angezeigten Dienstleistungen, aufgeschlüsselt nach den oben genannten Kategorien.

1.5 Voraussetzungen der Lizenzerteilung

83 Die Lizenzerteilung selbst ist geregelt in § 8 TKG. In dieser Vorschrift sind in allgemeiner Form die Voraussetzungen niedergelegt, die erfüllt sein müssen, damit eine Lizenz erteilt wird. Zusätzlich hat die RegTP in ihrem Amtsblatt bereits mehrere Verfügungen erlassen, die die abstrakt im Gesetz enthaltenen Anforderungen weiter konkretisieren. Die erste umfassende dieser Verfügungen war Verfügung 116/1996, die noch vom Bundesministerium für Post und Telekommunikation (BMPT) erlassen wurde[1]. Im Dezember 1999 hat die RegTP dann eine weitere Verfügung erlassen (**Verfügung 158/1999**[2]), die die frühere Verfügung 116/1996 des BMPT ersetzt.

84 Im folgenden werden das Antragsverfahren, die Lizenzvoraussetzungen und die möglichen Rechtsmittel innerhalb dieses Verfahrens dargestellt.

1.5.1 Antragsverfahren

85 Gemäß § 8 Abs. 1 S. 1 TKG wird die Lizenz auf **schriftlichen Antrag** von der RegTP schriftlich erteilt. Gemäß § 23 Abs. 1 VwVfG hat die RegTP in ihrer Verfügung 158/1999 festgelegt, daß die Anträge in deutscher Sprache zu stellen sind. Da die Verfügung für die Lizenzerteilung im **Antragsverfahren** für die Lizenzklassen 1–4 gilt, ist auch der Adressat für die verschiedenen Anträge festgelegt. Dementsprechend sind Antragslizenzen der Lizenzklassen 1 und 2 zu beantragen bei der Regulierungsbehörde für Telekommunikation und Post, Referat 215, Postfach 80 01,

---

[1] ABl. BMPT 17/1996, S. 951.
[2] ABl. RegTP 23/1999, S. 4090.

Voraussetzungen der Lizenzerteilung   Rz. 86 **Teil 1**

55003 Mainz, während Lizenzen der Lizenzklassen 3 und 4 bei der Regulierungsbehörde für Telekommunikation und Post, Referat 216, Postfach 80 01, 55003 Mainz, zu beantragen sind. Die Beschränkung auf Antragslizenzen der Lizenzklassen 1 und 2 rührt daher, daß insbesondere im Bereich der Mobilfunk- und Satellitenfunklizenzen häufig ein Vergabeverfahren oder auch ein Verfahren zur Versteigerung von Lizenzen nach der Beschränkung der Anzahl der Lizenzen aufgrund knapper Frequenzen gemäß §§ 10 und 11 TKG erfolgt. Für solche **Vergabe- und Versteigerungsverfahren** werden die Antragsvoraussetzungen von der RegTP gesondert festgelegt, so daß die Verfügung 158/1999 nicht gilt (zu der Lizenzerteilung in Vergabe- und Versteigerungsverfahren siehe Teil 2, Rz. 211 ff.).

Nach der Verfügung 158/99 ist der Antrag auf Erteilung einer Lizenz in zweifacher Ausfertigung einzureichen und muß bestimmte Angaben enthalten, die unter Rz. 89 ff. bei der Lizenzbeantragung behandelt werden. Gemäß § 8 Abs. 1 S. 3 TKG **soll** die RegTP über Lizenzanträge innerhalb von **sechs Wochen** entscheiden. Nach der Vorgabe des Artikels 9 Abs. 2 der Richtlinie 97/13/EG des Europäischen Parlaments und des Rates vom 10. 4. 1997 über einen gemeinsamen Rahmen für Allgemein- und Einzelgenehmigungen für Telekommunikationsdienste[1] (Lizenzierungsrichtlinie) ist dem Antragsteller die Entscheidung über den Antrag jedoch **spätestens** sechs Wochen nach Eingang des Antrags mitzuteilen, es sei denn, die Frist muß in objektiv begründeten Fällen verlängert werden. Das Antragsverfahren darf danach längstens bis zu vier Monate dauern. Daher muß auch die Sollbestimmung des § 8 Abs. 1 S. 3 TKG richtlinienkonform dahingehend ausgelegt werden, daß die RegTP grundsätzlich innerhalb von sechs Wochen entscheiden **muß**. Dementsprechend ist die RegTP dazu übergegangen, in der Regel sogenannte qualifizierte Eingangsbestätigungen an die Antragsteller zu versenden, mit denen nicht nur der Eingang des Antrags bestätigt wird, sondern in denen auch aufgeführt wird, welche Nachweise gegebenenfalls noch nachgereicht werden müssen. Sollten die Antragsunterlagen nach Ansicht der RegTP nicht vollständig sein, weist sie in der Regel schon in dieser qualifizierten Eingangsbestätigung darauf hin, daß sie deswegen die Antragsbescheidungsfrist von sechs Wochen nicht einhalten kann. Aber selbst wenn alle Unterlagen von Anfang an vorliegen, nimmt die Bescheidung zumeist einige Wochen in Anspruch, da innerhalb der RegTP verschiedene Referate an dem Lizenzantragsverfahren zu beteiligen sind, um alle Aspekte der Lizenzvoraussetzungen von den jeweiligen Fachreferaten überprüfen lassen zu können. Hinzu kommt, daß die RegTP auch die qualifizierten Eingangsbestätigungen in der Regel erst

86

---

1 ABl. EG 1997 Nr. L 117, S. 15.

zwei oder drei Wochen nach Einreichung des Lizenzantrags versendet, so daß schon einige Zeit vergeht, bevor mit der Beschaffung der noch fehlenden Unterlagen überhaupt begonnen werden kann.

87 Nach der Verfügung 158/1999 behält sich die RegTP nunmehr ausdrücklich vor, die Lizenzanträge im Falle von unvollständigen Unterlagen nach Ablauf der Sechswochenfrist **abzulehnen**, wenn der Antragsteller nicht die noch fehlenden Unterlagen innerhalb einer bestimmten, im Einzelfall festgelegten Frist beibringt. Außerdem weist die RegTP darauf hin, daß die Bescheidungsfrist ohnehin erst dann zu laufen beginnt, wenn alle eingereichten Unterlagen auf deutsch vorliegen. Die Einreichung von erforderlichen Unterlagen in einer Fremdsprache allein reicht also nicht. Es ist allerdings darauf hinzuweisen, daß die RegTP durchaus bereit ist, auch eine bereits angedrohte Ablehnung dann nicht durchzuführen, wenn rechtzeitig um Verlängerung der Frist gebeten wird oder die noch fehlenden Unterlagen zunächst auch nur teilweise nachgereicht werden.

1.5.2 Lizenzvoraussetzungen

88 Im folgenden werden nun die Anforderungen an einen Lizenzantrag im einzelnen dargelegt. Die Darstellung gliedert sich in allgemeine Anforderungen sowie die Hauptpunkte Zuverlässigkeit, Leistungsfähigkeit, Fachkunde und räumliche Abgrenzung.

1.5.2.1 Allgemeine Anforderungen

89 In ihrer Verfügung 158/1999 hat die RegTP die allgemeinen Angaben, die sie für die Erteilung der Lizenz benötigt, wie folgt festgelegt:

(a) **Name** und **Adresse** des Antragstellers/Unternehmens

(b) **Rechtsform** des Antragstellers/Unternehmens

(c) **Beteiligungsverhältnisse** am Antragsteller/Unternehmen sowie dessen Beteiligungen an anderen Unternehmen

Mit Hilfe der Angaben über Beteiligungsverhältnisse will die RegTP sicherstellen, daß die Marktstellungen potentieller Lizenznehmer von Anfang an transparent sind. Da eines der Hauptregulierungsziele des Telekommunikationsgesetzes darin besteht, einen chancengleichen und funktionsfähigen Wettbewerb, auch in der Fläche, auf den Märkten der Telekommunikation sicherzustellen (§ 2 Abs. 2 Nr. 2 TKG), soll verhindert werden, daß der Wettbewerb nur scheinbar entsteht dadurch, daß Unternehmen, die strukturell in einen Konzern eingebunden sind, verschiedene Lizenzen erhalten. Dementsprechend verlangt die RegTP schon im Lizenzantrag, über Beteiligungsverhältnisse vollständig informiert zu werden, und hat darüber hinaus gemäß § 9 TKG auch die Aufgabe, unter anderem bei einem Wechsel der Eigentumsverhältnisse am Lizenznehmer zu überprüfen, ob der Wettbewerb gefährdet wird oder nicht.

(d) Beantragte **Lizenzklasse**

(e) Angaben über die geplante **Art der Telekommunikationsdienstleistungen**

Mit den Angaben über die zu erbringenden Telekommunikationsdienstleistungen will die RegTP sicherstellen, daß auch nur diejenigen Anbieter, die tatsächlich lizenzpflichtige Dienste anbieten wollen, Lizenzen erhalten. Denn dies zieht sowohl Lizenzgebühren als auch diverse Verpflichtungen nach dem TKG nach sich. Die einzelnen Arten von Telekommunikationsdienstleistungen sind oben unter Rz. 77 ff. dargestellt. Die geplanten Dienste sollten anhand dieser Kategorien beschrieben werden.

(f) Nachweis der **Zuverlässigkeit, Leistungsfähigkeit** und **Fachkunde**

Zu diesen Punkten wird gesondert unter Rz. 91 bis Rz. 110 Stellung genommen.

(g) Angaben über die **räumliche Abgrenzung** des Lizenzgebietes einschließlich eines Übersichtsplanes

Zu diesem Punkt wird gesondert unter Rz. 111 ff. Stellung genommen.

(h) Angaben über den beabsichtigen Zeitpunkt des **Beginns** der lizenzpflichtigen Tätigkeiten

(i) Benennung einer vertretungsberechtigten **Ansprechperson** mit Telefon- und Telefax-Nummer

(j) Beglaubigter Auszug aus dem **Handelsregister**

Bei diesem Punkt bestehen insbesondere bei neugegründeten Unternehmen häufig Probleme dergestalt, daß beglaubigte Handelsregisterauszüge oft nicht schon bei Antragseinreichung vorgelegt werden können. Insbesondere wenn der Geschäftszweck des neugegründeten Unternehmens die Erbringung lizenzpflichtiger Telekommunikationsdienste vorsieht, verlangen viele Registergerichte, daß die Lizenz zum Erbringen dieser Dienste vorgelegt wird, bevor das Unternehmen mit dem so gestalteten Geschäftszweck in das Handelsregister eingetragen wird. Auf der anderen Seite verlangt die RegTP vor Erteilung der Lizenz, daß der potentielle Lizenznehmer ein ordnungsgemäß eingetragenes Unternehmen ist. Für den Ausweg aus diesem Dilemma bestehen grundsätzlich zwei Möglichkeiten: Entweder läßt sich die RegTP davon überzeugen, daß die Eintragung im Handelsregister ausschließlich wegen der noch nicht bestehenden Lizenz noch nicht erfolgt ist, so daß die Lizenzerteilung unter der

Auflage des Nachreichens eines beglaubigten Handelsregisterauszuges erfolgen kann. Oder der Geschäftszweck wird zunächst auf die Erbringung nicht lizenzpflichtiger Dienste beschränkt, so daß das Registergericht das neugegründete Unternehmen ohne Probleme eintragen kann. Voraussetzung für die Lizenzerteilung dürfte allerdings dann wiederum sein, daß ein entsprechender Gesellschafterbeschluß vorliegt, wonach der Geschäftszweck des Antragstellers auf die Erbringung lizenzpflichtiger Telekommunikationsdienstleistungen erweitert wird. Diese Änderung könnte sodann zur Eintragung im Handelsregister angemeldet werden, die jedoch im Zweifel erst nach Lizenzerteilung erfolgen wird. In jedem Fall ist darauf zu achten, daß Auszüge aus dem Handelsregister immer in beglaubigter Form eingereicht werden; die Vorlage von Kopien eines solchen beglaubigten Auszuges genügt der RegTP in der Regel nicht.

(k) Nachweis der **strukturellen Separierung**

Gemäß § 14 Abs. 1 TKG müssen Unternehmen, die auf anderen Märkten als der Telekommunikation über eine marktbeherrschende Stellung im Sinne des Gesetzes gegen Wettbewerbsbeschränkungen[1] (GWB) verfügen, Telekommunikationsdienstleistungen in einem oder mehreren rechtlich selbständigen Unternehmen führen (sog. strukturelle Separierung).

Unternehmen, die auf einem Markt der Telekommunikation über eine marktbeherrschende Stellung verfügen, müssen gemäß § 14 Abs. 2 TKG die Nachvollziehbarkeit der finanziellen Beziehungen zwischen Telekommunikationsdienstleitungen im lizenzpflichtigen Bereich zueinander und dieser Telekommunikationsdienstleistungen im nicht lizenzpflichtigen Bereich durch Schaffung eines eigenen Rechnungslegungskreises gewährleisten (sog. getrennte Rechnungsführung).

Um die strukturelle Separierung, sofern erforderlich, nachweisen zu können, muß der Antragsteller schlüssig und nachvollziehbar darlegen, daß und in welchem Umfang die Geschäfts- und Betriebsführung auf den Antragsteller übergegangen ist. In jedem Fall muß nachgewiesen sein, daß die Betreibereigenschaft i. S. d. § 3 Nr. 1 und 2 TKG auf den Antragsteller übergegangen ist, so daß die wesentlichen unternehmerischen Funktionen eigenverantwortlich von dem Antragsteller wahrgenommen werden können (siehe dazu auch Rz. 106 ff.).

Die Bedeutung der strukturellen Separierung und der getrennten Rechnungslegung sowie die einzelnen Anforderungen und Voraussetzungen sind unter Rz. 210 ff. dargestellt.

---

[1] In der Fassung der Bekanntmachung vom 26. 8. 1998, BGBl. I 1998, S. 2546.

(l) Terminplan für die Vorlage des **Konzepts für technische Schutzmaßnahmen**

Gemäß § 87 Abs. 2 TKG muß ein lizenzpflichtiger Betreiber von Telekommunikationsanlagen einen Sicherheitsbeauftragten benennen und ein Sicherheitskonzept erstellen, das der RegTP vorzulegen ist (siehe zum Sicherheitskonzept Teil 9, Rz. 68 ff.). Mit dem Lizenzantrag muß noch nicht das Sicherheitskonzept selbst vorgelegt werden, lediglich ein Terminplan für die Vorlage muß angegeben werden. Die Festlegung auf einen bestimmten Monat reicht in der Regel aus. Bei Lizenzerweiterungen ist anzugeben, daß eventuell erforderliche Erweiterungen dieses Konzeptes innerhalb eines bestimmten Zeitraumes (z. B. innerhalb von drei Monaten) nach Erteilung der Lizenzerweiterung durchgeführt werden.

(m) Terminplan für die Vorlage des **Konzeptes zur technischen Umsetzung von Überwachungsmaßnahmen** sowie zur Implementierung der Überwachungstechnik

Nach § 88 TKG i. V. m. der noch geltenden Fernmeldeüberwachungsverordnung (FÜV vom 18. 5. 1995) müssen Betreiber von Telekommunikationsanlagen bestimmte Maßnahmen zur Überwachung der Telekommunikation vorhalten. Vor Aufnahme des Betriebs der entsprechenden Anlage müssen die technische Gestaltung der Einrichtungen festgelegt und die entsprechenden Einrichtungen eingerichtet sein; dies ist der RegTP anzuzeigen (siehe dazu auch Teil 9, Rz. 137 ff.).

Mit dem Lizenzantrag ist auch hier nur ein Terminplan vorzulegen, die Implementierung selbst kann nach Lizenzerteilung, aber vor Aufnahme des Betriebs der Anlage erfolgen. Bei einer Lizenzerweiterung muß derselbe Hinweis auf eine gegebenenfalls notwendige Erweiterung dieses Konzeptes erfolgen wie bei dem Sicherheitskonzept.

Diese allgemeinen Angaben müssen in einem Lizenzantrag enthalten sein, ebenso wie die noch zu erläuternden Punkte der Zuverlässigkeit, Leistungsfähigkeit und Fachkunde nachgewiesen und die räumliche Abgrenzung aufgeführt sein müssen. Auch bei Lizenzerweiterungen müssen all diejenigen Punkte, die sich geändert haben, neu erläutert bzw. nachgewiesen werden. Dies gilt insbesondere auch für die beiden genannten Terminpläne, sofern Änderungen oder Erweiterungen hier zu erwarten sind.

1.5.2.2 Zuverlässigkeit

91 Ein Lizenzantrag ist gemäß § 8 Abs. 3 S. 1 Nr. 2 lit. a TKG zu versagen, wenn Tatsachen die Annahme rechtfertigen, daß der Antragsteller nicht die für die Ausübung der beantragten Lizenzrechte erforderliche Zuverlässigkeit besitzt. Gemäß § 8 Abs. 3 S. 2 Nr. 1 besitzt Zuverlässigkeit,

> „wer die Gewähr dafür bietet, daß er als Lizenznehmer die Rechtsvorschriften einhalten wird".

92 Die RegTP hat nach ihrer Verfügung 158/1999 den erforderlichen Nachweis der Zuverlässigkeit dahingehend konkretisiert, daß der Antragsteller die folgenden **Angaben** zu machen hat: Er muß angeben, ob ihm oder einem mit ihm nach §§ 36 Abs. 2, 37 GWB verbundenen Unternehmen oder einer mit der Führung seines Geschäfts bestellten Person in den letzten fünf Jahren

– eine Telekommunikationslizenz entzogen wurde,
– Auflagen wegen der Nichterfüllung von Verpflichtungen aus einer Telekommunikationslizenz gemacht wurden,
– ob er oder eine der o. g. Personen wegen eines Verstoßes gegen Telekommunikations- oder Datenschutzrecht belangt wurden oder
– ob gegen sie derzeit ein Verfahren in den vorgenannten Fällen anhängig ist.

93 Hierbei handelt es sich um die auch im allgemeinen Gewerberecht bestehende Anforderung der Zuverlässigkeit des Gewerbetreibenden, die sich auf alle einzuhaltenden Rechtsvorschriften bezieht, die in irgendeinem Zusammenhang mit der Ausübung der geplanten Tätigkeit stehen, also auch allgemeine straf-, wirtschafts- und steuerrechtliche Vorschriften. Abzustellen ist, wie auch aus der Formulierung ersichtlich, auf die handelnden Personen und Organe einer Gesellschaft, wenn (wie zumeist) juristische Personen den Lizenzantrag stellen[1].

94 In den früheren Lizenzvergabeverfahren genügte es der RegTP, wenn diese entsprechenden Angaben gemacht wurden. Nunmehr verlangt sie zusätzlich zu dieser Erklärung, daß alle Geschäftsführer bzw. haftenden Gesellschafter und alle für den Antragsteller handelnden Personen einen **Auszug aus dem Bundeszentralregister** vorlegen. Dies ist nicht das normale Führungszeugnis, sondern der Auszug „Belegart O" zur Vorlage bei einer Behörde, der weitergehende Angaben enthält als das Führungszeugnis, das Privatpersonen erhalten können. Die RegTP verlangt einen solchen Auszug von jeder Person, die als Vertretungsberechtigter im

---

1 *Manssen*, in: Manssen, Telekommunikations- und Multimediarecht, § 8 Rz. 13 ff.

Handelsregister eingetragen ist (allerdings nicht mehr von Prokuristen, wie sie dies ursprünglich getan hat), gleich ob diese Person ihren Wohnsitz im In- oder Ausland hat.

Beantragt wird ein solcher Bundeszentralregisterauszug von **Personen mit Wohnsitz im Inland** beim Einwohnermeldeamt der jeweiligen Heimatgemeinde. Aufgrund der Fülle der bei der RegTP eingehenden Führungszeugnisse und eventueller Probleme bei der Zuordnung zu einzelnen Antragstellern sollte bei der Beantragung darauf hingewiesen werden, für welchen Antragsteller und für welche Lizenz dieses Führungszeugnis beantragt wird. Das jeweilige Einwohnermeldeamt sendet diesen Antrag dann an das Bundeszentralregister, das wiederum den Auszug direkt an die RegTP weiterleitet. Die Erteilung der entsprechenden Führungszeugnisse dauert zwischen zwei und vier Wochen, so daß anzuraten ist, das Führungszeugnis möglichst frühzeitig zu beantragen. Derzeit kostet ein solches Führungszeugnis DM 20. 95

Personen mit Wohnsitz im Ausland können einen solchen Bundeszentralregisterauszug bei der Auslandsabteilung des Generalbundesanwalts beim Bundesgerichtshof, Dienststelle Bundeszentralregister, 53169 Bonn, beantragen. Der Antrag kann entweder mit einem vom Generalbundesanwalt herausgegebenen Formular oder auch formlos beantragt werden. Es müssen sich die Personendaten des Antragstellers daraus ergeben, also Geburtsdatum, Geburtsname, Familienname, Vornamen, der Geburtsort und die Staatsangehörigkeit, außerdem muß angegeben werden, daß es sich um ein Führungszeugnis zur Vorlage bei einer deutschen Behörde handelt, und zwar möglichst unter Angabe der Anschrift der Behörde und des Verwendungszwecks. Weiter muß angegeben werden, ob und auf welche Weise die Gebühr in Höhe von DM 20 bereits bezahlt wurde. Die Unterschrift und die persönlichen Daten müssen beglaubigt werden, z. B. von einer Botschaft, einem Konsulat, einer Behörde oder einem Notar. 96

Entsprechende Führungszeugnisse verlangt die RegTP auch bei **Lizenzerweiterungen**, sofern solche noch nicht vorgelegt wurden bzw. sofern sich Änderungen hinsichtlich der vertretungsberechtigten Personen im Handelsregister ergeben haben. 97

1.5.2.3 Leistungsfähigkeit

Ebenfalls ein Grund, die Lizenzerteilung zu versagen, besteht gemäß § 8 Abs. 3 S. 1 Nr. 2 lit. a TKG, wenn Tatsachen die Annahme rechtfertigen, daß der Antragsteller nicht die für die Ausübung der beantragten Lizenzrechte erforderliche Leistungsfähigkeit besitzt. Leistungsfähigkeit besitzt gemäß § 8 Abs. 3 S. 2 Nr. 2 TKG, 98

> „wer die Gewähr dafür bietet, daß ihm die für den Aufbau und den Betrieb der zur Ausübung der Lizenzrechte erforderlichen Produktionsmittel zur Verfügung stehen werden".

99 Der Nachweis dieser Leistungsfähigkeit hat sich in der Praxis als einer der problematischsten Punkte in einem Lizenzantrag erwiesen. Der Nachweis der Leistungsfähigkeit hat nunmehr drei Grundvoraussetzungen:

100 Zum einen muß ein **mittelfristiger Investitions- und Geschäftsplan** vorgelegt werden, der sich über fünf Jahre erstreckt und unter anderem auch die zu erwartenden Lizenzgebühren und deren Finanzierung umfaßt. In einem solchen mittelfristigen Investitions- und Geschäftsplan sollten die zu erwartenden Kapitalinvestitionen, die zu erwartenden Betriebskosten und auch die zu erwartenden Umsätze enthalten sein. Sofern möglich, sollte eine Vorausschau der in den fünf Jahren zu erwartenden Gewinne und Verluste in einer Gegenüberstellung dargestellt werden, aus der sich schlüssig und nachvollziehbar die zu erwartenden Kosten ergeben. Neben der Schlüssigkeit ist eines der wesentlichen Merkmale, auf die die RegTP bei diesen Plänen Wert legt, daß die zu erwartenden Lizenzgebühren ausgewiesen sind.

101 Zum anderen muß die **Finanzierung** der so dargelegten erwarteten Kosten schlüssig nachgewiesen werden. Als Nachweise kommen Bürgschaften, Kredite, gute Eigenmittel, wie z. B. das im Handelsregister ausgewiesene Eigenkapital, oder auch Gewährleistungen und Garantien in Betracht. Hierbei kann es sich entweder um **Zusagen** finanzierender Kreditinstitute handeln, um solche von Systemherstellern, die insbesondere neuen Unternehmen oft Warenkredite zur Verfügung stellen, oder auch um Zusagen von den oftmals ausländischen Mutterunternehmen, die eine neue Tochtergesellschaft unterstützen wollen. Entscheidendes Kriterium bei allen Erklärungen für die Finanzierung des geplanten Vorhabens ist, daß die entsprechenden Erklärungen **verbindlich** sind. Bloße Absichtserklärungen oder Bemühenszusagen reichen der RegTP nicht aus.

102 Schließlich fordert die RegTP seit ihrer Verfügung 158/1999, daß sogenannte **Selbstauskünfte** über den Antragsteller selbst und auch über die eine Finanzierung zusagenden Gesellschafter vorzulegen sind. Diese sogenannten Selbstauskünfte sollen Bonitätsauskünfte von nationalen oder internationalen Wirtschaftsauskunfteien, wie z. B. Creditreform, Bürgel, Schimmelpfeng, Standard & Poor's, Dun & Bradstreet oder ähnlichen, sein. Die RegTP besteht auf derartigen Selbstauskünften für jeden Antragsteller, auch bei Lizenzerweiterungen, sofern eine entsprechende

Selbstauskunft noch nicht vorher vorgelegt wurde. Dies gilt sowohl für Unternehmen, die bereits länger als Lizenznehmer, z. B. bezogen auf eine andere Lizenzklasse, auf dem deutschen Markt tätig sind, als auch für neugegründete Unternehmen, für die sich in der Regel aus solchen Selbstauskünften nicht viel mehr ergibt als die Eintragungen im Handelsregister. Aus Gleichbehandlungsgründen verlangt die RegTP jedoch von jedem dieser Unternehmen eine entsprechende Auskunft. Ausgenommen davon sind lediglich eine Finanzierung zusagende anerkannte Kreditinstitute, nicht jedoch Muttergesellschaften, gleich welcher Größe.

Zu beachten ist in diesem Zusammenhang, daß inländische Wirtschaftsauskunfteien wegen der Auskunftspflicht gegenüber dem Betroffenen nach § 34 des Bundesdatenschutzgesetzes (BDSG)[1] ihre Auskünfte meist mit einem Stempel versehen, der wie folgt oder ähnlich lautet: 103

> „ACHTUNG! Der Inhalt dieser Auskunft ist ausschließlich für den Betroffenen bestimmt (§ 34 Abs. 2 BDSG). Er hat keine Wirkung gegenüber Dritten und darf weder ganz noch zum Teil an solche weitergegeben werden".

Daher muß ausdrücklich darauf hingewiesen werden, daß die Auskunft gegenüber Dritten zu wirtschaftlichen Zwecken genutzt werden soll. Dann ist die Auskunft zwar nicht mehr unentgeltlich (§ 34 Abs. 5 S. 2 BDSG), aber mit dem beschriebenen Stempel oder Aufdruck akzeptiert die RegTP die Auskünfte nicht. Demgegenüber akzeptiert die RegTP den Ausdruck von Auskünften, die (z. B. von den internationalen Rating-Agenturen) im Internet veröffentlicht und dann übersetzt sind. 104

Entsprechend dem Amtsermittlungsgrundsatz, der auch für die RegTP gilt, behält diese sich außerdem vor, erforderlichenfalls noch weitere entsprechende Auskünfte einzuholen. 105

1.5.2.4 Fachkunde

Schließlich kann die RegTP gemäß § 8 Abs. 3 S. 1 Nr. 2 lit. a TKG die Lizenz auch dann versagen, wenn Tatsachen die Annahme rechtfertigen, daß der Antragsteller nicht die für die Ausübung der beantragten Lizenzrechte erforderliche Fachkunde besitzt. Gemäß § 8 Abs. 3 S. 2 Nr. 3 TKG besitzt Fachkunde, 106

> „wer die Gewähr dafür bietet, daß die bei der Ausübung der Lizenzrechte tätigen Personen über die erforderlichen Kenntnisse, Erfahrungen und Fertigkeiten verfügen werden".

---

1 Vom 20. 12. 1990, BGBl. I 1990, S. 2954.

107 Auch dieser Nachweis ist bei vielen Lizenzanträgen problematisch. Es muß nachgewiesen werden, daß die für den Netzaufbau oder den Betrieb der Übertragungswege bzw. auch für den Aufbau eines Telekommunikationsunternehmens selbst einzusetzenden Personen über **entsprechende Erfahrungen** verfügen. Hierfür müssen z. B. Lebensläufe mit Zeugnissen und Abschlußzertifikaten oder Referenzen von früheren Tätigkeiten im Bereich der Telekommunikation beigebracht werden. Die entsprechenden Fähigkeiten sollten möglichst mit der geplanten einzusetzenden Technik korrespondieren. Insbesondere bei einer Beantragung einer Lizenz für das Betreiben von Übertragungswegen ist es für den Nachweis der Fachkunde sehr hilfreich, wenn ein Mitarbeiter eine **Personenzulassung** nach der Personenzulassungsverordnung besitzt. Eine Kopie derselben sollte dem Antrag beigefügt werden.

108 Problematisch sind bei Neubeantragungen von Lizenzen insbesondere zwei Fälle: Zum einen können vor allem neugegründete Unternehmen in der Regel nicht von Anfang an die entsprechenden fachkundigen Mitarbeiter vorweisen. Allerdings verlangt die RegTP auch nicht, daß zum Zeitpunkt der Erteilung der Lizenz der Antragsteller bereits das erforderliche fachkundige Personal in vollem Umfang eingestellt hat. Insbesondere bei einem erst im Aufbau befindlichen Antragsteller ist es ausreichend, die **Personalplanung** darzulegen. Es besteht auch die Möglichkeit, fremdes fachkundiges Personal einzusetzen; dann ist jedoch nachzuweisen, daß das fachkundige Personal **weisungsabhängig** vom Lizenznehmer ist. Diese Möglichkeit zielt auf Vereinbarungen mit Systemherstellern ab, die viele insbesondere neugegründete Telekommunikationsunternehmen eingehen. Problematisch ist zumeist die erforderliche Weisungsabhängigkeit der so eingesetzten Mitarbeiter vom Lizenznehmer. Denn das bedeutet, daß die entsprechenden normalerweise beim Systemhersteller angestellten Personen vollständig in den Betriebsablauf des Lizenznehmers eingebunden sein müssen und nur für diesen in der Zeit der Abordnung arbeiten. Insbesondere bei vom Lizenznehmer konzernunabhängigen Systemherstellern entspricht dies nach deutschem Recht jedoch einer Arbeitnehmerüberlassung, die von den entsprechenden Arbeitsämtern genehmigt sein muß.

109 Rechtlich einfacher zu gestalten ist daher die Möglichkeit, Mitarbeiter von konzernangehörigen Unternehmen dem Lizenznehmer im Wege von **Abordnungsverträgen** zu überlassen, die dann für einen gewissen Zeitraum im Betrieb des Lizenznehmers arbeiten, ohne jedoch von diesem angestellt zu sein. Entsprechende Verträge über Abordnungen oder Arbeitnehmerüberlassungen mit der entsprechenden Genehmigung sind dem Lizenzantrag beizufügen.

Allerdings stellt gerade auch ein konzernangehöriges Unternehmen eine 110
Problemgruppe dar. Auch hier stellt sich die Frage, ob die in einem im
Telekommunikationssektor international erfahrenen Konzern vorhandene Fachkunde derart auf den Lizenznehmer übertragen werden kann,
daß dieser nach wie vor die Funktionsherrschaft über sein eigenes Netz
besitzt. Denn eine der Grundvoraussetzungen für das Betreiben von
Telekommunikationsübertragungswegen ist die Funktionsherrschaft,
wie unter Rz. 24 ff. dargelegt. Demgemäß ist wiederum darauf zu achten,
daß auch die innerhalb von Konzernen abgeordneten Mitarbeiter dem
Lizenznehmer gegenüber weisungsabhängig und in die Betriebsabläufe
eingebunden sind.

1.5.2.5 Räumliche Abgrenzung, Gebiets- und Linienlizenzen

Gemäß § 8 Abs. 1 S. 2 TKG soll im Lizenzantrag das Gebiet bezeichnet 111
werden, in dem die lizenzpflichtige Tätigkeit ausgeübt werden soll.
Dieser Satz ist die einzige Eingrenzung im Gesetz bezüglich des Lizenzgebietes. Lediglich die Telekommunikations-Lizenzgebührenverordnung
(TKLGebV) vom 28. Juli 1997[1] (s. u. Rz. 236 ff.) unterscheidet für die
Lizenzklassen 3 und 4 zwischen **Gebietslizenzen** einerseits und **Linienlizenzen** andererseits, wobei bei letzteren noch zwischen **Fernlinien-
und Ortslinienlizenzen** unterschieden wird.

1.5.2.5.1 Definitionen

Gebietslizenzen werden in § 3 Abs. 3 S. 1 TKLGebV definiert als geogra- 112
phisch abgegrenzte Fläche, die von einer Gebietskörperschaft (Bund,
Bundesländer, Landkreise, Gemeinden) oder verwaltungsmäßig abgegrenzten Teilflächen einer Gebietskörperschaft (z. B. Regierungsbezirke,
Gemeindeteilorte) abgedeckt wird.

Linienlizenzen sind gemäß § 3 Abs. 6 S. 1 TKLGebV Lizenzen, die den 113
Bereich der lizenzpflichtigen Tätigkeit als geographische Punkt-zu-
Punkt-Verbindung (PzP-Verbindung) beschreiben. Dabei sollen gemäß
§ 3 Abs. 7 S. 1 TKLGebV **Fernlinien** PzP-Verbindungen sein, die in
verschiedenen Gemeinden gelegene Teilnehmernetze oder verschiedene
Ortsnetze miteinander verbinden. Demgegenüber sind **Ortslinien** gemäß
§ 3 Abs. 8 S. 1 TKLGebV PzP-Verbindungen, deren beide Enden innerhalb der Grenzen eines Ortsnetzes oder einer Gemeinde liegen. Die
RegTP legt diesen Begriff der PzP-Verbindung sehr eng aus, was für
Lizenzerweiterungen wichtig ist. Denn wenn z. B. bei einer bestehenden
Verbindung zwischen zwei Orten ein dritter angeschlossen werden soll,

---

[1] BGBl. I 1997, S. 1936.

der tatsächlich nur eine kleine Abzweigung von der bestehenden Trasse bedeutet, so muß dennoch die gesamte PzP-Verbindung von dem ersten Ort zum neuen Ort und von diesem neuen Ort zum ursprünglich zweiten Ort lizenziert werden.

114 Zur Verdeutlichung soll ein kleines **Beispiel** dienen:
Die ursprüngliche Trasse war als eine Fernlinie von Frankfurt am Main nach München lizenziert. Die Trasse führt entlang den Bundesautobahnen A3 und A9. Soll nun zusätzlich die Stadt Würzburg angeschlossen werden, genügt nicht etwa eine zusätzliche Lizenzierung des kleinen Abzweigs von der BAB A3 in die Stadt hinein und wieder zur BAB A3 zurück. Vielmehr müssen zwei neue Linien beantragt werden, und zwar von Frankfurt am Main nach Würzburg und von Würzburg nach München. Wenn nun später noch Nürnberg angeschlossen werden sollte, so müßten noch einmal die Verbindungen Würzburg – Nürnberg und Nürnberg – München lizenziert werden. Damit wäre die Strecke Nürnberg – München letztlich von drei Linienlizenzen abgedeckt (und bezahlt).

115 Dadurch werden die Lizenzgebühren stark erhöht, wodurch unter Umständen auf lange Sicht Gebietslizenzen günstiger werden könnten, insbesondere, wenn sich der Antragsteller auf diejenigen Gebiete konzentriert, die sich um seine Backbone-Trasse herum befinden. Daraus kann ein Korridor von Gebietslizenzen rund um die Backbone-Trasse gebildet werden, so daß in diesen lizenzierten Gebieten beliebige Abzweige gebaut und bedient werden können.

116 Obwohl die Definitionen aus der Telekommunikations-Lizenzgebührenverordnung sowohl für die Lizenzklasse 3 als auch für die Lizenzklasse 4 gelten, hat die RegTP nach einer öffentlichen Anhörung über das Wesen und die Lizenzpflichtigkeit der Tätigkeit von Verbindungsnetzbetreibern entschieden, daß sie **keine Linienlizenzen der Lizenzklasse 4** mehr erteilen wird[1]. Lediglich die bereits erteilten Linienlizenzen der Lizenzklasse 4 sollen aus Bestandsschutzgründen bestehen bleiben und erlauben den entsprechenden Lizenznehmern, Sprachtelefondienst in denjenigen Ortsnetzbereichen anzubieten, die sich an den jeweiligen Enden der PzP-Verbindung befinden. Ob die RegTP dazu berechtigt war, über eine eigene Definition des Verbindungsnetzbetreibers entgegen der Telekommunikations-Lizenzgebührenverordnung festzulegen, daß Linienlizenzen für die Lizenzklasse 4 nicht mehr erteilt werden, mag bezweifelt werden. Denn mit dieser Entscheidung hat sie eine in einer Verordnung vorgesehene Lizenzierungsmöglichkeit für nicht anwendbar erklärt und sich klar in Widerspruch zu den Vorgaben der Verordnung gesetzt. Ein Gerichtsverfahren gegen diese Entscheidung ist jedoch nicht bekannt.

---

1 Siehe Mitteilung Nr. 160/1999, ABl. RegTP 7/1999, S. 1259.

Allerdings ist insgesamt unklar, ob in Zukunft die Unterscheidung zwischen Gebiets- und Linienlizenzen überhaupt erhalten bleiben wird, wenn in der Folge des Urteils des Bundesverwaltungsgerichts (BVerwG) vom 19. 9. 2001 (s. u. Rz. 270 ff.) eine neue Lizenzgebührenverordnung verabschiedet werden wird.

1.5.2.5.2 Notwendige Angaben

Nach der neuen Verfügung 158/1999 wird für **Gebietslizenzen** verlangt, daß neben der Aufzählung der beantragten Gebiete ein **Übersichtsplan** im Maßstab 1:500.000 oder detaillierter beigebracht wird. In diesem Übersichtsplan sind die beantragten Gebiete in ihren politischen Grenzen zu markieren. Bei Mobilfunklizenzen der Lizenzklasse 1 wird ein Übersichtsplan im Maßstab von 1:200.000 mit UMT-Gitter in fünffacher Ausfertigung gefordert. Auf einen entsprechenden Übersichtsplan kann nur dann verzichtet werden, wenn als Lizenzgebiet das gesamte Hoheitsgebiet der Bundesrepublik Deutschland beantragt wird. 117

Für räumlich nicht zusammenhängende Lizenzgebiete sind jeweils **getrennte Lizenzen** zu beantragen, aber auch zusammenhängende Gebiete, die verschiedene politische Einheiten umfassen, können getrennt werden. Der Vorteil bei der Trennung von einzelnen Gebieten liegt darin, daß die Lizenzen für einzelne Lizenzgebiete dann an einen potentiellen neuen Lizenznehmer übertragen werden können, was bei in einer Lizenzurkunde zusammengefaßten Gebieten nicht der Fall ist. 118

Für **Linienlizenzen** der Lizenzklasse 3 muß der Antragsteller zur Konkretisierung des räumlichen Geltungsbereichs der beantragten Lizenz einen **Verlaufsplan** für jede einzelne Linie erstellen und dem Antrag beifügen. Dabei soll der Verlauf der Linie unter Angabe der Landkreise und kreisfreien Städte, und zwar in der Reihenfolge, in der die Linie durch diese führen soll, dargestellt werden. Es handelt sich demnach nicht um einen Plan im eigentlichen Sinne, sondern um eine Auflistung, was oft mißverstanden wird. Darüber hinaus sind für die jeweiligen Endpunkte der Linien genaue **Koordinaten** anzugeben. Die Koordinaten können entweder als geographische Koordinaten unter Angabe von Graden, Minuten und Sekunden angegeben werden oder z. B. als Gauß-Krüger-Koordinaten, die dann jedoch mindestens sechsstellig sein müssen. Söldner-Koordinaten akzeptiert die RegTP in der Regel nicht, da sie diese nicht umrechnen kann und dann weder die genauen Eckpunkte kennt noch die anfallende Lizenzgebühr berechnen kann. 119

Die Forderung nach dem nunmehr vorzulegenden Verlaufsplan ist darauf begründet, daß mit der Lizenz der Lizenzklasse 3 gemäß § 50 Abs. 1 und 2 TKG das **Wegerecht** auf öffentlichen Wegen auf den Lizenznehmer 120 übertragen wird. Bevor ein entsprechender Verlaufsplan gefordert wurde, gab es häufig Probleme mit den entsprechenden Wegebaulastträgern, da unklar war, ob ihr jeweiliger Kreis von der Lizenz erfaßt ist oder nicht. Nach Abschluß der jeweiligen Verhandlungen mit den Wegebaulastträgern über die Zustimmung zur Verlegung der entsprechenden Leitungen und Leerrohre gemäß § 50 Abs. 3 S. 1 TKG ist der RegTP nunmehr der tatsächliche Linienverlauf anzuzeigen. Karten sind demgemäß erst zu diesem Zeitpunkt an die RegTP zu senden, nicht bereits mit der Beantragung der Lizenz. Der Grund für diese Änderung der ursprünglichen Forderungen der RegTP besteht wohl darin, daß der tatsächliche Linienverlauf bei der Beantragung der Lizenz in den seltensten Fällen feststeht; denn tatsächliche Gegebenheiten vor Ort (z. B. geologischer oder naturschutzbedingter Art) zwingen die meisten Unternehmen, ihre ursprüngliche Verlaufsplanung noch einmal zu korrigieren. Daher stimmten die wenigsten ursprünglich mit der Lizenzbeantragung eingereichten Karten mit den später tatsächlich realisierten Trassenführungen überein.

1.5.3 Rechtsmittel während des Lizenzerteilungsverfahrens

121 In dem Lizenzerteilungsverfahren selbst sind Rechtsmittel allenfalls als **Verpflichtungsklage** in Form der Untätigkeitsklage nach § 75 VwGO denkbar, wenn die RegTP die Sechswochenfrist verstreichen läßt oder aber auf Anträge oder die weitere Einreichung von Unterlagen nicht reagiert. Ansonsten könnte unter Umständen noch eine Verpflichtungsklage dann in Betracht kommen, wenn die RegTP trotz Vorlage aller Unterlagen nicht gewillt ist, die Lizenz zu erteilen, obwohl darauf ein Anspruch besteht. Allerdings wären die Aussichten einer solchen Verpflichtungsklage nur sehr schwierig vorauszusagen, da die RegTP in diesem Bereich der Beurteilung des Vorliegens der Lizenzvoraussetzungen einen **weiten Beurteilungsspielraum** hat. Denn insbesondere die Voraussetzungen der Zuverlässigkeit, Fachkunde und Leistungsfähigkeit bieten weite Interpretationsmöglichkeiten. Entsprechende Verpflichtungsklagen sind bisher auch noch nicht bekanntgeworden.

122 Die Rechtsmittel gegen die Lizenzerteilung selbst werden unter Rz. 156 ff. behandelt.

1.6 Lizenzinhalt, Nebenbestimmungen, Versagung, Widerruf und Rechtsmittel

Im folgenden sollen der Lizenzinhalt, die möglichen Nebenbestimmungen, die Versagungs- und Widerrufsgründe und die Rechtsmittel gegen die Lizenzerteilung bzw. deren Versagung oder Widerruf dargestellt werden. 123

1.6.1 Lizenzinhalt

Grundsätzlich bestimmt sich der Inhalt einer Lizenz nach dem Antrag. Zum einen hängt der Inhalt der Lizenz von der beantragten **Lizenzklasse** ab, zum anderen richtet sich auch der **räumliche Geltungsbereich** nach dem Antrag. 124

Dementsprechend gibt eine Lizenz der **Lizenzklasse 3** vor allem das Recht zum **Betreiben von Übertragungswegen** für das Angebot von **Telekommunikationsdienstleistungen für die Öffentlichkeit** durch den Lizenznehmer oder andere. Zugleich ist mit diesem Recht das Recht verbunden, Übertragungswege auch in Form von Funkverbindungen zu betreiben, sofern dem Lizenznehmer dazu erforderliche Frequenzen gesondert zugeteilt worden sind. Entsprechende Frequenzzuteilungen nach §§ 44 bis 48 TKG werden laut den Lizenzurkunden für Lizenzen der Lizenzklasse 3 Bestandteil einer Lizenz, was allerdings einige Probleme aufwirft (s. dazu Teil 2, Rz. 358). Die Lizenz der Lizenzklasse 3 berechtigt jedoch nicht zum Angebot von Sprachtelefondienst oder zum Betreiben von Übertragungswegen für Mobilfunk- oder Satellitenfunkdienstleistungen für die Öffentlichkeit. Denn diese Arten von Telekommunikationsdienstleistungen sind Inhalt der Lizenzklassen 4, 1 und 2. Ein wichtiger Bestandteil einer jeden Infrastrukturlizenz ist auch das Recht, gemäß § 50 Abs. 2 S. 1 TKG die **öffentlichen Verkehrswege** für Telekommunikationslinien unentgeltlich zu nutzen, soweit nicht dadurch der Widmungszweck der Verkehrswege dauernd beschränkt wird. 125

Hauptgegenstand einer Lizenz der **Lizenzklasse 4** ist das Recht des Lizenznehmers, im Lizenzgebiet **Sprachtelefondienst** auf der **Basis selbstbetriebener Telekommunikationsnetze** anzubieten. Die Lizenz der Lizenzklasse 4 umschließt jedoch nicht das Recht zum Betreiben von Übertragungswegen, das nur über die Lizenzklassen 1 bis 3 erteilt wird. 126

Neben diesem jeweiligen Hauptinhalt sind in den Lizenzurkunden regelmäßig noch Nebenbestimmungen enthalten sowie verschiedene Hinweise. 127

Die **Hinweise** beziehen sich auf die verschiedenen Pflichten von Lizenznehmern, die sich aus dem TKG und den ausführenden Verordnungen 128 ergeben (s. u. Rz. 162 ff.). Demnach wird regelmäßig auf die Pflicht zur technischen Umsetzung von Überwachungsmaßnahmen nach § 88 TKG, auf die Gebührenpflicht der Lizenzen nach § 16 Abs. 1 S. 1 TKG i. V. m. der Telekommunikations-Lizenzgebührenverordnung, auf eine eventuelle Gebühren- und Beitragspflicht im Fall der Zuteilung von Frequenzen und auf die Möglichkeit, gemäß § 8 Abs. 2 S. 2 TKG auch nach Erteilung der Lizenz noch weitere Nebenbestimmungen zu erlassen, hingewiesen.

1.6.2 Nebenbestimmungen

129 Eine Lizenz enthält in der Regel **Nebenbestimmungen**, die im Gegensatz zu den eben genannten Hinweisen echte Nebenbestimmungen i. S. d. § 36 VwVfG darstellen. So wird zumeist die Nebenbestimmung aufgenommen, daß Änderungen im **Handelsregister** unter Beifügung eines beglaubigten Handelsregisterauszuges dem Lizenzgeber unverzüglich anzuzeigen sind. Ebenfalls wird zumeist die Pflicht, einen **Sicherheitsbeauftragten** zu bestellen und ein **Konzept über technische Schutzmaßnahmen** nach § 87 Abs. 2 TKG vorzulegen, als Nebenbestimmung aufgegeben. Allerdings ergeben sich diese Verpflichtungen auch schon direkt aus dem Gesetz. In Lizenzen der Lizenzklasse 3 werden zusätzlich zumeist Nebenbestimmungen dergestalt aufgenommen, daß das Anbieten von Übertragungswegen im Sinne der Richtlinie 92/44/EWG des Rates vom 5. 6. 1992 zur Einführung des offenen Netzzugangs bei Mietleitungen (ONP-Richtlinie für Mietleitungen)[1] dem Lizenzgeber ebenfalls **unverzüglich anzuzeigen** ist, damit dieser den Marktanteil hinsichtlich der Verpflichtung zum Erbringen von Universaldienstleistungen nach § 18 Abs. 1 TKG ermitteln kann.

130 Zusätzlich können **individualisierte Auflagen** aufgenommen werden. Diese beziehen sich zum Teil darauf, daß noch weiteres fachkundiges Personal eingestellt werden muß, daß eventuell noch ein beglaubigter Handelsregisterauszug nachgereicht werden muß oder daß noch weitere Maßnahmen zur strukturellen Separierung getroffen werden müssen.

131 **Befristungen** dürfen gemäß § 8 Abs. 4 TKG aufgenommen werden, wenn dies wegen der Knappheit der zur Verfügung stehenden Frequenzen geboten ist. Daraus folgt im Umkehrschluß allerdings auch, daß Befristungen aus anderen Gründen unzulässig sind. Wenn Befristungen zulässig sind, müssen sie aber in jedem Fall so bemessen sein, daß der Lizenznehmer seine Anlaufverluste amortisieren und über einen angemessenen Zeitraum Gewinne erwirtschaften kann. Dies gebietet bereits

---

1 ABl. EG 1992 Nr. L 165, S. 27.

der Grundsatz der Verhältnismäßigkeit, dem jede Nebenbestimmung zu genügen hat[1].

Gemäß § 8 Abs. 2 S. 2 TKG können **Nebenbestimmungen** auch noch **nach Erteilung der Lizenz** erlassen werden, um die Sicherstellung der Regulierungsziele nach § 2 Abs. 2 TKG zu gewährleisten. Die Nebenbestimmungen können also der Wahrung der Interessen der Nutzer sowie der Wahrung des Fernmeldegeheimnisses dienen, der Sicherstellung eines chancengleichen und funktionsfähigen Wettbewerbs, der Sicherstellung der Leistung von Universaldienstleistungen zu erschwinglichen Preisen, der Förderung von Telekommunikationsdiensten bei öffentlichen Einrichtungen, der Sicherstellung einer effizienten und störungsfreien Nutzung von Frequenzen sowie der Wahrung der Interessen der öffentlichen Sicherheit. Die Bezugnahme auf diese sehr weit gefaßten Regulierungsziele für die Möglichkeit, eine Lizenznebenbestimmung beizufügen, macht deutlich, daß der RegTP ein weiter Ermessensspielraum für die Erteilung der Lizenzen und für die Fassung und Beifügung der Nebenbestimmungen eingeräumt wurde. Trotz dieses weiten Ermessensspielraums hat die RegTP eine Nebenbestimmung jedoch auf Antrag des jeweiligen Lizenznehmers aufzuheben, sofern ihre Voraussetzungen entfallen sind (§ 8 Abs. 2 S. 3 TKG). Im übrigen gelten selbstverständlich auch für Nebenbestimmungen zu Telekommunikationslizenzen die allgemeinen Grenzen des § 36 VwVfG, wonach eine Nebenbestimmung insbesondere dem Zweck des Verwaltungsaktes (also der Lizenz) nicht zuwiderlaufen darf. Die wirtschaftliche Betätigungsfreiheit darf nicht zu stark eingeschränkt werden.

132

1.6.3 Versagung und Widerruf der Lizenz

In § 8 Abs. 3 S. 1 TKG ist festgelegt, unter welchen Voraussetzungen die Erteilung einer beantragten Lizenz zu versagen ist. In § 15 TKG sind die möglichen Gründe für einen Widerruf der Lizenz festgelegt.

133

1.6.3.1 Versagungsgründe

In § 8 Abs. 3 S. 1 TKG sind Gründe aufgeführt, aus denen die RegTP die Erteilung einer beantragten Lizenz versagen darf. Sowohl in der Gesetzesbegründung[2] als auch in der Literatur[3] wird zumeist angenommen, daß die genannten objektiven oder subjektiven Versagungsgründe **abschließend** aufgezählt sind. Vereinzelt wird allerdings angenommen,

134

---
1 Vgl. Beck TKG-Komm/*Schütz*, § 8 Rz. 34 f.
2 BT-Drucks. 13/3609, S. 38.
3 S. z. B. Beck TKG-Komm/*Schütz*, § 8 Rz. 36; *Nolte*, CR 1996, 459, 461; *Grzeszick*, ZUM 1997, 911, 913.

daß es sich nicht um eine abschließende Aufzählung handelt, da § 8 Abs. 2 S. 1 TKG die RegTP bei der Lizenzerteilung ganz allgemein auf die Einhaltung der Regulierungsziele nach § 2 Abs. 2 TKG verpflichtet. Diese Bestimmung könne sich nicht nur auf die Erteilung von Nebenbestimmungen beziehen. Die Versagung komme jedoch nur dann in Betracht, wenn sie nicht durch eine Nebenbestimmung zur Lizenz ausgeräumt werden könne[1].

135 Allerdings legt die Formulierung sowohl von § 8 Abs. 1 S. 1 TKG („die Lizenz wird ... erteilt") als auch von § 8 Abs. 3 S. 1 TKG („eine beantragte Lizenz ist zu versagen, wenn ...") nahe, daß die aufgeführten Gründe als abschließende Aufzählung zu verstehen sind. Hinzu kommt, daß insbesondere die in § 8 Abs. 3 S. 1 Nr. 2 TKG aufgezählten Gründe zusammen mit der Möglichkeit, Nebenbestimmungen zur Sicherstellung der Regulierungsziele (§ 8 Abs. 2 TKG) zu erlassen, der RegTP einen weiten Ermessensspielraum für die Erteilung lassen, so daß im Ergebnis bei der Frage der Erteilung der Lizenz im Einzelfall kein gewichtiger Unterschied gegeben sein dürfte, ob diese Aufzählung nun abschließenden Charakter hat oder nicht. Hinzu kommt, daß die bereits beschriebenen detaillierten Anforderungen an einen Lizenzantrag (s. o. unter Rz. 88 ff.) und die sonstigen gesetzlichen Pflichten für Lizenznehmer (wie z. B. die Maßgaben hinsichtlich der strukturellen Separierung, § 14 TKG) hinreichend die Beachtung der Regulierungsziele bei der Lizenzerteilung sicherstellen. Insbesondere kann auch nicht die **Beschränkung der Anzahl** von Lizenzen über diese Versagungsgründe herbeigeführt werden. Eine solche ist ausschließlich bei Frequenzknappheit im Verfahren nach § 10 TKG möglich (s. dazu im einzelnen Teil 2, Rz. 211 ff.).

136 Die einzelnen Versagungsgründe aus § 8 Abs. 3 S. 1 TKG werden im folgenden kurz erläutert:

1.6.3.1.1 Mangel an Frequenzen

137 Die in § 8 Abs. 3 S. 1 TKG aufgeführten Gründe für die Versagung einer Lizenz umfassen zum einen den Fall, daß die RegTP nicht über die für den Betrieb der vom Antragsteller geplanten Funkverbindung **erforderlichen Frequenzen** verfügt, die sie zuteilen könnte (§ 8 Abs. 3 S. 1 Nr. 1 TKG). Daraus wird wiederum der enge Zusammenhang zwischen der Lizenzerteilung nach § 8 TKG und der Frequenzzuteilung nach §§ 44 bis 48 TKG deutlich (s. auch § 8 Abs. 5 TKG). Wenn schon die für die geplante Dienstleistung erforderlichen Frequenzen nicht zugeteilt werden können, soll auch die Lizenz nicht erteilt werden. Allerdings ergibt

---

[1] *Manssen*, in: Manssen, Telekommunikations- und Multimediarecht, § 8 Rz. 10 f.

sich aus der Formulierung auch, daß eine bloße Knappheit an Spektrum nicht von vornherein zur Versagung der Lizenzerteilung, sondern allenfalls zur Durchführung eines Versteigerungs- oder Vergabeverfahrens nach der Beschränkung der Anzahl der Frequenzen (§§ 10 und 11 TKG) führen kann. Es dürfen tatsächlich **keine** Frequenzen für die Durchführung des geplanten Vorhabens verfügbar sein. Der Mangel an zuteilbaren Frequenzen ist ein **objektiver** Versagungsgrund.

Zugleich bedeutet diese Formulierung auch, daß ein Anspruch auf Erteilung vorliegt, wenn zuteilbare Frequenzen existieren[1] (und kein anderer Versagungsgrund vorliegt). 138

1.6.3.1.2 Gewerberechtliche Anforderungen

Zum anderen ist gemäß § 8 Abs. 3 S. 1 Nr. 2 lit. a TKG eine Lizenz zu versagen, wenn Tatsachen die Annahme rechtfertigen, daß der Antragsteller nicht die für die dauerhafte Ausübung der Rechte aus der Lizenz erforderliche **Zuverlässigkeit, Leistungsfähigkeit** und **Fachkunde** besitzt. Hier handelt es sich um **subjektive** Versagungsgründe in der Person des Antragstellers. 139

Diese Versagungsgründe spiegeln die bereits dargestellten Lizenzerteilungsvoraussetzungen wider (s. o. Rz. 91 bis Rz. 110). Wenn die Voraussetzungen nicht erfüllt bzw. die geforderten Nachweise nicht erbracht sind, ist die Lizenz zu versagen. Entscheidend bei der Beurteilung des Vorliegens eines möglichen Versagungsgrundes ist regelmäßig eine Prognose über das künftige Verhalten des Lizenznehmers bzw. der für ihn handelnden Personen, die aufgrund der Nachweise über frühere Tätigkeiten oder Qualifikationen zu treffen ist. Entsprechend der gewerberechtlichen Vorgaben ist darauf abzustellen, ob es nach den für die Vergangenheit festgestellten Tatsachen wahrscheinlich ist, daß die Anforderungskriterien nicht erfüllt werden und damit zu erwarten ist, daß die Lizenzrechte und -pflichten nicht dauerhaft ausgeübt bzw. erfüllt werden können[2]. 140

Die RegTP darf die Lizenz allerdings nur versagen, wenn der Antragsteller nicht in der Lage ist, weitere geforderte Nachweise beizubringen, und sich aus den vorgelegten Unterlagen bzw. Auskünften ergibt, daß Zuverlässigkeit, Leistungsfähigkeit oder Fachkunde nicht vorliegen. Insofern ist festzuhalten, daß es für die Versagung der Lizenz bereits ausreicht, wenn eines der drei genannten Kriterien nicht erfüllt ist. 141

---

1 *Manssen*, in: Manssen, Telekommunikations- und Multimediarecht, § 8 Rz. 12.
2 Vgl. VGH Mannheim, NVwZ 1987, 338; Beck TKG-Komm/*Schütz*, § 8 Rz. 40 ff.

1.6.3.1.3 Gefährdung der öffentlichen Sicherheit und Ordnung

142 Schließlich ist gemäß § 8 Abs. 3 S. 1 Nr. 2 lit. b TKG eine Lizenz zu versagen, wenn Tatsachen die Annahme rechtfertigen, daß durch die Lizenzerteilung die **öffentliche Sicherheit oder Ordnung** gefährdet würde.

143 Hier handelt es sich wiederum um einen **objektiven** Versagungsgrund, der im allgemeinen Polizei- und Ordnungsrecht verankert ist und einen weiten Auffangtatbestand darstellt. Unter **öffentlicher Sicherheit** versteht man den Schutz zentraler Rechtsgüter wie die Unversehrtheit von Leben, Gesundheit, Ehre, Freiheit, Eigentum und Vermögen des einzelnen sowie die Unversehrtheit der Rechtsordnung und der staatlichen Einrichtungen[1]. Unter **öffentlicher Ordnung** versteht man die Gesamtheit der ungeschriebenen Regeln, deren Befolgung nach den jeweils herrschenden sozialen und ethischen Anschauungen als unerläßliche Voraussetzung für ein gedeihliches Zusammenleben innerhalb eines bestimmten Gebietes angesehen wird[2]. Die Verfassungsgemäßheit dieses sehr vagen Begriffs als Eingriffsermächtigung (oder hier als Versagungsgrund) ist in der allgemeinen polizei- und ordnungsrechtlichen Rechtsprechung und Literatur sehr umstritten, weswegen in einigen Polizeigesetzen der Länder nur noch auf die öffentliche Sicherheit, aber nicht mehr auf die öffentliche Ordnung abgestellt wird[3]. Daher verwundert die Einfügung in das vergleichsweise neue Telekommunikationsgesetz von 1996.

144 In jedem Fall aber ist klar, daß eine Lizenzversagung wegen einer vermuteten prognostizierten Gefährdung der öffentlichen Sicherheit oder Ordnung nur **ultima ratio** sein kann und äußerst restriktiv anzuwenden ist. Insbesondere muß sich die Gefährdung aus der Lizenzerteilung bzw. dem Ausüben der lizenzierten Tätigkeit selbst ergeben[4]. Ein Fall der tatsächlichen Versagung einer beantragten Lizenz wegen der Gefährdung der öffentlichen Sicherheit oder Ordnung ist bisher noch nicht bekanntgeworden.

1.6.3.2 Widerrufsgründe

145 Gemäß § 15 TKG kann eine Lizenz ganz oder teilweise widerrufen werden, wenn der Lizenznehmer den Verpflichtungen aus seiner Lizenz oder seinen Verpflichtungen nach dem TKG nicht nachkommt (§ 15

---

1 BVerfGE 69, 315, 352.
2 BVerfGE 69, 315, 352.
3 S. z. B. § 174 LVwG Schleswig-Holstein.
4 *Grzeszick*, ZUM 1997, 911, 914; *Nolte*, CR 1996, 459, 461.

Nr. 1 TKG). Insbesondere sind in diesem Zusammenhang Verstöße gegen das Fernmeldegeheimnis, datenschutzrechtliche Regelungen oder Strafvorschriften genannt. Außerdem kann gemäß § 15 Nr. 2 TKG eine Lizenz widerrufen werden, wenn im Falle des Übergangs der Lizenz oder beim Wechsel der Eigentumsverhältnisse beim Lizenznehmer oder demjenigen, auf den die Lizenz übertragen wurde, ein Versagungsgrund i. S. d. § 8 Abs. 3 S. 1 Nr. 2 TKG entsteht. Allgemein wird angenommen, daß diese **speziellen Widerrufsregeln** des § 15 TKG nicht die Anwendbarkeit der allgemeinen Regeln über Rücknahme und Widerruf von Verwaltungsakten nach §§ 48 und 49 VwVfG ausschließen, sondern lediglich um telekommunikationsspezifische Fälle erweitern[1].

Demnach ist die **Rücknahme** einer rechtswidrig erteilten Lizenz unter den Voraussetzungen des § 48 VwVfG möglich, während ein **Widerruf** einer rechtmäßig erteilten Lizenz zum einen aus den beschriebenen Gründen des § 15 TKG, zum anderen aber auch unter den allgemeinen Voraussetzungen des § 49 VwVfG möglich ist. 146

1.6.3.2.1 Allgemeine Regeln des Verwaltungsverfahrensgesetzes

Zu unterscheiden sind Rücknahme und Widerruf grundsätzlich danach, daß die **Rücknahme** dann Anwendung findet, wenn die ursprüngliche Lizenzerteilung rechtswidrig war, also gar nicht hätte erfolgen dürfen, während bei dem **Widerruf** die Lizenzerteilung ursprünglich rechtmäßig war, sodann jedoch veränderte Umstände eingetreten sind, z. B. ein Verstoß gegen Auflagen, das Entstehen neuer Tatsachen, die die RegTP berechtigt hätten, die Lizenz nicht zu erteilen, wenn ohne den Widerruf öffentliche Interessen gefährdet wären, oder auch, wenn der Widerruf in der Lizenz vorbehalten war (§ 49 Abs. 2 S. 1 VwVfG). 147

Sowohl bei einer Rücknahme als auch bei einem Widerruf hat der betroffene Lizenznehmer unter engen Voraussetzungen möglicherweise einen **Anspruch auf Entschädigung** für denjenigen Vermögensnachteil, den er dadurch erlitten hat, daß er auf den Bestand der Lizenz vertraut hat. Das setzt allerdings voraus, daß sein Vertrauen auch schutzwürdig war (§§ 48 Abs. 3 S. 1, 49 Abs. 6 S. 1 VwVfG). Dies ist z. B. nicht der Fall, wenn er die Lizenzerteilung durch falsche Angaben erschlichen hat, wenn der Widerruf unter bestimmten Voraussetzungen vorbehalten war oder der Betroffene mit dem Widerruf aus anderen Gründen rechnen mußte oder auch, wenn er noch nach der Ankündigung der möglichen 148

---

1 *Grzeszick*, ZUM 1997, 911, 920; *Nolte*, CR 1996, 459, 465 f.; *Manssen*, in: Manssen, Telekommunikations- und Multimediarecht, § 15 Rz. 1; Beck TKG-Komm/*Kerkhoff*, § 15 Rz. 4 ff.

Rücknahme bzw. des möglichen Widerrufs Investitionen im Hinblick auf die Lizenz getätigt hat.

149 Der Lizenznehmer ist vor einer Rücknahme oder einem Widerruf gemäß § 28 VwVfG **anzuhören**. Denn ohne eine solche Anhörung wäre dem Lizenznehmer die Möglichkeit genommen, seine Auffassung darzulegen oder Maßnahmen zur Beseitigung des rechtswidrigen Zustandes zu ergreifen. Rücknahme oder Widerruf sind von der RegTP als widerrufender Behörde schriftlich zu **begründen** (§ 39 VwVfG).

150 Rücknahme oder Widerruf sind schließlich gemäß §§ 49 Abs. 2 S. 2, 48 Abs. 4 VwVfG nur **innerhalb eines Jahres nach Kenntniserlangung** der den Widerruf oder die Rücknahme begründenden Tatsachen durch die RegTP zulässig, um insoweit Rechtssicherheit und Rechtsfrieden in einem überschaubaren zeitlichen Rahmen zu gewährleisten[1]. Regelmäßig dürfte eine Rücknahme oder ein Widerruf mit einer **Auslauffrist** verbunden sein, um dem Lizenznehmer die Abwicklung seiner Geschäfte zu ermöglichen[2]. Ohne eine solche ausdrückliche Frist wäre der Widerruf gemäß § 49 Abs. 4 VwVfG sofort wirksam. Eine Rücknahme kann mit Wirkung für die Vergangenheit oder die Zukunft erfolgen, dürfte aber bei einem Verwaltungsakt mit Dauerwirkung in der Regel nur mit Wirkung für die Zukunft erfolgen[3].

151 Im folgenden werden kurz die Besonderheiten bei einem Widerruf nach § 15 TKG dargestellt.

1.6.3.2.2 Widerruf nach § 15 TKG

152 Auch der vollständige oder teilweise Widerruf einer Lizenz nach § 15 TKG muß zum einen dem **Verhältnismäßigkeitsgrundsatz** genügen, darf also nur als letztes Mittel angewendet werden, wenn rechtmäßige Zustände nicht auf andere Weise (z. B. durch eine nachträgliche Nebenbestimmung) wiederhergestellt werden können. In diesem Zusammenhang steht der RegTP sowohl ein **Entschließungsermessen**, ob sie nach Abwägung aller Umstände überhaupt einen Widerruf vornehmen will, als auch ein **Auswahlermessen**, ob sie die Lizenz vollständig oder nur teilweise widerrufen will, zur Verfügung. Zum anderen ist der Lizenznehmer auch vor einem Widerruf nach § 15 TKG gemäß § 28 VwVfG **anzuhören**, selbst wenn dies nicht ausdrücklich in § 15 TKG vorgesehen ist.

---

1 Beck TKG-Komm/*Kerkhoff*, § 15 Rz. 30 m. w. N.
2 *Manssen*, in: Manssen, Telekommunikations- und Multimediarecht, § 15 Rz. 13; vgl. auch Beck TKG-Komm/*Kerkhoff*, § 15 Rz. 31.
3 Vgl. *Kopp/Ramsauer*, Kommentar zum VwVfG, § 48 Rz. 116.

Voraussetzung für den Widerruf nach § 15 Nr. 1 TKG ist, daß der Lizenz- 153
nehmer seinen **Pflichten aus der Lizenz oder dem TKG** nicht nachkommt. Mit diesem Versagungsgrund sind nicht nur alle individuellen
Lizenzauflagen, sondern auch alle Verpflichtungen aus dem TKG oder
den implementierenden Verordnungen erfaßt, seien sie nun spezifisch
für Lizenznehmer oder allgemein für alle Anbieter von Telekommunikationsdienstleistungen vorgesehen[1]. Die im Gesetz genannten Vorschriften über das Fernmeldegeheimnis, den Datenschutz oder Strafbestim-
mungen stellen keinesfalls eine abschließende Aufzählung dar, sondern
sind lediglich Beispiele besonders schwerwiegender Verstöße, die insbesondere auch die Zuverlässigkeit eines Lizenznehmers in Frage stellen
können. Bei Wegfall der Leistungsfähigkeit oder Fachkunde des Lizenznehmers, die nicht mit einem Verstoß gegen Pflichten aus der Lizenz
oder dem TKG zusammenhängen müssen, kommt ein Widerruf wohl nur
nach den allgemeinen Regeln in Betracht (s. o. unter Rz. 147 ff.).

Schließlich kann der Widerruf einer Lizenz erfolgen, wenn in den Fällen 154
des § 9 Abs. 2 TKG (anderweitiger Lizenzübergang oder Wechsel der
Eigentumsverhältnisse) ein **Versagungsgrund** gemäß § 8 Abs. 3 S. 1
Nr. 2 TKG beim Lizenznehmer bzw. bei demjenigen, auf den die Lizenz
übertragen wurde, entstanden ist (s. zu § 9 TKG unter Rz. 166 ff.). Grund
für diese Widerrufsalternative ist, daß die RegTP bei einem Übergang
i. S. d. § 9 Abs. 2 TKG bzw. beim Wechsel der Eigentumsverhältnisse
darüber nur informiert wird, aber nicht ausdrücklich zustimmen muß
(wie bei § 9 Abs. 1 TKG). Sie soll aber dennoch die Möglichkeit haben,
zu kontrollieren, ob die Lizenzerteilungsvoraussetzungen nach wie vor
vorliegen.

Da der Lizenznehmer einen Widerruf nach § 15 TKG in der Regel selbst 155
zu vertreten hat und sich insofern nicht auf Vertrauensschutz berufen
kann, dürfte ein **Entschädigungsanspruch** gemäß § 49 Abs. 6 VwVfG in
der Regel ausscheiden[2], zumal § 15 TKG wohl als Widerruf i. S. d. § 49
Abs. 2 S. 1 Nr. 1 VwVfG anzusehen ist, für den die Entschädigungsvor-
schrift des § 49 Abs. 6 VwVfG ohnehin nicht gilt[3].

1.6.4 Rechtsmittel

Sowohl gegen die Versagung, die Erteilung als auch gegen den Widerruf 156
einer Lizenz (als **actus contrarius** zur Lizenzerteilung), die jeweils einen

---
1 Vgl. Beck TKG-Komm/*Kerkhoff*, § 15 Rz. 6 ff.
2 Vgl. *Manssen*, in: Manssen, Telekommunikations- und Multimediarecht, § 15
Rz. 14; Beck TKG-Komm/*Kerkhoff*, § 15 Rz. 33.
3 Vgl. *Manssen*, in: Manssen, Telekommunikations- und Multimediarecht, § 15
Rz. 14; unklar insoweit Beck TKG-Komm/*Kerkhoff*, § 15 Rz. 33 f.

Verwaltungsakt darstellen, ist eine Klage des Adressaten (also des Lizenznehmers) zum Verwaltungsgericht möglich, da es sich um eine öffentlich-rechtliche Streitigkeit nichtverfassungsrechtlicher Art handelt, so daß der **Verwaltungsrechtsweg** gemäß § 40 Abs. 1 S. 1 VwGO gegeben ist.

157 Statthafte Klageart ist im Fall der Versagung die **Verpflichtungsklage** gemäß § 42 Abs. 1 Alt. 2 VwGO, ansonsten die **Anfechtungsklage** gemäß § 42 Abs. 1 Alt. 1 VwGO, die gemäß § 68 Abs. 1 S. 2 Alt. 1 VwGO jeweils direkt erhoben werden können, da gemäß § 80 Abs. 1 TKG das **Vorverfahren** in Form des Widerspruchsverfahrens gegen Entscheidungen der RegTP **ausgeschlossen** ist. Das Widerspruchsverfahren gegen Entscheidungen der RegTP wurde wegen der mit hoher Sachkompetenz ausgestatteten Behörde für entbehrlich erachtet. Im übrigen werden dadurch auch die sachliche Unabhängigkeit der RegTP sowie die Effizienz des Verwaltungsverfahrens gestärkt[1]. **Klagefrist** ist gemäß § 74 VwGO ein Monat ab Zugang der Lizenz (bzw. des Versagungsbescheides oder des Widerrufs).

158 Gemäß § 80 Abs. 2 TKG haben Klagen gegen Entscheidungen der RegTP entgegen § 80 Abs. 1 S. 1 VwGO **keine aufschiebende Wirkung**, so daß ein Fall des § 80 Abs. 2 Nr. 3 VwGO vorliegt. Daher muß der Lizenznehmer einen gesonderten Antrag auf Aussetzung der Vollziehung der Entscheidung gemäß § 80 Abs. 4 S. 1 VwGO bei der RegTP selbst bzw. einen Antrag auf Anordnung der aufschiebenden Wirkung einer Klage beim Gericht gemäß § 80 Abs. 5 S. 1 Alt. 1 VwGO stellen, wenn vorläufiger Rechtsschutz gewünscht wird. Dies dürfte insbesondere beim Widerruf einer Lizenz von entscheidender Bedeutung sein.

159 Außerdem ist grundsätzlich auch gegen einzelne Lizenzauflagen eine **isolierte Anfechtungsklage** möglich, die die Lizenz in ihrem Bestand unberührt läßt. Eine solche isolierte Anfechtungsklage soll grundsätzlich immer dann möglich sein, wenn die Lizenz auch ohne die streitgegenständliche Auflage bzw. Nebenbestimmung hätte erlassen werden können und auch ohne die Auflage bzw. Nebenbestimmung sinnvoll durchführbar ist. Bei Befristungen, Bedingungen oder einem Widerrufsvorbehalt kommt eine **Verpflichtungsklage** auf eine uneingeschränkte Lizenzerteilung in Betracht[2].

160 **Zuständige** Gerichte sind gemäß §§ 45, 46 Nr. 1, 49 Nr. 1 bzw. 2 VwGO i. V. m. § 52 Nr. 2 S. 1 und 2 VwGO wegen des Behördensitzes in Bonn

---

1 Vgl. Beck TKG-Komm/*Geppert*, § 80 Rz. 3 ff.
2 Beck TKG-Komm/*Schütz*, § 8 Rz. 22 f. m. w. N. zu der sehr einzelfallspezifischen Rechtsprechung.

das Verwaltungsgericht Köln in der ersten Instanz, das Oberverwaltungsgericht für das Land Nordrhein-Westfalen in Münster in der zweiten Instanz und schließlich das Bundesverwaltungsgericht in der Revisionsinstanz.

Jede Lizenz wird von der RegTP mit einer entsprechenden **Rechtsbehelfsbelehrung** versehen (§ 58 VwGO). 161

1.7 Pflichten der Lizenznehmer

Wie bereits mehrfach angedeutet, bestehen für Lizenznehmer umfangreiche Verpflichtungen aus dem TKG und den auf der Grundlage des TKG erlassenen Rechtsverordnungen, die hier noch einmal kurz zusammengefaßt dargestellt werden sollen. Unerheblich ist, ob die Verpflichtungen ausdrücklich in der Lizenzurkunde genannt sind oder nicht. 162

Die meisten der Pflichten von Lizenznehmern sind anwendbar für alle Lizenznehmer. Zum Teil handelt es sich auch um Pflichten, die selbst Anbieter von lizenzfreien Telekommunikationsdienstleistungen erfüllen müssen, worauf jeweils im einzelnen hingewiesen wird. Andere Pflichten wiederum betreffen entweder nur die Lizenznehmer bestimmter Lizenzklassen (s. u. Rz. 192 und Rz. 193 ff., zu Besonderheiten bei den Lizenzklassen 1 und 2 siehe Teil 2) oder nur Anbieter mit einer marktbeherrschenden Stellung (s. u. Rz. 208 ff.)[1]. 163

1.7.1 Pflichten für alle Lizenznehmer

Im folgenden seien kurz die Pflichten skizziert, die für alle Lizenznehmer unabhängig von der Lizenzklasse und unabhängig von ihrer Marktstellung gelten. 164

1.7.1.1 Anzeige-, Berichts- und Auskunftspflichten

Es gibt eine Reihe von allgemeinen Anzeige-, Berichts- und Auskunftspflichten für alle Lizenznehmer (und zum Teil auch darüber hinaus) gegenüber der RegTP: 165
- Die Aufnahme, Änderung und Beendigung des **Angebots** von Telekommunikationsdienstleistungen sind gemäß § 4 S. 1 TKG innerhalb eines Monats schriftlich bei der RegTP anzuzeigen. Dies gilt für jeden Anbieter von Telekommunikationsdienstleistungen, nicht nur für Li-

---

[1] S. auch die Aufzählungen in *Geppert/Ruhle/Schuster*, Handbuch Recht und Praxis der Telekommunikation, Rz. 159; Beck TKG-Komm/*Schütz*, § 8 Rz. 35a.

zenznehmer. Gemäß § 4 S. 2 TKG veröffentlicht die RegTP regelmäßig den wesentlichen Inhalt der Anzeigen (s. o. unter Rz. 74 ff.).

– Auf Verlangen der RegTP sind dieser gemäß § 5 TKG **Berichte** zur Verfügung zu stellen, die die RegTP selbst als Grundlage für ihre Berichtspflichten gegenüber der Europäischen Kommission benötigt. Dies gilt wiederum für jeden Anbieter von Telekommunikationsdienstleistungen, nicht nur für Lizenznehmer. Berichte dieser Art können sich z. B. auf Umsatzzahlen, Marktanteile oder ähnliche Dinge beziehen.

– Gemäß den Lizenzauflagen müssen alle Lizenznehmer der RegTP **Änderungen im Handelsregister** anzeigen und eine beglaubigte Kopie des jeweiligen Auszuges vorlegen. Diese Anzeigepflicht steht im Zusammenhang mit der Überprüfung des Fortbestandes der Zuverlässigkeit, Leistungsfähigkeit und Fachkunde i. S. d. § 8 Abs. 3 Nr. 2 lit. a TKG, mit der Überprüfung der Pflichten beim Wechsel des Lizenznehmers gemäß § 9 TKG (s. u. Rz. 166 ff.) und kann im Falle der Eintragung neuer Vorstände oder Geschäftsführer dazu führen, daß neue Führungszeugnisse vorgelegt werden müssen (s. o. Rz. 94 ff.).

– Anbieter lizenzpflichtiger Telekommunikationsdienstleistungen müssen gemäß § 23 Abs. 2 S. 1 TKG ihre **Allgemeinen Geschäftsbedingungen** der RegTP vorlegen. Diese darf innerhalb von vier Wochen nach Eingang diesen Geschäftsbedingungen widersprechen, wenn sie nicht den Maßstäben für Allgemeine Geschäftsbedingungen, für Informationen über diese Bedingungen und die Verfügbarkeit der Informationen gerecht werden, mit der Folge der Unwirksamkeit dieser Geschäftsbedingungen (§ 23 Abs. 2 S. 2 TKG i. V. m. Abs. 1).

– Alle „in der Telekommunikation tätigen Unternehmen und Vereinigungen von Unternehmen" (dies geht also über den Kreis der Lizenznehmer weit hinaus) haben auf Verlangen der RegTP dieser gemäß § 72 Abs. 1 TKG **Auskunft über ihre wirtschaftlichen Verhältnisse** (insbesondere Umsatzzahlen) zu erteilen und gegebenenfalls während der üblichen Geschäftszeiten die **geschäftlichen Unterlagen zur Prüfung** freizugeben und **Zutritt zu den Geschäftsräumen** zu gewähren (§ 72 Abs. 3 TKG), soweit dies zur Erfüllung der Aufgaben der RegTP erforderlich ist. Auskünfte dieser Art verlangt die RegTP häufig im Zusammenhang mit Entgeltgenehmigungsanträgen, bei der Klärung von Universaldienstverpflichtungen oder bei der Prüfung einer marktbeherrschenden Stellung. Aus gegebenem Anlaß können sogar förmliche Untersuchungen angeordnet (§ 72 Abs. 5 TKG) und Gegenstände oder geschäftliche Unterlagen in Verwahrung genommen oder beschlagnahmt werden (§ 72 Abs. 6 TKG). Zur Durchsetzung der Anordnungen kann die RegTP ein Zwangsgeld von bis zu DM 1 Mio. festsetzen (s. u. Rz. 227 ff.).

– Schließlich sind die **allgemeinen Informations- und Angebotspflichten** der Anbieter von Telekommunikationsdienstleistungen für die Öffentlichkeit gegenüber ihren Kunden aus § 41 TKG i. V. m. der Telekommunikations-Kundenschutzverordnung vom 11. 12. 1997[1] (TKV) zu beachten. Auch die TKV bezieht sich in ihrem Adressatenkreis also nicht lediglich auf Lizenznehmer. Die Pflichten werden im einzelnen in Teil 5 unter Rz. 206 ff. näher erläutert.

1.7.1.2 Wechsel des Lizenznehmers

Bei der Übertragung der Lizenz, des anderweitigen Übergangs der Lizenz, dem Wechsel der Eigentumsverhältnisse beim Lizenznehmer oder der Überlassung der Lizenz ist gemäß § 9 TKG die RegTP zu beteiligen. Dies ist aus allgemeinen Grundsätzen schon deswegen eine notwendige Regelung, da die Lizenz an sich eine personenbezogene Erlaubnis ist, so daß beim Wechsel der Person der Erlaubnisgeber einzubeziehen ist[2].

166

1.7.1.2.1 Übertragung und Übergang der Lizenz

Die echte **Übertragung** der Lizenz auf einen neuen Lizenznehmer muß gemäß § 9 Abs. 1 TKG schriftlich erfolgen und bedarf der **vorherigen schriftlichen Genehmigung der RegTP**, die diese Genehmigung aus denselben Gründen wie bei der Erteilung einer Lizenz verweigern darf. Der übernehmende Lizenznehmer muß also die erforderliche Zuverlässigkeit, Leistungsfähigkeit und Fachkunde besitzen, um die Lizenzrechte dauerhaft ausüben zu dürfen, und die öffentliche Sicherheit oder Ordnung darf durch die Übernahme nicht gefährdet sein (§ 9 Abs. 1 S. 2 TKG i. V. m. § 8 Abs. 3 S. 1 Nr. 2 TKG). Außerdem darf die Übertragung nicht den chancengleichen Wettbewerb auf dem sachlich und räumlich relevanten Markt gefährden (§ 9 Abs. 1 S. 2 TKG i. V. m. § 11 Abs. 3 TKG). Die Übertragung ist der durch eine **rechtsgeschäftliche Handlung** bewirkte Übergang der aus der Lizenz folgenden Rechte und Pflichten auf eine andere Person im Wege der Einzelrechtsnachfolge[3].

167

In den Fällen

168

– des **anderweitigen Übergangs** der Lizenz, insbesondere kraft Gesetzes wie bei der Gesamtrechtsnachfolge im Erbfall, bei der Umwandlung eines Unternehmens, der Verschmelzung von Aktiengesellschaften nach § 2 Umwandlungsgesetz[4] (UmwG) oder der Vermögensübertra-

---

1 BGBl. I 1997, S. 2910.
2 Vgl. *Mayen*, CR 1999, 690, 690 f.
3 *Mayen*, CR 1999, 690, 692; *Hummel*, K&R 2000, 479, 482.
4 Vom 28. 10. 1994, BGBl. I 1994, S. 3210.

gung nach § 174 UmwG, wo jeweils Vermögensgegenstände kraft Gesetzes auf eine neue (natürliche oder juristische) Person übertragen werden[1],

- des **Wechsels der Eigentumsverhältnisse** beim Lizenznehmer, wie insbesondere die Veränderung der gesellschaftsrechtlichen Beteiligungsverhältnisse am Lizenznehmer (wobei allerdings bei Aktiengesellschaften mit Streubesitz im Einklang mit Regelungen in anderen Bereichen davon auszugehen ist, daß mindestens 10 % der Aktien übertragen werden müssen, um die Anzeigepflicht nicht unverhältnismäßig auszuweiten)[2] oder

- der **Überlassung der Lizenz**, die keinen Wechsel des Inhabers der Rechte und Pflichten meint, sondern eine Gebrauchsüberlassung im Wege der Betriebsführungsvereinbarung, der Verpachtung oder des Leasings[3],

ist eine vorherige schriftliche Genehmigung nicht erforderlich. Jedoch muß eine **unverzügliche Anzeige** an die RegTP erfolgen (§ 9 Abs. 2 TKG). Auch in diesen Fällen wird die RegTP regelmäßig prüfen, ob die Lizenzvoraussetzungen weiterhin vorliegen, und wird erforderlichenfalls Nachweise fordern oder Auflagen machen. Denn gemäß § 15 Nr. 2 TKG kann die RegTP die Lizenz widerrufen, wenn beim Lizenznehmer oder demjenigen, dem die Lizenz überlassen wird, ein Versagungsgrund nach § 8 Abs. 3 S. 1 Nr. 2 entsteht. Materiell besteht der wesentliche Unterschied daher darin, daß der anderweitige Übergang der Lizenz nach § 9 Abs. 2 TKG nicht bis zur Genehmigung der RegTP schwebend unwirksam ist wie die echte Übertragung der Lizenz nach § 9 Abs. 1 TKG, dagegen aber die Widerrufsmöglichkeit nach § 15 Nr. 2 TKG besteht, so daß insgesamt betrachtet jegliche Übertragung i. S. d. § 9 TKG jedenfalls in der einen oder anderen Form der Zustimmung der RegTP bedarf.

1.7.1.2.2 Einzelfragen

169 In der Praxis ist in diesem Zusammenhang zu unterscheiden zwischen einem **Kaufvertrag über Geschäftsanteile** (sog. „Share Deal"), bei dem sich die Eigentumsverhältnisse am Lizenznehmer verändern, so daß lediglich eine Anzeige an die RegTP (mit anschließender Prüfung) erforderlich ist, und einem **Kauf einzelner Vermögensgegenstände eines Unternehmens** (sog. „Asset Deal"), bei dem die Lizenz als eigenständiger Wertgegenstand im Wege der Einzelrechtsnachfolge veräußert wird, so

---

1 *Mayen*, CR 1999, 690, 695.
2 *Hummel*, K&R 2000, 479, 480.
3 *Mayen*, CR 1999, 690, 695.

daß eine vorherige schriftliche Genehmigung der RegTP erforderlich ist[1]. Diese schwebende Unwirksamkeit bis zur Genehmigung durch die RegTP ist bei der Vertragsgestaltung unbedingt zu berücksichtigen, gegebenenfalls im Wege der Aufnahme einer aufschiebenden Bedingung[2]. Zur Vermeidung der Genehmigungspflicht können sich daher auch Zwischenformen anbieten, bei denen das Umwandlungsgesetz eine Gesamtrechtsnachfolge mit denselben Wirkungen eines Kaufs von Geschäftsanteilen vorsieht (z. B. Abspaltung eines Betriebsteils zur Aufnahme). Zu beachten ist in diesem Zusammenhang ferner, daß Frequenzzuteilungen und Nummernzuteilungen, auch wenn sie selbst unter Umständen eine Lizenz voraussetzen, nicht automatisch mit der Lizenz übergehen, sondern gesondert übertragen (bei einigen Nummern möglich) bzw. neu zugeteilt (Frequenzen und einige Nummern) werden müssen (s. § 48 Abs. 6 TKG und § 43 Abs. 2 TKG i. V. m. den jeweiligen Zuteilungsregeln und Zuteilungsbescheiden für Nummern).

Hinsichtlich derjenigen Lizenzen, die in einem **Versteigerungs- oder einem Ausschreibungsverfahren** nach § 11 TKG wegen der Beschränkung der Anzahl der Lizenzen aufgrund von Frequenzknappheit nach § 10 TKG erteilt wurden (zu Einzelheiten s. Teil 2, Rz. 211 ff.), ist richtigerweise davon auszugehen, daß ersteigerte Lizenzen i. S. d. § 9 Abs. 1 TKG isoliert übertragen werden können, während dies für in einem Ausschreibungsverfahren erhaltene Lizenzen allein nicht gelten kann. Denn im letzteren Fall ist die Ausschreibung gerade deswegen zugunsten des Lizenznehmers ausgegangen, weil sich dieser in seiner Gesamtheit als am besten geeignet für die Ausübung der Lizenzrechte und -pflichten erwiesen hat. Dieser Gesamteindruck ginge jedoch mit der isolierten Übertragung der Lizenz verloren. Bei einer Versteigerung hat demgegenüber allein die Finanzkraft des Lizenznehmers über die Zuteilung letztendlich entschieden, weshalb hier eine isolierte Übertragung (zum entsprechenden Preis) möglich sein sollte, sofern die übrigen Lizenzbestimmungen nicht verletzt werden[3]. Problematisch bleibt aber der Übergang der für die Ausübung der Lizenzrechte erforderlichen Frequenzen, da eine erneute Frequenzzuteilung notwendig ist. Sofern die Voraussetzungen für die Zustimmung der RegTP zur Übertragung der Lizenz vorliegen, wäre eine Verweigerung der Neuzuteilung der Frequenzen nach der hier vertretenen Auffassung rechtswidrig. Denn die Frequenzzuteilung ist in solchen Fällen untrennbar mit der Lizenzerteilung verbunden, weil ein besonderes Vergabeverfahren gerade wegen

170

---

1 S. zur Unterscheidung der verschiedenen Erwerbsmöglichkeiten *Hummel*, K&R 2000, 479 ff.
2 Vgl. *Hummel*, K&R 2000, 479, 482.
3 Ausführlich zu diesem Fragenkomplex *Hummel*, K&R 2000, 479, 484 f.

der Frequenzknappheit für die Lizenzerteilung erforderlich geworden ist. Auch wenn die Frequenzzuteilung gemäß § 8 Abs. 5 TKG i. V. m. § 47 TKG in einem selbständigen Verfahren erfolgt, ist sie wegen §§ 10 und 11 TKG in diesen Fällen akzessorisch zur Lizenzerteilung.

171 Weiter ist zu beachten, daß zwar vom Gesetz her eine **Teilübertragung** einer Lizenz (z. B. von abgegrenzten Gebieten oder einzelnen Linien) nicht ausgeschlossen ist[1], daß die RegTP die Übertragung von einzelnen Lizenzgebieten oder Linien, die in einer einheitlichen Lizenz erteilt wurden (und also auf einer Urkunde stehen und unter einer Nummer registriert sind), aus praktischen Gesichtspunkten nicht zuläßt. Daher erteilt die RegTP für räumlich getrennte Lizenzgebiete auch getrennte Lizenzen (mit einzelnen Urkunden und Registrierungsnummern). Selbst für verschiedene Lizenzgebiete, die aneinandergrenzen (z. B. benachbarte Landkreise), können einzelne Lizenzen erteilt werden, so daß diese auch einzeln übertragen werden können. Ob dies gewollt ist oder nicht, sollte im Lizenzantrag klargestellt werden (vgl. Rz. 118).

1.7.1.3 Universaldienst

172 Im Rahmen der Universaldienstleistungsverpflichtungen nach §§ 17 ff. TKG i. V. m. der Telekommunikations-Universaldienstleistungsverordnung[2] (TUDLV) bestehen einige Pflichten der auf dem jeweiligen Markt tätigen Lizenznehmer, die zum Teil allgemein für alle Lizenznehmer gelten, zum Teil einen bestimmten Marktanteil voraussetzen:

173 Diese **Universaldienstleistungen** betreffen gemäß § 1 TUDLV den **Sprachtelefondienst** auf der Basis eines digital vermittelnden Netzes und von Teilnehmeranschlußleitungen mit einer Bandbreite von 3,1 kHz mit bestimmten ISDN-Leistungsmerkmalen, bestimmte **nicht lizenzpflichtige Telekommunikationsdienstleistungen**, die in unmittelbarem Zusammenhang mit dem Sprachtelefondienst stehen (Auskunft, Teilnehmerverzeichnisse, öffentliche Telefonstellen) und die Bereitstellung von **Übertragungswegen** i. S. d. Anhangs II der ONP-Richtlinie für Mietleitungen (im wesentlichen 2 Mbit-Leitungen).

174 Zum einen müssen gemäß § 18 Abs. 1 S. 1 TKG diejenigen Lizenznehmer, die auf einem sachlich relevanten Markt, auf dem Universaldienstleistungen nicht in ausreichendem Maße erbracht werden, tätig sind und einen **Marktanteil von mindestens 4 %** in der gesamten Bundesrepublik oder auf einem räumlich abgegrenzten Markt eine marktbeherrschende Stellung haben, zur **Erbringung der Universaldienstleistungen beitra-**

---
[1] Vgl. Beck TKG-Komm/*Schütz*, § 9 Rz. 5.
[2] Vom 30. 1. 1997, BGBl. I 1997, S. 141.

gen. Die Universaldienstleistungsverpflichtung kann sich gemäß § 17 Abs. 1 S. 2 TKG i. V. m. § 1 TUDLV auf Sprachtelefondienst und verwandte Dienstleistungen sowie auf die Bereitstellung bestimmter Übertragungswege beziehen. Diese Dienstleistungen müssen festgelegte Qualitätsparameter erfüllen und für alle Nutzer unabhängig von ihrem Wohn- oder Geschäftsort zu einem erschwinglichen Preis verfügbar sein (§ 17 Abs. 1 S. 1 TKG). Die Beitragspflicht wird entweder durch die Erbringung der Universaldienstleistung durch marktbeherrschende Unternehmen oder nach einer Ausschreibung erbracht (s. u. Rz. 218 f.) oder gemäß § 21 Abs. 1 S. 1 TKG durch eine **Universaldienstleistungsabgabe**. Diese wird allen Lizenznehmern auferlegt, die auf einem Markt, für den die Erbringung einer Universaldienstleistung mit Ausgleichsabgabe angeordnet wurde (s. u. Rz. 220), einen Marktanteil von mindestens 4 % haben. Auch der Universaldienstverpflichtete ist an dieser Kostentragung zu beteiligen, da sonst seine Wettbewerber sein gesamtes Defizit tragen müßten[1]. Die Höhe der Abgabe richtet sich nach dem jeweiligen Umsatzanteil im Verhältnis zu dem Gesamtumsatz aller derart verpflichteten Lizenznehmer auf dem entsprechenden sachlichen Markt, bezogen auf das gesamte Bundesgebiet. Kann ein Beitrag nicht erlangt werden, ist der Ausfall durch alle anderen Verpflichteten anteilig zu tragen. Diese weiter gehende Kostentragungspflicht kann jedoch nur dann zum Tragen kommen, wenn die Universaldienstleistungsabgabe tatsächlich von der RegTP trotz Feststellungsbescheid nach § 21 Abs. 4 TKG nicht eintreibbar ist, da es ansonsten jeder Beitragsverpflichtete in der Hand hätte, sich auf Kosten seiner Wettbewerber der Beitragspflicht zu entziehen[2].

Zum anderen sind **alle Lizenznehmer**, die auf einem Markt tätig sind, für den eine Universaldienstleistung auferlegt wurde, unabhängig von ihrer Marktstellung gemäß § 22 Abs. 1 S. 1 TKG verpflichtet, der RegTP auf Verlangen jährlich ihre **Umsätze** auf dem jeweiligen Markt **mitzuteilen**. Wenn die Mitteilungen ausbleiben, ist die RegTP gemäß § 22 Abs. 1 S. 3 TKG zur **Schätzung** der Umsätze berechtigt. Die Ermittlung dieser Umsätze richtet sich nach den §§ 36 Abs. 2, 38 GWB, die wiederum ihrerseits auf § 277 Abs. 1 des Handelsgesetzbuches[3] (HGB) verweisen. Danach sind die Erlöse eines Unternehmens (zusammen mit denjenigen von abhängigen oder herrschenden Unternehmen i. S. d. § 17 AktG oder von Konzernunternehmen i. S. d. § 18 AktG) aus für die gewöhnliche Geschäftstätigkeit des Unternehmens typischen Dienstleistungen nach Abzug von Erlösschmälerungen und der Umsatzsteuer zu ermitteln. Dabei bleiben Innenumsatzerlöse und Verbrauchssteuern außer Betracht.

175

---

1 Beck TKG-Komm/*Schütz*, § 21 Rz. 17.
2 Vgl. Beck TKG-Komm/*Schütz*, § 21 Rz. 17.
3 Vom 10. 5. 1897, RGBl. 1897, S. 219.

176 Diese Mitteilungen bzw. Schätzungen der Umsätze sind wiederum wichtig, um die Marktanteile der einzelnen Lizenznehmer und damit gegebenenfalls Universaldienstverpflichtete mit einem Marktanteil von mindestens 4 % bzw. solche mit einer marktbeherrschenden Stellung ermitteln zu können, die wiederum zur Erbringung der Universaldienstleistung oder zur Universaldienstleistungsabgabe verpflichtet sein können. Die Prüfung findet jährlich statt.

1.7.1.4 Verhältnis zu anderen Betreibern

177 Auch im Verhältnis zwischen verschiedenen Netzbetreibern untereinander müssen alle Betreiber öffentlicher Telekommunikationsnetze (unabhängig vom Vorliegen einer Telekommunikationslizenz) einige grundsätzliche Verpflichtungen einhalten, um den Wettbewerb zu stärken.

1.7.1.4.1 Verhandlungspflicht für Zusammenschaltungen

178 Jeder Betreiber eines öffentlichen Telekommunikationsnetzes ist gemäß § 36 S. 1 TKG verpflichtet, anderen Betreibern solcher öffentlichen Telekommunikationsnetze auf Nachfrage ein Angebot auf Zusammenschaltung der Netze zu unterbreiten. Ziel solcher Zusammenschaltungsvereinbarungen ist gemäß § 36 S. 2 TKG die Sicherstellung der Möglichkeit dafür, daß jeder Endkunde eines Teilnehmernetzbetreibers mit jedem anderen Endkunden auch anderer Teilnehmernetzbetreiber untereinander kommunizieren kann (sog. „any-to-any-communication"). Für die Fälle, daß trotz ernsthafter Verhandlungen über ein solches Angebot die Zusammenschaltung nicht zustande kommt, oder daß sich der andere Betreiber weigert, überhaupt ein ernsthaftes Angebot zu unterbreiten, kann jeder Netzbetreiber die RegTP mit dem Ziel anrufen, daß diese eine solche Zusammenschaltung anordnet (§ 37 Abs. 1 S. 1 TKG).

179 Das gesamte Zusammenschaltungsregime mit allen entsprechenden Rechten und Pflichten ist ausführlich dargestellt in Teil 4 unter Rz. 266 ff.

1.7.1.4.2 Netzbetreiberportabilität

180 Gemäß § 43 Abs. 5 S. 1 TKG muß jeder Betreiber eines Telekommunikationsnetzes sicherstellen, daß Nutzer bei einem Wechsel des Betreibers und bei Verbleiben am selben Standort ihnen zugeteilte Nummern beibehalten können, wobei ihnen nur diejenigen Kosten in Rechnung gestellt werden dürfen, die einmalig bei diesem Wechsel entstehen. Die entsprechenden Netzkonditionierungskosten und auch die Kosten für die jeweilige Übermittlung in ein anderes Netz können demnach nicht

dem Nutzer in Rechnung gestellt werden, sondern sind vom abgebenden Netzbetreiber zu tragen[1].

Diese so legaldefinierte Netzbetreiberportabilität (eigentlich eher **Nummernportabilität**, da die Nummer portiert wird) bezieht sich nicht nur auf die Beibehaltung **geographischer Rufnummern** innerhalb desselben Ortsnetzes, sondern bezieht sich auch auf **Diensterufnummern**[2]. Denn auch bei Diensterufnummern, die einem Netzbetreiber originär von der RegTP und sodann von diesem abgeleitet an den Endnutzer zugeteilt wurden, besteht dasselbe Bedürfnis, den Netzbetreiber ohne Nummernwechsel wechseln zu können. Dies ist zum einen ein Kostenfaktor, da bei einem Nummernwechsel Briefpapier etc. neu gedruckt und für die neue Nummer unter Umständen neue Werbung finanziert werden müssen, ist zum anderen aber auch gerade bei Diensterufnummern, bei denen die Rufnummer oft das eigentliche Geschäftsportal bedeutet, besonders wichtig, da sonst die Kunden vollkommen neu gewonnen werden müßten. Ohne die Netzbetreiberportabilität wäre faktisch ein Wechsel zu einem neuen Betreiber nicht möglich, so daß im Teilnehmernetzbereich Wettbewerb nicht entstehen könnte. 181

Dasselbe gilt selbstverständlich auch für einem **Nutzer direkt zugeteilte Rufnummern**. Dies ist zum einen bei einigen **Diensterufnummern** nach den jeweils geltenden Zuteilungsregeln mittlerweile der Fall, zum anderen bei den **persönlichen Rufnummern** aus der (0)700er-Gasse. Auch diese Nutzer müssen die Möglichkeit haben, den Betreiber, in dessen Netz sie ihre Rufnummer ursprünglich implementiert hatten, zu wechseln. 182

Einen **Entgeltgenehmigungsantrag** der Deutsche Telekom AG (DTAG) für die Basisleistung Portierung vom Oktober 1998 hat die RegTP abgelehnt, ohne daß ein weiterer Antrag gestellt worden wäre. Zur Zeit gibt es daher nur eine Genehmigung für die „Erfolgskontrolle bei der Sicherstellung der Rufnummernportierung zu besonderen Zeiten" im Rahmen der Abrechnung von „Projekten", und zwar für die Abrechnung nach Aufwand. Diese Genehmigung hat die RegTP am 29. 11. 2000 befristet bis zum 31. 3. 2002 erteilt[3]. Darüber hinaus hat die RegTP am 13. 6. 2001 das Entgelt für die Erfolgskontrolle bei der Sicherstellung der Rufnummernportierung zu besonderen Zeiten (ohne Abrechnung im Rahmen von Projekten) in Höhe von DM 48,33 brutto befristet bis zum 31. 10. 2002 genehmigt[4]. 183

---

1 *Demmel*, in: Manssen, Telekommunikations- und Multimediarecht, § 43 Rz. 100 f.
2 Vgl. Beck TKG-Komm/*Paul/Mellewigt*, § 43 Rz. 23 m. w. N.
3 Mitteilung Nr. 8/2001, ABl. RegTP 1/2001 (BK 2e 00/027).
4 Mitteilung Nr. 369/2001, ABl. RegTP 12/2001 (BK 2e-01/005).

184 Gemäß § 43 Abs. 5 S. 2 und 3 TKG kann die RegTP die Verpflichtung zur Netzbetreiberportabilität **aussetzen**, solange und soweit entweder das Fehlen der Netzbetreiberportabilität den Wettbewerb auf einzelnen Märkten und die Interessen der Verbraucher nicht wesentlich behindert oder dies aus technischen Gründen gerechtfertigt ist. Von dieser Möglichkeit hatte die RegTP hinsichtlich des Mobilfunkmarktes Gebrauch gemacht und mit einer ersten Entscheidung aus 1997 die Verpflichtung zur Netzbetreiberportabilität im Mobilfunk zunächst befristet ausgesetzt, da dies zum einen technisch bedingt notwendig sei[1] und da sich zum anderen der Wettbewerb zu dieser Zeit im wesentlichen auf die Gewinnung von Neukunden konzentrierte, der Wechsel von Netzbetreibern jedoch noch keine wesentliche Rolle spielte, so daß die Interessen der Verbraucher nicht wesentlich eingeschränkt waren[2]. Nach mehreren Verlängerungen sollte diese Aussetzung der Verpflichtung auf dem Mobilfunkmarkt zum 31. 1. 2002 endgültig auslaufen. Diese letzte Frist sollte die notwendigen technischen Umstellungen in den einzelnen Netzen ermöglichen[3]. Obwohl bereits in der Verfügung vom Mai 2000 festgelegt worden war, daß die Aussetzung letztmalig erfolgt sei, hat die RegTP nichtsdestotrotz die Aussetzung noch einmal um neun Monate bis zum 31. 10. 2002 verlängert und die Mobilfunknetzbetreiber zu vierteljährlichen Berichten über die Realisierungsarbeiten verpflichtet. Begründet wurde diese nochmalige Verlängerung damit, daß anderenfalls keine qualitativ hochwertige und verbraucherfreundliche technische Lösung für die Netzbetreiberportabilität im Mobilfunk bis zur Umsetzungsfrist gefunden werden könne. Die vorgetragenen technischen Probleme beziehen sich insbesondere auf Mailbox- und Telefaxdienste. Dementsprechend hat die RegTP nun auch angeordnet, daß Mailboxrufnummern zum festgelegten Zeitpunkt zusammen mit der zugehörigen regulären Rufnummer portierbar sein müssen[4].

185 In diesem Zusammenhang sei darauf hingewiesen, daß in den Mobilfunknetzen der dritten Generation (UMTS) die Netzbetreiberportabilität von Anfang an sichergestellt werden muß (und zwar sowohl zwischen UMTS-Netzen als auch zwischen den GSM- und den UMTS-Netzen), da kein Unternehmen in der Kommentierungsphase technische Bedenken in dieser Hinsicht geäußert habe und die Wettbewerbssituation dies zudem erfordere[5].

---

1 Vfg. 304/1997, ABl. BMPT 34/97.
2 Vgl. Mitteilung Nr. 569/1999, ABl. RegTP 23/99.
3 Vfg. 49/2000, ABl. RegTP 9/2000 vom 10. 5. 2000.
4 Vfg. 32/2001, ABl. RegTP 15/2001 vom 8. 8. 2001.
5 Vfg. 13/2000, ABl. RegTP 4/2000 – Entscheidung vom 18. 2. 2000.

1.7.1.4.3 Verbindungsnetzbetreiberauswahl

Ein ähnliches Instrument zur Sicherstellung des Wettbewerbs wie die Netzbetreiberportabilität stellt die Verpflichtung aller Netzbetreiber zur Sicherstellung der freien Auswählbarkeit von Verbindungsnetzbetreibern durch den Endnutzer gemäß § 43 Abs. 6 S. 1 TKG dar, die sowohl durch eine dauerhafte Voreinstellung (sog. Preselection) als auch durch die Auswahl im Einzelfall des Verbindungsaufbaus (sog. Call-by-Call) ermöglicht werden muß. Dabei kann grundsätzlich die fallweise Betreiberauswahl auch eine dauerhafte Voreinstellung überschreiben. 186

Diese Verpflichtung, die grundsätzlich ganz allgemein das Entstehen von Wettbewerb sicherstellen soll, ist durch eine gemeinsame Spezifikation des Arbeitskreises für technische und betriebliche Fragen der Numerierung und Netzzusammenschaltung (AKNN) zunächst auf alle Verbindungen, denen die **Verkehrsausscheidungsziffer „0"** vorangestellt ist (also alle inländischen Ferngespräche, alle Auslandsgespräche und alle Verbindungen zu Diensterufnummern), beschränkt worden[1]. An diese Spezifikation halten sich grundsätzlich alle Netzbetreiber trotz ihrer formalen Unverbindlichkeit aufgrund des Bedarfs an technischer Standardisierung. Da diese allgemeine Geltung für alle Diensterufnummern aber zu sehr ineffizienten Verkehrsflüssen und unnötigen Abrechnungsschritten zwischen den Netzbetreibern geführt hat, wenn z. B. die Diensterufnummer im Netz des Betreibers A implementiert war, aber der Netzbetreiber B durch Preselection oder Call-by-Call durch einen Teilnehmer des Netzbetreiber C oder der DTAG ausgewählt wurde, gilt seit Juli 2000 die sog. Carrier-Selection-Phase II. Danach behält die Auswahl des Verbindungsnetzbetreibers durch den anrufenden Endkunden nur dann ihre Gültigkeit, wenn die angerufene Diensterufnummer auch im Netz des ausgewählten Verbindungsnetzbetreibers eingerichtet ist. Ansonsten wird sie ignoriert, so daß der Teilnehmernetzbetreiber (in der Regel die DTAG) die Verbindung direkt zu der Diensterufnummer bzw. zu dem Netzbetreiber, in dessen Netz die Nummer implementiert ist, zuführt. 187

Umstritten ist derzeit, ob die Verbindungsnetzbetreiberauswahl auch für **Ortsgespräche** ermöglicht werden muß. Das ist mit Blick auf die Richtlinie 97/33/EG des Europäischen Parlaments und des Rates über die Zusammenschaltung in der Telekommunikation im Hinblick auf die Sicherstellung des Universaldienstes und der Operabilität durch Anwendung der Grundsätze für einen offenen Netzzugang (ONP)[2] in der 188

---

1 Spezifikation Verbindungsnetzbetreiberauswahl (Carrier Selection) des Unterarbeitskreises Carrier Selection vom 1. 10. 1998.
2 Vom 30. 6. 1997, ABl. EG Nr. L 1999, S. 32.

Fassung der Richtlinie 98/61/EG des Europäischen Parlaments und des Rates zur Änderung der Richtlinie 97/33/EG hinsichtlich der Übertragbarkeit von Nummern und der Betreiberauswahl[1] der Fall. Denn in dem geänderten Art. 12 der Richtlinie 97/33/EG ist vorgesehen, daß zumindest die marktbeherrschenden Unternehmen ihren Teilnehmern die Möglichkeit einräumen müssen, die genannten Dienste, also den Zugang zu vermittelten Diensten jedes zusammengeschalteten Anbieters öffentlich zugänglicher Telekommunikationsdienste, im Wege der Vorauswahl zu wählen, wobei die Möglichkeit gegeben sein müsse, eine etwaige Vorauswahl bei jedem Anruf durch Wählen einer kurzen Kennzahl aufzuheben. Damit ist sowohl die dauerhafte Voreinstellung (Preselection) als auch die fallweise Auswahl eines anderen Verbindungsnetzbetreibers (Call-by-Call) geregelt, ohne daß eine Einschränkung auf den Fernverkehr vorgesehen wäre. In § 43 Abs. 6 TKG ist die Umsetzung insofern richtlinienkonform erfolgt, da auch hier keine Einschränkung auf den Fernverkehr vorgesehen ist. Allerdings stimmt die praktische Handhabung durch die RegTP nicht mit diesen Vorgaben überein. Schließlich zeigt auch die derzeit geplante Umstellung des Zusammenschaltungsregimes auf eine elementbasierte Tariffierung die Richtigkeit dieser Auffassung (s. zu dieser Umstellung Teil 4, Rz. 380 ff.). Wenn das Erfordernis besteht, an mehreren lokalen Vermittlungseinrichtungen im selben Ortsnetz eine Zusammenschaltung vorzunehmen, um im gesamten Ortsnetz die günstigsten Zusammenschaltungstarife zu erhalten, dann muß auch zumindest die Verbindungsnetzbetreiberauswahl zwischen diesen Vermittlungseinrichtungen innerhalb desselben Ortsnetzes möglich sein. Einen entsprechenden Antrag eines Wettbewerbers der DTAG auf Anordnung der Verbindungsnetzbetreiberauswahl auch im Ortsnetz im Rahmen der Anordnung einer Netzzusammenschaltung hat die RegTP abgelehnt[2]. Rechtsmittel gegen diese Entscheidung sind zu erwarten.

189 Zur Zeit **kostet** die dauerhafte Voreinstellung auf einen anderen Verbindungsnetzbetreiber (Preselection) bei der DTAG für den Endkunden DM 9,99 brutto. Dieses Entgelt hat die RegTP am 5. 2. 2001 bis zum 31. 3. 2003 genehmigt[3].

190 Gemäß § 43 Abs. 6 S. 2 TKG kann die RegTP auch die Ermöglichung der freien Verbindungsnetzbetreiberauswahl **aussetzen**, soweit und solange dies aus technischen Gründen gerechtfertigt ist. Eine Aussetzungsmöglichkeit wegen des mangelnden wettbewerblichen Bedürfnisses besteht hier jedoch nicht. Bisher hat die RegTP auch nur bezüglich des Mobilfunks diese Verpflichtung ausgesetzt, und zwar bis zum 30. 6. 1998 für

---

1 Vom 24. 9. 1998, ABl. EG Nr. L 268, S. 37.
2 Mitteilung Nr. 487/2001, ABl. RegTP 16/2001, S. 2651 (BK 4c-01-016).
3 Mitteilung Nr. 71/2001, ABl. RegTP 3/2001, S. 454 (BK 2c 00/035).

Call-by-Call und bis zum 31. 12. 1998 für Preselection[1]. Eine Verlängerung gab es nicht. Für die Mobilfunknetze der dritten Generation (UMTS) gilt die Verpflichtung hinsichtlich der freien Auswählbarkeit von Verbindungsnetzbetreibern von Anfang an[2].

1.7.1.5 Verpflichtungen nach dem Elften Teil des TKG

Im Elften Teil des TKG und den implementierenden Verordnungen sind diverse Verpflichtungen hinsichtlich der Einhaltung von Datenschutz-, Daten- und Netzwerksicherheits- und Überwachungsvorschriften für Anbieter von Telekommunikationsdienstleistungen enthalten, die sich zum Teil auf Lizenznehmer beschränken, zum Teil aber auch für alle Anbieter gelten, wenngleich auch häufig unter Ausschluß der Anbieter für geschlossene Benutzergruppen. Die einzelnen Pflichten sind in Teil 9 erläutert. 191

1.7.2 Besondere Pflichten für Lizenznehmer der Lizenzklasse 3

Die besonderen zusätzlichen Verpflichtungen für Lizenznehmer der Lizenzklasse 3 beruhen auf den Folgepflichten, die das ihnen nach § 50 Abs. 2 S. 1 TKG übertragene Wegerecht mit sich bringt. Diese Rechte und Pflichten sind ausführlich in Teil 6 beschrieben. 192

1.7.3 Besondere Pflichten für Lizenznehmer der Lizenzklasse 4

Lizenznehmer der Lizenzklasse 4 treffen einige zusätzliche Verpflichtungen, die unmittelbar mit der Erbringung von Sprachtelefondienst zusammenhängen. 193

1.7.3.1 Bereitstellen von Teilnehmerdaten

Gemäß § 12 TKG sind alle Lizenznehmer, die Sprachkommunikationsdienstleistungen für die Öffentlichkeit anbieten, verpflichtet, anderen solchen Lizenznehmern (Abs. 1) bzw. Dritten (Abs. 2) ihre Teilnehmerdaten auf Anforderung und unter Beachtung der datenschutzrechtlichen Bestimmungen zur Verfügung zu stellen. Dies gilt allerdings nur zu dem Zweck, daß der Nachfragende einen Auskunftsdienst i. S. d. § 14 der Telekommunikations-Datenschutzverordnung[3] (TDSV) aufnehmen will oder die Herausgabe eines Verzeichnisses der Rufnummern der Teilnehmer (§ 13 TDSV) in kundengerechter Form plant. 194

---

1 Vfg. 304, ABl. BMPT 34/97 vom 17. 12. 1997.
2 Vfg. 13/2000, ABl. RegTP 4/2000 – Entscheidung vom 18. 2. 2000.
3 Vom 18. 12. 2000, BGBl. I 2000, S. 1740.

195 Die Fassung des Kreises der **Verpflichteten** mit dem Bezug auf die Erbringung von Sprachkommunikationsdienstleistungen macht deutlich, daß nicht nur die Lizenznehmer der Lizenzklasse 4, sondern auch die Mobilfunknetzbetreiber mit ihrer Lizenz der Lizenzklasse 1 der Verpflichtung unterliegen. Denn auch wenn es sich hierbei nicht um echten Sprachtelefondienst handelt, so besitzen die Mobilfunknetzbetreiber umfassende Teilnehmerdaten, auf die andere Lizenznehmer und Dritte der Vollständigkeit ihrer Verzeichnisse und ihrer Auskunft wegen Zugriff haben sollen. Da gerade im Bereich des Mobilfunks aber auch reine Diensteanbieter, die kein eigenes Netz betreiben und deswegen keine Lizenznehmer sind, tätig sind und umfängliche Teilnehmerdaten besitzen, die ihren Netzbetreibern gerade nicht zur Verfügung stehen, ist in § 21 Abs. 4 TKV eine Erweiterung des Kreises der Verpflichteten aufgenommen worden, da dort ganz allgemein Anbieter von Sprachkommunikationsdienstleistungen zur Herausgabe ihrer Teilnehmerdaten verpflichtet sind. Allerdings gilt diese Erweiterung nur gegenüber denjenigen Nachfragern, die selbst zur Universaldienstleistung verpflichtet sind, da sie ansonsten kein allumfassendes Teilnehmerverzeichnis erstellen könnten[1].

196 Die verpflichteten Lizenznehmer haben ganz allgemein ihre **Teilnehmerdaten** herauszugeben. Im Zusammenhang mit den Regelungen der TDSV zu Auskunft und Teilnehmerverzeichnissen ist davon auszugehen, daß alle Daten, die nach der TDSV beauskunftet bzw. in ein Teilnehmerverzeichnis eingestellt werden dürfen, auch unter diese Herausgabepflicht fallen, da der Nachfrager sonst keine vollständigen Dienste anbieten könnte und somit der Wettbewerb nur in beschränktem Maße möglich wäre. Auch das Bundeskartellamt hat bei einer Untersuchung im Jahre 1998 festgestellt, daß alle inhaltlich für den Nachfrager relevanten Daten jedenfalls von der DTAG als marktbeherrschender Betreiberin herauszugeben sind[2]. Gemäß § 13 TDSV sind daher Name, Anschrift, Rufnummer und zusätzliche Angaben wie Beruf, Branche und Art des Anschlusses des Teilnehmers erfaßt. Darüber hinaus müssen nach dem zuvor Gesagten auch alle sonstigen vom Teilnehmer angegebenen Daten wie Öffnungszeiten oder Zweitanschlüsse und Faxnummern übergeben werden.

197 Die Herausgabe hat unter Beachtung der **datenschutzrechtlichen Regelungen** zu erfolgen. Dies bedeutet zum einen, daß die Zweckbestimmung (nur zur Aufnahme eines Auskunftsdienstes oder zur Herausgabe eines Teilnehmerverzeichnisses, jedoch nicht zum freien Adreßhandel) erfolgen darf. Zum anderen müssen aber auch z. B. Auskunftsverbote, die ein Teilnehmer gemäß § 14 Abs. 3 TDSV erteilt hat, dem nachfragenden

---

1 Vgl. hierzu Beck TKG-Komm/*Büchner*, § 12 Rz. 6 ff.
2 Vgl. hierzu Beck TKG-Komm/*Büchner*, § 12 Rz. 12a; Az. des BKartA: B7-76/98.

Lizenznehmer übermittelt werden, damit die Willensbekundung des Teilnehmers nicht mit der Datenweitergabe ins Leere geht. Die datenschutzrechtlichen Verpflichtungen sind im übrigen ausführlich dargestellt in Teil 9 unter Rz. 80 ff.

Darüber hinaus hat die Herausgabe in **kundengerechter Form** zu erfolgen. Wenngleich im Gesetz nicht geregelt ist, was unter „kundengerecht" zu verstehen ist, ist davon auszugehen, daß die Herausgabe in einer Form zu erfolgen hat, die eine Weiterverarbeitung mit zumutbarem Aufwand ermöglicht. Aufgrund der Menge der zur Verfügung stehenden Daten dürfte daher regelmäßig eine Herausgabe in elektronischer Form geboten sein, da ein Papierausdruck oft nicht kundengerecht ist. In diesem Zusammenhang ist auch zu erwähnen, daß es sich regelmäßig um ein Dauerschuldverhältnis handelt, in dessen Rahmen Updates zu liefern sind. Denn ein Teilnehmerverzeichnis oder ein Auskunftsdienst müssen aktuell sein, um im Wettbewerb bestehen zu können[1]. 198

Schließlich ist darauf hinzuweisen, daß der Verpflichtete für die Herausgabe der Daten ein **Entgelt** verlangen kann, das sich gegenüber anderen Lizenznehmern an den Kosten der effizienten Leistungsbereitstellung orientieren (§ 12 Abs. 1 S. 2 TKG) und gegenüber Dritten angemessen sein muß (§ 12 Abs. 2 TKG). 199

Der Begriff der „**Kosten der effizienten Leistungsbereitstellung**" liegt auch den Entgeltgenehmigungsvorschriften des Dritten Teils des TKG zugrunde und ist ausführlich in Teil 3 unter Rz. 154 ff. erläutert. Hinsichtlich der Bereitstellung der Teilnehmerdaten lassen sich darunter die konkreten Kosten für die Bereitstellung an sich, ein angemessener Gemeinkostenzuschlag und eine Eigenkapitalverzinsung zusammenfassen. Die Kosten für die Erstellung der Datenbank, in der die Teilnehmerdaten gesammelt sind, dürften regelmäßig jedoch nicht davon erfaßt sein[2]. 200

Das „**angemessene Entgelt**", das von einem Dritten gemäß § 12 Abs. 2 TKG verlangt werden darf, könnte sich vom unterschiedlichen Wortlaut her im Gegensatz zu den „Kosten der effizienten Leistungsbereitstellung" auf marktübliche Preise einschließlich Gewinnanteil beziehen. Allerdings ist für diese Unterscheidung der Entgelte, die von anderen Lizenznehmern bzw. von Dritten verlangt werden dürfen, kein inhaltlicher Grund ersichtlich. Darüber hinaus schreibt die Richtlinie 98/10/EG des Europäischen Parlaments und des Rates über die Anwendung des 201

---

1 Vgl. hierzu Beck TKG-Komm/*Büchner*, § 12 Rz. 24; *Manssen*, in: Manssen, Telekommunikations- und Multimediarecht, § 12 Rz. 6 ff.
2 Vgl. hierzu Beck TKG-Komm/*Büchner*, § 12 Rz. 14 ff.

offenen Netzzugangs (ONP) beim Sprachtelefondienst und den Universaldienst im Telekommunikationsbereich in einem wettbewerbsorientierten Umfeld[1] (Sprachtelefondienstrichtlinie) in ihrem Art. 6 Abs. 3 vor, daß gegenüber jedem Nachfrager die für einen Auskunftsdienst oder die Herausgabe eines Teilnehmerverzeichnisses erforderlichen Informationen „in einer vereinbarten Form zu gerechten, kostenorientierten und nicht-diskriminierenden Bedingungen" zur Verfügung zu stellen sind. Da die Umsetzungsfrist dieser Richtlinie am 30. 6. 1998 abgelaufen ist (Art. 32 Abs. 1 S. 1 Sprachtelefondienstrichtlinie), ist daher § 12 TKG richtlinienkonform dahingehend auszulegen, daß zwischen lizenzierten Nachfragern und Dritten bei den Bedingungen der Bereitstellung der Teilnehmerdaten und auch bei den Entgelten kein Unterschied gemacht werden darf. Daher ist immer der objektivierte Entgeltmaßstab der „Kosten der effizienten Leistungsbereitstellung" heranzuziehen[2].

1.7.3.2 Bereitstellen von Notrufmöglichkeiten

202 Gemäß § 13 Abs. 1 TKG müssen Lizenznehmer, die Sprachkommunikationsdienstleistungen für die Öffentlichkeit anbieten, unentgeltlich Notrufmöglichkeiten für jeden Endnutzer bereitstellen.

203 Der Kreis der **Verpflichteten** umfaßt (wie auch bei § 12 TKG) sowohl die Lizenznehmer der Lizenzklasse 4 als auch diejenigen der Lizenzklasse 1 (Mobilfunknetzbetreiber), die Sprachkommunikationsdienstleistungen für die Öffentlichkeit anbieten. Jeder Teilnehmernetzbetreiber muß daher seinen Endkunden die Möglichkeit einräumen, insbesondere die **allgemeinen Notrufnummern** 110 (Polizeiruf) und 112 (Feuerwehrnotruf) unentgeltlich über seine Endgeräte erreichen zu können. Jeder Teilnehmernetzbetreiber muß daher mit den Notdiensträgern in dem Gebiet, das durch sein Teilnehmernetz abgedeckt ist, eine entsprechende Vereinbarung über die zu erreichenden Notrufabfragestellen treffen. Im Standardvertragsangebot der DTAG zur Zusammenschaltung ist ein entsprechender Terminierungsdienst vorgesehen, nach dem die DTAG die Notrufe aus dem Telefonnetz des Zusammenschaltungspartners an die Notrufabfragestellen weiterleitet.

204 Die reinen **Verbindungsnetzbetreiber**, die keine eigenen Endkunden an ihr Telekommunikationsnetz angeschlossen haben und deren Netze aufgrund der technischen Übereinkunft, daß mit Hilfe von Preselection und Call-by-Call ihren Netzen nur solche Gespräche zugeführt werden, deren

---

1 Vom 26. 2. 1998, ABl. EG Nr. L 101, S. 24.
2 Im Ergebnis so auch Beck TKG-Komm/*Büchner*, § 12 Rz. 20; anders *Manssen*, in: Manssen, Telekommunikations- und Multimediarecht, § 12 Rz. 8, der allerdings die europarechtlichen Vorgaben außer acht läßt.

Nummer mit der Verkehrsausscheidungsziffer „0" beginnt, bei der Wahl der Notrufnummern 110 oder 112 gar nicht erreicht werden können, sind daher in der Praxis von dieser Verpflichtung nicht betroffen.

Über diese allgemeinen Notrufmöglichkeiten nach § 13 Abs. 1 TKG hinaus müssen Lizenznehmer der Lizenzklassen 4 und 1, die Sprachkommunikationsdienstleistungen für die Öffentlichkeit erbringen, gemäß § 13 Abs. 2 S. 1 TKG auch **besondere Notrufmöglichkeiten in öffentlichen Telefonstellen** auf Antrag des zuständigen Bundeslandes oder eines ermächtigten Notdienstträgers bereithalten. Solche Notrufeinrichtungen müssen es dem Nutzer ermöglichen, durch einfache Handhabung (also in der Regel ohne Münzen oder eine Telefonkarte benutzen zu müssen[1]) und möglichst unter automatischer Anzeige des Standortes der benutzten Telefonstelle Sprechverbindungen mit einer Notrufabfragestelle aufzunehmen. Derart ausgestattete öffentliche Telefonstellen sind entsprechend besonders zu kennzeichnen (§ 13 Abs. 2 S. 2 TKG). Der verpflichtete Lizenznehmer muß nicht unbedingt mit dem Eigentümer der öffentlichen Telefonstellen identisch sein; letzterer hätte dann jedoch die Einrichtung zu dulden[2]. 205

Die Einrichtung hat nur auf **Antrag** der Bundesländer bzw. Notdienstträger zu erfolgen. Zuständiges Bundesland ist dasjenige, in dessen Gebiet sich die öffentliche Telefonstelle befindet. Wer Notdienstträger ist, richtet sich ebenfalls nach Landesrecht. Üblicherweise sind dies die Landkreise und kreisfreien Städte, die ihrerseits die Durchführung des Rettungsdienstes in der Regel auf Hilfsorganisationen wie z. B. das Rote Kreuz, den Arbeiter-Samariter-Bund, den Malteser Hilfsdienst oder die Johanniter-Unfallhilfe übertragen können[3]. Der Notdienstträger hat die Bereitstellung und den Betrieb dieser Notrufeinrichtungen **kostendeckend zu bezahlen** (§ 13 Abs. 2 S. 3 TKG). Diese Kostentragungspflicht entspricht dem Veranlasserprinzip und trägt dem Gedanken Rechnung, daß die Verbindung zur Notrufabfragestelle im Interesse des Notdienstträgers geschieht, damit dieser seine gesetzlichen Aufgaben erfüllen kann. 206

Wichtig ist im Zusammenhang mit Verbindungen zu Notrufabfragestellen außerdem, daß eine **Anrufrückverfolgung** möglich sein soll, für den Fall, daß ein Notruf vorzeitig abgebrochen wird. Dies gilt unabhängig 207

---

[1] Vgl. Beschlußempfehlung und Bericht des Ausschusses für Post und Telekommunikation, BT-Drucks. 13/4864 S. 77.
[2] Vgl. Beck TKG-Komm/*Schütz*, § 13 Rz. 6 f.; *Manssen*, in: Manssen, Telekommunikations- und Multimediarecht, § 13 Rz. 5.
[3] Vgl. z. B. Art. 18f des Bayerischen Rettungsdienstgesetzes, § 4 des Hessischen Rettungsdienstgesetzes oder §§ 6, 9, 13 des Rettungsgesetzes Nordrhein-Westfalen.

davon, ob der Notruf aus einer öffentlichen Telefonstelle oder von einem Teilnehmerendgerät ausgeht. Dementsprechend ist in § 11 Abs. 6 TDSV außerdem vorgesehen, daß bei Anwahl von Notrufnummern nicht die Anzeige der Nummer des Anrufenden ausgeschlossen sein darf.

1.7.4 Besondere Pflichten für Anbieter mit marktbeherrschender Stellung

208 Da das TKG der Liberalisierung des Telekommunikationssektors und gemäß § 2 Abs. 1 Nr. 2 TKG der Sicherstellung eines chancengleichen und funktionsfähigen Wettbewerbs, auch in der Fläche, auf den Märkten der Telekommunikation dient, treffen Anbieter mit einer marktbeherrschenden Stellung besondere Pflichten, zum einen in gesellschaftsrechtlich-organisatorischer Hinsicht, zum anderen aber auch im Verhältnis zu den Wettbewerbern auf dem Markt und gegenüber den Endkunden. Ziel ist häufig, die Verfälschung des Wettbewerbs durch Quersubventionierungen oder durch Dumping zu verhindern.

209 Wann eine marktbeherrschende Stellung vorliegt und wie diese ermittelt wird, ist in Teil 3, Rz. 144 ff. und Teil 4, Rz. 58 ff. erläutert.

1.7.4.1 Gesellschaftsrechtliche und organisatorische Pflichten

210 Die gesellschaftsrechtlichen und organisatorischen Pflichten nach § 14 TKG unterscheiden sich danach, ob ein Unternehmen auf einem Telekommunikationsmarkt oder auf einem anderen Markt eine marktbeherrschende Stellung hat.

1.7.4.1.1 Strukturelle Separierung nach § 14 Abs. 1 TKG

211 Gemäß § 14 Abs. 1 TKG müssen Unternehmen, die auf **anderen Märkten als der Telekommunikation** über eine marktbeherrschende Stellung i. S. d. § 19 GWB verfügen, Telekommunikationsdienstleistungen in einem oder mehreren rechtlich selbständigen Unternehmen führen (sog. **strukturelle Separierung**).

212 Diese strukturelle Separierung ist z. B. anwendbar auf Energieversorgungsunternehmen, die im Bereich der Energieversorgung eine marktbeherrschende Stellung innehaben und daher für die Erbringung von Telekommunikationsdienstleistungen eigene Tochtergesellschaften gründen müssen. Mit diesem Gebot sollen die finanziellen Beziehungen zwischen den Unternehmen aufgrund der getrennten Buchführungspflicht und getrennten handelsrechtlichen und steuerrechtlichen Prüfung transparent werden. Unerheblich ist, ob es um lizenzpflichtige oder lizenz-

freie Telekommunikationsdienstleistungen geht, während die reine konzerninterne Eigennutzung noch nicht zur strukturellen Separierung zwingt[1]. Darüber hinaus ist zu erwähnen, daß Vorprodukte zur Erbringung von Telekommunikationsdienstleistungen ebenfalls nicht zum Gebot der strukturellen Separierung führen[2].

In diesem Zusammenhang sei auch darauf hingewiesen, daß die Pflicht zur strukturellen Separierung Konzern- und Beherrschungsverträge nicht ausschließt[3]. Lediglich die Transparenz soll sichergestellt werden. 213

1.7.4.1.2 Getrennte Rechnungslegung nach § 14 Abs. 2 TKG

Unternehmen, die auf einem **Markt für Telekommunikation** über eine marktbeherrschende Stellung i. S. d. § 19 GWB verfügen, müssen gemäß § 14 Abs. 2 TKG die Nachvollziehbarkeit der finanziellen Beziehungen zwischen Telekommunikationsdienstleistungen im lizenzpflichtigen Bereich zueinander und dieser zu Telekommunikationsdienstleistungen im nicht lizenzpflichtigen Bereich durch Schaffung eines eigenen Rechnungslegungskreises gewährleisten (sog. **getrennte Rechnungslegung**). Die RegTP kann dabei die Gestaltung der internen Rechnungslegung für bestimmte lizenzpflichtige Telekommunikationsdienstleistungen vorgeben. 214

Die Unterscheidung verschiedener relevanter sachlicher Märkte im Telekommunikationssektor (Festnetz und Mobilfunknetz, jeweilige Teilmärkte, Vorleistungsprodukte und Endverbraucherprodukte etc.) ist in Teil 4, Rz. 66 ff. näher erläutert. 215

Die verschiedenen Telekommunikationsdienstleistungen auch eines marktbeherrschenden Unternehmens dürfen daher in einem einheitlichen Unternehmen geführt werden; lediglich die Rechnungslegung für die verschiedenen Telekommunikationsmärkte muß in transparenter Art und Weise getrennt und nachvollziehbar gestaltet sein. Die **Vorgaben**, die die RegTP gemäß § 14 Abs. 2 S. 2 TKG für bestimmte lizenzpflichtige Telekommunikationsdienstleistungen machen darf, können sich z. B. auf den Detaillierungsgrad der Kostenrechnung beziehen. Die nicht lizenzpflichtigen Telekommunikationsdienstleistungen können demgegenüber in einem einheitlichen Rechnungslegungskreis geführt werden. Dies ergibt sich schon aus dem Wortlaut (lizenzpflichtige Bereiche zueinander und dieser zum nicht lizenzpflichtigen Bereich). 216

---

1 Vgl. *Manssen*, in: Manssen, Telekommunikations- und Multimediarecht, § 14 Rz. 5 f.
2 Vgl. Beck TKG-Komm/*Geppert*, § 14 Rz. 7 ff.
3 Vgl. Beck TKG-Komm/*Geppert*, § 14 Rz. 10 f.

1.7.4.2 Universaldienst

217 Die Universaldienstleistung und die Beitragspflicht von marktbeherrschenden Unternehmen oder von Unternehmen, die auf einem Markt, für den eine Universaldienstverpflichtung ausgesprochen wurde, einen Marktanteil von mindestens 4 % haben, sind bereits oben unter Rz. 172 ff. erörtert worden. Hier soll es daher nur noch um die eigentliche Universaldienstverpflichtung gehen.

218 Die RegTP kann gemäß § 19 Abs. 1 S. 1 TKG festellen, daß auf einem Markt eine **Unterversorgung** mit Universaldienstleistungen **besteht** oder **droht**, und sodann gemäß § 19 Abs. 2 TKG i. V. m. Abs. 1 marktbeherrschende Unternehmen auf einem Markt, auf dem Universaldienstleistungen nicht in angemessenem oder ausreichendem Maße erbracht werden, zur Erbringung dieser Universaldienstleistung **verpflichten**, wenn sich nicht zuvor innerhalb eines Monats nach Aufforderung durch die RegTP ein Unternehmen bereit erklärt hat, diese Universaldienstleistung ohne eine Ausgleichsabgabe nach § 20 TKG zu erbringen. Die **Unterversorgung** kann also zum einen in mangelnder Qualität liegen („nicht angemessen") oder zum anderen darin, daß nicht alle Nutzer Zugang zu der entsprechenden Universaldienstleistung haben („nicht ausreichend")[1]. Ausreichend für die Unterversorgung ist gemäß § 19 Abs. 1 TKG auch, wenn zu **besorgen** ist, daß eine solche Versorgung nicht gewährleistet sein wird. Wenn mehrere Lizenznehmer zusammen auf dem betreffenden Markt marktbeherrschend sind, kann die RegTP nach Anhörung der betroffenen Lizenznehmer entscheiden, ob sie einen oder mehrere Lizenznehmer zur Erbringung der Universaldienstleistung verpflichtet (§ 19 Abs. 3 TKG). Eine solche Verpflichtung darf die betroffenen Lizenznehmer jedoch nicht gegenüber anderen Lizenznehmern unbillig benachteiligen.

219 Wenn ein betroffener Anbieter glaubhaft macht, daß er im Falle der Verpflichtung einen Ausgleich nach § 20 TKG verlangen kann, kann die RegTP die Universaldienstleistung auch **ausschreiben** und an denjenigen vergeben, der sich als fachkundig erweist und den geringsten Ausgleich fordert (§ 19 Abs. 5 TKG). Vor der Ausschreibung müssen der sachliche und räumliche Markt, die Bewertungskriterien für die Beurteilung der Fachkunde und die Regeln für die Durchführung des Ausschreibungsverfahrens festgelegt werden (§ 19 Abs. 7 TKG). Diese Festlegungen werden im Amtsblatt der RegTP veröffentlicht.

220 Wenn ein zur Universaldienstleistung Verpflichteter glaubhaft nachweist, daß die langfristigen zusätzlichen Kosten der effizienten Bereit-

---

[1] Vgl. *Manssen*, in: Manssen, Telekommunikations- und Multimediarecht, § 19 Rz. 6 f.

stellung der Universaldienstleistung einschließlich einer angemessenen Verzinsung des eingesetzten Kapitals deren Erträge überschreiten, gewährt die RegTP nach Ablauf des Kalenderjahres, in dem ein Defizit bei der Erbringung der Universaldienstleistung entsteht, einen **Ausgleich** (§ 20 Abs. 1 und 2 TKG). Dieser Ausgleich ist durch die marktstarken Unternehmen, wie oben unter Rz. 174 ausgeführt, zu tragen. Im Falle einer Ausschreibung richtet sich der Ausgleich nach dem Ausschreibungsergebnis (§ 20 Abs. 3 TKG).

1.7.4.3 Entgeltregulierung

Unternehmen, die auf einem Telekommunikationsmarkt eine marktbeherrschende Stellung innehaben, unterliegen bezüglich verschiedener **Endkundenentgelte**, aber auch bezüglich verschiedener Entgelte, die sie von ihren Wettbewerbern für **Vorprodukte** verlangen dürfen, den Entgeltregulierungsvorschriften des Dritten Teils des TKG. Darin sind umfangreiche Vorlage- und Auskunftspflichten geregelt. 221

Die Systematik des Dritten Teils des TKG ist in Teil 3 unter Rz. 101 ff. erläutert. 222

1.7.4.4 Verhältnis zu anderen Betreibern

Im Verhältnis zu anderen Netzbetreibern unterliegen Unternehmen mit einer marktbeherrschenden Stellung darüber hinaus umfangreichen Verpflichtungen zur Gewährung von **Netzzugang** und zum diskriminierungsfreien **Zugang zu wesentlichen Leistungen**, die im Vierten Teil des TKG geregelt sind. Diese Regelungen sind ausführlich dargestellt in Teil 4. 223

Darüber hinaus kann die RegTP gemäß § 32 TKG im Rahmen einer Zuteilung knapper Lizenzen und Frequenzen nach § 10 TKG einem marktbeherrschenden Lizenznehmer den Zusammenschluß mit einem anderen Unternehmen verbieten, sofern das andere Unternehmen auf Märkten der Telekommunikation tätig ist oder wird, die mit dem Betätigungsbereich des marktbeherrschenden Lizenznehmers als sachlich und räumlich gleich anzusehen sind. Dieses **Zusammenschlußverbot** gilt unter Bezugnahme auf § 37 Abs. 1 und 2 GWB verallgemeinernd für jegliche Übernahme der Kontrolle an dem anderen Unternehmen. 224

Ein solches Zusammenschlußverbot ergeht gemäß § 32 TKG als **Lizenzauflage**, die bereits bei Erteilung der Lizenz, gemäß § 8 Abs. 2 S. 2 TKG aber auch nach Erteilung der Lizenz, beigefügt werden kann. 225

1.8 Sanktionen

226 Neben den bereits ausführlich dargestellten Möglichkeiten der RegTP, die Erteilung einer Lizenz zu versagen (s. o. Rz. 134 ff.) bzw. eine erteilte Lizenz zu widerrufen (s. o. Rz. 145 ff.), hat die Behörde die folgenden weiteren Möglichkeiten, um die Einhaltung der Lizenzbestimmungen und der sonstigen Verpflichtungen nach dem TKG durchzusetzen:

1.8.1 Aufsicht

227 Gemäß § 71 S. 1 TKG überwacht die RegTP die Einhaltung des TKG und der gemäß den implementierenden Verordnungen ergangenen Auflagen, Anordnungen und Verfügungen. Dies gilt insbesondere für die Einhaltung der einem Lizenznehmer erteilten Auflagen. Gemäß § 71 S. 2 TKG kann die RegTP Anbietern von lizenzpflichtigen Telekommunikationsdienstleistungen, die nicht über die erforderliche Lizenz verfügen, die Ausübung dieser Tätigkeiten untersagen, sofern nicht auf andere Weise rechtmäßige Zustände hergestellt werden können.

228 Diese Vorschrift sieht also eine umfassende **Überwachungsbefugnis** der RegTP vor und gibt ihr auch die **Eingriffsbefugnis** bezüglich des Untersagens von lizenzpflichtigen Tätigkeiten ohne Lizenz. Es ist davon auszugehen, daß die RegTP auch die Einhaltung der Regeln der aufgrund des TKG erlassenen Rechtsverordnungen und nicht nur der aufgrund dieser Rechtsverordnungen erlassenen Auflagen, Anordnungen und Verfügungen überwachen soll. Ansonsten bestünde hier eine Überwachungslücke, die vom Gesetz nicht gewollt sein kann[1]. Besonders hervorgehoben ist die Überwachung der Auflagen, die Lizenznehmern auferlegt wurden. Damit wird nochmals die Wichtigkeit des Lizenzregimes für die Öffnung des Wettbewerbs betont.

229 Die **Untersagung** des lizenzpflichtigen Betriebs ohne Lizenz muß immer **ultima ratio** sein und dem Verhältnismäßigkeitsgrundsatz entsprechen. Demnach ist zuvor zu prüfen, ob nicht auf andere Weise, und zwar insbesondere durch Erteilung der erforderlichen Lizenz, rechtmäßige Zustände herbeigeführt werden können. Nur wenn dies nicht möglich ist, beispielsweise weil Versagungsgründe i. S. d. § 8 Abs. 3 S. 1 TKG vorliegen, darf der Betrieb untersagt werden.

230 In diesem Zusammenhang ist auch die **Befugnisnorm** des § 72 TKG zu nennen, in der die einzelnen Befugnisse der RegTP zur Erfüllung ihrer umfassenden Überwachungspflicht aufgeführt sind. Sie umfaßt Auskunftsverlangen, Durchsuchungen, Beschlagnahmen etc. (s. o. Rz. 165).

---

[1] Vgl. Beck TKG-Komm/*Kerkhoff*, § 71 Rz. 2 f.

Hervorgehoben werden sollen hier nur die **Pflicht zur Auslagenerstattung** gemäß § 72 Abs. 9 TKG, wenn die Untersuchungen der RegTP z. B. einen Verstoß gegen Lizenzauflagen ans Licht gebracht haben, sowie die Möglichkeit der RegTP, ein **Zwangsgeld von bis zu DM 1 Mio.** festzusetzen, wenn der Adressat einer Anordnung der RegTP nicht Folge leistet (§ 72 Abs. 10 TKG). Auch hier ist selbstverständlich sowohl bei der Frage, ob ein Zwangsgeld festgesetzt werden soll, als auch bei der Frage der Höhe immer der Verhältnismäßigkeitsgrundsatz zu berücksichtigen.

1.8.2 Bußgelder

Weiter ist noch der **Bußgeldkatalog** des § 96 Abs. 1 TKG zu erwähnen: 231

Ordnungswidrig handelt beispielsweise, wer eine Anzeige nach § 4 S. 1 TKG nicht, nicht richtig, nicht in der vorgeschriebenen Weise oder nicht rechtzeitig erstattet (§ 96 Abs. 1 Nr. 1 TKG) oder wer ohne Lizenz Übertragungswege i. S. v. § 6 Abs. 1 Nr. 1 TKG betreibt oder Sprachtelefondienst nach § 6 Abs. 1 Nr. 2 TKG anbietet (§ 96 Abs. 1 Nr. 3). Daneben beziehen sich diverse in dem Katalog aufgeführte Ordnungswidrigkeiten auf Verstöße gegen den Elften Teil des TKG, gegen das Gebot der strukturellen Separierung etc.

Voraussetzung für die Ordnungswidrigkeit ist immer, daß der Verstoß 232 gegen die Verpflichtung **vorsätzlich oder fahrlässig** erfolgt. Abzustellen ist dabei auf das Verschulden der für eine juristische Person handelnden Menschen. Der bloße Versuch kann nicht als Ordnungswidrigkeit geahndet werden (vgl. § 13 Abs. 2 Gesetz über Ordnungswidrigkeiten[1] – OWiG).

Die **Geldbuße** für die unterlassene Anzeige nach § 4 S. 1 TKG kann bis 233 zu DM 20.000 betragen, diejenige für das Betreiben einer lizenzpflichtigen Tätigkeit ohne Lizenz bis zu DM 1 Mio. (§ 96 Abs. 2 S. 1 TKG). Grundlage für die Bemessung der Geldbuße im Einzelfall sind gemäß § 17 Abs. 3 OWiG die Bedeutung der Ordnungswidrigkeit, der Vorwurf, der den Täter trifft, und auch die wirtschaftlichen Verhältnisse des Täters. Bei Fahrlässigkeit kann die Geldbuße gemäß § 17 Abs. 2 OWiG im Höchstmaß jedoch nur mit maximal der Hälfte der im Katalog angedrohten Geldbuße geahndet werden. Eine **Abschöpfung** des durch die rechtswidrige Tat erzielten Gewinns ist gemäß § 17 Abs. 4 OWiG zusätzlich möglich.

---

[1] In der Fassung der Bekanntmachung vom 19. 2. 1987, BGBl. I 1987, S. 602.

1.8.3 Anspruch auf Schadensersatz und Unterlassung

234 Gemäß § 40 S. 1 TKG ist jeder Anbieter von Telekommunikationsdienstleistungen für die Öffentlichkeit, der vorsätzlich oder fahrlässig gegen das TKG, gegen eine implementierende Verordnung, gegen eine Lizenzauflage oder eine Anordnung der RegTP verstößt, die zumindest auch dem Schutz des Nutzers dient, dem Nutzer zum Ersatz desjenigen **Schadens** verpflichtet, der auf dem Verstoß gegen die **Schutznorm** beruht. Gemäß § 40 S. 2 TKG kann der Nutzer den jeweiligen Anbieter außerdem auf **Unterlassung** in Anspruch nehmen.

235 In dieser allgemeinen Kundenschutzvorschrift, die gegenüber jedem Anbieter von Telekommunikationsdienstleistungen für die Öffentlichkeit gilt, ist der Schutznormgedanke, der auch den §§ 823 und 1004 BGB zugrunde liegt, ausdrücklich auf Lizenzauflagen (also einzelfallbezogene Verwaltungsakte) bezogen. In dieser Vorschrift liegt damit ein zusätzliches Korrektiv zu den ohnehin recht weitreichenden Befugnissen der RegTP, um die Lizenznehmer und sonstigen Telekommunikationsdiensteanbieter für die Öffentlichkeit zur Einhaltung der telekommunikationsrechtlichen Vorschriften zu zwingen.

1.9 Lizenzgebühren

236 Gemäß § 16 Abs. 1 S. 1 TKG werden Lizenzen nur gegen Gebühr erteilt. Die gebührenpflichtigen Tatbestände, die Höhe der Gebühren und die Erstattung von Auslagen wurden gemäß § 16 Abs. 1 S. 2 TKG nach Maßgabe des Verwaltungskostengesetzes in der Telekommunikations-Lizenzgebührenverordnung geregelt. Daneben werden für die (von der Lizenzerteilung unabhängige) Zuteilung von Nummern oder Frequenzen gemäß §§ 43 Abs. 3 S. 3, 48 TKG i. V. m. den jeweiligen Gebührenverordnungen gesonderte Gebühren und Beiträge erhoben. Im Falle einer Versteigerung von Lizenzen gemäß § 11 Abs. 4 TKG wird eine Lizenzgebühr nur erhoben, wenn sie den Erlös des Versteigerungsverfahrens übersteigt (§ 16 Abs. 2 TKG). Demgemäß wurden bei der Versteigerung der UMTS-Lizenzen im August 2000, bei der jeder Lizenznehmer gut DM 16 Mrd. für eine Lizenz bezahlt hat, keine zusätzlichen Lizenzgebühren erhoben.

1.9.1 Regelungen der Telekommunikations-Lizenzgebührenverordnung

237 Die Telekommunikations-Lizenzgebührenverordnung, die gemäß ihrem § 5 rückwirkend zum 1. 8. 1996 in Kraft getreten ist, regelt in § 1 die

gebührenpflichtigen Tatbestände und in §§ 2 bis 4 die Berechnung der Gebühren für die einzelnen Lizenzklassen. Die Höhe schließlich wird in der Anlage zu § 1 Abs. 1 TKLGebV (Gebührenverzeichnis) festgelegt.

1.9.1.1 Gebührenpflichtige Tatbestände

Gebührenpflichtig sind nach § 1 TKLGebV 238
- die **Erteilung einer Lizenz** nach Maßgabe der §§ 2 bis 4 TKLGebV i. V. m. der Anlage, wobei gemäß § 1 Abs. 1 TKLGebV bei der Bestimmung der Höhe im Einzelfall neben dem Verwaltungsaufwand für die eigentliche Lizenzerteilung auch der Aufwand für die Verwaltung der Lizenzrechte und für die Kontrolle der Einhaltung der Lizenzpflichten berücksichtigt werden soll;
- gemäß § 1 Abs. 2 TKLGebV die **Antragsablehnung**, der **Widerruf** und die **Rücknahme** einer Lizenzerteilung sowie die **Rücknahme eines Antrags** auf Erteilung einer Lizenz nach Maßgabe des § 15 Verwaltungskostengesetz[1] (VwKostG), wonach sich in diesen Fällen grundsätzlich die Gebühr um ein Viertel reduziert, während sie aus Billigkeitsgesichtspunkten im Einzelfall auch auf ein Viertel abgesenkt oder von der Erhebung ganz abgesehen werden kann;
- die **Änderung des Inhalts** einer Lizenz, wobei gemäß § 1 Abs. 3 TKLGebV die Gebühr bis auf DM 30 ermäßigt werden kann, wenn die Änderung den Lizenzumfang nicht ausschließlich einschränkt, wie dies z. B. bei der Neuausstellung einer Lizenzurkunde aufgrund Namensänderung des Lizenzinhabers der Fall wäre.

Für die Übertragung einer Lizenz (s. o. unter Rz. 167 ff.) auf einen neuen 239
Lizenzinhaber fallen (außer der Gebühr in Höhe von DM 30 für die Ausstellung einer neuen Lizenzurkunde) in der Regel keine Gebühren an.

1.9.1.2 Berechnung und Höhe der Gebühren

Die Berechnung der Lizenzgebühren ist für die einzelnen Lizenzklassen 240
gesondert geregelt in §§ 2 bis 4 TKLGebV, die i. V. m. dem Gebührenverzeichnis die im Einzelfall geltende Gebühr festlegen.

1.9.1.2.1 Lizenzklassen 1 und 2

Für Lizenzen der **Lizenzklassen 1 und 2** werden gemäß § 2 TKLGebV 241
die Gebühren „nach dem im Einzelfall erforderlichen Verwaltungsaufwand berechnet", und zwar innerhalb eines Gebührenrahmens von DM

---
[1] BGBl. I 1970, S. 821.

15.000 bis DM 5 Mio. für Lizenzen der Lizenzklasse 1 und von DM 15.000 bis DM 30.000 für Lizenzen der Lizenzklasse 2.

1.9.1.2.2 Lizenzklassen 3 und 4

242 Für **Lizenzen der Lizenzklassen 3 und 4** wird im Gebührenverzeichnis unterschieden zwischen Rahmengebühren für Gebietslizenzen und Festgebühren für Linienlizenzen (zur Begrifflichkeit der Lizenzarten s. o. unter Rz. 112 f.).

243 Für **Gebietslizenzen der Lizenzklasse 3** gilt nach dem Gebührenverzeichnis ein Gebührenrahmen von DM 2.000 bis DM 10,6 Mio., für **Gebietslizenzen der Lizenzklasse 4** ein Gebührenrahmen von DM 2.000 bis DM 3 Mio. Die Gebühren werden im Einzelfall gemäß § 3 Abs. 4 TKLGebV (und § 4 Abs. 2 TKLGebV) anhand der folgenden an der Einwohnerzahl im Lizenzgebiet orientierten Formel berechnet:

$$\frac{(\text{Einwohner im Lizenzgebiet}) \times (\text{Lizenzhöchstgebühr})}{(\text{Einwohner der Bundesrepublik})}$$

244 Der Berechnung sind zugrunde zu legen die Einwohnerzahlen des Statistischen Bundesamtes für die Bundesrepublik bzw. der zuständigen Statistischen Landesämter für das Lizenzgebiet, jeweils zum 31. 12. des zweiten Jahres, das dem Datum der Lizenzerteilung vorausgeht. Für bundesweite Lizenzen ist nach der Formel demnach immer die im Gebührenverzeichnis angegebene Höchstgebühr der jeweiligen Lizenzklasse anzusetzen. Bei Lizenzgebieten, die überwiegend Gebiete mit gewerblich genutzten Flächen umfassen, wird zur Einwohnerzahl noch die Anzahl der üblicherweise auf den Gewerbeflächen Beschäftigten hinzugerechnet.

245 Bei den **Linienlizenzen** ist nach der Verordnung sowohl für die Lizenzklasse 3 als auch für die Lizenzklasse 4 zwischen den Gebühren für Ortslinien und für Fernlinien zu unterscheiden.

246 Bei der **Lizenzklasse 3** kostet eine **Ortslinie** DM 200 (allerdings werden für einen Antrag mindestens DM 2.000 verlangt, auch wenn weniger als 10 Ortslinien beantragt werden), während eine **Fernlinie** DM 600 pro Kilometer der Luftlinienentfernung zwischen den zu verbindenden Endpunkten kostet.

247 Bei der **Lizenzklasse 4** soll nach dem Gebührenverzeichnis eine **Ortslinie** DM 100 kosten (wobei für einen Antrag wiederum mindestens DM 2.000 verlangt werden, auch wenn weniger als 20 Ortslinien beantragt werden), während eine **Fernlinie** DM 10.000 kosten soll. Wie bereits erläutert (s. o. unter Rz. 116), erteilt die RegTP jedoch keine Linienlizenzen der Lizenzklasse 4 mehr.

1.9.1.3 Entstehen und Fälligkeit der Kostenschuld, Säumnis und Verjährung

Gemäß § 11 Abs. 1 VwKostG **entsteht** die Gebührenschuld mit dem Eingang des Antrags bei der Behörde (zur Ermäßigung bei Rücknahme des Antrags s. o. Rz. 238), da dann in der Regel auch die eigentliche Verwaltungstätigkeit und Bearbeitung des Antrags beginnt. 248

Fällig werden die Gebühren gemäß § 17 VwKostG grundsätzlich mit der Bekanntgabe an den Kostenschuldner (also den Lizenznehmer), wenn nicht die Behörde einen späteren Zeitpunkt bestimmt. Die RegTP macht von dieser Möglichkeit, einen späteren Fälligkeitszeitpunkt zu bestimmen, regelmäßig Gebrauch. 249

Werden bis zum Ablauf eines Monats nach dem Fälligkeitstag Gebühren nicht entrichtet, so kann gemäß § 18 Abs. 1 VwKostG für jeden angefangenen Monat der Säumnis ein **Säumniszuschlag** von 1 % des rückständigen Betrages erhoben werden, wenn dieser DM 100 übersteigt (was bei Lizenzgebühren regelmäßig der Fall sein dürfte). 250

Der Anspruch auf Zahlung der Gebühren **verjährt** gemäß § 20 Abs. 1 VwKostG nach drei Jahren, spätestens jedoch mit dem Ablauf des vierten Jahres nach der Entstehung der Kostenschuld (also nach Einreichung des Lizenzantrags). Die Verjährung beginnt mit dem Ablauf des Kalenderjahres, in dem der Anspruch fällig geworden ist. 251

1.9.2 Rechtswidrigkeit der Telekommunikations-Lizenzgebührenverordnung

Aufgrund der Überschreitung des § 16 TKG, der Unbestimmtheit einiger Rahmensätze und aufgrund der absoluten Höhe einiger Höchstsätze unterliegt die Telekommunikations-Lizenzgebührenverordnung grundlegenden Bedenken, die auch Gegenstand zahlreicher Gerichtsverfahren waren. Am 19. 9. 2001 hat das BVerwG dementsprechend die Verordnung für teilweise rechtswidrig erklärt (s. u. Rz. 270 ff.). 252

1.9.2.1 Bewertung der Berechnungsmaßstäbe und der Gebührenrahmen

Ermächtigungsgrundlage für die TKLGebV ist § 16 Abs. 1 S. 2 TKG in Verbindung mit dem Verwaltungskostengesetz. Anhand der Vorgaben dieser Normen muß die TKLGebV daher überprüft werden, da eine Verordnung mit höherrangigem Gesetzesrecht vereinbar sein muß. 253

1.9.2.1.1 Maßstäbe des höherrangigen Rechts

254 In § 16 Abs. 1 S. 2 TKG ist lediglich vorgegeben, daß in der Verordnung die gebührenpflichtigen Tatbestände, die Höhe der Gebühr und die Erstattung von Auslagen nach Maßgabe des Verwaltungskostengesetzes zu regeln sind. **Materielle Maßstäbe** sind daher neben § 16 TKG auch dem Verwaltungskostengesetz sowie den allgemeinen Grundsätzen des Verwaltungs-, Verfassungs- und Europarechts zu entnehmen.

255 Nach den **allgemeinen Grundsätzen des Verwaltungs- und Verfassungsrechts** müssen Gesetze und Verordnungen von ihrer Ermächtigungsgrundlage gedeckt und bestimmt sein, dem Verhältnismäßigkeitsgrundsatz entsprechen und dürfen keine Handlungen von Adressaten verlangen, die unmöglich zu erfüllen sind (rechtlich oder tatsächlich). Daneben sind die **europarechtlichen Vorgaben** der Lizenzierungsrichtlinie 97/13/EG zu beachten. Gemäß Art. 11 Abs. 1 dieser Richtlinie dürfen für eine Einzelgenehmigung nur diejenigen Gebühren erhoben werden, die die für die Ausstellung, Verwaltung, Kontrolle und Durchsetzung der jeweiligen Einzelgenehmigung anfallenden Verwaltungskosten abdecken. Die Gebühren müssen in Relation zu dem damit verbundenen Aufwand stehen.

255a Entscheidend ist in diesem Zusammenhang vor allem aber auch das **gesetzgeberische Programm**[1], das in § 16 S. 1 TKG („Lizenzen werden gegen Gebühr erteilt.") vorgesehen und durch die Gebührentatbestände der TKLGebV (Erteilung, Widerruf, Rücknahme und Änderung der Lizenz, Antragsablehnung oder -rücknahme) und die sonstigen Bestimmungen des TKG konkretisiert ist. Andere Amtshandlungen der RegTP werden entweder von gesonderten Gebührentatbeständen erfaßt (z. B. die Frequenzerteilung, § 48 Abs. 1 S. 1 TKG, oder die Nummernzuteilung, § 43 Abs. 3 S. 3 TKG) oder unterliegen nach einer bewußten gesetzgeberischen Entscheidung nicht der Gebührenpflicht. So unterliegen insbesondere die Beschlußkammerverfahren nach dem Dritten und Vierten Teil des TKG nicht der Gebührenpflicht, während z. B. Amtshandlungen der Beschlußabteilungen des Bundeskartellamtes, wenn dieses bei Anmeldungen oder der Fusionskontrolle tätig wird, gemäß § 80 Abs. 1 GWB ausdrücklich gebührenpflichtig sind. Nach diesem Programm hat sich daher auch die Berechnung der eigentlichen Gebührensätze für die Lizenzerteilung zu richten, ohne daß Tätigkeiten, die über dieses Programm hinausgehen, bei der Berechnung berücksichtigt werden dürfen. Letzteres hat aber der Verordnungsgeber bei der Berechnung der Lizenzgebühren, jedenfalls bei den Gebühren für Lizenzen der Lizenzklassen 3 und 4, getan. Daher ist die TKLGebV insoweit schon aus diesem Grunde rechtswidrig (siehe auch unten Rz. 265 ff.).

---

1 Vgl. BVerwG NVwZ 1994, 1102, 1104; NVwZ 1997, 292, 293.

Gemäß § 2 VwKostG muß eine bundesrechtliche Verordnung wie die 256
TKLGebV sie ist, ferner die gebührenpflichtige Tatbestände, Gebührensätze sowie die Auslagenerstattung regelt, den Grundsätzen des **2. Abschnitts des VwKostG** entsprechen. Daher müssen die Gebührensätze
grundsätzlich so bemessen sein, daß zwischen der den Verwaltungsaufwand berücksichtigenden Höhe der Gebühr einerseits und der Bedeutung, dem wirtschaftlichen Wert oder dem sonstigen Nutzen der Amtshandlung andererseits ein angemessenes Verhältnis besteht (§ 3 S. 1
VwKostG). Die Gebühren sind durch feste Sätze, Rahmensätze oder nach
dem Wert des Gegenstandes zu bemessen.

1.9.2.1.2 Art der Gebührensätze

In der TKLGebV sind sowohl solche **festen Sätze** (Beträge für die Linien- 257
lizenzen der Lizenzklassen 3 und 4) als auch **Rahmensätze** (Lizenzen
der Lizenzklasse 1 und 2, Gebietslizenzen der Lizenzklassen 3 und 4)
vorgesehen. Die Art der Festlegung der Gebührensätze unterliegt demnach keinen Bedenken.

1.9.2.1.3 Unbestimmtheit von Gebührenrahmen

Grundlegenden Bedenken begegnen auch die Rahmensätze an sich, und 258
zwar zum einen zumindest teilweise aufgrund ihrer **Unbestimmtheit**,
zum anderen aufgrund der **absoluten Höhe** der Höchstsätze, die nicht
dem Verhältnismäßigkeitsgrundsatz entspricht:

Bei **Lizenzen der Lizenzklasse 1** ist eine Rahmengebühr von DM 15.000 259
bis DM 5 Mio. vorgesehen, ohne daß irgendeine Abstufung oder auch
nur Kriterien für die Anwendung dieses Rahmens vorgegeben wären.
Daher ist allein auf die Grundsätze des § 9 Abs. 1 VwKostG abzustellen,
wonach zum einen der mit der Amtshandlung verbundene Verwaltungsaufwand und zum anderen die Bedeutung, der wirtschaftliche Wert oder
der sonstige Nutzen der Amtshandlung für den Gebührenschuldner (also
den Lizenznehmer) sowie dessen wirtschaftliche Verhältnisse heranzuziehen sind. Insbesondere in Anbetracht der sehr unterschiedlichen
Arten von Lizenzen der Lizenzklasse 1 (digitaler zellularer Mobilfunk
(GSM und UMTS), Bündelfunk, Datenfunk, Funkruf etc.) ist dieser sehr
allgemeine und sehr weite Gebührenrahmen als zu **unbestimmt** anzusehen. Denn für die RegTP fehlen verbindliche Vorgaben, welche Art von
Lizenz wie zu bewerten ist, und für die Lizenznehmer ist die Gebührenfestsetzung nicht nachvollziehbar. Schon aus diesen Gründen ist jedenfalls der Rahmensatz für die Lizenzgebühren der Lizenzklasse 1 nicht
mit höherrangigem Recht vereinbar.

260 Bei Lizenzen der **Lizenzklasse 2** liegt der Gebührenrahmen im Vergleich dazu lediglich bei DM 15.000 bis DM 30.000, so daß der Spielraum der RegTP sehr viel geringer ist. Bei **Gebietslizenzen der Lizenzklassen 3 und 4** liegen die Gebührenrahmen zwar zwischen DM 2.000 und DM 10,6 Mio. bzw. zwischen DM 2.000 und DM 3 Mio., doch sind hier verbindliche Maßstäbe angegeben, wie die Lizenzgebühr im Einzelfall zu berechnen ist. Auch hinsichtlich der **Linienlizenzen der Lizenzklassen 3 und 4** sind konkrete Vorgaben in der Verordnung enthalten, wie die Gebühren im Einzelfall zu berechnen sind. Dem Vorwurf der **Unbestimmtheit** unterliegen diese Rahmensätze demnach **nicht**, auch wenn die absolute Höhe an sich und die Kriterien, die für die Berechnung selbst herangezogen werden, grundsätzlichen Bedenken begegnen.

261 Problematisch in diesem Zusammenhang ist allerdings auch die Regelung des § 3 Abs. 5 TKLGebV, wonach für Lizenzgebühren der Lizenzklassen 3 und 4 bei Lizenzgebieten, „die **überwiegend Gebiete mit gewerblich genutzten Flächen** umfassen", zur Anzahl der Einwohner die Anzahl der Beschäftigten auf den Gewerbeflächen hinzugerechnet werden sollen. Zum einen ist völlig unklar, wann ein solches Gebiet mit überwiegend gewerblich genutzter Fläche vorliegen soll, zum anderen gibt es dazu auch keine verbindlichen oder verläßlichen Angaben, wieviele Beschäftigte in solchen Gebieten vorhanden sind. Daher ist auch diese Regelung als zu unbestimmt anzusehen[1]. In der Praxis sieht die RegTP weitgehend davon ab, auf diese Möglichkeit der Hinzurechnung von Beschäftigten zurückzugreifen, und legt ihren Gebührenbescheiden regelmäßig nur die offiziellen Daten der Statistischen Ämter über die Einwohnerzahlen zugrunde.

1.9.2.1.4 Unverhältnismäßigkeit der absoluten Höhe der Lizenzgebühren

262 Nicht vereinbar mit höherrangigem Recht sind die Gebühren für Lizenzen der Lizenzklasse 1 und für Gebietslizenzen der Lizenzklassen 3 und 4 schließlich auch wegen der **absoluten Höhe** der in der Verordnung vorgesehenen Gebühren. Auch die Höhe der Gebühren für Fernlinien der Lizenzklasse 3 ist (insbesondere im Verhältnis zu den Gebietslizenzen) nicht zu rechtfertigen.

263 Bei der Überprüfung der absoluten Höhe der in der TKLGebV vorgesehenen Gebühren ist auszugehen von den Vorgaben des § 16 Abs. 1 TKG und des Art. 11 Abs. 1 der **Lizenzierungsrichtlinie**, wonach mit der Gebühr nur die anfallenden Verwaltungskosten bezogen auf die Ertei-

---

1 Vgl. Beck TKG-Komm/*Schütz*, § 3 TKLGebV Rz. 6.

lung der Lizenz bzw. die Genehmigung im Einzelfall abgedeckt werden dürfen. Zwar soll gemäß § 3 S. 1 VwKostG bei den Gebührensätzen ein angemessenes Verhältnis zwischen dem Verwaltungsaufwand und der Bedeutung, dem wirtschaftlichen Wert oder dem Nutzen der Amtshandlung hergestellt werden, doch ist auch § 3 S. 2 VwKostG zu berücksichtigen. Dieser lautet wie folgt:

> „Ist gesetzlich vorgesehen, daß Gebühren nur zur Deckung des Verwaltungsaufwandes erhoben werden, sind die Gebührensätze so zu bemessen, daß das geschätzte Gebührenaufkommen den auf die Amtshandlungen entfallenden durchschnittlichen Personal- und Sachaufwand für den betreffenden Verwaltungszweig nicht übersteigt".

Auch wenn die Lizenzierungsrichtlinie grundsätzlich kein Gesetz im Sinne dieser Vorschrift ist, da Richtlinien nur an die Mitgliedstaaten gerichtet sind und der Umsetzung in nationales Recht bedürfen, ist seit dem Ablauf der Umsetzungsfrist am 31. 12. 1997 von einer **direkten Geltung** der Richtlinie auszugehen, so daß im Wege der richtlinienkonformen Auslegung Gebühren nur zur Deckung des Verwaltungsaufwandes erhoben werden dürfen[1]. 264

Der **Verordnungsgeber** hat bei der Berechnung der Lizenzgebühren für das Gebührenverzeichnis der TKLGebV den Verwaltungsaufwand pro Jahr berechnet und diesen auf 30 Jahre hochgerechnet, da die Lizenznehmer langfristige Investitionen planten. Für die Lizenzen der Lizenzklasse 4 wurde beispielsweise ein Jahresaufwand von 14,57 Arbeitskräften pro Jahr und ein Kostenansatz von DM 200.000 je Arbeitskraft pro Jahr zugrunde gelegt, so daß sich ein jährlicher Aufwand von DM 3 Mio. ergab. Dieser wurde auf 30 Jahre hochgerechnet und auf 152 regionale und 14 bundesweite Lizenzen verteilt, so daß die Gebühr für eine bundesweite Lizenz der Lizenzklasse 4 DM 3 Mio. betragen müsse. In den Aufwand wurden die Kontrollaufgaben der RegTP (einschließlich Entgeltregulierung, Marktüberwachung etc.) zumindest teilweise hineingerechnet[2]. 265

Demnach wurden auch diejenigen **Kosten** in die Lizenzgebühren hineingerechnet, die nicht durch den einzelnen Lizenznehmer verursacht werden, sondern die allgemeinen Aufgaben der RegTP umfassen. Solch eine Pauschalierung von allgemeinen Kosten und Verteilung auf die Lizenznehmer unabhängig von der Frage der Verursachung dieser Kosten ist jedoch nicht mit dem auch im Kostenrecht geltenden **Veranlasserprin-** 266

---

1 Vgl. VG Köln, MMR 2001, 193; OVG Münster, MMR 2000, 115.
2 Vgl. zu den Grundlagen der TKLGebV VG Köln, CR 1999, 434, 434 f.; VG Köln, MMR 2001, 193, 194.

zip (vgl. § 13 Abs. 1 Nr. 1 VwKostG) vereinbar und auch nicht von der Prämisse des § 16 S. 1 TKG und des Art. 11 Abs. 1 S. 1 der Lizenzierungsrichtlinie gedeckt, daß nur die für die jeweilige Einzelgenehmigung (also die Lizenzierung) anfallenden Verwaltungskosten abgedeckt sein sollen. Vielmehr scheint die Höhe der Gebühren und die Berechnung anhand der Einwohnerzahlen sich eher am möglichen Wert der Lizenz für den Lizenznehmer zu orientieren, der aber gerade nicht in die Berechnung einbezogen werden darf. Mit der Berücksichtigung von Kosten aus den allgemeinen Regulierungsaufgaben der RegTP und des wirtschaftlichen Wertes der Lizenzen sind aber sowohl das gesetzgeberische Programm des § 16 TKG in seiner Ausgestaltung durch die TKLGebV als auch die ausdrücklichen Vorgaben des Artikels 11 Abs. 1 S. 1 der Lizenzierungsrichtlinie verletzt, weshalb die Gebühren aus diesen Gründen rechtswidrig sind.

Zudem erscheint die Hochrechnung auf 30 Jahre und auch die Annahme von 152 regionalen und 14 bundesweiten Lizenzen der Lizenzklasse 4 willkürlich (tatsächlich sind schon heute mehr Lizenzen erteilt, s. o. Rz. 47), so daß selbst diese hochgerechneten Kosten bereits mehr als überdeckt sind. Eine solche **Kostenüberdeckung** ist jedoch weder von den europarechtlichen noch von den kostenrechtlichen Vorgaben her zulässig. Hinzu kommt, daß der Verwaltungsaufwand innerhalb der angesetzten 30 Jahre vermutlich stark zurückgehen wird, da die Regulierung nur ein Übergangsstadium auf dem Wege zu einem freien und funktionierenden Wettbewerb ist. Selbst wenn in 30 Jahren noch regulierte Segmente des gesamten Telekommunikationsmarktes vorhanden sein sollten, dürften sich die Aufgaben der RegTP bis dahin deutlich geändert haben, so daß schon aus diesem Grund der Ansatz von 30 Jahren **willkürlich** erscheint. Insbesondere im Hinblick auf Lizenzen, die nur befristet erteilt werden, weil sie eng mit begrenzt verfügbaren Frequenzen zusammenhängen (z. B. WLL oder Mobilfunklizenzen), ist eine Hochrechnung auf 30 Jahre unzulässig. Und schließlich macht schon die **Stellung** des § 16 TKG im Gesetz am Ende des Ersten Abschnitts des Ersten Teils des TKG deutlich, daß die Lizenznehmer nicht in ihrer Gesamtheit zur Tragung der Kosten der gesamten Marktregulierung herangezogen werden sollten, sondern daß es allein um Gebühren für die Lizenzerteilung an sich gehen sollte. Dem entspricht auch der klare Wortlaut des § 16 S. 1 TKG.

267 Die zentralen Problempunkte der deutlich werdenden Überschreitung der Ermächtigungsgrundlage, der Kostenüberdeckung (selbst wenn die Hochrechnung auf 30 Jahre erlaubt wäre) und des Abweichens vom Veranlasserprinzip zeigen, daß die Gebührenmaßstäbe für die Gebietslizenzen der Lizenzklasse 4 nicht mit höherrangigem Recht vereinbar sind. Daher ist in dieser Hinsicht die TKLGebV rechtswidrig, so daß

auch die darauf beruhenden Gebührenbescheide aufzuheben sind, wie die Gerichte es bereits mehrfach getan haben (s. u. Rz. 270 ff.).

Dieselben Probleme ergeben sich bei den **Gebietslizenzen der Lizenzklasse 3**. Wie bereits ausgeführt, ist der Gebührenrahmen der **Lizenzklasse 1** schon wegen seiner Unbestimmtheit als nicht vereinbar mit höherrangigem Recht einzustufen. 268

Hinsichtlich der **Linienlizenzen** ist schließlich noch darauf hinzuweisen, daß die Berechnung der Gebühren für Fernlinien der Lizenzklasse 3 anhand der Entfernung zwischen den Endpunkten einer Linie erfolgt, während ansonsten Festgebühren vorgegeben sind (zur Problematik, daß die RegTP keine Linienlizenzen der Lizenzklasse 4 mehr erteilt, s. o. Rz. 116). Zwar ist zuzugeben, daß der Verwaltungsaufwand bei der Vergabe und der Überwachung der Fernlinienlizenzen mit der Länge der Linie steigt, da zum einen ein längerer Verlaufsplan zu prüfen ist und zum anderen mehr Anfragen von Wegebaulastträgern hinsichtlich des Lizenzstatus eines Lizenznehmers zu erwarten sind. Allerdings ist gerade bei der absoluten Höhe von Linienlizenzgebühren der Lizenzklasse 3 anzumerken, daß längere Fernlinien teurer werden als Gebietslizenzen für ganze Großstädte (Lizenzgebühr für Hamburg: DM 220.000, Lizenzgebühr für die Strecke Köln – Hamburg: DM 264.600, während die Strecke Frankfurt – Hamburg bereits DM 301.800 kostet). Hinzu kommt, daß wegen der engen Auslegung der Punkt-zu-Punkt-Definition durch die RegTP (s. o. Rz. 113 ff.) bei der Verlegung eines Endpunktes oder beim Anschluß eines weiteren Punktes auf einer Fernstrecke sogleich die gesamte Lizenzgebühr neu anfällt (dasselbe gilt auch für Ortslinien), was zu einer extremen Verteuerung bei einer vergleichsweise kleinen Änderung führt (während eine entsprechende Änderung bei einer Gebietslizenz im Zweifel keinerlei weitere Kostenfolgen hat). Insofern dürfte der Verwaltungsaufwand bezogen auf längere Fernlinienlizenzen überproportional gewichtet sein, weswegen auch in diesem Punkt bei einer Überarbeitung der Verordnung eine **degressive Steigerung bezogen auf die Länge** der zu lizenzierenden Fernlinie eingeführt werden sollte, sofern die Unterscheidung zwischen Gebiets- und Linienlizenzen künftig erhalten bleibt. 269

1.9.2.2 Klageverfahren gegen die Telekommunikations-Lizenzgebührenverordnung

Eine Reihe Lizenznehmer haben eben aufgrund dieser grundsätzlichen Bedenken gegen die Rechtmäßigkeit der TKLGebV gegen ihre Lizenzgebührenbescheide vor dem zuständigen **Verwaltungsgericht Köln** (VG Köln) **Anfechtungsklage** erhoben und **Anträge auf Anordnung der auf-** 270

schiebenden Wirkung dieser Klagen gemäß § 80 Abs. 5 S. 1 2. HS VwGO gestellt. Das VG Köln hatte zunächst die aufschiebende Wirkung der Klagen angeordnet wegen der Rechtswidrigkeit der zugrundeliegenden Verordnung. Gestützt hat es sich dabei auf die Unzulässigkeit, den Aufwand für 30 Jahre zugrunde zu legen, auf die Unzulässigkeit, mit einer solchen Gebühr für 30 Jahre erhebliche Marktzutrittsbarrieren insbesondere für kleinere Anbieter zu schaffen, auf die unzulässige Belastung aller Lizenznehmer mit erheblichen pauschalierten Kosten, die nur durch einige Lizenznehmer verursacht werden, sowie auf den Verstoß gegen den Grundsatz der Lastengleichheit nach Art. 3 Abs. 1 GG[1].

271 Das **Oberverwaltungsgericht für das Land Nordrhein-Westfalen** in Münster (OVG Münster) hatte auf Beschwerde der RegTP die Beschlüsse des VG Köln hinsichtlich der aufschiebenden Wirkung wieder aufgehoben, weil es bei summarischer Prüfung die TKLGebV für rechtswirksam hielt. Zwar ermächtige das höherrangige Recht nur zur Festlegung von Gebühren, die am Kostendeckungsprinzip orientiert seien, doch genüge eine Marktzugangshürde noch nicht, um einen Verstoß gegen das Gebot der Wettbewerbsförderung zu begründen. Die Berücksichtigung der durchschnittlich 30jährigen Nutzungsdauer und des damit verbundenen Überwachungsaufwands hinsichtlich der einzelnen Lizenzen sei zulässig[2].

272 In den **Hauptsacheverfahren** hat das VG Köln dennoch an seiner Rechtsauffassung festgehalten und einige Lizenzgebührenbescheide für Gebietslizenzen der Lizenzklassen 3 und 4 wegen der Rechtswidrigkeit der TKLGebV aufgehoben[3]. Gegen diese Urteile hatte die RegTP wiederum zum Teil **Berufung** eingelegt, so daß das OVG Münster sich erneut mit diesen Klagen befassen mußte, zum Teil aber auch unter Umgehung der zweiten Instanz **Sprungrevision** direkt zum BVerwG eingelegt, da es sich im wesentlichen allein um Rechtsfragen handelte und eine zweite Tatsacheninstanz daher nicht notwendig war.

272a Am 19. 9. 2001 hat das **BVerwG** schließlich in letzter Instanz die TKLGebV hinsichtlich der Gebühren für die Lizenzklassen 3 und 4 für **rechtswidrig** erklärt. Auch wenn das schriftliche Urteil zum Redaktionsschluß noch nicht vorgelegen hat, so ergibt sich doch aus der Presseerklärung des Gerichts, daß der Hauptgrund für die Beurteilung der Verordnung als rechtswidrig war, daß die Verordnung nicht von der Ermächtigung im TKG gedeckt war, weil sie einen Verwaltungsaufwand berücksichtigt, der nicht durch die Lizenzerteilung ausgelöst wird, sondern anderweitige Verwaltungstätigkeiten der RegTP betrifft. Das

---
1 VG Köln, CR 1999, 434.
2 OVG Münster, MMR 2000, 115.
3 S. z. B. VG Köln, MMR 2001, 193.

BVerwG hat vor diesem Hintergrund die Frage offen gelassen, ob das TKG die Vorgaben der Lizenzierungsrichtlinie möglicherweise nicht ausreichend umgesetzt hat.

1.9.3 Möglichkeiten bei Gebührenbescheiden

Da Gebührenbescheide normale Verwaltungsakte sind, sind grundsätzlich immer **Anfechtungsklagen** gegen diese Gebührenbescheide innerhalb eines Monats nach Bekanntgabe möglich (wie auch gegen die Erteilung der Lizenz selbst, vgl. oben Rz. 156 ff.). Ein Vorverfahren findet gemäß § 80 Abs. 1 TKG nicht statt, die Klagen haben grundsätzlich keine aufschiebende Wirkung (§ 80 Abs. 2 TKG). 273

Klagen können zum einen gerechtfertigt sein aufgrund der **grundsätzlichen Bedenken** gegen die Rechtmäßigkeit der TKLGebV, die sich auch auf die Wirksamkeit der auf der Grundlage der Verordnung ergangenen Gebührenbescheide auswirken. Dies gilt vor allem für Gebührenbescheide für Gebietslizenzen, auch wenn aufgrund des Urteils des BVerwG nicht zu erwarten ist, daß die RegTP derzeit Gebührenbescheide für Lizenzen der Lizenzklassen 3 oder 4 erteilen wird. Zum anderen können sie aber auch gerechtfertigt sein aufgrund **Fehlern bei der Berechnung der Gebühr** (falsche Gebiete, Einwohnerzahlen oder Entfernungen wurden zugrunde gelegt). 274

Vor dem Hintergrund der Rechtsprechung des VG Köln war die RegTP zumindest nach der ersten Entscheidung im Hauptsacheverfahren bereit, eine **Vereinbarung** mit dem jeweiligen Lizenznehmer und Gebührenschuldner zur **Vermeidung** von weiteren Klagen wegen der grundsätzlichen Bedenken gegen die Rechtmäßigkeit der TKLGebV oder über die **Rücknahme** von bereits erhobenen Klagen zu schließen. In diesen Vereinbarungen war üblicherweise geregelt, daß der Lizenznehmer von einer Klage gegen den Gebührenbescheid absieht, während im Gegenzug die RegTP den Lizenznehmer bei einer rechtskräftigen obergerichtlichen Entscheidung über die Rechtmäßigkeit der TKLGebV so stellen wollte, als hätte er geklagt. Zugleich war die RegTP häufig bereit, auf Antrag die **Vollziehung** des Gebührenbescheids gemäß § 80 Abs. 4 S. 1 VwGO **auszusetzen**, wenn auch nur gegen Zahlung von Prozeßzinsen, falls die Rechtmäßigkeit der TKLGebV rechtskräftig festgestellt würde. 275

Von der Möglichkeit solcher Vereinbarungen waren allerdings nur diejenigen Fälle umfaßt, in denen grundsätzliche Bedenken gegen die Wirksamkeit der TKLGebV erhoben wurden. Mit einer solchen Vereinbarung konnte nicht erreicht werden, daß auch **Berechnungsfehler** der Lizenzgebühr nachträglich geheilt würden. Wenn solche Berechnungsfehler auftraten, mußte daher innerhalb der Klagefrist geklagt werden. Ohne 276 eine Aussetzung der Vollziehung durch die RegTP oder die Anordnung der aufschiebenden Wirkung einer Klage durch die Gerichte mußte die Lizenzgebühr wegen der mangelnden aufschiebenden Wirkung von Klagen gegen Entscheidungen der RegTP **bezahlt** werden, da sonst der mit der Klage angefochtene Bescheid vollziehbar blieb. Wenn die Bezahlung dennoch ausblieb, war mit einer Forderung von Säumniszuschlägen durch die RegTP zu rechnen (s. o. Rz. 250).

277 Nach dem **Urteil des BVerwG** vom 19. 9. 2001 hat die RegTP sofort begonnen, noch nicht bestandskräftige Gebührenbescheide für Lizenzen der Lizenzklassen 3 und 4 zurückzunehmen und bereits gezahlte Gebühren an diejenigen Lizenznehmer zurückzuzahlen, die entweder Klage gegen ihren Bescheid erhoben hatten oder eine der genannten Vereinbarungen zur Gleichbehandlung mit der RegTP geschlossen hatten. Diejenigen Lizenznehmer, die nichts dergleichen gegen die Gebührenbescheide unternommen hatten, können mit einer entsprechenden Gleichbehandlung durch die RegTP zumindest zunächst nicht rechnen, da ihre Bescheide bestandskräftig sind und die RegTP die Auffassung vertritt, nicht zur Rücknahme und Erstattung verpflichtet zu sein. Allerdings ist auch bei bestandskräftigen Lizenzgebührenbescheiden seitens der RegTP gemäß § 21 Abs. 1 2. HS VwKostG eine Ermessensentscheidung über die Erstattung zu treffen[1]. Mit Blick auf den Gleichbehandlungsgrundsatz in Art. 3 Abs. 1 GG sowie insbesondere vor dem Hintergrund der Regulierungsziele des TKG, chancengleichen und funktionsfähigen Wettbewerb sicherzustellen (§ 2 Abs. 2 Nr. 2 TKG), spricht viel dafür, daß die RegTP ihr Ermessen zugunsten der betroffenen Lizenznehmer ausüben muß.

277a Denn in Anbetracht des rechtlichen Umfeldes kann hier durchaus von einer **Ermessensreduzierung auf Null** ausgegangen werden mit der Folge, daß die RegTP zur Aufhebung der Gebührenbescheide und zur Erstattung der gezahlten Gebühren verpflichtet ist[2]: Auch wenn das BVerwG seine Entscheidung (zumindest nach der Pressemitteilung) hauptsächlich darauf gestützt hat, daß die TKLGebV nicht von der Ermächtigungsgrundlage des § 16 TKG gedeckt ist und die Gebührentatbestände gegen das gesetzliche Programm des TKG und der TKLGebV selbst verstoßen, ist auch zu berücksichtigen, daß die Gebührentatbestände gegen die Vorgaben der europäischen Lizenzierungsrichtlinie verstoßen und allein aufgrund ihrer Höhe als Marktzutrittshürde angesehen werden müssen (vgl. oben Rz. 262 ff.). Hinzu kommt, daß die RegTP in Abhängigkeit von der jeweiligen prozessualen Situation ihre Bereitschaft zum Abschluß von Gleich-

---

1 *Schlabach*, Verwaltungskostenrecht, § 21 VwKostG Rz. 11.
2 Vgl. BVerwG NVwZ 1985, 265.

behandlungsvereinbarungen sehr unterschiedlich gehandhabt hat und diese teilweise gar nicht, teilweise mit Aussetzung der Vollziehung, teilweise ohne eine solche Aussetzung, mal mit der Verpflichtung zur Zinszahlung und mal ohne abgeschlossen hat. Diejenigen Lizenznehmer, die zur Vermeidung der Tragung des Prozeßkostenrisikos lieber eine solche Vereinbarung abgeschlossen haben anstatt selbst zu klagen, können nun aber nicht besser gestellt werden als diejenigen Lizenznehmer, die ebenfalls zur Vermeidung der Tragung des Prozeßkostenrisikos nicht geklagt haben, aber eben auch keine solche Vereinbarung abgeschlossen haben (oder abschließen konnten). Die Situation für beide Gruppen von Lizenznehmern stellt sich als grundsätzlich gleich dar, insbesondere vor dem Hintergrund, daß es sich immer um dieselben Rechtsfragen, nicht um individuelle Einwände gegen die Rechtmäßigkeit der Bescheide handelt. Daher gebietet schon der Gleichheitsgrundsatz eine Gleichbehandlung dieser beiden Gruppen von Lizenznehmern. Dieses Ergebnis wird noch weiter unterstützt durch die Pflicht der RegTP, die Entwicklung eines chancengleichen und funktionsfähigen Wettbewerbs zu fördern, so daß von einer Ermessensreduzierung auf Null und damit von der Pflicht zur Aufhebung der Gebührenbescheide und Erstattung der zu unrecht erhobenen Gebühren nach § 21 Abs. 1 2. HS VwKostG i. V. m. § 48 Abs. 1 S. 1 VwVfG auszugehen ist.

Ob eine in der Folge des höchstrichterlichen Urteils **neu zu erlassende Telekommunikations-Lizenzgebührenverordnung** eine Neuregelung auch für die bestandskräftigen Bescheide enthalten wird oder eine sonstige Übergangsregelung, kann derzeit noch nicht abgesehen werden, wäre aber eben zur Stärkung des Wettbewerbs und aus Gleichbehandlungsgründen durchaus wünschenswert, sofern die RegTP nicht ohnehin auch die bestandskräftigen Bescheide aus den eben erläuterten Gründen zurücknimmt. Mit der Veröffentlichung erster Entwürfe für eine neue Verordnung ist allerdings nicht vor der Veröffentlichung des vollständigen Urteils des BVerwG zu rechnen. Denn in einer neuen Verordnung werden sowohl die europarechtlichen Vorgaben, die derzeit ebenfalls überarbeitet werden (s. u. Rz. 284 ff.), als auch die Vorgaben des Gerichts zu berücksichtigen sein.

277b

1.10 Alt-Lizenzen

Da auch bereits vor dem Inkrafttreten des TKG Lizenzen für das Betreiben von Übertragungswegen als **Verleihungen** nach dem Fernmeldeanlagengesetz[1] (FAG) bestanden, mußte für diese sog. **Alt-Lizenzen** eine Regelung

278

---
[1] In der Fassung der Bekanntmachung vom 3. Juli 1989, BGBl. I 1989, S. 1455.

gefunden werden, wonach die Verleihungen in das neue Regime des liberalisierten Telekommunikationsmarktes überführt werden konnten, ohne daß in bestandsgeschützte Rechte der Begünstigten unzulässig eingegriffen wird. Daher bestimmen § 97 Abs. 5 S. 1 und S. 3 TKG, daß die Verleihungen nach § 2 Abs. 1 FAG wirksam bleiben, daß das TKG auf diese Verleihungen aber mit Ausnahme der §§ 6 bis 11 TKG (also der Vorschriften über die Lizenzerteilung) Anwendung findet. Solche Verleihungen bestehen insbesondere im Mobilfunkbereich mit den Lizenzen für die D1-, D2- und E1-Netze sowie für satellitengestützte Übertragung und für abgegrenzte Fernmeldeanlagen bzw. Übertragungswege. Die E2-Lizenz wurde bereits nach den Vorschriften des TKG erlassen.

279 Noch das BMPT hatte 1997 festgelegt, daß der nach § 97 Abs. 5 TKG gewährte Bestandsschutz sich ausschließlich auf den **Umfang** des in der jeweiligen Verleihung oder Genehmigung ausgesprochenen **Geltungsbereichs** für das Betreiben von Übertragungswegen bezieht. Für Übertragungswege, die im Geltungsbereich darüber hinausgehen, waren von Anfang an **Erweiterungen** notwendig, die in Übereinstimmung mit den Vorschriften der §§ 6 ff. TKG beantragt werden mußten[1]. Solche Erweiterungen konnten selbständig erteilt werden oder eine rechtliche Einheit mit den bestehenden Alt-Lizenzen bilden. Letzteres ist im Wege von Änderungsbescheiden geschehen (z. B. zur Zuteilung neuer Frequenzen oder zur Änderung des Geschäftsbereichs), die beispielhaft vom BMPT veröffentlicht wurden[2].

280 Da der Bestand der Alt-Lizenzen demnach durch die Einführung des TKG nicht angetastet wurde, kann auch nicht von einer unzulässigen **Rückwirkung** auf die Begünstigten der Alt-Lizenzen gesprochen werden. Die Änderung des rechtlichen Umfeldes ist durch den Bestandsschutz nicht ausgeschlossen[3]. Problematisch ist dieser Bestandsschutz allerdings insbesondere deswegen, weil die RegTP bei Lizenzen nach dem TKG zur Sicherstellung der Regulierungsziele auch nachträglich Auflagen erteilen kann (§ 8 Abs. 2 S. 2 TKG), was bei den Alt-Lizenzen nur dann möglich ist, wenn diese eine entsprechende Vorschrift ausdrücklich vorsehen. Weil § 8 TKG für die Alt-Lizenzen gerade nicht gilt, war z. B. die Regelung des Verhältnisses zwischen den bestehenden Mobilfunklizenzen der zweiten Generation und den UMTS-Lizenzen (insbesondere hinsichtlich einer Verpflichtung zum Angebot von nationalem Roaming) sehr problematisch[4].

---

1 Mitteilung Nr. 116/1997, ABl. BMPT 22/97, S. 1103.
2 Vfg. 297/1997, ABl. BMPT 34/97, S. 1836.
3 Vgl. *Geppert/Ruhle/Schuster*, Handbuch Recht und Praxis der Telekommunikation, Rz. 173.
4 S. Vfg. 13/2000, ABl. RegTP 4/2000 – Entscheidung vom 18. 2. 2000.

1.11 Internationaler Status und europäische Harmonisierung

Da das Angebot von Telekommunikationsdienstleistungen aller Art sehr häufig **grenzüberschreitenden Charakter** hat, besteht ein grundlegendes Bedürfnis nach einer Standardisierung technischer Parameter und nach einer Harmonisierung von rechtlichen Rahmenbedingungen (insbesondere im Bereich der Frequenznutzungen und bei Fragen der Netzzusammenschaltung). Dieser Notwendigkeit folgend, gibt es auf internationaler Ebene verschiedene Standardisierungs- und Normungsinstitutionen, wie z. B. die Internationale Fernmeldeunion (International Telecommunications Union, ITU), die Europäische Konferenz der Verwaltungen für Post und Telekommunikation (Conférence Européenne des Administrations des Postes et Télécommunications, CEPT) oder das Europäische Institut für Telekommunikationsnormen (European Telecommunications Standards Institute, ETSI).

281

Grundlegende Bedeutung haben in diesem Zusammenhang die Konstitution und Konvention der Internationalen Fernmeldeunion, auf deren Grundlage Frequenzbereiche auf internationaler Basis verteilt werden, Orbitpositionen in der Umlaufbahn der geostationären Satelliten festgelegt werden, die Auswirkungen von Frequenznutzungen auf die Nutzungen in anderen Ländern koordiniert werden etc. Gemäß § 7 TKG haben alle nach dem TKG lizenzierten Lizenznehmer (egal welcher Lizenzklassen) den Status von sog. **anerkannten Betriebsunternehmen** im Sinne dieser Verträge, wenn sie internationale Telekommunikationsdienstleistungen erbringen oder im Rahmen ihres Angebots Funkanlagen betreiben, die schädliche Störungen bei Funkdiensten anderer Länder verursachen können. Dieser Status bedeutet, daß alle so umfaßten Lizenznehmer das Recht auf Teilnahme an der Arbeit der Internationalen Fernmeldeunion besitzen, aber z. B. auch zugleich die Pflicht, solche schädlichen Störungen bei Funkdiensten zu vermeiden. Die Mitgliedstaaten der Internationalen Fernmeldeunion müssen sicherstellen, daß dies eingehalten wird; die entsprechenden Rechte und Pflichten sind über § 7 TKG in das deutsche Recht inkorporiert[1].

282

Neben der technischen Standardisierung und Normung ist im europäischen Zusammenhang zudem bedeutsam die **Harmonisierung des Rechts** der Mitgliedstaaten der Europäischen Union durch die verschiedenen Richtlinien und sonstigen Rechtsakte oder Empfehlungen, die im Telekommunikationssektor erlassen wurden und werden. Im Lizenzbereich besonders bedeutsam ist die bereits mehrfach erwähnte **Lizenzierungsrichtlinie** 97/13/EG, die die Erteilung von Allgemein- oder Einzelgenehmigungen für die Erbringung von Telekommunikationsdienstlei-

283

---
[1] Ausführlich zu § 7 TKG Beck TKG-Komm/*Schütz*, § 7 Rz. 1 ff.

stungen sowie die Grundsätze für zulässige Auflagen, für Gebühren und für das Erteilungsverfahren festlegt. Die Richtlinie war bis zum 31. 12. 1997 in nationales Recht umzusetzen (Art. 25 Abs. 1 der Richtlinie). Soweit dies nicht erfolgt ist, müssen die bestehenden nationalen Regelungen richtlinienkonform ausgelegt werden, da der Richtlinie insoweit unmittelbare Wirkung zukommt.

284 Aufgrund der Erfahrungen mit dem derzeit geltenden Regime sowohl in bezug auf die Lizenzierung als auch in bezug auf die sonstige Regulierung des Telekommunikationssektors hat die Europäische Kommission in ihrem **Kommunikationsbericht 1999** „Entwicklung neuer Rahmenbedingungen für elektronische Kommunikationsinfrastrukturen und zugehörige Dienste"[1] (Kommunikationsbericht 1999) grundlegende Veränderungen des Rechtsrahmens für den Telekommunikationssektor vorgeschlagen, der insbesondere eine Vereinfachung durch Zusammenfassung des komplexen Regelwerkes in fünf Richtlinien, eine Verordnung und eine Entscheidung bewirken soll, die zusätzlich noch von einer Liberalisierungsrichtlinie zur weiteren Verstärkung der Privatisierung der ehemaligen Monopolisten flankiert werden soll. Dabei soll nicht mehr nur der Telekommunikationssektor allein erfaßt werden, vielmehr wird eine einheitliche Regelung für alle Kommunikationsindustrien angestrebt („technologische Neutralität"), wie sich schon aus den Titeln der Dokumente ergibt, die sich größtenteils auf die elektronischen Kommunikationsnetze und -dienste beziehen.

285 Im einzelnen handelt es sich um **Richtlinienvorschläge** für einen gemeinsamen Rechtsrahmen für elektronische Kommunikationsnetze und -dienste[2], über deren Genehmigung[3], über den Zugang zu solchen Netzen und zugehörige Einrichtungen sowie deren Zusammenschaltung[4], über den Universaldienst und die Nutzerrechte[5] und über die Verarbeitung personenbezogener Daten und den Schutz der Privatsphäre in der elektronischen Kommunikation[6]. Daneben gibt es eine neue **Verordnung** über den entbündelten Zugang zum Teilnehmeranschluß, die am 2. 1. 2001 in Kraft getreten ist[7], sowie einen Vorschlag für eine **Entscheidung** für die Frequenzpolitik in der Europäischen Gemeinschaft[8].

---

1 Mitteilung der Kommission KOM (1999) 539.
2 KOM (2000) 393.
3 KOM (2000) 386.
4 KOM (2000) 384.
5 KOM (2000) 392.
6 KOM (2000) 385.
7 Verordnung (EG) Nr. 2887/2000, ABl. EG L 336, S. 4.
8 KOM (2000) 407.

Im Zusammenhang mit der Lizenzierung am bedeutendsten ist der Vorschlag für die **Richtlinie über die Genehmigung elektronischer Kommunikationsnetze und -dienste** (Vorschlag der Genehmigungsrichtlinie). Kernpunkt dieses Vorschlags ist die weitreichende Ersetzung der Einzelgenehmigungen durch Allgemeingenehmigungen. Einzelgenehmigungen sollen nur noch im Zusammenhang mit knappen Ressourcen (also im wesentlichen bei der Zuteilung von Funkfrequenzen und Nummern) gefordert werden dürfen (Art. 3 und 5 des Vorschlags der Genehmigungsrichtlinie). Zudem sollen die möglichen Bedingungen und Auflagen für Allgemein- und Einzelgenehmigungen deutlich reduziert werden (Art. 6 i. V. m. dem Anhang des Vorschlags der Genehmigungsrichtlinie); dabei soll unterschieden werden zwischen Bedingungen, die für alle Tätigkeiten gelten, die einer Allgemeingenehmigung unterfallen (Teil A des Anhangs: Universaldienstbeitrag, Verwaltungsgebühren, Interoperabilität, Umweltschutz etc.), zwischen Bedingungen, die an Frequenznutzungsrechte geknüpft werden (Teil B des Anhangs: effiziente Frequenznutzung, Vermeidung von Störungen, Nutzungsgebühren etc.) und zwischen Bedingungen, die an Nummernnutzungsrechte geknüpft werden (Teil C des Anhangs: effiziente Nummernnutzung, Nummernübertragbarkeit, Nutzungsentgelte etc.). Ein wesentlicher Teil des Vorschlags der Genehmigungsrichtlinie befaßt sich zudem mit der Vereinheitlichung und Vereinfachung der Notifizierungs- und Genehmigungsverfahren sowie mit der Harmonisierung der Gebührentatbestände.

286

Allgemein wird der mit dem Vorschlag dieser Genehmigungsrichtlinie verfolgte Zweck der Vereinfachung von Verfahren und des Abbaus von Marktzutrittsschranken begrüßt[1]. Geplant war ursprünglich, die Umsetzung der Richtlinie in nationales Recht bis zum 31. 12. 2001 zu fordern (Art. 18 Abs. 1 Vorschlag der Genehmigungsrichtlinie). Allerdings ist dieser Zeitplan nicht mehr haltbar, da die Richtlinienvorschläge bisher noch nicht einmal in Kraft getreten sind. Es bleibt abzuwarten, wie viel Widerstand die nationalen Regulierungsbehörden noch leisten werden, die durch das von der Kommission vorgeschlagene Richtlinienpaket erhebliche Eingriffe in ihre Kompetenzen befürchten.

287

1.12 Fazit

Seit der Liberalisierung des Telekommunikationssektors zum 1. Januar 1998 hat die RegTP eine stattliche Anzahl von Lizenzen aller Lizenzklas-

288

---

[1] *Beese/Merkt*, MMR 2000, 532, 536; *Bartosch*, EuZW 2000, 389, 391; *Kardasiadou*, RTkom 1999, 168, 171.

sen erteilt und dadurch den Wettbewerb auf dem deutschen Telekommunikationsmarkt erheblich gefördert.

289 Aus lizenzrechtlicher Sicht dürften die bedeutendsten Fragen für die Zukunft zum einen darin liegen, inwieweit und mit welchen zeitlichen Vorgaben die Richtlinienvorschläge der Europäischen Kommission Wirklichkeit werden und sich auf das bestehende Regime des TKG und der darunter erlassenen Lizenzen auswirken werden.

290 Zum anderen bleibt abzuwarten, wie die neu zu schaffende Telekommunikations-Lizenzgebührenverordnung gestaltet sein wird, die sowohl die Vorgaben des Urteils des BVerwG vom 19. 9. 2001 als auch die neuen europarechtlichen Richtlinien berücksichtigen muß, daneben aber zugleich eine tragfähige Lösung für die bereits erteilten Lizenzen enthalten muß, für die nun neue Lizenzgebührenbescheide erlassen werden müssen.

291 Ferner ist damit zu rechnen, daß sich der allgemeine Konsolidierungstrend unter den Telekommunikationsunternehmen zunehmend auch auf Lizenzrechte und die Problematiken der Übertragung von Lizenzen auswirken wird. Es wird in steigender Zahl nicht mehr darum gehen, neue Lizenzen zu beantragen, sondern die Zustimmung der RegTP zur Übertragung einer Lizenz einzuholen.

292 Schließlich werden durch den technologischen Wandel und die Weiterentwicklung von Voice over IP und der mobilen Sprach- und Datenkommunikation grundlegende Änderungen auch der regulatorischen Rahmenbedingungen und Bewertungen notwendig, die auch vor dem Lizenzierungsregime nicht haltmachen werden.

Anhang
Musterbeispiel für einen Lizenzantrag der Lizenzklasse 3 oder 4

Regulierungsbehörde für
Telekommunikation und Post
Referat 216
Postfach 80 01
55003 Mainz

293

[Datum]

Antrag auf Erteilung einer Lizenz der Lizenzklasse 3 [4]

Sehr geehrte Damen und Herren,

wir beantragen hiermit die Erteilung einer Lizenz der Lizenzklasse 3 (§ 6 Abs. 2 Nr. 1 lit. c TKG) [bzw. Lizenzklasse 4 (§ 6 Abs. 2 Nr. 2 TKG)] für das Gebiet [Lizenzgebiet].

Angaben gemäß Verfügung 158/1999:

1. Antragsdaten

a) Name und Adresse

[Name und Adresse des Antragstellers]

b) Rechtsform

[Rechtsform des Antragstellers]

c) Beteiligungsverhältnisse

An dem Antragsteller sind A (Stadt) mit einem Anteil von 40% und B (Stadtwerke) mit einem Anteil von 60% beteiligt. Der Antragsteller selbst hält keine Beteiligungen.

d) Lizenzklasse

Der Antragsteller beantragt die Erteilung einer Lizenz der Lizenzklasse 3 gemäß § 6 Abs. 2 Nr. 1 lit. c TKG. [bzw. der Lizenzklasse 4 gemäß § 6 Abs. 2 Nr. 2 TKG].

e) Art der Telekommunikationsdienstleistungen

Das von dem Antragsteller geplante Dienstleistungsangebot umfaßt insbesondere:
– Betrieb und Angebot von Übertragungswegen und die Zurverfügungstellung von Übertragungsbandbreite;

- Datenübermittlungsdienste;
- Sprachmehrwertdienste;
- Netzmanagementdienste, insbesondere Netzbetrieb mit und ohne Sprachvermittlung für geschlossene Benutzergruppen, Zusammenschaltungs- und Netzzugangsdienste, netzunterstützende Dienste und Rechnungsabwicklung.

Angaben für Lizenzklasse 4
[Hinweise zur Netzstruktur und zum Netzbetrieb]

f) Räumliche Abgrenzung

Lizenzgebiet ist das Stadtgebiet der Stadt x.

[Bei einem Linienlizenzantrag der Lizenzklasse 3 sind folgende Angaben zu machen:

Lfd. Nr. Linie	Punkt A	Punkt B	Verlaufsplan der betroffenen Kreise
[Nr.] Fernlinie/ Ortslinie	[Stadt], [Straße, Nr.] R, H oder: L: ° ' "; B: ° ' "	[Stadt], [Straße, Nr.] R, H oder: L: ° ' "; B: ° ' "	Landkreis . . ., kreisfreie Stadt . . . usw.

Die Angaben aus dieser Tabelle sind auf der beigefügten Diskette gespeichert.]

g) Zeitpunkt

Der Antragsteller beabsichtigt, die Übertragungswege ab dem [Datum] zu betreiben.

Angaben für Lizenzklasse 4

h) Ansprechpersonen

[Name der Ansprechperson]
[Adresse des Antragstellers]
Telefon:
Telefax:

i) Handelsregisterauszug

Einen beglaubigten Handelsregisterauszug des Antragstellers des Handelsregisters [Ort] haben wir in der Anlage beigefügt (Anlage 1).

j) Nachweis der strukturellen Separierung

Der Antragsteller wird als ein von A und B unabhängiges und selbständiges Unternehmen geführt. Zum Nachweis haben wir den Gesellschaftsvertrag des Antragstellers beigelegt (Anlage 2).

Der Antragsteller verfügt über eigenes Personal, und zwar zur Zeit über einen Geschäftsführer, fünf Betriebsingenieure, drei Systemingenieure und zwei Betriebsassistenten. Zum Nachweis können entsprechende Anstellungsverträge mit dem Antragsteller der Regulierungsbehörde nachgereicht werden.

Die Inanspruchnahme etwaiger von B zur Verfügung gestellter sachlicher Leistungen beruht auf selbständigen vertraglichen Vereinbarungen. B wird dem Antragsteller Anlagen und Leitungen im Rahmen eines Pachtvertrages mit dem Antragsteller zur Verfügung stellen. Den entsprechenden Pachtvertrag mit B haben wir zum Nachweis in der Anlage beigefügt (Anlage 3).

2. Nachweise und Unterlagen

a) Nachweis der Zuverlässigkeit

Der Antragsteller besitzt die erforderliche Zuverlässigkeit nach § 8 TKG, welche die Gewähr dafür bietet, daß er als Lizenznehmer die Rechtsvorschriften einhalten wird.

Weder dem Antragsteller noch einer mit der Führung seiner Geschäfte bestellten Person wurden in den letzten fünf Jahren
– eine Telekommunikationslizenz entzogen,
– Auflagen wegen der Nichterfüllung von Verpflichtungen aus einer Telekommunikationslizenz gemacht,
– wegen Verstößen gegen Telekommunikations- oder Datenschutzrecht belangt oder
– ein Verfahren in den vorgenannten Fällen anhängig gemacht.

Führungszeugnisse für die Geschäftsführer des Antragstellers [Namen] sind beantragt. Die Kopien der Quittungen über die Anträge sind als Anlage 4 beigefügt.

b) Nachweis der Leistungsfähigkeit

Der Antragsteller besitzt als Gesellschaft, mit einem Kapital von insgesamt DM 6 Millionen, die erforderliche Leistungsfähigkeit nach § 8 TKG, welche die Gewähr dafür bietet, daß die für den Aufbau und den Betrieb der zur Ausübung der Lizenzrechte erforderlichen Produktionsmittel zur Verfügung stehen werden. Ein Geschäftsplan für die nächsten fünf Jahre ist beigefügt (Anlage 5). Ebenso ist eine Auskunft der Wirtschaftsauskunftei [Name] als Selbstauskunft beigefügt (Anlage 6). [Erläuterungen des Geschäftsplans]

[Ggf. Finanzierungszusagen von Mutterunternehmen (dann auch Selbstauskunft für das Mutterunternehmen) oder Banken]

Sollte seitens der Regulierungsbehörde die Beibringung weiterer Unterlagen für erforderlich gehalten werden, bitten wir um entsprechende kurzfristige Mitteilung.

c) Nachweis der Fachkunde

Der Antragsteller besitzt gemäß § 8 TKG die erforderliche Fachkunde, welche die Gewähr dafür bietet, daß die bei der Ausübung der Lizenzrechte tätigen Personen über die erforderlichen Kenntnisse, Erfahrungen und Fertigkeiten verfügen.

Da die B bereits seit ca. 20 Jahren ein privates Fernmeldenetz betreibt, steht dem Antragsteller eine umfangreiche Basis der für das Betreiben von Übertragungswegen erforderlichen Kenntnisse und Fertigkeiten zur Verfügung. Der Antragsteller besitzt wesentliche Erfahrungen hinsichtlich der Errichtung, dem Betrieb und der Vermarktung von Telekommunikationsdiensten.

Für das Betreiben der Übertragungswege wird der Antragsteller unter anderem die Mitarbeiter x und y einsetzen, denen mit Bescheid vom ... eine Personenzulassung des Bundesamtes für Zulassungen in der Telekommunikation als verantwortliche Fachkräfte erteilt wurde (Anlage 7). [Vorlage von sonstigen Zeugnissen verantwortlicher Personen.]

d) Bisherige Tätigkeiten

Die B war schon zuvor im Telekommunikationsbereich als Betreiber eines privaten Fernmeldenetzes tätig, über das neben der Vernetzung von Telekommunikationsanlagen auch Übertragungswege für Netz- und Prozeßleittechnik und die Vernetzung von Datendiensten realisiert werden.

e) Übersichtsplan

Der Lizenzantrag gilt für das vorgenannte Gebiet. Ein Übersichtsplan im Maßstab 1:500.000 ist in der Anlage beigefügt (Anlage 8).

f) Terminplan

Ein Konzept für technische Schutzmaßnahmen wird voraussichtlich vor dem [Datum oder jedenfalls Monat angeben] vorgelegt werden. Das Konzept zur technischen Umsetzung von Überwachungsmaßnahmen wird nach technischer Absprache mit den Herstellern der Vermittlungstechnik unverzüglich nach Lizenzerteilung vorgelegt werden.

Für Rückfragen stehen Ihnen die obengenannten Ansprechpartner zur Verfügung. Wir bitten Sie, den Eingang dieses Antrags in Ihrem Hause kurzfristig zu bestätigen. Sollten Sie zur Lizenzerteilung weitere Angaben, Unterlagen oder Nachweise benötigen, bitten wir um einen entsprechenden Hinweis, damit wir diese gegebenenfalls kurzfristig nachreichen können.

Mit freundlichen Grüßen

Anlagen:

Anlage 1: Handelsregisterauszug

Anlage 2: Gesellschaftsvertrag des Antragstellers

Anlage 3: Pachtvertrag zwischen B und dem Antragsteller

Anlage 4: Quittungen über die Beantragung der Führungszeugnisse

Anlage 5: Geschäftsplan

Anlage 6: Selbstauskunft

Anlage 7: Personenzulassungen

Anlage 8: Übersichtsplan Lizenzgebiet

2. Frequenzverwaltung

2.1 Einleitung

2.1.1 Gegenstand der Frequenzverwaltung

Das Angebot moderner Telekommunikationsdienste ist in vielerlei Hinsicht auf die Nutzung von Funktechnologie und damit einhergehend von **Funkfrequenzen** angewiesen. Mobil- und Satellitenfunk[1] sind, wie es die Namen schon verraten, ohne Funktechnik nicht realisierbar. Frequenzen sind jedoch aus physikalischen Gründen eine endliche Ressource, bedingt dadurch, daß grundsätzlich dasselbe Funkspektrum zur gleichen Zeit am gleichen Ort nur von jeweils einem Nutzer genutzt werden kann. Weiterhin sind die Ausbreitungseigenschaften von Funkwellen frequenzabhängig unterschiedlich[2], was dazu führt, daß manche Frequenzbereiche für einzelne Anwendungen geeigneter sind als andere[3]. Zudem steht das insgesamt nutzbare Funkfrequenzspektrum nicht uneingeschränkt für Zwecke der kommerziellen Telekommunikation zur Verfügung. Manche Frequenzbereiche müssen sogar zu Zwecken der Weltraumforschung von jeglicher Sendeaktivität freigehalten werden[4].

Aus diesen einleitenden Aussagen ergibt sich die Notwendigkeit, die Nutzung von Funk einer besonderen staatlichen **Aufsicht und Regulierung** zu unterwerfen[5]. Es gilt zum einen, die Nutzungsbedürfnisse zu kanalisieren, indem das verfügbare Frequenzspektrum zwischen verschiedenen Nutzungsarten aufgeteilt wird. Dieses Aufgabenfeld der sachlichen Aufteilung des nutzbaren Frequenzspektrums wird im Regulierungssystem des Telekommunikationsgesetzes (TKG) als Frequenzplanung bezeichnet. Zum anderen sind Entscheidungen erforderlich, wer einen bestimmten Frequenzbereich zur Erbringung des dafür jeweils

---

1 Entsprechend den Lizenzklassen 1 und 2 nach § 6 Abs. 2 TKG.
2 Darum läßt sich Kurzwellenradio teilweise über Kontinente hinweg empfangen, UKW hingegen nicht.
3 Für näheres zu technischen Eigenschaften von Funkwellen siehe Beck TKG-Komm/*Korehnke/Grotelüschen*, § 44 Rz. 12–23.
4 Beck TKG-Komm/*Korehnke/Grotelüschen*, § 44 Rz. 28.
5 Denkbar wäre allerdings auch eine Selbstregulierung durch die Frequenznutzer, etwa gestützt auf Marktprozesse. Ansatzweise findet sich diese in manchen Bereichen. So erfolgt die Zuteilung von Kapazitäten auf den für Fernsehübertragung führenden Satellitsystemen auf kommerzieller Basis, nämlich aufgrund von Verträgen zwischen den Satellitenbetreibern und den Rundfunkveranstaltern, vgl. *Bock*, Handbuch für Hörfunk und Fernsehen, S. 179, 190. Allerdings bewegen wir uns hier schon nicht mehr auf der Ebene der Frequenzverwaltung, sondern auf der Ebene des Ausfüllens von Frequenzen mit Inhalten.

Teil 2 Rz. 3 Frequenzverwaltung

vorgesehenen Dienstes nutzen darf. Hier geht es also um die Verteilung des Frequenzspektrums in persönlicher Hinsicht, was das TKG als Frequenzzuteilung bezeichnet. Schließlich müssen die auf der Ebene von Frequenzplanung und Frequenzzuteilung getroffenen Entscheidungen auch durchgesetzt werden. Dies wird vom TKG als Überwachung der Frequenznutzung bezeichnet.

3 Diese Aktivitäten bilden zusammen das System der **Frequenzverwaltung** nach dem TKG. Zusammenfassend handelt es sich damit um die planmäßige Bewirtschaftung eines Allgemeinguts zur Schaffung ausschließlicher und nichtausschließlicher Nutzungsrechte daran. Die wirtschaftliche Bedeutung dieser Vorgänge sollte nicht unterschätzt werden. Mobilfunk und Rundfunk sind als Branchen mit eminenter wirtschaftlicher und auch gesellschaftlicher Bedeutung auf die effiziente und störungsfreie Nutzung von Funkfrequenzen angewiesen.

2.1.2 Internationaler Rahmen der Frequenzverwaltung

4 Ausgehend von der heutzutage banal anmutenden Erkenntnis, daß Funkwellen vor Hoheitsgrenzen nicht halt machen, sind schon frühzeitig Anstrengungen unternommen worden, die Nutzung von Frequenzen international zu koordinieren. Dies ist nicht nur zur Vermeidung wechselseitiger Störungen von Funkdiensten sinnvoll. Durch **internationale Koordination** ergeben sich wegen universeller Einsetzbarkeit von Produkten zudem größere Märkte, was letztlich günstigere Preise erwarten läßt[1].

5 Aus dem 1865 gegründeten Internationalen Fernmeldeverein ist die **Internationale Fernmeldeunion (ITU)** hervorgegangen, die älteste Organisation innerhalb des heutigen UNO-Systems[2]. Die planerischen Vorgaben der ITU für die Frequenzverwaltung ihrer Mitgliedstaaten werden auf internationalen Funkkonferenzen getroffen[3]. Ergebnis sind entweder eigenständige Vertragswerke oder Änderungen des weltweiten Frequenzbereichzuweisungsplans der ITU, welcher Teil der Vollzugsanordnung für den Funkdienst (VO-Funk) ist. Diese Entscheidungen der ITU determinieren die nationale Frequenzplanung in erheblichem Ausmaß,

---

1 Beck TKG-Komm/*Korehnke/Grotelüschen*, vor § 44 Rz. 36.
2 Konstitution und Konvention der ITU: BGBl. II 1996, S. 1306, 1308. Sowohl Konvention als auch Konvention wurden auf der Konferenz 1998 in Minneapolis geändert, siehe Gesetz vom 27. 4. 2001 mit den Änderungsurkunden, BGBl. II 2001, S. 365, 367. Näheres zur ITU bei Beck TKG-Komm/*Korehnke/Grotelüschen*, vor § 44 Rz. 37–41.
3 Die nächste World Radio Conference (WRC) ist für 2003 angesetzt. Die Tagesordnung ist als Mitteilung 657/2000 veröffentlicht in ABl. RegTP 2000, S. 3772.

weil sie grundsätzlich verbindlich sind und nationale Ausnahmen faktisch nur schwer erreicht werden können[1]. Daneben wirkt die ITU auch auf die nationale Frequenzzuteilung ein. Dies geschieht im Rahmen der Koordination grenznaher Sender. Das insoweit einzuhaltende Verfahren ist in der VO-Funk geregelt und sieht eine Koordination von Senderstandorten und -frequenzen zwischen Nachbarstaaten vor[2].

Auf europäischer Ebene wird Frequenzverwaltung durch die **CEPT** (European Conference of Postal and Telecommunications Administration) und deren Unterorganisation **ERC** (European Radiocommunications Committee) betrieben. Das ERC läßt unter anderem durch das Europäische Funkbüro (ERO) die Nutzung und zukünftige Nutzungsmöglichkeiten des Funkspektrums im Rahmen sogenannter Detailed Spectrum Investigations (DSI) untersuchen. Die Ergebnisse sind im Report 25 des ERC veröffentlicht[3]. Die Entscheidungen des ERC beanspruchen zwar keine Verbindlichkeit, sind aber trotzdem wesentliche Grundlage der nationalen Frequenzverwaltung[4]. Zu den Aufgaben des ERC gehört dabei auch die Koordination und wirkungsvolle Vertretung europäischer Interessen gegenüber der ITU. Die CEPT hat über 40 Mitgliedstaaten, deckt also ein deutliches größeres Gebiet ab als das der EU.

Die **Europäische Union** hat bisher nur vereinzelt auf die Frequenzplanung eingewirkt[5]. Daneben partizipiert sie als Beobachter bzw. Berater an der Arbeit von ITU und CEPT[6]. Es gibt allerdings seitens der EU-Organe Bestrebungen, diese Aktivitäten auszuweiten. So wurde im Dezember 1998 durch die Europäische Kommission ein Grünbuch zur Frequenzpolitik vorgelegt[7]. Dessen Grundtenor läßt sich als Frage zusammenfassen, ob und inwieweit die EU zukünftig im Bereich der Frequenzplanung und -verwaltung eine aktivere Rolle spielen soll[8]. Als Ergebnis der Konsultationen zu diesem Grünbuch hat die Kommission im Juli

---

1 Siehe Beck TKG-Komm/*Korehnke/Grotelüschen*, vor § 44 Rz. 40, 41; *Demmel*, in: Manssen, Telekommunikations- und Multimediarecht, § 44 Rz. 6.
2 Siehe Beck TKG-Komm/*Korehnke/Grotelüschen*, vor § 44 Rz. 46.
3 Der Report kann auf der Website des ERO abgerufen werden, www.ero.dk.
4 Als Beispiel sei die Vfg. 11/2001 der Regulierungsbehörde erwähnt, die im Rahmen einer Marktabfrage für die zukünftige Nutzung der Frequenzbereiche 450–455,74 MHz und 460–465,74 MHz (ehemaliges analoges Mobilfunknetz C-Netz) auf den CEPT/ERC Report 25 und den in diesem enthaltenen europäischen Frequenzplan Bezug nimmt.
5 Beispiele sind die Normierung für GSM (Richtlinie 87/372/EWG, ABl. EG Nr. L 196 S. 85), DECT (Richtlinie 90/544/EWG, ABl. EG Nr. L 310 S. 28) und ERMES (Richtlinie 91/287/EWG, ABl. EG Nr. L 144 S. 45).
6 Siehe *Holznagel*, FS für Hoppe, S. 767, 778.
7 Europäische Kommission, KOM (1998) 596.
8 So die Zusammenfassung von *Holznagel*, FS für Hoppe, S. 767, 779.

2000 den Vorschlag einer Entscheidung des Europäischen Parlamentes und des Rates über einen Rechtsrahmen für die Frequenzpolitik in der EU vorgelegt[1]. Vorgeschlagen wird u.a. die Errichtung eines politischen Gremiums, der hochrangigen Gruppe für Frequenzpolitik, welches die Europäische Kommission in frequenzpolitischen Fragen beraten soll. Außerdem sieht der Vorschlag vor, die CEPT durch die Kommission zur Erarbeitung von Harmonisierungsvorschlägen zu mandatieren. Warum die CEPT als Organisation, deren Mitgliederkreis über die EU weit hinausgeht, solche Mandate annehmen soll, bleibt allerdings im dunkeln[2]. Auch sonst erweckt der Entscheidungsvorschlag den Eindruck, daß hier vor allem zusätzliche bürokratische Gremien und Verfahren geschaffen werden sollen. Die weitere Entwicklung bleibt abzuwarten.

8 Auf der Ebene der Frequenzzuteilung ist die Lizenzierungsrichtlinie 97/13/EG relevant. Ihr Ansatz geht dahin, Tätigkeiten auf dem Feld der Telekommunikation nur ausnahmsweise von Einzelgenehmigungen abhängig zu machen, wobei nach Artikel 7 (1) a) der Richtlinie der Zugang zu Funkfrequenzen zu den Sachverhalten gehört, für den das Erfordernis von Einzelgenehmigungen vorgesehen werden darf. Im Anhang der Richtlinie sind abschließend die Nebenbestimmungen aufgezählt, welche mit solchen Genehmigungen verbunden werden dürfen.

2.1.3 Verfassungsrechtliche Vorgaben für die Frequenzverwaltung

9 Vorgaben für die gesetzliche Ausgestaltung der Frequenzverwaltung enthält das Grundgesetz (GG) zum einen in kompetenzieller Hinsicht, zum anderen in den Grundrechten.

10 Nach Art. 73 Nr. 2 GG hat der Bund die ausschließliche **Gesetzgebungskompetenz** für Angelegenheiten der Telekommunikation. Zudem ist der Bund gemäß Art. 87f Abs. 2 S. 2 GG für administrative Hoheitsaufgaben auf dem Gebiet der Telekommunikation zuständig. Gleichzeitig ist seit der ersten Rundfunkentscheidung des Bundesverfassungsgerichts[3] geklärt, daß diese Bundeskompetenz für Telekommunikation (nach damaliger Diktion: Fernmeldewesen) nicht den Rundfunk als Ganzes, sondern nur dessen sendetechnische Komponente umfaßt[4]. Im übrigen sind für alle die Organisation und Ausgestaltung des Rundfunks betreffenden Entscheidungen und Maßnahmen die Länder zuständig[5]. Daraus können

---

[1] Europäische Kommission, KOM (2000) 407 endg.
[2] Skeptisch deshalb auch *Grünwald*, Analoger Switch-Off, S. 98.
[3] BVerfGE 12, 205.
[4] Siehe näher BVerfGE 12, 205, 225 ff.
[5] Ausnahme ist der Auslandsrundfunk, der unter die Kompetenz des Bundes für Auswärtige Angelegenheiten fällt, siehe *Pieroth*, in: Jarass/Pieroth, Grundge-

sich Konflikte ergeben, insbesondere wenn Bund und Länder unterschiedliche medienpolitische Ziele verfolgen[1]. Insoweit ist die Bundeskompetenz zur Frequenzverwaltung zugunsten der Rundfunkkompetenz der Länder beschränkt[2]. Das resultiert aus der Pflicht zu bundesfreundlichem Verhalten, aus der im föderalen Bundesstaat wechselseitige Rücksichtnahmegebote bei der Kompetenzausübung folgen[3]. Dies gebietet, die Länder an der Frequenzplanung angemessen zu beteiligen, ihre Ausgestaltungsentscheidungen bei der Frequenzplanung angemessen zu berücksichtigen und insbesondere die Frequenzplanung nicht zur Konterkarierung oder Determinierung von Ausgestaltungsentscheidungen der Länder zu mißbrauchen[4]. Auf der Ebene der Frequenzzuteilung ist sicherzustellen, daß die Entscheidung darüber, welcher Veranstalter Übertragungskapazitäten erhält, bei den Ländern verbleibt und nicht durch den Bund determiniert wird.

Unter den **Grundrechten** ist für die Frequenzverwaltung zunächst die durch Art. 12 GG geschützte Freiheit der Berufswahl und Berufsausübung relevant, da vom Amateurfunk abgesehen die Nutzung des Frequenzspektrums in aller Regel zu beruflichen Zwecken erfolgt. 11

Fraglich ist insoweit allerdings, ob die Nutzung von Funkfrequenzen für berufliche Zwecke derart vom Schutzbereich des **Art. 12 Abs. 1 GG** erfaßt wird, daß etwa die Ablehnung einer Frequenzzuteilung als Grundrechtseingriff anzusehen wäre. Prinzipiell könnte jeder Funkanlagen für berufliche Zwecke einsetzen, gegebenenfalls mit Unterstützung durch qualifizierte Techniker. Genau daraus resultieren Zweifel, ob die Nutzung von Funkfrequenzen von der abwehrrechtlichen Funktion[5] der Berufsfreiheit umfaßt wird. Um Funkfrequenzen störungsfrei zu nutzen, was in aller Regel für deren kommerziellen Einsatz nötig ist, muß nämlich regelmäßig ein exklusives Nutzungsrecht an diesen geschaffen wer- 12

---

setz, Art. 73 Rz. 3. Dies verbirgt sich hinter der Formulierung „Rundfunk im Zuständigkeitsbereich der Länder", die in § 47 Abs. 3 TKG und den Verordnungen zur Frequenzverwaltung immer wieder auftaucht.
1 Historisches Beispiel einer Einwirkung auf die Medienpolitik der Länder durch den Bund ist die Breitbandverkabelung, welche das medienpolitische Anliegen mancher Länder zur Einführung privaten Rundfunks unterstützte. Sie wurde von der damaligen Deutschen Bundespost, also der Bundesverwaltung, vorangetrieben. Siehe dazu *Herrman*, Rundfunkrecht, S. 94.
2 So für den Bereich Rundfunk und Telekommunikation schon BVerfGE 12, 205, 239 f.
3 Siehe BVerfGE 12, 205, 239 f., 254 f.
4 Siehe erneut schon 1961 BVerfGE 12, 205, 240, sowie aus der umfangreichen Literatur *Scherer*, Beilage 2 zu K&R 1999, 10.
5 Siehe zu den Grundrechtsfunktionen *Pieroth/Schlink*, Grundrechte, S. 16 ff.

den[1]. Dies beinhaltet, daß allen außer demjenigen, der die Frequenz bestimmungemäß nutzt, die Frequenznutzung für deren gewerbliche oder sonstige Nutzung entzogen wird. Dieser Befund spricht deutlich dafür, die Nutzung von Funkfrequenzen grundrechtsdogmatisch nicht abwehr-, sondern teilhaberechtlich zu verstehen und damit Akte der Frequenzverwaltung, die einzelnen Nutzerinteressen zuwiderlaufen, nicht als Grundrechtseingriff, sondern als Verweigerung der Teilhabe an einer staatlichen Leistung zu verstehen. Daraus folgt allerdings nicht, daß die auf Ebene des TKG das durch § 47 Abs. 1 S. 1 vorgesehene Erlaubnispflicht für jede Frequenznutzung im Sinne eines repressiven Verbots einer an sich unerwünschten Tätigkeit zu verstehen wäre, von dem nur ausnahmsweise Befreiungen zugelassen werden[2]. Nach der Liberalisierung des Telekommunikationssektors ist die Nutzung von Funkfrequenzen hierfür grundsätzlich erwünscht, und die Regelungen zur Frequenzordnung dienen der Sicherstellung von Effizienz und Störungsfreiheit dieser Aktivitäten. Dementsprechend gewährt die Frequenzzuteilungsverordnung bei Vorliegen der Zuteilungsvoraussetzungen einen Anspruch auf Frequenzzuteilung (näher dazu unten Rz. 104).

13 Die Verwaltung des Frequenzspektrums als knappes Gut zeigt in der Sache deutliche Ähnlichkeit zur Vergabe von Studienplätzen, weshalb sich auch die verfassungsrechtlichen Vorgaben ähneln. Das gilt insbesondere für das Gebot, die vorhandenen Kapazitäten auszulasten und in Knappheitssituationen die Bewerber anhand sachgerechter Maßstäbe diskriminierungsfrei auszuwählen[3].

14 Als einzige im Grundgesetz erwähnte Funkanwendung kommt daneben dem **Rundfunk** ein besonderer Status zu. Aus der durch Art. 5 Abs. 1 S. 3 des Grundgesetzes gewährleisteten Rundfunkfreiheit ergibt sich als Anforderung an die Frequenzplanung, dafür Sorge zu tragen, daß für Rundfunkdienste eine Frequenzausstattung zur Verfügung steht, die zur Erbringung eines den verfassungsrechtlichen Erfordernissen genügenden Rundfunkangebots nötig ist. Dies wird insbesondere erfordern, die zur Gewährleistung der Grundversorgung[4] nötigen terrestrischen Frequenzen zur Verfügung zu stellen. Auf der Ebene der Frequenzzuteilung muß

---

1 Zur Ausnahme einer Frequenzpartagierung siehe Beck TKG-Komm/*Korehnke/ Grotelüschen*, vor § 44 TKG Rz. 20 ff. sowie § 6 der Frequenzzuteilungsverordnung. Auch in diesen Fällen ist aber die Nutzung auf wenige beschränkt.
2 Sogenanntes Verbot mit Befreiungsvorbehalt, vgl. *Maurer*, Allgemeines Verwaltungsrecht, S. 207.
3 Näher zur sogenannten Numerus-clausus-Rechtsprechung *Jarass*, in: Jarass/Pieroth, Grundgesetz, zu Art. 12 Rz. 66 ff. m. w. N.
4 Zu Inhalt und Umfang des Grundversorgung siehe nur BVerfGE 73, 118, 157 ff.; BVerfGE 83, 238, 297 f.

dem Grundsatz der Staatsfreiheit des Rundfunks Rechnung getragen werden. Es ist sicherzustellen, daß die Vergabe von Übertragungskapazitäten nicht zu Programmeinflüssen führt[1]. Allerdings ist diese Vergabe von Übertragungskapazitäten an bestimmte Rundfunkveranstalter keine Angelegenheit der Frequenzverwaltung nach dem TKG, sondern eine des jeweiligen Landesrundfunkrechts[2].

Schließlich ist als inhaltliche Vorgabe für die Frequenzverwaltung noch **Art. 87f Abs. 1 GG** bedeutsam, nach dem der Bund die flächendeckende, angemessene Versorgung mit Telekommunikationsdienstleistungen zu gewährleisten hat. Inhaltlich wird sich hieraus das Gebot ableiten lassen, die vorhandenen Frequenzkapazitäten so zu nutzen, daß das von Art. 87f GG geforderte Grundangebot[3] an funkbasierenden Telekommunikationsdiensten zur Verfügung gestellt werden kann.

Das TKG sucht diese verfassungsrechtlichen Vorgaben umzusetzen, indem es in §§ 2 Abs. 2 Nr. 5, 44 Abs. 1 TKG die effiziente und störungsfreie Nutzung des Frequenzspektrums, auch unter Berücksichtigung der Belange des Rundfunks, zum **Ziel der Frequenzverwaltung** erklärt sowie gemäß §§ 45 Abs. 1, 46 Abs. 3 TKG die von Planungsentscheidungen Betroffenen an den Planungsvorgängen beteiligt. Die im Rahmen der Frequenzverwaltung zu erlassenden Rechtsverordnungen bedürfen der Zustimmung des Bundesrats, allerdings mit der Einschränkung, daß Frequenzbereichszuweisungsplanverordnungen nur insoweit zustimmungsbedürftig sind, als sie Frequenzbereiche dem Rundfunk zuweisen (dazu näher unten Rz. 29 f.). Schließlich setzt die Zuteilung von Frequenzen für die Übertragung von Rundfunk im Zuständigkeitsbereich der Länder nach § 47 (3) TKG das Vorliegen einer medienrechtlichen Genehmigung der jeweils zuständigen Landesbehörde voraus.

2.1.4 Verhältnis zwischen Frequenzverwaltung und Lizenzerteilung

Lizenzerteilung und Frequenzzuteilung sind nach dem Regulierungssystem des TKG zwei unabhängig voneinander stattfindende Vorgänge. Die Lizenzen allein berechtigen nicht zur Frequenznutzung. Genauso benötigt nicht jede Funkanwendung eine Lizenz, sondern nur die, welche gemäß § 6 Abs. 1 Nr. 1 TKG einen Übertragungsweg[4] zur Verwendung

---
1 So BVerfGE 83, 238, 323.
2 Siehe als Überblick über die einschlägigen rundfunkrechtlichen Regelungen *Grünwald*, Analoger Switch-Off, S. 119 ff.
3 Vgl. *Pieroth*, in: Jarass/Pieroth, Grundgesetz, Art. 87f Rz. 4.
4 Das heißt in diesem Zusammenhang eine Funkverbindung als Punkt-zu-Punkt- oder Punkt-zu-Mehrpunkt-Verbindung mit einem bestimmten Informationsdurchsatzvermögen, vgl. § 3 Nr. 22 TKG.

für Telekommunikationsdienstleistungen für die Öffentlichkeit[1] errichtet. Allerdings können Lizenzen für Mobil- bzw. Satellitenfunk ohne Frequenznutzung und damit Frequenzzuteilung nicht ausgeübt werden.

18 Durch das vom TKG geschaffene Frequenzregulierungssystem hat die Frequenzverwaltung jedoch **Auswirkungen auf die Lizenzierung** von Telekommunikationsdiensten. Gemäß § 10 TKG kann die Anzahl der Lizenzen beschränkt werden, wenn wegen Knappheit an Frequenzen nicht allen potentiellen Lizenznehmern die zur Ausnutzung ihrer Lizenzrechte nötigen Frequenzen zugeteilt werden können. In diesem Fall ist ein besonderes Auswahlverfahren durchzuführen, welches durch die §§ 10, 11 TKG näher geregelt wird. Praktisch kommt dies nur für die Lizenzen der Lizenzklassen 1 und 2 in Betracht, da sich Übertragungswege und Sprachtelefondienst (Lizenzklassen 3 und 4) immer auch leitungsgebunden darstellen lassen (siehe zu den Lizenzklassen Kapitel 1, Rz. 12 f., 45 ff. und unten Rz. 313 ff.). Allerdings kann sich auch bei den letztgenannten Lizenzklassen eine Knappheit des Frequenzspektrums auswirken, wofür die drahtlose Teilnehmeranbindung[2] ein praktisch wichtiges Beispiel ist. In solchen Fällen wird gemäß § 47 Abs. 5 TKG das von §§ 10 und 11 TKG vorgegebene Vergabeverfahren im Rahmen der Frequenzzuteilung durchgeführt. Wegen dieses Sachzusammenhangs zwischen Frequenzvergabe und Lizenzerteilung werden die Vergabeverfahren nach §§ 10, 11 TKG in diesem Kapitel mit abgehandelt.

2.2 Frequenzplanung nach dem TKG

19 § 44 TKG zählt die **Mittel der Frequenzplanung** auf. Es handelt sich um zwei Pläne, den Frequenzbereichszuweisungsplan und den Frequenznutzungsplan. Gemeinsam mit diesen Plänen bilden die Frequenzzuteilung und Überwachung der Frequenznutzung ein abgestuftes System der Frequenzverwaltung. Der Frequenznutzungsplan ist auf der Basis des Frequenzbereichszuweisungsplans zu erstellen. Die Frequenzzuteilungen erfolgen sodann auf Basis des Frequenznutzungsplans. Daraus ergibt sich ein System stufenweiser Konkretisierung der im Rahmen der Frequenzverwaltung vorzunehmenden administrativen Schritte. Der Frequenznutzungsplan konkretisiert dabei die Vorgaben des Frequenzbereichszuweisungsplans mit Blick auf die Frequenznutzungen, also in

---

1 Hierunter ist das gewerbliche Angebot von Telekommunikation einschließlich des Angebots von Übertragungswegen für beliebige natürlich oder juristische Personen zu verstehen, vgl. § 3 Nr. 19 TKG.
2 Sog. Wireless Local Loop, Punkt-zu-Mehrpunkt-Richtfunk.

gegenständlicher Hinsicht, während die einzelnen Frequenzzuteilungen die Konkretisierung auf die einzelnen Nutzer darstellen.

Damit ist das **Verhältnis** von **Frequenzbereichszuweisungsplan** und **Frequenznutzungsplan** indessen noch nicht vollständig beschrieben. Aus den Gesetzesmaterialien zum TKG ergibt sich weiterhin, daß der Frequenzbereichszuweisungsplan in erster Linie die Aufgabe hat, die Vorgaben der ITU für Deutschland rechtsverbindlich umzusetzen[1]. Daraus folgt für den Frequenznutzungsplan, daß er nicht nur, wie schon erwähnt, die Detailkonkretisierung des Frequenzbereichszuweisungsplans vorzunehmen hat, sondern auch der Ort ist, durch die Vorgaben der ITU belassene Spielräume auszuschöpfen. 20

Aufgrund des Zusammenhangs der untergeordneten Schritte mit der Frequenzplanung wird vertreten, daß eine gesetzliche **Pflicht zum Erlaß** dieser Pläne bestünde[2]. Dem ist auch wegen der Grundrechtsrelevanz der Materie beizupflichten. Dennoch hat es nach Erlaß des TKG gut viereinhalb Jahre gedauert, bis mit zwei Rechtsverordnungen der Frequenzbereichszuweisungsplan und die näheren normativen Grundlagen für die Aufstellung des Frequenznutzungsplans erlassen waren. Auf die Gründe für diese Verzögerung wird noch zurückzukommen sein (siehe unten Rz. 31). 21

2.2.1 Frequenzbereichszuweisungsplan

2.2.1.1 Rechtsnatur

Der Frequenzbereichszuweisungsplan wird nach §§ 44 Abs. 1, 45 Abs. 1 TKG als **Rechtsverordnung** durch die Bundesregierung erlassen. Diese Rechtsform wurde gewählt, um den Plan rechtsverbindlich zu machen und so die völkerrechtlich verbindlichen Vorgaben der VO-Funk für die Frequenzplanung in Deutsches Recht zu transformieren[3], nachdem zu- 22

---

1 Siehe die Begründung zum Entwurf von § 44 TKG (= nunmehr § 45 TKG), BT-Drucks. 13/3609, S. 47 f. sowie BT-Drucks. 13/4864, S. 80.
2 Beck TKG-Komm/*Korehnke/Grotelüschen*, § 45 Rz. 1 (Frequenzbereichszuweisungsplan) und § 46 Rz. 1 (Frequenznutzungsplan).
3 BT-Drucks. 13/4864, S. 80. Bemerkenswert ist, daß nur wenige Wochen nach Verabschiedung des TKG eine weitere Verordnungsermächtigung zur Umsetzung von Vollzugsordnungen der ITU verabschiedet wurde. Sie findet sich in Art. 2 des Gesetzes vom 20. 8. 1996 zu der Konstitution und der Konvention der Internationalen Fernmeldeunion, BGBl. II 1996, S. 1306, und wiederum im Gesetz zu den Änderungsurkunden vom 6. 11. 1998 zur Konstitution und Konvention der Internationalen Fernmeldeunion vom 27. 4. 2001, BGBl. II 2001, S. 365. Die ITU erläßt allerdings neben der Vollzugsordnung für den Funkdienst noch eine weitere Vollzugsordnung, nämlich die für internationale Fernmeldedienste (Art. 4 Abs. 3 der Konstitution der ITU). Die Existenz der

nächst vorgesehen war, den Plan durch die Regulierungsbehörde aufstellen zu lassen[1]. § 45 Abs. 2 TKG enthält nähere Bestimmungen über den Inhalt des Plans (dazu unten Rz. 34) und legt damit, wie von Art. 80 Abs. 1 S. 2 GG gefordert, Inhalt, Zweck und Ausmaß der Verordnungsermächtigung fest.

2.2.1.2 Verfahren der Planaufstellung und des Planerlasses

23 Für Aufstellung und Erlaß des Frequenzbereichszuweisungsplans sind zunächst die **allgemeinen Regeln für Rechtsverordnungen** einschlägig. Diese sind nach Art. 80 und 82 GG die Existenz einer Ermächtigungsgrundlage, die Inhalt, Zweck und Ausmaß der Verordnung bestimmt, Ausfertigung und Verkündung sowie Benennung der Ermächtigungsgrundlage innerhalb der Verordnung. Daneben gelten für den Frequenzbereichszuweisungsplan nach § 45 Abs. 1 TKG Besonderheiten, die sich auf die Beteiligung Interessierter und die Mitwirkung des Bundesrats beziehen.

2.2.1.2.1 Beteiligung der betroffenen Kreise

24 Nach § 45 Abs. 1 S. 3 sind die von Zuweisungen im Frequenzbereichszuweisungsplan **betroffenen Kreise** in die Vorbereitung des Plans **einzubeziehen**. Offen bleiben dabei sowohl eine nähere Definition dieser betroffenen Kreise als auch die Art ihrer Einbeziehung. Hier besteht ein signifikanter Unterschied zur Frequenznutzungsplanung, für die § 46 Abs. 3 S. 2 TKG vorsieht, die Einzelheiten der Öffentlichkeitsbeteiligung per Rechtsverordnung zu regeln, und für die mit der Verordnung über die Aufstellung des Frequenznutzungsplans inzwischen auch ein näher ausdifferenziertes Verfahren festgelegt worden ist (dazu näher unten Rz. 52).

25 Die intensivere Ausgestaltung der Öffentlichkeitsbeteiligung bei der Frequenznutzungsplanung wird teilweise damit begründet, daß dieser Plan nicht als Rechtsnorm ergingen und deshalb zumindest das Aufstellungsverfahren verbindlich geregelt werden sollte, um so dem Plan zu Akzeptanz zu verhelfen[2]. Indessen war schon in den ersten Entwürfen des TKG, die noch nicht vorsahen, den Frequenzbereichszuweisungsplan als Rechtsverordnung zu erlassen, für den Frequenznutzungsplan anders als

---

Regelungen zur Frequenzverwaltung im TKG spricht dafür, die Verordnungsermächtigungen in den Zustimmungsgesetzen auf diese Vollzugsordnung zu beziehen. Soweit ersichtlich wurde von diesen Verordnungsermächtigungen bisher kein Gebrauch gemacht.

1 Siehe den ursprünglichen Entwurf von § 44 TKG, BT-Drucks. 13/3609, S. 16.
2 So die Begründung zur Frequenznutzungsplanaufstellungsverordnung, BR-Drucks. 118/01, S. 5.

für den Frequenzbereichszuweisungsplan eine nähere Ausgestaltung des Aufstellungsverfahrens vorgesehen[1]. Dies legt nahe, daß der Grund der beim Frequenzbereichszuweisungsplan weniger intensiven Öffentlichkeitsbeteiligung ein anderer sein muß.

Das oben angedeutete (siehe Rz. 20) **systematische Verhältnis der beiden Pläne** spricht dabei für folgendes: Der Frequenzbereichszuweisungsplan hat die Funktion, die frequenzplanerischen Vorgaben der ITU umzusetzen, während der Frequenznutzungsplan nicht nur Detailregelungen enthält, sondern auch der Ort zur Ausnutzung durch die Vorgaben der ITU belassener Spielräume ist. Solche Spielräume sind auf der Ebene der Frequenznutzungsplanung auch durchaus vorhanden, weil die Vorgaben des Frequenzbereichszuweisungsplans oft sehr unbestimmt sind. So kann beispielsweise ein international und damit auch im Frequenzbereichszuweisungsplan für mobilen Landfunkdienst[2] vorgesehener Frequenzbereich auf der Ebene der Frequenznutzungsplanung entweder für Bündelfunk, Datenfunk oder Funkruf vorgesehen werden. Diese auf der Ebene der Frequenznutzungsplanung zu treffende Entscheidung bedarf einer gründlicheren und verfahrensmäßig detaillierter ausgestalteten Ermittlung der Nutzerinteressen als die Festlegung, den betroffenen Frequenzbereich, wie international vorgesehen, im Frequenzbereichszuweisungsplan für mobilen Landfunk auszuweisen. 26

Die **Beteiligung der Betroffenen** dient der Einbeziehung von deren Sachverstand und Erfahrung[3]. Angesichts des Zwecks der Frequenzplanung, die verschiedenen Nutzer- und Nutzungsinteressen zu koordinieren, wird man den Kreis derjenigen, deren Beiträge gehört werden, weit zu ziehen und alle potentiellen Frequenznutzer einzubeziehen haben[4]. Da allerdings manche Funkanwendung, etwa CB- und Amateurfunk, jedermann offensteht, verschiebt sich die Fragestellung in die Richtung, welche Anstrengungen zu unternehmen sind, die zu Beteiligenden zu erreichen und sie auf die Beteiligungsmöglichkeit hinzuweisen. Das Bundeswirtschaftsministerium hat zum Entwurf der ersten Frequenzbereichszuweisungsplanverordnung eine Anhörung durchgeführt und auch Gelegenheit zu schriftlicher Stellungnahme gegeben. Hierüber wurde durch Veröffentlichung im Amtsblatt der Regulierungsbehörde informiert[5]. 27

---

1 Siehe BT-Drucks. 13/3609, S. 16, 48.
2 Gemäß § 4 Nr. 18 der Frequenzbereichszuweisungsplanverordnung ist dies ein Mobilfunkdienst zwischen ortsfesten und mobilen Landfunkstellen oder zwischen mobilen Landfunkstellen.
3 Beck TKG-Komm/*Korehnke/Grotelüschen*, § 45 Rz. 8.
4 So auch *Demmel*, in: Manssen, Telekommunikations- und Multimediarecht, § 45 Rz. 8; ähnlich Beck TKG-Komm/*Korehnke/Grotelüschen*, § 45 Rz. 9.
5 Mitteilung Nr. 54/1999, ABl. RegTP 1999, S. 515.

Faktisch handelt es sich bei der Frequenzplanung um eine Angelegenheit, die in einer Fachöffentlichkeit diskutiert wird. Deshalb dürfte gegen dieses Vorgehen nichts einzuwenden sein.

28 Die Verfahrensregelungen zur Aufstellung des Frequenzbereichszuweisungsplans bzw. deren Fehlen werden in der rundfunkrechtlichen Literatur vielfach kritisiert[1]. Wenn man die Aufgabe des Frequenzbereichszuweisungsplans wie hier Rz. 26 versteht, dürfte sich diese Kritik aber deutlich relativieren. Der Blickpunkt verschiebt sich dann eher darauf, wie die Planungen der internationalen Gremien zustande kommen. Die bisherige Entwicklung spricht allerdings nicht dafür, daß der Rundfunk im Vergleich zu anderen Funkdiensten zu kurz gekommen wäre.

2.2.1.2.2 Zustimmung des Bundesrats

29 Der **Zustimmung des Bundesrats** bedürfen gemäß § 45 Abs. 1 S. 2 TKG Frequenzbereichszuweisungsplanverordnungen insoweit, als sie Frequenzbereiche dem Rundfunk zuweisen. Hier handelt es sich um einen Kompromiß, der im Gesetzgebungsverfahren über das TKG erzielt wurde. Der Bundesrat hatte zunächst gefordert, alle Verordnungen über den Frequenzbereichszuweisungsplan von seiner Zustimmung abhängig zu machen[2], konnte sich mit dieser Forderung aber nicht durchsetzen. Der Wortlaut von § 45 Abs. 1 S. 2 TKG, nach dem nur Verordnungen, in denen dem Rundfunk Frequenzbereiche zugewiesen werden, der Zustimmung des Bundesrats bedürfen, nicht jedoch Verordnungen, die eine solche Zuweisung rückgängig machen, löst dabei Verwunderung aus. Offensichtlich kann der Entzug eines Frequenzbereichs die Rundfunkordnung ähnlich stark tangieren wie dessen Zuweisung. In der Literatur wird dazu von vielen der Umkehrschluß gezogen, der actus contrarius, also die Rückgängigmachung einer Frequenzbereichzuweisung an den Rundfunk, bedürfe „unbestreitbar"[3] ebenfalls der Zustimmung des Bundesrats[4].

30 Hier sind Zweifel anzumelden. Nach der Grundregel des § 45 Abs. 1 TKG bedürfen Rechtsverordnungen, die den Frequenzbereichszuweisungsplan festlegen oder ändern, keiner Zustimmung des Bundesrats. Der Fall des § 45 Abs. 1 S. 2 ist hiervon die Ausnahme. Gängigerweise

---

1 Siehe beispielhaft *Hoffmann-Riem/Wieddekind*, FS für Hoppe, S. 762 („Für die Verwirklichung des Grundsatzes bundesfreundlichen Verhaltens gibt es keinen prozeduralen Rahmen.") sowie *Holznagel*, FS für Hoppe, S. 784 f.
2 BT-Drucks. 13/4439, S. 13.
3 Wortwahl von *Scherer*, Beilage 2 zu K&R 1999, 16.
4 Außer *Scherer* vertreten dies etwa *Holznagel*, FS für Hoppe, S. 767, 783; *Grünwald*, Analoger Switch-Off, S. 111.

werden Ausnahmebestimmungen eher eng ausgelegt[1], was gegen die vorgenannte Auffassung spricht. Zudem ist denkbar, daß die gefundene Kompromißlösung ihren Sinn hat[2]. Zunächst ist mit ihr sichergestellt, daß der erste Frequenzbereichszuweisungsplan und alle weiteren umfassenden Neufassungen im Gegensatz zu punktuellen Änderungen der Zustimmung des Bundesrats bedürfen. Das Zustimmungsbedürfnis durch Erlaß von mehreren Teilplänen auf den für Rundfunk relevanten Teil zu beschränken dürfte nicht möglich sein, weil in § 45 anders als in § 46 Abs. 2 S. 2 TKG eine Ermächtigung zum Erlaß von Teilplänen fehlt. Daneben kann die Erinnerung an die seinerzeit medienpolitisch nicht unumstrittene Breitbandverkabelung eine Rolle gespielt haben, die das medienpolitische Ziel mancher Bundesländer förderte, privaten Rundfunk einzuführen[3]. Gegenwärtig steht die Einführung digitaler Rundfunkübertragung an, und auch dort könnte der Bund durch Ausweisung von Frequenzbereichen für digitale Rundfunkübertragung die Medienpolitik der Länder beeinflussen. Schließlich können sich Situationen ergeben, in denen der Bund aufgrund von Vorgaben der ITU völkerrechtlich verpflichtet ist, einen bisher dem Rundfunk zugewiesenen Frequenzbereich anders zu widmen[4]. Denkbar ist, daß der Bund in solchen Fällen nicht von der Zustimmung der Länder abhängig sein wollte.

Dieses Zustimmungsbedürfnis hat sich als wesentlicher Verzögerungsfaktor beim Erlaß des Frequenzbereichzuweisungsplans wie auch der Verordnungen über die Aufstellung des Frequenznutzungsplans und über die Frequenzzuteilung, erwiesen. Anlaß waren Meinungsverschiedenheiten zwischen Bund und Ländern betreffend Angelegenheiten des Rundfunks[5]. Hinsichtlich des Frequenzbereichszuweisungsplan betrafen die Bedenken der Länder zum einen die Definition des Rundfunkdien-

---

1 Siehe etwa *Pawlowski*, Methodenlehre, S. 219.
2 Die Gesetzesmaterialien sind hierfür leider unergiebig, vgl. BT-Drucks. 13/484, S. 80, so daß alles Folgende Vermutungen des Verfassers sind.
3 Siehe dazu *Herrmann*, Rundfunkrecht, S. 94.
4 Historisches Beispiel: Der heute u. a. für GSM-Mobilfunk benutzte Frequenzbereich zwischen 862 und 960 MHz war ursprünglich für Rundfunk vorgesehen, näher dazu *Grünwald*, Analoger Switch-Off, S. 85. Mittelfristig ist eine ähnliche Entwicklung für den Frequenzbereich 41 bis 68 MHz zu erwarten, der nach CEPT-Planungen zukünftig für mobile Landfunkdienste genutzt werden soll, siehe ERC Report 25. Dies ist dadurch veranlaßt, daß das betreffende Frequenzband physikalisch schlecht für digitale Rundfunkübertragung geeignet ist, siehe *Bock*, Programmverbreitung (Hörfunk und Fernsehen), Internationales Handbuch für Hörfunk und Fernsehen 2000/2001, S. 184.
5 Siehe für die Einzelheiten BR-Drucks. 406/00 und 745/99 (Frequenzbereichszuweisungsplanverordnung), 746/1/99 und 746/99 (Frequenznutzungsplanaufstellungsverordnung) sowie 747/1/99 und 747/99 (Frequenzzuteilungsverordnung).

stes in § 4 Nr. 33 und 34 des Verordnungsentwurfs[1] und die Nutzungsbestimmung 30, welche Regelungen der Frequenznutzung über Leiter vorsieht[2]. Inzwischen ist über diese Punkte Einigkeit erzielt worden, so daß die Frequenzbereichszuweisungsplanverordnung am 30. 3. 2001 die Zustimmung des Bundesrats fand[3]. Nach Verkündung im Bundesgesetzblatt trat die Verordnung am 9. 5. 2001 in Kraft[4].

2.2.1.3 Inhaltliche Vorgaben für die Planung

32 Den Inhalt des Frequenzbereichszuweisungsplans gibt § 45 Abs. 2 TKG vor. In diesem Plan werden **Frequenzbereiche** den einzelnen Funkdiensten und sonstigen Anwendungen elektromagnetischer Wellen **zugewiesen**. Um eine störungsfreie und effiziente Frequenznutzung zu erreichen, kann der Frequenzbereichszuweisungsplan Bestimmungen über Frequenznutzungen und darauf bezogene nähere Festlegungen enthalten. Letzteres gilt auch für Frequenznutzung in Leitern, für die räumliche, zeitliche und sachliche Festlegungen getroffen werden sollen, bei deren Einhaltung die Frequenznutzung freizügig, d. h. ohne weitere Regelung im Einzelfall, also auch ohne Frequenzzuteilung, zulässig ist[5].

33 Für den Inhalt des Plans im einzelnen enthält das TKG zunächst die Zielbestimmung in § 44 Abs. 1 TKG, daß der Plan die effiziente und störungsfreie Frequenznutzung sicherstellen soll. Die Frequenzplanung

---

1 Die Definitionen erlauben die Einbeziehung von Medien- und Telediensten, was die Sorge auslöste, der Bund könnte im Frequenznutzungsplan für Rundfunkdienste vorgesehene Frequenzen den in seine Kompetenz fallenden Telediensten zuweisen und damit die Medienpolitik der Länder beeinträchtigen, siehe *Scherer*, Beilage 2 zu K&R 1999, 17.
2 Dabei geht es darum, Abstrahlungen von Breitbandkabelanlagen, welche terrestrische Funkdienste stören, zu vermeiden. Viele Kabelanlagen haben wegen mangelhaft abgeschirmter Gebäudeverkabelung große Schwierigkeiten, diese Grenzwerte einzuhalten.
3 Dabei wurden die Meinungsverschiedenheiten wie folgt gelöst: Bei der Rundfunkdefinition wird Rundfunk im engeren Sinne die Priorität gegenüber Tele- und Mediendiensten eingeräumt. Hinsichtlich der Nutzungsbestimmung 30 werden bei dem für Breitbandkabelanlagen relevanten Frequenzbereich oberhalb von 30 MHz längere Übergangsfristen bis Mitte 2003 vorgesehen.
4 BGBl. I 2001, S. 778 vom 8. 5. 2001.
5 Anderer Ansicht hinsichtlich des Erfordernisses der Frequenzzuteilung allerdings Beck TKG-Komm/*Korehnke/Groteluschen*, § 45 Rz. 31. Wie hier die Begründung zur Frequenzzuteilungsverordnung, wonach die Frequenznutzung in Leitern zuteilungspflichtig sein soll, wenn mit dieser Benutzung ein „Verbrauch" der Ressource Frequenz verbunden ist, vgl. BR-Drucks. 116/01, S. 11. Das ist aber nur der Fall, wenn diese Frequenznutzung eine andere ohne Leiter stört. Das soll mit den Bestimmungen und näheren Festlegungen über die Frequenznutzungen mittels Leitern verhindert werden.

ist allerdings auch Teil des durch das TKG geschaffene System der Regulierung, § 3 Nr. 13 TKG, so daß daneben die allgemeinen Regulierungsziele in § 2 Abs. 2 TKG[1] ebenfalls beachtlich sind[2]. Nähere Vorgaben für die Verteilung von Frequenzbereichen enthält das Gesetz nicht. Insoweit ist dem Verordnungsgeber vom Gesetz ein Ermessensspielraum eröffnet, der allerdings, wie erwähnt, erheblich durch die Internationalen Vorgaben der ITU eingeschränkt ist.

2.2.1.4 Inhalt des Frequenzbereichszuweisungsplans

Die nunmehr erlassene **Frequenzbereichszuweisungsplanverordnung**[3] enthält im Verordnungstext eine Beschreibung von Inhalt und Aufbau des Plans sowie Definitionen der 37[4] verschiedenen Funkdienste. Zu beachten ist, daß teilweise eine Grob- und Feinunterteilung stattfindet; es gibt beispielsweise einen allgemeinen Mobilfunkdienst, § 4 Nr. 22 der Verordnung, daneben aber auch noch verschiedene Unterarten, nämlich mobilen Flugfunk, mobilen Landfunk und mobilen Seefunk. Den Hauptumfang der Verordnung macht sodann der eigentliche, tabellenförmig aufgebaute Frequenzbereichszuweisungsplan aus, der auf dem internationalen Frequenzbereichszuweisungsplan beruht, welcher seinerseits Teil der VO-Funk ist[5]. In diesem wird das Frequenzspektrum zwischen 9 Kilohertz und 275 Gigahertz in 455 Bereiche unterteilt, die dann einzelnen Funkdiensten zugewiesen werden. Dabei wird gemäß § 3 Abs. 3 der Verordnung zwischen primären und sekundären Funkdiensten unterschieden. Letztere sind nur zulässig, soweit sie den jeweils primären Funkdienst nicht stören. Bei gleichrangigen Diensten gilt hinsichtlich der Abwehr von Störungen das Prioritätsprinzip, d. h. die Funkstelle mit der jeweils älteren Zuteilung hat Anspruch auf Schutz vor Störungen durch später zugelassene Funkstellen. Viele Frequenzbe-

34

---

1 Diese Ziele sind die Wahrung der Nutzerinteressen und des Fernmeldegeheimnisses, die Sicherstellung eines chancengleichen und funktionsfähigen Wettbewerbs, Sicherstellung einer flächendeckenden Grundversorgung mit Telekommunikationsdienstleistungen zu erschwinglichen Preisen, Förderung von Telekommunikationsdiensten bei öffentlichen Einrichtungen, Sicherstellung einer effizienten und störungsfreien Nutzung von Frequenzen, auch unter Berücksichtigung der Belange des Rundfunks, sowie die Wahrung der Interessen der öffentlichen Sicherheit.
2 So auch Beck TKG-Komm/*Korehnke/Grotelüschen*, § 45 Rz. 14, allerdings mit anderer Herleitung.
3 BGBl. I 2001, S. 778 vom 8. 5. 2001.
4 Nicht etwa, wie mancherorts zu lesen, 40 Funkdienste. Drei der Begriffsdefinitionen in § 4 der Verordnung definieren keine spezifischen Funkdienste.
5 Siehe die Begründung zum Entwurf des Frequenzbereichszuweisungsplanverordnung, BR-Drucks. 117/01, S. 87.

reiche sollen nach dem Entwurf mehreren Funkdiensten zugewiesen werden, etwa der Frequenzbereich 252 (1613,8–1625,5 MHz) drei primären und zwei sekundären Funkdiensten. Insoweit wird die nähere Aufteilung dem Frequenznutzungsplan überlassen.

35 Im Anschluß an die einzelnen Zuweisungen enthält der Frequenzbereichszuweisungsplan eine ganze Reihe von **Nutzungsbestimmungen**, welche die in § 45 Abs. 2 S. 2 und 3 TKG vorgesehenen Bestimmungen über Frequenznutzungen und darauf bezogenen näheren Festlegungen darstellen. Diese Nutzungsbestimmungen sind in zwei Kategorien eingeteilt. Zunächst gibt es Bestimmungen, die auf den Frequenzbereichszuweisungsplan der ITU, die VO-Funk, zurückgehen. Diese sind am der Numerierung vorangestellten D zu erkennen, wobei die Numerierung nicht fortlaufend ist, weil nur die für Deutschland relevanten Nutzungsbestimmungen der VO-Funk in den Entwurf übernommen wurden, gleichzeitig aber deren Numerierung beibehalten wurde, um die Zusammenhänge offenzulegen[1]. Die zweite Kategorie der Nutzungsbestimmungen, ohne vorangestelltes D und fortlaufend von 1 bis 30 numeriert, enthält Nutzungsbestimmungen, die nur für Deutschland relevant sind. Aufgrund des Rechtscharakters der Frequenzbereichszuweisungsplanverordnung als Rechtsverordnung gelten beide Kategorien der Nutzungsbestimmungen nach Inkrafttreten der Verordnung unmittelbar für die Nutzer, ohne daß es insoweit noch weiterer Umsetzungsakte bedürfte. Soweit nicht die Bestandskraft erteilter Frequenzzuteilungen bzw. vor Inkrafttreten des TKG erteilter Verleihungen entgegensteht (dazu Rz. 84), müssen die Inhalte des Plans unmittelbar beachtet werden.

2.2.1.5 Rechtsschutz

36 Gegen die Frequenzbereichszuweisungsplanverordnung ist unmittelbarer Rechtsschutz nur im Wege der **Verfassungsbeschwerde** möglich. Das verwaltungsgerichtliche Normenkontrollverfahren steht gegen Rechtsverordnungen des Bundes nicht zur Verfügung, da § 47 VwGO für diese nicht gilt[2]. Auch die verwaltungsgerichtliche allgemeine Feststellungsklage, deren Entscheidung im übrigen nur zwischen den beteiligten Parteien wirken würde, ist als Mittel der unmittelbaren Normenkontrolle nicht zulässig[3].

---

1 Siehe die Begründung zum Entwurf des Frequenzbereichszuweisungsplanverordnung, BR-Drucks. 117/01, S. 90.
2 Vgl. *Kopp/Schenke*, Verwaltungsgerichtsordnung, § 47 Rz. 28, m. w. N.
3 *Kopp/Schenke*, Verwaltungsgerichtsordnung, § 47 Rz. 9; siehe zum ganzen auch *Demmel*, in: Manssen, Telekommunikations- und Multimediarecht, § 45 Rz. 15, Beck TKG-Komm/*Korehnke/Grotelüschen*, § 45 Rz. 4a.

Voraussetzung für Verfassungsbeschwerden unmittelbar gegen Normen 37
ist, daß der **Beschwerdeführer** von diesen **selbst, gegenwärtig und unmittelbar betroffen** ist. Das ist aber beim Frequenzbereichszuweisungsplan in aller Regel nicht gegeben, weil dieser Plan für sich genommen weder Frequenznutzungsrechte schafft noch aufgrund geltender Frequenzzuteilungen bestehende Nutzungsrechte beseitigt[1]. Ausnahmen sind aber denkbar. Wenn der Frequenzbereichszuweisungsplan bereits vor seinem Vollzug durch Frequenzzuteilungsentscheidungen zu unumkehrbaren Dispositionen zwingt, wäre nach der Rechtsprechung des Bundesverfassungsgerichts eine Verfassungsbeschwerde schon vor dem Normvollzug zulässig[2]. Des weiteren kommt eine gegenwärtige, unmittelbare Betroffenheit von Frequenznutzern in Betracht, soweit der Frequenzzuteilungsplan neue Nutzungsbestimmungen enthält, durch die in bestehende Frequenznutzungsrechte eingegriffen wird[3]. Ähnliches gilt für den Fall, daß im Frequenzbereichszuweisungsplan ein bisher primärer Funkdienst zum sekundären herabgestuft wird (siehe zu primären und sekundären Funkdiensten schon oben Rz. 34). Dies hat zur Folge, daß der betroffene Funkdienst Störungen durch den oder die primären Funkdienste hinzunehmen hat. Darin kann eine unmittelbare Beeinträchtigung der Rechtsposition der Nutzer des herabgestuften Funkdienstes liegen[4].

Neben diesen Möglichkeiten unmittelbaren Rechtsschutzes gegen den 38
Frequenzbereichszuweisungsplan steht dieser auch immer dann auf dem Prüfstand, wenn einzelne auf ihm beruhende Verwaltungsentscheidungen, etwa Frequenzzuteilungen oder deren Ablehnung, gerichtlich angefochten werden. Da der Frequenzzuweisungsplan kein Parlamentsgesetz ist, kann jedes Gericht seine Vereinbarkeit mit höherangigem Recht, also vor allem dem TKG und dem Grundgesetz prüfen und gegebenenfalls verneinen[5]. Eine Entscheidung diesen Inhalts wirkt allerdings nur zwi-

---

1 So auch *Demmel*, in: Manssen, Telekommunikations- und Multimediarecht, § 45 Rz. 15; Beck TKG-Komm/*Korehnke/Grotelüschen*, § 45 Rz. 4a.
2 Vgl. *Pieroth*, in: Jarass/Pieroth, Grundgesetz, Art. 93 Rz. 44 mit Nachw. aus der Rspr. des BVerfG.
3 Dies ist allerdings nur dann der Fall, wenn nicht entgegenstehende Bestimmungen einer bestandskräftigen Frequenzzuteilung anderes vorsehen. Solche Bestimmungen hätten als Inhalt eines bestandskräftigen Verwaltungsakts Vorrang vor später eintretenden Gesetzesänderungen, siehe zur Bestandskraft von Verwaltungsakten nur *Maurer*, Allgemeines Verwaltungsrecht, S. 264.
4 Beispiel von *Demmel*, in: Manssen, Telekommunikations- und Multimediarecht, § 46 Rz. 9.
5 Das Verwerfungsmonopol des BVerfG gilt nur für Parlamentsgesetze, nicht jedoch für Rechtsverordnungen, vgl. *Pieroth*, in: Jarass/Pieroth, Grundgesetz, Art. 100 Rz. 6, 7.

schen den jeweiligen Parteien des Rechtsstreits, auch soweit die Rechtmäßigkeit des Frequenzbereichszuweisungsplans Thema ist.

39 Die **gerichtliche Prüfung** des Frequenzbereichszuweisungsplans wird sich dabei auf die fehlerfreie Ausübung des planerischen Gestaltungsspielraums der Bundesregierung konzentrieren. Dabei haben die Gerichte zu prüfen, ob alle planungserheblichen Gesichtspunkte und Interessen erkannt, bei der Entscheidung gewürdigt und unter Beachtung des Grundsatzes der Verhältnismäßigkeit in vertretbarer Weise gegeneinander abgewogen sind[1]. Die eigentliche Gewichtung der betroffenen Belange unterliegt allerdings nur eingeschränkt der gerichtliche Kontrolle[2].

40 Ein besonderes Problem entsteht, wenn das zuständige Verwaltungsgericht bei der Inzidentkontrolle des Frequenzbereichszuweisungsplans im Rahmen eines **Rechtsstreits** über eine **Frequenzzuteilungsentscheidung** zu dem Ergebnis kommt, die Rechtmäßigkeit des Frequenzbereichszuweisungsplans zu verneinen. Rechtswidrige Rechtsverordnungen sind nichtig[3], so daß in der Konsequenz der Frequenzbereichszuweisungsplan und damit auch der auf ihm basierende Frequenznutzungsplan nicht mehr als Grundlage einer Frequenzzuteilungsentscheidung zur Verfügung stehen. *Korehnke/Groteluschen* vertreten zu dieser Frage, allerdings im Zusammenhang mit dem Frequenznutzungsplan, daß in solchem Falle das Gericht seine eigene Beurteilung an die Stelle der für nichtig gehaltenen Pläne setzen müsse. Die fehlerhafte Planung könne auf keinen Fall dazu führen, daß ein Stillstand bei der Frequenzzuteilung eintrete und die Planungsfehler sich damit zu Lasten des Antragstellers auswirken würden[4]. Dem ist grundsätzlich nicht zuzustimmen, da dies im Ergebnis die Planungsaufgabe auf das Verwaltungsgericht übertragen würde und so mit dem Gewaltenteilungsgrundsatz in Konflikt käme. Praktisch wird dieses Problem dann relevant werden, wenn die vom jeweiligen Kläger beantragte Frequenzzuteilung im Konflikt zu den planerischen Grundlagen steht. Außer in kaum vorstellbaren Ausnahmefällen, in denen eine Reduzierung des planerischen Gestaltungsspielraums auf Null vorliegt, hat aber die jeweils mit der Planung betraute Stelle die Möglichkeit, den betroffenen Frequenzbereich in einem neuen Plan für eine andere als die vom Kläger gewünschte Nutzung vorzusehen. In diesen planerischen Spielraum würde das Gericht eingreifen, wenn es sich in seiner Entscheidung die Planung selbst in die Hand nähme. Deshalb wird in solchen Fällen das Gericht gemäß § 113

---

1 Siehe für die Einzelheiten *Kopp/Schenke*, Verwaltungsgerichtsordnung, § 114 Rz. 34 ff. m. w. N.
2 Näher dazu *Kopp/Schenke*, Verwaltungsgerichtsordnung, § 114 Rz. 36 m. w. N.
3 *Pieroth*, in: Jarass/Pieroth, Grundgesetz, Art. 80 Rz. 20.
4 Beck TKG-Komm/*Korehnke/Groteluschen*, § 46 Rz. 4b.

Abs. 5 S. 2 VwGO zu erkennen haben, so daß die Regulierungsbehörde erneut unter Berücksichtigung der Rechtsauffassung des Gerichts über den Frequenzzuteilungsantrag zu entscheiden hat.

2.2.2 Frequenznutzungsplan

2.2.2.1 Rechtsnatur

Das TKG ermächtigt die Regulierungsbehörde in § 46 Abs. 1 TKG, den Frequenznutzungsplan zu erstellen. Über die Rechtsform dieses Plans schweigt sich das Gesetz jedoch aus. Mit der Begründung der Verordnung über die Aufstellung des Frequenznutzungsplans[1] wird man davon auszugehen haben, daß es sich um eine **Verwaltungsvorschrift** handelt[2]. Es wäre zwar auch denkbar, den Frequenznutzungsplan als Bündel von Allgemeinverfügungen nach § 35 S. 2 3. Alternative des Verwaltungsverfahrensgesetzes anzusehen, mit denen bezogen auf jeden Frequenzteilbereich dessen Nutzung durch die Allgemeinheit geregelt wird. Der Wortlaut von § 46 Abs. 1 läßt sowohl die Deutung als Verwaltungsvorschrift als auch die als Allgemeinverfügung zu. Indessen wurde im Gesetzgebungsverfahren der Frequenzbereichszuweisungsplan, für den in ersten Entwürfen ebenfalls die Zuständigkeit der Regulierungsbehörde ohne Ermächtigung zum Erlaß von Rechtsverordnungen vorgesehen war, als Rechtsverordnung ausgestaltet, um ihm rechtliche Verbindlichkeit zu geben. Dabei wurden auch Regelungen, die zunächst für den Frequenznutzungsplan vorgesehen waren, in den Frequenzbereichszuweisungsplan überführt, um sie außenwirksam zu machen[3]. Der Gesetzgeber ging demnach davon aus, daß der Frequenznutzungsplan keine außenwirksame Regelung sein sollte, was er als Allgemeinverfügung jedoch wäre.

41

Aus der Einordnung des Frequenznutzungsplans als Verwaltungsvorschrift ergibt sich als Konsequenz, daß der Frequenznutzungsplan eine **Handlungsanweisung für die Regulierungsbehörde** bei der Entscheidung über Anträge auf Frequenzzuteilung darstellt und insoweit für die Entscheidungsträger verbindlich ist. Dementsprechend ist nach § 4 Abs. 1 Nr. 1 der Frequenzzuteilungsverordnung eine Voraussetzung für Frequenzzuteilungen, daß die beabsichtigte Nutzung der Frequenzen im Frequenznutzungsplan vorgesehen ist. Entsprechend den allgemeinen Grundsätzen über die Rechtswirkung von Verwaltungsvorschriften kommt den Bestimmungen des Plans aber keine unmittelbare Außenwir-

42

---

1 BR-Drucks. 118/01, S. 5.
2 So auch Beck TKG-Komm/*Korehnke/Groteluschen*, § 46 Rz. 2, 3; *Scherer*, Beilage 2 zu K&R 1999, 14.
3 Siehe BT-Drucks. 13/4864, S. 80.

kung gegenüber dem Bürger zu, bis der Inhalt des Plans durch Verwaltungsakt, etwa im Rahmen einer Frequenzzuteilung, umgesetzt wird[1].

43 Hiervon zu unterscheiden ist die sogenannten **mittelbare Außenwirkung** von Verwaltungsvorschriften. Da diese das Verwaltungshandeln lenken und vereinheitlichen sollen, hat der Bürger grundsätzlich Anspruch darauf, daß die Behörden in Entscheidungen ihm gegenüber die Verwaltungsvorschriften beachten und etwa ihm in den Vorschriften vorgesehene Vergünstigungen gewähren. Von Verwaltungsvorschriften abweichendes Verwaltungshandeln stellt sich insoweit als Ungleichbehandlung dar, die vor Art. 3 des Grundgesetzes zu rechtfertigen ist. Insoweit werden Verwaltungsvorschriften im Rahmen einer gerichtlichen Kontrolle des Verwaltungshandelns relevant[2]. Für den Frequenznutzungsplan bedeutet dies, daß die Regulierungsbehörde bei Frequenzzuteilungsentscheidungen nur in besonders begründeten Ausnahmefällen von den Vorgaben des Plans abweichen darf, was allerdings auch vorgesehen ist[3].

2.2.2.2 Inhaltliche Vorgaben für die Planung

44 **Ziel und Inhalt** des Frequenznutzungsplans werden von § 46 Abs. 1 und Abs. 2 TKG vorgegeben. Nach § 46 Abs. 1 soll der Frequenznutzungsplans auf der Grundlage des Frequenzbereichszuweisungsplans erstellt werden. Der Inhalt des Frequenzbereichszuweisungsplans ist also für den Frequenznutzungsplan verbindlich[4]. Bei der Planerstellung sind die allgemeinen Regulierungsziele des § 2 Abs. 2 TKG, die europäische Harmonisierung, die technische Entwicklung und die Verträglichkeit von Frequenznutzungen in den Übertragungsmedien zu berücksichtigen. Auch hier fehlen konkretere inhaltliche Vorgaben, so daß die konkreten Inhalte dem planerischen Ermessen der Regulierungsbehörde überlassen bleiben (siehe dazu schon oben Rz. 39).

45 Der Inhalt des Frequenznutzungsplans wird von § 46 Abs. 2 S. 1 TKG näher beschrieben. Danach enthält er die weitere **Aufteilung der Fre-**

---

1 Siehe zum Ganzen näher *Maurer*, Allgemeines Verwaltungsrecht, S. 598 ff. m. w. N. Die Einzelheiten sind in der verwaltungsrechtlichen Literatur nicht unumstritten, daß Verwaltungsvorschriften ohne weitere Umsetzung Rechtspflichten für den Bürger begründen könnten, wird jedoch soweit ersichtlich nicht vertreten.
2 Siehe näher *Maurer*, Allgemeines Verwaltungsrecht, S. 598 ff.
3 Siehe zu den Möglichkeiten einer vom Frequenznutzungsplan abweichenden Frequenzzuteilung § 2 Abs. 4 der Frequenznutzungsplanaufstellungsverordnung und § 4 Abs. 3 der Frequenzzuteilungsverordnung.
4 Beck TKG-Komm/*Korehnke/Grotelüschen*, § 46 Rz. 6.

quenzbereiche auf die einzelnen Frequenznutzungen[1] sowie **Festlegungen** für diese. Die Frequenznutzungen und die für diese geltenden Bedingungen werden gemäß § 3 Abs. 2 der Frequenznutzungsplanaufstellungsverordnung durch technische, betriebliche oder regulatorische Bestimmungen beschrieben. In der Sache geht es hier um die Konkretisierung des Frequenzbereichszuweisungsplans. Das läßt sich am besten an Beispielen verdeutlichen. Nach dem Entwurf des Frequenzbereichszuweisungsplans ist der Frequenzbereich Nr. 227 (890 MHz bis 960 MHz) für feste und mobile Funkdienste sowohl ziviler als auch militärischer Natur vorgesehen. Der Frequenznutzungsplan wird dann die Festlegung enthalten, welcher Teil dieses Frequenzbereichs für GSM-Mobilfunknetze genutzt wird, und diesen Mobilfunkdienst näher beschreiben. Entsprechendes wird für die sonstigen in diesem Frequenzbereich angesiedelten Arten der Frequenznutzungen, z. Zt. Militärischer Richtfunk, Eisenbahnbetriebsfunk, Schnurlose Analogtelefone, wiedergegeben sein[2]. Der Plan kann aus Teilplänen bestehen, § 46 Abs. 2 S. 2 TKG, so daß die Regulierungsbehörde den Plan nicht in einem Zug für alle Frequenzbereiche aufstellen muß.

2.2.2.3 Verfahren des Planerlasses, insbesondere Verordnung über die Aufstellung des Frequenznutzungsplans

Gemäß § 46 Abs. 3 TKG ist der Frequenznutzungsplan unter Beteiligung der Öffentlichkeit aufzustellen. Die nähere Ausgestaltung des Aufstellungsverfahrens soll einer Rechtsverordnung vorbehalten bleiben, zu deren Erlaß § 46 Abs. 3 S. 2 TKG die Bundesregierung ermächtigt. Auch hier hat sich der Verordnungserlaß vor allem wegen Meinungsverschiedenheiten über die Letztentscheidungskompetenz für Frequenznutzungen für Rundfunk verzögert[3]. Inzwischen wurde jedoch eine Einigung erzielt, so daß der Bundesrat der Verordnung am 30. 3. 2001 zugestimmt hat. Sie wurde am 8. 5. 2001 verkündet[4] und trat am darauffolgenden Tag in Kraft.

46

2.2.2.3.1 Zielbestimmungen für die Planerarbeitung

Die Frequenznutzungsplanaufstellungsverordnung enthält zunächst eine Angabe von Zielen und Inhalt des Plans, Bestimmungen über das Ver-

47

---

1 Terminologisch richtig müßte es heißen „Arten der Frequenznutzung", da der Begriff Frequenznutzung im TKG auch den konkreten Nutzungsvorgang bezeichnet.
2 Diese Angaben beruhen auf den Verwaltungsgrundsätzen Frequenznutzungen der Regulierungsbehörde, dazu näher unten Rz. 78.
3 Siehe für die Einzelheiten BR-Drucks. 746/1/99.
4 BGBl. I 2001, S. 827 vom 8. 5. 2001.

fahren zur Planaufstellung und die gerichtliche Durchsetzung von Beteiligungsrechten sowie schließlich Regelungen über die Planentscheidung, die Veröffentlichung des Plans und Planänderungen.

48 Gegen die **Nennung von Zielen und Inhalt** des Plans in der Planaufstellungsverordnung ist von *Korehnke/Groteluschen* eingewendet worden, dies sei durch die Verordnungsermächtigung in § 46 Abs. 3 S. 2 TKG nicht gedeckt, da diese nur das Verfahren der Planaufstellung erfasse[1]. Dieser Einwand überzeugt nicht. Grundsätzlich wiederholen die betreffenden Regelungen der Verordnung lediglich ausführlicher, was hinsichtlich Zielen und Inhalt des Plans bereits dem Gesetz zu entnehmen ist. Das Normprogramm der Verordnung läßt sich damit auf das TKG zurückführen, was aus verfassungsrechtlicher Sicht erforderlich, aber auch ausreichend ist[2]. Dies dürfte auch noch für die Regelung von § 5 Abs. 1 S. 2 der Frequenznutzungsplanaufstellungsverordnung gelten, welche an systematisch falscher Stelle[3] verlangt, daß bei der Frequenznutzungsplanung die Interessen der öffentlichen Sicherheit gewahrt werden. Auf die an gleicher Stelle vorhandene Regelung betreffend Kapazitäten für Rundfunk wird noch gesondert eingegangen (unten Rz. 58 ff.).

2.2.2.3.2 Einleitung von Planungsverfahren

49 Die Frage, wann die Regulierungsbehörde die Aufstellung eines Frequenznutzungsteilplans einzuleiten hat, ist in der Frequenznutzungsplanaufstellungsverordnung nur ansatzweise geregelt worden. Die einzige Aussage zu diesem Thema ist, daß nach § 4 Abs. 1 S. 2 der Verordnung jederzeit der Regulierungsbehörde Anregungen zur Aufstellung von Frequenznutzungsteilplänen unterbreitet werden können, ein Anspruch auf Einleitung eines Planverfahrens aber nicht bestehe. Letztere Regelung wurde ausweislich der Begründung zur Verordnung aufgenommen, weil die Einleitung eines Planungsverfahrens zu beliebigen Zeitpunkten weder sachgerecht noch erforderlich sei[4].

50 Zu bejahen ist aber, auch wenn nicht ausdrücklich erwähnt, ein **Anspruch auf ermessensfehlerfreie Entscheidung** über Anregungen zur Frequenznutzungsplanung. Sonst wäre die Vorschrift des § 4 Abs. 1 S. 2

---
1 Beck TKG-Komm/*Korehnke/Groteluschen*, § 46 Rz. 18 unter Bezugnahme auf den insoweit identischen früheren Entwurf der Verordnung; BR-Drucks. 378/97.
2 Siehe *Pieroth*, in: Jarass/Pieroth, Grundgesetz, Art. 80 Rz. 11.
3 Zielbestimmungen der Frequenznutzungsplanung stehen sonst in § 2 der Verordnung, während § 5 Verfahrensfragen regelt.
4 BR-Drucks. 118/01, S. 9.

der Verordnung nichts als eine Wiederholung des allgemeinen Petitionsrechts aus Art. 17 GG. Daß die Regulierungsbehörde hier mit entsprechenden Anregungen überhäuft würde, ist schon tatsächlich nicht zu erwarten, dazu ist das Thema für weite Bevölkerungskreise zu esoterisch. Außerdem lassen sich solche Anregungen ohne großen Aufwand abschlägig bescheiden, wenn kein Anlaß zur Änderung eines Teilplans besteht, so daß auch insoweit keine restriktive Auslegung zum Schutz der Regulierungsbehörde vor Arbeitsüberlastung veranlaßt ist. Aus denselben Erwägungen heraus ist nicht angebracht, den Kreis derer, die Anregungen vorbringen können, auf Personenkreise, von denen sachkundige Beiträge zu erwarten sind[1], zu beschränken, zumal der Verordnungswortlaut keine Beschränkung in diesem Sinne enthält.

Im übrigen wurde unter Rz. 21 eine **Pflicht zur Aufstellung** der Frequenzpläne angenommen, was bedeutet, daß nach Inkrafttreten der erforderlichen normativen Grundlagen nunmehr die Regulierungsbehörde gehalten ist, die Aufstellung von Frequenznutzungsplänen einzuleiten. Für die Frage, unter welchen Voraussetzung eine Neuplanung bzw. Änderung bereits bestehender Frequenznutzungspläne zu erfolgen hat, sagt dies indessen wenig. Etwas weiter hilft obige Überlegung immerhin in Fällen, in denen sich der Frequenzbereichszuweisungsplan geändert hat. Wenn, wie gesagt, eine Pflicht zur Frequenzplanung besteht, dann bedeutet das auch, daß der Frequenznutzungsplan bei Änderungen des vorgelagerten Frequenzbereichszuweisungsplans diesem anzupassen ist. Ansonsten wird die Regulierungsbehörde regelmäßig gehalten sein, ein Frequenznutzungsplanungsverfahren zu initiieren, wenn dafür ein konkreter Anlaß besteht, etwa weil durch Beendigung der bisherigen Nutzung Frequenzbereiche zur Neuverwendung frei werden[2]. 51

2.2.2.3.3 Ausgestaltung des Planungsverfahrens

Das eigentliche **Planaufstellungsverfahren** ist nach der Frequenznutzungsplanaufstellungsverordnung dreistufig ausgestaltet. Der jeweilige Frequenznutzungsteilplan wird unter Mitwirkung des Beirats der Regulierungsbehörde entworfen und danach die Fertigstellung des Entwurfs öffentlich bekanntgemacht. Zur Ermittlung der Nutzerbedürfnisse wird dabei häufig die Durchführung einer Bedarfsabfrage zur Vorbereitung des Entwurfs erforderlich sein[3]. Mit den von der Planung betroffenen 52

---
1 So mit Blick auf die Öffentlichkeitsbeteiligung Beck TKG-Komm/*Korehnke/Grotelüschen*, § 46 Rz. 20.
2 Beispiel: Nach Auslaufen der GSM-Lizenzen werden die betreffenden Frequenzbereiche für eine anderweitige Nutzung zur Verfügung stehen.
3 Beispiel einer solchen Bedarfsabfrage ist die Vfg. 11/2001, ABl. RegTP 2001, S. 451, zur zukünftigen Nutzung der ehemaligen C-Netz-Frequenzen.

obersten Bundes- und Landesbehörden wird unter Beteiligung des Bundesministeriums für Wirtschaft und Technologie das Benehmen hergestellt. Das bedeutet nach der gängigen Verwaltungspraxis, daß diesen Behörden mit dem Ziel der Einigung Gelegenheit zur Stellungnahme gegeben wird, ohne daß die Regulierungsbehörde an diese Stellungnahmen gebunden wäre[1]. Die interessierte Öffentlichkeit hat binnen zwei Monaten nach Bekanntmachung der Fertigstellung des Planentwurfs die Möglichkeit, sich schriftlich zum Entwurf zu äußern, wobei die Äußerungsfrist bei dringendem Planungsbedarf bis auf zwei Wochen verkürzt werden kann. Wessen Äußerungen hier Berücksichtigung finden, wird durch die einschlägige Bestimmung der Verordnung über die Aufstellung des Frequenznutzungsplans in § 6 Abs. 1 S. 1 nicht festgelegt. Das TKG spricht in § 46 Abs. 3 S.1 in diesem Zusammenhang von „Öffentlichkeit". Dies ist dahin gehend zu verstehen, daß sich jeder äußern kann[2].

53 **Verfahrensvereinfachungen** gibt es bei geringfügigen Änderungen eines Frequenznutzungsteilplans sowie bei Planungen, die bei Inkrafttreten der Verordnung bereits begonnen sind[3]. Die Vereinfachungen des Planungsverfahrens bei geringfügigen Änderungen ähneln entsprechenden Regelungen für die Aufstellung von Bauleitplänen in § 13 BauGB. Sie können nach § 9 der Frequenznutzungsplanaufstellungsverordnung zur Anwendung kommen, wenn die Änderung die Grundzüge der Planung nicht berührt. Die Verordnungsbegründung[4] nennt beispielhaft Änderungen, die nur einzelne Nutzer oder Nutzergruppen betreffen. Wenn die beabsichtigte Änderung eines Frequenznutzungsplans in diesem Rahmen bleibt, steht die Entscheidung, das vereinfachte Planungsverfahren zu wählen, im pflichtgemäßen Ermessen der Regulierungsbehörde. Sie ist in solchen Situationen also nicht nur berechtigt, trotzdem das volle Beteiligungsverfahren durchzuführen, sondern kann in Einzelfällen hierzu sogar verpflichtet sein. Daran ist etwa zu denken, wenn die Regulierungsbehörde zwar nur eine geringfügige Änderung der Planung

---

1 Siehe die Definition der Begriffe „Benehmen" und „Einvernehmen" in *Creifelds* Rechtswörterbuch beim Stichwort „Einvernehmen".
2 Anderer Ansicht Beck TKG-Komm/*Korehnke/Groteluschen*, § 46 Rz. 20, die meinen, nur Anregungen und Einwände sachkundiger Stellen wären zu berücksichtigen, da sonst eine uferlose Berücksichtigung von Einwänden zu leisten wäre. Abgesehen davon, daß Äußerung von nicht sachkundigen Personenkreisen tatsächlich nicht in nennenswerter Zahl zu erwarten sind – die Erarbeitung von Frequenznutzungsplänen geschieht für Laien weitgehend unbemerkt –, ist diese Auslegung mit dem Gesetzeswortlaut, der eben nicht von „Fachöffentlichkeit" spricht, unvereinbar.
3 Für die Einzelheiten wird auf §§ 4 bis 6 sowie 9 und 10 der Verordnung verwiesen.
4 BR-Drucks. 118/01, S. 5–13.

beabsichtigt, es aber auch naheliegende gravierendere Planungsalternativen gibt, gegen die sich die Behörde allerdings entscheiden möchte.

Obwohl sich die Frequenznutzungsplanaufstellungsverordnung an den Regelungen zur Bauleitplanung orientiert, fehlen Bestimmungen zur **Sicherung des Planungsvorgangs**, wie sie in §§ 14 bis 18 BauGB enthalten sind. Auch die Frequenzzuteilungsverordnung enthält keine ausdrückliche Regelung dazu, ob Frequenzzuteilungsanträge während der Planungsphase zurückgestellt oder abschlägig beschieden werden können. Auf diese Fragestellung wird im Rahmen der Ausführungen zur Frequenzzuteilung noch zurückzukommen sein (siehe unten Rz. 154). 54

§ 8 Abs. 1 der Verordnung regelt die zum Verfahrensende zu treffende **Entscheidung** der Regulierungsbehörde. Sie soll das Ergebnis des Verfahrens nach § 5 (Herstellung des Benehmens mit den obersten Bundes- und Länderbehörden) beachten und das Ergebnis des Verfahrens nach § 6 (Beteiligung Interessierter Kreise) würdigen. Gemeint ist hiermit, wie die Begründung zur Frequenznutzungsplanaufstellungsverordnung zeigt[1], daß das Ergebnis des Verfahrens nach § 5 für die Regulierungsbehörde verbindlich sein soll. 55

Das ist in mehrfacher Hinsicht angreifbar. Zunächst ist nicht zu sehen, daß das TKG den von obersten Bundes- und Landesbehörden vertretenen Interessen einen Vorrang einräumt. Soweit die Begründung der Verordnung[2] hierzu auf § 2 Abs. 2 Nr. 5 und 6 TKG (Belange des Rundfunks bzw. Öffentliche Sicherheit) als Rechtfertigung rekurriert, ist dem entgegenzuhalten, daß §§ 2 und 46 TKG auch andere Regulierungsziele nennen, ohne eine Priorität bestimmter Ziele anzuordnen. Weiterhin sieht § 5 Abs. 1 S. 1 der Verordnung die Herstellung des Benehmens mit den zu beteiligenden obersten Bundes- und Landesbehörden vor. Mit Blick auf die oben (Rz. 52) wiedergegebene Bedeutung des Benehmens ist nicht recht zu sehen, wie dieses Verfahren ein verbindliches Ergebnis hervorbringen soll. Schließlich ist die Gewichtung einzelner Belange bei der Entscheidung über Frequenznutzungspläne keine Verfahrensfrage, sondern eine Frage der Ausübung des planerischen Ermessens. Die Ermächtigungsgrundlage in § 46 Abs. 3 TKG ermächtigt aber nur zur Regelung des Verfahrens in der Verordnung. Indem in § 8 Abs. 1 der Frequenznutzungsplanaufstellungsverordnung auch die planerische Gewichtung regelt, wird der Rahmen der Ermächtigungsgrundlage verlassen. Insoweit muß § 8 Abs. 1 der Verordnung daher als rechtswidrig und nichtig angesehen werden. 56

---

1 Begründung zu § 8 der Verordnung, BR-Drucks. 118/01, S. 12.
2 Begründung zu § 5 der Verordnung, BR-Drucks. 118/01, S. 9.

57 Gemäß § 8 Abs. 2 wird die endgültige Fertigstellung von Frequenznutzungsteilplänen öffentlich bekanntgemacht. Sie sind in ihren Grundzügen zu begründen. Dies umfaßt nach der Verordnungsbegründung, daß auf die im Planungsverfahren abgegebenen Stellungnahmen im Grundsatz eingegangen wird[1]. Die Pläne können sodann bei der Regulierungsbehörde angefordert werden.

2.2.2.3.4 Beachtung rundfunkrechtlicher Festlegungen

58 Innerhalb der Regelung zur Beteiligung der obersten Landesbehörden an der Frequenznutzungsplanung in § 5 Abs. 1 S. 2 enthält die Frequenznutzungsplanaufstellungsverordnung eine Aussage zum **Verhältnis zwischen Frequenznutzungsplanung und Rundfunkrecht**. Hiernach ist bei der Frequenznutzungsplanung „sicherzustellen, daß ... dem Rundfunk die auf der Grundlage der rundfunkrechtlichen Festlegungen zustehenden Kapazitäten für die Übertragung von Rundfunk im Zuständigkeitsbereich der Länder im Rahmen der gemäß dem der Frequenzbereichszuweisungsplanverordnung dem Rundfunk zugewiesenen Frequenzen zur Verfügung stehen". Dieser schwer verständliche, teilweise terminologisch unsaubere[2] und wörtlich aus dem Verordnungstext zitierte Satz bedarf der Erläuterung.

59 In der Frequenzbereichszuweisungsplanverordnung wird der Rundfunkdienst in einem Sinne definiert, der über klassischen Hörfunk und Fernsehen hinausgeht und auch Medien- und Teledienste im Sinne des Mediendienstestaatsvertrags bzw. des Teledienstegesetzes umfaßt[3]. Wie bereits oben erwähnt (Rz. 31), begründete dies auf seiten der Länder die Sorge, daß so dem in ihre Kompetenz fallenden Rundfunk Frequenzen entzogen werden könnten. Diese Definition hat nämlich zur Folge, daß telekommunikationsrechtlich betrachtet den Rundfunkdiensten zugewiesene Frequenzbereiche im Rahmen der Frequenznutzungsplanung und Frequenzzuteilung für Kommunikationsangebote vorgesehen und zugeteilt werden können, die nicht als Rundfunk angesehen werden und für die der Bund die Kompetenz beansprucht. Bekanntlich ist die Auslegung des Begriffs Rundfunk und daran anknüpfend die Bestimmung der Reichweite der Rundfunkkompetenz der Länder zwischen Bund und

---

1 So die Begründung zu § 8 der Verordnung, BR-Drucks. 118/01, S. 12.
2 Die Zuweisungen im Frequenzbereichszuweisungsplan lauten nicht „Rundfunk", sondern „Rundfunkdienst" bzw. „Rundfunkdienst über Satelliten". Indem der oben zitierte Verordnungstext auf diese Differenzierung verzichtet, verwendet er das Wort Rundfunk im Ergebnis mit mehreren verschiedenen Bedeutungen.
3 Siehe § 4 Nr. 33 und 34 der Frequenzbereichszuweisungsplanverordnung und die Begründung dazu, BR-Drucks. 117/01, S. 90.

Ländern umstritten gewesen. Das letztlich entstandene dreiteilige System der Regulierung elektronischer Medien durch Rundfunkstaatsvertrag und Landesrundfunkgesetze für den „klassischen" Rundfunk, Mediendienstestaatsvertrag für elektronische Medien mit massenmedialer Ausprägung sowie Informations- und Kommunikationsdienstegesetz des Bundes für sonstige elektronische Medien beruht auf einem Kompromiß in dieser Frage[1].

Der oben angedeuteten Möglichkeit, Frequenzen, die im Frequenzbereichszuweisungsplan für Rundfunkdienst im weiteren Sinne vorgesehen sind, im Frequenznutzungsplan für Medien- und Teledienste vorzusehen und sie so dem „klassischen" Rundfunk zu entziehen, wird durch die Regelung von § 5 Abs. 1 S. 2 der Frequenznutzungsplanaufstellungsverordnung ein Riegel vorgeschoben. Im Klartext besagt sie, daß die Frequenznutzungsplanung hinsichtlich der für Rundfunkdienste vorgesehenen Frequenzbereiche von den **rundfunkrechtlichen Festlegungen** der Länder abhängig ist. Die Länder legen fest, welche dieser Kapazitäten für Rundfunk in ihrem Zuständigkeitsbereich (d. h. Hörfunk, Fernsehen, Mediendienste) verwendet werden. Nur was übrig bleibt, kann im Frequenznutzungsplan für Teledienste vorgesehen werden. Rundfunkrechtliche Festlegungen können dabei sowohl in Form von Gesetzen, Verordnungen als auch in Entscheidungen der jeweils zuständigen Landesbehörden getroffen werden[2].

Neben den schon angesprochenen Schwächen in der Formulierung der Regelung ist sie auch inhaltlich in mehrfacher Hinsicht problematisch. Zum einen stellt sich die Frage, ob hier noch das Aufstellungsverfahren oder bereits die Inhalte der Frequenznutzungspläne geregelt werden, was von der Ermächtigung in § 46 Abs. 3 S. 2 TKG, das Verfahren zur Aufstellung der Pläne zu regeln, nicht mehr umfaßt wäre. Daneben ist die Praktikabilität der Vorschrift zweifelhaft.

Eigentlich liegt es nahe, die Frage, ob die Regelung der § 5 Abs. 1 S. 2 der Frequenznutzungsplanaufstellungsverordnung noch im Rahmen der Ermächtigung liegt, zu verneinen. Wenn wie hier vertreten, die Regulierungsbehörde bei der Aufstellung von Frequenznutzungsplänen an die rundfunkrechtlichen Festlegungen der Länder gebunden ist, bedeutet dies zugleich eine Bindung des planerischen Ermessens der Behörde. Mit Blick auf die Ausführungen oben unter Rz. 10 zum Verhältnis der Kompetenzen für Rundfunk einerseits und Telekommunikation andererer-

---
1 Siehe zum Rundfunkbegriff und der beschriebenen dreiteiligen Regulierung Hesse, Rundfunkrecht, S. 80 ff.
2 Siehe die Begründung zu § 5 der Frequenznutzungsplanaufstellungsverordnung, BR-Drucks. 118/01, S. 9.

seits muß dies jedoch hingenommen werden. Es wäre nämlich ein Eingriff in die Rundfunkkompetenz der Länder, wenn der Bund im Rahmen der Frequenznutzungsplanung für die international für Rundfunkdienste vorgesehenen Frequenzbereiche sich über die Festlegungen der Länder über die Nutzung dieser Frequenzbereiche hinwegsetzen würde. So gesehen werden mit dieser Regelung der Frequenznutzungsplanaufstellungsverordnung verfassungsrechtliche Vorgaben zum Verhältnis Telekommunikations- und Rundfunkkompetenz umgesetzt.

63 Die **Praktikabilität** der Regelung ist in mehrfacher Hinsicht **fraglich**: Zum einen gibt es 16 Bundesländer, deren rundfunkrechtliche Festlegungen, auch veranlaßt durch unterschiedliche Bedürfnisse und topographische Gegebenheiten, durchaus verschieden sein können. Weiter verkompliziert wird die Sachlage dadurch, daß es Frequenzbereiche gibt, die im Frequenzbereichszuweisungsplan auf primärer Basis (hierzu siehe oben Rz. 34) sowohl für Rundfunkdienste als auch gleichrangig für andere Funkdienste vorgesehen sind[1]. Schließlich wird sich im Rahmen der Digitalisierung der Rundfunkübertragung die Frage stellen, inwieweit eine Unterscheidung zwischen Fernsehen, Hörfunk, Mediendiensten und Telediensten auf der Ebene der Frequenznutzungsplanung und -zuteilung noch haltbar ist, da die technische Entwicklung es erlauben wird, innerhalb eines Frequenzblocks simultan verschiedene Angebote zu übertragen[2].

64 Dem ersten dieser praktischen Probleme wird man auf der Ebene der Frequenznutzungsplanung durch Flexibilität beizukommen haben, indem etwa nötigenfalls regionale Sonderregelungen zugelassen werden. Das zweite praktische Problem, daß einzelne Frequenzbereiche für Rundfunk und andere Dienste ausgewiesen sind, ist im Frequenzbereichszuweisungsplan angelegt, der damit allerdings zum Teil internationalen Vorgaben folgt[3]. Hier werden die Aussagen über die Pflicht zum bundesfreundlichen Verhalten von oben (Rz. 10) besonders relevant. Bei

---

1 Etwa die Frequenzbereiche Nr. 58 (3950–4000 kHz), 176 (47–68 MHz) und 339 (11,7–12,5 GHz).

2 Dies ist Konsequenz des bei Digitaler Rundfunkübertragung verwendeten sogenannten Multiplexing. Dabei werden mehrere Programme in einen Datenstrom zusammengefügt, der dann gemeinsam in einem Frequenzblock ausgestrahlt und beim Empfänger wieder separiert wird. Die so kombinierten Programme müssen nicht Rundfunk sein, es können auch Tele- oder Mediendienste mit Rundfunkprogrammen kombiniert werden. Siehe *Hoffmann-Riem/Wieddekind*, FS für Hoppe, S. 745, 754; *Grünwald*, Analoger Switch-Off, S. 11.

3 Siehe die Angaben zu den Frequenzbereichen 1452–1492 MHz sowie 11,7–12,5, 21,4–22 und 40,5–42,5 GHz im ERC Report 25 des CEPT, im Internet unter www.ero.dk abrufbar.

den rundfunkrechtlichen Festlegungen für die betroffenen Frequenzbereiche muß seitens der Länder auf die in diesen Frequenzbereichen vorgesehenen anderen Dienste genauso Rücksicht genommen werden, wie der Bund bei seinen Planungen hinsichtlich solcher Dienste die rundfunkrechtlichen Festlegungen der Länder beachten muß. Um die anderen Dienste bundesweit auf möglichst einheitlichen Frequenzen anbieten zu können, sollte dabei die Planung aller Beteiligten frühzeitig aufeinander abgestimmt werden.

Was schließlich den Umstand angeht, daß die für digitale Rundfunkübertragung entwickelten technischen Standards in der Lage sind, auch Medien- und Teledienste zu übertragen, so handelt es sich um ein Problem, daß auf Ebene der Frequenznutzungsplanung schon aus Kompetenzgründen nicht vom Bund gelöst werden kann. Die Entscheidung darüber, wie viele MB/s innerhalb eines digitalen Frequenzblocks jeweils für Fernsehen, Hörfunk, Mediendienste und Teledienste genutzt werden, ist so eng mit dem Rundfunkrecht verzahnt, daß sie von der Bundeskompetenz zur Frequenzverwaltung, die sich beim Rundfunk auf sendetechnische Aspekte beschränkt (siehe oben Rz. 10), nicht mehr umfaßt wird. Diese Fragestellung einer Regulierung zuzuführen wäre Sache der Länder, die mit § 52a des Rundfunkstaatsvertrags auch erste Schritte in diese Richtung unternommen haben. Im Frequenznutzungsplan wird man sich mit der Festlegung auf digitale Übertragung von Rundfunkdiensten im weiteren Sinne[1] nach bestimmten Standards begnügen müssen. 65

2.2.2.4 Rechtsschutz

2.2.2.4.1 Rechtsschutz unmittelbar gegen den Plan

Wie bereits oben Rz. 41 ff. ausgeführt, bedingt der Rechtscharakter des Frequenznutzungsplan als Verwaltungsvorschrift, daß dieser nicht unmittelbar Rechte und Pflichten für die einzelnen Nutzer von Funkfrequenzen begründen kann, sondern es dazu immer der Umsetzung durch Entscheidungen über die Zuteilung von Frequenzen für einzelne Nutzer bedarf. Das hat zur Konsequenz, daß **Rechtsschutz unmittelbar** gegen den Frequenznutzungsplan **nicht möglich** ist[2]. Insbesondere kann der 66

---

1 Also wie in der Frequenzbereichszuweisungsplanverordnung definiert als „a) Funkdienst, dessen Aussendungen zum unmittelbaren Empfang durch die Allgemeinheit bestimmt sind und der Tonsendungen, Fernsehsendungen oder andere Arten von Sendungen umfassen kann, sowie b) Funkdienst, dessen Funknutzungen die wesentlichen technischen Merkmale der Funknutzungen unter Buchstabe a) besitzen."
2 So auch Beck TKG-Komm/*Korehnke/Groteluschen*, § 46 Rz. 4.

Frequenznutzungsplan anders als *Demmel*[1] meint nicht mit einer allgemeinen Feststellungsklage nach § 43 VwGO angegriffen werden. Als Verwaltungsvorschrift kann der Frequenznutzungsplan gerade keine feststellungsfähigen Rechtsverhältnisse begründen[2].

2.2.2.4.2 Durchsetzung von Beteiligungsrechten

67 Rechtsschutz ist nach § 7 der Frequenznutzungsplanaufstellungsverordnung aber möglich, um die **Beteiligungsrechte** im Planaufstellungsverfahren durchzusetzen. Zur Überprüfung steht dabei nicht der Inhalt eines Frequenznutzungs(teil)plans, sondern allein die Frage, ob im Planungsverfahren Beteiligungsrechte des jeweiligen Klägers verletzt wurden[3]. Soweit ersichtlich ist es bisher ohne Beispiel, daß bei einem nicht außenwirksamen Plan Verfahrensrechte gerichtlich durchsetzbar sind. Nach § 7 des Entwurfs sind alle natürlichen oder juristischen Personen, die durch den Planentwurf einen Nachteil erleiden, berechtigt, die Einhaltung der ihnen zustehenden Beteiligungsrechte gerichtlich überprüfen zu lassen. Zu den Antragsberechtigten gehören dabei mangels Beschränkung auf Privatrechtssubjekte auch juristische Personen des öffentlichen Rechts, also etwa Rundfunkanstalten oder Landesmedienanstalten.

68 Die **Antragsbefugnis** ist gemäß § 7 der Verordnung gegeben, wenn der jeweilige Antragsteller durch den Planentwurf (genauer: dessen Umsetzung) einen Nachteil erleidet. Hierunter fallen zunächst alle, die bereits vom Planentwurf betroffene Frequenzen nutzen. Zwar wird je nach Inhalt der Frequenzzuteilung im Einzelfall mangels Außenwirksamkeit des Plans zum Eintreten konkreter Nachteile noch ein Umsetzungsakt in Form der nachträglichen Änderung oder Aufhebung der jeweiligen Frequenzzuteilung nötig sein. Trotzdem entspricht es den Intentionen der Verordnung, wenn der insoweit betroffene Personenkreis seine Beteiligungsrechte bereits im Planverfahren vorbringen kann und nicht auf nachträglichen Rechtsschutz gegen den jeweiligen Umsetzungsakt beschränkt ist. Daneben sind wegen der Zukunftsgerichtetheit der Planung auch diejenigen als antragsbefugt anzusehen, die zwar noch keine Frequenzzuteilung besitzen, aber eine Frequenznutzung im betroffenen Frequenzbereich planen. Zur Vermeidung von Popularklagen wird man allerdings eine hinreichende Konkretisierung dieser Nutzungsabsichten zu verlangen haben.

---

1 *Demmel*, in: Manssen, Telekommunikations- und Multimediarecht, § 46 Rz. 9.
2 Siehe zu den Voraussetzungen für ein feststellungsfähiges Rechtsverhältnis näher *Kopp/Schenke*, Verwaltungsgerichtsordnung, § 43 Rz. 8 ff., 17 ff.
3 Siehe die Begründung zu § 7 der Frequenznutzungsplanaufstellungsverordnung, BR-Drucks. 118/01, S. 11.

Der Antrag ist binnen 2 Monaten nach Kenntnis vom Beteiligungsmangel, spätestens aber 6 Monate nach Veröffentlichung des betreffenden Frequenznutzungsteilplans zulässig. Durch eine gerichtliche Prüfung wird die weitere Durchführung des Planverfahrens zwar nicht gehindert, doch soll der Betroffene die Möglichkeit haben, insoweit um einstweiligen Rechtsschutz nach § 123 VwGO nachzusuchen. 69

Offen geblieben sind in der Frequenznutzungsplanaufstellungsverordnung die **Konsequenzen** einer Verletzung von Beteiligungsrechten. Ein früherer Entwurf der Verordnung[1] hatte insoweit vorgesehen, daß je nach Gewicht des Beteiligungsmangels das Planverfahren entweder teilweise hinsichtlich der auf die unterbliebene Beteiligung folgenden Schritte oder sogar vollständig zu wiederholen sein sollte. Diese Regelung ist jedoch letztlich nicht in die Verordnung übernommen worden, nachdem der Bundesrat hiergegen opponiert hatte[2]. Veranlaßt waren die Einwände des Bundesrats durch die Formulierung des Verordnungsentwurf, der bei der Tenorierung der Entscheidung des Verwaltungsgerichts ansetzte. Dergleichen könne nur auf der Normebene der Verwaltungsgerichtsordnung geregelt werden, mindestens wäre aber eine ausdrückliche Ermächtigung hierzu im TKG erforderlich, die aber fehle[3]. 70

Daß der Bundesrat sich mit diesem unberechtigten Einwand durchsetzen konnte ist bedauerlich. Hinter der Formulierung des Verordnungsentwurfs verbarg sich eine Regelung der Reichweite der Beteiligungsrechte und der Konsequenzen von deren Verletzung. Dies sind Fragen, die zum Verfahren der Planerstellung gehören, zu dessen Regelung § 46 Abs. 3 TKG ermächtigt. Durch das Entfallen dieser Regelung in der letztlich erlassenen Frequenznutzungsplanaufstellungsverordnung steht die Praxis nunmehr vor der Frage, welche Konsequenzen eine Verletzung von Beteiligungsrechten haben soll, ohne hierfür klare Indizien in der Verordnung zu finden. Klar ist nur folgendes: Da Frequenznutzungspläne als Verwaltungsvorschriften keine Außenwirkung haben, können sie auch nicht mit Außenwirkung aufgehoben werden. Bei Bestehen von Mängeln im Planaufstellungsverfahren wären sie zwar rechtswidrig und könnten deshalb beispielsweise nicht die Verweigerung einer Frequenzzuteilung an einen Antragsteller rechtfertigen, doch besagt dies noch nichts darüber, wie der von § 7 der Verordnung vorgesehene Verwaltungsrechtsstreit zu entscheiden wäre. 71

Als Alternativen in Betracht kommen zum einen die simple Feststellung, daß Beteiligungsrechte des jeweiligen Klägers verletzt sind, ohne 72

---

1 BR-Drucks. 746/99.
2 BR-Drucks. 746/1/99, S. 2.
3 BR-Drucks. 746/1/99, S. 2.

daß an diese Feststellung weitere Konsequenzen geknüpft wären, zum anderen eine Verpflichtung der Regulierungsbehörde, das Planungsverfahren ganz oder teilweise unter Beachtung der Beteiligungsrechte des Klägers zu wiederholen. Gegen erstere Lösung spricht zunächst, daß sie den Klägern Steine statt Brot geben würde. Zudem spricht die Überschrift von § 7 der Frequenznutzungsplanaufstellungsverordnung ausdrücklich von der „Durchsetzung von Beteiligungsrechten". Wenn sich das Ergebnis eines Rechtsstreits nach § 7 der Verordnung darauf beschränkte, einen Rechtsverstoß festzustellen, dann wären damit die Beteiligungsrechte nicht durchgesetzt. Weiteres und entscheidendes Argument gegen diese Lösung ist schließlich die durch § 7 der Frequenznutzungsplanaufstellungsverordnung ausdrücklich vorgesehene Möglichkeit, einstweiligen Rechtsschutz nach § 123 VwGO zu erhalten[1].

73 Dieser **einstweilige Rechtsschutz** wird regelmäßig darauf gerichtet sein, eine Fortsetzung des Verfahrens zur Aufstellung des Frequenznutzungsplans so lange zu verhindern, bis die Frage, ob ein Beteiligungsmangel vorliegt, geklärt und diesem gegebenenfalls abgeholfen ist. Eine weiter gehende Entscheidung, beispielsweise die Verlängerung einer nach § 6 Abs. 1 der Frequenznutzungsplanaufstellungsverordnung verkürzten Äußerungsfrist, dürfte demgegenüber im Verfahren des einstweiligen Rechtsschutzes regelmäßig ausscheiden, weil sie im Ergebnis die Hauptsacheentscheidung vorwegnehmen würde. Das ist im einstweiligen Verfügungsverfahren regelmäßig nur gestattet, wenn anderweitig effektiver Rechtsschutz nicht gewährt werden kann[2]. Das ist jedoch im Bereich der Frequenznutzungsplanung nicht der Fall. Für den Antragsteller birgt ein Abwarten bis zur Hauptsacheentscheidung neben der zeitlichen Verzögerung des Planungsverfahrens das Risiko, daß in der Zwischenphase auf den früheren Frequenznutzungsplan gestützte Frequenzzuteilungen ergehen, die seinen Plänen zuwiderlaufen. Die Zeitverzögerung ist jedoch Verfahren dieser Art immanent und für sich genommen nicht geeignet, dem Antragsteller nachteilige Fakten zu schaffen. Ihr läßt sich zudem mit einer Lösung der Streitfrage auf dem Vergleichsweg, an der auch die Regulierungsbehörde regelmäßig interessiert sein wird, begegnen. Nachteilige Fakten könnten demgegenüber durch Frequenzzutei-

---

1 Der Wortlaut von § 7 S. 3 der Verordnung, wonach § 123 VwGO „unberührt" bleibe, läßt sich zwar auch einschränkend dahin gehend verstehen, daß die Möglichkeit für einstweiligen Rechtsschutz nur besteht, soweit § 123 VwGO sie vorsieht. Aus der Begründung zu § 7, BR-Drucks. 118/01, S. 11, folgt jedoch, daß der Verordnungsgeber vom Bestehen dieser Möglichkeit ausgeht. Daraus wiederum folgt, daß er mit § 7 der Verordnung durchsetzungsfähige Rechte schaffen wollte.
2 Siehe für die Einzelheiten *Kopp/Schenke*, Verwaltungsgerichtsordnung, § 123 Rz. 13 ff.

lungen an Dritte entstehen. Diese sind allerdings nach Änderung der Frequenznutzungsplanung gemäß § 8 Abs. 1 Nr. 1, § 4 Abs. 1 Nr. 1 der Frequenzzuteilung widerruflich.

Wenn die von einem Frequenznutzungsplanverfahren Betroffenen, wie gezeigt, also im Verfahren des einstweiligen Rechtsschutzes verhindern können, daß ein Frequenznutzungsplan unter Verstoß gegen Beteiligungsrechte erlassen wird, dann müssen diese Betroffenen auch die Möglichkeit haben, nach Fertigstellung eines Frequenznutzungsplans ihre Beteiligungsrechte retrospektiv durchzusetzen. Sonst ginge der einstweilige Rechtsschutz weiter als der Rechtsschutz in der Hauptsache, was systemwidrig wäre. Konsequenterweise muß mithin nach Fertigstellung eines Frequenznutzungsplans den hiervon Betroffenen ein **Anspruch** zuerkannt werden, daß **Planverfahren** ab dem Verfahrensschritt, bei dem es zum Beteiligungsmangel kam, **wiederholen zu lassen**. Dieser Anspruch wäre mit einer verwaltungsgerichtlichen Leistungsklage durchzusetzen. 74

Frühere Entwürfe der Frequenznutzungsplanverordnung[1] hatten weiter gehend sogar vorgesehen, daß bei schwerer Verletzung von Beteiligungsrechten, die mit hoher Wahrscheinlichkeit Auswirkungen auf die Grundzüge des Plans hatten, ein Anspruch auf eine vollständige Neuplanung bestehen sollte. Nachdem die betreffende Entwurfspassage nicht in die Verordnung aufgenommen wurde, läßt sich dieses Ergebnis allerdings nicht mehr begründen. Auch in Fällen schwerster Verstöße gegen Beteiligungsrechte wird es daher mit einer teilweisen Wiederholung des Planaufstellungsverfahren sein Bewenden haben. 75

2.2.2.4.3 Inzidentkontrolle bei Klagen über Frequenzzuteilungen

Einer gerichtlichen Überprüfung zu unterziehen ist der Frequenznutzungsplan schließlich im Rahmen von Klagen über Frequenzzuteilungsentscheidungen. **Prüfungsmaßstab** ist dabei nicht nur die fehlerfreie Ausübung des planerischen Ermessens durch die Regulierungsbehörde (siehe dazu schon oben Rz. 39), sondern auch das ordnungsgemäße Zustandekommen des in Rede stehenden Frequenznutzungsplans. Das ergibt sich aus dem Fehlen von Regelungen zur Planerhaltung, wie sie sich etwa für die Bauleitplanung in §§ 214 ff. des Baugesetzbuchs finden. Kommt das Gericht dabei zum Ergebnis, den Frequenznutzungsplan für rechtswidrig zu halten, so hat dies nicht die Unwirksamkeit oder Nichtigkeit des Plans zur Folge. Das folgt aus der fehlenden Außenwirksamkeit der Plans als Verwaltungsvorschrift[2]. Der Plan ist dann 76

---
1 BR-Drucks. 746/99.
2 So auch Beck TKG-Komm/*Korehnke/Groteluschen*, § 46 Rz. 4a.

Teil 2 Rz. 77 Frequenzverwaltung

schlicht für die Entscheidung im Einzelfall unbeachtlich. Zur Frage, wie das Gericht in dieser Situation zu verfahren hat, sei auf die Ausführungen oben Rz. 40 verwiesen.

2.2.3 Praxis der Regulierungsbehörde bis zum Vorliegen der Pläne

77 Die Regulierungsbehörde steht in ihrer Verwaltungspraxis vor dem Problem, daß bisher die planerischen Grundlagen für Frequenzzuteilungen nur unvollständig vorliegen, es aber gleichwohl ein Bedürfnis nach Frequenzzuteilungen gibt. Nach Erlaß des Frequenzbereichszuweisungsplans hat sich dieses Problem zwar teilweise erledigt, besteht aber nach wie vor insoweit, als es einstweilen keine umfassenden Frequenznutzungspläne gibt. Nach wohl herrschender Ansicht bewirkt das Fehlen der Frequenzpläne keine Sperre für die Erteilung von Frequenzzuteilungen (dazu näher unten Rz. 112). Daraus entsteht die Frage, woran die Regulierungsbehörde sich in planerischer Hinsicht bei der Entscheidung über Frequenzzuteilungsanträge zu orientieren hat.

78 Die Regulierungsbehörde hat bis zum Ergehen des Frequenzbereichszuweisungsplans dessen Entwurf als Orientierung verwendet und ihm insoweit den Rechtscharakter einer Verwaltungsvorschrift beigemessen[1]. Da die eigentliche Aufteilung der Frequenzbereiche nicht umstritten war[2] und der Entwurf zudem weitgehend auf ohnehin für Deutschland völkerrechtlich verbindlichen Regelungen der VO-Funk beruhte, wird man dagegen nichts einwenden können. Daneben hat die Regulierungsbehörde ihre Verwaltungspraxis über **Frequenznutzungen** zusammengefaßt und gemäß § 81 Abs. 2 TKG als **Verwaltungsgrundsätze** veröffentlicht[3]. Die Veröffentlichung der Verwaltungsgrundsätze dient dem Zweck, die Entscheidungspraxis der Regulierungsbehörde transparent und berechenbar zu machen[4]. Die gesetzliche Ermächtigung in § 81 Abs. 2 TKG zur Veröffentlichung dieser Grundsätze orientiert sich am Vorbild von § 53 Abs. 1 S. 3 des Gesetzes gegen Wettbewerbsbeschränkungen. Durch Veröffentlichung solcher Grundsätze tritt eine Selbstbin-

---

1 Siehe beispielsweise Vfg. 45/1999 der Regulierungsbehörde, ABl. RegTP 1999, S. 1251, 1252.
2 Die Änderungswünsche des Bundesrats bezogen sich nicht hierauf, vgl. BR-Drucks. 406/00.
3 Verwaltungsgrundsätze der Regulierungsbehörde für Telekommunikation und Post nach § 81 Abs. 2 TKG über die Aufteilung des Frequenzbereichs von 9 kHz bis 275 GHz auf die einzelnen Frequenznutzungen sowie über die Festlegungen für diese Frequenznutzungen (Verwaltungsgrundsätze Frequenznutzungen – VwGrds-FreqN). Sie sind bei der Regulierungsbehörde, Referat 125a, für DM 75 zu beziehen.
4 Beck TKG-Komm/*Geppert*, § 81 Rz. 6, 7.

dung der Regulierungsbehörde ein[1], so daß die Regulierungsbehörde bei Frequenzzuteilungsentscheidungen an die Verwaltungsgrundsätze gebunden ist. In der Wirkung besteht damit allerdings kein Unterschied zum späteren Frequenznutzungsplan.

Auch nach Inkrafttreten von Frequenzbereichszuweisungsplan und Frequenznutzungsplanaufstellungsverordnung werden die Verwaltungsgrundsätze nicht sofort ihre Bedeutung verlieren, da es dann noch einige Zeit dauern wird, bis umfassende Frequenznutzungspläne vorliegen. 79

2.3 Frequenzzuteilung und Lizenzierung

2.3.1 Einleitung

Nachdem im vorigen Abschnitt die planerischen Grundlagen der Frequenzzuteilungsverwaltung dargestellt worden sind, soll es nunmehr um die Zuteilung von Frequenzen an einzelne Nutzer gehen. Hiermit wird determiniert, wer an welchem Ort welche Frequenzen auf welche Weise benutzen darf. Bei dieser Entscheidung besteht, wie oben (Rz. 18) schon angedeutet wurde, ein enger Zusammenhang mit der Lizenzerteilung für Telekommunikationsdienstleistungen, weil die Anzahl der Lizenzen (ausnahmsweise) beschränkt werden kann, wenn nicht genügend Frequenzen zur Verfügung stehen. Deshalb werden in diesem Abschnitt auch die Verfahren zur Lizenzerteilung in solchen Knappheitssituationen abgehandelt. 80

2.3.1.1 Erfordernis der Frequenzzuteilung/Begriff der Frequenznutzung

Einer **Frequenzzuteilung**, also einer behördlichen Erlaubnis, bedarf nach § 47 Abs. 1 S. 1 TKG jede Frequenznutzung[2]. Der Begriff der Frequenznutzung wird dabei durch das Gesetz nicht näher definiert. Aus § 45 Abs. 2 S. 3 TKG ergibt sich aber immerhin, daß auch die Verwendung von Frequenzen über Leitungsmedien eine Frequenznutzung darstellen kann. Auch wenn dies aus der Ausdrucksweise Frequenz„nutzung" nicht zwingend folgt, geht man allgemein davon aus, daß nur die aktive Verwendung von Frequenzen einer Zuteilung bedarf, nicht aber anders als nach dem früheren Rechtszustand unter dem FAG der Betrieb von Empfangsgeräten[3]. 81

---

[1] Beck TKG-Komm/*Geppert* § 81 Rz. 8; vgl. auch zu § 53 GWB BGH, NJW 1986, 1874, 1875 und *Bechtold*, GWB, § 53 Rz. 2.
[2] Zur Ausnahme der Militärischen Frequenznutzungen unten Rz. 210.
[3] Siehe Beck TKG-Komm/*Ehmer*, § 47 Rz. 2; *Demmel*, in: Manssen, Telekommunikations- und Multimediarecht, § 47 Rz. 3.

82 Dementsprechend definiert § 2 Abs. 2 der Frequenzzuteilungsverordnung als **Frequenznutzung** jede erwünschte Aussendung oder Abstrahlung elektromagnetischer Wellen. Durch das Wort „erwünscht" werden die von vielen elektrischen Geräten ungewollt, aber unvermeidbar ausgehenden elektromagnetischen Störungen vom Frequenzzuteilungsbedürfnis ausgenommen. Insoweit ist das Regelungsregime der elektromagnetischen Verträglichkeit einschlägig. Nicht ausgenommen sind demgegenüber die sog. ISM-Anwendungen[1], also Geräte, die elektromagnetische Wellen für nicht-nachrichtentechnische Zwecke verwenden, wie beispielsweise Mikrowellenöfen[2].

83 Entsprechend der gesetzlichen Aussage des TKG, daß auch entlang von **Leitern** eine Frequenznutzung stattfinden kann, legt § 2 Abs. 3 des Entwurfs der Frequenzzuteilungsverordnung fest, daß auch die Führung elektromagnetischer Wellen in oder längs von Leitern eine Frequenznutzung darstellt, wenn sie bestimmungsgemäß betriebene Funkdienste oder andere Anwendungen elektromagnetischer Wellen beeinträchtigen könnte. Nach der Begründung des Verordnungsentwurfs soll allerdings eine Frequenzzuteilung für Frequenznutzungen über Leiter nur dann erforderlich sein, wenn mit dieser Nutzung Beschränkungen der Nutzbarkeit der Frequenzen im Funkbereich einhergehen[3]. Dies ist im Zusammenhang mit den in den Frequenzbereichszuweisungsplan aufzunehmenden Bestimmungen zu sehen, bei deren Einhaltung die Frequenznutzung über Leiter freizügig, d. h. ohne Frequenzzuteilung, zulässig ist.

2.3.1.2 Bestandschutz bestehender Frequenzzuteilungen

84 Gemäß § 97 Abs. 5 TKG gelten vor Inkrafttreten des TKG erteilte Verleihungen nach § 2 FAG fort. Nach § 97 Abs. 5 S. 2 TKG erfaßt dieser **Bestandschutz** auch die von öffentlich-rechtlichen Rundfunkanstalten in eigener Netzträgerschaft genutzten Frequenzen. Mit Ausnahme der Regelungen zur Lizenzpflicht in §§ 6 bis 11 findet das TKG auf die bestandsgeschützten Rechte Anwendung. Einschränkend ist dazu allerdings anzumerken, daß dies nur soweit gilt, als nicht bestandskräftige Regelungen der seinerzeit erteilten Verleihungen entgegenstehen; das folgt aus allgemeinen Grundsätzen des Verwaltungsrechts[4].

---

1 Siehe die Begründung zu § 2 Abs. 2 der Frequenzzuteilungsverordnung, BR-Drucks. 116/01, S. 10.
2 Siehe Beck TKG-Komm/*Korehnke/Grotelüschen*, § 45 Rz. 26.
3 Siehe die Begründung zu § 2 Abs. 2 der Frequenzzuteilungsverordnung, BR-Drucks. 116/01, S. 11.
4 So auch *Klein*, in: Manssen, Telekommunikations- und Multimediarecht, § 97 Rz. 6.

§ 10 Abs. 2 der Frequenzzuteilungsverordnung modifiziert diesen Bestandsschutz dahin gehend, daß alle vor Inkrafttreten des TKG ergangenen Rechtsakte, die Festlegungen zur Nutzung von Frequenzen enthalten, als Frequenzzuteilungen im Sinne der Verordnung gelten. Einschränkend gilt dies bei Vorgängen, die auf Monopolrechten der Deutschen Telekom bzw. deren Rechtsvorgängen beruhten nur, wenn die Frequenzen bei Inkrafttreten des TKG tatsächlich in Benutzung waren. 85

Hieraus läßt sich auch die Frage nach der Reichweite des Bestandschutz zugunsten öffentlich-rechtlicher **Rundfunkanstalten** hinsichtlich der von ihnen in eigener Netzträgerschaft genutzten Frequenzen lösen. Insoweit ist umstritten, ob die Anstalten durch § 97 Abs. 5 TKG nur hinsichtlich der Nutzungsart zur Zeit des Inkrafttretens des TKG geschützt sind[1] oder aber ob sie auf Grundlage dieses Bestandschutzes auch die Sendeanlagen auf digitale Technik (wohlgemerkt auf derselben Frequenz) umstellen dürften[2]. Im Ergebnis wird es auf den Inhalt der jeweils erfolgten Verleihung ankommen[3]. Erfaßt diese beliebigen Rundfunk, dann ist damit auch digitale Übertragung erlaubt, bezieht sie sich hingegen etwa auf UKW-Hörfunk, dann nicht. Angemerkt sei, daß dieser Bestandschutz durch die Regelung in § 8 Abs. 3 der Frequenzzuteilungsverordnung[4] deutlich relativiert wird. Darauf wird noch unten (Rz. 201 ff.) zurückzukommen sein. 86

2.3.1.3 Rechtsnatur und Gegenstand von Frequenzzuteilungen

Frequenzzuteilungen ergehen nach § 47 Abs. 5 TKG als **Verwaltungsakte**, also als behördliche Einzelfallentscheidungen mit Außenwirkung. Adressat einer Frequenzzuteilung ist regelmäßig der konkrete Frequenznutzer, also derjenige, der entsprechend dem Obengesagten (Rz. 81) eine Frequenz nutzt. Daneben besteht aber auch die Möglichkeit von Allgemeinzuteilungen, d. h. die generelle Zuteilung einer bestimmten Frequenz an einen nach allgemeinen Merkmalen bestimmten Nutzerkreis oder die Allgemeinheit. Verwaltungsrechtlich handelt es sich hier um sogenannte Allgemeinverfügungen nach § 35 S. 2 des Verwaltungsverfahrensgesetzes (VwVfG). Gängige Praxis sind solche Allgemeinzuteilungen bei Funkanwendungen, die als Massenware vertrieben werden, etwa Funkfernsteuerungen oder CB-Funkgeräten[5]. 87

---

1 So Beck TKG-Komm/*Schuster*, § 97 Rz. 16 m. w. N.
2 So *Demmel*, in: Manssen, Telekommunikations- und Multimediarecht, § 47 Rz. 7 m. w. N.
3 So auch Beck TKG-Komm/*Ehmer*, § 47 Rz. 15.
4 Hiernach sollen Frequenzzuteilungen für analoge Fernsehübertragungen bis 2010, für UKW-Rundfunk bis 2015 widerrufen werden.
5 Beck TKG-Komm/*Ehmer*, § 47 Rz. 11.

88 Den **Gegenstand** von Frequenzzuteilungen beschreibt § 2 Abs. 4 der Frequenzzuteilungsverordnung als behördliche oder durch Rechtsvorschriften erteilte Erlaubnis zur Benutzung bestimmter Frequenzen unter festgelegten Bedingungen. Nach § 2 Abs. 5 S. 1 der Verordnung erfolgt die Zuteilung zweckgebunden. Ausweislich der Begründung zu § 2 Abs. 4 der Frequenzzuteilungsverordnung soll die gewählte Formulierung klarstellen, daß die Zuteilung auf die Frequenz und nicht auf bestimmte Geräte bezogen ist[1]. Die Zweckgebundenheit von Frequenzzuteilungen dient dem Zweck, das Regulierungssystem der Frequenzverwaltung durchzusetzen[2]. Wenn der Zuteilungsinhaber die Frequenzen beliebig benutzen könnte, liefe die Frequenzplanung offensichtlich leer.

89 Hinzuweisen ist darauf, daß einer Frequenzzuteilung **keine** sogenannte **Konzentrationswirkung**[3] zukommt. Dies ergibt sich aus dem Fehlen einer § 75 VwVfG oder § 13 BImSchG entsprechenden Bestimmung im TKG. Nach § 7 Abs. 3 der Frequenzzuteilungsverordnung soll jeder Zuteilungsbescheid einen Hinweis hierauf enthalten. Zur Errichtung einer Sendeanlage können also neben der Frequenzzuteilung noch weitere öffentlich-rechtliche Genehmigungen und Verfahren erforderlich sein. In Betracht kommen neben sonstigen telekommunikationsrechtlichen Bestimmungen etwa zur Lizenzpflicht oder zur elektromagnetischen Verträglichkeit insbesondere Baugenehmigungen nach den Landesbauordnungen[4] sowie Anzeigepflichten nach § 7 der Verordnung über elektromagnetische Felder[5].

90 Daneben weisen Frequenzzuteilungen eine enge Verknüpfung mit der **Person des Begünstigten** auf. Anders als Telekommunikationslizenzen sind sie nicht übertragbar, da sich der Verweis in § 47 Abs. 6 S. 1 TKG auf § 9 TKG nur auf den Fall eines Wechsels der Eigentumsverhältnisse bezieht, die in § 9 Abs. 1 TKG vorgesehene Lizenzübertragung also ausklammert[6]. Darauf wird noch näher einzugehen sein (siehe unten Rz. 354 ff.).

---

1 So die Begründung zu § 2 Abs. 4 der Frequenzzuteilungsverordnung, BR-Drucks. 116/01, S. 11.

2 So die Begründung zu § 2 Abs. 5 der Frequenzzuteilungsverordnung, BR-Drucks. 116/01, S. 11.

3 Zum Begriff *Kopp/Ramsauer*, Kommentar zum VwVfG, § 9, Rz. 45.

4 Die Genehmigungspflicht ist regelmäßig von der Antennenhöhe, daneben teilweise auch von der Strahlungsleistung abhängig, siehe als Beispiel § 65 Nr. 18 der Bauordnung für das Land Nordrhein-Westfalen.

5 Die Anzeigepflicht besteht für ortsfeste Sendeanlagen mit einer Sendeleistung von mehr als 10 Watt EIRP, die im Frequenzbereich 10 MHz bis 300 GHz senden. Für Sendeanlagen mit Frequenzen unter 10 MHz gilt die Verordnung über elektromagnetische Felder nicht.

6 Allgemeine Ansicht, siehe nur Beck TKG-Komm/*Ehmer*, § 47 Rz. 22 ff.; *Demmel*, in: Manssen, Telekommunikations- und Multimediarecht, § 47 Rz. 57 ff.

2.3.1.4 Zusammenhang zwischen Frequenzzuteilung und Lizenzierung

Grundsätzlich sind die Lizenzerteilung für Telekommunikation und die Frequenzzuteilung für Frequenznutzungen **zwei** unabhängig voneinander geregelte **Vorgänge** im Rahmen der Telekommunikationsregulierung. Das ist systematisch betrachtet dadurch begründet, daß nicht jede lizenzpflichtige Tätigkeit auf die Nutzung von Funkfrequenzen angewiesen ist und umgekehrt nicht jede Funkanwendung einer Lizenz nach dem TKG bedarf[1]. Verknüpft sind die Frequenzzuteilung und Lizenzierung aber dann, wenn Frequenzknappheit herrscht, so daß nicht alle Interessenten für einen lizenzpflichtigen Telekommunikationsdienst die zu dessen Realisierung erforderliche Frequenzausstattung erhalten können.

91

Grundsätzlich wäre es in solchen Konstellationen denkbar gewesen, beliebig viele Telekommunikationslizenzen für den betreffenden Dienst zu vergeben und die Bewältigung der Knappheitssituation auf der Ebene der Frequenzverwaltung zu regeln. Das TKG ist diesen Weg aber nicht gegangen. Statt dessen sieht § 10 TKG die Möglichkeit vor, in solchen Fällen die **Anzahl der** zu vergebenden **Lizenzen zu beschränken**. Die Lizenzen sind dann in einem der durch § 11 TKG näher geregelten Vergabeverfahren zu vergeben. Die dahinter stehende Überlegung läßt sich in dem Satz zusammenfassen, daß es keine Lizenznehmer ohne Frequenzen geben soll[2].

92

Daneben kann es auch den Fall geben, daß zwar die Anzahl der Lizenzen nicht beschränkt wird, aber trotzdem die Nachfrage nach Frequenzen mit dem zur Verfügung stehenden Spektrum nicht bedient werden kann. Dann ist gemäß § 47 Abs. 5 S. 2 TKG ein Vergabeverfahren nach § 11 TKG im Rahmen der Frequenzzuteilung durchzuführen. Dieser Fall kann in erster Linie bei Lizenzen der Klassen 3 und 4 (Übertragungswege bzw. Sprachtelefondienst) eintreten, da diese Arten von Lizenzen nicht an spezifische Übertragungstechnik anknüpfen und deshalb ein Lizenznehmer im Rahmen seiner Lizenz auch auf kabelgebundene Leitungen zurückgreifen kann. Für Sprachtelefonlizenzen ergibt sich dies auch daraus, daß sie nach § 6 Abs. 2 Nr. 2 TKG für sich genommen nicht zum Betrieb von Übertragungswegen berechtigen. Deshalb kommt bei diesen Lizenzklassen eine Beschränkung der Anzahl der Lizenzen auch nicht in Betracht[3]. Daneben ist aber auch für Mobilfunk und/oder Satellitenfunk denkbar, daß zwar grundsätzlich das Verhältnis zwischen verfügbaren Funkfrequenzen und Lizenzinteressenten keine Beschränkung der Li-

93

---

1 Beispiel einer nicht-lizenzpflichtigen Nutzung von Funkfrequenzen ist der Betrieb nicht-öffentlicher Betriebsfunknetze.
2 *Hummel*, K&R 2000, 479, 484.
3 So für Lizenzen der Klasse 4 auch Beck TKG-Komm/*Geppert*, § 10 Rz. 4.

zenzanzahl rechtfertigt, es aber im Einzelfall zu Vergabeverfahren für einzelne Frequenzen kommt[1].

94 Aufgrund des angedeuteten Sachzusammenhangs werden die Vergabeverfahren sowohl für Lizenzen als auch für Frequenzen in diesem Kapitel abgehandelt. Zuvor ist aber auf den Normalfall der Frequenzzuteilung, nämlich die Zuteilung auf Antrag nach den Regelungen der Frequenzzuteilungsverordnung einzugehen.

2.3.2 Frequenzzuteilung nach der Frequenzzuteilungsverordnung

95 Das TKG selbst enthält zum hier abzuhandelnden **Normalfall der Frequenzzuteilung** ohne besonderes Vergabeverfahren in § 47 nur einige grundsätzliche Aussagen. Die Frequenzzuteilung erfolgt hiernach auf Antrag oder von Amts wegen nach Maßgabe des Frequenznutzungsplans diskriminierungsfrei und mittels nachvollziehbarer und objektiver Verfahren. Des weiteren werden in § 47 militärische Frequenznutzungen, Frequenzzuteilungen für Rundfunk, der Widerruf von Frequenzzuteilungen in bestimmten Fällen und der Wechsel der Eigentumsverhältnisse beim Zuteilungsinhaber angesprochen.

96 Der Regelung der Einzelheiten überläßt das TKG der in § 47 Abs. 4 vorgesehenen Frequenzzuteilungsverordnung. Auch deren Erlaß hat sich bis Mai 2001 verzögert, weil die erforderliche Zustimmung des Bundesrates zunächst an Meinungsverschiedenheiten über rundfunkrechtliche Fragen verzögerte. Auf die Einzelheiten wird unten Rz. 183 eingegangen.

97 Die **Verordnungsermächtigung** in § 47 Abs. 4 TKG bezieht sich auf Inhalt, Umfang und Verfahren von Frequenzzuteilungen sowie deren Widerruf. Allerdings regelt die Frequenzzuteilungsverordnung in ihren §§ 4 und 5 auch die Voraussetzungen für die Frequenzzuteilung sowie Versagungsgründe. Mit Blick auf den Wortlaut der Verordnungsermächtigung ist das nicht unproblematisch. Art. 80 GG verlangt, daß in der Verordnungsermächtigung Inhalt, Zweck und Ausmaß bestimmt werden. Dementsprechend werden sich die betreffenden Regelungen der Frequenzzuteilungsverordnung nur halten lassen, wenn sie sich auf bereits im TKG verankerte Prinzipien zurückführen lassen. Nur dann ist gewährleistet, daß sich das Regelungsprogramm der Verordnung aus dem Gesetz ermitteln läßt bzw. der Verordnungsinhalt aus dem Gesetz

---

1 Beispielsweise ist beim Bündelfunk gemäß Vfg. 13/2001, ABl. RegTP 2001, S. 519, die Anzahl der zu vergebenden Lizenzen nicht beschränkt. Die Möglichkeit einer Frequenzvergabe im Vergabeverfahren im Einzelfall besteht aber, vgl. Vfg. 13/2001, ABl. RegTP 2001, S. 525.

vorhersehbar ist[1]. Hierauf wird bei den einzelnen Regelungen noch zurückzukommen sein.

Für eine Reihe von Funkdiensten, nämlich Rundfunk, Militär, Funk der Behörden und Organisationen mit Sicherheitsaufgaben, Seefunk und Flugfunk, gelten im Rahmen der Frequenzzuteilung nach dem TKG und der Frequenzzuteilungsverordnung Sonderregeln. Diese werden im folgenden aus darstellungstechnischen Gründen zunächst ausgeklammert und anschließend gebündelt abgehandelt. 98

2.3.2.1 Zuteilung auf Antrag und von Amts wegen

§ 47 Abs. 5 S. 1 TKG und ihm folgend § 3 Abs. 1 der Frequenzzuteilungsverordnung sehen vor, daß Frequenzen sowohl auf Antrag als auch von Amts wegen zugeteilt werden können. Gemäß § 47 Abs. 5 S. 1 TKG handelt es sich in beiden Fällen um Verwaltungsakte. 99

Zuteilungen auf Antrag sind nach § 3 Abs. 1 Nr. 1 der Frequenzzuteilungsverordnung sogenannte **Einzelzuteilungen**. Sie richten sich an einen individualisierten Nutzer. Das Gesetz nennt insoweit natürliche Personen, juristische Personen sowie Personenvereinigungen, soweit ihnen ein Recht zustehen kann. Zu letzterer Kategorie von Nutzern gehören ausweislich der Verordnungsbegründung nicht-rechtsfähige Vereine, Handelsgesellschaften sowie Gesellschaften bürgerlichen Rechts. Der Verordnungswortlaut ist insoweit § 61 Nr. 1 VwGO und § 11 Nr. 2 VwVfG nachgebildet[2]. Eine bestimmte Form für Einzelzuteilungen schreiben weder die Frequenzzuteilungsverordnung noch das TKG vor, so daß nach § 37 VwVfG auch mündliche Zuteilungen möglich wären. Praktisch dürfte das aber kaum vorkommen. 100

Anträge auf Einzelzuteilung sind nach § 3 Abs. 1 Nr. 1 der Frequenzzuteilungsverordnung schriftlich zu stellen. Für häufig vorkommende Fälle[3] hat die Regulierungsbehörde Antragsformulare mit Ausfüllhinweisen entworfen, deren Verwendung sich empfiehlt. Die Dokumente können von der Website der Regulierungsbehörde heruntergeladen werden. 101

Die **Allgemeinzuteilung** von Amts wegen richtet sich demgegenüber an einen nicht konkretisierten Personenkreis. Die Verordnung spricht insoweit von der Allgemeinheit oder nach allgemeinen Merkmalen bestimmte oder bestimmbaren Personenkreisen. Dieser Fall ist für massenhaft 102

---

1 Siehe zu diesen Anforderungen *Pieroth*, in: Jarass/Pieroth, Grundgesetz, Art. 80 Rz. 11 mit Nachw. aus der Rspr.
2 Siehe BR-Drucks. 116/01, S. 11.
3 Etwa nichtöffentlichen Mobilfunk, verschiedene Anwendungen im Langwellenbereich, Versuchsfunk, Richtfunk.

vertriebene Funkanwendungen gedacht[1]. Gegenstand solcher Zuteilungen ist die Nutzung bestimmter Frequenzen durch diese Personenkreise. Zuteilungen dieser Art sind als Allgemeinverfügungen nach § 35 S. 2 letzte Alternative VwVfG zu sehen[2]. Sie regeln die öffentlich-rechtliche Benutzung einer Sache durch die Allgemeinheit. Daß dabei die betroffenen Funkfrequenzen mangels Körperlichkeit keine „Sachen" im bürgerlich-rechtlichen Sinne sind, steht dieser Wertung nicht entgegen. Indem das TKG die Nutzungsregelung von Funkfrequenzen per Allgemeinverfügung vorsieht, ordnet es damit gleichzeitig insoweit die Frequenzen dem Sachbegriff zu[3]. Soweit sich Allgemeinzuteilungen in personeller Hinsicht an nach allgemeinen Merkmalen bestimmte oder bestimmbare Personenkreise richten, sind sie im Übrigen schon nach § 35 S. 2 1. Alt VwVfG als Allgemeinverfügungen anzusehen. Allgemeinzuteilungen werden nach § 3 Abs. 4 S. 1 der Frequenzzuteilungsverordnung üblicherweise im Amtsblatt der Regulierungsbehörde bekanntgegeben. Daneben besteht die Möglichkeit anderweitiger Bekanntgabe, wenn dies aus Gründen der öffentlichen Sicherheit veranlaßt ist, etwa bei Funkdiensten, deren Frequenzen geheimgehalten werden sollen.

103 Schließlich läßt § 3 Abs. 1 Nr. 3 der Frequenzzuteilungsverordnung noch die Möglichkeit einer Frequenzvergabe nach sonstigen, in Gesetzen oder Rechtsverordnung geregelten Verfahren zu. Nach der Verordnungsbegründung ist hier an Spezialbereiche wie Amateurfunk oder Frequenznutzungen nach dem Zusatzabkommen zum NATO-Truppenstatut gedacht[4].

2.3.2.2 Allgemeine Voraussetzungen der Frequenzzuteilung

104 § 4 der Frequenzzuteilungsverordnung stellt **allgemeine Voraussetzungen** auf, bei deren Erfüllung prinzipiell, d. h. vorbehaltlich der in § 5 geregelten besonderen Voraussetzungen bei bestimmten Funkanwendungen, ein **Anspruch auf Frequenzzuteilung** besteht[5]. Ein Anspruch auf bestimmte Einzelfrequenzen soll aber nicht bestehen, § 4 Abs. 1 S. 3. Die Voraussetzungen sind Ausweisung der beantragten Frequenzen für die beabsichtigte Nutzung im Frequenznutzungsplan, Verfügbarkeit von Frequenzen und Verträglichkeit mit anderen Frequenznutzungen. § 4

---

1 So *Demmel*, in: Manssen, Telekommunikations- und Multimediarecht, § 47 TKG Rz. 19 zum Rechtszustand vor Inkrafttreten der Frequenzzuteilungsverordnung.
2 So die Verordnungsbegründung, BR-Drucks. 116/01, S. 11; *Demmel*, in: Manssen, Telekommunikations- und Multimediarecht, § 47 TKG Rz. 19.
3 Vgl. Stelkens, in: Stelkens/Bonk/Sachs, Verwaltungsverfahrensgesetz, § 35 Rz. 222.
4 BR-Drucks. 116/01, S. 11, 12.
5 Siehe Begründung zu § 4 BR-Drucks. 116/01, S. 12.

Abs. 2 gibt die Möglichkeit zur Ablehnung einer beantragten Frequenzzuteilung (dazu näher unten Rz. 145 ff.), § 4 Abs. 3 erlaubt Abweichungen vom Frequenznutzungsplan in Einzelfällen, § 4 Abs. 1 S. 2 darüber hinaus von den anderen allgemeinen Voraussetzungen bei Zuteilungen an Behörden zur Ausübung gesetzlicher Befugnisse.

2.3.2.2.1 Verfügbarkeit und Verträglichkeit

Daß die **Verfügbarkeit** einer Frequenz für deren Zuteilung Voraussetzung ist, kann auf der Grundlage des bisher Gesagten nicht wirklich überraschen. Bedeutsam ist aber, daß die Verfügbarkeit einer Frequenz nicht zwingend mit der Frage verbunden ist, ob sie an dem in Rede stehenden Standort bereits genutzt wird. Es gibt Ausnahmen in beide Richtungen. 105

Zum einen enthalten manche Lizenzen die Zusicherung, daß dem Lizenznehmer bestimmte Frequenzen zugeteilt werden[1]. Diese Zusicherung ist nach § 38 VwVfG die rechtlich verbindliche Zusage, die Frequenzen an den Lizenzinhaber zuzuteilen. Dementsprechend sieht § 5 Abs. 1 S. 2 der Frequenzzuteilungsverordnung einen vorrangigen Zuteilungsanspruch für Lizenznehmer vor, denen eine entsprechende Zusicherung gemacht wurde. Mit dieser Zusicherung würde die Regulierungsbehörde in Konflikt geraten, wenn sie die Frequenzen anderweitig zuteilte. Deswegen sind solche zugesicherten Frequenzen nicht mehr für die Zuteilung an andere verfügbar. 106

Zum anderen schließt die bereits erfolgte Vergabe einer Frequenz nicht zwingend eine Zuteilung an andere Nutzer aus. Unter bestimmten Voraussetzungen kann nach § 6 der Frequenzzuteilungsverordnung dieselbe Frequenz mehrfach zugeteilt werden. Darauf wird unten noch näher eingegangen (Rz. 142 ff.). 107

Weiterhin ist nach § 4 Abs. 1 Nr. 3 die **Verträglichkeit** der beantragten Frequenznutzungen mit anderen allgemeine Voraussetzung der Frequenzzuteilung. Hier geht es darum, Störungen anderer Funkanwendungen durch neu zugeteilte Frequenznutzungen zu vermeiden. Die Regulierungsbehörde hat insoweit die Aufgabe, mittels wissenschaftlicher und technischer Methodik zu ermitteln, wann mit hinreichender Sicherheit vom Nichteintreten solcher Störungen ausgegangen werden kann. Die Verordnungsbegründung nennt als Beispiel dafür die Erstellung geographischer Frequenzverteilungspläne[2]. 108

---
1 Beispiel: Die UMTS-Mobilfunklizenzen, siehe die Musterlizenz ABl. RegTP 2000, S. 555.
2 BR-Drucks. 116/01, S. 12.

109 Als Kriterien für Frequenzzuteilungen sind Verfügbarkeit und Verträglichkeit von der Verordnungsermächtigung gedeckt. Sie beruhen inhaltlich auf dem Regulierungsziel der störungsfreien Frequenznutzung in § 44 Abs. 1 TKG.

2.3.2.2.2 Ausweisung im Frequenznutzungsplan

110 Schließlich ist nach § 4 Abs. 1 Nr. 1 der Frequenzzuteilungsverordnung eine Frequenzzuteilung grundsätzlich nur dann möglich, wenn die beabsichtigte Frequenznutzung im Frequenznutzungsplan ausgewiesen ist. Auch das ist logische Konsequenz des durch § 44 ff. TKG geschaffenen Regulierungssystems der Frequenzverwaltung. Die Frequenzzuteilung setzt damit § 47 Abs. 1 S. 2 TKG um, nach dem Frequenzzuteilungen nach Maßgabe des Frequenznutzungsplans erfolgen. Erörterungsbedürftig sind allerdings zu einen die Frage, wie zu verfahren ist, wenn für eine beantragte Frequenznutzung noch kein Frequenznutzungsplan existiert, zum anderen die in der Frequenzzuteilungsverordnung vorgesehenen Ausnahmen von diesem Grundsatz.

2.3.2.2.3 Vorgehen bei Fehlen von Frequenznutzungsplänen

111 Wie bereits oben Rz. 77 ausgeführt, liegen die planerischen Grundlagen für Frequenzzuteilungen noch nicht vollständig vor. Gleichwohl besteht ein Bedürfnis nach Frequenznutzung und den dafür nötigen Frequenzzuteilungen. Das führt zu zwei Fragen: Kann die Regulierungsbehörde, solange die normativen Grundlagen nicht vollständig vorliegen, Frequenzen zuteilen, und wenn ja, woran hat sie sich dabei insbesondere in planerischer Hinsicht zu orientieren.

112 Nach der einschlägigen Rechtssprechung des Bundesverfassungsgerichts sollen fehlende normative Grundlagen dann eine sog. **Rechtsanwendungssperre** zur Folge haben, wenn die gesetzliche Regelung allein nicht vollziehbar ist, wenn sie dem verfassungsrechtlichen Bestimmtheitsgebot nicht entspricht oder wenn sie zwar diesen Anforderungen genügt, aber der Wille des Gesetzgebers, den betroffenen Lebensbereich einer weiteren Regelung vorzuhalten, im Gesetz zum Ausdruck gekommen ist und die dadurch bewirkte Rechtsanwendungssperre keine unerträglichen Auswirkungen auf die Verfolgung öffentlicher Belange oder den Schutz von Grundrechten hat[1]. Bei Anwendung dieser Grundsätze wird man davon auszugehen haben, daß im Falle der Frequenzzuteilungen grundsätzlich keine Rechtsanwendungs-

---

[1] BVerfGE 79, 174, 194.

sperre besteht bzw. vor Inkrafttreten der Verordnungen bestand[1]. Zum einen wird dem Gesetzgeber bewußt gewesen sein, daß die in § 44 TKG vorgesehenen Pläne nicht sofort vorliegen werden. Wenn angesichts dessen für die Zeit bis zu deren Vorliegen eine Sperre für Frequenzzuteilungen gewollt gewesen wäre, hätte es nahe gelegen, dies ausdrücklich im Gesetz zu sagen. Im übrigen wird durch § 47 TKG ein Verbot mit Erlaubnisvorbehalt für Frequenznutzungen begründet. Es wäre eine vor den Grundrechten der Betroffenen schwer zu rechtfertigende Zumutung, die Frequenzzuteilung zu verweigern, weil die Pläne noch nicht erlassen sind.

Als **planerische Grundlagen** stehen der Regulierungsbehörde, wie bereits oben (Rz. 78) ausgeführt, der Frequenzbereichszuweisungsplan sowie die Verwaltungsgrundsätze Frequenznutzungen, die auf der bestehenden Praxis beruhen, zur Verfügung. Daneben ist für bestimmte Funkdienste, nämlich Amateurfunk und nichtöffentliche Funkanwendungen (Betriebsfunk), in der Übergangsbestimmung des § 10 Abs. 1 der Frequenzzuteilungsverordnung die Weitergeltung untergesetzlicher Regelungen, auf welche die Zuteilungspraxis angewiesen ist, bis zum Erlaß entsprechender Frequenznutzungspläne angeordnet. 113

Die **Verwaltungsgrundsätze** weisen allerdings hinsichtlich einiger Bereiche **Lücken** auf[2]. Dann steht die Regulierungsbehörde, wenn sie über Frequenzzuteilungsanträge zu befinden hat, vor dem Problem, über keine konkreten planerischen Vorgaben zu verfügen, es sei denn, der Frequenzbereichszuweisungsplan oder die VO-Funk enthalten mit Bezug auf einzelne Funkdienste konkrete Aussagen oder die in der Übergangsregel aufgeführten Normwerke für Amateur- und Betriebsfunk füllen diese Lücken. Wenn die Behörde in solchen Situationen Frequenzen langfristig zuteilt, determiniert sie damit gleichzeitig ihren Spielraum für zukünftige Frequenznutzungsplanungen. 114

---

1 So im Ergebnis auch Beck TKG-Komm/*Korehnke/Grotelüschen*, § 45 Rz. 20 ff.; *Tschentscher/Pegatzky/Bosch*, Beilage 1 zu K&R 2000, 23, jeweils zur Rechtslage vor Inkrafttreten von Frequenzbereichszuweisungsplanverordnung, Frequenznutzungsplanaufstellungsverordnung und Frequenzzuteilungsverordnung.
2 Beispiel ist der Frequenzbereich 440-470 MHz, der im Entwurf des Frequenznutzungsplans für mobilen Landfunk vorgesehen ist. In den Verwaltungsgrundsätzen, Stand November 1999, findet sich insoweit nur der Hinweis, daß dieser Bereich z. Zt. wegen seines großen Umfangs von der Regulierungsbehörde noch bearbeitet werde. Für einen Teil dieses Frequenzbereichs, der früher vom analogen C-Mobilfunknetz benutzt wurde, ist nunmehr die Einleitung eines Frequenznutzungsplanungsverfahrens angekündigt, siehe Mitteilung 286/2001 der Regulierungsbehörde, ABl. RegTP 10/2001, S. 1633.

115 In solchen Fällen spricht das von §§ 44 bis 47 TKG vorgesehene Regelungsgefüge, das die Frequenzplanung zur Grundlage der Frequenzzuteilung macht, deutlich dafür, erst die planerischen Grundlagen zu schaffen, bevor Frequenzen zugeteilt werden. Abweichungen von diesem System sind allerdings vertretbar, etwa wenn aufgrund internationaler Vorgaben mit hinreichender Sicherheit feststeht, daß die Frequenzzuteilung mit der später ergehenden Frequenzplanung harmoniert.

2.3.2.2.4 Abweichung vom Frequenznutzungsplan nach § 4 Abs. 3

116 § 4 Abs. 3 der Frequenzzuteilungsverordnung gibt unter bestimmten Voraussetzungen die Möglichkeit zu Frequenzzuteilungen, die mit dem Frequenznutzungsplan nicht in Einklang stehen. Nach Verordnungswortlaut und -Begründung[1] soll es sich hier um zwei unterschiedliche Fälle handeln, wobei aber, wie noch zu zeigen wird, zwischen diesen allenfalls geringe Unterschiede bestehen. Von daher kann die Verordnungsfassung nicht ganz überzeugen.

117 Nach § 4 Abs. 3 S. 1 kann in **Einzelfällen** bei Frequenzzuteilungen vom Frequenzbereichszuweisungsplan und/oder Frequenznutzungsplan befristet abgewichen werden, wenn dadurch keine in den Plänen vorgesehene Frequenznutzung beeinträchtigt wird. Als Beispiele für solche Einzelfälle nennt die Verordnung die Erprobung neuer Technologien oder Fälle kurzfristigen Frequenzbedarfs. Die Aufzählung ist aber nicht abschließend, da die Verordnung sie mit dem Wort „insbesondere" einleitet. Nach der Verordnungsbegründung ist neben technischen Experimenten an Großveranstaltungen oder andere marginale Nutzungen gedacht. § 4 Abs. 3 S. 2 ermöglicht daneben von der Frequenzplanung abweichende Frequenzzuteilungen schon dann, wenn nach Art und Umfang der zu genehmigenden Nutzung Störungen der frequenzplanerisch vorgesehenen Nutzung mit an Sicherheit grenzender Wahrscheinlichkeit auszuschließen sind. Nach der Verordnungsbegründung sind hier unproblematische Fälle marginaler Nutzungen gemeint[2].

118 In beiden Fällen steht die Entscheidung über die Zuteilung im pflichtgemäßen **Ermessen** der Regulierungsbehörde. Dieses Ermessen kann sich aber aus Gleichbehandlungsgründen auf Null reduzieren, was einen Anspruch auf Frequenzzuteilung zur Folge hat. Von daher ist eine zurückhaltende Anwendung dieser Bestimmungen geboten.

119 Die Regelung dieser Bestimmungen ist nicht gelungen, weil Fälle für Satz 1, die nicht auch unter Satz 2 fallen, kaum vorstellbar sind. Zwar

---
1 BR-Drucks. 116/01, S. 14.
2 BR-Drucks. 116/01, S. 14.

sind sowohl hinsichtlich der Zwecke als auch hinsichtlich der Verträglichkeit mit den planerisch vorgesehenen Nutzungen dem Wortlaut nach Unterschiede vorhanden. In der Praxis werden sich diese aber nivellieren.

Mit Blick auf die Ausführungen oben Rz. 97 ist festzuhalten, daß diese Bestimmungen durch die Ermächtigungsgrundlage der Frequenzzuteilungsverordnung gedeckt sind. Sie widersprechen zwar scheinbar der Aussage von § 47 Abs. 1 S. 2, daß Frequenzzuteilungen nach Maßgabe des Frequenznutzungsplans erfolgen. Ein absolutes Verbot von nicht im Plan vorgesehenen Frequenzzuteilungen ist darin aber nicht zu sehen. 120

Nach § 4 S. 3 der Frequenzzuteilungsverordnung sind von der Frequenzplanung abweichende Frequenznutzungen bei der **Novellierung der Pläne** in diese aufzunehmen, wenn daß Ausmaß der Frequenznutzung geringfügig ist und die Nutzung die Weiterentwicklung der Pläne nicht stört. Hiermit werden Leitlinien für die Frequenzbereichszuweisung und Frequenznutzungsplanung aufgestellt. Dies ist durch die Ermächtigung des § 47 Abs. 4 TKG, welche die Frequenzplanung mit keinem Wort erwähnt, nicht mehr gedeckt. § 4 Abs. 3 S. 3 der Verordnung ist demnach nichtig. Daß Bundesregierung bzw. Regulierungsbehörde dennoch in pflichtgemäßer Ausübung ihres planerischen Ermessens die betreffende Frequenznutzung in die Pläne aufnehmen können, steht auf einem anderen Blatt. Sie müssen dies aber anders als von der Verordnung vorgesehen nicht. 121

2.3.2.2.5 Ausnahmen nach § 4 Abs. 1 S. 2

Eine deutlich **weiter gehende Möglichkeit** zu Ausnahmen von den durch § 4 Abs. 1 S. 1 der Frequenzzuteilungsverordnung aufgestellten allgemeinen Voraussetzungen für Frequenzzuteilungen enthält § 4 Abs. 1 S. 2. Soweit Frequenzen von Behörden zur Ausübung gesetzlicher Befugnisse benötigt werden, ist hiernach eine Zuteilung unabhängig davon möglich, ob die Frequenzen im Frequenznutzungsplan dafür vorgesehen und verfügbar sind oder die Verträglichkeit mit anderen Frequenznutzungen gegeben ist. Es dürfen aber keine erheblichen Störungen anderer Frequenznutzungen zu erwarten sein. 122

Praktisch dürfte der Anwendungsbereich dieser Regelung, die ausweislich der Verordnungsbegründung[1] zur Flexibilisierung geschaffen wurde, gering sein. Zunächst gebietet es das Regulierungsziel der Wahrung der Interessen der öffentlichen Sicherheit (§§ 46 Abs. 1, 2 Abs. 2 Nr. 6 TKG), in der Frequenzplanung für eine ausreichende Frequenzausstat- 123

---
1 BR-Drucks. 116/01, S. 12, 13.

tung für Behörden und Organisationen mit Sicherheitsaufgaben zu sorgen. Bei anderen Behörden ist schwerlich vorstellbar, daß diese zur Aufgabenwahrnehmung auf Frequenznutzungen angewiesen sind, bei denen die allgemeinen Zuteilungsvoraussetzungen nicht vorliegen. Militärische Frequenznutzungen folgen ohnehin eigenen Regeln (siehe unten Rz. 210).

2.3.2.2.6 Kein Anspruch auf Einzelfrequenz

124 Nach § 4 Abs. 1 S. 3 der Frequenzzuteilungsverordnung besteht grundsätzlich **kein Anspruch auf eine bestimmte Einzelfrequenz**. Hierdurch wird der in § 4 Abs. 1 vorgesehene Anspruch auf Frequenzzuteilung eingeschränkt. Praktisch dürfte diese Regelung vor allem dann bedeutsam werden, wenn es konkurrierende Anträge für bestimmte Frequenzen gibt, aber der hinter diesen Anträgen stehende Nutzungsbedarf sich auch mittels anderer verfügbarer Frequenzen befriedigen läßt. In diesem Fall besteht die Möglichkeit, durch Zuteilung anderer, gleich geeigneter Frequenzen an einzelne Antragsteller die langwierige Durchführung eines Vergabeverfahrens nach §§ 47 Abs. 5 S. 2, 11 TKG zu vermeiden. Voraussetzung dafür ist allerdings, daß die Alternativfrequenzen für die Antragsteller ein gleichwertiger Ersatz sind; falls nicht, wäre das Vergabeverfahren einzuleiten.

125 Daneben sollte die Regelung auch Anwendung finden, wenn Zuteilungsanträge sich auf unverfügbare oder nicht störungsfrei nutzbare Frequenzen beziehen und sich das Nutzungsbedürfnis des Antragstellers mit Alternativfrequenzen decken läßt.

126 Hinzuweisen ist schließlich noch darauf, daß sich aus in Lizenzen enthaltenen Zusicherungen abweichend von § 4 Abs. 1 S. 3 ein Anspruch auf Zuteilung bestimmter Einzelfrequenzen ergeben kann.

2.3.2.3 Lizenzerfordernis

127 § 5 Abs. 1 S. 2 der Frequenzzuteilungsverordnung macht unter bestimmten Voraussetzungen die Zuteilung von Frequenzen davon abhängig, daß der Antragsteller über eine **Telekommunikationslizenz** verfügt. Dies Erfordernis gilt für Frequenzen, die im Frequenznutzungsplan für lizenzpflichtige Tätigkeiten nach § 6 TKG vorgesehen sind. In solchen Fällen benötigt der Antragsteller eine entsprechende Lizenz, um Frequenzen zugeteilt zu erhalten.

128 Allerdings wird sich die Lizenzpflichtigkeit einer Frequenznutzung oft nicht eindeutig aus dem Frequenznutzungsplan ergeben. In manchen Fällen ist dies zwar evident, so bei den für öffentliche Mobilfunknetze

vorgesehenen Frequenzen. Oft ist aber das Lizenzerfordernis nach § 6 Abs. 1 Nr. 1 TKG nicht von der Art der Frequenznutzung abhängig, sondern davon, ob der mit Inbetriebnahme der zugeteilten Frequenz errichtete Übertragungsweg für Telekommunikationsdienstleistungen für die Öffentlichkeit genutzt wird. Ausweislich der Verordnungsbegründung war dies auch dem Verordnungsgeber bewußt, der deshalb in § 6 Abs. 1 S. 2 einen Vorrang für Lizenznehmer aufgenommen hat, denen bestimmte Frequenzen in ihrer Lizenz zugesichert sind[1].

2.3.2.4 Inhalt von Frequenzzuteilungen, Nebenbestimmungen

§ 7 der Frequenzzuteilungsverordnung regelt entsprechend der Ermächtigung in § 47 Abs. 4 TKG den Inhalt von Frequenzzuteilungen und Zuteilungsbescheiden. Im einzelnen sind Art und Umfang der Frequenznutzung festzulegen, Nebenbestimmungen vorzusehen und dem Zuteilungsinhaber Hinweise zu geben. Zudem begründet § 7 Abs. 5 eine Anzeigepflicht für Aufnahme und Beendigung der Frequenznutzung. 129

2.3.2.4.1 *Festlegung von Art und Umfang der Frequenznutzung*

Die nach § 7 Abs. 1 der Frequenzzuteilungsverordnung in jeden Zuteilungsbescheid aufzunehmenden Festlegungen zu **Art und Umfang der Frequenznutzung** sind die eigentliche Regelung des Bescheids. Sie legen fest, in welcher Weise der Zuteilungsinhaber das Frequenzspektrum im einzelnen nutzen darf. Die Festlegungen sind dabei auf das Maß zu beschränken, daß zur Sicherung einer effizienten und störungsfreien Frequenznutzung erforderlich ist. Allerdings wird insbesondere die Störungsfreiheit oft von technischen Details abhängen, so daß deren Regelung im Zuteilungsbescheid regelmäßig zulässig sein dürfte. 130

§ 7 Abs. 1 S. 2 und 3 nennt beispielhaft eine ganze Reihe von Punkten, die zur Festlegung des Inhalts einer Frequenzzuteilung regelungsbedürftig sein können, nämlich Standort, Kanalbandbreite, Modulationsverfahren, Sendeleistung, Feldstärkegrenzwerte einschließlich deren räumlicher und zeitlicher Verteilung sowie Nutzungsbeschränkungen im Hinblick auf die Verträglichkeit mit anderen Frequenznutzungen sowie den Betrieb stationärer Meßeinrichtungen der Regulierungsbehörde. Soweit dies zur Festlegung des Nutzungsumfangs erforderlich ist, kann auch die Anzahl der von der Zuteilung erfaßten Funkanlagen im Zuteilungsbescheid festgelegt werden. Dies ist anscheinend bei manchen Funkanwendungen das einzig geeignete Kriterium zur Festlegung der Nutzungsintensität[2]. 131

---

1 BR-Drucks. 116/01, S. 16.
2 So die Begründung hierfür, BR-Drucks. 116/01, S. 17.

132 Die Aufzählung dieser Punkte ist weder abschließend[1] noch zwingend. Beispielsweise kann bei mobilen Sendeanlagen oder auch bei Allgemeinzuteilungen der Standort allenfalls regional eingegrenzt werden. Soweit für Funkanwendungen festgelegte technische Standards existieren wird es sich anbieten, diese in die Frequenzzuteilung aufzunehmen.

2.3.2.4.2 Nebenbestimmungen

133 Da nach der Frequenzzuteilungsverordnung ein Anspruch auf Frequenzzuteilung besteht, sind nach § 36 Abs. 1 VwVfG nur solche **Nebenbestimmungen** zu Frequenzzuteilungen zulässig, die entweder durch Rechtsvorschrift zugelassen sind oder die Erfüllung der gesetzlichen Voraussetzungen der Frequenzzuteilung sicherstellen sollen. Nebenbestimmungen sind nach § 36 Abs. 2 VwVfG Befristungen, Bedingungen, Widerrufsvorbehalte, Auflagen und Auflagenvorbehalte.

134 § 7 Abs. 2 S. 1 der Frequenzzuteilungsverordnung gibt die Möglichkeit, den Zustimmungsbescheiden Nebenbestimmungen zur **Sicherung von Effizienz und Störungsfreiheit** der Frequenznutzung beizufügen. Eine Konkretisierung der zulässigen Inhalte fehlt. Die Verordnungsbegründung beschränkt sich insoweit auf die Feststellung, daß alle Arten von Nebenbestimmungen in Betracht kommen[2]. Da die Zielrichtung solcher Nebenbestimmungen mit denen der Inhaltsbestimmung nach § 7 Abs. 1 identisch ist, kann im Einzelfall die Abgrenzung zu den Zustimmungsbescheiden beigefügten **Auflagen**, also nach § 36 Abs. 2 Nr. 4 Bestimmungen, die ein Tun, Dulden oder Unterlassen vorschreiben, Schwierigkeiten bereiten. Die Abgrenzung zwischen Inhaltsbestimmungen und Auflagen ist ohnehin ein allgemeines verwaltungsrechtliches Problem[3], das hier durch die identische Zielrichtung von Inhaltsbestimmung und Nebenbestimmung noch verschärft wird. Als Faustregel kann gelten, daß alle in § 7 Abs. 1 beispielhaft erwähnten Punkte der Inhaltsbestimmung zuzurechnen sind, daneben alle technischen Vorgaben, die unmittelbar am Sendevorgang anknüpfen.

135 Die **Konsequenzen dieser Abgrenzung** sind erheblich. Die Mißachtung einer Inhaltsbestimmung macht die Frequenznutzung zu einer ungenehmigten, was den Bußgeldtatbestand des § 96 Abs. 1 Nr. 10 TKG verwirklicht. Demgegenüber ist Konsequenz einer mißachteten Auflage deren

---

1 BR-Drucks. 116/01, S. 16.
2 BR-Drucks. 116/01, S. 17.
3 Siehe *Stelkens*, in: Stelkens/Bonk/Sachs, Verwaltungsverfahrensgesetz, § 36 Rz. 10; *Kopp/Ramsauer*, Kommentar zum VwVfG, § 36 Rz. 7 und 35; *Maurer*, Allgemeines Verwaltungsrecht, S. 314, 322.

Durchsetzung nach Verwaltungsvollstreckungsrecht[1]. Daneben besteht die Möglichkeit zur Rücknahme der Zuteilung. Weiterhin hat die Unterscheidung auch für den gerichtlichen Rechtsschutz Konsequenzen (dazu unten Rz. 371). Bei dieser Sachlage ist die Regulierungsbehörde gehalten, in der Praxis der Frequenzzuteilung eindeutig zwischen Inhaltsbestimmungen und Nebenbestimmungen zu unterscheiden[2].

Eine weitere Ermächtigung für Auflagen zu Zuteilungsbescheiden enthält § 7 Abs. 3 S. 3 der Frequenzzuteilungsverordnung. Danach kann die Zuteilung mit Auflagen versehen werden, welche dem Zuteilungsinhaber die Einhaltung von Rechtsvorschriften auferlegen, deren Vollzug Aufgabe der Regulierungsbehörde ist. In Betracht kommen insoweit etwa lizenzrechtliche Bestimmungen des TKG, das Gesetz über Funkanlagen und Telekommunikationsendeinrichtungen sowie das Gesetz über die elektromagnetische Verträglichkeit von Geräten[3]. 136

2.3.2.4.3 Hinweise

Nach § 7 Abs. 3 S. 2 und Abs. 4 der Frequenzzuteilungsverordnung sollen Zuteilungsbescheide eine Reihe von Hinweisen enthalten. Solche Hinweise sind keine rechtlichen Regelungen oder Nebenbestimmungen, sondern dienen lediglich der **Information des Zuteilungsinhabers**[4]. Zum einen soll in den Bescheiden nach § 7 Abs. 3 S. 2 auf die fehlende Konzentrationswirkung hingewiesen werden. Weiterhin legt die Regulierungsbehörde den Festlegungen zu Art und Umfang der Frequenznutzung nach § 7 Abs. 1 regelmäßig bestimmte Parameter der Empfangsanlagen zugrunde. Nur bei Einhaltung dieser Parameter kann mit hinreichender Wahrscheinlichkeit davon ausgegangen werden, daß die Funkübertragung funktioniert. Regelmäßig wird es sich dabei um technische Eigenschaften der Empfangsgeräte handeln, die nach dem Gesetz über Funkanlagen und Telekommunikationsendeinrichtungen festgelegt sind. Nach § 7 Abs. 4 sollen diese Parameter offengelegt und der Zuteilungsinhaber darauf hingewiesen werden, daß die Regulierungsbehörde Störungen, die aus der Nichtbeachtung folgen, nicht begegnen wird. 137

---

1 In Betracht kommen nach dem Verwaltungsvollstreckungsrecht des Bundes Zwangsgeld bis zu einer Höhe von DM 2000, ersatzweise Zwangshaft oder auch unmittelbarer Zwang in Form der Ersatzvornahme.
2 So auch für den Bereich des allgemeinen Verwaltungsrechts *Stelkens*, in: Stelkens/Bonk/Sachs, Verwaltungsverfahrensgesetz, § 36 Rz. 8.
3 Siehe die Verordnungsbegründung, BR-Drucks. 116/10, S. 17.
4 Die Verordnungsbegründung spricht diesbezüglich von Fürsorge, BR-Drucks. 116/10, S. 17.

2.3.2.4.4 Anzeigepflicht

138 Gemäß § 7 Abs. 5 der Frequenzzuteilungsverordnung hat der Zuteilungsinhaber Beginn und Beendigung der Nutzung der Regulierungsbehörde auf deren Verlangen unverzüglich anzuzeigen.

139 Praktisch wird es sich anbieten, dieses **Anzeigeverlangen** als Auflage in den Frequenzzuteilungsbescheid aufzunehmen. Die Information, welche Frequenzen tatsächlich genutzt werden, ist für die Regulierungsbehörde zur Gewährleistung des störungsfreien Funkbetriebs relevant. Die Motivation dieser Anzeigepflicht, die Regulierungsbehörde mit den nötigen Informationen zu versorgen, um gegebenenfalls die Zuteilung ungenutzter Frequenzen nach § 47 Abs. 5 S. 3 TKG widerrufen zu können, steht mit der Effizienz der Frequenznutzung im Zusammenhang[1]. Daher dient eine entsprechende Auflage der Effizienz und Störungsfreiheit der Frequenznutzung, was sie nach § 7 Abs. 2 S. 1 der Verordnung rechtfertigt.

140 Während der Beginn der Frequenznutzung einfach daran zu erkennen ist, daß der Zuteilungsinhaber die Funkanlage in Betrieb nimmt, kann es schwierig sein, den **Zeitpunkt der Beendigung** festzumachen. Dies ist nicht nur für die Anzeigepflicht relevant, sondern auch für den Widerruf der Frequenzzuteilung nach § 47 Abs. 5 S. 3 TKG. Nicht jeder Funkdienst sendet bestimmungsgemäß ununterbrochen. Auch die Außerbetriebnahme der eingesetzten Funkanlage scheint dabei kein geeignetes Kriterium zu sein, um den Zeitpunkt der Beendigung der Frequenznutzung zu bestimmen, weil die Zuteilung sich auf die Frequenznutzung, nicht auf konkret genutzte Funkanlagen bezieht (siehe oben Rz. 88). Deshalb hat der Zuteilungsinhaber die Möglichkeit, die Funkanlage zu ersetzen. Entsprechend der Widerrufsregelung des § 47 Abs. 5 S. 3 kann er sich dafür ein ganzes Jahr Zeit nehmen. Wenn er während dieses Zeitraums die Beendigung und bei Inbetriebnahme der neuen Anlage die Wiederaufnahme der Frequenznutzung anzeigen müßte, wären im Ergebnis auch Unterbrechungen anzuzeigen, was § 7 Abs. 5 gerade nicht vorsieht. Deshalb wird man von einer Beendigung der Frequenznutzung dann auszugehen haben, wenn der Zuteilungsinhaber nicht mehr die Absicht hat, die Frequenz weiter zu nutzen. Diese Absicht wird anhand des Verhaltens der Zuteilungsinhabers zu erkennen sein, etwa wenn er nach Abbau der Sendeanlage keine ernstzunehmenden Anstalten macht, für Ersatz zu sorgen, oder wenn die Anlage zwar stehenbleibt, aber nicht mehr ordentlich gewartet wird. Daneben ist die Frequenznutzung auch als beendigt anzusehen, wenn ihre Fortsetzung aus tatsächlichen Gründen nicht zu erwarten ist[2].

---

1 Siehe die Verordnungsbegründung, BR-Drucks. 116/10, S. 18.
2 Beispiel: Die Frequenzzuteilung für eine Sendestation legt gemäß § 7 Abs. 1 der Frequenzzuteilungsverordnung deren Standort fest. Das Gebäude, auf dem

Die Nichtbefolgung der Anzeigepflicht ist nicht sanktioniert. Von der durch § 96 Abs. 1 Nr. 9 TKG eröffneten Möglichkeit, die Pflichtverletzungen mit Bußgeldern zu belegen, hat die Frequenzzuteilungsverordnung keinen Gebrauch gemacht. Theoretisch wäre denkbar, die Anzeigepflicht mit Mitteln des Verwaltungszwangs[1] durchzusetzen. Allerdings kann die Regulierungsbehörde ein Vollstreckungsverfahren nur einleiten, wenn sie von Beginn oder Beendigung der Frequenznutzung informiert ist. Dann ist aber der Zweck der Anzeigepflicht erreicht, so daß deren zwangsweise Durchsetzung nicht mehr veranlaßt ist, zumal die Vollstreckung nicht der Sanktionierung dient. 141

2.3.2.5 Mehrfache Zuteilung

§ 6 der Frequenzzuteilungsverordnung gibt die Möglichkeit, bereits zugeteilte und damit eigentlich nicht verfügbare Frequenzen erneut zuzuteilen. Die Mehrfachzuteilung steht dabei jeweils im Ermessen der Regulierungsbehörde. Zu unterscheiden sind zwei verschiedene Fälle. 142

§ 6 Abs. 1 betrifft den Fall, daß die **Nutzung** durch einen Einzelnen **nicht effizient** wäre. Das ist etwa bei nur unregelmäßig genutzten Frequenzen der Fall oder wenn Störungen durch andere Nutzung derselben Frequenz technisch begegnet werden kann[2]. Die Verordnungsbegründung nennt als einen Anwendungsfall den Betriebsfunk[3]. Die Zuteilungsinhaber haben dabei nach Satz 2 die Beeinträchtigungen hinzunehmen, die sich aus der bestimmungsgemäßen gemeinsamen Nutzung ergeben. Dies ist eine Abweichung vom sonst bei Störungen geltenden Prioritätsprinzip aus § 3 Abs. 3 der Frequenzbereichszuweisungsplanverordnung, nach dem der Inhaber der früheren Zuteilung Schutz vor Störungen des Inhabers späterer Zuteilungen verlangen kann. 143

§ 6 Abs. 2 schränkt die Regelung insoweit ein als Frequenzen zu **Funknetzen** gehören. Dann ist eine Zuteilung an andere als den Funknetzbetreiber nur möglich, wenn dessen schutzwürdige Interessen nicht entgegenstehen. Damit soll dem besonderen Interesse von Funknetzbetrei- 144

---

die Station errichtet ist, brennt ab. Wenn der Zuteilungsinhaber dann von einem Alternativstandort die Frequenznutzung fortsetzen will, benötigt er eine neue Frequenzzuteilung. Zweckmäßigerweise wird er dabei auf die vorherige Zuteilung für den Altstandort verzichten, da sonst die Frequenz nicht verfügbar ist.
1 Nach dem Verwaltungsvollstreckungsgesetz des Bundes kämen insoweit Zwangsgeld bis zu einer Höhe von DM 2000 und ersatzweise Zwangshaft in Betracht.
2 Siehe zu diesen Partagierungsmöglichkeiten Beck TKG-Komm/*Korehnke/Groteluschen*, vor § 44 Rz. 20 ff.
3 BR-Drucks. 116/01, S. 16.

bern, den Kreis der Nutzer der betroffenen Frequenzen überschaubar zu halten, Rechnung getragen werden[1].

2.3.2.6 Versagung beantragter Frequenzzuteilungen

145 Gründe, eine beantragte Frequenzzuteilung trotz Vorliegen der allgemeinen und besonderen Zuteilungsvoraussetzungen nach §§ 4 Abs. 1, 3 und 5 der Frequenzzuteilungsverordnung abzulehnen – TKG und Frequenzzuteilungsverordnung sprechen insoweit in Bürokratendeutsch von Versagung –, finden sich sowohl im TKG als auch in § 4 Abs. 2 der Verordnung.

2.3.2.6.1 Versagungsgründe nach dem TKG

146 Gemäß § 47 Abs. 6 S. 2 TKG kann eine Frequenzzuteilung aus denselben Gründen abgelehnt werden, die nach § 8 Abs. 3 die Erteilung einer Telekommunikationslizenz ausschließen. Die Versagungsgründe sind **Frequenzmangel**, Nichterfüllung der gewerberechtlichen Anforderungen **Zuverlässigkeit, Leistungsfähigkeit und Fachkunde** sowie Gefährdung der **öffentlichen Sicherheit oder Ordnung**. Für die Einzelheiten hierzu sei auf die Ausführungen in Kapitel 1, Rz. 89 ff. verwiesen.

2.3.2.6.2 Versagungsgründe nach der Frequenzzuteilungsverordnung

147 § 4 Abs. 2 S. 1 der Frequenzzuteilungsverordnung ermöglicht es, eine beantragte Frequenzzuteilung ganz oder teilweise abzulehnen, wenn die beabsichtigte Nutzung mit den **Regulierungszielen des TKG** nach § 2 Abs. 2 nicht vereinbar ist. Die Versagung steht dabei im Ermessen der Regulierungsbehörde[2]. Allerdings sind die Regulierungsziele sehr unbestimmt und können im Einzelfall sogar zu widersprüchlichen Entscheidungen führen, etwa dann wenn ein großes Nutzerinteresse an einer ineffizienten, störungsträchtigen Frequenznutzung besteht. Bei dieser Sachlage ist fraglich, ob dieser Versagungsgrund noch mit dem rechtsstaatlichen Bestimmtheitsgebot in Einklang steht. Angesichts der Tatsache, das unbestimmte und auslegungsbedürftige Rechtsbegriffe und Generalklauseln regelmäßig zulässig sind[3], wird man dies hier aber gerade noch annehmen können. Von der Ermächtigungsgrundlage dürfte die Bestimmung, die auf allgemeine Aussagen des TKG zurückgeht, noch umfaßt sein.

---

1 Siehe erneut BR-Drucks. 116/01, S. 16.
2 Die Verordnung spricht von „kann", und auch die Verordnungsbegründung geht hiervon aus, vgl. BR-Drucks. 116/01, S. 13.
3 Siehe *Jarass*, in: Jarass/Pieroth, Grundgesetz, Art. 20 Rz. 62.

Die eben erwähnte Unbestimmtheit legt eine **restriktive Auslegung** von § 4 Abs. 2 S. 1 nahe. Er sollte nur in Fällen Anwendung finden, in denen die Regulierungsbehörde zwingende gegen eine Frequenzzuteilung sprechende Gründe sieht, die sich nicht nach anderen Regelungen des TKG oder der Verordnung in den Griff bekommen lassen. Daneben ist soweit möglich eine teilweise Ablehnung gegenüber einer vollständigen als das mildere Mittel in Betracht zu ziehen.

148

Weiterhin ist in § 4 Abs. 2 S. 1 der Frequenzzuteilungsverordnung die Einräumung von **Ermessen** als problematisch anzusehen. Die Kombination von unbestimmten Rechtsbegriffen auf der Tatbestands- und Ermessen auf der Rechtsfolgenseite[1] legt nahe, hier abweichend von Verordnungswortlaut und -Begründung[2] von einem sog. Ermessensschwund[3] auszugehen. Wenn eine Frequenznutzung tatsächlich bei Berücksichtigung aller Regulierungsziele im Ergebnis diesen zuwiderläuft, dann ist schwer denkbar, daß es Ermessensgründe gibt, die Frequenz dennoch zuzuteilen. Auch der in der Verordnungsbegründung[4] angesprochene Fall, daß eine beantragte Frequenzzuteilung zwar ineffizient ist, aber der Herstellung der Chancengleichheit gegenüber anderen Zuteilungsinhabern dient, läßt sich als einer verstehen, bei dem das Regulierungsziel der Sicherstellung eines chancengleichen Wettbewerbs die fehlende Effizienz der Frequenznutzung aufwiegen kann. Allerdings gebietet das Ziel, eine effiziente Frequenznutzung zu erreichen, es in diesem Fall eher, dem übermäßig gut mit Frequenzen versorgten Konkurrenten nach § 8 Abs. 1 Nr. 3 der Frequenzzuteilungsverordnung einzelne Zuteilungen zu widerrufen. So gesehen erweist sich auch das in § 4 Abs. 2 S. 1 eingeräumte Ermessen als richtig, weil sonst der in der Frequenzzuteilung benachteiligte Antragsteller in diesen Situationen einen Anspruch auf Zuteilung haben könnte.

149

2.3.2.6.3 Typische Fälle

Eine Behandlung aller denkbaren weiteren Fälle, in denen eine Ablehnung beantragter Zuteilungen in Betracht kommt, kann hier nicht geleistet werden. Im Folgenden werden lediglich einige typische Fälle angesprochen, in denen eine beantragte Frequenzzuteilung abgelehnt werden kann. Versagungsgründe nach dem TKG werden dabei mit abgehandelt.

150

---

1 Sogenannte Koppelungsvorschrift oder Mischtatbestand, vgl. *Maurer*, Allgemeines Verwaltungsrecht, S. 139.
2 BR-Drucks. 116/01, S. 13.
3 Vgl. *Maurer*, Allgemeines Verwaltungsrecht, S. 140.
4 BR-Drucks. 116/10, S. 13.

2.3.2.6.3.1 Ineffiziente Frequenznutzung

151 Ausweislich der Verordnungsbegründung hatte der Verordnungsgeber bei der Ausgestaltung des Versagungsgrundes vor allem diese Fallgruppe im Auge. Insoweit soll die Ablehnung einer beantragten Frequenzzuteilung möglich sein, wenn der Antrag der **Hortung von Frequenzen** dient oder die **Sendernetzgestaltung** des Antragstellers **ineffizient** ist[1].

152 Der erste dieser Fälle ist rechtlich unproblematisch, aber tatsächlich unter Umständen schwer nachweisbar. Immerhin hat die Regulierungsbehörde nach §§ 49, 72 TKG und §§ 24 ff. VwVfG die Möglichkeit, beispielsweise die Auslastung von bereits bestehenden Funkanlagen des Antragstellers zu ermitteln. Problematischer ist der zweite oben genannte Fall. Über die aus Effizienzgesichtspunkten optimale Gestaltung von Funknetzen werden sich auch Fachleute wohl nicht immer einig sein. Zudem ist auch das Verhältnis zwischen Kosten und technischer Effizienz im Auge zu behalten. Von daher kann hier vom Antragsteller nicht verlangt werden, daß sein Sendernetz das Optimum an Effizienz erreicht, sondern nur, daß er ein Maß an Effizienz erreicht, daß unter Kostengesichtspunkten als vertretbar erscheint. Bei dieser Abwägung ist auch die generelle Frequenzknappheit im betroffenen Frequenzbereich mit einzubeziehen. Wo zeit- und kostenaufwendige Vergabeverfahren drohen, müssen bei diesem Punkt strengere Maßstäbe angelegt werden als in anderen Frequenzbereichen.

2.3.2.6.3.2 Fehlen einer erforderlichen Lizenz

153 Als Zuteilungsvoraussetzung ist das Bestehen der erforderlichen **Telekommunikationslizenz** beim Antragsteller bereits oben Rz. 127 angesprochen worden. Ergänzend ist hier darauf hinzuweisen, daß auch in Fällen, in denen die Lizenz keine Zuteilungsvoraussetzung nach § 5 Abs. 1 der Frequenzzuteilungsverordnung ist, deren Fehlen die Ablehnung einer beantragten Frequenzzuteilung ermöglicht. Dies ergibt sich aus §§ 47 Abs. 6 S. 2 in Verbindung mit § 8 Abs. 3 S. 2.b) TKG. Eine lizenzpflichtige Frequenznutzung ohne Lizenz würde zu einem Gesetzesverstoß führen und damit die öffentliche Sicherheit stören.

2.3.2.6.3.3 Sicherung der Frequenzplanung

154 Schließlich ist noch auf das bereits oben Rz. 54 angesprochene Problem einzugehen, daß weder TKG noch die drei Verordnungen zur Frequenzverwaltung Bestimmungen zur **Sicherung der Frequenzplanung** enthalten, wie sie etwa für die Bauleitplanung in §§ 14 ff. BauGB vorgesehen

---

1 BR-Drucks. 116/10, S. 13.

sind. Dies führt zur Frage, wie die Regulierungsbehörde mit Anträgen auf Frequenzzuteilung zu verfahren hat, deren Frequenzen zu gerade in Planung befindlichen Frequenzbereichen gehören. Insoweit mag es aus Sicht der Behörde als wünschenswert erscheinen, die Möglichkeit zur Ablehnung solcher Anträge zu haben. Das systematische Verhältnis zu § 8 Abs. 1 Nr. 1 der Verordnung steht dem aber grundsätzlich entgegen. Da bei geänderter Frequenznutzungsplanung nach dieser Bestimmung in Verbindung mit § 4 Abs. 1 Nr. 1 nach Abschluß der Planung die Frequenzzuteilung entschädigungslos widerrufen werden kann (zu allem noch näher unten Rz. 157 ff.), ist nach der Verordnung diese Widerrufsmöglichkeit das primäre Instrument zur Bewältigung geänderter Planungen.

In der Praxis wird es sich anbieten, den Antragsteller auf die laufende Planung und die Widerrufsmöglichkeit hinzuweisen. Wenn er dann gleichwohl seinen Antrag aufrechterhält, stellt sich die Frage, ob dies nicht durch oben Rz. 151 schon ansatzweise angesprochene Blockadeabsichten motiviert ist. Dergleichen kann zum einen gegen Regulierungsziele (Störung von Nutzerinteressen, Wettbewerbschancen und effizienter Frequenznutzung) verstoßen und außerdem die Zuverlässigkeit des Antragstellers in Frage stellen. 155

2.3.2.6.3.4 Gesundheitsgefahren

Die möglicherweise gesundheitsschädlichen Wirkungen von Funkwellen sind in der jüngeren Vergangenheit insbesondere im Zusammenhang mit der Errichtung von Mobilfunkstationen Anlaß vieler Konflikte gewesen[1]. Der Schutz der Gesundheit gehört zu den Schutzgütern der öffentlichen Sicherheit. Daher kann eine Frequenzzuteilung aus diesen Gründen nach §§ 47 Abs. 6 S. 2, 8 Abs. 3 S. 1 Nr. 2b) TKG ganz oder teilweise abgelehnt werden, wenn zu erwarten ist, daß von ihr gesundheitliche Gefährdungen ausgehen. Für Frequenznutzungen oberhalb von 10 MHz[2] ist dabei die **26. Verordnung zum Immissionsschutzgesetz** die maßgebliche Entscheidungsgrundlage. Soweit ihre Grenzwerte eingehalten sind, ist davon auszugehen, daß keine Gesundheitsgefahren bestehen. 156

---

1 Mancherorts sind deshalb schon Volksinitiativen gegen die Aufstellung solcher Stationen initiiert worden, vgl. das Urteil des Bayerischen VGH vom 16. 3. 2001, Az. 4 B 99.318 zu solch einem Fall, in dem die Volksinitiative zugelassen wurde (Pressemitteilung unter www.vgh.bayern.de/vgh/pr010316.html abrufbar).

2 Die umstrittenen Mobilfunkanwendungen liegen mit ihren Frequenzen oberhalb dieser Schwelle, nämlich bei ca. 900 (D-Netze), 1800 (E-Netze) und 2000 (UMTS) MHz.

2.3.2.7 Widerruf, Rücknahme und Erlöschen von Frequenzzuteilungen

2.3.2.7.1 Überblick über die Widerrufsgründe

157 Das TKG, die Frequenzzuteilungsverordnung und das allgemeine Verwaltungsverfahrensrecht ermöglichen in einer ganzen Reihe von Fällen den **Widerruf** oder die **Rücknahme** von Frequenzzuteilungen. Zunächst gibt der Verweis in § 47 Abs. 6 S. 2 auf § 15 TKG die Möglichkeit, Frequenzzuteilungen aus denselben Gründen wie Lizenzen zu widerrufen[1]. Des weiteren sind die Widerrufsgründe des § 49 Abs. 2 VwVfG anwendbar, was daraus folgt, daß zum einen § 47 Abs. 4 TKG dazu ermächtigt, in der Frequenzzuteilungsverordnung den Widerruf abweichend hiervon zu regeln, zum anderen § 8 Abs. 1 S. 1 der Frequenzzuteilungsverordnung den Widerruf nach § 49 Abs. 2 VwVfG ausdrücklich vorsieht. Aus dem Regelungsgefüge ergibt sich damit, daß die allgemeine Widerrufsregelung aus § 49 VwVfG anwendbar bleiben soll[2].

158 Einschränkend ist insoweit aber anzumerken, daß Sachverhalte, die bereits unter die speziellen telekommunikationsrechtlichen Widerrufstatbestände fallen, ohne deren Voraussetzungen zu erfüllen, nicht zu einem Widerruf nach § 49 VwVfG berechtigen. So kann die Zuteilung einer nicht genutzten Frequenz nicht gestützt auf das VwVfG vor Ablauf der in § 47 Abs. 5 S. 2 TKG vorgesehenen Jahresfrist widerrufen werden. Für alles weitere zum Widerruf nach §§ 15 TKG, 49 VwVfG sowie zur Rücknahme von Zuteilungen nach § 48 VwVfG wird auf die Ausführungen in Kapitel 1, Rz. 147 ff. verwiesen.

2.3.2.7.2 Widerruf bei ungenutzten Frequenzen

159 § 47 Abs. 5 S. 3 TKG ermächtigt die Regulierungsbehörde zum Widerruf von Frequenzzuteilungen, wenn entweder nicht binnen eines Jahres nach Zuteilung die Nutzung der Frequenz aufgenommen oder aber die Nutzung länger als ein Jahr nicht fortgeführt wird. Die Bestimmung soll das **Brachliegen** ungenutzter Frequenzen verhindern und dient damit dem Regulierungsziel der effizienten Frequenznutzung[3]. Zur Frage, wann insoweit von einer Beendigung der Frequenznutzung ausgegangen werden kann, sei auf die oben bei Rz. 140 zur Anzeigepflicht gemachten Ausführungen verwiesen. Der Widerruf nach dieser Bestimmung steht im pflichtgemäßen Ermessen der Regulierungsbehörde. Die Entschei-

---

1 Das ist schon deshalb sinnvoll, weil eine Frequenznutzung, die sich als Betreiben eines lizenzpflichtigen Übertragungswegs darstellt, ohne Lizenz nicht fortgesetzt werden darf.
2 Siehe zum Regelungszusammenhang als Argument *Kopp/Ramsauer*, Kommentar zum VwVfG, § 49 Rz. 13.
3 Beck TKG-Komm/*Ehmer*, § 47 Rz. 19.

dung wird maßgeblich davon abhängen, ob die unterbliebene Nutzung der Frequenz dem Verantwortungsbereich des Zuteilungsinhabers zuzurechnen ist[1].

2.3.2.7.3 Widerrufsgründe nach der Frequenzzuteilungsverordnung

Entsprechend der Ermächtigung in § 47 Abs. 4 TKG hat die Frequenzzuteilungsverordnung in § 8 Abs. 1 S. 1 eine Reihe von Fällen aufgelistet, in denen der Widerruf von Frequenzzuteilungen auch in Fällen möglich ist, die nicht von § 49 Abs. 2 VwVfG erfaßt werden. Die Fälle sind das nachträgliche **Entfallen einer allgemeinen oder besonderen Zuteilungsvoraussetzung** nach §§ 4 Abs. 1, 5 Abs. 1, 3 bis 5 der Verordnung, die wiederholte und hartnäckige **Mißachtung von aus der Zuteilung resultierenden Verpflichtungen** sowie nach der Zuteilung eintretende **Frequenzknappheit**, die entweder den Wettbewerb oder die Einführung neuer frequenzeffizienter Techniken verhindert oder unzumutbar erschwert. Teilweise überschneiden diese Widerrufsgründe sich mit denen nach §§ 47 Abs. 5 S. 3, 15 Nr. 1 TKG.

160

Der Widerruf steht in all diesen Fällen im pflichtgemäßen Ermessen der Regulierungsbehörde. Grundsätzlich ist außer in Fällen, in denen der Widerruf durch Mißachtung von Zuteilungsbedingungen motiviert ist, ein zurückhaltender Gebrauch angebracht. Oft stammen die nach Zuteilung entstehenden Widerrufsgründe wie beispielsweise Frequenzknappheit oder Störungen nicht aus dem Verantwortungsbereich des Zuteilungsinhabers oder waren im Falle geänderter Frequenzplanungen für ihn bei Erhalt der Zuteilung nicht vorherzusehen[2]. Darauf ist bei der Ermessensausübung Rücksicht zu nehmen, zumal eine Entschädigung für Vermögensnachteile nicht vorgesehen ist.

161

2.3.2.7.4 Entschädigung

Eine **Entschädigung** für den Verlust widerrufener Frequenzen ist in der Frequenzzuteilung **nicht vorgesehen**. Das folgt allerdings nicht aus § 8 Abs. 2 S. 2 der Verordnung. Diese Bestimmung, nach der § 49 Abs. 6 VwVfG auf den Widerruf nach § Abs. 1 und Abs. 2 S. 1 der Verordnung nicht anzuwenden ist, hat lediglich deklaratorische Bedeutung, weil jene Bestimmung nur für einen Widerruf, der auf § 49 Abs. 2 Nr. 3 bis 5 VwVfG gestützt wird, einen Entschädigungsanspruch vorsieht. Daß für

162

---

1 *Demmel*, in: Manssen, Telekommunikations- und Multimediarecht, § 47 Rz. 52; Beck TKG-Komm/*Ehmer*, § 47 Rz. 19.
2 Anders allerdings im oben Rz. 157 genannten Fall, wenn die Zuteilung während eines laufenden Planungsverfahrens erfolgte und dem Antragsteller dies mitgeteilt wurde.

den Widerruf von Frequenzzuteilungen keine Entschädigung zu erlangen ist, ergibt sich vielmehr schon aus dem Fehlen einer Regelung, die eine Entschädigung vorsieht. Einen Sonderfall der Entschädigung durch Zuteilung anderer Frequenzen[1] enthält allerdings § 9 Abs. 1 der Frequenzzuteilungsverordnung (dazu gleich Rz. 172).

163 Hiergegen bestehen **keine durchgreifenden Bedenken**, weil regelmäßig ein eventuelles Vertrauen der Zuteilungsinhaber, eine Frequenz zeitlich unbefristet nutzen zu können, nicht geschützt ist. Bei Zuteilungen, die nach Inkrafttreten der Frequenzzuteilungsverordnung erfolgten, kann der Zuteilungsinhaber bereits aus der Verordnung ersehen, daß unter bestimmten Voraussetzungen ein Widerruf der Zuteilung droht. Bei nach Inkrafttreten des TKG, aber vor Inkrafttreten der Frequenzzuteilungsverordnung ausgesprochenen Frequenzzuteilungen ist routinemäßig ein Vorbehalt der endgültigen Regelung beigefügt worden[2]. Daraus ergibt sich ähnlich wie beim Widerrufsvorbehalt[3] zusammen mit § 47 Abs. 4 TKG, der die Einführung von über § 49 Abs. 2 VwVfG hinausgehenden Widerrufsregeln vorsieht, daß die Zuteilungsinhaber mit der Einführung von Widerrufsregeln rechnen müssen. Bei vor Inkrafttreten des TKG verliehenen Frequenznutzungsrechten folgt aus § 97 Abs. 5 S. 3 TKG, daß auf diese die Regelungen zur Frequenzverwaltung vollumfänglich anwendbar sind.

2.3.2.7.5 Frist bis zum Wirksamwerden des Widerrufs

164 Nach § 8 Abs. 1 S. 2 der Frequenzzuteilungsverordnung hat die Frist bis zum **Wirksamwerden des Widerrufs** angemessen zu sein und mindestens 1 Jahr zu betragen. Unter Wirksamwerden ist in diesem Zusammenhang nicht die Rechtswirksamkeit des Widerrufs als Verwaltungsakt zu verstehen – diese tritt nach § 43 VwVfG mit Bekanntgabe beim Adressaten ein –, sondern der Zeitpunkt, zu dem die Rechtsfolgen des Widerrufs eintreten und das Nutzungsrecht an der zugeteilten Frequenz endet.

165 Daß dem Zuteilungsinhaber eine **angemessene Frist** belassen wird, in der er umdisponieren und die Frequenznutzung beenden kann, ist schon aus Gründen der Verhältnismäßigkeit zwingend erforderlich. Der Verordnungsgeber geht dabei davon aus, daß Übergangsfristen, die weniger als ein Jahr betragen, unangemessen sind. Für Fälle eines auf die wiederholte und hartnäckige Pflichtverletzung gestützten Widerrufs ist das

---

1 Zivilrechtsdogmatisch kann man das wohl als Naturalrestitution bezeichnen.
2 Siehe § 10 Abs. 3 der Verordnung, und die Begründung dazu, BR-Drucks. 116/01, S. 21.
3 Zu dessen Bedeutung *Maurer*, Allgemeines Verwaltungsrecht, S. 294.

allerdings erstaunlich, aber grundsätzlich als Entscheidung des Verordnungsgebers hinzunehmen (zu Einschränkungen siehe den folgenden Absatz).

Keine Anwendung findet diese Fristenregelung demgegenüber bei Widerrufen, die auf andere als die in § 8 Abs. 1 Nr. 1 bis 3 der Frequenzzuteilungsverordnung genannte Widerrufsgründe gestützt werden. Dies ergibt sich daraus, daß § 47 Abs. 5 S. 3 und Abs. 6 S. 2 TKG gemäß § 8 Abs. 1 S. 4 der Verordnung unberührt bleiben, sowie aus Zweckerwägungen. Die Ermächtigung zur Regelung von Widerrufsgründen, die von § 49 Abs. 2 VwVfG abweichen, sollte den Widerruf im Interesse der Effizienz und Störungsfreiheit der Frequenznutzung erleichtern, nicht erschweren[1]. Damit dürfte sich auch das im vorigen Absatz angesprochene Problem des Widerrufs von Zuteilungen wegen Mißachtung von Zuteilungsauflagen lösen lassen. Insoweit ermöglichen nämlich auch §§ 47 Abs. 6 S. 2, 15 Nr. 1 TKG einen Widerruf, für den die Jahresfrist nicht gilt.

166

2.3.2.7.6 Erlöschen der Frequenzzuteilung

Das Erlöschen der Frequenzzuteilung ist in § 8 Abs. 4 der Frequenzzuteilungsverordnung geregelt. Unter **Erlöschen der Zuteilung** ist dabei das Entfallen des mit der Zuteilung gewährten Frequenznutzungsrechts zu verstehen. Im einzelnen nennt die Verordnung hierfür vier Tatbestände, nämlich den Ablauf von Befristungen sowie den Eintritt auflösender Bedingungen von Zuteilungsbescheiden, das Unanfechtbarwerden von Widerrufs- oder Rücknahmebescheiden und schließlich den Verzicht des Zuteilungsinhabers. Die beiden erstgenannten Erlöschensgründe ergeben sich bereits aus dem allgemeinen Verwaltungsrecht. Problematisch ist demgegenüber der Erlöschenstatbestand der Unanfechtbarkeit von Widerrufs- und Rücknahmebescheiden.

167

Zunächst führt das zu **Friktionen mit der in § 8 Abs. 1 S. 2 vorgesehenen Jahresfrist** bis zum Wirksamwerden eines Widerrufs. Widerruf und Rücknahme eines Zuteilungsbescheids werden als Verwaltungsakte mit Ablauf der Klagefrist[2] oder aber im Falle einer Anfechtung auf dem Klagewege mit Rechtskraft des klagabweisenden Urteils unanfechtbar. Dieser Zeitpunkt wird in den meisten Fällen nicht mit der Frist zum

168

---

1 Siehe in diese Richtung gehend auch die Begründung in BR-Drucks. 116/01, S. 18, wonach die Widerrufsgründe der Berücksichtigung telekommunikationsrechtlicher Besonderheiten dienen.
2 Also nach § 74 Abs. 1 S. 2 der Verwaltungsgerichtsordnung (VwGO) einen Monats nach Bekanntgabe, bei Fehlen einer Rechtsbehelfsbelehrung gemäß §§ 58 Abs. 2 VwGO ein Jahr nach Bekanntgabe.

Wirksamwerden des Widerrufs korrespondieren. Die Verordnungsfassung ist daher mißlungen. Zur Auflösung dieses Widerspruchs wird man § 8 Abs. 4 Nr. 3 der Verordnung dahin gehend zu verstehen haben, daß die Zuteilung spätestens mit Unanfechtbarkeit des Widerrufs außer Kraft tritt, aber nicht vor Ablauf der nach Abs. 1 S. 1 gesetzten Frist. Es wäre weiter gehend sogar daran zu denken, die Frist bis zum Wirksamwerden des Widerrufs erst mit Unanfechtbarkeit beginnen zu lassen. Dazu besteht aber kein Bedarf, da der Zuteilungsinhaber während des laufenden Rechtsbehelfsverfahrens Vorbereitungen für den Fall treffen kann, daß der Widerruf im Ergebnis bestehen bleibt.

169 Außerdem steht § 8 Abs. 4 Nr. 3 der Frequenzzuteilungsverordnung im **Widerspruch zu § 80 Abs. 2 TKG.** Nach jener Vorschrift haben Klagen gegen Entscheidungen der Regulierungsbehörde keine aufschiebende Wirkung. Allerdings verbietet die Regelung des § 80 Abs. 2 TKG es der Regulierungsbehörde nicht, die Vollziehung nach § 80 Abs. 4 S. 1 VwGO aussetzen, da das TKG dies nicht ausschließt[1]. So gesehen hat der Verordnungsgeber in Fällen des Widerrufs von Frequenzzuteilungen diese Entscheidung generell getroffen. Dies dürfte noch zum Verfahren der Frequenzzuteilung gehören und damit von der Verordnungsermächtigung in § 47 Abs. 4 TKG gedeckt sein.

170 Unproblematisch ist schließlich der letzte von § 8 Abs. 4 der Frequenzzuteilungsverordnung behandelte Fall, nach dem die Frequenzzuteilung erlischt, wenn der Zuteilungsinhaber auf sie **verzichtet**. Die Regelung entspricht dem auch für das allgemeine Verwaltungsrecht anerkannten Prinzip, daß der Begünstigte eines Verwaltungsakts auf die Rechte aus diesem verzichten kann, und sich dadurch die Wirksamkeit nach § 43 Abs. 2 VwVfG erledigt[2]. Von Bedeutung ist § 8 Abs. 4 Nr. 4 der Verordnung deshalb vor allem, weil Abs. 4 S. 2 die Form des Verzichts regelt. Hiernach ist der Verzicht schriftlich unter genauer Bezeichnung der Zuteilung zu erklären. Es empfiehlt sich zur Vermeidung von Unklarheiten oder Mißverständnissen, die zurückzugebende Zuteilung mit Datum, Aktenzeichen sowie Angabe der Inhaltsbestimmungen nach § 7 Abs. 1 der Verordnung zu bezeichnen. Praktisch wird es sich anbieten, der Verzichtserklärung eine Fotokopie des Zuteilungsbescheids beizulegen[3].

---

1 So auch Beck TKG-Komm/*Geppert*, § 80 Rz. 9.
2 *Kopp/Ramsauer*, Kommentar zum VwVfG, § 43 Rz. 41.
3 Ist der Bescheid nicht mehr vorhanden oder unauffindbar, sind Zweitschriften für DM 30 bei der Regulierungsbehörde erhältlich, siehe Nr. A.1 des Gebührenverzeichnisses der Frequenzgebührenverordnung.

2.3.2.8 Nachträgliche Änderungen und Einschränkungen

Die nachträgliche Änderung oder Einschränkung einer Frequenzzuteilung ist stets zugleich ein teilweiser Widerruf bzw. eine teilweise Rücknahme derselben. Von daher ist in Fällen, in denen ein Widerruf oder auch eine Rücknahme möglich ist, eine Änderung bzw. Einschränkung in Betracht zu ziehen. §§ 9 und 7 der Frequenzzuteilungsverordnung enthalten daneben drei zum Teil miteinander im Zusammenhang stehende Sonderfälle.

171

2.3.2.8.1 *Zuteilung anderer Frequenzen*

§ 9 Abs. 1 bezieht sich auf den Fall, in dem gemäß § 6 der Verordnung **mehrere Zuteilungen** für dieselbe Frequenz erfolgt sind. Wenn sich erweist, daß diese Frequenzpartagierung nicht mehr funktioniert, weil einer der Zuteilungsinhaber die Frequenz infolge eines gestiegenen Kommunikationsbedürfnis übermäßig nutzt, kann diesem eine andere Frequenz zugeteilt werden, wenn die Störungsfreiheit der Frequenznutzung anders nicht wieder herzustellen ist. Ausweislich der Begründung soll diese Bestimmung eine Vereinfachung gegenüber dem sonst zu ergreifenden Verfahren von Widerruf und Neuzuteilung von Frequenzen schaffen[1]. Die Bestimmung ist daher als Ersatzlösung zum Widerruf einer Frequenzzuteilung nach § 8 Abs. 1 Nr. 1 in Verbindung mit § 4 Abs. 1 Nr. 3. der Verordnung wegen Unverträglichkeit der Frequenznutzung zu sehen. Deshalb können solche Frequenzzuteilungen von Amts wegen ohne Antrag ergehen. Sie stehen im pflichtgemäßen Ermessen der Regulierungsbehörde. Der Sache nach geht es hier nach alledem nicht unmittelbar um die Einschränkung oder Änderung einer Frequenzzuteilung, sondern die Zuteilung anderer Frequenzen von Amts wegen.

172

Ihren Zweck, die Störungsfreiheit der Frequenznutzung wiederherzustellen, erreicht diese Lösung dadurch, daß gleichzeitig dem betroffenen Zuteilungsinhaber aufgegeben wird, seinen **Funkverkehr** auf die ihm zugeteilte andere Frequenz zu **verlagern**. Rechtsgrundlage einer solchen Anordnung ist § 7 Abs. 2 S. 2 der Verordnung, welcher nachträgliche Änderungen von Umfang und Art der Frequenzzuteilung erlaubt (dazu unten Rz. 178). Leider sagt der Verordnungstext von § 9 dies nicht. Auch bleibt unklar, ob eine solche Entscheidung gleichzeitig zur Folge hat, daß das Nutzungsrecht an der ursprünglich zugeteilten Frequenz erlischt. Einerseits spricht die Überschrift der Bestimmung von Änderung und Einschränkung, nicht jedoch von Aufhebung der Zuteilung. Andererseits heißt es im Normtext, es werde eine „andere", nicht aber eine „weitere" Frequenz zugeteilt. Aus Systematik und den Intentionen

173

---
1 BR-Drucks. 116/01, S. 21.

des Verordnungsgebers folgt allerdings, daß die ursprüngliche Frequenzzuteilung bestehen bleiben soll, gegebenenfalls eingeschränkt nach § 7 Abs. 2 S. 2 der Verordnung.

174 Die Möglichkeit einer Alternativzuteilung nach § 9 Abs. 1 S. 2 setzt voraus, daß eine anderweitige Wiederherstellung der störungsfreien Frequenznutzung nicht möglich ist. Das ist dadurch begründet, daß hier eine Frequenzzuteilung ohne Antrag aufgedrängt wird. Dabei kann es ausnahmsweise auch in Betracht kommen, statt dessen nicht beim übermäßig die Frequenz nutzenden Zuteilungsinhaber, sondern bei den anderen, gestörten Frequenznutzern anzusetzen, etwa wenn die Störung letztlich darauf zurückzuführen ist, daß die von diesen eingesetzte Funktechnik veraltet und damit übermäßig störempfindlich ist.

175 Nach § 9 Abs. 1 S. 2 der Verordnung soll die Regelung entsprechend gelten, wenn die Stattgabe von Erweiterungsanträgen für bestehende Funknetze andere Frequenznutzer in deren bestimmungsgemäßer Frequenznutzung beeinträchtigen würde. Diese Regelung ist überflüssig, weil in diesen Fällen die Zuteilungsvoraussetzung nach § 4 Abs. 1 Nr. 3 der Verordnung nicht gegeben wäre und der Antragsteller nach § 4 Abs. 1 S. keinen Anspruch auf eine bestimmte Einzelfrequenz hat.

2.3.2.8.2 Einschränkung in Notlagen

176 In bestimmten von § 9 Abs. 2 der Verordnung enumerativ aufgezählten **Notfällen**[1] kann die Nutzung zugeteilter Frequenzen vorübergehend eingeschränkt werden, damit die betroffenen Frequenzen von den zuständigen Behörden zur Erfüllung ihrer Aufgaben in derartigen Situationen genutzt werden können. Voraussetzung ist aber, daß die Situation nach § 49 Abs. 2 Nr. 5 VwVfG einen Widerruf der Frequenzzuteilung rechtfertigen würde. Erforderlich dafür ist, daß der Widerruf der Verhütung oder Beseitigung schwerer Nachteile für das Gemeinwohl dient[2]. Das wird nicht bei jedem der in § 9 Abs. 2 der Verordnung genannten Fälle automatisch gegeben sein und bedarf deshalb immer gesonderter Prüfung.

177 Die Bedeutung der Vorschrift liegt weniger darin, daß sie vorübergehende Einschränkungen der Frequenznutzung ermöglicht. Das wäre als teilweiser Widerruf der Zuteilung, den § 49 VwVfG ermöglicht, ebenfalls zu

---

1 Die Verordnung nennt Spannungsfall, Verteidigungsfall, Bündnisverpflichtungen, Zusammenarbeit mit den Vereinten Nationen, internationale Zusammenarbeit zur Notfallbewältigung, Naturkatastrophen sowie besonders schwere Unglücksfälle.
2 Nach *Maurer*, Allgemeines Verwaltungsrecht, S. 293 handelt es sich hier um die „ultima ratio für Extremfälle".

bewerkstelligen. Anders als § 49 Abs. 6 VwVfG ist aber in den Fällen des § 9 Abs. 2 der Verordnung keine Entschädigung zu leisten. Das darin liegende Sonderopfer des Frequenzzuteilungsinhabers wird man rechtlich hinzunehmen haben, da die mit der Zuteilung eingeräumte Rechtsposition von vornherein durch die Möglichkeit einer Einschränkung in den genannten Notfällen belastet ist.

2.3.2.8.3 Nachträgliche Änderungen nach § 7 Abs. 2 S. 2

Einen weiteren Fall der nachträglichen Änderung einer Frequenzzuteilung regelt § 7 Abs. 2 S. 2 der Frequenzzuteilungsverordnung. Hiernach können **Art und Umfang einer Frequenznutzung** nachträglich geändert werden, wenn wegen intensivierter Nutzung des Frequenzspektrums erhebliche Einschränkungen der Frequenznutzung auftreten oder aber technische Fortschritte erhebliche Effizienzsteigerungen möglich machen. Den ersten Fall hätte man besser als „Beeinträchtigung der Frequenznutzbarkeit" bezeichnen sollen, weil die Verordnung den Begriff Einschränkung im Zusammenhang mit § 9 mit einem anderen Sinn verwendet. Auch diese Entscheidung steht im pflichtgemäßen Ermessen der Regulierungsbehörde. Sie ist an den Zuteilungsinhaber zu richten, der das ihm zugeteilte Spektrum übermäßig nutzt bzw. der fortschrittlichen, effizienten Frequenznutzung im Wege steht.

178

2.3.2.9 Zusammenfassung: Handlungsmöglichkeiten bei nach Zuteilung von Frequenzen auftretenden Unverträglichkeiten

Aus den Ausführungen ergibt sich, daß die Regulierungsbehörde eine Vielzahl von Handlungsoptionen hat, um auftretenden Unverträglichkeiten zwischen zugeteilten Frequenznutzungen flexibel und abgestuft zu begegnen. Im einzelnen bestehen folgende Möglichkeiten:

179

- Bei **mehrfach zugeteilten Frequenzen**: Zuteilung einer ergänzenden Frequenz an den Nutzer, dessen gestiegene Nutzung die Unverträglichkeit verursacht hat, nach § 9 Abs. 1 der Verordnung, siehe oben Rz. 172;
- Bei **erhöhter Nutzung** des Frequenzspektrums nach Zuteilung: Änderung des Inhalts der Frequenzzuteilung nach § 7 Abs. 2 S. 2 der Verordnung, siehe oben Rz. 178;
- **In allen Fällen**: Widerruf von Zuteilungen nach § 8 Abs. 1 Nr. 1 in Verbindung mit § 4 Abs. 1 Nr. 3 der Verordnung, siehe oben Rz. 160.

Zu beachten ist, daß derartige Unverträglichkeiten immer darauf beruhen, daß mehrere Zuteilungsinhaber unabhängig voneinander agieren. Bei der Ermessensausübung wird die Regulierungsbehörde dies zu be-

180

Teil 2 Rz. 181   Frequenzverwaltung

rücksichtigen haben. Der Frage, wer die konkreten Problemsituation zu verantworten hat, kommt dabei maßgebliches Gewicht zu.

2.3.3 Besonderheiten bei bestimmten Funkdiensten

181   Bei einer Reihe von Funkdiensten bestehen im Rahmen der Frequenzzuteilung signifikante Sonderregeln. Diese sind bis jetzt bewußt ausgeklammert worden, um die Darstellung zu vereinfachen. Im folgenden werden diese Fällen zusammengefaßt dargestellt.

2.3.3.1 Frequenzzuteilungen für die Übertragung von Rundfunk

182   Aus den Ausführungen oben Rz. 10 und 14 dürfte klargeworden sein, daß der **Rundfunk** im Rahmen der Frequenzverwaltung eine Sonderstellung einnimmt. Dies folgt nicht nur aus seiner Rolle als Medium und Faktor der öffentlichen Meinungsbildung[1], sondern auch aus der Kompetenzverteilung zwischen Bund und Ländern. Die Frequenzzuteilung ist der Ort, an dem sich die Bundeskompetenz für Frequenzverwaltung und die Länderkompetenz für Rundfunk verzahnen[2]. Daraus ergeben sich für die Frequenzzuteilungspraxis vielfältige Abstimmungs- und Koordinationsbedarfe.

183   Auch der Erlaß der Frequenzzuteilungsverordnung, die nach § 47 Abs. 3 TKG die Zustimmung des Bundesrates benötigte, hat sich wegen Meinungsverschiedenheiten zwischen Bund und Ländern darüber, wie diese Abstimmungs- und Koordinationsvorgänge in der Verordnung zu gestalten sind, maßgeblich verzögert. Sie konnte deshalb wie die beiden anderen Verordnungen erst im Mai 2001 in Kraft treten[3]. Bei Vergleich der früheren Entwürfe mit der letztlich verabschiedeten Fassung zeigt sich, daß sich die Länder im Ergebnis mit ihren Vorstellungen weitgehend durchsetzen konnten[4].

184   Im **Überblick** gelten für den Rundfunkbereich bei Frequenzzuteilungen folgende Sonderregeln[5]: Die Zuteilung von Frequenzen für die Übertra-

---

1 Vom BVerfG im 1. Rundfunkurteil geprägte Beschreibung der Bedeutung des Rundfunks für die öffentliche Meinungsbildung, siehe BVerfGE 12, 205, 260.
2 Vgl. *Demmel*, in: Manssen, Telekommunikations- und Multimediarecht, § 47 Rz. 11.
3 BGBl. I 2001, S. 829 vom 8. 5. 2001.
4 Vgl. die Änderungswünsche des Bundesrats in BR-Drucks. 747/1/99 mit der letztlich in Kraft getretenen Fassung.
5 Für die Deutsche Welle, die gestützt auf die Kompetenz des Bundes für Auswärtige Beziehung eine Rundfunkanstalt nach Bundesrecht ist, gelten all diese Besonderheiten nicht, weil insofern kein Rundfunk im Zuständigkeitsbereich der Länder vorliegt. Im folgenden wird vereinfachend von Rundfunk gesprochen.

gung von Rundfunk kann nach § 47 Abs. 3 TKG erst erfolgen, wenn für die zu übertragenden Programme eine medienrechtliche Genehmigung vorliegt. Die Frequenzzuteilungsverordnung ergänzt diese Bestimmung sowohl hinsichtlich Verfahren als auch hinsichtlich Inhalt von Frequenzzuteilungen für Rundfunkübertragung. Daneben gilt für eine Vielzahl von anderen Entscheidungen im Rahmen der Frequenzzuteilung, die Belange des Rundfunks berühren können, eine besondere Benehmensregel. Schließlich sieht die Frequenzzuteilung im Rahmen der Regelungen zum Widerruf von Frequenzzuteilungen das Ende analoger Rundfunkübertragung für Fernsehen und UKW-Hörfunk vor. Die Einzelheiten werden im folgenden näher dargestellt:

2.3.3.1.1 Voraussetzungen und Inhalte

Voraussetzung einer Frequenzzuteilung für die Übertragung von Rundfunkprogrammen ist nach § 47 Abs. 3 TKG das Vorliegen einer **rundfunkrechtlichen Genehmigung** des zu übertragenden Programms. § 5 Abs. 2 S. 1 der Frequenzzuteilungsverordnung wiederholt dies noch einmal. Damit ist die früher umstrittene Frage der Reihenfolge von telekommunikationsrechtlicher und rundfunkrechtlicher Genehmigung entschieden[1]. 185

Das **Verfahren** soll dabei nach der Verordnung wie folgt ablaufen: Die zuständigen Landesbehörden teilen der Regulierungsbehörde den Versorgungsbedarf für Rundfunk mit. Die Regulierungsbehörde realisiert diese Bedarfsanmeldungen nach § 4 der Frequenzzuteilungsverordnung. Gemeint ist damit, daß die Regulierungsbehörde die Zuteilungsmöglichkeiten ermittelt, welche zur Umsetzung der von den Ländern angemeldeten Versorgungsbedarfe erforderlich sind. Weitere Einzelheiten des Verfahrens sind nach § 5 Abs. 2 S. 4 der Verordnung durch die Regulierungsbehörde noch festzulegen. Dabei hat sie sich nach rundfunkrechtlichen Festlegungen der Länder zu richten. 186

Hinsichtlich der **Inhalte von Frequenzzuteilungen** gilt zunächst dasselbe wie für sonstige Frequenzzuteilungen. Bei der Festlegung von Nebenbestimmungen ist allerdings die unten noch zu erläuternde Benehmensregel zu beachten. Daneben sind nach § 7 Abs. 6 der Verordnung Frequenzzuteilungen für Rundfunkübertragung **Auflagen** zur Sicherstellung rundfunkrechtlicher Belange der Länder beizufügen. Auflagen sind nach § 36 Abs. 2 Nr. 4 VwVfG Bestimmungen, die ein Tun, Dulden oder Unterlassen vorschreiben. Die Verordnung nennt insoweit beispielhaft die Auflagen hinsichtlich der Übertragung eines bestimmten Rundfunkprogramms und hinsichtlich des Versorgungsgrads. Da der Verordnungs- 187

---
1 Beck TKG-Komm/*Ehmer*, § 47 Rz. 14.

text nur Auflagen erwähnt, kommen die sonstigen Arten von Nebenbestimmungen – das sind, wie in Rz. 133 erwähnt, Befristung, Bedingung, Widerrufsvorbehalt, Auflagenvorbehalt – zur Sicherstellung rundfunkrechtlicher Belange grundsätzlich nicht in Betracht. Diese sind daher nach § 7 Abs. 2 der Verordnung nur zur Sicherung der effizienten und störungsfreien Frequenznutzung möglich. Allerdings ermöglicht § 36 Abs. 1 VwVfG bei jedem Verwaltungsakt zusätzlich Nebenbestimmungen zur Sicherstellung der Erfüllung gesetzlicher Voraussetzungen des Verwaltungsakts. Daher wäre es möglich, etwa die Übertragung rundfunkrechtlich genehmigter Programme zur aufschiebenden oder auflösenden Bedingung von Frequenzzuteilungen zu machen[1] oder einen Widerrufsvorbehalt in diese Richtung vorzusehen.

188 Auflagen nach § 7 Abs. 6 der Frequenzzuteilungsverordnung ergehen im **Einvernehmen** mit der zuständigen **Landesbehörde**. Das bedeutet, daß die Landesbehörde den Auflagen zustimmen muß. Die hinter der Regelung stehende Überlegung, daß hier unmittelbar die Rundfunkkompetenz der Länder betroffen ist, spricht dafür, daß dies auch bei auf § 36 Abs. 1 VwVfG gestützten Nebenbestimmungen zur Sicherung rundfunkrechtlicher Belange gilt.

2.3.3.1.2 Verfahrensrechtliche Benehmensregelung in sonstigen Fällen

189 In einer Vielzahl weiterer Entscheidungen zur Frequenzzuteilung greift eine spezifische **Benehmensregelung** ein. Nach dieser ist „für Belange der Länder bei der Übertragung von Rundfunk im Zuständigkeitsbereich der Länder ... auf der Grundlage der rundfunkrechtlichen Festlegungen das Benehmen mit der zuständigen Landesbehörde herzustellen." Hier handelt es sich um eine Benehmensregel, bei der die Stellung der Länder gegenüber dem sonst im Verwaltungsverfahren üblichen[2] deutlich verstärkt ist. Dergleichen hatten frühere Entwürfe der Frequenzzuteilungsverordnung enthalten, die u.a. deshalb nicht die Zustimmung des Bundesrats fanden[3]. Die nun vorgesehene Regelung ist aufgrund ihrer Entstehungsgeschichte dahin gehend zu interpretieren, daß die Regulierungsbehörde nur in Ausnahmefällen von den rundfunkrechtlichen Festlegungen abweichen darf. Daß nicht noch weiter gehend das Einvernehmen der jeweils zuständigen Landesbehörde gefordert wird, ist angesichts der Bundeszuständigkeit für Frequenzzuteilung konsequent.

---

1 So auch *Scherer*, K&R 1999, Beilage 2, 23 für die Rechtslage vor Inkrafttreten der Frequenzzuteilungsverordnung.
2 Gelegenheit zur Stellungnahme mit dem Ziel der Einigung, siehe *Creifelds* Rechtswörterbuch unter dem Stichwort „Einvernehmen".
3 Siehe BR-Drucks. 747/99 (Entwurf der Bundesregierung) und 747/1/99 (Stellungnahme des Bundesrats dazu).

Diese Benehmensregelung gilt in folgenden Fällen: 190
- **Versagung** einer Frequenzzuteilung für Rundfunkübertragung, § 4 Abs. 2;
- **Frequenzzuteilung abweichend von planerischen Vorgaben** nach § 4 Abs. 3, und zwar sowohl bei Zuteilung von Frequenzen in für Rundfunk vorgesehenen Frequenzbereichen zur anderweitigen Nutzung als auch für Übertragung von Rundfunk außerhalb der dafür vorgesehenen Frequenzbereiche;
- **Frequenzzuteilung für rundfunkähnliche Dienste** innerhalb für Rundfunk vorgesehener Frequenzbereiche gemäß § 4 Nr. 33 und 34 der Frequenzbereichszuweisungsplanverordnung, § 5 Abs. 2 S. 5, 6 der Verordnung (allerdings mit der Einschränkung unten Rz. 198),
- **Nebenbestimmungen** zu Frequenzzuteilungen für Rundfunkübertragung, die der Sicherung der effizienten, störungsfreien Frequenznutzung dienen, § 7 Abs. 2;
- **Widerruf** von Frequenzzuteilungen für Rundfunkübertragung aus den in § 8 Abs. 1 vorgesehenen Gründen.

2.3.3.1.3 Lizenzpflicht nach dem TKG für Rundfunkübertragung

Oft wird das Betreiben von Sendeanlagen für Rundfunkübertragung sich als das **Betreiben von Übertragungswegen** für Telekommunikationsdienstleistungen für die Öffentlichkeit darstellen. Das ist dann der Fall, wenn der Sendernetzbetreiber seine Dienste beliebigen Rundfunkveranstaltern anbietet. Die Lizenz nach § 6 Abs. 1 TKG hierfür erforderliche Lizenz ist dann entweder eine der Klasse 2 für Satellitenfunkdienstleistungen oder eine der Klasse 3 für terrestrische Funkverbindungen. 191

Es ist aber gerade im Zuge der Einführung digitaler Übertragungstechniken durchaus vorstellbar, daß mehrere Rundfunkveranstalter zur gemeinsamen Übertragung ihrer Programme in einem Multiplexing-Frequenzblock zusammenarbeiten oder aber ein Veranstalter in seinem Block die Programme anderer, gesellschaftsrechtlich mit ihm verbundener Veranstalter mitüberträgt. Je nach Ausgestaltung der Zusammenarbeit kann darin eine geschlossene Benutzergruppe gesehen werden oder zumindest ein Angebot von Telekommunikationsdienstleistungen für beliebige Personen aus anderen Gründen nicht vorliegen. Für die Einzelheiten dazu sei auf Kapitel 1, Rz. 38 ff. verwiesen. 192

Allerdings sind solche **Kooperationen** aus rundfunkrechtlicher Sicht alles andere als unproblematisch. Insbesondere können sich aus ihnen Situationen ergeben, bei denen einzelne Veranstalter beim Zugang zu Übertragungswegen benachteiligt sind. Es ist denkbar, daß sich hier 193 mittelfristig rundfunkrechtlicher Regelungsbedarf für die Länder ähnlich der Regelungen zur Kabelbelegung nach § 52 des Rundfunkstaatsvertrags ergibt.

2.3.3.1.4 Auseinanderfallen von Sendernetzbetrieb und Rundfunkveranstaltung

194 Ein erheblicher Teil der Sendenetze für Rundfunkprogramme wird nicht von den Rundfunkveranstaltern, die Inhaber der rundfunkrechtlichen Erlaubnis sind, selbst betrieben, sondern durch von diesen beauftragte Telekommunikationsunternehmen[1]. In diesem Falle wäre daran zu denken, dem Rundfunkveranstalter die Frequenz zuzuteilen, der sie dann dem Sendernetzbetreiber entsprechend § 9 Abs. 2 TKG überläßt. Dieser Weg ist aber dadurch blockiert, daß Frequenzzuteilungen anders als Lizenzen nicht überlassen werden können, was sich daraus ergibt, daß die Bestimmung des § 47 Abs. 6 TKG nur den Fall des Wechsels der Eigentumsverhältnisse beim Zuteilungsinhaber umfaßt (siehe dazu schon Kapitel 1, Rz. 168 sowie unten Rz. 354).

195 Nach der Frequenzzuteilungsverordnung soll der erwähnten Situation dadurch beigekommen werden, daß nach § 7 Abs. 6 S. 3 der Frequenzzuteilung die **Auflage** beigefügt wird, ein bestimmtes Programm zu übertragen. Der in der rundfunkrechtlichen Literatur erhobenen Forderung, daß sich die Rundfunkveranstalter den Sendernetzbetreiber aussuchen können sollen[2], wäre bei der Frequenzzuteilung dann dadurch Rechnung zu tragen, daß bei einem vom Rundfunkveranstalter gewünschten Wechsel des Sendernetzbetreibers dem alten Betreiber die Frequenzzuteilung widerrufen wird. Allerdings passen die in der Verordnung vorgesehenen Widerrufsgründe für diesen Fall nicht wirklich. Wenn ein Sendernetzbetreiber die Übertragung eines Rundfunkprogramms einstellt, weil der Veranstalter dieses Programms das verlangt, kann man darin schwerlich einen hartnäckigen Verstoß gegen Zuteilungsauflagen im Sinne von § 8 Abs. 1 Nr. 3 oder das Entfallen der rundfunkrechtlichen Genehmigung für das zu übertragende Programm nach § 8 Abs. 2 der Verordnung sehen.

196 Relevant wird dieses Thema praktisch nur werden, wenn es zukünftig zu einem Wettbewerb verschiedener Anbieter von Rundfunkübertragung kommt. Das wäre allerdings wünschenswert. In der digitalen Zukunft der Rundfunkübertragung wird indessen die Sendefrequenz als Mittel zur Identifikation der Veranstalter an Bedeutung verlieren. Deren Aufgabe werden elektronische Programmführer übernehmen[3]. Dann besteht

---

1 Siehe nur *Scherer*, K&R 1999, Beilage 2, 22.
2 So tendenziell *Grünwald*, Analoger Switch-Off, S. 117.
3 Siehe zu diesen *Hesse*, Rundfunkrecht, S. 288 ff.

für einzelne Rundfunkveranstalter außer eventuell fehlenden Übertragungskapazitäten kein Hindernis mehr, bei der Übertragung ihrer Programme zwischen verschiedenen Sendenetzbetreibern, die auf unterschiedlichen Frequenzen senden, zu wechseln.

2.3.3.1.5 Übertragung von Tele- und Mediendiensten auf Rundfunkfrequenzen

Wie schon oben Rz. 31 und Rz. 59 ff. erwähnt, sehen der Frequenzbereichszuweisungsplan und die Verordnung zur Aufstellung des Frequenznutzungsplans vor, auf Frequenzen, die für Rundfunkübertragung vorgesehen sind, auch Kommunikationsangebote zu übertragen, die nicht im überkommenen Sinne als Rundfunk, sondern als **Tele- und Mediendienste** anzusehen sind. Allerdings sollen solche Dienste gegenüber dem herkömmlichen Rundfunk nur nachrangig in diesen Frequenzbereichen übertragen werden, was sich aus § 4 Nr. 33 und 34 jeweils Buchstabe b) der Frequenzbereichszuweisungsplanverordnung ergibt. Das ist sachlich dadurch gerechtfertigt, daß derartige Dienste auch über andere, nicht für Rundfunk vorgesehene Übertragungswege angeboten werden können, und praktisch auch werden. Gleichzeitig geht allerdings die Entwicklung der digitalen Rundfunkübertragungstechnik dahin, auch Tele- und Mediendienste übertragen zu können. Genau genommen ist dies bei Angeboten wie RDS oder Videotext auch schon jetzt im analogen Rundfunk Realität[1]. 197

In der Frequenzzuteilungsverordnung wird der angedeutete **Vorrang für Rundfunk** dadurch aufgegriffen, daß eine Zuteilung für Tele- und Mediendienste erst in Betracht kommt, wenn dem Rundfunk die Übertragungskapazität zur Verfügung steht, die ihm auf Grundlage der Rundfunkrechtlichen Festlegungen zusteht. Hierüber soll sich die Regulierungsbehörde mit den zuständigen Landesbehörden ins Benehmen setzen. Allerdings bleibt dafür kaum noch Raum, wenn die Länder entschieden haben, wieviel der verfügbaren Kapazität für Rundfunk, wieviel für sonstige Dienste verwendet werden soll. 198

2.3.3.1.6 Widerruf von Frequenzzuteilungen für Rundfunkübertragung

Für den Widerruf von Frequenzzuteilungen für Rundfunkübertragung gelten zunächst dieselben **Widerrufstatbestände**, wie auch sonst für Frequenzzuteilungen. Insoweit sei auf die Ausführungen oben, Rz. 157 ff., verwiesen. In verfahrensmäßiger Hinsicht werden diese da- 199

---

[1] Zu diesen Systemen siehe *Bock*, Programmverbreitung (Hörfunk und Fernsehen), Internationales Handbuch für Hörfunk und Fernsehen 2000/2001, S. 194 f.

durch ergänzt, daß bei Widerrufen nach § 8 Abs. 1 der Frequenzzuteilungsverordnung die oben Rz. 189 angesprochene Benehmensregel eingreift. Für auf § 47 Abs. 5 S. 3, Abs. 6 S. 2 TKG gestützte Widerrufe gilt diese Benehmensregelung allerdings nicht. Insoweit wird man davon auszugehen haben, daß die dort geregelten Fälle (Brachliegen von Frequenzen, gravierende Rechtsverstöße des Zuteilungsinhabers, Entfallen von Leistungsfähigkeit, Fachkunde, Zuverlässigkeit durch Änderung der Eigentumsverhältnisse) selbst dann telekommunikationsrechtlich nicht hinnehmbar sind, wenn sie der Rundfunkpolitik der Länder entsprechen würden. Allerdings ist in diesen Fällen auch kaum vorstellbar, daß die zuständigen Landesbehörden vernünftigerweise Einwände gegen den Widerruf haben könnten.

200 Daneben sollen Frequenzzuteilungen für Rundfunk nach § 8 Abs. 2 der Verordnung widerrufen werden, wenn alle **rundfunkrechtlichen Genehmigungen** der zu übertragenden Programme entfallen sind. Die oben Rz. 189 erwähnte Benehmensregel gilt hier nicht, was sich damit erklärt, daß die jeweils zuständige Landesbehörde ohnehin über das Entfallen der rundfunkrechtlichen Genehmigung entscheidet. Der Widerruf nach dieser Bestimmung ist nicht zwingend, sondern kann ausnahmsweise unterbleiben[1]. Daran ist etwa zu denken, wenn die betreffende Frequenz auch für Medien- und Teledienste genutzt wird[2], daneben auch in Fällen, in denen die Übertragung anderer Programme durch den Zuteilungsinhaber rundfunkrechtlich möglich und tatsächlich zu erwarten ist.

2.3.3.1.7 Analoger Switch-Off

201 Die Entwicklung **digitaler Übertragungstechniken** für Rundfunk ist weitgehend abgeschlossen. Ihre Einführung ist allerdings sowohl technisch als auch planerisch ein komplexer Vorgang[3]. Wegen Frequenzknappheit ist hierfür die weitgehende Einstellung der analogen Rundfunkübertragung notwendig[4]. Bund und Länder haben zur Abstimmung dieser Vorgänge eine Initiative Digitaler Rundfunk (IDR) ins Leben gerufen, an der neben diesen eine Vielzahl Interessierter mitwirkt. Über die Endtermine für analoge Übertragung besteht bei den Beteiligten offenbar Einigkeit[5].

---

1 In diesem Sinne auch die Verordnungsbegründung, die von regelmäßiger Ermessensreduzierung auf Null spricht, BR-Drucks. 116/01, S. 18.
2 Mit dieser Erwägung wird das Ermessen begründet, BR-Drucks. 116/01, S. 18f.
3 Siehe dazu *Bock*, Programmverbreitung (Hörfunk und Fernsehen), Internationales Handbuch für Hörfunk und Fernsehen 2000/2001, S. 180 ff.
4 Siehe BR-Drucks. 116/01, S. 19.
5 Siehe zur IDR näher BR-Drucks. 116/91, S. 19; *Grünwald*, Analoger Switch-Off, S. 66 f.

Dementsprechend sieht § 8 Abs. 3 der Frequenzzuteilungsverordnung das **Ende analoger Fernseh- und UKW-Übertragung** vor. Die Abschalttermine werden entsprechend der Übereinkünfte innerhalb der IDR für Fernsehen auf 2010, für UKW auf 2015 gesetzt. Hörfunk über Kurz-, Mittel- und Langwellen ist hiervon nicht betroffen. Umgesetzt werden soll dies durch Widerruf der Frequenzzuteilungen für analoge Übertragung gemäß § 8 Abs. 1 und 2 der Verordnung. Hinsichtlich der Widerrufsentscheidung ist der Regulierungsbehörde Ermessen eingeräumt, daß auf der Grundlage rundfunkrechtlicher Festlegungen der zuständigen Landesbehörden auszuüben ist. Die Länder haben also die Entscheidungsprärogative, allenfalls in Ausnahmefällen wäre eine von deren Festlegungen abweichende Handhabung zulässig. 202

Fraglich sind bei dieser Regelung der Verordnung sowohl ihre **Notwendigkeit** als auch ihre Angemessenheit. Sollte die digitale Rundfunkübertragung sich in den nächsten Jahren als Erfolg erweisen, spricht einiges dafür, daß sich die Analogübertragung von selbst dadurch erledigt, daß die Rundfunkveranstalter an ihr das Interesse verlieren. Die analoge Rundfunkübertragung würde dann schlicht eingestellt und für sie vorgesehene Frequenzzuteilungen entweder nach § 8 Abs. 4 Nr. 4 der Verordnung zurückgegeben oder nach § 47 Abs. 5 S. 3 TKG widerrufen. Die Frequenzen wären dann für digitale Rundfunkübertragung verfügbar. 203

Hinsichtlich der **Angemessenheit** der Regelung des § 8 Abs. 3 ist zum einen fraglich, ob das Ende analoger Rundfunkübertragung auf dem Verordnungswege akzeptabel ist, zum anderen, ob das von der Verordnung und TKG geschaffene Regulierungssystem ausreichend ist, etwaige Konflikte in diesem Bereich zu bewältigen. Es spricht einiges dafür, daß die Digitalisierung auf die Rundfunklandschaft eine ähnlich einschneidende Auswirkung haben wird wie die Einführung privaten Rundfunks ab Mitte der 80er Jahre. Das gilt auch für Aspekte, die nicht rein rundfunkrechtlich zu sehen und von den Ländern zu regeln sind. Der Übergang zu digitaler Technik wird beispielsweise nicht nur den Veranstaltern, sondern auch allen Haushalten finanzielle Investitionen zur Anschaffung neuer Studiotechnik, Sendeanlagen und Empfangsgeräte abverlangen. Von daher spricht viel dafür, die Entscheidung für das Ende analoger Rundfunkübertragung auch telekommunikationsrechtlich für so wesentlich zu halten, daß für sie der sogenannte Parlamentsvorbehalt[1] eingreift und sie damit nicht auf dem Verordnungswege getroffen werden kann. 204

Konfliktsituationen können beim Übergang von analoger zu digitaler Technik dann entstehen, wenn nicht genug Frequenzen für digitale 205

---

[1] Siehe für näheres dazu *Jarass*, in: Jarass/Pieroth, Grundgesetz, Art. 20 Rz. 46, 54 mit Nachw. aus der Rspr. des BVerfG.

Übertragung zur Verfügung stehen. Über die Bewältigung solcher Mangelsituationen wird unten ab Rz. 211 noch näher zu sprechen sein. Ein Sonderproblem entsteht allerdings dann, wenn in solchen Situationen Zuteilungen für analoge Übertragung widerrufen werden und dann außer dem bisherigen noch andere Nutzer sich für diese Frequenz interessieren. Den Nutzer, der die Frequenz bisher hatte, einem Vergabeverfahren nach § 11 TKG auszusetzen, erscheint nicht als unproblematisch. Insoweit geht das TKG davon aus, daß derjenige, der aus solch einem Verfahren erfolgreich hervorgeht, am besten in der Lage ist, die Regulierungsziele zu erreichen. Dem zugrunde liegt implizit die Annahme, daß dies auch im Sinne der Rundfunkordnung ist. Allerdings haben die Länder es in der Hand, in diese Prozesse steuernd einzugreifen, da ihre rundfunkrechtlichen Festlegungen regelmäßig Voraussetzungen für den Widerruf einer Frequenzzuteilung für Rundfunk nach § 8 Abs. 3 der Frequenzzuteilungsverordnung sind.

2.3.3.2 Behörden mit Sicherheitsaufgaben

206 Zahlreiche Institutionen, **die Aufgaben öffentlichen Sicherheit** wahrnehmen, sind dafür auf die Nutzung von Funkverkehr angewiesen. Dazu gehören etwa Polizei, Feuerwehr, Notärzte. Hierfür sind in den Frequenzplänen eigene Frequenzbereiche und Frequenznutzungen vorzusehen. Nach § 5 Abs. 3 trifft für diese Frequenzen besondere Zuteilungsregeln. Das Bundesinnenministerium legt insoweit im Benehmen mit den obersten Landesbehörden den Kreis derjenigen fest, denen solche Frequenzen zugeteilt werden können, und koordiniert grundsätzliche Fälle der Frequenznutzung. Bei letzterem geht es um allen um Vorgänge und Einsätze, welche die Grenzen zwischen den Bundesländern überschreiten[1].

207 Weiter bestätigt das Bundesinnenministerium nach § 5 Abs. 3 S. 2 der Frequenzzuteilungsverordnung im Zusammenhang mit der Frequenzzuteilung die Zugehörigkeit des jeweiligen Antragstellers zum Kreis derjenigen, denen Frequenzen für BOS-Funk (Funk der Behörden und Organisationen mit Sicherheitsaufgaben) zugeteilt werden können. Dies ist Voraussetzung der Zuteilung. Auch insoweit ist die jeweils zuständige oberste Bundes- oder Landesbehörde anzuhören.

2.3.3.3 Flugfunk und Seefunk

208 § 44 Abs. 2 TKG enthält die Aussage, daß die Regulierungsbehörde Anordnungen über den Betrieb von Funkanlagen auf fremden **Land-, Was-**

---

1 BR-Drucks. 116/01, S. 16.

ser- und **Luftfahrzeugen** trifft, die sich im deutschen Hoheitsgebiet aufhalten. Hierunter fallen alle Arten von im Ausland registrierten bzw. zugelassenen Fahrzeugen, also etwa Binnen- und Seeschiffe, Flugzeuge und Hubschrauber[1]. Die Bestimmung ermächtigt nicht zu eigenen Maßnahmen, sondern stellt klar, daß Funkanlagen auf fremden Fahrzeugen der Souveränität Deutschlands unterliegen, wenn sie sich in deutsches Hoheitsgebiet bewegen[2]. Auf Ebene der Frequenzzuteilung wird diese Aussage dahin gehend umgesetzt, daß Frequenzen, die im Frequenznutzungsplan für See, Binnenschiff- und Luftfahrt vorgesehen sind und zwecksentsprechend eingesetzt werden, als zugeteilt gelten.

Daneben sehen § 5 Abs. 4 und 5 für Frequenzzuteilungen an feste Funkstellen im Luftverkehr bzw. der Seefahrt ein Zustimmungserfordernis vor. Insoweit sind zur Frequenzzuteilungen für **Küstenfunkstellen** des Revier- und Hafenfunkdienstes die Zustimmung der Wasser- und Schiffahrtsverwaltung sowie für **Bodenfunkstellen** des mobilen Flugfunkdienstes und ortsfeste **Flugnavigationsfunkstellen** die nach § 81 Abs. 1 und 2 der Luftverkehrs-Zulassungs-Ordnung[3] geforderten Zustimmungen erforderlich.

2.3.3.4 Frequenznutzungen für militärische Zwecke

Die §§ 44 Abs. 3 und 47 Abs. 2 TKG enthalten Sonderregeln für die Nutzung von Funkfrequenzen durch das **Militär**. Gemäß § 47 Abs. 2 TKG darf das Bundesministerium der Verteidigung Frequenzen in den Frequenzbereichen, die im Frequenznutzungsplan ausschließlich für militärische Zwecke vorgesehen sind, nutzen, ohne dafür Frequenzzuteilungen zu benötigen. In allen anderen nicht ausschließlich für militärische Zwecke vorgesehene Frequenzbereichen, tritt nach § 44 Abs. 3 TKG an die Stelle der Frequenzzuteilung die Herstellung des Einvernehmens zwischen Bundesministerium der Verteidigung und dem Wirtschaftsministerium[4].

---

[1] *Demmel*, in: Manssen, Telekommunikations- und Multimediarecht, § 44 Rz. 19 ff.
[2] *Demmel*, in: Manssen, Telekommunikations- und Multimediarecht, § 44 Rz. 18.
[3] Hiernach ist die Zustimmung der Luftfahrtbehörde des Landes und für Navigationsfunkstellen auch des Flugsicherheitsunternehmens erforderlich.
[4] Dieses hat gemäß Organisationserlaß des Bundeskanzlers, BGBl. I 1998, S. 68, die Aufgaben des im Gesetz erwähnten Bundesministeriums für Post und Telekommunikation übernommen.

2.3.4 Frequenzvergabe und Lizenzierung in Vergabeverfahren

211 Der Zusammenhang zwischen **Lizenzerteilung und Frequenzvergabe** im telekommunikationsrechtlichen Regulierungssystem wurde schon mehrfach angedeutet. Nachdem der Normalfall von Frequenzzuteilungen ohne besondere Vergabeverfahren dargestellt wurde, soll nunmehr die Bewältigung von Knappheitslagen bei Frequenzen im Rahmen von Lizenzierung und Frequenzzuteilung beleuchtet werden. Hier sind komplexe, mehrstufige Verfahren vorgesehen, die im einzelnen folgende Schritte umfassen können:

- Feststellung der Nachfrage, zur Ermittlung, ob Frequenzknappheit vorliegt;
- gegebenenfalls Beschränkung der Lizenzzahl;
- Entscheidung über das zu wählende Vergabeverfahren;
- Aufstellung der näheren Verfahrensregeln;
- Zulassung/Ausschluß von Teilnehmern;
- Durchführung des Vergabeverfahren.

212 Im Folgenden werden diese Schritte näher erläutert und dabei die mit ihnen im Zusammenhang stehenden Rechtsfragen entsprechend dem Geschehensablauf angesprochen.

2.3.4.1 Nachfrageermittlung

213 **Erster Schritt** einer Frequenzvergabe oder Lizenzerteilung in Vergabeverfahren wird regelmäßig die tatsächliche Ermittlung sein, ob die Durchführung dieser Verfahren erforderlich ist. Dies gehört zur Sachverhaltsermittlung nach § 24 Abs. 1 VwVfG und ergibt sich für Fälle der Beschränkung der Lizenzzahl auch aus § 10 S. 2 TKG. Typischerweise leitet die Regulierungsbehörde dies von Amts wegen ein, wenn die Frequenzvergabe oder Lizenzerteilung für Dienste, bei denen eine Frequenzknappheit zu erwarten ist, ansteht und veröffentlicht dazu eine Bedarfsanfrage in ihrem Amtsblatt[1]. Frequenzen oder Lizenzen, bei denen eine solche Knappheitssituation zu erwarten ist, ohne Bedarfsermittlung an diejenigen, die zuerst Anträge stellen, zu vergeben, wäre rechtlich nicht haltbar. Solche Entscheidungen wären auf unvollständi-

---

[1] Beispiele sind Vfg. 51/1997 zur Nachfrageermittlung für Frequenzzuteilungen für drahtlose Teilnehmeranschlußleitungen als Punkt-zu-Mehrpunkt(PMP)-Richtfunk (im Folgenden entsprechend dem üblichen Sprachgebrauch als WLL bezeichnet), die seinerzeit noch vom Bundesministerium für Post und Telekommunikation veröffentlicht wurde, ABl. BMPT 1997, S. 338 sowie Vfg. 122/1998 zur Anhörung zur Regulierung von UMTS, ABl. RegTP 1998, S. 2513.

ger Tatsachbasis ergangen und würden damit gegen § 24 VwVfG verstoßen[1].

Wenn sich im Rahmen der Bedarfsanfrage ergibt, daß etwa in einzelnen Regionen für Frequenzen und/oder Lizenzen nur ein Bewerber vorhanden ist, wird insoweit ins normale Lizenzerteilungs- bzw. Frequenzzuteilungsverfahren übergegangen, da dann die Voraussetzungen für die Durchführung eines Vergabeverfahrens nicht gegeben sind. Für Frequenzzuteilungen folgt das aus § 47 Abs. 5 S. 1 TKG[2], für die Lizenzerteilung aus dem Regelungsgefüge von §§ 8 Abs. 3 Nr. 1, 10 S. 1 und 11 TKG. 214

Ergibt sich eine **Knappheitssituation**, so wird bei Frequenzzuteilungen direkt das Vergabeverfahren eingeleitet. Bei der Lizenzerteilung ist noch die Entscheidung vorgeschaltet, ob eine Beschränkung der Lizenzzahl erfolgen soll. 215

2.3.4.2 Beschränkung der Lizenzzahl nach § 10 TKG

Ergibt die Bedarfsabfrage eine **Frequenzknappheit**, ist zu entscheiden, ob dies eine Beschränkung der zu vergebenden Lizenzen nach sich ziehen soll. Dies wird allerdings der Regelfall sein, schon um die Ablehnung später erfolgender Lizenzanträge möglicherweise besser geeigneter Antragsteller nach § 8 Abs. 3 Nr. 1 TKG zu vermeiden. Ausnahmen sind allerdings dann denkbar, wenn die Frequenzknappheit nur partiell besteht und nicht so weit reicht, daß der zu erwartenden Zahl an Lizenznehmern eine sinnvolle Ausübung ihrer Lizenzrechte nicht mehr möglich ist. So hat sich die Regulierungsbehörde hinsichtlich des Bündelfunks entschieden, von einer Beschränkung der Lizenzanzahl abzusehen, weil für die zur Betriebsaufnahme erforderliche Grundausstattung an Frequenzen genügend Spektrum vorhanden ist[3]. 216

Kommt es nach alledem zur Beschränkung der Anzahl der Lizenzen, so stellt sich die weitere Frage, auf welche **Anzahl** die zu erteilenden Lizenzen beschränkt werden sollen. Dies gehört aber regelmäßig noch nicht zur Entscheidung nach § 10 TKG, sondern wird jedenfalls bei Versteigerungsverfahren erst im Rahmen der Festlegung der Verfahrensregeln relevant, wenn gemäß § 11 Abs. 4 Nr. 4 die von Bietern zu ersteigernde Grundausstattung an Frequenzen festgelegt wird. Aus dieser und ihrem Verhältnis zur insgesamt im Rahmen des Verfahrens zu vergebenden Frequenzausstattung ergibt sich dann die Lizenzzahl, wobei die 217

---
1 So im Ergebnis auch Beck TKG-Komm/*Geppert*, § 10 Rz. 5, 6; *Manssen*, in: Manssen, Telekommunikations und Medienrecht, § 10 Rz. 2.
2 Siehe *Demmel*, in: Manssen, Telekommunikations- und Multimediarecht, § 47 Rz. 28.
3 Vfg. 13/2001, ABl. RegTP 2001, S. 519, 528.

Zahl der Lizenzen aber auch geringer sein kann, wenn ein Bieter mehr als die Grundausstattung ersteigert[1].

218 Vor Ergehen der Entscheidung über die Beschränkung der Lizenzzahl ist nach § 10 S. 2 TKG eine **Anhörung** der betroffenen Kreise durchzuführen. In der Praxis erfolgt dies durch Veröffentlichung im Amtsblatt der Regulierungsbehörde, in der die Möglichkeit einer Beschränkung der Lizenzzahl mitgeteilt und unter Fristsetzung zu Stellungnahme aufgefordert wird[2]. Entscheidungen nach § 10 TKG sind im Amtsblatt der Regulierungsbehörde zu veröffentlichen.

219 In der Praxis erfolgt die **Entscheidung** nach § 10 TKG regelmäßig durch die Präsidentenkammer der Regulierungsbehörde[3]. Vorgesehen ist das zwar durch § 73 Abs. 1 S. 1 TKG nicht ausdrücklich, aber wegen des Sachzusammenhangs mit dem sich dann anschließenden Verfahren nach § 11 TKG, für das § 73 Abs. 1 S. 1 TKG die Zuständigkeit der Präsidentenkammer anordnet, angebracht[4].

220 Fraglich ist schließlich die **Rechtsform** der Entscheidung nach § 10 TKG. Insoweit wird häufig vertreten, daß es sich insoweit eine Allgemeinverfügung nach § 35 S. 2 VwVfG handeln soll[5]. Auch die Regulierungsbehörde bezeichnet Entscheidungen dieser Art als Allgemeinverfügung und versieht sie mit einer Rechtsbehelfsbelehrung[6]. Zur Klärung

---

1 Siehe Vfg. 51/1999, Entscheidung der Präsidentenkammer vom 10. 5. 1999 über das Verfahren zur Vergabe von UMTS-Lizenzen, ABl. RegTP 1999, S. 1519, 1523; anderer Ansicht Beck TKG-Komm/*Geppert*, § 10 Rz. 12 sowie *Manssen*, in: Manssen, Telekommunikations- und Multimediarecht, § 10 Rz. 5, welche dies anscheinend übersehen.
2 Siehe als Beispiel die Vfg. 122/1998 zur Anhörung zur Regulierung von UMTS, ABl. RegTP 1998, S. 2513.
3 Beispiel: Vfg. 51/1999, Entscheidung der Präsidentenkammer vom 10. 5. 1999 über das Verfahren zur Vergabe von UMTS-Lizenzen, ABl. RegTP 1999, S. 1519 (diese enthält allerdings auch die Entscheidungen nach § 11 Abs. 1, 2 TKG).
4 Wie hier Beck TKG-Komm/*Geppert*, § 10 Rz. 15; anderer Ansicht allerdings *Ehlers*, K&R 2001, 6, der aber für seine These, die Präsidentenkammer dürfe nur in den von § 73 Nr. 3 S. 1 genannten Fällen der §§ 11 und 19 entscheiden, eine Begründung schuldig bleibt.
5 So u. a. Beck TKG-Komm/*Geppert*, § 10 Rz. 10; *Scherer*, NJW 1996, S. 2953, 2957; anderer Ansicht etwa *Manssen*, in: Manssen, Telekommunikations- und Multimediarecht, § 10 Rz. 5 (Verfahrenshandlung); *Sachs*, K&R 2001, 13, 18 (materielle Rechtsnorm, allerdings mit Bezug auf die Vfg. 51/1999 zu UMTS); differenzierend *Ehlers*, K&R 2001, 1, 3.
6 Beispiel: Entscheidung der Präsidentenkammer vom 10. 5. 1999 über das Verfahren zur Vergabe von UMTS-Lizenzen, ABl. RegTP 1999, S. 1519. Allerdings kann sich dies auch auf die gleichzeitig getroffene Entscheidung nach § 11 Abs. 1, 2 TKG beziehen, wogegen aber spricht, daß alle getroffenen Entscheidungen in den Tenor aufgenommen wurden.

dieser Frage kommt es nach § 35 S. 2 darauf an, ob die Entscheidung nach § 10 TKG sich als Verwaltungsakt darstellt, der entweder gegenüber einem bestimmten oder bestimmbaren Personenkreis ergeht oder Regelungen hinsichtlich der öffentlich-rechtlichen Eigenschaft einer Sache bzw. deren Benutzung durch die Allgemeinheit regelt. Der erste Fall wird als adressatenbezogene, der zweite als sachbezogene Allgemeinverfügung bezeichnet[1].

Die in § 35 S. 1 VwVfG vorgegebenen Kriterien für einen Verwaltungsakt erfüllt eine Entscheidung nach § 10 TKG. Sie regelt mit der konkret zur Debatte stehenden Lizenzvergabe einen Einzelfall. Aus ihr ergeben sich auch rechtliche Folgen, nämlich daß eine Vergabe der Lizenzen nach § 11 und nicht nach § 8 TKG erfolgt[2]. Problematischer sind demgegenüber die Kriterien des § 35 S. 2 VwVfG. Zunächst wird man festzuhalten haben, daß eine sachbezogene Verfügung hier nicht vorliegen kann, weil sich die Entscheidung auf die zu vergebenden Lizenzen, nicht aber auf die von den Lizenznehmern zu nutzenden Frequenzen, bezieht und im Hinblick auf die Lizenzen keine öffentlich-rechtlichen Eigenschaften oder Benutzungsbedingungen festlegt[3]. Auf der Basis der herrschenden Meinung, daß bei personenbezogenen Allgemeinverfügungen der Kreis der Betroffenen zum Zeitpunkt ihres Erlasses nicht festzustehen braucht[4], ist vielmehr eine adressatenbezogene **Allgemeinverfügung** anzunehmen. Wie das Verbot einer Versammlung sich an alle richtet, die an der Versammlung teilnehmen wollen[5], richtet sich eine Beschränkung der Lizenzanzahl an alle, die eine Lizenz erteilt erhalten möchten.

221

Im Zusammenhang mit einer später zurückgenommenen Klage gegen die UMTS-Lizenzvergabe ist vertreten worden, die Entscheidung nach § 10 TKG sei unabhängig davon, ob sie ein Verwaltungsakt ist, nach **§ 44a VwGO** nicht anfechtbar, weil sie im Zusammenhang mit dem anschließend durchzuführenden Vergabeverfahren als Verfahrenshandlung anzusehen sei[6]. Die Anwendung des § 44a VwGO auf Entscheidungen

222

---

1 Siehe nur *Maurer*, Allgemeines Verwaltungsrecht, S. 191.
2 So auch *Ehlers*, K&R 2001, 1, 3; anderer Ansicht hinsichtlich des Merkmals Einzelfallbezug allerdings *Sachs*, K&R 2001, 13, 16, hinsichtlich der Vfg. 51/99; ABl. RegTP 1999, S. 1519 zu UMTS.
3 Anderer Ansicht Beck TKG-Komm/*Geppert*, § 10 Rz. 11. Ob sich diese Aussage auf die Frequenzen oder die Lizenzen bezieht wird dabei nicht deutlich.
4 *Maurer*, Allgemeines Verwaltungsrecht, S. 191; *Stelkens*, in: Stelkens/Bonk/Sachs, Verwaltungsverfahrensgesetz, § 35 Rz. 211 mit weiteren Nachw. und Beispielen.
5 Zu diesem Beispiel *Maurer*, Allgemeines Verwaltungsrecht. S 180; *Stelkens*, in: Stelkens/Bonk/Sachs, Verwaltungsverfahrensgesetz, § 35 Rz. 211.
6 Dies vertreten *Ehlers*, K&R 2001, 8 ff.; *Sachs*, K&R 2001, 19 ff.

dieser Art in Erwägung zu ziehen, mag zunächst überraschen, wenn man an die gängigen Anwendungsfälle dieser Norm[1] denkt. Allerdings ist zuzugeben, daß auch Verwaltungsakte unter § 44a VwGO fallen können, was der Umkehrschluß aus dessen Satz 2 ergibt[2].

223 Dennoch wird man § 44a VwGO nicht auf die Entscheidung nach § 10 TKG anwenden können. Diese Entscheidung hat nämlich über die Einleitung des Vergabeverfahrens hinausgehende Rechtswirkungen[3] weil sie den sonst nach § 8 Abs. 1 TKG bestehenden Rechtsanspruch auf Lizenzerteilung in einen auf Teilnahme am Vergabeverfahren umwandelt[4]. Außerdem stellt sie sich nach dem oben gesagten als rechtlich verbindliche Teilentscheidung[5] bezüglich der Lizenzvergabe dar.

2.3.4.3 Auswahl zwischen Versteigerung oder Ausschreibung

224 Im Anschluß an die Beschränkung der Lizenzzahl bzw. bei Frequenzvergaben die Feststellung, daß Frequenzknappheit herrscht, „kann" die Regulierungsbehörde nach § 11 Abs. 1 TKG zur Vergabe von Lizenzen bzw. Frequenzen entweder das Versteigerungsverfahren § 11 Abs. 4 oder das Ausschreibungsverfahren nach § 11 Abs. 6 durchführen. Dieses ist nicht im Sinne eines Ermessens zu verstehen, statt in einem Vergabeverfahren Lizenzen oder Frequenzen im normalen Antragsverfahren zu vergeben[6], sondern soll lediglich die zur **Auswahl** stehenden Verfahrensalternativen verdeutlichen.

225 Die **Kriterien** für die Auswahl zwischen Versteigerungs- und Ausschreibungsverfahren bestimmt § 11 Abs. 2 TKG. Danach hat das Versteigerungsverfahren Vorrang. Ein Ausschreibungsverfahren soll nur dann stattfinden, wenn das Versteigerungsverfahren zur Erreichung der regulatorischen Ziele nach § 2 Abs. 2 TKG nicht geeignet ist. Angesichts der

---

1 Schulbeispiele sind etwa Akteneinsicht, Ladung zur Prüfung oder die Aufforderung an einen Kraftfahrer, sich medizinisch untersuchen zu lassen, siehe *Maurer*, Allgemeines Verwaltungsrecht, S. 177, 470.
2 Siehe nur *Eyermann-Geiger*, Verwaltungsgerichtsordnung, § 44a Rz. 13.
3 Siehe dazu als die Anwendung von § 44a ausschließenden Gesichtspunkt *Kopp/Schenke*, Verwaltungsgerichtsordnung, § 44a Rz. 8 und 10.
4 Beck TKG-Komm/*Geppert*, § 10 Rz. 10; in diese Richtung auch *Sachs*, K&R 2001, 18 mit Blick auf die nach § 11 Abs. 1 über die Auswahlentscheidung zwischen Versteigerung und Ausschreibung („weitreichende Rechtsfolge").
5 Siehe zu diesem Gesichtspunkt *Eyermann-Geiger*, Verwaltungsgerichtsordnung, § 44a Rz. 10. Das sieht auch *Ehlers*, K&R 2001, 10, der jedoch meint, die Beschränkung der Lizenzzahl sei keine bindende Entscheidung eines Teilkomplexes, obwohl er in der Beschränkung der Lizenzzahl eine verbindliche Rechtsfolge sieht (K&R 2001, 3).
6 So auch Beck TKG-Komm/*Geppert*, § 11 Rz. 3.

Vielzahl dieser Ziele, die mit Blick auf die Lizenzerteilung auch in entgegensprechende Richtung sprechen können, ist *Manssen* darin zuzustimmen, daß es sich insoweit um eine wenig präzise Festlegung handelt[1]. In der Literatur wird deshalb vielfach angenommen, daß der Regulierungsbehörde bei der Bewertung und Abwägung dieser Kriterien gegeneinander ein sogenannter Beurteilungsspielraum zukomme, der allerdings durch die im Gesetz angelegte Präferenz für das Versteigerungsverfahren eingeschränkt sei[2]. Dem wird man vor dem Hintergrund, daß die Rechtssprechung bei der Abwägung der sechs Regulierungsziele gegeneinander an ihre Grenze stieße, zuzustimmen haben.

§ 11 Abs. 2 TKG nennt beispielhaft, aber nicht abschließend, Fälle, in denen eine Versteigerung mit den Regulierungszielen nicht vereinbar wäre. Zwingend ausgeschlossen ist sie nach § 11 Abs. 2 S. 3 TKG bei der Vergabe von Frequenzen für die **Funkanbindung von Teilnehmeranschlüssen**. In der Sache geht es hier, wie die Entstehungsgeschichte der Norm zeigt, um den Anschluß von Endkunden durch Funktechnik als Ersatz der Teilnehmeranschlußleitung, also den „Wireless Local Loop" (WLL)[3]. Die Bestimmung wurde auf Wunsch des Bundesrats im Vermittlungsverfahren aufgenommen, um klarzustellen daß ein Versteigerungsverfahren nicht zur Sicherstellung der vorgesehenen Bevorzugung von Lizenznehmern mit großem Lizenzgebiet geeignet sei[4].

226

Demgegenüber führen die beiden weiteren in § 11 Abs. 2 TKG genannten Fälle nicht zwingend zu einem Ausschluß der Versteigerungsverfahrens. Diese Fälle sind zum einen, daß auf dem betroffenen Markt bereits **Lizenzen ohne Versteigerungsverfahren vergeben** worden sind, zum anderen wenn ein Antragsteller oder Nutzer eine **Präferenz** für die betroffenen Frequenzen geltend machen kann. Im ersten Fall wird die Durchführung eines Versteigerungsverfahrens wegen der Erhöhung der Marktzutrittskosten für Neueinsteiger regelmäßig dem Regulierungsziel der Sicherstellung eines chancengleichen Wettbewerbs zuwiderlaufen. Beispiel aus der Praxis ist die zeitgleich mit Abschluß des Gesetzgebungsverfahrens zu TKG eingeleitete Vergabe der vierten GSM-Mobilfunklizenz (E2-Lizenz), für die nach der Vergabe der drei älteren GSM-Lizenzen in Ausschreibungen eine Versteigerung eine erhebliche Benachteiligung des vierten Marktteilnehmers gewesen wäre. Die Lizenz

227

---

1 *Manssen*, in: Manssen, Telekommunikations- und Multimediarecht, § 11 Rz. 8.
2 So *Manssen*, in: Manssen, Telekommunikations- und Multimediarecht, § 11 Rz. 8; Beck TKG-Komm/*Geppert*, § 11 Rz. 5; weiter einschränkend mit Blick auf die UMTS-Versteigerung *Koenig*, K&R 2001, 41, 49 ff.
3 Siehe nur Beck TKG-Komm/*Geppert*, § 11 Rz. 32.
4 Siehe BT-Drucks. 13/4938 S. 3. Gemeint war wohl der höhere räumliche Versorgungsgrad innerhalb des Lizenzgebiets nach § 11 Abs. 6 S. 4 TKG.

wurde deshalb per Ausschreibung vergeben[1]. Allerdings ist ausnahmsweise auch auf Märkten, für die vorige Lizenzen in Ausschreibungen vergeben worden waren, eine Vergabe durch Versteigerung möglich, wenn dadurch eine Benachteiligung von Neueinsteigern nicht zu befürchten ist. Das ist der Fall, wenn für die bereits etablierten Marktteilnehmer starke Anreize bestehen, am Verfahren teilzunehmen, um am technischen Fortschritt zu partizipieren. Deshalb wurde zeitgleich mit der Lizenzierung für E2 für den neuen Funkrufstandard ERMES ein Versteigerungsverfahren eingeleitet[2].

228 Unklar ist demgegenüber der zweite Fall. Die in der Literatur[3] angeführten Beispiele für eine **Präferenz** aufgrund von Frequenzplanungen sind wohl fehlgehend, da die Pläne regelmäßig nur die Art der Frequenznutzung, nicht aber die Person des Frequenznutzers betreffen. Auch die in der Gesetzesbegründung[4] benannten Fälle Polizeifunk und Rundfunk führen zunächst nicht weiter. Polizeifunk ist keine lizenzpflichtige Telekommunikationsdienstleistung für die Öffentlichkeit, und die hierfür in den Frequenzplänen vorgesehenen Frequenzen sind regelmäßig auch nicht für solche Dienstleistungen verfügbar. Auch beim Rundfunk enthält das TKG keine Präferenz für einzelne Unternehmen, die Rundfunkprogramme übertragen, sondern in § 47 Abs. 3 TKG lediglich die Vorgabe, nur rundfunkrechtlich erlaubte Programme zu verbreiten. Zudem dürften Frequenzen, bei denen einzelne Nutzer oder Antragsteller von Rechts wegen präferiert sind, jedenfalls dann nicht mehr für andere verfügbar sein, wenn Präferierte sich für die Frequenzen ernsthaft interessieren. Man wird die Gesetzesbegründung wohl dahin gehend zu verstehen haben, daß Funkanwendungen, die im Rahmen der Regulierungsziele eine besondere Stellung haben[5], nicht mit Versteigerungskosten belastet werden sollen[6]. Indem die sprachliche Fassung des Gesetzes auf präferierte Antragsteller und Nutzer statt auf Funkanwendungen oder Frequenznutzungen abstellt, bringt sie das aber nicht zum Ausdruck.

229 Entsprechend der Aussagen oben (Rz. 220 f.) zu § 10 TKG handelt es sich bei der Auswahlentscheidung zwischen Versteigerung und Aus-

---

1 Siehe Vfg. 114/1996, ABl. BMPT 1996, S. 941.
2 Diese Überlegung dürfte der Entscheidung zugrunde gelegen haben, die Lizenzen für den Funkrufdienst ERMES zu versteigern, vgl. Vfg. 115/96, ABl. BMPT 1996, S. 948. Kritisch dazu allerdings Beck TKG-Komm/*Geppert*, § 11 Rz. 7.
3 Beck TKG-Komm/*Geppert*, § 11 Rz. 9.
4 BT-Drucks. 13/3609, S. 39.
5 Das sind dann tatsächlich zum einen Rundfunk, zum anderen sicherheitsrelevante Funkdienste, wie Polizeifunk.
6 Dementsprechend geht die Regulierungspraxis davon aus, daß für Rundfunkfrequenzen keine Versteigerungen sondern Ausschreibungen zu erfolgen hätten, siehe Vfg. 110/1998 zu T-DAB, ABl. RegTP 1998, S. 2271, 2277.

schreibung um eine **Allgemeinverfügung**. Allerdings wird das in der Literatur vielfach anders gesehen, weil die Entscheidung angeblich keine Rechtswirkung[1] oder Außenwirkung[2] habe. Indessen folgt für alle Interessenten an Lizenzen oder Frequenzen aus der Wahl eines der beiden Verfahren unmittelbar, daß die jeweils nicht gewählte Verfahrensart für ihr Ziel nicht zur Verfügung steht[3]. Darin ist eine durch die Regulierungsbehörde gegenüber Außenstehenden gesetzte rechtliche Regelung zu sehen. Zudem geht auch § 73 Abs. 1 S. 2 TKG davon aus, daß es sich bei Entscheidungen der Regulierungsbehörde nach § 11 TKG um Verwaltungsakte handelt und § 11 Abs. 1 S. 2 TKG spricht von „Entscheidung über die Wahl des Verfahrens". Weiterhin greift nach den Aussagen oben (Rz. 223) auch hier § 44a VwGO nicht ein.

Die Entscheidung über die Verfahrenswahl erfolgt nach **Anhörung** der betroffenen Kreise. Üblicherweise wird dazu ein Entscheidungsentwurf im Amtsblatt der Regulierungsbehörde veröffentlicht und die interessierten Kreise werden zur Kommentierung aufgefordert[4]. Die sodann ergehende Entscheidung, für die nach § 73 Abs. 3 S. 1 die Präsidentenkammer zuständig ist, muß nach § 11 Abs. 1 S. 2 im Amtsblatt der Regulierungsbehörde veröffentlicht werden und ist nach § 79 Abs. 1 S. 1 TKG zu begründen. In der Praxis der Regulierungsbehörde werden häufig die Entscheidungen zur Beschränkung der Lizenzzahl und zur Wahl des Vergabeverfahrens miteinander verbunden[5]. 230

2.3.4.4 Zulassung und Ausschluß von Teilnehmern

Im Zusammenhang mit der Zulassung und dem Ausschluß von der Teilnahme an Vergabeverfahren sind nach dem TKG zwei Tatbestände zu unterscheiden. Zunächst sieht § 11 Abs. 3 TKG vor, daß Unternehmen, deren erfolgreiche Bewerbung den chancengleichen Wettbewerb auf dem betroffenen Markt gefährden könnten, vom Vergabeverfahren ausgeschlossen werden können. Daneben sehen sowohl § 11 Abs. 1 S. 2 Nr. 1 als auch § 11 Abs. 6 S. 2 Nr. 1 die Festlegung von Mindestvoraussetzungen vor, die von Bewerbern erfüllt werden müssen, um zum Verfahren zugelassen zu werden. 231

---

1 So Beck TKG-Komm/*Geppert*, § 11 Rz. 11.
2 So *Manssen*, in: Manssen, Telekommunikations- und Multimediarecht, § 11 Rz. 12.
3 In diese Richtung auch *Sachs*, K&R 2001, 13, 18.
4 Beispiel: Vfg. 122/1998, Anhörung nach §§ 10 und 11 Abs. 1 TKG zur Regulierung von UMTS, ABl. RegTP 1998, S. 2513.
5 Siehe Vfg. 51/1999 zu UMTS, ABl. RegTP 1999, S. 1519.

2.3.4.4.1 Ausschluß nach § 11 Abs. 3 TKG

232 Der **Ausschluß** von Teilnehmern nach § 11 Abs. 3 TKG zielt zunächst auf Fälle, in denen die Bewerbung von am einschlägigen Markt bereits etablierten Unternehmen dadurch motiviert ist, Konkurrenten den Markteintritt zu erschweren bzw. zu blockieren. Daneben käme er grundsätzlich auch dann in Betracht, wenn einzelne Bewerber, etwa aufgrund starker Stellung auf Nachbarmärkten, im zu lizenzierenden Bereich durch eine erfolgreiche Bewerbung gravierende Vorteile gegenüber den anderen Bewerbern hätten. Dies wurde im Vergabeverfahren für UMTS von einzelnen Interessenten mit Bezug auf die GSM-Lizenznehmer vorgebracht, führte aber nicht zu deren Ausschluß[1]. Soweit bekannt wurde auch sonst von der Regelung in der bisherigen Regulierungspraxis noch kein Gebrauch gemacht. Ihre Anwendung ist in das Ermessen der Regulierungsbehörde gestellt. Bei der Ermessensentscheidung ist gemäß § 11 Abs. 3 S. 2 TKG aber auch zu berücksichtigen, ob und inwieweit Bewerbungen bereits etablierter Marktteilnehmer nicht durch Behinderungsgedanken, sondern durch marktkonformes Interesse an der Teilhabe am technischen Fortschritt motiviert sind[2]. Beispielsfall für letzteres war die Einführung von ERMES als neuem Funkruf-Standard, welches den analogen POCSAG-Standard ablöste. Entscheidungen nach § 11 Abs. 3 setzen gemäß § 82 S. 1 TKG das Einvernehmen mit dem Bundeskartellamt voraus. Sie sind Verwaltungsakte[3].

2.3.4.4.2 Zulassungsvoraussetzungen und Zulassung

233 Als von Verfahrensteilnehmern zu erfüllenden **Mindestvoraussetzungen** sind nach § 11 Abs. 4 bei Versteigerungsverfahren fachliche und sachliche, bei Ausschreibungen hingegen gemäß § 11 Abs. 6 nur sachliche Kriterien festzusetzen. Das Entfallen fachlicher Kriterien bei Ausschreibungen ist damit erklärlich, daß die Fachkunde nach § 11 Abs. 6 S. 3 Auswahlkriterium ist, so daß fachlich ungeeignete Bewerber ohnehin keine Chance haben, zum Zug zu kommen[4]. Bei Versteigerungen ist demgegenüber die Fachkunde des Bewerbers Voraussetzung für die Zulassung zum Verfahren.

234 Daneben werden bei Versteigerungsverfahren, welche die Vergabe von Lizenzen zum Gegenstand haben, auch die übrigen **Lizenzerteilungsvor-**

---

1 Siehe die Ausführungen zu Eckpunkt 6 der Vfg. 51/1999, ABl. RegTP 1999, S. 1519, 1526.
2 Siehe zum ganzen Beck TKG-Komm/*Geppert*, § 11 Rz. 14, 15; *Manssen*, in: Manssen, Telekommunikations- und Multimediarecht, § 11 Rz. 13.
3 *Manssen*, in: Manssen, Telekommunikations- und Multimediarecht, § 11 Rz. 21; Beck TKG-Komm/*Geppert*, § 11 Rz. 35.
4 In diesem Sinne auch Beck TKG-Komm/*Geppert*, § 11 Rz. 27.

aussetzungen nach § 8 Abs. 3 TKG (Zuverlässigkeit, Leistungsfähigkeit) zum Gegenstand von Mindestvoraussetzungen gemacht werden müssen, da sonst unter Umständen einem zunächst erfolgreichen Bieter die Lizenz verweigert werden müßte. Weitere in der Verwaltungspraxis der Regulierungsbehörde festgelegte Anforderungen sind bei Versteigerungen der Nachweis der erforderlichen Mittel[1], sowie im Falle von Unternehmenszusammenschlüssen zum Zwecke der Bewerbung der Nachweis kartellrechtlicher Unbedenklichkeit[2]. Rechtlich ist gegen solche Festlegungen nichts einzuwenden, da sie verhindern, daß einem zunächst erfolgreichen Teilnehmer am Vergabeverfahren danach die Lizenz bzw. Frequenzen nicht erteilt werden können, weil telekommunikationsrechtliche Mindestvoraussetzungen nicht gegeben sind oder sonst rechtliche Hindernisse der Lizenzerteilung entgegenstehen.

2.3.4.4.3 Verfahrensfragen

Die festgelegten Zulassungskriterien sind zur Information der Interessenten gemäß § 11 Abs. 1 S. 2 TKG vor Durchführung der Verfahren im Amtsblatt der Regulierungsbehörde zu veröffentlichen. In der Praxis werden sie zusammen mit anderen Festlegungen nach § 11 Abs. 4 bzw. Abs. 6 als **Allgemeinverfügungen** erlassen[3]. 235

Das ist allerdings nicht unproblematisch, weil ein Verwaltungsakt nach § 35 S. 1 VwVfG voraussetzt, daß die fragliche behördliche Maßnahme unmittelbar auf die Setzung von Rechtsfolgen gerichtet ist. Es läßt sich argumentieren, daß die Festlegung von Zulassungsvoraussetzungen ihre Rechtswirkungen erst entfaltet, wenn über die Zulassung von Bewerbern entschieden wird[4]. Umgekehrt kann auch vertreten werden, daß die Zulassungsvoraussetzungen für jeden unmittelbar gelten, der an dem Vergabeverfahren teilnehmen will[5]. Zur weiteren Verwirrung der Situation trägt der Wortlaut von §§ 11, 73 TKG bei. Nach § 73 Abs. 1 S. 2 ergehen Entscheidungen der Präsidentenkammer nach § 11 als Verwaltungsakt. § 11 Abs. 1 S. 2 spricht einerseits von Entscheidung über die Wahl des Verfahrens, andererseits aber mit Blick auf § 11 Abs. 4 und 6 von Festlegungen und Regeln. § 73 Abs. 3 S. 3 wiederum gebraucht mit Blick auf § 11 Abs. 4 und 6 den Begriff Entscheidungen. Letzteres bezieht sich zwar streng genommen nur auf die noch zu erörternde Festle- 236

---

1 Siehe Vfg. 13/2000 ABl. RegTP 2000, S. 516 zu UMTS.
2 Siehe erneut Vfg. 13/2000 sowie für WLL Vfg. 48/2000, ABl. RegTP 2000 S. 1667, 1669.
3 Siehe Vfg. 13/2000 ABl. RegTP 2000, S. 516 zu UMTS.
4 In diesem Sinne wohl *Manssen*, in: Manssen, Telekommunikations- und Multimediadienste, § 11 Rz. 21.
5 In diesem Sinne etwa *Sachs*, K&R 2001, 13, 18.

gung von Märkten und Lizenzinhalten. In der Struktur von § 11 Abs. 4 und 6 ist indessen nicht zu sehen, warum jene unmittelbar geltende Regelungen sein sollen, die Zulassungsvoraussetzungen hingegen nicht. Im Ergebnis handelt es sich nach alledem um einen echten Grenzfall, bei dem das Vorgehen der Regulierungsbehörde per Allgemeinverfügung von §§ 73 Abs. 1 gedeckt sein dürfte.

237 Eindeutig Verwaltungsakt ist demgegenüber die **Zulassung** bzw. Nichtzulassung eines Bewerbers, die auf die Zulassungskriterien gestützt wird[1]. Bei Ausschreibungsverfahren verzichtet die Praxis allerdings auf diesen Schritt, weil anders als bei Versteigerungen, bei denen nur noch das höchste Gebot ausschlaggebend ist, bei Ausschreibungen die Erfüllung der Mindestvoraussetzungen im Verfahren selbst berücksichtigt werden kann[2]. Wo eine eigenständige Zulassungsentscheidung erfolgt, dürfte einer Klage gegen die Zulassungsvoraussetzungen § 44a VwGO im Wege stehen. Solange die Ablehnung eines Zulassungsantrags nicht vorliegt, steht noch nicht fest, ob die Zulassungsvoraussetzungen für einen Bewerber nachteilig sind[3]. Dennoch eine Klage unmittelbar gegen diese Voraussetzungen zuzulassen würde den Zwecken von § 44a VwGO[4] zuwiderlaufen[5].

238 In der Regulierungspraxis ist ein Fall bekannt geworden, in welchem ein Bewerber nicht zur UMTS-Versteigerung zugelassen wurde. Grund hierfür war anscheinend die fehlende Leistungsfähigkeit des Bewerbers. Rechtsmittel gegen diese Entscheidung sind soweit bekannt nicht erhoben worden[6].

---

1 Dies implizierend auch Beck TKG-Komm/*Geppert*, § 11 Rz. 35, der die Verpflichtungsklage als Rechtsbehelf gegen die Nichtzulassung für einschlägig hält.
2 Vgl. zur Praxis etwa Vfg. 48/2000, ABl. RegTP 2000, S. 1667, zu WLL sowie aus der Literatur Beck TKG-Komm/*Geppert*, § 11 Rz. 27.
3 In diesem Sinne auch Beck TKG-Komm/*Geppert*, § 11 Rz. 11. Noch weiter gehend wollen *Ehlers*, K&R 1001, 1, 8 ff. und *Sachs*, K&R 2001, 13, 19 ff. auf alle im Rahmen der UMTS-Lizenzierung ergangenen Allgemeinverfügungen § 44a VwGO anwenden.
4 Zu diesen *Kopp/Schenke*, Verwaltungsgerichtsordnung, § 44a Rz. 1.
5 Aus praktischer Vorsicht sollte in Fällen rechtswidriger nachteiliger Zulassungsbedingungen aber trotzdem vorsorglich gegen diese Klage erhoben werden.
6 Betroffen war die Nets AG, siehe für weiteres die Pressemitteilung der RegTP vom 31. 5. 2000 (mehrfach aktualisiert unter www.RegTP.de/aktuelles/pm/01773/index.html abrufbar) sowie UMTS-Versteigerung offiziell mit 11 Teilnehmern (Update), heise-online vom 31. 5. 2000 (www.heise.de/newsticker/data/jk-31.05.00-002).

2.3.4.5 Festlegung von Markt und Lizenzbestimmungen

Jeweils vor Durchführung einer Versteigerung bzw. Ausschreibung sind zum einen der sachlich und räumlich relevante Markt, auf den sich die Lizenz- bzw. Frequenzvergabe bezieht, sowie die näheren Inhalte der zu vergebenden Lizenzen festzulegen. Dies folgt aus § 11 Abs. 4, 6 Nr. 2, 3 TKG und dient der Konkretisierung des Gegenstands des Verfahrens und zugleich der Information der Auktionsteilnehmer[1]. 239

Die **Abgrenzung bzw. Festlegung der Märkte** hat daneben vor allem die Funktion, die Geschäftstätigkeit, für welche Lizenzen bzw. Frequenzen im Vergabeverfahren vergeben werden, von solchen, bei denen Lizenzen und Frequenzen auf Antrag erteilt werden, abzugrenzen. Dabei ist die Marktfestlegung gleichzeitig Grundlage für die Bestimmung des jeweiligen Lizenzgegenstands nach § 11 Abs. 4, 6 Nr. 3. Die Marktabgrenzung richtet sich nach dem Bedarfsmarktkonzept (siehe näher Kapitel 4 Rz. 66 ff.). Insbesondere im Mobilfunkbereich (Lizenzklasse 1) wird hier bei den Lizenzgegenständen relativ fein differenziert zwischen Mobilfunk 2. und 3. Generation, Funkruf, Datenfunk, Bündelfunk. Für Einzelheiten dazu und die mit dieser Abgrenzung verbundenen Probleme wird auf Rz. 319 ff. unten verwiesen. 240

Hinsichtlich der **Lizenzinhalte** sehen § 11 Abs. 4 und 6 Nr. 3 die Festlegung der für die zu vergebenden Lizenzen geltenden Lizenzbestimmungen vor, wozu insbesondere der räumliche Versorgungsgrad der Frequenznutzung einschließlich dessen zeitlicher Umsetzung sowie die bei den Frequenzen zu beachtenden Frequenznutzungsbestimmungen gehören. In der Sache geht es hier neben den gängigen Lizenzinhalten (dazu Kapitel 1 Rz. 124 ff.) um Lizenzauflagen, welche die effiziente Nutzung der knappen Ressource[2] sowie die dauerhafte Einhaltung der Vergabebedingungen[3] sicherstellen sollen. So werden in Versteigerungen bestimmte Versorgungsauflagen vorgesehen[4], während bei Ausschreibungen insoweit die Angaben des erfolgreichen Bewerbers in die Lizenz oder Frequenzzuteilung aufgenommen werden, um dessen Versprechungen, die Auswahlkriterium nach § 11 Abs. 6 S. 4 TKG sind, verbindlich zu 241

---
1 Vgl. zu letzterem *Manssen*, in: Manssen, Telekommunikations- und Multimediarecht, § 11 Rz. 14.
2 Beck TKG-Komm/*Geppert*, § 11 Rz. 22.
3 Vgl. dazu Teil C 2. der UMTS-Musterlizenz, Anlage 1 zu Vfg. 13/2000, ABl. RegTP 2000, S. 516, 557, betreffend die wettbewerbliche Unabhängigkeit der Lizenznehmer.
4 Beispiel hierfür ist etwa die UMTS-Lizenznehmern nach Teil B 4. der Musterlizenz aufgegebene Pflicht, bis Ende 2003 25% und bis Ende 2005 50% der Bevölkerung mit UMTS-Dienstleistungen versorgen zu können, siehe erneut Anlage 1 zu Vfg. 13/2000, ABl. RegTP 2000, S. 516, 557.

machen[1]. Inhaltlich müssen sich die Lizenzbestimmungen auf Aussagen und Regelungen des TKG zurückführen lassen. Aus Gründen der Verhältnismäßigkeit im engeren Sinne dürfen sie keine unangemessen belastende Verpflichtungen der späteren Lizenznehmer enthalten[2].

242 Sowohl die Bestimmung der relevanten Märkte als auch die Festlegung der Lizenzbestimmungen erfolgt gemäß § 73 Abs. 3 S. 3 TKG durch die Präsidentenkammer im Benehmen mit dem Beirat der Regulierungsbehörde. Hinsichtlich der Marktbestimmung ist nach § 82 S. 2 TKG das Einvernehmen mit dem Bundeskartellamt erforderlich. Die Festlegungen sind nach § 11 Abs. 1 S. 2 TKG im Amtsblatt der Regulierungsbehörde zu veröffentlichen.

243 In der Praxis erfolgt die Bestimmung von Märkten und Lizenzinhalten durch die Regulierungsbehörde wiederum als **Allgemeinverfügung**[3]. Dies ist allerdings wie bei den Zulassungsvoraussetzungen nicht unproblematisch, aber mit Blick auf die Ausführungen oben (Rz. 236) von § 73 Abs. 3 S. 3 TKG gedeckt. Auch hier dürfte aber wieder § 44a VwGO eingreifen (siehe oben Rz. 237).

2.3.4.6 Aufstellung von Verfahrensregeln

244 Sowohl bei Versteigerungen als auch bei Ausschreibungen müssen nach § 11 Abs. 4 S. 3 bzw. Abs. 6 S. 5 TKG vor Beginn der eigentlichen Verfahren die im einzelnen geltenden **Verfahrensregeln** festgelegt und nach § 11 Abs. 1 S. 2 im Amtsblatt der Regulierungsbehörde veröffentlicht werden. Aufgrund der Verschiedenheit dieser Verfahren sind diese Regeln zu unterschiedlich, als daß eine gemeinsame Behandlung sinnvoll wäre. Insoweit sei auf Rz. 269 ff., 287 ff., verwiesen.

245 Auch hier stellen sich wieder die Fragen nach **Rechtsnatur** und unmittelbarer **Anfechtbarkeit**. Die Regulierungsbehörde wählt die Form der **Allgemeinverfügung**[4] und erteilt auch Rechtsbehelfsbelehrungen. Fraglich ist hier wiederum, ob durch diese Verfahrensregeln unmittelbar Rechtswirkungen gesetzt werden. In der Literatur wird dies teils bejaht, weil etwa Regelungen zur Stellung von Sicherheiten für alle Teilnehmer unabhängig vom Inhalt der späteren Vergabeentscheidung

---

1 Beispiel ist die Frequenzvergabe für WLL, bei der diese Angaben des erfolgreichen Bewerbers in die Frequenzzuteilung aufgenommen werden, vgl. Vfg. 48/2000 ABl. RegTP 2000, S. 1667, 1672.
2 So auch Beck TKG-Komm/*Geppert*, § 11 Rz. 22.
3 Siehe wieder Vfg. 13/2000, ABl. RegTP 2000, S. 1516 zu UMTS.
4 Beispiele: Vfg. 14/2000 betreffend UMTS-Versteigerungsregeln, ABl. RegTP 2000, S. 564 sowie Vfg. 48/2000 zu WLL, ABl. RegTP 2000, S. 1667.

sofort greifen[1]. Diese Überlegung gelten allerdings nur, wenn dem eigentlichen Vergabeverfahren keine Zulassungsentscheidung zu diesem vorgeschaltet ist. Andernfalls treten in den Vergabebedingungen enthaltene Rechtswirkungen der eben genannten Art erst mit dieser Zulassung der einzelnen Teilnehmer ein. Dann folgen die Rechtswirkungen der Vergaberegeln nicht unmittelbar aus deren Bekanntmachung im Amtsblatt, was aber Kriterium für Verwaltungsakte ist[2]. In diesen Fällen dürfte deshalb ein Verwaltungsakt im Sinne von § 35 S. 1 VwVfG nicht vorliegen.

Diese Sicht läßt sich auch auf den allerdings unzuverlässigen (siehe oben Rz. 236) Wortlaut von §§ 11, 73 TKG stützen. Im Zusammenhang mit den Verfahrensregeln gebraucht § 11 TKG nirgends den Ausdruck Entscheidung. Auch in § 73 Abs. 3 S. 3 werden die Regeln nicht erwähnt. Bei dieser Sachlage erscheint die Praxis der Regulierungsbehörde, die Vergaberegeln als Allgemeinverfügungen zu erlassen, als zumindest zweifelhaft. Der dogmatisch sauberere Weg wäre, die Regeln im Amtsblatt bekanntzumachen und sie sodann als Nebenbestimmung den eigentlichen Zulassungsbescheiden beizufügen anstatt sie, wie bei der UMTS-Auktion geschehen, als Anlage einfach beizulegen. Die Praxis birgt jedenfalls die Gefahr, daß die Allgemeinverfügungen in solchen Fällen als bloße Form-Verwaltungsakte gesehen und nicht bestandskräftig werden[3]. 246

2.3.4.7 Verknüpfung von Lizenzerteilung und Frequenzzuteilung

Wenn Gegenstand des Vergabeverfahrens die Lizenzerteilung und nicht die Frequenzzuteilung ist, stellt sich die Frage, wie die beiden Schritte sinnvoll verknüpft werden können, um zu vermeiden, daß ein Lizenznehmer in der Vergabe von Frequenzen nicht zum Zuge kommt. Insoweit wäre es unzweckmäßig, in komplett getrennten Verfahrensschritten zunächst die Lizenzen, dann die Frequenzen zu versteigern[4]. In der **Versteigerungspraxis** werden die Schritte miteinander verknüpft, indem nach § 11 Abs. 4 S. 2 Nr. 4 eine Mindestausstattung an Frequenzen, die zu ersteigern ist, festgelegt und den erfolgreichen Bewerbern in der Lizenz die Zuteilung der ersteigerten Frequenzen zugesichert wird. Ge- 247

---

[1] So *Sachs*, K&R 2001, 13, 18 zur Vfg. 14/2000.
[2] Siehe näher zur Behandlung von Fällen, in denen der Eintritt von Rechtsfolgen von einem weiteren Verwaltungsakt abhängig ist, *Stelkens*, in: Stelkens/Bonk/Sachs, Verwaltungsverfahrensgesetz, § 35 Rz. 85.
[3] Weiterführende Hinweise dazu bei *Ehlers*, K&R 2001, 1, 8; *Sachs*, K&R 2001, 13, 19.
[4] Das übersieht *Manssen*, in: Manssen, Telekommunikations- und Multimediarecht, § 11 Rz. 3, der dies vorschlägt.

genstand der Versteigerung sind dabei abstrakte Frequenzblöcke. Das nicht im Rahmen der Lizenzvergabe vergebene Spektrum wird in einem zweiten Schritt unter den Lizenznehmern versteigert[1].

2.3.4.8 Gesetzliche Ziele der Vergabeverfahren

248 Nach § 11 Abs. 4 S. 1 TKG soll mit dem **Versteigerungsverfahren** festgestellt werden, welcher oder welche Bieter am besten geeignet sind, die ersteigerten Funkfrequenzen effizient zum Angebot der zu lizenzierenden Telekommunikationsdienstleistungen zu nutzen. Der Gesetzgeber ging dabei davon aus, daß derjenige, der sich aufgrund seiner Zahlungsbereitschaft und -fähigkeit in der Versteigerung durchsetzt, typischerweise am ehesten in der Lage sei, die Frequenzen im Wettbewerb der Dienstleistungsangebote optimal einzusetzen[2].

249 Demgegenüber soll ein **Ausschreibungsverfahren** nach § 11 Abs. 6 S. 1 TKG den oder die Bewerber ermitteln, welche ausweislich ihrer Fähigkeiten und Eigenschaften am besten geeignet sind, die Nachfrage der Nutzer nach der zu lizenzierenden Telekommunikationsdienstleistung zu befriedigen.

250 Der **Gegensatz dieser Zielbestimmungen** ist aber geringer, als er scheint. Im Wettbewerb hat typischerweise derjenige Erfolg, der sich mit seinem Angebot an die Marktgegenseite gegen die Wettbewerber durchsetzt. Dabei spielen neben Faktoren wie etwa Werbung und Image auch Preis und Qualität der Angebote eine signifikante Rolle. Die in einer Versteigerung abgegebenen Gebote resultieren dabei aus der Selbsteinschätzung der Bieter, wie erfolgreich sie beim Angebot der zu lizenzierenden Telekommunikationsdienstleistungen sein werden. In der Praxis werden Versteigerungsteilnehmer dazu vorbereitend umfangreiche business-case-Berechnungen anstellen, um zu prognostizieren, wie hoch sie mit Aussicht auf Amortisation der Gebote bieten können. Wer sich zutraut, besonders gute Angebote zu machen und damit besonders hohe Einnahmen zu erzielen, wird schließlich das höchste Gebot abgeben.

251 Aus dieser zugegebenermaßen stark vereinfachenden Betrachtung ergibt sich der eigentliche **Unterschied** zwischen Versteigerungs- und Ausschreibungsverfahren: Bei Versteigerungen hat derjenige Erfolg, der sich selbst zutraut, die Nutzerbedürfnisse besser als seine Konkurrenten zu befriedigen[3]. Bei einer Ausschreibung trifft diese Zukunftsprognose da-

---

1 Siehe für die Einzelheiten Ziffer 4 der Vfg. 13/2000 zu UMTS, ABl. RegTP 2000, S. 516, 517.
2 BR-Drucks. 13/3609, S. 39.
3 In diese Richtung auch *Ruhle/Geppert*, MMR 1998, 175, 176.

gegen die Regulierungsbehörde. Das eigentliche Ziel, eine optimale Befriedigung der Nutzerbedürfnisse zu erreichen, ist aber dasselbe.

2.3.4.9 Einzelheiten zu Versteigerungsverfahren

2.3.4.9.1 Stellungnahme zu den grundsätzlichen Einwänden gegen Versteigerungsverfahren

Die Versteigerung von Frequenzen und Lizenzen ist ein Novum im deutschen Verwaltungsrecht. Dessen verfassungs- und europarechtliche Zulässigkeit ist alles andere als unumstritten[1]. 252

In **verfassungsrechtlicher** Hinsicht werden dabei folgende Gesichtspunkte angeführt: Die Zahlungsbereitschaft bzw. Zahlungsfähigkeit sei kein geeignetes Auswahlkriterium in Knappheitslagen. Rechtsstaatlich wäre es erforderlich, eine Auswahl nach Qualifikation und Leistungsfähigkeit vorzunehmen[2]. Die in der Versteigerung bezahlten Beträge würden auf die Nutzer umgelegt und damit für diese die fragliche Telekommunikationsdienstleistung teurer, was den durch § 2 Abs. 2 Nr. 1 TKG und Art. 87f GG geschützten Nutzerinteressen zuwiderlaufe[3]. Die Versteigerung stelle einen Ausverkauf von Hoheitsrechten dar[4]. Weiter wird in den Versteigerungserlösen eine Abgeltung staatlicher Monopolrechte gesehen, welche durch Art. 87f GG gerade zugunsten einer privatwirtschaftlichen Betätigung auf dem Telekommunikationsmarkt aufgehoben werden sollten[5]. Schließlich wird der Vorwurf erhoben, die gesetzliche Entscheidung für das Vergabeverfahren sei fiskalisch durch das Ziel der Einnahmeerzielung motiviert[6]. 253

Aus **europarechtlicher** Sicht wird zunächst die Vereinbarkeit von Versteigerungen mit der Dienstleistungsfreiheit problematisiert und gefragt, ob mit der Lizenzpflicht für Deutschland eine EG-rechtlich bedenkliche Doppelkontrolle der Telekommunikationsunternehmen geschaffen wird. Vor allem aber wird die Vereinbarkeit der Versteigerungsregelungen mit 254

---

1 Für Zulässigkeit etwa *Manssen*, in: Manssen, Telekommunikations- und Multimediarecht, § 11 Rz. 6; *Klöck*, RTKom 2000, 280; *Gramlich*, CR 2000, 101; *Grünwald*, Analoger Switch-Off, S. 204 ff. Die Zulässigkeit verneinen demgegenüber u. a. *Demmel*, in: Manssen, Telekommunikations- und Multimediarecht, § 47 Rz. 38; *Degenhart*, K&R 2001, 32; Beck TKG-Komm/*Geppert*, § 11 Rz. 17.
2 In diesem Sinne etwa *Demmel*, in: Manssen, Telekommunikations- und Multimediarecht, § 47 Rz. 38 f. und *Scherer*, NJW 1996, 2953, 2958 (dort Fn. 32).
3 So *Degenhart*, K&R 2001, 32, 39.
4 So etwa Beck TKG-Komm/*Geppert*, § 11 Rz. 17.
5 *Degenhart*, K&R 2001, 32, 36.
6 *Beese/Naumann*, MMR 2000, 145, 148.

den Vorgaben der Art. 10 und 11 der Lizenzierungsrichtlinie 97/13/EG in Frage gestellt[1].

255 Bei der verfassungs- und europarechtlichen Analyse von Versteigerungen als Mittel knapper Frequenzen ist zu berücksichtigen, daß die Idee ursprünglich nicht etwa von Haushaltspolitikern, sondern von **Ökonomen** entwickelt wurde. Sie geht auf Überlegungen der Wirtschaftswissenschaftler *Coase* und *Herzel* zurück, welche in den 50er Jahren vorschlugen, knappe Frequenzen zu versteigern[2]. Ökonomisch liegt dem Vorschlag die Annahme zugrunde, daß derjenige, der bereit und fähig ist, einen höheren Preis für Frequenzen zu zahlen, diese gewinnbringender nutzen und damit einen höheren Beitrag zur Gesamtwohlfahrt leisten kann als die in der Versteigerung unterlegenen Bewerber[3]. Aus diesem Blickwinkel ist „Effizienz" der Frequenznutzung mithin nicht technisch, sondern wirtschaftlich zu verstehen[4]. Auch wenn zuzugeben ist, daß die Politik in der Folge ihren Beitrag leistete, um Versteigerungen als Mittel der Frequenzvergabe in Mißkredit zu bringen[5], ist diese ökonomische Annahme soweit ersichtlich bisher nicht widerlegt worden[6].

256 Für die **grundrechtsdogmatische Betrachtung** sind die oben Rz. 12 gemachten Feststellungen von entscheidender Bedeutung. Wenn man, wie dort vertreten, den Zugang zu Funkfrequenzen nicht abwehr-, sondern teilhaberechtlich versteht, muß sich die Prüfung daran orientieren, ob die in einer Versteigerung ausschlaggebende Zahlungsfähigkeit und -bereitschaft als sachgerechtes Auswahlkriterium für die Vergabe von Funkfrequenzen und damit zusammenhängenden Lizenzen darstellt. Nicht zur Debatte steht demgegenüber, ob die Nichtlizenzierung der in einer Versteigerung unterlegenen Bieter oder aber die Belastung der erfolgreichen Bieter mit Zahlungspflichten als Eingriff in deren Berufsfreiheit

---

1 Siehe *Koenig/Schäfer*, K&R 1998, 243, 245.
2 Siehe *Grünwald*, Analoger Switch-Off, S. 159
3 Siehe zu diesen ökonomischen Überlegungen *Koenig/Schäfer*, K&R 1998, 243, 248.
4 Die technische Effizienz ergibt sich ohnehin zumeist aus dem einzusetzenden Standard.
5 In den USA wurden Frequenzauktionen im Rahmen der Haushaltsgesetzgebung eingeführt, wobei eine künstliche Verknappung des Auktionsgutes durchaus vorkam, siehe *Grünwald*, Analoger Switch-Off, S. 159, 160 und 193. In Deutschland wurden entsprechende Überlegungen nach dem Rückzug mehrerer Bieter aus der UMTS-Auktion durch das Bundesfinanzministerium ebenfalls angestellt, siehe erneut *Grünwald*, Analoger Switch-Off, S. 193. Daß dergleichen offensichtlich rechtswidrig gewesen wäre, versteht sich von selbst.
6 Keiner der Kritiker der Versteigerungsverfahren setzt sich mit ihr überhaupt näher auseinander.

aus Art. 12 GG gerechtfertigt werden können. Das ist Konsequenz der teilhaberechtlichen Einordnung des Zugangs zu Funkfrequenzen. Die entscheidende Frage ist damit, ob sich das Kriterium des höchsten Gebots im Zusammenhang mit den Zwecken der Frequenzvergabe als sachgerecht erweist.

Dies ist zu bejahen. Soweit Bieter aus Mangel an finanziellen Mitteln aus der Versteigerung ausscheiden sind sie offenbar weniger **leistungsfähig** und damit auch weniger geeignet, die Frequenzen gewinnbringend zu nutzen. Umgekehrt läßt die sich in einem erfolgreichen Gebot artikulierende Zahlungsbereitschaft und Zahlungsfähigkeit durchaus Rückschlüsse darauf zu, welche Erträge und damit welche gesamtwirtschaftliche Effizienz ein erfolgreicher Bieter sich von der Nutzung der Frequenzen verspricht[1]. 257

Der vielfach geäußerte Einwand, Versteigerungen führten zu **erhöhten Kosten** für die Nutzer und damit zu Konflikten mit den Regulierungszielen nach § 2 TKG, ist auf Ebene des Gesetzes bereits dadurch entkräftet, daß § 11 TKG insoweit dem Regulierungsziel der effizienten Frequenznutzung den Vorrang vor den anderen Zielen einräumt[2]. Auch auf der Ebene von Art. 87f GG greifen die erhobenen Bedenken nicht durch. Art. 87f Abs. 1 GG verlangt eine **Grundversorgung** mit Telekommunikationsdienstleistungen und eröffnet dem Gesetzgeber bei den zu deren Realisierung zu ergreifenden Schritten einen breiten Ermessensspielraum[3]. Daß eine der Telekommunikationsdienstleistungen, die bisher Gegenstand von Versteigerungen waren, Teil dieser Grundversorgung wäre, behauptet keiner der Kritiker von Versteigerungsverfahren. 258

Schließlich ist auch die These, das **Privatisierungsgebot** von Art. 87f Abs. 2 GG verbiete es, den wirtschaftlichen Wert der Frequenzen abzuschöpfen[4], nicht durchschlagend. Wenn, wie behauptet, der Staat den Wert der Frequenzen nicht abschöpfen dürfte, dann wäre er verpflichtet, insoweit den Telekommunikationssektor bzw. den jeweils zu lizenzierenden Funkdienst durch Vergabe von Frequenzen unter Wert zu subventionieren. Dafür mag es politische Gründe geben, von Verfassungs wegen geboten ist es indessen nicht. 259

Von den **europarechtlich** motivierten Einwänden dürften jene, die an der Einschränkung der Dienstleistungsfreiheit durch das Lizenzerforder- 260

---

1 Auf dieser Linie auch *Grünwald*, Analoger Switch-Off, S. 208.
2 So auch *Degenhart*, K&R 2001, 32, 34.
3 Siehe BT-Drucks. 12/7269, S. 5 sowie *Pieroth*, in: Jarass/Pieroth, Grundgesetz, Art. 87f Rz. 4.
4 In diesem Sinne *Degenhart*, K&R 2001, 32, 36.

nis und Versteigerungsverfahren ansetzen, durch die mittlerweile vorliegenden Ergebnisse widerlegt sein. Von sechs UMTS-Lizenznehmern in Deutschland hat nur einer, DeTe Mobil Deutsche Telekom Mobilnet GmbH, keine Muttergesellschaft im EG-Ausland. Problematischer ist insoweit die Vorgabe von Art 11 Abs. 2 der Lizenzierungsrichtlinie 97/13/EG. Hiernach darf zwar die Nutzung knapper Ressourcen mit Abgaben belastet werden, welche die Notwendigkeit widerspiegeln, die optimale Nutzung sicherzustellen. Die Abgaben sollen aber dabei u. a. der Notwendigkeit Rechnung tragen, die Entwicklung innovativer Dienste und des Wettbewerbs zu fördern. Die Kritik knüpft insoweit vor allem an der Gefahr an, ein finanzstarker Bieter könne bei einer Versteigerung seine Konkurrenten mit überhöhten Geboten vom Markt drängen und damit die Entwicklung innovativer Dienste blockieren[1]. Indessen ist dieses Risiko bei keinem Vergabeverfahren auszuschließen. Aus Sicht eines Bewerbers, dem es um die Behinderung der Konkurrenz geht, hat ein Ausschreibungsverfahren sogar den Vorzug, das er dort im Zweifel geringere finanzielle Mittel einsetzen muß. Finanzstärke wäre bei solch einem Ansinnen doppelt hilfreich, zum einen beim Auswahlkriterium der Leistungsfähigkeit, zum anderen bei der Vorbereitung einer guten Bewerbung, bei der finanzielle Mittel typischerweise ebenfalls gute Dienste leisten können. Im übrigen schaffen sowohl Lizenzauflagen als auch § 47 Abs. 5 S. 3 TKG die Möglichkeit, Frequenzen und Lizenzen entschädigungslos zu widerrufen, wenn tatsächlich einmal ein erfolgreicher Teilnehmer eines Vergabeverfahrens die Frequenzen brachliegen lassen sollte.

2.3.4.9.2 Festlegung der Frequenzausstattung

261 Ein weiterer vor Beginn eines Versteigerungsverfahrens festlegungsbedürftiger Punkt ist die von Bietern für die Aufnahme der Telekommunikationsdienstleistungen zu ersteigernde **Grundausstattung** an Frequenzen. Diese soll nach § 11 Abs. 4 S. 2 Nr. 4, Abs. 1 S. 2 TKG vorab festgelegt und im Amtsblatt der Regulierungsbehörde veröffentlicht werden, soweit dies erforderlich ist. Soweit es in einer Versteigerung um die Lizenzierung und nicht lediglich um die Vergabe weiterer Frequenzen an Lizenznehmer geht, wird eine solche Festlegung aber regelmäßig erforderlich sein, um zu erreichen, daß jeder Lizenznehmer über ein zur Ausübung seiner Lizenzrechte ausreichendes Funkspektrum verfügt. Die praktische Festlegung der Mindestausstattung im Einzelfall wird regelmäßig von Zielkonflikten beherrscht. Je niedriger die Festlegung ist, desto mehr Lizenzen können vergeben werden. Andererseits ist aus technischen Gründen für die sinnvolle Ausübung der Lizenzrechte re-

---

[1] Siehe *Koenig/Schäfer*, K&R 1998, 243, 249.

gelmäßig eine gewisse Bandbreite erforderlich. Wo dieses technische Minimum liegt, dürfte dabei oft auch zwischen technischen Fachleuten und den Lizenzbewerbern umstritten sein[1]. Um den Marktzugang möglichst wenig zu beschränken erscheint als angezeigt, die Mindestausstattung im unteren Bereich des technisch vertretbaren anzusetzen.

Obwohl nicht gesetzlich vorgesehen, wird ebenfalls häufig die **Höchstausstattung** an von demselben Bieter zu ersteigernden Frequenzen festgelegt[2]. Das ist in mehrerer Hinsicht problematisch. Zum einen gibt es, wie erwähnt, für eine Festlegung der Höchstausstattung keine ausdrückliche Rechtsgrundlage. Für die Versteigerungsteilnehmer hat sie zur Folge, daß technische und geschäftliche Planungen, die auf einer über die festgelegte Höchstausstattung hinausgehenden Frequenzkapazität beruhen, von vornherein nicht mehr realisierbar sind. 262

Gleichzeitig wird von anderer Seite kritisch eingewandt, daß eine über die festgelegte Mindestausstattung hinausgehende Frequenzzuteilung zu einer über das Erforderliche hinausgehende **Beschränkung** der Lizenzzahl führen kann. Die Kritik entzündete sich konkret daran, daß bei der UMTS-Versteigerung im Sommer 2000 nach Ausscheiden des siebten Bieters die Gebote durch Versuche einzelner Bieter, über die Mindestausstattung hinausgehende gepaarte Frequenzblöcke zu ersteigern, weiter anstiegen. Wäre dieser Versuch erfolgreich gewesen, hätte dies aufgrund des insgesamt zur Verfügung stehenden Frequenzspektrums die Anzahl der UMTS-Lizenznehmer weiter reduziert. Letztlich scheiterten diese Versuche jedoch, da alle Bieter mit den gesteigerten Geboten mithielten. So war einziges Ergebnis eine Verteuerung der Lizenzen um insgesamt fast DM 40 Milliarden[3]. Hiergegen wird kritisch eingewendet, daß mit dem Ausscheiden des siebten Auktionsteilnehmers keine Frequenzknappheit mehr bestanden habe, welche die Fortsetzung der Auktion rechtfertigen würde[4]. 263

Die RegTP stützt ihre Festsetzung einer maximal möglichen Frequenzausstattung auf **Wettbewerbserwägungen**. Im Falle UMTS hat sie die 264

---

1 Bei UMTS reichte das in Stellungnahmen geforderte Mindestspektrum von 2 × 10 MHz gepaart (d. h. jeweils 10 MHz für die Basisstationen und die Endgeräte) bis zu 2 × 20 MHz gepaart plus 1 × 5 MHz ungepaart (d. h. nur für die Basisstationen für breitbandige Anwendungen), siehe Vfg. 13/2000, ABl. RegTP 2000, S. 516, 550.
2 Beispiel ist Ziffer 4.2 der Vfg. 13/2000 zu UMTS, siehe ABl. RegTP 2000, S. 516, 517.
3 Der Verlauf der UMTS-Auktion kann auf der Website der RegTP nachvollzogen werden, wo alle Rundenergebnisse veröffentlicht sind, siehe http://www.regtp.de/reg_tele/start/in_05-05-03-03-00_m/index.html.
4 *Degenhart*, K&R 2001, 32, 41.

Festlegung auf 2 × 15 MHz gepaart maximal damit begründet, daß eine zu unterschiedliche Frequenzausstattung der Lizenznehmer zu Chancenungleichheiten im Wettbewerb führen könnte, was den Regulierungszielen zuwider laufen würde[1]. Dieser Ansatz verdient grundsätzlich Zustimmung, zumal mit ihm verhindert wird, daß ein etwa übermächtiger Auktionsteilnehmer den Frequenzmarkt „leer kauft" und damit den Wettbewerb behindert. Da indessen die Festlegung einer Höchstausstattung zugleich die technischen und geschäftlichen Entwicklungsmöglichkeiten beschränken kann, sollten entsprechende Festlegungen nicht unter dem Maß liegen, für das im Zeitpunkt der Entscheidung gewichtige technische Gründe angeführt werden.

265 Demgegenüber verdient die eben referierte Kritik daran, daß eine über das Mindestmaß hinausgehende Ausstattung bei Versteigerungsverfahren zugelassen wird, keine Zustimmung. Das Argument, die Frequenzknappheit entfalle, wenn sich die Zahl der Bieter auf die Zahl der möglichen Lizenzen mit Mindestausstattung eingependelt habe, greift zu kurz. Vielmehr liegt eine Knappheitslage so lange vor, wie mehrere durch Zulassung zur Versteigerung und Abgabe entsprechender Gebote qualifizierte Interessenten um die Nutzung des zu vergebenden Frequenzspektrums rivalisieren.

2.3.4.9.3 Abgabenrechtliche Qualifikation der Versteigerungserlöse

266 Innerhalb der abgabenrechtlichen Typologie aus Steuer, Gebühr, Beitrag und Sonderabgabe[2] sind die von erfolgreichen Teilnehmern zu zahlenden Gebotsbeträge als Gebühren in Form sogenannter **Verleihungsgebühren** anzusehen[3]. Mit der Zahlung des Gebotsbetrags zahlt der erfolgreiche Bieter für eine ihm individuell zurechenbare staatliche Gegenleistung[4], welche darin besteht, daß ihm daß ausschließliche Recht zur Nutzung der Frequenzen gewährt wird. Dieses Recht ist auch gegen andere Frequenznutzer, welche eine Frequenz ohne Genehmigung nutzen, zivilrechtlich durchsetzbar[5].

267 Die Sicht der Versteigerungserlöse als Verleihungsgebühr sieht sich teilweise Einwänden gegenüber. Von manchen wird vertreten, die Gebote seien keine Verleihungsgebühr, weil der Wert der Gegenleistung (d. h.

---

1 Vfg. 13/2000, ABl. RegTP 2000, S. 516, 547.
2 Siehe zu diesen Begrifflichkeiten und ihren Voraussetzungen *Tipke/Lang*, Steuerrecht, S. 48 ff.
3 So auch *Schumacher*, NJW 2000, 3096, 3098; *Arndt*, K&R 2001, 23, 30.
4 Vgl. *Tipke/Lang*, Steuerrecht, S. 51.
5 Siehe *Demmel*, in: Manssen, Telekommunikations- und Multimediarecht, § 47 Rz. 80.

von Lizenzen und Frequenzen) zur Zeit weder juristisch noch ökonomisch bestimmt werden könne[1]. Dieser Einwand geht fehl, weil die Angemessenheit der staatlichen Gegenleistung nicht Tatbestandsmerkmal, sondern Rechtmäßigkeitsvoraussetzung der Gebühr ist.

Von einigen Autoren, welche ansonsten die hier vertretene abgabenrechtliche Sicht teilen, wird mit Blick auf die UMTS-Auktion im Sommer 2000 vertreten, die von den letztlich erfolgreichen Auktionsteilnehmern bezahlten Gebote stünden außer Verhältnis zum **wirtschaftlichen Wert** der ersteigerten Frequenzen[2]. Die zu zahlenden Beträge ergaben sich aus dem Auktionsverlauf und mithin aus der Zahlungsbereitschaft der erfolgreichen Teilnehmer. Alle Teilnehmer an jener Auktion waren entweder selbst international operierende Telekommunikationsunternehmen oder mit solchen verbunden. Es steht zu vermuten, daß ihnen bei der Vorbereitung der Auktion hochkarätige Berater zur Seite standen, um zu ermitteln, welche Gebote mit Blick auf die zukünftige Ertragserwartungen für die zu ersteigernden Lizenzen gerechtfertigt waren. Auch wenn in jener Zeit der Telekommunikationsmarkt von einer allerdings schon abklingenden Euphorie beherrscht war, erscheint es schwer vorstellbar, daß diese Auktionsteilnehmer alle mit ihrer Einschätzung so weit daneben lagen, daß sie einen, wie behauptet, weit überhöhten Preis für die UMTS-Frequenzen/Lizenzen bezahlt hätten[3]. 268

2.3.4.9.4 Anforderungen an die Verfahrensregeln

Nach § 11 Abs. 4 S. 3 TKG sollen die vorab festzulegenden **Versteigerungsregeln** objektiv, nachvollziehbar und diskriminierungsfrei sein und die Belange kleiner und mittlerer Unternehmen berücksichtigen. Die erstgenannten Kriterien sind eine rechtsstaatliche Selbstverständlichkeit. Die Berücksichtigung kleiner und mittlerer Unternehmen, ist im Rahmen einer Versteigerung, bei der Höchstgebote entscheiden, höchstens durch Ausschluß größerer Unternehmen oder stärkere Gewichtung von Geboten kleiner Bieter durchführbar. Einem entsprechenden Vorschlag des Bundesrats wurde aber im Gesetzgebungsverfahren 269

---

1 So anscheinend *Klöck*, RTKom 2000, 280, 285, der allerdings auf derselben Seite auch ausführt, den Wert der Lizenzen zu bestimmen sei Sache der Marktteilnehmer und nicht der juristischen Kommentatoren.
2 In diesem Sinne beispielsweise *Arndt*, K&R 2001, 23, 30; *Degenhart*, K&R 2001, 32, 38; *Luttermann*, K&R 2000, 473.
3 Erwähnenswert ist in diesem Zusammenhang auch, daß einzelne Auktionsteilnehmer bereit gewesen wären, für eine breitere Frequenzausstattung nochmals deutlich mehr zu zahlen, nämlich bis zu DM 24 Milliarden, siehe für die Einzelheiten den Auktionsverlauf auf www.regtp.de/reg_tele/start/in_05-05-03-03-00_m/index.html.

eine Absage erteilt, so daß man die Bestimmung wohl als rein politische Willensäußerung ohne konkreten Regelungsgehalt verstehen muß[1].

270 In der allgemeinen **Auktionspraxis** gibt es eine ganze Reihe unterschiedlicher Auktionsverfahren. Zu unterscheiden sind zunächst offene Auktionen, bei denen die Gebote öffentlich abgegeben werden, und verdeckte Auktionen, bei denen die Bieter nur jeweils ein Gebot in geschlossenen Umschlägen einreichen. Bei offenen Auktionen finden sich zudem die gängige englische Auktion und die sogenannte holländische Auktion. Bei der englischen Auktion wird mit einem Mindestgebot begonnen und die Gebote erhöht, bis keine höheren Gebote vorgelegt werden. Die holländische Auktion funktioniert demgegenüber umgekehrt. Der Auktionator ruft einen Höchstpreis auf, der immer weiter verringert wird, bis ein Bieter den ausgerufenen Preis akzeptiert. Jedes dieser Verfahren hat spezifische Vorzüge und Nachteile, ohne daß eine der Verfahrensarten grundsätzlich besser als andere geeignet wäre, den Knappheitspreis zu ermitteln. Verdeckte Auktionen führen tendenziell zu niedrigeren Geboten, aber sind anfälliger für Manipulation[2]. Von daher wird man der Regulierungsbehörde bei der Entscheidung für das von ihr anzuwendende Verfahren einen Ermessensspielraum zubilligen müssen. Bisher wurden alle Versteigerungen als offene simultane mehrstufige Verfahren durchgeführt (zu den Einzelheiten s. u. Rz. 276).

2.3.4.9.5 Mindestgebote

271 Weiterhin eröffnet die Bestimmung des § 11 Abs. 4 S. 4 TKG die Möglichkeit, ein **Mindestgebot** festzulegen. Diese Regelung sollte allein als Verfahrensvereinfachung gesehen werden. Mit der Festlegung soll vermieden werden, daß Versteigerungen sich in die Länge ziehen, weil zunächst eine Vielzahl von Runden mit Geboten weit unterhalb des späteren Versteigerungsergebnisses abgehalten wird. Dementsprechend setzt die neuere Praxis die Mindestgebote aufgrund einer Schätzung des wirtschaftlichen Werts (gemeint ist wohl der erwartete Versteigerungserlös) fest, von dem ein „angemessener" Abschlag vorgenommen wird[3].

---

1 So auch *Manssen*, in: Manssen, Telekommunikations- und Multimediarecht, § 11 Rz. 16 sowie Beck TKG-Komm/*Geppert*, § 11 Rz. 23. Zum Vorschlag des Bundesrats siehe BT-Drucks. 13/4438, S. 9 (Begründung des Vorschlags) und S. 32 (Äußerung der Bundesregierung).
2 Siehe für Einzelheiten zu den verschiedenen Auktionsformen *Grünwald*, Analoger Switch-Off, S. 185 ff.; *Ruhle/Geppert*, MMR 1998, 175, 177, letztere mit einigen krassen Beispielen für Manipulationen durch Bieter bei geschlossenen Auktionen.
3 Siehe Vfg. 13/2000 zu UMTS, ABl. RegTP 2000, S. 516, 553. Angesichts der Tatsache, daß die UMTS-Versteigerung weit über 100 Runden dauerte, hat man

Nicht angebracht wäre es allerdings, Mindestgebote mit dem Ziel der 272
Sicherung eines minimalen **Versteigerungserlöses** festzulegen, wie es einmal in der Begründung zu Eckpunkt 4 der Verfügung 45/99[1] zur Versteigerung von zusätzlichen GSM-Frequenzen angeklungen ist. Dergleichen würde dem Ziel der Versteigerung, den ökonomischen Wert der Frequenzen zu ermitteln, zuwiderlaufen[2]. Im konkret betroffenen Fall war die Festlegung anscheinend allerdings von Befürchtungen, die Versteigerungsteilnehmer könnten die Auktion durch Absprachen im Vorfeld sabotieren, veranlaßt[3].

Vom Gesetz nicht geregelt ist der Fall, daß für zu versteigernde Frequenzen bzw. Lizenzen das **Mindestgebot nicht erreicht**, bzw. nicht abgegeben wird. In der Praxis hat dies bisher nicht zu Problemen geführt, weil das festzulegende Mindestgebot im Voraus bekanntgegeben wird, wodurch Interessenten, welche es für überhöht halten, von einer Teilnahme an der Versteigerung abgehalten werden dürften. Wenn sich allerdings herausstellt, daß die festgelegten Verfahrensregeln und die vorgesehenen Mindestgebote derart abschreckend wirken, daß für einzelne zur Versteigerung anstehende Frequenzen und/oder Lizenzen keine Interessenten auftreten, obwohl die ursprüngliche Marktabfrage eine Frequenzknappheit ergeben hatte, dann sollte das Verfahren unterbrochen und unter Festlegung geringerer Zugangshürden fortgesetzt werden. Rechtliches Mittel dazu wäre die Rücknahme der ursprünglichen Festlegungen gemäß oder analog § 48 Abs. 3 VwVfG (je nach dem wie der Rechtscharakter beurteilt wird, siehe oben Rz. 246), da diese dann unverhältnismäßig restriktiv und folglich rechtswidrig waren. 273

2.3.4.9.6 Durchführung der Verfahren in der Regulierungspraxis

Der Abdruck der Verfahrensregeln der UMTS-Versteigerung macht im Amtsblatt der Regulierungsbehörde vier Seiten aus. Von daher erscheint es nicht angebracht, hier eine detaillierte Wiedergabe aller Einzelheiten vorzunehmen. Interessenten seien auf die Veröffentlichung im Amtsblatt verwiesen[4]. Hier soll statt dessen nur eine Darstellung der grundlegenden Prinzipien und Abläufe vorgenommen werden[5]. 274

---

dort wohl einen ganz massiven Abschlag vorgenommen oder sich beim Erlös deutlich verschätzt.
1 ABl. RegTP 1999, S. 1251.
2 Kritisch deshalb auch *Beese/Naumann*, MMR 2000, 145, 150.
3 Siehe Vfg. 70/1999, ABl. RegTP 1999, S. 1751, 1757.
4 Vfg. 14/2000, ABl. RegTP 2000, S. 564. Um den Text nicht mit Fußnoten zu überfrachten, wird im Folgenden davon abgesehen, jede einzelne Aussage zu belegen.
5 Die Ausführungen konzentrieren sich auf die UMTS-Auktion, für Einzelheiten zur ERMES-Auktion siehe *Ruhle/Geppert*, MMR 1998, 175.

275 Vorgeschaltet war zunächst das oben Rz. 231 ff. bereits angesprochene **Zulassungsverfahren**. Nach Zulassung der Bewerber hatten diese vor der eigentlichen Auktion eine **Kaution** sowie **Bankbürgschaften** für die von ihnen in Anspruch genommenen Bietrechte in Höhe der jeweils einschlägigen Mindestgebote zu stellen, ihre Bevollmächtigten für die Versteigerung zu benennen und diese an einer Bieterschulung teilnehmen zu lassen, in welcher der Umgang mit der Auktionssoftware erläutert wurde. Die Forderung nach Bürgschaften als Sicherheit entspricht dem bei staatlichen Versteigerungen üblichen[1] und ist von daher keinen durchgreifenden Einwänden ausgesetzt. Auch die Kaution, die dem Nachweis der Ernsthaftigkeit des Teilnahmewillens dient, wird man als letztlich sinnvolle Verfahrensregel akzeptieren können.

276 Die Versteigerung wurde, wie die beiden vorigen für Funkruf und zusätzliche Frequenzen für GSM als **simultane mehrstufige offene Auktion** durchgeführt. Dazu wurde das zu vergebende Spektrum in abstrakte Blöcke[2] portioniert, für welche rundenweise auf elektronischem Weg Gebote abgegeben werden konnten. Am Ende jeder Runde wurden für die einzelnen Blöcke die Höchstgebote bekanntgegeben. Jeder Bieter konnte nur Gebote für die vorgegebene Höchstausstattung von Frequenzen abgeben, also für drei von zwölf Blöcken, vorausgesetzt, entsprechende Bürgschaften waren vorab gestellt worden. Weiterhin bedeutsam war die Aktivitätsregel, der zufolge ein Bieter in jeder Runde nur für so viele Frequenzblöcke bieten konnte, wie in der jeweils vorausgegangenen. Wirksam („valide") waren Gebote nur, soweit sie das Höchstgebot für den jeweiligen Frequenzblock aus der vorherigen Bietrunde um das vom Auktionator festgelegte Mindestinkrement übertrafen. In jeder Runde mußten die Gebote in einem vorab festgelegten Zeitrahmen abgegeben werden. Wenn ein Bieter in einer Runde nicht für die Mindestausstattung an Frequenzen wirksame Gebote vorlegte, schied er aus. Zurückgenommen werden konnten wirksame Gebote nicht[3].

---

1 Siehe etwa §§ 67 ff. des Gesetzes über die Zwangsversteigerung und Zwangsverwaltung.
2 D. h. die konkreten Frequenzen waren bei der Versteigerung noch nicht festgelegt.
3 Dies war bei der Versteigerung zusätzlicher GSM-Frequenzen anders, aber dort damit begründet, daß eine Mindestausstattung nicht vorgegeben war und ein Auktionsergebnis, das nur zu einer geringen Frequenzausstattung für einen Bieter geführt hätte, für diesen unattraktiv gewesen wäre. Im Falle einer Rücknahme von Geboten wären die Frequenzen unter den übrigen Auktionsteilnehmern erneut versteigert worden. Falls dabei ein geringeres Ergebnis als das zurückgenommene Gebot erzielt worden wäre, so wäre der Bieter des zurückgenommenen Gebots zur Zahlung der Differenz zu seinem Gebot verpflichtet gewesen. Dies war veranlaßt, um preistreibende Gebote ohne Erwerbsabsicht zu verhindern. Für die Einzelheiten siehe Ziffer 10 der Vfg. 93/1999, ABl.

Bei Versteigerungen hat die Verhinderung von **Absprachen** oder sonstigem den Auktionsprozeß **störenden Verhalten** der Bieter erhebliche Bedeutung. Sonst bestünde die Möglichkeit, daß sich beispielsweise die Teilnehmer vorab über die Verteilung des Auktionsgutes einigen oder aber einzelne Bieter gegen andere zusammenarbeiten. Bei Frequenzauktionen mit beschränktem und für alle Beteiligten überschaubarem Teilnehmerkreis ist diese Gefahr naturgemäß größer als etwa bei Versteigerungen, die jedermann zugänglich sind. Die Praxis der Regulierungsbehörde versucht, diese Gefahr zum einen durch die Verfahrensgestaltung, zum anderen durch drakonische Sanktionierung bekannt werdender Verstöße in den Griff zu bekommen. 277

Dazu werden während der Auktionsrunden die Vertreter der Bieter in **getrennten Räumen** untergebracht und von einem Mitarbeiter der Regulierungsbehörde beaufsichtigt. Kommunikation ist nur telefonisch mit dem Auktionator sowie per Telefon und Fax mit der Unternehmensleitung über vor der Auktion genannte Telefonnummern möglich. Mobiltelefone oder sonstige Telekommunikationsgeräte dürfen nicht mitgebracht werden. 278

Bei dennoch festgestelltem **kollusiven Verhalten**, also Zusammenwirken von Bietern zur Beeinflussung von Verlauf oder Ergebnis der Auktion, wären die Bieter von der Auktion ausgeschlossen worden. Hätte sich ergeben, daß etwa zum Zeitpunkt des Ausschlusses bestehende Höchstgebote der betroffenen Bieter im weiteren Auktionsverlauf nicht überboten worden wären, so wären diese nach den Versteigerungsregeln zur Zahlung der Gebotsbeträge verpflichtet gewesen, ohne die Lizenzen bzw. Frequenzen zu erhalten. Noch drastischere Folgen hätte es, wenn sich nach Ende der Versteigerung kollusives Verhalten von erfolgreichen Bietern herausstellen würde. Für diesen Fall sehen die Auktionsregeln Widerruf der Lizenz vor, ohne daß die Zahlungspflichten aus den Höchstgeboten entfallen oder bereits geleistete Zahlungen zurückerstattet würden. 279

Während der Ausschluß kollusiv handelnder Bieter ohne weiteres als adäquate Sanktion erscheint, begegnen die in den Versteigerungsregeln (und nur dort) vorgesehenen finanziellen **Sanktionen** Bedenken. Diese entstehen weniger aus der eigentlich gegebenen Plausibilität, sondern daraus, daß diese Sanktionen im Gesetz selbst nicht ausdrücklich vorgesehen sind. Wenn etwa jetzt ein Verstoß bei der UMTS-Versteigerung im Sommer 2000 entdeckt würde, so hätte dies den Widerruf der Lizenz des betroffenen Bieters und außerdem eine finanzielle Sanktion von etwa 280

RegTP 1999, S. 2379, 2380, 2385. Aufgrund der Auktionsergebnisse kam es zu keiner Rücknahme von Geboten.

DM 16 Milliarden zur Folge. Es erscheint zweifelhaft, ob derartige finanzielle Sanktionen, die ein Vielfaches der im Strafrecht für Geldstrafen vorgesehenen Höchstbeträge ausmachen, allein auf Grundlage der Verfahrensbedingungen angeordnet werden könnten.

281 Als **Zahlungsmodalität** wird in der Praxis regelmäßig die Überweisung binnen 10 Tagen nach Zugang einer schriftlichen Zahlungsfestsetzung durch die Regulierungsbehörde festgelegt. Hierfür sprechen praktische Gesichtspunkte, zumal etwaige Zahlungserleichterungen sich unter Umständen in dann höheren Gebote niederschlagen würden. Bemerkenswert ist, daß keine Sanktionen für Zahlungsverzug vorgesehen wurden. Insoweit vertraut die Regulierungspraxis auf die Regelungen zur Beitreibung von Geldforderungen nach dem Verwaltungsvollstreckungsrecht.

2.3.4.9.7 Ausschluß von Doppelbewerbungen

282 Nach ständiger Verfahrenspraxis der Regulierungsbehörde sowohl bei Versteigerungen als auch bei Ausschreibungen[1] kann sich in Vergabeverfahren jeder Bewerber nur einmal bewerben. Bei der UMTS-Versteigerung wurden dabei Unternehmen schon dann als zusammengehörig gewertet, wenn die Voraussetzungen von § 37 GWB vorlagen, so daß eine Beteiligung von 25% ausreichend gewesen wäre, um die Schwelle zu überschreiten.

283 Die Regulierungsbehörde stützt diese Praxis auf das Regulierungsziel der Sicherung eines chancengleichen, funktionsfähigen Wettbewerbs sowie den Umstand der Beschränkung der Lizenzzahl und damit des Marktzugangs, woraus sie ein **Gebot wettbewerblicher Unabhängigkeit** der Bewerber und Lizenznehmer herleitet[2]. Unabhängig davon, ob sich solch ein Gebot tatsächlich aus dem TKG herleiten läßt (dazu unten Rz. 327 ff.), ist jedenfalls dem Ausschluß doppelter Bewerbungen desselben Unternehmens bzw. miteinander in kartellrechtlich relevanter Weise verbundener Unternehmen prinzipiell zuzustimmen. Dies folgt aus § 11 Abs. 3 S. 1 TKG. Wenn bei beschränkter Lizenzzahl letztlich mehrere der wenigen Lizenzen von demselben oder zusammengeschlossenen Lizenznehmern gehalten würden, dann hätte dies mit hinreichender Wahrscheinlichkeit negative Auswirkungen auf den Wettbewerb, und zwar schon deshalb, weil anstelle der zusammengeschlossenen Un-

---

[1] Siehe Ziffer 1.2 der Vfg. 13/2000, ABl. RegTP 2000, S. 516 für die UMTS-Versteigerung sowie Abschnitt II Ziffer 1. der Anlage zur Vfg. 48/2000, ABl. RegTP 2000, S. 1667, 1669 für WLL-PMP-Richtfunk.
[2] Siehe die Begründung zu Ziffer 1.2 der Vfg. 13/2000, ABl. RegTP 2000, S. 516, 518.

ternehmen ein sonst lizenzierter unabhängiger Wettbewerber vom jeweiligen Markt ausgeschlossen bliebe.

Bei der UMTS-Versteigerung entstand zwischen der Zulassung der Bewerber und der Auktion selbst die Situation, daß zugelassene Bewerber nunmehr anfingen, über Kooperationen nachzudenken und auch zu verhandeln. Außerdem wurde das englische Mobilfunkunternehmen Orange, welches Teil des Group 3G Bieterkonsortiums war, von France Telecom übernommen, die wiederum für die deutsche Vergabe mit Mobilcom kooperierte, was zu einer Doppelbewerbung der beiden Bieter führte und gleichzeitig die zuvor bestehende Doppelbewerbung von von Orange mit Vodafone bzw. Mannesmann Mobilfunk beseitigte[1]. Die Regulierungsbehörde hatte damit wohl nicht gerechnet und dementsprechend keine ausdrückliche Regelung für solche Sachverhalte in die Verfahrensregeln aufgenommen. 284

Die anscheinend zunächst von der Behörde vertretene Haltung, die Zulassungsregeln stünden einer **Änderung der Beteiligungsverhältnisse** an Bietern vor Abschluß der Auktion entgegen[2], ließ sich durch den Lauf der Ereignisse nicht aufrechterhalten. Hätte man diese Linie durchgehalten, so hätte mit Group 3G oder Mobilcom mindestens ein am Ende erfolgreicher Bieter ausgeschlossen werden müssen. Abgesehen davon wäre fraglich gewesen, ob sich diese Position rechtlich durchhalten lassen hätte. Da nach § 9 Abs. 2 TKG Änderungen der Beteiligungsverhältnisse bei Lizenznehmern zulässig sind, ist nicht zu sehen, warum ohne ausdrückliche Regelung in den Verfahrensbedingungen für Lizenzbewerber etwas anderes gelten soll. Deshalb wurden diese Fälle letztlich pragmatisch behandelt und die Veränderung von Beteiligungsverhältnissen zugelassen, wenn der Nachweis des weiteren Gegebenseins der Zulassungsvoraussetzungen zur Versteigerung geführt wurde. 285

Für zukünftige Versteigerungsverfahren sollte diese Linie grundsätzlich beibehalten werden. Es wäre zwar wohl möglich, zwischen Zulassung und Auktionsende in den Verfahrensregeln eine Stillhalteperiode vorzuschreiben. Dies würde aber wahrscheinlich zu Umgehungsversuchen und Streitfällen um diese führen, so daß es als zweckmäßiger erscheint, an der bei UMTS an den Tag gelegten Praxis festzuhalten. 286

---

1 Siehe UMTS-Auktion: Orange kappt Verbindung zu 3G-Bieterkonsortium, www.ftd.de/tm/tk/FTDXC9M3Y9C.html, sowie UMTS: Hutchison und E-Plus bieten gemeinsam, www.ftd.de/tm/tk/FTD0LNLRKAC.html.
2 Als Gründe hierfür hätten sich eventuell das Erfordernis der vorherigen Freigabe von Bieterzusammenschlüssen durch das Bundeskartellamt anführen lassen.

2.3.4.10 Einzelheiten zu Ausschreibungsverfahren

2.3.4.10.1 Verfahrensgestaltung und Ablauf

287 Die bisher durchgeführten **Ausschreibungsverfahren** nach § 11 Abs. 6 TKG waren im Ablauf deutlich einfacher strukturiert als die eben geschilderten Versteigerungsverfahren. Das ist darauf zurückzuführen, daß bei Ausschreibungen anders als bei Versteigerungen die Bewerber nicht unmittelbar am Auswahlprozeß teilnehmen, so daß ihnen hierfür auch keine Verhaltensregeln vorgegeben werden müssen.

288 Die **Regeln für die Durchführung** von Ausschreibungsverfahren müssen gemäß § 11 Abs. 6 S. 5 TKG objektiv, nachvollziehbar und diskriminierungsfrei sein. Hier handelt es sich wieder (siehe schon oben Rz. 269) um eine Wiederholung rechtsstaatlicher Mindestanforderungen. Für die nähere Verfahrensgestaltung ist der Regulierungsbehörde in diesem Rahmen ein weiter Ermessensspielraum eröffnet. Die festgelegten Verfahrensregeln sind im Amtsblatt der Regulierungsbehörde zu veröffentlichen, § 11 Abs. 1 S. 2 TKG.

289 Als Beispiel für die Regulierungspraxis wird hier der Ablauf der letzten Vergaberunde für Frequenzen für **Wireless Local Loop (WLL)** dargestellt[1]. Hierfür schreibt § 11 Abs. 2 S. 3 TKG das Ausschreibungsverfahren zwingend vor, so daß eine Versteigerung nicht in Betracht kam (siehe schon oben Rz. 226). Als Vorgeschichte ist dafür zunächst zu erläutern, daß die Vergabe dieser Frequenzen mit einer Nachfrageermittlung 1997 noch durch das seinerzeitige Bundespostministerium eingeleitet wurde[2]. In Gebieten (Versorgungsbereichen), in welchen sich für zur Verfügung stehende Frequenzen (es gab mehrere Frequenzbereiche, in denen regional unterschiedlich Frequenzen zugeteilt werden konnten) nur ein Bewerber meldete, konnte sogleich eine Frequenzzuteilung ohne Vergabeverfahren erfolgen, da insoweit keine Frequenzknappheit bestand[3].

---

1 Vfg. 48/2000, ABl. RegTP 2000, S. 1667.
2 Vfg. 51/1997, ABl. BMPT 1997, S. 338.
3 Siehe Ziffer 3.1 der Vfg. 55/1998, ABl. RegTP 1998, S. 1519. Kritisch dazu allerdings *Schuster/Müller*, MMR 2000, S. 26, 28 f., die aus § 11 Abs. 2 S. 3 TKG folgern, daß auch in Fällen, wo sich nur ein Kandidat um WLL-Frequenzen bewirbt, eine Bewertung von Fachkunde, Leistungsfähigkeit und Eignung der vorgelegten Planungen des Kandidaten erforderlich sei. (Anm.: *Schuster/Müller* zitieren allerdings § 11 Abs. 6 S. 4, nach dem bei der Auswahl Bewerber mit höherem räumlichem Versorgungsgrad bevorzugt werden sollen. Weil dies in der Situation mit nur einem Kandidaten keinen Sinn macht, ist davon auszugehen, daß sie tatsächlich § 11 Abs. 6 S. 3 meinen.) Der Sinn und Zweck von § 11 Abs. 2 S. 3 dürfte sich indessen darauf beschränken, bei WLL das Versteigerungsverfahren auszuschließen, vgl. BT-Drucks. 13/4938, S. 3.

Die Frequenzen für Versorgungsbereiche, in denen mehrere Bewerber Interesse bekundet hatten, wurden in bisher **zwei Ausschreibungsrunden** vergeben, deren letzte im Frühjahr 2000 eingeleitet wurde, und kurz vor Jahresende 2000 abgeschlossen war[1]. Ausgeschrieben waren dabei insgesamt 824 Zuteilungsmöglichkeiten für Frequenzen in 400 Versorgungsbereichen[2], d. h. geographischen Regionen, die mittels der ausgeschriebenen Frequenzen versorgt werden konnten[3]. Die Frequenzen, welche zugeteilt werden konnten, lagen in den Frequenzbereichen 2,6, 3,5 und 26 GHz. Die Versorgungsbereiche wurden unter Berücksichtigung der eingegangenen Zuteilungsanträge sowie Erfordernissen der effizienten und störungsfreien Frequenznutzung festgelegt[4]. Der Umstand, daß diese Vergaberunde von der Entscheidung der Präsidentenkammer über die Ausschreibung am 30. 3. 2000 bis zur Entscheidung über die Zuteilungen am 12. 12. 2000 fast 9 Monate dauerte, illustriert, daß sich bei Ausschreibungsverfahren der Auswahlprozeß sehr lange hinziehen kann. Hinzuweisen ist noch darauf, daß bei dieser Ausschreibung teilweise keine Auswahlentscheidung nötig war, da für eine Vergabemöglichkeit keine und für neun weitere nur je eine Bewerbung eingegangen waren[5]. Nachdem inzwischen der „Hauptgewinner" jener Ausschreibung, Callino, in Insolvenz geraten ist[6], könnte in absehbarer Zeit eine weitere Vergaberunde anstehen, sofern es im Insolvenzverfahren nicht gelingt, die WLL-Sparte von Callino zu retten und in der Folge die Zuteilungsauflagen zu erfüllen[7]. 290

---

1 Siehe Mitteilung 9/2001 über die Entscheidung der Präsidentenkammer vom 12. 12. 2000 hierzu, ABl. RegTP 2001, S. 31.
2 Anmerkung: Die Zahlen sind Summen der in zwei Runden ausgeschriebenen Versorgungsbereiche bzw. Zuteilungsmöglichkeiten, gebildet nach den Angaben in Mitteilungen 384/1999, ABl. RegTP 1999, S. 2622, und 9/2001, ABl. RegTP 2001, S. 31. Da manche Versorgungsbereiche/Zuteilungsmöglichkeiten in beiden Runden ausgeschrieben wurden (in der ersten Vergaberunde erfolgten für manche keine Bewerbung), ist die Gesamtzahl der vergebenen Frequenzen und Zuteilungsbereiche niedriger.
3 Die in der Regulierungspraxis verwendete Definition für Versorgungsbereich lautet: „Als Versorgungsbereich . . . wird der . . . Bereich verstanden, in dem sich alle Standorte der Zentralstationen und der Teilnehmerstationen befinden und der als geographisch fest umrissene Fläche beschrieben ist." (Ziffer 2.2 der Vfg. 123/1998, ABl. RegTP 1998, S. 2515). In Betracht kommen Kreise, Gemeinden, Städte oder Teile von Kommunen sein, siehe Ziffer 2.3 der Vfg. 123/1998.
4 Siehe Vfg. 48/2000, ABl. RegTP 2000, S. 1667.
5 Siehe Ziffer 1.3 der Mitteilung 9/2001, ABl. RegTP 2001, S. 31, 40.
6 Nach der Pressemitteilung der RegTP vom 20. 12. 2000 hatte die Bewerbung von Callino in 132 von 161 ausgeschriebenen Versorgungsbereichen Erfolg. Die Pressemitteilung ist unter www.regtp.de/aktuelles/pm/00336/index.html abrufbar.
7 Im Insolvenzverfahren wird anscheinend an Konzepten zur Rettung der Richtfunksparte gearbeitet, siehe Financial Times Deutschland vom 21. 6. 2001, Richtfunkanbieter geraten in den Sog der Krise.

291 In jener vorerst letzten **Vergaberunde** für WLL-Frequenzen wurden im Amtsblatt der Regulierungsbehörde vom 10. 5. 2000 die zur Vergabe anstehenden Frequenzen ausgeschrieben und Interessenten unter Fristsetzung auf den 21. 6. 2000, 15:00 Uhr, zu Bewerbungen aufgefordert. Voraussetzung für die Bewerbung gemäß § 11 Abs. 6 Nr. 1 TKG war, daß zeitgleich ein Lizenzantrag der Klasse 3 für die Versorgungsbereiche gestellt wurde, soweit ein Bewerber für den Versorgungsbereich nicht bereits im Besitz der Lizenz war. Bewerber, die sich zur Bewerbung zusammengeschlossen hatten, mußten zudem durch Anmeldung des Zusammenschluß beim Bundeskartellamt die kartellrechtliche Unbedenklichkeit des Zusammenschluß nachweisen. Wiederum war pro Versorgungsbereich je Bewerber nur eine Bewerbung zulässig.

292 Für **Aufbau und Umfang der Bewerbungsunterlagen** enthielt die Ausschreibung detaillierte Vorgaben. Die geforderten Angaben waren in drei Teile mit insgesamt sieben Unterabschnitten zu gliedern. Der erste Teil mit vier Unterabschnitten (Angaben zum Bewerber, Fachkunde, Leistungsfähigkeit, Wettbewerbsaspekte) war nur einmal einzureichen, die Teile 2 (Versorgungsgrad und Vollversorgung, technische Planung) und 3 (geschäftliche Planung) hingegen für jede Vergabemöglichkeit, um welche sich beworben wurde, gesondert. Die Gesamtlänge der Bewerbungen war auf 60 Druckseiten je Versorgungsbereich begrenzt. Bewerbungen waren in fünffacher Ausfertigung einzureichen. Für die in dieser Vergaberunde ausgeschriebenen 162 Zuteilungsmöglichkeiten wurden 503 Bewerbungen von 14 Unternehmen eingereicht[1].

293 Im Einzelnen waren in den sieben erwähnten Unterabschnitten konkret folgende Angaben gefragt:
- **Angaben zum Bewerber**: Name, Geschäftssitz, Beteiligungsstruktur, gegebenenfalls Unbedenklichkeitsbescheinigung des Bundeskartellamts, Nachweis, daß Lizenz der Klasse 3 beantragt bzw. erteilt ist.
- **Fachkunde**: Angaben sowohl zu Kenntnissen, Erfahrungen und Fertigkeiten im Bezug auf WLL wie auch auf andere Bereiche der Telekommunikation.
- **Leistungsfähigkeit**: Schlüssige Darlegung, wie Fragen des Planungs- und Projektmanagements beantwortet und Ressourcenprobleme gelöst werden sollen.
- **Versorgungsgrad und Vollversorgung**: Angaben dazu, welche Anteile von Wohnbevölkerung und Beschäftigten im fraglichen Versorgungsbereich versorgt werden können, gestaffelt nach Startphase, Zwischenphase (nach 2 Jahren) sowie Endausbau. Beim erfolgreichen Be-

---

[1] Siehe Pressemitteilung der RegTP vom 20. 12. 2000, www.regtp.de/aktuelles/pm/00336/index.html.

werber werden diese Angaben Teil seiner Frequenzzuteilung und damit für ihn verpflichtend.

– **Technische Planung**: Angaben zum Planungskonzept, zu den daraus hergeleiteten Ergebnissen der Funknetzplanung und zum beabsichtigten Diensteangebot.

– **Geschäftliche Planung**: Marktanalyse, Angaben zur Marketingstrategie sowie Investitions- und Finanzierungsplanung mindestens für 5 Jahre, jedenfalls bis zum erwarteten Break-Even-Point, falls dieser später liegen sollte. Dabei mußte auch die Finanzierung der beabsichtigten Investitionen offengelegt und nachgewiesen werden, wozu wie im Lizenzierungsverfahren Finanzierungszusagen beizubringen waren (siehe dazu Kapitel 1, Rz. 101).

– **Wettbewerbsaspekte**: Offenlegung etwaiger wettbewerbsschädlicher Aspekte beim Bewerber, wie Beteiligung von Herstellern von WLL-Systemtechnik an ihm[1].

Nach Auswertung der Bewerbungen wurde den in den einzelnen Versorgungsbereichen erfolgreichen Bewerbern von der Regulierungsbehörde der **Zuschlag** für die Frequenzen erteilt. Die erfolgreichen Bewerber erhielten sodann eine Frequenzzuteilung, deren Inhalt aus dem den Ausschreibungsunterlagen beiliegenden Muster ersichtlich ist[2]. Von den 14 Bewerbern gingen 8 ganz leer aus, während einer Bewerberin, der Callino GmbH, 132 von 162 vergebenen Frequenzen zugeteilt wurden[3]. 294

2.3.4.10.2 Auswahlkriterien: Festlegung und Gewichtung

Hinsichtlich der **Kriterien**, anhand deren die Bewerbungsunterlagen ausgewertet werden sollen, enthält zunächst § 11 Abs. 6 S. 3 TKG eine Aufzählung. Genannt werden Fachkunde, Leistungsfähigkeit, Eignung der vorzulegenden Planungen für die Erbringung der ausgeschriebenen Telekommunikationsdienstleistungen und schließlich Wettbewerbsförderung. Zudem verlangt § 11 Abs. 6 S. 4 die bevorzugte Berücksichtigung von Bewerbern mit höherem räumlichem Versorgungsgrad. Daneben gibt § 11 Abs. 6 S. 2 Nr. 4 der Regulierungsbehörde die Möglichkeit, 295

---

1 Dies geht aus der gewählten Formulierung in der Ausschreibung nicht hervor, doch war es aufgrund der Vergabeentscheidung in der vorausgegangenen Runde, in der nur solche negativen Aspekte Berücksichtigung fanden (vgl. Mitteilung 384/99, ABl. RegTP 1999, 2622, 2651, unter Ziffer 2.3.5) absehbar und wurde auf Nachfrage auch von der RegTP mitgeteilt.
2 Siehe Anlage 4 zur Vfg. 48/2000, ABl. RegTP 2000, S. 1667, 1682.
3 Siehe erneut die Pressemitteilung der RegTP vom 20. 12. 2000. Auffallend ist, daß in der ersten Vergaberunde die Verteilung sehr viel gleichmäßiger war, ohne daß ersichtlich ist, woran das lag, vgl. Pressemitteilung der RegTP vom 25. 8. 1999, www.regtp.de/aktuelles/pm/01111/index.html.

Kriterien für die Bewertung der Eignung der Bewerber festzulegen. Da nicht ersichtlich ist, welche neben den von § 11 Abs. 6 S. 3 und 4 genannten Kriterien noch für die Auswahl relevant sein sollten, muß man dies dahin gehend verstehen, daß es in § 11 Abs. 6 Nr. 4 um die nähere Konkretisierung dieser Kriterien geht. Diese Konkretisierung ergibt sich aus den Angaben, welche die Regulierungsbehörde in der Ausschreibung von Bewerbungen erwartet.

296 In der Auswertung werden die Angaben und von Bewerbern beigebrachten Unterlagen in einem **linearen additiven Punktesystem** für jeden einzelnen in den Ausschreibungsunterlagen geforderten Themenkomplex auf einer Skala von 0 bis 10 Punkten bewertet. Die Zwischenergebnisse für die Unterabschnitte werden dann entsprechend der Gewichtung der Abschnitte summiert und ein Gesamtergebnis berechnet[1]. Gewichtet wurden die einzelnen Auswahlkriterien dabei wie folgt[2]:
- Fachkunde: 10%
- Leistungsfähigkeit: 10%
- Versorgungsgrad und Vollversorgung: 15%
- Technische Planung: 25%
- Geschäftliche Planung: 40%

297 Die Angaben der Bewerber zu **Wettbewerbsaspekten** wurden nicht eigenständig gewichtet, sondern es wäre vom Gesamtergebnis ein Punktabzug vorgenommen worden, wenn sich bei einem Bewerber negative Wettbewerbsauswirkungen ergeben hätten. Zu einem Punktabzug kam es jedoch nicht[3].

298 Das geschilderte Vorgehen entspricht dem bei der Auswertung der ersten WLL-Vergaberunde[4].

299 Gegen die Berücksichtigung der **Wettbewerbsaspekte** lediglich als **Negativkriterium** ist eingewendet worden, daß sie mit der Vorgabe von § 11 Abs. 6 S. 3 TKG, welcher die Förderung des Wettbewerbs als Auswahlkriterium erwähnt, nicht vereinbar sei[5]. Indessen ist schwerlich zu sehen, wie Wettbewerbsaspekte positiv berücksichtigt werden können, wenn die Zahl der potentiellen Marktteilnehmer aufgrund der zur Verfügung stehenden Vergabemöglichkeiten schon feststeht. Der Vorschlag, hier einem „Duopol zwischen den Bewerbern mit den besten Bewer-

---

1 Die Einzelheiten der Berechnungsmethodik ergeben sich aus den Ziffern 3.1 bis 3.3 der Mitteilung 9/2001, ABl. RegTP 2001, S. 31, 42.
2 Siehe Ziffer 2.2 der Mitteilung 9/2001, ABl. RegTP 2001, S. 31, 41.
3 Siehe Ziffer 2.3.6 Mitteilung 9/2001, ABl. RegTP 2001, S. 31, 42.
4 Siehe Mitteilung 384/1999, ABl. RegTP 1999, S. 2622.
5 *Schuster/Müller*, MMR 2000, 26, 31.

tungskriterien" gegenzusteuern[1], überzeugt letztlich nicht, da dies darauf hinausliefe, in einzelnen Versorgungsbereichen (nebenbei: welchen?) nicht die Bewerber auszuwählen, die nach Fähigkeiten und Eigenschaften am besten geeignet erscheinen, die Nachfrage zu befriedigen, wie es aber von § 11 Abs. 6 S. 1 verlangt wird. Daher verdient die Praxis der Regulierungsbehörde in diesem Punkt Zustimmung.

Im übrigen wird man der Regulierungsbehörde aufgrund des prognostischen Charakters der Auswahlentscheidung bei der Gewichtung der Bewertungskriterien grundsätzlich einen **Beurteilungsspielraum** zuzubilligen haben[2]. Zwar werden die Auswahlkriterien in § 11 Abs. 6 S. 3 TKG gleichberechtigt nebeneinander genannt, doch erscheint es in einem Auswahlprozeß sachgerecht, die Kriterien, bei denen sich erfahrungsgemäß die qualitativen Unterschiede der Bewerber besonders deutlich zeigen auch besonders stark zu gewichten[3]. Dafür spricht auch, daß zwischen Fachkunde und technischer Planung und mit Einschränkungen auch zwischen Leistungsfähigkeit und geschäftlicher Planung ein Zusammenhang besteht.

Dennoch erscheint es bedenklich, wenn bei der **geschäftlichen Planung** ein Gewicht von 40% eingeräumt wird. Zu den hier vorzulegenden Unterlagen gehörte beispielsweise ein Geschäftsplan über fünf Jahre. Wenn man bedenkt, daß zur Zeit der letzten Ausschreibung die vollständige Liberalisierung des deutschen Telekommunikationsmarkts gerade vier Jahre zurücklag, fragt man sich, auf welcher Erfahrungsbasis solche Geschäftspläne beruhen sollen und auf welcher die Regulierungsbehörde sie bewerten will[4]. In den Veröffentlichungen der Zuschlagsentscheidungen sagt die Regulierungsbehörde leider nicht, woran sie eine besonders gute geschäftliche Planung erkannt haben will. Dies provoziert den Verdacht, daß geschönte Zahlen zum Erfolg führen[5]. Außerdem stellt dies die von § 11 Abs. 6 S. 5 TKG geforderte Nachvollziehbarkeit der Entscheidung in Frage[6]. Auch die Vereinbarkeit mit Art. 9 Abs. 2, 6, Art. 10 Abs. 3 der Lizenzierungsrichtlinie 97/13/EG, die insoweit Entscheidungstransparenz verlangt, ist zweifelhaft.

---

1 So *Schuster/Müller*, MMR 2000, 26, 32.
2 So auch *Manssen*, in: Manssen, Telekommunikations- und Multimediarecht, § 11 Rz. 18; Beck TKG-Komm/*Geppert*, § 11 Rz. 30.
3 So auch die Begründung der RegTP für ihr Vorgehen, siehe Ziffer 2.3 der Mitteilung 9/2001, ABl. RegTP 2001, S. 31, 41 f. Anderer Ansicht allerdings *Schuster/Müller*, MMR 2000, 26, 32 unter Bezugnahme auf den Wortlaut von § 11 Abs. 6 S. 3. Dieser Schluß ist jedoch nicht zwingend.
4 So auch *Schuster/Müller*, MMR 2000, 26, 31.
5 In diesem Sinne *Schuster/Müller*, MMR 2000, 26, 31.
6 Auch die den Bewerbern zugestellten Zuschlags- bzw. Ablehnungsbescheide verraten insoweit nicht mehr als die Mitteilungen der RegTP.

302 Die noch im Halbjahr nach dem Zuschlag eingetretene Insolvenz der Bewerberin Callino GmbH, die 80% der vergebenen Frequenzen gewonnen hatte und deren geschäftliche Planung demzufolge nach Ansicht der Regulierungsbehörde gut gewesen sein muß, zeigt, daß hier offenbar die Gewichtung und/oder die Bewertung nicht stimmte. Diese Entwicklung legt nahe, bei zukünftigen Ausschreibungen die Gewichtung von Geschäftsplänen zugunsten des Kriteriums Leistungsfähigkeit abzuschwächen.

303 Ein weiteres Problem bei der Handhabung der Auswahlkriterien ist die **Berücksichtigung des Versorgungsgrads.** Nach der Normstruktur von § 11 Abs. 6 S. 3 und 4 TKG soll der Versorgungsgrad anscheinend kein Bewertungskriterium sein, sondern dann den Ausschlag geben, wenn nach Auswertung der von S. 3 genannten Kriterien zwei Bewerber gleichauf liegen[1]. Indessen kann die Zusage eines höheren Versorgungsgrades sich für einen Bewerber an anderer Stelle nachteilig auswirken, weil er dann entweder zur Finanzierung weniger rentabler Gebiete insgesamt teurer sein oder aber bei der technischen Qualität (Bandbreite, Bitfehlerrate) Zugeständnisse machen muß. Weiterhin erweist sich die Durchsetzung von Zusagen zum Versorgungsbereich als problematisch. Diese Zusagen werden zwar in die Frequenzzuteilung als Auflage aufgenommen und damit rechtlich verbindlich. Wenn sich aber nach mehreren Jahren erweist, daß ein Zuteilungsinhaber sie nicht vollständig erfüllt, steht die Regulierungsbehörde vor dem Problem der Durchsetzung. Auflagen werden im Wege der Verwaltungsvollstreckung durchgesetzt. Daneben berechtigt ihre hartnäckige Nichteinhaltung zum Widerruf der Frequenzzuteilung nach § 8 Abs. 1 Nr. 2 der Frequenzzuteilungsverordnung. Die im Verwaltungsvollstreckungsrecht vorgesehenen Zwangsgelder sind jedoch der Höhe nach untauglich, weil zu niedrig[2]. Auch die Ermessensausübung über einen Widerruf, bei der auch die Interessen der angeschlossenen Kunden des Zuteilungsinhabers zu berücksichtigen wären, ist sicher nicht einfach.

304 Vorstehende Ausführungen zeigen, daß sich die Regulierungsbehörde bei der Handhabung dieses Auswahlkriteriums in einem **Zielkonflikt** befindet. Aufgrund des prognostischen Charakters der Auswahl und des Befundes, daß es keine zwingend richtige Lösung dieses Problems gibt, wird man der Regulierungsbehörde auch hier einen Beurteilungsspielraum zubilligen müssen[3]. In der Praxis wurden die nutzerbezogenen

---

1 So *Schuster/Müller*, MMR 2000, 26, 32.
2 Gemäß § 11 Abs. 3 VwVG beträgt das Zwangsgeld maximal DM 2000.
3 Anderer Ansicht *Schuster/Müller*, MMR 2000, 26, 32, welche die Praxis der RegTP in diesem Punkt für rechtswidrig halten.

Versorgungszusagen der Bewerber wie erwähnt mit 15% gewichtet und sodann bei gleichrangigen Bewerbern dem mit dem höheren räumlichen Versorgungsgrad der Vorrang eingeräumt. Dabei wurde aber nicht auf die Versorgungszusage für den jeweils fraglichen Versorgungsbereich abgestellt, sondern die Anzahl der Versorgungsbereiche, in denen der Bewerber insgesamt erfolgreich sein würde[1]. Diese Handhabung führte dazu, daß Bewerber, die sich im Sinne eines „Cherry Picking" nur in den besonders attraktiven Regionen bewarben, bei sonst gegebenem Gleichstand benachteiligt waren[2]. Das erscheint als sachgerecht, weil die Bereitschaft, sich in vielen und auch weniger attraktiven Versorgungsbereichen zu engagieren, ein Indiz für Leistungsfähigkeit ist und zudem dem Regulierungsziel der Förderung von Wettbewerb auch in der Fläche entspricht. Zugleich zeigt dies, daß im Ergebnis das Kriterium Versorgungsgrad auf zweierlei Art angewendet wird, nämlich einmal nach Nutzerzahl im jeweiligen Versorgungsbereich als Bewertungskriterium (siehe Rz. 293 zu den geforderten Angaben) und einmal räumlich verstanden als Auswahlkriterium bei Gleichstand.

Allerdings erhält der **Versorgungsgrad** in seinen beiden Ausprägungen durch die geschilderte Handhabung ein beträchtliches Gewicht in der Auswahl. Insbesondere in Fällen, in denen dies sich in der Auswahlentscheidung zugunsten eines Bewerbers auswirkt, spricht dies dafür, bei der Durchsetzung der Versorgungszusagen in Frequenzzuteilungen eine konsequente Linie zu fahren. 305

Bei der Auswertung der Bewerbungsunterlagen kann es aufgrund des Punktrasters und der vorzunehmenden Rundungen vorkommen, daß Differenzen in der Punktzahl nicht auf Qualitätsunterschieden der Bewerber, sondern **auf mathematischen Unschärfen** beruhen. Die Regulierungsbehörde hat sich hierzu wissenschaftlich beraten lassen und im Ergebnis alle Bewerber, deren Punktzahlen in einem Ergebniskorridor liegen, als gleichrangig bewertet. Der Korridor wurde jeweils so gewählt, daß alle darinliegenden Ergebnisse mit mindestens 50% Wahrscheinlichkeit nicht auf unterschiedlicher Eignung, sondern auf den erwähnten mathematischen Gegebenheiten beruhten[3]. 306

Anzusprechen ist noch ein letzter, problematischer Punkt der Regulierungspraxis. Die Gewichtung und Handhabung der Auswahlkriterien wird durch die Regulierungsbehörde zwar anscheinend schon vor Ende 307

---

1 Siehe Ziffer 3.5 der Mitteilungen 384/1999, ABl. RegTP 1999, S. 2622, 2653 und 9/2001, ABl. RegTP 2001, S. 31, 43.
2 Das übersehen *Schuster/Müller*, MMR 2000, 26, 33, welche die Praxis gerade wegen angeblicher Bevorzugung von „Cherrypickern" kritisieren.
3 Siehe für die Einzelheiten Ziffer 3.4 der Mitteilung 9/2001, S. 31, 43.

der Bewerbungsfristen festgelegt[1]. **Bekanntgegeben** wird dies den Bewerbern oder der Öffentlichkeit nicht vor Ergehen der Zuschlagentscheidung. Bei der zweiten Vergaberunde 2000 war mit der geschilderten Gewichtung zwar aufgrund der Praxis in der ersten Runde zu rechnen. Sicher war dies indessen nicht, und in der ersten Runde gab es keine konkreten Anhaltspunkte für die Gewichtung. Von daher hatten die Bewerber, die zufällig in ihren Bewerbungen einen besonderen Schwerpunkt auf die schwer gewichteten Kriterien legten, einen sachlich nicht zu rechtfertigenden Vorteil. Daneben ist die Vereinbarkeit mit den oben Rz. 301 erwähnten Transparenzerfordernissen der Lizenzierungsrichtlinie 97/13/EG zweifelhaft. Alles in allem bestehen gegen diese Praxis erhebliche Bedenken.

2.3.4.10.3 Losentscheidung

308 Ausgehend von der Einsicht, daß die menschlichen Prognose- und Erkenntnisfähigkeiten Grenzen haben, sieht das TKG in § 11 Abs. 6 S. 1 eine Regelung für den Fall vor, daß auch nach Anwendung aller Entscheidungskriterien mehrere Bewerber gleichauf liegen. Dann soll das **Los** entscheiden. Diese Möglichkeit darf aber nicht zu einer Flucht aus der Entscheidungsverantwortung genutzt werden[2]. Soweit bekannt ist es allerdings in der deutschen Regulierungspraxis bisher nicht zu solchen Entscheidungen gekommen[3]. Dies steht in deutlichem Gegensatz zur Praxis in den USA, wo Frequenzlotterien in den 80er Jahren eine erhebliche Bedeutung erlangten, die sie inzwischen aber an die Versteigerungsverfahren verloren haben[4].

2.3.5 Besonderheiten der Lizenzen für Mobil- und Satellitenfunk

309 Die vorstehend beschriebenen Vergabeverfahren nach §§ 10, 11 TKG wirken sich in gewissem Umfang auf die **Gegenstände und Inhalte** von Lizenzen aus, die in solchen Verfahren vergeben werden. Das betrifft in erster Linie Lizenzen für Mobilfunk der Lizenzklasse 1 nach § 6 Abs. 2 Nr. 1a) TKG. Da aber auch Satellitenfunklizenzen nach § 6 Abs. 2 Nr. 1b), die bisher nicht Gegenstand von Vergabeverfahren waren, auf

---

1 So jedenfalls Ziffer 3.2 der Mitteilung.
2 So auch *Dorn*, ArchPT 1992, 56. Nebenbei: Die Veröffentlichung dieses Beitrags im Archiv für Post und Telekommunikation 1992, also mehrere Jahre vor den ersten Entwürfen zum TKG und ohne ersichtlichen Anlaß, wirkt geradezu prophetisch.
3 Siehe für WLL Ziffer 3.5 der Mitteilungen 9/2001, ABl. RegTP 2001, S. 31, 43 sowie 384/1999, ABl. RegTP 1999, S. 2622, 2654.
4 Siehe dazu *Grünwald*, Analoger Switch-Off, S. 157–159, 166.

der Nutzung von Funkfrequenzen basieren, werden diese hier ebenfalls abgehandelt.

Lizenzen für Mobil- wie für Satellitenfunk sind **Infrastrukturlizenzen** (näher zum Begriff Kapitel 1, Rz. 11 ff.). Ihre Besonderheit gegenüber den Infrastrukturlizenzen der Klasse 3 liegt darin, daß sie die Infrastruktur für bestimmte Arten von Telekommunikationsdienstleistungen betreffen, nämlich Mobilfunkdienstleistungen und Satellitenfunkdienstleistungen. Erstere sind Telekommunikationsdienstleistungen, die für die mobile Nutzung bestimmt sind, letztere Telekommunikationsdienstleistungen, welche unter Zuhilfenahme von Satellitenfunkanlagen erbracht werden[1]. Dies zeigt, daß bei den Infrastrukturlizenzen nach der Art der über die Infrastruktur zu erbringenden Dienste differenziert wird, wobei aber Satellitenfunkdienstleistungen sich wieder über den genutzten Übertragungsweg definieren. 310

Dies hat in der Lizenzierungspraxis schon zu Problemen geführt, weil sich Mobilfunkdienstleistungen auch mittels Satelliten erbringen lassen. Dies wurde durch **kombinierte Lizenzen** gelöst, die beide Lizenzklassen 1 und 2 umfassen[2]. 311

2.3.5.1 Lizenzpflicht

Lizenzpflichtig ist nach § 6 Abs. 1 Nr. 1, 2 a) und b) der **Betrieb von Übertragungswegen**, welche die Grenze von Grundstücken überschreiten und für Telekommunikationsdienstleistungen für die Öffentlichkeit in Form von Satelliten- oder Mobilfunk genutzt werden. Entscheidend für die Lizenzpflicht ist also auch hier, daß Grundstücksgrenzen überschritten werden und das Angebot sich an beliebige Personen und nicht lediglich geschlossene Benutzergruppen richtet (zu diesen Kriterien näher Kapitel 1 Rz. 38 ff.). Dies dürfte dem Einsatz öffentlicher sog. W-LANs (Wireless Local Area Networks) als lizenzfreie UMTS-Konkurrenz, der zur Zeit diskutiert wird[3], spürbare Grenzen setzen, da Funkwellen sich jedenfalls im Freien nicht an Grundstücksgrenzen halten und man auch nicht etwa alle Personen, die sich im Bereich eines Großflughafens aufhalten, als geschlossene Benutzergruppe ansehen kann. 312

---

[1] So die Legaldefinitionen in § 3 Nr. 8 und 14.
[2] Sog. S-PCS-Lizenzen, siehe ABl. BMPT 1997, S. 1848, sowie Beck TKG-Komm/ *Schütz*, § 6 Rz. 51.
[3] Siehe etwa den Bericht „Billigkonkurrenz für UMTS" in Spiegel-Online vom 5. 7. 2001, www.spiegel.de/netzwelt/telekommunikation/0,1518,143325,00.html.

2.3.5.2 Sachlicher Gegenstand der Lizenzen

2.3.5.2.1 Mobilfunk

313 Unter **Mobilfunk** ist, wie erwähnt, eine für den mobilen Einsatz bestimmte Telekommunikationsdienstleistung zu verstehen. Hierfür ist mobile Einsetzbarkeit notwendig, aber nicht hinreichend. Der mobile Einsatz muß Zweckbestimmung der Telekommunikationsdienstleistung sein, was etwa bei Hörfunk, trotz des häufig mobilen Einsatzes, nicht der Fall ist. Technisch läßt sich das daran festmachen, daß die Teilnehmer im Sendebereich aller Basisstationen erreichbar sind und bei neueren Diensten die aufgebaute Kommunikationsverbindung auch bei Wechsel in den Sendebereich einer anderen Basisstation bestehen bleibt[1].

314 Zu den **lizenzierten Übertragungswegen** gehören dabei nicht nur die Funkverbindungen zwischen den einzelnen Teilnehmern, sondern auch die Verbindung der Basisstationen untereinander und deren Anbindung an andere Telekommunikationsnetze. Deshalb enthalten Mobilfunklizenzen auch regelmäßig die Übertragung des Rechts aus § 50 TKG zu Nutzung öffentlicher Verkehrswege und Aussagen zu Richtfunkstrecken[2]. Allerdings dürfen im Rahmen der Lizenzklasse 1 über solche festen Übertragungswege nur solche Kommunikationsvorgänge abgewickelt werden, die entweder an einem Mobilfunkgerät beginnen oder enden, da sonst der Bereich der Lizenzklasse 3 tangiert wäre.

315 Auch wenn die Klasse 1 Lizenzen sich auf den Betrieb von Übertragungswegen beziehen, ist für die vermittelte **Sprachkommunikation** mit Mobilfunkteilnehmern keine Lizenz der Klasse 4 erforderlich (siehe näher auch zur Kritik an dieser Praxis Kapitel 1, Rz. 52 ff.).

2.3.5.2.2 Satellitenfunk

316 **Satellitenfunkdienstleistungen** sind, wie erwähnt „Telekommunikationsdienstleistungen, die unter Zuhilfenahme von Satellitenfunkanlagen erbracht werden", § 3 Nr. 14 TKG. Was eine Satellitenfunkanlage ist, wird allerdings nicht definiert. Funkanlagen sind nach § 3 Nr. 4 sowohl Sende- als auch Empfangsanlagen. Dennoch gehört der Betrieb reiner Empfangsanlagen für Satellitenfunk nicht zum lizenzpflichtigen Bereich, weil mit ihnen keine Telekommunikationsdienstleistungen erbracht, sondern nur empfangen werden.

---

[1] Siehe Beck TKG-Komm/*Piepenbrock*, Glossar zu den Stichworten Mobilfunk und Zellularfunk.

[2] Beispiel: Teil A 4. und Teil C 10. der UMTS-Musterlizenz, ABl. RegTP 2000, S. 555, 556, 558.

Frequenzzuteilung und Lizenzierung

Nicht zum **Gegenstand** von Satellitenfunklizenzen gehört das sogenannte Weltraumsegment, also die Verbindung vom Satelliten zur Erde. Dies richtet sich nach internationalen Übereinkommen, wobei eine vollständige Öffnung für den Wettbewerb noch aussteht. Lizenziert wird vielmehr nur die Bodenstation, also der sogenannte „Uplink" zum Satelliten[1]. Auch hier gehören zu den lizenzierten Übertragungswegen wieder die festen Übertragungswege von und zur Satellitenfunkstation.

317

2.3.5.3 Besondere Lizenzinhalte von Mobilfunklizenzen

Hier sollen einige typisch Lizenzinhalte von Mobilfunklizenzen angesprochen werden, wobei ein Schwerpunkt auf die Inhalte der UMTS-Lizenzen gelegt wird.

318

2.3.5.3.1 Lizenzgegenstände (Arten v. Mobilfunk)

In der Praxis und dieser folgend der Regulierung haben sich verschiedene **Systeme von Mobilfunk** herausgebildet. Es gibt den (allgemeinen) Mobilfunk der 2. und 3. Generation (GSM und UMTS), TFTS (terrestrisches Flugzeug-Telefonsystem), Bündelfunk, Funkruf, Datenfunk und Betriebsfunk, wobei allerdings manche dieser Mobilfunkdienste nicht (Betriebsfunk) bzw. nicht zwingend (Bündelfunk) lizenzpflichtig sind, weil und soweit sie nur innerhalb eines Unternehmens bzw. nur für geschlossene Nutzergruppen angeboten werden.

319

Die **Differenzierung** zwischen den Diensten in regulatorischer Hinsicht wurde bereits vor Inkrafttreten des TKG vorgenommen, als einzelne Mobilfunkdienste dem Wettbewerb geöffnet wurden. Damals diente die Unterscheidung in regulatorischer Hinsicht der Unterscheidung von Monopol- und Wettbewerbsbereich. Heute ist die Differenzierung zwischen den Mobilfunkdiensten in §§ 10, 11 Abs. 4 S. 2 Nr. 2 und 3 TKG angelegt und hat die Funktion, Mobilfunkdienstleistungen, bei denen die Lizenzzahl beschränkt worden ist, und die deshalb in Vergabeverfahren lizenziert werden, von anderen, bei denen Lizenzen auf Antrag erteilt werden, zu unterscheiden. Entscheidendes Kriterium hierfür ist die Marktabgrenzung, welche nach § 82 S. 2 TKG im Einvernehmen mit dem Bundeskartellamt zu erfolgen hat und sich nach dem sogenannten Bedarfsmarktkonzept richtet (siehe näher Kapitel 4, Rz. 66 ff.).

320

Im einzelnen haben die lizenzpflichtigen Mobilfunkdienste folgende Merkmale, die sich in den Lizenzgegenständen wiederfinden:

321

---

1 Siehe näher Beck TKG-Komm/*Schütz*, § 6 Rz. 47–48, 50 sowie als Beispiel aus der Praxis Teil C 11. der mit Vfg. 285/1997 in ABl. BMPT 1997, S. 1732 veröffentlichten Satellitenfunklizenz.

- **GSM**: Mobilfunkdienstleistungen nach dem GSM bzw. DCS 1800 Standard[1].
- **UMTS**: Mobilfunkdienstleistungen der 3. Generation (UMTS/IMT-2000), die sich in einer Reihe von Kriterien qualitativ von GSM unterscheiden[2].
- **TFTS**: Flugtelefondienstleistungen nach europäischem Standard[3].
- **Bündelfunk**: Mobilfunkdienstleistungen (sowohl Sprache als auch Daten) überwiegend für firmeninterne Kommunikation[4].
- **Funkruf**: Pagingdienste mittels einseitiger Übermittlung von Zeichen an den Kunden[5].
- **Datenfunk**: zweiseitige paketvermittelte Datenübermittlung, nicht jedoch Sprachkommunikation[6].

322 Die Aufzählung zeigt, daß die **Abgrenzung** teilweise auf den anzubietenden Diensten (Datenfunk, Funkruf), teilweise auf der Nutzungssituation (TFTS), teilweise auf der Kundenzielgruppe (Bündelfunk) und teilweise auch auf technischem Fortschritt (UMTS) beruhen kann.

323 Historisch wurde die Abgrenzung dabei **technik- und diensteorientiert** vorgenommen. Es spricht allerdings einiges dafür, daß dieser Ansatz bedingt durch den Trend zu Breitbandigkeit und Konvergenz von Sprach- und Datendiensten in Zukunft vor immer größere Schwierigkei-

---

1 Vgl. Vfg. 128/1997, ABl. BMPT 1997, S. 679 (E2-Lizenz).
2 Die Kriterien sind etwa verbesserte Multimediafähigkeit, effizienter Internetzugang, Sprachübertragung in Festnetzqualität, siehe für die Einzelheiten Teil A 1. der UMTS-Musterlizenz, ABl. RegTP 2000, S. 555, 556. Die Abgrenzung zu GSM ist nicht unumstritten, siehe etwa *Degenhart*, KR 2001, 32, 40. Daß die Marktabgrenzung vom Bundeskartellamt mitgetragen wurde, spricht allerdings für ihre Richtigkeit.
3 Siehe die Musterlizenz in der Ausschreibung Vfg. 74/1998, ABl. RegTP 1998, S. 1582, 1587. Die Lizenz wurde mangels Interesse am Markt letztlich nicht vergeben. Nach Auskunft der RegTP denkt man mittlerweile auf europäischer Ebene über eine Umwidmung der für TFTS vorgesehenen Frequenzen nach, weil auch im Ausland kein Interesse an diesen Dienstleistungen besteht.
4 Siehe Ziffer 1 nebst Begründung der Vfg. 13/2001 sowie Teil A ZIffer 1 der neuen Bündelfunk-Musterlizenz, ABl. RegTP 2001, S. 519, 543.
5 Siehe Ziffer 3 nebst Begründung der Vfg. 1/2001, ABl. RegTP 2001, S. 3, 7 f.
6 Siehe Ziffer 1 der mit Vfg. 298/1997 veröffentlichten Lizenz, ABl. BMPT 1997, S. 1838. Hinsichtlich der Sprachkommunikation spricht die Lizenz von „Sprachtelefondienst" was mit Blick auf die oben Rz. 315 erwähnte Regulierungspraxis inkonsequent ist. Inzwischen sind zwei von ursprünglich drei Datenfunklizenzen zurückgegeben worden, siehe die Website der RegTP unter www.regtp.de/reg_tele/start/in_05-01-01-03-00_m/index.html. Allerdings hat die Marktabfrage zur zukünftigen Nutzung der C-Netz Frequenzen ergeben, daß im Markt Interesse an neuen Lizenzen besteht, siehe Mitteilung 286/2001, ABl. RegTP 2001, S. 1633.

ten gestellt werden wird. Schon die Abgrenzung zwischen Bündelfunk und GSM, die beide (schmalbandige) Sprach- und Datenübertragung bieten, war alles andere als unproblematisch[1]. Zukünftig wird diese Abgrenzung durch die Lizenzierung von UMTS vor noch größeren Problemen stehen. Da UMTS als breitbandiges und „universelles" Mobilfunksystem letztlich jeden anderen spezialisierten Mobilfunkdienst abbilden kann, werden damit zukünftig alle anderen Mobilfunkdienste zu „Teilmengen" von UMTS[2].

Die Regulierungspraxis sucht dem beizukommen, indem sie für die Abgrenzung von Märkten ausreichen läßt, daß die zu erwartenden **Substitutionseffekte** entweder asymmetrisch[3] oder nur einseitig[4] ausgeprägt sind. Dieser Ansatz entspricht grundsätzlich dem Bedarfsmarktkonzept. Allerdings ist nicht zu übersehen, daß die hier im Rahmen der Marktdefinition im Zusammenhang mit § 10 TKG zu treffende Prognoseentscheidung ein machtvolles Instrument zur Steuerung der Märkte ist. So kann etwa die Entscheidung, einen Mobilfunkdienst als zum UMTS-Markt gehörig anzusehen, dessen regulatorischem Todesurteil gleichkommen, weil auf dem relevanten Markt die Lizenzzahl beschränkt ist und die Lizenzen vergeben sind. Die Regulierungsbehörde steht hier vor der schwer lösbaren Aufgabe, einerseits eine „Kannibalisierung" von UMTS durch Dienste, die einzelne attraktive UMTS-Leistungsmerkmale anbieten, zu verhindern, andererseits jedoch den technischen Forstschritt spezialisierter Mobilfunkdienste nicht zu blockieren.

2.3.5.3.2 Laufzeit

Mobilfunklizenzen werden regelmäßig **befristet** erteilt. Die in der Praxis vorkommenden Fristen liegen zwischen 12 (Funkruf) und 20 Jahren (GSM, UMTS), was dem Erfordernis, die Befristung so vorzunehmen, daß der Lizenznehmer seine Investitionen amortisieren kann (siehe Kapitel 1 Rz. 131), genügen sollte. Rechtsgrundlage der Befristung ist § 8 Abs. 4 TKG, wonach Lizenzen befristet werden können, wenn dies wegen Knappheit der zur Verfügung stehenden Frequenzen geboten ist. Hierfür spricht neben Wettbewerbsgesichtspunkten – die Frequenzen

---

1 Vgl. den dafür nötigen Argumentationsaufwand in Vfg. 13/2001, ABl. RegTP 2001, S. 519, 520 f.
2 So schon die RegTP mit Blick auf das Verhältnis zwischen GSM und UMTS, siehe die Begründung zu Ziffer 1 der Vfg. 51/1999, ABl. RegTP 1999, S. 1519, 1521.
3 So die Vfg. 51/1999, ABl. RegTP 1999, S. 1519, 1521 zum Verhältnis GSM/UMTS.
4 Siehe Ziffer 1 der Vfg. 51/1999, ABl. RegTP 1999, S. 1519, 1520 zu GSM/Bündelfunk.

sollen nicht auf ewig der Nutzung durch andere entzogen werden[1] – der technische Fortschritt, dem nicht gedient wäre, wenn veraltete Techniken und Dienste unbefristet lizenziert würden[2].

2.3.5.3.3 Versorgungspflichten

326 Mobilfunklizenzen, die in Vergabeverfahren vergeben werden, enthalten in ihren Nebenbestimmungen regelmäßig **Versorgungspflichten**. Diese werden regelmäßig administrativ vom Regulierungsbehörde festgelegt, wofür § 11 Abs. 4 bzw. 6 Nr. 3 die Rechtsgrundlage gibt. Es ist bei Ausschreibungen aber auch denkbar, statt einer regulatorischen Entscheidung entsprechende Zusagen der erfolgreichen Ausschreibungsteilnehmer aufzugreifen, wie bei WLL geschehen (siehe oben Rz. 303). Die praktische Durchsetzung solcher Versorgungsauflagen ist nicht unproblematisch, war aber, soweit bekannt, bei Mobilfunklizenzen noch nie erforderlich.

2.3.5.3.4 Wettbewerbliche Unabhängigkeit

327 Die UMTS-Lizenzen enthalten in ihrem Teil C und Ziffer 2 die Aussage, daß die **wettbewerbliche Unabhängigkeit** der Lizenznehmer für die gesamte Lizenzlaufzeit zu gewährleisten sei[3]. Hierbei handelt es sich allerdings nicht um eine nach § 8 Abs. 2 S. 2 TKG prinzipiell mögliche Nebenbestimmung im eigentlichen Sinne, die als Regelung der Lizenzen als Verwaltungsakte anzusehen wäre, sondern um einen Hinweis an die Lizenznehmer auf nach Ansicht der Regulierungsbehörde bereits von Gesetz wegen bestehende Verpflichtungen, was sich daraus ergibt, daß diese Aussage sich im entsprechenden Abschnitt der Lizenzen befindet[4].

328 Das Konzept der wettbewerblichen Unabhängigkeit wird darüber hinaus in der UMTS-Entscheidung Verfügung 13/2000 von der Regulierungsbehörde als **Begründung für mehrere Aussagen** herangezogen, die zum Teil gravierende Auswirkungen auf die Geschäftstätigkeit der Lizenznehmer haben können. Im einzelnen stützt die Regulierungsbehörde hierauf das Verbot von Doppelbewerbungen (dazu oben Rz. 283), ein (angebliches) Verbot für die Lizenznehmer, als Diensteanbieter anderer Lizenznehmer auf demselben Markt zu agieren, Bedenken gegen ein Roaming zwischen inländischen UMTS-Netzen sowie schließlich Gren-

---

1 Vgl. Beck TKG-Komm/*Schütz*, § 8 Rz. 34 unter Bezugnahme auf die Gesetzesbegründung.
2 Auf dieser Linie auch die Begründung zur Befristung der Bündelfunk-Lizenzen, Vfg. 13/2001, ABl. RegTP 2001, S. 519, 531.
3 Siehe die UMTS-Musterlizenz, ABl. RegTP 2000, S. 555.
4 So auch *Koenig/Neumann*, K&R 2001, 281, 282.

zen für die Kooperation beim Netzaufbau[1]. Dies gibt Anlaß zu fragen, ob es den von der Regulierungbehörde postulierten Grundsatz wettbewerblicher Unabhängigkeit überhaupt gibt, und falls ja, welche konkreten Folgerungen aus ihm abgeleitet werden können.

Dabei kann sich dieser Grundsatz nur **aus dem TKG selbst** ergeben, da er zum einen, wie erwähnt, nicht im regelnden Teil der UMTS-Lizenzen enthalten ist, und zum anderen auch in der Entscheidungen zur UMTS-Lizenzvergabe nicht als eigenständige Regelung auftaucht, sondern nur als Begründung einzelner Regelungen verwendet wird. Die Regulierungsbehörde leitet den Grundsatz aus der Beschränkung der Lizenzzahl § 10 sowie dem Regulierungsziel des § 2 Abs. 2 Nr. 2, wonach ein chancengleicher, funktionsfähiger Wettbewerb sicherzustellen ist, ab und beruft sich ergänzend auf die Regulierungspraxis in früheren Vergabeverfahren[2]. 329

Dieser Ansatz ist allerdings **erheblichen Zweifeln** ausgesetzt. Über die tatsächlichen und rechtlichen Voraussetzungen funktionsfähigen und chancengleichen Wettbewerbs läßt sich nämlich ebenso trefflich streiten wie über die Frage, welche Verhaltensweisen der Marktteilnehmer im einzelnen hierfür wünschenswert sind und welche nicht. Von daher erweist sich dieses Regulierungsziel für sich genommen schwerlich als geeignet, losgelöst von konkreten Verhaltensnormen des TKG das Marktverhalten zu regulieren. Das gilt umsomehr, als Verhaltensweisen und Sachverhalte wie die Doppelstellung eines UMTS-Lizenznehmers und UMTS-Diensteanbieters, National Roaming oder die Kooperation beim Infrastrukturausbau mit Blick auf den Wettbewerb und auch die sonstigen Regulierungsziele durchaus ambivalent zu beurteilen sind[3]. 330

Neben dem Regulierungsziel des § 2 Abs. 2 Nr. 2 enthält das TKG noch einige **punktuelle Aussagen** zu Eingriffsmöglichkeiten der Regulierungsbehörde bei wettbewerbspolitisch unerwünschten Entwicklungen auf Märkten, bei denen die Lizenzzahl nach § 10 TKG beschränkt wurde. Zum einen können einzelne Bewerber zur Sicherung des Wettbewerbs nach § 11 Abs. 3 vom Vergabeverfahren ausgeschlossen werden, wobei diese Bestimmung gemäß § 9 Abs. 1 S. 2 auch nach erfolgter Lizenzerteilung anwendbar bleibt, wenn Lizenzen übertragen werden. Daneben ermöglicht § 32, einem Lizenznehmer, der einen Markt beherrscht, auf 331

---
1 Siehe Vfg. 13/2000, ABl. RegTP 2000, S. 516, 518 (Doppelbewerbung), 527 (Lizenznehmer als Diensteanbieter), 532 (Roaming zwischen inländischen UMTS-Netzen) und 535 (Kooperation).
2 Siehe erneut Vfg. 13/2000, ABl. RegTP 2000, S. 516, 518.
3 So auch *Koenig/Neumann*, K&R 2001, 281, 286 hinsichtlich Kooperation im Infrastrukturbereich.

dem die Anzahl der Lizenzen beschränkt ist, in einer Lizenzauflage ein Zusammenschlußverbot für diesen Markt aufzuerlegen[1]. In der Zusammenschau sind diese Handlungsmöglichkeiten eher punktuell und nicht geeignet, ein allgemeines Prinzip mit klaren rechtlichen Konturen zu begründen[2]. Da auch sonst keine rechtlich eindeutige Fundierung eines Grundsatzes wettbewerblicher Unabhängigkeit erkennbar ist, entsteht der Eindruck, daß es sich hier letztlich um eine Art Argumentationstopos handelt, mit der die Regulierungsbehörde ihr unerwünscht erscheinenden Marktentwicklungen gegensteuern will. Eben wegen der fehlenden rechtlichen Fundierung ist der Grundsatz dazu aber kaum geeignet. Insoweit muß es daher mit der allgemeinen kartellrechtlichen Aufsicht durch das Bundeskartellamt bzw. durch die Zivilgerichte sein Bewenden haben.

2.3.5.3.5 Gemeinsame Nutzung von Infrastruktur

332 Erstmals relevant wurde die wettbewerbliche Unabhängigkeit als „Hinweis" in den Lizenzbestimmungen etwa ein dreiviertel Jahr nach Vergabe der UMTS-Lizenzen, als seitens der Lizenznehmer der Wunsch aufkam, beim Aufbau ihrer **Infrastruktur** zu kooperieren, und dabei nicht nur Infrastrukturteile wie Gebäude, Stromversorgung und Sendemasten, die nicht unmittelbar zum Mobilfunknetz gehören, gemeinsam zu nutzen, sondern auch Sende-, Vermittlungs- und Netzwerktechnik. Hier wurde anscheinend durch die Lizenznehmer intensive Lobbyarbeit betrieben[3], die schließlich zur Veröffentlichung eines „Thesenpapiers" zu dieser Fragestellung durch die Regulierungsbehörde führte[4]. Die Bezeichnung als Thesenpapier zeigt dabei, daß es sich dabei nicht um eine rechtliche Regelung, sondern um eine Interpretation der Lizenz- und Vergabebedingungen handelt. Die Regulierungsbehörde nimmt dabei zur gemeinsamen Nutzung verschiedener Netzbestandteile sowie von weiteren Infrastrukturteilen, die nicht zum eigentlichen Netz gehören, Stellung. Dabei werden die Aussagen sowohl auf die wettbewerbliche Unabhängigkeit als auch das Erfordernis der Funktionsherrschaft, die beim jeweiligen Lizenznehmer liegen muß, gestützt. Die Aussagen sind genau genommen als Diskussionsbeitrag zu verstehen, was sich daran zeigt, daß auf der Website der Regulierungsbehörde zu Kommentaren aufgefordert wird.

---

1 Siehe näher Beck TKG-Komm/*Salger/Traugott*, § 32 Rz. 3.
2 So auch *Koenig/Neumann*, K&R 2001, 281, 287.
3 Laut dem Spiegel ging dies bis zum Bundeskanzler, vgl. den Beitrag „Kartell der Verlierer", DER SPIEGEL 24/2001, S. 118.
4 Veröffentlicht auf der Website der RegTP: www.regtp.de/reg_tele/start/in_05-05-03-05-00_m/index.html.

Aus den Ausführungen oben dürfte deutlich geworden sein, daß die **wettbewerbliche Unabhängigkeit** der Lizenznehmer außerhalb des Anwendungsbereichs kartellrechtlicher Eingriffstatbestände kein geeignetes Kriterium ist, um die Zulässigkeit oder Unzulässigkeit von Kooperationen beim Aufbau von UMTS-Infrastruktur zu beurteilen. Der rechtlich entscheidende Maßstab hierfür ist vielmehr die Funktionsherrschaft. Diese muß stets beim jeweiligen Lizenznehmer liegen. Hätte sie jemand anders, so würde dieser eine Lizenz für die jeweiligen UMTS-Mobilfunkübertragungswege benötigen. Neben der Funktionsherrschaft können auch Aspekte des bereichsspezifischen Datenschutzes oder wettbewerbsrechtliche Aspekte nach allgemeinem Kartellrecht relevant werden.

333

Funktionsherrschaft ist dabei nach § 3 Nr. 1 TKG als das

334

> „Ausüben der tatsächlichen und rechtlichen Kontrolle über die Gesamtheit der Funktionen, die zur Realisierung der Informationsübertragung ... unabdingbar erbracht werden müssen",

zu verstehen (näher dazu Kapitel 1 Rz. 26 ff.). Dabei ist für Mobilfunk zu beachten, daß dort der Vorgang der Informationsübermittlung tatsächlich komplexer ist, als bei festgeschalteten Übertragungswegen. Insoweit bedarf es nicht nur des eigentlichen Funknetzes, mittels dessen die Information vom und zum mobilen Endgerät übertragen wird. Erforderlich ist auch, die Zuführung der Information zu der Funkzelle, in welcher sich das Endgerät gerade befindet sowie bei Funktionen wie Roaming oder Handover die Überleitung der bestehenden Verbindung von einer Funkzelle zur anderen[1]. All diese Vorgänge muß der Lizenznehmer selbst in der Hand haben, wenn er die Realisierung der Informationsübermittlung tatsächlich kontrollieren will.

Hieraus ergibt sich zunächst, daß eine gemeinsame Nutzung von Infrastrukturteilen, die nicht unmittelbar in die **Informationsübermittlung** involviert sind (dazu gehören Grundstücke, Masten, Antennen, Kabel, Stromversorgung und Combiner sowie Site Support Cabinets, d. h. Schränke, in denen technische Ausrüstung untergebracht ist), die Funktionsherrschaft der kooperierenden Lizenznehmer nicht in Frage stellt[2].

335

---

[1] Zu den Begriffen Roaming und Handover siehe die Erläuterungen in Beck TKG-Komm/*Piepenbrock*, Glossar bei den jeweiligen Stichworten.
[2] So auch das Thesenpapier der Regulierungsbehörde unter Ziffern 1 und 2. Die Aussagen zu Betriebsgebäuden, Stromversorgung, Antennenmasten sowie Antennen (mit Kabel und Combiner) finden sich bereits in der UMTS-Entscheidung selbst, siehe Vfg. 13/2000, ABl. RegTP 2000, S. 516, 535.

336 Bei allen Infrastrukturteilen, welche unmittelbar zur Realisierung der **Informationsübertragung** im Mobilfunknetz genutzt werden, kommt es demgegenüber darauf an, daß die Kooperationspartner diese soweit ihre Übertragungswege betroffen sind, selbst steuern. Am Markt sind nun offenbar Geräte für die Funktechnik[1] aufgetaucht, welche imstande sind, mittels eines Geräts unabhängig voneinander mehrere Funknetze zu steuern. Die Trennung zwischen den Netzen ist dabei nicht mehr eine physische, sondern eine rein logische innerhalb der Prozeß- und Informationsverarbeitung desselben Gerätes. Wenn diese Geräte tatsächlich vollständig unabhängig voneinander mehrere Netze steuern und betreiben können und insoweit auch getrennt steuerbar sind[2], dann folgt daraus auch, daß die Kooperationspartner durch deren gemeinsame Nutzung grundsätzlich nicht die Funktionsherrschaft im Sinne der tatsächlichen Kontrolle über ihre jeweiligen Netze verlieren. In diesem Sinne äußert sich auch die Regulierungsbehörde in ihrem Thesenpapier, die daneben aber eine Reihe von einschränkenden Voraussetzungen postuliert[3]. Diese sind:

a) **unabhängige Steuerung** von Node B bzw. RNC, so daß jeder Kooperationspartner nur „seine" Frequenzen nutzt und Zell-Last und Funkleistung selbst steuert,

b) kein **Austausch wettbewerbsrelevanter Daten** über betriebstechnische Informationen hinaus (z. B. Kundendaten),

c) **Trennung** der „Operation and Maintenance Center",

d) **Betrieb** eigener Node B bzw. **Möglichkeit zum Betrieb** eigener RNC (Gewährleistung eigener Planungshoheit),

e) hinsichtlich gemeinsamer Node B: **keine regionale Aufteilung** der Versorgungsgebiete zwischen Kooperationspartnern, hinsichtlich gemeinsamer RNC: **Anschluß eigener**, selbst betriebener **Node B** an das eigene logische RNC.

337 Von diesen Einschränkungen lassen sich die Punkte a), c) und teilweise auch d) auf das Erfordernis der **Funktionsherrschaft** zurückführen. Aus diesem folgt unmittelbar, daß jeder Kooperationspartner soweit es um sein Netz geht den Node B bzw. das RNC unabhängig steuern können muß. Auch die Trennung der Operation und Maintenance Center (d. h. der Einrichtungen, in denen die das Netz steuernden und wartenden

---

1 Dies betrifft sowohl den sog. Node B (die Basisstation) sowie den Radio Network Controller (RNC, Steuerung mehrerer Basisstationen), vgl. das Thesenpapier der Regulierungsbehörde.
2 Laut der Pressemitteilung vom 6. 6. 2001 zum Thesenpapier hat die Regulierungsbehörde sich hiervon unter Einschaltung eines Hochschullehrers als technischem Sachverständigen überzeugt.
3 Ziffern 3 und 4 des Thesenpapiers.

Techniker arbeiten) folgt im Prinzip aus der Funktionsherrschaft. Allerdings erscheint es denkbar, daß auch innerhalb eines Operation und Maintenance Centers die Funktionsherrschaft über zwei Netze unabhängig voneinander ausgeübt wird. Dazu erforderlich wären allerdings strikte Regelungen zu Weisungsrechten und zur Aufteilung der technischen und personellen Kapazitäten. Soweit bekannt ist dergleichen noch nicht realisiert worden.

Punkt d) hat neben wettbewerblichen Elementen auch Bezüge zur Funktionsherrschaft. Wenn ein Kooperationspartner aufgrund der Zusammenarbeit in seinen **Planungsmöglichkeiten** aufgrund technischer Sachzwänge eingeschränkt würde, dann würde das seine Fähigkeit zum Aufbau neuer, von der Kooperation nicht berührter Übertragungswege beeinträchtigen. Das würde mit Bezug auf diese die Funktionsherrschaft in Frage stellen. Aus Sicht der Funktionsherrschaft wäre es aber ausreichend, wenn der Betrieb eigener Node B sowohl innerhalb im Zusammenhang mit den gemeinsamen RNC als auch unabhängig davon technisch möglich ist. Ob dies tatsächlich praktiziert wird, hat auf die Funktionsherrschaft keine Auswirkungen. Insoweit müssen sich die Aussagen der Regulierungsbehörde zum Betrieb eigener Node B in den Punkten d) und e) auf wettbewerbsrechtliche Prinzipien stützen lassen (dazu gleich). 338

Keinen Bezug oder nur eingeschränkten Bezug zur Funktionsherrschaft haben des weiteren der unter Punkt b) erwähnte Datenaustausch, der bei d) und e) angesprochene tatsächliche Betrieb unabhängiger Node B sowie die Aufteilung von Versorgungsgebieten aus Punkt e). Insoweit bedarf es anderer Begründungsansätze, für die, wie dargelegt, das von der Regulierungsbehörde postulierte Prinzip wettbewerblicher Unabhängigkeit nicht taugt. 339

Relativ einfach zu finden ist diese für den Ausschluß der **Überlassung von Kundendaten**. In Basisstationen und RNCs anfallende Kundendaten werden jeweils sogenannte Verbindungsdaten im Sinne von § 2 Nr. 4 der Telekommunikations-Datenschutzverordnung (TDSV) handeln, also Daten eines an der Telekommunikation Beteiligten, die bei der Bereitstellung und Erbringung von Telekommunikationsdiensten erhoben werden. Für Erhebung, Verarbeitung und Nutzung solcher Daten gelten spezifische Restriktionen nach §§ 6 bis 10 TDSV, die eine Übermittlung an andere Telekommunikationsunternehmen prinzipiell ausschließen dürften (näher dazu Kapitel 9 Rz. 99). Abgesehen von diesen Kundendaten, ist allerdings schwer zu sehen, was „wettbewerbsrelevante Daten über betriebstechnische Information hinaus" sein sollen. Allerdings wird dies wohl so lange kein praktisches Problem werden, als die Ko- 340 operationspartner miteinander im Wettbewerb stehen, da sie dann hinreichend Anreiz haben, den Informationsaustausch auf das betriebstechnisch Notwendige zu beschränken.

341 Was die übrigen Aussagen des Thesenpapiers angeht, bleibt als sachliche Rechtfertigung für sie letztlich nur **§ 1 des Gesetzes gegen Wettbewerbsbeschränkungen** (GWB)[1]. Insoweit ist allerdings zuzugeben, daß etwa Gebietsabsprachen häufig als Beispiele nach § 1 GWB unzulässiger Vereinbarungen genannt werden[2] und daß es durchaus ein Zeichen fehlenden Wettbewerbs zwischen zwei Kooperationspartnern sein kann, wenn einer oder beide keine unabhängigen Node B betreiben würde. Dabei müssen einerseits auch die Zuliefermärkte der UMTS-Lizenznehmer im Blick behalten werden, andererseits aber auch gesehen werden, daß sogenannte Rationalisierungkartelle unter Umständen durch das Bundeskartellamt nach § 5 GWB vom allgemeinen Kartellverbot ausgenommen werden können[3]. Dem soll hier nicht weiter nachgegangen werden. Die Durchsetzung allgemeinen Kartellrechts ist nämlich keine Aufgabe der Regulierungsbehörde nach § 71 TKG, sondern Sache der Kartellbehörden[4].

342 Einzugehen ist aber noch auf die Thesen der Regulierungsbehörde zu gemeinsamen Nutzung von **Mobile Switching Centers** (MSC), also der Vermittlungsknoten der Mobilfunknetze. Bei diesen hält die Regulierungsbehörde unter Bezug allein auf die Funktionsherrschaft eine gemeinsame Nutzung für unzulässig. Das ist allerdings nicht recht plausibel. Zwar haben die MSC als Vermittlungsstellen auch die oben angedeutete Funktion, den jeweiligen Mobilfunkteilnehmer zu identifizieren und die Verbindung mit ihm herzustellen. Insoweit gehört ihr Betrieb nach dem oben gesagten zur Funktionsherrschaft. Indessen ist Gegenstand der Klasse 1 Lizenzen nicht die Vermittlung, sondern das „Betreiben von Übertragungswegen", zu denen die Vermittlungstechnik nicht gehört. Soweit daher die Vermittlungstechnik von der Übertragungstechnik im Mobilfunkbereich abgrenzbar ist, spielt die diesbezügliche Funktionsherrschaft bei der Beurteilung von Kooperationen zwischen Lizenznehmern keine Rolle.

343 Ferner ist durchaus vorstellbar, **MSCs** ähnlich wie RNCs und Node B **logisch zu trennen**, so daß sie für mehrere Netze separiert und unabhän-

---

1 So auch *Koenig/Neumann*, K&R 2001, 281, 288.
2 Siehe nur *Bechtold*, GWB, § 1 Rz. 1, 38.
3 So auch *Koenig/Neumann*, K&R 2001, 281, 288. Auffallend ist, daß die dort vorgeschlagenen Vorkehrungen zur kartellrechtlichen Absicherung in ganz ähnlicher Form im Thesenpapier der RegTP auftauchen.
4 Das Bundeskartellamt scheint solchen Kooperationen übrigens positiv gegenüberzustehen, siehe den Beitrag aus Financial Times Deutschland vom 14. 6. 2001: UMTS: Kartellamt steht Allianzen positiv gegenüber.

gig laufen. Im Festnetzbereich ist ähnliches als sogenanntes „Switch-Partitioning" auch schon durchgeführt worden. Warum der gemeinsame Betrieb von MSCs die Funktionsherrschaft der Kooperationspartner automatisch in Frage stellen oder gar zu einem Frequenzpool führen soll, ist deshalb nicht zu erkennen. Vielmehr müßte unter den oben genannten Bedingungen eine Kooperation auch in diesem Bereich zulässig sein.

2.3.5.3.6 National Roaming und Lizenznehmer als Diensteanbieter

Eines der im Vorfeld der UMTS-Lizenzierung umstrittensten Themen war das sogenannte **National Roaming**. Dahinter verbirgt sich die Möglichkeit, als Kunde eines Mobilfunkunternehmens auch außerhalb dessen Versorgungsbereich über die Netze anderer Mobilfunkunternehmen erreichbar zu sein. Im Internationalen Gebiet ist dies auf der Grundlage von Verträgen zwischen den Mobilfunkunternehmen gängige Praxis. In Deutschland wurde nationales Roaming erstmals möglich, als Viag Interkom (E2) und DeTeMobil Deutsche Telekom Mobilnet GmbH (D1) ein entsprechendes Abkommen schlossen. Damit war es Kunden des sehr viel später gestarteten E2-Netzes möglich, außerhalb dessen Versorgungsbereich in Deutschland über die Netze von D1 erreicht zu werden.

Vor der UMTS-Lizenzierung in Deutschland befürchteten **Neueinsteiger** auf dem deutschen Mobilfunkmarkt, im Wettbewerb gegenüber den Lizenznehmern für GSM benachteiligt zu sein, da diese ihren UMTS-Kunden außerhalb der Versorgungsbereiche von deren UMTS-Netzen die Möglichkeit bieten können, über die bestehenden GSM-Netze erreicht zu werden[1]. Diese Möglichkeit wie auch das Roaming zwischen terrestrischen und satellitengestützten UMTS-Netzbestandteilen gehört zur Spezifikation von UMTS, was sich auch aus dem Lizenzgegenstand der UMTS-Lizenzen ergibt[2]. Seitens der Neueinsteiger auf den deutschen Mobilfunkmarkt wurde deshalb gefordert, daß den Lizenznehmern, die sowohl über UMTS als auch GSM-Netze verfügen würden, eine Pflicht zum Abschluß von Vereinbarungen über National Roaming auferlegt werde.

Die Regulierungsbehörde hat in ihrer Entscheidung grundsätzlich den Neueinsteigern darin zugestimmt, daß Roaming mit GSM-Netzen für deren **Wettbewerbschancen** wichtig sei. Sie hat insoweit aber keine Lizenzauflage vorgesehen, weil sie meinte, daß entsprechende Möglichkeiten und Ansprüche bereits in hinreichendem Umfang durch § 4 der

---
1 Siehe die Zusammenfassung der Stellungnahmen in Vfg. 13/2000, ABl. RegTP 2000, S. 516, 529.
2 Siehe Ziffer 1 Punkt 5 der UMTS-Musterlizenz, ABl. RegTP 2000, S. 555, 556.

Telekommunikations-Kundenschutzverordnung (TKV) beziehungsweise der inhaltlich gleichen Nebenbestimmungen der noch vor Inkrafttreten des TKG erteilten GSM-Lizenzen eröffnet werden. Ob das zutrifft[1], mag hier dahinstehen (siehe näher Kapitel 4 Rz. 470 ff.), nachdem die beiden Neueinsteiger auf dem deutschen Mobilfunkmarkt mit E-Plus eine Vereinbarung über National Roaming abgeschlossen haben[2], wodurch sich das Thema einstweilen erledigt haben dürfte.

347 Einzugehen ist aber auf die Äußerungen in der UMTS-Entscheidung zu **Roaming zwischen UMTS-Netzen** einerseits und der angeblich unzulässigen Stellung eines UMTS-Lizenznehmers als **Diensteanbieter** eines anderen. Bezüglich eines National Roaming direkt zwischen UMTS-Netzen äußert sich die Regulierungsbehörde in der Entscheidung dahingehend, daß dergleichen als UMTS-Systemvoraussetzung grundsätzlich zulässig sei, aber mit Blick auf die wettbewerbliche Unabhängigkeit und das Kartellrecht im Einzelfall geprüft werden müsse[3]. In den Lizenzen selbst findet sich aber der Hinweis, daß der Lizenznehmern verwehrt sei, Diensteanbieter von Betreibern auf demselben Markt zu werden[4]. Diese Aussage steht im unmittelbarem Zusammenhang mit der oben bereits angesprochenen wettbewerblichen Unabhängigkeit (Rz. 327 ff.) und wird unmittelbar auf diese gestützt.

348 Wie eben ausgeführt interpretiert die Regulierungsbehörde National Roaming mit GSM als ein Diensteangebot im Sinne von § 4 TKV und sieht insoweit die UMTS-Lizenznehmer als Diensteanbieter für GSM-Dienstleistungen. Daraus ergibt sich mit Blick auf National Roaming zwischen UMTS-Netzen einerseits und das Verbot, als UMTS-Lizenznehmer Diensteanbieter eines anderen UMTS-Lizenznehmers zu sein, ein Widerspruch. Wenn National Roaming grundsätzlich als ein Fall des Vermarktens fremder Telekommunikationsdienste anzusehen ist (so die Regulierungsbehörde mit Blick auf GSM), kann dies mit Blick auf UMTS nur entweder als Systemvoraussetzung grundsätzlich zulässig oder aber als Diensteangebot unzulässig sein. Beides gleichzeitig ist logisch nicht möglich.

349 Dieser **Widerspruch** löst sich letztlich aufgrund der oben (Rz. 330 f.) dargelegten Ablehnung des von der Regulierungsbehörde angenommenen allgemeinen Grundsatzes wettbewerblicher Unabhängigkeit. Dem-

---

1 Deutliche Zweifel äußert insoweit allerdings *von Hammerstein*, MMR 2001, 214.
2 Siehe den Beitrag in Financial Times Deutschland vom 30. 4. 2001: E-Plus wird Starthelfer für UMTS-Neuling.
3 Siehe Vfg. 13/2000, ABl. RegTP 2000, S. 516, 532.
4 Teil C 2. der UMTS-Musterlizenz, ABl. RegTP 2000, S. 555, 557.

nach ist das Angebot fremder UMTS-Dienste durch UMTS-Lizenznehmer nicht per se unzulässig, sondern kann nach denselben Grundsätzen wie National Roaming zwischen UMTS-Netzen zulässig sein. Der anders lautende Hinweis in den UMTS-Lizenzen steht dem nicht entgegen, da er keine eigenständige Regelung der Lizenzen sein soll, sondern lediglich ein Hinweis auf die (angeblich) bestehende Rechtslage.

2.3.5.4 Lizenz„auflagen" für WLL

§ 11 Abs. 7 TKG sieht eine Lizenzauflage für den Fall vor, daß Frequenzen für die Funkanbindung von Teilnehmeranschlüssen (WLL) in Vergabeverfahren vergeben werden. In diesen Fällen sollen die Lizenzen mit der Auflage verbunden werden, daß im Lizenzgebiet die **Universaldienste** ISDN-Sprachtelefondienst sowie Zugang zu Notrufmöglichkeiten für einen bestimmten Anteil der Wohnbevölkerung innerhalb bestimmter Fristen realisiert werden. 350

Die Regelung ist rechtstechnisch mißlungen und darüber hinaus inhaltlich angreifbar. **Rechtstechnisch mißglückt** ist die Bestimmung deshalb, weil es keine eigenständigen Lizenzen für WLL gibt. Die Frequenzen werden vielmehr in Frequenzvergabeverfahren nach §§ 47 Abs. 5 S. 2, 11 TKG vergeben, wobei Verfahrensobjekt nicht Lizenzen, sondern Frequenzen sind (siehe schon oben Rz. 287 ff.). Die erforderlichen Lizenzen der Klasse 3 werden in gesonderten Lizenzzuteilungsverfahren auf Antrag erteilt, wenn die Voraussetzungen dafür vorliegen. Von daher kommt auch nicht in Betracht, die den erfolgreichen Verfahrensteilnehmern erteilten Lizenzen mit Auflagen zu versehen. Dementsprechend werden Auflagen der in § 11 Abs. 7 vorgesehenen Art auch den einzelnen Frequenzzuteilungen beigefügt (siehe schon oben Rz. 303)[1]. 351

Inhaltlich angreifbar ist die Regelung von § 11 Abs. 7 TKG darüber hinaus, weil sie einzelnen Marktteilnehmern Universaldienstverpflichtungen auferlegt, ohne daß dafür die Voraussetzungen vorliegen. Ob diese Ungleichbehandlung gegenüber den Festnetzbetreibern, denen solche Universaldienstpflichten nur unter bestimmten, in §§ 17 bis 22 TKG und einer konkretisierenden Rechtsverordnung festgelegten Voraussetzungen und gegen finanziellen Ausgleich, auferlegt werden können, verfassungsrechtlich haltbar ist, erscheint als fragwürdig[2], zumal mit der Festlegung auf ISDN eine Technik festgeschrieben wird, die im Festnetzbereich bereits durch leistungsfähigere Alternativen wie ADSL abgelöst wird. 352

---

1 Nur am Rande sei erwähnt, daß § 11 Abs. 7 mit dem Verweis auf Abs. 4 außerdem noch ein echtes Redaktionsversehen enthält, weil WLL-Frequenzen nicht versteigert werden können.
2 So auch Beck TKG-Komm/*Schütz*, § 11 Rz. 33.

353 Des weiteren wird in der **Regulierungspraxis** die Pflicht zur Erbringung dieser Universaldienste WLL-Betreibern anscheinend auch dann auferlegt, wenn sie die Frequenzen mangels anderer Interessenten ohne Vergabeverfahren zugeteilt erhalten[1]. Da in diesen Fällen § 11 TKG nicht gilt, liegt der Grund hierfür im Dunkeln.

2.3.5.5 Sonderproblem: Übertragung von Frequenzen und Lizenzen

354 § 47 Abs. 6 S. 1 TKG sieht für den Fall, daß sich beim Inhaber einer Frequenzzuteilung die **Eigentumsverhältnisse** ändern, mittels eines Verweises auf § 9 eine Anzeigepflicht vor. Die Voraussetzungen dieser Pflicht sind mit denen der Anzeigepflicht bei Lizenzen identisch, so daß auf die Ausführungen in Kapitel 1 (Rz. 168) dazu verwiesen werden kann. Die Bestimmung gilt allerdings nicht für die sonstigen in § 9 vorgesehenen Fälle, also Übertragung, Überlassung und sonstiger Übergang[2]. Insoweit bewegen sich in Fällen, in denen Lizenzen auch mittels Frequenznutzungen ausgeübt werden, die Regelungen zu Lizenzierung und Frequenzzuteilung nicht im Gleichlauf, was zu Problemen führen kann.

355 Soweit **kein Frequenzmangel** herrscht, beschränken sich die Probleme allerdings darauf, daß ein neuer Lizenznehmer nach Rückgabe der Frequenzzuteilungen durch den ursprünglichen die Zuteilung der Frequenzen an sich beantragen muß. Wenn hinsichtlich Nutzer und Nutzung die Zuteilungsvoraussetzungen gegeben sind, ist dies letztlich nur ein bürokratischer Akt, der allerdings mit einer Gebührenlast für die neue Frequenzzuteilung einhergeht.

356 Ernsthafte Friktionen entstehen aber dann, wenn **Frequenzknappheit** besteht und demzufolge die Lizenzen oder zumindest die Frequenzen in Vergabeverfahren nach § 11 vergeben wurden. Soweit die Lizenzzahl beschränkt ist findet sich in den Lizenzen nach ständiger Verwaltungspraxis eine Zusicherung der Frequenzzuteilung (siehe oben Rz. 106, 247). Diese gilt auch für den neuen Lizenznehmer, was sich daraus ergibt, daß die Zusicherung den Gleichlauf von Lizenz und Frequenzzuteilungen gewährleisten soll und zudem die Genehmigung einer Lizenzübertragung nach § 9 S. 2 TKG nicht wegen Frequenzknappheit versagt werden kann, weil auf den Versagungsgrund nach § 8 Abs. 3 Nr. 1 nicht verwiesen wird[3]. Das bedeutet, daß beim Inhaberwechsel einer nach § 11 vergebenen Lizenz der neue Inhaber rechtlich gesichert ist, die zur Ausübung der Lizenzrechte erforderlichen Frequenzen zugeteilt zu erhalten.

---

1 Vgl. Eckpunkt 3.1 der Vfg. 55/1998, ABl. RegTP 1998, S. 1519.
2 Siehe *Demmel*, in: Manssen, Telekommunikations- und Multimediarecht, § 47 Rz. 57.
3 So auch *Hummel*, K&R 2000, 479, 484.

Grundlegend anders stellt sich die Lage nach dem Gesetz dar, wenn bei 357
unbeschränkter Lizenzanzahl nur die **Frequenzen Gegenstand von Vergabeverfahren** waren, wie es etwa bei WLL praktiziert wurde. Rein nach der Gesetzeslage würde sich dann die Regelung des § 47 Abs. 6 TKG durchsetzen, so daß Wechsel von Beteiligungsverhältnissen beim Zuteilungsinhaber zwar möglich sind, alle anderen von § 9 für Lizenzen vorgesehenen Konstellationen hingegen ausgeschlossen. Das würde beispielsweise bedeuten, daß ein im Ausschreibungsverfahren erfolgreicher Bewerber nach der Zuteilung nicht mehr in der Lage wäre, seine WLL-Aktivitäten in ein eigenständiges Tochterunternehmen zu überführen, ohne sich eventuell in einem neuen Ausschreibungsverfahren gegen Konkurrenz durchsetzen zu müssen. Rechtsgeschäftliche Übertragungen der Frequenzen sind wie erwähnt ebensowenig vorgesehen wie etwa Spaltungen nach Umwandlungsrecht, die nicht als Änderung der Eigentumsverhältnisse, sondern als anderweitiger Übergang angesehen werden (siehe Kapitel 1 Rz. 168).

Über dieses praktisch kaum wünschenswerte Ergebnis hilft auch die 358
Regelung, nach der WLL-Frequenzzuteilungen **Bestandteil der Lizenzen** werden[1], nicht hinweg. Diese Bestimmung soll in Fällen des Widerrufs oder sonstigen Entfallens der Lizenz erreichen, daß mit ihr auch die Frequenzzuteilungen hinfällig werden[2]. Mittels des Umwandlungsrechts lassen sich aber doch Lösungen finden, bei denen sich eine Pflicht der Regulierungsbehörde ergibt, gesellschaftsrechtliche Veränderungen, die einen Übergang der Frequenzen bedingen, zu genehmigen.

Zunächst gehen bei **Verschmelzungen** nach § 20 Abs. 1 Nr. 1 des Um- 359
wandlungsgesetzes (UmwG) die Frequenzzuteilungen auf den neuen verschmolzenen Rechtsträger über. Die Rechtsnachfolge gilt dort nämlich auch für sonst nicht übertragbare Rechte, was sich auch aus dem Vergleich mit der Regelung des § 131 Abs. 1 Nr. 1 UmwG für Spaltungen ergibt. Sähe man das anders, würde man im Ergebnis ein besonderes frequenzzuteilungsrechtliches Fusionshindernis einführen, was weder gewollt noch sinnvoll wäre. Es spricht deshalb auch einiges dafür, Verschmelzungen im Rahmen von § 9 Abs. 2 nicht als anderweitigen Übergang, sondern als Veränderung der Eigentumsverhältnisse anzusehen, der dann sowohl bei Frequenzzuteilungen wie auch bei Lizenzen anzeigepflichtig ist[3]. Für Spaltungen dürfte dies dagegen nicht in Betracht

---

1 Siehe Eckpunkt 4.4 der WLL Frequenzzuteilungsverfahren, Vfg. 55/1998, ABl. RegTP 1998, S. 1519, 1520.
2 Quelle: Telefonische Auskunft der Regulierungsbehörde, Eckpunkt 4.4 der Vfg. 55/1998 wurde nicht begründet, siehe ABl. RegTP 1998, S. 1519, 1524.
3 Anders allerdings die bisher wohl vorherrschende Meinung, etwa Beck TKG-Komm/*Schütz*, § 9 Rz. 15 sowie auch Kapitel 1 Rz. 168. Die Gesetzesbegrün-

kommen, weil dort nach § 131 Abs. 1 Nr. 1 sowie § 132 UmwG gerade für Rechte, die nicht rechtsgeschäftlich übertragbar sind, eine Rechtsnachfolge ausgeschlossen ist.

360 Wenn **gesellschaftsrechtliche Umstrukturierungen** gewollt sind, besteht aber stets die Möglichkeit, die Lizenzen und Frequenzzuteilungen beim bisherigen Rechtsträger zu belassen und alle anderen Geschäftsbereiche abzuspalten oder auszugliedern[1]. Dergleichen wäre nicht einmal nach § 9 TKG anzeige- oder genehmigungspflichtig. In vielen Fällen wäre dies aber wohl steuerlich und/oder praktisch[2] nicht die vorzugswürdige Lösung. Deshalb dürfte die Regulierungsbehörde bei Vorliegen der unten (Rz. 361) genannten Voraussetzungen grundsätzlich verpflichtet sein, statt dessen eine Abspaltung oder Ausgliederung des Unternehmensbereichs, der die Frequenzen hält (etwa: Geschäftsbereich WLL) durch Neuzuteilung der Frequenzen an den abgespaltenen Rechtsträger zu ermöglichen. Alles andere wäre Schikane.

361 Anzumerken ist allerdings noch, daß bei **in Ausschreibungen vergebenen Lizenzen bzw. Frequenzen** Veränderungen des Inhabers nur zugelassen werden können, wenn die Voraussetzungen, unter denen der Zuschlag erfolgte, weiterhin gegeben sind, also in der Regel das Unternehmen bzw. der Betrieb ebenfalls auf den Erwerber übergehen. In diesem sind nämlich regelmäßig die Fähigkeiten und Eigenschaften begründet, die im Ausschreibungsverfahren zum Erfolg geführt haben[3]. Rechtlicher Hebel zur Verhinderung hiervon abweichender isolierter Übertragungen von Lizenzen ist § 11 Abs. 3 in Verbindung mit § 9 Abs. 1 S. 2 TKG. Hiernach kann die Genehmigung einer Lizenzübertragung versagt werden, wenn anderenfalls der chancengleiche Wettbewerb auf dem jeweils relevanten Markt für Telekommunikationsdienstleistungen beeinträchtigt würde. Die Chancengleichheit unterlegener Bewerber wäre nämlich beeinträchtigt, wenn die Gründe, aus denen man ihnen einen anderen Bewerber vorgezogen hat, ohne Konsequenzen entfallen. Derselbe Gesichtspunkt kann zudem gemäß § 4 Abs. 2 S. 1 der Frequenzzuteilungsverordnung in Verbindung mit den Regulierungszielen des § 2 Abs. 2 Nr. 2 und 5 (chancengleicher Wettbewerb, effiziente Frequenznutzung) die Ablehnung der erforderlichen Neuzuteilung von Frequenzen an abgespaltene oder ausgegliederte Rechtsträger rechtfertigen.

---

dung BT-Drucks. 13/3609, S. 39 läßt die hier vertretene Sicht zu, da sie lediglich den Erbfall als Beispiel anderweitigen Lizenzübergangs erwähnt.
1 Darauf weist die RegTP auf Nachfrage auch hin.
2 Beispiel: Die Viag Interkom GmbH & Co. ist sowohl Mobilfunklizenznehmerin als auch Inhaberin von WLL-Frequenzzuteilungen. Wenn sie den Mobilfunkbereich abspalten müßte, um die WLL-Frequenzen zu behalten, wäre das sicher ein kaum vertretbarer praktischer Aufwand.
3 So auch *Hummel*, K&R 2000, 479, 485.

2.3.6 Rechtsschutz

Ein Bedürfnis nach gerichtlichem **Rechtsschutz** kann sich im Zusammenhang mit Frequenzzuteilungen sowie damit zusammenhängenden Lizenzierungen in einer Vielzahl von Fällen ergeben. Zunächst ist an die Ablehnung beantragter Frequenzen bzw. Lizenzen zu denken, und zwar sowohl in Fällen des normalen Antragsverfahrens wie auch in Vergabeverfahren. Weiter kann es Fälle geben, in denen zwar dem Antrag entsprochen, aber Nebenbestimmungen vorgesehen werden, denen sich der Lizenznehmer bzw. Zuteilungsinhaber nicht fügen möchte. Daneben können Frequenzzuteilungen an Dritte auch unabhängig von Konkurrenzsituationen in Rechte anderer eingreifen. 362

In der Sache geht es hier jeweils um den Erlaß bzw. Nichterlaß von **Verwaltungsakten**. Die damit im Zusammenhang stehenden Rechtsfragen sind in vollem Umfang aus der Literatur und Judikatur zum Verwaltungsprozeßrecht zu erschließen. Hier soll deshalb nur ein Grobüberblick geliefert werden. 363

In allen Fällen von Bedeutung sind zunächst § 80 Abs. 1 und 2 TKG, wonach ein Vorverfahren nicht stattfindet und Anfechtungsklagen keine aufschiebende Wirkung haben. 364

2.3.6.1 Versagung von Frequenzzuteilungen im Antragsverfahren

Die **Nichterteilung** einer beantragten Frequenz stellt sich als Ablehnung eines begünstigenden Verwaltungsakts dar. Einschlägiger Rechtsbehelf ist insoweit die verwaltungsgerichtliche Verpflichtungsklage. 365

2.3.6.2 Versagung von Frequenzzuteilung oder Lizenz im Vergabeverfahren

Soweit ein Bewerber daran scheitert, daß er nach § 11 Abs. 3 TKG **vom Vergabeverfahren ausgeschlossen** oder nach Abs. 4 Nr. 1 nicht zum Verfahren zugelassen wird, handelt es sich jeweils um Verwaltungsakte. Im ersten Fall wäre die Anfechtungsklage einschlägiger Rechtsbehelf, weil durch Aufhebung des Ausschluß vom Verfahren dieser hinfällig wird. Da die Klage keine aufschiebende Wirkung hat, müßte daneben ein Antrag auf deren Anordnung nach § 80 Abs. 4 oder 5 VwGO gestellt werden. 366

Bei **Nichtzulassung zum Vergabeverfahren** wäre demgegenüber eine Verpflichtungsklage auf Zulassung zur weiteren Teilnahme am Verfahren zu erheben, weil nur damit das Rechtschutzziel des begünstigenden Verwaltungsakts der Zulassung erreicht werden kann. Einstweiliger 367

Rechtsschutz wäre nach § 123 VwGO zu beantragen. Problematisch ist dabei allerdings der Inhalt der über einen solchen Antrag zu treffenden Entscheidung, wenn er sich bei Anwendung der summarischen Prüfungsmaßstäbe dieses Verfahrens als erfolgreich erweist. Möglich wäre, entweder den Antragsteller direkt per einstweiliger Anordnung zuzulassen oder aber lediglich das Vergabeverfahren bis zur endgültigen Entscheidung über die Zulassung zu unterbrechen. Keine dieser Lösungen ist unter dem Strich befriedigend. Im ersten Falle würde ein Kandidat am Vergabeverfahren teilnehmen, bei dem unsicher ist, ob er die Voraussetzungen hierfür erfüllt. Hat er im Verfahren Erfolg und stellt sich dann heraus, daß er nicht hätte zugelassen werden können, dann muß das Verfahren wiederholt werden. Die Alternative der Unterbrechung des Vergabeverfahrens bürdet demgegenüber allen Beteiligten unter Umständen erhebliche Zeitverzögerungen auf. Dennoch erscheint diese Lösung grundsätzlich als vorzugswürdig, weil sie eine Vorwegnahme der Hauptsache vermeidet.

368 Wird demgegenüber ein Bewerber zwar zugelassen, unterliegt aber in der Auswahl, so liegt eine klassische **Konkurrenzsituation** vor. Hier muß der Zuschlag an den oder die konkurrierenden Bewerber beseitigt und zugleich eine Verpflichtung der Regulierungsbehörde zum Zuschlag an den Antragsteller oder zumindest zur Neuentscheidung erreicht werden. Mittel dazu ist eine kombinierte Verpflichtungs- und Anfechtungsklage[1]. Einstweiliger Rechtsschutz in Form einer Kombination von einstweiliger Anordnung und Antrag auf Anordnung der aufschiebenden Wirkung erscheint theoretisch denkbar. Allerdings ist kaum zu erwarten, daß solch ein Antrag je Erfolg haben würde, weil wegen der darin liegenden Vorwegnahme der Hauptsache eine Entscheidung in diesem Sinne nur bei krassen Fehlentscheidungen der Regulierungsbehörde zu erwarten wäre. Leidtragender dieser Situation dürfte allerdings der Konkurrent des Klägers sein, der bis zur endgültigen Entscheidung keine Rechtssicherheit hinsichtlich des Zuschlags hat und deshalb auch nur schwer in die Frequenznutzung investieren kann.

2.3.6.3 Störende Frequenzzuteilung an Dritte

369 Auch unabhängig von Vergabesituationen kann ein Bedürfnis bestehen, **gegen** einem Dritten erteilte **Frequenzzuteilungen** vorzugehen. Daran ist einerseits zu denken, wenn die genehmigte Frequenznutzung zu Störungen der Frequenznutzung eines anderen führen würde. Diese Störung hat er nur dann hinzunehmen, wenn die Frequenznutzung des anderen materiell rechtmäßig ist. Hinsichtlich der Klageart stellt sich dann aller-

---

1 Siehe näher *Kopp/Schenke*, Verwaltungsgerichtsordnung, § 42 Rz. 48.

dings die Frage, ob rechtmäßige Zustände nur durch Aufhebung der Frequenzzuteilung an den anderen oder schon durch Schutzauflagen herzustellen sind. Im ersten Fall wäre Anfechtungsklage gegen die Zuteilung insgesamt, im zweiten wohl eine Verpflichtungsklage auf Erlaß solcher Auflagen zu erheben, wobei diese Frage in der Judikatur noch nicht abschließend geklärt ist[1].

Zu einer störenden Frequenzzuteilung an Dritte kann es daneben auch in der oben (Rz. 73) angesprochenen Situation kommen, in der bei der Frequenzplanung **Beteiligungsrechte** mißachtet werden und in der Folge Frequenzen einem Nutzer zugeteilt werden. Wie oben angeführt kann derjenige, dessen Beteiligungsrechte verletzt sind, zwar das Planungsverfahren selbst aufhalten. Frequenzzuteilungen nach der früheren, eigentlich aufzuhebenden Planung bleiben aber prinzipiell möglich und auch rechtlich zulässig (siehe Rz. 73, 154), so daß Rechtsmittel gegen sie jedenfalls unbegründet wären[2]. Sie sind aber nach § 8 Abs. 1 Nr. 1 in Verbindung mit § 4 Abs. 1 Nr. 1 der Frequenzzuteilungsverordnung widerruflich, wobei in einer derartigen Situation, in der die den neuen Planungen widersprechende Frequenzzuteilung auf einem Verfahrensfehler der Regulierungsbehörde beruht, die Ermessensausübung stark in Richtung Widerruf tendieren sollte. 370

2.3.6.4 Rechtsschutz gegen Inhalts- und Nebenbestimmungen

Oben Rz. 135 wurde schon auf den Unterschied zwischen **Inhalts- und Nebenbestimmungen** mit Blick auf Frequenzzuteilungen hingewiesen. Ein entscheidender Grund für die Relevanz dieser Unterscheidung liegt im Rechtsschutz, der je nach dem, ob es um eine Inhalts- oder eine Nebenbestimmung geht, unterschiedlich ist. 371

Gegen **Inhaltsbestimmungen** ist eine Verpflichtungsklage zu erheben, gerichtet auf Erlaß eines Verwaltungsakts mit dem gewünschten Inhalt. **Auflagen** wären demgegenüber mit einer Anfechtungsklage anzugreifen. Bei **Befristungen und Bedingungen** gehen die Meinungen immer noch auseinander, das Bundesverwaltungsgericht tendiert aber zur Anfechtungsklage[3]. 372

---

1 Für näheres dazu: *Eyermann-Happ*, Verwaltungsgerichtsordnung, § 42 Rz. 56 f. mit Nachw. aus der noch nicht einheitlichen Rspr.
2 Die Frage, ob in derartigen Fällen überhaupt eine Verletzung subjektiver Rechte in der für die Zulässigkeit einer Klage erforderlichen Weise gegeben ist, soll deshalb dahinstehen.
3 Siehe *Eyermann-Happ*, Verwaltungsgerichtsordnung, § 42 Rz. 42, 46, 49 m. w. N.

373 Soweit in Fällen dieser Art ein Bedürfnis nach **einstweiligem Rechtsschutz** besteht, richtet sich der zu wählende Antrag nach dem in der Hauptsache, d. h. bei Anfechtungsklagen Antrag auf Anordnung der aufschiebenden Wirkung, bei Verpflichtungsklagen einstweilige Anordnung.

2.4 Gebühren und Beiträge

374 Selbst dann wenn eine Versteigerung nicht erfolgt, gibt es Frequenzen nicht umsonst. § 48 TKG sieht vielmehr für die Zuteilung eine **Gebühr** nach Maßgabe einer nach § 48 Abs. 1 S. 2 TKG zu erlassenden Rechtsverordnung vor. Daneben ist der Aufwand der Regulierungsbehörde zur Frequenznutzungsplanung und dazu nötige Prüfungen, Messungen und Verträglichkeitsuntersuchungen durch einen **jährlichen Beitrag** nach § 48 Abs. 2 abzugelten, dessen Einzelheiten durch eine Rechtsverordnung nach § 48 Abs. 3 geregelt werden.

375 Die **Frequenzzuteilungsgebühr** ist dabei entsprechend der Aussagen oben (Rz. 266) im abgabenrechtlichen Sinne als Gegenleistung für zurechenbaren Verwaltungsaufwand eine Gebühr, der **Frequenznutzungsbeitrag** als Abgeltung eines dem Inhaber von Frequenzzuteilungen zugute kommenden Verwaltungsaufwands[1] ein Beitrag.

2.4.1 Einzelheiten zu Frequenzzuteilungsgebühren

376 Die Ergebung von Gebühren für Frequenzzuteilungen sowie für Maßnahmen, die für Verstöße gegen Regelungen im Bereich der Frequenzordnung entstehen, regelt sich nach der **Frequenzgebührenverordnung**. Diese besteht aus drei Paragraphen und einem Anhang, in welchem die einzelnen Gebührentatbestände aufgeführt werden. Nicht aufgeführte Fälle sollen dabei gemäß § 1 Abs. 2 der Frequenzgebührenverordnung nach dem jeweils ähnlichsten Fall behandelt werden.

377 In die Gebührentatbestände sind die **Verwaltungsauslagen**, d. h. nach § 10 des Verwaltungskostengesetzes etwa Aufwendung für Telekommunikation, Post, Dienstreisen, bereits eingerechnet. Die Zulässigkeit wird bestritten[2], weil die Ermächtigungsgrundlage der Frequenzgebührenverordnung in § 48 Abs. 1 S. 2 TKG die Auslagen nicht erwähnt. Indessen stellt sich die Frage, ob die vorgesehenen Gebühren in jeweiligen Höhe nicht auch ohne Einbeziehung von Auslagen hätten festgelegt werden

---

1 Vgl. *Tipke/Lang*, Steuerrecht, S. 52 mit der Parallele zu Unterhaltung öffentlicher Einrichtungen sowie von Straßen und Plätzen.
2 Beck TKG-Komm/*Ehmer*, § 48 Anh. I Rz. 1f.

können, so daß im Ergebnis die Regelung dahin gehend zu verstehen ist, daß neben den Gebühren keine Auslagen erhoben werden.

Maßstab der Gebührenbemessung ist dabei nach § 3 Abs. 1 S. 1 VwKostG einerseits der Verwaltungsaufwand, andererseits die Bedeutung und der Wert der Amtshandlung. Anders als bei den Lizenzgebühren steht hier auch die Lizenzierungsrichtlinie 97/13/EG einer Berücksichtigung des wirtschaftlichen Wertes nicht entgegen, weil Art. 11 Abs. 2 S. 1 dies gestattet[1]. Allerdings entsteht bei vielen der Gebührentatbestände der Eindruck, daß die festgesetzten Gebühren eher noch unter dem Verwaltungsaufwand liegen. Es gibt eine ganze Reihe von Gebührentatbeständen unter DM 100. 378

Problematischer und allgemein kritisiert sind demgegenüber die vereinzelt festgelegten **Rahmengebühren**, bei denen sowohl die weite Spanne als auch die absolut nach der Verordnung möglichen Höchstgebühren kritisiert werden[2]. Der Gebührenrahmen von DM 2500 bis DM 17,5 Mio. für Frequenzzuteilungen für PMP-WLL ist außerordentlich weit, zumal die Verordnung selbst keine weiteren Leitlinien für die Gebührenbemessung im Einzelfall enthält, wie es etwa § 3 Absatz 4 der Lizenzgebührenverordnung für die Rahmengebühren bei Gebietslizenzen der Klasse 3 tut. Auch der ergänzend heranzuziehende § 9 Abs. 1 VwKostG, der lediglich die Forderung der Orientierung der Gebühr im Einzelfall an Verwaltungsaufwand und Wert der Amtshandlung wiederholt, ist kaum geeignet, die Gebührenbemessung aus der Verordnung heraus für die Betroffenen auch nur ansatzweise kalkulierbar zu machen. Das wäre aber für die Bestimmtheit des Gebührentatbestands Voraussetzung[3]. Deshalb dürfte zumindest dieser Gebührentatbestand, aber wohl auch der für DECT-WLL (Rahmen DM 2500 bis 2,1875 Mio), wegen fehlender Bestimmtheit rechtswidrig sein. 379

Praktisch hat dies bis jetzt soweit bekannt noch nicht zu Auseinandersetzungen geführt, weil die Regulierungsbehörde die Gebühren in der Praxis im unteren Bereich des Gebührenrahmens festlegt und dabei eine Formel ähnlich der Berechnung der Gebühren für Gebietslizenzen anwendet, bei der neben den erreichbaren Einwohnern des Versorgungsbereichs auch die jeweils zugeteilte Bandbreite einfließt[4]. 380

Die Frequenzgebührenverordnung enthält in Buchstabe C eine Reihe von Gebührentatbeständen für **Maßnahmen des Prüf- und Meßdienstes** bei 381

---
1 So auch Beck TKG-Komm/*Ehmer*, § 48 Anh. I Rz. 3.
2 *Demmel*, in: Manssen, Telekommunikations- und Multimediarecht, § 48 Anh. 2 Rz. 2; Beck TKG-Komm/*Ehmer*, § 48 Anh. I Rz. 3, 4.
3 Siehe *Jarass*, in: Jarass/Pieroth, Grundgesetz, Art. 20 Rz. 62.
4 Siehe näher Beilage 9 zur Vfg. 58/1998, ABl. RegTP 1998, S. 1539.

Verstößen gegen Vorschriften aus dem Bereich der Frequenzordnung. Die Gebühren bewegen sich im Bereich zwischen DM 50 und DM 3000.

382 Hinzuweisen ist noch darauf, daß nach § 8 VwKostG und § 2 der Frequenzgebührenverordnung zum einen die öffentliche Hand weitgehend **Gebührenfreiheit** genießt und zum anderen private Einrichtungen mit Aufgaben im Bereich der öffentlichen Sicherheit auf Antrag von den Gebühren befreit werden können.

2.4.2 Anrechnung von Versteigerungserlösen

383 Kommt es zur Versteigerung von Lizenzen und Frequenzen, sind **Frequenzzuteilungsgebühren** wie auch **Lizenzgebühren** mit dem Versteigerungserlös zu verrechnen, so daß sie nur anfallen, wenn dieser unter den vorgesehenen Gebühren bleibt. Das ergibt sich aus §§ 16 Abs. 2, 48 Abs. 1 S. 3 TKG.

384 Diese auf den ersten Blick plausibel erscheinende Regelung verdient bei genauerer Betrachtung Kritik. Die Versteigerung soll den **wirtschaftlichen Wert** von Frequenzen und Lizenzen ermitteln. Fällt der Erlös niedriger aus als die vorgesehenen Lizenz- und Frequenzzuteilungsgebühren, dann liegen die Gebührensätze offenbar über dem wirtschaftlichen Wert. Dann würde das Äquivalenzprinzip, wonach bei der Gebührenbemessung der wirtschaftliche Wert nicht überschritten werden soll, dafür sprechen, von einer über den Versteigerungserlös hinausgehenden Gebührenerhebung abzusehen, zumal auch der konkrete Verwaltungsaufwand regelmäßig durch den Versteigerungserlös abgedeckt sein dürfte. Die Regelung ist deshalb zumindest inkonsequent, wenn nicht sogar rechtswidrig.

2.4.3 Frequenznutzungsbeiträge

385 Die Frequenznutzungsbeiträge sollen nach § 48 Abs. 3 S. 2 TKG rein kostenorientiert nach dem **Veranlasserprinzip** auf die Frequenznutzer verteilt werden. Hierzu wird nach § 3 der Frequenznutzungsbeitragsverordnung der in diesem Zusammenhang entstehende jährliche Aufwand ermittelt, auf die verschiedenen Nutzergruppen verteilt und dann innerhalb dieser umgelegt. Die für das laufende Jahr anfallenden Beiträge sind in einer Tabelle im Anhang der Verordnung, die jährlich aktualisiert wird, wiedergegeben. Für 2001 reicht das Spektrum der Jahresbeiträge von DM 3 je nicht koordinierungspflichtige feste Funkanlage bis zu DM 393 392 für jedes GSM-Mobilfunknetz.

2.5 Überwachung und Durchsetzung von Frequenzplanung und Frequenzzuteilungen

Die im Rahmen der Frequenzverwaltung ergehenden regulatorischen Entscheidungen bedürfen der **Durchsetzung**. Erforderlich ist dazu zum einen, daß die Regulierungsbehörde sich Kenntnisse von der tatsächlichen Nutzung des Frequenzspektrums verschafft, und zwar sowohl anlaßbezogen, wenn Störungen auftreten, als auch allgemein. Weiter muß sie für den Fall das Rechtsverstöße auftreten Eingriffsbefugnisse zu deren Beseitigung haben.

386

Die entsprechenden Möglichkeiten verschafft ihr § 49 TKG. Nach dessen Satz 1 ist die Regulierungsbehörde zur **Überwachung der Frequenznutzung** berechtigt, was insbesondere die Durchführung des Funkmeßdienstes umfaßt, aber nicht zur Kenntnisnahme der dem Fernmeldegeheimnis unterliegenden Kommunikationsinhalte selbst berechtigt[1]. Werden dabei Verstöße festgestellt, kann der Verwaltungsaufwand für deren Ermittlung über die Gebühren nach § 48 Abs. 1 TKG beim Verursacher erhoben werden (siehe schon oben Rz. 381).

387

Weiter ermächtigt § 49 Satz 2 TKG die Behörde zu **Einzelfallanordnungen** zum Abstellen festgestellter Verstöße gegen Bestimmungen der Frequenzordnung. Das Gesetz spricht insoweit zwar von Verstößen gegen das TKG allgemein, doch ist dies wegen des Sachzusammenhangs auf den Bereich der Frequenzordnung einzuschränken, da hier nicht eine allgemeine Befugnis zur Durchsetzung des TKG geschaffen werden sollte[2]. Solche Anordnungen sind nach pflichtgemäßem Ermessen zu treffen, wobei aus Verhältnismäßigkeitsgründen die Anordnung einer Abschaltung von Geräten nur dann gewählt werden sollte, wenn anderweitige Abhilfe nicht möglich ist, etwa wenn eine Frequenzzuteilung völlig fehlt[3].

388

Die **Mißachtung** vollziehbarer Anordnungen nach § 49 S. 2 TKG ist gemäß § 96 Abs. 1 Nr. 7, Abs. 3 mit Bußgeld bis zu einer Million DM bedroht. Vollziehbar sind entsprechende Anordnungen wegen § 80 Abs. 2 TKG so lange, bis die aufschiebende Wirkung einer Klage angeordnet wird. Daneben sind solche Anordnungen auch noch mit Mitteln der **Verwaltungsvollstreckung** durchsetzbar, was allerdings neben der empfindlichen Bußgelddrohung wenig Abschreckungspotential haben

389

---

1 Vgl. Beck TKG-Komm/*Ehmer*, § 49 Rz. 2, 3.
2 In diesem Sinne auch Beck TKG-Komm/*Ehmer*, § 49 Rz. 5, *Demmel*, in: Manssen, Telekommunikations- und Multimediarecht, § 49 Rz. 2.
3 So auch Beck TKG-Komm/*Ehmer*, § 49 Rz. 6, *Demmel*, in: Manssen, Telekommunikations- und Multimediarecht, § 49 Rz. 3.

dürfte. Immerhin kann eine Außerbetriebnahme als Ersatzvornahme nach § 10 durch Bedienstete der Regulierungsbehörde selbst vorgenommen werden, wenn der Störer dies nicht selbst tut. Betriebseinschränkungen sind demgegenüber nach §§ 11, 12 VwVG als höchstpersönliche Pflicht nur mittels Zwangsgeld oder bei dessen Uneinbringlichkeit mit Zwangshaft durchzusetzen.

390 Daneben ist eine **Frequenznutzung ohne Zuteilung** eine Ordnungswidrigkeit nach § 96 Abs. 1 Nr. 10 TKG, die auch durch Mißachtung von Inhaltsbestimmungen einer bestehenden Zuteilung verwirklicht werden kann. Die Mißachtung von Auflagen zu Frequenzzuteilungen ist demgegenüber nicht bußgeldbewehrt, da diese Auflagen nach allgemeinem Verwaltungsrecht eigenständig durchsetzbar sind.

2.6 Fazit

391 Gut fünf Jahre nach Inkrafttreten des TKG liegt nach Erlaß der drei Rechtsverordnungen zu Frequenzplanung und Frequenzzuteilung endlich der gesetzliche Rahmen der Frequenzordnung vollständig vor. Obwohl hier nicht mit Kritik an Einzelheiten gespart wurde, erweist sich dieser gesetzliche Rahmen im großen und ganzen als stimmig.

392 Die Verordnungen zur Frequenzplanung werden sich in Zukunft beim Aufstellen von Frequenznutzungsplänen zu bewähren haben. Ob es dabei in der Praxis eher zu geringen oder großen Problemen kommt, bleibt abzuwarten. Eine Herausforderung sowohl für die Frequenzplanung als auch die Frequenzzuteilung verspricht allerdings die Bewältigung des Übergangs zu digitalem Rundfunk zu werden.

393 In der Einzelentscheidungspraxis, also Frequenzzuteilung und Lizenzierung in Knappheitslagen, scheinen einstweilen mit der UMTS-Lizenzierung und den Vergabeverfahren für WLL die spektakulären Entscheidungen gefallen zu sein. Hier werden allerdings einige Nachwehen, etwa die Durchsetzung von WLL-Zuteilungsauflagen und die regulatorische Begleitung des UMTS-Netzaufbaus, wohl weiterhin eine gewichtige Rolle neben der administrativen Routine von Frequenz- und Lizenzerteilung spielen.

3. Entgelt- und Marktregulierung

3.1 Von der Gebührenpolitik zur Entgeltregulierung

3.1.1 Gebühren als Gegenleistung für die Benutzung der Einrichtungen des Fernmeldewesens

Bis zur zweiten Postreform – durch das 41. Gesetz zur Änderung des GG[1] sowie das damit zeitlich und sachlich eng verzahnte Gesetz zur Neuordnung des Postwesens und der Telekommunikation (PTNeuOG)[2] – war nicht nur die Benutzung der Einrichtungen des „Post- und Fernmeldewesens", sondern auch die hierfür zu entrichtende Gegenleistung noch maßgeblich von der Stellung der „Deutschen Bundespost" als – lediglich organisatorisch-finanziell in Gestalt eines Sondervermögens verselbständigter – Teil der unmittelbaren Bundesverwaltung (Art. 87 Abs. 1 Satz 1 GG a. F.)[3] geprägt: Nicht nur das Leistungsangebot, sondern auch das hierfür zu entrichtende Entgelt richtete sich an dem öffentlichen Auftrag der Daseinsvorsorge[4] aus. Dem entsprach die Regelung in Art. 80 Abs. 2 GG: Auch wenn sie in erster Linie (als Regel) ein Zustimmungserfordernis des Bundesrats im Hinblick auf bestimmte Rechtsverordnungen des Bundes begründen sollte[5], stellte sie doch zudem jedenfalls klar, daß für die „Benutzung der Einrichtungen des Post- und Fernmeldewesens" Gebühren, also **öffentlich-rechtliche Entgelte**[6], erhoben werden durften. Damit ergab sich, solange das Verhältnis zu Postbenutzern allgemein und zu Fernmeldeteilnehmern im besonderen als eine verwaltungsrechtliche Beziehung verstanden wurde[7], zugleich, daß hierfür sowohl die allgemeinen Grundsätze für die Bemessung von

1

---

1 Vom 30. 8. 1994, BGBl. I 1994, S. 2245; vgl. *Gramlich*, NJW 1994, 2785, 2787 f.
2 Vom 14. 9. 1994, BGBl. I 1994, S. 2325; ber. BGBl. I 1996, S. 103; vgl. *Gramlich*, NJW 1994, 2785, 2788 ff.
3 „In bundeseigener Verwaltung werden geführt ... die Bundespost".
4 So ausdrücklich § 4 Abs. 1 Satz 3 des Gesetzes über die Unternehmensverfassung der Deutschen Bundespost (Postverfassungsgesetz – PostVerfG) = Art. 1 des Gesetzes zur Neustrukturierung des Post- und Fernmeldewesens und der Deutschen Bundespost (Poststrukturgesetz – PostStruktG) v. 8. 6. 1989, BGBl. I 1989, S. 1026; vgl. *Fangmann/Scheurle/Schwemmle/Wehner*, Handbuch für Post und Telekommunikation – Poststrukturgesetz 1990, § 4 PostVerfG Rz. 19, 30.
5 Vgl. *Stern/Bauer*, in: Stern, Postrecht der Bundesrepublik Deutschland, Art. 80 GG Rz. 21 f., 47 f.
6 *Stern/Bauer*, in: Stern, Postrecht der Bundesrepublik Deutschland, Art. 80 GG Rz. 43.
7 Vgl. *Wiechert*, JbDBP 1986, 119, 154 ff.; *Brinckmann*, CR 1989, 186.

(Benutzungs-)Gebühren[1] als auch weitere, für jede Staatstätigkeit verbindliche Maßgaben, insbesondere das Sozialstaatsprinzip[2], zu beachten waren.

3.1.2 Gebührengestaltung vor der zweiten Postreform

3.1.2.1 Ausgangspunkt: Reichspostfinanzgesetz 1924

2   1924 hatte das **Reichspostfinanzgesetz** (RPFG)[3] die rechtliche Konsequenz aus der im Jahr zuvor erfolgten tatsächlichen Lösung der Deutschen Reichspost vom Reichshaushalt gezogen; Hauptzweck der Neuregelung war die wirtschaftliche Verselbständigung des Post- und Telegraphenbetriebs innerhalb des Rahmens der allgemeinen Reichsverwaltung, aber ohne Änderung der Eigenschaft als unmittelbarer Reichsbetrieb i. S. d. Art. 88 Abs. 1 WRV[4].

3   Dem Reichspostminister als oberstem Aufsichts- und Leitungsorgan wurde ein Verwaltungsrat an die Seite gestellt, der u. a. über „die Grundsätze für die . . . Gebührenbemessung im Post-, Telegraphen- und Fernsprechverkehre" zu befinden hatte (§ 6 Abs. 1 tir. 4 RPFG). Seine Beschlüsse konnten aber – wie später nach § 13 PostVerwG[5] – auf Antrag des Ressortministers von der Reichsregierung kassiert werden (§ 6 Abs. 2); letztlich oblag dem Reichspostminister der Erlaß der Gebührenverordnungen „nach Maßgabe der nach § 6 (RPFG) getroffenen Entscheidungen des Verwaltungsrats" (§ 2 Abs. 1 Satz 1 RPFG).

4   Mit dem Gesetz zur Vereinfachung und Verbilligung der Verwaltung[6] wurde jedoch der Verwaltungsrat durch einen bloßen Beirat abgelöst, und der Reichspostminister war von nun an allein befugt, Rechtsverordnungen über die Bedingungen und Gebühren für die Benutzung der Einrichtungen des Post- und Fernmeldewesens zu erlassen (Kap. 2 § 4).

---

1 Insbes. das Äquivalenzprinzip; vgl. *Maunz*, ArchPF 1968, 541, 556; *Hempell*, Postverfassungsrecht 1983, 91 ff.; *Scherer*, CR 1987, 115, 118 f.; vgl. auch BGH v. 19. 6. 1986 – III ZR 177/84, DVBl. 1986, 1055, 1057.
2 Vgl. *Hempell*, Postverfassungsrecht 1983, 99.
3 Vom 18. 3. 1924, RGBl. I 1924, S. 287.
4 Vgl. *Kühn*, JbDBP 1971, 9, 12 ff.; *Schuster*, ArchPF 1996, 568, 571 ff.; *Gramlich*, VerwArch 1997, 598, 606 f.
5 Gesetz über die Verwaltung der Deutschen Bundespost (Postverwaltungsgesetz) v. 24. 7. 1953, BGBl. I 1953, S. 676.
6 Vom 27. 2. 1934, RGBl. I 1934, S. 130; aufgehoben durch § 36 Nr. 1 PostVerwG.

3.1.2.2 Rechtslage nach dem Postverwaltungsgesetz

Rechtsverordnungen über die (Bedingungen und) Gebühren für die Benutzung der Einrichtungen des Post- und Fernmeldewesens erließ gemäß § 14 Satz 1 PostVerwG der Bundesminister für das Post- und Fernmeldewesen nach Maßgabe der Beschlüsse des Verwaltungsrats oder der Bundesregierung, wobei die Verordnungen über Gebühren[1] im Einvernehmen mit dem Bundesminister für Wirtschaft ergingen; für diese „**Benutzungsverordnungen**" war eine Zustimmung des Bundesrates nicht vonnöten (§ 14 Satz 2 PostVerwG)[2]. Das Absehen von einem Zustimmungserfordernis des Bundesrates – als anderweitige gesetzliche Regelung i. S. v. Art. 80 Abs. 2 GG – ließ sich sachlich dadurch rechtfertigen, daß im Verwaltungsrat auch Vertreter dieses Organs Sitz und Stimme hatten, obgleich sie nur fünf von 24 Mitgliedern stellten (§ 5 Abs. 2 PostVerwG)[3]. § 12 Abs. 1 Nr. 4 PostVerwG wies in erster Linie dem Verwaltungsrat die Aufgabe zu, über die „Bedingungen für die Benutzung der Einrichtungen des Fernmeldewesens einschließlich der Gebührenbemessung" zu entscheiden, wobei dies „im Rahmen der Grundsätze des § 2" PostVerwG zu geschehen hatte, also im Einklang mit der Bundespolitik (§ 2 Abs. 1) wie mit den „Interessen der deutschen Volkswirtschaft" (§ 2 Abs. 2 Satz 1 PostVerwG)[4]. Um die Belange des Bundes zu wahren[5], konnte jedoch der Bundesminister für das Post- und Fernmeldewesen nötigenfalls die Letzt-Entscheidung des Kabinetts herbeiführen (§ 13 PostVerwG).

Für die Höhe der Gebühren hatte nach dem **Äquivalenzprinzip** der „Wert des dem Benutzer zugehenden Vorteils Richtschnur" zu sein. Anstelle eines Wirklichkeitsmaßstabes, „z. B. nach dem Maß der erforderlichen Investitionen und der zu erbringenden Arbeitsleistungen", kam daher auch ein Wahrscheinlichkeitsmaßstab in Betracht dergestalt, „daß nach der Erfahrung die Leistung und die Gegenleistung von einem normalen Betrachter als einander entsprechend angesehen werden, wobei Pauschgebühren, etwa als Bereithaltungsgebühr für den Anschluß an das Fernsprechnetz, mit inbegriffen sind"[6]. Da sich der Zweck der Ge-

---

1 Vgl. zuletzt die Telekommunikationsordnung (TKO) v. 5. 11. 1986, BGBl. I 1986, S. 1749, §§ 68, 70, 72, 76, 78 u. ö., §§ 320 ff.
2 Zur Verfassungsmäßigkeit dieser Regelung BVerfG v. 24. 2. 1970 – 2 BvL 12/69, 2 BvR 885/85, 26/66 und 467/68, BVerfGE 28, 66, 82 ff.; BVerwG v. 6. 10. 1967 – VII C 142.66, BVerwGE 28, 36, 44.
3 Vgl. *Eidenmüller*, Post- und Fernmeldewesen – Kommentar, 1963 ff. (Stand 1991), § 5 PostVerwG Anm. 2, 50.
4 Vgl. *Eidenmüller*, Post- und Fernmeldewesen – Kommentar, 1963 ff. (Stand 1991), § 2 PostVerwG Anm. 2, 35.
5 Vgl. *Maunz*, ArchPF 1968, 541, 542 f.
6 *Maunz*, ArchPF 1968, 541, 556.

bühr nicht zuletzt aus dem Sinnzusammenhang einer Regelung ergeben kann, war zudem § 15 Abs. 1 Satz 1 PostVerwG bedeutsam; nach dieser Vorschrift hatte die DBP „ihren Haushalt so aufzustellen und durchzuführen, daß sie die zur Erfüllung ihrer Aufgaben und Verpflichtungen notwendigen Ausgaben aus ihren Einnahmen bestreiten" konnte[1]. Das „in § 15 PostVerwG enthaltene Globaldeckungssystem" war nicht nur eine Ergänzung des Äquivalenzprinzips, sondern „im Zweifel" ihm gegenüber sogar vorrangig; aus der Verwendungspflicht der Bundespost in bezug auf ihre Einnahmen konnten so „Rückschlüsse auch auf die Höhe der Gebühr und ihre Begrenzung gezogen" werden[2]. Nichts anderes galt im Hinblick auf die Pflicht zur Ablieferung eines Teils der jährlichen Betriebseinnahmen (§ 21 PostVerwG)[3].

7 Freilich orientierte sich auch die Deutsche Bundespost durchaus schon an Grundsätzen marktwirtschaftlicher Preispolitik wie vor allem der **Kostendeckung**[4], soweit einem unternehmerischen Verhalten nicht durch volkswirtschaftliche oder politische Zielsetzungen Grenzen gezogen waren[5]. Eine Erhöhung der Fernmeldegebühren im Jahre 1964 beschäftigte schließlich auch das BVerfG. Das Gericht erachtete dabei – wie bei der (seinerzeitigen) Bundesbahn – einen „innerbetrieblichen Kostenausgleich" als gerechtfertigt, da die Bundespost wegen ihrer „Monopolstellung" verpflichtet sei, „auch unwirtschaftliche Dienste anzubieten"[6]. Sachgerecht sei auch, daß die Gebühr(enerhöhung) „für alle Fernsprechteilnehmer ziffernmäßig gleich" sei und „nicht nach Einkommen oder sozialer Stellung" differenziere[7]. Schließlich werde der Grundsatz der Verhältnismäßigkeit gewahrt: Die Erhöhung stehe „nicht außer Verhältnis zu den angebotenen Leistungen, weil die Fernspracheinrichtungen nicht nur ständig verbessert worden, sondern die Kosten hierfür mindestens in gleicher Höhe gestiegen" seien wie die Gebühren. Zudem verursache „das dauernde Bereithalten der Einrichtungen des Fernsprechverkehrs ständig höhere Leerkosten, weil die Zahl der Fernsprechanschlüsse laufend zunimmt. Dies kommt wiederum jedem einzelnen Fernsprechteilnehmer zugute"[8].

---

1 Vgl. *Hempell*, Postverfassungsrecht 1983, 102 f.; *Eidenmüller*, Post- und Fernmeldewesen – Kommentar, 1963 ff. (Stand 1991), § 15 PostVerwG Anm. 1, 77 f.
2 *Maunz*, ArchPF 1968, 541, 557; vgl. auch BGH v. 19. 6. 1986 – III ZR 177/84, DVBl. 1986, 1055, 1057.
3 Vgl. *Hempell*, Postverfassungsrecht 1983, 89.
4 Vgl. *Hempell*, Postverfassungsrecht 1983, 114 f.; *Wohlfart*, ArchPF 1981, 272 ff.
5 Vgl. *Hempell*, Postverfassungsrecht 1983, 115 ff., 121 ff.; BGH v. 19. 6. 1986 – III ZR 177/184, DVBl. 1986, 1055, 1056; s. a. *Witte*, ZögU 1997, 434, 437 f.
6 BVerfG v. 24. 2. 1970 – 2 BvL 12/69, 2 BvR 665/65, 26/66, 467/68, BVerfGE 28, 66, 87; BVerfG v. 22. 3. 1984 – 2 BvR 849/82, NJW 1984, 1871, 1872.
7 BVerfGE 28, 66, 87.
8 BVerfGE 28, 66, 88; s. a. OLG Düsseldorf, NJW 1991, 1363.

3.1.2.3 Erste Reformbestrebungen

Eine vom Deutschen Bundestag eingesetzte Sachverständigen-Kommission – mit dem Auftrag zu untersuchen, „wie die Deutsche Bundespost auf die Dauer ihre Aufgaben in optimaler Weise ohne Defizit erfüllen kann" – legte Ende 1965 ein Gutachten[1] vor, welches sich auch mit Fragen der „Tarifpolitik" befaßte und unterstrich, daß der DBP keine Verzichte auf betriebswirtschaftlich notwendige Gebührenerhöhungen ohne entsprechenden finanziellen Ausgleich zugemutet werden dürften. Festlegung und Änderung von Tarifen falle in die Zuständigkeit der Unternehmensleitung; im Regelfall sei jedoch eine ministerielle Genehmigung vonnöten, wovon aber unter bestimmten Voraussetzungen abgesehen werden könne.

Die anschließende Diskussion mündete 1970 in den **Entwurf** eines Gesetzes über die „**Unternehmensverfassung**" der Deutschen Bundespost[2]. Die Neuregelung zielte darauf ab, die Eigenständigkeit der DBP – als eines „öffentliche(n) Unternehmen(s) in der Rechtsform einer teilrechtsfähigen Anstalt des Bundes" (§ 1 Abs. 2) – durch Annäherung der Organisation an eine Aktiengesellschaft zu stärken und eine wirtschaftliche Unternehmensführung (durch Vorstand und Aufsichtsrat) zu erleichtern. Weil im Erscheinungsbild der DBP nach Aufgabenstellung und Aufgabenvollzug die Merkmale eines Dienstleistungsunternehmens vorherrschten, sollte sie durch die neue Gestalt in die Lage versetzt werden, ihre Aufgaben in weitgehender finanzieller Unabhängigkeit und frei von Gesichtspunkten der Tagespolitik wahrzunehmen. Eine gesunde Finanzstruktur sollte durch selbst erwirtschaftete Gewinne gesichert werden. Ungeachtet des Ziels, für jeden einzelnen Dienstzweig (zumindest) Kostendeckung zu erreichen, sollte aber das Globaldeckungsprinzip aufrechterhalten werden (§ 25 Abs. 2), damit die Bundespost ihre gemeinwirtschaftlichen Aufgaben durchführen und auch solche Leistungen erbringen könne, für die nach der Marktkonstellation eine volle Kostendeckung nicht zu erreichen sei[3].

Der Aufsichtsrat sollte nach Vorlage durch den Vorstand u. a. „über die Bedingungen und Gebühren für die Benutzung der Einrichtungen des Post- und Fernmeldewesens" beschließen (§ 17 Abs. 3 Nr. 5), wobei auch ein Einspruch des Vorstands mit Zwei-Drittel-Mehrheit hätte zurückgewiesen werden können (§ 18 Abs. 4). Jedoch oblag dem „zustän-

---

1 BT-Drucks. V/203 v. 6. 11. 1965; dazu *Böhm*, ArchPF 1966, 43 ff.; *Kühn*, JbDBP 1971, 9, 19 ff.; *Witte*, in: Büchner, Post und Telekommunikation, 1999, S. 59, 62 ff.
2 BT-Drucks. VI/1385 v. 6. 11. 1970.
3 Vgl. näher *Mauser/Kühn*, ZPF 1970, 625 ff.; *Kühn*, JbDBP 1971, 9, 27 ff.; *Witte*, in: Büchner, Post und Telekommunikation, 1999, S. 59, 65 ff.

digen Bundesminister" (§ 2 Abs. 3) nicht allein die Rechtsaufsicht (§ 19), sondern dieser hätte die Genehmigung eines Gebühren-Beschlusses des Aufsichtsrats auch dann versagen dürfen, wenn dieser „mit den Grundsätzen der Politik der Bundesregierung nicht in Einklang" gestanden hätte (§ 20 Abs. 2).

11 An diese 1973 noch einmal ins Gesetzgebungsverfahren eingebrachte[1], aber dort versandete Vorlage knüpfte das ordnungspolitische Konzept der ersten Postreform Ende der achtziger Jahre in mehrfacher Hinsicht an[2].

3.1.2.4 Schritte auf dem Weg zur unternehmerischen Selbständigkeit und zum Wettbewerb: Postverfassungsgesetz 1989

12 Mit dem Poststrukturgesetz trat zum einen eine „**Privatisierung der Handlungsform**" ein: „Die im Zusammenhang mit der Inanspruchnahme der Einrichtungen der Deutschen Bundespost TELEKOM" – als einem der drei als „öffentliche Unternehmen" (§ 1 Abs. 2 PostVerfG) organisierten Teilbereiche der DBP – „entstehenden Rechtsbeziehungen" waren nunmehr „privatrechtlicher Natur" (§ 9 Abs. 1 Satz 1 FAG)[3], auch wenn bestimmte privatrechtliche Entgeltforderungen noch weiterhin im Wege der Verwaltungsvollstreckung durchgesetzt werden konnten (§ 9 Abs. 2–4 FAG)[4]. Zum maßgeblichen Zeitpunkt (1. 7. 1989 – Art. 7 PostStruktG) bereits bestehende, öffentlich-rechtliche Benutzungsverhältnisse blieben „als privatrechtliche Rechtsbeziehungen" bestehen (§ 65 Abs. 3 Satz 2 PostVerfG)[5]; ihr Inhalt wurde vorübergehend noch durch Benutzungs- und Gebührenverordnungen (§ 65 Abs. 1 PostVerfG) und im übrigen durch Allgemeine Geschäftsbedingungen der DBP-Unternehmen näher bestimmt. Mit Ablauf des 30. 6. 1991 traten jedoch sämtliche noch bestehenden Rechtsverordnungen außer Kraft[6].

---

1 BT-Drucks. 7/81 v. 25. 1. 1973; dazu *Wiechert*, ZRP 1973, 208 ff.; *Voges*, DVBl. 1975, 972 ff.

2 Vgl. (als „Augenzeugen") *Witte*, in: Büchner, Post und Telekommunikation, 1999, S. 59, 65 ff.

3 Fernmeldeanlagengesetz i. d. F. von Art. 3 Nr. 7 PostStruktG; vgl. *Statz*, ArchPT 1992, 97 ff.; speziell zu „Gebührenrechtsstreitigkeiten" *Schwonke*, NVwZ 1991, 149 f.

4 Vgl. dazu *Statz*, DöV 1990, 241 ff.; *Schneider*, ArchPT 1995, 285 ff.; zur vorherigen Rechtslage BVerwG v. 16. 9. 1977 – VII C 13.76, BVerwGE 54, 314 ff.

5 Zu Übergangsproblemen *Gramlich*, VerwRdsch 1990, 85 ff.

6 Vgl. *Fangmann/Scheurle/Schwemmle/Wehner*, Handbuch für Post und Telekommunikation – Poststrukturgesetz 1990, § 65 PostVerfG Rz. 1; zur Gebührenregelung der Telekommunikationsordnung v. 5. 11. 1986, BGBl. I 1986, S. 1749, vgl. *Hutter/Gehrhoff*, JbDBP 1988, 9, 37 ff., 156 ff.

Die **Entgeltregelung** wird seither primär als „**unternehmerische und betriebliche Aufgabe**" (§ 1 Abs. 1 Satz 3 PostVerfG)[1] betrachtet, die den Unternehmensorganen Vorstand und Aufsichtsrat obliegt (§§ 3 Abs. 2, 12 ff., 15 ff. PostVerfG). Der Vorstand entschied in der Regel allein über die Leistungsentgelte. Eines Beschlusses des Aufsichtsrates bedurfte es nur „im Monopolbereich des Fernmeldewesens" (§ 23 Abs. 3 Nr. 4 PostVerfG), d. h. im Hinblick auf das Netz-, Funkanlagen- und Telefondienstmonopol (§ 1 Abs. 2, 4 FAG)[2], während vor der abschließenden Entscheidung über die „für die wirtschaftliche Entwicklung des Unternehmens wesentlichen Leistungsentgelte für Pflichtleistungen" (§ 23 Abs. 5 Satz 1 Nr. 4 i. V. m. § 25 Abs. 2 PostVerfG) lediglich die Stellungnahme des Kontrollgremiums einzuholen war[3]. Über einen Einspruch des Vorstands gegen Entgeltbeschlüsse des Aufsichtsrats, also bei einem unternehmensinternen Dissens, entschied letztlich der Bundesminister für Post und Telekommunikation (§ 24 Abs. 3 Satz 1 PostVerfG)[4].

Dem Ressortminister standen zudem – in Wahrnehmung der ihm zugewiesenen „**politischen und hoheitlichen**" **Aufgaben** (§ 1 Abs. 1 Satz 2 PostVerfG)[5] – aufsichtliche Befugnisse über die DBP-Unternehmen zu. So übte er die Rechtsaufsicht aus (§ 27 PostVerfG), die sich auch darauf erstreckte, daß die Unternehmensorgane die „allgemeinen Rechtsvorschriften"[6] beachteten. Speziell im Hinblick auf Leistungsentgelte waren dem BMPT Genehmigungs- bzw. Widerspruchsrechte eingeräumt: Einem Aufsichtsratsbeschluß hierzu konnte die Genehmigung (auch) versagt werden, wenn er „im Interesse der Bundesrepublik Deutschland nicht verantwortet werden" konnte (§ 28 Abs. 1 Satz 2 PostVerfG)[7]; für das Widerspruchsrecht bei wesentlichen Pflichtleistungsentgelten (§ 28 Abs. 2 PostVerfG) galt derselbe Maßstab, obgleich er nicht explizit normiert war[8]. Zu

---

1 Vgl. *Fangmann/Scheurle/Schwemmle/Wehner*, Handbuch für Post und Telekommunikation – Poststrukturgesetz 1990, § 1 PostVerfG Rz. 16, 18.
2 Vgl. *Fangmann/Scheurle/Schwemmle/Wehner*, Handbuch für Post und Telekommunikation – Poststrukturgesetz 1990, § 23 PostVerfG Rz. 15 f.
3 Vgl. *Fangmann/Scheurle/Schwemmle/Wehner*, Handbuch für Post und Telekommunikation – Poststrukturgesetz 1990, § 23 PostVerfG Rz. 26.
4 Vgl. *Fangmann/Scheurle/Schwemmle/Wehner*, Handbuch für Post und Telekommunikation – Poststrukturgesetz 1990, § 24 PostVerfG Rz. 4.
5 Vgl. *Fangmann/Scheurle/Schwemmle/Wehner*, Handbuch für Post und Telekommunikation – Poststrukturgesetz 1990, § 1 PostVerfG Rz. 13, 17.
6 Dazu *Fangmann/Scheurle/Schwemmle/Wehner*, Handbuch für Post und Telekommunikation – Poststrukturgesetz 1990, § 27 PostVerfG Rz. 8; *Scherer*, ArchPT 1993, 261, 263; *Gramlich*, ArchPT 1993, 51, 55 f.
7 Vgl. *Fangmann/Scheurle/Schwemmle/Wehner*, Handbuch für Post und Telekommunikation – Poststrukturgesetz 1990, § 28 PostVerfG Rz. 13.
8 So *Stollberg*, in: Das Deutsche Bundesrecht, VI H 9 § 28 PostVerfG, 48; *Gramlich*, ArchPT 1993, 51, 56.

den „politischen" Einflußnahmen war jeweils das Benehmen mit dem Bundesminister für Wirtschaft herzustellen (§ 28 Abs. 2 Satz 2, Abs. 3 Nr. 2 PostVerfG)[1]. Beabsichtigte der BMPT, eine Entgeltgenehmigung zu versagen bzw. von seinem Widerspruchsrecht Gebrauch zu machen, so hatte hierüber der zu gleichen Teilen aus Vertretern des Bundestags und des Bundesrats bestehende (§ 32 Abs. 1) Infrastrukturrat Beschluß zu fassen (§ 34 Abs. 2 Nr. 1, 2 PostVerfG)[2]. Bei einem Konflikt mit dem Ressortminister konnte dieser eine endgültige Entscheidung durch die Bundesregierung herbeiführen (§ 35 Abs. 2, 3 PostVerfG)[3].

15 Auf der Grundlage des PostVerfG kam es also erstmals zu (ministeriellen) Entscheidungen über Entgeltanträge; als **Antragsteller** kam freilich nur das **öffentliche Unternehmen DBP TELEKOM** in Frage. Nähere Maßstäbe oder Grundsätze zur Genehmigung bzw. Billigung von Leistungsentgelten enthielt das PostVerfG nicht[4]: Die „Leitungsgrundsätze" des § 4 PostVerfG setzten zunächst an der Nachfrage nach „Leistungen der Fernmeldedienste" an (Abs. 1 Satz 1) und postulierten hierfür ein Entwicklungsgebot (Satz 2). „Darüber hinaus" schrieb § 4 Abs. 1 Satz 3 vor, „Monopolaufgaben und Pflichtleistungen" im Sinne der Daseinsvorsorge (und) „nach den Grundsätzen der Politik der Bundesrepublik Deutschland zu sichern und der Entwicklung anzupassen", „dabei" aber die „Grenzen der wirtschaftlichen Möglichkeiten der (DBP-)Unternehmen zu beachten" (Satz 4). Auch die Verpflichtung gem. § 4 Abs. 1 Satz 6 PostVerfG, die Unternehmen „nach betriebswirtschaftlichen Grundsätzen zu führen"[5], enthält keine spezifischen Regeln für Art und Höhe der für die erbrachten Fernmeldedienste geforderten Gegenleistungen/Entgelte.

16 Konkretere Vorgaben konnten allerdings den **„Grundsätzen" für die „Wirtschaftsführung"**[6] entnommen werden: Nach § 37 Abs. 1 PostVerfG

---

1 Vgl. *Fangmann/Scheurle/Schwemmle/Wehner*, Handbuch für Post und Telekommunikation – Poststrukturgesetz 1990, § 28 PostVerfG Rz. 22.
2 Vgl. *Fangmann/Scheurle/Schwemmle/Wehner*, Handbuch für Post und Telekommunikation – Poststrukturgesetz 1990, § 34 PostVerfG Rz. 8 f., 10.
3 Vgl. *Fangmann/Scheurle/Schwemmle/Wehner*, Handbuch für Post und Telekommunikation – Poststrukturgesetz 1990, § 35 PostVerfG Rz. 5 f.
4 Hingegen enthält die „Konzeption der Bundesregierung zur Neuordnung des Telekommunikationsmarktes", BR-Drucks. 241/88 v. 27. 5. 1988, auch in: *Kühn/Reinke*, JbDBP 1991, 9, 139 ff., einen Abschnitt (Ziff. 5.7) „zur künftigen Gebührenpolitik".
5 Vgl. *Fangmann/Scheurle/Schwemmle/Wehner*, Handbuch für Post und Telekommunikation – Poststrukturgesetz 1990, § 4 PostVerfG Rz. 35 f.
6 Zum Verhältnis zwischen § 4 und § 37 PostVerfG vgl. *Fangmann/Scheurle/Schwemmle/Wehner*, Handbuch für Post und Telekommunikation – Poststrukturgesetz 1990, § 4 PostVerfG Rz. 18 f., § 37 PostVerfG Rz. 6.

war auch das Unternehmen DBP TELEKOM „so zu leiten, daß die Erträge die Aufwendungen decken"; darüber hinaus sollte im Hinblick auf das nach § 41 erforderliche Eigenkapital ein „angemessener Gewinn" erwirtschaftet werden[1]. Prinzipiell sollte zwar das Unternehmen für die einzelnen Dienste „in der Regel jeweils die vollen Kosten und einen angemessenen Gewinn erwirtschaften", ein Ausgleich zwischen diesen Diensten war jedoch zulässig (§ 37 Abs. 2 PostVerfG)[2]. Gem. § 37 Abs. 4 Satz 1 PostVerfG galt dies auch im Verhältnis von Monopol- zu Wettbewerbsdiensten[3]; soweit aber durch eine „anhaltende spürbare Kostenunterdeckung im Wettbewerbsbereich die Wettbewerbsmöglichkeiten anderer Unternehmen auf einem Markt ohne sachlich gerechtfertigten Grund beeinträchtigt" werden sollten, was zunächst der Bundesminister für Wirtschaft als für Wettbewerbsfragen zuständiger Ressortminister festzustellen hatte, war der BMPT gehalten, die „erforderlichen Maßnahmen zur Beseitigung der Beeinträchtigung" zu treffen (§ 37 Abs. 4 Sätze 2–4 PostVerfG)[4].

Die „Grundsätze" legen damit eine Kostenorientierung von Entgelten auch als Kontrollmaßstab zumindest nahe. 17

Ein neuer § 1a Abs. 2 FAG bildete eine Entsprechung zu § 37 (Abs. 4) PostVerfG: Privaten Unternehmen mit einem Marktanteil von mindestens drei Prozent konnten danach durch Rechtsverordnung des BMPT Verpflichtungen auferlegt werden, um die Beeinträchtigung von Wettbewerbsmöglichkeiten der DBP TELEKOM zu beseitigen; diese Pflichten durften nicht nur „Angebotsbedingungen in räumlicher oder qualitativer Hinsicht", sondern auch „den Preis bestimmende Faktoren" festlegen[5]. Voraussetzung für ein derartiges Einschreiten war der Umstand, daß die Erfüllung einer Pflichtleistung (nach der TPflV[6]) aus zwei Gründen nicht mehr gewährleistet gewesen sein würde – weil erstens die Wettbewerbsmöglichkeiten des öffentlichen Unternehmens gegenüber anderen Anbietern, die gleiche oder gleichartige Dienstleistungen erbringen, durch 18

---

1 Vgl. *Fangmann/Scheurle/Schwemmle/Wehner*, Handbuch für Post und Telekommunikation – Poststrukturgesetz 1990, § 37 PostVerfG Rz. 7 ff.
2 Vgl. *Fangmann/Scheurle/Schwemmle/Wehner*, Handbuch für Post und Telekommunikation – Poststrukturgesetz 1990, § 37 PostVerfG Rz. 12 ff.
3 Zu möglicher Regulierung s. *Weinkopf/Neu*, ArchPF 1991, 422 ff.
4 Vgl. *Fangmann/Scheurle/Schwemmle/Wehner*, Handbuch für Post und Telekommunikation – Poststrukturgesetz 1990, § 37 PostVerfG Rz. 24 ff.; *Weinkopf/Neu*, ArchPF 1991, 422, 440 ff.
5 Vgl. *Fangmann/Scheurle/Schwemmle/Wehner*, Handbuch für Post und Telekommunikation – Poststrukturgesetz 1990, § 1a FAG Rz. 14.
6 Telekom-Pflichtleistungsverordnung v. 16. 9. 1992, BGBl. I 1992, S. 1614; vgl. *Gramlich*, ArchPT 1993, 51, 53.

die „verordnete Struktur der Pflichtleistung" oder der „Entgeltregelung"[1] erheblich beeinträchtigt waren und zweitens ein Ausgleich nach § 37 Abs. 4 PostVerfG „wegen nachhaltig fehlender Ertragskraft der Monopoldienste nicht möglich" ist[2].

3.1.2.5 Zwischen erster und zweiter Postreform

19 Im Frühjahr 1993 legte eine beim BMPT eingerichtete Sachverständigenkonferenz „grundsätzliche Überlegungen zum Kostenmaßstab für die Genehmigungsfähigkeit von Monopoltarifen"[3] vor, während deren Ausarbeitung auch die Ansicht der DBP TELEKOM eingeholt wurde. Dem Unternehmen sollte zur Anwendung der Grundsätze ein angemessener Übergangszeitraum eingeräumt werden; die gebotenen weiteren Festlegungen im Hinblick auf die Tarifbildung sollten gemeinsam mit ihm erarbeitet werden. Die Experten erachteten „den allgemein anerkannte(n) betriebswirtschaftliche(n) Kostenbegriff" als zentralen Eckpunkt im Rahmen der Tarifregulierung; Besonderheiten des Telekommunikationssektors müßten in angemessenem Umfang Berücksichtigung finden.

20 Am 1. Juli 1991 war die von der Bundesregierung auf der Grundlage von § 30 Abs. 1 PostVerfG erlassene **Telekommunikationsverordnung (TKV)**[4] in Kraft getreten, die für alle Dienstleistungen der DBP TELEKOM „Rahmenvorschriften"[5] enthielt, in erster Linie allerdings Monopol- und, seit der Änderung im Herbst 1992[6], Pflichtleistungen betraf. Die TKV (1991) bezog sich primär auf die Leistungsseite, enthielt aber auch Entgelt- (§ 11) bzw. entgeltrelevante Regelungen (Rechnungserteilung, Fälligkeit, Einwendungen; §§ 12–14), im Rahmen des Netzmonopols im Anschluß an die ONP-Rahmenrichtlinie des Rates der EG[7] auch strukturelle Vorgaben mit Relevanz für Leistungsentgelte (§§ 19, 20).

---

1 Von der in der Begründung des Gesetzesentwurfs angesprochenen Möglichkeit, in der Pflichtleistungsverordnung „Entgeltmaßstäbe" wie „Entfernung, Nutzungszeit, -intensität" sowie „Entgelteinheit im Raum" o. ä. vorzugeben (BT-Drucks. 11/2854 v. 2. 9. 1988, 44), wurde in der TPflV kein Gebrauch gemacht.
2 Vgl. *Fangmann/Scheurle/Schwemmle/Wehner*, Handbuch für Post und Telekommunikation – Poststrukturgesetz 1990, § 1a FAG Rz. 9 ff.
3 BMPT-Informationsserie zu Regulierungsfragen, Nr. 10 Mai 1993.
4 Vom 24. 6. 1991, BGBl. I 1991, S. 1376; vgl. *Statz*, ArchPF 1992, 97, 102 f.
5 Vgl. *Gramlich*, ArchPT 1993, 51, 54.
6 Erste Verordnung zur Änderung der Telekommunikationsverordnung v. 16. 9. 1992, BGBl. I 1992, S. 1612.
7 Vom 28. 6. 1990 zur Verwirklichung des Binnenmarktes für Telekommunikationsdienste durch Einführung eines offenen Netzzugangs (Open Network Provision – ONP), ABl. EG Nr. L 192 S. 1, v. 24. 7. 1990.

Die aufgrund von § 2 Abs. 1 FAG[1] erteilten „Lizenzen" (Verleihungen) 21
zum Errichten und Betreiben **digitaler zellularer Mobilfunknetze** gaben
dem Lizenznehmer auf, die „regelmäßig geforderten Entgelte und die
sonstigen regelmäßig verwendeten Geschäftsbedingungen . . . zu veröffentlichen und auf Antrag jeder interessierten Person zu übermitteln"
und sie – auch bei Änderungen – „vor ihrer Inkraftsetzung" dem BMPT
(als Lizenzgeber) „schriftlich mitzuteilen"; dieser konnte jedoch nur
dann eine Modifizierung fordern, „wenn der Wechsel von Teilnehmern
zu Betreibern von anderen Mobilfunknetzen oder zu Diensteanbietern
unverhältnismäßig erschwert wird"[2].

3.1.3 „Regulierung" der Telekommunikation nach der zweiten Postreform

3.1.3.1 Post- und Telekommunikations-Regulierungsgesetz 1994

In der zweiten Postreform wurden wesentliche Regelungen des (durch 22
Art. 13 § 1 Nr. 3 PTNeuOG aufgehobenen) PostVerfG durch das PTRegG[3]
aufgenommen und fortgeführt; freilich war die Geltung dieses Gesetzes
von vornherein zum 31. 12. 1997 befristet (§ 23 PTRegG)[4].

An erster Stelle der **„Ziele"** der Regulierung der Telekommunikation – 23
als einer aus Art. 87f Abs. 1 GG entspringenden hoheitlichen Aufgabe
des Bundes (§ 1 PTRegG)[5] – nannte § 2 Abs. 2 (Nr. 1) ein flächendeckendes, modernes und „preisgünstiges"[6] Angebot von Dienstleistungen,
Nr. 3 verpflichtete zur Sicherung eines diskriminierungsfreien Zugangs
aller Nutzer zu den Dienstleistungsangeboten, Nr. 5 erlegte dem „Regulierer" die Berücksichtigung sozialer Belange, Nr. 6 schließlich die Gewährleistung eines wirksamen Verbraucherschutzes auf[7].

---

1 Zur Fassung gem. Art. 3 Nr. 3 PostStruktG s. *Fangmann/Scheurle/Schwemmle/Wehner*, Handbuch für Post und Telekommunikation – Poststrukturgesetz 1990, § 2 FAG Rz. 2 f.
2 Vgl. Nr. 9 der D 1-Lizenz (i. d. F. v. 23. 6. 1994, BMPT-Vfg. 259.1, ABl. BMPT 1994, S. 866), Nr. 9 der D 2-Lizenz (i. d. F. v. 11. 3. 1994, BMPT-Vfg. 259.2, ABl. BMPT 1994, S. 873), Nr. 9 der E 1-Lizenz (i. d. F. v. 4. 5. 1994, BMPT-Vfg. 259.3, ABl. BMPT 1994, S. 880).
3 Gesetz über die Regulierung der Telekommunikation und des Postwesens = Art. 7 PTNeuOG.
4 Zu den Gründen hierfür vgl. *Stober/Moelle/Müller-Dehn*, in: Stern, Postrecht der Bundesrepublik Deutschland, 1997 ff., § 23 PTRegG Rz. 2.
5 Dazu näher *Stober/Moelle/Müller-Dehn*, in: Stern, Postrecht der Bundesrepublik Deutschland, 1997 ff., § 1 PTRegG Rz. 15 ff.; *Scherer*, CR 1994, 418, 423; *Gramlich*, VerwArch 1997, 598, 622 f.
6 Vgl. *Stober/Moelle/Müller-Dehn*, in: Stern, Postrecht der Bundesrepublik Deutschland, 1997 ff., § 2 PTRegG Rz. 47.
7 Vgl. näher *Stober/Moelle/Müller-Dehn*, in: Stern, Postrecht der Bundesrepublik Deutschland, 1997 ff., § 2 PTRegG Rz. 46 f., 52 ff., 56 f., 58 f.

24 Die im ersten Abschnitt des PTRegG normierten „Grundsätze" befaßten sich auch mit **Leistungsentgelten**: Im Monopolbereich der Telekommunikation, d. h. im Rahmen von § 1 Abs. 2 Satz 2, Abs. 4 Satz 4 FAG[1], bestand (weiterhin) ein „Genehmigungsrecht" des BMPT, welches im „Benehmen" mit dem Bundesminister für Wirtschaft und „nach Maßgabe der §§ 13 und 14" auszuüben war (§ 4 Abs. 1 Satz 1 PTRegG). Diese präventive Kontrolle bezog sich jedoch nur auf Dienstleistungen, die nicht auch von anderen Anbietern auf Grund einer Verleihung nach § 2 FAG im Wettbewerb erbracht werden durften (§ 4 Abs. 1 Satz 2 PTRegG), und betraf wie bisher allein die DTAG (§ 1 Abs. 5 FAG, § 1 Abs. 2 Satz 1 PostUmwG[2]). Auch Pflichtleistungen der DTAG als einem der drei DBP-„Nachfolgeunternehmen" unterlagen dann einem Widerspruchsrecht des BMPT, wenn sie „für die wirtschaftliche Entwicklung des Unternehmens wesentlich" waren (§ 4 Abs. 3 Satz 1 PTRegG).

25 Nur im Hinblick auf die (vorherige) Genehmigung statuierte das Gesetz in abschließender Weise drei Versagungsgründe: Abweichung von den Regulierungszielen gem. § 2 (Abs. 2), Mißachtung anderer Bestimmungen des PTRegG oder Verletzung „allgemeiner Rechtsvorschriften" (§ 4 Abs. 2 Satz 1 PTRegG). Für das ebenfalls auf eine (Vorstands-)„Vorlage" bezogene, deren Wirksamwerden suspendierende Widerspruchsrecht (s. § 5 Abs. 1 Satz 2 PTRegG) konnte aber – wie schon bisher – im Hinblick auf den Vorbehalt des Gesetzes für diese Berufsausübungsregelung kein anderer bzw. strikterer Kontrollmaßstab gelten.

26 Im Monopolbereich umfaßte der Genehmigungsvorbehalt zudem nun auch entgeltrelevante Bestandteile der Allgemeinen Geschäftsbedingungen.

27 Nach Eingang einer „Vorlage" (d. h. eines Antrags des DTAG-Vorstands i. S. v. § 22 VwVfG) über einen der Genehmigungspflicht oder dem Widerspruchsrecht unterliegenden Gegenstand schrieb das Gesetz vor der endgültigen **Entscheidung durch den BMPT** die Mitwirkung anderer Stellen vor: In beiden Fällen war das „Benehmen" mit dem Bundesminister für Wirtschaft herzustellen, diesem Ressort also Gelegenheit zur Stellungnahme zu geben und dieser gebührende Beachtung zu schenken. Des weiteren mußte ein Beschluß des Regulierungsrates (gem. § 13 Abs. 3 Nr. 1 bzw. 2 i. V. m. Abs. 1 Satz 1 PTRegG)[3] herbeigeführt wer-

---

1 I. d. F. des Art. 5 Nr. 1 PTNeuOG.
2 Gesetz zur Umwandlung der Unternehmen der Deutschen Bundespost in die Rechtsform der Aktiengesellschaft (Postumwandlungsgesetz) = Art. 3 PTNeuOG; vgl. *Gramlich*, NJW 1994, 2785, 2789 f.
3 Vgl. *Stober/Moelle/Müller-Dehn*, in: Stern, Postrecht der Bundesrepublik Deutschland, 1997 ff., § 13 PTRegG Rz. 15.

den; die Minister-Vorlage galt als gebilligt, wenn sie nicht binnen zwei Wochen nach ihrem Eingang bei diesem Gremium abgelehnt wurde (§ 13 Abs. 6 PTRegG)[1]. Der Regulierungsrat wurde durch § 13 Abs. 1 Satz 2 PTRegG angehalten, „bei Wahrnehmung seiner Befugnisse die wirtschaftlichen Möglichkeiten der von seiner Entscheidung betroffenen Unternehmen" – und damit vor allem der DTAG – „zu berücksichtigen". Dem BMPT blieb es jedoch (auch jetzt) möglich, die Letztentscheidung der Bundesregierung herbeizuführen, wenn er der (zu begründenden) Ansicht war, der Beschluß des Regulierungsrats könne „im Interesse der Bundesrepublik Deutschland nicht berücksichtigt" werden (§ 14 Abs. 3 PTRegG)[2].

Während das Widerspruchsrecht nur innerhalb von drei Monaten nach Eingang des Entgelt(änderungs)antrags wirksam ausgeübt werden konnte (§ 4 Abs. 3 Satz 2 PTRegG), war zwar auch beim Genehmigungsvorbehalt eine fiktive Erteilung vorgesehen. Dieses Ergebnis ließ sich jedoch durch eine rechtzeitige (Zwischen-)Äußerung des BMPT an die DTAG verhindern[3]. Zeitliche Vorgaben für den Verfahrensablauf ergaben sich so lediglich aus §§ 13 Abs. 6, 14 Abs. 1 (–3) PTRegG. 28

Trotz des ambivalenten Wortlauts in § 4 Abs. 2 Satz 1 PTRegG („kann") zeigt sich im Zusammenhang mit der Genehmigungsfiktion nach Satz 2, daß das Gesetz einen Rechtsanspruch auf Erteilung einer dem Antrag entsprechenden Genehmigung einräumte, wenn keine Versagungsgründe gegeben waren, die Genehmigung mithin als Kontrollerlaubnis[4] ausgestaltete[5]. 29

Für den Erlaß der allein der DTAG und damit einem einzigen/einzelnen Adressaten gegenüber ergehenden hoheitlichen Maßnahme war nach außen hin der Bundesminister für Post und Telekommunikation zuständig; insofern wurde er als Behörde (§ 1 Abs. 4 VwVfG) tätig. Genehmigungsbedürftige Entgelte erlangten erst mit der verbindlichen Entscheidung durch den BMPT (äußere und innere)[6] Wirksamkeit (§ 5 Abs. 1 30

---

1 Vgl. *Stober/Moelle/Müller-Dehn*, in: Stern, Postrecht der Bundesrepublik Deutschland, 1997 ff., § 13 PTRegG Rz. 20 f.
2 Vgl. *Stober/Moelle/Müller-Dehn*, in: Stern, Postrecht der Bundesrepublik Deutschland, 1997 ff., § 13 PTRegG Rz. 23, § 14 PTRegG Rz. 4 ff.; krit. *Scherer*, CR 1994, 418, 425 f.
3 *Ossenbühl*, ArchPT 1996, 207, 233.
4 Vgl. hierzu näher *Gramlich*, Erlaubnispflicht, Dispens und Nebenbestimmungen im Wirtschaftsverwaltungsrecht (Dez. 1998), in: Stober/Bunte, Lexikon des Rechts der Wirtschaft, E 740, 1 f.; *Maurer*, Allgemeines Verwaltungsrecht, 12. Aufl. 1999, § 9 Rz. 51 ff.
5 Offenlassend *Ossenbühl*, ArchPT 1996, 207, 232.
6 Vgl. *Maurer*, Allgemeines Verwaltungsrecht, 12. Aufl. 1999, § 9 Rz. 66, § 10 Rz. 20.

Satz 1), d. h. sie wurden zu dem im – insofern **privatrechtsgestaltenden – Genehmigungsbescheid**[1] bestimmten Zeitpunkt „Bestandteil des Rechtsgeschäfts" (§ 5 Abs. 1 Satz 2 PTRegG) mit den jeweiligen Kunden. Neben diese Gestaltungswirkung trat gem. § 5 Abs. 2 PTRegG eine Befugnis des BMPT, im Wege der Untersagung gegen eine Durchführung von Rechtsgeschäften einzuschreiten, die ungenehmigte oder genehmigungswidrige Bestandteile beinhalteten, und konnte der Minister die Abschöpfung eines rechtswidrig-schuldhaft erlangten Mehrerlöses anordnen (§ 6 PTRegG)[2].

31 Schließlich fand § 37 Abs. 4 PostVerfG im Hinblick auf den Ausgleich von Monopol- zugunsten von Wettbewerbsdiensten innerhalb der DTAG in § 7 PTRegG eine (modifizierte) Fortsetzung[3].

32 Gem. § 15 I PTRegG wurden für die Wahrnehmung der Aufsicht (§ 3 Abs. 1) nach (§ 15) Abs. 2 „unabhängige Beschlußkammern" beim BMPT gebildet, deren Zuständigkeit damit auch – aber auch nur – die „Anwendung" bereits „genehmigter Leistungsentgelte" umfaßte (Nr. 3)[4].

3.1.3.2 Telekommunikations-Kundenschutzverordnung 1995

33 Die auf § 9 PTRegG gestützte, nach ihrem § 47 Satz 1 ab 1. Januar 1996 geltende **Telekommunikations-Kundenschutzverordnung** (TKV 1995)[5] bezeichnete in § 1 Abs. 1 als „Rechtsgrundlagen" für die Rechte und Pflichten der DTAG und ihrer „Kunden" (§ 2 Nr. 4) die gesetzlichen Regelungen, die vertraglichen Vereinbarungen (einschließlich der Bestimmungen über die Leistungsentgelte der DTAG) und nicht zuletzt die TKV selbst. § 1 Abs. 3 Satz 1 TKV 1995 verbot der DTAG, in ihren Verträgen von den §§ 2 bis 29 der TKV „zum Nachteil ihrer Kunden" abzuweichen; Satz 2 erklärte abweichende Vereinbarungen dieser Art in AGB (§ 1 Abs. 1 AGBG, § 2 Nr. 7 TKV 1995) für unwirksam (§ 134 BGB). § 2 TKV 1995 definierte **„Monopoldienstleistungen"** in Nr. 1 als „diejenigen Dienstleistungen, die die DTAG erbringt, soweit sie die ihr nach

---

1 Vgl. *Ossenbühl*, ArchPT 1996, 207, 234; LG Hamburg v. 6. 6. 1997 – 303 O 257/96, NJW 1997, 3250, 3251; *Stamm*, Die Entgeltregulierung im Telekommunikationsgesetz, 2001, S. 54; anders – nur im Hinblick auf § 5 PostVerfG für die DBP TELEKOM bis Ende 1994 – *Michalski*, CR 1998, 657, 659 f.
2 Vgl. *Gramlich*, NJW 1994, 2785, 2792.
3 Vgl. *Schroeder*, in: Stern, Postrecht der Bundesrepublik Deutschland, 1997 ff., § 7 PTRegG Rz. 18 ff.; LG Bonn v. 5. 11. 1996 – 11 O 180/96, ArchPT 1997, 67, 68; *P. Badura*, ArchPT 1997, 318 ff.
4 Vgl. *Scherer*, CR 1994, 418, 425; *Gramlich*, VerwArch 1997, 598, 626.
5 Vom 19. 12. 1995, BGBl. I 1995, S. 2020. Sie löste die TKV 1991 i. d. F. der Bek. v. 5. 10. 1992, BGBl. I 1992, S. 1717 ab. Vgl. *Küppers*, ArchPT 1996, 133 ff.; krit. *Böhm*, ArchPT 1997, 118 ff.

§ 1 Abs. 2 Satz 2 und Abs. 4 Satz 3 und 4 FAG verliehenen ausschließlichen Rechte ausübt", soweit diese nicht im Wettbewerb aufgrund einer Verleihung nach § 2 FAG erbracht werden durften; § 10 Abs. 1 TKV 1995 verpflichtete das „Nachfolgeunternehmen" der Deutschen Bundespost dazu, Monopoldienstleistungen „im Rahmen der wirtschaftlichen Möglichkeiten entsprechend der allgemeinen Nachfrage am Markt und dem Stand der technischen Entwicklung... unter Beachtung der Regulierungsziele nach § 2 Abs. 2 des Gesetzes" (PTRegG) „bundesweit" anzubieten. Für „Leistungsentgelte" enthielt § 13 TKV 1995 eingehendere Regelungen: So waren Fest- oder Rahmenentgelte zulässig (Abs. 1 Satz 1)[1], mußte freilich das Verhältnis zwischen den einzelnen Dienstleistungsbestandteilen und dem dafür zu zahlenden Entgelt „ausgewogen" sein (Abs. 1 Satz 2). Der DTAG wurde durch Abs. 3 geboten, nur nach § 4 Abs. 1 PTRegG genehmigte Leistungsentgelte zu erheben, auch im Rahmen von schon vor Wirksamwerden der Genehmigung begründeten Kunden-Verträgen[2]. Schließlich traf § 13 Abs. 4 (und 5) TKV 1995 der DTAG gegenüber verbindliche Vorgaben für die Gestaltung der Entgelte im Monopolbereich: Diese mußten „auf objektiven Maßstäben beruhen, nachvollziehbar sein und einen diskriminierungsfreien Zugang zu den Dienstleistungen ermöglichen"[3]; sie waren „insbesondere nach Höhe und Struktur kostenorientiert zu gestalten"; ihre Struktur sollte „die Nachfrage berücksichtigen", und „mengenmäßige Kostenersparnisse der DTAG" waren „ebenso zu berücksichtigen wie Kostenersparnisse durch Vorleistungen der Kunden". Im Rahmen des Netzmonopols mußte (weiterhin) eine nutzungsneutrale und -unabhängige Gestaltung erfolgen und die degressive Kostenabhängigkeit von der Bandbreite oder Bitrate der bereitgestellten Übertragungswege[4] berücksichtigt werden.

§ 10 und § 13 (Abs. 1 Sätze 1, 2 und Abs. 2) TKV 1995 galten gem. § 45 gleichermaßen für „Pflichtleistungen" (§ 2 Nr. 3)[5]. 34

Wie nach der TKV 1991 galten für Monopol- und Pflichtleistungen allgemeine Bestimmungen über Rechnungserteilung, Fälligkeit, Einwen- 35

---
1 Gem. § 13 Abs. 1 Satz 3 konnte die DTAG Leistungsentgelte auch unter Beachtung von vom BMPT für genehmigungsfähig erklärten „Maßgrößen" – insbes. „Obergrenzen für den Durchschnitt der jeweiligen periodischen Änderungsraten" der Entgelte – bilden.
2 Dazu *Ossenbühl*, ArchPT 1996, 207, 217 f.
3 Vgl. § 2 Abs. 2 Nr. 1, 3 PTRegG; speziell für „Übertragungswege" (§ 2 Nr. 6) s. a. § 13 Abs. 5 Satz 2 TKV 1995.
4 Entgelte hierfür sollten ein einmaliges Anschlußentgelt sowie eine regelmäßige Miete in Form eines Pauschalsatzes umfassen (§ 13 Abs. 5 Satz 1 TKV 1995).
5 Gem. §§ 2 ff. TPflV; diese waren nach § 1 Abs. 1 Satz 2 TPflV durch die DBP TELEKOM/die DTAG „in der Fläche zu einheitlichen Leistungsentgelten nach dem Grundsatz der Tarifeinheit im Raum anzubieten".

dungen und Freiwerden von der Entgeltpflicht (§§ 15–18 TKV). Besondere (zusätzliche, s. § 30 TKV 1995) Vorschriften befaßten sich zum einen mit der Bereitstellung von Monopoldienstleistungen für den Mobilfunk: Gem. § 33 wurden hier Leistungsentgelte für Übertragungswege zwischen den „Lizenznehmern" (§ 2 Nr. 16) und der DTAG vereinbart und bedurften diese Vereinbarungen der Genehmigung nach § 4 PTRegG. Gleiches galt bei Leistungsentgelten für die Netzzusammenschaltung (§ 41 TKV 1995) sowie für die Nutzung des „Telefonnetzes" (§ 2 Nr. 13), es sei denn, diese erfolgte „für andere Zwecke als für die der Sprachkommunikation im Sinne des Telefondienstmonopols".

3.1.4 Überleitung vom PTRegG zum TKG

36 Das Inkrafttreten des Telekommunikationsgesetzes (TKG)[1] am 1. 8. 1996 (§ 100 Abs. 1 Satz 3) beließ dem PTRegG bis zum regulären Ende seiner Geltungsdauer einen beschränkten Anwendungsbereich, weil zum einen Vorschriften des Zehnten Teils des TKG erst zum 1. 10. 1997 bzw. zum 1. 1. 1998 (§ 100 Abs. 1 Sätze 1, 2) Rechtswirksamkeit erlangten, zum andern § 97 Abs. 2 TKG für das Angebot von Sprachtelefondienst (§ 3 Nr. 15) bis zum 31. 12. 1997 die Weitergeltung des PTRegG ausdrücklich anordnete, weil erst zu diesem Zeitpunkt die Liberalisierung auch dieses Bereichs erfolgen sollte (§ 100 Abs. 1 Satz 4 i. V. m. § 99 Abs. 1 Nr. 1 b] TKG)[2]. Diesbezüglich sah die **„Übergangsvorschrift"** des § 97 TKG in Abs. 3 auch vor, daß sich die Genehmigung der Entgelte der DTAG für das Angebot von Sprachtelefondienst durch die (nach § 4 Abs. 1 PTRegG) zuständige Behörde ausschließlich nach dem PTRegG richte – d. h. hierbei auch der Regulierungsrat (§§ 11 ff. PTRegG) und nicht der Beirat nach §§ 67 ff. TKG mitzuwirken habe – und daß hiernach vor dem 1. 1. 1998 an die DTAG ergangene „Vorgaben und Genehmigungen" bis längstens 31. 12. 2002 wirksam blieben, um dieser „ausreichende Planungssicherheit zu geben" und „um so ein sicheres investives Umfeld für den Börsengang des Unternehmens zu gewährleisten"[3]. Im übrigen legte § 98 Satz 1 TKG fest, daß die der Regulierungsbehörde nach dem TKG zugewiesenen (und nach dessen Vorgaben zu erfüllenden) Aufgaben bis Ende 1997 vom BMPT[4] wahrgenommen würden.

37 Bis zum Inkrafttreten einer neuen, auf § 41 TKG gestützten Rechtsverordnung galt gem. § 97 Abs. 4 TKG auch die TKV 1995 fort, allerdings nur, „soweit Vorschriften dieses Gesetzes nicht entgegenstehen". Im

---
1 Vom 25. 7. 1996, BGBl. I 1996, S. 1120.
2 Vgl. Beck TKG-Komm/*Schuster*, § 97 Rz. 3; *Simon*, ArchPT 1997, 70.
3 BR-Drucks. 80/96 v. 9. 2. 1996, S. 58; s. a. Beck TKG-Komm/*Schuster*, 1997, § 97 Rz. 4 f.
4 Vgl. Beck TKG-Komm/*Ehmer*, § 98 Rz. 1 f.

Bereich des Sprachtelefondienstes trat freilich die Telekommunikations-Entgeltregulierungsverordnung (TEntgV)[1] erst zum 1. Januar 1998 in Kraft (§ 10 Satz 1), d. h. gleichzeitig mit der neuen Telekommunikations-Kundenschutzverordnung (TKV 1997)[2], so daß bis dahin noch § 13 TKV als Maßstab heranzuziehen war[3].

3.2 Neukonzeption der Entgeltregulierung und der besonderen Mißbrauchsaufsicht im TKG

3.2.1 Ziele der Entgeltregulierung

3.2.1.1 Sicherstellung eines chancengleichen und funktionsfähigen Wettbewerbs

Die Begründung zum Entwurf eines TKG hielt bereits in ihrem Allgemeinen Teil fest, die „bestehenden wettbewerbsrechtlichen Bestimmungen des GWB" seien „für die Umwandlung eines traditionell monopolistisch geprägten Marktes unzureichend. Um potentiellen Wettbewerbern den Einstieg in den Markt tatsächlich zu ermöglichen, sind spezifische zusätzliche Regelungen erforderlich, die es der Regulierungsbehörde ermöglichen, marktbeherrschende Unternehmen in besonderer Weise zu regulieren. Dazu gehört auch die **Genehmigung von Tarifen marktbeherrschender Unternehmen in wesentlichen Dienstleistungsbereichen**"[4]; sie dient also dem Regulierungsziel der Sicherstellung eines „chancengleichen" und „funktionsfähigen" Wettbewerbs auf den Märkten der Telekommunikation[5]. 38

3.2.1.2 Wahrung der Interessen der Nutzer

Hernach wird die „Preisregulierung" aber auch deshalb als „zentrale Aufgabe der Regulierungsbehörde" bezeichnet, weil sie „in abgestufter Intensität" nach den Vorschriften des TKG „zum Schutze der Nutzer" erfolge. Mit diesem in § 2 Abs. 2 Nr. 1 TKG als einem „Hauptmotiv der Liberalisierung"[6] eigens hervorgehobenen Ziel wird das Vorgehen gegen die **„mißbräuchliche Ausnutzung einer marktbeherrschenden Stellung"** gerechtfertigt, was bei Telekommunikationsdienstleistungen, die bislang 39

---
1 Vom 1. 10. 1996 (BGBl. I 1996, S. 1492).
2 Vom 11. 12. 1997 (BGBl. I 1997, S. 2910); s. ebd., § 37.
3 Beck TKG-Komm/*Schuster*, 1997, § 97 Rz. 10.
4 BR-Drucks. 80/96 v. 9. 2. 1996, S. 34.
5 Vgl. Beck TKG-Komm/*Schuster*, § 2 Rz. 19 f.
6 So BR-Drucks. 80/96 v. 9. 2. 1996, S. 36; s. a. Beck TKG-Komm/*Schuster*, § 2 Rz. 5.

ausschließlich von der DTAG angeboten wurden – „Sprachtelefondienst" (§ 3 Nr. 15) und „Übertragungswege" (§ 3 Nr. 22) –, eine Genehmigung „vor Markteinführung" verlange[1]. In der Einzelbegründung zu § 24 TKG(-Entwurf) heißt es hierzu näher, an der „überragenden Marktstellung" der DTAG werde sich nach dem 1. 1. 1998 „nur allmählich etwas ändern". Erforderlich sei, „den dominanten Anbieter daran zu hindern, die Nachfrager auf Teilmärkten mit geringer Preiselastizität der Nachfrage durch hohe Preise auszubeuten, um auf anderen Teilmärkten durch systematische Preisunterbietung Wettbewerb zu beeinträchtigen". Im übrigen könne „eine Preisgenehmigung auch dann noch erforderlich sein, wenn neben der DTAG andere Unternehmen eine marktstarke Stellung errungen haben; es sei denn, zwischen diesen besteht wesentlicher Wettbewerb"[2]. Damit findet auch das Regulierungsziel des § 2 Abs. 2 Nr. 2 TKG ein weiteres Mal Beachtung[3].

3.2.2 Notwendigkeit einer sektorspezifischen Markt-Regulierung

40 „Als Ergänzung zum allgemeinen Wettbewerbsrecht" seien **„sektorspezifische Regelungen"** erforderlich, um das Ziel eines funktionsfähigen Wettbewerb auf dem Telekommunikationsmarkt zu erreichen, verlautet die Begründung des TKG-Entwurfs ebenfalls schon im Allgemeinen Teil[4].

41 Als „Zweck" dieser spezifischen Regelung stellt die Begründung des Gesetzesentwurfs auf die aus internationalen Erfahrungen gewonnene Erkenntnis ab, potentielle Anbieter von „Telekommunikationsdienstleistungen" (§ 3 Nr. 18 TKG) hätten „ohne besondere regulatorische Vorkehrungen keine Chance gegenüber dem dominanten Anbieter", d. h. (bis auf weiteres) der DTAG[5]. „In Erfüllung des verfassungsrechtlichen Auftrags, die Versorgung mit Telekommunikationsdienstleistungen im Wettbewerb sicherzustellen", bestehe „ein wesentliches Ziel der gesetzlichen Bestimmungen darin, die staatlichen Rahmenbedingungen in der Telekommunikation so zu gestalten, daß chancengleicher Wettbewerb durch die neu hinzutretenden Anbieter ermöglicht wird, sowie durch

---

1 Vgl. BR-Drucks. 80/96 v. 9. 2. 1996, S. 35.
2 BR-Drucks. 80/96 v. 9. 2. 1996, S. 43; vgl. auch *Holznagel/Bysikiewicz/Enaux/Nienhaus*, Grundzüge des Telekommunikationsrechts, 2000, S. 100; krit. *Schroeder*, WuW 1998, 14 ff.; *Immenga*, WuW 1999, 949 ff.
3 Vgl. Beck TKG-Komm/*Schuster*, § 2 Rz. 9 f., 12; ebenso BK 2 v. 5. 2. 1998, K&R 1998, 325, 327.
4 Vgl. BR-Drucks. 80/96 v. 9. 2. 1996, S. 34; *Becker*, K&R 1999, 112; prinzipiell auch *Hefekäuser*, in: Büchner, Post und Telekommunikation, 1999, S. 233, 246.
5 Vgl. BR-Drucks. 80/96 v. 9. 2. 1996, S. 33 f.

regulierende Eingriffe in das Marktverhalten beherrschender Unternehmen einen funktionsfähigen Wettbewerb zu fördern"[1].

Speziell zu § 2 Abs. 3 TKG heißt es dann: „Die Notwendigkeit der besonderen Regelung des Telekommunikationsbereichs ergibt sich aus der Historie, den über hundertjährigen Monopolen der Fernmeldeverwaltungen, die zunächst die Herstellung und Förderung des Wettbewerbs in diesem Bereich erfordert, bevor die allgemeinen Regelungen der Wettbewerbsaufsicht greifen können"[2]. 42

Die bereits in der Überschrift als solche gekennzeichnete „besondere" Mißbrauchsaufsicht ist mithin – so die Begründung – „eine spezialgesetzliche **Ergänzung zu dem allgemeinen Diskriminierungsverbot**, das in den §§ 22, 26 des Gesetzes gegen Wettbewerbsbeschränkungen (GWB)[3] verankert ist"[4]. Als Beispiel für Abweichungen von der Grundregel „interne Behandlung gleich externe Behandlung", deren Verletzung nach § 32 Abs. 2 Satz 2 TKG(-Entwurf) einen „gesetzlichen Mißbrauchsvermutungstatbestand" bilde, werden auch Rabattsysteme (Mengen-, Umsatzrabatte) genannt. Bei der Prüfung einer sachlichen Rechtfertigung seien dann „die Interessen der Beteiligten untereinander unter Beachtung der auf die Förderung eines funktionsfähigen Wettbewerbes und eines diskriminierungsfreien, offenen Netzzugangs gerichteten Zielsetzung dieses Paragraphen abzuwägen"[5]. 43

3.2.3 Verfassungsrechtlicher Rahmen

3.2.3.1 Entgeltregulierung

Da die „Regulierung" (§ 3 Nr. 13 TKG) von Entgelten ebenso wie andere staatliche Verhaltensregelungen „die Autonomie der betroffenen Unternehmen in nicht unerheblichem Umfang einschränkt und – gemessen am allgemeinen Wirtschaftsrecht – einen Ausnahmefall darstellen, bedarf sie der besonderen Rechtfertigung"[6]. Im Zusammenhang mit der Forderung nach einer Lizenz als „Marktzugangsvoraussetzung" hebt die Begründung des Gesetzesentwurfs zudem allgemein darauf ab, die „besonderen wettbewerbsrechtlichen Bestimmungen" des TKG berücksich- 44

---

1 BR-Drucks. 80/96 v. 9. 2. 1996, S. 34.
2 BR-Drucks. 80/96 v. 9. 2. 1996, S. 37.
3 In der Neufassung v. 26. 8. 1998 (BGBl. I 1998, S. 2546) entsprechen diese Bestimmungen im wesentlichen den §§ 19, 20 GWB (vgl. BR-Drucks. 852/97 v. 7. 11. 1997, S. 52, 53).
4 BR-Drucks. 80/96 v. 9. 2. 1996, S. 45.
5 Vgl. BR-Drucks. 80/96 v. 9. 2. 1996, S. 46; dazu Beck TKG-Komm/*Schuster*, § 2 Rz. 22 f.
6 BR-Drucks. 80/96 v. 9. 2. 1996, S. 43; ähnlich *Groß*, DöV 1996, 52, 58.

tigten „die verfassungsrechtlich garantierten Rechte der **Berufs- und Gewerbefreiheit**, wonach grundsätzlich jedermann berechtigt ist, Telekommunikationsdienstleistungen am Markt anzubieten"; diese Rechte würden „nur im unbedingt erforderlichen Umfang eingeschränkt"[1].

45 Die Regulierung von Entgelten und entgeltrelevanten AGB-Bestandteilen bezieht sich allerdings nicht direkt auf eine „berufliche" Tätigkeit i. S. v. Art. 12 Abs. 1 GG; im Unterschied zur Lizenz werden keine (subjektiven) Berufszulassungsbeschränkungen errichtet und auch keine bloßen Berufsausübungsregelungen (wie bei der Anzeigepflicht gem. § 4 Satz 1 TKG) normiert. Freilich kann sich eine (imperative) staatliche Einflußnahme auf die Preisgestaltung von in ihren Aktivitäten durch Art. 12 Abs. 1 GG geschützten Personen ähnlich wie eine Tätigkeitsbeschränkung auswirken. Im Bereich der Telekommunikation (und des Postwesens) eignet der Entgeltregulierung auch (nach der Zielsetzung des historischen Gesetzgebers wie nach objektivem Sinn und Zweck der Vorschriften) eine **berufsregelnde Tendenz**[2]; sie muß daher dem Grunde nach wie in ihrer konkreten Ausgestaltung den Anforderungen der Berufsfreiheit – und nicht nur der subsidiären allgemeinen Handlungsfreiheit (Art. 2 Abs. 1 GG) – genügen[3]. Daß mit diesem Eingriff ein legitimer Zweck verfolgt wird, wurde bereits dargelegt (Rz. 38 f.) und ergibt sich auch aus Art. 74 Abs. 1 Nr. 16 GG[4]; zugleich folgt daraus ein den Vorgaben des Art. 3 Abs. 1 GG genügender, sachlich hinreichender Grund für die Differenzierung zwischen marktmächtigen und anderen Unternehmen[5]. Auch unter dem Aspekt der Verhältnismäßigkeit sind keine durchgreifenden Bedenken ersichtlich[6], da selbst bei der gravierendsten Beschränkung, dem Genehmigungsvorbehalt, konkrete Versagungsgründe abschließend normiert sind und bei deren Fehlen ein Anspruch auf Genehmigung der beantragten Entgelte besteht (unten, Rz. 164).

46 Die „**Eigentums**"-Gewährleistung (Art. 14 GG) umfaßt jedenfalls auch die Nutzung aller privatrechtlichen vermögenswerten Rechte und Güter, die mit der Entscheidung, ob hierfür ein autonom bestimmtes Entgelt

---

1 BR-Drucks. 80/96 v. 9. 2. 1996, S. 34.
2 Vgl. *Ladeur*, K&R 1998, 479, 480 f., unter Hinweis auf § 3 Nr. 13 TKG.
3 Im Ergebnis wie hier BVerfG v. 30. 3. 1993 – 1 BvR 1045/89, 1381/90, 1 BvL 11/90, BVerfGE 88, 145, 159; *Großkopf*, Die Vertragsfreiheit nicht-marktbeherrschender Unternehmen bei der Netzzusammenschaltung, 1999, S. 110 f.
4 Vgl. (für § 39 TKG) *Großkopf*, Die Vertragsfreiheit nicht-marktbeherrschender Unternehmen bei der Netzzusammenschaltung, 1999, S. 111 f.
5 Vgl. schon BVerfG v. 12. 11. 1958 – 2 BvL 4, 26, 40/56, 1, 7/57, BVerfGE 8, 274, 329 f.; *Gramlich*, CR 1997, 65, 71.
6 Vgl. (für § 39 TKG) *Großkopf*, Die Vertragsfreiheit nicht-marktbeherrschender Unternehmen bei der Netzzusammenschaltung, 1999, S. 112 ff.

erhoben werden soll, untrennbar verbunden ist[1]. Bei der Geltendmachung dieses Anspruchs wird der Eigentümer durch vorherige wie durch nachträgliche Entgeltregulierung behindert. Jedoch werden Umsatz- und Gewinnchancen (aus der Realisierung von Entgeltforderungen) durch Art. 14 Abs. 1 GG nicht geschützt[2]. Im übrigen handelte es sich bei der Entgeltregulierung um eine die Sozialbindung konkretisierende Schrankenbestimmung, die aus denselben Gründen wie bei der Berufsfreiheit verfassungsgemäß ist[3].

3.2.3.2 Besondere Mißbrauchsaufsicht

Die der Regulierungsbehörde in § 33 Abs. 2 (und Abs. 3) – sowie in §§ 34 Abs. 1, 38 Abs. 2 – TKG eingeräumten Befugnisse gegenüber (marktbeherrschenden) Anbietern von Telekommunikationsdienstleistungen gestatten ebenfalls Eingriffe in unternehmerische Freiheiten, sie ermöglichen sogar eine direkte **rechtsverbindliche Verhaltenssteuerung**. Daher ähneln die grundrechtlichen Probleme denen bei der Entgeltregulierung, auch wenn es sich – anders als dort (Rz. 45) – um unmittelbare Beschränkungen der beruflichen Tätigkeit bzw. der Eigentumsnutzung handelt. Denn die der Behörde gestatteten Eingriffe dienen wieder einem legitimen Zweck (Rz. 38 f.), sind geeignet und erforderlich, diesen zu erreichen, und für die betroffenen Unternehmen nicht zuletzt auch deshalb zumutbar, weil der Einsatz der Handlungsinstrumente im pflichtgemäßen Ermessen der Behörde steht (unten, Rz. 195) und damit übermäßige Belastungen vermieden werden können[4].

47

---

1 Vgl. BVerfG v. 9. 1. 1991 – 1 BvR 929/89, BVerfGE 83, 201, 209; v. 26. 5. 1993 – 1 BvR 208/93, BVerfGE 89, 1, 6; *Großkopf*, Die Vertragsfreiheit nicht-marktbeherrschender Unternehmen bei der Netzzusammenschaltung, 1999, S. 117.
2 Vgl. BVerfG v. 31. 10. 1984 – 1 BvR 35, 356, 794/82, BVerfGE 68, 193, 222 f.
3 Vgl. *Großkopf*, Die Vertragsfreiheit nicht-marktbeherrschender Unternehmen bei der Netzzusammenschaltung, 1999, S. 117 ff.; *Fuhr/Kerkhoff*, MMR 1998, 6, 11; BVerfG v. 12. 11. 1958 – 2 BvL 4, 26, 40/56, 1, 7/57, BVerfGE 8, 274, 330; v. 4. 12. 1985 – 1 BvL 23/84, 1/85, 1 BvR 439, 652/84, BVerfGE 71, 230, 247; v. 23. 9. 1992 – 1 BvL 15/85, 36/87, BVerfGE 87, 114, 146; lediglich angedeutet in BK 2 v. 5. 2. 1998, K&R 1998, 325, 327.
4 Vgl. VG Köln v. 5. 11. 1998 – 1 K 5929/97, K&R 1999, 91, 95 f.; zu allgemein *Engel/Knieps*, Die Vorschriften des Telekommunikationsgesetzes über den Zugang zu wesentlichen Leistungen, 1998, S. 46; nur auf die Leistungsverpflichtung bezogen *Stern/Dietlein*, ArchPT 1998, 309, 317 ff. und RTKom 1999, 2 ff.

3.3 Einbettung der Entgeltregulierung und der Mißbrauchsaufsicht in internationale und europäische Regelungen

3.3.1 Völkervertragsrecht

3.3.1.1 ITU

48 Gemäß Art. 33 (Satz 2) der Konstitution der *I(nternational) T(elecommunications) U(nion)* 1994[1] sind die „Dienstleistungen, die Gebühren und die Gewährleistung ... in den einzelnen Verkehrsarten" des „internationalen Dienstes für den öffentlichen Nachrichtenaustausch[2] ... für alle Benutzer gleich, ohne irgendwelchen Vorrang oder Vorzug".

49 Im Rahmen der Bestimmungen der Konstitution – und der Konvention[3] – ist eine weltweite Konferenz für internationale Fernmeldedienste (Art. 7 lit. c]) befugt, die geltende „Vollzugsordnung" für diese Dienste teilweise, im Ausnahmefall auch vollständig zu revidieren (Art. 25 der ITU-Konstitution 1994). Diese für alle ITU-Mitglieder verbindlichen *International Telecommunications Regulations* (Art. 4 Abs. 3) stecken zusammen mit einigen Empfehlungen (D.140, D.150, D.155)[4] den Rahmen ab, innerhalb dessen herkömmlicherweise *„accounting rates"*[5] – aber auch nur diese – vereinbart werden[6].

50 Bereits die geltende Regelung (der WATTC-88) erklärt zwar die Höhe der Sätze für „internationale Fernmeldedienste" (Art. 2.2.) zu einer Angelegenheit der einzelnen (Mitglied-)Staaten (Art. 6.1.1.), verweist jedoch

---

1 Vom 22. 12. 1992 i. d. F. der Änderung v. 14. 9. 1994, BGBl. II 1996, S. 1308. S. nunmehr die Änderungsurkunden v. 6. 11. 1998, BGBl. II 2001, S. 367.
2 Nach der Definition in der Anlage (Nr. 1004) fällt darunter jeder „Fernmeldeverkehr" – d. h. „jede Übermittlung, jede Aussendung oder jeder Empfang von Zeichen, Signalen, Schriftzeichen, Bildern, Lauten oder Nachrichten jeder Art über Draht, Funk, optische oder andere elektromagnetische Systeme" (Nr. 1012) –, „den die Ämter und Dienststellen aufgrund der Tatsache, daß sie der Öffentlichkeit zur Verfügung stehen, zur Übermittlung annehmen müssen".
3 Vgl. dazu Denkschrift der Bundesregierung zum Vertragsgesetz, BT-Drucks. 13/3810, S. 149, 150; zum Verhältnis der Regelungen zueinander s. Art. 4 Abs. 4 ITU-Konstitution; ferner *Noll*, MMR 1998, 465 ff.
4 *Charging and Accounting in International Telecommunication Services – Accounting Rate Principles for International Telephone Services* (1992, rev. 1998); *New System for Accounting in International Telephony* (1968, zuletzt rev. 1996); *Guiding Principles Governing the Apportionment of Accounting Rates in International Telephone Relations* (1984, zuletzt rev. 1996).
5 Gem. Art. 2.8. der Vollzugsordnung sind dies Sätze, die zwischen Fernmeldeverwaltungen oder anerkannten privaten Betriebsorganisationen für eine bestimmte Verbindung vereinbart und für die internationale Abrechnung verwendet werden.
6 Vgl. *Strivens/Bratby*, in: Scherer (ed.), Telecommunication Laws in Europe, 4. Aufl. 1998, 24.49, 24.53.

nicht nur auf „allgemeine Vorgaben" (im Anhang 1) und Empfehlungen (Rz. 49), sondern auch auf die Berücksichtigung von **„relevant cost trends"** (Art. 6.2.1.). Seit einigen Jahren bemüht sich eine *„study group"* (bislang wenig erfolgreich) um vermehrte Einbeziehung dieses Aspekts[1].

3.3.1.2 WTO/GATS

Im Februar 1997 mündeten mehrjährige Verhandlungen im Rahmen der Welthandelsorganisation[2] in das Vierte Protokoll zum Allgemeinen Übereinkommen über den Handel mit Dienstleistungen **(G[eneral] A[greement on] T[rade in] S[ervices])**[3]. Dieser zwischen einer Vielzahl der WTO-Vertragsparteien geschlossene Vertrag enthält u. a. in einem Referenzpapier „Begriffsbestimmungen und Grundsätze zum ordnungspolitischen Rahmen für die **Basistelekommunikationsdienstleistungen"** als „zusätzliche Verpflichtungen" (Art. XVIII GATS[4]) der Europäischen Gemeinschaften und ihrer Mitgliedstaaten[5] „hinsichtlich des Marktzugangs". „Regeln zum Schutz des Wettbewerbs" umfassen zum einen die „Verhinderung wettbewerbswidriger Praktiken in der Telekommunikation" (Ziff. 1.1.). Insoweit sollen geeignete Maßnahmen beibehalten werden, um zu verhindern, daß Anbieter, die allein oder gemeinsam ein „Hauptanbieter"[6] sind, wettbewerbswidrige Praktiken aufnehmen oder weiter verfolgen, wozu nach Ziff. 1.2. (lit. a]) die „Aufnahme wettbewerbswidriger Quersubventionierung" zählt. Etwas eingehender behan-

51

---

1 Vgl. *Strivens/Bratby*, in: Scherer (ed.), Telecommunication Laws in Europe, 4. Aufl. 1998, 24.76-24.79; *Noll*, MMR 1998, 597 ff.
2 Vgl. Ministerbeschluß und Anlage zu Verhandlungen über Basistelekommunikation, BGBl. I 1994, S. 1673 bzw. 1666; dazu *Barth*, ArchPT 1997, 112, 114; *Moritz*, MMR 1998, 393 ff.; *Senti*, Aussenwirtschaft 56 (2001), 43, 52 f.
3 Vom 15. 5. 1997, BGBl. II 1997, S. 1991.
4 Vom 15. 4. 1994, BGBl. II 1994, S. 1643.
5 Daher ist einerseits ein deutsches Zustimmungsgesetz v. 20. 11. 1997, BGBl. II 1997, S. 1990, ergangen, andererseits ein Ratsbeschluß 97/838/EG v. 28. 11. 1997 „über die Genehmigung der Ergebnisse der WTO-Verhandlungen über Basistelekommunikationsdienste im Namen der Europäischen Gemeinschaft für die in ihre Zuständigkeit fallenden Bereiche" (ABl. EG Nr. L 347 S. 45, v. 18. 12. 1997).
6 *Major supplier* wird definiert als „Anbieter, der die Bedingungen für eine Beteiligung an dem entsprechenden Markt für Basistelekommunikationsdienstleistungen (hinsichtlich des Preises und der Erbringung) wesentlich beeinflussen kann, und zwar durch a) Kontrolle der wesentlichen Einrichtungen oder b) Nutzung seiner Marktstellung". „Wesentlich" sind „Einrichtungen eines öffentlichen Telekommunikationsnetzes und -dienstes, a) die ausschließlich oder überwiegend von einem einzigen Anbieter oder einer begrenzten Anzahl von Anbietern von Dienstleistungen bereitgestellt werden, und b) die zur Erbringung einer Dienstleistung weder wirtschaftlich noch technisch durchführbar ersetzt werden können" (*essential facilities*).

delt Ziff. 2 die „Zusammenschaltung" mit Anbietern, „die öffentliche Telekommunikationsnetze oder -dienste[1] bereitstellen, um den Nutzern[2] eines Anbieters die Kommunikation mit Nutzern eines anderen Anbieters zu ermöglichen und Zugang zu Dienstleistungen zu erhalten, die von einem anderen Anbieter bereitgestellt werden". Die „im Rahmen des zulässigen Marktzugangs . . . mit einem Hauptanbieter an jedem technisch durchführbaren Punkt" sicherzustellende Zusammenschaltung muß gem. Ziff. 2.2. erfolgen „zu nichtdiskriminierenden Bedingungen (einschließlich technischer Normen und Spezifikationen) und Entgelten sowie in einer Qualität, die nicht schlechter ist als diejenige, die er für eigene gleiche Dienstleistungen oder für gleiche Dienstleistungen nichtverbundener Anbieter von Dienstleistungen oder seinen Tochterunternehmen oder sonstigen verbundenen Unternehmen gewährt" (lit. a)[3], ferner „rechtzeitig zu Bedingungen . . . und kostenorientierten Entgelten, die transparent, angemessen, wirtschaftlich realistisch und ausreichend entbündelt sind, so daß der Anbieter nicht für Netzelemente oder -einrichtungen zu zahlen braucht, die er für die zu erbringende Dienstleistung nicht benötigt" (lit. b), und schließlich „auf Ersuchen zusätzlich an anderen Punkten als den Netzabschlußpunkten, die dem überwiegenden Teil der Nutzer angeboten werden, zu Entgelten, die die Bereitstellungskosten für die notwendigen zusätzlichen Einrichtungen widerspiegeln" (lit. c).

52 In einer Fußnote (6) wird ergänzend festgehalten, „Anbieter von Dienstleistungen oder Netzen, die der Öffentlichkeit nicht allgemein zugänglich sind, wie geschlossene Benutzergruppen", stünde ein Anspruch auf Zusammenschaltung mit dem öffentlichen Telefonnetz oder -diensten „zu nichtdiskriminierenden, transparenten und kostenorientierten Bedingungen und Entgelten" zu; diese könnten sich jedoch von den Bedingungen und Entgelten unterscheiden, die für die Zusammenschaltung zwischen öffentlichen Telekommunikationsnetzen oder -diensten gelten[4].

---

1 Vgl. die Definition in Ziff. 3 lit. b), c) der Anlage (zum GATS) zur Telekommunikation, BGBl. II 1994, S. 1664.
2 Den Begriffsbestimmungen zufolge werden hiervon Verbraucher und Anbieter von Dienstleistungen umfaßt.
3 In Fn. 7 wird noch darauf hingewiesen, in der Gemeinschaft könnten für Betreiber „in unterschiedlichen Marktsegmenten unterschiedliche Bedingungen und Entgelte auf der Grundlage nichtdiskriminierender und transparenter nationaler Lizenzierungsbestimmungen festgelegt werden, soweit diese Unterschiede sachlich gerechtfertigt werden können, weil diese Dienstleistungen nicht als ‚gleiche Dienstleistungen' gelten". Hier wird insbesondere auf die Zusammenschaltungsrichtlinie Bezug genommen (unten, Rz. 65 ff.).
4 Vgl. zum Referenzpapier *Barth*, ArchPT 1997, 112, 115; *Strivens/Bratby*, in: Scherer (ed.), Telecommunication Laws in Europe, 4. Aufl. 1998, 24.13-24.17;

3.3.1.3 Verhältnis beider Regelungen

In der Bundesrepublik gelten sowohl ITU- als auch WTO-Vorschriften auf Grund und mit dem Rang des jeweiligen Vertragsgesetzes (gem. Art. 59 Abs. 2 Satz 1 GG). Soweit (im Verhältnis zu Parteien der einen wie der anderen vertraglichen Regelungen) inhaltliche Überschneidungen oder gar Kollisionen auftreten (würden), ist die je speziellere Regelung anwendbar. Dies gilt auch für die Vollzugsordnungen (oben, Rz. 49), unbeschadet dessen, daß sie – auf der Grundlage von Art. 2 des Vertragsgesetzes – innerstaatlich durch Rechtsverordnung (Art. 80 GG) in Kraft gesetzt werden.

53

3.3.2 Europäisches Gemeinschaftsrecht

3.3.2.1 ONP-Rechtsakte

Das von der EG-Kommission im Juni 1987 dem Rat vorlegte „**Grünbuch** über die Entwicklung des gemeinsame Marktes für Telekommunikationsdienstleistungen und Telekommunikationsendgeräte"[1] bekundete die Absicht, sowohl die „unternehmerischen (kommerziellen) Tätigkeiten der Fernmeldeverwaltungen" als auch das Verhalten privater Anbieter in den neu für den Wettbewerb geöffneten Bereichen kontinuierlich am Maßstab des europäischen Wettbewerbsrechts zu überprüfen. Insbesondere solle die Quersubventionierung von Tätigkeiten auf den für Wettbewerb offenen Sektoren überwacht werden. Eine zu verabschiedende *O(pen)Network)P(rovision)*-Richtlinie solle u. a. allgemeine Gebührengrundsätze „für den Zugang von grenzüberschreitenden Diensten zu den Fernmeldenetzen" und über eine „Entbündelung" (*unbundling*) der Tarife für bloße Trägerdienste und für darüber hinausgehende „Mehrwert"-Dienstleistungsmerkmale enthalten. Schließlich wurden als mit Art. 86 E(W)GV a. F. unvereinbare Verhaltensweisen von Fernmeldeverwaltungen auch die Fälle aufgeführt, daß konkurrierende Diensteanbieter diskriminierenden Tarifregelungen unterworfen werden oder das eigene Dienstangebot in Marktverdrängungsabsicht quersubventioniert wird.

54

Gestützt auf die Kompetenz zur Rechtsangleichung im Hinblick auf die Errichtung und das Funktionieren des Binnenmarktes (Art. 100a E[W]GV a. F.; Art. 95 EGV) erließ der EG-Rat dann im Juni 1990 die

55

Holznagel/Bysikiewicz/Enaux/Nienhaus, Grundzüge des Telekommunikationsrechts, 2000, S. 207; *Scherer*, CR 2000, 35, 39; *Senti*, Aussenwirtschaft 56 (2001), 43, 54 f.

1 KOM (87) 290 endg. v. 30. 6. 1987; vgl. *Scherer*, CR 1987, 743 ff.; *Schulte-Braucks*, CR 1990, 672 ff.

ONP-Rahmenrichtlinie[1]; Art. 2 Nr. 10 zufolge konnten die „harmonisierten Bedingungen, die den offenen und effizienten Zugang zu öffentlichen Telekommunikationsnetzen[2] und ggf. zu öffentlichen Telekommunikationsdiensten[3] sowie deren effiziente Benutzung betreffen", auch „Tarifgrundsätze" umfassen. Einen „Referenzrahmen" für von der Kommission zu erstellende Vorschläge (Art. 4 Abs. 4 d]) für spätere Einzel-Richtlinien (Art. 6) legte Anhang 2 fest. Auch für „Tarifgrundsätze" galt demgemäß (nach Ziff. 4 des Anhangs) Art. 3 Abs. 1 der Rahmenrichtlinie, d. h. diese mußten „auf objektiven Kriterien beruhen", „transparent sein und in geeigneter Form veröffentlicht werden" sowie „gleichen Zugang gewährleisten" und „in Übereinstimmung mit dem Gemeinschaftsrecht Diskriminierung ausschließen". Insbesondere bei den „ausschließlichen oder besonderen Rechten"[4] unterliegenden Diensten müssen Tarife also „grundsätzlich an den Kosten orientiert sein". Damit die Benutzer „die Auswahl zwischen verschiedenen Dienstelementen haben und sofern die eingesetzte Technologie dies erlaubt", müssen Tarife „im Einklang mit den Wettbewerbsvorschriften des (EG-)Vertrags entflochten sein". Bei allen Tarifen „für den Zugang zu Netzressourcen oder -diensten" muß auch „der Grundsatz der gerechten Aufteilung der Gesamtkosten für die benutzten Ressourcen und das Erfordernis einer angemessenen Rendite der getätigten Investitionen berücksichtigt werden". Schließlich können „zur Berücksichtigung insbesondere von Überlastungen in Hauptverkehrszeiten und von unzureichender Auslastung in Nebenzeiten ... unterschiedliche Tarife bestehen, sofern die Tarifunterschiede wirtschaftlich gerechtfertigt" und mit den allgemeinen Grundsätzen vereinbar seien.

56 Die **Mietleitungs-Richtlinie**[5] verpflichtete die EG-Mitgliedstaaten in Art. 10 dazu sicherzustellen, daß die Tarife für „Mietleitungen" (Art. 2 Abs. 2 tir. 1) den „Grundsätzen der Kostenorientierung und Transparenz" folgten, ferner „unabhängig vom Typ der Anwendung" festgelegt würden, die der „Benutzer" (Art. 2 Abs. 2 tir. 3) der Mietleitung vor-

---

1 Richtlinie 90/387/EWG; vgl. *Amory*, EuZW 1992, 75, 82 f.; *Holznagel/Bysikiewicz/Enaux/Nienhaus*, Grundzüge des Telekommunikationsrechts, 2000, S. 227 f.; *Scherer/Bartsch*, in: Scherer (ed.), Telecommunication Laws in Europe, 4. Aufl. 1998, 1.134.
2 Definition in Art. 2 Nr. 3 der Richtlinie.
3 In Art. 2 Nr. 4 der Richtlinie definiert.
4 Definition in Art. 2 Nr. 2 der Richtlinie.
5 Richtlinie 92/44/EWG des Rates v. 5. 6. 1992 zur Einführung des offenen Netzzugangs bei Mietleitungen, ABl. EG Nr. L 165 S. 27, v. 19. 6. 1992; vgl. *Holznagel/Bysikiewicz/Enaux/Nienhaus*, Grundzüge des Telekommunikationsrechts, 2000, S. 228 f.; *Scherer/Bartsch*, in: Scherer (ed.), Telecommunication Laws in Europe, 4. Aufl. 1998, 1.136, 1.140.

sieht, sowie in der Regel eine einmalige Anschlußgebühr und eine regelmäßige Miete in der Form eines Pauschalsatzes (*flat-rate*) umfassen sollten; andere Tarifelemente müßten ebenfalls „transparent sein und auf objektiven Kriterien basieren" (Abs. 1). Bis Ende 1993 hatten die Mitgliedstaaten überdies sicherzustellen, daß ihre „Telekommunikationsorganisationen" (Art. 2 Abs. 1[1]) zur Umsetzung der Tarifgrundsätze geeignete Kostenrechnungssysteme einführten, für die Art. 10 Abs. 2 einige Bestandteile (betr. direkte Kosten, gemeinsame Kosten und deren Umlegung) vorgab.

Nach Erwägungsgrund 28 der **Sprachtelefondienst-Richtlinie**[2] sollten im Einklang mit der ONP-Rahmenrichtlinie für die Nutzung des „festen öffentlichen Telefonnetzes" (Art. 2 Abs. 2 tir. 1) und des „Sprachtelefondienstes"[3] (Art. 12 Abs. 1) „gemeinschaftsweit gemeinsame, effiziente Tarifgrundsätze, die auf objektiven Kriterien und dem Grundsatz der Kostenorientierung beruhen, angewendet werden". Die Anwendung dieses Prinzips solle aber auch „dem Ziel des universellen Dienstes Rechnung tragen"; darauf bezieht sich Art. 12 Abs. 2. In den Begründungserwägungen 29 und 30 wird festgehalten, für die Kontrolle der Tarife sollten die „nationalen Regulierungsbehörden" (Art. 2 Abs. 2 tir. 3) zuständig sein. „Die Tarifstrukturen sollten der technologischen Entwicklung und der Nachfrage der Benutzer[4] angepaßt werden". Kostenorientierung der Dienste bedeute, „daß die Telekommunikationsorganisationen innerhalb einer angemessenen Frist transparente Kostenrechnungssysteme einführen sollten, die eine möglichst genaue Aufteilung der Kosten auf Dienste gestatten. Dies kann beispielsweise durch die Anwendung des Grundsatzes der Vollkostenrechnung erfolgen". Im Rahmen des Kostenorientierungsprinzips sei „unter Kontrolle der nationalen Regulierungsbehörde" freilich „eine gewisse Flexibilität erforderlich, um Rabattsysteme für bestimmte Zwecke oder aus sozialen Gründen wünschenswerte Tarife für bestimmte Zielgruppen, für bestimmte Arten

57

---

1 Dort wird auf die ONP-Rahmenrichtlinie Bezug genommen, die in Art. 2 Nr. 1 zu „Fernmeldeorganisationen" alle „staatlichen oder privaten Einrichtungen" zählt, „denen ein Mitgliedstaat besondere oder ausschließliche Rechte zur Bereitstellung von öffentlichen Telekommunikationsnetzen und ggf. zur Erbringung von öffentlichen Telekommunikationsdiensten gewährt". Zur Auslegung dieses Begriffs vgl. auch EuGH v. 12. 12. 1996 – Rs. C-302/94, EuZW 1997, 252, 256, Tz. 57.
2 Richtlinie 95/62/EG des Europäischen Parlaments und des Rates v. 13. 12. 1995 zur Einführung des offenen Netzzugangs (ONP) beim Sprachtelefondienst, ABlEG Nr. L 321 S. 6, v. 30. 12. 1995; vgl. *Holznagel/Bysikiewicz/Enaux/Nienhaus*, Grundzüge des Telekommunikationsrechts, 2000, S. 229 f.
3 Art. 2 Abs. 1 verweist insoweit auf die Definition in Art. 2 Nr. 7 der Rahmenrichtlinie.
4 Definiert in Art. 2 Abs. 2 Nr. 2 der Richtlinie 95/62/EG.

von Anrufen oder für Anrufe zu bestimmten Tageszeiten zu ermöglichen". Solche (durch Art. 14 ermöglichten) Rabattsysteme müßten den „Wettbewerbsregeln" des EG-Vertrags und „insbesondere dem allgemeinen Grundsatz entsprechen, daß der Abschluß von Verträgen nicht von der Annahme zusätzlicher Leistungen abhängig gemacht werden darf, die nicht in Beziehung zum Vertragsgegenstand stehen" (so explizit Art. 12 Abs. 4); auch dürften sie „die Bereitstellung von Diensten, die unter besonderen oder ausschließlichen Rechten erbracht werden, nicht mit Wettbewerbsdiensten koppeln".

58 Gem. Art. 12 Abs. 3 sind auch hier die Tarife für den Zugang zum festen öffentlichen Telefonnetz und für dessen Nutzung „unabhängig vom Typ der Anwendung, die der Benutzer vorsieht", festzulegen, „soweit dafür nicht unterschiedliche Dienste oder Leistungsmerkmale erforderlich sind". Art. 12 Abs. 5 nennt einzeln aufzuführende (Regel-)Bestandteile von Tarifen, nämlich „eine einmalige Gebühr für den Anschluß an das feste öffentliche Telefonnetz und eine Grundgebühr für den Sprachtelefondienst, eine regelmäßige Mietgebühr, die sich nach der Art der vom Benutzer gewählten Dienste bzw. Leistungsmerkmale richtet" sowie „nutzungsabhängige Gebühren, die sich u. a. nach Spitzenverkehrszeiten und verkehrsschwachen Zeiten richten können".

59 Bis Ende 1996 hatten gem. Art. 13 Abs. 1 die jeweiligen Telekommunikationsorganisationen ein zur Umsetzung des Art. 12 geeignetes Kostenrechnungssystem einzuführen, dessen Einhaltung von einer von diesen Unternehmen unabhängigen Stelle zu überprüfen war.

60 Vorbehaltlich eines anderen, von der nationalen Regulierungsbehörde gebilligten Systems umfaßt ein geeignetes Kostenrechnungssystem gem. Art. 13 Abs. 3 (wie bereits die Mietleitungs-Richtlinie in Art. 10 Abs. 2) als Elemente:
– direkte Kosten, „die den Telekommunikationsorganisationen durch den Aufbau, den Betrieb und die Wartung des Sprachtelefondienstes sowie durch d(essen) Vermarktung und Abrechnung" entstehen,
– gemeinsame Kosten, „die sich weder unmittelbar dem Sprachtelefondienst noch anderen Aktivitäten zuordnen lassen".

61 Bei letzteren sind gemeinsame Kostenkategorien „möglichst aufgrund einer direkten Analyse des Kostenursprungs" umzulegen, ansonsten aufgrund einer auf vergleichbare Kostenstrukturen gestützten „indirekten Verknüpfung" mit einer anderen (Gruppe von) Kostenkategorie(n), für die eine direkte Zuordnung oder Aufschlüsselung möglich ist. Kommt auch diese zweite Variante nicht in Betracht, ist die Kostenkategorie aufgrund eines allgemeinen Schlüssels umzulegen; dieser „wird errechnet aus dem Verhältnis zwischen allen direkt oder indirekt umgelegten

Ausgaben für den Sprachtelefondienst einer- und für sonstige Dienste andererseits".

Nach Art. 13 Abs. 4 werden „detaillierte Kostenrechnungsinformationen" der Regulierungsbehörde „auf Anforderung und vertraulich" mitgeteilt. 62

Art. 13 Abs. 5 schließlich forderte von den Telekommunikationsorganisationen „gemäß den innerstaatlichen Rechtsvorschriften" die Erstellung und Veröffentlichung eines zu prüfenden Rechnungsabschlusses. 63

Eine Regelung speziell für Zusammenschaltungsvereinbarungen trifft Art. 11 Abs. 4: Sind in diesen spezifische Bestimmungen über Vergütungen an die Telekommunikationsorganisationen für Fälle enthalten, „in denen für die jeweiligen Parteien unterschiedliche Betriebsbedingungen (z. B. Preiskontrollen oder Universaldienstverpflichtungen) gelten, dann müssen die in diesen Bestimmungen vorgesehenen Vergütungen kostenorientiert, nichtdiskriminierend und hinreichend begründet sein"; auch dürfen sie nur „mit Zustimmung der nationalen Regulierungsbehörde und im Einklang mit dem Gemeinschaftsrecht erhoben werden". 64

„Grundsätze für Zusammenschaltungsentgelte und Kostenrechnungssysteme" für Organisationen mit „beträchtlicher Marktmacht" (Art. 4 Abs. 3), die „feste öffentliche Telefonnetze" (Anhang I, Abschn. 1 i. V. m. Art. 2 Abs. 1 lit. b], c]), „Mietleitungsdienste" (Anhang I, Abschn. 2) und/oder für die Öffentlichkeit zugängliche „Telekommunikationsdienste" (Art. 2 Abs. 1 lit. d]) betreiben, behandelt auch Art. 7 der **Zusammenschaltungsrichtlinie**[1]. Art. 7 Abs. 2, der auch für marktmächtige Betreiber „öffentlicher mobiler Telefonnetze oder -dienste" (Anhang I, Abschn. 3) gilt, unterwirft Entgelte für eine „Zusammenschaltung" (Art. 2 Abs. 1 lit. a])[2] ebenfalls den allgemeinen „Grundsätzen der Transparenz und Kostenorientierung". Das Unternehmen, das die Zusammenschaltung mit seinen Einrichtungen bereitstellt, trägt die Beweislast dafür, „daß sich Entgelte aus den tatsächlichen Kosten einschließlich einer vertretbaren Investitionsrendite herleiten". Auch kann eine nationale Regulierungsbehörde zu einer vollständigen Begründung der Entgelte auffordern und ggf. deren Anpassung verlangen. 65

---

1 Richtlinie 97/33/EG des Europäischen Parlaments und des Rates v. 30. 6. 1997 über die Zusammenschaltung in der Telekommunikation im Hinblick auf die Sicherstellung eines Universaldienstes und der Interoperabilität durch Anwendung der Grundsätze für einen offenen Netzzugang (ONP), ABl. EG Nr. L 199 S. 32, v. 26. 7. 1997; vgl. *Holznagel/Bysikiewicz/Enaux/Nienhaus*, Grundzüge des Telekommunikationsrechts, 2000, S. 231 f.
2 D. h. nach Anhang IV „die von zusammengeschalteten Parteien tatsächlich zu entrichtenden Entgelte".

66 Gem. Art. 7 Abs. 3 hat die Regulierungsbehörde ferner sicherzustellen, daß ein „Standardzusammenschaltungsangebot" veröffentlicht wird, mit einer „Beschreibung der Zusammenschaltungsangebote, aufgegliedert in Einzelelemente entsprechend den Markterfordernissen", sowie den „entsprechenden Geschäftsbedingungen einschließlich der Tarife"; sie kann auch Änderungen des Standardangebots anordnen. Unterschiedliche Zusammenschaltungstarife und -bedingungen sind zulässig, „sofern sich dies aus der Art der Zusammenschaltung und/oder der relevanten nationalen Lizenzierungsbedingungen objektiv rechtfertigen läßt", sie dürfen aber nicht zu Wettbewerbsverzerrungen führen und müssen sowohl für eigene Dienste als auch für Dienste von Tochtergesellschaften oder Partnern korrekt angewendet werden. Beispiele für eine „Tarifstruktur" und für „Tarifelemente" listet Anhang IV auf. Danach ist es auch zulässig, daß Zusammenschaltungsentgelte „nach dem Grundsatz der Verhältnismäßigkeit einen angemessenen Anteil an gemeinsamen Kosten, Gemeinkosten und an den Kosten beinhalten, die durch die Gewährung eines gleichwertigen Zugangs und der Übertragbarkeit von Nummern sowie die Erfüllung grundlegender Anforderungen"[1] entstehen[2].

67 Zusammenschaltungsentgelte müssen des weiteren gem. Art. 7 Abs. 4 „im Einklang mit dem Gemeinschaftsrecht hinreichend aufgegliedert sein, damit der Antragsteller nicht für Leistungen zahlen muß, die mit der gewünschten Dienstleistung nicht direkt in Zusammenhang stehen". Soweit Entgelte im Zusammenhang mit der Aufteilung der Kosten von Universaldienstverpflichtungen (Art. 5 Abs. 3–5) erhoben werden, sind diese nach Art. 7 Abs. 6 „aufzugliedern und gesondert auszuweisen".

68 Schließlich hat die Kommission nach dem Verfahren des Art. 15, d. h. in Zusammenarbeit mit dem ONP-Ausschuß, Empfehlungen für die Kostenrechnungssysteme und die Transparenz der Kostenrechnung im Bereich der Zusammenschaltung zu erstellen (Art. 7 Abs. 5); Anhang V führt beispielhaft einige Bestandteile solcher Systeme auf, nämlich „Angaben, welcher Kostenstandard verwendet wurde", „Kostenelemente, die im Zusammenschaltungstarif eingeschlossen sind", einschließlich eines Gewinnelements, „Grad und Verfahren der Kostenzurechnung, insbesondere Behandlung von gemeinsamen Kosten und Gemeinkosten", schließlich „Buchführungsvereinbarungen" (Rz. 77). Insoweit muß eine „hinreichend genaue" Dokumentierung durch die Unterneh-

---

[1] Gem. 2 Abs. 2 der Richtlinie 95/62/EG gilt hierfür die allgemeine Definition des Art. 2 Nr. 6 (bzw. Art. 3 Abs. 2) der Rahmenrichtlinie nach Maßgabe von Art. 10.

[2] Nur auf den (erläuternden) Erwägungsgrund 10 stellen *Engel/Knieps*, Die Vorschriften des Telekommunikationsgesetzes über den Zugang zu wesentlichen Leistungen, 1998, S. 54 f., ab.

men erfolgen; auch haben die nationalen Regulierungsbehörden sicherzustellen, daß „auf Anfrage eine Beschreibung des Kostenrechnungssystems zur Verfügung gestellt wird, aus der die Hauptkategorien, unter denen die Kosten zusammengefaßt sind, sowie die Regeln für die Zurechnung von Kosten auf die Zusammenschaltung hervorgehen", und dessen Einhaltung zu überprüfen.

Art. 8 enthält Vorgaben zu „getrennter Buchführung und Finanzberichten". Nach Art. 8 Abs. 1 mußten Organisationen, die öffentliche Telekommunikationsnetze und/oder für die Öffentlichkeit zugängliche Telekommunikationsdienste bereitstellen und besondere oder ausschließliche Rechte für die Erbringung von Diensten in anderen Sektoren in demselben oder einem anderen Mitgliedstaat besitzen, „über die Telekommunikationstätigkeiten insoweit getrennt Buch ... führen, als dies erforderlich wäre, wenn sie von rechtlich unabhängigen Unternehmen ausgeübt würden, so daß alle Faktoren der Kosten und Einnahmen mit den dafür benutzten Berechnungsgrundlagen und den detaillierten Zurechnungsverfahren im Zusammenhang mit ihren Telekommunikationsaktivitäten, einschließlich einer detaillierten Aufschlüsselung des Anlagevermögens und der strukturellen Kosten, offengelegt werden, oder die Telekommunikationstätigkeiten strukturell ausgliedern"; die Mitgliedstaaten konnten von einer derartigen Regelung absehen, wenn der Jahresumsatz der Unternehmen bei Telekommunikationstätigkeiten in der Gemeinschaft unterhalb von 50 Mio. ECU (Euro) lag (Anhang VI Abschn. 1). Gleiches gilt gem. Art. 8 Abs. 2 (und Anhang VI Abschn. 2) im Hinblick auf eine Trennung von Tätigkeiten im Rahmen der Zusammenschaltung einer- und übrigen Tätigkeiten andererseits, zudem auch bei marktmächtigen Betreibern von Mietleitungsdiensten. 69

Art. 1 Nr. 11 der (ersten) **Anpassungsrichtlinie**[1] ersetzte Anhang II der ONP-Rahmenrichtlinie durch eine neue „Referenzgrundlage für die Anwendung der ONP-Bedingungen" im Anhang I. 97/51, die auch (in Ziff. 3) „harmonisierte Tarifgrundsätze" aufstellt, deren wesentlicher Inhalt bereits in Art. 12 der Sprachtelefondienst-Richtlinie normiert war. 70

Die **zweite Anpassungsrichtlinie**[2] schließlich, die gem. Art. 33 Abs. 1 an die Stelle der Sprachtelefondienstrichtlinie tritt, hält die „nationalen 71

---

[1] Richtlinie 97/51 des Europäischen Parlaments und des Rates v. 6. 10. 1997 zur Änderung der Richtlinien 90/387/EWG und 92/44/EWG des Rates zwecks Anpassung an ein wettbewerbsorientiertes Telekommunikationsumfeld, ABl. EG Nr. L 295 S. 23, v. 29. 10. 1997; vgl. *Holznagel/Bysikiewicz/Enaux/Nienhaus*, Grundzüge des Telekommunikationsrechts, 2000, S. 230 f.
[2] Richtlinie 98/10/EG des Europäischen Parlaments und des Rates v. 26. 2. 1998 über die Anwendung des offenen Netzzugangs (ONP) beim Sprachtelefondienst und den Universaldienst im Telekommunikationsbereich in einem wettbe-

Regulierungsbehörden" (Art. 2 Abs. 2 lit. g]) in Art. 17 („Tarifgrundsätze") an sicherzustellen, daß Organisationen, die „Sprachtelefondienste" (Art. 2 Abs. 2 lit. e]) bereitstellen und über beträchtliche Marktmacht (Art. 2 Abs. 2 lit. i]) verfügen[1], die in Abs. 2–5 enthaltenen Vorschriften einhalten (Abs. 1); der nationalen Regulierungsbehörde kann aber gestattet werden, davon „in bestimmten Regionen" absehen, „wenn sie den Wettbewerb auf dem Markt für feste öffentliche Telefondienste" – i. S. v. Art. 2 Abs. 3 Satz 1 und Anhang I – „als zufriedenstellend erachtet" (Abs. 6).

72 Art. 17 Abs. 2 nimmt für die Entgelte für die Nutzung des festen öffentlichen Telefonnetzes und „fester öffentlicher Telefondienste" (Art. 2 Abs. 3 Satz 2) auf den Grundsatz der Kostenorientierung in der ONP-Rahmenrichtlinie Bezug[2]; Abs. 3 bekräftigt, daß die Tarife für den Zugang zu und die Nutzung von festen öffentlichen Telefonnetzen unabhängig von der Art der vom „Nutzer" (Art. 2 Abs. 2 lit. a]) vorgesehenen Anwendung festgelegt werden, soweit dafür nicht unterschiedliche Dienste(merkmale) erforderlich sind; dies gilt jedoch unbeschadet der (Sonder-)Regelung in Art. 7 Abs. 3 der Zusammenschaltungs-Richtlinie. Werden Dienstemerkmale „zusätzlich" zum Anschluß an das feste öffentliche Telefonnetz und feste öffentliche Telefondienste bereitgestellt, müssen die Tarife hierfür „entsprechend dem Gemeinschaftsrecht hinreichend aufgegliedert sein, damit der Nutzer nicht für Zusatzdienste zahlen muß, die für den verlangten Dienst nicht erforderlich sind" (Art. 17 Abs. 4). Abs. 5 schließlich gestattet die Durchführung von Tarifänderungen erst nach Ablauf einer von der nationalen Regulierungsbehörde festgelegten, angemessenen öffentlichen Ankündigungsfrist.

73 „Rabatte und andere Sondertarife" für „Verbraucher" (Art. 2 Abs. 2 lit. b]) und andere Nutzer müssen gem. Art. 19 Abs. 1 ebenfalls den Grundsatz der Kostenorientierung anwenden, „vollkommen transparent" sein, veröffentlicht werden „und in Übereinstimmung mit dem Grundsatz der Nichtdiskriminierung Anwendung finden". Nach Art. 19 Abs. 2 steht nationalen Regulierungsbehörden das Recht zu, die Änderung oder Rücknahme von Rabattsystemen zu verlangen.

---

werbsorientierten Umfeld, ABl. EG Nr. L 101 S. 24, v. 1. 4. 1998; vgl. *Holznagel/Bysikiewicz/Enaux/Nienhaus*, Grundzüge des Telekommunikationsrechts, 2000, S. 232; *Scherer/Bartsch*, in: Scherer (ed.), Telecommunication Laws in Europe, 4. Aufl. 1998, 1.137–1.139.

1 „Oder nach Art. 5 (Abs. 1)" – als Betreiber, die verpflichtet sind, „jedem vertretbaren Antrag auf Anschluß an das feste öffentliche Telefonnetz an einem bestimmten Standort und auf Zugang zu festen öffentlichen Telefondiensten" stattzugeben – „benannt wurden und über beträchtliche Marktmacht verfügen".

2 Richtigerweise geht es dabei um Anhang I, der an die Stelle des Anhangs II der Ursprungsfassung getreten ist!

Art. 18 befaßt sich mit „Kostenrechnungssystemen" und schreibt 74
Art. 13 der Sprachtelefondienstrichtlinie fort. Die Vorgabe einzelner
Elemente in Art. 18 Abs. 3 gilt dabei nur, „sofern und solange die Bereitstellung öffentlicher Telekommunikationsnetze und Sprachtelefondienste in einem Mitgliedstaat Gegenstand besonderer oder ausschließlicher Rechte ist". Denn dem 14. Erwägungsgrund zufolge werden „gewisse Verpflichtungen im Hinblick auf Tarife und Kostenrechnungssysteme . . . nicht mehr gerechtfertigt sein, wenn Wettbewerb besteht, und andere Verpflichtungen werden von den zuständigen nationalen Regulierungsbehörden gelockert werden können, sobald über den Wettbewerb die angestrebten Ziele erreicht worden sind. In jedem Fall gelten jedoch die in den Wettbewerbsregeln des Gemeinschaftsrechts enthaltenen Anforderungen im Hinblick auf die Nichtdiskriminierung".

Die Prinzipien des Art. 17 gelten jedoch nicht (ohne weiteres) für den 75
„erschwinglichen Preis" für Universaldienstleistungen. Art. 3 Abs. 1
UAbs. 4 verpflichtet zwar auch insoweit auf die Grundsätze von Transparenz und Nichtdiskriminierung; im übrigen sind aber die Mitgliedstaaten lediglich „unter Berücksichtigung der fortschreitenden Kostenorientierung der Tarife" gehalten dafür zu sorgen, daß die Preise für die Bereitstellung von Netzanschlüssen und Zugang zu Telefondiensten (Art. 5), für Auskunftsdienste (Art. 6) und für öffentliche Telefone (Art. 7 i. V. m. Art. 2 Abs. 2 lit. d]) „für Nutzer in ländlichen Regionen und Gegenden, in denen hohe Kosten entstehen, sowie für bestimmte Nutzergruppen wie ältere Menschen, Behinderte und Menschen mit besonderen sozialen Bedürfnissen erschwinglich bleiben" (UAbs. 2). Zu diesem Zweck sind einerseits sämtliche Verpflichtungen abzuschaffen, „die die Anwendung besonderer oder gruppenspezifischer Tarifsysteme für die Bereitstellung der in dieser Richtlinie festgelegten Dienste verhindern oder einschränken"; andererseits dürfen „in Übereinstimmung mit dem Gemeinschaftsrecht Preisobergrenzen, über die Fläche gemittelte Tarife oder ähnliche Mechanismen" für einige oder alle dieser Dienste eingeführt werden, „solange eine wirksame Preiskontrolle durch den Wettbewerb noch nicht gegeben ist" (UAbs. 3).

Im ersten Teil der Kommissions-**Empfehlung** „zur Zusammenschaltung 76
in einem liberalisierten Telekommunikationsmarkt"[1] (oben, Rz. 65) wird
vorgeschlagen, die Zusammenschaltungskosten „auf der Grundlage der
zukunftsrelevanten langfristigen durchschnittlichen zusätzlichen Ko-

---

1 98/195/EG v. 8. 1. 1998, ABl. EG Nr. L 73 S. 42, v. 12. 3. 1998; geändert durch
    Empfehlung 98/511/EG der Kommission v. 29. 7. 1998, ABl. EG Nr. L 228
    S. 30, v. 15. 8. 1998.

sten" (*forward-looking long-run average incremental costs*) zu berechnen, „da diese Kosten denen eines effizienten Betreibers, der moderne Technologien einsetzt, sehr nahe kommen. Zusammenschaltungsentgelte, die auf solchen Kosten beruhen, können berechtigte Zuschläge enthalten, um einen Teil der zukunftsrelevanten Gemeinkosten eines effizienten Betreibers abzudecken, die unter Wettbewerbsbedingungen anfallen würden" (Ziff. 3). Weiter heißt es dort: „Die Zugrundelegung von zukunftsrelevanten langfristigen durchschnittlichen zusätzlichen Kosten setzt ein Kostenrechnungssystem voraus, bei dem die aktivitätsorientierte Zurechnung der Kosten auf der Basis der Wiederbeschaffungskosten statt der Anschaffungs- und Herstellungskosten erfolgt" (*current cost accounting*). Aktivitätsorientierte Systeme, „bei denen die Kosten jedem Produkt und/oder jeder Dienstleistung auf der Basis der zugrundeliegenden Kostenträger und Aktivitäten zugerechnet werden, werden empfohlen, damit möglichst wenige nicht direkt zurechenbare Gemeinkosten verbleiben" (Ziff. 6).

77 Teil 2 der Empfehlung[1] beschäftigt sich mit „getrennter Buchführung und Kostenrechnung". Eine getrennte Buchführung bezwecke, „eine aus den Rechnungsbüchern hergeleitete Informationsanalyse vorzulegen, die das Ergebnis von Teilbereichen eines Geschäfts mit der größtmöglichen Annäherung so beschreibt, als handele es sich um getrennt geführte Geschäfte" (Ziff. 1; Anhang, Abschn. 1., 7.). Betriebskosten, eingesetztes Kapital und Erträge marktbeherrschender Betreiber sollten zumindest nach vier „weit gefaßten" Geschäftstätigkeiten – Kernnetz (Vermittlungsinfrastruktur), Ortsanschlußnetz (Teilnehmeranschluß-Infrastruktur), Einzelkundengeschäft und sonstige – aufgegliedert werden (Ziff. 2; Anhang, Abschn. 4.–6.). Die Zurechnung von Kosten, eingesetztem Kapital und Erträgen sollte gemäß den Grundsätzen der Kostenverursachung (z. B. des *activity-based costing*) vorgenommen (Anhang, Abschn. 3.; Anlage), nicht zurechenbare Kosten sollten in einem gesonderten Konto deutlich ausgewiesen werden (Ziff. 4).

3.3.2.2 Liberalisierungsrichtlinien der Kommission

78 Auch die (Europäische) Kommission wurde im Telekommunikationssektor tätig; Rechtsgrundlage für einschlägige Rechtsakte war Art. 90 Abs. 3 E(W)GV a. F. (Art. 86 Abs. 3 EG), der dieses Gemeinschaftsorgan mit der Aufsicht über die Einhaltung nicht zuletzt des Art. 90 (= Art. 86) Abs. 1 i. V. m. Art. 86 E(W)GV a. F. (Art. 82 EG) betraut; allerdings kann hierdurch allein auf das **Verhalten öffentlicher** und/oder solcher **Unternehmen** eingewirkt werden, denen ein Mitgliedstaat **besondere oder**

---

[1] 98/322/EG v. 8. 4. 1998, ABl. EG Nr. L 141 S. 6, v. 13. 5. 1998.

ausschließliche Rechte gewährt (hat), so daß mit deren vollständiger Beseitigung auch die hierauf bezogene und beschränkte Kompetenz keine Anwendung mehr finden kann[1].

Die (ursprüngliche Fassung der) **Dienste-Richtlinie**[2] hatte den Mitgliedstaaten lediglich aufgegeben, bei jeder Gebührenerhöhung für Mietleitungen der Kommission die Unterlagen vorzulegen, anhand deren die Begründetheit der Erhöhung beurteilt werden kann (Art. 4 Abs. 4); Erwägungsgrund 19 sah eine schrittweise Angleichung der Gebühren für die Benutzung des Datenübertragungsdienstes auf dem vermittelten Netz und der Mietleitungsgebühren bis Ende 1992 vor. 79

Der 1996 eingefügte[3] Art. 4a Abs. 1 verpflichtete die Mitgliedstaaten dafür zu sorgen, daß die Telekommunikationsorganisationen die „Zusammenschaltung" (Art. 1 Abs. 1 n. F.) mit ihrem Sprachtelefondienst und mit ihrem öffentlich vermittelten Telekommunikationsnetz für andere Unternehmen, die zur Bereitstellung solcher Dienste oder Netze berechtigt sind, zu „nichtdiskriminierenden, kostenorientierten, verhältnismäßigen und transparenten Bedingungen" bereitstellen, „die auf objektiven Kriterien beruhen"; gem. Art. 4a Abs. 4 war auch sicherzustellen, daß das Kostenrechnungssystem der Telekommunikationsorganisationen „die Feststellung der für die Preisgestaltung bei Zusammenschaltungsangeboten erheblichen Kostenelemente ermöglicht". Ebenfalls vorbehaltlich einer Harmonisierung im Rahmen der ONP-Regelung stellte Art. 4c Prinzipien für die Finanzierung der Kosten des Universaldiensts auf, mit Bedeutung auch für ein „System zusätzlicher Entgelte", und legte – zusammen mit Erwägungsgrund 20 – den Mitgliedstaaten nahe, „alle ungerechtfertigten Beschränkungen hinsichtlich der Umstrukturierung von Tarifen durch die Telekommunikationsorganisationen so schnell wie möglich auf(zu)heben, insbesondere diejenigen, die nicht an die Kosten angepaßt sind und die Belastung aus der Bereitstellung des Universaldienstes vergrößern"[4]. 80

---

1 Vgl. *Bartosch*, ZIP 1999, 1787, 1789 ff.
2 Richtlinie 90/388/EWG der Kommission v. 28. 6. 1990 über den Wettbewerb auf dem Markt für Telekommunikationsdienste, ABl. EG Nr. L 192 S. 10, v. 24. 7. 1990; dazu *Amory*, EuZW 1992, 75, 78 f.; *Holznagel/Bysikiewicz/Enaux/Nienhaus*, Grundzüge des Telekommunikationsrechts, 2000, S. 221 f.
3 Richtlinie 96/19/EG der Kommission v. 13. 3. 1996 zur Änderung der Richtlinie 90/388/EWG hinsichtlich der Einführung des vollständigen Wettbewerbs auf den Telekommunikationsmärkten, ABl. EG Nr. L 74 S. 13, v. 22. 3. 1996; zu dieser „Wettbewerbsrichtlinie" s. *Holznagel/Bysikiewicz/Enaux/Nienhaus*, Grundzüge des Telekommunikationsrechts, 2000, S. 224 f.
4 Vgl. dazu *Engel/Knieps*, Die Vorschriften des Telekommunikationsgesetzes über den Zugang zu wesentlichen Leistungen, 1998, S. 55.

81 Art. 2 Abs. 1 der **Kabel(fernsehnetz)-Richtlinie**[1] hielt die Mitgliedstaaten an, die erforderlichen Maßnahmen zu treffen, um in Fällen, in denen ein Betreiber das ausschließliche Recht besitzt, öffentliche Telekommunikationsinfrastruktur bereitzustellen, und darüber hinaus Kabelfernsehnetzinfrastruktur vorhält, „Transparenz der Buchführung zu gewährleisten, ein diskriminierendes Verhalten zu verhindern und insbesondere die Trennung der Rechnungsführung bezüglich der Bereitstellung jedes Netzes und der Tätigkeit als Anbieter von Telekommunikationsdiensten sicherzustellen". Art. 2 Abs. 2 schrieb für den umgekehrten Sachverhalt – also eines ausschließlichen Rechts, in einem bestimmten Gebiet Kabelfernsehnetzinfrastruktur bereitzustellen – auch einem solchen Betreiber regelmäßig eine getrennte Rechnungsführung für seine Tätigkeit als „Anbieter von Netzkapazität für Telekommunikationsdienste" vor, sobald sein diesbezüglicher Umsatz (mit Ausnahme der Rundfunk- und Fernsehdienste) im betr. Gebiet 50 Mio. ECU (Euro) überstieg[2]. Hieran knüpfte Art. 8 der Wettbewerbsrichtlinie[3] in bezug auf Unternehmen, die besondere oder ausschließliche Rechte „in anderen Bereichen als der Telekommunikation" haben, unmittelbar an; auch diese Vorschrift dient der Überwachung „möglicher wettbewerbswidriger Quersubventionen"[4].

3.3.2.3 Relevante Vorschriften des allgemeinen Wettbewerbsrechts

82 Neben den sektorspezifischen Vorschriften finden die allgemeinen Vorschriften der Art. 81 ff. EG (Art. 85 ff. E[W]GV a. F.) auch auf den Telekommunikationssektor Anwendung. Bereits 1991 publizierte daher die Kommission „Leitlinien" für die Anwendung der EG-Wettbewerbsregeln im Telekommunikationsbereich[5]; hierauf baut die **Mitteilung der Kommission** „über die Anwendung der Wettbewerbsregeln auf Zugangsvereinbarungen im Telekommunikationsrecht – Rahmen, relevante Märkte

---

1 Richtlinie 95/51/EG der Kommission v. 18. 10. 1995 zur Änderung der Richtlinie 90/388/EWG hinsichtlich der Aufhebung der Einschränkungen bei der Nutzung von Kabelfernsehnetzen für die Erbringung bereits liberalisierter Telekommunikationsdienste, ABl. EG Nr. L 256 S. 49, v. 26. 10. 1995; vgl. *Holznagel/Bysikiewicz/Enaux/Nienhaus*, Grundzüge des Telekommunikationsrechts, 2000, S. 222 f.; *Mette*, ArchPF 1998, 40, 44 f.
2 Vgl. auch Ziff. 51 ff. der Mitteilung der Kommission betreffend die Bereitstellung von Telekommunikations- und Kabelfernsehnetzen durch ein und denselben Betreiber sowie die Aufhebung der Beschränkungen bei der Nutzung von Telekommunikationsnetzen für die Bereitstellung von Kabelfernsehkapazität – wettbewerbsrechtliche Gesamtbeurteilung, ABl. EG Nr. C S. 4, v. 7. 3. 1998.
3 D. h. Kommissionsrichtlinie 96/19/EG.
4 Erwägungsgrund 24 der Kommissionsrichtlinie 96/19/EG.
5 ABl. EG Nr. C 233 S. 2, v. 6. 9. 1991; vgl. *Amory*, EuZW 1992, 75, 85; *Moritz*, CR 1998, 13, 15.

und Grundsätze"[1] auf (Ziff. 3). Sie stellt klar, daß im Telekommunikationsbereich die ONP-Richtlinien die Schaffung eines Regulierungsrahmens für Zugangsvereinbarungen bezwecken; angesichts der Detailliertheit der ONP-Regeln und der Tatsache, daß sie über die Anforderungen des Art. 86 (a. F.) E(W)GV hinausgehen könnten, sollten in diesem Bereich tätige Unternehmen beachten, „daß die Einhaltung der gemeinschaftlichen Wettbewerbsregeln sie nicht von der Pflicht befreit, den ihnen im Zusammenhang mit den ONP-Regeln auferlegten Verpflichtungen nachzukommen", aber „umgekehrt bei der Befolgung der ONP-Regeln auch die Wettbewerbsregeln einzuhalten" sind (Ziff. 22).

83 Wenngleich im Telekommunikationsbereich „häufig neuartige faktische und wirtschaftliche Umstände vorliegen mögen", sei es in vielen Fällen doch möglich, „etablierte Wettbewerbsgrundsätze anzuwenden", also auch „die bisherige Rechtsprechung und die Entscheidungspraxis der Kommission z. B. zu Fragen wie Marktmachtausnutzung, Diskriminierung und Bündelung zu berücksichtigen".

84 Im Hinblick auf den Mißbrauch einer marktbeherrschenden Stellung durch Verweigerung des Zugangs und Anwendung nachteiliger Bedingungen (Ziff. 83 ff.) nennt die Mitteilung auch den Fall, daß „überhöhte Preise für den Zugang" – abgesehen davon, daß sie selbst eine „andere Art" von Mißbrauch darstellen (Ziff. 101 ff.) – „auch auf eine faktische Zugangsverweigerung hinauslaufen" können (Ziff. 97). Die Beurteilung der Preise im Telekommunikationsbereich werde aber dadurch erleichtert, daß die ONP-Richtlinien die Verpflichtung zu einer transparenten Kostenrechnung enthalten (Ziff. 98).

85 „**Preisprobleme** im Zusammenhang mit dem Zugang von Diensteanbietern zu einer (wesentlichen) Einrichtung eines marktbeherrschenden Betreibers werden häufig überhöhte Preise[2] betreffen: Da für die Einrichtung, zu der die Diensteanbieter Zugang erhalten möchten, keine Alternativen vorhanden sind, könnte der marktbeherrschende oder monopolistische Anbieter geneigt sein, überhöhte Preise zu verlangen" (Ziff. 105).

86 Eine „sachgerechte Kostenzurechnung" sei für die Feststellung, ob ein Preis überhöht sei, von „grundlegender Bedeutung". Übe ein Unterneh-

---

[1] ABl. EG Nr. C 265 S. 2, v. 22. 8. 1998; vgl. *Riehmer*, MMR 1998, 355 ff.; *Bartosch*, EuZW 1999, 421, 426; *Holznagel/Bysikiewicz/Enaux/Nienhaus*, Grundzüge des Telekommunikationsrechts, 2000, S. 234 ff.; *Scherer/Bartsch*, in: Scherer (ed.), Telecommunication Laws in Europe, 4. Aufl. 1998, 1.221., 1.224.
[2] Fn. 75 hierzu besagt, für die Beantwortung der Frage, inwieweit die Universaldienstverpflichtung „zusätzliche Entgelte zur Beteiligung an den Nettokosten der Universaldienstleistung" rechtfertigen könne, werde die einschlägige Kommissions-Mitteilung (Rz. 96 f.) bedeutsam sein.

men eine Reihe von Tätigkeiten aus, müßten „die relevanten Kosten zusammen mit einem angemessenen Gemeinkostenanteil den verschiedenen Tätigkeiten zugerechnet werden" (Ziff. 107). Darüber hinaus könne „ein Vergleich mit anderen geographischen Gebieten ebenfalls als Hinweis für überhöhte Preise dienen" (Ziff. 109).

87 „Auf Verdrängung ausgerichtete Preispraktiken liegen u. a. vor, wenn ein beherrschendes Unternehmen eine Ware oder eine Dienstleistung über längere Zeit unter den Gestehungskosten verkauft, um Wettbewerber vom Markteintritt abzuhalten oder vom Markt zu verdrängen, so daß das beherrschende Unternehmen seine Marktmacht und in der Folge seine Gewinne insgesamt weiter steigern kann. Solche ungerechtfertigt niedrigen Preise verstoßen gegen Art. 86 Abs. 2 lit. a) EGV (a. F.). Ein derartiges Problem könnte z. B. im Zusammenhang mit dem Wettbewerb zwischen verschiedenen Telekommunikations-Infrastrukturnetzen auftreten. Hier könnte ein marktbeherrschender Betreiber geneigt sein, ungerechtfertigt niedrige Preise für den Zugang zu erlangen, um den Wettbewerb durch andere (sich etablierende) Infrastrukturanbieter auszuschalten. Im allgemeinen liegt ein Preismißbrauch vor, wenn der Preis entweder unter den durchschnittlichen variablen Kosten des beherrschenden Unternehmens liegt oder wenn er unter den durchschnittlichen Gesamtkosten liegt und Teil eines gegen den Wettbewerb gerichteten Vorgehens ist. In leitungsnetzgebundenen Branchen entspräche (freilich) die einfache Anwendung dieses Grundsatzes nicht der wirtschaftlichen Realität dieser Branchen" (Ziff. 110). Bei Telekommunikationsdienstleistungen könne nämlich ein „Preis, der den variablen Kosten eines Dienstes entspricht, erheblich unter dem Preis liegen, den ein Betreiber berechnen muß, um die Kosten für die Erbringung des Dienstes zu decken"; daher sollten „die gesamten bei der Erbringung des Dienstes zusätzlich anfallenden Kosten" – und zwar weder für sehr kurze noch für sehr lange Zeiträume – „berücksichtigt werden" (Ziff. 114).

88 „Die ONP-Regeln über Anforderungen an das Rechnungswesen und die Transparenz werden in diesem Zusammenhang zu einer wirksamen Anwendung von Art. 86 beitragen" (Ziff. 116).

89 Die Kommission verdeutlicht dann, daß ein Mißbrauch auch in der „Ausübung eines zweifachen Preisdrucks" bestehen könne (Ziff. 117 ff.), und erörtert schließlich Form unzulässiger Diskriminierung:

90 „Ein marktbeherrschender Zugangsanbieter darf zwischen verschiedenen Zugangsvereinbarungen nicht diskriminieren, wenn eine solche Diskriminierung den Wettbewerb einschränken würde. Eine Differenzierung, die auf der Nutzung des Zugangs statt auf Unterschieden bei den Transaktionen für den Zugangsanbieter selbst basiert, würde gegen

Art. 86 (a. F.) verstoßen, wenn die Diskriminierung den bestehenden oder potentiellen Wettbewerb mit ausreichender Wahrscheinlichkeit verfälscht. Eine solche Diskriminierung könnte in der Auferlegung unterschiedlicher Bedingungen, einschließlich der Berechnung unterschiedlicher Preise, oder in einer sonstigen Differenzierung zwischen Zugangsvereinbarungen bestehen, es sei denn, die unterschiedliche Behandlung wäre sachlich gerechtfertigt, z. B. aufgrund von Kostenüberlegungen, technischen Gesichtspunkten oder der Tatsache, daß die Benutzer auf unterschiedlichen Stufen tätig sind" (Ziff. 120). Was die Preisdiskriminierung angeht, so werde die Diskriminierung von Kunden eines marktbeherrschenden Unternehmens durch Art. 86 Abs. 2 lit. c) EGV a. F. untersagt (Ziff. 122).

Jede sachlich unbegründete Diskriminierung in bezug auf bestimmte Aspekte oder Bedingungen einer Zugangsvereinbarung könne einen Mißbrauch darstellen, die Diskriminierung sich dabei auf Bestandteile der Vereinbarung (wie Preise) beziehen. Das Vorliegen einer Diskriminierung könne jedoch nur im Einzelfall festgestellt werden. „Die Diskriminierung verstößt unabhängig davon, ob sie sich aus den Bedingungen der jeweiligen Zugangsvereinbarung ergibt oder daraus hervorgeht, gegen Art. 86 (a. F.)" (Ziff. 125). 91

Bestimmte Zugangsvereinbarungen oder darin enthaltene Klauseln könnten auch **wettbewerbsbeschränkende Wirkung** i. S. v. Art. 85 Abs. 1 E(W)GV a. F. (Art. 81 Abs. 1 EG) haben, etwa wenn sie „zur Koordinierung von Preisen" dienten (Ziff. 134)[1]. Die Gefahr einer Preiskoordinierung sei im Telekommunikationsbereich besonders groß, „da die Zusammenschaltungsentgelte häufig 50% oder mehr der Gesamtkosten der erbrachten Dienstleistung ausmachen und die Zusammenschaltung mit einem marktbeherrschenden Betreiber in den Regel notwendig ist. Unter diesen Umständen ist der Spielraum für den Preiswettbewerb begrenzt und das Risiko (einschließlich der Konsequenzen) einer Preiskoordinierung entsprechend größer" (Ziff. 135). 92

Entgelte für den „lokalen Zugang" werden häufig einen Großteil der Gesamtkosten der Dienstleistungen ausmachen, die die Partei, die den Zugang begehrt, für die Endnutzer erbringt, so daß der „Spielraum für einen Preiswettbewerb begrenzt" sei. Daher werde die Kommission die wahrscheinlichen Auswirkungen von Zugangsvereinbarungen auf die relevanten Märkte besonders genau prüfen, „um zu gewährleisten, daß solche Vereinbarungen nicht als verstecktes, indirektes Mittel zur Festlegung oder Abstimmung von Endpreisen für Benutzer dienen, was einen 93

---
1 Vgl. auch *Scherer/Bartsch*, in: Scherer (ed.), Telecommunication Laws in Europe, 4. Aufl. 1998, 1.225–1.226.

der schwerwiegendsten Verstöße gegen Art. 85 E(W)GV (a. F.) darstellt" (Ziff. 142).

94 Des weiteren seien Klauseln, „die in der Weise diskriminieren, daß sie zum Ausschluß Dritter führen, ebenfalls wettbewerbsbeschränkend. Von großer Bedeutung ist dabei die Diskriminierung der Partei, die den Zugang begehrt, hinsichtlich der Preise, der Qualität oder anderer wirtschaftlich wichtiger Aspekte des Zugangs, womit in der Regel eine ungerechtfertigte Bevorzugung der Unternehmenstätigkeit des Zugangsanbieters bezweckt wird" (Ziff. 143).

95 Schließlich wirkten sich Zugangsvereinbarungen im Telekommunikationsbereich in der Regel auch „auf den Handel zwischen Mitgliedstaaten" aus, „da über ein Netz erbrachte Dienstleistungen in der gesamten Gemeinschaft gehandelt werden und Zugangsvereinbarungen die Möglichkeiten eines Diensteanbieters oder eines Betreibers, eine Dienstleistung zu erbringen, entscheidend bestimmen können. Selbst dort, wo die Märkte im wesentlichen nationalen Charakter haben, . . . wird der Mißbrauch einer marktbeherrschenden Stellung im allgemeinen die Marktstruktur beeinträchtigen und zu Rückwirkungen auf den Handel zwischen den Mitgliedstaaten führen" (Ziff. 147).

96 Eine „Mitteilung" der Kommission über „Bewertungskriterien für nationale Systeme der Kostenrechnung und Finanzierung im Universaldienst in der Telekommunikation und Leitlinien für die Mitgliedstaaten für die Anwendung dieser Systeme" geht davon aus, daß nationale Systeme nur die „Nettokosten" des Universaldienstes finanzieren dürfen, wobei in deren Berechnung Kosten und Einnahmen einzubeziehen seien; auch sollte die Kostenrechnung „auf die Zukunft ausgerichtet sein und nicht auf den historischen Kosten beruhen"[1]. Näheres ergibt sich aus „Leitlinien für nationale Regulierungsbehörden". Dort werden Kriterien für nationale Systeme im Anschluß an (Art. 5 Abs. 3 und) Anhang III der Zusammenschluß-Richtlinie präzisiert: „Bei der Nettokostenberechnung sollten die Kosten, Mindereinnahmen und Vorteile aus der Bereitstellung des Universaldienstes für Kunden oder Kundengruppen ermittelt werden". In die Bereitstellungskosten sollten nur „die inkrementellen Kosten abzüglich der zugehörigen Einnahmen" einbezogen werden, „d. h. die Nettokosten, die der Betreiber durch Einstellung der Dienstleistung (d. h. Abkoppelung vom Netz) bei unwirtschaftlichen Kosten vermeiden kann", wobei ein langfristiges Konzept für die Ermittlung der vermeidbaren Kosten dem Grundsatz der Nichtdiskriminierung „am nächsten" komme[2]. In allen Fällen sollte eine „angemessene" Ren-

---

1 KOM (96) 608 endg.; BR-Drucks. 41/97 v. 14. 1. 1997, S. 7.
2 Vgl. BR-Drucks. 41/97 v. 14. 1. 1997, S. 11.

dite – d. h. „der Mindestsatz, der erforderlich ist, um weiterhin die benötigten Investitionen anzuziehen" – auf das „für die Bedienung unwirtschaftlicher Kosten investierte Kapital" vorgesehen werden; die Kommission erachtete für bestehende Betreiber bei Zugrundelegung der historischen Kosten zwischen 13 und 19%, bei laufenden Kosten zwischen 6 und 9% für angemessen[1].

Nach den nationalen Systemen sollten die Kosten „auf der Grundlage der Investitions- und Betriebskosten" berechnet werden, die sich vermeiden ließen, wenn der Betreiber „unwirtschaftliche" Kunden(gruppen), d. h. solche Personen, „bei denen die gesamten direkten und indirekten Einnahmen des Betreibers ... geringer sind als die Kosten für die Bereitstellung des Dienstes für diesen Kunden", nicht mehr bedienen würde. Das dem zugrundeliegende Prinzip der „vermeidbaren Kosten" gelte sowohl für die Betriebskosten als auch für die mit Investitionsgütern verbundenen Festkosten. Für Anlageinvestitionen sollte nicht der in der Buchführung des Betreibers eingesetzte Wert, sondern sollten die laufenden Kosten einer Kapitalinvestition eingesetzt werden, die erforderlich sind, um gegenwärtig einen ähnlichen Dienst anzubieten – beruhend auf dem Grundsatz, „daß Konkurrenten für die Bereitstellung eines Universaldienstes nur einen Preis zahlen sollten, der den geringsten Kosten eines effizienten Betreibers entspricht, der diesen Dienst aktuell anbietet"[2]. 97

Schließlich dürften „entsprechend der Wettbewerbsrichtlinie" (Art. 4c) die nationalen Systeme keine „Beiträge zur Deckung von Netzzugangsdefiziten" aufgrund unausgewogener einzelstaatlicher Tarifstrukturen berücksichtigen. Denn wenn bei einem Betreiber, der keinem Wettbewerb ausgesetzt ist, „Netzzugangsdefizite" auftreten, so würden diese „in der Regel durch die hohen Gewinne aus anderen Dienstleistungen, z. B. Auslands- und Ferngesprächen, ausgeglichen"; in solchen Fällen seien die Tarife des jeweiligen Betreibers im Verhältnis zu den entstehenden Kosten „unausgewogen". „In einem wettbewerbsorientierten Markt sollten Betreiber nicht gezwungen werden, solche Tarifunausgewogenheiten aufrechtzuerhalten"[3]. 98

Im Anhang D zu dieser Mitteilung erachtet es die Kommission nach dem **Subsidiaritätsprinzip** (Art. 5 Abs. 2 EG [Art. 3 b Abs. 2 EGV a. F.]) für angebracht, daß u. a. Fragen der Tarifpolitik/-gestaltung (als Teil der 99

---

1 Vgl. BT-Drucks. 41/97 v. 14. 1. 1997, S. 12 mit Fn. 13. Dies wird hernach noch einmal im Hinblick auf „verlorene Investitionen" hervorgehoben (BT-Drucks. 41/97 v. 14. 1. 1997, S. 13).
2 Vgl. BT-Drucks. 41/97 v. 14. 1. 1997, S. 13 f. mit Fn. 15.
3 Vgl. BR-Drucks. 41/97 v. 14. 1. 1997, S. 14.

Universaldienstverpflichtung) primär auf nationaler Ebene zu regeln seien; als Beispiele wurden genannt: „Einführung landesweiter Einheitstarife oder Gestattung einer gewissen Abweichung von den Durchschnittstarifen; Definition der Erschwinglichkeit; Kontrollmechanismen für die Anpassung der Tarife innerhalb eines bestimmten zeitlichen Rahmens". Die Politik der Gemeinschaft im Bereich der Tarifgestaltung beschränke sich „auf spezifische Auflagen für die Kostenorientierung bestimmter Dienste (z. B. Mietleitungen, Zusammenschaltungsentgelte) und die Forderung nach einem erschwinglichen Universaldienst"; sie verlange oder verhindere keine Entscheidungen auf nationaler Ebene, um z. B. einheitliche nationale Tarife beizubehalten oder eine Abweichung vom Durchschnittstarif zuzulassen, „so lange die Erschwinglichkeit des Dienstes nicht in Frage gestellt wird".

3.3.2.4 Perspektiven

100 Im „**Kommunikationsbericht 1999**", einer Mitteilung der Kommission an andere EG-Organe[1], wird vorgeschlagen, bei der Verpflichtung zur kostenorientierten Preisgestaltung bei Zusammenschaltungsentgelten stärker als bisher zwischen marktbeherrschenden Unternehmen und solcher mit beträchtlicher Marktmacht zu differenzieren[2]; zur ebenfalls angemahnten Stärkung des Wettbewerbs im Ortsnetzbereich ist auch eine Empfehlung zur Preisgestaltung vorgesehen[3]. Während das Universaldienstkonzept im wesentlichen beibehalten wird[4], scheint eine Entgeltregulierung nicht mehr im Vordergrund des Interesses „auf einem liberalisierten Telekommunikationsmarkt" zu stehen[5]: Im geplanten Rechtsrahmen für elektronische Kommunikationsnetze und -dienste[6] werden die nationalen Regulierungsbehörden lediglich noch angehalten,

---

1 Entwicklung neuer Rahmenbedingungen für elektronische Kommunikationsinfrastrukturen und zugehörige Dienste: Kommunikationsbericht 1999, KOM (1999) 539.
2 Vgl. Kommunikationsbericht 1999, 32 und 58 f.; s. nunmehr auch die Verpflichtung zur Preiskontrolle und Kostenrechnung in Art. 13 des Entwurfs einer Richtlinie des Europäischen Parlaments und des Rates über den Zugang zu elektronischen Kommunikationsnetzen und zugehörigen Einrichtungen sowie deren Zusammenschaltung, KOM (2001) 369 endg. v. 4. 7. 2001.
3 Vgl. Kommunikationsbericht 1999, 38 ff.
4 Vgl. Kommunikationsbericht 1999, 44 ff.; zu Höhe und Struktur der Tarife s. Art. 9, zur Erschwinglichkeit und Ausgabenkontrolle s. Art. 10 des Richtlinien-Entwurfs v. 28. 8. 2000, ABl. EG Nr. C 365 E S. 238, v. 19. 12. 2000.
5 Vgl. Kommunikationsbericht 1999, 21 f., 57 f.; dazu *Scherer*, CR 2000, 35, 40 ff.; *Huber/von Mayerhofen*, MMR 1999, 593 ff.; *Holznagel/Bysikiewicz/Enaux/Nienhaus*, Grundzüge des Telekommunikationsrechts, 2000, 236 f.; *Kardasiadou*, RTKom 1999, 168 ff.
6 KOM (2001) 380 endg. v. 4. 7. 2001.

"transparente Tarife und Bedingungen für die Nutzung öffentlich zugänglicher Kommunikationsdienste zu fordern" (Art. 7 Abs. 4 [d]).

3.4 Einzelfragen der Entgeltregulierung

3.4.1 Relevante Vorschriften

3.4.1.1 TKG

Mit „Entgeltregulierung" ist der **Dritte Teil** des TKG überschrieben. Die erste (§ 23) und die letzte Vorschrift (§ 32) dieses Kapitels befassen sich allerdings mit anderen Regulierungsproblemen: „Widerspruch und Widerspruchsverfahren bei Allgemeinen Geschäftsbedingungen" zielt eher auf Kundenschutz (Fünfter Teil)[1], das „Zusammenschlußverbot" nennt eine unter bestimmten Voraussetzungen – Beschränkung nach § 10 – zulässige Lizenzauflage i. S. v. § 8 Abs. 2 TKG[2]. 101

Andererseits finden sich Normen zur Entgeltregulierung auch **außerhalb des Dritten Teils**: Gem. § 24 Abs. 1 Satz 2 TKG bleiben Universaldienst-Regelungen unberührt, auch soweit sie den „erschwinglichen Preis" (§ 17 Abs. 1 Satz 1) und Maßstäbe zu dessen Bestimmung (§ 17 Abs. 2 Satz 3 TKG) betreffen[3]. Des weiteren ordnet § 39 TKG für die Regulierung der Entgelte für die Gewährung eines Netzzugangs nach § 35 und für die Durchführung einer angeordneten Zusammenschaltung nach § 37 die entsprechende Geltung der meisten Vorschriften des Dritten Teils an (nicht: §§ 25 Abs. 2, 26, 30 Abs. 2)[4]. Sodann sieht die Ermächtigungsgrundlage für eine Kundenschutzverordnung in § 41 Abs. 3 TKG zwingend u. a. Regelungen über „die Form des Hinweises auf AGB. und Entgelte und die Möglichkeit ihrer Einbeziehung" (Nr. 4) sowie über „besondere Anforderungen für die Rechnungserstellung und für den Nachweis über die Höhe der Entgelte" (Nr. 7) vor[5]. Auf die einschlägigen 102

---

1 Ähnlich Beck TKG-Komm/*Büchner*, § 23 Rz. 1; eingehend *Stamm*, Die Entgeltregulierung im Telekommunikationsgesetz, 2001, S. 84 ff.
2 Vgl. Beck TKG-Komm/*Salger/Traugott*, § 32 Rz. 13 f.; Beck TKG-Komm/*Schütz*, § 8 Rz. 33.
3 Vgl. Beck TKG-Komm/*Schuster/Stürmer*, § 24 Rz. 6; *Großkopf/Rittgen*, CR 1998, 86, 88 f.; *Manssen*, in: Manssen, Telekommunikations- und Multimediarecht, 1999, § 24 Rz. 5; LG Bonn v. 5. 11. 1996 – 11 O 180/96, ArchPT 1997, 67, 68.
4 Vgl. Beck TKG-Komm/*Piepenbrock*, § 39 Rz. 7, 10; *Stamm*, Die Entgeltregulierung im Telekommunikationsgesetz, 2001, 297; zur Ausgestaltung als Rechtsfolgenverweisung vgl. BK 4 v. 26. 6. 1998 – BK 4a A 1130, K&R 1998, 444, 447.
5 Vgl. Beck TKG-Komm/*Büchner*, § 41 Rz. 22, 25, sowie §§ 14 ff., 27 ff. TKV 1997 (Rz. 74).

Übergangsbestimmungen in § 97 (Abs. 2, 3), § 98 (Satz 1) und § 99 (Abs. 2) wurde schon hingewiesen (Rz. 36).

103 Nach §§ 24 ff. TKG 1997 unterliegen nach wie vor bestimmte Entgelte im Bereich der Telekommunikation einer vorherigen (*ex ante-*)**Überprüfung**; diese Aufgabe obliegt seit dem 1. Januar 1998 der Regulierungsbehörde für Telekommunikation und Post (§§ 66 ff. TKG; 8 Rz. 20 ff.). Anders als früher entscheiden im Rahmen dieser „Entgeltregulierung"[1] Beschlußkammern (§ 73 TKG) in einem quasi-gerichtlichen Verfahren (§§ 74 ff. TKG). Einem Vorbehalt der Genehmigung (im Sinne vorheriger Zustimmung) unterliegen gem. § 25 Abs. 1 TKG alle (Leistungs-)Entgelte und entgeltrelevanten Bestandteile von Allgemeinen Geschäftsbedingungen, die ein marktbeherrschender Lizenznehmer (bzw. ein „einheitliches Unternehmen" i. S. v. § 25 Abs. 3 TKG) für das Angebot von Übertragungswegen und Sprachtelefondienst[2] im Rahmen der Lizenzklassen 3 und 4 nach § 6 (Abs. 2 Nr. 1 c] und Nr. 2) TKG vereinbart.

104 Neu ist hingegen die in § 25 Abs. 2 TKG normierte *ex post*-**Kontrolle**: Sie bezieht sich ebenfalls der Sache nach auf Entgelte und entgeltrelevante AGB-Bestandteile und im Hinblick auf die Regelungsadressaten auf Unternehmen mit einer marktbeherrschenden Stellung; dieser Form der Regulierung unterliegen jedoch alle „andere(n) als die in (§ 25) Abs. 1 (TKG) genannten Telekommunikationsdienstleistungen", etwa die Übertragung von Rundfunk und Fernsehen in Kabelnetzen[3], soweit für sie keine Sonderregelungen eingreifen. Erfaßt werden auch Telekommunikationsdienstleistungen, die nur (nach § 4 Satz 1 TKG) anzeige-, nicht aber (gem. § 6) lizenzpflichtig sind.

105 Weder vorheriger noch nachträglicher Entgeltregulierung unterliegen – von den Sonderfällen außerhalb des Dritten Abschnitts abgesehen – Entgelte und entgeltrelevante AGB-Bestandteile von nicht marktbeherrschenden Unternehmen; hier greifen allein die allgemeinen Schranken aus § 9 AGBG bzw. aus § 138 BGB ein[4].

---

1 Zur weithin parallelen Regelung im Postgesetz v. 22. 12. 1997, BGBl. I 1997, S. 3294, vgl. *Gramlich*, NJW 1998, 866, 869 f.; *Gramlich*, Postrecht im Wandel, 1999, S. 65 ff.

2 Noch nicht hierunter fällt die Internet-Telefonie, *Scheurle*, in: Büchner, Post und Telekommunikation, 1999, 199, 209; ferner *Müller-Terpitz*, MMR 1998, 65 ff.; *Schick*, NJW-CoR 1998, 486 ff.; *Windhorst/Franke*, CR 1999, 14 ff.; *Mertens*, MMR 2000, 77 ff.

3 Vgl. *Scheurle*, in: Büchner, Post und Telekommunikation, 1999, 199, 210; krit. *Manssen*, in: Manssen, Telekommunikations- und Multimediarecht, 1999, § 25 Rz. 9.

4 Vgl. näher *Michalski*, BB 1996, 1177, 1178 ff.; BGH v. 2. 7. 1998 – III ZR 287/97, CR 1998, 664, 667.

Den **allgemeinen** „Orientierungs"-**Maßstab** für die Erteilung einer Entgeltgenehmigung bilden gem. § 24 Abs. 1 Satz 1 TKG die „Kosten einer effizienten Leistungsbereitstellung"; im Bereich des Universaldienstes nach §§ 17 ff. TKG könn(t)en freilich andere Kriterien für die Bestimmung eines „erschwinglichen Preises" festgelegt werden (unten, Rz. 141 f.). Der Gesetzgeber hat ferner in § 24 Abs. 2 TKG 1997 weitere Maßstäbe vorgegeben und dabei ein differenziertes Regel-Ausnahme-Verhältnis normiert: Zwar sind (macht)mißbräuchliche Preis-Auf- und Abschläge sowie Diskriminierungen zu Lasten einzelner Nachfrager gleichartiger oder ähnlicher Telekommunikationsdienstleistungen prinzipiell verboten; dem eine Entgeltgenehmigung beantragenden Unternehmen bleibt jedoch die Möglichkeit offen, nachzuweisen, daß für eine solche Preispolitik ein „sachlich gerechtfertigter Grund" besteht. Dies kann eine rechtliche Verpflichtung[1] sein; jedoch nennt § 24 Abs. 2 TKG anders als § 20 Abs. 2 Satz 2 PostG die „Kosten" nicht näher, die bei der Beurteilung der Frage, ob den Anforderungen des Satzes 1 (des § 20 Abs. 2 PostG) entsprochen wird, „angemessen zu berücksichtigen" sind[2].

106

Das **Verfahren** bei der Entscheidung über die (Erteilung oder Versagung einer) Entgeltgenehmigung ist bereits im TKG selbst[3] viel eingehender als zuvor geregelt: Für den Antrag ist Schriftform vorgeschrieben (§ 28 Abs. 1 Satz 1 TKG; § 126 BGB entspr.)[4]; die Bearbeitungsfrist zwischen dessen Eingang[5] und der Entscheidung hierüber beträgt höchstens zehn (nämlich sechs plus vier) Wochen, weshalb Anschluß-Anträge entsprechend rechtzeitig vorzulegen sind (§ 28 Abs. 2 bzw. Abs. 1 Satz 2 TKG)[6]. Die Beifügung von Nebenbestimmungen ist nunmehr für den Fall der Befristung nicht nur explizit vorgesehen, sondern wird hier sogar als Regel postuliert (§ 28 Abs. 3 TKG i. V. m. § 36 [Abs. 2 Nr. 1] VwVfG)[7].

107

---

1 Vgl. Beck TKG-Komm/*Schuster/Stürmer*, § 24 Rz. 65; *Stamm*, Die Entgeltregulierung im Telekommunikationsgesetz, 2001, S. 196.
2 Vgl. *Gramlich*, Postrecht im Wandel, 1999, 66; BT-Drucks. 13/7774 v. 30. 5. 1997, S. 24.
3 Zur näheren Ausgestaltung in der TEntgV s. unten, Rz. 115 ff.
4 Vgl. *Manssen*, in: Manssen, Telekommunikations- und Multimediarecht, 1999, § 28 Rz. 3; *Stamm*, Die Entgeltregulierung im Telekommunikationsgesetz, 2001, S. 201.
5 In vollständiger Form; s. Mitt. 51/2000 (BK 4e-00-001), ABl. 2000, 187 f.; Mitt. 88/2000 (BK 43-00-003), ABl. 2000, 407 f.
6 Krit. zur mangelhaften Abstimmung *Manssen*, in: Manssen, Telekommunikations- und Multimediarecht, 1999, § 28 Rz. 6.
7 Begründet wurde dies plausibel einerseits mit der Erwartung, „daß – zumindest in der Anfangsphase nach Marktöffnung – genehmigte Preise relativ rasch von der Marktentwicklung überholt werden. Andererseits soll die Möglichkeit offengehalten werden, Tarife marktbeherrschender Anbieter in Marktsegmen-

Schließlich ist zwar nicht der Genehmigungsbescheid, wohl aber sind die genehmigten Entgelte im RegTP-Amtsblatt zu veröffentlichen (§ 28 Abs. 4 TKG)[1]; § 9 TEntgV erweitert diese Pflicht auf die „dazugehörigen Leistungsbeschreibungen" und die sonstigen „Bestimmungen über" die Leistungsentgelte[2]. Darüber hinaus kann die Regulierungsbehörde den Unternehmen vorschreiben, in welcher Form ein Entgelt oder eine Entgeltänderung zur besseren Information der Nutzer[3] bekanntzumachen ist (§ 31 Abs. 2 TKG).

108 Die **Einbeziehung** der neuen bzw. modifizierten Entgelte **in** alte wie neue **Verträge** mit Kunden ergibt sich aus § 29 TKG in Fortführung und Präzisierung von § 5 PTRegG[4]: Soweit ein Genehmigungserfordernis besteht, darf jeder hiervon erfaßte Lizenznehmer nur die regulierungsbehördlich genehmigten Entgelte „verlangen" (Abs. 1)[5]; verstößt er schuldhaft gegen dieses (vollziehbare) Gebot, begeht er eine Ordnungswidrigkeit (§ 96 Abs. 1 Nr. 6 TKG). Die Folgen für den Bestand von Verträgen unterscheiden sich danach, ob für eine bestimmte Telekommunikationsdienstleistung überhaupt ein genehmigtes Entgelt vorliegt oder nicht: Im ersten Fall wird der Vertragsinhalt modifiziert und tritt dieses Entgelt an die Stelle des vereinbarten (§ 29 Abs. 2 S. 1)[6]; fehlt eine diesbezügliche Genehmigung, so ist der Vertrag hingegen unwirksam (so ausdrücklich

---

ten periodisch zu überprüfen, in denen sie eine besondere Marktstellung innehaben und deshalb die Preise höherhalten können, als es bei Wettbewerb möglich wäre" (BR-Drucks. 80/96 v. 9. 2. 1996, S. 44; ebenso zu § 22 Abs. 3 PostG BT-Drucks. 13/7774, S. 25). Vgl. auch *Schmidt*, K&R 1999, 385, 389; *Manssen*, in: Manssen, Telekommunikations- und Multimediarecht, 1999, § 28 Rz. 17; als Bsp. Mitt. 3/2000 (Beschl. v. 21. 12. 1999 – BK 2d 99/027 – Ziff. 2.1), ABl. 2000, S. 17; Mitt. 18/2000 (Beschl. v. 29. 12. 1999 – BK 4e-99-044 – Ziff. 3), ABl. 2000, S. 69; Mitt. 22/2000 (Beschl. v. 30. 12. 1999 – BK 4e-99-055 – Ziff. 5), ABl. 2000, S. 78 f.; ferner BK 3 v. 17. 9. 1998 – BK 3a-98/008, K&R 1998, 495, 501.

1 Vgl. Mitt. 46/2000 (Beschl. v. 21. 1. 2000 – BK 2-1 99/035 – zum Entgeltantrag der DTAG v. 17. 12. 1999 für Auslandsverbindungen), ABl. 2000, S. 181 ff.
2 Vgl. die (unveröffentlichte) Begründung zur TEntgV, zu § 9.
3 Vgl. Beck TKG-Komm/*Schuster/Stürmer*, § 31 Rz. 11.
4 Für andere, auch die entgeltrelevanten AGB-Bestandteile hingegen gilt zunächst die die allgemeine Einbeziehung gem. § 2 ABGB verdrängende Sondervorschrift des § 23 Abs. 2 Nr. 1b) AGBG, erst später ggf. (i. V. m. § 30 Abs. 5 Satz 2) § 29 Abs. 2 Satz 1 TKG (unklar Beck TKG-Komm/*Schuster/Stürmer*, § 29 Rz. 5).
5 Hiervon wird auch die Begründung und sogar die Vorbereitung des Rechtsgeschäfts, nicht nur dessen Abwicklung erfaßt, BK 2 v. 5. 2. 1998, K&R 1998, 325, 326.
6 Vgl. Beck TKG-Komm/*Schuster/Stürmer*, § 29 Rz. 3; *Manssen*, in: Manssen, Telekommunikations- und Multimediarecht, 1999, § 29 Rz. 6.

§ 29 Abs. 2 Satz 2 PostG)[1]. Wenn die Parteien einen Vertrag gleichwohl durchführen (wollen), kann die Regulierungsbehörde dies untersagen (§ 29 Abs. 2 Satz 2 TKG).

Arten und **Verfahren der Entgeltgenehmigung** sind in § 27 Abs. 1–3 TKG normiert; Abs. 4 ermächtigt die Bundesregierung zum Erlaß einer Durchführungsverordnung. Bereits kurz nach Inkrafttreten des TKG erging die Telekommunikations-Entgeltregulierungsverordnung vom 1. Oktober 1996. Dort wurden nähere Einzelheiten der beiden in § 27 Abs. 1 aufgeführten Genehmigungsarten – Einzelgenehmigung (Nr. 1) und *price cap*-Regulierung (Nr. 2) – festgelegt (§§ 2 f., 4 f. TEntgV), ebenso die Voraussetzungen, nach denen die Regulierungsbehörde zu entscheiden hat, welche von beiden zur Anwendung kommt (§ 1). Nach Maßgabe der Ermächtigungsvorschrift regelt die TEntgV ferner u. a. Bestandteile und Inhalt der Maßgrößen und Körbe beim *price cap* (§ 4) und bei den „sonstigen Bestimmungen" etwa Näheres zur Veröffentlichung der Entgelte (§ 9). Das Gesetz selbst differenziert (in § 27 Abs. 2) das Ausmaß der *ex ante*-Prüfung im Hinblick auf die Anforderungen aus § 24 Abs. 2 Nr. 1 TKG („Preishöhenmißbrauch") und schreibt in § 27 Abs. 3 (abschließend) Versagungsgründe fest: Während dabei überhöhte Preise ohne weiteres nicht genehmigungsfähig sind – und auch die Verletzung „anderer Rechtsvorschriften"[2] zur Ablehnung des Antrags führt –, erfolgt im Hinblick auf die weiteren Anforderungen aus § 24 Abs. 2 TKG zunächst nur eine Evidenz- bzw. „Plausibilitäts"[3]-Kontrolle.

109

Der im Interesse der Verfahrensbeschleunigung getroffene Verzicht auf eingehendere Vorabprüfung[4] wird dadurch kompensiert, daß § 30 TKG (i. V. m. § 6 TEntgV) eine *ex post*-Kontrolle vorsieht, bei der die Einhaltung der Maßstäbe aus § 24 Abs. 2 Nr. 2 und Nr. 3 TKG umfassend geprüft (§ 30 Abs. 1, 4) und rechtswidrige Entgelte nötigenfalls für unwirksam erklärt werden können (§ 30 Abs. 5 Satz 1 TKG). Diese nachträgliche Regulierung von Entgelten erfolgt, wenn der Regulierungsbe-

110

---

1 *Holznagel/Bysikiewicz/Enaux/Nienhaus*, Grundzüge des Telekommunikationsrechts, 2000, S. 98; wohl auch *Manssen*, in: Manssen, Telekommunikations- und Multimediarecht, 1999, § 29 Rz. 9; *Stamm*, Die Entgeltregulierung im Telekommunikationsgesetz, 2001, S. 240 f.
2 D. h. außerhalb des sektorspezifischen Rechts; ebenso wohl *Stamm*, Die Entgeltregulierung im Telekommunikationsgesetz, 2001, S. 226; z. T. anders *Manssen*, in: Manssen, Telekommunikations- und Multimediarecht, 1999, § 27 Rz. 9.
3 So BR-Drucks. 80/96 v. 9. 2. 1996, S. 44; krit. dazu *Ladeur*, K&R 1998, 479, 483.
4 Vgl. BR-Drucks. 80/96 v. 9. 2. 1996, S. 44, 45, mit dem weiteren Hinweis, dies habe „für die regulierten Unternehmen den Vorteil, daß der Eingriff in ihre preispolitische Dispositionsfreiheit so klein wie möglich gehalten werden kann" (S. 44).

hörde – meist wohl aufgrund „hinreichender Hinweise"[1] aus Nutzerkreisen – Tatsachen[2] bekannt werden, die die Annahme rechtfertigen, genehmigungspflichtige Entgelte oder entgeltrelevante AGB-Bestandteile enthielten verbotene Auf- oder Abschläge (§ 30 Abs. 1 Satz 1 TKG). Im Hinblick auf die sonstigen, nur der *ex post*-Entgeltregulierung unterliegenden Tatbestände (§ 25 Abs. 2) wird das Verfahren ebenfalls von Amts wegen und unter den gleichen Voraussetzungen eingeleitet (§ 30 Abs. 2 Satz 1 TKG); hier erstreckt sich die Preismißbrauchsaufsicht freilich auf die Überprüfung sämtlicher Kriterien des § 24 (Abs. 1 Satz 1, Abs. 2) TKG[3]. In beiden Fällen ist das betroffene Unternehmen hierüber schriftlich zu unterrichten (§ 30 Abs. 1 Satz 2, Abs. 2 Satz 2 TKG)[4] und die Überprüfung binnen zwei Monaten durchzuführen (§ 30 Abs. 3 TKG)[5].

111 Führt die Kontrolle zu der Feststellung, den Maßstäben des § 24 Abs. 2 TKG[6] werde nicht genügt, so muß die Regulierungsbehörde dem Prinzip der Verhältnismäßigkeit entsprechend zunächst das zuwiderhandelnde Unternehmen durch einen im Amtsblatt zu veröffentlichenden „Widerspruch" (§ 30 Abs. 4, 6 TKG)[7] zur Korrektur und Anpassung auffordern; § 30 Abs. 4 steckt die Frist hierfür nur allgemein dahingehend ab, daß dies „unverzüglich", d. h. ohne schuldhaftes Zögern (§ 121 BGB) zu geschehen habe. Kommt das Unternehmen dem Anpassungsgebot[8] nicht nach, hat die Regulierungsbehörde das beanstandete Verhalten zu unter-

---

1 Vgl. BR-Drucks. 80/96 v. 9. 2. 1996, S. 45; *Schmidt* K&R 1999, 385, 389.
2 Vgl. *Manssen*, in: Manssen, Telekommunikations- und Multimediarecht, 1999, § 30 Rz. 5.
3 *Manssen*, in: Manssen, Telekommunikations- und Multimediarecht, 1999, § 30 Rz. 10.
4 Dabei wird auch der Zeitpunkt der Einleitung der Überprüfung (nach Abschluß einer „Vorprüfung"; s. *Manssen*, in: Manssen, Telekommunikations- und Multimediarecht, 1999, § 30 Rz. 13, 14) seitens der Regulierungsbehörde festgestellt und mitgeteilt, gem. § 6 Abs. 2 TEntgV freilich nur im Falle des § 25 Abs. 2 TKG, was offenbar ein Redaktionsversehen ist (wie hier Beck TKG-Komm/*Schuster/Stürmer*, § 30 Rz. 21).
5 Die Frist hat eine „reine Ordnungsfunktion", VG Köln v. 19. 9. 1998 – 1 L 1717/198, CR 1998, 668, 669; differenzierend *Stamm*, Die Entgeltregulierung im Telekommunikationsgesetz, 2001, S. 278.
6 Damit wird aber auch § 24 Abs. 1 Satz 1 TKG erfaßt, Beck TKG-Komm/*Schuster/Stürmer*, § 30 Rz. 39.
7 Dies soll (auch) der „notwendige(n) Transparenz auf dem Markt" dienen, BR-Drucks. 80/96 v. 9. 2. 1996, S. 45.
8 Einem Verwaltungsakt gem. § 35 Satz 1 VwVfG, *Mestmäcker*, Beil. zu MMR 8/1998, 1, 4; *Schmidt*, K&R 1999, 385, 390; *Manssen*, in: Manssen, Telekommunikations- und Multimediarecht, 1999, § 30 Rz. 20; VG Köln v. 19. 9. 1998 – 1 L 1717/98, CR 1998, 668, 669; OVG Münster v. 15. 3. 2001 – 13 B 158/01, CR 2001, 308, 309; nunmehr auch Beck TKG-Komm/*Schuster/Stürmer*, § 30 Rz. 40, 49.

sagen; damit sind die Entgelte bzw. entgeltrelevanten AGB-Bestandteile für unwirksam zu erklären[1]. Sie werden auch in bezug auf die Rechtsfolgen „wie genehmigungspflichtige Tarife behandelt"[2]; gem. § 30 Abs. 5 Satz 2 TKG gilt § 29 entsprechend.

§ 31 TKG schließlich soll die Grundlage für eine fundierte Entgeltregulierungspraxis schaffen[3], indem die Regulierungsbehörde zu selbständigen Anordnungen ermächtigt wird, deren Adressaten allerdings nur Lizenznehmer (i. S. v. §§ 6 ff.)[4] sein können, so daß gegenüber sonstigen der Entgeltregulierung unterliegenden Unternehmen allein die Befugnisse nach § 72 TKG zu Gebote stehen[5]. Daher gewährt § 31 Abs. 1 Satz Nr. 1 TKG **Auskunftsrechte** über „Kosten, Leistungsangebote, Marktsituation und Marktentwicklung und Wirkung einer beabsichtigten Preisänderung, soweit sie von den befragten Unternehmen vorausgesehen werden können"[6], um der Behörde die für eine sachgerechte Entscheidungen erforderlichen Informationen an die Hand zu geben. Für geboten erachtete der Gesetzgeber auch, daß „aufschlußreiche und vergleichbare Kostendaten bereitgestellt" und zu diesem Zweck behördliche Anordnungen „hinsichtlich der Gestaltung der Kostenrechnung der Unternehmen"[7] ermöglicht werden (§ 31 Abs. 1 Satz 1 Satz 2 TKG). Diese – neben § 26 Abs. 1 Nr. 3 PostG – bislang einzigartige Überwachungsvorschrift berührt den Kern unternehmerischer Handlungsfreiheit in weitaus stärkerer Weise als handels- oder steuerrechtliche Buchführungs- und Bilanzierungsbestimmungen[8].

112

Die Durchsetzung derartiger, auf die Vornahme von Handlungen des Pflichtigen gerichteter Verwaltungsakte erfolgt nach Maßgabe der §§ 6 ff.

113

---

[1] Wortlaut und Systematik legen eine *ex nunc*-Wirkung dieser (privatrechtsgestaltenden) Maßnahmen nahe; vgl. *Holznagel/Bysikiewicz/Enaux Nienhaus*, Grundzüge des Telekommunikationsrechts, 2000, S. 100 Fn. 199; VG Köln v. 19. 8. 1998 – 1 L 1717/98, CR 1998, 668, 671. Anders *Manssen*, in: Manssen, Telekommunikations- und Multimediarecht, 1999, § 30 Rz. 32; differenzierend *Stamm*, Die Entgeltregulierung im Telekommunikationsgesetz, 2001, S. 284 ff.
[2] BR-Drucks. 80/96 v. 9. 2. 1996, S. 45.
[3] Vgl. VG Köln v. 21. 1. 1998 – 1 L 4289/97, ArchPT 1998, 395, 396; OVG Münster v. 2. 4. 1998 – 13 B 213/98, ArchPT 1998, 397, 398; dazu *Neumeier*, ArchPT 1998, 399.
[4] Anders Beck TKG-Komm/*Schuster/Stürmer*, 1997 § 24 Rz. 7, § 31 Rz. 1; *Manssen*, in: Manssen, Telekommunikations- und Multimediarecht, 1999, § 31 Rz. 5. Die parallele Vorschrift des PostG spricht hingegen allgemeiner von „Anbietern" (§ 26).
[5] Anders noch *Gramlich*, VerwArch 1997, 598, 634.
[6] BR-Drucks. 80/96 v. 9. 2. 1996, S. 45; vgl. *Manssen*, in: Manssen, Telekommunikations- und Multimediarecht, 1999, § 31 Rz. 6.
[7] BR-Drucks. 80/96 v. 9. 2. 1996, S. 45.
[8] *Gramlich*, VerwArch 1997, 598, 637.

VwVG[1]; § 31 Abs. 1 Satz 2 TKG legt die Obergrenze eines Zwangsgeldes abweichend von § 11 Abs. 3 VwVG auf 1 Mio. DM fest. Daß die Festsetzung dieses Zwangsmittels (§ 9 Abs. 1b] VwVG) wiederholt werden kann[2], ergibt sich bereits auf § 13 Abs. 6 Satz 1 VwVG.

114 In allen Fällen der Entgeltregulierung und der Mißbrauchsaufsicht entscheidet die Regulierungsbehörde durch **Beschlußkammern** (§ 73 Abs. 1 Satz 1, Abs. 2, 4 TKG); die Entscheidungen ergehen in Form von Verwaltungsakten (§ 73 Abs. 1 Satz 2 TKG, § 35 VwVfG). Dabei sind die Aufgaben zwischen drei Kammern aufgeteilt[3]: Die Beschlußkammer (BK) 2 ist zuständig für Entgeltregulierung Telefondienst (Lizenzklasse 4) und Übertragungswege (Lizenzklasse 4), die BK 3 für besondere Mißbrauchsaufsicht und nachträgliche Entgeltregulierung, die vierte Kammer schließlich für besondere Netzzugänge, einschließlich Zusammenschaltungen, auch soweit es hierbei um Entgelte geht (unten, Rz. 132).

3.4.1.2 Verordnungen aufgrund des TKG

3.4.1.2.1 Telekommunikations-Entgeltregulierungsverordnung

115 § 27 Abs. 4 TKG ermächtigt die Bundesregierung, durch Rechtsverordnung, die nicht der Zustimmung des Bundesrats bedarf, die beiden in § 27 Abs. 1 genannten **Genehmigungsarten** näher zu regeln und die **Voraussetzungen** festzulegen, nach denen die Regulierungsbehörde zu entscheiden hat, welches dieser Verfahren zur Anwendung kommt (Satz 1). Zu den zu regelnden Verfahrensdetails zählen insbesondere die von dem der Regulierung unterworfenen Lizenznehmer vorzulegenden Unterlagen, die Ausgestaltung der von ihm durchzuführenden Kostenrechnung sowie die Verpflichtung zur Veröffentlichung der Entgelte (§ 27 Abs. 4 Satz 2), ferner Bestimmungen über Bestandteile und Inhalt der Maßstäbe und Körbe beim *price cap* (§ 27 Abs. 4 Satz 3 TKG). Sätze 1 und 2 gelten auch für das Verfahren der nachträglichen Entgeltregulierung (§ 27 Abs. 4 Satz 4 TKG); im Hinblick auf Satz 1 läuft diese Inbezugnahme jedoch weithin leer, stellt sie doch lediglich klar, daß auch insoweit eine Regierungsverordnung ohne Bundesratszustimmung ein taugliches Mittel der Rechtsetzung darstellt.

116 Die TEntgV vom 1. Okt. 1996 stützt sich außer auf § 27 Abs. 4 auch auf § 39 TKG; diese Vorschrift ordnet die entsprechende Geltung des § 27

---

1 Verwaltungs-Vollstreckungsgesetz v. 27. 4. 1953, BGBl. I 1953, S. 157; BGBl. III/FNA 201-4.
2 So BR-Drucks. 80/96 v. 9. 2. 1996, S. 45.
3 Vgl. *Gramlich*, CR 1999, 489, 490; *Schmidt*, K&R 1999, 385, 390; *Scheurle*, in: Büchner, Post und Telekommunikation, 1999, S. 199, 203.

TKG insgesamt für die Regulierung der Entgelte für die **Gewährung eines Netzzugangs** nach § 35 und für die **Durchführung einer angeordneten Zusammenschaltung** nach § 37 TKG an. Dieser Aspekt wird in § 7 (und § 9) TEntgV behandelt; „besonderer Netzzugang" (i. S. v. §§ 35 Abs. 1 Satz 2, 3 Nr. 9 TKG) schließt dabei, wie auch § 1 Abs. 2 Satz 2 NZV klarstellt, eine Netz-„Zusammenschaltung" (§ 3 Nr. 24 TKG) ein[1].

Gem. § 1 Abs. 1 TEntgV kommt als Genehmigungsart eine **Einzelgenehmigung** nach § 27 Abs. 1 Nr. 1 TKG nur dann – ausnahmsweise – in Betracht, wenn die betr. Telekommunikationsdienstleistung nicht nach § 1 Abs. 2 TEntgV mit einer Mehrzahl von (anderen) Dienstleistungen in einem Korb zusammengefaßt werden kann, etwa wenn sie neu ist[2]. Für die jeweilige Dienstleistung bestimmt sodann § 2 TEntgV, welche Kostennachweise – unbeschadet des Amtsermittlungsgrundsatzes (§ 76 Abs. 1 TKG) – im Hinblick auf das hierfür geforderte Entgelt vorzulegen sind; neben Angaben zur Entwicklung der einzelnen, in § 2 Abs. 2 näher bezeichneten Einzel- und Gemeinkosten sowie der Deckungsbeiträge in den fünf zurück- und den vier vorausliegenden Jahren (§ 2 Abs. 1 Nr. 4) sind gem. § 2 Abs. 1 TEntgV Unterlagen zu Leistungsbeschreibungen und AGB(-Entwürfen), zu Umsatz- und Absatzmengen vorzulegen (Nr. 1–3) sowie Angaben zu finanziellen Auswirkungen auf Nutzer (Nr. 5) zu machen und ggf. Gründe für eine beabsichtigte Entgeltdifferenzierung zu nennen (Nr. 6); bei unvollständigen Unterlagen droht eine Ablehnung des – im Amtsblatt zu veröffentlichenden (§ 8 Abs. 2)[3] – Entgeltantrags (§ 2 Abs. 3 TEntgV). § 3 Abs. 1 TEntgV bekräftigt als allgemeinen Prüfungsmaßstab die Orientierung der beantragten Entgelte an den „Kosten der effizienten Leistungsbereitstellung"; diese ergeben sich in einer volkswirtschaftlich ausgerichteten Konkretisierung[4] gem. § 3 Abs. 2 TEntgV „aus den langfristigen zusätzlichen Kosten der Leistungsbereitstellung und einem angemessenen Zuschlag für leistungs-

---
1 Vgl. Beck TKG-Komm/*Piepenbrock*, Anh. § 39/§ 1 NZV Rz. 11.
2 Vgl. Begründung zur TEntgV, zu § 1 Abs. 1; *Becker*, K&R 1999, 112, 114; BK v. 30. 1. 1998, K&R 1998, 327, 328; *Stamm*, Die Entgeltregulierung im Telekommunikationsgesetz, 2001, S. 216 f.
3 Vgl. etwa Mitt. 5/1999 (Antrag der DTAG auf Genehmigung der Entgelte für die Leistung „Carrier Festverbindung" [CFV] auch für die Bereitstellung und Überlassung von „International Carrier Connect" [ICC]), ABl. 1999, S. 15 f.; Mitt. 543/1999 (Analoge Standard-Festverbindungen [SFV]), ABl. 1999, S. 3766 ff.; Mitt. 545/1999 (dauernd überlassene Tn/TV-Sendeanlagen), ABl. 1999, S. 3788 ff.; Mitt. 546/1999 (Leistung Zuführung einer international ankommenden Verbindung zum Free-Phone-Service eines ICP [Telekom – O.13]), ABl. 1999, S. 3823; Mitt. 45/2000 (Sprachtelefondienst), ABl. 2000, S. 174 ff.; Mitt. 87/2000 (Optionale und zusätzliche Tarife im Rahmen von Interconnection), ABl. 2000, S. 407.
4 Vgl. Begründung zur TEntgV, zu § 3.

mengenneutrale Gemeinkosten, jeweils einschließlich einer angemessenen Verzinsung des eingesetzten Kapitals, soweit diese Kosten jeweils für die Leistungsbereitstellung notwendig sind"[1]. Soweit die nachgewiesenen Kosten höher sind, können sie wie andere „neutrale Aufwendungen"[2] im Rahmen der Entgeltgenehmigung nur berücksichtigt, „soweit und solange hierfür eine rechtliche Verpflichtung besteht oder das beantragende Unternehmen eine sonstige sachliche Rechtfertigung nachweist" (§ 3 Abs. 4 TEntgV)[3]. Bei der Prüfung sollen zusätzlich[4] (reale) Vergleichsmärkte herangezogen, aber dabei auch deren Besonderheiten berücksichtigt werden (§ 3 Abs. 3 TEntgV)[5].

118 Nachweise nach § 2 Abs. 1, 2 TEntgV sowie sonstige „sachgerechte" Unterlagen kann die Regulierungsbehörde auch bei der *ex post*-Kontrolle fordern (§ 6 Abs. 1 Satz 1 TEntgV) und ein solches Verlangen ggf. mit Zwangsmitteln durchsetzen[6]; weiterhin finden auch hier die Maßstäbe des § 3 TEntgV Anwendung (§ 6 Abs. 1 Satz 2 TEntgV).

119 Für das gem. § 1 Abs. 1 TEntgV primäre **price cap-Verfahren**[7] regelt § 1 Abs. 2 zunächst die Korbbildung, für den Sonderfall des besonderen

---

1 Vgl. *Becker*, K&R 1999, 112, 114; *Manssen*, in: Manssen, Telekommunikations- und Multimediarecht, 1999, Anh. § 27 TKG/§ 3 TEntgV Rz. 22 ff.
2 Hierzu *Becker*, K&R 1999, 112, 120; *Manssen*, in: Manssen, Telekommunikations- und Multimediarecht, 1999, Anh. § 27 TKG/§ 3 TEntgV Rz. 37 ff.; *Stamm*, Die Entgeltregulierung im Telekommunikationsgesetz, 2001, S. 185 f.
3 Ein „Zugeständnis" betr. „sog. Altlasten aus der ehemals staatlichen Betätigung", *Witte*, in: FS Schweitzer, 1997, S. 589, 599.
4 Vgl. VG Köln v. 27. 10. 1999 – 1 L 1917/97, 1 L 2068/99, MMR 2000, 227, 231; *Stamm*, Die Entgeltregulierung im Telekommunikationsgesetz, 2001, S. 181.
5 Vgl. *Eschweiler*, K&R 1998, 530, 534; *Becker*, K&R 1999, 112, 115 ff., insbes. auch zum „Vergleichsmarktkonzept des allgemeinen Kartellrechts"; *Esser-Wellié*, CR 1999, 571, 573; *Manssen*, in: Manssen, Telekommunikations- und Multimediarecht, 1999, Anh. § 27 TKG/§ 3 TEntgV Rz. 32 ff. S. a. Mitt. 112/2000 (Konzept für einen internationalen Tarifvergleich für Mietleitungen), ABl. 2000, S. 590 ff., dem ein Aufruf zur Kommentierung vorausgegangen war (Mitt. 488/1999, ABl. 1999, S. 3191 ff.).
6 Vgl. *Esser-Wellié*, CR 1999, 571, 572 f.; *Stamm*, Die Entgeltregulierung im Telekommunikationsgesetz, 2001, 204 f.
7 Vgl. Beck TKG-Komm/*Schuster/Stürmer*, § 27 Rz. 1, 5 f.; *Schwintowski*, CR 1997, 630, 634; *Ladeur*, K&R 1998, 479, 482; *Hefekäuser*, in: Büchner, Post und Telekommunikation, 1999, S. 233, 243; *Manssen*, in: Manssen, Telekommunikations- und Multimediarecht, 1999, § 27 Rz. 6; *Holznagel/Bysikiewicz/Enaux/Nienhaus*, Grundzüge des Telekommunikationsrechts, 2000, S. 98; *Stamm*, Die Entgeltregulierung im Telekommunikationsgesetz, 2001, S. 214 ff. Daß ein *price cap* nur bei der *ex ante*-Kontrolle vorgesehen ist, unterstreicht *Mestmäcker*, Beil. zu MMR 8/1998, 1, 3. S. a. *Hefekäuser*, in: Büchner, Post und Telekommunikation, 1999, S. 233, 244 f.

Netzzugangs ergänzt durch § 7 Abs. 2 TEntgV[1]. Danach sind zunächst getrennte Körbe für Dienstleistungen der Lizenzklasse 3 (§ 6 Abs. 2 Nr. 1c] TKG) und 4 (§ 6 Abs. 2 Nr. 2 TKG) zu bilden (§ 1 Abs. 2 Satz 1 TEntgV). Auch dann können Dienstleistungen einer Klasse nur insoweit in einem Korb zusammengefaßt werden, als sich die erwartete Stärke des Wettbewerbs bei ihnen nicht wesentlich unterscheidet (§ 1 Abs. 2 Satz 2 TEntgV). Leistungsangebote im Rahmen von besonderen Netzzugängen dürfen nicht mit anderen Dienstleistungen in einem Korb zusammengefaßt werden (§ 7 Abs. 2 Satz 1 TEntgV); ab 1. Januar 2000[2] können nur sie aber den Inhalt eines oder mehrerer Körbe bilden (§ 7 Abs. 2 Satz 2 TEntgV).

Beabsichtigte Entscheidungen über eine Zusammenfassung von Dienstleistungen macht die Regulierungsbehörde im Amtsblatt bekannt, nachdem sie zuvor dem hiervon betroffenen Unternehmen Gelegenheit zur Stellungnahme gegeben hat (§ 8 Abs. 1 TEntgV). 120

Für die Bildung von Maßgrößen für *price cap*-Genehmigungen[3] trifft § 4 TEntgV nähere Bestimmungen: Gem. Abs. 2 umfassen diese 1. eine gesamtwirtschaftliche Preissteigerungsrate, 2. die zu erwartende Produktivitätsfortschrittsrate des regulierten Unternehmens, sowie 3. Nebenbedingungen, die geeignet und erforderlich sind, die Einhaltung der Anforderungen nach § 24 Abs. 2 TKG zu gewährleisten[4]. Dabei ist zum einen das Verhältnis des Ausgangsentgeltniveaus der in einem Korb zusammengefaßten Dienstleistungen (§ 4 Abs. 1) zu den Kosten der effizienten Leistungsbereitstellung (i. S. v. § 3 Abs. 2) zu ermitteln (§ 4 Abs. 3 TEntgV)[5]. Speziell für die (im Verhältnis zur Volkswirtschaft insgesamt höhere)[6] Produktivitätsfortschrittsrate sind auch die Werte von Unternehmen auf vergleichbaren Märkten mit Wettbewerb zu berücksichtigen (§ 4 Abs. 4); das von der Regulierung betroffene Unternehmen soll Gelegenheit zur Stellungnahme erhalten (§ 8 Abs. 1), kann aber auch verbindlich zur Vorlage der Nachweise nach § 2 Abs. 1, 2 aufgefordert werden (§ 4 Abs. 6 TEntgV). 121

---

1 Vgl. *Ladeur*, K&R 1998, 479, 483; *Manssen*, in: Manssen, Telekommunikations- und Multimediarecht, 1999, Anh. § 27 TKG/§ 1 TEntgV Rz. 2 f.
2 Dieses Hinausschieben „erfolgt insbesondere vor dem Hintergrund, daß sich diese Leistungen erst noch am Markt etablieren müssen und sich die Regulierungsbehörde vor der Entgeltgenehmigung nach dem Maßgrößenverfahren erst noch einen Überblick über die Kostenstruktur verschaffen soll" (Begr. VO zu § 7 II).
3 Vgl. Mitt. 189/1998 (BK v. 26. 8. 1998 – BK 2c), ABl. 1998, S. 2019.
4 Vgl. dazu *Ladeur*, K&R 1998, 479, 483 f.; *Manssen*, in: Manssen, Telekommunikations- und Multimediarecht, 1999, Anh. § 27/§ 4 TEntgV Rz. 42 ff.
5 Vgl. *Becker,* K&R 1999, 112, 118.
6 Vgl. *Witte*, in: FS Schweitzer, 1997, S. 589, 594 f.

122 Neben dem Inhalt der Körbe muß die Regulierungsbehörde vor allem festlegen[1], für welchen Zeitraum die Maßgrößen unverändert bleiben, anhand welcher Referenzzeiträume der Vergangenheit die Einhaltung der Maßgrößen geprüft wird und unter welchen Voraussetzungen Veränderungen der Korbzusammensetzung und Preisdifferenzierungen stattfinden können (§ 4 Abs. 5 TEntgV)[2].

123 Im Frühjahr 1997 stellte auf dieser Grundlage das BMPT ein „Modell für die Price-Cap-Regulierung der Übertragungswege" (der Lizenzklasse 3) zur Diskussion[3], das jedoch nicht realisiert wurde; der kommissarische Regulierer traf Ende 1997 auch eine ab 1998 geltende – und nach § 97 Abs. 3 Satz 2 TKG längstens bis 31. Dez. 2002 wirksame – „**Price-Cap-Regulierung Telefondienst**"[4] mit je einem Warenkorb für Privat- und Geschäftskunden[5] und einer in zwei gleiche Abschnitte unterteilten Laufzeit von 4 Jahren; für die erste Periode war das durchschnittliche Entgelt je Warenkorb um 4,3% abzusenken[6]. Ende 1999 entschied die BK 2, den bisherigen Korbzuschnitt unverändert beizubehalten, aber jedem Korb einige Angebote/„Produkte" hinzuzufügen, und stellte die Preissenkungsvorgabe für den Zeitraum 2000/2001 fest (5,6%)[7].

124 Einem *price cap* unterliegende Entgelte können nur genehmigt werden, wenn das Unternehmen seinem Antrag alle Unterlagen beifügt, die es der Regulierungsbehörde ermöglichen, die Einhaltung der Maßgrößen nach § 4 – im Durchschnitt[8] – zu überprüfen; anzugeben sind auch die anteiligen Umsätze jeder Entgeltposition für den Referenzzeitraum nach § 4 Abs. 4 (§ 5 Abs. 1 TEntgV). Auch hier kann ein unvollständig doku-

---

1 Überblick bei *Schmidt*, K&R 1999, 385, 388 f.
2 Zur lediglich vorbereitenden Natur dieser Festlegung *Ladeur*, K&R 1998, 479, 484 f., *Manssen*, in: Manssen, Telekommunikations- und Multimediarecht, 1999, Anh. § 27/§ 1 TEntgV Rz. 6, § 4 TEntgV Rz. 47; *Stamm*, Die Entgeltregulierung im Telekommunikationsgesetz, 2001, S. 222 ff.; zur unzulänglichen Verfahrensregelung *Ladeur*, K&R 1998, 479, 486.
3 BMPT-Mitt. Nr. 55/1997, ABl. BMPT 1997, S. 606.
4 BMPT-Mitt. Nr. 202/1997, ABl. BMPT 1997, S. 1891.
5 Krit. *Ladeur*, K&R 1998, 479, 483.
6 Vgl. *Scheurle*, in: Büchner, Post und Telekommunikation, 1999, S. 199, 208 f.; krit. *Becker*, K&R 1999, 112, 117 f.
7 Vgl. Mitt. 310/1999 (Price-Cap-Regulierung Sprachtelefondienst), ABl. 1999, S. 2270; Mitt. 544/1999 (beabsichtigte Entscheidung über die Frage der Neugliederung der Warenkörbe und zur Aufnahme neuer Angebote in die Price-Cap-Regulierung), ABl. 1999, S. 3788; Mitt. 2/2000 (Beschl. v. 23. 12. 1999 – BK 2c 99/050), ABl. 2000, S. 17, MMR 2000, 446 ff.
8 Vgl. Beck TKG-Komm/*Schuster/Stürmer*, § 27 Rz. 21; *Holznagel/Bysikiewicz/Enaux/Nienhaus*, Grundzüge des Telekommunikationsrechts, 2000, S. 98 f.

mentierter Entgeltantrag abgelehnt werden (§ 5 Abs. 2 TEntgV). Im Hinblick auf die vereinfachte Prüfung (§ 27 Abs. 2 Satz 2, Abs. 3 TKG) soll hier eine Genehmigung binnen zwei Wochen[1] nach Antragseingang erteilt werden (§ 5 Abs. 3 TEntgV)[2].

Dem Schutz der Wettbewerber des marktbeherrschenden Anbieters[3] dient schließlich § 7 TEntgV. Dort werden Entgelt(änderungs)anträge erfaßt, bei denen Kostenelemente sowohl für Leistungsangebote im Rahmen von **besonderen Netzzugängen** als auch für andere Telekommunikationsdienstleistungen wesentlich sind (Abs. 1 Satz 1). Ein Antragsteller muß hier zusätzlich darlegen, daß keine sachlich ungerechtfertigte Beeinträchtigung von Wettbewerbsmöglichkeiten anderer Unternehmen zu erwarten ist (Abs. 1 Satz 3), wie dies zu vermuten steht, wenn die dem Änderungsantrag zugrundeliegende Veränderung der Kostenbestandteile in der Weise berücksichtigt wird, daß sie sich ausschließlich oder überwiegend zu Lasten der Leistungsangebote im Rahmen von besonderen Netzzugängen auswirkt (Abs. 1 Satz 2). Von einem festen Abstandsgebot wurde allerdings abgesehen.

3.4.1.2.2 Telekommunikations-Universaldienstleistungsverordnung

§ 17 Abs. 2 TKG ermächtigt die Bundesregierung nicht nur allgemein, durch eine der Zustimmung von Bundestag und Bundesrat bedürftige Rechtsverordnung die in § 17 Abs. 1 Satz 2 bzw. Satz 3 TKG bezeichneten Telekommunikationsdienstleistungen als **Universaldienstleistungen** zu bestimmen (Satz 1), sondern schreibt auch vor, in der Verordnung die „Maßstäbe für die Bestimmung des Preises" einer solchen Grundversorgungsleistung festzulegen (Satz 3); Satz 4 schließlich weist der Regulierungsbehörde die Befugnis zu, über die Einhaltung dieser Maßstäbe zu entscheiden.

---

1 Vgl. Begründung zur TEntgV, zu § 5; *Schmidt*, K&R 1999, 385, 389; krit. *Manssen*, in: Manssen, Telekommunikations- und Multimediarecht, 1999, § 28 Rz. 10.
2 Vgl. etwa Vfg. 11/1999 (Verlängerung der Taktlängen für GlobalCall-Verbindungen in die Türkei im Sprachtelefondienst), ABl. 1999, S. 11; als Bsp. für eine längere Verfahrensdauer vgl. Mitt. 580/1999 (Verlängerung der befristet bis zum Ablauf des 31. 12. 1999 erteilten Genehmigungen für den Sprachtelefondienst sowie Änderung von Entgelten im Rahmen der Bildung eurokompatibler Preise ab dem 1. 1. 2000), ABl. 1999, S. 4129; Mitt. 385/1999 (Genehmigung der Entgelte und entgeltrelevanten Bestandteile der AGB im Sprachtelefondienst für das Rahmenvertragsangebot BusinessCall 550 für Verbände, Genossenschaften und Gruppierungen mit ähnlichen Gesellschaftsformen), ABl. 1999, S. 2654 ff.
3 So Begründung zur TEntgV, zu § 7 Abs. 1.

127 § 2 TULDV[1] unterscheidet insoweit zwischen den **drei** gem. § 1 zu Universaldienstleistungen bestimmten **Telekommunikationsdienstleistungen:**

128 Für die Erteilung von Rufnummernauskünften (§ 1 Nr. 2 a]), die Herausgabe von Teilnehmerverzeichnissen (§ 1 Nr. 2 b]) und die flächendeckende Bereitstellung von öffentlichen Telefonstellen (§ 1 Nr. 2 c] TULDV) als bisherigen Pflichtleistungen soll sich der „erschwingliche Preis" an den Kosten der effizienten Leistungsbereitstellung (gem. § 3 Abs. 2 TEntgV)[2] orientieren (§ 2 Abs. 2 TUDLV).

129 Für die Bereitstellung der Übertragungsrichtlinie gem. Anhang II der EG-Mietleitungsrichtlinie[3] (§ 1 Nr. 3) gelten nach § 2 Abs. 3 TUDLV die von der Regulierungsbehörde genehmigten Preise als „erschwinglich"; hier wird also ebenfalls direkt an die gesetzlichen Regeln über die *ex ante*-Entgeltregulierung angeknüpft[4].

130 Für Sprachtelefondienst nach Maßgabe des § 1 Nr. 1 normiert § 2 Abs. 1 TULDV schließlich eine Preisobergrenze dergestalt, daß das Entgelt „den realen Wert der von einem Privathaushalt außerhalb von Städten mit mehr als 100 000 Einwohnern zum Zeitpunkt des 31. 12. 1997 durchschnittlich nachgefragten Telefondienstleistungen mit den zu diesem Zeitpunkt erzielten Leistungsqualitäten einschließlich der Lieferfristen" nicht übersteigen darf[5]. Wie die Regelung des § 2 Abs. 2 gilt auch diese ab 1. Januar 1998 (§ 3 Satz 2 TULDV).

3.4.1.2.3 Netzzugangsverordnung

131 Dem Regelungsauftrag des § 35 Abs. 5 und der Ermächtigung des § 37 Abs. 3 TKG geschuldet ist die (Rechts-)Verordnung der Bundesregierung über besondere Netzzugänge[6]: In der NZV soll festgelegt werden, in welcher Weise ein **besonderer Netzzugang**, insbesondere für die **Zusammenschaltung**, zu ermöglichen ist (§ 35 Abs. 5 Satz 1) ist; die Verordnung muß ferner „Rahmenvorschriften" für Netzzugangsvereinbarungen (gem. § 35 Abs. 2 TKG) enthalten (§ 35 Abs. 5 Satz 2). In ihr kann überdies

---

1 Telekommunikations-Universaldienstleistungsverordnung v. 30. 1. 1997, BGBl. I 1997, S. 141.
2 So BT-Drucks. 13/5495 v. 5. 9. 1996, S. 5; krit. im Hinblick auf die Auskunft *Schmidt*, ArchPT 1996, 100.
3 Richtlinie 92/44/EG (oben, Rz. 56).
4 Vgl. Beck TKG-Komm/*Schütz*, Anh. § 17/§ 2 TULDV Rz. 3; BT-Drucks. 13/5495 v. 5. 9. 1996, S. 5.
5 Dies soll verhindern, daß Preise „an der Peripherie eines Versorgungsgebietes kompensatorisch erhöht werden" (BT-Drucks. 13/5495 v. 5. 9. 1996, S. 5).
6 Netzzugangsverordnung (NZV) v. 23. 10. 1996, BGBl. I 1996, S. 1568.

bestimmt werden, welchen Inhalt eine Zusammenschaltungsanordnung nach § 37 Abs. 1 TKG haben muß (§ 37 Abs. 3 Satz 2).

Eine Anlage zu § 5 Abs. 2 NZV listet demzufolge Gegenstände auf, an denen sich Vereinbarungen über besondere Netzzugänge insbesondere bei (dem Unterfall) der Zusammenschaltung ausrichten sollen; dazu gehört auch die „**Festlegung der Entgelte und deren Laufzeit** für die bereitzustellenden Leistungen und den Zugang zu zusätzlichen Dienstleistungen" (lit. j])[1]. Diese Aspekte können sohin auch zum Inhalt einer Anordnung der Regulierungsbehörde nach § 37 Abs. 1 TKG, § 9 NZV werden[2]; gem. § 9 Abs. 6 Satz 2 NZV gilt dann § 6 Abs. 5 NZV entsprechend, d. h. auch derartige Bedingungen können zu einem „Grundangebot" werden[3], so daß sie ein marktbeherrschender Netzbetreiber in seine

132

---

1 Um frühzeitig Sicherheit über die ab Febr. 2001 geltenden Zusammenschaltungsentgelte herbeizuführen, hat die Regulierungsbehörde durch Mitt. 568/1999 (ABl. 1999, S. 4117 ff.) zur Kommentierung einer Struktur für netzelementbasierte Entgelte aufgerufen; dazu BK 4 v. 8. 9. 2000 – BK 4a-00/018/Z, MMR 2001, 262 ff. mit Anm. *Schuster.*

2 Vgl. *Böck/Völcker,* CR 1998, 472, 476; *Koenig/Koetz,* K&R 1999, 298, 302; *Schmidt,* K&R 1999, 385, 389; *Scheurle,* in: Büchner, Post und Telekommunikation, 1999, S. 199, 211; *Manssen,* in: Manssen, Telekommunikations- und Multimediarecht, 1999, § 39 Rz. 4; BK 4 v. 8. 9. 1999 – BK 4c-99-030, CR 1999, 769, 770; dazu *Esser-Wellié/Braun,* CR 1999, 770, 771; Ziff. 2 des Beschl. v. 4. 1. 1999 – BK 4 98-034 (Mitt. 7/1999), ABl. 1999, S. 16; Ziff. 3 des Beschl. v. 6. 1. 1999 – BK 4d 98-039 (Mitt. 8/1999), ABl. 1999, S. 16; Ziff. 3, 4 des Beschl. v. 11. 1. 2000 – BK 4c-99-056 (Mitt. 49/2000), ABl. 2000, S. 185 f.; Ziff. 3, 4 des Beschl. v. 13. 1. 2000 – BK 4c-99-053 (Mitt. 50/2000), ABl. 2000, S. 186 f.; Ziff. 5, 6 des Beschl. v. 25. 1. 2000 – BK 4c-99-057 (Mitt. 85/2000), ABl. 2000, S. 405 f.; Ziff. 5, 6 des Beschl. v. 1. 2. 2000 – BK 4c-99-058 (Mitt. 86/2000), ABl. 2000, S. 406 f.; s. bereits Ziff. 2, 3 der BMPT-Anordnung v. 2. 10. 1997 (Mitt. 174/97), ABl. 1997, S. 1721 f.; Ziff. 1, 2 der BMPT-Anordnung v. 30. 10. 1997 (Mitt. 193/1997), ABl. 1997, S. 1754. Zur Abgrenzung bei Fernsehkabelnetzen s. *Bartosch,* CR 1997, 751, 754, zur Nichteinbeziehung von Inkasso BK 4 v. 14. 10. 1999 – BK 4c-99-036/Z, MMR 2000, 383 f. Anders aber VG Köln v. 18. 12. 2000 – 1 L 2484/00, CR 2001, 94 f.

3 Vgl. Vfg. 12/2000 (Entgelte für die Leistung Telekom-O.3, die im Rahmen von Zusammenschaltungsverträgen vereinbart wird), ABl. 2000, S. 403, bezugnehmend auf Mitt. 89/2000 (Beschl. v. 31. 1. 2000 – BK 4e-99-050), ABl. 2000, S. 408; Vfg. 9/2000 (Entgelte für Interconnection-Anschlüsse), ABl. 2000, S. 171 f., Bezug nehmend auf Mitt. 522/1999 (Beschl. v. 5. 11. 1999 – BK 4a-99-041), ABl. 1999, S. 3378 f.; Vfg. 5/2000 (Entgelte für die Basisleistungen Telekom-B.1 und Telekom-B.2), ABl. 2000, S. 6, unter Bezug auf Mitt. 19/2000 (Beschl. v. 23. 12. 1999 – BK 4e-99-042), ABl. 2000, S. 69; Vfg. 6/2000 (Entgelte für die Nutzung von Kollokationsräumen im Rahmen der Vereinbarung über den Zugang zur Teilnehmeranschlußleitung), ABl. 2000, S. 7 f., unter Bezug auf Mitt. 20/2000 (Beschl. v. 29. 12. 1999 – BK 4e-99-045), ABl. 2000, S. 70 f.; Vfg. 7/2000 (Entgelte für die Leistungen Telekom-O.2 . . . ICP-O.11, die im Rahmen von Zusammenschaltungsverträgen vereinbart werden), ABl. 2000,

Allgemeinen Geschäftsbedingungen aufnehmen muß[1]. Die konkrete Anordnung ist freilich auch für diejenigen an einer Zusammenschaltung Beteiligten wirksam und bindend, die über keine marktbeherrschende Stellung verfügen (vgl. § 39 TKG)[2]; dieser Einzelfallregelung sind fast alle Vorschriften der allgemeinen Entgeltregelung (gem. §§ 24 ff. TKG und nach der TEntgV) zugrunde zu legen (Rz. 101 ff.).

3.4.1.2.4 Telekommunikations-Kundenschutzverordnung

133 Die an zwei Vorgängerregelungen anknüpfende Vorschrift über eine „Kundenschutzverordnung" (§ 41 TKG) enthält detaillierte Vorgaben zu Inhalt, Zweck und Ausmaß der Ermächtigung an die Bundesregierung, **Rahmenvorschriften** für die Inanspruchnahme von „Telekommunikationsdienstleistungen für die Öffentlichkeit" (§ 3 Nr. 19) zu erlassen (§ 41 Abs. 1 TKG). Vereinbarungen zwischen Anbietern und „Kunden" (§ 1 Abs. 1) sind nur wirksam, wenn sie nicht zuungunsten letzterer von den Verordnungsbestimmungen abweichen (§ 1 Abs. 2 TKV)[3].

134 **Entgeltrelevante Vorschriften** finden sich bereits in den „Allgemeinen Bestimmungen": So darf ein Betreiber öffentlicher Telekommunikationsnetze Diensteanbieter nicht „hinsichtlich ihrer eigenen Preis- und Konditionengestaltung" einschränken (§ 4 Abs. 2 Satz 1 TKV). Für die Verbindungspreisberechnung legt § 5 TKV drei „Grundsätze" fest[4]; § 8 bestimmt eine zweijährige Verjährungsfrist für Ansprüche aus der Inan-

---

S. 9 ff., Bezug nehmend auf Mitt. 21/2000 (Beschl. v. 29. 12. 1999 – BK 4e-99-050), ABl. 2000, S. 72 ff.; Vfg. 148/1999 (Entgelte für die zusätzliche Leistung Telekom – Z.9 [Verbindungen aus dem Telefonnetz national der DTAG zum Service 0190-0 von ICP]), ABl. 1999, S. 3377, unter Bezug auf Mitt. 521/1999 (Beschl. v. 4. 11. 1999 – BK 4e-99-040), ABl. 1999, S. 3378. S. a. die „nachrichtliche" Zusammenfassung des „kompletten IC-Grundangebots", Mitt. 359/1999, ABl. 1999, S. 2459 ff.

1 Damit wird die Möglichkeit einer (gem. § 1 Abs. 2 und § 4 AGBG vorrangigen) Individualabrede allerdings nicht ausgeschlossen, *Ladeur*, K&R 1998, 479, 483.
2 Dazu eingehend *Großkopf*, Die Vertragsfreiheit nicht-marktbeherrschender Unternehmen bei der Netzzusammenschaltung, 1999, S. 98 ff.; BT-Drucks. 13/4864 v. 12. 6. 1996, S. 79; anders *Fuhr/Kerkhoff*, NJW 1997, 3209, 3211, wohl auch *Scherer*, NJW 1998, 1607, 1612.
3 Vgl. *Holznagel/Bysikiewicz/Enaux/Nienhaus*, Grundzüge des Telekommunikationsrechts, 2000, S. 120.
4 Zur Anhörung zum Entwurf einer Verfahrensregelung für die Sicherstellung der richtigen Verbindungspreisberechnung und deren Nachweis gegenüber der RegTP vgl. Mitt. 283/1999, ABl. 1999, S. 1924 ff.; Verlängerung der Kommentierungsfrist s. Mitt. 336/1999, ABl. 1999, S. 2389; zu technischen Anforderungen an Entgeltermittlungssysteme zur Sicherstellung der richtigen Verbindungspreisberechnung s. Vfg. 168/1999, ABl. 1999, S. 4101 ff.; zu Anforderungen, Verfahren und Folgemaßnahmen s. Vfg. 18/2000, ABl. 2000, S. 582 f.

spruchnahme von Telekommunikationsleistungen für die Öffentlichkeit, also auch für Entgeltforderungen der Anbieter gegen ihre Kunden.

Aus dem Zweiten Teil ist vor allem der Abschnitt über „Rechnungen und Einwendungen" (§§ 14 ff. TKV)[1] zu nennen, mit Vorschriften zu einem Einzelverbindungsnachweis (§ 14)[2], zur Rechnungserstellung (§ 15)[3], zum Nachweis der Entgeltforderungen (§ 16) und zur Entgeltermittlung bei unklarer Forderungshöhe (§ 17) sowie zu einer Kundenvorgabe in bezug auf die Entgelthöhe (§ 18)[4]. 135

Zu „allgemeinen Informationen für Endkunden", die Diensteanbieter zu veröffentlichen und „in einer für alle Interessierten leicht zugänglichen Weise bereitzustellen"[5] haben, zählen auch Angaben über Entgelte (§ 27 Abs. 1 Satz 1, 2 TKV). § 27 findet auch dann Anwendung, wenn bestehende Verträge zulässigerweise[6] durch Einbeziehung (u. a.) von Entgelten gem. § 23 Abs. 2 Nr. 1 a AGBG geändert werden (§ 28 Abs. 2 Satz 2 TKV). Über den Umstand und den Inhalt solcher Änderungen müssen Kunden „in geeigneter Weise und unter Hinweis auf die Fundstelle der Veröffentlichung" (im Amtsblatt) unterrichtet werden (§ 28 Abs. 3 Satz 1), zudem über das Kündigungsrecht, das ihnen bei einer Änderung zu ihren Ungunsten zusteht (§ 28 Abs. 3 Satz 2 i. V. m. Satz 2 TKV). Änderungen von Entgelten und entgeltrelevanten AGB-Bestandteilen marktbeherrschender Anbieter von Sprachtelefondienst und Übertragungswegen treten frühestens einen Monat nach ihrer Veröffentlichung in Kraft (§ 29 Abs. 1 Satz 1 TKV), es sei denn, es handele sich um 136

---

1 Vgl. *Holznagel/Bysikiewicz/Enaux/Nienhaus*, Grundzüge des Telekommunikationsrechts, 2000, 123 ff.; *Großkopf/Taubert*, CR 1998, 603, 605 ff.
2 Vgl. Mitt. 184/1998 (Mitteilung über die Ergebnisse der Anhörung zur Auslegung der Telekommunikations-Kundenschutzverordnung [TKV] im Bereich des Einzelverbindungsnachweises), ABl. 1998, S. 2008 ff.; Mitt. 32/1999 (Aufruf zu einem freiwilligen Eintrag in das Verzeichnis der Anbieter von Telekommunikationsdienstleistungen für die Öffentlichkeit, die die von der Regulierungsbehörde ausgelegten Voraussetzungen für den kostenlosen Standard-Einzelverbindungsnachweis einhalten), ABl. 1999, S. 429; Mitt. 159/1999 (Veröffentlichung der Positivliste zum Einzelverbindungsnachweis), ABl. 1999, S. 1259; Mitt. 309/1999 (Aufruf der Aktualisierung der Positivliste), ABl. 1999, S. 2270; Mitt. 571/1999 (Fortschreibung der Positivliste), ABl. 1999, S. 4122 f.; ferner OLG Schleswig v. 1. 4. 1999 – 2 U 22/99, MMR 1999, 736 f.
3 Vgl. *Sänger/Callies*, K&R 1999, 289 ff., 337 ff.
4 Vgl. Mitt. 121/1998 (Anhörung zur Auslegung der TKV für den Bereich Kundenvorgabe der Entgelthöhe [§ 18 TKV]), ABl. 1998, S. 1620.
5 Gem. § 27 Abs. 1 Satz 3 TKV wird dieser Anforderung genügt, wenn die betr. Angaben im Amtsblatt der Regulierungsbehörde veröffentlicht und in den Geschäftsstellen der Anbieter für den Kunden bereitgehalten werden.
6 Vgl. zu den Grenzen einer rückwirkenden Änderung § 28 Abs. 4 TKV.

„kurzfristige ereignisbezogene Sondertarife" (Satz 2)[1] oder die Regulierungsbehörde genehmige die Abweichung im Einzelfall (Satz 4)[2]. Besteht eine Genehmigungspflicht nach § 25 Abs. 1 TKG, verbietet § 29 Abs. 2 TKV eine Veröffentlichung vor Erteilung, d. h. Wirksamwerden der Genehmigung[3]. § 30 TKV stellt schließlich klar, daß eine Vereinbarung von Leistungen unwirksam (nichtig[4]) ist, wenn hierfür keine alte oder neue, zumindest vorläufige[5] Entgeltgenehmigung vorliegt[6].

3.4.2 Gegenstände der Entgeltregulierung

3.4.2.1 Entgelte und entgeltrelevante AGB-Bestandteile

137 Reguliert werden primär „**Entgelte**" für „Telekommunikationsdienstleistungen". Während dieser Begriff in § 3 Nr. 18 TKG (i. V. m. Nr. 16 – „Telekommunikation" –, Nr. 19 – „Telekommunikationsanlagen" – und Nr. 22 – „Übertragungswege" –) eine Legaldefinition erfahren hat, fehlt eine ähnliche Erläuterung für „Entgelt" (oder „Preis"). Wie vormals die (Benutzungs-)Gebühr bezeichnet der Terminus auch heute die in Geld(einheiten) ausgedrückte Gegenleistung für die „Inanspruchnahme"/„Nutzung" nach Inhalt und Qualität näher bestimmter Telekommunikationsdienstleistungen[7]. Dabei müssen zwar einerseits zum Zwecke der Regulierung seitens der Unternehmen detaillierte Leistungsbeschreibungen vorgelegt werden, wird dadurch jedoch der Gegenstand der Kontrolle nicht abschließend abgegrenzt. Vielmehr wird das gewerbliche

---

1 Vgl. *Holznagel/Bysikiewicz/Enaux/Nienhaus*, Grundzüge des Telekommunikationsrechts, 2000, S. 102.
2 Vgl. z. B. Mitt. 34/1999 (Beschl. v. 14. 1. 1999 – BK 2c 98/02), ABl. 1999, S. 429; Ziff. 3 der Mitt. 580/1999 (Beschl. v. 9. 12. 1999 – BK 2-1-99/029), ABl. 1999, S. 4129; Ziff. 3 der Mitt. 461/1999 (Beschl. v. 8. 9. 1999 – BK 2c 99/023), ABl. 1999, S. 3097; ferner Vfg. 87/1999 (Beschl. v. 18. 6. 1999 – BK 2-1-99/016), ABl. 1999, S. 1907 ff.; Vfg. 88/1999 (Beschl. v. 18. 6. 1999 – BK 2-1-99/017), ABl. 1999, S. 1913 ff.
3 Vgl. *Stamm*, Die Entgeltregulierung im Telekommunikationsgesetz, 2001, S. 245. Zur *ex nunc*-Wirkung s. BK v. 5. 2. 1998, K&R 1998, 325, 326; anders *Manssen*, in: Manssen, Telekommunikations- und Multimediarecht, 1999, § 27 Rz. 14 f.
4 Vgl. BK v. 5. 2. 1998, K&R 1998, 325, 326.
5 D. h. eine diesbezügliche „einstweilige Anordnung" i. S. v. § 78 TKG, *Schmidt*, K&R 1999, 385, 389; *Stamm*, Die Entgeltregulierung im Telekommunikationsgesetz, 2001, S. 259 ff.
6 Zuviel gezahlte Beträge können nach Bereicherungsrecht zurückgefordert werden (*Holznagel/Bysikiewicz/Enaux/Nienhaus*, Grundzüge des Telekommunikationsrechts, 2000, S. 102).
7 Vgl. Beck TKG-Komm/*Schuster/Stürmer*, § 24 Rz. 9; *Holznagel/Bysikiewicz/Enaux/Nienhaus*, Grundzüge des Telekommunikationsrechts, 2000, S. 93; *Manssen*, in: Manssen, Telekommunikations- und Multimediarecht, 1999, § 24 Rz. 11.

Angebot von Telekommunikation insgesamt und werden daher auch solche Leistungen erfaßt, die zwar nicht als selbständige Telekommunikationsdienstleistungen angeboten werden (sollen), aber eine unabdingbare Voraussetzung zu deren Erbringen darstellen. Als genehmigungspflichtig erachtet wurden so auch Entgelte für Leistungen im Zusammenhang mit der Rufnummernportabilität gem. § 43 Abs. 5 TKG[1] und für die dauerhafte Voreinstellung auf einen anderen Verbindungsnetzbetreiber (*pre-selection*) gem. § 43 Abs. 6 TKG[2].

Neben „Entgelten" – nicht als deren Bestandteil[3] – unterliegen auch **„entgeltrelevante" Bestandteile der Allgemeinen Geschäftsbedingungen** (i. S. v. § 1 AGBG[4]) von Telekommunikationsdienstleistungen anbietenden Unternehmen der Regulierung. Hierzu zählen, soweit dafür nicht bereits normative Regelungen (in der TKV; oben, Rz. 134 f.) bestehen, Bestimmungen im Hinblick auf die „technische" Abwicklung, d. h. Klauseln über Entgeltberechnung und -zahlung sowohl allgemeiner als auch telekommunikationsspezifischer Art (wie z. B. Taktzeiten)[5]. Andererseits liegt Entgeltrelevanz nicht schon dann vor, wenn sich Vertragsinhalte auf die Entgelthöhe auswirken können[6]; Haftungs- und Gewährleistungsregelungen, Vertragsstrafen o.ä. müssen daher lediglich den Anforderungen aus §§ 9 ff. AGBG genügen.

138

3.4.2.2 Entgelte für Gewährung von Netzzugang bzw. Zusammenschaltung

„Nutzern" (§ 3 Nr. 11) den gleichwertigen Zugang zu seinem Telekommunikationsnetz oder Teilen desselben ermöglichen muß ein Telekommunikationsdienstleistungen für die Öffentlichkeit anbietender Betreiber nur gegen Entgelt, erfolge dies über für sämtliche Nutzer bereitge-

139

---

1 Nicht aber die „Rufnummernmitnahme" seitens des gem. § 20 Abs. 2 Satz 3 TKV nutzungsberechtigten Kunden gegenüber dem abgebenden Teilnehmernetzbetreiber; vgl. BK v. 7. 4. 1998 – BK 2b 24/98, K&R 1998, 502.
2 BK v. 6. 1. 1998, K&R 1998, 328 (Ls.); BK v. 5. 2. 1998, K&R 1998, 325 ff.; BK v. 15. 6. 1998 – BK 2b-98/001, K&R 1998, 545 ff. (Vfg. 69/1998, ABl. 1998, S. 1580); dazu *Eschweiler*, K&R 1998, 530, 534 f.; *Posser/Rädler*, MMR 1998, 562 ff.
3 Beck TKG-Komm/*Schuster/Stürmer*, § 24 Rz. 10.
4 Beck TKG-Komm/*Schuster/Stürmer*, § 25 Rz. 6; *Holznagel/Bysikiewicz/Enaux/Nienhaus*, Grundzüge des Telekommunikationsrechts, 2000, S. 93; ferner *Manssen*, in: Manssen, Telekommunikations- und Multimediarecht, 1999, § 24 Rz. 12.
5 Vgl. Beck TKG-Komm/*Schuster/Stürmer*, § 25 Rz. 11 f.; *Manssen*, in: Manssen, Telekommunikations- und Multimediarecht, 1999, § 25 Rz. 5; *Stamm*, Die Entgeltregulierung im Telekommunikationsgesetz, 2001, 159.
6 Anders Beck TKG-Komm/*Schuster/Stürmer*, § 25 Rz. 8.

stellte oder über besondere Anschlüsse (§ 35 Abs. 1 Sätze 1, 2 TKG). Im Falle eines besonderen Netzzugangs (einschließlich einer Zusammenschaltung) unterliegt er dabei einem **Entbündelungsgebot** gem. § 2 NZV. Soweit diese Verpflichtung reicht (§ 2 Satz 3 NZV), muß für jede entbündelt anzubietende „Leistung" (i. S. v. § 33 Abs. 1 TKG) auch ein spezifisches Entgelt ausgewiesen werden[1]. Gleiches gilt bei einer Zusammenschaltungsanordnung für die meisten der in der Anlage zu § 5 Abs. 2 NZV aufgelisteten Komponenten einer Vereinbarung, nicht nur die speziell leistungsbezogenen der lits. a), b)[2].

140 Trotz der (zu engen) Formulierung in Überschrift und Normtext umfaßt § 39 TKG auch die Regulierung entgeltrelevanter AGB-Bestandteile; dies ergibt sich aus dem Inhalt der in Bezug genommenen Vorschriften[3].

3.4.2.3 Entgelte für Universaldienstleistungen

141 Die Legaldefinition der „Universaldienstleistungen" ist in § 17 Abs. 1 Satz 1 TKG enthalten. Für jede einzelne zum Mindestangebot gehörende und im Wege der Rechtsverordnung näher bestimmte Telekommunikationsdienstleistung für die Öffentlichkeit muß ein **„erschwinglicher Preis"** gelten; hieraus ergibt sich zwingend eine Entgeltdifferenzierung.

142 Aus § 24 Abs. 1 Satz 2 TKG folgt andererseits, daß die Bestimmungen des Dritten Abschnitts für Universaldienstleistungsentgelte keine Anwendung finden, vielmehr besondere – wenngleich nicht notwendig andere[4] – „Maßstäbe für die Bestimmung des Preises" durch den Verordnungsgeber festzusetzen sind. Die Regulierungsbehörde ist freilich gem. § 17 Abs. 2 Satz 4 TKG befugt darüber zu entscheiden, ob diese Maßstäbe eingehalten werden[5].

3.4.2.4 Sonstige

143 Für die Bereitstellung von **Teilnehmerdaten** durch einen Lizenznehmer von „Sprachkommunikationsdienstleistungen"[6] für die Öffentlichkeit kann dieser von Nachfragern ein Entgelt erheben, das sich „an den Kosten der effizienten Bereitstellung orientiert" (§ 12 Abs. 1 [Satz 2]

---

1 Vgl. *Manssen*, in: Manssen, Telekommunikations- und Multimediarecht, 1999, § 39 Rz. 3. Hierzu eingehend unten, 4 Rz. 363 ff.
2 Zum Verhältnis zu einem Entgeltgenehmigungsantrag s. BK 4 v. 8. 9. 1999 – BK 4c-99-030, CR 1999, 769, 770; dazu *Esser-Wellié/Braun*, CR 1999, 770, 772.
3 *Stamm*, Die Entgeltregulierung im Telekommunikationsgesetz, 2001, S. 296.
4 So auch *Schmidt*, K&R 1999, 385, 388; *Großkopf/Rittgen*, CR 1998, 86, 89.
5 Vgl. Beck TKG-Komm/*Schütz*, § 17 Rz. 15; unklar *Schmidt*, K&R 1999, 385, 387.
6 Vgl. dazu Beck TKG-Komm/*Büchner*, § 12 Rz. 6.

TKG), wenn es sich dabei um andere Lizenznehmer derselben Art handelt; damit ist hier der gleiche Maßstab wie nach § 24 Abs. 1 Satz 1 TKG, § 3 Abs. 2 TEntgV heranzuziehen[1]. Von sonstigen Dritten kann er hingegen ein „angemessenes" Entgelt[2] fordern. Insoweit erfolgt jedoch keine Entgeltregulierung durch die Regulierungsbehörde[3].

3.4.3 Regulierte Unternehmen

3.4.3.1 Marktbeherrschende Lizenznehmer

§ 25 Abs. 1 TKG unterwirft der (*ex ante*-)Entgeltregulierung nur solche Personen/Unternehmen, die eine wirksame Lizenz der Klasse 3 oder 4 innehaben und auf dem „jeweiligen Markt" über eine **beherrschende Stellung im Sinne des GWB** verfügen. Bei der Abgrenzung der sachlich und räumlich relevanten Märkte (unten, Rz. 149 ff.) sowie bei der Feststellung einer marktbeherrschenden Stellung (i. S. v. § 22 Abs. 1–3 GWB a. F.; § 19 Abs. 2, 3 GWB – unten, Rz. 153)[4] hat die Regulierungsbehörde das Einvernehmen mit dem Bundeskartellamt zu suchen; zu diesem Zweck ist dieser Bundesoberbehörde vor Entscheidungen nach dem Dritten oder Vierten Teil des TKG Gelegenheit zur Stellungnahme einzuräumen (§ 82 Sätze 2, 3 TKG)[5]. Eine allgemeine bzw. periodische Veröffentlichung hierzu ist der Regulierungsbehörde allerdings nicht vorgesehen[6]. „Die Beschränkung auf marktbeherrschende Unternehmen ergibt sich aus der Annahme, daß diese Unternehmen von einer Bindung ihrer Kunden profitieren oder eine Bindungswirkung haben entfalten können, so daß ein Anlaß für einen Schutz durch Preisaufsicht gegeben ist"[7].

144

---

1 Beck TKG-Komm/*Büchner*, § 12 Rz. 14 ff.; wohl auch *Schmidt*, K&R 1999, 385, 388 Fn. 10.
2 Nach Beck TKG-Komm/*Büchner*, § 12 Rz. 20 ff. ist dies ebenfalls mit „kostenorientiert" gleichzusetzen; s. a. *Schmidt*, K&R 1999, 385, 388.
3 Ebenso *Manssen*, in: Manssen, Telekommunikations- und Multimediarecht, 1999, § 25 Rz. 6; OVG Münster v. 5. 2. 2001 – 13 A 3696/00, RTKom 2001, 170, 172; *Zendt*, ebd., 172 f.
4 Zur Feststellung, daß derzeit auf dem je relevanten Markt eine beherrschende Stellung fehle, vgl. Mitt. 52/2000 (Beschl. v. 19. 1. 2000 – BK 4e-99-054), ABl. 2000, S. 188; Mitt. 581/1999 (Beschl. v. 13. 12. 1999 – BK 4e-99-019), ABl. 1999, S. 4129 f.; ferner Ziff. 5 des Beschl. v. 27. 10. 1999 (BK 4e-99-038), Mitt. 492/1999, ABl. 1999, S. 3232; Ziff. 1 des Beschl. v. 19. 1. 2000 (BK 4e-99-054), Mitt. 52/2000, ABl. 2000, S. 188. Vgl. auch Ziff. 2 des DTAG-Antrags v. 30. 6. 1999 für International Carrier-Connect-Verbindungen (Mitt. 460/1999), ABl. 1999, S. 3096 f.
5 Vgl. *Schmidt*, K&R 1999, 385, 390; Beck TKG-Komm/*Geppert*, § 82 Rz. 9 ff., 13 f.; *Weber/Rommersbach*, in: Manssen, Telekommunikations- und Multimediarecht, 1999, § 82 Rz. 7, 8 ff.
6 Krit. Beck TKG-Komm/*Schuster/Stürmer*, § 26 Rz. 2 f.
7 BR-Drucks. 80/96 v. 9. 2. 1996, S. 43.

145 Erfaßt werden auch Entgelte und entgeltrelevante AGB-Bestandteile eines Unternehmens, das mit einem Lizenznehmer nach § 25 Abs. 1 ein „**einheitliches Unternehmen**" bildet, wie es durch jede Verbindung von Unternehmen i. S. d. § 23 Abs. 1 Satz 2, Abs. 2 und 3 GWB a. F. geschaffen wird (§ 25 Abs. 3 TKG); die Bestimmung soll eine Flucht aus der Entgeltregulierung verhindern[1]. Zu einem einheitlichen Unternehmen gehören demzufolge abhängige oder herrschende Unternehmen i. S. d. § 17 AktG sowie Konzernunternehmen i. S. d. § 18 AktG; dabei liegt ein (gemeinsamer) herrschender Einfluß auch vor, wenn er aus dem Zusammenwirken mehrerer Unternehmen resultiert (§ 23 Abs. 1 Satz 2 GWB a. F.; § 36 Abs. 2 GWB). Auch wenn noch kein Unternehmensverbund im aktienrechtlichen Sinne vorliegt, ist gleichwohl ein „einheitliches Unternehmen" gegeben, wenn die Merkmale eines Zusammenschlusses erfüllt sind: Bedeutsam erscheinen vor allem die Fälle, in denen ein marktbeherrschendes Unternehmen 25 oder mehr Prozent des Kapitals oder der Stimmrechte eines anderen Unternehmens erwirbt oder hält (§ 23 Abs. 2 Satz 1 Nr. 2 i. V. m. Abs. 3 Satz 1 GWB a. F.; § 37 Abs. 1 Nr. 3 i. V. m. Abs. 2 GWB) oder durch Verträge ein Konzern (§ 18 AktG) gebildet bzw. der Kreis der Konzernunternehmen erweitert wird (§ 23 Abs. 2 Satz 1 Nr. 3a] GWB a. F.) oder sich ein Unternehmen verpflichtet, sein Unternehmen für Rechnung eines anderen zu führen oder seinen Gewinn ganz oder zum Teil an dieses Unternehmen abzuführen (§ 23 Abs. 2 Satz 1 Nr. 3b] GWB a. F.) oder einem Unternehmen der Betrieb eines anderen ganz oder zu einem wesentlichen Teil verpachtet oder sonst überlassen wird (§ 23 Abs. 2 Satz 1 Nr. 3 c] GWB a. F.; § 37 Abs. 1 Nr. 2 GWB).

146 Auf § 25 Abs. 1 und 3 TKG verweist § 39 TKG. Bei der Gewährung von Netzzugang folgt dabei aus dem Wortlaut des § 35 Abs. 1 Satz 1 (bzw. 3) TKG, daß eine Entgeltregulierung nur eingreift, wenn – als Verpflichteter – ein marktbeherrschender Netzbetreiber beteiligt ist. Hingegen kann eine Zusammenschaltungsanordnung im Hinblick auf § 36 TKG auch getroffen werden, wenn keines der uneinigen Unternehmen dominant ist. Freilich müssen sie eine Lizenz zum Betreiben von Übertragungswegen (§ 6 Abs. 1 Nr. 1 TKG) innehaben.

3.4.3.2 Andere Anbieter von Telekommunikationsdienstleistungen für die Öffentlichkeit

147 Allein an das Vorliegen einer **marktbeherrschenden Stellung** knüpft die *ex post*-Kontrolle an (§ 25 Abs. 2 TKG), um ebenfalls „auf Marktmacht

---

[1] Vgl. Beck TKG-Komm/*Schuster/Stürmer*, § 25 Rz. 15; *Manssen*, in: Manssen, Telekommunikations- und Multimediarecht, 1999, § 25 Rz. 11.

beruhende Auswüchse"[1] zu beschneiden. Die regulierte Tätigkeit kann, muß aber nicht lizenzpflichtig sein; auch hier wird aber ggf. auf ein „einheitliches Unternehmen" i. S. v. § 25 Abs. 3 TKG abgestellt. Nur auf diesen Bereich (sowie auf § 23 TKG) bezieht sich die Verpflichtung der Regulierungsbehörde, einmal jährlich in ihrem Amtsblatt Wettbewerber und Verbraucher darüber zu informieren, auf welchen sachlich und räumlich relevanten Märkten eine marktbeherrschende Stellung besteht (§ 26 TKG), welche Unternehmen mithin der Entgeltregulierung unterliegen[2].

„Erschwingliche" Entgelte für lizenzierungsbedürftige **Universaldienstleistungen** (§ 17 Abs. 1 Satz 2) wie für solche außerhalb des lizenzierten Bereich (§ 17 Abs. 1 Satz 3 TKG, § 1 Nr. 2, 3 TUDLV) sind für alle Unternehmen maßgeblich, die der allgemeinen Verpflichtung unterworfen sind, derartige Grundversorgungsleistungen zu erbringen (§ 18 Abs. 1 Satz 2 TKG). Die Vorgaben des § 2 TULDV werden nicht erst dann verbindlich, wenn es zu einer Auferlegung von Pflichten nach § 19 TKG kommt, vielmehr besteht die Beitragspflicht nach § 18 Abs. 1 Satz 1 TKG für umsatzstarke Lizenznehmer – aber auch nur für sie – bereits unmittelbar kraft Gesetzes[3]. 148

3.4.3.3 Marktabgrenzung im Telekommunikationssektor

Insbesondere die Entgeltregulierung knüpft an die Feststellung von Marktbeherrschung im Sinne des allgemeinen (europäischen bzw. nationalen) Wettbewerbsrechts an; dies setzt zunächst eine **sachliche und geographische (räumliche) Marktabgrenzung** voraus. Nach dem Bedarfsmarktkonzept steht die „funktionelle Austauschbarkeit der Produkte und Dienstleistungen aus Sicht der Nachfrager"[4], also die Nachfragesubstition[5] im Vordergrund. Ein sachlich-gegenständlich relevanter 149

---

1 BR-Drucks. 80/96 v. 9. 2. 1996, S. 43.
2 Mangels „Regelungs"-Qualität liegt hier kein Verwaltungsakt vor, *Mestmäcker*, Beil. zu MMR 8/1998, 1, 6; *Manssen*, in: Manssen, Telekommunikations- und Multimediarecht, 1999, § 26 Rz. 4. Vfg. 156/1999 (ABl. 1999, S. 4090) gibt demgemäß lediglich die beiden (bis dato) zur Marktbeherrschung der DTAG im Jahr 1999 getroffenen BK-Entscheidungen wieder (Beschl. v. 24. 3. 1999 – BK 3b-99/001; Beschl. v. 16. 6. 1999 – BK 3a-99/014); s. a. Vfg. 147/1998, ABl. 1998, S. 3134 f. sowie Mitt. 581/1999 (Beschl. v. 13. 12. 1999 – BK 4e-99-019), ABl. 1999, S. 4129 f.
3 Beck TKG-Komm/*Schütz*, § 18 Rz. 41 f.
4 Vgl. Sondergutachten der Monopolkommission gemäß § 81 Abs. 3 Telekommunikationsgesetz und § 44 Postgesetz, Wettbewerb auf Telekommunikations- und Postmärkten?, BT-Drucks. 14/2321 v. 2. 12. 1999, S. 149, 151.
5 Vgl. *Plum/Schwarz-Schilling*, Marktabgrenzung im Telekommunikations- und Postsektor, 2000, S. 21 ff.

Markt umfaßt damit „sämtliche Produkte oder Dienstleistungen, die von den Verbrauchern hinsichtlich ihrer Eigenschaften, Preises und ihres vorgesehenen Verwendungszwecks als austauschbar angesehen werden"[1]. Räumlich relevant ist das „Gebiet, in dem die beteiligten Unternehmen Produkte oder Dienstleistungen anbieten, in dem die Wettbewerbsbedingungen hinreichend homogen sind und das sich von benachbarten Gebieten, insbesondere aufgrund merklich unterschiedlicher Wettbewerbsbedingungen, die in diesen Gebieten herrschen, abgrenzt"[2].

150 Durch die Liberalisierung sind im Bereich der Telekommunikation zwei Arten von Märkten entstanden: Märkte, auf denen Telekommunikationsdienstleistungen für Endnutzer erbracht werden (Endkundenmärkte), und Märkte für den Zugang zu Einrichtungen oder Leistungen, die zur Erbringung von Diensten für Endnutzer erforderlich sind (Vorleistungs- bzw. *Carrier*-Märkte)[3]. Bei Endkundenmärkten sind derzeit noch Sprachtelefondienst auf der Basis von Festnetzanschlüssen und Mobiltelefonie insbesondere wegen der Preis- und Qualitätsunterschiede zwei voneinander zu trennende Märkte[4]. In der Festnetztelefonie werden Teilnehmeranschluß und Ortsgespräche (noch) demselben sachlich relevanten Markt zugerechnet[5]; hingegen bestehen jeweils eigenständige (Teil-)-Märkte für Fern- und Auslandsgespräche sowie für Gespräche zu Mobilfunkanschlüssen, ferner für Internet-Telefonie[6].

---

1 Vgl. BT-Drucks. 14/2321 v. 2. 12. 1999, S. 151 Tz. 6; *Plum/Schwarz-Schilling*, Marktabgrenzung im Telekommunikations- und Postsektor, 2000, 35; *Holznagel/Bysikiewicz/Enaux/Nienhaus*, Grundzüge des Telekommunikationsrechts, 2000, S. 47; *Manssen*, in: Manssen, Telekommunikations- und Multimediarecht, 1999, § 14 Rz. 3; *Lampert*, WuW 1998, 27, 29 f.
2 So die Bekanntmachung der Kommission über die Definition des relevanten Marktes im Sinne des Wettbewerbsrechts der Gemeinschaft, ABl. EG Nr. C 272 S. 1, 2, v. 12. 9. 1997; ähnlich BT-Drucks. 14/2321 v. 2. 12. 1999, S. 151 Tz. 6; s. a. *Plum/Schwarz-Schilling*, Marktabgrenzung im Telekommunikations- und Postsektor, 2000, S. 36, 60 ff.
3 Vgl. BT-Drucks. 14/2321 v. 2. 12. 1999, S. 151 Tz. 6; *Holznagel/Bysikiewicz/Enaux/Nienhaus*, Grundzüge des Telekommunikationsrechts, 2000, S. 47; *Mestmäcker*, Beil. zu MMR 8/1998, 1, 10 ff.; *Lampert*, WuW 1998, 27, 30; differenzierend *Plum/Schwarz-Schilling*, Marktabgrenzung im Telekommunikations- und Postsektor, 2000, 49 ff.; *Stumpf/Schwarz-Schilling*, Wettbewerb auf Telekommunikationsmärkten, 1999, 3 ff., 66 ff.
4 Vgl. BT-Drucks. 2321 v. 2. 12. 1999, S. 151 Tz. 6; *Holznagel/Bysikiewicz/Enaux/Nienhaus*, Grundzüge des Telekommunikationsrechts, 2000, S. 47; *Salje*, K&R 1998, 331, 332 f.; s. a. *Plum/Schwarz-Schilling*, Marktabgrenzung im Telekommunikations- und Postsektor, 2000, S. 62 ff.
5 Vgl. BT-Drucks. 14/2321 v. 2. 12. 1999, S. 151 Tz. 7; krit. *Plum/Schwarz-Schilling*, Marktabgrenzung im Telekommunikations- und Postsektor, 2000, S. 63 f.
6 Vgl. BT-Drucks. 14/2321 v. 2. 12. 1999, S. 152 Tz. 10; s. a. *Windhorst/Franke*, CR 1999, 14, 22; *Beese/Müller*, RTKom 2001, 83, 86 f.

Räumliche Marktabgrenzungen sind für den Markt für Teilnehmeranschlüsse und Ortsgespräche bedeutsam[1]; hingegen werden Ferngespräche und Gespräche in Mobilfunknetze bundesweit abgrenzt[2], die Märkte für Auslandsgespräche darüber hinaus nach Ziegelländern[3]. 151

Bei den Vorleistungsmärkten handelt es sich im wesentlichen um Zusammenschaltungsleistungen (Zuführung oder Terminierung), den Zugang zur Teilnehmeranschlußleitung[4] und um Mietleitungen. Je nach der Ebene der Netzübergabepunkte ist zunächst zwischen nationalen, regionalen und lokalen Märkten zu unterscheiden; auf Ortsebene gibt es so viele sachlich relevante Märkte für lokale Zuführungen oder Terminierungen, wie es Teilnehmernetzbetreiber gibt[5]. Kriterien zur Abgrenzung sachlich relevanter Mietleitungsmärkte sind die Art der Nutzer – Carrier oder Endkunden – und die Übertragungskapazität[6]. 152

3.4.3.4 Marktbeherrschung

Nach Aufhebung des Sprachtelefondienstmonopols kann sich auch eine marktbeherrschende Stellung der DTAG nicht mehr aus dem Umstand ergeben, daß dieses Unternehmen „als Anbieter oder Nachfrager einer bestimmten Art von gewerblichen Leistungen ohne Wettbewerber ist"; nach wie vor dürfte aber die DTAG vielfach „keinem wesentlichen Wettbewerb ausgesetzt" sein (§ 19 Abs. 2 Satz 1 Nr. 1, 2. Alt. GWB)[7] oder „eine im Verhältnis zu (ihr)en Wettbewerbern überragende Marktstellung" haben (§ 19 Abs. 2 Satz 1 Nr. 2 GWB). Letzteres ist dann anzunehmen, wenn ein Unternehmen in einem vom Wettbewerb nicht mehr hinreichend kontrollierten Verhaltensspielraum agieren kann[8], wofür 153

---

1 Vgl. BT-Drucks. 14/2321 v. 2. 12. 1999, S. 152 Rz. 11; *Plum/Schwarz-Schilling*, Marktabgrenzung im Telekommunikations- und Postsektor, 2000, S. 66; *Mestmäcker*, Beil. zu MMR 8/1998, 1, 12; *Lampert*, WuW 1998, 27, 31; vgl. BK v. 17. 9. 1998 – BK 3a-98/008, K&R 1998, 495, 498.
2 Vgl. *Plum/Schwarz-Schilling*, Marktabgrenzung im Telekommunikations- und Postsektor, 2000, S. 67; *Holznagel/Bysikiewicz/Enaux/Nienhaus*, Grundzüge des Telekommunikationsrechts, 2000, S. 47 f.; *Lampert*, WuW 1998, 27, 31.
3 Vgl. BT-Drucks. 14/2321 v. 2. 12. 1999, S. 152 Tz. 11; BK 4 v. 13. 12. 1999 – BK 4e-99/019, MMR 2000, 316 f.; dazu *Struck*, MMR 2000, 317 ff.
4 Vgl. BK v. 17. 9. 1998 – BK 3 a-98/008, K&R 1998, 495, 497.
5 Vgl. BT-Drucks. 14/2321 v. 2. 12. 1999, S. 152 Tz. 12; s. a. *Salje*, K&R 1998, 331, 338 f.
6 Vgl. BT-Drucks. 14/2321 v. 2. 12. 1999, S. 152 Tz. 13; *Salje*, K&R 1998, 331, 337.
7 Vgl. *Salje*, K&R 1998, 331, 334 f.; Beck TKG-Komm/*Salger/Traugott*, § 32 Rz. 34, 37.
8 Ähnlich *Manssen*, in: Manssen, Telekommunikations- und Multimediarecht, 1999, § 14 Rz. 4; *Lampert*, WuW 1998, 27, 31.

insbesondere der Marktanteil (§ 19 Abs. 3), aber auch andere Aspekte (§ 19 Abs. 2 Satz 1 Nr. 2 Hs. 2 GWB) maßgeblich sind. Dabei ist nicht allein der aktuelle, sondern auch der potentielle sowie ein Substitutions-Wettbewerb zu berücksichtigen[1]. Insbesondere in der Mobiltelefonie kommt auch eine Marktbeherrschung mehrerer Unternehmen nach § 19 Abs. 2 Satz 2 GWB in Betracht, die voraussetzt, daß zwischen ihnen für eine bestimmte Art von Leistungen kein wesentlicher Wettbewerb mehr besteht und sie in ihrer Gesamtheit die Voraussetzungen des § 19 Abs. 2 Satz 1 erfüllen[2]. Je nach Marktentwicklung kann letztlich jedes Unternehmen, das Telekommunikationsdienstleistungen für die Öffentlichkeit erbringt, auf einem bestimmten sachlich und räumlich relevanten Markt eine beherrschende Stellung erlangen; die sektorspezifische Regulierung ist nicht asymmetrisch in diesem Sinne, daß sie nur gegen ein einziges, nämlich das frühere Monopol-Unternehmen, gerichtet ist[3].

3.4.4 Maßstäbe für der Regulierung unterliegende Entgelte

3.4.4.1 Kosten der effizienten Leistungsbereitstellung

154 „Ausgangspunkt"[4] der Maßstäbe für die Entgeltregulierung sind die „Kosten der effizienten Leistungsbereitstellung". Damit soll „zum Ausdruck gebracht" werden, „daß als Grundlage für die Preisbildung des regulierten Unternehmens insgesamt nur der bewertete Güterverzehr in Betracht kommen kann, der in engem Zusammenhang mit der Leistungsbereitstellung steht"[5]. Eine **Konkretisierung** des Begriffs nahm die Bundesregierung in § 3 Abs. 2 TEntgV vor (oben, Rz. 117): Art und Umfang der „Leistungen", die „bereitgestellt" werden (sollen), ergeben sich danach aus der detaillierten, auch die Soll-Qualität umfassenden Beschreibung des beantragenden Unternehmens (vgl. § 2 Abs. 1 Nr. 1, § 6 Abs. 1 Satz 2 TEntgV); hierzu zählen in erster Linie, aber nicht nur der Öffentlichkeit am Markt angebotene Telekommunikationsdienstleistungen. Die „Bereitstellung" umfaßt demzufolge alle Handlungen, die zur Herstellung bzw. zum Angebot dieser Leistungen dienen; „effizient" sind sie freilich nur, wenn sie unter minimalem Einsatz von Produktionsfaktoren

---

1 Vgl. bereits *Lampert*, WuW 1998, 27, 33 f.
2 Vgl. *Mestmäcker*, Beil. zu MMR 8/1999, 1, 12 f., 16 ff. einerseits, *Salje*, K&R 1998, 331, 336 f. andererseits; ferner *Knieps*, Beil, zu MMR 2/2000, 1 ff.
3 Ebenso *Manssen*, in: Manssen, Telekommunikations- und Multimediarecht, 1999, § 14 Rz. 12; *Holznagel/Bysikiewicz/Enaux/Nienhaus*, Grundzüge des Telekommunikationsrechts, 2000, S. 48; *Gramlich*, VerwArch 1997, 598, 632 f.; *Stamm*, Die Entgeltregulierung im Telekommunikationsgesetz, 2001, 170 f.; anders *Lampert*, WuW 1998, 27, 38.
4 So BR-Drucks. 80/96 v. 9. 2. 1996, S. 42.
5 BR-Drucks. 80/96 v. 9. 2. 1996, S. 42.

zu minimalen Faktorpreisen erfolgen, d. h. unbedingt „notwendig" sind (s. § 3 Abs. 2 Hs. 2 TEntgV)[1].

Als Kategorien von „Kosten" werden in dieser Vorschrift aufgeführt: die langfristigen zusätzlichen Kosten der Leistungsbereitstellung (*long-run incremental costs*, LRIC), d. h. die „Einzelkosten" für die spezifische Leistung, die dieser nicht direkt zurechenbaren und damit leistungsmengenneutralen – „fixen" – „Gemeinkosten"[2], die Verzinsung des eingesetzten (Eigen- und Fremd-)Kapitals. § 3 Abs. 2 TEntgV bezieht die beiden letztgenannten Positionen freilich nur in „angemessenem" Umfang ein[3]. 155

Generell dürfen alle Kostenkategorien nach Umfang und Höhe nur im für die Leistungsbereitstellung **notwendigen** Maße berücksichtigt werden. Bereits die Begründung des Gesetzesentwurfs wies darauf hin, bei der Prüfung dieses Kriteriums könne sich die Regulierungsbehörde „sowohl der Kostenrechnungsdaten des ... Unternehmens bedienen ... als auch Informationen auf vergleichbaren Märkten – Telekommunikationsmärkten, auf denen ebenfalls Wettbewerb zugelassen ist – heranziehen"[4]; diese Vorgehensweise wurde insbesondere in § 3 (Abs. 1, 3) TEntgV bekräftigt[5]. Dem LRIC-Konzept entspricht ein zukunftsgerichter (*forward-looking*) Kosten-Ansatz[6]. 156

§ 24 Abs. 1 Satz 1 TKG verlangt eine „**Orientierung**" der Entgelte an den Kosten der effizienten Leistungsbereitstellung. Höhe und Struktur der Kosten müssen also Höhe und Struktur der Entgelte maßgeblich bestimmen, zwischen beiden muß ein enger Zusammenhang bestehen, ohne daß damit unternehmerische (Tarif-)Gestaltungsspielräume ausgeschlossen werden[7]. Auch bei Universaldienstleistungen kann sich der „er- 157

---

1 Vgl. Beck TKG-Komm/*Schuster/Stürmer*, § 24 Rz. 11; *Holznagel/Bysikiewicz/Enaux/Nienhaus*, Grundzüge des Telekommunikationsrechts, 2000, S. 94; BK v. 15. 6. 1998 – BK 2b-98/001, K&R 1998, 545, 548 f.
2 Krit. zur praktizierten Aufteilung *Hefekäuser*, in: *Büchner*, Post und Telekommunikation, 1999, S. 233 (244).
3 Vgl. Beck TKG-Komm/*Schuster/Stürmer*, § 24 Rz. 14 f.; *Stamm*, Die Entgeltregulierung im Telekommunikationsgesetz, 2001, S. 176 f.
4 BR-Drucks. 80/96 v. 9. 2. 1996, S. 42 f.
5 Vgl. BK v. 15. 6. 1998 – BK 2b-98/001, K&R 1998, 545, 550 ff.
6 Vgl. Beck TKG-Komm/*Schuster/Stürmer*, § 24 Rz. 20 f.; *Schmidt*, K&R 1999, 385, 387. Dies schließt eine Berücksichtigung von „*stranded costs*" nicht notwendig aus, s. *Hefekäuser*, in: *Büchner*, Post und Telekommunikation, 1999, S. 233, 243.
7 Vgl. Beck TKG-Komm/*Schuster/Stürmer*, § 24 Rz. 18; *Holznagel/Bysikiewicz/Enaux/Nienhaus*, Grundzüge des Telekommunikationsrechts, 2000, S. 94; *Manssen*, in: Manssen, Telekommunikations- und Multimediarecht, 1999, § 24 Rz. 17; zur Eröffnung eines „Preiskorridors" *Stamm*, Die Entgeltregulierung im Telekommunikationsgesetz, 2001, S. 186 ff.

schwingliche Preis" an den Kosten der effizienten Leistungsbereitstellung orientieren, wie dies im Falle des § 2 Abs. 2 i. V. m. § 1 Nr. 2 TUDLV erfolgt ist; § 24 Abs. 1 Satz 2 TKG steht dem nicht entgegen.

158 Die Kosten der effizienten Leistungsbereitstellung bilden nicht den einzigen Maßstab für Entgelte (und entgeltrelevante AGB-Bestandteile). Vielmehr gelten daneben – auf deren „Grundlage" (s. § 27 Abs. 1 TKG)[1] – die **Anforderungen aus § 24 Abs. 2 TKG**. Dasselbe gilt für die Entgeltregulierung im Rahmen von § 39 TKG sowie bei den Universaldienstleistungen gem. § 1 Nr. 3 i. V. m. § 2 Abs. 3 TUDLV. Hingegen ähnelt § 2 Abs. 1 (i. V. m. § 1 Nr. 1) TUDLV strukturell der (allerdings allgemeineren) Anforderung aus § 24 Abs. 2 Nr. 1 TKG.

3.4.4.2 Verbotene Entgeltgestaltungen

159 Der Gesetzgeber war bestrebt, bei der Entgeltregulierung „der noch besonderen Marktstruktur auf dem Telekommunikationsmarkt" Rechnung zu tragen, indem (durch § 24 Abs. 2 TKG) „nicht nur der Schutz des Wettbewerbs als Institution, sondern auch der der Wettbewerber strenger gefaßt" wurde als im GWB: Dem „**Schutz des Marktzutritts und den Wettbewerbsmöglichkeiten** der neuen Unternehmen" komme „besondere Bedeutung zu; eine ‚wesentliche' Behinderung der Wettbewerbsmöglichkeiten" – wie im GWB gefordert – „dürfte in der Anfangsphase des Wettbewerbs bedeuten, daß der Marktzutritt für neue Unternehmen (wirtschaftlich) unmöglich wird"[2]. Ansonsten übernimmt § 24 Abs. 2 TKG jedoch das Konzept der „Preismißbrauchsaufsicht" des allgemeinen Wettbewerbsrechts (§ 22 Abs. 4 GWB a. F.; § 19 Abs. 4 GWB), aber auch nur dieser[3].

160 Das Verbot bestimmter Preis-Aufschläge lehnt sich an den „**Ausbeutungsmißbrauch**" des GWB an. Bei diesem Sachverhalt werden Entgelte, die die Kosten der effizienten Leistungsbereitstellung (Rz. 154 ff.) übersteigen, nur deshalb gezahlt, weil das eine „Hochpreisstrategie"[4] verfolgende Unternehmen marktbeherrschend ist. Der Nachweis einer solchen Kausalität obliegt regelmäßig der Regulierungsbehörde; jedoch läßt sich im Hinblick auf die Parallelität der Regelungen der Rechtsgedanke des § 20 Abs. 5 GWB (§ 26 Abs. 5 GWB a. F.) heranziehen[5].

---

1 Vgl. Beck TKG-Komm/*Schuster/Stürmer*, § 24 Rz. 17.
2 BR-Drucks. 80/96 v. 9. 2. 1996, S. 43.
3 Vgl. Beck TKG-Komm/*Schuster/Stürmer*, § 24 Rz. 28, 40; *Mestmäcker*, Beil. zu MMR 8/1998, 1, 2; *Becker*, K&R 1999, 112, 120.
4 Vgl. *Becker*, K&R 1999, 112, 120 f.
5 Vgl. Beck TKG-Komm/*Schuster/Stürmer*, § 24 Rz. 39; *Stamm*, Die Entgeltregulierung im Telekommunikationsgesetz, 2001, S. 191.

Das Verbot von Preis-Abschlägen – d. h. von Entgelten unterhalb der Kosten der effizienten Leistungsbereitstellung („**Kampfpreise**"[1]) – übernimmt nach seinem Wortlaut eher die GWB-Vorschrift über den „Behinderungsmißbrauch", verzichtet jedoch bewußt auf das Erfordernis einer „wesentlichen" Beeinträchtigung der Wettbewerbsmöglichkeiten anderer Unternehmen. Der Gesetzgeber ging allerdings davon aus, daß eine Regelung zum *predatory pricing*[2] (bis auf weiteres) gleichermaßen erforderlich sei, denn der auf den Märkten des Sprachtelefondienstes und des Übertragungswege-Angebots auf absehbare Zeit „dominante Anbieter" – die DTAG – müsse daran gehindert werden, „die Nachfrager auf Teilmärkten mit geringer Preiselastizität der Nachfrage durch hohe Preise auszubeuten, um auf anderen Teilmärkten durch systematische Preisunterbietung Wettbewerb zu beeinträchtigen"[3]. 161

Das Vorteils- bzw. **Diskriminierungsverbot** schließlich wendet sich gegen (mit § 24 Abs. 2 Nr. 1 und 2 TKG vereinbare) Entgelte, die gegenüber verschiedenen Nachfragern unterschiedlich hoch angesetzt werden – „Preisspaltung"[4] – und damit im Verhältnis zu einem Teil dieser (Nutzer-)Gruppe die Kosten nicht angemessen abbilden[5]. Diskriminierung kann nicht nur bei gleichartigen, d. h. objektiv betrachtet austauschbaren „gleichartigen", sondern auch bei lediglich „ähnlichen" Telekommunikationsdienstleistungen geübt werden, bei denen die konkrete technische Abwicklung nicht wesentlich von der des Vergleichsobjekts abweicht[6]. Hingegen stellt es keine Entgelt-Diskriminierung dar, 162

---

[1] *Scheurle*, in: Büchner, Post und Telekommunikation, 1999, 199, 207; vgl. auch Vfg. 89/1999 (Beschl. v. 18. 6. 1999 – BK 2-1-99/018), ABl. 1999, S. 1917, wo die Kammer angesichts des Aufwands für die Vermarktung und den Vertrieb der Leistung einen Abstand von mindestens 20% zwischen den von der DTAG selbst von ihren Wettbewerbern für die Zuführung und Terminierung von Verbindungsleistungen verlangten und den effektiven Endkundenentgelten für erforderlich hält; ferner BK 2 v. 25. 9. 2000 – BK 2c 00/022, 00/023, MMR 2001, 62 f.

[2] Vgl. *Becker*, K&R 1999, 112, 121; *Witte*, in: FS Schweitzer, 1997, 589, 603 f.; *Alkas*, Rabattstrategien marktbeherrschender Unternehmen im Telekommunikationsbereich, 1999, S. 46 ff., 58 f.

[3] BT-Drucks. 80/96 v. 9. 2. 1996, S. 43.

[4] Vgl. *Becker*, K&R 1999, 112, 122.

[5] Vgl. Beck TKG-Komm/*Schuster/Stürmer*, § 24 Rz. 48; *Holznagel/Bysikiewicz/Enaux/Nienhaus*, Grundzüge des Telekommunikationsrechts, 2000, S. 96; VG Köln v. 30. 1. 2001 – 1 L 2892/00, CR 2001, 235, 236.

[6] Ähnlich Beck TKG-Komm/*Schuster/Stürmer*, § 24 Rz. 52 f., 54; *Manssen*, in: Manssen, Telekommunikations- und Multimediarecht, 1999, § 24 Rz. 26. Zum Bezug auf Art. 12 Abs. 3 der Sprachtelefondienst-Richtlinie (95/62/EG) s. BT-Drucks. 13/4864 v. 12. 6. 1996, S. 77. Vgl. auch OVG Münster v. 15. 3. 2001 – 13 B 158/01, RTKom 2001, 164, 166 f.

wenn eine Telekommunikationsdienstleistung nicht allen sich in der gleichen Lage befindlichen Nachfragern gegenüber erbracht wird; bei einer derartigen Leistungsverweigerung ist vielmehr § 33 TKG einschlägig[1].

163 Die Anforderungen aus § 24 Abs. 2 TKG gelten dann nicht, wenn das regulierte Unternehmen einen „**sachlich gerechtfertigten Grund**" für sein Verhalten geltend machen und nachweisen kann. Auch diese Einschränkung folgt dem GWB (§§ 22 Abs. 4 Nr. 1, 26 Abs. 2 Satz 1 a. F.; §§ 19 Abs. 4 Nr. 1, 20 Abs. 1, 4 Satz 2). Bei der gebotenen Abwägung der Interessen sind nicht nur die beteiligten (privaten) Belange festzustellen und zu bewerten, sondern auch die Regulierungs-Ziele des TKG zu berücksichtigen, nicht zuletzt die Interessen der (End-)Nutzer (§ 2 Abs. 2 Nr. 1 TKG)[2]. Eine Rechtfertigung kann sich aus gesetzlichen Verpflichtungen ergeben, aber auch – wenn sie sachbezogen und -gemäß ist – bei Vorleistungen eines Nachfragers honorierenden Rabatten zu bejahen sein[3].

3.4.5 Modalitäten der Entgeltregulierung

3.4.5.1 ex ante-Kontrolle

164 Bei beiden in § 27 Abs. 1 TKG genannten Genehmigungsarten steht es im Ermessen (§ 40 VwVfG) der Regulierungsbehörde, Entgeltanträge „abzulehnen", wenn das Unternehmen die je geforderten Unterlagen (§ 2 Abs. 1, 2, § 5 Abs. 1 TEntgV) nicht vollständig vorlegt (§ 2 Abs. 3, § 5 Abs. 2 TEntgV)[4]. Die materielle Prüfung konzentriert sich auf die Einhaltung des Preishöhenmaßstabs (§ 27 Abs. 2 i. V. m. 24 Abs. 2 Nr. 1 TKG), freilich nicht ausschließlich[5]. Im Hinblick auf die „relativ kurzen" Entscheidungsfristen[6] wird allerdings eine eingehendere Prüfung der weiteren Anforderungen (aus § 24 Abs. 2 Nr. 2, 3 TKG) bereits explizit durch § 27 Abs. 3 TKG ausgeschlossen. Auch ein Verstoß gegen (andere) Vor-

---

1 Anders offenbar Beck TKG-Komm/*Schuster/Stürmer*, § 24 Rz. 55.
2 Vgl. Beck TKG-Komm/*Schuster/Stürmer*, 1997, § 24 Rz. 60; *Becker*, K&R 1999, 112, 122; *Manssen*, in: Manssen, Telekommunikations- und Multimediarecht, 1999, § 24 Rz. 29; *Stamm*, Die Entgeltregulierung im Telekommunikationsgesetz, 2001, S. 195.
3 Ebenso Beck TKG-Komm/*Schuster/Stürmer*, § 24 Rz. 69 f.; *Manssen*, in: Manssen, Telekommunikations- und Multimediarecht, 1999, § 24 Rz. 31; vgl. auch *Alkas*, Rabattstrategien marktbeherrschender Unternehmen im Telekommunikationsbereich, 1999, S. 61 ff.
4 Vgl. *Manssen*, in: Manssen, Telekommunikations- und Multimediarecht, 1999, § 27 Rz. 10.
5 Anders aber BR-Drucks. 80/96 v. 9. 2. 1996, S. 44.
6 BR-Drucks. 80/96 v. 9. 2. 1996, S. 44.

schriften des TKG oder andere Rechtsvorschriften kann aus diesem Grunde (zunächst) nur im Falle der Offenkundigkeit zu einer Versagung der beantragten Genehmigung führen. Im Hinblick auf den „engen Zusammenhang" mit § 30 TKG sei die bloße **„Plausibilitätsprüfung"** „zweckentsprechend"[1]. Andererseits muß aus der Sicht der regulierten Unternehmen der Eingriff in die preispolitische Dispositionsfreiheit so klein wie möglich gehalten werden; eine Ablehnung ihres (formell korrekten und vollständigen) Antrags darf daher nur erfolgen, wenn er den Prüfungs- und Entscheidungskriterien des § 27 Abs. 3 TKG nicht genügt, und Nebenbestimmungen dürfen nur nach Maßgabe von § 36 Abs. 1 VwVfG[2] getroffen werden.

Vorläufige Genehmigungen[3] erfolgen im Wege der einstweiligen Anordnung nach § 78 TKG auch ohne diesbezüglichen Antrag[4]. Sie können explizit auflösend bedingt durch den Erlaß einer endgültigen Genehmigung ergehen, aber auch oder zugleich mit weiteren Nebenbestimmungen versehen werden, etwa der Auflage, bei der Entgelthöhe zulasten der Kunden eintretende Differenzbeträge diesen (mit Wirkung *ex tunc*) zu erstatten[5], oder einem Widerrufsvorbehalt[6]. Genehmigungsbescheiden wurde auch ein Währungsvorbehalt oder eine Anpassungsklausel beigefügt[7]; dem Antragsteller wurde aufgegeben, innerhalb bestimmter Frist eine Istkostenabrechnung (im Hinblick auf Kollokationsräume, § 3 NZV) einzuführen[8].

---

1 BR-Drucks. 80/96 v. 9. 2. 1996, S. 44; ähnlich *Manssen*, in: Manssen, Telekommunikations- und Multimediarecht, 1999, § 27 Rz. 8; s. etwa BK 2 v. 10. 11. 2000 – BK 2c-00/026, MMR 2001, 197, 198.
2 Anders offenbar BK v. 26. 6. 1998 – BK 4a A 1130, K&R 1998, 444, 450. Wie hier *Stamm*, Die Entgeltregulierung im Telekommunikationsgesetz, 2001, S. 209.
3 Für Zulässigkeit *Manssen*, in: Manssen, Telekommunikations- und Multimediarecht, 1999, § 27 Tz.12, § 28 Rz. 13; BK v. 30. 11. 1998 – BK 4e-98-024, MMR 1999, 183 ff.; anders *Schütz/Müller*, MMR 1999, 128, 136.
4 Vgl. einerseits Mitt. 74/1998 (BK v. 2. 4. 1998 – BK 2-1), ABl. 1998, S. 1203, andererseits Mitt. 75/1998 (Antrag der DTAG v. 7. 4. 1998), ABl. 1998, S. 1203, Mitt. 203/1998 (Antrag v. 3. 9. 1998), ABl. 1998, S. 2309.
5 Vgl. Ziff. 3 der Mitt. 110/1998 (Beschl. BK 4-1), ABl. 1998, S. 1561; Ziff. 3b) der Mitt. 125/1998 (Beschl. v. 26. 6. 1998 – BK 4 – 1A 1130), ABl. 1998, S. 1623; Ziff. 3c) der Mitt. 23/2000 (Beschl. v. 30. 12. 1999 – BK 4e-99-059), ABl. 2000, S. 80 ff.
6 Vgl. Ziff. 2 der Mitt. 139/1998 (BK v. 8. 7. 1998 – BK 4-1 98-001), ABl. 1998, S. 1648.
7 Vgl. Ziff. 7b) der Mitt. 188/1988 (BK v. 28. 8. 1998 – BK 4-1/98-008), ABl. 1998, S. 2016 ff.; Ziff. 2b) der Mitt. 285/1999 (Beschl. v. 1. 7. 1999 – BK 4e-99-019), ABl. 1999, S. 2005 ff.
8 Vgl. Mitt. 225/1998 (BK v. 30. 9. 1998 – BK 4-1/98-013), ABl. 1998, S. 2591.

166 Wird ein (prinzipiell für ein Verfahren unabdingbarer) Entgeltantrag später zurückgenommen, darf – und muß im Fall des § 39 – im Hinblick auf den Zweck der *ex ante*-Regulierung gleichwohl entschieden werden[1].

167 Ein Antrag kann im Hinblick auf die Zuständigkeit unterschiedlicher Beschlußkammern in zwei Verfahren behandelt[2], zwei Verfahren können auch zu einem verbunden werden[3]. Praktiziert wurde auch eine Abgabe an einer andere Kammer[4].

168 Des öfteren erfolgte eine „Aufforderung", einen neuen, geänderten Antrag vorzulegen, um eine (endgültige) Abweisung eines nicht genehmigungsfähigen Begehrens vermeiden[5]; rechtlich handelt es sich dabei nur um einen unverbindlichen Ratschlag[6]. Sie wirkt freilich wie ein Zwang, wenn sie dergestalt mit einer – als Teilablehnung grundsätzlich zulässigen[7] – Anordnung von (hinter dem Antrag zurückbleibenden) Entgelten verbunden wird, daß diese sich nur befristet bis zur Entscheidung über einen neuen, angepaßten Antrag Geltung beimißt[8]. Unbedenklich erscheint hingegen eine Auflage, bis zum Erlaß einer abschließenden Genehmigung die einem Antrag zugrundeliegende Leistungsbeschreibung in bestimmter Weise zu „präzisieren"[9].

---

1 Vgl. *Manssen*, in: Manssen, Telekommunikations- und Multimediarecht, 1999, § 28 Rz. 8; im Ergebnis ebenso VG Köln v. 20. 1. 1999 – 1 L 3890/98, CR 1999, 161, 163 f.; anders *Stamm*, Die Entgeltregulierung im Telekommunikationsgesetz, 2001, S. 207.
2 Vgl. Mitt. 90/1998 (Antrag der DTAG v. 29. 4. 1998), ABl. 1998, S. 1369.
3 Vgl. Mitt. 287/1999 (BK 4e-99-029), ABl. 1999, S. 2010.
4 Vgl. Mitt. 493/1999 (BK 4c-99-036, -037), ABl. 1999, S. 3232.
5 Vgl. Mitt. 4/98, ABl. 1998, S. 20.
6 Anders (mit Hinweis auf § 33 Abs. 2 TKG) aber BK v. 9. 2. 1998 – BK 4a A 130, MMR 1998, 500 f; ferner Ziff. 4 der Mitt. 42/1998 (BK v. 9. 3. 1998 – BK 4-1), ABl. 1998, S. 680; Ziff. 1 der Mitt. 110/198 (Beschl. BK 4-1), ABl. 1998, S. 1561; offenlassend OVG Münster v. 5. 7. 2000 – 13 B 2018/99, NVwZ 2001, 698.
7 Wie hier *Manssen*, in: Manssen, Telekommunikations- und Multimediarecht, 1999, § 27 Rz. 11; *Großkopf/Rittgen*, CR 1998, 86, 94 – „modifizierte" Genehmigung; anders *Posser/Rädler*, MMR 1998, 566, 567; *Schütz/Müller*, MMR 1999, 128, 135. Vgl. Vfg. 69/1998 (Beschl. v. 15. 6. 1998 – BK 2c), ABl. 1998, S. 1580, und K&R 1998, 545, 546 f.; Ziff. 2 der Mitt. 154 (Beschl. v. 31. 7. 1998 – BK 4 – 1A 1130), ABl. 1998, S. 1848 ff.; Ziff. 2 der Mitt. 95/1999 (Beschl. v. 8. 3. 1999 – BK 2a 99/003), ABl. 1999, S. 808 f.; BK v. 28. 8. 1998 – BK 4e-98-008, MMR 1999, 114 ff.
8 So Ziff. 3 der Mitt. 42/1998; Ziff. 1 der Mitt. 148/1998 (BK 2a 98/005), ABl. 1998, S. 1832. Ähnlich *Stamm*, Die Entgeltregulierung im Telekommunikationsgesetz, 2001, S. 206.
9 Vgl. lit. c) der Mitt. 147/1998 (BK v. 14. 7. 1998 – BK 2c), ABl. 1998, S. 1832.

Die Genehmigung kann auch (nur) die Methodik der Berechnung („nach Aufwand") umfassen[1] oder für einen Testbetrieb ausgesprochen werden[2]. 169

Sind Entgelte nicht genehmigungspflichtig, wird ein Antrag zurückgewiesen[3]. 170

Sowohl bei § 28 Abs. 2 TKG als auch bei § 5 Abs. 3 TEntgV führt ein Fristablauf nicht dazu, daß eine (dem Antrag stattgebende) Entscheidung fingiert wird; vielmehr müßte um (Verpflichtungs-)Rechtsschutz – ggf. nach § 123 VwGO – vor dem Verwaltungsgericht nachgesucht werden[4]. 171

3.4.5.2 ex post-Kontrolle

Die **Intensität** der nachträglichen Prüfung ist zwar faktisch ebenfalls durch die Entscheidungsfrist des § 30 Abs. 3 TKG beschränkt, ihr **Umfang** erstreckt sich hingegen auf alle Maßstäbe des § 24 TKG[5]. Da eine wirksame Genehmigung freilich bescheinigt, den Anforderungen aus § 24 Abs. 2 Nr. 1 TKG werde Rechnung getragen, wird dieser Aspekt bei der ex post-Kontrolle nach § 30 Abs. 1 TKG nicht erneut untersucht. Insoweit kämen allenfalls ein Widerruf oder eine Rücknahme (gem. §§ 48, 49 VwVfG) in Betracht[6]; jedoch soll durch die mit einer Genehmigung regelmäßig zu verbindende Befristung (§ 28 Abs. 3 TKG) „die Möglichkeit 172

---

1 Vgl. Ziff. 1 der Mitt. 98/1988 (Beschl. v. 29. 4. 1998 – BK 4-1), ABl. 1998, S. 1386, für das Bereitstellungsentgelt für den räumlichen Zugang und das Entgelt für die Ressourcenprüfung (zusätzliche Leistungen beim Zugang zur Teilnehmeranschlußleitungen).
2 Beschl. v. 27. 4. 2000 – BK 2c 00/004, MMR 2000, 572 f., dazu *Frhr. von dem Bussche*, MMR 2000, 573, 575; krit. *Schuster*, MMR 2001, 298, 304.
3 Vgl. Ziff. 2 der Mitt. 98/1988, in bezug auf Entgelte für ungerechtfertigte Störungsmeldungen und Informationen für Anschlußbereichsabgrenzungen; Ziff. 2 der Mitt. 125 (BK v. 26. 6. 1998 – BK 4-1A 1130), ABl. 1998, S. 1623. Zur Vorab-Feststellung eines Genehmigungserfordernisses durch die RegTP s. OVG Münster v. 24. 8. 2000 – 13 B 112/00, NVwZ 2001, 696, 697.
4 Vgl. *Manssen*, in: Manssen, Telekommunikations- und Multimediarecht, 1999, § 28 Rz. 15, Anh. § 27/§ 5 TEntgV Rz. 50; *Großkopf/Rittgen*, CR 1998, 86, 95; VG Köln v. 19. 8. 1998 – 1 L 1717/98, CR 1998, 668, 669; *Stamm*, Die Entgeltregulierung im Telekommunikationsgesetz, 2001, S. 256 f.; s. aber auch OVG Münster v. 17. 2. 1999 – 13 B 2059/98, unveröffentlicht.
5 Vgl. das Anpassungsverlangen der BK 3 v. 30. 4. 1998 (BK 3c), Mitt. 85/1998, ABl. 1998, S. 1368 f.; wie hier VG Köln v. 19. 8. 1998 – 1 L 1717/98, CR 1998, 668, 670; BT-Drucks. 13/4864 v. 12. 6. 1996, S. 78.
6 Vgl. zu einem vergleichbaren Fall („angeordneter Vertrag" gem. § 37 Abs. 1 TKG) *Koenig/Loetz*, K&R 1999, 298, 304; ferner *Holznagel/Bysikiewicz/Enaux/Nienhaus*, Grundzüge des Telekommunikationsrechts, 2000, S. 100 Fn. 198; *Manssen*, in: Manssen, Telekommunikations- und Multimediarecht, 1999, § 30 Rz. 1, 7.

offengehalten werden, Tarife marktbeherrschender Anbieter in Marktsegmenten periodisch zu überprüfen, in denen sie eine besondere Marktstellung innehaben und deshalb die Preise höher halten können als es bei Wettbewerb möglich wäre"[1]. Jedenfalls eine rückwirkende Aufhebung der privatrechtsgestaltenden Genehmigung dürfte daher ausscheiden[2].

3.4.5.3 Beurteilungsspielräume der Regulierungsbehörde

173 Die in TKG und TEntgV verwendeten Maßstäbe sind nicht so exakt, daß es nur eine richtige Entscheidung geben kann. Der Gesetzgeber hat damit in zulässiger Weise der Regulierungsbehörde (neue) Beurteilungsspielräume[3] zugewiesen, deren **gerichtliche Kontrolle entsprechend § 114 VwGO eingeschränkt** ist[4]. Eine Mehrzahl gleichermaßen vertretbarer und damit rechtmäßiger Lösungen kann es etwa bei der Kosten-„Orientierung" (§ 24 Abs. 1 Satz 1 TKG, § 3 Abs. 1 TEntgV), der Korbbildung beim *price cap* (§ 1 Abs. 2 TEntgV), der Zuordnung von Gemeinkosten (§ 2 Abs. 2 Sätze 2, 3 TEntgV), der Ermittlungsmethode oder der Abschreibungsdauer (§ 2 Abs. 2 Satz 4 Nr. 1, 2 TEntgV), aber auch bei der Bestimmung der Produktivitätsfortschrittsrate (§ 4 Abs. 2 Nr. 2 TEntgV) geben.

3.4.5.4 Betriebs- und Geschäftsgeheimnisse

174 Sind an einem BK-Verfahren außer dem Antragsteller weitere Personen bzw. Unternehmen beteiligt (§ 74 Abs. 2 Nr. 2, 3 TKG), ist die Regulierungsbehörde diesen gegenüber zur Gewährung von Akteneinsicht nicht verpflichtet, soweit die Vorgänge wegen der berechtigten Interessen des beteiligten Antragstellers geheimgehalten werden müssen (§ 29 Abs. 2 VwVfG). Dieser hat gem. § 30 VwVfG Anspruch darauf, daß seine (technischen) Betriebs- und (ökonomischen) Geschäftsgeheimnisse nicht unbefugt offenbart werden. Soweit also der Antragsteller nicht mit einer Preisgabe solcher Informationen einverstanden ist, muß eine Abwägung mit dem Anspruch auch der anderen Beteiligten auf rechtliches Gehör

---

1 BR-Drucks. 80/96 v. 9. 2. 1996, S. 44; vgl. Beck TKG-Komm/*Schuster/Stürmer*, § 28 Rz. 16.
2 Anders *Lüneburger*, CR 2001, 84 ff.; krit. *Schuster*, MMR 2001, 298, 302 f.
3 Vgl. *Gramlich*, Beurteilungsspielräume im Wirtschaftsverwaltungsrecht (Dez. 1998), in: Bunte/Stober, Lexikon des Rechts der Wirtschaft, B 760, 1 ff.; *Maurer*, Allgemeines Verwaltungsrecht, 12. Aufl. 1999, § 7 Rz. 31 ff., insb. Rz. 45, 62.
4 Ebenso *Manssen*, in: Manssen, Telekommunikations- und Multimediarecht, 1999, § 24 Rz. 8 ff.; *Ladeur*, K&R 1998, 479; *Stamm*, Die Entgeltregulierung im Telekommunikationsgesetz, 2001, S. 231 f. (zum *price cap*-Verfahren); wohl auch *Ossenbühl*, ArchPT 1996, 207, 235; anders *Großkopf/Rittgen*, CR 1998, 86, 93 f.

(§ 75 Abs. 1 TKG) erfolgen[1]. Im Verwaltungsgerichtsprozeß ist Geheimhaltung hingegen die Ausnahme (§§ 99, 100 VwGO)[2].

3.4.6 Widerspruch und Widerspruchsverfahren bei Allgemeinen Geschäftsbedingungen

3.4.6.1 Zweck der Kontrolle

Allgemeine Geschäftsbedingungen bedürfen nach dem AGBG vor ihrer Verwendung (durch Einbeziehung in Verträge) keiner behördlichen Genehmigung. Im Bereich der Telekommunikation muß jedoch Sorge dafür getragen werden, daß solche Bestimmungen **Vorgaben des Gemeinschaftsrechts** entsprechen, die letztlich auf der ONP-Rahmenrichtlinie des Rates beruhen. Die (im Hinblick auf den Anwendungsvorrang des EG-Rechts und in dessen Ausmaß[3] verbindlichen) Maßstäbe können sich sowohl aus „Richtlinien" (Art. 249 Abs. 3 EG) als auch als „Empfehlungen" (Art. 249 Abs. 5 EG) ergeben. § 23 Abs. 1 TKG nimmt freilich nicht auf konkret bezeichnete Rechtsakte Bezug, sondern enthält eine dynamische Verweisung auf jeweils geltendes (sekundäres) Gemeinschaftsrecht, was angesichts der rechtsstaatlich gebotenen Normenklarheit und -bestimmtheit nicht unbedenklich ist[4]. Jedoch stand es dem Gesetzgeber andererseits frei, auch bei bloßen „Empfehlungen" eine Vorabkontrolle von AGB vorzusehen[5].

3.4.6.2 Prüfungsgegenstand und -maßstäbe

AGB für (nach § 6 i. V. m. § 3 Nr. 18 TKG) **lizenzpflichtige Telekommunikations-** sowie für alle[6] **Universaldienstleistungen** (§ 17 Abs. 1 TKG)

---

1 Vgl. BK v. 15. 6. 1998 – BK 2b-98/001, K&R 1998, 545, 547; BK v. 8. 2. 1999 – BK 4e-98-024, K&R 1999, 471 f.; *Tschentscher/Neumann*, BB 1997, 2437, 2440 f.; OVG Münster v. 12. 5. 1999 – 13 B 632/99, MMR 1999, 553 ff.; dazu *Mayen*, MMR 2000, 117 ff.; *Zwach*, RTKom 1999, 176 f.; VG Köln v. 18. 3. 1999 – 1 L 476/99 und v. 14. 12. 1999 – 1 L 2688/99, unveröffentlicht.
2 Vgl. *Tschentscher/Neumann*, BB 1997, 2437, 2441 f.; VG Köln v. 9. 9. 1999 – 1 L 1491/99, unveröffentlicht; OVG Münster v. 25. 10. 1999 – 13 B 1812/99, MMR 2000, 444, 445 f., und v. 8. 11. 2000 – 13 B 15/00, RTKom 2001, 168 ff.; generell hierzu BVerfG v. 27. 10. 1999 – 1 BvR 385/90, DVBl. 2000, 346 ff.
3 Vgl. *Hoffmann-Riem*, DVBl. 1999, 125, 130.
4 Vgl. *Stamm*, in: Manssen, Telekommunikations- und Multimediarecht, 1999, § 23 Rz. 10; anders wohl *Manssen*, ArchPT 1998, 236, 240.
5 Unklar Beck TKG-Komm/*Büchner*, § 23 Rz. 11; wie hier *Stamm*, in: Manssen, Telekommunkations- und Multimediarecht, 1999, § 23 Rz. 5; *Manssen*, ArchPT 1998, 236, 240.
6 Auch nicht lizenzpflichtige; vgl. BR-Drucks. 80/96 (Beschluß) v. 22. 3. 1996, S. 20, und BT-Drucks. 13/4864 v. 12. 6. 1996, S. 77; Beck TKG-Komm/*Büchner*, § 23 Rz. 7.

sind an Rechtsakten des Europäischen Parlaments und des Rates zu messen, die sich sowohl auf derartige AGB selbst als auch auf Informationen hierüber und deren Verfügbarkeit beziehen. Beim Erlaß des TKG waren dies die Mietleitungs-[1] und die Sprachtelefondienstrichtlinie[2]; hernach enthalten die Zusammenschaltungs-[3] und die (zweite) Anpassungsrichtlinie[4] einschlägige Vorgaben.

177 Der Umsetzung einschlägigen Gemeinschaftsrechts dient auch die TKV 1997[5], insbesondere im Abschnitt über „Kundeninformationen" (§§ 27 ff.)[6]. Als Prüfungsmaßstab darf die Regulierungsbehörde auf diese Verordnung gleichwohl nur abstellen, soweit sie ihrerseits inhaltlich mit EG-Rechtsakten übereinstimmt oder zumindest in dieser Weise („richtlinienkonform") ausgelegt werden kann[7].

178 Gem. Art. 11 Abs. 1 der Richtlinie 98/10/EG haben die Mitgliedstaaten sicherzustellen, daß alle Organisationen, die feste öffentliche Telefonnetze und öffentliche mobile Telefonnetze oder für die Öffentlichkeit zugängliche Telefondienste bereitstellen, für die Verbraucher angemessene und aktuelle Informationen über ihre üblichen Geschäftsbedingungen für den Zugang zu und die Nutzung von öffentlichen Telefonnetzen und/oder für die Öffentlichkeit zugänglichen Telefondiensten veröffentlichen. Die nationalen Regulierungsbehörden müssen insbesondere dafür Sorge tragen, daß die Tarife für Endnutzer, erforderlichenfalls eine etwaige Mindestvertragsdauer und die Bedingungen für die Verlängerung der Verträge, eindeutig und korrekt angegeben werden. Nach Art. 10 Abs. 2 können die nationalen Regulierungsbehörden (oder andere nach nationalem Recht zuständige Stellen) „aus eigener Initiative oder auf Ersuchen einer Organisation, die Nutzer- oder Verbraucherinteressen vertritt, mit dem Ziel, die Rechte von Nutzern und/oder Teilnehmern zu schützen", eine **„Änderung"** der Vertrags-, speziell der „für die Öffentlichkeit zugänglichen Geschäftsbedingungen" **verlangen**.

---

1 Richtlinie 92/44/EWG.
2 Richtlinie 95/62/EG.
3 Richtlinie 97/33/EG.
4 Richtlinie 98/10/EG.
5 Wie dies die amtliche Fußnote in Übereinstimmung mit gemeinschaftsrechtlichen Anforderungen verdeutlicht.
6 Vgl. näher die Begründung zum Verordnungsentwurf, BR-Drucks. 551/97 v. 24. 7. 1997, S. 45 ff.
7 Anders wohl *Stamm*, in: Manssen, Telekommunikations- und Multimediarecht, 1999, § 23 Rz. 13; *Stamm*, Die Entgeltregulierung im Telekommunikationsgesetz, 2001, S. 126 f.

Die (alte) Sprachtelefondienst-Richtlinie war teilweise präziser, indem 179
dort u. a. Angaben über das „Angebot an Telefondiensten", „Tarife"[1]
und „Standardvertragsbedingungen" gefordert wurden (Art. 4 Abs. 1
i. V. m. Anhang I, Nr. 2.2., 2.3., 2.7.); Änderungen bestehender und Informationen
über neue Angebote waren „so bald wie möglich" zu veröffentlichen,
wofür eine „angemessene Ankündigungsfrist" vorgesehen
werden durfte. Auch war im Amtsblatt des jeweiligen Mitgliedstaates
darauf hinzuweisen, wo die Informationen „in geeigneter Form" und
„leicht zugänglich" publiziert wurden (Art. 4 Abs. 2). Im wesentlichen
waren diese Anforderungen auch schon in Art. 3 der Mietleitungs-Richtlinie
niedergelegt.

Gem. Art. 7 Abs. 3 Satz 1 der Richtlinie 95/62/EG muß(te) die nationale 180
Regulierungsbehörde eine „Änderung der Vertragsbedingungen ... verlangen
können"; nach Erwägungsgrund 13 sollten die Mitgliedstaaten
darüber bestimmen, ob eine Überprüfung vor Verwendung durch die
Telekommunikationsorganisationen oder „danach jederzeit auf Antrag
von Benutzern" erfolgen solle.

Art. 6 lit. c) der Zusammenschaltungs-Richtlinie sieht (lediglich) vor, 181
daß im Hinblick auf die Zusammenschaltung der im Anhang I aufgeführten
öffentlichen Telekommunikationsnetze und für die Öffentlichkeit
zugänglichen Telekommunikationsdienste, die von Organisationen bereitgestellt
werden, die nach Meldung durch die nationale Regulierungsbehörde
beträchtliche Marktmacht besitzen, interessierten Parteien auf
Anfrage in jedem Fall Einzelheiten der Zusammenschaltungsentgelte,
die Geschäftsbedingungen und etwaige Beiträge zu Universaldienstverpflichtungen
in aktualisierter Form an normalen Arbeitstagen kostenlos
zugänglich zu machen sind; wann und wo diese Informationen verfügbar
sind, wird im Veröffentlichungsblatt des betr. Mitgliedstaats bekanntgegeben
(Art. 14 Abs. 2).

3.4.6.3 Widerspruchsverfahren

Allgemeine Geschäftsbedingungen für Dienstleistungen i. S. v. § 23 182
Abs. 1 TKG – außer im Hinblick auf ihre Entgeltrelevanz nach §§ 24 ff.
TKG genehmigte[2] – sind der Regulierungsbehörde vor ihrem „Inkrafttreten",
d. h. vor ihrer erstmaligen Verwendung in schriftlicher Form vor-

---

1 Zur Veröffentlichung, auch von bevorstehenden Änderungen, s. a. Art. 12
  Abs. 6, 7 der Richtlinie.
2 Für ein *lex specialis*-Verhältnis von § 25 Abs. 1 zu § 23 TKG auch *Manssen*, in:
  Manssen, Telekommunikations- und Multimediarecht, 1999, § 25 Rz. 3; differenzierend
  Stamm, Die Entgeltregulierung im Telekommunikationsgesetz,
  2001, S. 308.

zulegen (§ 23 Abs. 2 S. 1 TKG); dies gilt für neue wie für geänderte Fassungen gleichermaßen[1] und kann seitens der Behörde auch (gefordert und) durchgesetzt werden[2]. Nach Eingang der Unterlagen hat die Regulierungsbehörde – gem. § 73 Abs. 1 S. 1 TKG durch eine Beschlußkammer[3] – vier Wochen (§ 31 Abs. 1 VwVfG i. V. m. §§ 187 Abs. 1, 188 Abs. 2 BGB) Zeit, über die (EG-)Rechtmäßigkeit zu befinden; verneint sie dies, hat sie nicht nur das Recht, sondern die **Pflicht** (arg. § 23 Abs. 1 TKG) zu **widersprechen**.

183 § 23 Satz 2 Satz 3 TKG spricht mißverständlich davon, die AGB seien bei einem Widerspruch „unwirksam"; die Präsensform spricht für eine *ex tunc*-Wirkung der Feststellung[4]. Die Ausübung des Widerspruchsrechts stellt sich dem (potentiellen) Verwender gegenüber als belastender Verwaltungsakt dar[5], sie verbietet diesem den Einsatz mißbilligter Klauseln im (Vertrags-)Verhältnis zu Kunden. Damit kommt sie einer Untersagungsverfügung zumindest nahe. Die Wirkung des Widerspruchs erfaßt aber nur die konkret EG-rechtswidrigen AGB-Klauseln und führt keine Gesamtnichtigkeit des Rechtsgeschäfts herbei[6].

3.4.7 Regulierungspraxis

3.4.7.1 Transparenz der Kostenrechnung als Grundlage der Entgeltregulierung

184 Bisher unterliegt nur die DTAG der (allgemeinen) Entgeltregulierung. Aufgrund der im Rahmen umfassender Einzelprüfungen zahlreicher dienstleistungsspezifischer Entgeltanträge erlangten Kosteninformationen wird die Regulierungsbehörde immer besser dazu befähigt, das Kostenrechnungssystem der DTAG zu kontrollieren und damit eine „verursachungsgerechte Kostenzuordnung im Sinne der EU-Richtlinien" (oben, Rz. 56 ff., 76 f.) „im Wege eines kontinuierlichen, konkret und im

---

1 Vgl. Beck TKG-Komm/*Büchner*, § 23 Rz. 29.
2 Vgl. *Stamm*, in: Manssen, Telekommunikations- und Multimediarecht, 1999, § 23 Rz. 19; anders Stamm, Die Entgeltregulierung im Telekommunikationsgesetz, 2001, S. 134; zur „liberalen" Praxis s. *Hoffmann-Riem*, DVBl. 1999, 125, 133 f.
3 Insoweit scheint die Bestimmung nach § 73 Abs. 1 Satz 3 TKG lückenhaft, ohne daß damit jedoch gegenüber Betroffenen eine Rechtsverletzung einherginge, *Weber/Rommersbach*, in: Manssen, Telekommunikations- und Multimediarecht, 1999, § 73 Rz. 12, 22.
4 Ebenso Beck TKG-Komm/*Büchner*, § 23 Rz. 27.
5 Vgl. Beck TKG-Komm/*Büchner*, § 23 Rz. 35; *Stamm*, in: Manssen, Telekommunikations- und Multimediarecht, 1999, § 23 Rz. 16.
6 Vgl. Beck TKG-Komm/*Büchner*, 1997, § 23 Rz. 30; *Stamm*, in: Manssen, Telekommunikations- und Multimediarecht, 1999, § 23 Rz. 31; *Stamm*, Die Entgeltregulierung im Telekommunikationsgesetz, 2001, S. 147.

Detail nachvollziehbaren Prozesses" sicherzustellen, wobei im Rahmen künftiger Entgeltgenehmigungsverfahren auf „weitere Verbesserungen" hingewirkt werde[1], sowohl bei der Kalkulationssystematik als auch bei den Kosten der Netzinfrastruktur[2] sowie für Dienstleistungen gegenüber einzelnen Endnutzergruppen und sonstiger Tätigkeiten[3].

Zur Ermittlung genehmigungsfähiger Entgelte stützt sich die Regulierungsbehörde auch auf analytische Kostenmodelle. In ihrem Auftrag entwickelte das W(issenschaftliche) I(nstitut für) K(ommunikationsdienste GmbH) zunächst ein zur öffentlichen Kommentierung gestelltes **Referenzmodell** für das Ortsnetz für die langfristigen Zusatzkosten der Netzinfrastruktur mit einem elementbezogenen Ansatz, welches dann auf das nationale Verbindungsnetz erweitert wurde (und stetig modifiziert werden soll)[4].

185

3.4.7.2 ex ante-Regulierung gem. § 25 Abs. 1 TKG

Mehrere Entscheidungen der BK 2 ergingen zu Entgelten für das Angebot von Übertragungswegen, nämlich zu analogen und digitalen Standard-Festverbindungen[5] bzw. zu digitalen Carrier-Festverbindungen, ferner zur Bereitstellung und Überlassung von Übertragungswegen für die Betreiber der D 1-, D 2- und E 1-Mobilfunknetze[6]. Im Hinblick auf den Sprachtelefondienst wurden auf der Grundlage der Festlegung von Ende 1997 (oben, Rz. 123) eine Vielzahl von Genehmigungsentscheiden getroffen[7]; dabei akzeptierte die Beschlußkammer nicht, daß im Rahmen

186

---

1 Vgl. Tätigkeitsbericht, BR-Drucks. 14/2321 v. 2. 12. 1999, S. 36.
2 Vgl. BT-Drucks. 14/2321 v. 2. 12. 1999, S. 36 f., 37 f.
3 Vgl. BT-Drucks. 14/2321 v. 2. 12. 1999, S. 38.
4 Vgl. BT-Drucks. 14/2321 v. 2. 12. 1999, S. 38 f.; *Scheurle*, in: Büchner, Post und Telekommunikation, 1999, S. 199, 212; *Mellewigt/Theissen*, MMR 1998, 589 ff.; *Vogelsang*, MMR 1998, 594 ff.; krit. *Doll/Wieck*, MMR 1998, 280 ff. und 659 ff.; *Knieps*, MMR 1998, 598 ff. und MMR-Beil. 3/1999, 18, 20; s. a. Mitt. 57/1999, ABl. 1999, S. 516 f.; Mitt. 125/1999, ABl. 1999, S. 1125.
5 Vgl. Mitt. 58/1999 (Beschl. v. 4. 2. 1999 – BK 2a 98/030), ABl. 1999, S. 517; Mitt. 414/1999 (Beschl. v. 8. 9. 1999 – BK 2a 99/021), ABl. 1999, S. 2782 f.; Mitt. 116/2000 (Beschl. v. 31. 1. 2000 – BK 2a 99/031), ABl. 2000, S. 612.
6 Vgl. BT-Drucks. 14/2321 v. 2. 12. 1999, S. 46 f.; Mitt. 4/1998 (BK 2a), ABl. 1998, S. 20.
7 Vgl. etwa Vfg. 11/1999 (Verlängerung Taktlängen für GlobalCall-Verbindungen in Türkei), ABl. 1999, S. 11 ff.; Vfg. 15/1999 (Optionsangebot BusinessCall 500 im Sprachtelefondienst), ABl. 1999, S. 127 ff.; Vfg. 20/1999 (Optionsangebot Bonus 8 [Neu]), ABl. 1999, S. 503 ff.; Vfg. 39/1999 (Regional- und Deutschlandverbindungen bei einer Taktlänge von 60 Sekunden), ABl. 1999, S. 1109 ff.; Vfg. 54/1999 (Optionsangebot Select 5plus im Sprachtelefondienst; Beschl. v. 17. 5. 1999 – BK 2e [99/007]), ABl. 1999, S. 1531 ff.; Vfg. 67/1999 (Verlängerung Spezialtarif Büsingen), ABl. 1999, S. 1670; Mitt. 46/2000 (Beschl. v. 21. 1.

einer Mischkalkulation[1] kostenunterdeckende Preise einzelner Dienstleistungen durch Entgelte anderer, bei denen eine Kostenüberdeckung gegeben ist, ausgeglichen werden sollten[2]. Preselection und Rufnummernmitnahme wurden zunächst als integraler Bestandteil des „Sprachtelefondienstes", Entgelte für diese Leistungen damit als genehmigungspflichtig eingestuft, daraufhin von der DTAG gestellte Anträge sodann nur teilweise – und nicht in der beabsichtigten Höhe – genehmigt[3].

3.4.7.3 *ex post*-Regulierung gem. § 25 Abs. 2 TKG

187 In diesem Bereich kam es nur zu wenigen Verfahren. Zwei Fälle betrafen das Breitbandkommunikationsnetz der DTAG[4], ein weiterer Verbindungen zu und Nutzung von Online-Diensten[5].

3.4.7.4 Entgelte für besondere Netzzugänge (einschließlich Zusammenschaltungen)

188 Die Regulierungsbehörde sieht § 39 TKG als einen Rechtsfolgenverweis an; daher hält sie sowohl Entgelte, „welche ein marktbeherrschender Anbieter anderen Nutzern für den physisch-logischen Anschluß an sein Netz in Rechnung stellt, als auch das jeweils von ihm erhobene Entgelt

---

2000 – BK 2-1 99/035), ABl. 2000, S. 181 ff.; Mitt. 125/2000 (Beschl. v. 16. 2. 2000 – BK 2-1-99/035), ABl. 2000, S. 623 ff.; zu Teilablehnungen s. Vfg. 50/1999 (Beschl. v. 16./20. 4. 1999 – BK 2-1 [99/005] – betr. Verlängerung der Taktlängen und Anhebung der Tarifeinheitenpreise), ABl. 1999, S. 1373 ff.; Vfg. 55/1999 (Beschl. v. 5./17. 5. 1999 – BK 2e [99-006, -014] – betr. Änderungen der Minutenpreise für bestimmte Welt-Verbindungen), ABl. 1999, S. 1538 ff.; Mitt. 385/1999 (Beschl. v. 19. 8. 1999 – BK 2e [99-022] – betr. Rahmenvertragsangebot BusinessCall 500); zur Einbindung einer neuen Tarifoption („AktivPlus") in die bestehenden Regelungen s. Vfg. 89/1999 (Beschl. v. 18. 6. 1999 – BK 2-1-99/018), ABl. 1999, S. 1917 ff.
1 Zu deren prinzipieller Zulässigkeit vgl. LG Bonn v. 5. 11. 1996 – 11 O 180/96, ArchPT 1997, 67, 69; anders wohl VG Köln v. 9. 11. 1999 – 1 L 1213/99, unveröffentlicht.
2 Vgl. BT-Drucks. 14/2321 v. 2. 12. 1999, S. 47.
3 Vgl. BT-Drucks. 14/2321 v. 2. 12. 1999, S. 48 f.; *Scheurle*, in: Büchner, Post und Telekommunikation, 1999, S. 199, 209 f.; Mitt. 461/1999 (Beschl. v. 8. 9. 1999 – BK 2c 99/023), ABl. 1999, S. 3097.
4 Vgl. BT-Drucks. 14/2321 v. 2. 12. 1999, S. 49 ff.; Mitt. 85/1998 (Beschl. v. 30. 4. 1998 – BK 3c), ABl. 1998, S. 1368 f.; dazu *Eschweiler*, K&R 1998, 530, 535; *Hefekäuser*, MMR 1/1999, VII; Mitt. 128/1999 (Beschl. v. 24. 3. 1999 – BK 3c), ABl. 1999, S. 1127.
5 Vgl. BT-Drucks. 14/2321 v. 2. 12. 1999, S. 51 f.; *Scheurle*, in: Büchner, Post und Telekommunikation, 1999, S. 199, 210; Mitt. 245/1999 (Beschl. v. 16. 6. 1999 – BK 3a-99/014), ABl. 1999, S. 1778 f., MMR 1999, 557 ff.; krit. *Esser-Wellié*, CR 1999, 571 ff.

für die Inanspruchnahme eines jeden Leistungsmerkmals dieses Netzes"[1] für genehmigungsbedürftig. Genehmigungen werden hier in der Regel nur mit Wirkung für die Zukunft erteilt, hinter der beantragten Entgelthöhe zurückbleibende „Teilgenehmigungen" unter Hinweis auf § 3 Abs. 1 TEntgV für zulässig erachtet[2]. Wichtige Entscheidungen beziehen sich hier auf die Entgelte für die Basisleistungen Terminierung und Zuführung[3], für den Intra-Building-Abschnitt[4], für Optionale[5] und Zusätzliche Leistungen[6], den Zugang zur Teilnehmeranschlußleitung[7], für „atypischen Verkehr"[8] sowie die Zusammenschaltung Funk-Draht[9]. Nahezu alle Zusammenschaltungsentgelte wurden zum Grundangebot erklärt[10]. Hingegen betraf offenbar keine Zusammenschaltungsanordnung allein Entgeltaspekte, sondern konnte insoweit auf Grundangebotspositionen Bezug genommen werden[11].

---

1 Vgl. BT-Drucks. 14/2321 v. 2. 12. 1999, S. 39; BK v. 24. 3. 1999 – BK 3b 99/001, MMR 1999, 299 ff.
2 Vgl. BT-Drucks. 14/2321 v. 2. 12. 1999, S. 40; s. a. oben, Rz. 186; krit. *Stamm*, Die Entgeltregulierung im Telekommunikationsgesetz, 2001, S. 236 ff.
3 Vgl. Mitt. 19/2000 (Beschl. v. 23. 12. 1999 – BK 4e-99-042), ABl. 2000, S. 69.
4 Vgl. Mitt. 41/1998 (Beschl. v. 2. 3. 1998 – BK 4-1), ABl. 1998, S. 679 f.; Mitt. 9/1999 (Beschl. v. 23. 12. 1998 – BK 4e-98-029), ABl. 1999, 17.
5 Vgl. Mitt.40/1999 (Beschl. v. 18. 1. 1999 – BK 4g 98-043), ABl. 1999, 433; Mitt. 63/1999 (Beschl. v. 3. 2. 1999 – BK 4e-99-001), ABl. 1999, S. 523; Mitt. 133/1999 (Beschl. v. 3. 2. 1999 – BK 4e-99-001), ABl. 1999, S. 1128 f.; Mitt. 492/1999 (Beschl. v. 27. 10. 1999 – BK 4e-99-038), ABl. 1999, S. 3232.
6 Vgl. Mitt. 64/1999 (Beschl. v. 10. 2. 1999 – BK 4g 98-036), ABl. 1999, S. 523; Mitt. 134/1999 (Beschl. v. 18. 3. 1999 – BK 43-99-003), ABl. 1999, S. 1129; Mitt. 415/1999 (Beschl. v. 7. 9. 1999 – BK 4e-99-028), ABl. 1999, S. 2783; Mitt. 417/1999 (Beschl. v. 3. 9. 1999 – BK 4e-99-029), ABl. 1999, S. 2785.
7 Vgl. Mitt. 60/1999 (Beschl. v. 8. und 10. 2. 1999 – BK 4e-98-024), ABl. 1999, S. 518 ff., 521 f.; Vfg. 22/1999 (Grundangebot), ABl. 1999, S. 511 ff.; ferner Mitt. 62/1999 (Beschl. v. 17. 2. 1999 – BK 4e 98-041), ABl. 1999, S. 523; Mitt. 465/1999 (Beschl. v. 6. 10. 1999 – BK 4e-99-034), ABl. 1999, S. 3098; dazu *Scheurle*, in: Büchner, Post und Telekommunikation, 1999, S. 199, 211; *Eschweiler*, K&R 1998, 530, 534.
8 Vgl. Mitt. 233/1999 (Beschl. v. 25. 5. 1999 – BK 4e-99-011), ABl. 1999, S. 1672, MMR 1996, 496 f.
9 Vgl. BT-Drucks. 14/2321 v. 2. 12. 1999, S. 40 ff.; Mitt. 63/1999 (Beschl. v. 3. 2. 1999 – BK 4e-99-001), ABl. 1999, S. 523; Mitt. 129/1999 (Beschl. v. 29. 3. 1999 – BK 3-1 99/002), ABl. 1999, S. 1127; Mitt. 89/2000 (Beschl. v. 31. 1. 2000 – BK 4e-99-050), ABl. 2000, S. 408.
10 Vgl. jüngst Vfg. 20/2000, ABl. 2000, S. 584 ff.
11 Vgl. etwa Ziff. 1 d) der Mitt. 220/1999 (Beschl. v. 6. 5. 1999 – BK 4c-99-008), ABl. 1999, S. 1547 f., MMR 1999, 430 ff.; Ziff. 1c) der Mitt. 209/1999 (Beschl. v. 11. 5. 1999 – BK 4d-99-009), ABl. 1999, S. 1548 f., MMR 1999, 428 f.; Ziff. 2 der Mitt. 173/1999 (Beschl. v. 4. 5. 1999 – BK 4c-99-007), ABl. 1999, S. 1396 f., MMR 1999, 429 f.; krit. *A. Badura/Schneider*, RTkom 1999, 161, 167 f.

189 Von Bedeutung für die Entgeltregulierung sind ferner auch die Ergebnisse der öffentlichen Anhörung, die die Regulierungsbehörde zur Behandlung von „Verbindungsnetzen" (§ 3 Nr. 23) und öffentlichen „Telekommunikationsnetzen" (§ 3 Nr. 21 TKG) hinsichtlich der Zusammenschaltungsvorschriften des TKG im Sommer 1998 durchführte[1].

3.5 Besondere Verhaltensaufsicht (Marktregulierung)

3.5.1 Vorgaben des Gemeinschaftsrechts

190 Bereits Art. 8 Abs. 2 der Mietleitungs-Richtlinie[2] hatte den nationalen Regulierungsbehörden aufgegeben sicherzustellen, „daß Telekommunikationsorganisationen den Grundsatz der Nichtdiskriminierung beachten, wenn sie das öffentliche Telekommunikationsnetz für die Bereitstellung von Diensten nutzen, die auch von anderen Diensteanbietern bereitgestellt werden (können). Wenn Telekommunikationsorganisationen Mietleitungen für die Bereitstellung von Diensten nutzen, für die keine besonderen und/oder ausschließlichen Rechte vorliegen, müssen die entsprechenden Mietleitungstypen auf Anfrage auch anderen Benutzern zu gleichen Bedingungen bereitgestellt werden".

191 Für den besonderen Netzzugang im Hinblick auf die Nutzung des festen öffentlichen Telefonnetzes schreibt sodann Art. 10 Abs. 6, für Zusammenschaltungsvereinbarungen Art. 11 Abs. 3 der Sprachtelefondienst-Richtlinie[3] die Beachtung des Prinzips der **Nichtdiskriminierung** für die beteiligten Telekommunikationsorganisationen vor.

192 Gem. Art. 6 der Zusammenschaltungsrichtlinie haben die Mitgliedstaaten hinsichtlich der Zusammenschaltung der festen und mobilen öffentlichen Telefonnetze und der für die Öffentlichkeit zugänglichen Telekommunikationsdienste, die von Organisationen bereitgestellt werden, die nach Meldung durch die nationalen Regulierungsbehörden (gem. Art. 18 Abs. 2) beträchtliche Marktmacht besitzen, sicherzustellen, daß „die betreffenden Organisationen hinsichtlich der Zusammenschaltung, die sie anderen anbieten, den Grundsatz der Nichtdiskriminierung einhalten. Sie wenden gegenüber mit ihnen zusammengeschalteten Organisationen, die gleichartige Dienstleistungen erbringen, unter vergleichbaren Umständen gleichwertige Bedingungen an und stellen Zusammenschaltungsleistun-

---

[1] Vgl. BT-Drucks. 14/2321 v. 2. 12. 1999, S. 45; *Scheurle*, in: Büchner, Post und Telekommunikation, 1999, S. 199, 212; *Berger*, CR 1999, 222 ff.; *A. Badura/Schneider*, RTKom 1999, 161, 166 f.; Mitt. 73/1999, ABl. 1999, S. 739 ff.
[2] Richtlinie 92/44/EG.
[3] Richtlinie 95/62/EG.

gen und Informationen für andere zu denselben Bedingungen und mit derselben Qualität bereit, die sie für ihre eigenen Dienste oder die ihrer Tochtergesellschaften oder Partner bereitstellen" (lit. a]).

Eine entsprechende Neufassung erhielt Art. 8 Abs. 2 der Mietleitungsrichtlinie durch Art. 2 Nr. 8 der (ersten) Anpassungsrichtlinie[1]; auch Art. 16 Abs. 7 der zweiten Anpassungsrichtlinie[2] modifizierte Art. 10 Abs. 6, 11 Abs. 3 der alten Sprachtelefondienst-Richtlinie in diesem Sinne. 193

3.5.2 Sektorspezifisches Wettbewerbsrecht im TKG

Nicht nur bei der Entgeltregulierung, sondern auch in anderen Bereichen des TKG zeigt sich eine enge Beziehung zum allgemeinen Wettbewerbsrecht, wie sie bereits in den Regulierungszielen (§ 2 Abs. 2 Nr. 2 TKG) und der subsidiären Geltung des GWB (§ 2 Abs. 3 TKG) zum Ausdruck kommt. Die Notwendigkeit einer **„sektorspezifischen Verhaltensaufsicht"** erwuchs nach Auffassung des Gesetzgebers „aus der Historie, den über hundertjährigen Monopolen der Fernmeldeverwaltungen"[3]; gleichwohl bleibt es aber beim Vorrang allgemeinen europäischen Wettbewerbsrechts und sind insbesondere Art. 81, 82 EG sowie das einschlägige Sekundärrecht grundsätzlich auch im Telekommunikationssektor anwendbar (oben, Rz. 82 ff.). 194

3.5.3 Sonderregeln zur Wettbewerbsaufsicht

3.5.3.1 Besondere Mißbrauchsaufsicht

§ 33 Abs. 1 TKG stellt eine **„spezialgesetzliche Ergänzung" zum allgemeinen Diskriminierungsverbot** des GWB dar (oben, Rz. 43; unten, 4 Rz. 55 ff.); die Bestimmung zielt vornehmlich darauf ab, funktionsfähigen Wettbewerb zu fördern (§ 2 Abs. 2 Nr. 2 TKG) und diskriminierungsfreien, offenen Netzzugang zu gewährleisten, indem marktbeherrschenden Unternehmen Bindungen auferlegt werden, denen zugleich Rechte der auf demselben Markt konkurrierenden Unternehmen entsprechen; die Regulierungsbehörde ist gem. § 33 Abs. 2 TKG befugt, gegenüber mißbräuchlichem, d. h. gegen Abs. 1 verstoßenden Verhalten einzuschreiten[4]. 195

---

[1] Richtlinie 97/51/EG.
[2] Richtlinie 98/10/EG.
[3] BR-Drucks. 80/96 v. 9. 2. 1996, S. 36, 37.
[4] Zur Abgrenzung gegenüber (den Maßstäben) der Entgeltregulierung vgl. VG Köln v. 11. 1. 2000 – 1 L 3061/99, unveröffentlicht.

196 Jeder Anbieter, der auf einem Markt für „Telekommunikationsdienstleistungen für die Öffentlichkeit" (§ 3 Nr. 19 TKG) über eine beherrschende Stellung im Sinne des GWB (oben, Rz. 153) verfügt, unterliegt einer **Zugangsgewährungspflicht**. Diese bezieht sich auf alle „wesentlichen Leistungen", die das verpflichtete Unternehmen entweder überhaupt intern nutzt[1] oder am Markt anbietet. Der Zugang muß (im Verhältnis der aktuellen oder doch potentiellen Nachfrager zueinander) diskriminierungsfrei[2] und zu den gleichen Bedingungen ermöglicht werden, die der Marktbeherrscher sich selbst bei der Nutzung solcher „Leistungen" (in einem weiteren Sinne)[3] für die Erbringung anderer Telekommunikationsdienstleistungen einräumt. Abweichungen von diesem Grundsatz (interne = externe Behandlung) sind nur zulässig, wenn dies sachlich gerechtfertigt ist; die Voraussetzungen hierfür hat der dominante Anbieter (auch den Wettbewerbern, § 33 Abs. 1 Satz 3) näher darzulegen und nachzuweisen (§ 33 Abs. 1 Satz 1 TKG). „Ungünstigere" Bedingungen sind insbesondere bei einzelnen Konkurrenten auferlegten Zugangsbeschränkungen[4] gegeben; diese müssen daher im Einklang mit den „grundlegenden Anforderungen" der ONP-Rahmenrichtlinie stehen[5]. Art. 3 Abs. 2 Satz 2 dieses Rechtsaktes nennt insoweit abschließend[6]: „Sicherheit des Netzbetriebs, Aufrechterhaltung der Netzintegrität, Interoperabilität der Dienste, wo dies begründet", und „Datenschutz, wo dies angebracht ist".

197 Nicht endgültig geklärt erscheint bislang das Kriterium der **„Wesentlichkeit"** der in § 33 TKG angesprochenen Leistungen, insbesondere dessen Verhältnis zu *„essential facilities"* im Sinne des EG-Wettbewerbsrechts[7],

---

1 Vgl. OVG Münster v. 29. 9. 1997 – 13 B 1987, 2159, 2160/97, MMR 1999, 98 ff.; s. a. MMR 1999, 223.
2 Vgl. Beck TKG-Komm/*Piepenbrock*, § 33 Rz. 43 ff.; *Manssen*, in: Manssen, Telekommunikations- und Multimediarecht, 1999, § 33 Rz. 9; *Engel*, MMR-Beil 3/1999, 5, 13.
3 Vgl. VG Köln v. 18. 8. 1997 – 1 L 2317/97, CR 1997, 639, 640; v. 5. 11. 1998 – 1 K 5929/97, K&R 1999, 91, 92 ff.; v. 9. 7. 2001 – 1 L 1099/01, CR 2001, 599, 600; bejahend für Teilnehmerdaten für den Sprachtelefondienst OVG Münster v. 2. 4. 1998 – 13 B 213/98, CR 1999, 306, 307 f.; *Tschentscher/Neumann*, BB 1997, 2437, 2443 f.; *Schmidt*, K&R 1999, 385; *Manssen*, in: Manssen, Telekommunikations- und Multimediarecht, 1999, § 33 Rz. 5; *Scherer*, NJW 1998, 1607, 1611.
4 Vgl. zu einer „dynamischen Nachzahlungsklausel" BK v. 17. 9. 1998 – BK 3a-98/008, K&R 1998, 495, 498 f.
5 Aus dieser Sicht besteht zwischen den Sätzen 1 und 2 kein Widerspruch (anders *Engel/Knieps*, Die Vorschriften des Telekommunikationsgesetzes über den Zugang zu wesentlichen Leistungen, 1998, S. 37, 72 f.).
6 Vgl. VG Köln v. 20. 10. 1999 – 1 L 1371/99, MMR 2000, 54 ff.
7 Für § 33 TKG als Anwendungsfall dieser Doktrin *Engel/Knieps*, Die Vorschriften des Telekommunikationsgesetzes über den Zugang zu wesentlichen Leistungen, 1998, S. 13 ff.; *Hefekäuser*, in: Büchner, Post und Telekommunika-

zumal der Europäische Gerichtshof dieses Merkmal im Hinblick auf Art. 86 EG eher restriktiv interpretiert[1]. Für das sekundärrechtlich determinierte sektorspezifische Telekommunikationsrecht – und mehr noch das nicht direkt zur Umsetzung ergangene nationale Recht – gilt die Auffassung des EuGH jedoch nicht ohne weiteres[2]; daher ist im Rahmen des § 33 Abs. 1 TKG auf Grund einer konkreten Einzelfallprüfung zu entscheiden, ob die nachgefragte Leistung unabhängig vom Bedarf des konkret Zugang begehrenden Wettbewerbers objektiv für die Erbringung der beabsichtigten Telekommunikationsdienstleistung notwendig (und am Markt nicht anderweit verfügbar) ist[3].

Andererseits wirft die 1998 neu ins GWB aufgenommene Vorschrift des § 19 Abs. 4 Nr. 4 über den „Zugang zu Infrastruktureinrichtungen"[4] die Frage auf, ob sie neben §(§) 33 (ff.) anwendbar ist und sich insoweit die Kompetenz des Bundeskartellamts (§§ 48, 51 GWB) mit der Zuständigkeit der Regulierungsbehörde überschneidet[5].

Anknüpfend an § 33 Abs. 1 Satz 1 TKG normiert § 33 Abs. 2 Satz 3 TKG eine (widerlegliche) Vermutung für machtmißbräuchliches Verhalten, wenn gegen die Grundregel **interne = externe Behandlung** verstoßen wird[6]. Das regulierungsbehördliche Verfahren verläuft ähnlich zweistufig wie bei der *ex post*-Entgeltregulierung (oben, Rz. 118): Zunächst

---

tion, 1999, S. 233, 239, 248, wohl auch Beck TKG-Komm/*Piepenbrock*, § 33 Rz. 39; *Manssen*, in: Manssen, Telekommunikations- und Multimediarecht, 1999, § 33 Rz. 6.

1 EuGH v. 26. 11. 1998 – Rs. C-7/97 (*Bronner*), EuZW 1999, 86, 89, Tz. 41 ff.
2 Vgl. *Scherer*, MMR 1999, 315, 318 ff.; s. a. *Fleischer/Weyer*, WuW 1999, 350 ff.
3 Vgl. VG Köln v. 5. 11. 1998 – 1 K 5929/97, K&R 1999, 91, 93; OVG Münster v. 2. 4. 1998 – 13 B 213/98, CR 1999, 306, 308; v. 20. 7. 2000 – 13 B 1008/00, NVwZ 2001, 700, 701; BK 3 v. 21. 2./14. 3. 2000 – BK 3a-99/032, MMR 2000, 298 ff.; dazu *Schütz*, MMR 2000, 313 ff.; ferner *Großkopf*, Die Vertragsfreiheit nicht-marktbeherrschender Unternehmen bei der Netzzusammenschaltung, 1999, S. 46; *Manssen*, in: Manssen, Telekommunikations- und Multimediarecht, 1999, § 33 Rz. 7; wohl auch *Neumaier*, ArchPT 1998, 71, 72; anders *Hefekäuser*, in: Büchner, Post und Telekommunikation, 1999, S. 233, 238 f.
4 Vgl. BR-Drucks. 852/97 v. 7. 11. 1997, S. 37 f., 52 f.; *von Wallenberg*, K&R 1999, 152 ff.
5 In diesem Sinne *Martenczuk*, CR 1999, 363 ff.; wohl auch *Holznagel/Bysikiewicz/Enaux/Nienhaus*, Grundzüge des Telekommunikationsrechts, 2000, S. 52; *Stögmüller*, CR 1998, 733, 736; für § 33 TKG als *lex specialis Engel/Knieps*, Die Vorschriften des Telekommunikationsgesetzes über den Zugang zu wesentlichen Leistungen, 1998, S. 59; *Möschel*, MMM 1999 Beil. 3, 1; s. a. *Bunte*, WuW 1997, 302, 307 sowie unten, Rz. 221.
6 Beck TKG-Komm/*Piepenbrock*, § 33 Rz. 84; BT-Drucks. 13/4864 v. 12. 6. 1996, S. 78; zweifelnd *Engel/Knieps*, Die Vorschriften des Telekommunikationsgesetzes über den Zugang zu wesentlichen Leistungen, 1998, S. 44 f.

können „die Beteiligten", also nicht nur der marktbeherrschende Anbieter, mittels einer Beanstandungsverfügung[1] aufgefordert werden, ihr rechtswidriges Verhalten alsbald abzustellen (§ 33 Abs. 2 Satz 2 TKG)[2]. Wird diese Weisung nicht befolgt, so stehen der Regulierungsbehörde mehrere Möglichkeiten zur Wahl: Zu den bereits in § 22 Abs. 5 Satz 1 GWB a. F. normierten Befugnissen, einem marktbeherrschenden Unternehmen ein mißbräuchliches Verhalten zu untersagen (so auch § 32 GWB) sowie von diesen abgeschlossene Verträge (ganz oder teilweise) für unwirksam zu erklären, fügt § 33 Abs. 2 Satz 1 TKG auch das Recht hinzu, Anbietern i. S. des Abs. 1 ein bestimmtes (rechtmäßiges) Verhalten aufzuerlegen[3]; der Entwurfsbegründung zufolge betrifft dies insbesondere „die technischen, betrieblichen und ökonomischen Bedingungen des Zugangs zu Telekommunikationsdienstleistungen marktmächtiger Anbieter"[4]. Teilweise wird diese Möglichkeit freilich bereits von § 34 Abs. 1 TKG erfaßt[5].

200 Eine weitere Parallele zur Entgeltregelung enthält § 33 Abs. 3 TKG: Ein „einheitliches Unternehmen" wird dort (in Satz 2) in derselben Weise bestimmt wie in § 25 Abs. 3 Satz 2 TKG, und Satz 1 beider Bestimmungen erweitert den (persönlichen) Anwendungsbereich beider Regelungen. Gem. § 33 Abs. 3 Satz 1 i. V. m. Abs. 2 Satz 1 TKG kommen mithin Maßnahmen der besonderen Mißbrauchsaufsicht auch gegenüber Unternehmen in Betracht, die nicht selbst marktbeherrschend sind („**Konzernklausel**")[6].

201 Für das **Verfahren der Regulierungsbehörde** (d. h. der 3. Beschlußkammer; oben, Rz. 114) im Falle des § 33 TKG gelten keine speziellen Vorschriften, sondern (allein) §§ 74 ff. TKG sowie ergänzend das VwVfG[7]; insbesondere müssen Entscheidungen hier nicht innerhalb einer bestimmten Frist getroffen werden[8].

---

1 Anders wohl Beck TKG-Komm/*Piepenbrock*, § 33 Rz. 88 („Abmahnung"); wie hier *Manssen*, in: Manssen, Telekommunikations- und Multimediarecht, 1999, § 33 Rz. 19, 20.
2 Zum Entschließungs- und Auswahlermessen vgl. BK v. 17. 9. 1998 – BK 3a-98/008, K&R 1998, 495, 501 f.
3 Vgl. Beck TKG-Komm/*Piepenbrock*, § 33 Rz. 97 f.; VG Köln v. 9. 7. 2001 – 1 L 1099/01, CR 2001, 599, 601; v. 21. 7. 2001 – 1 L 1050/01, CR 2001, 601, 602.
4 BR-Drucks. 80/96 v. 9. 2. 1996, S. 46.
5 Ebenso wohl Beck TKG-Komm/*Piepenbrock*, § 34 Rz. 7, 11.
6 Vgl. Beck TKG-Komm/*Piepenbrock*, § 33 Rz. 106 ff.
7 Vgl. *Manssen*, in: Manssen, Telekommunikations- und Multimediarecht, 1999, § 33 Rz. 15 ff.
8 Vgl. Beck TKG-Komm/*Piepenbrock*, § 33 Rz. 88 f.

3.5.3.2 Inhaltlich verwandte Vorschriften

Auf die der Regulierungsbehörde in § 33 Abs. 2 (und 3) TKG eingeräumten Befugnisse nehmen zwei weitere Bestimmungen des Vierten Abschnitts Bezug: 202

Werden von der Europäischen Kommission oder vom Rat der Europäischen Union „**Normen**" gem. Art. 10 (i. V. m. Art. 5 Abs. 3) der ONP-Rahmenrichtlinie **für verbindlich erklärt**, kann die Regulierungsbehörde gegenüber einem marktbeherrschenden Anbieter von Telekommunikationsdienstleistungen in der genannten Weise vorgehen, wenn dieser die Normen nicht einhält (§ 34 Abs. 1 TKG)[1]. Eine Interessenabwägung wie bei § 33 Abs. 1 TKG findet nicht mehr statt, weil hier stets ein mißbräuchliches Verhalten gegeben ist[2]. 203

§ 38 Abs. 1 TKG statuiert unmittelbar kraft Gesetzes zum Schutz dritter Unternehmen[3] die **Unwirksamkeit von wettbewerbsbeschränkenden Netzzugangsvereinbarungen** und legt den gleichen, im Vergleich zu § 19 Abs. 4 Nr. 1 GWB strikteren Maßstab wie § 24 Abs. 2 (Nr. 2) TKG an; zur Durchsetzung dienen gem. Abs. 2 die „entsprechend" anzuwendenden Befugnisse nach § 33 Abs. 2 (und 3) TKG[4]. 204

Wettbewerbsbeeinträchtigungen oder -verzerrungen durch marktbeherrschende Unternehmen sollen auch durch das (gem. § 96 Abs. 1 Nr. 8 TKG mit Bußgeld bewehrte) „**Zusammenschlußverbot**" des § 32 TKG verhindert werden. In Fällen, in denen der Erwerb einer Lizenz unter den besonderen Voraussetzungen des § 10 TKG, d. h. im Wege eines Versteigerungs- oder Ausschreibungsverfahrens (§ 11 TKG), erfolgt[5], kann die Regulierungsbehörde dem Lizenznehmer durch Nebenbestimmung (§ 8 Abs. 2 Satz 2 TKG) aufgeben, nicht mit einem anderen Unternehmen i. S. v. § 23 Abs. 2, 3 GWB a. F. (§ 37 Abs. 1, 2 GWB) zu fusionieren[6], 205

---

1 Zweifelnd zur Vereinbarkeit mit Art. 13 Abs. 1 der Zusammenschaltungsrichtlinie *Manssen*, in: Manssen, Telekommunikations- und Multimediarecht, 1999, § 34 Rz. 3.
2 So die Entwurfsbegründung, BR-Drucks. 80/96 v. 9. 2. 1996, S. 46; ebenso *Großkopf*, Die Vertragsfreiheit nicht-marktbeherrschender Unternehmen bei der Netzzusammenschaltung, 1999, S. 48.
3 Vgl. BR-Drucks. 80/96 v. 9. 2. 1996, S. 47; *Manssen*, in: Manssen, Telekommunikations- und Multimediarecht, 1999, § 38 Rz. 2.
4 Vgl. Beck TKG-Komm/*Salger/Traugott*, § 38 Rz. 29 f.; *Manssen*, in: Manssen, Telekommunikations- und Multimediarecht, 1999, § 38 Rz. 8.
5 Hauptsächlich beim Mobilfunk; s. *Holznagel/Bysikiewicz/Enaux/Nienhaus* Grundzüge des Telekommunikationsrechts 2000, 50; *Gramlich*, CR 1999, 752 (753).
6 Vgl. Beck TKG-Komm/*Salger/Traugott*, § 32 Rz. 13 f.; *Manssen*, in: Manssen, Telekommunikations- und Multimediarecht, 1999, § 32 Rz. 7, 8.

sofern dieses auf den sachlich und räumlich gleichen („relevanten") Märkten (oben, Rz. 149 ff.) der Telekommunikation tätig ist (oder werden will) wie der Lizenznehmer. Denn hierdurch „würde sich die Marktstruktur in nicht zu vertretender Weise verengen"[1].

206 Gleichsam ein Gegenstück hierzu bildet § 14 Abs. 1 TKG: Unternehmen, die auf anderen als den Telekommunikations-Märkten[2] eine beherrschende Stellung im Sinne des GWB innehaben, müssen (alle) Telekommunikationsdienstleistungen, die sie erbringen wollen, in einem oder mehreren rechtlich selbständigen Unternehmen führen[3], d. h. von ihren sonstigen Aktivitäten **strukturell separieren**". Mit einer derartigen Transparenz soll einer „Verfälschung des Wettbewerbs entgegengewirkt" werden, „die durch Quersubventionierung oder Dumping entstehen kann"[4].

3.5.4 Regulierungspraxis

207 Bereits das BMPT als kommissarischer Regulierer stützte auf § 33 TKG Anordnungen, nach denen die DTAG Wettbewerbern ein Angebot auf entbündelten **Zugang zur Teilnehmeranschlußleitung** zu unterbreiten hatte[5]; in einem Eilverfahren trafen das VG Köln[6] und – in einem Kostenbeschluß nach Erledigungserklärung – das OVG Münster[7] erste wichtige Feststellungen zu den Tatbestandsvoraussetzungen des § 33 Abs. 1 Satz 1 TKG[8]. Eine BK-Entscheidung vom Herbst 1998 hielt die DTAG an, Vertragspartnern den Zugang zu Teilnehmeranschlußleitungen über den Zeitpunkt hinaus, zu dem eine für mißbräuchlich erachtete Kündigung wirksam werden sollte, unterbrechungsfrei zu den bisherigen Konditionen zu ermöglichen[9].

---

1 BR-Drucks. 80/96 v. 9. 2. 1996, S. 45.
2 Vgl. Beck TKG-Komm/*Geppert*, § 14 Rz. 5.
3 Vgl. Beck TKG-Komm/*Geppert*, § 14 Rz. 10 ff.; *Manssen*, in: Manssen, Telekommunikations- und Multimediarecht, 1999, § 14 Rz. 7.
4 BR-Drucks. 80/96 v. 9. 2. 1996, S. 40; dazu Beck TKG-Komm/*Geppert*, § 14 Rz. 1; *Holznagel/Bysikiewicz/Enaux/Nienhaus*, Grundzüge des Telekommunikationsrechts, 2000, S. 48 f.; krit. *Haar*, CR 1996, 713, 718.
5 Vgl. BT-Drucks. 14/2321 v. 2. 12. 1999, S. 52.
6 VG Köln v. 18. 8. 1997 – 1 L 2317/97, CR 1997, 639 ff., MMR 1998, 102 ff.
7 OVG Münster v. 29. 9. 1997 – 13 B 1987, 2159, 2160/97, MMR 1998, 98 ff.; dazu *Tschentscher/Neumann*, BB 1997, 2437, 2442 ff.; *Scherer*, NJW 1998, 1607, 1611; *Eschweiler*, K&R 1998, 530, 534; *Riehmer*, MMR 1998, 100 f.
8 Vgl. auch die Hauptsache-Entscheidung: VG Köln v. 5. 11. 1998 – 1 K 5929/97, MMR 1999, 238 ff.; K&R 1999, 91 ff.; CR 1999, 79 ff.
9 Vgl. Vfg. 124/1998 (BK v. 17. 9. 1998 – BK 3a-98/008 u. a.), ABl. 1998, S. 2626; BT-Drucks. 14/2321 v. 2. 12. 1999, S. 53.

Weitere Verfahren betrafen den Zugang zur Inhouse-Infrastruktur[1] sowie 208
die Überlassung bestimmter Übertragungswege (Carrier-Fest-Verbindungen); hierbei wurde eine Eil- durch eine endgültige BK-Entscheidung weithin bestätigt[2]. Hingegen kam es bei dem Problem der Übertragung von (Zählimpulsen und) Entgeltinformationen über die Grenzen von Telekommunikationsnetzen weder zu einer Einigung zwischen den Beteiligten noch zu einer Entscheidung der Regulierungsbehörde, ob und inwiefern die DTAG sich insoweit mißbräuchlich verhalte[3].

3.6 Rechtsschutzfragen

3.6.1 Entgeltregulierung

3.6.1.1 Verwaltungsrechtliche Streitigkeiten

Gegen die (teilweise) Ablehnung eines Entgeltantrags kann sich der 209
Antragsteller mit einer **Verpflichtungsklage** zur Wehr setzen; diese Klageart ist ebenfalls gegenüber einer (belastenden) Befristung – die nicht isoliert anfechtbar ist – bzw. einer lediglich vorläufigen Genehmigung statthaft[4]. Wird eine Entgeltgenehmigung – und sei dies auch abweichend vom Antrag – erteilt, können Wettbewerber hiergegen eine **Anfechtungsklage** erheben; eine Klagebefugnis (§ 42 Abs. 2 VwGO) kann bei Verstößen gegen § 24 Abs. 2 Nr. 2 und 3 gegeben sein[5]. Auch wenn die Genehmigung gerade den Kunden als Vertragspartnern gegenüber privatrechtsgestaltend wirkt, dürfte der Umstand, daß die Prüfung auch die Wahrung von (End-)Nutzerinteressen bezweckt, einzelnen Personen aus diesem breiten Kreis jedenfalls dann kein subjektiv-öffentliches Abwehrrecht geben, wenn die Entgeltänderung zu ihren Gunsten ausfällt[6].

---

1 Vgl. BT-Drucks. 14/2321 v. 2. 12. 1999, S. 53; BK v. 30. 4. 1998 – BK 3-01/98, MMR 1998, 494 ff.
2 Vgl. BT-Drucks. 14/2321 v. 2. 12. 1999, S. 54.
3 Vgl. BT-Drucks. 14/2321 v. 2. 12. 1999, S. 53 f.
4 Vgl. Beck TKG-Komm/*Schuster/Stürmer*, § 24 Rz. 80.
5 Ebenso *Manssen*, in: Manssen, Telekommunikations- und Multimediarecht, 1999, § 27 Rz. 16; *Stamm*, Die Entgeltregulierung im Telekommunikationsgesetz, 2001, S. 339 ff.; ohne die im Text genannte Einschränkung Beck TKG-Komm/*Schuster/Stürmer*, § 24 Rz. 86; VG Köln v. 11. 5. 2000 – 1 K 4868/97, CR 2001, 95, 96; v. 7. 9. 2000 – 1 K 10354/98, CR 2001, 238, 240; *Neumann/Bosch*, CR 2001, 225 ff.; *Schuster*, MMR 2001, 298, 299 f.
6 Vgl. *Manssen*, in: Manssen, Telekommunikations- und Multimediarecht, 1999, § 28 Rz. 20 (abweichend aber wohl § 27 Rz. 16); *Stamm*, Die Entgeltregulierung im Telekommunikationsgesetz, 2001, S. 338 f.; anders Beck TKG-Komm/*Schuster/Stürmer*, § 24 Rz. 87; differenzierend (im Hinblick auf die ähnliche Rechtslage nach § 5 PTRegG) *Ossenbühl*, ArchPT 1996, 207, 220.

210 Hingegen kann das betroffene Unternehmen gegen eine Untersagungsverfügung nach § 29 Abs. 2 Satz 2 (und nach § 30 Abs. 5) TKG sowie gegen Beanstandungen nach § 30 Abs. 4 mit Anfechtungsklage vorgehen[1].

211 Zwar ist die Regulierungsbehörde im Falle von § 30 Abs. 1 oder Abs. 2 TKG zur Einleitung eines Vorprüfungs- und ggf. eines Kontrollverfahrens verpflichtet; dem entspricht aber kein Anspruch von Konkurrenten oder Nutzern auf Einschreiten, zumal insoweit kein „Antrag" gem. § 74 Abs. 1 TKG, sondern eine bloße Anregung vorliegt[2].

212 In jedem Falle entfällt ein Widerspruchsverfahren (§ 80 Abs. 1) und haben (Anfechtungs-)Rechtsbehelfe keine aufschiebende Wirkung (§ 80 Abs. 2 TKG; 8 Rz. 181, 184).

3.6.1.2 Zivilrechtliche Streitigkeiten

213 Ihren Vertragspartnern/Kunden gegenüber sind die DTAG bzw. andere marktbeherrschende Anbieter gehalten, nur ordnungsgemäß genehmigte bzw. wirksame Entgelte – auf der Basis in gleicher Weise regulärer entgeltrelevanter AGB-Bestandteile – zu verlangen. Zwar führt die Teilunwirksamkeit hier weder nach § 6 AGBG noch nach § 139 BGB notwendig zur Unwirksamkeit des gesamten Vertrags (vgl. § 30 TKV[3]); Forderungen über das regulierte Maß hinaus entbehren aber des rechtlichen Grundes, so daß der Mehrbetrag ggf. nach § 812 Abs. 1 Satz 1, 1. Alt. BGB zurückverlangt werden kann[4]. Für diesen Bereicherungsanspruch sind die **ordentlichen Gerichte** (§ 13 GVG) zuständig, in erster Instanz bis zu einem Streitwert (§ 23 Nr. 1 GVG, § 3 ZPO) von 10 000 DM die Amts-, bei höheren Beträgen die Landgerichte (§ 71 Abs. 1 GVG).

214 Im Hinblick auf die privatrechtsgestaltende Wirkung des Genehmigungsbescheids ist hier dessen Wirksamkeit bzw. Bestandskraft für den Zivilrichter – und auch für die Kartellbehörden (Rz. 221) – maßgeblich[5]; auch der Verwaltungsakt einer Unwirksamkeitserklärung (§ 30 Abs. 5 Satz 1 TKG) kann nur dann beiseite gesetzt werden, wenn er nichtig (i. S. v. § 43 Abs. 3 VwVfG) ist.

---

1 Vgl. *Manssen*, in: Manssen, Telekommunikations- und Multimediarecht, 1999, § 29 Rz. 12, § 30 Rz. 30, 31; Beck TKG-Komm/*Schuster/Stürmer*, § 29 Rz. 13, § 30 Rz. 49.
2 Anders Beck TKG-Komm/*Schuster/Stürmer*, § 24 Rz. 83 f., 86.
3 Die Vorschrift enthält lediglich eine „Klarstellung" in bezug auf § 29 Abs. 2 Satz 1; so BR-Drucks. 551/97 v. 24. 7. 1997, S. 50.
4 Vgl. Beck TKG-Komm/*Schuster/Stürmer*, § 29 Rz. 16.
5 Vgl. *Michalski*, DZWir 1996, 353, 354 und CR 1998, 657, 663, 664; wohl auch Beck TKG-Komm/*Schuster/Stürmer*, § 24 Rz. 85.

Überdies bezweckt die Entgeltregulierung der Schutz gerade der Nutzer (oben, Rz. 39)[1], so daß ihnen bei schuldhaftem Fehlverhalten der Gegenseite ein Anspruch auf Schadensersatz aus § 40 Satz 1 TKG erwächst[2]. 215

Hierbei handelt es sich jeweils um „bürgerliche Rechtsstreitigkeiten" aus dem TKG i. S. v. § 80 Abs. 3 TKG[3], so daß die Regulierungsbehörde entsprechend § 90 Abs. 1, 2 GWB zu unterrichten ist (8 Rz. 178). 216

3.6.1.3 Ordnungswidrigkeitenverfahren

Erhebt ein Unternehmen schuldhaft ohne Genehmigung nach § 25 Abs. 1 TKG ein Entgelt, so kann dies die Regulierungsbehörde als zuständige Verwaltungsbehörde (§ 96 Abs. 2 Satz 2 TKG) gegenüber dem Personenkreis des § 9 OWiG, aber auch gegen das Unternehmen selbst (§ 30 Abs. 1 OWiG) mit einem **Bußgeld** bis zu 1 Mio. DM ahnden (§ 96 Abs. 1 Nr. 6 i. V. m. Abs. 2 Satz 1 TKG; § 30 Abs. 2 Satz 2 OWiG). Bei Anordnungen nach § 29 Abs. 2 Satz 2 (auch i. V. m. § 30 Abs. 5 Satz 2), § 31 Abs. 1 Nr. 1, § 33 Abs. 2 Satz 1 (ggf. i. V. m. § 38 Abs. 2) oder nach § 34 Abs. 1 TKG greift die gleiche Sanktion (gem. § 96 Abs. 1 Nr. 7 TKG) nur ein, wenn die jeweiligen Verwaltungsakte vollziehbar, d. h. wirksam und (noch) nicht angefochten bzw. nicht mehr anfechtbar sind. 217

Anwendbar ist auch § 17 Abs. 4 OWiG, wonach das gesetzliche Höchstmaß der Geldbuße überschritten werden kann, um den wirtschaftlichen Vorteil des Täters (bzw. des Unternehmens, § 30 Abs. 3 OWiG) aus dem Fehlverhalten zunichte zu machen; dies wird durch § 34 (§ 37b a. F.) GWB bestätigt[4]. 218

Gegen den Bußgeldbescheid steht dem/den Betroffenen binnen zwei Wochen nach Zustellung (§ 51 Abs. 1, 2 i. V. m. § 50 Abs. 1 Satz 2 OWiG; §§ 1 ff. VwZG) der Einspruch zum (gem. § 68 OWiG sachlich und örtlich zuständigen) Amtsgericht zu; dieser Rechtsbehelf kann schriftlich oder zur Niederschrift bei der Regulierungsbehörde eingelegt werden (§ 67 Abs. 1 Satz 1 OWiG). Gegen die Entscheidung des Amtsgerichts (durch Urteil nach § 71 Abs. 1 OWiG i. V. m. § 260 StPO oder durch Beschluß, § 72 OWiG) kommt als Rechtsmittel unter den Voraussetzungen der §§ 79, 80 OWiG eine Rechtsbeschwerde zum Oberlandesgericht (§ 79 Abs. 3 OWiG i. V. m. § 121 Abs. 1 Nr. 2 GVG; § 80 a OWiG) in Betracht. 219

---

1 Ebenso wohl Beck TKG-Komm/*Büchner*, § 40 Rz. 4 f.
2 Vgl. Beck TKG-Komm/*Schuster/Stürmer*, § 30 Rz. 51.
3 Vgl. Beck TKG-Komm/*Geppert*, § 80 Rz. 16.
4 Vgl. Beck TKG-Komm/*Ehmer*, § 96 Rz. 21.

3.6.2 Besondere Mißbrauchsaufsicht

220 Auch gegen Anordnungen nach § 33 Abs. 2 (Satz 1 oder 2) TKG kommen (**Anfechtungs-)Klagen** in Betracht; sofern Verträge für unwirksam erklärt werden, sind beide Parteien zur Anfechtungsklage befugt[1]. Ein in Gestalt eines **Verpflichtungsbegehrens** (gem. §§ 42 Abs. 1, 113 Abs. 5 VwGO) geltend zu machender Anspruch eines von einem Mißbrauch betroffenen („dritten") Wettbewerbers auf behördliches Tätigwerden könnte hier – anders als im Bereich des GWB bzw. bei der Entgeltregulierung (Rz. 211) – mit der spezifischen Zielsetzung des TKG begründet werden[2]; freilich kommt wohl allein eine Reduzierung des Entschließungs-Ermessens auf Null in Betracht.

3.6.3 Regulierungs- contra Kartellbehörde(n)?

221 Nicht völlig ausgeschlossen erscheinen im Anwendungsbereich des § 33 TKG Maßnahmen der allgemeinen Kartellbehörden (§§ 48 ff. GWB) und damit die Möglichkeit konfligierender Entscheidungen gegenüber solchen der Regulierungsbehörde, denn § 82 Satz 4 TKG setzt voraus, daß das **Bundeskartellamt** (§ 51 GWB) im Bereich der Telekommunikation Verfahren nach § 22 a. F. (§ 19) und § 26 Abs. 2 a. F. (§ 20 Abs. 1, 2) GWB durchführen und mit einer verbindlichen Regelung abschließen kann[3]. Die wohl allein praktisch relevante Frage[4], ob (und in welchem Umfang) das Kartellamt an (wirksame) Verwaltungsakte der Regulierungsbehörde gebunden sei, ist anhand von deren Prüfungsprogramm und Entscheidungsinhalt zu beantworten: Soweit diese – spezialgesetzlich normierte – wettbewerbsrechtliche Probleme umfassen[5], ergibt sich aus der Bestandskraft der jeweiligen Maßnahme, daß die Kartellbehörde sowohl einen Genehmigungsbescheid[6] als auch eine Untersagungsverfügung anerkennen muß. Soweit jedoch – wie bei §§ 25 Abs. 2, 30 Abs. 2 TKG und auch bei § 33 TKG – (noch) kein regulierungsbehördliches Verfahren abgeschlossen worden ist, ist das Bundeskartellamt an einem Einschreiten nicht gehindert[7] und können seine Verfügungen gem. §§ 63 ff. GWB beim zuständigen Oberlandesgericht (§ 63 Abs. 4 i. V. m.

---

1 Vgl. *Manssen*, in: Manssen, Telekommunikations- und Multimediarecht, 1999, § 33 Rz. 20.
2 Vgl. Beck TKG-Komm/*Piepenbrock*, § 33 Rz. 90.
3 Vgl. *Martenczuk*, CR 1999, 363, 364; Beck TKG-Komm/*Geppert*, § 82 Rz. 15; *Schmittmann*, K&R 1998, 1, 8; *Stamm*, Die Entgeltregulierung im Telekommunikationsgesetz, 2001, S. 64 ff.; kryptisch *Moritz*, CR 1998, 13, 20 Fn. 61.
4 Ebenso *Martenczuk*, CR 1999, 363, 365 Fn. 17.
5 Vgl. *Engel*, MMR-Beil 3/1999, 5, 9.
6 Nur hierauf abstellend *Martenczuk*, CR 1999, 363, 366 f.
7 Jedoch hierzu auch nicht verpflichtet; vgl. *Martenczuk*, CR 1999, 363, 367; ferner *Rädler*, MMR 1/1999, X, XI.

§ 51 Abs. 1 GWB) angefochten werden, auch soweit die Behörde beim Vollzug europäischen Rechts tätig wird (§ 50 GWB)[1]. Insoweit können dann auch – ähnlich wie beim Zuwiderhandeln gegen § 33 TKG (oben, Rz. 220) – Geldbußen bei schuldhafter Mißachtung vollziehbarer Anordnungen (nach § 32 GWB) verhängt werden (§ 81 Abs. 1 Nr. 6 a], Abs. 2, 4 GWB), wobei aber über einen Einspruch das OLG (§ 83), über eine Rechtsbeschwerde der Bundesgerichtshof entscheidet (§ 84 GWB).

Entscheidungen der **Europäischen Kommission** nach Maßgabe von Art. 82 (bzw. Art. 81) EG nehmen am Anwendungsvorrang des Gemeinschafts- gegenüber nationalem Recht teil[2]; eine formelle Bindung der Regulierungsbehörde tritt allerdings nur ein, wenn ein Rechtsakt an die Bundesrepublik Deutschland adressiert ist (Art. 249 Abs. 4 EG).

222

---

1 Vgl. *Moritz*, CR 1998, 13, 20.
2 Vgl. *Möschel*, MMR-Beil 3/1999, 1, 2; *Stamm*, Die Entgeltregulierung im Telekommunikationsgesetz, 2001, 72 f.

4. Offener Netzzugang und Zusammenschaltungen

4.1 Allgemeine Einordnung

Der deutsche Telekommunikationsmarkt ist seit dem 1. 1. 1998 vollständig liberalisiert und für den Wettbewerb geöffnet worden. Vor diesem Hintergrund sind insbesondere neue Marktteilnehmer, die den Aufbau eigener Netzstrukturen beabsichtigen, auf „Offene Netzzugänge"[1] sowie Zusammenschaltungen angewiesen. Denn speziell zu Anfang der Geschäftsaufnahme, aber auch im späteren Geschäftsbetrieb, sind Zusammenschaltungen wirtschaftlich notwendig und sinnvoll; zum einen, weil die Aufbaukosten eigener Netzinfrastrukturen in den ersten Jahren etwaige Zusammenschaltungskosten mit einem etablierten Unternehmen wesentlich übersteigen, zum anderen, weil eigene Netze nicht sofort verfügbar sind, da ihr Ausbau eine gewisse Zeit in Anspruch nimmt und nicht jede Region einen derartigen finanziellen Aufwand für eigene Infrastrukturen wirtschaftlich rechtfertigt. Ein effektiver Wettbewerb ist daher insbesondere zu Beginn auf den Zugang zu bestehenden Kapazitäten angewiesen. Daneben hängen neue Marktteilnehmer auch längerfristig in hohem Maße von Vorleistungsprodukten marktbeherrschender Unternehmen ab, die als einzige über eine flächendeckende Infrastruktur und vollständige Anbindung der Endkunden verfügen. Diese Abhängigkeit ist darauf zurückzuführen, daß unter dem Gesichtspunkt der Wirtschaftlichkeit neue Marktteilnehmer nur selten Vorleistungsprodukte selbst erbringen können. Sie müssen diese daher von marktbeherrschenden Unternehmen im Wege Besonderer Netzzugänge oder Zusammenschaltungen als Grundlage eigener Diensteangebote beziehen.

Zudem gewährleisten Offene Netzzugänge und Zusammenschaltungen die Kommunikation von Nutzern verschiedener Netze und dienen damit, neben den Vorschriften zur Universaldienstleistung, einer „indirekten" Sicherstellung der in Art 87 f. GG normierten Verpflichtung des Staates, eine flächendeckende Versorgung der Bevölkerung mit Telekommunikationsdienstleistungen zu gewährleisten[2].

Vor der vollständigen Liberalisierung des Telekommunikationsmarktes gewährleistete eine flächendeckende Versorgung allein die Deutsche Bundespost als Teil des damaligen Bundesministeriums für Post und Fernmeldewesen aufgrund ihres national bestehenden Telekommunika-

---

1 Der Begriff wird im folgenden in Großschreibung verwendet.
2 Vgl. *Lerche*, in: Maunz/Dürig/Herzog, Grundgesetz, Art. 87 f.

tionsmonopols, später dann die Deutsche Bundespost Telekom und schließlich die DTAG auf Basis der zuvor bestehenden Monopolstrukturen. Ein Bedarf an Zusammenschaltungen von Netzen auf nationaler Ebene bestand daher bis dahin kaum. Erst durch die Liberalisierung und Öffnung des Telekommunikationsmarktes für den Wettbewerb ergab sich die Notwendigkeit, Wettbewerbern den Zugang zur ehemaligen Monopolinfrastruktur und eine netzübergreifende Kommunikation zwischen den Kunden verschiedener Netze zu gewährleisten. Dies ist die notwendige ordnungspolitische Konsequenz aus der Entscheidung zugunsten einer Marktöffnung der Telekommunikationsmärkte in einem bisher monopolistisch geprägten Umfeld.

4 Im Gegensatz hierzu haben ehemalige Staatsunternehmen und nunmehr marktbeherrschende Anbieter meist kein Interesse, neuen Marktteilnehmern, d. h. potentiellen Wettbewerbern, den Zugang zu ihren Netzen zu gestatten, weil dies mit dem Verlust von Marktanteilen, Umsätzen und Kunden verbunden ist. Eine freiwillige Zugangsgewährung seitens marktbeherrschender Unternehmen zu betriebswirtschaftlich und wettbewerbsverträglichen Konditionen ist daher kaum zu erwarten und auch, wie die Erfahrungen der letzten Jahre gezeigt haben, nicht eingetreten. Ein Konflikt zwischen marktbeherrschenden Unternehmen und neuen Marktteilnehmern war und ist unausweichlich.

5 In dieser Konfliktsituation sollen die Vorschriften des TKG zur Gewährleistung Offener Netzzugänge sowie Zusammenschaltungen die Interessen der Wettbewerber auf der einen Seite, sowie der marktbeherrschenden Unternehmen auf der anderen Seite, ausgleichen; dies unter Berücksichtigung der Regelungsziele des TKG, die auf eine Sicherstellung und Förderung des Wettbewerbs auf dem Telekommunikationsmarkt angelegt sind. Das TKG greift hierbei auf das Modell einer asymmetrischen Regulierung zurück: Danach werden die staatlichen Rahmenbedingungen in der Telekommunikation nicht lediglich dereguliert, sondern in der Weise „re-reguliert", daß chancengleicher Wettbewerb durch die neu hinzutretenden Anbieter ermöglicht und ein funktionsfähiger Wettbewerb durch regulierende Eingriffe in das Marktverhalten beherrschender Unternehmen gefördert wird[1]. Als „asymmetrisch" ist die Regulierung deshalb zu bezeichnen, weil sie marktbeherrschende Unternehmen weitreichenderen gesetzlichen Restriktionen und Verpflichtungen unterwirft als andere Unternehmen, so beispielsweise einer besonderen Regulierung der Entgelte, der Mißbrauchsaufsicht und des Netzzugangs. Dem liegt die Erwägung zugrunde, daß der Markt für Telekommunikationsdienstleistungen auch nach Wegfall der früheren Monopole noch für einen längeren Zeitraum von der DTAG beherrscht sein wird.

---

1 Vgl. BegrE zum TKG, BT-Drucks. 13/3609, S. 34.

Es verwundert daher nicht, daß Zusammenschaltungen und Offene 6
Netzzugänge Hauptfelder der Regulierungstätigkeit nationaler Regulierungsbehörden bilden, welche die praktische Arbeit im Telekommunikationsbereich wesentlich prägen.

Entsprechende Vorschriften sind im Vierten Teil des TKG (§§ 35 bis 39 7
TKG) zu finden, die durch europarechtliche Vorgaben der ONP-Rahmenrichtlinie (RL 90/387/EWG), sowie speziell die sog. Zusammenschaltungsrichtlinie (RL 97/33/EG), und die ONP-Sprachtelefondiensterichtlinie (RL 98/10/EG) ergänzt werden. Dieser Normkontext bildet eine wesentliche Voraussetzung für die tatsächliche Liberalisierung des Telekommunikationsmarktes sowie für die Sicherstellung eines chancengleichen und funktionsfähigen Wettbewerbs i. S. d. § 2 Abs. 2 Nr. 3 TKG. Die folgende Darstellung widmet sich zunächst den allgemeinen Bedingungen für Netzzugang und Zusammenschaltungen sowie der damit in Zusammenhang stehenden besonderen Mißbrauchsaufsicht. Die besonders praxisrelevanten Fragestellungen werden gesondert vertieft.

4.2 Rechtliche Grundlagen

4.2.1 Europarechtliche Grundlagen

Bevor auf europarechtliche Grundlagen, insbesondere die ONP-Rechts- 8
akte, eingegangen wird, gilt es zunächst, die Bedeutung der sog. „Essential facilities-Doktrin" für den Telekommunikationssektor herauszustellen, auf welche die gesamte europäische Regulierung im Telekommunikationsbereich zurückgreift.

4.2.1.1 Essential facilities-Doktrin

Die Essential facilities-Doktrin gebietet, ganz allgemein formuliert, allen 9
marktbeherrschenden Unternehmen, die auf einem **nachgelagerten Markt über wesentliche Einrichtungen** für eine Marktbetätigung verfügen, **Konkurrenten diskriminierungsfreien Zugang zu diesen Einrichtungen zu gewähren**. Für den Telekommunikationsbereich ist dieser Grundsatz unter Berücksichtigung der Mitteilung der Europäischen Kommission über die Anwendung der Wettbewerbsregeln auf Zugangsvereinbarungen im Telekommunikationsbereich dahingehend weiter zu präzisieren, daß „**eine Verpflichtung marktbeherrschender Unternehmen, Zugang zu wesentlichen Einrichtungen zu gewähren, unter bestimmten, einzeln dargelegten Umständen** besteht".[1]

---

1 Mitt. der Kommission 98/C 265/2, ABlEG 1998 Nr. C 265/2.

10 Ob diese Umstände vorliegen, ist anhand folgender fünf Kriterien zu entscheiden:
- Der Zugang zu der fraglichen Einrichtung muß im allgemeinen eine wesentliche Voraussetzung dafür sein, daß sich Unternehmen am Wettbewerb in dem betreffenden Markt beteiligen können.
- Es muß eine ausreichende Kapazität zur Bereitstellung des Zugangs verfügbar sein.
- Der Eigentümer der Einrichtung befriedigt die Nachfrage auf einem bestehenden Dienste- oder Produktmarkt nicht, verhindert die Entstehung eines potentiellen neuen Dienstes oder Produktes oder beeinträchtigt den Wettbewerb in einem bestehenden oder potentiellen Dienste- oder Produktmarkt.
- Das Unternehmen, das den Zugang beantragt, ist zur Zahlung eines angemessenen und nicht diskriminierenden Entgelts bereit, und akzeptiert ansonsten alle nicht diskriminierenden Zugangsbedingungen.
- Die Zugangsverweigerung ist nicht sachlich gerechtfertigt.

11 Hinsichtlich der Bedeutung des oben angeführten Kriteriums der "**Wesentlichkeit**„ kann auf das **Bronner-Urteil des EuGH**[1] zurückgegriffen werden. Hiernach ist eine Einrichtung nicht schon dann als wesentlich anzusehen, wenn die Zugangsverweigerung entweder dazu führt, daß die beabsichtigten Aktivitäten gar nicht durchgeführt werden können oder auf unvermeidbare Weise in hohem Maße unwirtschaftlich werden. Vielmehr verknüpft der EuGH die wettbewerbsverhindernde Auswirkung der Zugangsverweigerung auf dem nachgelagerten Markt mit der **Unentbehrlichkeit der Zugangsgewährung auf dem vorgelagerten Markt**, und präzisiert die Voraussetzung einer wesentlichen Einrichtung dahingehend, daß sie nur vorliegt, wenn **weder ein tatsächlicher noch ein potentieller Ersatz für die von dem marktbeherrschenden Unternehmen bereitzustellenden Einrichtungen oder Dienstleistungen besteht.** Ein potentieller Ersatz ist dabei nur dann nicht vorhanden, wenn technische, rechtliche oder wirtschaftliche Hindernisse vorliegen, die geeignet sind, jedem Unternehmen die Schaffung einer alternativen Einrichtung auf dem vorgelagerten Markt unmöglich zu machen, oder zumindest unzumutbar zu erschweren.

12 Würde trotz Vorliegens oben angeführter Kriterien ein Zugang verweigert werden, hätte dies erhebliche Konsequenzen zur Folge. Zum einen könnte die den Zugang begehrende Partei auf dem entsprechenden Dienstleistungsmarkt nicht tätig werden, soweit keine anderen wirtschaftlich tragbaren Alternativen zum begehrten Zugang existierten. Zum anderen würde die Entwicklung neuer Märkte oder neuer Produkte unter Verstoß

---

[1] Vgl. Bronner-Urteil des EuGH, MMR 1999, 348.

gegen Art. 86 Abs. 2 Buchst. b) EG-Vertrag behindert, sowie die Entfaltung des Wettbewerbs auf bestehenden Märkten beeinträchtigt. Problematisch ist freilich, die Abwägung zwischen Zugang und Zumutbarkeit der Schaffung alternativer Einrichtungen im Einzelfall durchzuführen, wie unter Rz. 106 ff. noch näher dargestellt werden wird.

4.2.1.2 ONP-Rechtsakte

Die europarechtlichen Grundlagen des Offenen Netzzugangs einschließlich der Zusammenschaltungen lassen sich vor allem in den sog. ONP-Rechtsakten (Open-Network-Provision) finden und stellen neben einer Öffnung der Telekommunikationsmärkte den Mittelpunkt europäischer Regulierungstätigkeit dar. Dabei ist die mit den ONP-Rechtsakten einhergehende Harmonisierung nationaler Rechtsvorschriften untrennbar mit der Liberalisierung der Telekommunikationsmärkte verknüpft, weshalb eine erfolgreiche europaweite Öffnung dieser Märkte ohne folgende Regelungen nicht denkbar wäre:

13

– Richtlinie 90/387/EWG des Rates v. 28. 6. 1990 zur Verwirklichung des Binnenmarktes für Telekommunikationsdienste durch Einführung eines offenen Netzzugangs (Open Network Provision – ONP) – ONP-Rahmenrichtlinie
– Richtlinie 92/44/EWG des Rates v. 5. 6. 1992 zur Einführung des offenen Netzzugangs bei Mietleitungen – ONP-Mietleitungsrichtlinie
– Richtlinie 97/51/EG des Europäischen Parlaments und des Rates v. 6. 10. 1997 zur Änderung der Richtlinien 90/387/EWG und 92/44/EWG des Rates zwecks Anpassung an ein wettbewerbsorientiertes Telekommunikationsumfeld
– Richtlinie 95/62/EG des Europäischen Parlaments und des Rates v. 13. 12. 1995 zur Einführung des offenen Netzzuganges beim Sprachtelefondienst – ONP-Sprachtelefondiensterichtlinie
– Richtlinie 97/33/EG des Europäischen Parlaments und des Rates v. 30. 6. 1997 über die Zusammenschaltung in der Telekommunikation im Hinblick auf die Sicherstellung eines Universaldienstes und der Interoperabilität durch Anwendung der Grundsätze für einen offenen Netzzugang (ONP) – Zusammenschaltungsrichtlinie
– Richtlinie 98/10/EG des Europäischen Parlaments und des Rates v. 26. 2. 1998 über die Anwendung des offenen Netzzugangs (ONP) beim Sprachtelefondienst und den Universaldienst im Telekommunikationsbereich in einem wettbewerbsorientierten Umfeld
– Verordnung (EG) Nr. 2887/2000 des Europäischen Rates und des Rates vom 18. 12. 2000 über den entbündelten Zugang zum Teilnehmeranschluß

– **aktuell**: Vorschlag für eine Richtlinie des Europäischen Parlaments und Rates über den Universaldienst und Nutzerrechte bei elektronischen Kommunikationsnetzen und -diensten, vom 12. 7. 2000, KOM (2000) 392 endgültig, 2000/0183 (COD)

14 Aufgrund der Fülle an Bestimmungen und Vorgaben soll hier nur kurz auf die wesentlichen Grundprinzipien bzw. Regelungsziele der ONP-Rechtsakte eingegangen werden, die in deutsches Recht umzusetzen waren. Sie umfassen vornehmlich Regelungen zur Gewährleistung von Objektivität und Transparenz, des Zugangs zu Informationen, der Nichtdiskriminierung sowie Vorschriften zur gleichberechtigten Zugangsgewährung durch marktbeherrschende Unternehmen im Telekommunikationssektor. Eine beträchtliche Marktmacht bzw. Marktbeherrschung ist anzunehmen, wenn ein Unternehmen einen Anteil von über 25% an einem Telekommunikationsmarkt eines Gebietes innehat, wobei die nationalen Regulierungsbehörden von dieser Festlegung nach oben oder unten abweichen können.

15 Auf einzelne Bestimmungen der ONP-Rechtsakte soll im weiteren Verlauf dann eingegangen werden, wenn dies zur Beantwortung konkreter Fragestellungen oder zur Auslegung deutscher Normen notwendig ist.

4.2.2 TKG, NZV und TKV

16 Das TKG v. 25. 7. 1996 i. d. F. v. 26. 8. 1998 diente in erster Linie der Umsetzung der europarechtlichen Vorgaben der ONP-Rechtsakte, ersetzte aber gleichzeitig das Fernmeldeanlagengesetz (FAG) sowie das Gesetz über die Regulierung der Telekommunikation und des Postwesens (PTRegG). Regelungsinhalt des FAG bestand bis dato vor allem in technischen Sachverhalten, während das PTRegG in der Hauptsache der Weitergeltung von Regelungen des außer Kraft getretenen Postverfassungsgesetzes von 1989 diente. Demgegenüber stellt das TKG nunmehr eine Synthese zwischen den technischen Bestimmungen des alten FAG und einer Umsetzung europarechtlicher Vorgaben dar. Einerseits beinhaltet es rechtliche Rahmenbedingungen, um den verfassungsrechtlichen Auftrag des Art. 87 f GG zu erfüllen, über Wettbewerb den Zugang von Wirtschaft und Verbrauchern zu modernen, preiswerten und leistungsfähigen Telekommunikationsnetzen zu gewährleisten, sowie flächendeckend angemessene und ausreichende Telekommunikationsdienstleistungen sicherzustellen. Andererseits dient es dazu, den Marktteilnehmern die notwendige Rechts- und Planungssicherheit zu verschaffen[1]. Zusätzlich weist es eine Vielzahl von Verordnungsermächti-

---

1 Vgl. BegrE zum TKG, BT-Drucks. 13/3609, S. 34.

gungen auf, um Einzelheiten der gesetzlichen Rahmenvorgaben flexibel per Rechtsverordnung regeln zu können. Insbesondere sind hier die Netzzugangsverordnung (NZV) und Telekommunikations-Kundenschutzverordnung (TKV) zu nennen.

4.2.3 Die Systematik des Vierten Teils des TKG

Der Vierte Teil des TKG trägt die Überschrift „Offener Netzzugang und Zusammenschaltungen". Regelungsinhalt ist vor allem die besondere Mißbrauchsaufsicht über den Telekommunikationssektor, die Normierung einer generellen Verhandlungspflicht über Netzzusammenschaltungen für alle Betreiber öffentlicher Telekommunikationsnetze, die Anordnungsmöglichkeit von Zusammenschaltungen im Falle eines Scheiterns der Verhandlungen sowie die Pflicht marktbeherrschender Unternehmen, Wettbewerbern und Nutzern Zugang zu ihren Netzen zu gewähren. Der Vierte Teil des TKG setzt damit die Vorschriften bzw. Bedingungen der ONP-Rechtsakte in deutsches Recht um.

17

§ 33 TKG bildet den Tatbestand der **Besonderen Mißbrauchsaufsicht** für den Bereich des Offenen Netzzuganges sowie der Zusammenschaltungen und stellt damit eine **spezialgesetzliche Ergänzung des allgemeinen Diskriminierungsverbots der §§ 19 und 23 GWB** dar. Insbesondere normiert er die diskriminierungsfreie Zugangsgewährung zu intern genutzten und am Markt angebotenen Leistungen marktbeherrschender Unternehmen, soweit diese wesentlich sind, und bestimmt hinsichtlich der Nutzungsbedingungen den Grundsatz der Intern/Extern-Gleichbehandlung. Sein Abs. 2 eröffnet der Regulierungsbehörde die Möglichkeit, im Rahmen eines Mißbrauchsverfahrens Verhaltens- und/oder Untersagungsverfügungen gegen marktbeherrschende Unternehmen zu erlassen, um Verstöße gegen Abs. 1, soweit diese den Mißbrauch einer marktbeherrschenden Stellung erkennen lassen, zu beseitigen bzw. zu verhindern. § 33 TKG dient somit hauptsächlich der Sicherstellung eines chancengleichen und funktionsfähigen Wettbewerbs auf den Märkten der Telekommunikation. Als **Spezialausprägung des § 33 TKG** sieht § 34 **TKG** zudem die Einhaltung einer durch die Europäische Kommission oder den Europäischen Rat für verbindlich erklärten Schnittstellenbeschreibung für Offene Netzzugänge vor, wodurch eine **technische Diskriminierung** des Wettbewerbs durch Verwendung unterschiedlicher bzw. nicht einheitlicher Schnittstellen seitens marktbeherrschender Unternehmen verhindert werden soll.

18

Die neben § 33 TKG zentrale Vorschrift des § 35 **TKG** legt dagegen marktbeherrschenden Betreibern von Telekommunikationsnetzen im Hinblick auf die Sicherstellung eines chancengleichen und funktionsfä-

19

higen Wettbewerbs, aber auch zwecks der Ermöglichung der Kommunikation von Nutzern verschiedener Telekommunikationsnetze, bestimmte **Verhaltenspflichten** auf. Demgemäß haben marktbeherrschende Unternehmen, Nutzern Zugang zu ihren Telekommunikationsnetzen oder Teilen derselben im Wege Allgemeiner oder Besonderer Netzzugänge zu gewähren. Entsprechende Vereinbarungen über Zugänge müssen auf objektiven Maßstäben beruhen, nachvollziehbar sein und einen gleichwertigen Zugang ermöglichen.

20 Zur Sicherstellung einer Kommunikation von Nutzern verschiedener Telekommunikationsnetze gebietet **§ 36 TKG** darüber hinaus eine **Verhandlungspflicht bezüglich Zusammenschaltungsvereinbarungen** für sämtliche Betreiber öffentlicher Telekommunikationsnetze, **unabhängig von einer marktbeherrschenden Stellung.**

21 Sofern **Verhandlungen** auf Basis des § 36 TKG **scheitern**, besteht nach **§ 37 TKG** für jeden der Verhandlungspartner die Möglichkeit, sich die begehrte Zusammenschaltung durch die Regulierungsbehörde anordnen zu lassen. Die Anordnung ist zulässig, soweit und solange die Beteiligten keine Zusammenschaltungsvereinbarung treffen. Im wettbewerbsschützenden Kontext des Vierten Teils des TKG normiert schließlich **§ 38 TKG** als Rechtsfolge wettbewerbsbeschränkender Vereinbarungen deren Unwirksamkeit, soweit Wettbewerbsmöglichkeiten anderer Unternehmen ohne sachlich rechtfertigenden Grund beeinträchtigt sein sollten. Zum Abschluß des Vierten Teils verweist § 39 TKG hinsichtlich der Regulierung von Entgelten für die Gewährung eines Netzzugangs nach § 35 TKG sowie für die Durchführung einer angeordneten Zusammenschaltung nach § 37 TKG auf die Vorschriften zur Entgeltregulierung.

4.3 Begriffsbestimmungen

22 Der **Systematik** des TKG folgend, welches selbst in erheblichem Umfang **Begriffsbestimmungen** in einer eigenständigen Regelung vornimmt (§ 3 TKG), sollen hier vorab einige für das Verständnis der nachfolgenden Ausführungen wichtige Begriffe erläutert werden.

4.3.1 Offener Netzzugang

23 Der Begriff des Offenen Netzzugangs wird nicht im TKG verwendet und vornehmlich durch europarechtliche Vorgaben der ONP-Rechtsakte geprägt. Er gewährleistet den **Zugang zu öffentlichen Telekommunikationsnetzen** sowie **zu öffentlichen Telekommunikationsdiensten** und beinhaltet darüber hinaus Bedingungen für deren **offene und effiziente**

Benutzung (Art. 1 Abs. 1 RL 90/387/EWG). Der Begriff **offen** postuliert einen **gleichen** und **diskriminierungsfreien Zugang** (Art. 3 Abs. 1 RL 90/387/EWG), der grundsätzlich nicht eingeschränkt werden darf, es sei denn, die **Sicherheit des Netzbetriebes**, die **Erhaltung der Netzintegrität**, die **Interoperabilität der Dienste** oder der **Datenschutz** gebieten in begründeten Fällen eine Beschränkung[1].

Der Netzzugang wird unter Berücksichtigung der europarechtlichen Vorgaben der ONP-Rechtsakte umgesetzt durch die Legaldefinition des § 3 Nr. 9 TKG, definiert als die physische und logische Verbindung von Endeinrichtungen oder sonstigen Einrichtungen mit einem Telekommunikationsnetz oder Teilen desselben sowie als die physische und logische Verbindung zweier Telekommunikationsnetze oder Teilen desselben, die dem Zweck dienen, Zugriff auf Funktionen des jeweils fremden Netzes zu erhalten, bzw. darüber erbrachte Telekommunikationsdienstleistungen zu beziehen.

4.3.2 Arten von Netzzugängen

Im wesentlichen gilt es, zwei Arten von Netzzugängen zu unterscheiden: Den **Allgemeinen Netzzugang** sowie den **Besonderen Netzzugang**, zu dem gemäß § 1 Abs. 2 S. 2 Netzzugangsverordnung (NZV) als Unterform[2] die Zusammenschaltung von Telekommunikationsnetzen zu rechnen ist. Beide Grundformen des Netzzugangs setzen zunächst ein Telekommunikationsnetz voraus. Ein **Telekommunikationsnetz** ist gemäß § 3 Nr. 21 TKG definiert als die **Gesamtheit der technischen Einrichtungen** (Übertragungswege, Vermittlungseinrichtungen und sonstige Einrichtungen, die zur Gewährleistung eines ordnungsgemäßen Betriebes des Telekommunikationsnetzes unerläßlich sind), die zur Erbringung von Telekommunikationsdienstleistungen oder zu nichtgewerblichen Zwecken der Telekommunikation dienen. Durch den zweckbestimmten Halbsatz, der die „dienende" Funktion der Einrichtungen hervorhebt, ist ein **Telekommunikationsnetz** bzw. die jeweilige Gesamtheit der Einrichtungen **funktional zu bestimmen**. Je nachdem welche Telekommunikationsdienstleistungen erbracht oder welche Telekommunikationszwecke verfolgt werden, besteht das Telekommunikationsnetz aus unterschiedlichen Komponenten. Unterschieden werden können beispielsweise **Sprachnetze** bestehend aus vermittlungs- und übertragungstechnischen Einrichtungen (Vermittlungsrechner, Teilnehmeranschlußleitungen, Übertragungswege zur Verbindung von Netzknoten) und **Datennetze**

---
1 Vgl. Erwägungen Ziff. 13 zu RL 97/33/EG.
2 Piepenbrock spricht von Zusammenschaltung als Spezialform des besonderen Netzzuganges, vgl. Beck TKG-Komm/*Piepenbrock*, § 3 Nr. 9 Rz. 12.

(Router, Anschlußleitungen und Übertragungswege zur Verbindung von Netzknoten) sowie **Übertragungswegenetze**.

26 Der **Allgemeine Netzzugang** bedeutet gemäß § 35 Abs. 1 S. 2 TKG Zugang zu Telekommunikationsnetzen über für sämtliche Nutzer bereitgestellte Anschlüsse, wozu insbesondere Endeinrichtungen gemäß § 3 Nr. 3 TKG zählen. Nutzer sind gemäß § 3 Nr. 11 TKG definiert als Nachfrager von Telekommunikationsdienstleistungen.

27 Der **Besondere Netzzugang** eröffnet, wie § 1 Abs. 2 NZV zu entnehmen ist, die Inanspruchnahme von Leistungen gemäß § 35 Abs. 1 TKG durch Nutzer i. S. v. § 35 Abs. 3 TKG und wird dann beansprucht, wenn mittels des Zugangs eigene Dienstleistungen angeboten werden sollen. Soll dagegen darüber hinaus die netzübergreifende Kommunikation zwischen zwei Netzen ermöglicht werden, erfolgt dies im Wege von Zusammenschaltungen. Nutzer i. S. v. § 35 Abs. 3 TKG sind solche Nachfrager, die über die für den beantragten Besonderen Netzzugang erforderliche Zuverlässigkeit, Leistungsfähigkeit und Fachkunde verfügen, und die den Besonderen Netzzugang als Anbieter von Telekommunikationsdienstleistungen oder als Betreiber von Telekommunikationsdienstleistungen nachfragen, um Telekommunikationsdienstleistungen anzubieten (§ 1 Abs. 2 NZV). Näheres zu diesen Eingrenzungen des Personenkreises unter Rz. 29 f. Die Voraussetzungen in § 35 Abs. 3 TKG werden von der Regulierungsbehörde gesondert geprüft, oder deren Vorliegen wird angenommen, wenn der beantragende Nutzer eine Lizenz nach § 8 TKG besitzt.

28 In **technischer Hinsicht** setzt der Netzzugang, der Besondere wie der Allgemeine, **die Herstellung einer physischen und logischen Verbindung** mit (mindestens) einem Telekommunikationsnetz voraus. Die physische Anbindung stellt dabei die Voraussetzung für eine logische Verknüpfung dar, ohne die eine Inanspruchnahme fremder Funktionalitäten nicht erfolgen kann. **Unerheblich** ist in diesem Zusammenhang, wer von den Zusammenschaltungspartnern für die physische und/oder logische Verbindung zu sorgen hat. Insbesondere ist nicht erforderlich, daß die physische und logische Verbindung von ausschließlich einem Zusammenschaltungspartner realisiert wird, sondern es ist durchaus möglich, daß die physische Verbindung der eine Zusammenschaltungspartner realisiert, die logische Verbindung dagegen der andere[1]. Darüber hinaus ist eine **vollständige logische** Verbindung **nicht zwingende Voraussetzung** für einen Netzzugang i. S. d. Gesetzes, sofern nur bestimmte Funktionsteile in Anspruch genommen werden, und nicht auf eine Gesamt-

---

1 Vgl. BVerwG, Urteil vom 25. 4. 2001 – BVerwG 6 C 6.00, S. 22 f. des amtlichen Umdrucks.

heit von Funktionen zugegriffen werden soll[1]. Der einfache Telefonanschluß ist ebenso eine solche Verbindung wie die Zusammenschaltung zweier Netze oder der Zugang zur Teilnehmeranschlußleitung.

4.3.3 Abgrenzung Allgemeiner – Besonderer Netzzugang

Die **Abgrenzung zwischen den beiden Netzzugangsarten** erfolgt anhand § 1 Abs. 2 NZV und § 35 Abs. 3 S. 1 TKG. Nach § 1 Abs. 2 NZV sind nur solche Nutzer im Hinblick auf Besondere Netzzugänge bezugsberechtigt, die Leistungen i. S. d. § 35 Abs. 1 TKG als Anbieter von Telekommunikationsdienstleistungen oder als Betreiber von Telekommunikationsnetzen begehren, um ihrerseits Telekommunikationsdienstleistungen anbieten zu können. Somit ist der Kreis von Bezugsberechtigten Besonderer Netzzugänge **auf Anbieter von Telekommunikationsdienstleistungen sowie auf Betreiber von Telekommunikationsnetzen** beschränkt. Nach § 35 Abs. 3 S. 1 TKG ist für eine Bezugsberechtigung zudem die für den beantragten Netzzugang erforderliche Zuverlässigkeit, Leistungsfähigkeit und Fachkunde nachzuweisen, die im Falle einer bereits erteilten Lizenz nach § 8 TKG widerlegbar vermutet werden kann (vgl. § 35 Abs. 3 S. 2 TKG). Allgemeine Netzzugänge können dagegen ohne Einschränkung von jedermann bzw. von jedem Nutzer gegenüber marktbeherrschenden Unternehmen nachgefragt werden. 29

In diesem Zusammenhang vertreten das VG Köln[2] und ihm folgend das OVG Münster[3] die Auffassung, eine Abgrenzung Allgemeiner zu Besonderen Netzzugängen ließe sich nicht unmittelbar aus § 1 Abs. 2 NZV ableiten. Nach § 35 Abs. 1 S. 2 TKG sei der Allgemeine Netzzugang dadurch gekennzeichnet, daß er „über für sämtliche Nutzer bereitgestellte Anschlüsse" erfolgt, während der **Besondere Netzzugang über „besondere Anschlüsse"** gewährt würde. **§ 1 Abs. 2 NZV bestimme lediglich den Zweck des Besonderen Netzzugangs** dahingehend, daß dieser die Inanspruchnahme von Leistungen gemäß § 35 Abs. 1 TKG durch Nutzer i. S. v. § 35 Abs. 3 TKG ermöglicht, die diese Leistungen als Anbieter von Telekommunikationsdienstleistungen oder als Betreiber von Telekommunikationsnetzen nachfragen, um ihrerseits Telekommunikationsdienstleistungen anzubieten. Danach würde zwar einiges dafür sprechen, daß der Besondere Netzzugang nur von Anbietern von Telekommunikationsdienstleistungen und Betreibern von Telekommunikationsnetzen nachgefragt und in Anspruch genommen werden könne. Umgekehrt ließe sich hieraus allerdings nicht ableiten, daß immer schon dann 29a

---

[1] Beck TKG-Komm/*Piepenbrock*, § 3 Nr. 9 Rz. 12b.
[2] VG Köln Beschl. v. 27. 10. 1999 – 1 L 1917/99, MMR 2000, 227 (230).
[3] OVG Münster Beschl. v. 5. 7. 2000 – 13 B 2018/99, MMR 2000, 779 (781).

ein besonderer Netzzugang vorliege, wenn er nur von einem derartigen Anbieter oder Betreiber nachgefragt werde. **Erforderlich für den Besonderen Netzzugang sei vielmehr, daß er über besondere, nicht für sämtliche Nutzer bereitgestellte Anschlüsse gewährt würde**[1]. Von einem Besonderen Netzzugang könne somit nur dann gesprochen werden, wenn dieser über andere Schnittstellen bereitgestellt würde als der Allgemeine Netzzugang. Nur dieses Verständnis entspräche den Vorgaben des Art. 16 Abs. 1 RL 98/10/EG, wonach der „Sonderzugang zum Netz" dadurch gekennzeichnet sei, daß er an anderen als den im Anhang II Teil 1 dieser Richtlinie genannten, allgemein zugänglichen Netzabschlußpunkten erfolge. Im Ergebnis bedeutet dies, daß die Abgrenzung zwischen Allgemeinem und Besonderem Netzzugang **nicht funktional** zu bestimmen, sondern anhand der **technischen Gestaltung des Netzzugangs** zu entscheiden wäre. Gegen dieses Abgrenzungskriterium spricht allerdings, daß im Telekommunikationsrecht schon historisch regelmäßig eine funktionale Betrachtungsweise zu Grunde zu legen ist. Im Vordergrund zu stehen haben daher funktionale Abgrenzungskriterien, die allenfalls durch technische ergänzt werden können. Außerdem geht der Hinweis auf die RL 98/10/EG fehl, weil sich diese Richtlinie allein auf den Sprachtelefondienst bezieht. Demgegenüber geht die für Mietleitungen einschlägige RL 92/44/EWG (ONP-Mietleitungen) i. d. F. der RL 97/51/EG in Art. 6 explizit von **Zugang zu und Zusammenschaltung von Mietleitungen**, mithin von einem Besonderen Netzzugang aus.

30 Seitens der Regulierungsbehörde werden bei der Abgrenzung zwischen Allgemeinem und Besonderem Netzzugang neben dem Nutzerkreis allerdings technische Unterschiede hervorgehoben und vorrangig vor dem Nutzerkreis verwendet. Anknüpfungspunkt für eine Abgrenzung bildet dabei die gesetzliche Definition des Netzzugangs in § 3 Nr. 9 TKG. Hiernach erfolgt jeder Netzzugang einschließlich des Besonderen Netzzugangs zum Zwecke des Zugriffs **auf Funktionen eines Telekommunikationsnetzes** oder auf **die darüber erbrachten Telekommunikationsdienstleistungen**. Voraussetzung ist demnach nach Ansicht der Regulierungsbehörde, daß die im Rahmen Besonderer Netzzugänge nachgefragten Leistungen eine Netzfunktion erfüllen oder aber „über" ein Telekommunikationsnetz erbracht werden können[2]. Allgemeine Netzzugänge sind hingegen nach der Praxis der Regulierungsbehörde im Fall einer bloßen Verbindung von Endeinrichtungen oder sonstigen Einrichtungen mit einem Telekommunikationsnetz oder Teilen desselben anzunehmen.

---

1 Siehe VG Köln Beschl. v. 27. 10. 1999 – 1 L 1917/99, MMR 2000, 230.
2 Vgl. Beschl. v. 9. 4. 2001, Beschlußkammer 2, Az.: BK 2a 01/006, Entgeltgenehmigungsantrag der DTAG bzgl. SFV und CFV, S. 7 und 8 des amtlichen Umdrucks.

Die Abgrenzung hat erhebliche praktische Bedeutung, weil die Entgelte   31
für die Gewährung Besonderer Netzzugänge über den Verweis in § 39
TKG der Entgeltregulierung unterliegen, während sich die Entgeltregulierung bei Allgemeinen Netzzugängen nur über die Voraussetzungen
der allgemeinen Entgeltvorschriften der §§ 24 ff. TKG ergibt. Zu der
Frage des Umfangs und der Folgen aus dem Verweis in § 39 TKG siehe
Teil 3, Rz. 101 ff. sowie unter Rz. 364. Ferner gelten gemäß § 35 TKG
i. V. m. der NZV strengere Anforderungen an den Zugangsverpflichteten
Besonderer Netzzugänge, als dies bei Allgemeinen Netzzugängen gemäß
§ 35 TKG i. V. m. der Telekommunikations-Kundenschutzverordnung
(TKV) der Fall ist.

4.3.3.1 Leistungsumfang des Besonderen Netzzugangs

Wie soeben angedeutet, unterscheiden sich Allgemeine und Besondere   32
Netzzugänge insbesondere in ihrer inhaltlichen Ausgestaltung. So ist
richtigerweise, wenn auch nicht unumstritten, der Zugang zu Leistungen
im Rahmen eines Besonderen Netzzugangs gemäß § 35 Abs. 1 TKG nicht
nur auf Telekommunikationsdienstleistungen i. S. d. § 3 Nr. 18 TKG
beschränkt – so die Auffassung der DTAG[1] –, sondern er umfaßt, im
Rückgriff auf die Vorschrift des § 33 Abs. 1 TKG, auch intern genutzte
Bestandteile der Infrastruktur des Marktführers, die eine Erbringung von
Telekommunikationsdienstleistungen i. S. v. § 3 Nr. 18 TKG erst ermöglichen (sog. Vorprodukte)[2]. Auch zu diesen Leistungen hat der marktbeherrschende Anbieter deshalb den Wettbewerbern diskriminierungsfrei
Zugang zu gewähren, allerdings nur insoweit, als die Leistungen im
Wege Allgemeiner oder Besonderer Netzzugänge bereitgestellt werden
können.

4.3.3.2 Beispiele für die Abgrenzung Besonderer Netzzugänge in der Praxis

Als Beispiele für die Abgrenzung Besonderer Netzzugänge in der Praxis   33
sollen die folgenden zwei Leistungen der DTAG dienen. Dies sind zum
einen sog. Carrier-Festverbindungen (CFV) sowie International Carrier
Connect-Verbindungen (ICC):

---

1 Dies kommt zum Ausdruck in VG Köln v. 5. 11. 1998 – 1 K 5929/97, CR 1999, 79, 80; OVG Münster v. 7. 2. 2000 – 13 A 180/99, NVwZ, 697, 699.
2 Vgl. OVG Münster v. 29. 9. 1997, MMR 1998, 98; VG Köln v. 5. 11. 1998, CR 1999, 79.

4.3.3.2.1 Carrier-Festverbindung (CFV)

34 Durch den Vertrag, der die „Bereitstellung und Überlassung von Carrier-Festverbindungen für das Netz des Kunden" regelt, bietet die DTAG ihren Carrier-Kunden (also Netzbetreibern) Übertragungswege mit unterschiedlichen Übertragungskapazitäten (64 kbit/s bis 155 Mbit/s) einschließlich der Abschlußeinrichtungen mit vorab bestimmten Endpunkten an beiden Enden der jeweiligen Übertragungswege an. Die von der DTAG überlassenen CFV stellen für viele Carrier, die ihr Netz nicht ausschließlich und vollständig mit eigener Infrastruktur aufbauen, wichtige Netzelemente dar, mit denen die Carrier „Lücken" in ihrer Infrastruktur schließen bzw. eigene Großkunden anschließen. Daneben bietet die DTAG das technisch ähnliche Produkt als Standard-Festverbindung (SFV) an, die in Abgrenzung zur CFV dadurch gekennzeichnet ist, daß es sich hier nicht wie bei der CFV um ein spezielles Carrierprodukt handelt. Die SFV ist als Endkundenprodukt konzipiert, für jedermann erhältlich und ist mit zum Teil von dem Angebot der CFV abweichenden Bedingungen und Service Levels versehen.

35 Die CFV stellt nach hier vertretener Auffassung einen Besonderen Netzzugang dar. Bei der Frage des Netzzugangs kommt es nicht vornehmlich auf das Merkmal der „physischen und logischen Verbindung" an, sondern entscheidend ist der Gesamtzusammenhang zwischen dieser Verbindung und der Zugriffsmöglichkeit auf Funktionen des Telekommunikationsnetzes des bereitstellenden Netzbetreibers oder auf Teile desselben (Definition in § 3 Nr. 9 TKG).

36 Auch die Bereitstellung eines Übertragungsweges an einen anderen Carrier dient dazu, dem nachfragenden Carrier Zugang zum Netz des bereitstellenden Carriers auf der Wertschöpfungsebene „Bandbreite" zu gewähren, damit der nachfragende Carrier seinerseits auf der Basis dieser Telekommunikationsdienstleistung (siehe die Legaldefinition in § 3 Nr. 18 TKG) selbst wiederum eigene Telekommunikationsdienstleistungen anbieten kann. Die vom bereitstellenden Carrier angemieteten Übertragungswege werden dabei zudem mit dem jeweiligen Netz des nachfragenden Carriers verbunden, so daß das Vorliegen eines Besonderen Netzzugangs zu bejahen ist.

37 Nach Auffassung der Regulierungsbehörde[1] handelt es sich bei der CFV dagegen nicht um einen Besonderen Netzzugang, wobei nicht einmal klar wird, ob es sich nach Auffassung der Regulierungsbehörde überhaupt um einen Netzzugang handelt. Begründet wird dies damit, daß bei

---

[1] Vgl. Beschl. der Regulierungsbehörde v. 9. 4. 2001 – BK 2a 01/006, CFV-Entscheidung.

der Nutzung der CFV weder auf Funktionen eines Telekommunikationsnetzes noch auf „über" ein Telekommunikationsnetz erbrachte Telekommunikationsleistungen zugegriffen werde. Vielmehr würden Übertragungswege als Telekommunikationsleistung angeboten, die nicht notwendigerweise zum Betreiben des vom Vermieter des Übertragungsweges betriebenen Telekommunikationsnetzes erforderlich seien und daher in diesem keine Netzfunktion ausübten. Ferner würde die angemietete Übertragungskapazität ausschließlich dem Mieter zur Verfügung gestellt, da er Ausgangs- und Endpunkte der Mietleitung bestimme und das alleinige Verfügungsrecht über den zu übersendenden Inhalt besitze.

Nach richtiger Abgrenzung des Allgemeinen vom Besonderen Netzzugang i. S. d. § 35 Abs. 1 S. 2 TKG ist aber gemäß § 1 Abs. 2 S. 1 NZV entscheidend, daß es sich bei der Bereitstellung und Überlassung von Carrier-Festverbindungen um eine Leistung handelt für 38

> „Nutzer im Sinne des § 35 Abs. 3 des Gesetzes, die diese Leistungen als Anbieter von Telekommunikationsdienstleistungen oder als Betreiber von Telekommunikationsnetzen nachfragen, um Telekommunikationsdienstleistungen anzubieten."

Entscheidendes Kriterium ist also, daß der Nutzer, der die Leistung Bereitstellung und Überlassung von CFV nachfragt, mit Hilfe dieses Produktes selbst wiederum Telekommunikationsdienstleistungen anbieten will. 39

Zwar läßt § 35 Abs. 1 S. 2 TKG alternativ auch die Bereitstellung eines Allgemeinen Netzzugangs zu. Indes ist sowohl begrifflich als auch aufgrund der vertraglichen Regelung das Produkt CFV ein Produkt für Netzbetreiber. So kann z. B. im Rahmen der Zusammenschaltung zur Anbindung von Kollokationsräumen nur CFV, nicht aber das Endkundenprodukt Standard-Festverbindungen (SFV) in Anspruch genommen werden. Bei CFV handelt es sich damit schon aus diesem Grund nicht um einen für „sämtliche Nutzer" bereitgestellten Anschluß i. S. d. § 35 Abs. 1 S. 2 Alt. 1 TKG, wie dort der Allgemeine Netzzugang definiert ist. Der dort vorgenommenen Abgrenzung zwischen Allgemeinem und Besonderem Netzzugang kann nicht entnommen werden, daß es für die Abgrenzung auch auf die technische Ausgestaltung des Netzzugangs ankommt. Die diesbezüglichen Schnittstellen sind nämlich eigenständig in § 34 TKG geregelt und gelten auf Basis der ONP-Rahmenrichtlinie wie auch der Einzelrichtlinien (Mietleitungen, Sprachtelefondienst, Zusammenschaltung etc.) unabhängig davon, ob die jeweiligen Zugänge von allen Nutzern (z. B. Sprachtelefondienst) oder anderen Anbietern (z. B. bei der Zusammenschaltung) in Anspruch genommen werden. 40

4.3.3.2.2 International Carrier Connect-Verbindungen (ICC)

41 Bei diesem Produkt der DTAG handelt es sich technisch gesehen ebenfalls um einen Übertragungsweg, wie dies bei der CFV der Fall ist. Der entscheidende Unterschied besteht darin, daß bei ICC eine Abschlußeinrichtung nur an einem Ende des Übertragungsweges angeboten wird. Daher sieht auch die Regulierungsbehörde infolge ihres technisch motivierten Begründungsansatzes hierin einen Besonderen Netzzugang.

42 Das Produkt ICC ermöglicht feste Verbindungen von einem der internationalen Gateways bzw. den Points of Presence der Carrier zu den Seekabelendpunkten und den Grenzübergängen und umgekehrt durch die DTAG. Entweder erfolgt dies in der Ausgestaltung der direkten ICC, die unter Einbeziehung eines Anschlußlinienteils direkt am Standort des Kunden beginnt, oder aber in der Variante der indirekten ICC, welche im Kollokationsraum des Kunden am Standort eines der sechs internationalen Gateways der DTAG beginnt.

4.3.4 Zusammenschaltung als Unterform des Besonderen Netzzugangs

43 Die **Zusammenschaltung** als Unterform des Besonderen Netzzugangs ist gemäß der Legaldefinition des § 3 Nr. 24 TKG als **derjenige Netzzugang** definiert, der die **physische und logische Verbindung von Telekommunikationsnetzen** herstellt, um **Nutzern, die an verschiedenen Telekommunikationsnetzen angeschaltet sind, die mittelbare oder unmittelbare Kommunikation zu ermöglichen.** Der Begriff der Zusammenschaltung ist daher enger als der des Netzzugangs, der lediglich die Verbindung eines Telekommunikationsnetzes mit einem anderen Telekommunikationsnetz oder Teilen desselben erfordert, ohne notwendigerweise zugleich **Nutzern verschiedener Telekommunikationsnetze eine mittelbare oder unmittelbare Kommunikation zu ermöglichen.**

44 Eine Abgrenzung zwischen Besonderem Netzzugang und Zusammenschaltung ist anhand der gesetzlichen Definitionen vorzunehmen. Ein Besonderer Netzzugang liegt vor, wenn nur auf **Funktionen des fremden Netzes** zugegriffen werden soll oder **auf darüber erbrachte Telekommunikationsdienstleistungen.** Eine Zusammenschaltung liegt hingegen vor, wenn eine „**vollständige Verschaltung" beider Netze** beabsichtigt ist, mit dem Ziel, den **gesamten Telekommunikationsverkehr zwischen den Netzen abzuwickeln.** Anders ausgedrückt: Während die Zusammenschaltung netzübergreifenden Verkehr bezweckt und zwei Netze voraussetzt, reicht für den Besonderen Netzzugang der Zugriff auf ein Netz, ohne daß ein zweites Netz vorhanden sein müßte.

4.3.4.1 Mindestanforderungen an ein Telekommunikationsnetz in der Zusammenschaltung

Näherer Betrachtung im Rahmen des Begriffs der Zusammenschaltung 45
bedarf erneut der Begriff des **Telekommunikationsnetzes**. Die bereits oben Rz. 25 dargestellte, funktionale Bestimmung eines Telekommunikationsnetzes muß weiter konkretisiert werden. Wann überhaupt ein Telekommunikationsnetz vorliegt, war in der Praxis am Beispiel der Zusammenschaltung von Sprachtelefondienstnetzen erheblich umstritten, weil verschiedene Zusammenschaltungspartner der DTAG nach deren Auffassung gar kein Netz betreiben. Dies veranlaßte die Regulierungsbehörde im Jahre 1999 dazu, eine **Anhörung** zu der Auslegung des Begriffs des Betreibers eines öffentlichen Telekommunikationsnetzes durchzuführen.

Als Ergebnis dieser Anhörung wurden folgende **Mindestvoraussetzun-** 46
gen für den Sprachtelefondienst festgelegt, bei deren Vorhandensein das Betreiben eines Telekommunikationsnetzes anzunehmen ist[1]:
– mindestens eine Vermittlungseinrichtung
– Vorhandensein von mehr als zwei Übertragungswegen
– Funktionsherrschaft

Durch diese Kriterien wurde eine funktionale Bestimmung für das Be- 47
treiben eines Sprachtelefondienstnetzes vorgenommen, die im Kern darin besteht, daß die **Vermittlungsfunktion** im Sprachtelefondienst es erfordert, zwischen mehr als einem Endpunkt der ankommenden Verbindung auswählen zu können, und die Übertragungsfunktion im (Sprachtelefondienst-)Netz es erfordert, daß hierfür eine entsprechende Anzahl von Übertragungswegen zur Verfügung steht. Dies ist bei einer Vermittlungseinrichtung und drei Übertragungswegen (einer für die ankommende Verbindung und zwei weitere, um die Auswahl [Vermittlung] durchführen zu können, als Minimalvoraussetzung) gegeben.

Allerdings hat die Regulierungsbehörde im Hinblick auf die sogleich in 48
Rz. 50 darzustellenden **Verbindungsnetze** einschränkend klargestellt, daß bei Verbindungsnetzen die Übertragungswege in verschiedenen Ortsnetzen bzw. verschiedenen Ortsnetzkennzahlbereichen enden müssen, da es sonst an dem definitorischen Merkmal (§ 3 Nr. 23 TKG) der Verbindung **verschiedener** Teilnehmernetze fehle[2]. Darüber hinaus gilt für **internationale Verbindungsnetze**, daß eine **Vermittlung in Deutsch-**

---

[1] Vgl. Öffentliche Anhörung über die regulatorische Behandlung von Verbindungsnetzen und öffentlichen Telekommunikationsnetzen im Hinblick auf die Zusammenschaltungsvorschriften des TKG, ABl. RegTP 1999, S. 739.
[2] Beschl. v. 4. 5. 1999, MMR 1999, 429.

land stattfinden müsse[1], die Übertragungswege also an eine Vermittlungseinrichtung in Deutschland angeschaltet sein müssen. Bei einer unvermittelten Übergabe würden lediglich Verbindungslinien, nicht aber ein Netz im obigen Sinne vorliegen.

4.3.4.2 Differenzierung zwischen funktional unterschiedlichen Netzen

49 Ferner ist bei Zusammenschaltungen aufgrund der funktionalen Betrachtungsweise für Telekommunikationsnetze nicht auf das Gesamtnetz des jeweiligen Zusammenschaltungspartners abzustellen, sondern auf das jeweilige **Einzel- oder Teilnetz**, in welchem die Zusammenschaltung realisiert werden soll.

50 Zusammenschaltungen sind im Festnetzbereich zwischen **Teilnehmer- und Verbindungsnetz, Teilnehmer- und Teilnehmernetz** und auch zwischen **Verbindungs- und Verbindungsnetz** möglich sowie zwischen **Teilnehmer- bzw. Verbindungsnetzen mit Mobilfunknetzen**. Ferner sind gleichartige Kategorien von Zusammenschaltungen im Mobilfunkbereich selbst denkbar. Die Differenzierung zwischen Teilnehmer- und Verbindungsnetzen ergibt sich aus einem Umkehrschluß zur Definition des Verbindungsnetzes in § 3 Nr. 23 TKG. Danach ist das Verbindungsnetz ein Telekommunikationsnetz, das keine Teilnehmeranschlüsse aufweist und Teilnehmernetze miteinander verbindet. Schon definitorisch ist damit auch ein Verbindungsnetz ein Telekommunikationsnetz. Damit ist das Erfordernis nach § 3 Nr. 24 TKG erfüllt, wonach die Zusammenschaltung Nutzern, die an **verschiedenen** Telekommunikationsnetzen angeschaltet sind, die mittelbare oder unmittelbare Kommunikation zu ermöglichen hat. Die Trennung zwischen Verbindungsnetzen und Teilnehmernetzen bestätigt auch § 43 Abs. 6 TKG, wonach Betreiber von Telekommunikationsnetzen innerhalb ihrer Netze die freie Verbindungsnetzbetreiberauswahl jedes Kunden sicherstellen müssen. In der Praxis hat sich hier ein unter Rz. 156 f. noch näher dargestellter, weiterer Streit an der Frage entzündet, wie die Tatsache, daß Verbindungsnetze keine Teilnehmeranschlüsse aufweisen, anhand der Definition des „öffentlichen Telekommunikationsnetzes" in § 3 Nr. 12 TKG vor dem Hintergrund zu beurteilen ist, daß der marktbeherrschende Betreiber nach § 35 TKG nur zur Zusammenschaltung gegenüber Betreibern anderer öffentlicher Telekommunikationsnetze verpflichtet ist.

51 Im Fall einer Zusammenschaltung mehrerer Teilnehmernetze innerhalb eines **Ortsnetzbereichs**, z. B. City-Carrier mit der DTAG, ist aufgrund der einheitlichen Ortskennziffern (OKZ) nicht von einem einheitlichen Teil-

---

[1] Beschl. der Regulierungsbehörde v. 21. 8. 1998 – BK 4-98-011/Z, 2. 7. 1998, ABl. RegTP 19/1998, S. 2308.

nehmernetz auszugehen, sondern anhand der Funktionsherrschaft über das jeweilige Netz eine Abgrenzung zwischen den Anbietern vorzunehmen. Hier dient das Merkmal der **Funktionsherrschaft** der Feststellung verschiedener Telekommunikationsnetze. Der Begriff „Teilnehmernetz" ist im Gesetz nicht definiert. Verstanden wird hierunter im Festnetzbereich eine geographische Einheit, die über eine spezielle Ortskennzahl oder individuelle Netzkennzahl verfügt und Teilnehmeranschlüsse aufweist[1]. Auch das Telekommunikationsnetz eines Mobilfunknetzbetreibers ist jeweils ein einheitliches bundesweites Teilnehmernetz.

4.3.4.3 Leistungsbestandteile der Zusammenschaltung als definitorisches Kriterium für den Begriff des Telekommunikationsnetzes

Die Leistungen der einzelnen Netzbetreiber untereinander im Rahmen der Zusammenschaltung lassen sich regelmäßig in zwei Hauptkategorien einteilen. Zum einen in die **Zuführung** von Gesprächen und zum anderen in die **Terminierung** von Gesprächen (näher hierzu auch unten Rz. 328 ff.). Mit Zuführung ist in der Grundform die Herstellung der Verbindung durch den Teilnehmernetzbetreiber, ausgehend vom anrufenden Anschlußkunden, zum Netzübergabepunkt mit dem Verbindungsnetzbetreiber gemeint. Die Terminierung bedeutet dagegen die Herstellung der Verbindung durch den Teilnehmernetzbetreiber, ausgehend vom Netzübergabepunkt, zum angerufenen Anschlußkunden. Ein Ferngespräch unter Nutzung eines Verbindungsnetzbetreibers, welches aus der Sicht beider Anschlußkunden einen einheitlichen Leistungsvorgang darstellt, besteht daher im internen Verhältnis zwischen den beiden beteiligten und zusammengeschalteten Netzbetreibern aus zwei Leistungen. Idealerweise kommt noch ein dritter Leistungsbestandteil hinzu, nämlich der Transport der Verbindung durch den Verbindungsnetzbetreiber in seinem eigenen Netz von dem einen Netzübergabepunkt zum anderen. Genau an diesem dritten Leistungsbestandteil hat sich in der Praxis wiederum die Frage entzündet, ob eigentlich eine Zusammenschaltung zwischen zwei verschiedenen Telekommunikationsnetzen vorliegt, wenn der dritte Leistungsbestandteil fehlt. Technisch erfolgen in diesem Fall die Zuführung und die Terminierung über den gleichen Netzübergabepunkt (auch Ort der Zusammenschaltung genannt), weil der Transport zu einem anderen Netzübergabepunkt im Netz des Verbindungsnetzbetreibers entfällt. Ob eine Zusammenschaltung i. S. d. TKG auch vorliegt, wenn **Zuführung** und **Terminierung** durch ein und den-

52

---

1 Vgl. Öffentliche Anhörung über die regulatorische Behandlung von Verbindungsnetzen und öffentlichen Telekommunikationsnetzen im Hinblick auf die Zusammenschaltungsvorschriften des TKG, ABl. RegTP 1999, S. 739, 759.

selben Netzbetreiber am selben Ort der Zusammenschaltung erbracht werden (von der DTAG als sog. **switched-based-resale** bezeichnet), wurde von der Regulierungsbehörde bis zur ihrer Entscheidung in der Sache Econophone verneint[1].

53 Die Regulierungsbehörde begründete ihre Auffassung damit, daß eine Zusammenschaltungsleistung im Hinblick auf Sinn und Zweck einer Zusammenschaltung nicht erbracht werde, wenn zwar verschiedene Teilnehmernetze miteinander verbunden würden, die **Zusammenschaltung dieser Verbindung aber nicht diene**. Dies sei der Fall, wenn sowohl Zuführung als auch Terminierung am gleichen Ort der Zusammenschaltung zusammenfielen, **da der Zusammenschaltungsnachfragende dann selbst keine Leistung erbringe**. Er könne daher von seinem Zusammenschaltungspartner die gleichzeitige Zuführung und Terminierung nicht als Zusammenschaltungsleistung verlangen[2].

54 Mit der Econophone-Entscheidung änderte die Regulierungsbehörde diese Entscheidungspraxis jedoch zu Recht dahingehend, daß **eine Zuführungs- und Terminierungsleistung am selben Ort der Zusammenschaltung als eine Zusammenschaltungsleistung angesehen werden müsse, sofern dieser Ort der Zusammenschaltung innerhalb eines öffentlichen Telekommunikationsnetzes des Zusammenschaltungspartners liegt**. Anderenfalls käme es in Fällen dieser Art dazu, daß eine Zusammenschaltung von der jeweiligen konkreten Verkehrsführung abhinge. Ein solcher verkehrsabhängiger Begriff der Zusammenschaltung fände in der Definition des Zusammenschaltungsbegriffs in § 3 Nr. 24 TKG jedoch keine hinreichende Stütze. Ein Ort der Zusammenschaltung, der innerhalb des öffentlichen Telekommunikationsnetzes eines Wettbewerbers liegt, verliert seine Eigenschaft nicht dadurch, daß einige Verbindungen zwischen den beiden beteiligten Unternehmen nur über diesen einen Ort der Zusammenschaltung abgewickelt werden, während andere Verbindungen diesen Ort der Zusammenschaltung entweder nur für die Zuführung oder nur die Terminierung nutzen. Die Legaldefinition zeigt, daß es für die Zusammenschaltung nicht auf die konkrete Verbindung ankommt. Es ist vielmehr ausreichend, daß mit der Zusammenschaltung unterschiedlicher öffentlicher Netze die mittelbare oder unmittelbare Kommunikation ermöglicht wird. Betreiber eines Telekommunikationsnetzes, das den Mindestanforderungen genügt, haben gemäß § 35 Abs. 1 S. 3 TKG einen Anspruch auf Zusammenschaltung ihres Netzes mit dem der marktbeherrschenden Unternehmen. Es ist daher

---

1 Vgl. Öffentliche Anhörung über die regulatorische Behandlung von Verbindungsnetzen und öffentlichen Telekommunikationsnetzen im Hinblick auf die Zusammenschaltungsvorschriften des TKG, ABl. RegTP 1999, S. 739, 759.
2 Vgl. Beschl. der Regulierungsbehörde v. 2. 7. 1998 – BK 4-98-011/Z, 2. 7. 1998.

folgerichtig, **alle Zuführungs- und Terminierungsleistungen** an einem Ort der Zusammenschaltung, der Bestandteil eines öffentlichen Telekommunikationsnetzes ist, als Zusammenschaltungsleistung zu qualifizieren. Anderenfalls liefe der Zusammenschaltungsanspruch in vielen Fällen, insbesondere bei kleinen Netzen, weitgehend leer.

4.4 Besondere Mißbrauchsaufsicht gemäß § 33 TKG

Die Vorschrift des § 33 Abs. 1 TKG normiert für **marktbeherrschende Anbieter** von Telekommunikationsdienstleistungen die Pflicht, ihren Wettbewerbern **diskriminierungsfrei Zugang zu** den von ihnen **intern genutzten** und **am Markt angebotenen Leistungen** zu gewähren, sofern diese **wesentlich** sind. Darüber hinaus regelt sie in ihren Absätzen 2 und 3 das **Verfahren der besonderen Mißbrauchsaufsicht**, in deren Rahmen oben angeführte Verpflichtungen gegenüber marktbeherrschenden Unternehmen durchgesetzt werden können.

55

Sinn und Zweck des § 33 TKG besteht darin, einen **funktionsfähigen und chancengleichen Wettbewerb** – eines der wesentlichen Regulierungsziele des § 2 TKG – im Rahmen **sektorspezifischer Regelungen** zu gewährleisten. Die amtliche Begründung zum TKG führt hierzu aus:

56

„Die Bundesregierung geht davon aus, daß der Markt für Telekommunikationsdienstleistungen auch nach Wegfall der Monopole noch für längere Zeit von der Deutschen Telekom AG bestimmt sein wird. Das Unternehmen wird bei den wesentlichen Telekommunikationsdienstleistungen mit einem Marktanteil von 100% in den Wettbewerb entlassen. Es verfügt zudem als einziges Unternehmen in der Bundesrepublik auf dem Telekommunikationsmarkt über ein flächendeckendes modernes Telefonnetz mit fast 40 Mio. Kunden und über flächendeckende Netzinfrastrukturen für Mietleitungsangebote. Darüber hinaus ist es dominanter Anbieter von Datenkommunikationsdiensten. Internationale Erfahrungen zeigen, daß sich wettbewerbliche Strukturen und Verhaltensweisen in diesen Märkten nicht allein durch die Aufhebung von Monopolrechten entwickeln. **Potentielle Anbieter haben ohne besondere regulatorische Vorkehrungen keine Chance gegenüber dem dominanten Anbieter.** In Erfüllung des verfassungsrechtlichen Auftrages, die Versorgung mit Telekommunikationsdienstleistungen im Wettbewerb sicherzustellen, besteht ein **wesentliches Ziel der gesetzlichen Bestimmungen** darin, die staatlichen Rahmenbedingungen in der Telekommunikation so zu gestalten, **daß chancengleicher Wettbewerb durch die hinzutretenden Anbieter ermöglicht wird, sowie durch regulatorische Eingriffe in das Marktverhalten beherrschende Unter-

> nehmen einen funktionsfähigen Wettbewerb zu fördern. Um letzteres Ziel zu erreichen, sind sektorspezifische Regelungen als Ergänzung zum allgemeinen Wettbewerbsrecht erforderlich. Die bestehenden wettbewerbsrechtlichen Bestimmungen des GWB, die grundsätzlich die Existenz eines funktionsfähigen Wettbewerbs unterstellen und verhaltenskontrollierende Eingriffe und Vorgaben nur bei Vorliegen von Mißbräuchen marktbeherrschender Unternehmen vorsehen, sind für die Umwandlung eines traditionell monopolistisch geprägten Marktes unzureichend. **Um potentiellen Wettbewerbern den Einstieg in den Markt tatsächlich zu ermöglichen, sind spezifische zusätzliche Regelungen erforderlich, die es der Regulierungsbehörde ermöglichen, marktbeherrschende Unternehmen in besonderer Weise zu regulieren.**"[1]

57 Dieser Zweckbestimmung, die bei der Auslegung von § 33 TKG immer zu berücksichtigen sein wird, ist nichts hinzuzufügen.

4.4.1 Adressatenkreis des § 33 TKG

58 Der Adressatenkreis des § 33 TKG umfaßt sämtliche Anbieter, die auf einem Markt für Telekommunikationsdienstleistungen für die Öffentlichkeit über eine **marktbeherrschende Stellung** verfügen. Nicht zwingend erforderlich ist – anders als im Fall des § 35 TKG –, daß der marktbeherrschende Anbieter zugleich Betreiber eines Telekommunikationsnetzes ist, weshalb **§ 33 TKG grundsätzlich auch auf marktbeherrschende Diensteanbieter und Vertriebsunternehmen** Anwendung finden kann[2]. In der Praxis ist allerdings ein Mißbrauchsverfahren gegen marktbeherrschende Diensteanbieter oder Vertriebsunternehmen noch nicht erfolgt, so daß sich die Regulierungsbehörde mit dieser Frage bisher nicht zu befassen hatte.

59 **Telekommunikationsdienstleistungen** i. S. d. § 3 Nr. 18 TKG liegen vor, wenn ein gewerbliches Angebot von Telekommunikation einschließlich des Angebots von Übertragungswegen an Dritte erfolgt. Unter **Telekommunikation** ist der technische Vorgang des Aussendens, Übermittelns und Empfangens von Nachrichten jeglicher Art in der Form von Zeichen, Sprache, Bildern oder Tönen mittels Telekommunikationsanlagen zu verstehen (vgl. § 3 Nr. 16 TKG). Die im Rahmen der Mißbrauchsaufsicht des § 33 TKG typischerweise relevanten Telekommunikationsdienstleistungen sind bislang vor allem Sprachkommunikationsdienstleistungen, neuerdings aber auch das Angebot von Übertragungswegen.

---

[1] BegrE zum TKG, BT-Drucks. 13/3609, S. 33; Hervorhebungen durch die Verfasser.

[2] Vgl. Beck TKG-Komm/*Piepenbrock*, § 33 Rz. 13.

Telekommunikationsdienstleistungen für die Öffentlichkeit i. S. d. § 3 Nr. 19 TKG liegen vor, wenn das gewerbliche Angebot von Telekommunikation einschließlich des Angebots von Übertragungswegen für beliebige natürliche oder juristische Personen und nicht lediglich für die Teilnehmer geschlossener Benutzergruppen erfolgt. Dieser **Öffentlichkeitsbezug** ist dann gegeben, wenn nicht nur der Teilnehmer einer geschlossenen Benutzergruppe (typischerweise Corporate Networks wie bereits in Kapitel 1 Rz. 38 dargestellt), sondern jede beliebige natürliche und/oder juristische Person die Telekommunikationsdienstleistung in Anspruch nehmen kann. Dies erfordert ein bestimmtes Angebot an eine Gesamtheit von Kunden, welches unmittelbar auf die Erbringung von Telekommunikationsdienstleistungen gerichtet ist[1]. 60

Hiervon erfaßt werden auch **individuelle Angebote** auf Anfrage des Kunden, die meist im Bereich des Großkundengeschäfts anzutreffen sind[2]. Denn auch individuellen bzw. weiter individualisierbaren Angeboten geht ein allgemeines Angebot voraus, welches nicht zuletzt darin liegen kann, daß die Leistung als solche genau auf die Bedürfnisse des einzelnen Kunden zugeschnitten (werden) wird. Entscheidend muß in diesem Zusammenhang vielmehr sein, wie sich das Angebot aus der Sicht des Marktes darstellt, ob es also einer beliebigen Anzahl von Kunden zugänglich ist. Anderenfalls hätte es der Anbieter selbst in der Hand, den Markt zu definieren, auf dem er zwar möglicherweise marktbeherrschend ist, der aber der Kontrolle des § 33 TKG deswegen entzogen wäre, weil die Leistung nicht standardisiert angeboten wird. Praktisch relevant ist diese Frage insbesondere im Zusammenhang mit individuellen Angeboten der DTAG und ihrer Konzernunternehmen unter dem Dach eines sog. TDN-Vertrags. Diese Verträge sollen nach Ansicht der DTAG der Mißbrauchsaufsicht wie auch der Entgeltregulierung entzogen sein, weil sich das Angebot an geschlossene Benutzergruppen richte, obwohl der Leistungsinhalt zumeist aus einer individuellen Zusammenstellung standardisierter Angebote der DTAG besteht. Hieran zeigt sich, daß in die Tatbestandsvoraussetzungen von § 33 Abs. 1 TKG womöglich ein systematischer Konflikt eingebaut ist, weil hier eine zweifache Bestimmung des sachlich relevanten Marktes vorgesehen zu sein scheint; zum einen dadurch, daß die Bestimmung von einem Markt für Telekommunikationsdienstleistungen für die Öffentlichkeit spricht, zum anderen, weil im Rahmen der Marktbeherrschung der sachlich (und räumlich) relevante Markt erneut festgestellt werden muß. Dieser systematische Konflikt kann nur aus der Sicht des Marktes gelöst werden, nicht aus der Sicht einer eher lizenz- bzw. genehmigungsrechtlich motivierten, begrifflichen Ab- 61

---

1 Vgl. Beck TKG-Komm/*Schütz*, § 3 Rz. 22a.
2 Insoweit gegenteilige Auffassung Beck TKG-Komm/*Schütz*, § 3 Rz. 22b.

grenzung zwischen öffentlichen und nicht-öffentlichen Angeboten. Aus der Sicht der Kunden kann auch ein Corporate Network-Angebot ein ansonsten öffentliches Angebot für Sprachtelefondienst substituieren, wie auch umgekehrt eine Substitution möglich ist. Wollte man daher derartige Angebote dem Anwendungsbereich des § 33 TKG entziehen, obwohl der betroffene Anbieter im Bereich des öffentlichen Angebotes eine marktbeherrschende Stellung besitzt, so widerspräche dies dem Sinn und Zweck der in § 33 TKG intendierten Mißbrauchskontrolle. Der marktbeherrschende Anbieter würde gerade dort profitieren, wo dem Wettbewerb eine Chance eröffnet werden sollte[1], innerhalb des Leistungsspektrums von Sprachkommunikationsdienstleistungen einen Teilaspekt ohne (früher) Monopolverletzung, bzw. ohne (heute) Lizenzpflicht abdecken zu können. Der Marktbegriff und die Bestimmung der marktbeherrschenden Stellung in § 33 TKG ist dementsprechend nicht nach den lizenzrechtlichen Kategorien festzulegen, sondern entsprechend den kartellrechtlichen Gepflogenheiten aus der Sicht der Abnehmer.

62 Dieses Ergebnis ist auch nicht systemwidrig, weil hinsichtlich der Voraussetzungen einer **marktbeherrschenden Stellung** auf einem Markt für Telekommunikationsdienstleistungen für die Öffentlichkeit auch hinsichtlich der Bestimmung des Marktes selbst gemäß § 33 Abs. 1 TKG auf § 19 GWB zurückzugreifen ist.

4.4.1.1 Marktbeherrschung

63 Eine **marktbeherrschende Stellung** eines einzelnen Unternehmens liegt gemäß § 19 Abs. 2 S. 1 GWB vor, wenn ein Unternehmen als **Anbieter** oder **Nachfrager** einer bestimmten Art von Waren oder gewerblichen Leistungen
– ohne Wettbewerber ist, oder keinem wesentlichen Wettbewerb ausgesetzt ist oder
– eine im Verhältnis zu seinen Wettbewerbern überragende Marktstellung hat.

64 Eine **überragende Marktstellung** ist dabei anhand der Marktanteile, der Finanzkraft, des Zugangs zu Beschaffungs- oder Absatzmärkten, den Verflechtungen mit anderen Unternehmen, der rechtlichen oder tatsächlichen Schranken für den Marktzutritt anderer Unternehmen, der Fähigkeit, sein Angebot oder seine Nachfrage auf andere Waren oder gewerbliche Leistungen umzustellen, sowie der Möglichkeit der Marktgegenseite, auf andere Unternehmen auszuweichen, zu ermitteln.

---

[1] Siehe Bundesminister für Post und Telekommunikation (Hrsg.), Regulierungen zum Telefondienstmonopols des Bundes, 1992, Beilage Genehmigungskonzept Corporate Networks.

Allerdings kann nicht nur ein einzelnes Unternehmen aufgrund seiner 65
Marktposition marktbeherrschend sein. Es ist auch möglich, daß **zwei oder mehrere Unternehmen** gemeinsam eine marktbeherrschende Stellung innehaben. Gemäß § 19 Abs. 2 S. 2 GWB ist dies dann der Fall, wenn **zwischen diesen Unternehmen für eine bestimmte Art von Waren oder gewerblichen Leistungen ein wesentlicher Wettbewerb nicht besteht** und soweit sie in ihrer Gesamtheit die Voraussetzungen des § 19 Abs. 2 S. 1 GWB erfüllen. Dies setzt voraus, daß im Innenverhältnis der Unternehmen kein wesentlicher Wettbewerb bestehen darf (fehlender Binnenwettbewerb) und die Unternehmen im Außenverhältnis ohne Wettbewerber sein müssen bzw. keinem wesentlichen Wettbewerb ausgesetzt sein dürfen oder im Verhältnis zu anderen Wettbewerbern eine überragende Marktstellung innehaben.

4.4.1.1.1 Abgrenzung des sachlich relevanten Marktes

Um das Bestehen einer marktbeherrschenden Stellung feststellen zu 66
können, gilt es zunächst, den sachlich relevanten Markt abzugrenzen. Dies erfolgt stets aus der **Sicht der Marktgegenseite** anhand des sog. **Bedarfsmarktkonzepts**. Hiernach ist entscheidend, ob aus Sicht der Marktgegenseite bestimmte Waren oder gewerbliche Leistungen untereinander **austauschbar** bzw. **substituierbar** sind. Nach **europäischem Kartellrecht** umfaßt der sachlich relevante Markt sämtliche Erzeugnisse und/oder Dienstleistungen, die von den Verbrauchern hinsichtlich ihrer Eigenschaften, Preise und ihres vorgesehenen Verwendungszwecks als austauschbar angesehen werden[1]. Nach **deutschem Kartellrecht** gehören zum sachlich relevanten Markt alle Waren bzw. Dienstleistungen, die sich nach Eigenschaften, Verwendungszweck und Preislage so nahestehen, daß der verständige Verbraucher sie für die Deckung seines bestimmten Bedarfs gleichfalls als geeignet ansieht[2]. Maßgebend ist dabei nicht die oberflächliche oder flüchtige Auffassung der Abnehmer, sondern diejenige, die aufgrund einer sachlichen Abwägung tatsächlich zustande gekommen ist. Die Austauschbarkeit muß ferner ohne weiteres erkennbar sein, d. h. ohne besondere sachliche oder psychologische Anpassungsleistungen des Abnehmers. Für die Frage der Austauschbarkeit ist darüber hinaus auf die Sicht der unmittelbaren Abnehmer abzustellen.

---

1 Vgl. Bekanntmachung der Kommission über die Definition des relevanten Marktes im Sinne des Wettbewerbsrechts der Gemeinschaft (97/C 372/03) v. 9. 12. 1997, ABlEG Nr. C 372/5, Nr. 7.
2 Vgl. BGH v. 16. 12. 1976, WuW/E BGH, 1447 „Valium"; v. 24. 6. 1980, WuW/E BGH, 1714 „Mannesmann/Brueninghaus"; v. 25. 6. 1985, WuW/E BGH, 2150, 2153 „Edelstahlbestecke".

67 Unter Berücksichtigung dieser Kriterien können für den Bereich der Telekommunikation im wesentlichen zwei Arten von sachlichen Märkten unterschieden werden. Zum einen **Endkundenmärkte**, auf denen Telekommunikationsdienstleistungen für Endnutzer erbracht werden, zum anderen **Vorleistungsmärkte**, die den Zugang zu Einrichtungen oder Leistungen, welche zur Erbringung von Diensten für Endnutzer erforderlich sind, gewährleisten[1]. Diese Märkte können ihrerseits in weitere sachlich und räumlich relevante Teilmärkte differenziert werden, wobei zum Teil auf weitere Abgrenzungskriterien abzustellen ist, wie z. B. die **Art der Übertragung**, die **technischen Voraussetzungen** oder die **Finanzierung**. Endkundenmärkte erfassen demnach im wesentlichen die **Bereitstellung des Teilnehmeranschlusses, Ortsgespräche, nationale und internationale Ferngespräche** sowie **Gespräche zu Mobilfunkanschlüssen**. Vorleistungsmärkte umfassen **Zusammenschaltungsleistungen**, den **Zugang zur Teilnehmeranschlußleitung** und **Mietleitungen**. Eine weitere wichtige Abgrenzung im Bereich der Endkundenmärkte ist zwischen **Festnetz** und **Mobilfunk** vorzunehmen. Zwar sind aus Nachfragesicht Gespräche von Festnetz- und Mobilfunkanschlüssen teilweise substituierbar, gleichwohl sprechen die noch immer bestehenden **signifikanten Preisunterschiede** sowie die **teilweise noch zu verzeichnenden Qualitätsunterschiede** für zwei sachlich getrennte Märkte[2].

4.4.1.1.2 Abgrenzung des räumlich relevanten Marktes

68 In einem zweiten Schritt ist die **räumliche Marktabgrenzung** vorzunehmen. Diese erfolgt grundsätzlich nach denselben Kriterien wie die sachliche Marktabgrenzung, d. h. entscheidend ist auch hier die **funktionelle Austauschbarkeit der Produkte und Dienstleistungen aus Sicht der Abnehmer**, bezogen allerdings **auf ein räumlich abgrenzbares Gebiet**. Der räumlich relevante Markt umfaßt das Gebiet, in dem die beteiligten Unternehmen die relevanten Produkte oder Dienstleistungen anbieten, die Wettbewerbsbedingungen hinreichend homogen sind und das sich von benachbarten Gebieten durch spürbar unterschiedliche Wettbewerbsbedingungen unterscheidet[3].

---

1 Vgl. Sondergutachten der Monopolkommission gemäß § 81 Abs. 3 TKG und § 44 PostG, „Wettbewerb auf Telekommunikations- und Postmärkten?", für die Jahre 1998/1999.
2 Vgl. Sondergutachten der Monopolkommission gemäß § 81 Abs. 3 TKG und § 44 PostG, „Wettbewerb auf Telekommunikations- und Postmärkten?", für die Jahre 1998/1999, S. 10.
3 Vgl. Bekanntmachung der Kommission über die Definition des relevanten Marktes im Sinne des Wettbewerbsrechts der Gemeinschaft (97/C 372/03) v. 9. 12. 1997, ABlEG Nr. C 372/5, Nr. 8.

69 Was die räumliche Marktabgrenzung in der Praxis anbelangt, kann für die meisten Märkte das Gebiet der Bundesrepublik Deutschland als räumlich relevanter Markt zugrunde gelegt werden. Ferngespräche, Auslandsgespräche und Gespräche in Mobilfunknetze werden bundesweit angeboten bzw. sind bundesweit verfügbar, da die Regelungen zur Verbindungsnetzbetreiberauswahl und zur Zusammenschaltung es allen Verbindungsnetzbetreibern ermöglichen, unabhängig von der Ausdehnung ihres Netzes auf dem gesamten Gebiet der Bundesrepublik derartige Leistungen anzubieten.

70 Lediglich für die Märkte der Teilnehmeranschlüsse und Ortsgespräche ist eine räumliche Marktabgrenzung von Bedeutung. Dafür sprechen die zum Teil örtlich unterschiedlichen Wettbewerbsbedingungen, die darauf zurückzuführen sind, daß in einigen Ballungsgebieten neben der DTAG bundesweit agierende Teilnehmernetzbetreiber und Citynetzbetreiber tätig sind, die Teilnehmeranschlüsse und Ortsgespräche anbieten. In manchen anderen Regionen fehlen solche Angebote.

4.4.1.1.3 Relevanter Markt in § 33 TKG

71 § 33 TKG verweist hinsichtlich des sachlich relevanten Marktes auf **einen Markt für Telekommunikationsdienstleistungen** für die Öffentlichkeit. **Auf diesem Markt** haben marktbeherrschende Unternehmen ihren Wettbewerbern diskriminierungsfrei Zugang zu ihren intern oder am Markt angebotenen Leistungen zu gewähren.

72 Für den hierbei **zugrunde zu legenden Markt** eröffnet § 33 Abs. 1 S. 1 TKG **zwei Deutungsmöglichkeiten**. Zum einen könnte hinsichtlich des relevanten Marktes auf den Markt für Telekommunikationsdienstleistungen abzustellen sein, für deren Angebot der Zugang zu den intern genutzten und am Markt angebotenen Leistungen i. S. d. § 33 Abs. 1 TKG erst notwendige Voraussetzung ist (sog. **nachgelagerter Markt**). Hierunter wäre der Endkundenmarkt für Telekommunikationsdienstleistungen bzw. dessen Teilmärkte, wie insbesondere diejenigen für Orts- und Ferngespräche, zu verstehen. Zum anderen könnte es für die Marktbeherrschung auf einen diesem **vorgelagerten Markt** ankommen, d. h. es wäre direkt auf den Markt abzustellen, der die notwendigen (Vor-)Leistungen für ein Angebot von Telekommunikationsdienstleistungen auf einem nachgelagerten Markt umfaßt. In beiden denkbaren Konstellationen, also auch im Fall eines Vorleistungsmarktes, muß es sich gemäß § 33 Abs. 1 S. 1 TKG um einen Markt für Telekommunikationsdienstleistungen handeln. Allerdings müssen die Leistungen, zu denen Zugang begehrt wird, selbst keine Telekommunikationsdienstleistungen darstellen, sondern lediglich einem solchen Markt als Annex zugeordnet werden können[1].

---

1 Vgl. Beschl. v. 14. 3. 2000, Beschlußkammer 3, Az.: BK 3a-99/032 – Inkassobeschluß, S. 38 des amtlichen Umdrucks.

73 Auf welchen Markt in concreto abzustellen ist, bleibt gleichwohl fraglich. Denn die Regulierungsbehörde hat bislang die Entscheidung, ob für § 33 TKG auf einen nachgelagerten Markt oder auch auf einen vorgelagerten Markt abzustellen ist, offen gelassen. Alternativ hat sie die Marktstellung der DTAG auf dem vorgelagerten Markt, an dem die nachgefragte wesentliche Leistung angeboten wird, geprüft. Allerdings unter Hinweis darauf, daß die DTAG auf jedem der denkbaren, zugrunde zu legenden Märkte eine marktbeherrschende Stellung innehat[1]. Um zukünftig Lücken im Anwendungsbereich des § 33 TKG zu vermeiden, die sich aus einer Veränderung der Marktanteile der DTAG sowohl auf dem vorgelagerten als auch auf dem nachgelagerten Markt ergeben könnten, können im Rahmen des § 33 TKG beide Märkte berücksichtigt werden.

74 Zwar deutet die Systematik des § 33 Abs. 1 TKG zunächst darauf hin, daß der Zugang gerade zu solchen Leistungen gewährt werden soll, die von marktbeherrschenden Unternehmen für die Telekommunikationsdienstleistungen genutzt werden, in dessen Markt die marktbeherrschende Stellung besteht. Der relevante Markt scheint sich daher vor allem auf die nachgelagerten Märkte zu beziehen. Indessen ist die Abgrenzung zwischen Vorleistungen und den Telekommunikationsdienstleistungen im nachgelagerten Markt häufig nicht trennscharf. Darüber hinaus soll nach § 33 Abs. 1 S. 1 TKG der Zugang sowohl zu intern genutzten als auch am Markt angebotenen Leistungen gewährt werden. Schließlich können Vorleistungsmärkte auch eigenständig betrachtet werden, weil sich mittlerweile auch eigene Carrier-Märkte[2] herausgebildet haben, so daß im Rahmen von § 33 TKG jede Art von Telekommunikationsmärkten zu berücksichtigen ist.

74a Bestätigt wird diese Auffassung durch die TAL-Entscheidung des Bundesverwaltungsgerichts. Dort heißt es, daß § 33 TKG zwar in erster Linie den Wettbewerb zwischen dem Marktbeherrscher und einem Wettbewerber auf dem Endkundenmarkt im Auge hat. Gleichzeitig führt das Bundesverwaltungsgericht aber ergänzend aus, daß unter Zugrundelegung einer **schutzzweckbezogenen Auslegung** des § 33 TKG zumindest **auch oder gar allein der Vorleistungsmarkt** als relevanter Markt i. S. d. § 33 Abs. 1 S. 1 TKG angesehen werden könne. Dies ergebe sich daraus, daß Wettbewerber des Marktbeherrschers, die ohne vergleichbare, im Ursprung nicht durch eigene unternehmerische Leistungen des Marktbeherrschers erwirtschaftete Infrastruktur starten mußten, ohne den Zu-

---

1 Vgl. Sondergutachten der Monopolkommission gemäß § 81 Abs. 3 TKG und § 44 PostG, „Wettbewerb auf Telekommunikations- und Postmärkten?", für die Jahre 1998/1999, S. 10.
2 So insbesondere im Bereich der Terminierung von Fern- und Auslandsgesprächen sowie im Bereich der Übertragungswege bzw. Mietleitungen.

gang zu den Netzen des Marktbeherrschers Telekommunikationsdienstleistungen für Endkunden nicht in gleicher Weise wie dieser anbieten können. Demnach soll durch § 33 TKG unter anderem auch verhindert werden, daß das auf dem Vorleistungsmarkt marktbeherrschende Unternehmen seine dortige Marktmacht **ungeschmälert auf den nachgelagerten Wettbewerbsmarkt übertragen** kann[1]. Somit kann im Rahmen des § 33 TKG hinsichtlich des relevanten Marktes – unabhängig voneinander – sowohl auf den nachgelagerten Markt als auch auf den Vorleistungsmarkt abgestellt werden. Voraussetzung bleibt allerdings das Vorliegen einer marktbeherrschenden Stellung.

4.4.1.1.4 Vorliegen einer marktbeherrschenden Stellung

Nach Abgrenzung der sachlich und räumlich relevanten Märkte ist es möglich, das Vorliegen einer marktbeherrschenden Stellung auf einem dieser Märkte zu ermitteln. Hierbei bietet es sich an, auf die gesetzliche Fiktion des § 19 Abs. 3 GWB zurückzugreifen. Danach ist die marktbeherrschende Stellung eines **einzelnen Unternehmens** bei einem **Marktanteil von mindestens einem Drittel widerlegbar zu vermuten** (§ 19 Abs. 3 S. 1 GWB). Eine **Gesamtheit von Unternehmen** gilt hingegen als marktbeherrschend, wenn sie **zusammen einen Marktanteil von 50%** erreichen, sofern die Gesamtheit aus drei oder weniger Unternehmen besteht (§ 19 Abs. 3 S. 2 Nr. 1 GWB). Besteht die Gesamtheit hingegen aus fünf oder weniger Unternehmen, ist ein **Marktanteil von zwei Dritteln** erforderlich (§ 19 Abs. 3 S. 2 Nr. 2 GWB). Greift die Vermutungsregel nicht, ist das Vorliegen einer marktbeherrschenden Stellung anhand der Voraussetzungen des § 19 Abs. 2 GWB explizit zu beweisen (vgl. zu den Voraussetzungen oben Rz. 63 ff.). In diesem Zusammenhang hat die Regulierungsbehörde inzwischen eine Verwaltungsvorschrift zur Auslegung des § 19 GWB vor dem Hintergrund der RL 97/33/EG erlassen[2]. Im Rahmen dieser Verwaltungsvorschrift führt sie unter anderem zum Vermutungstatbestand des **§ 19 Abs. 3 GWB** aus, daß dieser lediglich als **verwaltungsrechtlicher Aufgreiftatbestand** fungiere, der die Behörde zur Aufnahme von weiteren Ermittlungen veranlasse. Es sei insoweit klarzustellen, daß für die Bejahung einer gegenwärtigen oder zu erwartenden marktbeherrschenden Stellung regelmäßig neben einem **Marktanteil von mindestens einem Drittel** weitere wettbewerbsrelevante Umstände i. S. v. § 19 Abs. 2 GWB hinzutreten müßten, die eine marktbeherrschende Stellung explizit begründeten. Der Regulierungsbehörde ist

---
[1] BVerwG, Urteil vom 25. 4. 2001 – BVerwG 6 C 6.00, S. 19 f. und 28 des amtlichen Umdrucks.
[2] Siehe Mitteilung Nr. 574/2001, Verwaltungsvorschrift zur Auslegung von § 19 GWB im Sinne der RL 97/33/EG, Amtsblatt RegTP 2001, S. 3086.

es demnach verwehrt, das Vorliegen einer marktbeherrschende Stellung ausschließlich anhand des Vermutungstatbestands des § 19 Abs. 3 GWB festzustellen. Vielmehr ist sie verpflichtet, eine marktbeherrschende Stellung anhand weiterer Kriterien darzutun. Ein Rückgriff auf den Vermutungstatbestand des § 19 Abs. 3 GWB wird ihr allerdings dann wieder eröffnet, wenn sie nach der ihr obliegenden freien Würdigung des gesamten Verfahrensergebnisses eine marktbeherrschende Stellung weder auszuschließen noch zu bejahen vermag[1]. Ferner stellt sie aber auch vor dem Hintergrund des Art. 4 Abs. 3 Unterabs. 2 RL 97/33/EG (siehe hierzu unter Rz. 143) in **richtlinienkonformer Auslegung des § 19 Abs. 3 GWB** klar, daß sie bereits bei Vorliegen von Anhaltspunkten für einem Marktanteil von über 25 v. H. verpflichtet ist, eingehende Ermittlungen hinsichtlich einer marktbeherrschenden Stellung aufzunehmen. Denn im Lichte der Richtlinie sei das **Entschließungsermessen** der Regulierungsbehörde bei Vorliegen eines **Marktanteils von über 25 v. H.** auf Null reduziert[2].

4.4.1.1.5 Marktbeherrschende Stellung im Telekommunikationsbereich

76 In der telekommunikationsrechtlichen Praxis hat die **DTAG** aufgrund des ehemaligen Monopols ihrer Rechtsvorgängerinnen immer noch eine marktbeherrschende Stellung auf den meisten Festnetz-Telekommunikationsmärkten, eingeschlossen die Märkte für Vorleistungsprodukte. Es bestehen jedoch Bestrebungen seitens der DTAG, für **Teilmärkte** die **Feststellung einer nicht marktbeherrschenden Stellung** zu erreichen und damit bereichsweise aus der sektorspezifischen Regulierung entlassen zu werden. Dazu näher unter Rz. 82 ff.

77 **Im Mobilfunkbereich** stellt sich die Situation hingegen anders dar. Hier weisen gleich zwei Unternehmen bzw. Mobilfunkbetreiber erhebliche Marktanteile auf. Dies sind nach den **Marktzahlen** der Regulierungsbehörde aus dem Jahresbericht 1999/2000 **T-Mobil**, mit einen Marktanteil von **39,7%**, sowie **Mannesmann/Vodafone** mit einem Anteil von **40,0%**.

78 Nach der **Vermutungsregel** des § 19 Abs. 3 GWB könnte somit eine **gemeinsame marktbeherrschende Stellung** angenommen werden, da beide Mobilfunkanbieter zusammen einen Marktanteil von weit über 50% aufweisen. Die Regulierungsbehörde lehnt eine marktbeherrschende Stellung im Mobilfunkbereich bisher aber mit dem Hinweis ab, es bestehe ausreichend Wettbewerb auf dem Mobilfunkmarkt, so daß eine Regulierung nicht notwendig sei. Insbesondere könne eine marktbeherr-

---

1 Siehe BGH v. 19. 12. 1995, WuW/E BGH 3037, 3039 „Raiffeisen".
2 Siehe Mitteilung Nr. 574/2001, Verwaltungsvorschrift zur Auslegung von § 19 GWB im Sinne der RL 97/33/EG, Amtsblatt RegTP 2001, S. 3086.

schende Stellung mehrerer Unternehmen i. S. d. § 19 Abs. 2 S. 2 GWB nicht festgestellt werden. Voraussetzung hierfür wäre das **Fehlen eines wesentlichen Wettbewerbs** im **Innenverhältnis der Oligopolunternehmen** (sog. **Binnenwettbewerb**)[1]. Gerade diesen Binnenwettbewerb hält die Regulierungsbehörde jedoch für gegeben, da anhand des tatsächlichen Marktverhaltens zu erkennen sei, daß zentrale Wettbewerbsfunktionen noch erfüllt würden. Insbesondere der Preissetzungsspielraum der Unternehmen werde durch einen ausreichenden Wettbewerbsdruck auf die Entgelte seitens der Endkunden begrenzt.

Dem kann nicht gefolgt werden. Zwar ist, wie von der Regulierungsbehörde richtig erkannt, die Frage nach einem Wettbewerb im Innenverhältnis anhand einer **Gesamtbetrachtung aller maßgeblichen Umstände** – insbesondere einer Berücksichtigung der auf dem Markt herrschenden Wettbewerbsverhältnisse – zu treffen[2]. Die Wettbewerbssituation auf dem Mobilfunkmarkt hat sich jedoch verändert und entspricht keineswegs mehr den von der Regulierungsbehörde angenommenen Verhältnissen. Vielmehr ist von einem fehlenden Wettbewerb zwischen den beiden großen Mobilfunkanbietern auszugehen. Beleg hierfür sind die immer gleichförmigeren Strukturen beider großen Mobilfunkunternehmen hinsichtlich der Gestaltung ihrer Mobilfunkangebote, der Verbindungsentgelte, der Subventionierung von Mobiltelefonen sowie der Vertrags- bzw. Geschäftsbedingungen. Im Gegensatz zum Festnetzmarkt, auf dem ein erheblicher Preis- und Angebotswettbewerb besteht, ist somit eine genau gegenteilige Entwicklung für den Mobilfunkmarkt festzustellen. Dort herrscht eine weitgehend homogene Preis- und Angebotssituation. Dieser Umstand ist es auch, der einen fehlenden Wettbewerb auf dem Mobilfunkmarkt indiziert, da eine unterschiedliche Entwicklung des Wettbewerbs auf beiden Märkten nicht erklärbar ist, es sei denn, es würden grundsätzlich andere Wettbewerbsbedingungen bestehen. Gegen solche unterschiedlichen Wettbewerbsbedingungen spricht allerdings, daß trotz der technischen und tatsächlichen Unterschiede zwischen Festnetz- und Mobilfunkmarkt **keine grundlegend unterschiedlichen Marktmechanismen feststellbar** sind und somit die bestehenden technischen Unterschiede die Annahme von grundsätzlich unterschiedlichen Wettbewerbsbedingungen nicht rechtfertigen.

79

Nichtsdestotrotz müßte für eine gemeinsame marktbeherrschende Stellung das Fehlen von Wettbewerb im Innenverhältnis ausdrücklich belegt werden können. Im Fall eines **fehlenden Preiswettbewerbs** führt das Bundeskartellamt aus, daß das Vorliegen beachtlichen Forschungs-, Innovations- und Qualitätswettbewerbs zwischen den Unternehmen die

80

---
1 *Möschel*, in: Immenga/Mestmäcker, GWB, § 19 Rz. 80.
2 Vgl. KG v. 24. 8. 1978 – Kart 3/77, WUW/E OLG 2053, 2060 „Valium".

Annahme fehlenden Wettbewerbs nicht ausschließt, wenn **der Preis von allen Oligopolunternehmen als Wettbewerbsmittel nicht eingesetzt wird**, weil in diesen Fällen zwar Marktanteilsverschiebungen zwischen den führenden Unternehmen aufgrund des Nicht-Preiswettbewerbs eintreten können, der von den Oligopolunternehmen geforderte Produktpreis aber **insgesamt oberhalb des wettbewerbsanalogen Preises** verbleiben kann[1]. Soweit daher ein fehlender Preiswettbewerb festzustellen ist und der geforderte Produktpreis insgesamt oberhalb des wettbewerbsanalogen Preises liegt, kann ein Fehlen von Binnenwettbewerb trotz Vorliegens anderweitigen Wettbewerbs angenommen werden. Entscheidende Frage ist damit, da ein wesentlicher Preiswettbewerb zwischen T-Mobil und Mannesmann/Vodafone nicht festzustellen ist, ob die Mobilfunkpreise insgesamt oberhalb der wettbewerbsanalogen Preise liegen. Selbst wenn dies im Bereich des Mobilfunks, trotz der seit geraumer Zeit gleichbleibenden Mobilfunkpreise, die für einen oberhalb der wettbewerbsanalogen Preise liegenden Preis sprechen, nicht anzunehmen wäre, bliebe dennoch festzuhalten, daß zwischen den Oligopolunternehmen ein sonstiger Wettbewerb nicht besteht. Insbesondere ein Forschungs-, Innovations- oder auch Qualitätswettbewerb kann aufgrund der bereits angeführten gleichförmigen Strukturen zwischen den Oligopolunternehmen nicht festgestellt werden.

81 Dagegen läßt sich auch nicht anführen, daß sich die gleichförmigen Strukturen inzwischen auf den gesamten Mobilfunkmarkt erstrecken. Denn gegen eine gemeinsame Marktmacht von ca. 80% Marktanteil bleibt den übrigen Wettbewerbern nichts anderes übrig, als sich den Angebotsstrukturen der Oligopolunternehmen anzupassen, um überhaupt Kunden gewinnen zu können. Das Argument, ein ausreichender Wettbewerb bestünde dennoch, da die übrigen Wettbewerber jederzeit die Möglichkeit hätten, den Preis des Oligopols weiter zu unterbieten, um z. B. Kunden zu gewinnen, wird regelmäßig aufgrund fehlender finanzieller Möglichkeiten – die insbesondere durch eine geringe Marktmacht dokumentiert werden – ausscheiden. Selbst ein nur vorübergehender Preiswettbewerb wird unter betriebswirtschaftlichen Gesichtspunkten nicht zu erwarten sein. Daneben sind schließlich aber auch die Möglichkeiten der Oligopolunternehmen nicht zu unterschätzen, einen derartigen Preiswettbewerb für sich zu entscheiden und ggf. ihrerseits die übrigen Wettbewerber vom Markt zu verdrängen. Somit ist aus guten Gründen von einer gemeinsamen marktbeherrschenden Stellung von T-Mobil und Mannesmann/Vodafone auszugehen.

---

1 Vgl. KG v. 24. 8. 1978 – Kart 3/77, WUW/E OLG 2053, 2057 „Valium".

4.4.1.1.6 Neue Tendenzen im Bereich Marktabgrenzung und Marktbeherrschung

Neue Tendenzen im Bereich Marktabgrenzung und Marktbeherrschung resultieren im wesentlichen aus zwei unterschiedlichen Initiativen. 82

Zum einen hat die Europäische Kommission am **28. 3. 2001** einen „**Entwurf von Leitlinien zur Marktanalyse und Ermittlung beträchtlicher Marktmacht**" nach Art. 14 des Vorschlages für eine Richtlinie über einen gemeinsamen Rechtsrahmen für elektronische Kommunikationsnetze und -dienste veröffentlicht[1]. Zum anderen hat die Regulierungsbehörde in Zusammenhang mit der „Türkei-Entscheidung" am **29. 3. 2001 Eckpunkte zur Marktabgrenzung/Marktbeherrschung** auf dem Telekommunikationsmarkt herausgegeben. 83

Da sich die Leitlinien der Kommission noch in einem Entwurfsstadium befinden, das Eckpunktepapier der Regulierungsbehörde jedoch inzwischen eine gewisse Praxisrelevanz aufweist, soll im folgenden nur das Eckpunktepapier der Regulierungsbehörde näher betrachtet werden. Hierin wird von der Regulierungsbehörde insbesondere die Frage aufgeworfen, ob vor dem Hintergrund einer sich veränderten Wettbewerbssituation auf den Telekommunikationsmärkten *die Ausrichtung des sachlich relevanten Marktes an den früher monopolistisch angebotenen Gütern noch stimmt, bzw. ob und inwieweit die inzwischen tatsächlich zum Teil vorhandenen Angebots- und Nachfragestrukturen nunmehr hinreichend berücksichtigt werden können*[2]. Im Gegensatz zum Anfang einer vollständigen Liberalisierung des Telekommunikationssektors sei inzwischen eine dynamische Wirtschaftsbranche mit unterschiedlichen Angeboten entstanden. Deshalb könne nicht mehr ohne weiteres ausgeschlossen werden, daß der verständige Verbraucher immer mehr Produkte und Dienstleistungen als austauschbar und damit dem gleichen Markt zugehörig ansieht. Die bisherige Anknüpfung des sachlich relevanten Marktes an die seinerzeit vom Monopolunternehmen angebotenen Produkte und Dienstleistungen müsse daher, soweit sich Wettbewerb zeigt, schrittweise aufgegeben werden, und sei in gleichem Umfang entsprechend der zu § 19 GWB entwickelten Rechtsanwendungspraxis (Bedarfsmarktkonzept) durch eine nähere Untersuchung der sich differenzierenden Nachfragersicht zu ergänzen. Soweit damit in einigen Berei- 84

---

1 Arbeitsdokument der Kommission zu dem künftigen Rahmen für elektronische Kommunikationsnetze und -dienste, Entwurf von Leitlinien zur Marktanalyse und Ermittlung beträchtlicher Marktmacht nach Art. 14 des Vorschlages für eine Richtlinie über einen gemeinsamen Rechtsrahmen für elektronische Kommunikationsnetze und -dienste, KOM (2001) 175 endgültig.
2 Vgl. Begr. zu Eckpunkt 4 der Eckpunkte zur Marktabgrenzung/Marktbeherrschung, www.regtp.de.

chen oder Teilmärkten (in sachlicher und/oder räumlicher Hinsicht) aufkeimender Wettbewerb durch die Regulierungsbehörde festgestellt werden sollte, ist davon auszugehen, daß die Frage einer Marktabgrenzung sowie einer Marktbeherrschung anhand der zu § 19 GWB entwickelten Kriterien neu bewertet werden wird. Insbesondere läßt sich für den Bereich der Marktabgrenzung die Tendenz feststellen, stärkere Differenzierungen vorzunehmen, so z. B. internationale Verbindungen nach Zielländern zu differenzieren, zwischen Telekommunikationsdienstleistungen für Private und Geschäftskunden zu unterscheiden sowie räumlich relevante Spezifika und Unterschiede intensiver zu berücksichtigen. Ob auf diesen Märkten allerdings ein chancengleicher und funktionsfähiger Wettbewerb herrschen wird, läßt sich nur langfristig feststellen. Eine zu frühe Entlassung marktbeherrschender Unternehmen aus der Regulierung erscheint daher problematisch, wenn nicht sogar wettbewerbsgefährdend. Die Regulierungsbehörde vermeint dieser Tatsache ausreichend zu begegnen, indem sie einräumt, geeignete Maßnahmen entwickeln zu müssen, die eine Rückkehr in die bisherige Regulierung des betreffenden Marktes bei einer erneut aufkommenden marktbeherrschenden Stellung ermöglichen[1]. Sofern daher eine Rückkehr in die bisherige Regulierung gesichert ist, werden wohl auch Bereiche aufkeimenden Wettbewerbs von einer sektorspezifischen Regulierung ausgenommen.

85 Eine Abkehr vom bisherigen Regulierungsansatz und damit eine Akzentverschiebung scheint beschlossene Sache. Insbesondere die DTAG als marktbeherrschendes Unternehmen wird daher zukünftig mehr Freiheiten genießen. Eine heftige Reaktion der Wettbewerber ließ dementsprechend nicht lange auf sich warten. Diese geben vor allem zu bedenken, daß **eine Aufhebung der sektorspezifischen Regulierung nicht das bloße Fehlen einer Marktbeherrschung voraussetze, sondern vielmehr einen funktionsfähigen Wettbewerb.** Keinesfalls könne daher aus dem Fehlen einer Marktbeherrschung der Schluß gezogen werden, ein funktionsfähiger Wettbewerb liege vor. Denn auch ein funktionsfähiger Wettbewerb kann trotz fehlender Marktbeherrschung beeinträchtigt werden[2]. Sofern die Regulierungsbehörde somit lediglich auf das Fehlen einer marktbeherrschenden Stellung auf dem jeweiligen Teilmarkt abstellen sollte, ergibt sich daraus noch nicht zwangsläufig ein funktionsfähiger Wettbewerb. Dieser müßte vielmehr positiv festgestellt werden können. Diesbe-

---

1 Vgl. Eckpunkt 7 der Eckpunkte Marktabgrenzung/Marktbeherrschung, www.regtp.de.
2 Vgl. *Bunte*, Rechtsgutachten zur Marktabgrenzung und Marktbeherrschung auf Telekommunikationsmärkten, erstattet im Auftrag des VATM – Verband der Anbieter von Telekommunikations- und Mehrwertdiensten, Gliederungspunkt I.1.

züglich halten die Wettbewerber aber auch die **Marktabgrenzungskriterien der Regulierungsbehörde für problematisch**. In der Anwendungspraxis des Bundeskartellamtes und der Gerichte habe sich zwar eine eher **enge Marktabgrenzung** durchgesetzt, weil die Abgrenzung zu weiter Märkte zu einem lückenhaften Wettbewerbsschutz für kleinere Teilmärkte führen könnte; im Fall der Telekommunikation bewirke dies allerdings genau das Gegenteil. Denn bei einer Abgrenzung kleiner Teilmärkte und der Feststellung einer nennenswerten Anzahl von Wirtschaftsakteuren am Wettbewerb könnte bei eingetretenen Marktanteilsverschiebungen und intensivem Preiswettbewerb der Eindruck entstehen, daß eine marktbeherrschende Stellung auf diesem Teilmarkt nicht mehr vorliegt. Somit könnten sich auf kleinen Teilmärkten möglicherweise Anzeichen für wirksamen Wettbewerb zeigen, die bei einer Gesamtschau der Wettbewerbsmöglichkeiten nicht gerechtfertigt sind[1]. Wann schließlich ein **funktionsfähiger Wettbewerb** im Sinne des TKG vorliegt, läßt die Regulierungsbehörde in ihrem Eckpunktepapier gänzlich offen. Dieser wird erst dann anzunehmen sein, wenn aufgrund der Wettbewerbsintensität der Einsatz des Preisdumpings, einer Quersubventionierung oder aber auch der Kundenbindung nicht mehr möglich ist oder jedenfalls wirkungslos bleibt. Funktionsfähiger Wettbewerb liegt daher nur vor, wenn die Gefahr einer systematischen Preisunterbietung oder einer Quersubventionierung, die der Gesetzgeber als besondere Gefahren für chancengleichen Wettbewerb gesehen hat, nicht mehr besteht. Zum anderen müßten Behinderungsstrategien und Diskriminierungen ausgeschlossen sein, die zu erheblichen Benachteiligungen der Wettbewerber führen würden[2].

Alles in allem erscheint eine Lockerung des bisherigen Regulierungsansatzes nicht unproblematisch und nicht ohne Gefahr für eine Liberalisierung des Wettbewerbs auf den Telekommunikationsmärkten. Sicherlich lassen sich vereinzelt funktionierende Wettbewerbsstrukturen feststellen, doch sind diese keineswegs derart gefestigt, daß ein funktionsfähiger Wettbewerb im Sinne des TKG angenommen werden kann. Daher ist es zu begrüßen, daß die Regulierungsbehörde bisher nur restriktiv einer Entlassung der DTAG aus der Regulierung zugestimmt hat. Dies geschah in der Türkei-Entscheidung zwar unter einer nicht unumstrittenen Marktabgrenzung, gleichzeitig jedoch unter dem Vorbehalt, im Fall sich ändernder Marktstrukturen die DTAG wieder einer sektorspezifischen Regulierung zu unterwerfen.

86

---

1 Vgl. *Bunte*, Rechtsgutachten zur Marktabgrenzung und Marktbeherrschung auf Telekommunikationsmärkten, Gliederungspunkt II.1.
2 Vgl. *Bunte*, Rechtsgutachten zur Marktabgrenzung und Marktbeherrschung auf Telekommunikationsmärkten, Gliederungspunkt II.4.b.

86a Inzwischen hat die Regulierungsbehörde ihre Position aus dem Eckpunktepapier nach der Einholung von Gutachten und der Anhörung der betroffenen Kreise erneut überarbeitet und insbesondere folgende **Schlußfolgerungen** gezogen[1]. Es ist zunächst festzuhalten, daß die Regulierungsbehörde den im Rahmen des Eckpunktepapiers skizzierten Weg im wesentlichen beibehalten wird. Dies gilt insbesondere für die konsequente Anwendung des **Bedarfsmarktkonzepts** zur Feststellung des relevanten Marktes. Gleichwohl hat sie hinsichtlich der Marktabgrenzung präzisierend ausgeführt, daß **abstrakt-generelle Festlegungen** über bestimmte Märkte im einzelnen, die den tatsächlichen Verhältnissen gerecht werden, nicht mit der erforderlichen Rechtssicherheit getroffen werden können. Darüber hinaus widersprächen verbindliche Vorabfestlegungen zur Abgrenzung von Märkten und zu der Feststellung einer marktbeherrschenden Stellung dem wettbewerblichen Ansatz, wonach die Besonderheiten des jeweiligen Falls bei der Sachverhaltsbeurteilung zugrunde zu legen seien. Verbindliche Vorgaben behinderten die Regulierungsbehörde daher in ihrer Flexibilität, weshalb sie im Rahmen ihrer Aufgaben auf veränderte Bedingungen nicht mehr sachgerecht reagieren könne. Vielmehr sei eine durch **fallweises Vorgehen** gewährleistete Flexibilität gerade im Telekommunikationssektor, der durch einen raschen Wandel und damit verbundenen Produktinnovationen geprägt sei, angezeigt. Eine Abgrenzung von bestimmten Märkten bliebe daher einer einzelfallbezogenen Entscheidung vorbehalten, weshalb die Regulierungsbehörde **keine abschließenden verbindlichen Eckpunkte** veröffentlichen könne.

4.4.1.1.7 Türkei-Entscheidung der Regulierungsbehörde

87 Am 23. 2. 2001 stellte die Beschlußkammer 2 der Regulierungsbehörde fest, daß **die DTAG auf dem Markt für vermittelte Verbindungen von Deutschland in die Türkei nicht marktbeherrschend sei**[2].

88 Die Beschlußkammer führte in der Begründung insbesondere aus, daß es aus Gründen der praktischen Anwendbarkeit des Bedarfsmarktkonzeptes erforderlich sei, im Bereich vermittelter Verbindungen, Nachfrager bzw. Verbindungen anhand geeigneter Kriterien zusammenzufassen. **Bei Auslandsverbindungen komme insoweit eine Zusammenfassung derjenigen Nachfrager im Sinne eines Teilmarktes in Betracht, die Verbin-

---

1 Vgl. Mitteilung Nr. 547/2001, „Entwurf von Eckpunkten zur sachlichen und räumlichen Abgrenzung von Märkten und der Feststellung einer marktbeherrschenden Stellung; Zusammenfassung der eingegangenen Stellungnahmen und Schlußfolgerungen", Amtsblatt RegTP 2001, S. 2931 (2948).
2 Beschl. der Regulierungsbehörde v. 23. 2. 2001 – BK 2c 00/018 (Marktbeherrschung Türkei).

dungen in ein bestimmtes **Zielland nachfragen, sofern sich** – z. B. als Folge des entsprechenden Nachfragevolumens und vielfältiger Transportkapazitäten – **dort spezifische Wettbewerbstrukturen herausgebildet haben.** Dies sei im Fall der Türkei gegeben[1]. Eine marktbeherrschende Stellung für Gespräche in die Türkei fehle der DTAG wegen der vielfältigen Angebote von sowohl Teilnehmernetzbetreibern als auch Verbindungsnetzbetreibern, Resellern und sonstigen Spezial-Anbietern, die jeweils ihre Produkte als Alternative zu denen der DTAG anbieten[2].

Kritisch sei angemerkt, daß diese **Marktabgrenzung nach Zielländern im wesentlichen der Argumentation der DTAG folgt**, welcher der Gedanke zugrunde liegt, daß Telefonate in ein Zielland nicht durch ein Telefonat in ein anderes Zielland austauschbar seien. Bei dieser Abgrenzung nach Zielländern wurde allerdings die Tatsache außer acht gelassen, daß häufig bei Call-by-Call, immer aber bei Preselection, lediglich ein bestimmter Verbindungsnetzbetreiber (VNB) ausgewählt wird, der sämtliche Gespräche in andere Ortsnetze, andere Länder oder in Mobilfunknetze, die mit einer „Null" anfangen, abwickelt. Bei Preselection ist weder eine Unterteilung zwischen inländischen Ferngesprächen und Auslandsgesprächen, noch eine Unterteilung zwischen Auslandsgesprächen in verschiedene Länder möglich. Dasselbe gilt für den Wechsel des **Teilnehmernetzbetreibers**. Auch dort wird der Teilnehmernetzbetreiber einheitlich gewechselt, nicht bezogen auf einzelne „Gesprächsgruppen". Insofern können diese Alternativen nicht zur Marktabgrenzung für Teilmärkte nach Zielländern herangezogen werden. Bei einem Wechsel des Teilnehmernetzbetreibers, wie bei der Beauftragung von Preselection, wird der Kunde zwar sicherlich die Preise für einzelne Gesprächsgruppen heranziehen, um für sich den im Schnitt günstigsten Anbieter herauszufinden. Ein einzelnes Zielland wird jedoch kaum entscheidend sein, und ist allein auch nicht bei Preselection zu beauftragen. Bei **Call-by-Call**, das schon nach den Ausführungen der DTAG zum selben Produktmarkt gehört wie Preselection, kann sich der Kunde zwar von Gespräch zu Gespräch das jeweils günstigste Angebot heraussuchen. Dies hängt aber in der Regel nicht nur vom Ziel des Anrufes, sondern auch von der Zeit des Anrufes ab (bestimmter Wochentag, bestimmte Uhrzeit) und ist schon deshalb als Marktabgrenzungskriterium ungeeignet. Zwar ist der DTAG darin zuzustimmen, daß ein Gespräch in die Türkei nicht durch ein Gespräch in die USA **ausgetauscht** werden könne. Allerdings geht die Forderung nach absoluter Identität der aus-

---

1 Vgl. Beschl. der Regulierungsbehörde v. 23. 2. 2001 – BK 2c 00/018 (Marktbeherrschung Türkei), S. 29 des amtlichen Umdrucks.
2 Vgl. Beschl. der Regulierungsbehörde v. 23. 2. 2001 – BK 2c 00/018 (Marktbeherrschung Türkei), S. 30 f. des amtlichen Umdrucks.

tauschbaren Produkte auch zu weit. So hat das OLG München im Fall des Angebots von Charterflügen hinsichtlich der Frage der Austauschbarkeit von Flügen am Wochenende und am Montag wie folgt entschieden:

> „Der Begriff des relevanten Marktes kann aber nicht so eng umgrenzt werden. Die Reduzierung des relevanten Marktes auf Waren oder Leistungen, deren Eigenschaften in jeder Hinsicht übereinstimmen, führte zur Annahme einer Vielzahl nebeneinander bestehender einzelner Märkte, der jeder für sich durch die marktbeherrschende Stellung eines Unternehmens gekennzeichnet wäre. Das Marktgeschehen spielte sich bei einer solchen Betrachtung nur noch zwischen einer Fülle von Mikromonopolen ab. Ein solches Marktverständnis wäre für die ordnungspolitische Funktion der §§ 22 ff. GWB [nunmehr: §§ 19 ff. GWB], nämlich für die Bekämpfung marktbeherrschender Einflüsse, ohne jede praktische Bedeutung."[1]

90 Dieses Problem der Mikromonopolbildung, zusammengenommen mit der Tatsache, daß eine Auswahl des Diensteanbieters nach spezifischen Zielländern allenfalls im Bereich des Call-by-Call überhaupt technisch möglich wäre, während es bei Preselection, Wechsel des Teilnehmernetzbetreibers oder auch Wechsel zum Reseller schon technisch ausgeschlossen ist, macht deutlich, daß die von der DTAG angestrebte und von der Regulierungsbehörde bestätigte Marktabgrenzung nicht tragfähig ist. **Relevant** kann daher eigentlich nur der Markt für **vermittelte Ferngespräche**, allenfalls noch der **Markt für vermittelte Verbindungen in das Ausland** sein. Auf diesem Markt hat die DTAG jedoch nach wie vor eine marktbeherrschende Stellung. Demnach verdient die Entscheidung der Regulierungsbehörde zu Auslandsgesprächen in die Türkei keine Zustimmung.

4.4.1.2 Konzernklausel

91 Die **Konzernklausel** des **§ 33 Abs. 3 TKG** erweitert den Adressatenkreis für Maßnahmen der Regulierungsbehörde auf sämtliche Unternehmen eines Konzerns. Die Verpflichtung aus § 33 Abs. 1 und 2 TKG findet daher nicht nur auf das marktbeherrschende Unternehmen selbst Anwendung, sondern bezieht auch Unternehmen ein, die mit dem marktbeherrschenden Unternehmen **in einem Konzern verbunden** sind oder als mit diesem Unternehmen **zusammengeschlossen** gelten, d. h. ein **einheitliches Unternehmen** bilden[2]. Hierdurch soll vermieden werden, daß

---

1 OLG München, WuW/E OLG 2347 – Bavaria Germanair.
2 Vgl. BegrE zum TKG, BT-Drucks. 13/3609, S. 46.

die Regelung des § 33 TKG z. B. durch Ausgliederung bestimmter Unternehmensteile in Tochtergesellschaften umgangen werden kann.

Das Vorliegen eines einheitlichen Unternehmens beurteilt sich anhand des GWB, insbesondere nach § 36 Abs. 2 und § 37 Abs. 1 und 2 GWB. Gemäß § **36 Abs. 2 S. 1 GWB** ist von einem **einheitlichen Unternehmen** auszugehen, soweit ein beteiligtes Unternehmen mit einem anderen, abhängigen oder herrschenden Unternehmen ein „**verbundenes Unternehmen**" i. S. v. **§ 17 AktG** bildet oder ein „**Konzernunternehmen**" i. S. v. **§ 18 AktG** vorliegt.

92

Darüber hinaus wird **§ 36 Abs. 2 S. 1 GWB** durch die sog. **Mehrmütterklausel** des **S. 2** ergänzt. Hiernach wirken mehrere Unternehmen derart zusammen, daß sie gemeinsam einen beherrschenden Einfluß auf ein anderes Unternehmen ausüben und daher jedes von ihnen als herrschend anzusehen ist[1].

93

Ein **einheitliches Unternehmen** ist schließlich auch anzunehmen, wenn ein **Zusammenschluß zweier Unternehmen nach § 37 Abs. 1 und 2 GWB** erfolgt. Diesbezüglich sind nach § 37 Abs. 1 GWB folgende Arten von Zusammenschlüssen zu unterscheiden:

94

- § 37 Abs. 1 Nr. 1 GWB – Zusammenschluß via **Vermögenserwerb**
- § 37 Abs. 1 Nr. 2 GWB – Zusammenschluß via **Kontrollerwerb**
- § 37 Abs. 1 Nr. 3 GWB – Zusammenschluß via **Anteilserwerb**
- § 37 Abs. 1 Nr. 4 GWB – **Wettbewerblich erheblicher Einfluß**

Der **Vermögenserwerb** umfaßt insbesondere die Fälle einer Gesamtrechtsnachfolge sowie einer Einzelübertragung von Rechten, diesbezüglich setzt er den Übergang des Vollrechts voraus. Ein bloßer Erwerb obligatorischer oder beschränkt dinglicher Rechte ist nicht ausreichend. Der Grundsachverhalt des **Kontrollerwerbs** definiert sich hingegen als unmittelbarer oder mittelbarer Erwerb der Kontrolle durch ein oder mehrere Unternehmen (Erwerbsvorgang) über die Gesamtheit oder Teile eines oder mehrerer anderer Unternehmen (Erwerbsgegenstand), wobei die Kontrolle durch Rechte, Verträge oder andere Mittel begründet werden kann. Ein **Anteilserwerb** setzt den Erwerb einer 25 %igen oder 50 %igen Beteiligung von Anteilen oder Stimmrechten an Kapital- und Personengesellschaften sowie sonstigen Personenvereinigungen voraus, die Unternehmen im Sinne des GWB sind.

95

Der Fall eines Zusammenschlusses, der zu einem mittelbaren oder unmittelbaren **wettbewerblich erheblichen Einfluß** führt, stellt keinen neuen Zusammenschlußtatbestand dar, sondern soll lediglich eine Eingriffs-

96

---

1 Vgl. *Ruppelt*, in: Langen/Bunte, § 36 GWB Rz. 65 f.

möglichkeit unterhalb der Aufgreifschwellen der § 37 Abs. 1 Nr. 2 und 3 GWB eröffnen. Die Vorschrift ist daher nur subsidiär anwendbar, wenn die Voraussetzungen der Nr. 2 und 3 nicht vorliegen sollten.

97 Schließlich ist nach **§ 37 Abs. 2 GWB** ein Zusammenschluß anzunehmen, wenn beteiligte Unternehmen bereits vorher zusammengeschlossen waren, ausgenommen der Zusammenschluß führt nicht zu einer wesentlichen Verstärkung der bestehenden Unternehmensverbindung.

98 Als praktisch relevantes Beispiel für Anwendung ist die DTAG mit ihrem Tochterunternehmen T-Systems (vor der Umstrukturierung unter der Bezeichnung DeTeSystem) zu nennen, welches als Vertriebsorganisation, die Großkunden der DTAG betreute und nunmehr nach dem Zusammenschluß mit debis-Systemhaus das ganze System- und Großkundengeschäft der DTAG umfaßt. Gerade T-Systems konkurriert mit vielen Wettbewerbern in dem umkämpften Großkundenmarkt.

4.4.2 Berechtigtenkreis

99 Vom Berechtigtenkreis des § 33 TKG werden nach dem Gesetzeswortlaut **Wettbewerber** des marktbeherrschenden Anbieters auf einem Markt für Telekommunikationsdienstleistungen für die Öffentlichkeit erfaßt. Notwendige Voraussetzung ist somit ein entsprechendes Wettbewerbsverhältnis zwischen Normadressat und Begünstigtem auf einem der jeweils relevanten Telekommunikationsmärkte bzw. Teilmärkte. Der relevante Markt ist dabei wie bereits dargestellt nicht nur auf den Endkundenmarkt beschränkt, sondern umfaßt auch den Markt für Vorleistungsprodukte, z. B. Zusammenschaltungsleistungen oder entbündelte Leistungen, die lediglich intern als Vorprodukt für eigene Dienstleistungsangebote genutzt werden. Eine vollständige Marktidentität ist für das Vorliegen eines Wettbewerbsverhältnisses nicht erforderlich; vielmehr reicht Wettbewerb auf lediglich einem sachlich relevanten Teilmarkt aus. Anderenfalls könnten nur jeweils Komplettanbieter in den Kreis der Berechtigten fallen bzw. solche Anbieter, deren Angebot vollumfänglich demjenigen des nach § 33 TKG verpflichteten Unternehmens entspricht. Dies steht aber nicht im Einklang mit der Zweckbestimmung des § 33 TKG, den Marktzutritt zu ermöglichen, weil dann eine zusätzliche Marktzutrittsbarriere in Form eines erhöhten Angebotsumfangs geschaffen werden würde.

100 Keine Rolle spielt darüber hinaus, ob der Wettbewerber bereits in Wettbewerb zu dem marktbeherrschenden Unternehmen getreten ist oder erst treten möchte. Anderenfalls würde der Gesetzeszweck des TKG, bestehende Monopole aufzubrechen sowie einen funktionsfähigen und chancengleichen Wettbewerb zu fördern, gefährdet. Von § 33 TKG werden

somit **sämtliche Wettbewerber** des marktbeherrschenden Unternehmens **unabhängig davon, ob sie bereits am Markt positioniert sind oder ihre Geschäfte erst aufzunehmen gedenken**, erfaßt. Darüber hinaus kommt es anders als bei § 35 TKG nicht darauf an, ob der Wettbewerber selbst Betreiber eines öffentlichen Telekommunikationsnetzes ist. Daher gehören auch Betreiber nicht-öffentlicher Telekommunikationsnetze wie Corporate Network-Betreiber oder Diensteanbieter ohne Netz zum Berechtigtenkreis.

Bei Corporate Network-Betreibern schadet auch nicht, daß sich der Adressatenkreis des § 33 Abs. 1 TKG auf Anbieter von Telekommunikationsdienstleistungen für die Öffentlichkeit bezieht und der Berechtigte ein Wettbewerber auf diesem Markt sein muß. Dies liegt im Zusammenhang mit den bereits oben Rz. 71 ff. gemachten Ausführungen zur Bestimmung des Marktes daran, daß beispielsweise der Markt für Corporate Network-Dienstleistungen nur deswegen keinen „Markt für Telekommunikationsdienstleistungen für die Öffentlichkeit" darstellt, weil er einen Teilmarkt innerhalb der Sprachkommunikationsdienstleistungen darstellt. Corporate Network-Betreiber sind aber gleichwohl Wettbewerber auf den öffentlichen Markt für Sprachkommunikationsdienstleistungen, wenn auch in dessen nicht lizenzpflichtigem Bereich. Es wäre widersinnig, den Bereich der Corporate Network-Dienstleistungen dem Wettbewerb zu öffnen, wie dies bereits Anfang der neunziger Jahre geschehen ist[1], um dann im Rahmen von § 33 Abs. 1 TKG eben diesem Wettbewerb die Berechtigung aus dieser Vorschrift zu versagen. Auch hier zeigt sich, daß die lizenz- bzw. genehmigungsrechtlich motivierte Abgrenzung von früher monopolisierten bzw. heute lizenzpflichtigen Tätigkeiten gegenüber früher wettbewerblichen und heute lizenzfreien Tätigkeiten nicht für die Mißbrauchsaufsicht, d. h. für die dortige Marktabgrenzung, geeignet ist. 101

4.4.3 Zugangsanspruch des § 33 TKG

Das marktbeherrschende Unternehmen ist nach § 33 Abs. 1 TKG verpflichtet, Wettbewerbern diskriminierungsfrei Zugang zu seinen intern genutzten und zu seinen am Markt angebotenen Leistungen zu gewähren, soweit diese wesentlich sind. Zudem hat es seinen Wettbewerbern Bedingungen einzuräumen, die es sich selbst bei der Nutzung dieser Leistungen für die Erbringung anderer Telekommunikationsdienstleistungen gewährt, es sei denn, daß die Einräumung ungünstigerer Bedin- 102

---

[1] Bundesminister für Post und Telekommunikation (Hrsg.), Regulierungen zum Telefondienstmonopols des Bundes, Bonn 1992, Beilage Genehmigungskonzept Corporate Networks.

gungen, insbesondere die Auferlegung von Beschränkungen, sachlich zu rechtfertigen ist.

4.4.3.1 Zugang zu intern genutzten und zu am Markt angebotenen Leistungen

103 Erste Voraussetzung für eine Zugangsgewährungspflicht ist das Vorliegen einer Leistung i. S. d. § 33 TKG. Wieweit dieser Leistungsbegriff reicht, ist § 33 TKG nicht zu entnehmen und deshalb heftig umstritten, zumal von der Reichweite des Leistungsbegriffes der Umfang der Zugangsgewährungspflicht marktbeherrschender Unternehmen abhängt. Es verwundert daher nicht, daß die DTAG als marktbeherrschendes Unternehmen eine enge Auslegung favorisiert. Sie ist der Ansicht, der Begriff Leistung in § 33 TKG bestimme sich gemäß der Legaldefinition des § 3 Nr. 18 TKG und umfasse folglich nur „**Telekommunikationsdienstleistungen**". Als kleinste rechtlich mögliche Einheit im Bereich der Netzzugangsgewährung käme damit lediglich ein Angebot von Übertragungswegen in Betracht. Die Rechtsprechung führt hierzu aus, daß eine Gleichsetzung der Begriffe Leistung mit Telekommunikationsdienstleistung jedoch fern läge, weil es gänzlich ungewöhnlich wäre, daß der Gesetzgeber in ein und derselben Vorschrift (hier § 33 TKG) zwei unterschiedliche Begriffe sinngleich verwende. In § 33 Abs. 1 und 2 TKG würden daher gerade auch Leistungen angesprochen, die erst die Voraussetzung für die Erbringung von Telekommunikationsdienstleitungen (Abs. 1) bzw. von Dienstleistungsangeboten (Abs. 2 S. 3) bildeten, weshalb der Auffassung der DTAG nicht gefolgt werden könne[1].

104 Der **Begriff der Leistung** ist vielmehr **weit auszulegen** und nicht auf Telekommunikationsdienstleistungen zu beschränken, so die maßgebliche Auffassung des VG Köln und des OVG Münster[2]. Leistung i. S. d. § 33 Abs. 1 S. 1 TKG umfaßt daher **ein von dem marktbeherrschenden Anbieter oder seinem Rechtsvorgänger geschaffenes oder erworbenes Vorprodukt auf niederer betrieblicher Wertschöpfungsebene zur Erbringung von Telekommunikationsdienstleistungen auf höherer Ebene**[3]. Dies ist schon deswegen folgerichtig, weil der Anspruch des § 33 Abs. 1 TKG sowohl zu den intern genutzten als auch zu den am Markt angebotenen Leistungen des Adressaten Zugang gewährt. Bereits die Komponente der intern genutzten Leistungen zeigt, daß es sich nicht notwendigerweise um Telekommunikationsdienstleistungen handeln muß, die

---

1 Vgl. VG Köln v. 18. 8. 1997, MMR 1998, 102; OVG Münster v. 29. 9. 1997, MMR 1998, 98.
2 Vgl. VG Köln v. 18. 8. 1997, MMR 1998, 102; OVG Münster v. 29. 9. 1997, MMR 1998, 98.
3 Vgl. OVG Münster v. 7. 2. 2000 – 13 A 180/99, NVwZ 2000, 697, 699.

nach der Legaldefinition in § 3 Nr. 18 TKG bereits das Element des „**gewerblichen Angebots**" und nicht nur der **internen Nutzung** beinhalten. Ebenso vertritt dies auch das Bundesverwaltungsgericht: „*Der im Gesetz nicht näher bestimmte Begriff der Leistung erfaßt dabei* **alle Einrichtungen**, *die der marktbeherrschende Anbieter* **intern nutzt** *oder* **am Markt anbietet**, *um Telekommunikationsdienstleistungen zu erbringen, jedenfalls sofern sie isoliert nutzbar sind*"[1]. Zur Begründung führt das Bundesverwaltungsgericht aus, der Leistungsbegriff des § 33 Abs. 1 S. 1 TKG lasse sich nicht auf Telekommunikationsdienstleistungen i. S. v. § 3 Nr. 18 TKG reduzieren, weil dem bereits der unterschiedliche Wortlaut der Begriffe „Leistung" und „Telekommunikationsdienstleistung" entgegenstehe. Eine Telekommunikationsdienstleistung sei darüber hinaus nach der gesetzlichen Begriffsbestimmung notwendig an Dritte gerichtet („gewerbliches Angebot von Telekommunikation"), so daß im Umkehrschluß „Leistung" auch ein nicht vermarktetes, lediglich intern genutztes **Vorprodukt** des Unternehmens sein könne[2].

Der Leistungsbegriff des § 33 TKG besteht daher an seinem unteren Ende aus ggf. nur **intern** genutzten Vorleistungen und am oberen Ende aus Telekommunikationsdienstleistungen für die Öffentlichkeit, also solchen Telekommunikationsdienstleistungen, die öffentlich angeboten werden. Dazwischen liegen sonstige am Markt angebotene Leistungen sowie sonstige (nicht öffentlich angebotene) Telekommunikationsdienstleistungen. Wie weit dabei am unteren Ende des Leistungsbegriffs der Zugangsanspruch reicht, bestimmt sich nicht nur anhand der tatsächlichen Gegebenheiten bei Adressaten der Verpflichtung. Vielmehr wird die Reichweite auch durch die Entbündelungsverpflichtung in § 2 NZV, welche unter Rz. 168 näher dargestellt wird, konkretisiert.

4.4.3.2 Wesentlichkeit der Leistung

Des weiteren ist die **Wesentlichkeit der Leistung** von entscheidender Bedeutung für die Frage einer Zugangsgewährung. Auch hier enthält das Gesetz keine Aussage, welche Leistungen wesentlich sind und welche nicht. Das VG Köln sieht das Wesentlichkeitskriterium jedenfalls dann als erfüllt an, wenn **der Wettbewerber ohne die begehrte Leistung faktisch an der Erbringung der von ihm beabsichtigten Telekommunikationsdienstleistung gehindert ist**[3]. Das OVG Münster hingegen legt dem Wesentlichkeitsbegriff das maßgebliche Sprach- und Rechtsverständnis

---

[1] BVerwG, Urteil vom 25. 4. 2001 – BVerwG 6 C 6.00, S. 23 f. des amtlichen Umdrucks.
[2] BVerwG, Urteil vom 25. 4. 2001 – BVerwG 6 C 6.00, S. 29 des amtlichen Umdrucks.
[3] Vgl. VG Köln v. 18. 8. 1997, MMR 1998, 102.

im Geltungsbereich des TKG zugrunde, wonach **eine Leistung als wesentlich anzusehen ist, welche für die Erbringung anderer Telekommunikationsdienstleistungen unabdingbar, d. h. unverzichtbar ist und deren Neuanschaffung dem Zugangswilligen wegen des mit den Kosten der Mitbenutzung einhergehenden Aufwandes unzumutbar ist**[1].

107 Bestätigt wird diese Auffassung des OVG Münster durch die ähnliche Sichtweise der EU-Kommission in ihrer Mitteilung über die Anwendung der Wettbewerbsregeln auf Zugangsvereinbarungen im Telekommunikationsbereich, wonach solche Einrichtungen oder Infrastrukturen als wesentlich zu qualifizieren sind, **die von den Wettbewerbern benötigt werden, um Kunden zu erreichen und/oder Wettbewerbern die Durchführung ihrer Geschäftstätigkeit zu ermöglichen, und die mit angemessenen Mitteln nicht neu geschaffen werden können**[2]. Dies entspricht auch der oben Rz. 11 bereits erwähnten Sichtweise des EuGH zur Essential facilities-Doktrin, wie sie im Bronner-Urteil zum Ausdruck gekommen ist.

108 Das Bundesverwaltungsgericht schließlich leitet in seiner TAL-Entscheidung die Wesentlichkeit direkt aus einer Bezugnahme auf § 35 TKG ab. Die Verpflichtung marktbeherrschender Netzbetreiber zur Gewährung **Besonderer Netzzugänge** nach § 35 TKG **begründe unmittelbar die Wesentlichkeit** i. S. d. § 33 TKG. Dies ergebe sich insbesondere aus der Gesetzesbegründung zu § 35 TKG. Werde aber auch dadurch belegt, daß die Mißbrauchsaufsicht gerade den in § 35 TKG geregelten offenen Netzzugang gegenüber marktbeherrschenden Unternehmen durchzusetzen bezwecke; wie dies bereits aus der Überschrift des Vierten Teils ersichtlich sei und auch durch einen Blick auf europäische Vorgaben belegbar[3]. Allerdings weist das Bundesverwaltungsgericht richtigerweise darauf hin, daß eine derartige Herleitung der Wesentlichkeit nicht auf alle Situationen anwendbar ist. Seine Ausführungen beschränken sich insoweit nur auf die Fälle Besonderer Netzzugänge einschließlich Zusammenschaltungen. Grundsätzlich wird die Wesentlichkeit i. S. d. § 33 TKG daher nach den vom VG Köln und OVG Münster aufgestellten Kriterien zu ermitteln sein, während die Argumentation des Bundesverwaltungsgerichts lediglich bei Besonderen Netzzugängen und Zusammenschaltungen zusätzlich verwandt werden kann. Allerdings läßt sich der dem Urteil des Bundesverwaltungsgerichts immanente Gedanke, daß

---

1 Vgl. OVG Münster v. 7. 2. 2000 – 13 A 180/99, NVwZ 2000, 697, 699.
2 Vgl. Mitt. der EU-Kommission über die Anwendung von Wettbewerbsregeln auf Zugangsvereinbarungen im Telekommunikationsbereich, ABlEG Nr. C 265 S. 2, v. 22. 8. 1998.
3 Vgl. BVerwG, Urteil vom 25. 4. 2001 – BVerwG 6 C 6.00, S. 24 und 26 f. des amtlichen Umdrucks.

durch § 35 i. V. m. § 33 TKG der Zugang zu ursprünglich mit öffentlichen Mitteln aufgebauten Netzressourcen im Interesse eines offenen Telekommunikationsmarktes und im Interesse aller Nutzer ermöglicht werden soll, durchaus generell zur Begründung der Wesentlichkeit bei Vorliegen einer **vergleichbaren Interessenlage** heranziehen[1].

In der Praxis hat die Regulierungsbehörde bislang insbesondere folgende Leistungen als wesentlich angesehen: **Teilnehmeranschlußleitung** (dazu unter Rz. 429 ff.), Angebote für **Reseller** (dazu unter Rz. 438c ff.), **Inhouse-Verkabelung** (dazu unter Rz. 439 ff.), **Carrier-Festverbindungen** (dazu unter Rz. 450a ff.) sowie **Inkasso** (dazu unter Rz. 455 ff.). Es zeigt sich dabei, daß im Rahmen der Frage, ob die begehrte Leistung „wesentlich" ist, der Bewertung besondere Bedeutung zukommt, was der Wettbewerber mit angemessenen Mitteln neu schaffen kann. In dieser Bewertungsfrage liegt ein ordnungspolitischer Zielkonflikt zwischen der Marktöffnung und der damit verbundenen Notwendigkeit, ehemalige Monopolinfrastrukturen den Wettbewerbern zugänglich zu machen einerseits und dem Ziel, weitere Infrastrukturen durch diese Wettbewerber schaffen zu lassen andererseits. Viele Streitigkeiten zwischen der DTAG und ihren Wettbewerbern vor der Regulierungsbehörde oder vor Gerichten lassen sich in ihrem Kern immer wieder auf diesen Zielkonflikt zurückführen bzw. kondensieren. Im Festnetzbereich bzw. vor dem Hintergrund des ehemaligen Monopols und der nach wie vor marktbeherrschenden Stellung der DTAG ist dieser Zielkonflikt allerdings zugunsten des Zugangs bzw. der Zugangsgewährung durch die DTAG zu entscheiden. Denn die Regelung in § 33 TKG kann nicht isoliert von der Bestimmung in § 35 TKG betrachtet werden. Dort ist eindeutig eine Grundentscheidung für die Gewährung von Netzzugängen durch marktbeherrschende Unternehmen getroffen worden, ohne daß es auf die Frage der Wesentlichkeit ankäme. Laut dieser eindeutigen ordnungspolitischen Festlegung zugunsten des Zugangs muß letztlich auch die Frage der Wesentlichkeit bei § 33 TKG im Lichte der in § 35 TKG getroffenen ordnungspolitischen Grundentscheidung, dem Zugang Vorrang zu verschaffen, beantwortet werden. Es dürfen daher keine zu hohen Anforderungen daran gestellt werden, was dem Wettbewerber bei der Schaffung von Alternativen zumutbar ist.

4.4.3.3 Diskriminierungsfreiheit

Sofern ein Zugangsanspruch zu intern genutzten oder am Markt angebotenen, wesentlichen Leistungen des marktbeherrschenden Anbieters

---

1 So zu Recht z. B. Beschl. der Regulierungsbehörde vom 9. 10. 2001 – BK 3c-00/040, S. 24 f. des amtlichen Umdrucks.

nach § 33 TKG besteht, ist der Zugang **diskriminierungsfrei** zu gewährleisten.

4.4.3.3.1 Gleichbehandlung von Wettbewerbern

111 Hinsichtlich der Frage nach dem Vorliegen einer Diskriminierung kann dabei auf § 20 Abs. 1 und 2 GWB zurückgegriffen werden, der bereits ein allgemeines Diskriminierungsverbot für marktbeherrschende Unternehmen im Bereich des GWB formuliert. Die dortige Definition sowie die diesbezüglich entwickelte Rechtsprechung und die hierzu bestehende Literatur können daher auf § 33 TKG entsprechend angewandt werden. Eine Diskriminierung ist demnach anzunehmen, wenn ein marktbeherrschendes Unternehmen ein anderes Unternehmen in einem Geschäftsverkehr, der gleichartigen Unternehmen üblicherweise zugänglich ist, entweder unmittelbar oder mittelbar unbillig behindert oder **gegenüber gleichartigen ohne sachlich gerechtfertigten Grund mittelbar oder unmittelbar unterschiedlich behandelt.** Eine sich aus § 33 TKG ergebende Pflicht marktbeherrschender Unternehmen besteht somit darin, Zugangsvereinbarungen mit unterschiedlichen Wettbewerbern nicht unterschiedlich zu behandeln, da eine derartige Diskriminierung den Wettbewerb auf dem Telekommunikationsmarkt gefährdet.

112 Dies ist vor allem in der Situation zu erwarten, in der die DTAG als marktbeherrschendes Unternehmen bestimmten Wettbewerbern günstigere Konditionen einräumt als anderen Wettbewerbern, wie z. B. hinsichtlich des Leistungsumfangs, der Bereitstellungsfristen, Entstörungszeiten oder der Preise. Hierzu zählt aber auch eine gegenüber den übrigen Wettbewerbern bevorzugte Behandlung eigener Tochterunternehmen (z. B. T-Mobil, T-Online, T-Systems)[1].

113 Als Beispiel für eine derartige Diskriminierung kann insbesondere auf die Flatrate-Entscheidung (BK 3b-00/033) der Beschlußkammer 3 der Regulierungsbehörde verwiesen werden. Gegenstand des Verfahrens war die nachträgliche Entgeltregulierung von jenen Entgelten, welche die DTAG für Verbindungen über das Telefonnetz zu Online-Diensten von Internet-Service-Providern (ISP) und Anbietern von Online-Diensten erhoben hat. Dem Verfahren lag folgender Sachverhalt zugrunde: Die T-Online bot als Tochterfirma der DTAG ihren Endkunden eine Flatrate (zeitunabhängiges Pauschalentgelt) für den Internet-Zugang an. Die Wettbewerber der DTAG wie auch T-Online konnten ihr Endkundenan-

---

[1] Die Konzernklausel in § 33 Abs. 3 TKG führt nicht dazu, daß das einheitliche Unternehmen nunmehr als ein einziges Unternehmen zu betrachten wäre, sondern es wird vielmehr der Adressatenkreis für Maßnahmen nach § 33 Abs. 2 TKG erweitert.

gebot nur unter Inanspruchnahme der hierzu notwendigen Vorleistung durch die DTAG, welche minutenabhängig abgerechnet wurde, anbieten. Das Angebot eines entsprechend zeitunabhängigen Vorleistungsprodukts durch die DTAG existierte nicht.

Sofern die ISP aus wettbewerblichen Gründen in Konkurrenz zu T-Online eine eigene Flatrate anbieten wollten, bestand daher aufgrund der nutzungszeitabhängigen Entgelte für die Zuführung der Einwahlgespräche zu ihren Internetplattformen das Risiko einer „Übernutzung" durch die Endkunden, so daß das Flatrate-Angebot zu einem Verlustgeschäft für die Wettbewerber werden würde. In diesem Zusammenhang stellte sich insbesondere die Frage, ob die DTAG T-Online bei den Zuführungspreisen bevorzugte und dadurch andere Wettbewerber diskriminierte. 114

Hinsichtlich der Diskriminierung führte die Regulierungsbehörde aus[1], die ISP trügen im Falle von Flatrate-Angeboten das Risiko einer Übernutzung aufgrund der nutzungszeitabhängigen Entgelte für die Zuführung. T-Online trüge dieses Risiko zwar auch, daraus evtl. resultierende Verluste stünden aber den Gewinnen der Muttergesellschaft DTAG gegenüber und würden somit konzernintern abgefangen. Eine Diskriminierung läge somit in der Ungleichverteilung des Übernutzungsrisikos zwischen den Wettbewerbern und T-Online aufgrund der Entgeltstruktur des Vorleistungsprodukt der DTAG. Näher hierzu unter Rz. 461 ff. 115

4.4.3.3.2 Intern/Extern-Gleichbehandlung

Neben der Pflicht, Wettbewerber nicht unterschiedlich zu behandeln, ist im Rahmen des Diskriminierungsverbotes nach § 33 Abs. 1 TKG die weitaus wichtigere Verpflichtung marktbeherrschender Unternehmen darin zu sehen, seinen Wettbewerbern diejenigen Bedingungen einzuräumen, die sich das marktbeherrschende Unternehmen bei Inanspruchnahme seiner Leistungen selbst gewährt, d. h. den Grundsatz der **Extern/Intern-Gleichbehandlung** zu wahren[2]. 116

Erst hierdurch wird die wettbewerbskonforme Nutzung von Leistungen marktbeherrschender Unternehmen sichergestellt und eine Veredelung von Vorprodukten durch die Wettbewerber ermöglicht. 117

---

[1] Vgl. Beschl. der Regulierungsbehörde v. 15. 11. 2000 – BK 3b-00/033, MMR 2001, 121, 123.
[2] Vgl. VG Köln v. 5. 11. 1998, CR 1999, 79.

4.4.3.3.3 Mögliche Diskriminierungen

118 Eine Diskriminierung liegt nach dem Wortlaut des § 33 TKG in der Einräumung ungünstigerer Bedingungen, insbesondere in der Auferlegung von Beschränkungen. Mögliche Diskriminierungen innerhalb von Zugangsvereinbarungen können bei Preisen, Fristen, technischem Zugang, Qualitätsparametern, Routing, Beschränkungen des Zugangs oder dem Zugang zu Informationen festgestellt werden.

119 Insbesondere **Informationen** über die Netzstruktur, technische Parameter oder die Ausgestaltung der Zugangsdienste sind dabei wichtig, da ohne diese der Zugang technisch nicht realisiert werden kann. Als besondere Ausprägung des Diskriminierungsverbotes gebietet § 4 NZV daher, daß marktbeherrschende Unternehmen allen Anspruchsberechtigten Besonderer Netzzugänge die für die Inanspruchnahme von Leistungen benötigten Informationen bereit zu stellen haben. In der Praxis hat diese Bestimmung allerdings bislang wenig Bedeutung erlangt. Dies muß verwundern, zumal es zwischen der DTAG und den Wettbewerbern immer wieder zu Mißverständnissen kommt, die nicht zuletzt auf mangelnde Informationen zurückzuführen sind.

120 Weitere Diskriminierungsmöglichkeiten eröffnen sich im technischen Bereich eines Netzzuganges. Auch die Gestaltung der technischen Komplexität der Netzzugänge, die Art oder Ebene der Netzhierarchie, die Art der Schnittstellen, das Signalisierungssystem oder die Anzahl und Orte einer Netzzusammenschaltung können diskriminierend wirken. Ob eine Diskriminierung insbesondere hinsichtlich der Extern/Intern-Gleichbehandlung vorliegt, ist in der Praxis schwer nachzuweisen. Immer wieder gibt es Verdachtsmomente, daß die DTAG sich selbst gegenüber ihren eigenen Endkunden (vor allem im Großkundenbereich) bessere Konditionen gewährt als ihren Wettbewerbern. Allerdings scheitert der Nachweis zumeist daran, daß entweder eine etwaige Diskriminierung in einem Gesamtleistungspaket gut versteckt werden kann oder daß der für den Nachweis erforderliche bevorzugte Kunde kein Interesse daran hat, seine Vertragskonditionen zu gefährden. Demgegenüber scheint die Regulierungsbehörde hier von ihren Informationsrechten im TKG nur zurückhaltend Gebrauch zu machen.

4.4.3.3.4 Anwendung von § 33 TKG auf die unbillige Behinderung von Wettbewerbern

121 Eine weitere Fragestellung in diesem Zusammenhang ist, ob der aus § 33 Abs. 1 TKG folgende Zugangsanspruch ausschließlich einen Anspruch auf diskriminierungsfreien Zugang beinhaltet oder ob § 33 TKG auch auf damit in Zusammenhang stehende kartellrechtlich relevante Verhaltens-

weisen eines marktbeherrschenden Unternehmens angewendet werden kann, wie beispielsweise die **Mißbrauchstatbestände in § 19 Abs. 4 Nr. 1 und 2 GWB** (Beeinträchtigung von Wettbewerbsmöglichkeiten anderer Unternehmen, potentiell wettbewerbsbehindernde Entgelte und sonstige Geschäftsbedingungen) oder **§ 20 Abs. 1 GWB** (Verbot unbilliger Behinderung). Dies ist zumindest für den Bereich zu bejahen, wo sich der Zugang auf einen Netzzugang bezieht (und nicht lediglich auf sonstige intern genutzte oder am Markt angebotene Leistungen). Denn wie unten in Rz. 191 ff. noch näher dargestellt wird, ist die Bestimmung des § 35 TKG als eine Konkretisierung von § 33 TKG hinsichtlich des Netzzugangs anzusehen.

Die Anwendbarkeit allgemeiner kartellrechtlicher Vorschriften im Rahmen des § 33 TKG hat die Regulierungsbehörde in einer TAL-Entscheidung[1] ausdrücklich anerkannt. Sie führt dort aus, daß selbst bei formaler interner und externer Gleichbehandlung solche Verhaltensweisen der Betroffenen, die ihre Wettbewerber **mittelbar oder unmittelbar unbillig behindern**, diskriminierend i. S. d. § 33 Abs. 1 S. 1 TKG sein können.

Eine Gleichbehandlung der unbilligen Behinderung mit der Diskriminierung im Hinblick auf § 33 TKG ergibt sich aber auch aus den Regelungen des **allgemeinen Kartellrechts**, in dem sowohl das Diskriminierungsverbot als auch das Verbot der unbilligen Behinderung geregelt sind. Denn gemäß § 20 Abs. 1 GWB dürfen marktstarke Unternehmen ein anderes Unternehmen in einem Geschäftsverkehr, der gleichartigen Unternehmen üblicherweise zugänglich ist, weder unmittelbar noch mittelbar unbillig behindern oder gegenüber gleichartigen Unternehmen ohne sachlich gerechtfertigten Grund unmittelbar oder mittelbar unterschiedlich behandeln. Das Diskriminierungsverbot in diesem Sinne wird allgemein als **Unterfall** des allgemeineren Verbots der unbilligen Behinderung angesehen, da die unbillige Behinderung jedes Verhalten erfaßt, das die wettbewerbliche Betätigungsfreiheit eines anderen Unternehmens nachteilig beeinflußt, so daß die wettbewerbsrelevante Ungleichbehandlung eingeschlossen ist[2].

Zudem zeigt schon § 33 Abs. 1 S. 2 TKG selbst, daß allgemeine Wettbewerbsbehinderungen durch **ungerechtfertigte Zugangsbeschränkungen** verhindert werden sollen. Denn dort heißt es ausdrücklich, daß der marktbeherrschende Anbieter „insbesondere den Zugang nur insoweit einschränken" darf, als dies den grundlegenden Anforderungen im Sinne der Richtlinie 90/387/EWG zur Verwirklichung des Binnenmarktes für Telekommunikationsdienste durch Einführung eines offenen Netzzu-

---

1 Vgl. Beschl. der Regulierungsbehörde v. 7. 6. 2000 – BK 3-2-99/033, MMR 2000, 500, 504.
2 Vgl. *Schultz*, in: Langen/Bunte, KartR (9. Aufl.), § 20 GWB Rz. 109 ff. mit umfangreichen Nachw. zur Rspr.

gangs („ONP-Rahmenrichtlinie") entspricht. Diese Formulierung macht deutlich, daß auch ohne explizite Diskriminierung zwischen internen und externen Angeboten ein Verstoß gegen § 33 TKG allein durch unzulässige Zugangsbeschränkungen, und damit unbillige Behinderungen, gegeben sein kann. Schließlich zeigt auch die Bestimmung in § 38 TKG (dazu unten Rz. 350 ff.), daß die besondere Mißbrauchsaufsicht im Bereich der Telekommunikation in bezug auf marktbeherrschende Unternehmen umfassend sein soll.

125 Im Anwendungsbereich des § 33 TKG ist dabei überdies zu beachten, daß die geforderte Gleichbehandlung nicht nur die Gleichbehandlung aller Wettbewerber der Betroffenen meint, sondern daß die Gleichbehandlung der Wettbewerber mit den eigenen Geschäftsfeldern und Tochtergesellschaften der Betroffenen verlangt wird. Insoweit ist der Maßstab des § 33 Abs. 1 TKG sogar noch **strenger** als derjenige des § 20 Abs. 1 GWB[1].

4.4.3.4 Sachliche Rechtfertigung ungünstigerer Bedingungen und zulässige Zugangsbeschränkungen

126 Eine Diskriminierung von Wettbewerbern durch das marktbeherrschende Unternehmen ist nach § 33 TKG nur zulässig, sofern ein sachlich rechtfertigender Grund eingreift. Allerdings ist die Gewährung eines (Netz-)Zugangs als solcher ohne Vorbehalt zu gewährleisten (vgl. §§ 33 und 35 TKG), weshalb eine gänzliche Geschäftsverweigerung unter Voraussetzung eines sachlich gerechtfertigten Grundes wie im Falle des § 20 GWB nicht möglich ist. **Unter der Voraussetzung eines sachlich rechtfertigenden Grundes kann daher allenfalls eine Einräumung ungünstigerer Zugangsbedingungen zulässig sein.**

127 Die konkrete Feststellung eines sachlich rechtfertigenden Grundes für die unterschiedliche Behandlung ist unter Rückgriff auf die zu § 20 Abs. 1 und 2 GWB entwickelten Grundsätze durch eine **Abwägung der unterschiedlichen Interessen** der Beteiligten vorzunehmen. Dabei sind im Fall des § 20 GWB die Interessen aller Beteiligten sowie die auf die Freiheit des Wettbewerbs gerichtete Zielsetzung des GWB einzubeziehen[2]. Auf das TKG übertragen, muß somit das zentrale Ziel einer Regulierung, einen funktionstüchtigen Wettbewerb zu gewährleisten, berücksichtigt werden. Die „Abwägungsfreiheit" oder „Gestaltungsfreiheit" marktbeherrschender Unternehmen wird durch die zwingende Berücksichtigung normativer Wertmaßstäbe eingeschränkt[3]. Nicht zugunsten

---

[1] Vgl. Beck TKG-Komm/*Piepenbrock*, § 33 Rz. 43.
[2] Vgl. *Bechtold*, GWB, § 20 Rz. 36.
[3] Vgl. BGH, NJW 1979, 2515, 2516 „Modellbauartikel"; BGH, NJW 1981, 2355 „SB-Verbrauchermarkt"; BGH, NJW 1981, 2357 „Allkauf-Saba".

des marktbeherrschenden Unternehmens abwägungsfähig sind in diesem Zusammenhang Interessen, die an sich schutzwürdig sind, aber durch den Einsatz rechtlich zu mißbilligender Mittel erreicht werden sollen, also gegen rechtliche bzw. normative Wertungen des GWB oder anderer Rechtsvorschriften verstoßen[1]. Zur Feststellung eines sachlich rechtfertigenden Grundes im Fall von ungünstigeren Zugangsbedingungen für Wettbewerber sind daher die Zielrichtung des TKG, die Konkurrenzfähigkeit der einzelnen Wettbewerber sowie die berechtigten technischen und betriebswirtschaftlichen Interessen des marktbeherrschenden Unternehmens unter Berücksichtigung des Verhältnismäßigkeitsgrundsatzes gegeneinander abzuwägen[2]. Nach kartellrechtlichen Grundsätzen gilt dabei, daß allgemeine Kriterien für die Zulässigkeit von Differenzierungskriterien kaum aufgestellt werden können. Die Rechtsprechung geht dabei davon aus, daß diese Frage nur im **Einzelfall** aufgrund einer umfassenden Interessenabwägung unter Berücksichtigung der auf den Schutz und die Freiheit des Wettbewerbs gerichteten Zielsetzung des Gesetzes entschieden werden kann[3]. Explizit zulässige Zugangsbeschränkungen ergeben sich aber gemäß § 33 Abs. 1 S. 2 TKG aus den grundlegenden ONP-Anforderungen, wobei sich die Zulässigkeit derartiger Beschränkungen zugleich auch in dem Numerus Clausus dieser Anforderungen erschöpft. Die sich hieraus ergebenden Beschränkungsmöglichkeiten werden im einzelnen unter Rz. 218 ff. näher dargestellt. Darüber hinaus stellt die Regulierungsbehörde hinsichtlich der Frage einer sachlichen Rechtfertigung auch darauf ab, ob ein mißbräuchliches Verhalten bereits deshalb nicht zu rechtfertigen sei, weil schon nach **allgemeinen**, nicht lediglich für marktbeherrschende Unternehmen geltenden **Grundsätzen** das marktbeherrschende Unternehmen zu einem bestimmten Verhalten verpflichtet sei. Zwar könne nicht jede allgemeine Regelung im Rahmen des § 33 TKG berücksichtigt werden, da dieser Vorschrift anderenfalls die Funktion als eine Art Generalermächtigung zukäme, allerdings spräche auch vieles dafür, daß ein Verhalten, welches allgemeinen Rechtsvorschriften widerspreche, auch im Rahmen des § 33 TKG regelmäßig nicht gerechtfertigt sei[4].

Das Vorliegen einer sachlichen Rechtfertigung für ungünstigere Zugangsbedingungen oder für Zugangsbeschränkungen hat das marktbeherrschende Unternehmen **nachzuweisen** (§§ 33 Abs. 2 S. 3 TKG, 2 S. 3

---

1 Vgl. BGH, BB 1981, 383, 384 „Neue Osnabrücker Zeitung".
2 Vgl. beispielsweise Beschl. RegTP v. 30. 3. 2001 – BK 3a-00/025 („Resale"), S. 25 des amtlichen Umdrucks; siehe auch Rz. 438c ff.
3 Vgl. etwa BGHZ 82, 238, 244.
4 So entschieden für § 4 TKV, vgl. Beschl. der Regulierungsbehörde v. 30. 3. 2001 – BK 3a-00/025 („Resale"), S. 27 des amtlichen Umdrucks.

NZV); dies gilt auch für den Fall einer erst nachträglichen Beschränkung[1].

4.4.4 Verfahren nach § 33 TKG – Mißbrauchsverfahren

129 Die Durchführung eines Mißbrauchsverfahrens richtet sich nach § 33 Abs. 2 TKG und ist im wesentlichen dem Verfahren des § 32 GWB nachgebildet. Hiernach ist die Regulierungsbehörde befugt, einem Anbieter, der gegen Abs. 1 verstößt und damit seine marktbeherrschende Stellung mißbräuchlich ausnutzt, ein **bestimmtes Verhalten aufzuerlegen** oder zu **untersagen** sowie **Verträge ganz oder teilweise für unwirksam zu erklären**. Aus Gründen der **Verhältnismäßigkeit** hat die Regulierungsbehörde allerdings zuvor nach Abs. 2 S. 2 eine **Abmahnung** auszusprechen, um dem betroffenen Anbieter die Gelegenheit zu geben, dem beanstandeten Mißbrauch selbsttätig abzuhelfen. Die Frist der **Abhilfeaufforderung** kann je nach Eilbedürftigkeit durch die Behörde unterschiedlich lang bemessen werden, in äußerst dringenden Fällen auch stark verkürzt werden. Gemäß § 33 Abs. 2 S. 3 TKG besteht im Rahmen des Mißbrauchsverfahren zudem die Möglichkeit, den **Mißbrauch einer marktbeherrschenden Stellung** zu **vermuten**, wenn ein marktbeherrschender Anbieter sich selbst den Zugang zu seinen intern genutzten und am Markt angebotenen Leistungen zu günstigeren Bedingungen einräumt als den Wettbewerbern (sog. Intern/Extern-Gleichbehandlung), ausgenommen der marktbeherrschende Anbieter weist diesbezüglich sachlich rechtfertigende Gründe nach[2].

130 Die Entscheidung über die **Einleitung eines Mißbrauchsverfahrens** trifft die Regulierungsbehörde im Rahmen ihres pflichtgemäßen Ermessens. Ihr stehen **Entschließungs-** und **Auswahlermessen** zu. Die Wettbewerber haben dagegen lediglich eine Art **Initiativrecht**, jedoch **keine Antragsberechtigung** hinsichtlich der Einleitung eines Mißbrauchsverfahrens, da § 33 Abs. 2 TKG ein **Verfahren von Amts wegen** darstellt. Sie können ein Verfahren vor der Regulierungsbehörde allenfalls indirekt einleiten, indem sie Tatsachen mitteilen, welche die Einleitung eines Mißbrauchsverfahrens durch die Regulierungsbehörde ermöglichen. Ihnen steht mithin nur ein Anspruch auf **fehlerfreie Ermessensausübung** zu, grundsätzlich jedoch kein Anspruch auf Einschreiten der Regulierungsbehörde. Dies wird für den Ausnahmefall einer **Ermessensreduktion auf Null** anders zu bewerten sein. Allerdings ist eine derartige Ermessensreduktion in der Praxis bislang noch nicht gerichtlich geltend gemacht worden. Festzustellen ist aber, daß die Regulierungsbehörde bei der Einleitung von Miß-

---
1 Vgl. OVG Münster v. 7. 2. 2000 – 13 A 180/99, NVwZ 2000, 697, 701.
2 BegrE zum TKG, BT-Drucks. 13/3609, S. 46.

brauchsverfahren im Vergleich zu der Zahl der sie erreichenden Beschwerden von Wettbewerbern eher zurückhaltend zu sein scheint.

Kommt die Regulierungsbehörde unter pflichtgemäßer Ausübung ihres Ermessens im Mißbrauchsverfahren zu dem Schluß, daß ein Mißbrauch vorliegt, ergeht ihre Entscheidung im Rahmen einer entsprechenden Verfügung. Dabei kann sie, anders als das Kartellamt, nicht nur **Untersagungsverfügungen**, sondern auch **Gebotsverfügungen** erlassen. Diese können konkrete Bedingungen und Verhaltenspflichten für das marktbeherrschende Unternehmen vorsehen, mit dem Ziel, dem mißbräuchlichen Zustand abzuhelfen. Denkbar und teilweise auch schon erfolgt, sind Festlegungen zu technischen Bedingungen, Tarifen, Liefer- und Nutzungsbedingungen, der Dienstequalität, Bereitstellungsfristen oder z. B. auch dem Umfang der Zugangsgewährung zur Teilnehmeranschlußleitung. 131

Die **Beweispflicht** für die mißbräuchliche Ausnutzung einer marktbeherrschenden Stellung trägt grundsätzlich **die Regulierungsbehörde**. Gleichwohl kann sie sich auf die oben angeführte **Vermutungsregel des § 33 Abs. 2 S. 3 TKG** stützen. Danach muß sie lediglich den Beweis antreten, daß der marktbeherrschende Anbieter sich selbst einen günstigeren Zugang zu seinen intern genutzten und am Markt angebotenen Leistungen einräumt als seinen Wettbewerbern. Die hierzu erforderlichen Nachweise hat die Regulierungsbehörde im Wege des allgemeinen **Amtsermittlungsgrundsatzes** unter Ausnutzung des ihr im Zehnten Teil des TKG zur Verfügung gestellten Instrumentariums zu erforschen und beizubringen. Die Beweislast der sachlichen Rechtfertigung für die Einräumung ungünstigerer Bedingungen obliegt hingegen vollumfänglich dem marktbeherrschenden Unternehmen. 132

4.5 Schnittstellen für offene Netzzugänge gemäß § 34 TKG

Durch § 34 TKG soll eine einheitliche nationale Anwendung bzw. Berücksichtigung europäischer Standards und Normen (Schnittstellenbeschreibungen) durch Netzbetreiber sowie Anbieter von Telekommunikationsdienstleistungen sichergestellt werden. Um dieses Ziel zu erreichen, sieht § 34 TKG zum einen die Möglichkeit vor, **Mißbrauchsverfügungen nach § 33 Abs. 2 und 3 TKG** zu erlassen, sofern ein **marktbeherrschender Anbieter die nach Art. 10 der RL 90/387/EWG für verbindlich erklärten Normen** nicht berücksichtigt. Zum anderen knüpft er an die Einhaltung **der nach Art. 5 RL 90/387/EWG veröffentlichten Normen** für **alle Anbieter**, unabhängig von einer marktbeherrschenden Stellung, bestimmte **Vermutungswirkungen**. 133

134 § 34 TKG bildet damit eine wesentliche Voraussetzung für die Sicherstellung einer netzübergreifenden Kommunikation. Darüber hinaus kommt ihm besondere Relevanz für die Realisierung von Netzzugängen zu. Im Wege einer einheitlichen Gestaltung von Schnittstellen aufgrund international anerkannter Standards und Normen werden nämlich nicht nur willkürliche und einseitige Änderungen der technischen Anforderungen durch marktbeherrschende Unternehmen verhindert, sondern es wird zusätzlich auch die **Planungssicherheit** der Wettbewerber erhöht, da erst vereinheitlichte Normen die reibungslose Kommunikation von Endgeräten, Vermittlungs- und Abschlußeinrichtungen sowie Übertragungswege unterschiedlicher Anbieter sicherstellen, d. h. deren gegenseitige Kompatibilität gewährleisten[1]. Die Normen erarbeitet vornehmlich das **Europäische Institut für Telekommunikationsnormen (ETSI)**, dem nach Art. 4 Abs. 4 Buchst. c) der RL 90/387/EWG die Aufgabe zufällt, europäische Normen als Grundlage harmonisierter technischer Schnittstellen und Dienstleistungsmerkmale für den offenen Netzzugang zu entwickeln. Dabei berücksichtigt ETSI Standards und Empfehlungen der **Internationalen Fernmeldeunion (ITU)** und stimmt sich mit den übrigen europäischen Normierungsinstitutionen **„Comité Européen de Normalisation" (CEN)** sowie **Comité Européen de Normalisation Electrotechnique (CENELEC)** ab.

135 Im Zusammenhang mit § 34 TKG ist darüber hinaus **Art. 13 der RL 97/33/EG** zu berücksichtigen. Hiernach haben nationale Regulierungsbehörden unbeschadet des Art. 5 Abs. 3 der RL 90/387/EWG sicherzustellen, daß Organisationen, die öffentliche Telekommunikationsnetze oder für die Öffentlichkeit zugängliche Telekommunikationsdienste anbieten, die im Amtsblatt der Europäischen Gemeinschaft als **für die Zusammenschaltung geeignet veröffentlichten Normen voll berücksichtigen**. Eine Einschränkung auf Normen, die für verbindlich erklärt wurden, besteht anders als in § 34 TKG nicht. Gemessen an dieser europarechtlichen Vorgabe weist § 34 TKG deshalb ein Umsetzungsdefizit auf, da dieser lediglich ein Einschreiten für den **Fall einer Nichtberücksichtigung** von gemäß Art. 10 RL 90/387/EWG für **verbindlich erklärten Normen durch marktbeherrschende Anbieter** vorsieht, der Regulierungsbehörde allerdings keine Handlungsmöglichkeiten zur Verfügung stellt, um die volle Berücksichtigung der im Amtsblatt veröffentlichten Normen zu ermöglichen. Vor diesem Hintergrund muß § 34 TKG dahingehend richtlinienkonform ausgelegt werden[2], daß auch der Fall einer Nichtberücksichtigung derartiger im Amtsblatt veröffentlichten Normen – unabhängig vom Vorliegen einer Verbindlichkeitserklärung und/oder einer marktbe-

---

1 Vgl. *Weber*, Vom Monopol zum Wettbewerb: Regulierung der Telekommunikationsmärkte im Wandel, Zürich 1994, S. 171.
2 So auch Beck TKG-Komm/*Piepenbrock*, § 34 Rz. 11.

herrschenden Stellung – von seinem Anwendungsbereich erfaßt wird. Die Regulierungsbehörde ist deshalb auch in diesen Fällen gemäß § 34 Abs. 1 TKG berechtigt, die ihr nach § 33 Abs. 2 und 3 TKG zustehenden Befugnisse anzuwenden.

4.5.1 Befugnisse der Regulierungsbehörde nach § 34 Abs. 1 TKG

Hält ein **marktbeherrschender Anbieter** die nach Art. 10 RL 90/387/EWG für verbindlich erklärten Normen nicht ein oder mißachtet er die gemäß Art. 13 RL 97/33/EG im Amtsblatt der EU veröffentlichten Normen, kann die Regulierungsbehörde Mißbrauchsverfügungen nach § 33 Abs. 2 und 3 TKG erlassen. Eine **Interessenabwägung** zwischen den Beteiligten – wie im Fall des § 33 Abs. 1 – **findet jedoch nicht statt**, da eine **Nichteinhaltung der oben genannten Normen stets ein mißbräuchliches Verhalten des Marktbeherrschers darstellt**[1]. Nach § 33 Abs. 2 und Abs. 3 TKG erlassene Mißbrauchsverfügungen werden vor allem die Verpflichtung zur Einhaltung bestimmter europäischer Normen oder Spezifikationen vorsehen, die den offenen Netzzugang ermöglichen bzw. fördern.

136

4.5.2 Vermutungswirkung nach § 34 Abs. 2 TKG

Nach § 34 Abs. 2 TKG wird zugunsten des Anbieters oder Nutzers, der die im Amtsblatt der Europäischen Gemeinschaft veröffentlichten **europäischen Normen einhält**, **widerlegbar vermutet**, daß er **die grundlegenden Anforderungen für den Offenen Netzzugang i. S. v. Art. 3 Abs. 2 RL 90/387/EWG erfüllt**. Dies erfordert die Einhaltung derjenigen europäischen Normen für Schnittstellen und Dienstleistungen, die nach dem Gesetzeswortlaut **zu berücksichtigen sind**. Hierdurch stellt das Gesetz klar, daß § 34 Abs. 2 TKG keinesfalls dahingehend ausgelegt werden kann, daß Anbieter verpflichtet sind, sämtliche veröffentlichten europäischen Standards einzuhalten, um die Vermutungsfolge des Absatzes 2 auszulösen. Vielmehr ist entscheidend, ob der den Offenen Netzzugang Begehrende oder Anbietende im konkreten Fall die jeweils einschlägige Norm beachtet[2]. Nicht erforderlich ist zudem, daß die europäischen Normen nach Art. 5 Abs. 3 und Abs. 10 der RL 90/387/EWG für verbindlich erklärt wurden. Es reicht vielmehr aus, daß das europäische Recht dazu verpflichtet, die entsprechenden Normen zu berücksichtigen[3].

137

Liegen die Voraussetzungen des § 34 Abs. 2 TKG nachweislich vor, kann seine Vermutungsfolge sämtlichen öffentlichen Stellen sowie Drit-

138

---

1 Vgl. BegrE zum TKG, BT-Drucks. 13/3609, S. 46.
2 Vgl. Beck TKG-Komm/*Piepenbrock*, § 34 Rz 19.
3 Vgl. *Manssen*, in: Manssen, Telekommunikations- und Multimediarecht, § 34 Rz. 5; Beck TKG-Komm/*Piepenbrock*, § 34 Rz. 19.

ten entgegengehalten werden, die den Zugang zu ihren Netzen mit dem Argument verweigern, die grundlegenden Anforderungen an den Offenen Netzzugang würden durch den zugangsbegehrenden Anbieter oder Nutzer nicht erfüllt. Der **persönliche Anwendungsbereich** des § 34 Abs. 2 TKG ist dabei nicht auf marktbeherrschende Unternehmen beschränkt, sondern erfaßt nach dem Gesetzeswortlaut **jeden Anbieter oder Nutzer unabhängig von einer marktbeherrschenden Stellung.**

139 § **34 Abs. 2 TKG** setzt damit insbesondere den **Vermutungstatbestand des Art. 5 Abs. 2 Buchst. a der RL 90/387/EG in Deutsches Recht** um. Gemäß deren Art. 5 Abs. 2 Buchst. a kann widerlegbar davon ausgegangen werden, daß ein Diensteanbieter, der die veröffentlichten europäischen Normen einhält, die einschlägigen **grundlegenden Anforderungen** erfüllt. Näher zu den grundlegenden Anforderungen unter Rz. 218 ff.

4.5.3 Fehlen veröffentlichter Normen nach § 34 Abs. 3 TKG

140 Sofern **keine** Normen bezüglich Schnittstellen und Dienstleistungsmerkmalen für den Offenen Netzzugang im Amtsblatt der europäischen Gemeinschaft veröffentlicht sind, kann die Vermutungswirkung des § 34 Abs. 2 TKG nicht eingreifen. Es besteht eine gesteigerte Mißbrauchsmöglichkeit durch marktbeherrschende Unternehmen, die in Ermangelung konkreter technischer Vorgaben den sich hierdurch eröffnenden Auslegungsspielraum bezüglich der Erfordernissen eines offenen Netzzuganges mißbrauchen könnten. Die Regulierungsbehörde ist daher in diesem Fall befugt, **marktbeherrschenden Anbietern nach § 33 TKG aufzuerlegen, die Einhaltung der Bedingungen für den Offenen Netzzugang nachzuweisen**, um einem möglichen Mißbrauch effektiv entgegenzuwirken.

4.6 Gewährung von Netzzugängen gemäß § 35 TKG

141 Die Regelung in § 35 TKG normiert die grundsätzliche Pflicht marktbeherrschender Unternehmen, Nutzern den Zugang zu ihren Telekommunikationsnetzen bzw. Teilen derselben zu ermöglichen. Der Zugang ist dabei in ein dreistufiges System eingebettet. Denn der Zugang kann über Anschlüsse, die für sämtliche Nutzer bereitgestellt werden (Allgemeiner Netzzugang) oder über besondere Anschlüsse (Besonderer Netzzugang) realisiert werden. Eigenständig angesprochen und geregelt ist als Unterform eines Besonderen Netzzugangs die Netzzusammenschaltung. Zu den Begriffen und deren Abgrenzung siehe oben Rz. 22 ff.

4.6.1 Adressatenkreis der Verpflichtung

Vom Adressatenkreis des § 35 TKG werden, enger als bei § 33 TKG, nur **142** Betreiber von Telekommunikationsnetzen erfaßt, die **Telekommunikationsdienstleistungen für die Öffentlichkeit** anbieten und auf einem solchen Markt über eine marktbeherrschende Stellung verfügen.

Hinsichtlich der Voraussetzungen einer marktbeherrschenden Stellung **143** auf einem Markt für Telekommunikationsdienstleistungen für die Öffentlichkeit wird auf die obigen Ausführungen in Rz. 55 ff. zu § 33 TKG verwiesen. Für den Bereich der Netzzugänge einschließlich Zusammenschaltungen ist zudem Art. 4 Abs. 3 RL 97/33/EG zu berücksichtigen, der die Vermutungsregel des § 19 Abs. 3 GWB hinsichtlich des erforderlichen Marktanteils modifiziert und daher für § 35 TKG von besonderer Relevanz ist. Nach Art. 4 Abs. 2 haben sämtliche zur Bereitstellung der in Anhang I dieser Richtlinie aufgeführten öffentlichen Telekommunikationsnetze und für die Öffentlichkeit zugänglichen Telekommunikationsdienste befugten Organisationen **mit beträchtlicher Marktmacht allen begründeten Anträgen auf Netzzugang stattzugeben**. Die beträchtliche Marktmacht einer Organisation ist nach Abs. 3 bereits dann anzunehmen, wenn sie einen Anteil von über 25% an einem bestimmten Telekommunikationsmarkt in dem geographischen Gebiet eines Mitgliedsstaats besitzt. Zudem sind die nationalen Regulierungsbehörden befugt, festzulegen, daß eine Organisation mit einem Anteil von weniger als 25% an dem betreffenden Markt über eine beträchtliche Marktmacht verfügt bzw. trotz eines Anteils von mehr als 25% keine derartige Marktmacht inne hat. In beiden Konstellationen haben die nationalen Regulierungsbehörden ihre Feststellungsentscheidungen an folgenden Kriterien zu orientieren: Möglichkeit der Organisation, Marktbedingungen zu beeinflussen, ihr Umsatz im Verhältnis zur Größe des Marktes, ihre Kontrolle über den Zugang zu Endbenutzern, ihr Zugang zu Finanzmitteln sowie ihre Erfahrung bei der Bereitstellung von Produkten und Diensten auf dem Markt. Praktisch relevant ist diese Fragestellung in Deutschland, soweit ersichtlich, bislang nicht geworden.

Weitere Voraussetzung des § 35 TKG ist das **Betreiben eines Telekom- 144 munikationsnetzes**. Ausgenommen vom Kreis der Verpflichteten sind daher Anbieter, **die über keine eigene Netzinfrastruktur verfügen**, insbesondere **reine Wiederverkäufer** (Reseller), da sie regelmäßig keine eigenen Telekommunikationsnetze betreiben. Zuweilen gilt dies auch für Anbieter von **Mehrwertdiensten**. In diesem Zusammenhang muß allerdings die **Konzernklausel** des § 35 Abs. 4 TKG berücksichtigt werden. Danach gilt § 35 Abs. 1 TKG auch für den Fall, daß ein Unternehmen, welches auf den ersten Blick nicht zum Adressatenkreis des § 35 TKG gehört, mit einem nach § 35 Abs. 1 TKG verpflichteten Betreiber ein **einheitliches Unternehmen** bildet. Das Vorliegen eines einheitlichen Unternehmens beurteilt sich dabei anhand des § 36 Abs. 2 und § 37 Abs. 1 und 2 des Gesetzes gegen Wettbewerbsbeschränkungen (GWB).

145 Die Frage, wann das Betreiben eines Telekommunikationsnetzes vorliegt, hat bislang im Rahmen der Bestimmung der Adressaten der Verpflichtung aus § 35 TKG keine Rolle gespielt. Der Anspruch richtete sich in der Praxis bisher immer gegen die **DTAG** auf Zugang zu deren Netzen. Die Betreiberstellung der DTAG stand dabei anders als bei der Frage des Berechtigten einer Zusammenschaltung außer Frage.

4.6.2 Berechtigtenkreis

146 Anspruchsberechtigt sind nach dem Wortlaut von § 35 Abs. 1 TKG sämtliche anderen **Nutzer** im Sinne der Legaldefinition des § 3 Nr. 11 TKG, also **Nachfrager nach Telekommunikationsdienstleistungen** (siehe zu Begriff oben Rz. 26 ff.). § 35 TKG enthält aber eine dreifache Abstufung des Kreises der Berechtigten, je nachdem, um welche Art von Netzzugang es sich handelt.

4.6.2.1 Anspruchsberechtigte eines Allgemeinen Netzzugangs

147 Ein Anspruch auf Zugang zum Netz des marktbeherrschenden Unternehmens über **Allgemeine Netzzugänge** steht ohne Einschränkung **allen Nutzern** zu, also sämtlichen Nachfragern von Telekommunikationsdienstleistungen. Hierzu gehören Endkunden ebenso wie Nutzer, die selbst Anbieter von Telekommunikationsdienstleistungen sind, egal ob diese Anbieter ein Netz betreiben oder nicht.

4.6.2.2 Anspruchsberechtigte eines Besonderen Netzzugangs

148 Ein **Besonderer Netzzugang** kann dagegen nur von Nutzern verlangt werden, die **selbst Anbieter von Telekommunikationsdienstleistungen** sind oder **eigene Telekommunikationsnetze** betreiben. § 35 TKG trifft keine explizite Aussage darüber, welche Nutzer für einen Besonderen Netzzugang anspruchsberechtigt sind. Die vorstehende Begrenzung des Berechtigtenkreises ergibt sich jedoch zum einen daraus, daß nur der Allgemeine Netzzugang „sämtlichen Nutzern" bereitgestellt wird; im Umkehrschluß der Besondere Netzzugang also nicht sämtlichen Nutzern bereitgestellt werden muß. Zum zweiten konkretisiert § 1 Abs. 2 NZV den Kreis der Berechtigten auf diejenigen Nutzer, welche die betreffenden Leistungen als Anbieter von Telekommunikationsdienstleistungen oder als Betreiber von Telekommunikationsnetzen nachfragen, **um** Telekommunikationsdienstleistungen zu erbringen. Besondere Netzzugänge

sind damit im Ergebnis auf Wettbewerber des Adressaten der Netzzugangsverpflichtung beschränkt und zudem zweckgebunden, weil sie gerade der Erbringung von Telekommunikationsdienstleistungen durch die Anspruchsberechtigten dienen sollen.

Ein **Anbieten von Telekommunikationsdienstleistungen** liegt vor, wenn das gewerbliche Angebot von Telekommunikation einschließlich des Angebots von Übertragungswegen für Dritte beabsichtigt wird (vgl. § 3 Nr. 18 TKG). Hierunter fallen sämtliche Arten von Dienstleistungen, die im Wege des Aussendens, Übermittelns und Empfangens von Nachrichten jeglicher Art in Form von Zeichen, Sprache, Bildern oder Tönen mittels Telekommunikationsanlagen für die Öffentlichkeit gewerblich erbracht werden (vgl. § 3 Nr. 16 TKG). Wann zudem das Betreiben eines Telekommunikationsnetzes vorliegt, wird sogleich unter Rz. 154 näher erläutert. 149

Darüber hinaus haben Anspruchberechtigte Besonderer Netzzugänge als weitere Einschränkung die für den beantragten Netzzugang erforderliche **Zuverlässigkeit**, **Leistungsfähigkeit** und **Fachkunde** gemäß § 35 Abs. 3 S. 1 TKG nachzuweisen. Eine Prüfung der Voraussetzungen erfolgt durch die Regulierungsbehörde entsprechend § 8 Abs. 3 S. 1 TKG. 150

Der Grund für diese engen Voraussetzungen ist in den Zugriffs- und Beeinflussungsmöglichkeiten durch fremde Netze bzw. deren Betreiber oder diensteunterstützende Endeinrichtungen zu sehen, welche die Nutzer durch die Gewährung eines Besonderen Netzzugangs erhalten. Hierdurch ist die Gefahr einer Beeinträchtigung der Integrität desjenigen Netzes, zu welchem der Zugang gewährt wird, und die Gefahr einer mangelnden Interoperabilität mit den Diensten des fremden Netzes gegeben. Das Ziel der Vermeidung dieser Gefahren rechtfertigt eine Beschränkung durch oben angeführte Kriterien. 151

Eine Prüfung hinsichtlich der Zuverlässigkeit, Leistungsfähigkeit und Fachkunde durch die Regulierungsbehörde bedarf es in der Regel nicht, wenn dem Nutzer bereits eine Lizenz nach § 8 TKG erteilt worden ist, da das Vorliegen der in Teil 1 Rz. 83 ff. angeführten Kriterien im Rahmen des Lizenzierungsverfahrens bereits nachgeprüft wurde. § 35 Abs. 3 S. 2 TKG stellt insoweit eine widerlegbare Vermutung zugunsten des beantragenden Nutzers dar. 152

4.6.2.3 Anspruchsberechtigte einer Netzzusammenschaltung

Für einen Besonderen Netzzugang in Form der Netzzusammenschaltung wird der Kreis der Anspruchsberechtigten in § 35 Abs. 1 S. 3 TKG noch weiter auf **Betreiber öffentlicher Telekommunikationsnetze** eingeschränkt. Dabei müssen freilich die sonstigen Voraussetzungen für Be- 153 sondere Netzzugänge ebenfalls vorliegen. Das Erfordernis einer Netzbetreiberstellung ergibt sich daraus, daß die Zusammenschaltung unter Rückgriff auf ihre gesetzliche Definition (§ 3 Nr. 24 TKG) bereits begrifflich eine physische und logische Verbindung zweier Telekommunikationsnetze erfordert, d. h. beide Zusammenschaltungspartner Netzbetreiber sein müssen.

154 Das **Betreiben** eines Telekommunikationsnetzes erfordert gemäß § 3 Nr. 2 TKG das **Ausüben der rechtlichen und tatsächlichen Kontrolle (Funktionsherrschaft) über die Gesamtheit der Funktionen**, die zur Erbringung von Telekommunikationsdienstleistungen oder nichtgewerblichen Telekommunikationszwecken unabdingbar zur Verfügung gestellt werden müssen; dies gilt selbst dann, wenn innerhalb des Telekommunikationsnetzes Übertragungswege zum Einsatz kommen, die im Eigentum Dritter stehen. Hinsichtlich der Funktionsherrschaft kann auf die Ausführungen in Kapitel 1, Rz. 24 ff. verwiesen werden. Ein **Telekommunikationsnetz** wiederum ist gemäß § 3 Nr. 21 TKG definiert als die **Gesamtheit der technischen Einrichtungen** (Übertragungswege, Vermittlungseinrichtungen und sonstige Einrichtungen, die zur Gewährleistung eines ordnungsgemäßen Betriebs des Telekommunikationsnetzes unerläßlich sind), die zur Erbringung von Telekommunikationsdienstleistungen oder zu nichtgewerblichen Zwecken der Telekommunikation dienen. Durch den zweckbestimmenden Verweis in beiden Definitionen auf Telekommunikationsdienstleistungen ergibt sich damit die Betreiberstellung daraus, daß der Berechtigte eine Gesamtheit an technischen Einrichtungen kontrolliert, die der Erbringung von Telekommunikationsdienstleistungen dienen. Welche Einrichtungen hierfür erforderlich sind, ergibt sich zwangsläufig aus den jeweiligen Telekommunikationsdienstleistungen, ist also funktional zu betrachten (siehe oben Rz. 25). Im Rahmen des Sprachtelefondienstes hat die Regulierungsbehörde diese funktionale Betrachtung in der bereits oben Rz. 45 ff. erörterten Anhörung aus dem Jahre 1999 dahingehend konkretisiert, daß neben der Funktionsherrschaft mindestens eine Vermittlungseinrichtung und mehr als zwei Übertragungswege erforderlich sind.

155 Über die (bloße) Netzbetreiberstellung hinaus sind allerdings nur solche Betreiber zur Zusammenschaltung berechtigt, die ein öffentliches Telekommunikationsnetz betreiben. Nach § 3 Nr. 12 TKG erfordert dies über die bereits genannten Voraussetzungen hinaus, daß an die Gesamtheit der technischen Einrichtungen **über Abschlußeinrichtungen Endeinrichtungen angeschlossen werden** und diese zur **Erbringung von Telekommunikationsdienstleistungen für die Öffentlichkeit** dienen.

156 Die letzten beiden Anforderungen im Zusammenhang mit der Frage, wann überhaupt ein Telekommunikationsnetz vorliegt (dazu oben

Rz. 154), waren in der Praxis am Beispiel der Zusammenschaltung von Sprachtelefondienstnetzen erheblich umstritten. In der bereits oben Rz. 154 erwähnten Anhörung der Regulierungsbehörde aus dem Jahre 1999 hat die Regulierungsbehörde ferner festgestellt, daß es für den Anschluß von Endeinrichtungen an Abschlußeinrichtungen des Netzes ausreicht, wenn dieser Anschluß nicht unmittelbar sondern nur mittelbar erfolgt[1]. Diese Klarstellung war notwendig, weil es verschiedene Arten von Telekommunikationsnetzen zu unterscheiden gilt: zum einen **Verbindungsnetze** (vgl. § 3 Nr. 23 TKG) ohne Teilnehmeranschlüsse; zum anderen **Teilnehmernetze**, an die (End-)Kunden durch sog. Teilnehmeranschlußleitungen (TAL) angeschlossen sind. Teilnehmernetze können durch Verbindungsnetze miteinander verschaltet werden.

An Verbindungsnetze werden unmittelbar keine Endeinrichtungen von Kunden angeschlossen, wohl aber mittelbar über die Verbindung der Teilnehmernetze durch die Verbindungsnetze. Dies hat die Regulierungsbehörde zu Recht deswegen ausreichen lassen, weil die Definition der Zusammenschaltung selbst in § 3 Nr. 24 TKG die Zweckbestimmung beinhaltet, den Nutzern verschiedener Telekommunikationsnetze (also bedingt durch die begriffliche Unterscheidung in § 3 Nr. 23 TKG zwischen Verbindungs- und Teilnehmernetzen auch hinsichtlich dieser Netze) die **mittelbare oder unmittelbare** Kommunikation zu ermöglichen. Ferner ist auch der Definition von Endeinrichtungen in § 3 Nr. 3 TKG zu entnehmen, daß diese **mittelbar oder unmittelbar** an die Abschlußeinrichtungen eines Telekommunikationsnetzes angeschlossen werden. Daher sind diese Varianten des Anschlusses auch im Rahmen der Bestimmung eines öffentlichen Telekommunikationsnetzes gemäß § 35 Abs. 1 S. 3 TKG i. V. m. § 3 Nr. 12 TKG anzunehmen (bzw. mitzulesen). Anderenfalls könnten Verbindungsnetzbetreiber trotz der weiten Definitionen für den Anschluß bei der Netzzusammenschaltung und den Endeinrichtungen keine Zusammenschaltung beanspruchen. 157

Bei sonstigen Netzen dürften ähnliche Kriterien anzulegen sein, wie die soeben dargestellten Bedingungen. Reine Wiederverkäufer (Reseller) oder Mehrwertdiensteanbieter ohne eigene Netzstruktur im Sinne der genannten Voraussetzungen betreiben dagegen kein Telekommunikationsnetz. Sie können somit nur Besondere Netzzugänge im Rahmen des § 35 TKG gegenüber dem marktbeherrschenden Unternehmen beanspruchen, nicht jedoch Zusammenschaltungen. 158

---

1 Vgl. Öffentliche Anhörung über die regulatorische Behandlung von Verbindungsnetzen und öffentlichen Telekommunikationsnetzen im Hinblick auf die Zusammenschaltungsvorschriften des TKG, ABl. RegTP 1999, S. 739.

4.6.3 Zugangsanspruch des § 35 TKG

159 Die Bestimmung in § 35 TKG selbst enthält vergleichsweise wenig inhaltliche Konkretisierungen über die Ausgestaltung von Netzzugängen und Zusammenschaltungen. Zwar trifft § 35 Abs. 2 TKG generelle Aussagen darüber, wie Vereinbarungen über Netzzugänge zu Netzen marktbeherrschender Betreiber auszugestalten sind. Im übrigen erschließen sich die aus § 35 TKG im einzelnen folgenden Ansprüche aus einem Rückgriff auf § 33 TKG sowie durch den Netzzugang konkretisierenden Rechtsverordnungen (NZV und TKV).

4.6.3.1 Gleichwertiger und diskriminierungsfreier Netzzugang

160 Vereinbarungen über Netzzugänge haben sich an den Maßstäben des § 35 Abs. 2 S. 1 TKG zu orientieren. Hiernach müssen sie objektiven Grundsätzen genügen, nachvollziehbar sein und einen gleichwertigen Zugang zu den Telekommunikationsnetzen oder zu Teilen desselben gewährleisten.

161 Der Anforderung **objektiver Grundsätze** ist dann Genüge getan, wenn die konkreten Vertragsbestandteile der Zusammenschaltungsvereinbarung durch das marktbeherrschende Unternehmen auf alle Nachfrager von Zusammenschaltungsleistungen gleichmäßig angewandt werden, insbesondere vergleichbare Tatbestände nicht willkürlich ungleich behandelt werden.

162 **Nachvollziehbarkeit** erfordert die Einräumung einer Kontrollmöglichkeit für die Regulierungsbehörde (vgl. § 35 Abs. 2 S. 3 TKG). Insbesondere hat diese zu überprüfen, welche Differenzierungen aufgrund welcher sachlichen Rechtfertigungen vorgenommen werden. Netzzugangsvereinbarungen sind daher so zu gestalten, daß ein neutraler Dritter den Grund einer Differenzierung nachvollziehen kann.

163 Besondere Bedeutung kommt der Voraussetzung eines **gleichwertigen Zugangs** zu; hierdurch wird insbesondere auf die Verpflichtung zur Gewährung eines diskriminierungsfreien Zugangs i. S. d. § 33 Abs. 1 TKG verwiesen (dazu oben Rz. 102 ff.). Ferner hat die Frage der Gleichwertigkeit aber auch eigenständige Bedeutung, z. B. mit Blick auf Beschränkungen des Netzzugangs infolge von Vorgaben von Netzstrukturen durch den Zugangsverpflichteten (siehe Rz. 236).

4.6.3.2 Konkretisierungen Allgemeiner Netzzugänge

164 Die inhaltliche Konkretisierung Allgemeiner Netzzugänge erfolgt im wesentlichen durch Bestimmungen der TKV. Dies folgt aus der Verord-

nungsermächtigung in § 41 TKG und der Inhaltskonkretisierung des § 41 Abs. 3 Nr. 3 TKG, wonach die entsprechende Verordnung nähere Bedingungen für die Bereitstellung und Nutzung Allgemeiner Netzzugänge nach § 35 Abs. 1 TKG regelt. Die TKV enthält demgemäß für marktbeherrschende Anbieter ein Diskriminierungsverbot (§ 2 TKV) und ein Entbündelungsgebot (§ 3 TKV) sowie eine generelle Bestimmung über Allgemeine Netzzugänge (§ 13 TKV)[1]. Abgrenzungsfragen werden näher in Rz. 29 ff. behandelt.

4.6.3.3 Konkretisierungen Besonderer Netzzugänge und Zusammenschaltungen

165 § 35 Abs. 1 TKG verpflichtet marktbeherrschende Unternehmen zwar zur Bereitstellung Besonderer Netzzugänge und zu einer Zusammenschaltung ihrer Netze mit den nachfragenden Nutzern. Konkrete Aussagen über Umfang und Anforderung an eine Zugangsgewährung trifft § 35 TKG aber nicht ausdrücklich. Dies bleibt zunächst den konkreten Netzzugangsvereinbarungen vorbehalten, bei deren Abschluß die Verhandlungspartner jedoch an die im folgenden aufgeführten, gesetzlichen Bestimmungen gebunden sind.

166 Grundsätzlich hängt der **Umfang der Zugangsgewährung von der konkreten Nachfrage des Nutzers** ab. Somit gilt im Fall von **Netzzugangsvereinbarungen das Prinzip der Privatautonomie;** wenn auch mit gewissen Einschränkungen zu Lasten des marktbeherrschenden Unternehmens, die aber im Hinblick auf die Marktbeherrschung sowie die Förderung des Wettbewerbs auf dem Telekommunikationsmarkt gerechtfertigt sind.

167 Aufgrund der Verpflichtung des marktbeherrschenden Betreibers, gleichwertigen Zugang zu gewähren, sowie mit Blick auf die Verpflichtungen aus § 33 TKG scheidet jedenfalls ein Wahlrecht für den Zugangsverpflichteten zwischen Allgemeinem und Besonderem Netzzugang gegenüber Berechtigten von Besonderen Netzzugängen aus.

4.6.3.3.1 Entbündelungsgebot § 2 NZV

168 Der konkrete Umfang des Besonderen Netzzugangs wird insbesondere durch das **Gebot der Entbündelung** nach § 2 NZV bestimmt. Hiernach darf das marktbeherrschende Unternehmen **Leistungen nach § 33 Abs. 1 TKG** einschließlich erforderlicher übertragungs-, vermittlungs- und be-

---
[1] Die Regelung in § 13 TKV scheint sich aufgrund ihrer systematischen Stellung in der Verordnung allerdings nur auf allgemeine Netzzugänge zu Sprachkommunikationsnetzen (Festnetze und Mobilfunknetze) zu beziehen.

triebstechnischer Schnittstellen nur in der Weise anbieten, daß eine **Abnahme von Leistungen, die der Nutzer nicht nachfragt, nicht abgenommen werden müssen.** Unter Rückgriff auf den Leistungsbegriff des § 33 Abs. 1 TKG werden von der Entbündelungspflicht damit nicht nur – wie teilweise vertreten – Telekommunikationsdienstleistungen erfaßt, sondern auch sämtliche vom marktbeherrschenden Anbieter oder seinem Rechtsvorgänger geschaffene oder erworbene **Vorprodukte** auf niederer betrieblicher Wertschöpfungsebene zur Erbringung von Telekommunikationsdienstleistungen auf höherer Ebene[1].

169 Umstritten bleibt die konkrete Reichweite der Entbündelungspflicht, wonach keine Leistungen abgenommen werden müssen, die nicht nachgefragt werden.

170 Hinsichtlich der **Zielrichtung des Entbündelungsgebotes in § 2 NZV** führt das VG Köln aus, daß das marktbeherrschende Unternehmen seinen Wettbewerbern den Zugang in einer Weise zu verschaffen hat, die es diesen ermöglicht, in einen **effektiven und chancengleichen Wettbewerb mit dem Marktführer** einzutreten. Dabei sollen sie diesem in bezug auf die Nutzung des Telekommunikationsnetzes im Rahmen der technischen und sonstigen Möglichkeiten so weit wie möglich gleichgestellt werden, d. h. die Bestimmungen über den Netzzugang sollen im Grundsatz den Nachteil, den die Wettbewerber dem Marktführer gegenüber dadurch haben, daß sie nicht über eine vergleichbare Netzinfrastruktur verfügen, ausgleichen. Im Ergebnis sollen die **Wettbewerber so gestellt werden, als verfügten sie über entsprechende eigene Netzstrukturen**[2].

171 Das in § 2 NZV normierte Entbündelungsgebot sei dennoch nicht eindeutig, sondern müsse als **spezialrechtliche Ausprägung des in Art. 86 Abs. 2 Buchst. d EWGV geregelten Mißbrauchstatbestands** angesehen werden, die Reichweite des Entbündelungsgebots daher vor diesem Hintergrund bestimmt werden[3].

172 Grundsätzlich ist nach Art. 86 Abs. 1 EWGV die mißbräuchliche Ausnutzung einer beherrschenden Stellung auf dem Gemeinsamen Markt oder auf einem wesentlichen Teil desselben durch ein oder mehrere Unternehmen mit den Grundsätzen eines Gemeinsamen Marktes unvereinbar und daher verboten, soweit dies dazu führen kann, den Handel zwischen den Mitgliedsstaaten zu beeinträchtigen. Dieser Mißbrauch kann nach Art. 86 Abs. 2 Buchst. d EWGV unter anderem darin bestehen, daß an den Abschluß von Verträgen Bedingungen geknüpft werden,

---
[1] Vgl. OVG Münster v. 7. 2. 2000 – 13 A 180/99, NVwZ 2000, 697, 699.
[2] Vgl. VG Köln v. 18. 8. 1997, MMR 1998, 102.
[3] Vgl. VG Köln v. 18. 8. 1997, MMR 1998, 102, 105.

welche die Vertragspartner dazu verpflichten, zusätzliche Leistungen abzunehmen, die **weder sachlich noch nach Handelsbrauch in Beziehung zum Vertragsgegenstand** stehen.

Die kleinste anzubietende Leistung bestimmt sich daher **nicht nach Maßgabe der technischen Teilbarkeit** der nachgefragten Leistung, sondern danach, **in welcher Beziehung die Hauptleistung zu den behaupteten zusätzlichen Leistungen steht** und ob ein Sachzusammenhang dergestalt besteht, daß **zwingende technische oder wirtschaftliche Gründe für die Zusammenfassung der betreffenden Leistungen zu einem einheitlichen Angebot sprechen**[1]. 173

Entscheidend für den Umfang bzw. die Reichweite einer Entbündelung ist somit die Frage, inwieweit die nachgefragte (Haupt-)Leistung bzw. das (Haupt-)Angebot in weitere Teilleistungen bzw. Teilbestandteile aufgeteilt werden kann, **ohne daß zwingende technische oder wirtschaftliche Gesichtspunkte dem entgegenstehen**. 174

Hierbei ist insbesondere zu berücksichtigen, **wie das marktbeherrschende Unternehmen sich selbst den Zugang zur nachgefragten Leistung einräumt**[2]. Unberücksichtigt zu bleiben hat allerdings der Umstand, ob ein Geschäftsfeld des marktbeherrschenden Unternehmens **intern Leistungen mit anderen zusammenfaßt** und einem anderen Geschäftsfeld diese Leistungen buchungstechnisch nur als **Paket** zur Verfügung stellt. Anderenfalls würde dem Regelungsziel des TKG, chancengleichen und funktionsfähigen Wettbewerb zu ermöglichen, widersprochen, wenn es das marktbeherrschende Unternehmen in der Hand hätte, durch eine derartige Zusammenfassung intern genutzter Leistungen die Wettbewerber an eine bestimmte **Technik zu binden**, die mit dem begehrten Zugang technisch und ökonomisch nicht notwendig verbunden sein muß[3]. 175

Andererseits hängt der Umfang der Entbündelung aber auch nicht einseitig von der Nachfrage des Wettbewerbers ab; dieser kann auch unter Berufung auf das Entbündelungsgebot die Leistung vielmehr stets nur in der Form beanspruchen, in der sie **tatsächlich zur Verfügung steht**[4]. 176

Die Pflicht zur Entbündelung nach oben aufgeführten Grundsätzen erstreckt sich auf alle Teile des Telekommunikationsnetzes des marktbe- 177

---

1 Vgl. *Schröter*, in: von der Groeben/Thiesing/Ehlermann, Art. 86 EWG-Vertrag Rz. 195.
2 Vgl. OVG Münster v. 7. 2. 2000 – 13 A 180/99, NVwZ 2000, 697, 699.
3 Siehe BVerwG, Urteil vom 25. 4. 2001 – BVerwG 6 C 6.00, S. 33 des amtlichen Umdrucks.
4 Vgl. VG Köln v. 5. 11. 1998 – 1 K 5929/97, CR 1999, 79, 82.

herrschenden Unternehmens einschließlich des unter Rz. 429 ff. näher dargestellten entbündelten Zugangs zu Teilnehmeranschlußleitungen (TAL).

4.6.3.3.2 Räumliche Zugangsgewährung (Kollokation) i. S. d. § 3 NZV

178 Ergänzend zu § 2 NZV ist hinsichtlich einer **räumlichen Zugangsgewährung** (sog. **Kollokation) § 3 NZV** zu berücksichtigen, der das Merkmal eines **gleichwertigen Zugangs in § 35 Abs. 2 S. 1 TKG** diesbezüglich konkretisiert.

179 Hiernach sind Betreiber nach § 35 Abs. 1 TKG verpflichtet, die Nutzung einer nach § 2 NZV entbündelten Leistung **räumlich an der übertragungs-, vermittlungs- oder betriebstechnischen Schnittstelle diskriminierungsfrei** und zu den Bedingungen zu ermöglichen, die der Betreiber sich selbst bei der Nutzung einer solchen Leistung einräumt[1].

180 Die **Pflicht zur Kollokation** gilt mithin nur **für marktbeherrschende Betreiber eines Telekommunikationsnetzes**, die Telekommunikationsdienstleistungen für die Öffentlichkeit anbieten, nicht aber für den Fall von Zusammenschaltungen zwischen zwei oder mehreren nicht marktbeherrschenden Unternehmen.

181 Hinsichtlich der konkreten räumlichen Zugangsgewährung sind die **physische Kollokation** (§ 3 Abs. 2 S. 1 NZV) und die **virtuelle Kollokation** (§ 3 Abs. 2 S. 2 NZV) zu unterscheiden.

182 **Physische Kollokation** beinhaltet die Verpflichtung des marktbeherrschenden Betreibers, die für die Nutzung einer Leistung i. S. d. § 3 Abs. 1 NZV **erforderlichen technischen Einrichtungen in seinen Räumen unterzubringen**. Die DTAG bietet beispielsweise diese Leistung im Rahmen ihrer Zusammenschaltungsvereinbarung als Interconnection-Anschlüsse in der Ausführung „Physical Co-location" an. Ebenso gewährt die DTAG physische Kollokation im Rahmen des TAL- und des ICC-Vertrags an.

183 Dabei sind die technischen und betrieblichen Bedingungen für die Inanspruchnahme der Leistung unter Berücksichtigung der §§ 35 Abs. 2, 33 TKG so zu gestalten, daß der Zugang **nicht unzumutbar erschwert** wird und gleichwertige Bedingungen bei der Kollokation gewährt werden, sowohl im Verhältnis zu Mitbewerbern als auch im Verhältnis zum bereitstellenden marktbeherrschenden Unternehmen selbst. Insbesondere müssen die Nutzer oder deren Beauftragte wie das Personal des marktbeherrschenden Betreibers jederzeit Zutritt zu den Räumlichkeiten

---
1 BegrE zur NZV, BR-Drucks. 655/96, S. 9.

haben, in denen die für die Nutzung der jeweiligen Leistung erforderlichen Einrichtungen untergebracht sind[1].

Eine Verpflichtung zur physischen Kollokation besteht dagegen nicht, sofern der marktbeherrschende Betreiber Tatsachen darlegt, auf Grund derer eine physische Kollokation sachlich nicht oder nicht mehr gerechtfertigt erscheint. In diesem Fall hat er nach § 3 Abs. 2 S. 2 NZV die Nutzung der Leistung nach Abs. 1 zumindest **unter gleichwertigen wirtschaftlichen, technischen und betrieblichen Bedingungen zu ermöglichen** (sog. **virtuelle Kollokation**), d. h. unter Bedingungen, wie sie für eine physische Kollokation gelten würden. Dies gilt insbesondere hinsichtlich der Kosten, welche die einer physischen Kollokation nicht überschreiten dürfen[2]. Wie allerdings eine virtuelle Kollokation in technischer und betrieblicher Hinsicht zu realisieren ist, bleibt mangels entsprechender Regelungen in der NZV undeutlich, da die virtuelle Kollokation nur negativ (keine Unterbringung in bzw. kein Zugang zu den Räumen des Verpflichteten) abgegrenzt ist.

184

Eine virtuelle Kollokation ist nach dem Wortlaut des § 3 Abs. 3 NZV nur unter der Voraussetzung einer **Gleichwertigkeit zur physischen Kollokation** zulässig. Das Angebot der virtuellen Kollokation ist daher entsprechend des Leistungsumfangs einer physischen Kollokation zu gestalten. Stehen Räume zur Unterbringung der Einrichtungen der Wettbewerber nicht zur Verfügung, so muß demnach der Zugang an der nächstgelegenen Schnittstelle, etwa dem letzten Kabelschacht im öffentlichen Bereich vor dem Grundstück gewährt werden. Stehen Räume zur Verfügung, ist aber die Zugangsverweigerung gerechtfertigt, so hat der Verpflichtete eigenes Personal für den Zugang zum (und die Wartung des) untergebrachten Equipment bereitzustellen.

185

Grundsätzlich ist dem Zugangsbegehrenden zu empfehlen, darauf zu achten, daß ggf. **zusätzliche Kosten einer virtuellen Kollokation** nicht auf ihn abgewälzt werden, da diese grundsätzlich das marktbeherrschende Unternehmen tragen muß. Hierunter können u. a. Kosten für im Verhältnis zur physischen Kollokation spezielle und besonders aufwendige technische Einrichtungenn fallen. Die Möglichkeit einer virtuellen Kollokation ist hingegen ausgeschlossen, soweit durch sie ein Anspruch auf entbündelte Leistungsinanspruchnahme vereitelt würde, da für diesen Fall keine Gleichwertigkeit angenommen werden kann. In der Praxis hat die virtuelle Kollokation bislang kaum eine Rolle gespielt, weil die DTAG im Rahmen von Besonderen Netzzugängen und Zusammenschaltungen physische Kollokation anbietet.

186

---

1 Vgl. BegrE zur NZV, BR-Drucks. 655/96, S. 9.
2 Vgl. BegrE zur NZV, BR-Drucks. 655/96, S. 9.

187 Während **Platzmangel** am ehesten als rechtfertigender Grund für die Verweigerung der physischen Kollokation in Betracht kommt, kann der Umfang der zu gewährenden **Zutrittsmöglichkeit** im Einzelfall problematisch und umstritten sein. Dies gilt insbesondere dann, wenn Sicherheitsinteressen mit Zutrittsinteressen von Wettbewerbern untereinander oder dem Kollokationsverpflichteten kollidieren. Dies rechtfertigt freilich nicht, ohne weiteres die physische Kollokation zu verweigern und auf virtuelle Kollokation auszuweichen. Vielmehr ist es möglich, innerhalb der Kollokationsflächen **abgetrennte und separat** zugängliche Flächen für Technikeinrichtungen Dritter vorzuhalten, um so zum einen den eigenen Sicherheitsinteressen, zum anderen den Zutrittsinteressen Dritter gerecht zu werden. Steht nur ein begrenztes Raumangebot als Kollokationsfläche zur Verfügung, mehrere Wettbewerber wünschen an diesem Ort aber eine Kollokation, so sind sämtliche Wettbewerber hinsichtlich einer räumlichen Zugangsgewährung gleich zu behandeln. Die physische Kollokation kann unter dem Hinweis fehlender Stellfläche für **alle** Technikeinrichtungen aber grundsätzlich nicht abgelehnt werden, wenn Möglichkeiten bestehen, daß die Flächen von den Wettbewerbern gemeinsam genutzt werden oder kleinere Flächeneinheiten ebenso geeignet sind, die Kollokationsansprüche zu erfüllen. Hier kann es nicht auf die Vorstellungen des Kollokationsverpflichteten über die Mindestausstattung der Kollokationsflächen ankommen, sondern nur darauf, wie der Anspruch der Wettbewerber objektiv noch erfüllt werden kann.

188 Schließlich kann im Einzelfall eine **Verpflichtung des marktbeherrschenden Unternehmens** erwachsen, auf eigene Kosten zusätzliche Kollokationsflächen einzurichten. Dies ist insbesondere dann anzunehmen, wenn die Wettbewerber aufgrund vertraglicher Regelungen über Besondere Netzzugänge und/oder aufgrund (zulässiger) Beschränkungen des Netzzugangs verpflichtet werden, mehr Netzzugänge in Anspruch zu nehmen, als nachgefragt worden sind. Im konkreten Fall kann der DTAG die Verpflichtung zu diesem Angebot im Zusammenhang mit der unter Rz. 229 ff. näher dargestellten Migrationspflicht ihrer Wettbewerber und einer etwaigen Weiterentwicklung erwachsen.

189 Ein entscheidendes Manko im Rahmen der physischen Kollokation bei der Inanspruchnahme von Besonderen Netzzugängen und Zusammenschaltungen von der DTAG besteht für die Wettbewerber darin, daß die Kollokationsbedingungen der DTAG die Zusammenschaltung und/oder Verbindung der Einrichtungen der **Wettbewerber untereinander** verbieten. Bislang weigert sich die DTAG kategorisch dies zuzulassen, obwohl hierdurch auch Platzprobleme in den Räumlichkeiten der DTAG gelöst werden könnten. Zwar bezieht sich der Wortlaut des § 3 NZV auf die

Kollokation für die Nutzung von Leistungen des marktbeherrschenden Betreibers selbst und nicht (auch) auf die Inanspruchnahme von Leistungen der Wettbewerber untereinander. Abgesehen von der unbestrittenen technischen und kommerziellen Sinnhaftigkeit einer solchen Möglichkeit, kann sich die Situation aber rechtlich dann anders darstellen, wenn mehrere Geschäftsbereiche und/oder mehrere verbundene Unternehmen der DTAG mehrfache Zusammenschaltungsmöglichkeiten in Anspruch nehmen. Denkbar sind solche Konstellationen im Rahmen der Schnittstellen der DTAG bzw. ihres Geschäftsbereichs Telefonie und dort tätiger Tochterunternehmen zu anderen internationalen Netzbetreibern, wenn dort die Terminierungsleistung mehrerer internationaler Betreiber gleichzeitig in Anspruch genommen werden kann. Ähnlich kann es sich bei Datendienstleistungen verhalten, die von T-Online im Zusammenspiel mit der DTAG und dem Datenbereich der DTAG in Anspruch genommen werden. In solchen Konstellationen erfordert es die in §§ 33, 35 enthaltene Forderung nach Gleichwertigkeit des Netzzugangs wie auch die Verpflichtung in § 3 NZV, den (räumlichen) Zugang diskriminierungsfrei bereitzustellen, daß auch die Wettbewerber die (gleichwertige) Möglichkeit erhalten, in den Kollokationsflächen auch Leistungen Dritter in Anspruch zu nehmen.

Aus dem technischen, kommerziellen und angesprochenen Manko heraus haben sich zahlreiche Unternehmen darauf spezialisiert, sog. **Equipment-Housing** bzw. ausschließlich Kollokationsflächen zur Verbindung verschiedener Netzbetreiber untereinander anzubieten, die den am Markt gewünschten technischen Standards und vor allem den entsprechenden Sicherheitsstandards entsprechen. 190

4.6.4 Abgrenzung und systematisches Verhältnis zwischen § 35 und § 33 TKG

Die vorstehenden Ausführungen haben gezeigt, daß eine enge **Wechselwirkung** zwischen den Regelungen in § 33 und § 35 TKG besteht. Es ist daher erforderlich, zum einen eine Abgrenzung zwischen beiden Bestimmungen vorzunehmen und zum anderen deren Verhältnis zueinander zu klären. 191

4.6.4.1 Abgrenzungskriterien

Eine Abgrenzung zwischen § 33 und § 35 TKG kann zunächst im Hinblick auf die unterschiedlich großen **Adressatenkreise** vorgenommen werden. § 33 TKG erfordert einen **Anbieter**, der auf einem **Markt für Telekommunikationsdienstleistungen für die Öffentlichkeit** über eine marktbeherrschende Stellung verfügt. § 35 TKG hingegen einen markt- 192 beherrschenden **Betreiber** eines **Telekommunikationsnetzes**. Für die Anwendbarkeit des § 35 TKG ist somit das Betreiben eines Telekommunikationsnetzes ausschlaggebend, während § 33 TKG grundsätzlich alle Anbieter von Telekommunikationsdienstleistungen erfaßt. § 33 TKG weist mithin einen weiteren Anwendungsbereich als § 35 TKG auf. Wenn der Marktbeherrscher gleichzeitig Netzbetreiber sowie Anbieter von Telekommunikationsdienstleistungen für die Öffentlichkeit ist, wird sowohl § 33 als auch § 35 anwendbar. In der Praxis fällt eine Betreiberstellung immer mit der Anbieterstellung zusammen (wie am Beispiel der DTAG), da in der Regel der Betreiber eines eigenen Telekommunikationsnetzes auch Telekommunikationsdienstleistungen für die Öffentlichkeit anbietet.

193 Eine weitere Abgrenzung kann anhand der **Berechtigtenkreise** beider Vorschriften erfolgen. Nach **§ 33 TKG** sind lediglich **Wettbewerber** marktbeherrschender Anbieter auf dem Markt für Telekommunikationsdienstleistungen für die Öffentlichkeit anspruchsberechtigt, während **§ 35 TKG grundsätzlich sämtliche Nutzer** erfaßt. Allerdings gilt es in § 35 TKG **zwischen den unterschiedlichen Berechtigtenkreisen von Allgemeinen und Besonderen Netzzugängen sowie Zusammenschaltungen zu differenzieren**. Allgemeine Netzzugänge können gegenüber marktbeherrschenden Betreibern von Telekommunikationsnetzen durch sämtliche Nutzer geltend gemacht werden. Hierzu sind sowohl Wettbewerber i. S. d. § 33 TKG als auch Endkunden zu zählen. Besondere Netzzugänge können hingegen nur von Nutzern beansprucht werden, die selbst Anbieter von Telekommunikationsdienstleistungen oder Betreiber von Telekommunikationsnetzen sind und zudem die für den beantragten Netzzugang erforderliche Zuverlässigkeit, Leistungsfähigkeit und Fachkunde besitzen, die im Fall einer bestehenden Lizenz vermutet werden kann. Diese sind wiederum gleichzeitig Wettbewerber marktbeherrschender Anbieter von Telekommunikationsdienstleistungen i. S. d. § 33 TKG. Der Berechtigtenkreis von Netzzusammenschaltungen ist indessen auf Netzbetreiber beschränkt, so daß nur Wettbewerber i. S. d. § 33 TKG erfaßt werden, die selbst öffentliche Telekommunikationsnetze betreiben. Mit Blick auf allgemeine Netzzugänge ist demnach der Berechtigtenkreis von § 35 weiter als der von § 33, bei Besonderen Netzzugängen und Zusammenschaltungen ist der Berechtigtenkreis zwar weitgehend identisch, aber durch die zusätzlichen Anforderungen in § 35 TKG enger als derjenige in § 33 TKG.

194 Schließlich kann eine Abgrenzung zwischen § 33 und § 35 TKG anhand der teilweise unterschiedlichen **Regelungsinhalte** vorgenommen werden. § 33 TKG verpflichtet marktbeherrschende Anbieter, Zugang **zu ihren intern und am Markt angebotenen Leistungen** zu gewähren. § 35

TKG verpflichtet hingegen den markbeherrschenden Netzbetreiber, einen Zugang zu seinem Telekommunikationsnetz oder zu Teilen desselben im Wege Allgemeiner bzw. Besonderer Netzgänge sowie durch Zusammenschaltungen zu ermöglichen. Bei § 33 TKG ist zudem der weit auszulegende **Leistungsbegriff** zu berücksichtigen, der nicht nur Telekommunikationsdienstleistungen erfaßt, sondern auch ein von einem marktbeherrschenden Anbieter oder seinem Rechtsvorgänger geschaffenes oder erworbenes Vorprodukt auf niederer betrieblicher Wertschöpfungsebene zur Erbringung von Telekommunikationsdienstleistungen auf höherer Ebene[1]. In § 35 TKG ist dagegen lediglich vom **Netzzugang** die Rede, ohne daß die diesbezüglichen Leistungen näher spezifiziert werden. Vor dem Hintergrund des weiten Leistungsbegriffs in § 33 TKG, der überdies eine Zugangspflicht zu internen und externen Leistungen normiert, stellt die Zugangspflicht nach § 35 TKG somit lediglich einen auf das Netz bezogenen Teilaspekt des § 33 TKG dar. Denn § 35 TKG erfaßt durch die Anknüpfung an ein Telekommunikationsnetz nur bestimmte Leistungen aus dem Gesamtleistungsspektrum des § 33 TKG, dessen Leistungsbegriff nicht auf netzbezogene Leistungen beschränkt ist. Insoweit kann daher auch hier eine Überschneidung von § 33 TKG und § 35 TKG verzeichnet werden, bei der § 35 TKG einen engeren Ansatzpunkt hat.

4.6.4.2 Folgen aus der Abgrenzung für das systematische Verhältnis

Insgesamt besteht also zwischen § 33 und § 35 TKG teilweise wechselseitige Kompatibilität, sofern – was möglich ist – sämtliche Tatbestandsmerkmale beider Normen gleichzeitig vorliegen. Im Zusammenhang mit der Abgrenzung beider Vorschriften stellt sich deshalb die Frage nach ihrem **systematischen Verhältnis**. Ausgehend von den unterschiedlichen Regelungsbereichen, könnte geschlossen werden, bei **§ 33 und § 35 TKG** handle es sich um zwei **selbständige Anspruchsgrundlagen**.

195

Konsequenz hieraus wäre allerdings, daß mit § 35 TKG die zentrale Norm der Netzzugangsgewährung von der Regulierungsbehörde **nicht selbständig durchgesetzt** werden könnte, da sie keine selbständige Ermächtigungsgrundlage für ein Einschreiten der Regulierungsbehörde aufweist, wie sie in § 33 Abs. 2 TKG enthalten ist[2]. Dies wäre ein widersinniges Ergebnis.

196

Das OVG Münster hat in seinem Beschluß vom 29. 9. 1997 zur Stellung von § 33 TKG zu § 35 TKG daher ausgeführt[3], daß zwischen den §§ 33, 35

197

---

[1] Vgl. OVG Münster v. 7. 2. 2000 – 13 A 180/99, NVwZ 2000, 697, 699.
[2] Vgl. *Tschentscher/Neumann*, BB 1997, 2437, 2444.
[3] Vgl. OVG Münster v. 29. 9. 1997 – 13 B 1987/97, MMR 1998, 98 f.

TKG und § 2 NZV **ein klar-systematisches Stufenverhältnis** im Sinne einer fortschreitenden Konkretisierung des Anspruchs auf Zugangsgewährung zu Leistungen des marktbeherrschenden Unternehmens besteht. § 33 Abs. 1 TKG stellt insoweit die **Grundnorm** der besonderen Mißbrauchsaufsicht dar, indem sie grundsätzlich alle internen und externen Leistungen eines marktbeherrschenden Anbieters von Telekommunikationsdienstleistungen erfaßt, soweit sie als wesentlich anzusehen sind. § 35 TKG stellt hingegen für den Bereich der Netzzugänge **eine gesetzliche Konkretisierung des § 33 TKG** dar, da nur bestimmte Leistungen aus dem Gesamtleistungsspektrum des § 33 TKG erfaßt werden. § 35 TKG gewährt somit Zugang **nur zum Telekommunikationsnetz** oder zu Teilen desselben und nicht auch zu anderen wesentlichen Leistungen des marktbeherrschenden Unternehmens, wie dies § 33 TKG vorsieht[1]. Netzzugänge i. S. v. § 35 TKG sind dabei aufgrund des Wortlauts des § 33 Abs. 1 S. 2 TKG, welcher auf die ONP-Rahmenrichtlinie verweist, als wesentliche Leistung i. S. d. § 33 TKG anzusehen[2]. Diesbezüglich weist das OVG Münster des weiteren darauf hin, daß angesichts der allgemein bekannten Situation der Zuordnung von Infrastruktureinrichtungen des einzigen in Deutschland existierenden flächendeckenden Telekommunikationsnetzes nicht ernsthaft bezweifelt werden könne, daß zu den in § 33 Abs. 1 S. 1 TKG genannten wesentlichen Leistungen, zu denen diskriminierungsfreier Zugang zu gewähren ist, auch gerade und speziell das Netz der früheren Deutschen Bundespost zu zählen sei. Genauso beurteilt dies auch das Bundesverwaltungsgericht, wenn es auf die Gesetzesbegründung zu § 35 TKG hinweist, in der ausdrücklich der Umstand festgestellt wird, daß allein die DTAG über **flächendeckende Netzinfrastrukturen** verfüge[3].

198 Indem § 35 TKG darüber hinaus Teile des Wortlautes des § 33 TKG wiederholt, wird das Zugangsrecht auf sämtliche Nutzer, also nicht nur auf Wettbewerber des Marktbeherrschers erweitert. Die in § 35 Abs. 5 TKG enthaltene Verordnungsermächtigung dient in diesem Zusammenhang der weiteren Konkretisierung der dem marktbeherrschenden Unternehmen obliegende Pflichten aus § 33 Abs. 1 TKG hinsichtlich der Besonderen Netzzugänge[4].

199 § 33 TKG ist somit in seiner systematischen Stellung zu § 35 TKG als allgemeine Ermächtigungsgrundlage zu verstehen und § 35 TKG als spe-

---
1 BVerwG, Urteil vom 25. 4. 2001 – BVerwG 6 C 6.00, S. 26 des amtlichen Umdrucks.
2 Vgl. hierzu ausführlich BVerwG, Urteil vom 24. 4. 2001 – BVerwG 6 C 6.00, S. 24 f. des amtlichen Umdrucks.
3 BVerwG, Urteil vom 25. 4. 2001 – BVerwG 6 C 6.00, S. 24 des amtlichen Umdrucks.
4 Vgl. *Holzhäuser*, MMR 2000, 446.

zielle Konkretisierung des Anspruchs auf Gewährung Allgemeiner und Besonderer Netzzugänge für die entsprechenden Nutzer, der mit den Mitteln des § 33 TKG durchgesetzt werden kann.

4.6.5 Verhältnis zwischen § 35 TKG und dem Fünften Teil des TKG (Kundenschutz)

Der Fünfte Teil des TKG (§§ 40 bis 42 TKG) befaßt sich ausschließlich mit dem Thema **Kundenschutz**. Die zentrale Vorschrift ist **§ 41 TKG**, der die **Ermächtigungsgrundlage für die Bundesregierung** enthält, mit Zustimmung des Bundesrates eine **Rechtsverordnung zur Regelung von Kundenschutzfragen** zu erlassen, die Telekommunikations-Kundenschutzverordnung (**TKV**). Im Rahmen dieser Verordnungsermächtigung können Regelungen hinsichtlich des **Vertragsschlusses**, dessen **Beendigung**, der **Vertragsgegenstände** sowie der **Rechte und Pflichten der Vertragspartner** einschließlich **sonstiger am Telekommunikationsverkehr Beteiligter** festgelegt werden, wobei europarechtliche Vorgaben zu berücksichtigen sind. 200

Überschneidungen mit den Vorschriften des Vierten Teils des TKG (Offener Netzzugang und Zusammenschaltungen) ergeben sich aus der bereits in Rz. 200 genannten **Regelungsbefugnis des § 41 Abs. 3 TKG**. Dort ist unter anderem vorgesehen, daß Regelungen über die Entbündelungen von Telekommunikationsdienstleistungen für die Öffentlichkeit im lizenzpflichtigen und nicht lizenzpflichtigen Bereich sowie die Entbündelung dieser Dienstleistungen untereinander (§ 41 Abs. 3 Nr. 2 TKG), aber auch nähere Bedingungen für die Bereitstellung und Nutzung Allgemeiner Netzzugänge nach § 35 Abs. 1 TKG (§ 41 Abs. 3 Nr. 3 TKG) zu treffen sind. Mit Einführung der TKV von 1997 nahm die Bundesregierung die ihr nach § 41 Abs. 3 eingeräumte Verordnungsermächtigung wahr und formulierte zwingende Kundenschutzvorschriften für den Bereich der Telekommunikation. Im folgenden gilt es insbesondere, die §§ 3 und 4 TKV im Hinblick auf ihr Verhältnis zum Vierten Teil des TKG, einschließlich der aufgrund § 35 Abs. 5 TKG erlassenen NZV, zu untersuchen. 201

4.6.5.1 Entbündelung gemäß § 3 TKV

Zunächst soll auf das **Entbündelungsgebot** des § 3 TKV eingegangen werden. Hiernach sind marktbeherrschende Anbieter von Telekommunikationsdienstleistungen für die Öffentlichkeit verpflichtet, ihre Leistungen entsprechend der allgemeinen Nachfrage am Markt anzubieten. Der Umfang der Entbündelung bestimmt sich folglich nach der allgemeinen **Marktnachfrage**, wird zudem aber durch § 3 TKV begrenzt. Denn nach § 3 TKV hat eine Entbündelung nur insoweit zu erfolgen, als die 202

Leistungen sachlich gegeneinander abgegrenzt werden können, d. h. jeweils eine eigenständige Leistung darstellen. Die derart abgegrenzten Dienstleistungen sind in der Leistungsbeschreibung gesondert aufzuführen und gesondert zu tarifieren.

203 Einer Entbündelungspflicht unterliegen demnach sämtliche **marktbeherrschenden Anbieter von Telekommunikationsdienstleistungen, normbegünstigt** sind hingegen **Kunden i. S. d. § 1 Abs. 1 TKV**. Demzufolge wird nicht nur der Endkunde an sich (Endnutzer, Verbraucher) durch § 3 TKV geschützt, sondern auch der Anbieter von Telekommunikationsdienstleistungen, der lediglich Vorprodukte für eigene Leistungen bezieht. In beiden Konstellationen werden nämlich i. S. d. § 1 Abs. 1 TKV Telekommunikationsdienstleistungen vertraglich in Anspruch genommen oder begehrt[1].

204 Wie bereits erwähnt, ist der **Umfang der Entbündelung** anhand der **allgemeinen Nachfrage am Markt** sowie der **sachlichen Trennbarkeit der Leistungen** zu ermitteln. Das Kriterium der allgemeinen Marktnachfrage richtet sich dabei vor allem nach dem **Nachfrageverhalten** der Endverbraucher. Gleichwohl sind auch Anbieter von Telekommunikationsdienstleistungen, die als Kunden am Markt auftreten, einzubeziehen. Eine allgemeine Marktnachfrage ist daher sowohl von den Endverbrauchern als auch von den Anbietern von Telekommunikationsdienstleistungen geprägt. **Eine sachliche Trennbarkeit** der Leistung in eigenständige Teilleistungen hängt hingegen von einer sachlichen, technischen, betrieblichen und kostenrechnerischen Trennbarkeit ab. Soweit eine Trennbarkeit technisch unmöglich ist oder eine Teilleistung zwar technisch trennbar, aber die Kosten nicht aus den Gesamtkosten herausgerechnet werden können, besteht keine Verpflichtung zur Entbündelung nach § 3 TKV. Als beweispflichtig hierfür gelten die nach § 3 TKV verpflichteten Unternehmen[2].

205 Eine **Abgrenzung zum Entbündelungsgebot des § 2 NZV** ergibt sich in erster Linie daraus, daß marktbeherrschende Unternehmen gemäß § 3 TKV nur unter der Voraussetzung einer allgemeinen bzw. generellen Nachfrage am Markt zu einer Entbündelung verpflichtet sind. § 2 NZV normiert hingegen einen **Anspruch auf Entbündelung entsprechend des individuellen Leistungsbedürfnisses der Normbegünstigten, unabhängig von einer allgemeinen Nachfrage**[3]. Darüber hinaus bezieht sich die Entbündelungspflicht des § 2 NZV auf Leistungen nach § 33 Abs. 1 TKG

---

1 Vgl. Beck TKG-Komm/*Piepenbrock*, Anh. § 41, § 1 TKV Rz. 6; BegrE zur TKV, BR-Drucks. 551/97, S. 3; *Kammerlohr*, K&R 1998, 90.
2 Vgl. Beck TKG-Komm/*Piepenbrock*, Anh. § 41 § 3 TKV Rz. 8.
3 Vgl. BegrE zur TKV, BR-Drucks. 551/97, S. 25 f.

und ist damit nicht nur auf Telekommunikationsdienstleistungen für die Öffentlichkeit beschränkt wie § 3 TKV. Trotz unterschiedlicher Regelungsmaterien können aber Überschneidungen zwischen § 3 TKV und § 2 NZV dann angenommen werden, wenn Telekommunikationsdienstleistungen für die Öffentlichkeit betroffen sind und eine allgemeine Nachfrage der individuellen Nachfrage entspricht.

4.6.5.2 Angebote für Diensteanbieter gemäß § 4 TKV

Die Vorschrift des § 4 TKV verpflichtet **Betreiber öffentlicher Telekommunikationsnetze**, ihr Leistungsangebot so zu gestalten, daß **Anbieter von Telekommunikationsdienstleistungen für die Öffentlichkeit diese Leistungen im eigenen Namen und auf eigene Rechnung vertreiben** und ihrerseits auf dem Endkundenmarkt anbieten können. 206

Dementsprechend kommt es für eine **Anwendbarkeit des § 4 TKV** nicht auf eine marktbeherrschende Stellung des Netzbetreibers – wie z. B. in § 35 Abs. 1 TKG oder § 1 Abs. 2 NZV – an, sondern es werden ohne Ausnahme **sämtliche Betreiber öffentlicher Telekommunikationsnetze i. S. d. § 3 Nr. 12 TKG** erfaßt[1]. Ursprünglich ist zwar auch für § 4 Abs. 1 TKV von der Erforderlichkeit einer marktbeherrschenden Stellung ausgegangen worden, da die Vorschrift dann „dem Ansatz des TKG, nur marktbeherrschende Anbieter mit besonderen Pflichten zu belegen", folge; aus Wettbewerbsgründen wurde hierauf jedoch schließlich verzichtet[2]. Die Regelung des § 4 Abs. 1 TKV dient folglich dem Zweck, Netzbetreiber zu einer wettbewerbsermöglichenden Zusammenarbeit mit Dritten zu verpflichten, und normiert diesbezüglich einen entsprechenden **Kontrahierungszwang** für Betreiber öffentlicher Telekommunikationsnetze. Das **OVG Münster** hingegen sieht einen **Kontrahierungszwang** bzw. ein Zugangsrecht oder Zugangsgewährungsgebot – trotz des ausdrücklichen Wortlauts der amtlichen Begründung zu § 4 TKV – als **nicht gegeben**. Seiner Auffassung nach sind marktbeherrschende Betreiber eines öffentlichen Telekommunikationsnetzes nach § 4 TKV lediglich dazu verpflichtet, ihr Leistungsangebot so zu gestalten, daß Diensteanbieter diese Leistung im Resale ihren Kunden anbieten können (siehe zu Resale auch Rz. 438c ff.). Ein Zugriffsrecht des Dritten auf die Leistung zum Zwecke des Resale könne daher allenfalls aus einer **anderen Rechtsvorschrift** folgen[3]. Dieser Auffassung ist entgegen zu treten. Denn eine derartig eingeschränkte Verpflichtung zum Resale im Rahmen des 207

---
[1] So auch Beschl. der Regulierungsbehörde v. 30. 3. 2001 – BK 3a-00/025 („Resale").
[2] Vgl. Beck TKG-Komm/*Piepenbrock*, Anh. § 41 § 4 TKV Rz. 2
[3] Beschl. des OVG Münster v. 1. 10. 2001 – 13 B 1156/01, S. 11 des amtlichen Umdrucks.

§ 4 TKV bliebe ohne die gleichzeitige Normierung eines Kontrahierungszwanges für Betreiber öffentlicher Telekommunikationsnetze inhaltsleer. Als Konsequenz stünde dann den Diensteanbietern, die Resale-Produkte im Rahmen des § 4 TKV nachfragten, **kein effektives Mittel** zur Verfügung, um die Betreiber öffentlicher Telekommunikationsnetze zu einem Angebot von Resale-Produkten zu verpflichten. Insofern stellt die bereits in der Begründung zu § 4 TKV angeführte Kontrahierungspflicht eine der Norm notwendigerweise direkt innewohnende Voraussetzung dar. Die Regelungen in § 4 Abs. 2 TKV wären zudem überflüssig, da diese bereits einen Kontrahierungszwang voraussetzen. Denn ohne Bestehen eines grundsätzlichen Abschlußzwanges wäre es nicht notwendig, spezielle vertragsrelevante Vorgaben für Netzbetreiber gegenüber Resellern zu formulieren.

207a **Anspruchsberechtigt** sind in diesem Zusammenhang Anbieter von Telekommunikationsdienstleistungen für die Öffentlichkeit i. S. d. § 3 Nr. 19 TKG, soweit sie nach der Begründung zum Verordnungsentwurf ihren Endkunden Telekommunikationsdienstleistungen vertraglich verschaffen[1].

208 Die konkrete **Leistungsbereitstellung** durch die Netzbetreiber hat dabei in einer Art und Weise zu erfolgen, daß dritte Anbieter von Telekommunikationsdienstleistungen deren Leistungen im **eigenen Namen** und auf **eigene Rechnung** vertreiben und **ihren Kunden anbieten** können. Der **Umfang der anzubietenden Leistung** wird daher zum einen durch eine 1:1-Leistungsübernahme seitens des Diensteanbieters bestimmt (Wortlautargument „diese Leistung"), zum anderen aber auch durch das Entbündelungsgebot des § 3 TKV, das allerdings nur auf marktbeherrschende Anbieter öffentlicher Telekommunikationsdienstleistungen Anwendung findet (vgl. oben Rz. 202 ff.).

209 Netzbetreiber dürfen überdies Diensteanbieter gemäß § 4 Abs. 2 TKV weder ausschließlich noch unverhältnismäßig lange an sich binden noch hinsichtlich ihrer eigenen Preis- und Konditionengestaltung oder anderer Betätigungsfelder einschränken. Auch ist es unzulässig, den Diensteanbietern ungünstigere Bedingungen einzuräumen als dem eigenen Vertrieb oder verbundenen Unternehmen, es sei denn, daß dies **sachlich gerechtfertigt** ist.

210 Ein Kontrahierungszwang besteht daher nicht, soweit ein sachlich rechtfertigender Grund zugunsten des Verpflichteten eingreift. Hierbei handelt es sich um eine **Spezialausprägung des Grundsatzes der Nichtdiskriminierung**, die eine Beschränkung der Pflicht nach § 4 Abs. 1 TKV

---

1 Vgl. BegrE zur TKV, BR-Drucks. 551/97, S. 26.

erreichen soll, damit Marktneueinsteiger und kleinere Unternehmen nicht unbillig durch die Pflichten des § 4 Abs. 1 TKG belastet werden[1]. Das Vorliegen eines sachlich rechtfertigenden Grundes ist im Wege einer Interessenabwägung festzustellen, die zum einen die Regulierungsziele des TKG „Sicherstellung eines chancengleichen und funktionsfähigen Wettbewerbs" (§ 2 Abs. 2 Nr. 2 TKG) zu berücksichtigen hat, zum anderen sowohl die betriebswirtschaftlichen und unternehmerischen Interessen des Verpflichteten als auch die des Berechtigten.

Weiterhin stellt sich die Frage, in welchem Verhältnis § 4 TKV zu den Vorschriften des § 35 Abs. 1 TKG sowie der NZV steht. Diesbezüglich kann zunächst festgestellt werden, daß der **Verpflichtetenkreis** wesentlich weiter gezogen wird als in § 35 TKG, da es nicht auf das Vorliegen einer marktbeherrschenden Stellung ankommt, so daß grundsätzlich jeder Betreiber öffentlicher Telekommunikationsnetze erfaßt wird. 211

Der **Berechtigtenkreis** ist hingegen bezüglich einer Zugangsberechtigung zu Besonderen Netzzugängen sowie Zusammenschaltungen i. S. v. § 1 Abs. 2 NZV ähnlich weit zu bestimmen, da jeweils Anbieter von Telekommunikationsdienstleistungen anspruchsberechtigt sind. § 4 Abs. 1 TKV enthält diesbezüglich allerdings eine Einschränkung auf Anbieter von Telekommunikationsdienstleistungen für die Öffentlichkeit. 212

Hinsichtlich der **Reichweite des Leistungsumfangs** existieren dagegen erhebliche Unterschiede. § 35 TKG i. V. m. § 1 Abs. 2 NZV ermöglicht lediglich die Inanspruchnahme von Leistungen, die im Wege Besonderer Netzzugänge zu fremden Telekommunikationsnetzen oder zu Teilen desselben nachgefragt werden können und die grundsätzlich gemäß § 2 NZV entbündelt zur Verfügung zu stellen sind. Dafür sind Telekommunikationsdienstleistungen, die mittels des Besonderen Netzzugangs erbracht werden, nicht vorbestimmt, zumal auch nur Netzteile in Anspruch genommen werden können. Im Rahmen von § 4 TKV können hingegen sämtliche Leistungen der Betreiber öffentlicher Telekommunikationsnetze abgerufen werden, ohne daß es auf eine physische oder logische Verbindung ankäme. Somit ist der mögliche Leistungsumfang des § 4 TKV einerseits wesentlich weiter zu bestimmen als der des § 35 TKG i. V. m. § 1 Abs. 2 NZV, andererseits aber auch enger, weil er sich im vorhandenen Leistungsangebot des Verpflichteten erschöpft. 213

Im Bereich Besonderer Netzzugänge, einschließlich der Zusammenschaltungen, sind daher teilweise **Überschneidungen** zwischen dem Anwendungsbereich des § 35 TKG sowie § 1 Abs. 2 NZV gegenüber § 4 TKV festzustellen sowie hinsichtlich des Leistungsumfangs. Abstellend 214

---

[1] Vgl. BegrE zur TKV, BR-Drucks. 551/97, S. 5; *Kammerlohr*, K&R 1998, 90, 91.

auf die unterschiedlichen Regelungsziele – § 35 TKG betrifft die Zugangsgewährung zu fremden Netzen, § 4 TKV hingegen den Wiederverkauf von Leistungen – ist im Einzelfall von einer Überlappung von **Anspruchskonkurrenz** zwischen diesen Vorschriften auszugehen.

4.6.6 Beschränkung des Netzzugangs nach § 35 Abs. 2 S. 2 TKG

215 Eine Beschränkung des Netzzugangs durch den Betreiber des Telekommunikationsnetzes, d. h. durch das marktbeherrschende Unternehmen, ist nur in den Fällen des § 35 Abs. 2 S. 2 TKG zulässig, sofern die in Art. 3 Abs. 2 der Richtlinie 90/387/EWG aufgeführten Gründe einschlägig sind.

4.6.6.1 Begriff der Beschränkung i. S. d. § 35 Abs. 2 S. 2 TKG

216 Unter dem Begriff der „**Beschränkung**" ist nicht nur die **völlige Verweigerung der Zugangsgewährung** zu verstehen; vielmehr fallen hierunter auch **weniger belastende Maßnahmen**. Etwas anderes läßt sich zum einen weder dem Wortsinn des Tatbestandsmerkmals „beschränken" noch seinem Zweck entnehmen. Zum anderen wäre die Regelung des § 37 Abs. 3 S. 3 TKG ansonsten gegenstandslos, da sie wegen ihres engen Zusammenhangs mit § 37 Abs. 1 S. 1 TKG eine – grundsätzlich positive – Zusammenschaltungsanordnung voraussetzt[1].

217 Als Beschränkung des Netzzuganges ist deshalb jede Maßnahme des marktbeherrschenden Unternehmens anzusehen, die mit dem Ziel erfolgt, einen vollständigen funktionalen Netzzugang im Rahmen der getroffenen Vereinbarung zu beeinträchtigen und die darüber hinaus nicht durch § 35 Abs. 2 TKG zu rechtfertigen ist. Nicht hiervon erfaßt werden Beeinträchtigungen des Netzzuganges, die außerhalb des Verantwortungsbereichs des marktbeherrschenden Unternehmens liegen (z. B. Störungen, Kabelschäden etc.).

4.6.6.2 Beschränkungsmöglichkeiten nach Art. 3 Abs. 2 RL 90/387/EWG

218 **Art. 3 Abs. 2** der **RL 90/387/EWG** setzt der Möglichkeit einer Beschränkung **enge Grenzen**. Danach ist eine Beschränkung nur aus Gründen zulässig, die auf **grundlegenden Anforderungen beruhen** und die **in Übereinstimmung mit dem Gemeinschaftsrecht** stehen.

219 Der Begriff der grundlegenden Anforderungen definiert sich unter Rückgriff auf Art. 2 Nr. 6 RL 90/387/EG als die **im allgemeinen Interesse**

---

[1] Vgl. VG Köln v. 20. 10. 1999, MMR 2000, 54.

liegenden Gründe nicht wirtschaftlicher Art, die einen Mitgliedsstaat veranlassen können, den Zugang zum öffentlichen Telekommunikationsnetz zu beschränken. Grundlegende Anforderungen sind insbesondere die **Sicherheit des Netzbetriebs**, die **Aufrechterhaltung der Netzintegrität**, die **Interoperabilität der Dienste**, der **Datenschutz** wie auch gemäß Art. 2 Nr. 6 der RL 97/51/EG der Umweltschutz und Bauplanungs- und Raumordnungsziele sowie eine effiziente Nutzung des Frequenzspektrums und die Verhinderung von Störungen zwischen funkgestützten Telekommunikationssystemen und anderen raumgestützten oder terrestrischen, technischen Systemen.

Eine weitere Konkretisierung der oben aufgeführten Anforderungen erfolgt für Festnetze durch **RL 98/10/EG**, insbesondere legt **Art. 13 Abs. 2** folgendes fest: 220

Wenn der Zugang zu oder die Nutzung von festen öffentlichen Telefonnetzen und/oder festen öffentlichen Telefondiensten **unter Berufung auf grundlegende Anforderungen eingeschränkt wird**, stellen die Mitgliedsstaaten sicher, daß aus den einschlägigen einzelstaatlichen Bestimmungen hervorgeht, welche der unter den Buchstaben a) bis e) genannten grundlegenden Anforderungen die **Grundlage für diese Einschränkungen bilden**. Die Einschränkungen werden durch ordnungspolitische Mittel auferlegt; sie werden nach Art. 11 Abs. 4 veröffentlicht. Unbeschadet der Maßnahmen, die nach Art. 3 Abs. 5 und Art. 5 Abs. 3 der Richtlinie 90/387/EWG getroffen werden können, gelten die nachstehenden grundlegenden Anforderungen wie folgt für das feste öffentliche Telefonnetz und die festen öffentlichen Telefondienste. 221

4.6.6.2.1 Sicherheit des Netzbetriebs

Im Zusammenhang mit der Anforderung der Sicherheit des Netzbetriebes haben die Mitgliedsstaaten alle gebotenen Maßnahmen zu treffen, um sicherzustellen, daß die Verfügbarkeit von festen öffentlichen Telefonnetzen und festen öffentlichen Telefondiensten auch bei einem durch **Katastrophen** bedingten Zusammenbruch des Netzes oder in Fällen **höherer Gewalt**, z. B. bei außergewöhnlichen Witterungsverhältnissen, Erdbeben, Überschwemmungen, Blitzschlag oder Feuer, aufrechterhalten wird. Für den Fall eines dieser Ereignisse unternehmen die betroffenen Stellen alle erdenklichen Schritte, um ein möglichst hohes Niveau der Dienste aufrechtzuerhalten, damit zumindest die von den zuständigen Behörden festgelegten vorrangigen Aufgaben erfüllt werden können. 222

Die nationalen Regulierungsbehörden stellen sicher, daß **Einschränkungen des Zugangs** zu und der Nutzung von öffentlichen Telefonnetzen **aus Gründen der Sicherheit des Netzbetriebs dem Grundsatz der Ver-** 223 hältnismäßigkeit und der Nichtdiskriminierung entsprechen und auf vorher festgelegten objektiven Kriterien beruhen.

4.6.6.2.2 Aufrechterhaltung der Netzintegrität

224 Im Hinblick auf die Aufrechterhaltung der Netzintegrität haben die Mitgliedsstaaten alle **gebotenen Maßnahmen** zu ergreifen, um sicherzustellen, daß die Integrität von festen öffentlichen Telefonnetzen aufrechterhalten wird. Die nationalen Regulierungsbehörden stellen sicher, daß Einschränkungen des Zugangs zu und der Nutzung von festen öffentlichen Telefonnetzen aus Gründen der Aufrechterhaltung der Netzintegrität, unter anderem zum Schutz von Netzeinrichtungen, Software oder gespeicherten Daten, **auf das Mindestmaß begrenzt werden, das der normale Netzbetrieb erfordert**. Derartige Einschränkungen müssen dem Grundsatz der Nichtdiskriminierung entsprechen und auf vorher festgelegten objektiven Kriterien beruhen.

225 In der deutschen Praxis ist bislang lediglich dieses Beschränkungskriterium im Rahmen des unter Rz. 229 ff. noch näher dargestellten Netzkonzepts der DTAG und der daraus folgenden Migrationspflicht der Wettbewerber bei Zusammenschaltungen relevant geworden.

4.6.6.2.3 Interoperabilität von Diensten

226 Wenn Endeinrichtungen in Übereinstimmung mit der Richtlinie 91/263/EWG betrieben werden, dürfen aus Gründen der Interoperabilität von Diensten keine weiteren Nutzungsbeschränkungen auferlegt werden.

4.6.6.2.4 Datenschutz

227 Einschränkungen des Zugangs zu und der Nutzung von festen öffentlichen Telefonnetzen und/oder festen öffentlichen Telefondiensten dürfen aus Gründen des Datenschutzes nur in Übereinstimmung mit den geltenden Rechtsvorschriften über den Schutz personenbezogener Daten und der Privatsphäre, z. B. der Richtlinie 95/46/EG und der Richtlinie 97/66/EG, auferlegt werden.

4.6.6.2.5 Effiziente Nutzung des Frequenzspektrums

228 Ferner haben die Mitgliedsstaaten alle gebotenen Maßnahmen zu treffen, um sicherzustellen, daß das Frequenzspektrum in effizienter Weise genutzt wird und Störungen zwischen Funksystemen, die den Zugang zu oder die Nutzung von festen öffentlichen Telefonnetzen und/oder festen

öffentlichen Telefondiensten beeinträchtigen könnten, vermieden werden.

4.6.6.3 Exkurs: Netzkonzept – Migrationspflicht – 48,8 Erlang-Regelung

Die aus dem **Netzkonzept** der DTAG für die Zusammenschaltung mit ihrem öffentlichen Sprachtelefondienstnetz folgende **Migrationspflicht** der Wettbewerber auf zusätzliche **Orte der Zusammenschaltung (OdZ)** war und ist einer der am meisten umstrittenen Fragen der Zusammenschaltung mit der DTAG. Grund für die Migrationspflicht ist die von der DTAG erstrebte Vermeidung sog. **atypischer Verkehrsströme** im Grundeinzugsbereich einer Netzzusammenschaltung. Atypisch bedeutet in diesem Zusammenhang für die DTAG, daß der Verkehrsstrom nicht typischerweise innerhalb des Grundeinzugsbereichs generiert, sondern durch den Zusammenschaltungspartner von außerhalb zugeführt wurde. Dies kann nach Angaben der DTAG zu einer **Überlastung der Netzkapazitäten** im Grundeinzugsbereich führen und daher die Funktionsweise des Netzes beeinträchtigen. Um eine Überlastung ihrer Netze zu vermeiden, implementierte die DTAG in ihren Zusammenschaltungsvereinbarungen deshalb die Möglichkeit, im Fall des Erreichens des **Schwellenwerts für Telekommunikationsverkehr von 48,8 Erlang** in einem **Grundeinzugsbereich** (bezogen auf den dort originierenden und dort zu terminierenden Verkehr), die Anbindung an einen weiteren Ort der Zusammenschaltung in diesem Grundeinzugsbereich zu verlangen (sog. Migration). Die DTAG behält sich darüber hinaus vor, Wettbewerbern, die eine weitere Zusammenschaltung ablehnen, den Verkehr in und aus dem Grundeinzugsbereich auf 48,8 Erlang in der Standardzeit zu begrenzen. 229

Hinsichtlich einer Beschränkung des Netzzuganges bei Erreichen des Schwellenwertes von 48,8 Erlang vertrat die **Regulierungsbehörde** die Ansicht, eine Einschränkung der Zusammenschaltungspflicht nach § 35 TKG sei nicht gegeben, da die begehrte Zusammenschaltung insgesamt gewährt würde[1]. Eine **Zugangsbeschränkung** i. S. v. § 35 Abs. 2 S. 2 TKG liege somit nicht vor, da der Begriff „Beschränkung des Netzzuganges" angesichts der gesetzlichen Regelungen eng auszulegen sei. Die Regulierungsbehörde versteht folglich unter Beschränkung nur die völlige Verweigerung der Netzzusammenschaltung, d. h. die physische oder faktische Beschränkung des Zugangs zum gesamten Netz oder Teilen des Netzes, zu dem Zugang gewährt wird[2]. 230

---

[1] Vgl. z. B. Beschl. der Regulierungsbehörde v. 26. 11. 1999 – BK 4c-99-046/Z 22. 10. 1999; weitere Nachw. ABl. RegTP 2000, S. 1042.
[2] Vgl. *Piepenbrock/Müller*, K&R 2000, 110.

231 Das **VG Köln**[1] hingegen stellte im gegen den Beschluß der Regulierungsbehörde eingeleiteten Eilverfahren diesbezüglich zunächst klar, daß unter den Begriff der Beschränkung nicht nur die völlige Verweigerung der Zusammenschaltung, sondern **auch weniger belastende Maßnahmen** fallen. Etwas anderes ließe sich insbesondere weder dem Wortsinn des Tatbestandsmerkmals „beschränken" noch seinem Zweck entnehmen. Darüber hinaus wäre anderenfalls die Regelung des § 37 Abs. 3 S. 3 TKG gegenstandlos, da diese wegen ihres engen Zusammenhangs mit § 37 Abs. 1 S. 1 TKG eine – grundsätzlich positive – Zusammenschaltungsanordnung voraussetze.

232 In der 48,8 Erlang-Regelung ist somit eine **Beschränkung i. S. v. § 35 Abs. 2 S. 2 TKG** zu erblicken, die jedoch dann zulässig ist, wenn sie **gerechtfertigt** werden kann. Für das VG Köln stellte sich daher die Frage, ob die 48,8 Erlang-Regelung den **grundlegenden Anforderungen** i. S. d. Art. 3 Abs. 2 der ONP-Rahmenrichtlinie entspricht. Auf die allenfalls in Betracht zu ziehende **Aufrechterhaltung der Netzintegrität** läßt sich nach dem VG Köln die umstrittene 48,8 Erlang-Regelung jedoch nicht stützen[2].

233 Zum **Begriff der Netzintegrität** führte bereits die Beschlußkammer 4 der Regulierungsbehörde aus[3], dieser werde weder in der ONP-Rahmenrichtlinie noch in der Zusammenschaltungsrichtlinie definiert. Der Wortlaut des Begriffs „**Integrität**" legt nach Ansicht der Beschlußkammer eine Bedeutung nahe, welche **die Unversehrtheit des Netzes in dem Sinn meint, daß eine Beeinträchtigung der Funktionsfähigkeit des Netzbetriebes sowie eine Beeinträchtigung der Qualität der über das Netz abgewickelten Telekommunikationsverbindungen vermieden werden soll**. Ob zumindest eine abstrakte Gefährdung der Funktionsfähigkeit des Netzes der Antragsgegnerin sowie eine ebenfalls zumindest abstrakte Gefahr für die Qualität der über ihr Netz abgewickelten Verbindungen **infolge der Zusammenschaltung mit den Netzen anderer Wettbewerber objektiv vorliegt**, ließ sich für **die Beschlußkammer nicht mit hinreichender Sicherheit feststellen**. Denn die Annahme einer Beeinträchtigung der Funktionalität und insbesondere die Bejahung einer Qualitätseinbuße **hänge ganz entscheidend von subjektiven Maßstäben bzw. Standards ab, die sich die betroffenen Unternehmen für sich selbst, und um den Ansprüchen ihrer Kunden zu genügen, setzen**[4].

---

1 Vgl. VG Köln v. 20. 10. 1999 – 1 L 1371/99.
2 Vgl. VG Köln v. 20. 10. 1999 – 1 L 1371/99, S. 4 des amtlichen Umdrucks.
3 Siehe Beschl. der Regulierungsbehörde v. 11. 5. 1999 – BK 4d-99-009/Z 1. 3. 1999, S. 16/17 des amtlichen Umdrucks.
4 Vgl. Beschl. der Regulierungsbehörde v. 6. 5. 1999 – BK 4c-99-008/Z 25. 2. 1999, S. 18 f. des amtlichen Umdrucks; Beschl. der Regulierungsbehörde v. 4. 5. 1999 – BK 4-99-007/Z 23. 2. 1999, S. 9 des amtlichen Umdrucks.

Der **Schutz der Netzintegrität** obliegt allerdings nach Ansicht des VG 234
Köln gemäß Art. 13 Abs. 2 Ziff. b S. 2 RL 98/10/EG den nationalen
Regulierungsbehörden, nicht aber marktbeherrschenden Unternehmen.
Der konkrete Schutz sei zudem durch die Festlegung objektiver Kriterien
zu gewährleisten und durch die nationalen Regulierungsbehörden so zu
veröffentlichen, daß sie für interessierte Parteien leicht zugänglich sind.
Eine derartige Veröffentlichung sei bisher aber nicht erfolgt. Des weiteren
beruhe die Festsetzung des Wertes von 48,8 Erlang durch die Regulierungsbehörde
nicht auf **objektiven Kriterien** bzw. auf **objektiven Erfordernissen
der Netzintegrität** i. S. d. Art 10 Abs. 2 Ziff. b S. 3 der
Zusammenschaltungs-Richtlinie, sondern stütze sich lediglich auf (subjektive)
wirtschaftliche Gründe. Denn die Migrationspflicht sei nach
den Ausführungen der Regulierungsbehörde als Alternative zu der im
Grunde gerechtfertigten Beaufschlagung der geltenden Zusammenschaltungstarife
eine geeignete und verhältnismäßige Maßnahme zur präventiven
Reduktion von atypischem Verkehr sowie von Verkehrskonzentrationen
und damit zur Vermeidung zusätzlicher Investitionskosten der
Antragsgegnerin geeignet. Derartige wirtschaftliche Erwägungen könnten
eine Beschränkung der Zusammenschaltungsanordnung aber nicht
rechtfertigen[1].

Das **OVG Münster** hat diesbezüglich als Berufungsgericht im Eilverfahren 235
ausgeführt[2], selbst wenn man die Migrationspflicht als Netzzugangsbeschränkung
qualifiziere, seien die Anforderungen des § 35 Abs. 2 S. 2
TKG entgegen der Auffassung des VG Köln erfüllt. Der Begriff der Netzintegrität
sei unter Berücksichtigung der Ziele der ONP-Rahmenrichtlinie
dahin zu interpretieren, daß er nicht nur den physischen Bestand,
sondern auch die **reibungslose, wartezeitfreie Ende-zu-Ende Kommunikation**
beinhalte. Die grundlegenden Anforderungen, zu denen die Aufrechterhaltung
der Netzintegrität zählt, seien am allgemeinen Interesse
zu orientieren (vgl. Art. 2 Nr. 6 ONP-Rahmenrichtlinie), welches im
Bereich der Telekommunikation insbesondere auf die Erhaltung oder
Erlangung eines Telekommunikationsnetzes gerichtet sei, das allzeit verfügbare,
reibungslose Verbindungen **ohne überlastbedingte Wartezeiten**
gewährleiste. Die **Erlang-Regelung diene somit der Sicherstellung der
Netzintegrität**, da hierdurch atypische Verkehrsströme vermieden würden.
Im übrigen werde die Erlang-Regelung auch von der grundlegenden
Anforderung einer Wahrung der **Interoperabilität der Dienste** (Art. 2
Nr. 6 ONP-Rahmenrichtlinie) gedeckt, da hierunter die uneingeschränkte
Weitergabe der herangeführten Sprach- und Datenkommunikationsverkehre
zu verstehen sei, die nur bei einer wartezeitfreien oder sonsti-

---
1 Vgl. VG Köln, CR 2000, 108.
2 Vgl. OVG Münster, NVwZ 2000, 707.

gen störungslosen Weiterleitung des Verkehres zu bejahen sei. So gesehen verlange Interoperabilität die **Wahrung der Qualität** des Verkehrs auf dem Übermittlungswege auch unter Einschaltung mehrerer Netze. Das OVG hatte demgegenüber „keine Zweifel" an dem Auftreten derartiger Qualitäts- und Funktionseinbußen, sofern die Migrationsregel nicht zur Anwendung kommt.

236 Hierzu ist kritisch anzumerken, daß sich – wie oben dargestellt – selbst die Regulierungsbehörde nicht in der Lage gesehen hat, „mit hinreichender Sicherheit festzustellen", ob eine zumindest **abstrakte Gefahr** für die Funktionsfähigkeit des Netzbetriebs sowie eine Gefährdung der Qualität der über das Netz abgewickelten Telekommunikationsverbindungen aufgrund atypischer Verkehrsströme besteht. Der Wert in Höhe von 48,8 Erlang erscheint damit willkürlich. In diesem Zusammenhang wird zu Recht kritisiert, daß selbst wenn man den vom OVG im Eilverfahren entwickelten Definitionen zustimmen würde, hätte überprüft werden müssen, ob die 48,8 Erlang-Regelung **der Höhe nach** eine geeignete Maßnahme zur Sicherstellung des von der ONP-Rahmenrichtlinie vorausgesetzten Qualitätsstandards darstellt[1]. Aus den Grundsätzen der Verhältnismäßigkeit und der Nichtdiskriminierung folgt, daß aufgrund der ONP-Anforderungen in das Recht auf Zusammenschaltung nur so geringfügig wie möglich eingegriffen werden darf. Es können daher nur solche Maßnahmen getroffen werden, welche die anderen Netzbetreiber so wenig wie möglich beeinträchtigen. Ferner spricht die Bestimmung des § 35 Abs. 2 S. 1 TKG von einem „**gleichwertigen** Zugang zu den Telekommunikationsnetzen eines Betreibers", **nicht** aber von einem **gleichartigen** Zugang. Die Sicherstellung eines gleichwertigen Zugangs bedeutet dagegen, daß ein Wettbewerber in vergleichbarer Weise auf das Netz des Zugangsverpflichteten zugreifen kann wie dieser selbst, hierfür jedoch nicht zwingend eine Angleichung an die Netzinfrastruktur der Antragsgegnerin erforderlich ist. Fraglich ist auch, ob die Regulierungsbehörde bei Festlegung des Schwellenwertes von 48,8 Erlang den Anforderungen des Amtsermittlungsgrundsatzes gemäß § 76 Abs. 1 TKG genügt, da sie zur Begründung des Schwellenwertes lediglich vorbringt, es handle sich hierbei um eine „**einfach handhabbare Planungsregel**", die für alle Marktteilnehmer die erforderliche Planungssicherheit gewährleiste[2].

237 Es ist festzuhalten, daß durch die Entscheidung des OVG Münster im Eilverfahren die Grenzen, eine Zugangsbeschränkungen im Wege von Qualitätsanforderungen zu rechtfertigen, weit gezogen wurden. Die Erlang-Regelung ist aber bis zu einer hoffentlich korrigierenden Entschei-

---
1 Vgl. *Rickert*, NVwZ 2000, 639.
2 Vgl. *Rickert*, NVwZ 2000, 639.

dung im **Hauptverfahren** zunächst zu berücksichtigen. Im übrigen wurde durch die Regulierungsbehörde inzwischen die Migrationsregel im Rahmen der §§ 9 Abs. 6, 6 Abs. 5 S. 1 NZV als Grundangebot veröffentlicht (dazu unten Rz. 252 ff.) und ist daher gemäß § 6 Abs. 5 S. 2 NZV von marktbeherrschenden Unternehmen (also der DTAG) umzusetzen[1].

4.6.7 Informations- und Vertraulichkeitspflichten im Bereich Besonderer Netzzugänge

Informationspflichten im Bereich Besonderer Netzzugänge einschließlich Zusammenschaltungen ergeben sich aus **§ 35 Abs. 2 S. 3 TKG, § 4 NZV** sowie **§ 6 Abs. 1 bis 4 NZV**. § 35 Abs. 2 S. 3 TKG normiert i. V. m. § 6 Abs. 1 NZV eine **Vorlagepflicht von Zugangsvereinbarungen durch marktbeherrschende Unternehmen**, § 35 Abs. 2 S. 3 a. E. TKG i. V. m. § 6 Abs. 4 NZV, **deren** anschließende **Veröffentlichung durch die Regulierungsbehörde** und § 4 NZV schließlich eine **Informationspflicht marktbeherrschender Unternehmen** bezüglich einer für die Inanspruchnahme von Leistungen nach § 1 Abs. 2 NZV erforderlichen Bereitstellung von Informationen. Diese Pflichten dienen insbesondere den im europäischen wie deutschen Telekommunikationsrecht verankerten Geboten der Transparenz und Nichtdiskriminierung. Ergänzt werden die Informationspflichten durch besondere Vertraulichkeitspflichten in § 7 NZV.

4.6.7.1 Informationspflichten gemäß § 4 NZV

Gemäß **§ 4 NZV** sind marktbeherrschende Betreiber von Telekommunikationsnetzen i. S. d. § 35 Abs. 1 TKG verpflichtet, Nutzern, die nach § 35 Abs. 3 TKG zu einem Besonderen Netzzugang berechtigt sind, **auf Anfrage alle für die Inanspruchnahme von Leistungen nach § 1 Abs. 2 NZV benötigten Informationen bereitzustellen**. Dies beinhaltet nach § 4 S. 2 NZV auch die Pflicht, über die **in den nächsten sechs Monaten beabsichtigten Änderungen** bezüglich der jeweils nachgefragten Leistung **zu informieren**. Ausweislich der amtlichen Begründung zu § 4 NZV soll hierdurch eine gewisse **Planungssicherheit für die Nutzer** erreicht werden[2]. Sofern daher ein Wettbewerber z. B. eine Netzzusammenschaltung mit der DTAG wünscht, ist die DTAG verpflichtet, sowohl die hierzu erforderlichen Informationen bereitzustellen, zudem aber auch über evtl. in den nächsten sechs Monaten geplanten Änderungen, die diese Zusammenschaltung betreffen, aufzuklären.

---
1 Vgl. Vfg. 39/2000, ABl. RegTP 2000, S. 1042.
2 Vgl. BegrE zur NZV, BR-Drucks. 655/96, S. 10.

240 Mit der Normierung einer derart weitreichenden Informationspflicht soll sichergestellt werden, daß Nutzer die im Hinblick auf die Inanspruchnahme einer (Netz-)Leistung erforderlichen Informationen auch tatsächlich erhalten. Ausgenommen von dieser Pflicht sind jedoch nach dem Willen des Verordnungsgebers **Geschäfts- oder Betriebsgeheimnisse** sowie solche **Informationen, deren Offenlegung die Sicherheit von Telekommunikationsnetzen gefährden** könnten[1]. Darüber hinaus wird der Umfang der zu erteilenden Information durch den Leistungsbegriff des § 4 NZV begrenzt. Denn dieser umfaßt unter Rückgriff auf § 1 Abs. 2 NZV lediglich Informationen im Hinblick auf **Leistungen, die im Wege eines Besonderen Netzzuganges nach § 35 Abs. 1 TKG in Anspruch genommen werden** können. Dementsprechend werden jeweils nur die Informationen erfaßt, die für den jeweils nachgefragten Besonderen Netzzugang erforderlich sind.

241 **In der Praxis besonders relevant** sind Informationen bezüglich Schnittstellenbeschreibungen, der Lage von Zusammenschaltungspunkten oder der technischen und räumlichen Situation in Kollokationsflächen, z. B. Stromversorgung, Platz für die Technik des Zusammenschaltungspartners, Sicherheitsstandards oder Zutrittsmöglichkeiten. Zudem weisen aber auch Informationen über Bereitstellungsfristen von Netzzusammenschaltungen, Verfügbarkeit und Lieferzeit von Zugangsanschlüssen sowie die Störungsmeldung und Beseitigung eine erhebliche Praxisrelevanz auf. Denn ohne diese Informationen wäre eine Zusammenschaltung zweier Telekommunikationsnetze nicht durchführbar. **Sinn und Zweck** des § 4 NZV bestehen darin, marktbeherrschenden Netzbetreibern eine umfassende Informationspflicht aufzuerlegen, die insbesondere für neue Marktteilnehmer von erheblicher Bedeutung ist. Denn gerade diese sind es, die bei einer Realisierung von Zusammenschaltungen im Vorfeld auf technische Informationen durch den Marktbeherrscher angewiesen sind, um eine funktionale und effiziente Zusammenschaltung ihres Netzes mit dem Netz des Marktbeherrschers zu gewährleisten. Darüber hinaus stellen Informationen über das Netz des Marktbeherrschers einschließlich der darüber erbrachten Leistungen einen nicht zu unterschätzenden Faktor der Produkt- und Investitionsplanung neuer Marktteilnehmer dar. Das Wissen um die Möglichkeiten und Spezifikationen des fremden Netzes ermöglicht eine sachgerechte Nachfrage von Leistungen. Die Informationspflicht des § 4 NZV dient somit einerseits der Sicherstellung eines chancengleichen und funktionsfähigen Wettbewerbs auf den Tele-

---

1 Vgl. Entwurfbegründung zur NZV, BR-Drucks. 655/96, S. 10. Im Zusammenhang mit Entgeltgenehmigungsverfahren war die Frage der Geschäfts- und Betriebsgeheimnisse der DTAG zuletzt häufig Gegenstand auch gerichtlicher Auseinandersetzungen.

kommunikationsmärkten, setzt darüber hinaus aber auch das Transparenzgebot der Zusammenschaltungsrichtlinie RL 97/33/EG in Deutsches Recht um. Diese sieht in Art. 6b vor, daß auf Antrag (des Nutzers) alle notwendigen Informationen und Spezifikationen (vom marktbeherrschenden Unternehmen) zur Verfügung gestellt werden, um den Abschluß einer (Netzzugangs-)Vereinbarung zu erleichtern; die Informationen sollen dabei auch die für die nächsten sechs Monate vorgesehenen Änderungen umfassen.

4.6.7.2 Vorlage und Veröffentlichung von Zugangsvereinbarungen gemäß § 35 Abs. 2 S. 3 TKG sowie § 6 Absätze 1 bis 4 NZV

Vorlage und Veröffentlichung von Netzzugangsvereinbarungen sind durch zwei unterschiedliche Verfahrensabschnitte getrennt. Zunächst sind die Vereinbarungen durch marktbeherrschende Netzbetreiber gemäß § 35 Abs. 2 S. 3 TKG i. V. m. § 6 Abs. 1 NZV der Regulierungsbehörde vorzulegen, die dann anschließend für deren Veröffentlichung nach § 35 Abs. 2 S. 3 a. E. TKG i. V. m. § 6 Abs. 4 NZV verantwortlich ist.

§ 35 Abs. 2 S. 3 TKG fällt somit in Verbindung mit § 6 Abs. 1 NZV die Aufgabe zu, die Vorlage entsprechender Netzzugangsvereinbarungen durch marktbeherrschende Unternehmen sicherzustellen. **Sinn und Zweck** einer solche Vorlagepflicht besteht dabei in der Gewährleistung einer **Inhaltskontrolle von Netzzugangsvereinbarungen** durch die Regulierungsbehörde. Diese soll in die Lage versetzt werden, die Einhaltung der Inhaltsanforderungen, die im wesentlichen § 35 Abs. 2 S. 1 TKG an Zugangsvereinbarungen stellt, zu überprüfen. Vor allem hat die Regulierungsbehörde ein Auge darauf zu richten, ob die eingereichten Vereinbarungen auf **objektiven Maßstäben** beruhen, **nachvollziehbar sind** und **einen gleichwertigen Zugang** zu den Telekommunikationsnetzen marktbeherrschender Netzbetreiber gewähren. Darüber hinaus können im Rahmen der Kontrolle ggf. auch **wettbewerbsbeschränkende Vereinbarungen** aufgedeckt und gemäß § 38 TKG für unwirksam erklärt werden. Die **Nichtvorlage einer Vereinbarung** würde demnach eine Inhaltskontrolle durch die Regulierungsbehörde gänzlich in Frage stellen und damit gleichzeitig dem Sinn und Zweck der Vorschrift zuwiderlaufen. Der Gesetz- bzw. Verordnungsgeber hat daher die **Nichtvorlage einer Vereinbarung** nach § 96 Abs. 1 Nr. 9 TKG i. V. m. § 10 NZV bußgeldbewehrt, um ihr besonderen Nachdruck zu verleihen. Gegen das marktbeherrschende Unternehmen kann im Fall einer Nichtvorlage, wie § **96 Abs. 2 TKG** zu entnehmen ist, eine **Geldbuße bis zu einer Million Deutsche Mark** ausgesprochen werden.

Der Zeitpunkt und die Form einer Vorlage richten sich nach § 35 Abs. 2 S. 3 TKG, der durch § 6 Abs. 1 NZV ergänzt wird. Demzufolge ist eine

Netzzugangsvereinbarung **unverzüglich nach Vertragsschluß schriftlich** vorzulegen. **Vorlagepflichtig** sind allerdings nur solche marktbeherrschenden Unternehmen, die als Betreiber i. S. d. § 35 Abs. 1 TKG an der Vereinbarung beteiligt sind. Hieraus geht hervor, daß sich der Adressatenkreis des § 35 Abs. 2 S. 3 TKG ausschließlich auf **Betreiber von Telekommunikationsnetzen beschränkt, die Telekommunikationsdienstleistungen für die Öffentlichkeit anbieten und auf einem solchen Markt über eine marktbeherrschende Stellung i. S. d. § 19 GWB verfügen.** Von einer Vorlagepflicht nicht erfaßt werden damit die Zusammenschaltungspartner marktbeherrschender Netzbetreiber, da sie in der Regel eine marktbeherrschende Betreiberstellung i. S. d. § 35 Abs. 1 TKG nicht aufweisen. Ihnen bleibt somit selbst überlassen, inwieweit sie im Einzelfall eine Netzzugangsvereinbarung der Regulierungsbehörde zu Überprüfungszwecken vorlegen. Eine diesbezüglich Pflicht besteht nicht. Dennoch wird eine Vorlage meist dann ratsam sein, wenn der Zusammenschaltungspartner der Meinung ist, der Netzzugang werde durch das marktbeherrschende Unternehmen unzulässig beschränkt oder die Zugangsvereinbarung wurde nicht vollständig der Regulierungsbehörde vorgelegt und konnte aus diesem Grund nicht hinreichend geprüft werden. Darüber hinaus besteht natürlich immer auch die Möglichkeit, ein Mißbrauchsverfahren einzuleiten.

245 Zum konkreten **Umfang der Vorlagepflicht** trifft § 6 Abs. 1 NZV keine Aussage, sondern bestimmt nur, daß die geschlossenen Vereinbarungen vorzulegen sind. Da der Wortlaut des § 6 Abs. 1 NZV eine Einschränkung der Vorlagepflicht somit nicht vorsieht, ist grundsätzlich von einer **Pflicht zur vollständigen Vorlage** der gesamten Netzzugangsvereinbarung auszugehen. Hätte der Gesetzgeber lediglich eine eingeschränkte Vorlagepflicht und Überprüfung durch die Regulierungsbehörde gewollt, hätte er dies ausdrücklich normiert. Darüber hinaus läßt sich eine Pflicht zur vollständigen Vorlage auch aus § 6 Abs. 2 NZV herleiten. Hiernach haben die Beteiligten der Vereinbarung die Möglichkeit, Bestimmungen, die Geschäfts- oder Betriebsgeheimnisse enthalten, entsprechend zu kennzeichnen, um das Bekanntwerden vertraulicher Informationen zu verhindern. Im Umkehrschluß bedeutet dies, daß sämtliche Bestandteile der Netzzugangsvereinbarung einschließlich Geschäfts- und Betriebsgeheimnissen der Regulierungsbehörde vorgelegt werden müssen und Auslassungen, Schwärzungen oder Abänderungen unzulässig sind.

246 Der Begriff des **Geschäftsgeheimnisses** erfaßt dabei den **kaufmännischen Bereich** der Netzzugangsvereinbarung, der Ausdruck des **Betriebsgeheimnisses** hingegen **technische Aspekte.** Als geheim sind insbesondere Tatsachen einzustufen, die nur einem begrenzten Personenkreis bekannt

sind, eng mit dem Geschäftsbetrieb zusammenhängen und an deren Geheimhaltung ein schutzwürdiges wirtschaftliches Interesse besteht[1]. Hierunter fallen z. B. **Planungsunterlagen, Marktstrategien, Produktionsmethoden, Verfahrensabläufe, Kundenlisten** oder **Kalkulationsunterlagen**[2].

Soweit die Beteiligten von ihrem Kennzeichnungsrecht Gebrauch gemacht haben, müssen sie zusätzlich gemäß **§ 6 Abs. 2 S. 2 NZV** der Regulierungsbehörde eine „**Publikumsversion**" vorlegen, die aus ihrer Sicht ohne Preisgabe von Geschäfts- oder Betriebsgeheimnissen von interessierten Dritten eingesehen werden kann. Diese Version wird für gewöhnlich im Rahmen von § 6 Abs. 3 S. 2 NZV durch die Regulierungsbehörde für die interessierte Allgemeinheit bereitgehalten. Hält die Regulierungsbehörde die im Rahmen von § 6 Abs. 2 NZV vorgenommenen Kennzeichnungen hingegen im Rahmen einer Prüfung für unberechtigt, kann sie interessierten Dritten auch gekennzeichnete, d. h. vertrauliche Passagen zur Kenntnisnahme bereitstellen. Vor einer abschließenden Entscheidung hierüber hat sie die betroffenen Personen allerdings anzuhören. 247

Eine diesbezügliche **Prüfungspflicht** der Regulierungsbehörde besteht spätestens ab Zugang eines konkreten Einsichtnahmeantrags von dritter Seite. Mangels besonderer materieller Bewertungskriterien zur Beurteilung der Geheimhaltungsbedürftigkeit ist dabei auf die zu § 30 VwVfG entwickelten Grundsätze zurückzugreifen. Danach dürfen Behörden Unternehmensgeheimnisse preisgeben, wenn sie damit eine Verwaltungsaufgabe erfüllen und das öffentliche Interesse an dieser Aufgabenerfüllung das Geheimhaltungsinteresse des Unternehmens im konkreten Fall überwiegt[3]. 248

Zu einer **originären Verwaltungsaufgabe** der Regulierungsbehörde gehört nach § 35 Abs. 2 S. 3 a. E. TKG i. V. m. § 6 Abs. 4 NZV die **Veröffentlichung von Netzzugangsvereinbarungen**. Im Fall einer beabsichtigten Einsichtnahme in vertrauliche Teile durch Dritte sind somit die Interessen an einer Geheimhaltung gegen die Interessen an einer Veröffentlichung abzuwägen. Je bedeutender dabei das Betriebs- bzw. Geschäftsgeheimnis für die Wettbewerbsfähigkeit eines Unternehmens ist, desto geringer wird das Veröffentlichungsinteresse einzustufen sein. Die erforderliche Abwägung ist in diesem Zusammenhang aus Sicht eines 249

---

1 Vgl. BayObLG, NJW 1991, 438, 439; *Knemeyer*, NJW 1984, 2241, 2243; *Kopp*, § 30 VwVfG, Rz. 5; *Stelkens/Bonk/Sachs*, Verwaltungsverfahrensgesetz, § 30 VwVfG Rz. 8.
2 Zur Frage des Anspruchs auf Schutz von Geschäfts- und Betriebsgeheimnissen gegenüber dem Anspruch auf rechtliches Gehör in Entgeltregulierungsverfahren s. OVG Münster v. 4. 7. 2001 – 13 E 1898/01.
3 Vgl. *Knemeyer*, NJW 1984, 2241, 2245.

neutralen, objektiven Beobachters vorzunehmen. Eine Entscheidung der Regulierungsbehörde über die Gewährung der Einsichtnahme oder deren Ablehnung erfolgt in pflichtgemäßer Ausübung ihres Ermessens und ergeht als **Verwaltungsakt** i. S. v. § 35 S. 1 VwVfG. Die Entscheidung muß daher insbesondere begründet werden. Die Begründungspflicht versetzt die betroffenen Unternehmen in die Lage, die Beweggründe der Regulierungsbehörde nachzuvollziehen und die Rechtmäßigkeit der Entscheidung ggf. verwaltungsgerichtlich überprüfen zu lassen.

250 Die eigentliche Veröffentlichung durch die Regulierungsbehörde richtet sich schließlich – wie bereits erwähnt – nach den Kriterien des § 35 Abs. 2 S. 3 TKG und § 6 Abs. 4 NZV. Danach hat die Regulierungsbehörde in ihrem **Amtsblatt** lediglich mitzuteilen, wann und wo Nutzer nach § 1 Abs. 2 NZV eine entsprechende Vereinbarung einsehen können. Eine Veröffentlichung nach § 35 Abs. 2 S. 3 TKG erfolgt somit nicht direkt – im Wege einer Veröffentlichung der jeweiligen Vereinbarung im Amtsblatt –, sondern durch den bloßen Hinweis auf die Möglichkeit einer Einsichtnahme, die meist in den Räumen der Regulierungsbehörde ermöglicht wird. Das eigentliche Einsichtnahmerecht ist dabei durch den Verweis in § 6 Abs. 4 auf § 1 Abs. 2 NZV, der seinerseits auf § 35 Abs. 3 TKG Bezug nimmt, beschränkt. Es umfaßt nur Nutzer, die zu einem Besonderen Netzzugang berechtigt sind.

4.6.7.3 Vertraulichkeit von Informationen (§ 7 NZV)

251 In Ergänzung zu den Informationspflichten sieht § 7 NZV vor, daß Informationen, die von Verhandlungspartnern im Zusammenhang mit Vereinbarungen über Besondere Netzzugänge nach § 5 NZV offenbart oder anderweitig bekannt werden, nur für die **Zwecke** verwendet werden dürfen, für die sie bereitgestellt wurden. Auch diese Verpflichtung dient trotz ihrer allgemeinen Fassung insbesondere dem Schutz von Wettbewerbern gegenüber dem marktbeherrschenden Unternehmen. Da aus Informationen der Wettbewerber Wettbewerbsvorteile gezogen werden könnten, darf insbesondere anderen Abteilungen, Tochtergesellschaften oder Partnerunternehmen des marktbeherrschenden Unternehmens keine Kenntnis hierüber verschafft werden. § 7 NZV normiert somit eine umfassende Vertraulichkeitspflicht sowohl gegenüber Dritten (§ 7 S. 1 NZV) als auch gegenüber einer internen Weiterverwendung von Informationen (§ 7 S. 2 NZV). Nicht von dieser Vertraulichkeitspflicht werden in diesem Zusammenhang solche Informationen erfaßt, die durch die Regulierungsbehörde nach § 6 Abs. 5 S. 1 NZV veröffentlicht oder zur Einsichtnahme für interessierte Dritte gemäß § 6 Abs. 4 NZV bereitgehalten werden.

4.6.8 Grundangebot für Besondere Netzzugänge (§ 6 Abs. 5 S. 1 NZV)

Um einen gleichwertigen und diskriminierungsfreien Zugang zu Telekommunikationsnetzen marktbeherrschender Betreiber zu gewährleisten (vgl. § 35 Abs. 1 TKG), ist die Regulierungsbehörde nach § 6 Abs. 5 S. 1 NZV verpflichtet, schrittweise ein sog. **Grundangebot** zu entwickeln, das auf bereits bestehenden Netzzugangsvereinbarungen aufbaut[1]. Welche Vertragsbestandteile in diesem Zusammenhang für die Entwicklung des Grundangebotes relevant sind, beantwortet § 6 Abs. 5 NZV. Danach sind nur solche Bestandteile zu berücksichtigen, von denen **zu erwarten** ist, daß sie auch zukünftig in **einer Vielzahl von Vereinbarungen** verwendet werden. Eine entsprechende Bewertung als für das Grundangebot relevant, obliegt dabei der Regulierungsbehörde im Rahmen ihres pflichtgemäßen Ermessens, unter Berücksichtigung eines **Beurteilungsspielraums**. Dieser ergibt sich daraus, daß § 6 Abs. 5 NZV eine Prognoseentscheidung der Regulierungsbehörde erfordert, welche die Gerichte aufgrund der hohen Komplexität und der besonderen Dynamik des Telekommunikationsbereichs nur bedingt nachprüfen können[2].

Darüber hinaus ist bei der Entwicklung des Grundangebots ein Rückgriff der Regulierungsbehörde auf Standardzusammenschaltungsvereinbarungen des marktbeherrschenden Unternehmens grundsätzlich unzulässig. Der Grund hierfür ist, daß anderenfalls marktbeherrschende Unternehmen den Inhalt des Grundangebotes diktieren könnten. Dennoch ist aufgrund der Vielzahl an geschlossenen Vereinbarungen, an denen insbesondere marktbeherrschende Unternehmen wegen ihres Abschlußzwanges nach § 35 Abs. 1 TKG beteiligt sind, eine , wenn auch indirekte, Einflußmöglichkeit auf die Entwicklung des Grundangebotes nicht von der Hand zu weisen. Die Regulierungsbehörde hat daher das Grundangebot anhand einer Gesamtschau aller ihr vorgelegten Netzzugangsvereinbarungen zu entwickeln und anschließend zu veröffentlichen (§ 6 Abs. 5 S. 2 NZV). Hierdurch soll eine für den Wettbewerb erforderliche **Transparenz** im Bereich Besonderer Netzzugänge und Zusammenschaltungen sichergestellt werden, der den in Verhandlungen stehenden Zusammenschaltungspartnern eine erste Orientierung hinsichtlich der „üblichen" Vertragsbestandteile von Netzzugangsvereinbarungen ermöglicht und damit insbesondere die alternativen Netzbetreiber schützt. Darüber hinaus besteht die Möglichkeit, das **Grundangebot als Indiz für das Vorliegen mißbräuchlichen Verhaltens** marktbeherrschender Unternehmen heranzuziehen, sofern mit diesem eine vom Grundangebot abweichende Vereinbarung getroffen wurde. Denn die Nichteinhaltung des Grundangebotes durch das marktbeherrschende Unternehmen erlaubt

---

[1] Vgl. BegrE zur NZV, BR-Drucks. 655/96, S. 11.
[2] Vgl. *Stelkens/Bonk/Sachs*, Verwaltungsverfahrensgesetz, § 40 VwVfG.

die Vermutung, es halte sich nicht an die zwingenden Vorgaben des TKG und verhalte sich mißbräuchlich.

254 Eine Verpflichtung zur Einhaltung des von der Regulierungsbehörde erarbeiteten Grundangebotes besteht dabei jedoch gegenüber keinem der Zusammenschaltungspartner. Anderenfalls würde in unzulässiger Weise in die Privatautonomie der Verhandlungspartner eingegriffen. In Zusammenhang mit § 6 Abs. 5 NZV ist darüber hinaus Art. 7 der Zusammenschaltungsrichtlinie (RL 97/33/EG) zu berücksichtigen, der umfangreiche Pflichten im Hinblick auf die Erstellung und Veröffentlichung eines Standardzusammenschaltungsangebots vorsieht. Hiernach haben die nationalen Regulierungsbehörden sicherzustellen, daß ein entsprechendes Standardangebot überhaupt veröffentlicht wird, welches inhaltlich eine **Beschreibung der Zusammenschaltungsangebote** enthält, aufgegliedert in Einzelelemente entsprechend den Markterfordernissen, sowie die **entsprechenden Geschäftsbedingungen** einschließlich der **Tarife**. Zudem sieht Art. 7 für die Regulierungsbehörde die Möglichkeit vor, Änderungen des Standardzusammenschaltungsangebots anzuordnen, wenn dies gerechtfertigt ist.

255 Die bisherige **Praxis** der Regulierungsbehörde, lediglich die **Zusammenschaltungsentgelte** als Grundangebot zu veröffentlichen, steht somit in Widerspruch zu den europäischen Vorgaben und ist als unzureichend zu bezeichnen. Zwar läßt sich nicht von der Hand weisen, daß neben den Zusammenschaltungsentgelten zum Teil auch einzelne Vertragsklauseln veröffentlicht wurden, z. B. die Regelung der in Rz. 229 ff. näher dargestellten **Migrationspflicht** der Zusammenschaltungspartner der DTAG bei einem Überschreiten eines Verkehrswerts von 48,8 Erlang für definierte Einzugsbereiche von Orten der Zusammenschaltung, doch blieb diese Veröffentlichung insgesamt die Ausnahme. Eine Divergenz zwischen der Praxis der Regulierungsbehörde und den europarechtlichen Vorgaben des Art. 7 RL 97/33/EG ist daher selbst in dieser Konstellation festzustellen. Denn aus Art. 7 ergibt sich eindeutig, daß im Rahmen des Grundangebotes eine (Leistungs-)Beschreibung der Zusammenschaltung, die dazugehörigen Geschäftsbedingungen sowie die entsprechenden Tarife zu veröffentlichen sind. Demnach wäre die Regulierungsbehörde verpflichtet, nicht nur die Tarife, sondern auch den „gesamten" Standardzusammenschaltungsvertrag der DTAG – sofern grundangebotstauglich – in ihrem Amtsblatt abzudrucken.

256 Selbst die Regulierungsbehörde scheint neuerdings zumindest indirekt anzuerkennen, daß eine bloße Veröffentlichung der reinen Zusammenschaltungsentgelte als Grundangebot unzureichend ist. Sie kehrt sich zwar nicht direkt von ihrer bisherigen Veröffentlichungspraxis ab, hat aber den Kreis von Vertragsklauseln, die den **entgeltrelevanten Bestand-**

teilen **Allgemeiner Geschäftsbedingungen** zuzurechnen sind und folglich im Zusammenhang mit den Entgelten als Grundangebot zu veröffentlichen wären, näher definiert. Nach den Ausführungen der Regulierungsbehörde handelt es sich hierbei um Klauseln, die entweder die Modalitäten der Entgeltberechung oder -zahlung betreffen (z. B. Fälligkeit, Abrechungszeiträume, Tarif oder Taktzeiten) oder die nach Sorgfalt eines ordentlichen Kaufmanns bei Ermittlung und Festlegung des Entgelts für eine Leistung vernünftigerweise zu berücksichtigen sind (wie Haftungs- und Gewährleistungsregeln etc.)[1]. Im konkreten Fall ging es dabei um Klauseln zu Bereitstellungsfristen und sonstigen Qualitätsbedingungen (wie Verfügbarkeit und Entstörung) und den Konsequenzen bei deren Nichteinhaltung. Derartige Festlegungen – auch wenn sie in einem Entgeltgenehmigungsverfahren erfolgt sind – erfordern eine entsprechende Anpassung der Veröffentlichungspraxis hinsichtlich des Grundangebots. Es bleibt somit zu beobachten, ob die Regulierungsbehörde neben den eigentlichen Zusammenschaltungsentgelten nunmehr auch die als entgeltrelevanten Bestandteile qualifizierten Klauseln veröffentlichen wird. Überlegenswert wäre auch, die Bestimmung in § 6 Abs. 5 NZV als eine verwaltungsgerichtlich durchsetzbare Verpflichtung der Regulierungsbehörde zu betrachten, weil die Veröffentlichungspflicht insbesondere der Transparenz und damit dem Schutz der Wettbewerber dient.

4.6.9 Schlichtungsverfahren vor der Regulierungsbehörde gemäß § 8 NZV

Im Rahmen von Verhandlungen über die Vereinbarung Besonderer Netzzugänge sieht § 8 NZV die Möglichkeit eines besonderen Schlichtungsverfahrens bei Streitigkeiten vor. Das Schlichtungsverfahren vor der Regulierungsbehörde gemäß § 8 NZV kann im Fall von Streitigkeiten während Vertragsverhandlungen über Zugangsvereinbarungen, bei denen zumindest eine Partei Betreiber nach § 35 Abs. 1 TKG (also marktbeherrschend) ist, von **beiden** Beteiligten gemeinsam eingeleitet werden. Dies gilt unabhängig davon, ob eine Netzzugangs- oder Zusammenschaltungsvereinbarung noch gar nicht zustande gekommen ist oder ob eine bereits bestehende Vereinbarung lediglich geändert werden soll. 257

Eine Schlichtung ist grundsätzlich zulässig, soweit **einer der Beteiligten die Kriterien des § 35 Abs. 1 TKG erfüllt**, d. h. Betreiber eines Telekommunikationsnetzes ist (§ 3 Nr. 2), der Telekommunikationsdienstleistungen für die Öffentlichkeit (§ 3 Nr. 19) anbietet und über eine marktbeherrschende Stellung verfügt. 258

---
[1] Vgl. Beschl. der Regulierungsbehörde v. 9. 4. 2001 – BK 2a 01/006.

259 Voraussetzung für eine Anrufung der Regulierungsbehörde als Schlichter ist dabei ein entsprechender Antrag **beider** Parteien. Im Fall von Besonderen Netzzugängen, welche die Zusammenschaltung mit einem Netz eines marktbeherrschenden Betreibers beinhalten, ist neben dem Schlichtungsverfahren des § 8 NZV eine einseitige Anrufung der Regulierungsbehörde zur Anordnung der Zusammenschaltung gemäß § 9 NZV möglich. Im Zweifel wird bei Netzzusammenschaltungen mangels einer gemeinsamen Antragsmöglichkeit – marktbeherrschende Unternehmen werden sich in der Regel nicht auf die Schlichtungsmöglichkeit nach § 8 NZV einlassen – sowie der weitergehenden Regelungsbefugnis der Regulierungsbehörde in einem Anordnungsverfahren das Verfahren nach § 9 NZV vorzuziehen sein. Dies hat sich in Praxis auch bisher so dargestellt.

260 Rufen beide Verhandlungspartner die Regulierungsbehörde als Schlichter an, verlieren sie dadurch nicht ihre grundsätzliche **Dispositionsfreiheit**. Nur beide Parteien gemeinsam können über den Gegenstand des Schlichtungsverfahrens verfügen, die Regulierungsbehörde nur dann über das konkrete Anrufungsbegehren entscheiden. Hierdurch wird es möglich, auch Teilaspekte einer Netzzugangsvereinbarung zwecks Klärung der Regulierungsbehörde vorzulegen.

261 Fraglich ist jedoch, ob das Schlichtungsverfahren von einer der beiden Parteien jederzeit **beendet** werden kann. Dies vorausgesetzt, würde bewirken, daß spätestens in dem Zeitpunkt, zu dem sich das Verfahren zu Ungunsten einer der Beteiligten entwickelte, von diesem das Verfahren beendet würde. Als Konsequenz liefe somit das Schlichtungsverfahren des § 8 NZV als wirksames Streitbeilegungsinstrument leer. Daher ist es richtig, der Beendigung des Schlichtungsverfahrens dieselben Voraussetzungen zugrunde zu legen, wie der Anrufung. Erforderlich ist daher ein **gemeinsamer Antrag** beider Parteien auf Beendigung. Dieser wird nur in den Fällen zu erlangen sein, in denen beide Parteien eine Einigung erzielen konnten und somit einer Schlichtung nicht mehr bedürfen. Der Fall, daß beide Parteien gemeinsam eine weitere Durchführung ablehnen, ist zwar theoretisch ebenfalls denkbar, in der Praxis aber wohl noch seltener als die Durchführung einer Schlichtung selbst, da meist eine der Parteien erfolgreicher als die andere Partei aus einer Schlichtung hervorgeht. Oben gefundenes Ergebnis läßt sich darüber hinaus durch einen Vergleich der §§ 8 und 9 NZV belegen, da § 8 im Gegensatz zu § 9 NZV keine freie Widerrufbarkeit des Antrages vorsieht, so daß hinsichtlich § 8 NZV die Grundsätze für eine Anrufung auch einer Beendigung zugrunde gelegt werden können.

262 Eine Entscheidung über den **Antragsgegenstand** erfolgt durch die Regulierungsbehörde unter Berücksichtigung der beiderseitigen Interessen der

Verfahrensbeteiligten nach § 8 S. 2 NZV. Weitergehende verfahrensrechtliche Regelungen enthält § 8 NZV dabei nicht. Die Parteien haben im Rahmen von § 8 NZV lediglich die Möglichkeit, die Regulierungsbehörde als Schlichter anzurufen. Es besteht somit die Möglichkeit – abhängig von dem im Schlichtungsantrag zum Ausdruck kommenden Willen der Parteien –, die Rolle der Regulierungsbehörde zum einen als **öffentlich-rechtliches Schiedsgericht** i. S. d. § 168 Abs. 1 Nr. 5 VwGO zu betrachten[1], zum anderen aber auch unmittelbar als **zivilrechtliches Schiedsgericht** im Sinne der ZPO. Gegen erstere Möglichkeit spricht vor allem schon grundsätzlich die Tatsache, daß die Annahme eines öffentlich-rechtlichen Schiedsgerichts systematisch bereits eine **öffentlich-rechtliche Streitigkeit** erfordert, die jedoch bei Streitigkeiten über Besondere Netzzugänge nicht angenommen werden kann. Eher ist in diesem Zusammenhang von einer Streitigkeit **zivilrechtlicher Natur** auszugehen. Denn schließlich geht es in § 8 NZV um eine Schlichtung von Streitigkeiten im Rahmen von Vertragsverhandlungen über Netzzugangsvereinbarungen.

Unabhängig von der Frage nach der Qualifikation der Regulierungsbehörde als öffentlich-rechtliches oder zivilprozeßrechtliches Schiedsgericht finden auf die Durchführung des Schlichtungsverfahrens die Vorschriften der §§ 1025 ff. ZPO entweder direkt oder entsprechend Anwendung. Denn geht man von einem öffentlich-rechtlichen Schiedsgericht aus, ordnet § 173 VwGO zumindest die entsprechende Anwendbarkeit der ZPO an. In direktem (oder entsprechendem) Rückgriff auf § 1031 ZPO ist daher der gemeinsame Schlichtungsantrag der Parteien schriftlich bei der Regulierungsbehörde einzureichen. Ein eventueller Formmangel wird durch die Einlassung auf die schiedsgerichtliche Verhandlung geheilt.

263

Hinsichtlich einer **Entscheidung in der Sache** ist die Regulierungsbehörde an die gemeinsame Festlegung des Verfahrensgegenstandes durch die Beteiligten gebunden. Soweit eine Zusammenschaltung öffentlicher Telekommunikationsnetze Schlichtungsgegenstand ist, sind zudem die Entscheidungsrahmen der §§ 36, 37 TKG und § 9 NZV zu beachten. Insgesamt hat die Entscheidung unter Berücksichtigung der beiderseitigen Interessen der Parteien zu erfolgen, wobei darauf abzustellen ist, was die Parteien bei angemessener Abwägung ihrer Interessen als redliche Vertragspartner vernünftigerweise unter Beachtung der geltenden Gesetze vereinbart hätten[2]. Eine Änderung oder Erweiterung des Schlichtungsgegenstandes durch die Regulierungsbehörde oder eine der Parteien ist dabei nur unter Einverständnis beider Parteien möglich, da diese den Schlichtungsgegenstand festlegen.

264

---

1 So z. B. Beck TKG-Komm/*Piepenbrock*, Anh. zu § 39 TKG, § 8 NZV Rz. 5.
2 Vgl. Beck TKG-Komm/*Piepenbrock*, Anh. zu § 39 TKG, § 8 NZV Rz. 9.

265 In formaler Hinsicht ergeht die Entscheidung der Regulierungsbehörde aufgrund der gesetzlichen Anordnung der §§ 73 Abs. 1 S.1, 35 Abs. 5 S. 1 TKG i. V. m. § 8 S. 2 NZV in **Form eines Verwaltungsakts**. Hierdurch entsteht die **paradoxe Situation**, daß die Regulierungsbehörde eine Entscheidung über eine zivilrechtliche Streitigkeit, mit der sie als zivilprozeßrechtliches Schiedsgericht befaßt ist, in Form eines Verwaltungsakts zu erlassen hat. Als Konsequenz wäre der Rechtsschutz vor die Verwaltungsgerichte für die Parteien eröffnet, zudem aber auch eine Vollstreckung nach dem Verwaltungsvollstreckungsgesetz möglich, obwohl die Vollstreckung von Schiedsgerichtsvereinbarungen eigentlich nach den Vorschriften der ZPO erfolgt. Für den Fall, daß die Parteien unter Berücksichtigung des § 8 NZV eine „echte" Schiedsgerichtsvereinbarung im Sinne der ZPO, d. h. unter Ausschluß des Rechtswegs, getroffen haben[1], erscheint dieser Widerspruch jedoch nicht von Relevanz, da bereits aus dem Parteiwillen eindeutig hervorgeht, daß sich Rechtsschutz und Vollstreckung nach den Vorschriften der ZPO richten. Anders verhielte sich dies, wenn die Parteien eine „echte" Schiedsgerichtsvereinbarung im Sinne der ZPO nicht getroffen hätten, wofür angesichts der in § 8 NZV Terminologie („*Schlichtung*") mangels ausdrücklich anderweitigem Parteiwillen einiges spricht. Hier bestünde eine oben bereits angedeutete **Parallelität in der Rechtswegzuständigkeit** für den Rechtsschutz und die Vollstreckung. Diese kann allerdings dadurch aufgelöst werden, daß § 8 NZV dahingehend restriktiv ausgelegt wird, daß die Regulierungsbehörde außerhalb ihrer verwaltungsgerichtlichen Zuständigkeit eine bürgerlich-rechtliche Streitigkeit schlichtet, und die formale Anordnung der §§ 73 Abs. 1 S. 1, 35 Abs. 5 S. 1 TKG i. V. m. § 8 S. 2 NZV hinsichtlich der Entscheidungsform Verwaltungsakt somit nicht zum Tragen kommt. Allerdings muß dieser Widerspruch auch nicht notwendigerweise aufgelöst werden, weil sich eine ähnliche Situation aus einer **Zusammenschaltungsanordnung** gemäß § 37 TKG ergibt (siehe unter Rz. 349).

4.7 Verhandlungspflicht über Netzzusammenschaltungen gemäß § 36 TKG

266 Die Vorschrift des § 36 TKG dient der Umsetzung von Art. 4 der Zusammenschaltungsrichtlinie (RL 97/33/EG). Diese sieht vor, daß Organisationen, die gemäß Anhang II der Richtlinie berechtigt sind, öffentliche Telekommunikationsnetze und/oder öffentlich zugängliche Telekommunikationsdienste bereitzustellen, das Recht und, soweit sie von Organi-

---

[1] In Abgrenzung zu einem Schiedsgutachtervertrag oder einer Schiedsvereinbarung ohne Ausschluß des Rechtswegs wie auch in Abgrenzung zu einer Güte- oder Schlichtungsvereinbarung; siehe Zöller/*Geimer*, § 1029 ZPO, Rz. 29.

sationen dieser Kategorien darum ersucht werden, **die Pflicht haben, eine gegenseitige Zusammenschaltung auszuhandeln.** Der Grund hierfür ist in der Sicherstellung entsprechender Netz- und Dienstleistungsangebote in der gesamten Gemeinschaft zu sehen. Von der Pflicht erfaßt werden unter Berücksichtigung von Ziff. 1 des Anhangs II der Zusammenschaltungsrichtlinie sämtliche Organisationen, die feste und/oder mobile öffentlich vermittelte Telekommunikationsnetze und/oder der Öffentlichkeit zugängliche Telekommunikationsdienste bereitstellen *und* gleichzeitig den Zugang zu einem oder mehreren Netzabschlußpunkten kontrollieren. Diese Möglichkeit ist gegeben, soweit der Zugang durch eine oder mehrere nur einmal vergebene Nummer(n) des nationalen Numerierungsplans realisiert wird und der „Betreiber" kontrollieren kann, ob der Endnutzer Zugang zu öffentlichen Telekommunikationsnetzen erhält. Gemäß Ziff. 2 des Anhangs II sind darüber hinaus auch Organisationen, die Mietleitungen zu den Räumlichkeiten der Benutzer bereitstellen, berechtigt, Verhandlungen zu verlangen.

Die Bestimmung des § 36 TKG normiert nun unter Berücksichtigung der europarechtlichen Vorgabe des Art. 4 der Zusammenschaltungsrichtlinie eine Verhandlungspflicht **für jeden Betreiber eines öffentlichen Telekommunikationsnetzes,** welcher anderen Betreibern solcher Netze auf Anfrage ein Angebot auf Zusammenschaltung abzugeben hat. Kriterium für das Bestehen einer Verhandlungspflicht ist auch hier u. a. die Kontrollmöglichkeit des Zugangs von Endnutzern, die sich aus der Legaldefinition des Betreibens eines öffentlichen Telekommunikationsnetzes (§ 3 Nr. 2 und Nr. 21 TKG) ergibt. Da für öffentliche Telekommunikationsnetze aber auch der mittelbare Anschluß von Endeinrichtungen für Endnutzer ausreicht (siehe oben Rz. 155 f.) und somit auch **Verbindungsnetzbetreiber** Betreiber öffentlicher Telekommunikationsnetze sind, ist der Anwendungsbereich des § 36 TKG in dieser Hinsicht auf den ersten Blick weiter gefaßt. Indessen kann auch bei Verbindungsnetzbetreibern eine Zugangskontrolle durch die Verbindungsnetzbetreiberkennziffer angenommen werden[1]. Allerdings weist § 36 TKG insoweit ein **Umsetzungsdefizit** gegenüber der Zusammenschaltungsrichtlinie auf, weil er einen Anspruch auf Zusammenschaltungsverhandlungen für Betreiber von Übertragungswegenetzen (Mietleitungsnetzen) nicht vorsieht. Es erscheint daher geboten, **§ 36 TKG richtlinienkonform dahingehend auszulegen,** daß auch Betreibern von Übertragungswegenetzen ein Anspruch auf Verhandlungen nach § 36 TKG zusteht[2]. In diese Richtung weist auch die inzwischen von der Regulierungsbehörde erlassenen **„Verwaltungsvorschrift über die Organisationen mit Rechten und**

267

---

1 Ebenso Beck TKG-Komm/*Piepenbrock*, § 36 Rz. 4.
2 Vgl. zur Problematik Beck TKG-Komm/*Piepenbrock*, § 36 Rz. 5/6.

Pflichten, eine gegenseitige Zusammenschaltung auszuhandeln, um gemeinschaftliche Dienste sicherzustellen"[1].

268 Ferner ist darauf hinzuweisen, daß ein Verstoß gegen die Verhandlungspflicht keine rechtlichen Konsequenzen nach sich zieht, da § 36 TKG insoweit lediglich **appellativer Natur** ist und zudem ausdrücklich auf einen Kontrahierungszwang verzichtet. Die Zusammenschaltung kann im Falle eines unzureichenden Angebots nur im Wege einer Zusammenschaltungsanordnung der Regulierungsbehörde nach § 37 TKG erreicht werden, nicht aber über § 36 TKG.

269 Ziel der konkreten Zusammenschaltungsverhandlungen nach § 36 S. 2 TKG muß dabei sein, die **Kommunikation** der (End-)Nutzer verschiedener öffentlicher Telekommunikationsnetze untereinander zu ermöglichen bzw. zu verbessern. § 36 TKG dient somit – wie bereits aus den Vorgaben des Art. 4 Ziff. 1 RL 97/33/EG ersichtlich – dem Zweck, eine netzübergreifende Kommunikation der Endkunden sicherzustellen. Auf Interessen und Belange der an den Zusammenschaltungsverhandlungen beteiligten Betreiber kommt es daher in erster Linie nicht an, sondern auf die der (End-)Nutzer[2]. Welchen Inhalt ein Angebot auf Zusammenschaltung nach § 36 TKG aufweisen muß, regelt das Gesetz allerdings nicht. Sinnvoll erscheint es dabei auf die Anlage zu § 5 Abs. 2 NZV zurückzugreifen, die Bestandteile einer Vereinbarung über Besondere Netzzugänge einschließlich Zusammenschaltungen beinhaltet[3]. Eine Pflicht hierzu besteht freilich nicht.

270 Um dem Ziel einer Kommunikation zwischen verschiedenen Netzen gerecht zu werden, ist nicht immer eine unmittelbare Netzzusammenschaltung erforderlich. Nach der Legaldefinition des § 3 Nr. 24 TKG ist auch eine lediglich **mittelbare Kommunikation** zwischen zwei Netzen in der Art möglich (siehe oben Rz. 157), daß die Kommunikation zwischen zwei (Teilnehmer-)Netzen über ein drittes Telekommunikationsnetz geführt wird, mit welchem beide (Teilnehmer-)Netze zusammengeschaltet sind, somit das dritte Telekommunikationsnetz als **Transitnetz** fungiert. Dies bedeutet allerdings nicht, daß damit die Verhandlungspflicht aus § 36 für einen der beiden Teilnehmernetzbetreiber entfiele, wenn der andere Teilnehmernetzbetreiber um eine direkte Zusammenschaltung nachsucht[4]. Die Verhandlungspflicht in § 36 S. 1 TKG ist nicht an die Bedingung geknüpft, daß die Kommunikation der Nutzer verschiedener Telekommunikationsnetze nicht anderweitig erreichbar sein darf. Auch

---

1 Mitteilung Nr. 576/2001, Amtsblatt RegTP 2001, S. 3086.
2 Vgl. Beck TKG-Komm/*Piepenbrock*, § 36 Rz. 15.
3 Vgl. *Riehmer*, MMR 1998, 59.
4 So aber Beck TKG-Komm/*Piepenbrock*, § 36 Rz. 17 f.

die eingangs zitierte Zusammenschaltungsrichtlinie unterscheidet nicht danach, ob die Kommunikation mit Endnutzern eines Verpflichteten auch anders erreicht werden kann als über die Aushandlung der **gegenseitigen** Zusammenschaltung. Die Zwecksetzung der Zusammenschaltungsverhandlungen, wie sie in § 36 S. 2 TKG zu Ausdruck kommt, ist insoweit eine nachgelagerte Verpflichtung, wonach die Beteiligten hierbei – also bei den Verhandlungen über das Angebot, welches nach § 36 S. 1 TKG bereits abzugeben war – das Ziel anzustreben haben, die Kommunikation der Nutzer verschiedener Telekommunikationsnetze untereinander zu ermöglichen und zu verbessern. Diese dem Wortlaut folgende uneingeschränkte Verpflichtung der Netzbetreiber entspricht auch dem eindeutigen Willen des Gesetzgebers. Die Begründung zu § 36 TKG (§ 35 TKG der Entwurfsbegründung) führt diesbezüglich ausdrücklich aus, daß „**jeder Betreiber** auf Nachfrage ein Angebot auf Zusammenschaltung abzugeben hat. Dies gilt auch für nicht marktbeherrschende Unternehmen"[1]. Schließlich ergibt sich diese Sichtweise auch mit Blick auf die Regelung in § 37 TKG, welche die Zusammenschaltungspflicht von Betreibern öffentlicher Telekommunikationsnetze statuiert und eine Anordnung derselben durch die Regulierungsbehörde vorsieht. Auch hier wird nicht unterschieden, ob die Kommunikation der Endnutzer vielleicht anderweitig als durch die Zusammenschaltung der beiden beteiligten Netzbetreiber (d. h. über einen Dritten) ermöglicht werden kann. Vielmehr sollen ausdrücklich alle Betreiber öffentlicher Telekommunikationsnetze der Zusammenschaltungspflicht unterliegen[2]. Die Anordnung hat dabei gemäß § 37 Abs. 3 S. 3 TKG den Maßstäben des § 35 Abs. 2 TKG zu entsprechen (Beruhen auf objektiven Maßstäben, nachvollziehbar, Gewährung gleichwertigen Zugangs und Beschränkung auf Grund der grundlegenden Anforderungen). Damit wird deutlich, daß es bei der Anordnung nicht allein um die Zusammenschaltung als solche geht (siehe schon oben Rz. 43 ff., 164 ff.), sondern auch um die Bedingungen, zu denen die Zusammenschaltung erfolgt. Nur die **Zusammenschaltung als solche** würde sich aber ggf. darin erschöpfen, die Kommunikation der Endnutzer verschiedener Telekommunikationsnetze nur zu ermöglichen. Dagegen ist die Frage der indirekten (über Dritte) oder der direkten Zusammenschaltung auch und gerade eine Frage der Bedingungen der Zusammenschaltung, insbesondere des auch bei der Anordnung zu berücksichtigenden **gleichwertigen** Zugangs. Die indirekte Zusammenschaltung ist aber schon wegen der im Zweifel höheren Zusammenschaltungsentgelte – der Dritte bzw. Transitbetreiber müßte zusätzlich gezahlt werden – nicht mehr gleichwertig[3]. Eine Einschränkung der Ver-

---

[1] Vgl. Gesetzesbegründung zum TKG, BT-Drucks. 13/4864 (neu), S. 78.
[2] Siehe Gesetzesbegründung zum TKG, BT-Drucks. 13/4864 (neu), S. 78.
[3] So aber erstaunlicherweise Beck TKG-Komm/*Piepenbrock*, § 36 Rz. 17.

handlungspflicht für die Fälle, in denen die Kommunikation der Endnutzer zweier verschiedener Telekommunikationsnetze auch über einen Dritten realisiert werden kann, ist daher abzulehnen.

4.7.1 Verpflichtete sowie Anspruchsberechtigte des § 36 TKG

271 Verpflichtet nach § 36 TKG sind sämtliche **Betreiber öffentlicher Telekommunikationsnetze** und nicht nur – wie der Kontext zu § 35 TKG vermuten ließe – marktbeherrschende Unternehmen, die öffentliche Telekommunikationsnetze betreiben. Dies würde bereits der europarechtlichen Vorgabe des Art. 4 Ziff. 1 der RL 97/33/EG zuwiderlaufen und somit ein Umsetzungsdefizit darstellen. Anspruchberechtigt sind alle anderen Betreiber solcher Netze, d. h. entscheidendes Kriterium ist das Vorliegen eines öffentlichen Telekommunikationsnetzes i. S. d. § 3 Nr. 12 TKG. Wie bereits oben Rz. 46 dargestellt ist dies im Bereich des Sprachtelefondienstes gegeben, wenn der Betreiber die Funktionsherrschaft über eine Vermittlungseinrichtung und mehr als zwei Übertragungswege besitzt.

272 Zwar kann die eigentliche Zusammenschaltung nur zwischen zwei **funktionsfähigen Netzen** durchgeführt werden. Die Verhandlungspflicht des § 36 TKG wie auch die Zusammenschaltungspflicht und die darauf beruhenden Anordnungsbefugnis der Regulierungsbehörde nach § 37 TKG setzen jedoch schon früher an. Die Zwecksetzung des TKG, einen chancengleichen und funktionsfähigen Wettbewerb, auch in der Fläche, auf den Märkten der Telekommunikation sicherzustellen (§ 2 Abs. 2 Nr. 2) und die Interessen der Nutzer zu wahren (§ 2 Abs. 2 Nr. 1), erfordert es, den Aufbau des anspruchsberechtigenden Netzes während oder nach den Zusammenschaltungsverhandlungen durchzuführen. Dementsprechend läßt auch die Regulierungsbehörde in ihrer gefestigten Anordnungspraxis zu, daß das Netz noch nicht besteht, erteilt aber eine entsprechende Ausbauauflage[1].

4.7.2 Abgrenzung zu § 35 TKG

273 Ein erster wesentlicher Unterschied zwischen § 35 und § 36 TKG ergibt sich aus den unterschiedlich weiten **Adressatenkreisen**. Von § 35 TKG werden nur Betreiber von Telekommunikationsnetzen erfaßt, die Telekommunikationsdienstleistungen für die Öffentlichkeit anbieten und auf diesem Markt über eine marktbeherrschende Stellung verfügen. § 36 TKG dagegen gilt für sämtliche Betreiber öffentlicher Telekommunika-

---

[1] Vgl. z. B. Beschl. der Regulierungsbehörde v. 12. 8. 1998 – BK 4-98-004/Z, 3. 6. 1998.

tionsnetze, unabhängig von einer marktbeherrschenden Stellung und ist somit wesentlich weiter. Zudem differieren beide Normen hinsichtlich ihres **Berechtigtenkreises**. § 36 TKG findet Anwendung soweit der Berechtigte selbst Betreiber eines öffentlichen Telekommunikationsnetze ist, während § 35 TKG grundsätzlich von allen Nutzern i. S. d. § 3 Nr. 11 TKG geltend gemacht werden kann, einschließlich der Endnutzer. Aber auch die **Regelungsmaterien** unterscheiden sich. So betrifft § 36 TKG lediglich den Fall der Netzzusammenschaltung, von § 35 TKG werden hingegen sämtliche Arten von Netzzugängen, eingeschlossen Zusammenschaltungen, erfaßt. Darüber hinaus gilt es zu berücksichtigen, daß § 36 TKG eine **Verhandlungspflicht** normiert, § 35 TKG dagegen **konkrete Verhaltenspflichten** marktbeherrschender Unternehmen vorsieht. Trotz dieser Unterschiede kann ein **Ineinandergreifen der Regelungsziele** bzw. eine teilweise **Überschneidung der Anwendungsbereiche** im Bereich von Netzzusammenschaltungen mit marktbeherrschenden Betreibern festgestellt werden. Auch hier findet die Verhandlungspflicht nach § 36 TKG Anwendung. § 36 TKG sieht für **alle Betreiber öffentlicher Telekommunikationsnetze**, auch soweit sie nicht marktbeherrschend sind, die Pflicht vor, anderen Betreibern auf Nachfrage ein Angebot auf Zusammenschaltung abzugeben[1]. Dabei unterliegen marktbeherrschende Unternehmen zusätzlich den Verhaltensgeboten des § 35 TKG. Die Regelungen in § 35 TKG konkretisieren somit den Verhandlungsinhalt für marktbeherrschende Unternehmen, während § 36 TKG eine ansonsten nicht näher konkretisierte Verhandlungspflicht unabhängig von der Marktstellung vorschreibt. Allerdings erfährt auch die Verhandlungspflicht dann durch § 37 TKG eine nähere Konkretisierung, wenn infolge gescheiterter Verhandlungen die Regulierungsbehörde die Zusammenschaltung anordnet.

4.7.3 Struktur und Inhalt von Zusammenschaltungsvereinbarungen

Angesichts der Vielzahl der zwischenzeitlich mit der DTAG abgeschlossenen Zusammenschaltungsvereinbarungen wie auch der zwischen sonstigen Netzbetreibern bestehenden Vereinbarungen soll nachfolgend ein kurzer Überblick über die **Vertragspraxis** gegeben werden. 274

4.7.3.1 Historie in bezug auf die Vereinbarungen mit der DTAG

Bereits Mitte des **Jahres 1996** nahm die DTAG Verhandlungen über eine Netzzusammenschaltung mit einigen Wettbewerbern auf. Im **Mai 1997** wurde die erste Zusammenschaltungsvereinbarung mit dem Unterneh- 275

---

[1] BVerwG, Urteil vom 25. 4. 2001 – BVerwG 6 C 6.00, S. 27 des amtlichen Umdrucks.

men WorldCom abgeschlossen. Im Juli 1997 folgte dann der Abschluß mit dem Unternehmen TeleDenmark. Im Jahr 1998, dem Beginn der vollständigen Liberalisierung des Telekommunikationsmarktes in Deutschland, wurden über 50 weitere Zusammenschaltungsvereinbarungen zwischen der DTAG und den alternativen Netzbetreibern, und bis zum Jahresende 2000 115 Zusammenschaltungsvereinbarungen abgeschlossen.

276 In der Anfangsphase der Verhandlungen war das Klima und die inhaltliche Auseinandersetzung zwischen der DTAG und ihren Verhandlungspartnern in einigen Fällen von eher dogmatischen bzw. ideologischen **Grundsatzdiskussionen** geprägt, während die Verhandlungen mit anderen Netzbetreibern mehr von einer inhaltlichen, sachbezogenen Auseinandersetzung über die komplexen technischen, betrieblichen und rechtlich-regulatorischen Fragestellungen gekennzeichnet waren. Nichtsdestotrotz beklagen sich seit Beginn der Verhandlungen im Frühjahr 1997 zahlreiche Wettbewerber über den mangelnden Willen der DTAG, zum erfolgreichen Abschluß von Zusammenschaltungsvereinbarungen zu kommen. Ein häufiger, von den Wettbewerbern geäußerter Vorwurf gegenüber der DTAG bestand darin, im Rahmen der Verhandlungen mit einer gewissen **Verzögerungstaktik** zu operieren. Das größte Konfliktpotential bestand dabei in der Frage der **Zusammenschaltungsentgelte**. Als weiteres Problem, insbesondere hinsichtlich der personellen Ressourcen hat sich herausgestellt, daß die DTAG mit vielen Wettbewerbern gleichzeitig bilaterale Zusammenschaltungsverhandlungen zu führen und umzusetzen hatte. Dies hat zu zeitlichen Verzögerungen beim Abschluß der Verträge selbst und bei der Bereitstellung von Interconnection-Anschlüssen wie auch zu Qualitätsproblemen bei der Verkehrsabwicklung geführt.

4.7.3.2 Gesetzliche Vorgaben für die Zusammenschaltungsvereinbarungen

277 Als inhaltliche Vorgabe für die Ausgestaltung und die Struktur der Netzzugangsvereinbarungen findet sich in der Anlage zu § 5 Abs. 2 NZV ein **Katalog** mit möglichen Vereinbarungspunkten von Zusammenschaltungsverträgen und Vereinbarungen über Besondere Netzzugänge. Die Aufzählung umfaßt 19 Einzelpunkte, wie z. B. die Beschreibung der einzelnen Leistungen sowie die Festlegung, wie und innerhalb welcher Frist diese Leistungen bereitzustellen sind, die Sicherstellung eines gleichwertigen Zugangs, die Standorte der Anschlußpunkte, die technischen Normen für den Besonderen Netzzugang, die Festlegung der Entgelte und der Anlaufzeit für die bereitzustellenden Leistungen und zusätzlichen Dienstleistungen, Festlegung der Haftungs- und Schadensersatzpflichten u.v.a. Diese Aufzählung entspricht im wesentlichen dem

Inhalt üblicher internationaler „Interconnection Agreements". Eine Übernahme dieser Punkte ist jedoch nicht zwingend vorgeschrieben. Ferner kommt dieser Aufzählung im Rahmen einer Vereinbarung über Besondere Netzzugänge, die **nicht als abschließend** anzusehen ist, nur eine beispielhafte Bedeutung zu, wie die Formulierung in § 5 Abs. 2 NZV („sollen", „ausrichten") zeigt. Die bisherige Ausgestaltung der Zusammenschaltungsvereinbarungen hat jedoch gezeigt, daß die Anlage zu § 5 Abs. 2 NZV die wesentlichen regelungsbedürftigen Punkte zu enthalten scheint, die für einen derartigen Vertrag erforderlich sind.

Hinsichtlich der Rechtsnatur der Netzzugangs- bzw. Zusammenschaltungsvereinbarungen ist deren **privatrechtliche Natur** unstreitig. Im Hinblick auf die vielfältigen und unterschiedlichen Regelungen wie z. B. die Dienste, die Kollokation oder die unterschiedlichen Qualitätsparameter (Service Levels) kommen sowohl Miet-, Dienst-, als auch werkvertragliche Elemente zur Anwendung, die eine Festlegung auf einen einzelnen Vertragstypus nicht zulassen. Von daher werden die Netzzugangs- bzw. Zusammenschaltungsvereinbarungen als **Vertragsverhältnis „sui generis"** angesehen[1], in welchem die unterschiedlichen Elemente der einzelnen Vertragstypen zusammengeführt werden. Allerdings ist ein Rückgriff auf eine eigene Vertragsform nicht unbedingt erforderlich, da das Bürgerliche Gesetzbuch auch typengemischte Verträge kennt[2], bei denen jeweils die Rechtsnormen angewendet werden, die auf die jeweilige Leistung am besten passen.

4.7.3.3 Gegenstand der Zusammenschaltungsvereinbarungen mit der DTAG

Die Zusammenschaltungsvereinbarung der DTAG ist durch einen **modularen Aufbau** gekennzeichnet. Hintergrund dieser modularen Struktur ist in der ständig erforderlichen Änderung und Produktergänzung zu sehen, denen diese Zusammenschaltungsvereinbarungen aufgrund der technischen und regulatorischen Erfordernisse ausgesetzt sind. Durch den modularen Aufbau wird zumindest grundsätzlich eine zeitnahe Aktualisierung in Form einer Ergänzung von einzelnen Vertragsteilen ermöglicht, ohne daß der komplette Vertrag und damit die nicht von der Ergänzung betroffenen Vertragsteile ausgetauscht bzw. neu aufgesetzt werden müßten. Die Zusammenschaltungsvereinbarung gliedert sich in einen Hauptteil, sieben Anlagen und acht Anhänge[3]. Nachfolgend wird

---
1 Vgl. *Gramlich*, CR 1997, S. 65, 68.
2 Vgl. Palandt/*Heinrichs*, Einf. v. § 305 Rz. 19.
3 Zu den Inhalten der Netzzusammenschaltungsvereinbarung vgl. www.telekom.de und www.Regtp.de.

auf den Inhalt der einzelnen Vertragselemente sowie deren praktische und rechtliche Bedeutung im einzelnen eingegangen werden.

280 Allgemein betrachtet umfaßt der Hauptteil die für die wesentlichen Vertragsinhalte geltenden **Grundsatzregelungen**, die dann auf die **konkreteren Regelungen** in den Anlagen und Anhängen verweisen. Der Hauptteil beinhaltet also allgemeine, vor die Klammer zu ziehende rechtliche Klauseln, die für sämtliche Anlagen und Anhänge Gültigkeit besitzen. Durch die auf der Grundlage der modularen Struktur verwendete Verweistechnik wird es ermöglicht, Änderungen, Vertragsanpassungen in den Leistungsbeschreibungen, Preise oder technische und betriebliche Detailregelungen durch den Austausch dieser Vertragsteile ohne Änderung des Gesamtvertrags und der grundsätzlichen Regelungen des Hauptteils vorzunehmen.

281 In den Anlagen A bis G werden die **Hauptleistungspflichten** der Vertragspartner und deren konkrete Ausgestaltung aufgeführt. In den Anhängen A bis H sind die Regelungen zu betrieblichen Abläufen wie z. B. das Bestell- und Bereitstellungsverfahren, das Testverfahren und der Netzbetrieb aufgenommen worden. Im Hinblick auf die Vertraulichkeit der einzelnen Vertragsdokumente ist zwischen der DTAG und ihren Verhandlungspartnern vereinbart worden, daß sämtliche Anhänge als Betriebs- und Geschäftsgeheimnisse i. S. d. § 6 Abs. 2 NZV anzusehen sind, wohingegen der Hauptteil und die Anlagen aufgrund des Umstandes, daß hierin kaum individuelle Vereinbarungen getroffen werden, nicht als Betriebsgeheimnis eingestuft werden.

282 **Schwerpunkt** des Regelungsinhalts der Netzzusammenschaltungsvereinbarungen sind neben den Regelungen über die Interconnection-Anschlüsse die gegenseitige Erbringung von Zusammenschaltungsdiensten der Vertragspartner auf Basis der Zusammenschaltung sowie die diesbezüglichen Entgelte.

4.7.3.4 Einzelne Vertragsbestandteile

283 Nachfolgend werden die einzelnen **Teile** der Zusammenschaltungsvereinbarung mit der DTAG unter Berücksichtigung der besonders zu beachtenden Regelungen näher dargestellt:

4.7.3.4.1 Hauptteil

284 Die Hauptfunktion des Hauptteils besteht darin, durch Verweise die in den Anlagen und Anhängen enthaltenen Regelungen systematisch zu **strukturieren** und einzubeziehen. Daneben werden im Rahmen des Abrechnungsverfahrens die Tarifierungsprinzipien sowohl zwischen den

Vertragspartnern und ihren Endkunden als auch zwischen den Vertragspartnern selbst festgelegt. Ebenso enthält der Hauptteil allgemeine Regelungen zur **Fälligkeit, dem Zahlungsverzug, den Einwendungen, der Aufrechnung und dem Zurückbehaltungsrecht.** Des weiteren sind **Haftungs- und Schadenersatzregelungen** sowie Regelungen zur **Kündigung und Neuaushandlung** der Zusammenschaltungsvereinbarung enthalten.

Im Zusammenhang mit den Regelungen des Hauptteils dürfte mittlerweile der **Verhandlungsspielraum** sehr gering sein. Nicht nur an dieser Stelle werden von DTAG mit dem Argument der Einhaltung des Nichtdiskriminierungsgebotes so gut wie keine Abweichungen von dem von ihr unterbreiteten jeweiligen Musterentwurf zugelassen. Besonderes Augenmerk sollte in den Verhandlungen gleichwohl auf die Bestimmungen über die **Zahlungsbedingungen** sowie die **Anpassung, Änderung und Neuaushandlung** der Zusammenschaltungsvereinbarung gerichtet werden. Gerade diese Bestimmungen haben zuletzt im Zusammenhang mit der geplanten Einführung des netzelementebasierten Tarifierungssystems (EBC) besondere Bedeutung erlangt.

285

4.7.3.4.2 Anlage A – Begriffsbestimmungen

Diese Anlage ist vor allem durch die Aufnahme von **technischen Definitionen** gekennzeichnet, zugleich stellt sie in Anbetracht des Umfangs des Vertragswerkes ein erforderliches Abkürzungsverzeichnis dar. Nichtsdestotrotz werden einige wesentliche **inhaltliche Festlegungen** in dieser Anlage getroffen, die besonders zu beachten sind, weil sie Auswirkungen auf mehrere unterschiedliche Regelungsgegenstände der Zusammenschaltungsvereinbarung haben.

286

4.7.3.4.3 Anlage B – Interconnection-Anschluß

In dieser Anlage werden die für die technische Realisierung des Zugangs zum Telefonnetz der DTAG erforderlichen **Interconnection-Anschlüsse (ICAs)** an den **Orten der Zusammenschaltung (OdZ)** und ihre unterschiedliche Ausgestaltung in Form der Ausführungen „**Customer Sited**" **und** „**Physical Co-location**" beschrieben. Während die Ausführung „Physical Co-location" die Gewährung physischer Kollokation i. S. v. § 3 Abs. 2 NZV (siehe oben Rz. 178 ff.) darstellt, beinhaltet die Ausführung „Customer Sited" neben dem Anschluß zugleich einen Übertragungsweg zum Standort des Kunden. In der Ausführungsvariante „Physical Co-location" wird der Übertragungsweg, der die beiden Vermittlungsstellen der Vertragspartner miteinander verbindet, vom Interconnection-Partner (ICP) der DTAG realisiert. Bei dieser Variante übernimmt die DTAG lediglich die Hauseinführung und die Führung in

287

ihrem Gebäude bis zum Kollokationsraum, in welchem die Abschlußeinrichtung der DTAG installiert ist. Eine Ausführungsvariante im Sinne einer **virtuellen Kollokation** wurde bisher seitens der DTAG nicht angeboten.

288 Ferner enthält diese Anlage Regelungen zu den für die Durchführung der Zusammenschaltung, insbesondere die Erbringung der Zusammenschaltungsdienste, erforderlichen **Konfigurationsmaßnahmen** im Netz der DTAG. Dazu gehören unter anderem die Einrichtungen der **Leitweglenkung** für die verschiedenen Kennzahlen (vor allem Verbindungsnetzbetreiberkennziffer, Portierungskennung des Teilnehmernetzbetreibers) und die Zusammenschaltungsdienste (z. B. die Einrichtung der Leitweglenkung für bestimmte Mehrwertdiensterufnummern). Ebenso werden die Änderungen von einzelnen Parametern hinsichtlich des Zuschnittes der einzelnen Einzugsbereiche oder der vereinbarten Zusammenschaltungsdienste im Zusammenhang mit den dafür erforderlichen Konfigurationen geregelt. Umstritten ist in diesem Zusammenhang insbesondere die Einrichtung der Leitweglenkung für Rufnummern **Online-Dienste** und deren Kosten, weil hier seitens der DTAG alle lokalen Vermittlungsstellen betroffen sind, was sehr kostenintensiv zu Lasten der ICP ist.

289 Das Angebot der Interconnection-Anschlüsse stellt eine Abweichung zu dem Prinzip der **Reziprozität** (Gegenseitigkeit) dar, daß der Zusammenschaltungsvereinbarung mit der DTAG an vielen Stellen zugrunde liegt. Das bedeutet, daß es sich beim Interconnection-Anschluß um ein „einseitiges Produkt" der DTAG handelt. Denn dieser entgeltregulierte Anschluß wird nur von der DTAG angeboten und nicht von ihr bei den Wettbewerbern nachgefragt.

4.7.3.4.4 Anlage C – Diensteportfolio

290 Diese Anlage gliedert sich in **drei Teile**, wobei die Teile zwei und drei die jeweiligen Zusammenschaltungsdienste der DTAG bzw. ihres ICPs beinhalten.

4.7.3.4.4.1 Netzkonzept

291 In Teil 1 „Netztechnische Realisierung der Zusammenschaltungsdienste der Telekom" ist die bereits angesprochene **Migrationspflicht** (näher dazu Rz. 229 ff.) im Rahmen des von der DTAG geforderten **Netzkonzepts** enthalten. Danach wird vor dem Hintergrund der Aufrechterhaltung der Netzintegrität (so die Argumentation der DTAG) eine **ursprungsnahe** (für die **Zuführung**) und **zielnahe** (für die **Terminierung**) Übergabe der Verbindungen an dem jeweiligen Ort der Zusammenschaltung (OdZ), in

dessen zugeordneten Einzugsbereich gefordert, in dem der Telefonanschluß des anrufenden bzw. angerufenen Kunden angeschaltet ist. Zugleich wird für bestimmte Einzugsbereiche ein **Verkehrsgrenzwert** festgelegt, bei deren Überschreitung ein weiterer OdZ eingerichtet werden muß.

Die DTAG legt ihrer Netzstruktur eine Klassifizierung von unterschiedlichen **Einzugsbereichen** zugrunde, wonach die jeweiligen Vermittlungsstellen der verschiedenen Netzebenen geographisch bestimmbare Flächen bzw. Bereiche in Anlehnung an die geographischen Rufnummern abdecken. So werden durch die sog. **Lokalen Einzugsbereiche** (LEZB) lokale Bereiche, durch die **Standardeinzugsbereiche** (SEZB) regionale Bereiche und durch die **Grundeinzugsbereiche** (GEZB) überregionale Bereiche durch die entsprechenden Vermittlungsstellen abgedeckt. Die DTAG definiert den Einzugsbereich in den Begriffsbestimmungen der Netzzusammenschaltungsvereinbarung als **geographischen Rufnummernbereich**, der **Ortsnetzbereiche** ganz oder teilweise umfaßt und durch die **Ortsnetzkennzahl** bzw. die **Teilnehmerrufnummernbereiche** des geographisch zuzuordnenden Nummernbereiches beschrieben wird. 292

Diese Einzugsbereiche stellen im Zusammenhang mit der Führung der Verkehrsflüsse im Rahmen der Netzzusammenschaltung **Bezugspunkte** bzw. räumlich-geographische Vorgaben für die vom Netzzusammenschaltungspartner zu erfüllende örtliche Realisierung von Zusammenschaltungen (OdZ) dar. 293

Dem Netzkonzept der DTAG liegt die Idee zugrunde, daß die Verkehrsführung, die bei der Netzzusammenschaltung mit anderen Netzbetreibern auftritt und die im Vergleich zur bisherigen Verkehrsführung innerhalb des DTAG-Netzes **abweichende und zusätzliche Verkehrsflüsse** hervorruft, soweit wie möglich derjenigen Verkehrsführung des DTAG-Netzes angepaßt werden soll, die nach Auffassung der DTAG die effizienteste und damit die kostengünstigste Netznutzung darstellt. Das bedeutet in der Konsequenz, daß die alternativen Netzbetreiber durch das Netzkonzept der DTAG und die damit verbundene **Migrationspflicht** gezwungen werden, in ihrem eigenen Netz das **DTAG-Netz abzubilden**, um bei der Inanspruchnahme von Teilen des DTAG-Netzes so wenig wie möglich Abweichungen von den DTAG-Verkehrsflüssen und deren Verkehrsführung zu verursachen. 294

Im Zusammenhang mit der ursprungs- bzw. zielnahen Verkehrsübergabe bedeutet dies, daß trotz der Zusammenschaltung zweier Netze die **Verkehrsführung** weitestgehend derjenigen der DTAG entsprechen soll und die Verkehre durch das Fehlen von OdZ des Zusammenschaltungspartners mit der DTAG nicht über wesentlich weitere Strecken geführt werden sollen, als dies im DTAG-Netz aufgrund der dort angelegten Netz- 295 struktur erforderlich wäre. Eine Erfüllung des Kriteriums der ursprungs- bzw. zielnahen Verkehrsübergabe wird um so mehr erfüllt, als der ICP möglichst viele **Zusammenschaltungspunkte (OdZ)** mit der DTAG realisiert und sich damit die Abweichung von der DTAG-Verkehrsführung so gering wie möglich darstellt.

296 Zusammengefaßt lauten die **Eckpunkte** des **Netzkonzeptes** wie folgt:
- eine ursprungsnahe Übergabe der Verbindungen an den IC-Partner bei Zuführungsleistungen der Telekom (z. B. Telekom-B.2, Zuführung zum Verbindungsnetzbetreiber)
- eine zielnahe oder ursprungsnahe (hier gelten Ausnahmen zugunsten regionaler Betreiber bzw. Betreiber mit Lizenzgebieten, die bestimmte Grundeinzugsbereiche nicht erfassen) Übernahme der Verbindungen aus dem Netz des IC-Partners bei Terminierungsleistungen der Telekom (z. B. Telekom-B.1)
- Zusammenschaltungsmöglichkeiten an Übergabepunkten (Vermittlungseinrichtungen mit Netzübergangsfunktion = VE:N) in lokalen Einzugsbereichen, Standardeinzugsbereichen und Grundeinzugsbereichen
- Es ist keine Mindestanzahl von Übergabepunkten (OdZ) vorgesehen, selbst wenn der IC-Partner bundesweit als Verbindungsnetzbetreiber tätig werden möchte.
- Es besteht eine Migrationspflicht auf die bis zu 23 Übergabepunkte der Grundeinzugsbereiche, wenn der Verkehr aus einem und/oder in einen bestimmten Grundeinzugsbereich den Schwellenwert von 48,8 Erlang überschreitet.

297 Dieses Netzkonzept ist von der Regulierungsbehörde in der nachfolgenden Fassung gemäß § 6 Abs. 5 NZV zum **Grundangebot** erklärt worden und in dieser Form von der DTAG in ihre Allgemeinen Geschäftsbedingungen bzw. Vertragsbedingungen aufzunehmen[1]:

„...

I. Der Betreiber nach § 35 Abs. 1 TKG kann von einem Zusammenschaltungspartner die Anbindung an einem weiteren Ort verlangen, wenn zu erwarten ist, daß durch den Verkehr aus und in den Grundeinzugsbereich dieses Ortes (Ort der Kategorie A nach Anlage F) mindestens zwei Anschlüsse ausgelastet werden können. Dies entspricht einem Angebot von 48,8 Erlang bei einem Verlust von 1%.

II. Eine Auslastung ist zu erwarten, wenn der Zusammenschaltungspartner bei einer Bestellung im Bestellformular „Verkehrsdaten des

---

[1] Vgl. Beschl. der Regulierungsbehörde v. 22. 3. 2000 – BK 4c-99-046/Z, 22. 10. 1999.

NÜ", Anhang B Bereitstellung Ziff. 9, einen den Schwellenwert übersteigenden Verkehr angibt.

III. Eine Auslastung ist ferner zu erwarten, wenn der Betreiber nach § 35 Abs. 1 TKG feststellt, daß der Zusammenschaltungspartner an einem bereitgestellten Ort der Zusammenschaltung in und aus einem Grundeinzugsbereich Dienste in einem den Schwellenwert übersteigenden Umfang nachfragt.

 A. Zur Feststellung führt der Betreiber nach § 35 Abs. 1 TKG Verkehrsmessungen durch. Hierbei wird der gesamte Verkehr, der an dem gemessen Ort der Zusammenschaltung zwischen den Parteien fließt, wie folgt gemessen:

 B. Die Verkehrsmessung erfolgt beginnend an einem Samstag über jeweils neun aufeinanderfolgende Tage.

 C. Dabei wird jeweils ein Mittelwert nach ITU für diese Tage auf Basis von Viertelstundenwerten ermittelt. Der höchste Mittelwert für eine zusammenhängende Stunde in der Zeit von 9 bis 21 Uhr ist für die Feststellung maßgeblich (Hauptverkehrsstunde).

 D. Für die Hauptverkehrsstunde erfolgt eine Zuordnung des Verkehrs zu den jeweiligen Grundeinzugsbereichen. Die von dem Zusammenschaltungspartner nachgefragten Dienste, die nicht ursprungsnah übergeben werden, bilden den Verkehrswert. Eine Übergabe ist ursprungsnah, wenn der Ursprung der Verbindung im selben Grundeinzugsbereich wie der Übergabeort liegt.

 E. Der Schwellenwert wird erreicht, wenn der Verkehrswert für den Verkehr aus und in einen Grundeinzugsbereich 48,8 Erlang bei mindestens 200 Belegungsversuchen überschreitet.

 F. Die Ergebnisse jeder Verkehrsmessung zur Feststellung der Schwellenwertüberschreitung sind der Antragstellerin unverzüglich mitzuteilen.

IV. Verlangt der Betreiber nach § 35 Abs. 1 TKG gemäß Ziff. I. die Anbindung an einen weiteren Ort der Zusammenschaltung, ist der Zusammenschaltungspartner verpflichtet binnen 20 Arbeitstagen für diesen Ort eine Bestellung abzugeben. Wenn der Zusammenschaltungspartner dieser Pflicht nicht nachkommt, ist der Betreiber nach § 35 Abs. 1 TKG berechtigt, den Verkehr in und aus dem Grundeinzugsbereich auf 48,8 Erlang in der Standardzeit in Abweichung zu Anlage E Ziff. 1.4 zu begrenzen."

Diese Migrationsregel galt zunächst bis zum 31. 1. 2001 und wurde per Verfügung 12/2001 entsprechend der Weiterführung des entfernungsabhängigen Entgeltregimes von der Beschlußkammer 4 der Regulierungsbehörde bis zum 31. 5. 2001 verlängert[1]. Eine weitere Verlängerung stand im Zusammenhang mit dem umstrittenen Übergang auf ein netzelementebasiertes Tarifierungssystem (EBC) für die Zusammenschaltungsleistungen (dazu unten Rz. 380 ff.) bei Redaktionsschluß noch aus, ist aber zu erwarten.

4.7.3.4.4.2 Zusammenschaltungsdienste

299 Welche Verbindungen über die Interconnection-Anschlüsse zwischen den Vertragspartnern hergestellt bzw. ausgetauscht werden können, ist in Teil 2 und Teil 3 der Anlage C aufgenommen. Dabei werden die **Zusammenschaltungsdienste** in drei Kategorien eingeteilt. In der ersten Kategorie sind die sog. **Basisdienstleistungen** aufgeführt, Telekom-B.1 (Verbindung in das Telefonnetz national der Telekom aus dem Telefonnetz von ICP – auch als Terminierungsleistung bezeichnet) und Telekom-B.2 (Verbindung aus dem Telefonnetz national der Telekom zu ICP als Verbindungsnetzbetreiber – auch als Zuführungsleistung bezeichnet). Eine Einigung über diese Dienste ist erforderlich, um die ungehinderte Kommunikation der Kunden unterschiedlicher Netzbetreiber zu ermöglichen. Mit der Zuführungsleistung Telekom-B.2 wird der Vorgabe nach § 43 Abs. 6 TKG Rechnung getragen, wonach die Betreiber von Telekommunikationsnetzen sicherzustellen haben, daß jeder Nutzer die Möglichkeit hat, den Verbindungsnetzbetreiber frei auszuwählen. Diese Zuführungsleistung umfaßt die Verbindung vom anrufenden Teilnehmer bis zur Netzgrenze des ausgewählten Verbindungsnetzbetreibers.

300 Als weitere Kategorien der Zusammenschaltungsdienste sind die sog. **optionalen und zusätzlichen Leistungen** zu nennen, die den Zugang zu den sog. Mehrwertdiensten oder den Transit in andere Telefonnetze gewährleisten sollen. Dabei sind unter anderem die Transitleistungen in die Mobilfunknetze oder zu anderen nationalen Festnetzen zu nennen. Ferner sind die Verbindungen zu Auskunftsdiensten oder 0190/0180-Diensten der Vertragspartner enthalten. Im Zusammenhang mit den Zusammenschaltungsdiensten ist in der Zusammenschaltungsvereinbarung der DTAG der Grundsatz der Reziprozität aufgenommen, wonach der ICP verpflichtet wird, sofern er vergleichbare Dienste im eigenen Netz realisiert, diese, wenn er sie bei der DTAG in Anspruch nimmt, wiederum der DTAG anzubieten. Gerade in dieser Anlage erfolgen regelmäßig Änderungen und Aktualisierungen seitens der DTAG. Mit der Einführung der **Carrier Selection** Phase II (es handelt sich um die technischen Spezifikationen für die Verbindungsnetzbetreiberauswahl) sind einige bisherige als Terminierungsleistung ausgestaltete Dienste in sog. Zuführ-

---

[1] Vgl. Vfg. 12/2001, ABl. Regulierungsbehörde 2001, S. 452.

rungsleistungen umgewandelt worden. In diesem Zusammenhang ist die Frage relevant, wer die **Tarifhoheit** bei der Ausgestaltung der Dienste besitzt, das bedeutet, wer gegenüber dem Endkunden abrechnen kann und somit die uneingeschränkte Freiheit der Ausgestaltung hinsichtlich der Tarife der einzelnen Dienste besitzt. Diese auch mit Blick auf die Sicht der Endkunden zivilrechtlich relevante Frage ist trotz ihrer für die Netzbetreiber erheblichen Relevanz erst wenig erörtert worden (siehe dazu näher unten Rz. 330 ff.).

4.7.3.4.5 Anlage D – Preis

In dieser Anlage sind alle **Entgelte** sämtlicher in der Zusammenschaltungsvereinbarung enthaltenen Leistungen aufgeführt. Aufgrund der **Entgeltgenehmigungspflichtigkeit** fast aller Preise besteht hinsichtlich dieser Anlage kaum Verhandlungsspielraum, da bis auf wenige Ausnahmen, wie zum Beispiel die Preise für die Verbindungen in ausländische Netze die Entgelte durch die Regulierungsbehörde festgelegt werden. Eine **Abweichung** von den genehmigten Entgelten ist nach § 29 TKG nicht möglich. Danach ist nach Abs. 1 der Lizenznehmer verpflichtet, ausschließlich die von der Regulierungsbehörde genehmigten Entgelte zu verlangen. Nach Abs. 2 sind die Verträge über Dienstleistungen, die andere als die genehmigten Entgelte enthalten, mit der Maßgabe **wirksam**, daß das genehmigte Entgelt an die Stelle des vereinbarten Entgelts tritt. Ferner kann nach diesem Abs. die Regulierungsbehörde die Durchführung eines Rechtsgeschäftes **untersagen**, da es ein anderes als das genehmigte Entgelt enthält. 301

Trotzdem empfiehlt es sich, diese Anhänge einem **Abgleich** mit den entsprechenden genehmigten Entgelten zu unterziehen, um nicht Gefahr zu laufen, vertraglich eine von der Genehmigung nachteilig abweichende Regelung mit der DTAG zu treffen, welche dann Gegenstand eines neuen **Entgeltgenehmigungsantrags** der DTAG werden könnte. 302

4.7.3.4.6 Anlage E – Qualität

Diese Anlage enthält die **Qualitätsparameter** sowohl der DTAG als auch des ICP. Dort sind die **Bereitstellungsfristen**, **Entstörungszeiten**, **Verfügbarkeit** und die **Netzdurchlaßwahrscheinlichkeit** geregelt. Besonders im Zusammenhang mit den Bereitstellungsfristen gibt es seit einiger Zeit immer wieder Auseinandersetzungen zwischen der DTAG und den Wettbewerbern, die der DTAG vor dem Hintergrund der zum Teil erheblichen Verzögerungen bei den Bereitstellungen der Interconnection-Anschlüsse eine Verzögerungstaktik vorwerfen. Die DTAG wiederum begründet diese Überschreitung der Bereitstellungsfristen mit Kapazitäts- 303 engpässen und nicht marktgerechtem Bestellverhalten der ICP. Zuletzt scheint sich aber eine Entspannung in der Bereitstellungssituation anzudeuten.

4.7.3.4.7 Anlage F – Orte der Zusammenschaltung

304 Diese Anlage enthält die **Orte der Zusammenschaltung** der Kategorie, welche die 23 Grundeinzugsbereiche erfaßt und die Orte der Zusammenschaltung der Kategorie B, welche die sog. Standardeinzugsbereiche enthält, mit der genauen Anschrift und der Ortsnetzkennzahl. Im Rahmen der Vertragsverhandlungen über das EBC-Vertragsangebot der DTAG sind hier noch über 900 lokale Einzugsbereiche hinzugekommen.

4.7.3.4.8 Anlage G – Veröffentlichung

305 In dieser Anlage ist geregelt, daß die Vertragspartner sich verständigt haben, lediglich den Hauptteil und die Anlagen A bis G zur **Einsichtnahme** durch andere Nutzer nach § 6 Abs. 4 NZV frei zu geben.

4.7.3.4.9 Anhang A – Technische Parameter und Beschreibungen

306 Dieser rein technische Anhang enthält die **übertragungstechnischen Schnittstellen** und den **Übertragungsplan** sowie Ausführungen zur **Aufstellung der Technik** und Regelungen zum **Zeichengabesystem** Nr. 7 und zum **Zeichengabezwischennetz**. Ferner enthält er eine Umsetzung der Spezifikation hinsichtlich der Verbindungsnetzbetreiberauswahl (**Carrier Selection-Spezifikation**) und der Spezifikation über Entgeltinformation für den Endkunden über Netzgrenzen (**AOC**). Sämtliche technische Regelungen basieren auf den Abstimmungen in technischen Arbeitsgruppen des **Arbeitskreises Netze und Numerierung (AKNN)**, der sämtlichen Betreibern wie auch Herstellern von Übertragungs- und Vermittlungstechnik offensteht. Zu beachten ist in diesem Zusammenhang, daß sich der AKNN als privates Normierungsgremium nicht über die regulatorischen Vorgaben des TKG oder des geltenden EU-Rechts hinwegsetzen darf.

4.7.3.4.10 Anhang B – Bestellung/Bereitstellung

307 Dieser Anhang gliedert sich in den Teil **Planungsabsprachen** und den Teil **Bestellung/Bereitstellung** von Interconnection-Anschlüssen (ICAs) und Zusammenschaltungsdiensten. Der erste Teil enthält ein sehr differenziert ausgestaltetes Verfahren hinsichtlich der Planungsabsprachen, wonach die ICP mit entsprechenden Vorlaufzeiten der DTAG die von ihnen zur Bestellung geplanten Mengen von ICAs, die Festlegung der

OdZ sowie deren Inbetriebnahmezeitpunkte angeben müssen. Im Rahmen dieses Verfahrens werden von den ICP sehr **umfangreiche Planungsdaten** abverlangt. Ein häufig vorgetragener Kritikpunkt ist in diesem Zusammenhang neben dem Umfang der abverlangten Daten die Regelung der Folgen der Planungsabsprachen für die Bestellung und Bereitstellung. Im Zusammenhang mit dem Bestell- und Bereitstellungsteil waren vor allem die dort aufgeführte **Sicherheitsleistung** sowie die Regelungen zur Kündigung von ICAs, die eine **Mindestüberlassungsdauer** von ursprünglich 24 Monaten und nunmehr 12 Monaten beinhaltete. Die Regelung zur Mindestüberlassungsdauer war schon häufiger Gegenstand im Zusammenhang von Anordnungs- bzw. Mißbrauchsverfahren.

4.7.3.4.11 Anhang C – Test

In diesem eher technisch ausgestalteten Anhang wird das für die Inbetriebnahme der Netzzusammenschaltung erforderliche Testverfahren geregelt. Dabei handelt es sich um **Interoperabilitätstests**, **Konformitätsüberprüfungen** und **Kompatibilitätstests** der Systeme der ICP gegenüber den Systemen der DTAG. Vor allem enthält dieser Anhang die den Tests zugrundeliegenden Kategorien. Zeitweise war die Durchführung und Abwicklung der Tests aufgrund der großen Anzahl der ICP mit einigen zeitlichen Verzögerungen behaftet. Es gilt dabei zu erwähnen, daß grundsätzlich auch vor Abschluß der Netzzusammenschaltungsvereinbarung Tests möglich sind. 308

4.7.3.4.12 Anhang D – Betrieb

In diesem Anhang werden die **betrieblichen Prozesse** unter anderem für **Meldeverfahren**, **Verkehrsmanagementmaßnahmen** oder **planbare Maßnahmen** geregelt. Ferner sind die Prozesse hinsichtlich **Störungen und Entstörung** aufgenommen worden. Auch die Regelungen eines **Eskalationsverfahrens** beinhaltet dieser Anhang. 309

4.7.3.4.13 Anhang E – Kollokation

In diesem Anhang ist die genaue **technische Ausgestaltung der Kollokationsräume** enthalten. Neben **bautechnischen** und **elektrotechnischen** Merkmalen ist das Verfahren hinsichtlich der **Zutritts- und Nutzungsregelungen** der Kollokationsräume detailliert geregelt. 310

4.7.3.4.14 Anhang F – Abrechnung

Neben der inhaltlichen Ausgestaltung der **Rechnungen** für die Zusammenschaltungsleistungen zwischen den Vertragspartnern enthält dieser 311

Anhang ein Verfahren bei **Rechnungsunstimmigkeiten**. Dabei besitzt der ICP die Möglichkeit, im Rahmen eines **Schiedsgerichtsverfahrens** den ordentlichen Rechtsweg auszuschließen.

4.7.3.4.15 Anhang G – Gegenseitige Leistungsbestimmungen

312 In diesem Anhang werden die zwischen den beiden Vertragspartnern **konkret und individuell** vereinbarten Leistungen, wie zum Beispiel die entsprechenden Zusammenschaltungsdienste des Diensteportfolios, vereinbart. Ferner werden individuelle Spezifikationen in diesem Anhang geregelt.

4.7.3.4.16 Anhang H – Ansprechpartner

313 Aufgrund der großen technischen und betrieblichen Komplexität dieses Vertragswerkes und der ihm zugrundeliegenden umfangreichen technischen Ausgestaltung sind für die verschiedenen Regelungsinhalte in diesem Anhang konkrete **Ansprechpartner** beider Vertragspartner aufgenommen worden.

4.7.3.4.17 Bewertung

314 Aufgrund des Umfangs und der technischen und betrieblichen **Komplexität** sowie der Vielzahl der Aktualisierungen und Ergänzungen des Vertragsangebots der DTAG zur Netzzusammenschaltung empfiehlt es sich, bei jeder neuen Vertragsversion die jeweiligen **Änderungen** herauszuarbeiten oder bei der DTAG um die Kenntlichmachung oder Kommentierung der entsprechenden Änderungen nachzufragen. Auch die Abstimmung mit dem Verband der Alternativen Telekommunikationsanbieter (VATM) ist zu empfehlen, um etwaigen inhaltlichen Diskussionen eine möglichst breite öffentliche Basis zu verschaffen und damit die Durchsetzung der Wettbewerbsinteressen zu ermöglichen.

315 Eine vertiefte Auseinandersetzung mit diesem Vertragswerk ist nicht nur aus rechtlichen Gründen zu empfehlen, sondern auch und vor allem um das erforderliche **Verständnis für die technischen und betrieblichen Abläufe** zu gewinnen. Im Rahmen der Netzzusammenschaltung wird von den Vertragspartnern von der DTAG, insbesondere im Zusammenhang mit den Planungsabsprachen und den Bestellungen vor dem Hintergrund des Netzkonzeptes, eine genaue Kenntnis der kommerziellen und technischen Details erwartet. Die vertraglichen Bestimmungen zu Planungsabsprachen und Bestellungen sind vom Grundsatz her so ausgestaltet, daß unvollständige oder falsche Angaben der Netzzusammenschaltungspartner ausschließlich zu Lasten des ICP gehen und zum Teil

erhebliche **Verzögerungen** und **Nachteile** im Bestellverfahren zur Folge haben.

Sämtliche **Ergänzungen und Aktualisierungen** sollten seitens der ICP kritisch hinterfragt werden und vor allem auf ihre praktische Machbarkeit bzw. Umsetzbarkeit und auf die jeweiligen finanziellen und kommerziellen Konsequenzen hin überprüft werden. In denjenigen Fällen, in denen Regelungen zu einer erheblichen und unangemessenen einseitigen Belastung des Vertragspartners führen können, sollte die Frage des Vorliegens von **mißbräuchlichem Verhalten** der DTAG ebenso gestellt und geprüft werden wie auch die Möglichkeit in Erwägung gezogen werden sollte, bei mangelnder Einigung ein **Anordnungsverfahren** bei der Regulierungsbehörde anzustrengen. 316

4.7.3.5 Carrier's Carrier-Verträge (IC-Verträge) im Festnetzbereich

Bei diesen Verträgen, deren Abgrenzung zu den Zusammenschaltungsverträgen nicht eindeutig ist, handelt es sich um „Zusammenschaltungen" nicht wie im vorherigen Kapitel mit der DTAG und den Wettbewerbern, sondern ausschließlich um **Vereinbarungen zwischen den Wettbewerbern**. Diese Verträge, die häufig auch in der deutschsprachigen Praxis als „Verträge über die gegenseitige Erbringung von Telekommunikationsdienstleistungen" bezeichnet werden, haben i. d. R. den Transport von Gesprächs- oder Datenvolumen zum Vertragsinhalt, wobei in den meisten Fällen die Varianten des **Transits** (Übergabe an einen dritten Carrier) oder die der **Terminierung** vereinbart werden. 317

Die Abgrenzung zu der Zusammenschaltungsvereinbarung mit der DTAG besteht vor allem darin, daß diese Verträge entweder in vollem Umfang auf dem Prinzip der **Gegenseitigkeit** hinsichtlich der zu erbringenden Telekommunikationsdienstleistungen basieren oder **reine einseitige Transit- bzw. Terminierungsverträge** darstellen. Dies führt dazu, daß im Rahmen der Verhandlungen und der Abschlüsse dieser Verträge es in den seltensten Fällen einen großen Verhandlungsbedarf bzw. Dissens hinsichtlich der Netzzugangsfragen gibt. Vielmehr konzentrieren sich die Verhandlungen auf **Preise** und **Qualitätsparameter**. Ferner sind diese IC-Verträge durch ein hohes Maß an **Unverbindlichkeit** gekennzeichnet, so werden u. a. kaum verbindliche Planungsabsprachen (Forecasts) vereinbart. 318

Wesentliche kommerzielle Hintergründe dieser Verträge bestehen darin, aus den am Markt vorhandenen Kapazitäten im Sinne eines **Spot-Marktes** hinsichtlich der verschiedenen Destinationen die jeweils günstigsten Angebote in Anspruch nehmen zu können bzw. möglicherweise vorhandene **Kapazitätsengpässe** im eigenen Netz durch die Übergabe des Über- 319 lastverkehrs im Rahmen dieser Carrier's Carrier-Verträge zu überbrücken und somit Verfügbarkeitsprobleme gegenüber den eigenen Endkunden aufzufangen.

320 Im Gegensatz zu der Zusammenschaltungsvereinbarung mit der DTAG sind in diesen Verträgen keine Regelungen zur Kollokation enthalten, sondern die physische Verbindung erfolgt meistens über **2 MB-Festverbindungen**, deren **Kosten** sich die Vertragspartner **teilen**. Typisch ist auch, daß die **Entgeltanpassung** häufig im Monats-, Wochen- oder gar Tagesrhythmus durch Austausch der entsprechenden Preisliste durchgeführt wird, um den sehr dynamischen Preisveränderungen in diesem Markt in ausreichendem Maße gerecht zu werden. Weitere relevante Klauseln sind im Rahmen der jeweiligen Leistungspflichten die genaue Bestimmung der **Grenzen der Verantwortung** in technischer und betrieblicher Hinsicht sowie die **Qualitätsparameter** der einzelnen Dienste.

4.7.3.6 Zusammenschaltungen mit und unter Mobilfunknetzbetreibern

321 Aufgrund der Tatsache, daß bisher seitens der Regulierungsbehörde bei den beiden Marktführern Mannesmann/Vodafone und T-Mobil noch **keine marktbeherrschende Stellung** festgestellt worden ist[1], kommen die Zugangsregelungen und die Vorgaben aus §§ 35 und 33 TKG nicht unmittelbar zur Anwendung. Das bedeutet, daß die Prinzipien aus den §§ 36 und 37 TKG die gesetzliche Grundlage für die Ausgestaltung der Zusammenschaltungsvereinbarungen mit den Mobilfunknetzbetreibern darstellen. Zwar existieren bereits verschiedene Zusammenschaltungsvereinbarungen mit Mobilfunknetzbetreibern, ein Anordnungsverfahren ist indessen noch nicht zu Ende geführt worden[2].

322 Angesichts der wachsenden Bedeutung des Mobilfunks in der Telekommunikation sowie mit Blick auf die Entwicklung der UMTS-Netze ist allerdings zu erwarten, daß es bald zu Streitigkeiten kommen wird, die von der Regulierungsbehörde entschieden werden müssen.

4.8 Anordnung von Netzzusammenschaltungen gemäß § 37 TKG

323 Die **Zusammenschaltungspflicht** nach § 37 TKG ist in einem engen Kontext mit der Verhandlungspflicht nach § 36 TKG sowie als notwendige

---

1 Allerdings gibt es Anzeichen dafür, daß die Regulierungsbehörde in Erwägung zieht, ihre bisherige Sichtweise zu überprüfen.
2 Eingeleitete Verfahren wurden bislang durch Antragsrücknahme beendet.

Ergänzung im Hinblick auf die Sicherstellung einer netzübergreifenden Kommunikation der (End-)Nutzer zu betrachten. Kommt zwischen den Betreibern öffentlicher Telekommunikationsnetze eine Vereinbarung über eine Zusammenschaltung trotz tatsächlich durchgeführter Verhandlungen nicht zustande, ordnet die Regulierungsbehörde nach Anhörung der Beteiligten innerhalb einer Frist von sechs Wochen, beginnend mit der Anrufung durch einen der an der Zusammenschaltung Beteiligten, die Zusammenschaltung gemäß § 37 Abs. 1 S. 1 TKG an. Anderenfalls wäre die Pflicht nach § 36 TKG sinnentleert, da im Fall eines Scheiterns der Zusammenschaltungsverhandlungen ohne die Anordnungsmöglichkeit des § 37 TKG das Ziel einer netzübergreifenden Kommunikation nicht sichergestellt werden könnte. Keiner der Verhandlungspartner unterläge einem **Abschlußzwang**. Von der Zusammenschaltungspflicht nach § 37 TKG werden deshalb **sämtliche Betreiber öffentlicher Telekommunikationsnetze unabhängig von ihrer Marktstellung** erfaßt. Zwar stellt dies einen Eingriff in die **negative Vertragsfreiheit** der Betreiber dar, im Hinblick auf die Regulierungsziele in § 2 Abs. 2 TKG ist dieser Eingriff aber vertretbar. Marktbeherrschende Betreiber von Telekommunikationsnetzen unterliegen zudem zusätzlich einem Kontrahierungszwang zu den in §§ 35 und 33 TKG bestimmten Konditionen, was aber wegen ihrer marktbeherrschenden Stellung ebenfalls als zulässig zu erachten ist.

4.8.1 Umfang der Zusammenschaltungspflicht und der Anordnungsbefugnis

Gemäß § 37 Abs. 1 S. 1 TKG in Verbindung mit § 37 Abs. 2 S. 1 TKG ordnet die Regulierungsbehörde die Zusammenschaltung an, wenn zwischen den Betreibern öffentlicher Telekommunikationsnetze eine Vereinbarung über die Zusammenschaltung nicht zustande kommt, und zwar **soweit und solange** die Beteiligten keine Zusammenschaltungsvereinbarung treffen. Demnach soll die Zusammenschaltungsanordnung an die Stelle der Zusammenschaltungsvereinbarung treten und diese ersetzen. Der konkrete Umfang der Zusammenschaltungspflicht hängt somit von den noch offenen Verhandlungspunkten ab, hinsichtlich derer die Parteien keine Einigung erzielen konnten. Keinesfalls besteht aber eine Ersetzungsbefugnis der Regulierungsbehörde für Verhandlungspunkte, bezüglich derer eine Einigung der Parteien vorliegt. Dies widerspräche der lediglich **subsidiären** Anwendbarkeit des § 37 TKG gegenüber § 36 TKG, die sich insoweit klar aus dem Wortlaut des § 37 Abs. 2 TKG ergibt, sich im übrigen aber auch aus dem Grundsatz der Verhältnismäßigkeit herleiten läßt, da vertragliche Vereinbarungen im Verhältnis zu einer hoheitlichen Anordnung der Zusammenschaltung weniger eingriffsintensiv sind.

325 Die in dem Begriffspaar „soweit und solange" zum Ausdruck kommende Subsidiarität der Zusammenschaltungsanordnung gegenüber der Verhandlungspflicht des § 36 und der daraus folgenden Zusammenschaltungspflicht in § 37 TKG beinhaltet zwei eigenständige Aspekte. Zum einen bedeutet der Begriff „soweit", daß die Zusammenschaltungsanordnung auch hinsichtlich **einzelner Teile der Verhandlungsgegenstände** der Zusammenschaltungsverhandlungen ergehen kann. Eine Anrufung der Regulierungsbehörde ist daher bereits zulässig, wenn nicht die Zusammenschaltung im ganzen streitig ist, sondern nur hinsichtlich einzelner Vertragspunkte keine Einigung erzielt wurde (sog. **Teilanrufung**)[1]. Diese Möglichkeit hat in der Praxis insbesondere dort Bedeutung, wo im Rahmen einer bestehenden Zusammenschaltungsvereinbarung zusätzliche Zusammenschaltungsleistungen und/oder Dienste nachgefragt werden. Zum anderen **tritt** die Zusammenschaltungsanordnung aufgrund des Begriffs „solange" **zurück**, wenn die Beteiligten später eine Vereinbarung über die vorher streitigen Gegenstände schließen. Daher werden die Zusammenschaltungsanordnungen von der Regulierungsbehörde mit einem entsprechenden Widerrufsvorbehalt versehen. Allerdings bedeutet dies auch, daß die **Verhandlungs- und Zusammenschaltungspflicht** der Beteiligten nicht durch die Anordnung erlischt, sondern vielmehr **fortlaufend** bestehen[2].

4.8.2 Einzelfragen der Zusammenschaltungspflicht für bestimmte Leistungen und Dienste

326 Während hinsichtlich der generellen Voraussetzungen der Zusammenschaltungspflicht und Zusammenschaltungsberechtigung und des Begriffs des öffentlichen Telekommunikationsnetzes und seines Ausbauzustands auf die obigen Ausführungen in Rz. 141 ff. und Rz. 45 ff. verwiesen werden kann, gilt es hier verschiedene, in der Anordnungspraxis relevant gewordene Einzelfragen in bezug auf **einzelne Zusammenschaltungsleistungen und -dienste** darzustellen.

4.8.2.1 Zugang zu Telefonmehrwertdiensten

327 Im Rahmen von Zusammenschaltungsvereinbarungen stellt sich immer wieder die Frage, wie der Zugang zu Telefonmehrwertdiensten in der Praxis zwischen den Netzbetreibern auszugestalten ist. In Betracht kommen hier im wesentlichen zwei Möglichkeiten. Zum einen könnte der Zugang zu Telefonmehrwertdiensten als **Terminierungsleistung** angese-

---

1 Vgl. Hinweise des BMPT zur Zusammenschaltung von öffentlichen Telekommunikationsnetzen (Vfg. 104/1997, ABl. BMPT 1997, S. 603).
2 Ebenso Beck TKG-Komm/*Piepenbrock*, § 37 Rz. 10.

hen werden, zum anderen als **Zuführungsleistung**. Je nachdem, welche Leistungsqualifikation zugrunde gelegt wird, ergeben sich unterschiedliche Konsequenzen für die Zusammenschaltungspartner, die abrechnungstechnischer Natur sind, aber erhebliche ökonomische und rechtliche Hintergründe haben. Zunächst gilt es allerdings, die Begrifflichkeiten Terminierung und Zuführung zu erläutern, um dann auf die Konsequenzen eingehen zu können.

4.8.2.1.1 Terminierung und Zuführung

Üblicherweise besteht die Grundidee der Netzzusammenschaltung in einer wechselseitigen **Terminierung** von Verkehr der Zusammenschaltungspartner zu eigenen Teilnehmeranschlüssen. Das bedeutet, daß Gespräche von Endkunden des einen Zusammenschaltungspartners dem anderen Zusammenschaltungspartner mit dem Ziel übergeben werden, eine Verbindung vom Übergabepunkt zwischen beiden Netzen zu dem angewählten Teilnehmeranschluß des Endkunden seines Teilnehmernetzes herzustellen, d. h. zu dem angewählten Zielanschluß zu verbinden – daher auch Terminierung. Ziel einer wechselseitigen Terminierung ist dabei, daß jeder Endteilnehmer mit jedem anderen Endteilnehmer kommunizieren kann **(any-to-any)**. Diese Terminierungsleistung kauft der Netzbetreiber, in dessen Netz die Quelle der Verbindung ist (also der Teilnehmernetzbetreiber, dessen Kunde anruft), bei seinem Zusammenschaltungspartner als **Vorleistung** für die gegenüber dem anrufenden Endkunden erbrachte gesamte Verbindungsleistung bis zum Ziel des Anrufers, ein. 328

Daneben besteht die zweite Leistung im Rahmen einer Zusammenschaltung in der sog. **Zuführung** von Verkehr von einem Vertragspartner zum anderen. Typischer Fall der Zuführung zwischen den Netzbetreibern ist die **Verbindungsnetzbetreiberauswahl**. Der anrufende Kunde eines Teilnehmernetzbetreibers wählt für ein Ferngespräch zunächst die Verbindungsnetzbetreiberkennziffer des anderen Netzbetreibers und erst dann die gewünschte Zielrufnummer. Im Verhältnis zwischen den Netzbetreibern führt dies dazu, daß nunmehr der Verbindungsnetzbetreiber bei dem Teilnehmernetzbetreiber in dessen Netz wiederum die Quelle der Verbindung ist, die Herstellung der Verbindung vom anrufenden Anschluß bis zum Übergabepunkt zwischen beiden Netzen als **Vorleistung** einkauft – daher Zuführung. 329

4.8.2.1.2 Konsequenzen

Je nachdem welche Art von Zusammenschaltungsleistung zugrunde gelegt wird, ergeben sich unterschiedliche Konsequenzen für die Zusam- 330 menschaltungspartner wie auch deren Endkunden. Nimmt man eine **Terminierungsleistung** an, so läßt sich festhalten, daß der **Netzbetreiber, in dessen Netz die Quelle der Verbindung** liegt, die **Tarifhoheit** über die Verbindungsentgelte gegenüber dem anrufenden Endkunden besitzt. Er fragt eine Terminierung als Vorprodukt bei seinem Zusammenschaltungspartner nach und tritt als Leistender mit seinen eigenen Preisen gegenüber dem Endkunden auf, der wiederum ihm gegenüber für Leistungen zahlungsverpflichtet ist. **Im Falle der Zuführung dreht sich dieses Verhältnis um.** Hier tritt der Verbindungsnetzbetreiber als Leistender gegenüber dem anrufenden Endkunden auf und besitzt selbst die Tarifhoheit gegenüber dem anrufenden Endkunden.

331 Die Stellung als Leistender und die damit verbundene Tarifhoheit gegenüber dem Endkunden ist für die Wettbewerber der DTAG von erheblicher Bedeutung. Denn nur bei eigener Preishoheit können sich die Wettbewerber von den Angeboten der DTAG differenzieren, zumal die DTAG nach wie vor über 98% der Teilnehmeranschlüsse (ausgedrückt in Kanälen) in Deutschland besitzt[1] und somit die Quelle der Anrufe fast ausschließlich in ihrem Netz liegt. Während im Bereich der Verbindungsbetreiberauswahl die Zuführung unumstritten ist, sind viele netzübergreifend verfügbare **Telefonmehrwertdienste** im Rahmen der Zusammenschaltungsvereinbarung der DTAG nach wie vor als Terminierungsleistungen definiert[2]. Für die meisten Anbieter von Telefonmehrwertdiensten stellt sich daher die Frage, ob ihnen ein Anspruch auf Zuführung von Verbindungen zu ihren Mehrwertdiensten gegenüber der DTAG zusteht, um unabhängig von der DTAG Leistender gegenüber den Endkunden zu sein und die Tarifhoheit über ihr Angebot von Telefonmehrwertdiensten innezuhaben.

4.8.2.1.3 Beschlußpraxis der Regulierungsbehörde im Bereich Telefonmehrwertdienste

332 Die gängige Beschlußpraxis der Regulierungsbehörde tendiert im Zusammenhang mit Telefonmehrwertdiensten grundsätzlich dahin, eine Zuführungsleistung seitens der DTAG anzunehmen. So führte die Regulierungsbehörde in einem Zusammenschaltungsanordnungsverfahren, in dem es um Verbindungen von Endkunden der DTAG zu Kunden ging,

---

1 Vgl. Regulierungsbehörde für Telekommunikation und Post, Ortsnetzwettbewerb 2000 – Situationsbericht zum deutschen Ortsnetzwettbewerb, 2001, S. 1.
2 Ausnahmen, d. h. Zuführungsleistungen der DTAG sind insbesondere die Zuführung zu Onlinedienste-Rufnummern, zu Auskunftsdiensten, zu den Rufnummern in der Rufnummerngasse 0190-0 sowie zu VPN-Diensten der Wettbewerber.

die bei der Antragsstellerin (ICP) einen Mehrwertdienst in der Rufnummerngasse **0190/1 bis 0190/9** realisieren, aus, „**Die vorliegende Leistung** (gemeint ist die Zusammenschaltungsleistung) **besteht aus der Zuführung des Verkehrs durch die Antragsgegnerin (DTAG) und der Terminierung durch die Antragsstellerin (ICP)**"[1]. Ebenso stellte die Regulierungsbehörde auch in einem anderen Beschluß bezüglich Mehrwertdiensten fest:

> „Die beantragte Leistung umfaßt die Verbindungen von Endkunden der DTAG zu Endkunden des ICP, die eine 0190/0-Nummer im Netz der Antragstellerin eingerichtet haben. .... Hinsichtlich der konkreten Leistungserbringung ist auf die in den Leistungsbeschreibungen im Standardvertrag der Antragsgegnerin für die Leistungen B.2, O.5 und Z.7 festgelegten Grundsätze zu verweisen. Diese Leistungen sind mit der angeordneten insofern **zu vergleichen, als die DTAG dem ICP Verkehr zuführt und die DTAG gegenüber ihren Endkunden (den Anrufern) nicht (selbständig) abrechnet.** .... **Für die Leistungen, die über die Zusammenschaltung erbracht werden, ist es wesentlich, welche Partei jeweils die Leistung dem Endkunden anbietet, also von der Gesamtleistung den Leistungsanteil des anderen bezahlt**"[2].

Für die Frage eines Zugangs zum Netz der DTAG für Mehrwertdienste aus fremden Netzen nimmt die Regulierungsbehörde somit regelmäßig eine Zuführungsleistung des Teilnehmernetzbetreibers (DTAG) an. Für diese Sichtweise der Regulierungsbehörde spricht insbesondere die **Vertragsgestaltung im Bereich der Telefonmehrwertdienste**. Denn im Fall einer Inanspruchnahme eines Telefonmehrwertdienstes schließt der Endkunde mit dem Diensteanbieter einen eigenständigen zivilrechtlichen Vertrag[3], in dessen Rahmen die Verbindungsleistung zum Mehrwertdienst lediglich ein untergeordnetes Hilfsgeschäft darstellt[4]. **Aus Kundensicht** leistet somit nicht sein Teilnehmernetzbetreiber oder der Teilnehmernetzbetreiber des Mehrwertdiensteanbieters – freilich fallen nicht selten Mehrwertdiensteanbieter und Netzbetreiber auf dieser Seite der Verbindung zusammen[5] –, sondern der Mehrwertdiensteanbieter. Ob

---

1 Vgl. Beschl. der Regulierungsbehörde v. 30. 10. 1998 – BK 4-98-026/Z, 23. 9. 1998.
2 Vgl. Beschl. der Regulierungsbehörde v. 1. 12. 1998 – BK 4-98-034/Z, 26. 10. 1998.
3 Vgl. Vorläufige Regeln für die befristete Zuteilung von noch freien Rufnummern aus dem Teilbereich (0)190 für „Premium Rate"-Dienste, 1. Nummernart, Vfg. 303/1997, ABl. 1997, S. 1862.
4 Vgl. OLG Jena, CR 2001, 175; AG Witten, MMR 2000, 221; OLG Hamm, MMR 2000, 371.
5 So insbesondere bei Auskunftsdiensten und Onlinediensten.

die Inrechnungstellung der Leistung gegenüber dem Endkunden dann durch den Mehrwertdiensteanbieter selbst, den Netzbetreiber des Mehrwertdiensteanbieters oder den Teilnehmernetzbetreiber des anrufenden Kunden (in den letzten beiden Fällen aufgrund von Fakturierungs- und/oder Inkassovereinbarungen) erfolgt, ist nachrangig und für die vorgenommene Qualifizierung unerheblich.

333 Über diese Qualifizierung darf sich auch der Teilnehmernetzbetreiber im Rahmen der Zusammenschaltung **nicht hinwegsetzen**. Denn die Gestaltung der Zusammenschaltungsleistungen entsprechend der Kundensicht wird von der **Zweckbestimmung** in § 36 S. 2 TKG, die Kommunikation der Nutzer verschiedener Netze zu ermöglichen und **zu verbessern**, erfaßt. Überdies ist sowohl im Rahmen der Ansprüche gegenüber marktbeherrschenden Unternehmen gemäß § 35 Abs. 2 TKG wie auch im Rahmen einer Zusammenschaltungsanordnung gemäß § 37 Abs. 3 S. 3 i. V. m. § 35 Abs. 2 TKG ein **gleichwertiger** Netzzugang zu gewähren. Würde dagegen für Netzbetreiber bzw. Anbieter von Telefonmehrwertdiensten gelten, daß deren Angebote nicht selbst sondern vom Teilnehmernetzbetreiber des anrufenden Endkunden (im Ergebnis als Wiederverkäufer) geleistet werden, wäre eine Gleichwertigkeit des Zugangs nicht mehr gegeben. Denn dann wäre automatisch immer der Teilnehmernetzbetreiber Anbieter aller Leistungen, und ein Zugang, „um Telekommunikationsdienstleistungen anzubieten" (siehe § 1 Abs. 2 NZV), nicht mehr gegeben. Festzuhalten bleibt damit, daß Anbieter von Telefonmehrwertdiensten bzw. deren Netzbetreiber im Rahmen der Zusammenschaltung Anspruch darauf haben, daß die vom Teilnehmernetzbetreiber hierbei erbrachte (Transport-)Leistung im Verhältnis der Netzbetreiber zueinander als Zuführungsleistung ausgestaltet wird. Dies gilt mit Blick auf die zitierte Zweckbestimmung der Zusammenschaltung wie auch mit Blick auf den Verweis in § 37 Abs. 3 S. 3 TKG für alle (Teilnehmernetz-)Betreiber öffentlicher Telekommunikationsnetze, also auch City Carrier und Mobilfunknetzbetreiber.

4.8.2.2 Beschränkung bei Gebiets- und Linienlizenzen

334 Eine Beschränkung im konkreten Leistungsumfang von Zusammenschaltungen ergibt sich in der Praxis aufgrund fehlender Gebiets- und Linienlizenzen eines Zusammenschaltungspartners. So hält die Regulierungsbehörde eine Beschränkung der Zuführungsleistung durch den Teilnehmernetzbetreiber hinsichtlich eines Lizenzgebietes für zulässig, wenn das Angebot von Sprachtelefondienst durch den anderen Netzbetreiber in diesem Gebiet nicht lizenziert ist. Im konkreten Fall konnte die DTAG nach Ansicht der Regulierungsbehörde nicht verpflichtet werden, Leistungen zu erbringen, die der Empfänger wegen § 6 Abs. 1 Nr. 2 TKG

nicht nachfragen darf[1]. Dies hat zur Folge, daß eine Zuführungspflicht des Teilnehmernetzbetreibers nur von solchen Orten besteht, für die der Wettbewerber eine entsprechende Lizenz nachweisen kann. Kritisch zu dieser Spruchpraxis der Regulierungsbehörde sei angemerkt, daß hier lizenz- und netzzusammenschaltungsrechtliche Gründe vermengt werden[2].

4.8.3 Anordnungsverfahren gemäß § 37 TKG i. V. m. § 9 NZV

Die Durchführung des nach § 37 TKG vorgesehenen Anordnungsverfahrens richtet sich nach § 9 NZV, der auf der Verordnungsermächtigung in § 37 Abs. 3 TKG beruht – diese sieht Regelungen bezüglich der erforderlichen Einzelheiten von Zusammenschaltungsanordnungen, d. h. des Verfahrens bei der Regulierungsbehörde, des Inhalts der Zusammenschaltungsanordnungen sowie bezüglich einer Umsetzungsfrist für Netzbetreiber vor. 335

4.8.3.1 Anordnungsvoraussetzungen und in diesem Zusammenhang für die Verhandlungen zu beachtenden Punkte

Voraussetzung für die Durchführung eines Anordnungsverfahrens ist nach § 9 Abs. 1 NZV das **Nichtzustandekommen einer Vereinbarung** über Zusammenschaltungen zwischen den Betreibern öffentlicher Telekommunikationsnetze, wobei § 37 Abs. 1 TKG dahingehend konkretisiert wird, daß grundsätzlich jeder der an der Zusammenschaltung Beteiligten die Regulierungsbehörde anrufen kann[3]. 336

Formell erfordert die Einleitung eines Anordnungsverfahrens nach § 9 Abs. 2 NZV einen **schriftlichen Antrag**, der allerdings nur für die Anrufung selbst erforderlich ist. Bezüglich des übrigen Verfahrens bleibt es bei dem Grundsatz der Nichtförmlichkeit des Verwaltungsverfahrens nach § 10 VwVfG. Danach steht es im pflichtgemäßen Ermessen der Behörde, das Verfahren so zu führen und so zu gestalten, wie sie es für zweckmäßig hält. Des weiteren ist die Anrufung gemäß § 9 Abs. 2 NZV entsprechend zu begründen, insbesondere ist der Antragsteller verpflichtet, darzulegen, 1) wann die Zusammenschaltung nachgefragt worden ist, 2) welche Leistungen in Anspruch genommen werden sollten und 3) bei welchen Punkten keine Einigkeit erzielt wurde. Die **Begründungspflicht** des § 9 Abs. 2 NZV bildet somit eine **Ausnahme vom Amtsermittlungsgrundsatz**, wonach grundsätzlich die zuständige Behör- 337

---
1 Vgl. Beschl. der Regulierungsbehörde v. 21. 8. 1998 – BK 4-98-011/Z, 2. 7. 1998.
2 Ebenso Beck TKG-Komm/*Piepenbrock*, § 37 Rz. 20.
3 Vgl. BegrE NZV, BR-Drucks. 655/96, S. 12.

de den Sachverhalt und damit auch die entscheidungserheblichen Tatsachen von Amts wegen zu ermitteln hat. Im Hinblick auf die in § 37 TKG vorgeschriebene Kürze der Entscheidungsfrist von 6 bis maximal 10 Wochen sowie im Interesse eines schnellen Verfahrens erscheint diese Ausnahme jedoch sinnvoll und daher gerechtfertigt.

338 Von der **Begründungspflicht** erfaßt werden nur diejenigen Tatsachen, die für den Antragsteller einen Zusammenschaltungsanspruch nach den §§ 36, 37 TKG begründen. Allerdings sind dieses Tatsachen im einzelnen darzulegen und zu beweisen, was bereits vor Aufnahme der Vertragsverhandlungen berücksichtigt werden sollte.

339 Der Antragsteller hat demgemäß das **Scheitern der Zusammenschaltungsverhandlungen** darzulegen, indem er zunächst nachweist, daß von seiner Seite zumindest **ernsthaft** der Versuch unternommen wurde, Zusammenschaltungsverhandlungen aufzunehmen und zu führen. Dies erfordert, daß der Antragsteller ein eindeutiges und unmißverständliches Anliegen an die andere Partei herangetragen hat, ihm ein Angebot auf Zusammenschaltung zu unterbreiten[1]. Die Regulierungsbehörde spricht insoweit zumeist von einer **hinreichend konkreten Nachfrage**[2] der Zusammenschaltung bzw. der einzelnen Zusammenschaltungsleitungen und/oder -dienste. Für den die Zusammenschaltung Begehrenden ist es daher ratsam, diese Nachfrage **schriftlich so detailliert wie möglich zu formulieren** und der anderen Partei für die Aufnahme der Verhandlungen in dieser Form zukommen zu lassen.

340 Die Parteien sind zur zügigen Aufnahme und Durchführung von Verhandlungen verpflichtet. Soweit daher eine Partei in irgendeiner Form die Verhandlungen **verzögert**, steht es der anderen Partei frei, sofort ein Anordnungsverfahren nach § 37 TKG einzuleiten[3]. Als **unberechtigte Verzögerungen** sind insbesondere das mehrfache Absagen von Terminen, das Vorschieben von Terminschwierigkeiten bei Terminvereinbarungen, zu geringe Mitarbeiterzahlen für Verhandlungen oder keine Abgabe eines der Nachfrage entsprechenden Angebots zu werten. Auch hier empfiehlt es sich, zu Beginn der gewünschten Verhandlungen einen **schriftlichen Verhandlungsplan** vorzulegen und die **Terminsvereinbarungen** sowie die diesbezügliche **Korrespondenz schriftlich zu dokumentieren.**

341 Was schließlich des Scheitern der Verhandlungen selbst anbetrifft, so sind die einzelnen **strittigen Punkte** genau zu bezeichnen. Dies erfordert

---

1 Vgl. Beschl. der Regulierungsbehörde v. 30. 10. 1998, MMR 1999, 52, 54.
2 Vgl. z. B. Beschl. der Regulierungsbehörde v. 12. 10. 1998 – BK 4-98-010/Z, 1. 7. 1998, S. 5.
3 So *Manssen*, in: Manssen, Telekommunikations- und Multimediarecht, § 37 TKG Rz. 5.

eine genaue **schriftliche Protokollführung** über die **Verhandlungen** und die einzelnen **Verhandlungsgegenstände** sowie über die bezüglich der einzelnen Punkte erzielten **Verhandlungsergebnisse**. Zwar stellt die Regulierungsbehörde nach ihrer Entscheidungspraxis **keine sehr hohen Anforderungen an den Beweis des Scheiterns der Verhandlungen**[1], es kommt aber immer wieder vor, daß die Entscheidung bzw. Anordnung über einzelne Punkte mit der Begründung abgelehnt wird, hierüber sei entweder nicht ausreichend verhandelt worden oder aus den vorgelegten Nachweisen ergebe sich kein Scheitern oder sogar Einigkeit der Beteiligten.

Zulässige **Beschränkungen** des Umfangs der Netzzusammenschaltung hat hingegen der Antragsgegner vollumfänglich darzulegen. 342

4.8.3.2 Durchführung und Abschluß des Verfahrens

Die Anrufung ist jederzeit **widerrufbar**, d. h. der Zusammenschaltungsbegehrende bleibt „Herr des Verfahrens", sowohl für den Fall, daß eine Einigung noch nach Antragstellung erzielt wird, als auch dann, wenn auf eine Zusammenschaltung endgültig verzichtet wird. 343

Eine Entscheidung der Regulierungsbehörde über das Anordnungsbegehren erfolgt im Rahmen eines **Beschlußkammerverfahrens** nach §§ 73 ff. TKG sowie auf Grundlage des § 9 Abs. 3 und 4 NZV. Hinsichtlich des zugrunde zu legenden Sachverhaltes kann dabei auf die Begründung des Antragstellers als auch ggf. auf die Ausführungen des Antragsgegners zurückgegriffen werden. Trotz der genannten Mitwirkungspflichten der Verfahrensbeteiligten findet darüber hinaus der Amtsermittlungsgrundsatz des verwaltungsrechtlichen Verfahrens Anwendung, so daß die Regulierungsbehörde zusätzlich zwecks Sachverhaltsaufklärung die in §§ 76 f. TKG angeführten **Ermittlungs- und Beweismittel** nach pflichtgemäßen Ermessen einsetzen kann. Soweit dennoch der Sachverhalt nicht vollständig aufzuklären ist, hat die Regulierungsbehörde eine Entscheidung auf Grundlage der jeweiligen **Darlegungslast** zu treffen. 344

Im **Entscheidungsverfahren** ist die Regulierungsbehörde gemäß § 9 Abs. 3 NZV insbesondere verpflichtet, die **Anrufungsgründe** des Antragstellers zu beachten. § 9 Abs. 3 NZV korrespondiert insoweit mit § 37 Abs. 2 TKG, der eine Anordnung nur zuläßt, soweit und solange die Beteiligten keine Zusammenschaltungsvereinbarung treffen. Dem „Soweit" wird dabei durch die Bezugnahme auf die Anrufungsgründe in § 9 345

---
[1] Vgl. z. B. Beschl. der Regulierungsbehörde v. 14. 4. 1999 – BK 4d-99-009/Z, 1. 3. 1999, S. 13.

Abs. 3 NZV Rechnung getragen, das „Solange" wird durch die Bestimmung in § 9 Abs. 2 S. 3 NZV, wonach die Anrufung widerrufbar ist, berücksichtigt[1]. Die Beachtung der Anrufungsgründe ist folglich zwingend, da zum einen der Eingriff in die Privatautonomie der Parteien auf ein notwendiges Maß reduziert und zum anderen das Subsidiaritätsverhältnis zwischen § 36 und § 37 TKG gewahrt bleibt. Der Regulierungsbehörde ist es damit verwehrt, im Rahmen des Anordnungsverfahren einen über den konkreten **Anrufungsgegenstand** hinausgehenden Anordnungsbeschluß zu treffen.

346 Bei ihrer Entscheidung hat die Regulierungsbehörde zudem gemäß § 9 Abs. 4 NZV die **Interessen der Nutzer** sowie die **unternehmerische Freiheit jedes Netzbetreibers bei Gestaltung seines Telekommunikationsnetzes** zu berücksichtigen. Darüber hinaus sind auch **europarechtliche Vorgaben**, insbesondere Art. 9 Abs. 5 der **Zusammenschaltungsrichtlinie** (RL 97/33/EG), von der Regulierungsbehörde zu beachten. Mithin muß eine Streitbeilegung einen fairen Ausgleich der berechtigten Interessen beider Parteien zum Ergebnis haben, wobei folgende Kriterien bei der Entscheidungsfindung zu berücksichtigen sind:

– Interessen der Benutzer,
– ordnungspolitische Verpflichtungen oder Einschränkungen, die einer Partei auferlegt sind,
– das Bestreben, innovative Marktangebote zu fördern und Benutzern eine breite Palette von Telekommunikationsdiensten auf nationaler und Gemeinschaftsebene bereitzustellen,
– die Verfügbarkeit technisch und wirtschaftlich tragfähiger Alternativen zu der geforderten Zusammenschaltung,
– das Streben nach Sicherstellung gleichwertiger Zugangsvereinbarungen,
– die Notwendigkeit, die Integrität des öffentlichen Telekommunikationsnetzes und die Interoperabilität von Diensten aufrechtzuerhalten,
– die Art des Antrags im Vergleich zu den Mitteln, die zur Verfügung stehen, um ihm stattzugeben,
– die relative Marktstellung der Parteien,
– die Interessen der Öffentlichkeit (z. B. der Umweltschutz),
– die Förderung des Wettbewerbs,
– die Notwendigkeit, einen Universaldienst aufrechtzuerhalten.

347 Gemäß § 37 Abs. 3 S. 3 muß eine Anordnung ferner den **Maßstäben des § 35 Abs. 2 TKG entsprechen**, mithin auf objektiven Maßstäben beru-

---

1 Vgl. BegrE zur NZV, BR-Drucks. 655/96, S. 12.

hen, nachvollziehbar sein (Transparenzgebot) und einen gleichwertigen Zugang zu den Telekommunikationsnetzen der Beteiligten gewähren. Für die Frage einer Beschränkung der Zusammenschaltung durch die Regulierungsbehörde im Rahmen eines Anordnungsbeschlusses gilt im übrigen § 35 Abs. 2 S. 2 TKG. Dies betrifft nicht nur marktbeherrschende Beteiligte sondern alle Beteiligten des Anordnungsverfahrens. Darüber hinaus hat die Regulierungsbehörde bei einer Beteiligung **marktbeherrschender Unternehmen**, die nach § 33 TKG erforderliche **diskriminierungsfreie** Gewährung des Netzzuganges bzw. hier der Zusammenschaltung zu berücksichtigen.

In diesem Zusammenhang führt das Bundesverwaltungsgericht hinsichtlich der **systematischen Stellung der Anordnungsbefugnis** nach § 37 TKG zu dem Verfahren der Mißbrauchsaufsicht aus, daß das Anordnungsverfahren nicht ohne weiteres gleichberechtigt neben der Mißbrauchsaufsicht stehe, soweit ein monopolartig den Markt beherrschendes Unternehmen beteiligt ist. Denn lägen gleichzeitig die Voraussetzungen des § 33 und des § 37 TKG vor, so würde die Regulierungsbehörde im Hinblick auf die gesetzgeberische Absicht, chancengleichen und funktionsfähigen Wettbewerb zu fördern und sicherzustellen, **grundsätzlich vorrangig nach § 33 TKG** gegen das beteiligte marktbeherrschende Unternehmen einzuschreiten haben[1]. Somit geht das Bundesverwaltungsgericht anscheinend von einer **Subsidiarität** des Anordnungsverfahrens gegenüber dem Mißbrauchsverfahren aus, sofern ein marktbeherrschendes Unternehmen beteiligt ist und sämtliche Tatbestandsvoraussetzungen beider Normen vorliegen. Dies muß dann allerdings für das Mißbrauchsverfahren bedeuten, daß der Regulierungsbehörde in dieser Situation ein nur **eingeschränkter Ermessensspielraum** hinsichtlich der Einleitung eines Mißbrauchsverfahrens zustehen dürfte oder ggf. eine Ermessensreduktion auf Null anzunehmen wäre. Anderenfalls ist ein **lückenhafter Rechtsschutz** im Bereich der Zusammenschaltungsanordnungen zu befürchten. Als problematisch erweist sich zudem das Fehlen verbindlicher Entscheidungsfristen im Rahmen des Mißbrauchsverfahrens. Denn anders als das Anordnungsverfahren nach § 37 TKG sieht § 33 TKG **keinerlei verbindliche Entscheidungsfristen** für die Regulierungsbehörde vor (vgl. hierzu unter Rz. 348); einzig die Untätigkeitsklage nach § 75 VwGO legt hier eine maximale Entscheidungsfrist von drei Monaten für die Regulierungsbehörde fest. Im Hinblick auf die besondere Bedeutung der Zusammenschaltung für den Wettbewerb und die Planungssicherheit der Wettbewerber ist aber eine Entscheidung über die Anordnung einer Zusammenschaltung in einem möglichst kurzen

347a

---
1 BVerwG, Urteil vom 25. 4. 2001 – BVerwG 6 C 6.00, S. 27 des amtlichen Umdrucks.

Zeitraum notwendig. Das Anordnungsverfahren nach § 37 TKG sieht deshalb verbindliche Entscheidungsfristen vor und ist somit insgesamt dem Mißbrauchsverfahren nach § 33 TKG vorzuziehen. Insoweit ist nicht von einem Verhältnis der Subsidiarität auszugehen, sondern von **Anspruchskonkurrenz**. Im übrigen wäre es auch denkbar, die Bestimmung des § 33 TKG im Rahmen eines Zusammenschaltungsanordnungsverfahrens mit zu berücksichtigen und anzuwenden.

348 Die **Dauer des Entscheidungsverfahrens** richtet sich nach § 37 Abs. 1 TKG und beträgt grundsätzlich **sechs Wochen**, kann aber durch die Regulierungsbehörde um längstens **vier Wochen verlängert** werden, innerhalb derer über die Anordnung zu entscheiden ist. Hiervon macht die Regulierungsbehörde regelmäßig auch Gebrauch. Die typische Maximaldauer beträgt somit 10 Wochen. Dies erscheint im Hinblick auf die Relevanz von Zusammenschaltungen für die Sicherstellung einer netzübergreifenden Kommunikation sowie für die Geschäftsaufnahme neuer Wettbewerber im Einzelfall allerdings zu lang, zumal Antragssteller und Antragsgegner zur Mitwirkung am Verfahren verpflichtet sind (Begründungspflicht etc.). Darüber hinaus könnte die Regulierungsbehörde bei entsprechender Ausgestaltung auf das nach § 6 Abs. 5 NZV zu entwikkelnde **Grundangebot** (siehe oben Rz. 252 ff.) zurückgreifen, so daß eine Verfahrenslänge von über sechs Wochen eigentlich nur in begründeten Ausnahmefällen gerechtfertigt ist.

349 Die Anordnungsentscheidung der Regulierungsbehörde ist gemäß § 73 Abs. 1 TKG Verwaltungsakt, und zwar mit privatrechtsgestaltender Wirkung, der bürgerlich-rechtliche Pflichten zwischen den betroffenen Netzbetreibern begründet bzw. regelt[1]. Der Anordnung nach § 37 TKG haben die betroffenen Netzbetreiber (Antragsgegner und -steller) innerhalb einer Frist von längstens **drei Monaten** Folge zu leisten, es sei denn, dies ist aus technischen Gründen objektiv unmöglich. Hinsichtlich der Rechtsschutzmöglichkeiten im Fall einer nicht fristgerechten Umsetzung von Zusammenschaltungsanordnung sei auf Rz. 425 ff. dieses Beitrages verwiesen.

4.9 Wettbewerbsbeschränkende Vereinbarungen gemäß § 38 TKG

350 Gemäß § 38 TKG sind Netzzugangsvereinbarungen i. S. d. § 35 TKG, welche die **Wettbewerbsmöglichkeiten** anderer Unternehmen auf dem Telekommunikationsmarkt ohne sachlich rechtfertigenden Grund **beein-**

---

1 Vgl. *Hummel*, CR 2001, 440, 445.

trächtigen, unwirksam. Hiervon umfaßt werden sowohl Vereinbarungen über Allgemeine als auch über Besondere Netzgänge einschließlich Zusammenschaltungen.

Sinn und Zweck der Regelung besteht darin, einen **Mißbrauch** von Vereinbarungen durch die Parteien zu verhindern, insbesondere hieraus resultierende Wettbewerbsbeeinträchtigungen dritter Unternehmen, die nicht an den Zusammenschaltungsvereinbarungen beteiligt sind, zu unterbinden. Denkbare typische Beeinträchtigungen wären z. B. vertragliche Weiterveräußerungsverbote, Preisabsprachen, Konkurrenzschutz oder auch die Einräumung von Exklusivrechten. 351

Im Bereich von Vereinbarungen mit marktbeherrschenden Unternehmen hat § 38 TKG jedoch bislang **kaum praktische Relevanz**, da seine wesentlichen Regelungsziele hinsichtlich einer „Verhinderung wettbewerbsbeschränkender Vereinbarungen" bereits zu einem großen Teil in den Anwendungsbereich der §§ 33 und 35 TKG fallen. Die Bestimmung kann insofern insbesondere als Klarstellung für die §§ 33 und 35 TKG dienen, indem sie als Rechtsfolge unmißverständlich die Unwirksamkeit wettbewerbsbeschränkender Vereinbarungen festlegt. Die bisher geringe praktische Relevanz verwundert gleichwohl, wenn man die Regelung in einen größeren Sinnzusammenhang mit den §§ 33, 35 TKG stellt. Nicht selten scheitert die Durchführung eines Mißbrauchsverfahrens gegen den in Deutschland marktbeherrschenden Anbieter und Betreiber DTAG, weil die Regulierungsbehörde keine Diskriminierung seitens der DTAG feststellen kann, und zwar selbst dann, wenn die Bedingungen der DTAG gegenüber Dritten oder im internen Vergleich eigentlich wettbewerbshindernde Wirkung haben. Sofern es dabei aber um Netzzugangsvereinbarungen geht, insbesondere solche zwischen der DTAG und ihren Tochtergesellschaften (wie T-Online, T-Mobil und T-Systems), kann bei Vorliegen der sonstigen Voraussetzungen die Regelung in § 38 TKG Abhilfe schaffen. Einen Ansatzpunkt hierfür liefert die sog. **Flatrate-Entscheidung** der Regulierungsbehörde[1], in der es um ein nachträgliches Entregulierungsverfahren wegen mißbräuchlicher Tarifgestaltung durch die DTAG bzw. T-Online ging. Im Kern hat die Regulierungsbehörde hier gerade deswegen einen Mißbrauch in Form einer Diskriminierung festgestellt, weil die ansonsten diskriminierungsfreie Handhabung der Netzzugangstarife dazu führte, daß das gleichermaßen von Wettbewerbern wie auch von T-Online getragene kommerzielle Risiko einer Übernutzung durch die Endkunden im Falle von T-Online aber den Gewinnen der Muttergesellschaft DTAG gegenüberstünde und somit konzernintern abgefangen würde. Konsequent zu Ende gedacht, bedeutet diese Sichtweise, daß Netzzugangsvereinbarungen im Konzern des 352

---
1 Beschl. der Regulierungsbehörde v. 15. 11. 2000 – BK 3b-00/033.

marktbeherrschenden Unternehmens **gerade deswegen mißbräuchlich sein könnten, weil sie diskriminierungsfrei auf andere Wettbewerber** angewendet werden, gleichzeitig aber einem Beteiligten der Vereinbarung einen **Wettbewerbsvorteil** verschaffen, der die Wettbewerbsmöglichkeiten anderer Unternehmen beeinträchtigt. Mit anderen Worten kann die Regelung in § 38 TKG möglicherweise dort Abhilfe schaffen, wo den Wettbewerb belastende Vertragsbedingungen zwischen dem marktbeherrschenden Unternehmen und einem diesem verbundenen Unternehmen (oder auch einem Dritten) vereinbart werden, deren Erfüllung im Konzern (oder für die Beteiligten) weniger belastend wirkt als für den einzelnen Wettbewerber, welcher sich dem Einwand der diesbezüglichen Nichtdiskriminierung ausgesetzt sieht. Denkbare Anwendungsfelder hierfür wären zum einen die Forderung der DTAG nach weit über 1000 Anschlußpunkten für das Flatrate-Produkt (OVF) zur Internet-Einwahl, was offenbar auf eine Vereinbarung mit T-Online zurückgeht, wie auch die auf selbständigen Verträgen mit den Mobilfunknetzbetreibern beruhenden Transittarife der DTAG für die Terminierung von Verbindungen in Mobilfunknetze im Rahmen der Zusammenschaltensvereinbarung. In beiden Fällen beschweren sich die Wettbewerber seit längerem darüber, daß hier Zugangs- bzw. Tarifbedingungen künstlich „hoch" gehalten werden, wovon nur bestimmte Marktteilnehmer profitieren, während andere sich in ihren Wettbewerbsmöglichkeiten beeinträchtigt sehen.

4.9.1 Anwendungsbereich

353 Vom Anwendungsbereich des § 38 TKG werden nach dem Wortlaut **Vereinbarungen über die Gewährung von Netzzugängen nach § 35** erfaßt. Hiermit könnten zum einen Vereinbarungen nach § 35 TKG gemeint sein, d. h. § 38 TKG fände nur auf Vereinbarungen, an denen ein marktbeherrschendes Unternehmen beteiligt ist, Anwendung[1]. Zum anderen könnte § 35 TKG auch direkt auf die Art der Netzzugänge bezogen sein, was zur Folge hätte, daß § 38 TKG auf sämtliche Netzzugangsvereinbarungen unabhängig von einer marktbeherrschenden Stellung einer der Beteiligten anwendbar wäre[2].

354 Entscheidende Frage ist, ob der Verweis auf § 35 TKG die **Art der Netzzugänge** näher konkretisiert oder aber auf die **Art der Vereinbarung** zu beziehen ist. Von der Beantwortung dieser Frage hängt maßgeblich der Umfang des Anwendungsbereiches ab. Für einen weiten Anwen-

---

1 So vertreten von Beck TKG-Komm/*Salger/Traugott*, § 38 Rz. 7.
2 So *Manssen*, in: Manssen, Telekommunikations- und Multimediarecht, § 38 TKG Rz. 1.

dungsbereich des § 38 TKG spricht – insbesondere unter Berücksichtigung der Zielsetzung des TKG – seine wettbewerbsschützende Funktion. Zwar werden in der Regel wettbewerbsbeschränkende Vereinbarungen vor allem in Verträgen nach § 35 TKG anzutreffen sein, da nicht marktbeherrschende Unternehmen meist nicht in der Lage sind, den Wettbewerb dritter Unternehmen zu beeinträchtigen, jedoch ist es im Rahmen einer immer weiterschreitenden Liberalisierung des Telekommunikationsmarktes durchaus denkbar, daß zukünftig auch Vereinbarungen zwischen nicht marktbeherrschenden Unternehmen den Wettbewerb beschränken. Weiterhin ist auch die systematische Stellung des § 38 TKG innerhalb des Normkontextes des vierten Teils des TKG, nach den §§ 36 und 37 TKG, zu beachten. Diese gelten für sämtliche Zusammenschaltungsvereinbarungen unabhängig einer marktbeherrschenden Stellung. Andererseits spricht der Wortlaut des Verweises dafür, sämtliche Voraussetzungen des § 35 TKG, also auch die Beteiligung eines marktbeherrschenden Betreibers für erforderlich zu halten. Ferner wird eine ähnliche Formulierung in § 39 TKG verwendet, ohne daß hiermit die generelle Anwendbarkeit der Entgeltregulierungsvorschriften auf sämtliche Netzzugangsvereinbarungen gemeint wäre[1]. Darüber hinaus ist nicht einzusehen, warum eine sektorspezifische Wettbewerbsaufsicht, die gerade wegen der marktbeherrschenden Stellung der DTAG in das TKG eingeführt wurde, an diesem Punkt auf sämtliche Netzzugangsvereinbarungen ausgedehnt werden sollte. Hier mag es bei der allgemeinen Wettbewerbsaufsicht durch das GWB bleiben. Als Ergebnis ist somit ein enger Anwendungsbereich zu favorisieren.

Von der Unwirksamkeitsregelung werden im übrigen nicht nur **horizontale Vereinbarungen** erfaßt, sondern gerade auch **vertikale Vereinbarungen**. Die Norm ist somit ähnlich weit gefaßt wie Art. 81 EWGV und folgt daher nicht der dem deutschem Kartellrecht immanenten Unterscheidung von horizontalen und vertikalen Vereinbarungen. Sie schützt insbesondere dritte Unternehmen[2]. 355

4.9.2 Unwirksamkeitsvoraussetzungen

Voraussetzung für eine Unwirksamkeit von Vereinbarungen nach § 38 TKG ist die **Eignung**, andere bzw. dritte Unternehmen, die nicht am Vertrag beteiligt sind, auf dem Telekommunikationsmarkt zu beeinträchtigen. 356

Dies erfordert zunächst eine entsprechende **wettbewerbsbeeinträchtigende Eignung**, die allerdings nicht zwingend eine tatsächliche Beein- 357

---
[1] Vgl. Gesetzesbegründung zum TKG, BR-Drucks. 80/96, S. 47.
[2] Vgl. BegrE zum TKG, BT-Drucks. 13/3609, S. 47.

trächtigung fremder Wettbewerbsmöglichkeiten voraussetzt, sondern die bloße Möglichkeit einer Beeinträchtigung der wettbewerblichen Handlungsfreiheit ausreichen läßt. Als geeignet i. S. d. § 38 TKG ist somit zum einen eine bereits zukünftige Marktbeeinflussung, zum anderen eine nach allgemeiner wirtschaftlicher Erwartung voraussichtliche Beeinträchtigung des Marktes[1] zu beurteilen. Nicht ausreichend ist jedoch eine bloß theoretische Eignung, vielmehr bedarf es objektiv konkreter Tatsachen, die einen entsprechenden Schluß zulassen. Für die Beurteilung der Eignung zur Wettbewerbsbeschränkung kommt es dabei auf den Zeitpunkt des Vertragsschlusses an.

358 Nach deutschem Kartellrecht wäre des weiteren für eine Wettbewerbsbeeinträchtigung eine **wesentliche Auswirkung, zumindest aber eine spürbare Auswirkung** auf den Wettbewerb erforderlich[2]. Fraglich ist jedoch, inwieweit dies auf § 38 TKG übertragen werden kann. Allein auf den Gesetzeswortlaut von § 38 TKG abstellend, der lediglich den Begriff der Eignung verwendet, wird dies teilweise abgelehnt, da insbesondere eine weite Auslegung der Unwirksamkeit angesichts der hohen Sensibilität des Telekommunikationsmarktes in seiner Anfangsphase durchaus angebracht erschiene[3]. Allerdings gilt es zu berücksichtigen, daß § 38 TKG im Hinblick auf die Vorschriften des deutschen Kartellrechtes konzipiert wurde und insofern kartellrechtliche Voraussetzungen ergänzend zu berücksichtigen sind. Eine Wettbewerbsbeeinträchtigung i. S. d. § 38 TKG kann daher nur angenommen werden, sofern die Beschränkung der wirtschaftlichen Handlungsfreiheit der Beteiligten auch spürbare Auswirkungen auf die Marktverhältnisse, d. h. die Marktchancen der Konkurrenten oder der Marktgegenseite, hat. Eine wesentliche Auswirkung zu verlangen ginge allerdings angesichts der noch im Entstehen befindlichen Telekommunikationsmärkte zu weit[4].

359 Als **spürbare Auswirkung** ist in diesem Zusammenhang jede künstliche Veränderung der Marktbedingungen auf den betroffenen Märkten (hier des Telekommunikationsmarktes) anzusehen, die anhand eines **Vergleiches** zwischen den infolge der wettbewerbsbeschränkenden Vereinbarung tatsächlich bestehenden Markt- und Wettbewerbsverhältnissen und den hypothetischen Verhältnissen ohne diese Vereinbarung festzustellen ist[5]. Maßstab hierfür ist vor allem die feststellbare Beeinträchtigung der Auswahlalternativen der Marktgegenseite sowie die Errichtung oder

---

1 Vgl. zu § 1 GWB, BGH, WuW/E BGH 2088, 2090.
2 Vgl. *Bunte*, in: Langen/Bunte, KartR (9. Aufl.), § 1 GWB Rz. 152.
3 *Manssen*, in: Manssen, Telekommunikations- und Multimediarecht, § 38 TKG Rz. 5.
4 Ebenso Beck TKG-Komm/*Salger/Traugott*, § 38 Rz. 16 f.
5 Vgl. *Bunte*, in: Langen/Bunte, KartR (9. Aufl.), § 1 GWB Rz. 153.

Erhöhung von **Marktzutrittsschranken**. An einer tatsächlichen Auswirkung fehlt es allerdings, wenn die wettbewerbsbeschränkende Vereinbarung mit ihren Außenwirkungen an den gegebenen Marktverhältnissen nichts verändert.

Soweit ein **sachlich gerechtfertigter Grund** für die Beeinträchtigung vorliegt, kommt § 38 TKG hingegen nicht zur Anwendung. Dieser ist anhand einer Abwägung der Interessen aller Beteiligten unter Berücksichtigung der Zielsetzung des TKG zu beurteilen. Für unmittelbare Ausschließlichkeitsbindungen bei Netzzugängen dürfte zur Zeit ein sachlicher Rechtfertigungsgrund ausgeschlossen sein. Bei horizontalen Beeinträchtigungen wird es hieran wohl regelmäßig fehlen, da eine Wettbewerbsbeeinträchtigung anderer Unternehmen gerade bezweckt werden wird. Im Falle einer vertikalen Beeinträchtigung ist dagegen das Vorliegen einer sachlichen Rechtfertigung anhand der zu § 21 GWB entwickelten Rechtssprechung zu entscheiden.

360

Sofern oben angeführte Tatbestandsvoraussetzungen erfüllt sind und kein sachlich gerechtfertigter Grund vorliegt, tritt kraft Gesetzes die **Unwirksamkeit** ein. Da es an Legalisierungsmöglichkeiten für Vereinbarungen, die unter § 38 TKG fallen, fehlt, ist die Unwirksamkeit mit der Nichtigkeit der Vereinbarung gleichzusetzen.

361

4.9.3 Befugnisse der Regulierungsbehörde (§ 38 Abs. 2 TKG)

In § 38 Abs. 2 TKG wird die entsprechende Anwendbarkeit des § 33 Abs. 2 und 3 TKG bestimmt. Die Regulierungsbehörde kann daher im Rahmen von § 38 TKG ein **Verhalten auferlegen** oder **untersagen** sowie Verträge ganz oder teilweise für unwirksam erklären. Letzteres ist wohl nur in Fällen einer nachträglich eingetretenen Wettbewerbsbeschränkung von Bedeutung[1], da von Anfang an wettbewerbsbeschränkende Vereinbarungen bereits ex lege unwirksam sind. Relevanter dürfte hingegen § 33 Abs. 2 S. 2 TKG sein, der eine Aufforderung durch die Regulierungsbehörde zur Abstellung eines Mißbrauchs vorsieht. Denkbar sind daher Aufforderungen an die Unternehmen, bestimmte Verträge nicht durchzuführen oder so abzuändern, daß die Wettbewerber nicht mehr beeinträchtigt werden. Nach § 33 Abs. 3 TKG stehen der Regulierungsbehörde diese ihr eingeräumten Befugnisse gegenüber jedem Unternehmen zu, das mit dem betroffenen Unternehmen ein einheitliches Unternehmen bildet.

362

---

[1] Beck TKG-Komm/*Salger/Traugott*, § 38 Rz. 29.

4.10 Regulierung der Entgelte für Netzzugänge gemäß § 39 TKG

363 Die Regelung in § 39 TKG bestimmt, daß hinsichtlich der Entgelte für die Gewährung von besonderen Netzzugängen i. S. d. § 35 TKG sowie für die Durchführung einer angeordneten Zusammenschaltung nach § 37 TKG die Vorschriften zur Entgeltregulierung im dritten Teil des TKG entsprechende Anwendung finden. § 39 TKG greift somit ein, sofern ein marktbeherrschender Betreiber Zugang zu seinem Netz nach § 35 TKG gewährt (§ 39 1. Alt. TKG) oder eine Zusammenschaltungsvereinbarung zwischen zwei sonstigen Betreibern öffentlicher Telekommunikationsnetze durch die Regulierungsbehörde gemäß § 37 TKG angeordnet wird (§ 39 2. Alt. TKG).

4.10.1 Auslegung von § 39 TKG

364 Hinsichtlich der Anordnung einer **entsprechenden Anwendbarkeit** der §§ 24, 25 Abs. 1 und 3, der §§ 27, 28, 29, 30 Abs. 1 und 3 bis 6 sowie § 31 TKG in § 39 TKG stellt sich häufig die Frage, ob es sich um einen **Rechtsgrund-** oder **Rechtsfolgenverweis** handelt. Besondere Relevanz kommt dieser Frage vor allem deswegen zu, weil sie die Anwendbarkeit der Entgeltregulierungsvorschriften auf nicht marktbeherrschende Unternehmen im Fall angeordneter Zusammenschaltungen nach § 37 TKG vorsieht (§ 39 2. Alt. TKG). Ginge man von einer Rechtsfolgenverweisung aus, unterfielen auch nicht marktbeherrschende Unternehmen der Entgeltregulierung, ginge man hingegen von einer Rechtsgrundverweisung aus, müßte dies abgelehnt werden.

365 Ein **Rechtsgrundverweis** ist anzunehmen, wenn die Rechtsfolge der Vorschrift, auf die verwiesen wird, nur Anwendung findet, soweit der Tatbestand der Vorschrift, auf die verwiesen wird, vollständig erfüllt ist. Ein **Rechtsfolgenverweis** liegt hingegen vor, wenn die Rechtsfolge der Vorschrift, auf die verwiesen wird, unabhängig des Vorliegens ihres Tatbestandes, eintritt. Welche Art der Verweisung in § 39 TKG gewählt wurde, ist **im Wege der Auslegung** zu ermitteln.

366 Zunächst ist festzustellen, daß **§ 39 1. Alternative TKG** die Entgeltregulierung für eine Netzzugangsgewährung durch den Rückverweis auf § 35 TKG ausdrücklich auf marktbeherrschende Unternehmen beschränkt. Keine ausdrückliche Beschränkung enthält dagegen § 39 2. Alternative TKG, der lediglich von **der Durchführung einer angeordneten Zusammenschaltung nach § 37 TKG** spricht. Diesbezüglich ist allerdings zu berücksichtigen, daß die Regulierungsbehörde nach § 37 TKG eine Zusammenschaltung unabhängig von einer marktbeherrschenden Stellung anzuordnen befugt ist. Allein auf den **Wortlaut des § 39 TKG** abstellend,

ist somit eine **Rechtsfolgenverweisung** anzunehmen[1], da die Anwendbarkeit der Vorschriften zur Entgeltregulierung im Fall von **angeordneten Zusammenschaltungen** entgegen der Tatbestandsvoraussetzungen der Ex-ante-Regulierung **gerade nicht von einer marktbeherrschenden Stellung abhängt**. Anderenfalls wäre die Bezugnahme auf § 37 TKG in § 39 2. Alt. TKG gänzlich überflüssig. Gegen eine **Rechtsgrundverweisung** spricht zudem, daß das Erfordernis einer marktbeherrschenden Stellung für die Anwendbarkeit der Entgeltregulierung im Fall von Zusammenschaltungsanordnungen dem Wortlaut des § 39 2. Alternative TKG geradezu zuwiderliefe. Grundsätzlich ist auch deshalb von einer Rechtsfolgenverweisung in § 39 TKG auszugehen[2].

Trotzdem wird teilweise versucht, die Anwendbarkeit der Vorschriften zur Entgeltregulierung im Fall einer nach § 37 TKG angeordneten Zusammenschaltung auf marktbeherrschende Unternehmen zu **beschränken**[3]. 367

Argumentativ stützt sich diese Auffassung dabei im wesentlichen auf folgende zwei Punkte: Zum einen wird davon ausgegangen, der Hinweis einer entsprechenden Anwendbarkeit eröffne einen gewissen Gestaltungsspielraum bei der Anwendung der Entgeltregulierungsvorschriften, zum anderen, daß dieser Gestaltungsspielraum im Hinblick auf Sinn und Zweck eines **asymmetrischen Regulierungsansatzes** nur eine Anwendung der Entgeltregulierung auf marktbeherrschende Unternehmen ermögliche[4]. Dies ergebe sich auch aus europarechtlichen Vorschriften, insbesondere Art. 7 Abs. 1 und 2 der Zusammenschaltungsrichtlinie[5]. 368

Das gesamte Argumentationsgerüst steht und fällt somit mit der Annahme, die Anordnung einer **entsprechenden Anwendbarkeit in § 39 TKG** eröffne einen gewissen Gestaltungsspielraum bei der Anwendung der Entgeltregulierungsvorschriften. Dies kann jedoch im Hinblick auf den Gesetzeswortlaut sowie die Begründung zu § 39 TKG kaum vertreten werden. Die Anordnung einer lediglich entsprechenden Anwendbarkeit der Entgeltregulierungsvorschriften in § 39 TKG ist vielmehr nur als bloßer Hinweis des Gesetzes dahingehend zu verstehen, daß es für die Anwendbarkeit der Entgeltregulierungsvorschriften **gerade nicht auf das Vorliegen einer marktbeherrschenden Stellung ankommt**, weshalb die 369

---

1 So Beck TKG-Komm/*Piepenbrock*, § 39 Rz. 4; *Manssen*, in: Manssen, Telekommunikations- und Multimediarecht, § 39 TKG Rz. 3.
2 Vgl. Entscheidung der Regulierungsbehörde v. 28. 8. 1998 – BK 4e-98-008/E, 23. 6. 1998, MMR 1999, 114, 116.
3 Vgl. *Kerkhoff*, NJW 1997, 3209; *Scherer/Ellinghaus*, MMR 2000, 201.
4 Vgl. *Kerkhoff*, NJW 1997, 3209, 3211.
5 Vgl. *Scherer/Ellinghaus*, MMR 2000, 201.

Vorschriften zur Entgeltregulierung **lediglich entsprechend** Anwendung finden können, d. h. **ohne das Erfordernis einer tatbestandlich vorausgesetzten marktbeherrschenden Stellung.** Das Gesetz weist somit selbst auf den Charakter des § 39 TKG als Rechtsfolgenverweis hin bzw. stellt die Anwendbarkeit der Entgeltregulierungsvorschriften auch auf nicht marktbeherrschende Unternehmen im Fall von angeordneten Zusammenschaltungen explizit klar. Ein Gestaltungsspielraum ist demnach nicht eröffnet. Bestätigt wird diese Sichtweise durch die Begründung zu § 39 TKG. Dort heißt es:

> „Durch den zusätzlichen Verweis auf § 36 (jetzt § 37 TKG) erfolgt eine Ausweitung des Geltungsbereichs der Entgeltregulierung für die Gewährung des Netzzuganges auch auf nicht marktbeherrschende Unternehmen."[1]

Die Anwendbarkeit der in Bezug genommenen Entgeltregulierungsvorschriften im Fall einer angeordneten Zusammenschaltung läßt sich somit weder dem Gesetzeswortlaut noch der Begründung zum TKG nach auf marktbeherrschende Unternehmen beschränken.

4.10.2 Anwendungsbereich

370 Vom Anwendungsbereich des § 39 TKG werden sowohl die Entgelte für die Gewährung Besonderer Netzzugänge nach § 35 TKG als auch die Entgelte für die Durchführung einer angeordneten Zusammenschaltung nach § 37 TKG erfaßt. Die konkrete Entgelthöhe ist in diesem Zusammenhang gemäß derjenigen Vorschriften der Entgeltregulierung zu ermitteln, auf die § 39 TKG verweist. Hinsichtlich dieser Vorschriften sei auf die Ausführungen in Kapitel 3 verwiesen.

371 In bezug auf die erste Anwendungsalternative des § 39 TKG stellt sich zudem die Frage, ob auch Entgelte für Allgemeine Netzzugänge dem Anwendungsbereich unterfallen. Unter Zugrundelegung des Gesetzeswortlauts müßte dies angenommen werden, da § 39 TKG keine Differenzierung zwischen Allgemeinen und Besonderen Netzzugängen vorsieht, sondern lediglich grundsätzlich auf die Regulierung **der Entgelte für die Gewährung eines Netzzuganges nach § 35 TKG** hinweist. Die Regulierungsbehörde geht diesbezüglich allerdings zu Recht von einem **restriktiven Verständnis der Norm** aus, die insoweit nicht auf Allgemeine Netzzugänge bezogen werden kann. Bei der pauschalen Anführung des § 35 TKG im Zusammenhang mit Netzzugängen handle es sich vielmehr um ein **Redaktionsversehen** des Gesetzgebers. Es bestehe auch kein praktisches Bedürfnis für eine Einbeziehung Allgemeiner Netzzugänge,

---

[1] Vgl. BT-Drucks. 13/4864, S. 79 zu § 39 TKG.

was insbesondere die Gesetzesbegründung zu § 39 TKG belege. Danach sollen **die Entgelte für Netzzusammenschaltungen (der praktisch relevanteste Fall Besonderer Netzzugänge) nach den Vorschriften über die Entgeltregulierung ermittelt werden**[1].

Nachdem nun der Anwendungsbereich des § 39 Alt. 1 TKG auf Entgelte für Besondere Netzzugänge beschränkt wurde, stellt sich die Frage, welche Arten von Leistungen, die im Rahmen Besonderer Netzzugänge in Anspruch genommen werden können, dem Anwendungsbereich des § 39 TKG unterfallen. Konkret geht es darum, ob nur die Entgelte für den **Zugang** selbst (Anschlußentgelte) oder auch die Entgelte für die hierüber in Anspruch genommen **Leistungen** (Verbindungsentgelte) erfaßt werden. Die Beschlußkammer 4 der Regulierungsbehörde führt in ihrer Entscheidung vom 28. 8. 1998 diesbezüglich aus:

„§ 39 1. Alt. TKG nimmt auf § 35 TKG Bezug. In Abs. 1 dieser Vorschrift ist das Recht des Nutzers auf Zugang zum Netz verankert. Dieser Anspruch des Nutzers ist ein **umfassender Anspruch, nach dem er alle Leistungsmerkmale des Netzes in Anspruch zu nehmen berechtigt ist**. Denn ein bloßer Anspruch auf physisch-logischen Anschluß ohne Sicherstellung der Möglichkeit, auch an den über das Netz verfügbaren Leistungen teilzuhaben, wäre **inhaltsleer**"[2].

Dem ist zuzustimmen. § 39 Alt. 1 TKG erfaßt somit nicht nur die Entgelte, die ein marktbeherrschender Betreiber für den physisch-logischen Anschluß an sein Netz berechnet, sondern auch diejenigen **Entgelte, die für eine Inanspruchnahme von im Wege Besonderer Netzzugänge abrufbarer Leistungen zu entrichten sind**. In diesem Zusammenhang findet allerdings die Ex-ante Regulierung von Entgelten für derartige Leistungen dort ihre Grenzen,

„wo es sich um solche handelt, die für den Besonderen Netzzugang im allgemeinen bzw. für die Zusammenschaltung im besonderen entbehrlich sind, wie beispielsweise eine Superentstörung. Daher ist jede Leistung für die der marktbeherrschende Anbieter ein Entgelt erhebt, auf ihren Stellenwert und insbesondere auch ihre wettbewerbliche Bedeutung und Erforderlichkeit für den jeweiligen Nutzer bzw. die Gemeinschaft derselben zu überprüfen sowie ggf. festzustellen, welchem sachlich und räumlich relevanten Markt diese Leistung zuzuordnen ist"[3].

---

[1] Vgl. BT-Drucks. 13/3609, S. 47.
[2] Vgl. Entscheidung der Regulierungsbehörde v. 28. 8. 1998 – BK 4e-98-008/E, 23. 6. 1998, MMR 1999, 114, 116.
[3] Vgl. Entscheidung der Regulierungsbehörde v. 28. 8. 1998 – BK 4e-98-008/E, 23. 6. 1998, MMR 1999, 114, 117.

Diese Einschränkung ist freilich inkonsequent, weil sie eine Wertung von Leistungen vorsieht, die weder dem Wortlaut des § 35 TKG noch dem Verweis in § 39 TKG zu entnehmen ist.

373 Der Anwendungsbereich des **§ 39 2. Alt. TKG** erfaßt demgegenüber den Fall einer Entgeltregulierung für die Durchführung einer angeordneten Zusammenschaltung nach § 37 TKG. Dabei kommt es für das Entgeltregulierungsverfahren nicht auf das Vorliegen einer marktbeherrschenden Stellung an[1]. Zu den Verfahrensfragen hinsichtlich einer Entgeltfestlegung nach § 39 TKG im Rahmen von Zusammenschaltungsanordnungen wird auf die nachfolgenden Ausführungen in Rz. 379 ff. verwiesen.

4.10.3 Verfahrensfragen

374 Im Zusammenhang mit der Verweisungsnorm § 39 TKG stellt sich die Frage, ob § 39 TKG eine ausreichende Ermächtigungsgrundlage für die **Anordnung von Entgelten** im Rahmen von Zusammenschaltungsanordnungen durch die Regulierungsbehörde bietet, d. h. ob Entgelte vor dem Hintergrund des § 39 TKG grundsätzlich im Rahmen von Anordnungsverfahren nach § 37 TKG festgelegt werden können.

375 Die Regulierungsbehörde selbst hat diese Frage in zahlreichen Entscheidungen im Wege einer **ständigen Entscheidungspraxis** dahin gehend beantwortet, daß

> „die Zusammenschaltung ... als solche, einschließlich aller Elemente und Bedingungen angeordnet werden [kann]. Die Beschlußkammer hat insbesondere zu allen Vertragsbedingungen, hinsichtlich deren es zu keiner vertraglichen Einigung gekommen ist, entsprechende Regelungen zu treffen."[2] Vor diesem Hintergrund stellte die Beschlußkammer wiederholt fest, daß „**im Rahmen einer Zusammenschaltung ... auch die Festlegung von Entgelten zulässig [ist]**. Die Zusammenschaltungsanordnung würde ansonsten unvollständig bleiben, wenn nicht diese Frage, die ein wesentlicher Bestandteil eines entsprechenden Zusammenschaltungsvertrages ist, festgelegt werden könnte"[3].

---

1 Vgl. BT-Drucks. 13/4864, S. 79 zu § 39 TKG.
2 Vgl. Entscheidung der Regulierungsbehörde v. 6. 5. 1999 – BK 4c-99-008/Z, 25. 2. 1999 – Econophone; Entscheidung v. 11. 5. 1998 – BK 4d-99-009/Z, 1. 3. 1999 – First Telecom.
3 Vgl. Entscheidung der Regulierungsbehörde v. 6. 5. 1999 – BK 4c-99-008/Z, 25. 2. 1999 – Econophone; Entscheidung v. 11. 5. 1998, BK 4d-99-009/Z, 1. 3. 1999 – First Telecom; Entscheidung v. 8. 3. 2000 – BK 4c-99-067/Z, 29. 12. 1999 – Talkline.

Ähnlich beurteilt dies auch die einschlägige Literatur, die wie die Regulierungsbehörde die grundsätzliche Möglichkeit einer Anordnung von Entgelten im Rahmen von Zusammenschaltungsanordnungen für gegeben hält, ohne jedoch eine gegenüber der Regulierungsbehörde weiter gehende Begründung anzuführen[1].

Diese ständige Beschlußpraxis der Regulierungsbehörde hat nunmehr das **VG Köln** in dem Verfahren über die Anordnung der aufschiebenden Wirkung gegen die EBC-Entscheidung der Regulierungsbehörde (zu EBC unten Rz. 380 ff.) vorläufig beendet. In seiner Entscheidung vom 18. 12. 2000 heißt es: 376

„Nach der hier allein in Betracht kommenden zweiten Alternative des § 39 TKG gelten für die Regulierung der Entgelte für die Durchführung einer angeordneten Zusammenschaltung nach § 37 TKG die §§ 24, 25 Abs. 1 und 3, die §§ 27, 28, 29, 30 Abs. 1 und 3 bis 6 und § 31 TKG entsprechend. Bereits der Wortlaut dieser Vorschrift steht der Vorgehensweise der Regulierungsbehörde entgegen. Denn wenn darin von den Entgelten ‚für die Durchführung einer angeordneten Zusammenschaltung' die Rede ist, **so setzt dies begrifflich eine Trennung zwischen der Zusammenschaltungsanordnung als solcher (§ 37 TKG) und der – erst ihre anschließende Durchführung betreffenden – Entgeltfestsetzung voraus.** Dies wird bestätigt durch die Formulierung ‚für die Regulierung'. Denn der Begriff der Regulierung verweist auf Vorschriften des dritten Teils des TKG, welche einen eigenständigen, sich von den Bestimmungen über die Netzzusammenschaltungen unterscheidenden Regelungskomplex bilden. Entscheidend kommt hinzu, daß § 39 TKG die entsprechende Anwendung der Vorschriften über die Entgeltregulierung anordnet. ...
Die Begründung, mit der die Regulierungsbehörde die Anordnung der Entgelte in ihrem Beschluß vom 8. September 2000 gleichwohl rechtfertigt, erhält nach Einschätzung der Kammer einer rechtlichen Überprüfung nicht Stand. Ihre Erwägung, die Anordnung einer Zusammenschaltung bliebe unvollständig, wenn nicht auch die Entgelte festgelegt würden, stellt eine bloße Zweckmäßigkeitserwägung dar. Sie läßt den oben dargestellten Regelungsinhalt des § 39 TKG außer Betracht."

Zusammenfassend kommt das VG Köln zu dem Schluß, daß eine Anordnung von Entgelten im Rahmen von Zusammenschaltungsanordnungen nicht möglich sei, da § 39 TKG nach einer ersten summarischen Prüfung keine Rechtsgrundlage für die Festlegung von Entgelten im Rahmen 377

---

[1] Beck TKG-Komm/*Piepenbrock*, § 39 Rz. 4; *Kurt Schmidt*, K&R 1999, 385, 389; *Schütz/Müller*, MMR 1999, 128, 129.

einer Anordnung über eine Netzzusammenschaltung biete. **Grundsätzlich müsse daher neben der eigentlichen Anordnung der Zusammenschaltung anschließend ein entsprechendes Entgeltgenehmigungsverfahren nach dem Dritten Teil des TKG durchgeführt werden.** Aus diesen Gründen sah sich das VG Köln veranlaßt, die aufschiebende Wirkung nach § 80 Abs. 5 VwGO für die Anfechtungsklage der DTAG gegen den EBC-Beschluß der Regulierungsbehörde anzuordnen.

378 Hiergegen wandte sich die Regulierungsbehörde im Wege der Beschwerde vor dem **OVG Münster**, welches allerdings unter Hinweis auf die lediglich eingeschränkte Prüfungsdichte im Beschwerdeverfahren dem VG Köln im Grundsatz folgte[1]. Darüber hinaus führte es ergänzend zur Argumentation des VG Köln aus, daß *§ 37 Abs. 1 TKG die generelle Befugnis der Regulierungsbehörde zur Ersetzung der gescheiterten Zusammenschaltungsvereinbarung oder Teilen davon durch entsprechende Anordnung [beinhaltet], wobei – im Umkehrschluß aus § 37 Abs. 2 TKG – die Befugnis alle nicht von einer Vereinbarung erfaßten Punkte, also auch die Entgelte erfaßt.* Demgegenüber stelle jedoch § 39 TKG eine Spezialregelung zu § 37 TKG betreffend der Entgelte für die Gewährung von Netzzugängen sowie für die Durchführung einer Zusammenschaltungsanordnung dar, weshalb § 39 TKG einer Entgeltfestsetzung durch die Regulierungsbehörde nach § 37 TKG **uno actu** mit der Anordnung der eigentlichen Zusammenschaltung entgegenstehe. Eine angeordnete Zusammenschaltung könne sinnvollerweise mit der für beide Zusammenschaltungspartner notwendigen **Planungssicherheit** nur realisiert werden, *„wenn die Entgelte ebenso wie im Falle der Zusammenschaltungsvereinbarung in einem die Beteiligten ausgewogen berücksichtigenden Regulierungsverfahren ermittelt worden seien." . . . Die [in § 39 TKG] lediglich angeordnete entsprechende Anwendung der im einzelnen genannten Vorschriften gäbe keinen Anlaß, auf die Durchführung eines Ex-ante-Regulierungsverfahrens zu verzichten.* Vielmehr argumentiert das OVG Münster, einen Vergleich zu der Situation einer zwischen den Parteien geschlossenen Zusammenschaltungsvereinbarung ziehend, daß die vereinbarten Entgelte – von niemandem angezweifelt – der Ex-ante-Regulierung unterlägen. Die Anordnung der Zusammenschaltung einschließlich einer Festsetzung der Entgelte durch die Regulierungsbehörde habe in diesem Zusammenhang lediglich **ersetzende Funktion für den Fall einer nicht zustande gekommenen Vereinbarung**. Es sei jedoch kein Grund ersichtlich, *weshalb in letzterem Fall die Entgelte* **in einem vereinfachten, für den** *– marktbeherrschenden oder nicht marktbeherrschenden –* **Zusammenschaltungspflichtigen rechtsverkürzenden Ver-**

---

1 Vgl. OVG Münster v. 3. 5. 2001 – 13 B 69/01 (1 L 2484/00 VG Köln); MMR 2001, 548.

fahren festgesetzt werden sollten. Dies ergebe sich auch nicht durch europarechtliche Vorschriften der ONP-Rechtsakte, die insbesondere **keine verbindlichen Vorgaben für das Verfahren der Ermittlung der ersatzweisen Entgelte** enthalte. Die Regulierungsbehörde habe daher zunächst die Zusammenschaltung und deren technische Modalitäten anzuordnen und in einem nachgeordneten Verfahren unter Beachtung unter anderem der §§ 27, 28 TKG die Entgelte für die angeordnete Zusammenschaltung festzusetzen.

Da im Hauptsacheverfahren vor dem VG Köln sowie ggf. anschließend vor dem OVG Münster eine ähnliche Argumentation und damit eine gleichgelagerte Entscheidung diesbezüglich zu erwarten ist, muß zukünftig davon ausgegangen werden, daß eine Anordnung von Entgelten seitens der Regulierungsbehörde nicht mehr – wie bisher – im Rahmen des Anordnungsverfahren erfolgen kann, sondern ein davon unabhängiges Entgeltregulierungsverfahren erfordert. Wie dies im Hinblick auf § 39 TKG **verfahrenstechnisch** ausgestaltet sein wird, bleibt abzuwarten. Interessant sind diesbezüglich jedenfalls die zusätzlichen Ausführungen des OVG Münster, wonach im anschließenden Entgeltgenehmigungsverfahren beide Beteiligte berechtigt sein sollen, einen **Entgeltgenehmigungsantrag** zu stellen, und zwar nicht nur für die eigenen, sondern auch für die Entgelte des Vertragspartners, oder die Regulierungsbehörde wird von Amts wegen tätig und setzt die Entgelte fest[1]. Schließlich ist zu berücksichtigen, daß die Entscheidungen des VG Köln und OVG Münster eine **rechtsschutzverkürzende Wirkung** zu Lasten der Wettbewerber haben können, weil nach der Rechtsprechung des OVG Münster die Entgeltregulierungsvorschriften des TKG keine drittschützende Wirkung zugunsten der Wettbewerber haben sollen[2]. Im Zusammenspiel mit den Entscheidungen zu § 39 TKG könnte dies bedeuten, daß die Wettbewerber keine Klagemöglichkeiten gegen eine Entgeltgenehmigungsentscheidung der Regulierungsbehörde im Anschluß an ein Anordnungsverfahren haben. Allerdings kann diesem Problem dadurch begegnet werden, daß aufgrund des Verweises in § 39 2. Alternative TKG die drittschützende Wirkung darin gesehen wird, daß der Verweis auf der Anordnungsmöglichkeit der Regulierungsbehörde gemäß § 37 TKG beruht, wo gerade ein Anspruch auf Zusammenschaltung festgestellt wird.

---

[1] Vgl. OVG Münster v. 3. 5. 2001 – 13 B 69/01, S. 7/8 des amtlichen Umdrucks; MMR 2001, 548, 549 f.
[2] Vgl. OVG Münster v. 12. 5. 1999 – 13 B 632/99, MMR 2000, 117.

4.10.4 Exkurs: Element Based Charging (EBC)

380 Das **EBC-Netzmodell** geht auf die Bestrebung der Wettbewerber und der Regulierungsbehörde zurück, das seit Anfang 1998 gültige System einer entfernungsabhängigen Tarifierung von Zusammenschaltungsdiensten auf eine **elementebasierte Tarifierung** (Element Based Charging – EBC) umzustellen. Dabei werden dann nicht mehr Entfernungszonen für eine Tarifierung der Zusammenschaltungsdienste ausschlaggebend sein, sondern die Anzahl der durchlaufenen Netzebenen bzw. **Netzelemente**, die bei der Herstellung einer Telekommunikationsverbindung beansprucht werden. Die Höhe der zukünftigen Zusammenschaltungsentgelte hängt demnach maßgeblich von der zugrundeliegenden Netzstruktur ab, insbesondere von der Anzahl der in Anspruch genommenen Netzebenen. Das bedeutet, je mehr Orte der Zusammenschaltung realisiert sind oder werden, desto weniger Netzebenen des fremden Telekommunikationsnetzes müssen bei der Herstellung einer Verbindung durchlaufen werden und desto geringer sind die Kosten für die jeweilige Verbindung. Das elementebasierte Tarifierungssystem entspricht der internationalen, insbesondere europäischen Praxis, wo grundsätzlich die drei Tarifierungszonen **Local**, **Single Transit** und **Double Transit** zugrunde gelegt werden. Dies hat zu einer erschwerten Vergleichbarkeit der Zusammenschaltungstarife im europäischen Vergleich geführt, weil zum einen entfernungsabhängig tariffiert wird und zum anderen vier Tarifzonen zugrunde gelegt werden. Die Einführung von EBC dient damit gleichermaßen der **Anpassung an den europäischen Standard** und damit auch der besseren **Vergleichbarkeit** der Entgelte im europäischen Binnenmarkt.

381 Welche **Netzstruktur** einer elementebasierten Tarifierung zugrunde zu legen ist, ist allerdings umstritten. Einen ersten Anhaltspunkt bieten zumindest die Vorschriften zur Entgeltregulierung, wonach sich Entgelte an den Kosten einer **effizienten Leistungsbereitstellung** zu orientieren haben. Der sich hieraus ergebende Streit steht in unmittelbarem Zusammenhang mit der oben in Rz. 374 ff. erörterten Frage, ob die Regulierungsbehörde im Rahmen eines Zusammenschaltungsanordnungsverfahrens nach § 37 TKG auch die Entgelte der Zusammenschaltung anordnen darf, und ist in den gerichtlichen Verfahren zu EBC (vorläufig) dahin gehend entschieden worden, daß die Einführung von EBC eines gesonderten **Entgeltregulierungsverfahrens** bedarf.

4.10.4.1 EBC-Modell der Regulierungsbehörde

382 Das als effizient anzusehende Netz, das die Beschlußkammer 4 ihren Überlegungen ihren **EBC-Beschlüssen** (von denen der erste wegen der

Anordnung der aufschiebenden Wirkung der von der DTAG hiergegen eingereichten Anfechtungsklage **nicht vollziehbar** ist) zugrunde legt, gliedert sich grundsätzlich in **drei Hierarchieebenen**[1]:

- **Ebene 0 (Konzentratorebene)**: Zugangsnetz, das die Anschlußbereiche der (abgesetzten) Hauptverteiler sternförmig an steuernde Vermittlungsstellen (VSt) anbindet. Hier findet keine Vermittlung, sondern eine bloße Verkehrskonzentration statt. Nicht berücksichtigt wurden hierbei sog. „intelligente APE", da diese noch keine Marktreife hätten.
- **Ebene 1 (optional)**: Es könnte zur Spiegelung der reinen Ebene aus Teilnehmervermittlungsstellen (TVSt) im Netz der DTAG eine weitere VSt-Ebene ohne Transitfunktion in das Modell eingezogen werden.
- **Ebene 2 (Teilnehmerebene)**: Untere Netzebene der TVSt mit (regionaler) Transitfunktion.
- **Ebene 3 (Transitebene)**: Obere Netzebene mit reinen, vollvermaschten Transitvermittlungsstellen.

Ebene 2 und Ebene 3 bildeten ein **teilvermaschtes Netz** mit hierarchischem Überlaufrouting, d. h. die Ebene 3-VSt stelle für die assoziierten VSt der Ebene 2 immer einen Letztweg dar. Die Dimensionierung der Direkt- und Querwege erfolge anhand der Erlang-Verlustformel mit dem Referenzwert von 48,8 Erlang. Dieser führe dazu, daß Querwege insbesondere bei Verbindungen zwischen Einzugsbereichen (EZB) benötigt würden, während bei Verkehrsströmen innerhalb der Ebene 2 eher hierarchische Wege genutzt würden.

Für die Kostenanalyse wurde ein **zukunftsgerichtetes Netz mit zwei Vermittlungsebenen**, an denen Zusammenschaltung stattfinden kann, zugrunde gelegt. Die Ebene 0 als reine **Konzentratorebene** bleibt dabei also unberücksichtigt, die **optionale Ebene 1** wird als **nicht effizient** zurückgewiesen. Denn bei einem Netz mit einer Zwei-Ebenen-Struktur würde die Ressourcennutzung unter gegebenen Randbedingungen (wie z. B. Einkaufsbedingungen) optimiert und damit die Kosten minimiert. Daher stelle ein solches Produktionsverfahren die zu wählende Form der effizienten Leistungsbereitstellung dar.

In diesem Zusammenhang geht die Beschlußkammer auch auf die Problematiken des breitbandigen und des **schmalbandigen Internetverkehrs** ein. Ersterer laufe allerdings gar nicht durch die VSt, sondern direkt in das paketvermittelte Netz und könne daher hier unberücksichtigt bleiben; letzterer habe eine andere Hauptverkehrszeit als der Sprach-

---

[1] Vgl. Beschl. der Regulierungsbehörde v. 8. 9. 2000, BK 4a-00-018/Z, 30. 6. 2000 sowie Beschl. der Regulierungsbehörde v. 12. 10. 2001, BK 4a-01-026/E, 3. 8. 2001.

verkehr, weshalb der schmalbandige Internetverkehr eher zur besseren und damit kostengünstigeren Auslastung des leitungsvermittelten Netzes führe als zu einer zu starken Belastung.

386 Die **technischen Parameter** der VSt wurden von der Beschlußkammer wie folgt festgelegt: Für die VSt der Teilnehmerebene 2 wurden Kapazitätsgrenzen von 100 000 Beschaltungseinheiten zugrunde gelegt, während für die Transitebene 3 von einer Maximalkapazität von 4000 Ports ausgegangen wurde.

4.10.4.1.1 Grundlage für das EBC-Netz in Deutschland

387 Auf der Grundlage des so beschriebenen logischen Netzes und der technischen Parameter hat die Beschlußkammer sodann die **genaue Anzahl der VSt je Ebene** bestimmt, wobei sie das Verkehrsaufkommen und seine Verteilung berücksichtigt habe.

388 Für die Ebene 3 des Modells, also die Transitebene, habe sie die **23 Standorte der Weitvermittlungsstellen** (WVSt) der DTAG herangezogen, die im Netz der DTAG gedoppelt (bezüglich Frankfurt/M. sogar verdreifacht) seien, so daß es folglich 47 Vermittlungseinheiten der Ebene 3 gebe. Bei der Berechnung der für diese Standorte erforderlichen kombinierten VSt der Ebene 2 ergebe sich bei Zugrundelegung von etwas über 48 Millionen Beschaltungseinheiten ein Wert von ca. 500 kombinierten VSt. Daher werde diesbezüglich auf die von der DTAG ursprünglich auf dieser Ebene vorgesehenen **469 Bereichsvermittlungsstellen** (BVSt) (als Teilmenge der 1600 TVSt, die zumindest zum Teil bei den Kosten berücksichtigt werden sollten) zurückgegriffen und diese Zahl zur Sicherheit auf **475** erhöht. Dabei werde im Fall des Überschreitens der Kapazitätsobergrenze eine zweite Vermittlungseinrichtung an denselben Standort gestellt, die jedoch funktional demselben Netzknoten zugehörig sei, so daß eine weitere Erhöhung der Zahl nicht in Frage kommt. Die verkehrsstärksten Standorte sollen dabei die Grundlage für die Modellbildung darstellen. Die **Relation** zwischen der Anzahl der VSt auf Ebene 3 zu Ebene 2 betrage damit ungefähr 1 zu 10, was auch international bzw. in den Berechnungen der Wettbewerber eine häufig anzutreffende Relation sei.

389 Bei der **Festlegung der konkreten VSt** müsse darauf geachtet werden, daß kostentreibende Cluster-Bildungen in Ballungszentren verhindert und auch in teilnehmerschwächeren, dünn besiedelten Gebieten VSt errichtet würden. Die Beschlußkammer erwarte daher von der DTAG, daß sie die Standorte der Ebene 2 gemäß **verkehrstheoretischen Grundsätzen** bestimme.

4.10.4.1.2 Tarifzonen und Tarife

Die Beschlußkammer hat in diesem Zusammenhang hervorgehoben, daß die **Zusammenschaltung** an allen 475 VSt der Ebene 2 möglich sein müsse, wobei jedem dieser Punkte (auch) ein **lokaler Einzugsbereich (LEZB)** zugeordnet werde, für den jeweils der **Lokaltarif** zur Anwendung komme. Die Anzahl der lokalen Einzugsbereiche und damit die Anzahl der lokalen Orte der Zusammenschaltung auf die 293 **Standardeinzugsbereiche (SEZB)** der DTAG zu beziehen, hat die Beschlußkammer abgelehnt. Zugleich hat sie aber festgestellt, daß die bestehenden und der Zusammenschaltung bereits zugänglichen SEZB als Teilmenge der LEZB erhalten bleiben müßten. 390

Die VSt an den Standorten der 23 Transit-VSt bilden den für die Verkehrsführung relevanten **Zentralpunkt** (Grundeinzugsbereiche), so daß sie zugleich den Bezugspunkt für die Definition der **Single-Transit-Zusammenschaltungszone** darstellten. 391

Verbindungen **zwischen den GEZB** seien die sog. **Double-Transit-Verbindungen**, die dann aufträten, wenn ein Zusammenschaltungspartner nicht im Einzugsbereich der Transit-VSt, in dem sich der Teilnehmeranschluß befinde, zusammengeschlossen sei. 392

Die drei Tarifzonen stellten sich auf der Grundlage eines Zwei-Ebenen-Netzes demzufolge wie folgt dar: 393
- **Tarifzone I = Lokaltarif:**
  Durchlauf durch die Teilnehmer-VSt des LEZB und Nutzung von Übertragungswegen im Zugangsnetz, wobei dieser Tarif für jeden lokalen Punkt, an dem ein Netzbetreiber zusammengeschaltet sei, zur Anwendung komme.
- **Tarifzone II = Single-Transit-Tarif:**
  Zusätzlich werde der Übertragungsweg zur assoziierten Transit-VSt des zugehörigen EZB und der Durchlauf durch diese genutzt.
- **Tarifzone III = Double-Transit-Tarif:**
  Zusätzlich komme der Übertragungsweg (Letztweg) zwischen den zwei zu durchlaufenden Transit-VSt der Ebene 3 und ein weiterer Vermittlungsstellendurchlauf durch die zweite Transit-VSt hinzu. Diese Abfolge gelte jedoch nicht bei der Nutzung von Querwegen, weshalb ein bestimmter Anteil wegen der Kostenersparnis noch herausgerechnet worden sei.

Bei der Aufteilung in **Peak- und Off-Peak-Tarife** seien differenzierte **Tarifgradienten** verwendet worden, die zu einem Off-Peak Niveau von 65 bis 67% führten, da dies die DTAG ebenso handhabe. Schließlich seien, um die Kostentragungspflicht auf beide Marktseiten gleichmäßig 394 zu verteilen, die **reinen Teilnehmer-VSt**, die im Netz der DTAG derzeit bestehen, kostenmäßig nur zur Hälfte anerkannt worden. Insbesondere die kleinen Teilnehmer-VSt mit weniger als 20.000 Beschaltungseinheiten sind nicht berücksichtigt worden, da diese nach heutigen Maßstäben jedenfalls **ineffizient** seien und abgebaut werden könnten.

395 Auf der Grundlage dieser Überlegungen hat die Beschlußkammer schließlich ein komplettes **Tariftableau** mit allen drei Tarifzonen entwickelt, wovon jedoch nur die Tarifzonen I und II angeordnet werden konnten, da sich das Zusammenschaltungsanordnungsverfahren nur auf diese beiden Tarifzonen bezog.

4.10.4.2 Entscheidungen des VG Köln und OVG Münster und erneuter EBC-Beschluß

396 Die Einführung einer elementebasierten Tarifierung auf Grundlage des von der Regulierungsbehörde vorgeschlagenen EBC-Modells scheiterte bisher vor den Gerichten. Denn die DTAG als Antragsgegnerin des oben zitierten ersten EBC-Beschlusses reichte **Anfechtungsklage vor dem VG Köln** ein und stellte parallel den **Antrag auf Anordnung der aufschiebenden Wirkung nach § 80 Abs. 5 VwGO**. Die Entscheidung in der Hauptsache steht zwar noch aus, das VG Köln ordnete jedoch die aufschiebende Wirkung mit Beschluß vom 18. 12. 2000 an[1]. Eine hiergegen gerichtete Beschwerde der Regulierungsbehörde vor dem **OVG Münster** blieb ohne Erfolg.

397 Das **VG Köln** begründete die Anordnung der aufschiebenden Wirkung damit, daß die angegriffene Regelung im Klageverfahren voraussichtlich keinen Bestand haben werde. Denn der Beschluß der Regulierungsbehörde begegne erheblichen rechtlichen Bedenken, da nicht nur eine Zusammenschaltung angeordnet werde, sondern zugleich in Ziff. 2 des Beschlusses auch Regelungen über **Zusammenschaltungsentgelte** getroffen seien. Eine derartige Entgeltfestsetzung durch Zusammenschaltungsanordnungen **außerhalb** eines **Entgeltregulierungsverfahrens** sei jedoch rechtlich **unzulässig**. Angesichts dieser Unzulässigkeit könne es ferner offenbleiben, ob zusätzlich durchgreifende Bedenken gegen den von der Regulierungsbehörde zugrunde gelegten **Effizienzbegriff** und die Anwendung der **Kostenprüfungsbestimmungen** des § 3 TEntgV bestehen.

398 Das hierauf durch die Regulierungsbehörde angerufene **OVG Münster bestätigte** in seinem Beschwerdebeschluß dem Grunde nach **die Argumentation des VG Köln, beanstandete** darüber hinaus aber die **Entwicklung der festgesetzten Zusammenschaltungsentgelte** anhand eines theo-

---
1 VG Köln v. 18. 12. 2000 – 1 L 2484/00, MMR 2001, 342.

retischen Kostenmodells auf der Grundlage eines weitgehend **hypothetischen, kostenidealen Telekommunikationsnetzes** mit zwei vermittelnden Ebenen[1].

Hinsichtlich der zu berücksichtigenden Grundsätze für eine Festlegung von Zusammenschaltungsentgelten führte das OVG Münster aus, daß bei der Ermittlung der Zusammenschaltungsentgelte im Rahmen der TEntgV grundsätzlich **das zusammenschaltungspflichtige Unternehmen und seine realen Produktionsgegebenheiten im Vordergrund zu stehen** hätten, nicht ein theoretisches Kostenmodell. Hieraus folge indes nicht, daß die Zusammenschaltungsentgelte ausschließlich auf der Grundlage der tatsächlichen Kosten der Leistungsbereitstellung zu ermitteln sind. Vielmehr können **Kostenmodelle** im zumutbaren Rahmen **zum Vergleich** und **zur Korrektur** der in Ansatz gebrachten Kosten hinsichtlich einzelner Positionen herangezogen werden, so daß möglicherweise eine zwischen den Vorstellungen der Zusammenschaltungspartner vermittelnde Netzkonfiguration entstehen könne. **Ausgangspunkt einer Kostenbetrachtung** seien grundsätzlich jedoch die **realen Gegebenheiten** des betroffenen Unternehmens, die ggf. unter **Effizienzgesichtspunkten** angemessen modifiziert werden können[2]. Die **Festlegung der Zusammenschaltungsentgelte im EBC-Beschluß werde diesen Grundsätzen aber nicht gerecht,** da lediglich

399

„das im eingeholten Gutachten vertretene Kostenmodell bzw. die dort vertretenen Netzstruktur im Vordergrund stand. Die kostenrelevanten Gegebenheiten der DTAG im Hinblick auf die angeordneten Zusammenschaltungsleistungen waren schon deshalb nicht Gegenstand der Betrachtungen, weil diesbezüglich ein Kostennachweisverfahren nicht durchgeführt worden war"[3].

Da auch

400

„sämtliche übrigen Regelungen der Beschlußkammerentscheidung der Erwägung folgten, daß eine effiziente Leistungsbereitstellung allein bei Anwendung eines hypothetischen idealen zweistufigen Netzes mit Verbindungsübergabe lediglich an Zusammenschaltungsorten in bestimmten lokalen Einzugsbereichen anzunehmen sei"[4],

---

1 Vgl. OVG Münster v. 3. 5. 2001 – 13 B 69/01 (1 L 2484/00 VG Köln), S. 9 des amtlichen Umdrucks; MMR 2001, 548, 550.
2 Vgl. OVG Münster v. 3. 5. 2001 – 13 B 69/01 (1 L 2484/00 VG Köln), S. 10 des amtlichen Umdrucks; MMR 2001, 548, 550.
3 Vgl. OVG Münster v. 3. 5. 2001 – 13 B 69/01 (1 L 2484/00 VG Köln), S. 11 des amtlichen Umdrucks; MMR 2001, 548, 550.
4 Vgl. OVG Münster v. 3. 5. 2001 – 13 B 69/01 (1 L 2484/00 VG Köln), S. 14 des amtlichen Umdrucks; MMR 2001, 548, 551.

sah sich das OVG Münster veranlaßt, die **Beschwerde der Regulierungsbehörde** gegen die Anordnung der aufschiebenden Wirkung durch das VG Köln zurückzuweisen. Wie das VG Köln in der Hauptsache entscheiden wird, bleibt abzuwarten.

400a Allerdings hat die Regulierungsbehörde ihren ursprünglichen EBC-Beschluß nunmehr in einem **Entgeltgenehmigungsverfahren** – und damit zumindest im nach den ergangenen Gerichtsentscheidungen **formal richtigen Verfahren** – im wesentlichen **bestätigt**[1]. Die zweistufige Netzstruktur sowie die drei Tarifzonen hat die Regulierungsbehörde beibehalten und lediglich die einzelnen Tarife leicht geändert (näher zum Beschluß siehe Rz. 416a ff.).

4.10.4.3 EBC-Modell der DTAG

401 Aufgrund dieser gerichtlichen Entscheidungen bietet die DTAG nunmehr wieder Zusammenschaltungsvereinbarungen ausschließlich unter Zugrundelegung ihres ursprünglichen EBC-Modells an. Dieses sieht im Gegensatz zum EBC-Modell der Regulierungsbehörde ein **3-Ebenen-Netz** vor mit **936 Lokalen Einzugsbereichen** (LEZB) auf der unteren Netzebene, **294 regionalen Standardeinzugsbereichen** (SEZB) sowie **23 nationalen Grundeinzugsbereichen** (GEZB). Ferner liegen die von der DTAG vorgesehenen Entgelte über denen aus dem Beschluß der Regulierungsbehörde, und es werden 4 statt 3 Tarifzonen ausgewiesen.

4.10.4.4 Bewertung des Beschlusses des OVG Münster

402 Das OVG Münster hat in seinem besagten Beschluß ausgeführt, daß die Entwicklung der festgesetzten Entgelte ihrer Struktur und Höhe nach anhand eines **theoretischen Kostenmodells** auf der Grundlage eines weitgehend hypothetischen, kostenidealen Telekommunikationsnetzes ernstlichen Bedenken unterliege. Andererseits führt das Gericht aus, daß nach der amtlichen Begründung zu § 3 Abs. 3 TEntgV die Heranziehung von theoretischen Kostenmodellen bei eben dieser Entgeltermittlung **nicht von vornherein ausgeschlossen sei**.

403 Bei der Überprüfung und Festsetzung der Entgelte sei der Blick auf das real existierende Unternehmen zu richten, und seine realen Produktionsgegebenheiten müßten im Vordergrund der Betrachtung stehen. Allerdings folge daraus **nicht**, daß die Zusammenschaltungsentgelte **ausschließlich** auf der Grundlage der tatsächlichen Kosten der Leistungsbereitstellung des zusammenschaltungspflichtigen Unternehmens zu ermitteln seien. Vielmehr könnten Kostenmodelle im zumutbaren Rahmen

---
1 Beschl. der Regulierungsbehörde v. 12. 10. 2001 – BK 4a-01-026/E 3. 8. 2001.

zum **Vergleich** und zur **Korrektur** der in Ansatz gebrachten Kosten hinsichtlich einzelner Positionen herangezogen werden, so daß möglicherweise eine zwischen den Vorstellungen der beteiligten Zusammenschaltungspartner vermittelnde Netzkonfiguration entstehen könne[1]. Überdies darf die Regulierungsbehörde nach den Ausführungen des OVG Münster zur Ermittlung der Entgelte auf das in § 3 Abs. 3 TEntgV vorgesehene **Vergleichsmarktverfahren** zurückgreifen, wenn die nach § 2 TEntgV spezifizierten Kostennachweise des beantragenden Unternehmens fehlen oder nicht hinreichend sind[2].

Schließlich hebt das OVG Münster hervor, die zu genehmigenden Entgelte hätten sich lediglich an den Kosten der Leistungsbereitstellung zu **orientieren**, so daß die realen Gegebenheiten des beantragenden Unternehmens Ausgangspunkt der Kostenbetrachtung zu sein hätten und sodann unter Effizienzgesichtspunkten angemessen modifiziert werden könnten[3]. 404

4.10.4.4.1 Überprüfungs- und Entscheidungsmaßstab nach dem Beschluß des OVG

Ausgangspunkt für die Genehmigung der Entgelte ist die Prüfung der vom beantragenden Unternehmen vorgelegten **Kostennachweise** (§ 3 Abs. 1 i. V. m. § 2 TEntgV). Fehlt es aber im Entgeltregulierungsverfahren an diesen Nachweisen oder sind diese nicht hinreichend, darf die Regulierungsbehörde zur Ermittlung der Entgelte auf das in § 3 Abs. 3 TEntgV vorgesehene **Vergleichsmarktverfahren als alleinigem Maßstab** zurückgreifen. Denn der Rückgriff ist auch im Falle gänzlich fehlender Nachweise gestattet und obwohl das Vergleichsmarktverfahren lediglich nach § 3 Abs. 3 TEntgV als **ergänzendes Instrumentarium** vorgesehen ist, weil dieses Verfahren auf der berechtigten Annahme beruht, daß vergleichbare Märkte mit funktionierenden Wettbewerbsstrukturen Preise hervorbringen, die sich an den Kosten der effizienten Leistungsbereitstellung orientieren[4]. Reichen dagegen die vorgelegten Kostennachweise aus, ist die Prüfung durch die Regulierungsbehörde zu vertiefen. 405

Nach § 3 Abs. 1 TEntgV hat die Regulierungsbehörde zu prüfen, **ob und inwieweit** die vorgelegten Nachweise sich an den Kosten der effizienten 406

---
1 OVG Münster Beschl. v. 3. 5. 2001 – 13 B 69/01 (1 L 2484 VG Köln), S. 10 des amtlichen Umdrucks; MMR 2001, 548, 550.
2 OVG Münster Beschl. v. 3. 5. 2001 – 13 B 69/01 (1 L 2484 VG Köln), S. 8 f. des amtlichen Umdrucks; MMR 2001, 548, 550.
3 Vgl. OVG Münster v. 3. 5. 2001 – 13 B 69/01 (1 L 2484/00 VG Köln), S. 9 des amtlichen Umdrucks; MMR 2001, 548, 549.
4 OVG Münster Beschl. v. 3. 5. 2001 – 13 B 69/01 (1 L 2484 VG Köln), S. 8 f. des amtlichen Umdrucks; MMR 2001, 548, 550.

Leistungsbereitstellung i. S. d. Absatzes 2 orientieren. Durch die Formulierung „ob und inwieweit" wird ausgedrückt, daß die Orientierung der Entgelte anhand eines bestimmten **Prüfungsmaßstabs** überprüft werden muß. Dieser Prüfungsmaßstab sind die **Kosten der effizienten Leistungsbereitstellung**. Die Kosten der effizienten Leistungsbereitstellung bestehen wiederum aus **zwei Elementen**, nämlich zum einen aus der **effizienten Leistungsbereitstellung** und zum anderen aus den daraus folgenden **Kosten**. Ob eine Leistungsbereitstellung „effizient" ist, kann allerdings nicht allein aus sich heraus, anhand des mit einem Entgeltantrag verbundenen **Ist-Zustands** der der Leistungsbereitstellung zugrundeliegenden Leistungs- bzw. Netzstruktur ermittelt werden. Denn es handelt sich insoweit um einen **objektivierten Prüfungsmaßstab**. Demgemäß kann und muß zur Ermittlung des Prüfungsmaßstabs auf **Effizienzmodelle** für Netzstrukturen zurückgegriffen werden, um dann deren Kosten der effizienten Leistungsbereitstellung zum Vergleich mit den vorgelegten Kosten zu ermitteln. Diese Vorgehensweise erkennt auch das OVG Münster an, wenn es ausdrücklich ausführt, daß *„Kostenmodelle im zumutbaren Rahmen zum* **Vergleich und zur Korrektur** *der in Ansatz gebrachten Kosten . . . herangezogen werden"* können[1].

407 Demnach muß die Regulierungsbehörde **sowohl die tatsächlich effizienten Kosten** der Leistungsbereitstellung auf der Grundlage eines effizienten Netzes **als auch** die von der Antragstellerin des Entgeltregulierungsverfahrens aufgrund ihres konkreten bestehenden Netzes mit den vorgelegten Unterlagen **nachgewiesenen Kosten ermitteln**.

408 Zunächst ist es erforderlich, die tatsächlichen Kosten der Antragstellerin und die von ihr vorgelegten **Kostennachweise** zu überprüfen und die tatsächlichen Kosten der einzelnen bei der Verbindungsleistung zu durchlaufenden Netzelemente zu ermitteln. Denn bei einem elementebasierten Tarifsystem ist ja gerade Kernpunkt der Entgelte für die Verbindungsleistungen die Frage, wie viele Netzelemente durchlaufen werden, so daß die einzelnen Kategorien der Netzelemente zu bepreisen sind, bevor die Entgelte für die Verbindungsleistungen selbst festgelegt werden können. Die so ermittelten Kosten der Antragstellerin, sind dann anhand eines Effizienzmaßstabs zu überprüfen.

409 Das OVG Münster führt aus, daß § 3 Abs. 2 TEntgV nicht den Begriff der Kosten der effizienten Leistungsbereitstellung oder gar denjenigen der Effizienz **definiere**, sondern lediglich die zu dem Gesamtpaket der Kosten führenden Elemente oder Faktoren benenne[2]. An einem solchermaßen

---

[1] OVG Münster v. 3. 5. 2001 – 13 B 69/01 (1 L 2484/00 VG Köln), S. 10 des amtlichen Umdrucks; MMR 2001, 548, 550 f.
[2] OVG Münster v. 3. 5. 2001 – 13 B 69/01 (1 L 2484/00 VG Köln), S. 11 des amtlichen Umdrucks; MMR 2001, 548, 550 f.

ermittelten **Maßstab der Effizienz** haben sich sodann die Entgelte gemäß § 24 Abs. 1 S. 1 TKG i. V. m. § 3 TEntgV jedenfalls zu **orientieren**, selbst wenn sie dem Maßstab im Endeffekt nicht hundertprozentig entsprechen müssen. Da also der Begriff der **Kosten der effizienten Leistungsbereitstellung** weder im Gesetz noch in der TEntgV definiert ist, muß der Prüfungsmaßstab auf der Grundlage eines hypothetischen, technisch optimierten Netzes ermittelt werden. Bei dieser objektivierten Ermittlung der Kosten der effizienten Leistungsbereitstellung ist jedoch stets zu berücksichtigen, daß es sich **lediglich um einen Prüfungsmaßstab** handelt, an dem sich die von der Antragstellerin dokumentierten tatsächlichen Kosten ihres real existierenden Netzes messen lassen müssen.

Ergibt sich bei dem Vergleich eine **Inkongruenz**, so bedeutet dies zunächst, daß sich die tatsächlichen Kosten der Antragstellerin nicht an den Kosten der effizienten Leistungsbereitstellung orientieren, wie dies in § 24 Abs. 1 TKG und § 3 Abs. 1 TEntgV gefordert wird. 410

Zur **Auflösung** der Inkongruenz zwischen tatsächlichen Kosten der Leistungsbereitstellung und den Kosten der effizienten Leistungsbereitstellung gestattet das OVG Münster zweierlei Vorgehensweisen[1] seitens der Regulierungsbehörde. Zum einen dürfen Kostenmodelle „**zur Korrektur der** in Ansatz gebrachten Kosten hinsichtlich einzelner Positionen herangezogen werden – **was möglicherweise bis zu einer** zwischen den Vorstellungen der Zusammenschaltungspartner **vermittelnden Netzkonfiguration führen kann**". Zum anderen können die „**realen Gegebenheiten** des betroffenen Unternehmens ... ggf. **unter Effizienzgesichtspunkten angemessen modifiziert eingestellt werden**". Damit besteht auf Basis theoretischer Kostenmodelle einerseits die Möglichkeit, Kosten unberücksichtigt zu lassen, auch wenn dies gegenüber der vorhandenen zu einer **veränderten Netzkonfiguration** führt, wie auch andererseits die Möglichkeit, die realen Gegebenheiten des betroffenen Unternehmens, also die **Netzstruktur selbst**, unter Effizienzgesichtspunkten **angemessen modifiziert in die Kosten einzustellen**. 411

4.10.4.4.2 Folgerungen aus dem Überprüfungs- und Entscheidungsmaßstab

Sofern es schon an **prüfbaren Kostennachweisen fehlt**, kann die Regulierungsbehörde entweder den **Entgeltgenehmigungsantrag ablehnen** (§ 2 Abs. 3 TEntgV) **oder** die Entgelte auf Basis einer **Vergleichsmarktbetrachtung** ermitteln (§ 3 Abs. 3 TEntgV). Wie die Formulierung in § 2 Abs. 3 TEntgV („kann ablehnen") zeigt, handelt es sich hierbei um eine 412

---

[1] OVG Münster v. 3. 5. 2001 – 13 B 69/01 (1 L 2484/00 VG Köln), S. 10 des amtlichen Umdrucks; MMR 2001, 548, 550.

Entscheidung, die in **pflichtgemäßer Ermessensausübung** von der Regulierungsbehörde zu treffen ist.

413 Die **Auflösung** einer etwaigen Inkongruenz zwischen den ermittelten tatsächlichen Kosten und den als Prüfungsmaßstab ermittelten Kosten der effizienten Leistungsbereitstellung kann ebenfalls **unterschiedliche zulässige Maßnahmen** erfordern.

414 Zum einen kann die Inkongruenz dahingehend aufzulösen sein, daß die von der Antragstellerin beantragten Entgelte zu **senken** sind. Ferner ist zu beachten, daß nicht alle von der DTAG zwischenzeitlich vorgesehenen 936 LEZB insgesamt voll zum Ansatz kommen können, da die Regulierungsbehörde bereits ermittelt hatte, daß allenfalls 475 LEZB überhaupt als effizient angesehen werden können und die Diskrepanz der von der Antragstellerin angenommenen 936 LEZB zu groß ist, um ignoriert zu werden. Diejenigen **Kosten**, welche durch die Anzahl **ineffizienter LEZB** verursacht werden, müssen gemäß § 3 Abs. 4 TEntgV **unberücksichtigt** bleiben und von den beantragten Entgelten für die einschlägige lokale Tarifzone abgezogen werden. Insoweit handelt es sich um nichts anderes, als daß hier im Sinne des OVG Münster „**die realen Gegebenheiten**" **im Netz** der DTAG, d. h. die Kosten der unteren Netzebene „**unter Effizienzgesichtspunkten angemessen modifiziert eingestellt werden**". Man mag allenfalls noch darüber streiten, ob die gänzliche Nichtberücksichtigung der ineffizienten LEZB „angemessen" ist oder eine teilweise Nichtberücksichtigung angemessener wäre. Denkbar wäre freilich auch, die den tatsächlich ermittelten Kosten zugrundeliegende Netzkonfiguration in der Weise i. S. d. OVG Münster zu korrigieren, daß es zu einer vermittelnden Netzkonfiguration und damit zu einer von der Ausgangslage abweichenden Konfiguration kommt. Dies könnte geschehen, indem das Entgelt in der lokalen Tarifzone lediglich für eine bestimmte (nämlich effiziente) Anzahl von LEZB genehmigt wird.

415 Hinsichtlich der auf einem Netz mit drei Ebenen basierenden vier Tarifzonen der DTAG ist zu berücksichtigen, ob und inwieweit einzelne Tarifzonen bereits in einer anderen Tarifzone **abgebildet** sind, so daß sich eine **Streichung** anbietet. Auch insoweit handelt es sich lediglich um eine Korrektur im Sinne des OVG Münster, wenn eine aus Effizienzgesichtspunkten **überflüssige Netzebene**, die aber entgeltwirksam in Ansatz gebracht worden ist, entfällt.

416 Nach alledem steht fest, daß die **Gestaltungsspielräume** der Regulierungsbehörde durch die Eilentscheidungen des VG Köln und des OVG Münster zwar auf den ersten Blick durch die verfahrenstechnische Problematik bei Anordnungs- und Entgeltregulierungsverfahren für Anordnungsverfahren enger geworden sind. Andererseits bedeuten die Ent-

scheidungen aber nicht, daß die Regulierungsbehörde bzw. die Wettbewerber in Entgeltregulierungsverfahren künftig dem von der DTAG vorgelegten Status quo ausgeliefert wären. Es kommt vielmehr darauf an, die verbliebenen und wie dargestellt nicht unerheblichen Gestaltungsspielräume für die Regulierungsbehörde konsequent im Sinne der **Regulierungsziele** des TKG zu nutzen.

4.10.4.5 Entgeltgenehmigungsbeschluß der Regulierungsbehörde vom 3. 8. 2001

In ihrem **EBC-Entgeltgenehmigungsbeschluß** vom 12. 10. 2001 (BK 4a-01-026/E 3. 8. 2001) hat die Regulierungsbehörde die ihrem EBC-Anordnungsbeschluß vom 23. 3. 2001 (BK 4a-01-006/E 23. 3. 2001) zugrundeliegende Netzstruktur für ein elementbasiertes Telekommunikationsnetz nunmehr bestätigt[1]. Ihre jetzt getroffene Entscheidung beruht demnach ebenfalls auf einer Netzstruktur aus **zwei Netzebenen** mit 475 lokalen Einzugsbereichen auf der unteren und insgesamt 23 Grundeinzugsbereichen auf der oberen Netzebene. Hinsichtlich der Entgeltstruktur sind **drei Tarifstufen** (local, single transit und double transit) vorgesehen. Zur Begründung dieser Entscheidung führt die Regulierungsbehörde aus, daß die von der DTAG eingereichten Kostenunterlagen den Anforderungen des § 2 Abs. 2 und 3 TEntgV nicht genügten. Daher sei sie im Rahmen ihres pflichtgemäßen Ermessens berechtigt, ein hypothetisch effizientes Modellnetz festzulegen, anhand dessen schließlich die EBC-Entgelte unter Zuhilfenahme einer Vergleichsmarktbetrachtung entwickelt wurden.

416a

Die Regulierungsbehörde habe die nach § 2 TEntgV vorgelegten Kostennachweise gemäß § 3 TEntgV dahingehend zu überprüfen, ob sich die beantragten Entgelte an den Kosten einer effizienten Leistungsbereitstellung orientierten. Voraussetzung hierfür sei, daß die Beschlußkammer anhand der Ist-Kostennachweise die Kosten einer effizienten Leistungsbereitstellung als Prüfungsmaßstab bestimmen könne. Keinesfalls dürften Ineffizienzen übernommen werden. Diese müßten vielmehr im Rahmen der Prüfungen erkannt und „herausgerechnet" werden. Insgesamt seien die **Kostennachweise** somit **Ausgangspunkt** und **Instrumentarium für die Ermittlungen** der Beschlußkammer. Sofern die Beschlußkammer darüber hinaus auf einen **internationalen Tarifvergleich** oder auf ein **unabhängiges Kostenmodell** abstelle, habe sie die vorgelegten Ist-Kostennachweise als **Vergleichsmaßstab** zu berücksichtigen. In dieser Situation dienten die Kostennachweise vor allem dazu, etwaige Unterschiede zwischen den Kosten einer effizienten Leistungsbereitstellung

416b

---
1 Beschl. der Regulierungsbehörde v. 12. 10. 2001 – BK 4a-01-026/E, 3. 8. 2001.

und den von der DTAG geltend gemachten Kosten zu klären[1]. Hierdurch, d. h. mit dem gewählten Ausgangspunkt, hat die Regulierungsbehörde nunmehr die „Vorgaben", die das OVG Münster zur **Methode der Entgeltermittlung** in seinem Beschluß vom 3. 5. 2001 getroffen hatte, in die Regulierungspraxis umgesetzt (siehe oben Rz. 412 ff.).

416c Darüber hinaus ergänzt sie ihre oben getroffenen Ausführungen (in Konkretisierung der inhaltlichen Anforderungen an Kostennachweise) dahingehend, daß es anhand der vorgelegten **Kostennachweise** insbesondere möglich sein müsse, die wesentlichen Kostenparameter nicht nur als Einzelangaben, sondern auch in aggregierter Form zu identifizieren und anschließend eine Beurteilung aufgrund von **Referenzwerten** vorzunehmen. Zudem müsse eine Korrektur dieser Werte sowie eine Quantifizierung der Auswirkung dieser Korrekturen im Hinblick auf eine effiziente Leistungsbereitstellung möglich bleiben. Gerade die Angabe von **Mengen und Preisen** sei folglich zwingend Bestandteil der Kostennachweise und im übrigen auch in § 2 Abs. 2 Nr. 3 und 4 TEntgV ausdrücklich erwähnt. Daneben sei aber auch die transparente Darstellung der Ermittlungsmethode der Kosten unentbehrlich[2].

416d Gerade diesen Anforderungen entsprächen die von der DTAG vorgelegten Kostennachweise nicht[3]. Als Konsequenz hieraus könne die Regulierungsbehörde gemäß § 2 Abs. 3 TEntgV den Entgeltantrag der DTAG zwar ablehnen, da die Kostennachweise innerhalb der Verfahrensfrist nicht erfolgreich nachgebessert wurden und die **Ist-Kosten nicht als Ausgangspunkt der Entgeltermittlung herangezogen werden könnten**. Der Beschlußkammer sei es aber, unter pflichtgemäßer Abwägung aller ihr bekannten Tatsachen, auch möglich, den Entgeltantrag trotz mangelhafter Kostenunterlagen zumindest **teilweise zu genehmigen**. Denn die Entscheidung ob und inwieweit ein Entgeltantrag **abgelehnt** werde, liege grundsätzlich im **pflichtgemäßen Ermessen** der Behörde, wobei das Fehlen von bzw. unzureichender Kostenunterlagen das Ermessen grundsätzlich nicht dahingehend reduziere, den Entgeltgenehmigungsantrag insgesamt abzulehnen. Zwar müsse im Rahmen der Ermessensentscheidung berücksichtigt werden, daß die Kostennachweise grundsätzlich den Ausgangspunkt der Ermittlung der Kosten einer effizienten Leistungsbereitstellung bildeten, für einige Leistungen könnten die Entgelte aber auch

---

1 Beschl. der Regulierungsbehörde v. 12. 10. 2001 – BK 4a-01-026/E, 3. 8. 2001, S. 29 des amtlichen Umdrucks.
2 Beschl. der Regulierungsbehörde v. 12. 10. 2001 – BK 4a-01-026/E, 3. 8. 2001, S. 30 des amtlichen Umdrucks.
3 Ausführliche Begründung der Regulierungsbehörde siehe Beschl. der Regulierungsbehörde v. 12. 10. 2001 – BK 4a-01-026/E, 3. 8. 2001, S. 30 f. des amtlichen Umdrucks.

auf Basis anderer Kostenbetrachtungen ermittelt werden. Dementsprechend mache die Beschlußkammer von ihrem Ermessen, einen Entgeltantrag wegen fehlender Kostenunterlagen abzulehnen, nur dann Gebrauch, wenn ohne ausreichende Kostennachweise alternative Ermittlungsmöglichkeiten nicht zu Verfügung stünden[1]. Existierten dagegen andere Möglichkeiten, die Kosten einer effizienten Leistungsbereitstellung zu ermitteln, **liefe es den Regulierungszielen des § 2 TKG diametral zuwider und wäre darüber hinaus unverhältnismäßig, die beantragten Entgelte nicht zumindest teilweise zu genehmigen**[2]. Eine solche alternative Ermittlungsmöglichkeit sieht die Beschlußkammer im Wege internationaler Vergleichsmarktbetrachtungen für gegeben. Derartige Vergleichmarktbetrachtungen hat sie auch in der Vergangenheit ihren Entgeltgenehmigungen zu Grunde gelegt[3].

Nach alledem kommt die Beschlußkammer im Rahmen ihrer Ermessensausübung zu dem Ergebnis, daß die Genehmigung von Entgelten auf Vergleichsmarktbasis gegenüber der gänzlichen Ablehnung der Genehmigung das mildere Mittel sei und daher auch verhältnismäßiger. Denn eine Genehmigung der Entgelte gewährleistete den Wettbewerbern eine gewisse **Planungssicherheit**. Zudem würde die Situation vermieden, in der die DTAG faktisch zu einer **unentgeltlichen Leistungserbringung** verpflichtet wäre, da angesichts der Entscheidungspraxis der Beschlußkammer eine rückwirkende Genehmigung von Entgelten nicht in Betracht komme[4]. Daher sei es (ausnahmsweise) zulässig, die Entgeltgenehmigung im wesentlichen auf eine Vergleichsmarktbetrachtung zu stützen, obwohl grundsätzlich die Kostennachweise den Ausgangspunkt der Entgeltgenehmigung bildeten. Eine solche Vergleichmarktbetrachtung ergebe unter Berücksichtigung einer effizienten Leistungsbereitstellung eine Entgeltstruktur, die aus drei Tarifstufen (Local, single transit, double transit) bestehe und ihrerseits auf einer Netzstruktur mit 475 lokalen Einzugsbereichen auf der unteren und 23 Grundeinzugsbereichen auf der oberen Ebene beruhe. Diese Netzstruktur stelle eine **vermittelnde Netzkonfiguration im Sinne eines Kompromisses** zwischen den vorhandenen Netzstrukturen der DTAG und den Wettbewerbern dar, entspreche aber auch einer **effizienten Leistungsbereitstellung**. In diesem Zu-

416e

---

1 Vgl. Beschl. der Regulierungsbehörde v. 12. 10. 2001 – BK 4a-01-026/E, 3. 8. 2001, S. 32 unter Verweis auf Beschl. der Regulierungsbehörde v. 31. 8. 2001 – BK 4e-01.021/E, 22. 6. 2001.
2 Beschl. der Regulierungsbehörde v. 12. 10. 2001 – BK 4a-01-026/E, 3. 8. 2001, S. 32 des amtlichen Umdrucks.
3 Vgl. Beschl. der Regulierungsbehörde v. 23. 12. 1999 – BK 4a-99-042/E, 15. 10. 1999 und v. 29. 12. 1999 – BK 4e-99-050/E, 29. 10. 1999.
4 Beschl. der Regulierungsbehörde v. 12. 10. 2001 – BK 4a-01-026/E, 3. 8. 2001, S. 33 des amtlichen Umdrucks.

sammenhang sei die Beschlußkammer durchaus berechtigt, ihrer Entgeltgenehmigung eine vom Entgeltantrag der DTAG abweichende Netzstruktur zu Grunde zu legen, da es sich bei dem Begriff der **effizienten Leistungsbereitstellung** um einen **unbestimmten Rechtsbegriff mit Beurteilungsspielraum** handle[1]. Nach dem TKG solle der Begriff einer effizienten Leistungsbereitstellung sicherstellen, daß die Wettbewerber für die von der DTAG erbrachten Leistungen **wettbewerbsanaloge Entgelte** zu entrichten hätten. Somit sei es notwendig, im Rahmen der Entgeltgenehmigung das zukünftige Entgeltniveau eines Marktes zu antizipieren, in dem bereits ein funktionsfähiger und chancengleicher Wettbewerb herrsche. Insoweit beruhe eine Entgeltgenehmigung auf vielfältigen prognostischen Einschätzungen über das künftige Entgeltniveau. Zudem seien im hohen Maße wertende Entscheidungen über verschiedene wirtschaftswissenschaftliche und technische Methoden und Streitfragen erforderlich. Dieser gesetzliche Auftrag, der insbesondere der Sicherstellung eines funktionsfähigen und chancengleichen Wettbewerbs diene, liefe faktisch leer, wenn die Beurteilung dessen, was als effiziente Leistungsbereitstellung anzuerkennen sei und welche Entgelte dementsprechend zu genehmigen seien, letztlich von der DTAG in einer für den Wettbewerb zentralen und ausschlaggebenden Frage wie der des Zusammenschaltungsregimes alleine vorgegeben würde[2]. Die Regulierungsbehörde sei daher berechtigt, eine vom ursprünglichen Entgeltantrag der DTAG abweichende Netzstruktur zur Ermittlung der Kosten einer effizienten Leistungsbereitstellung zu Grunde zu legen. Dies ist vorliegend durch die Beschlußkammer erfolgt[3].

416f Den Ausführungen der Regulierungsbehörde ist zuzustimmen. Die Beschlußkammer hat sich im Rahmen der **Vorgaben** des OVG Münster bewegt und die dort aufgezeigten Gestaltungsspielräume richtig genutzt. Zum einen läßt das OVG Münster die Heranziehung von Vergleichmarktbetrachtungen ausdrücklich zu, wenn die Kostennachweise fehlen oder nicht hinreichend sind (siehe Rz. 405). Zum zweiten gestattet das OVG Münster ausdrücklich die Heranziehung von Kostenmodellen bis hin zu einer „vermittelnden Netzkonfiguration" (siehe Rz. 411), wie sie vorliegend beschlossen wurde.

---

1 Beschl. der Regulierungsbehörde v. 12. 10. 2001 – BK 4a-01-026/E, 3. 8. 2001, S. 34 des amtlichen Umdrucks.
2 Beschl. der Regulierungsbehörde v. 12. 10. 2001 – BK 4a-01-026/E, 3. 8. 2001, S. 34 des amtlichen Umdrucks.
3 Vgl. zur weiteren Begründung des Netzmodells der RegTP, Beschl. der Regulierungsbehörde v. 12. 10. 2001 – BK 4a-01-026/E, 3. 8. 2001, S. 34 ff. des amtlichen Umdrucks.

4.11 Rechtsschutz im Rahmen von Netzzugang und Zusammenschaltungen

Die **Klagemöglichkeiten** im Rahmen von Netzzugängen und Zusammenschaltungen richten sich grundsätzlich nach den **allgemeinen gesetzlichen Vorschriften**, ergänzt allerdings um § 80 TKG. Dieser bestimmt in Abs. 1 und 2, daß ein (verwaltungsrechtliches) **Vorverfahren nicht stattfindet** und **Klagen gegen Entscheidungen der Regulierungsbehörde keine aufschiebende Wirkung** haben. Des weiteren wird in § 80 Abs. 3 TKG für **bürgerlich-rechtliche Streitigkeiten, die sich aus dem TKG ergeben**, eine entsprechende Anwendbarkeit des § 90 Abs. 1 und 2 GWB angeordnet. Demnach bestehen Informations- bzw. Unterrichtungspflichten der Zivilgerichte gegenüber der Regulierungsbehörde, sofern bürgerlich-rechtliche Streitigkeiten, die sich aus dem TKG ergeben, bei den Zivilgerichten anhängig sind. Als weitere **Rechtsschutzmöglichkeiten** im Bereich des TKG sind zudem, als Vorstufe gerichtlichen Rechtsschutzes, das Mißbrauchsverfahren nach § 33 TKG gegen marktbeherrschende Unternehmen zu nennen sowie die Möglichkeit der Regulierungsbehörde, einstweilige Anordnungen aufgrund von § 78 TKG zu erlassen. 417

Hinsichtlich der Rechtsschutzmöglichkeiten sind im wesentlichen **zwei Konstellationen** zu unterscheiden: zum einen solche im Rahmen bereits bestehender Netzzugangs- bzw. Zusammenschaltungsvereinbarungen, zum anderen Rechtsschutz im Zusammenhang mit noch abzuschließenden bzw. durch die Regulierungsbehörde nach § 37 TKG anzuordnenden oder bereits angeordneten Vereinbarungen. Als gesonderter Punkt soll zudem der Rechtsschutz im Fall nicht rechtzeitiger Umsetzung einer nach § 37 TKG angeordneten Zusammenschaltung betrachtet werden. 418

4.11.1 Rechtsschutz bei bereits bestehenden Netzzugangs- bzw. Zusammenschaltungsvereinbarungen

In der Situation einer **bereits geschlossenen Netzzugangs- bzw. Zusammenschaltungsvereinbarung** sind zunächst Klagen aufgrund von **Leistungsstörungen** vor den **Zivilgerichten** wahrscheinlich, wobei speziell **Gewährleistungs- und Schadensersatzansprüche** in Frage kommen. Dies gilt in diesem Zusammenhang auch für Leistungsstörungen **innerhalb angeordneter Zusammenschaltungen nach § 37 TKG**. Zwar ordnet die Regulierungsbehörde hier die Zusammenschaltung durch hoheitlichen Rechtsakt an, jedoch stellt der Streit über den Inhalt der Anordnung trotz des Verwaltungscharakters wegen ihrer privatrechtsgestaltenden Wirkung eine **bürgerlich-rechtliche Streitigkeit dar**[1]. Dies ergibt 419

---

1 Vgl. Beck TKG-Komm/*Piepenbrock*, § 37 Rz. 11.

sich insbesondere aus der vereinbarungsersetzenden Funktion der Zusammenschaltungsanordnung. Natürlich kann zudem gegen die Anordnung der Regulierungsbehörde an sich, die einen Verwaltungsakt darstellt, Rechtsschutz vor den Verwaltungsgerichten gesucht werden. Zu beachten ist jedoch, daß ein Vorverfahren nicht stattfindet und eine Klage keine aufschiebende Wirkung hat. Die Durchsetzung der Zusammenschaltungsanordnung auf verwaltungsrechtlichem Wege erfolgt allerdings durch die Regulierungsbehörde selbst im Wege der Festsetzung von Zwangsgeldern gemäß § 72 Abs. 10 TKG i. V. m. dem Verwaltungsvollstreckungsgesetz. Dies führt zu einer Parallelität von Rechtswegen bei der Durchsetzung von aufgrund einer Anordnung bestehenden Zusammenschaltungspflichten, die allerdings durchaus als verfassungsgemäß angesehen werden kann[1].

420 Die Möglichkeit bei nicht ordnungsgemäßer Vertragsdurchführung bzw. Leistungserbringung, zudem die **Regulierungsbehörde** als Vorstufe gerichtlichen Rechtsschutzes anzurufen, ist dagegen eher beschränkt, da nach dem Regelungskonzept des TKG die Regulierungsbehörde lediglich im Vorfeld zu Zusammenschaltungen bzw. im Fall eines Scheiterns von Zusammenschaltungsverhandlungen tätig werden kann. Vor allem in den Fällen, in denen eine Zusammenschaltung gar nicht erst zustande kommt oder ein Betreiber seine marktbeherrschende Stellung i. S. d. § 33 Abs. 1 TKG mißbraucht, ist ein Einschreiten der Regulierungsbehörde denkbar. Diese kann auf Antrag eines der Verhandlungspartner die Zusammenschaltung nach § 37 Abs. 1 TKG anordnen oder zur Abstellung mißbräuchlichen Verhaltens von ihren Befugnisse nach § 33 Abs. 2 TKG Gebrauch machen. Die Einleitung eines Mißbrauchsverfahrens ist allerdings auch im Zusammenhang mit einzelnen bestehenden Vertragsbestimmungen bzw. mit der (mangelnden) Vertragserfüllung denkbar. Allerdings geht es dann meist auch um die Veränderung des Vertrags und nicht lediglich um dessen Erfüllung.

421 Grundsätzlich läßt sich festhalten, daß, soweit Netzzugangs- bzw. Zusammenschaltungsvereinbarungen zwischen Netzbetreibern vorliegen, vornehmlich Klagemöglichkeiten vor den Zivilgerichten von Relevanz sind. Ausnahme hiervon sind lediglich die Fälle, wo es um die **Neuaushandlung** oder **Ergänzung** der Zusammenschaltungsvereinbarung geht (z. B. bei Nachfrage eines neuen Dienstes). Hier finden wieder die Bestimmungen in §§ 35, 36 und 37 TKG Anwendung. Daneben ist auch an die Beseitigung **mißbräuchlicher Vertragsklauseln** und **mißbräuchlicher Vertragspraxis** in einem Mißbrauchsverfahren gemäß § 33 TKG zu denken.

---

1 Näher *Hummel*, CR 2001, 440, 445 f.

4.11.2 Rechtsschutz bei noch abzuschließenden Netzzugangs- bzw. Zusammenschaltungsvereinbarungen

Ist noch keine **Netzzugangsvereinbarung** über einen Besonderen Netzzugang nach § 35 TKG geschlossen, so hilft im Vorfeld die Einleitung eines **Mißbrauchsverfahrens** gemäß § 33 i. V. m. § 35 TKG (siehe in Rz. 129 ff.). Besteht noch keine Zusammenschaltungsvereinbarung, ist die Regulierungsbehörde im Fall eines Scheiterns der Verhandlungen befugt, eine Zusammenschaltung gemäß § 37 TKG anzuordnen. Aus Sicht des Adressaten ist die entsprechende Anordnung als belastender Verwaltungsakt i. S. d. § 35 S. 1 VwVfG zu qualifizieren. Will er hiergegen vorgehen, ist daher der **Verwaltungsrechtsweg** zu beschreiten, insbesondere ist die **Anfechtungsklage** nach **§ 42 Abs. 1 TKG** als statthafte Klageart einschlägig. Allerdings muß **§ 80 Abs. 1 und 2 TKG** beachtet werden, wonach Klagen gegen Entscheidungen der Regulierungsbehörde **keine aufschiebende Wirkung** entfalten. Will der Anordnungsadressat der Zusammenschaltung die aufschiebende Wirkung der Klage wiederherstellen, ist spätestens mit Einreichung der Anfechtungsklage daher vor dem Verwaltungsgericht zusätzlich ein **Antrag auf Anordnung der aufschiebenden Wirkung nach § 80 Abs. 5 VwGO** erforderlich. Gemäß § 80 Abs. 5 S. 2 VwGO ist dieser Antrag jedoch auch schon vor Erhebung der Anfechtungsklage zulässig. Dieselben Verfahrensfragen ergeben sich im Fall einer **Anfechtung von Mißbrauchsverfügungen**, welche die Regulierungsbehörde nach § 33 Abs. 2 und 3 TKG erlassen hat.

Dem ungeachtet ist auch die Situation denkbar, daß die Regulierungsbehörde die beantragte Zusammenschaltung nach Ablauf der in § 37 TKG bestimmten **zehnwöchigen Frist** nicht anordnet, d. h. **untätig** bleibt. Gleiches gilt, wenn die Regulierungsbehörde die Einleitung eines Mißbrauchsverfahrens gemäß § 33 TKG unterläßt. In diesen Fällen besteht für den Antragsteller die Möglichkeit, eine **Untätigkeitsklage** gemäß § 75 VwGO oder eine **Verpflichtungsklage** nach § 42 Abs. 1 VwGO zu erheben. Besondere Relevanz kommt der Untätigkeitsklage dabei in der Situation der Nichteinleitung eines Mißbrauchsverfahrens durch die Regulierungsbehörde zu. Denn hier scheidet die Möglichkeit einer entsprechenden Verpflichtungsklage gegen die Regulierungsbehörde aus, da zunächst nicht der Erlaß eines Verwaltungsaktes begehrt wird, sondern ein tatsächliches Handeln der Behörde – die Einleitung des Mißbrauchsverfahrens. Die Untätigkeitsklage ist in dieser Konstellation somit der einzig mögliche Weg des Rechtsschutzes vor die Verwaltungsgerichte, mit dem das Gericht die Einleitung eines Mißbrauchsverfahrens auferlegen kann. Man mag zwar auch hier an eine Verpflichtungsklage denken, da § 33 TKG zumindest im Zusammenspiel mit § 35 TKG eine anspruchsbegründende Norm für den Zugangsbegehrenden darstellt. Allerdings wird eine Verpflichtungsklage zumeist an der für den Antragsteller in der Praxis ungünstigen Tatsachenlage scheitern. Dagegen besteht in der Situation, in der die Regulierungsbehörde innerhalb der zehnwöchigen Frist des § 37 TKG eine Zusammenschaltung nicht anordnet, eher die Möglichkeit der Erhebung einer Verpflichtungsklage. In deren Rahmen kann das Gericht gemäß § 113 Abs. 5 S. 2 VwGO ein **Bescheidungsurteil** erlassen, sofern davon ausgegangen wird, daß der Regulierungsbehörde zumindest ein **gebundener Ermessensspielraum** bei Zusammenschaltungsanordnungen zusteht. Denkbar ist freilich auch ein **Verpflichtungsurteil**, sofern die diesbezüglichen Voraussetzungen (Entscheidungsreife) vorliegen. Aufgrund der Bedeutung der Zusammenschaltung, z. B. für die Geschäftsaufnahme im Bereich der Telekommunikation sowie für die Aufrechterhaltung des Geschäftsbetriebes überhaupt, werden Wettbewerber in der Regel zusätzlich versuchen, ihr Zusammenschaltungsbegehren im Rahmen **einstweiliger Anordnungen nach § 123 VwGO** zu erreichen. Als problematisch muß jedoch erwähnt werden, daß dabei die **Hauptsacheentscheidung** grundsätzlich **nicht vorweggenommen** werden darf[1]. Zulässig dürfte daher lediglich die gerichtliche Anordnung einer ausfüllungsbedürftigen **Rahmenzusammenschaltung** in der Weise sein, daß eine Zusammenschaltung soweit angeordnet wird, wie dies zur Gewährleistung einer Kommunikation der Nutzer verschiedener Netze notwendig ist. Die konkrete vertragliche Ausgestaltung der Zusammenschaltung bleibt dann dem Hauptsacheverfahren überlassen. Der verwaltungsgerichtliche **Instanzenzug** bezüglich Entscheidungen der Regulierungsbehörde führt in diesem Zusammenhang vom **VG Köln** über das **OVG Münster** zum **BVerwG** in Berlin, in näherer Zukunft Leipzig.

424 Unabhängig von den verwaltungsgerichtlichen Klagemöglichkeiten sind aber auch **zivilrechtliche Ansprüche** möglich. Diese wären vor den Zivilgerichten geltend zu machen. Insbesondere Schadensersatzansprüche für die absichtliche Verzögerung von Zusammenschaltungsverhandlungen, die sich aus einer schuldhaften Nichtabgabe eines Zusammenschaltungsangebot nach Ablauf einer angemessener Frist gemäß § 40 S. 1 i. V. m. § 36 TKG oder § 823 Abs. 2 BGB i. V. m. § 36 TKG ergeben können, erscheinen dabei relevant, sofern man wie hier davon ausgeht, daß § 36 TKG nicht nur den allgemeinen Wettbewerb schützt, sondern auch den einzelnen die Zusammenschaltung Begehrenden. Der ersatzfähige Schaden ergibt sich dabei aus der verspäteten Betriebsaufnahme der Netzzusammenschaltung. Denkbar wäre es freilich auch, den aus §§ 36, 37 TKG folgenden Kontrahierungszwang zivilgerichtlich geltend zu machen. Allerdings ist hier die Anordnungsmöglichkeit der Regulierungs-

---

1 Vgl. *Kopp/Schenke*, Verwaltungsgerichtsordnung, § 123 Rz. 13.

behörde wegen der gegenüber Zivilverfahren vergleichsweise kurzen Entscheidungsfrist von maximal 10 Wochen interessanter.

4.11.3 Rechtsschutz bei Nichtumsetzung der Zusammenschaltungsanordnung

Den **Zusammenschaltungsanordnungen** der Regulierungsbehörde ist gemäß § 9 Abs. 5 NZV innerhalb einer **Frist von drei Monaten** ab der Zustellung der Entscheidung nachzukommen. Eine Fristverlängerung kommt nur in Betracht, wenn die Umsetzung aus **technischen Gründen objektiv** innerhalb der Dreimonatsfrist unmöglich ist. Es stellt sich somit die Frage, welche Rechtsschutzmöglichkeiten dem Zusammenschaltungspartner im Fall einer nicht fristgerechten Umsetzung der Zusammenschaltungsanordnung zur Verfügung stehen. 425

Im Fall einer Nichtumsetzung der Zusammenschaltungsanordnung durch ein marktbeherrschendes Unternehmen wäre zunächst die Einleitung eines **Mißbrauchsverfahrens nach § 33 TKG** denkbar, da in dieser Situation eine mißbräuchliche Zugangsverweigerung angenommen werden kann. Da das marktbeherrschende Unternehmen jedoch bereits der Zusammenschaltungsanordnung nicht Folge geleistet hat, wird es aber einer entsprechenden Mißbrauchsverfügung der Regulierungsbehörde sicherlich ebensowenig folgen, weshalb das **Mißbrauchsverfahren wenig effektiv ist**. Ebenso verhält es sich mit einer im Rahmen des Mißbrauchsverfahren möglichen **einstweiligen Anordnung nach § 78 TKG**. Als erfolgversprechender muß hingegen die Möglichkeit angesehen werden, die Durchsetzung der Zusammenschaltungsanordnung durch die **Festsetzung eines Zwangsgeldes** zu erreichen. Dies ist sowohl im Fall einer Nichtumsetzung der Anordnung durch ein marktbeherrschendes Unternehmen als auch durch ein nicht-marktbeherrschendes zulässig. Das Zwangsgeld kann dabei durch die Regulierungsbehörde nach **§ 72 Abs. 10 TKG** bis auf eine Höhe von **einer Million Deutsche Mark** festgesetzt werden[1]. 426

Neben der Möglichkeit, die Zusammenschaltungsanordnung durch die Regulierungsbehörde im Wege eines Zwangsgeldes durchzusetzen, kann der Zusammenschaltungspartner aber auch selbst auf Erfüllung der Anordnung vor den Zivilgerichten klagen, da der Inhalt der Anordnung – wie bereits in Rz. 419 erwähnt – trotz ihres Verwaltungscharakters eine **bürgerlich-rechtliche Streitigkeit** darstellt. Die Anspruchgrundlage bildet die konkrete Anordnung i. V. m. § 37 TKG. Zusätzlich können auch Schadensersatzansprüche wegen der Nichtumsetzung einer Anordnung der Regulierungsbehörde nach § 40 TKG vor den Zivilgerichten geltend 427

---
1 Vgl. Beck TKG-Komm/*Piepenbrock*, § 72 Rz. 67 ff.

gemacht werden, da die auf den Verpflichtungen der §§ 36, 37 TKG beruhende Anordnung den Schutz eines Nutzers, d. h. des Zusammenschaltungsberechtigten, bezweckt.

4.12 Besondere Arten von Netzzugängen, Zusammenschaltungen und aktuelle Rechtsprobleme in der Praxis

428 Nachfolgend werden aufgrund ihrer besonderen **praktischen Bedeutung** einzelne Netzzugangs- und Zusammenschaltungsarten sowie aktuelle Rechtsprobleme gesondert behandelt.

4.12.1 Teilnehmeranschlußleitung/Line-Sharing

429 Der Begriff „**Teilnehmeranschluß**" bezeichnet mit Blick auf die Definition der **Anfang 2001** in Kraft getretenen **Verordnung** (EG) Nr. 2887/2000 des Europäischen Parlaments und des Rates vom 18. Dezember 2000 **über den entbündelten Zugang zum Teilnehmeranschluß**[1] (TAL-Verordnung) die **physische Doppelader-Metalleitung, die den Netzabschlußpunkt am Standort des Teilnehmers mit dem Hauptverteiler oder einer entsprechenden Einrichtung des öffentlichen Telefonnetzes verbindet**[2]. Hinsichtlich dieser Definition ist allerdings zu berücksichtigen, daß diese TAL-Verordnung sich ausdrücklich nur auf den Zugang zu Metalleitungs-Teilnehmeranschlüssen beschränkt, weshalb sie andere Arten des Teilnehmeranschlusses nicht erfaßt[3]. Nach Deutschem Recht ist der Begriff „**Teilnehmeranschluß**" dagegen weit auszulegen. Er umfaßt alle Arten von Teilnehmeranschlüssen, so Doppelader-Metalleitungen, Glasfaserleitungen und Richtfunk (Wireless Local Loop [WLL]), d. h. sämtliche Anschlußarten an das öffentliche Telekommunikationsnetz[4]. Dennoch wird mit dem Begriff „**Teilnehmeranschlußleitung (TAL)**" meist die Kupferdoppelader bezeichnet.

430 In der Praxis geht es beim Zugang zur Teilnehmeranschlußleitung im wesentlichen um zwei relevante Problemkreise. Zum einen stellt sich die Frage nach **Art und Umfang der Zugangsgewährung zur TAL**, zum anderen die Frage nach einer Nutzung durch mehrere Netzbetreiber im

---

1 Verordnung (EG) Nr. 2887/2000 des Europäischen Parlaments und des Rates v. 18. 12. 2000 über den entbündelten Zugang zum Teilnehmeranschluß, ABl. EG Nr. L 336 S. 4, v. 30. 12. 2000.
2 Siehe Art. 2 lit c der VO 2887/2000 (TAL-Verordnung).
3 Vgl. Erwägungsgrund 5 der VO 2887/2000 (TAL-Verordnung).
4 So spricht z. B. das OVG Münster v. 7. 2. 2000 – 13 A 180/99, NVwZ 2000, 697, 699 vom entbündelten Zugang auf das **Medium Kupfer- bzw. Glasfaserader der TAL**.

Wege eines sog. **Line-Sharing** (vgl. hierzu unter Rz. 438). Hierbei wird die TAL in mehrere Frequenzbänder geteilt, auf die dann unterschiedliche Netzbetreiber zugreifen können. Meist wird eine Teilung dergestalt zu erwarten sein, daß ein kleiner schmalbandiger Frequenzbereich für Sprachtelefondienste vorbehalten wird, der Rest für breitbandige Datendienste (Digital-Subscriber-Line [DSL]-Produkte).

Ein Anspruch auf **Zugangsgewährung zur TAL** besteht zunächst im Rahmen des § 35 TKG gegenüber marktbeherrschenden Unternehmen, d. h. der Anspruch richtet sich regelmäßig gegen die DTAG, die im Bereich der TAL marktbeherrschend ist. Hinsichtlich des Umfangs der Zugangsgewährung, insbesondere der Frage einer Entbündelung, kann dabei auf § 2 NZV zurückgegriffen werden, der einen entbündelten Zugang zu allen Teilen des Telekommunikationsnetzes einschließlich des entbündelten Zugangs zur TAL normiert. Allerdings war dies in § 2 NZV ursprünglich so nicht vorgesehen[1], sondern beruht auf einer Initiative des Bundesrates, der das Entbündelungsgebot entsprechend konkretisierte. Gründe hierfür bestanden vor allem in der Absicht, eine zügige Entwicklung des Wettbewerbs zu ermöglichen, gleichzeitig aber auch klarzustellen, daß Zugang zu entbündelten Vermittlungs- und/oder Übertragungsleistungen zu gewähren sei, und zwar bezogen auf alle Ebenen des Telekommunikationsnetzes[2].

Besonders umstritten im Hinblick auf die Vorschrift des **§ 2 S. 2 NZV** ist dabei die Frage, wie weit das **Entbündelungsgebot in bezug auf die TAL** reicht. Hintergrund dieser Problematik bestand in dem Versuch der Wettbewerber, einen unmittelbaren, entbündelten Zugang zum Medium der Kupfer bzw. Glasfaserader im Wege eines Besonderen Netzzugangs von der DTAG zu erhalten[3]. Begehrt wurde der **Zugang zum Kabel als solchem (blanker Draht), ohne zusätzliche Vermittlungstechnik**. Die DTAG lehnte einen Zugriff auf den blanken Draht jedoch ab und bot zunächst nur die Nutzung der Leitung unter Zwischenschaltung von Übertragungstechnik an. Später legte die DTAG einen überarbeiteten Vorschlag für den Zugang zur TAL vor, den sog. „**Carrier Customer Access (CCA)**", der durch **vorgeschaltete Abschlußeinrichtungen definierte Übertragungsleistungen zum Gegenstand hatte**. Damit wurde allerdings lediglich eine bestimmte Übertragungskapazität zur Verfügung gestellt, nicht aber der Gesamtzugriff auf die TAL gewährt. Aufgrund dieser erneuten Verweigerung eines entbündelten Zugangs im Sinne eines Zugriffes auf den blanken Draht sah man sich seitens der Wettbe-

---

1 Vgl. ursprünglicher Verordnungstext der Bundesregierung, BR-Drucks. 655/96, S. 1.
2 Vgl. Beschl. des Bundesrates, 27. 9. 1996, BR-Drucks. 655/96.
3 So z. B. netcologne und ISIS.

werber veranlaßt, verschiedene Mißbrauchsverfahren nach § 33 TKG gegen die DTAG bei der Regulierungsbehörde einzuleiten.

433 Im Rahmen dieser Verfahren stellte die **Regulierungsbehörde** fest, daß den Wettbewerbern **unmittelbarer Zugang zum blanken Draht der TAL ohne zusätzliche Vermittlungstechnik** zu gewähren sei. In den sich anschließenden Rechtsstreitigkeiten vor den Verwaltungsgerichten führte das **VG Köln** aus, daß die Tragweite des Entbündelungsgebots, bezogen auf die Teilnehmeranschlußleitung, von der Frage abhängig sei, ob und in welchem Umfang die **TAL in der Netzstruktur der DTAG technisch und wirtschaftlich eine eigenständige Einheit im Sinne einer „bloßen" Leitung bilde** oder ob sie regelmäßig funktional mit anderen übertragungstechnischen Einrichtungen verknüpft sei[1]. Da aber übertragungstechnische Systemkomponenten wie Signalverstärker oder aktive Abschlußeinrichtungen nicht von vornherein für die TAL prägend sind, sondern zusätzlich Verwendung finden, um die TAL in einer bestimmten Weise für die Realisierung einer spezifischen Anschlußart zu nutzen, sei grundsätzlich davon auszugehen, daß **die TAL im Netz der DTAG als physikalischer Leiter ohne übertragungs- und vermittlungstechnische Komponenten zur Verfügung steht**. Daher sei regelmäßig auch nur der Zugang zu den Leitungen ohne übertragungs- und vermittlungstechnische Einrichtungen als „entbündelt" anzusehen[2].

434 Auch das **OVG Münster** entschied, daß **die TAL keine eventuellen am Hauptverteiler installierten übertragungstechnischen Einheiten umfaßt, die eine Modifizierung des Durchsatzes etwa durch Kanalisierung oder Kapazitätsbegrenzung – Definition der Übertragungsleistung – bewirken.** Vielmehr handelte es sich bei einer derartigen zusätzlich installierten Technik um Netzteile mit separater Funktion oder eine Bedingung der Nutzung der TAL[3].

435 Somit läßt sich zusammenfassen, daß sowohl die **Regulierungsbehörde** als auch das **VG Köln** und das **OVG Münster** die Reichweite des Entbündelungsgebotes in § 2 S. 2 NZV, bezogen auf die Teilnehmeranschlußleitung, als den **Zugang zum blanken Draht ohne zusätzliche Vermittlungstechnik** auffassen. Dies wurde inzwischen auch durch das **BVerwG** in den Verfahren Az. **6 C 6.00** und **6 C 7.00** letztinstanzlich bestätigt, findet zudem aber auch durch die TAL-Verordnung über den entbündelten Zugang zur TAL Bestätigung.

436 Zukünftig wird sich allerdings die Frage nach einer Entbündelung der TAL nicht mehr nur anhand nationaler Vorschriften, insbesondere des

---
1 Vgl. VG Köln v. 5. 11. 1998 – 1 K 5929/97, CR 1999, 79, 82.
2 Vgl. VG Köln v. 5. 11. 1998 – 1 K 5929/97, CR 1999, 79, 82.
3 Vgl. OVG Münster v. 7. 2. 2000 – 13 A 180/99, NVwZ 2000, 697, 699.

§ 2 S. 2 NZV, entscheiden, sondern vornehmlich anhand der TAL-Verordnung. Denn nach **Art. 249 Abs. 2 EG-Vertrag** stellen Verordnungen der EG allgemein geltendes, verbindliches und unmittelbar anwendbares innerstaatliches Recht dar und genießen entsprechend dem **Grundsatz des Vorrangs des Gemeinschaftsrechts** gegenüber nationalen Normen **Anwendungsvorrang**[1]. Dabei ist jedoch zu berücksichtigen, daß der Anwendungsbereich der Verordnung auf die **physische Doppelader-Metalleitung** beschränkt ist[2], für die Frage einer Entbündelung bei **Glasfaserleitungen** oder der **Richtfunkfrequenzen der TAL** insofern nicht herangezogen werden kann. Dies beurteilt sich auch weiterhin nach den nationalen Vorschriften des TKG und der NZV, wobei im Zweifel die durch die TAL-Verordnung gesetzten Rahmenbedingungen zu berücksichtigen sein werden.

Die TAL-Verordnung verpflichtet nun auf europäischer Ebene gemäß Art. 3 **marktbeherrschende Betreiber**[3], ein **Standardangebot** für den entbündelten Zugang zu Teilnehmeranschlüssen **zu veröffentlichen** und **angemessenen Anträgen** auf Zugangsgewährung **stattzugeben**[4]. Der Zugang zur Teilnehmeranschlußleitung ist dabei entbündelt bereitzustellen. Dies umfaßt sowohl die **vollständige Entbündelung als auch den gemeinsamen Zugang zur Teilnehmeranschlußleitung**[5]. Unter vollständiger Entbündelung ist der Zugriff auf das **gesamte Frequenzspektrum der Doppelader-Metalleitung zu verstehen**[6]. Die Verordnung über den entbündelten Zugang zur Teilnehmeranschlußleitung kommt somit – wie schon zuvor die Verwaltungsgerichte – zu dem Schluß, daß eine Entbündelung den **Zugang zum blanken Draht ohne zusätzliche Vermittlungstechnik, die ggf. eine Kapazitätsbegrenzung der TAL bezweckt,** umfaßt. Anderenfalls würde der Zugriff auf das gesamte Frequenzspektrum der TAL verhindert. 437

Darüber hinaus gewährt die Verordnung über den entbündelten Zugang zur Teilnehmeranschlußleitung einen Anspruch auf die gemeinsame Nutzung der Teilnehmeranschlußleitung, das sog. **Line-Sharing**. Hierbei muß die **Nutzung des nicht für sprachgebundene Dienste genutzten** 438

---

1 Vgl. EuGH Rs. 6/64, Costa/ENEL, Slg. 1964, 1251, 1259 f. und st. Rspr.
2 Vgl. Erwägungsgrund 5 der VO 2887/2000 sowie Art. 2 lit. c VO 2887/2000 (TAL-Verordnung).
3 Art. 3 der VO (TAL-Verordnung) spricht von „gemeldeten Betreibern", was nach Art. 2 Lit. a einen Betreiber des öffentlichen Telefonfestnetzes, der von seiner nationalen Regulierungsbehörde als Betreiber **mit beträchtlicher Marktmacht** im Bereich der Bereitstellung öffentlicher Telefonfestnetze und entsprechender Dienste ... gemeldet wurde.
4 Vgl. Art. 3 der VO 2887/2000 (TAL-Verordnung).
5 Vgl. Art. 2 lit. e der VO 2887/2000 (TAL-Verordnung).
6 Vgl. Art. 2 lit. f der VO 2887/2000 (TAL-Verordnung).

Frequenzspektrums der Doppelader-Metalleitung ermöglicht werden, wobei der Teilnehmeranschluß im Frequenzspektrum für Sprachtelefondienste weiterhin durch den marktbeherrschenden Betreiber betrieben werden kann[1]. Wie bereits seitens der Regulierungsbehörde in der „**Line-Sharing-Entscheidung**"[2] festgestellt, besteht infolgedessen für marktbeherrschende Betreiber eine Pflicht, die gemeinsame Nutzung der TAL zu ermöglichen.

438a Nach dem **Beschluß der Regulierungsbehörde ist die DTAG verpflichtet**, ein Angebot über den gemeinsamen Zugang zur TAL in der Ausführung „Kupferdoppelader 2-Draht mit hochbitratiger Nutzung beschränkt auf das Frequenzband von 138 kHz bis 1,1 MHz" unter folgenden Grundsätzen zu unterbreiten[3]:

a) Das Angebot darf nicht davon abhängig gemacht werden, daß der Nachfrager Inhaber einer Lizenz nach § 8 TKG i. V. m. § 6 TKG ist oder zu werden beabsichtigt oder gegenüber der DTAG einen Nachweis der Regulierungsbehörde über seine für den gemeinsamen Zugang erforderliche Zuverlässigkeit, Leistungsfähigkeit und Fachkunde erbringt, sofern er über keine solche Lizenz verfügt.

b) Das Angebot muß es dem Nachfrager ermöglichen, seinem Kunden eigene Angebote auf Basis von ADSL over ISDN zu unterbreiten.

c) Für die technische Realisierung sind von der DTAG dem Nachfrager die erforderlichen Spezifikationen sämtlicher Schnittstellen der Splitter und DSLAM (digital subscriber line access multiplexer) offen zu legen. Diese Spezifikationen dürfen keine strengeren Anforderungen beinhalten als die Spezifikationen der Schnittstellen, die von der DTAG bei der Erbringung eigener ADSL-Anwendungen verwendet werden. Die DTAG ist zur Vermeidung von Störungen in ihrem Netz berechtigt, dem Nachfrager zur Einhaltung dieser Spezifikationen zu verpflichten, solange noch keine vollständige Standardisierung dieser Schnittstellen durch die ETSI erfolgt ist. Nach diesem Zeitpunkt kann lediglich die Einhaltung der maßgeblichen ETSI-Standards gefordert werden.

d) Das Angebot kann vorsehen, daß von der DTAG oder aufgrund ihrer Veranlassung eingesetzte Geräte, deren Schnittstellen bislang nicht vollständig von der ETSI standardisiert sind, durch den Nachfrager auszutauschen sind, wenn sie späteren ETSI-Standards nicht genügen und hierdurch nachweisbar Beeinträchtigungen der Netzintegrität, der Netzsicherheit oder der Interoperabilität der Dienste eintreten oder einzutreten drohen.

---

1 Vgl. Art. 2 lit. g der VO 2887/2000 (TAL-Verordnung).
2 Beschl. der Regulierungsbehörde v. 30. 3. 2001 – BK 3c-00/029.
3 Vgl. Tenor des Beschl. der Regulierungsbehörde vom 30. 3. 2001 – BK 3c-00/029, S. 7 f. des amtlichen Umdrucks.

e) Das Angebot hat vorzusehen, daß die netzseitigen Splitter von der DTAG, die netzseitigen Modems und DSLAM von dem Nachfrager zu errichten und zu betreiben sind.

f) Das Angebot darf nicht davon abhängig gemacht werden, daß die DTAG den kundenseitigen Splitter oder weitere für die ADSL-Nutzung erforderliche Einrichtungen, insbesondere das Endkundemodem, errichtet oder betreibt. Das Angebot kann jedoch Regelungen enthalten, die sicherstellen, daß der Nachfrager Sorge dafür trägt, daß nur solche Geräte eingesetzt werden, die keine unzulässigen Störungen bei Einrichtungen oder Diensten der DTAG oder Dritten verursachen und die den jeweils geltenden Konformitätsbestimmungen genügen.

g) Das Angebot muß Regelungen über die für den gemeinsamen Zugang relevanten Bestandteile des Anhangs der Verordnung (EG) Nr. 2887/2000 beinhalten.

h) Das Angebot kann vorsehen, daß der im Einzelfall gewährte gemeinsame Zugang beendet wird, wenn der gemeinsam versorgte Endkunde seinen für Sprachkommunikation vorgesehenen Anschluß bei der DTAG kündigt.

i) Das Angebot kann eine Vorlaufphase für die erstmalige Implementierung des gemeinsamen Zugangs im Wirkbetrieb von maximal 3 Monaten vorsehen. Nach dieser Phase sollen sich die Angebots- und Breitstellungsfristen längstens für die Durchführung vergleichbarer Prozesse im Rahmen des jeweiligen Standardvertrages über den entbündelten Zugang zur Teilnehmeranschlußleitung orientieren.

Inzwischen wurde der Line-Sharing-Beschluß der Regulierungsbehörde im **vorläufigen Rechtschutzverfahren** durch das VG Köln[1] und OVG Münster[2] bestätigt. Beide Gerichte stellten fest, daß sich eine Verpflichtung der DTAG zum Line-Sharing direkt aus der Begriffsbestimmung in Art. 2 lit. g der VO (EG) 2887/2000 ergebe, da dieser auch den **gemeinsamen Zugang zur Teilnehmeranschlußleitung** umfasse. Denn das Ziel der VO (EG) 2887/2000 bestünde unter anderem darin, die Nutzung desjenigen Frequenzspektrums der Kupfer-Doppelader zu ermöglichen, das nicht für sprachgebundene Dienste benötigt werde[3]. Darüber hinaus führte das OVG Münster hinsichtlich einer möglichen Angebotsverweigerung durch die DTAG vorsorglich aus, daß den Wettbewerbern in diesem Fall nach Art. 3 Abs. 2 S. 3 i. V. m. Art. 4 Abs. 5 VO (EG) 2887/2000 das im Einklang mit RL 97/33/EG festgelegte **einzelstaatliche**

438b

---
1 VG Köln Beschl. v. 21. 6. 2001 – 1 L 1013/01.
2 OVG Münster Beschl. v. 23. 8. 2001 – 13 B 865/01.
3 OVG Münster Beschl. v. 23. 8. 2001 – 13 B 865/01, S. 6 des amtlichen Umdrucks.

Streitbeilegungsverfahren zur Verfügung stehe. Ein solches Streitbeilegungsverfahren stelle insbesondere das Mißbrauchsverfahren nach § 33 TKG dar. Denn dies sei geeignet und dazu bestimmt, Streitigkeiten über den – wie auch immer gearteten – Netzzugang durch Inpflichtnahme des Netzeigentümers und ggf. Zurückweisung weitergehender Begehren der Wettbewerber zu lösen. In diesem Zusammenhang sei die Formulierung in Art. 3 Abs. 2 S. 3 und Art. 4 Abs. 5 VO (EG) 2887/2000, wonach das „Streitbeilegungsverfahren in Anspruch" genommen werden kann oder das „Streitbeilegungsverfahren zur Anwendung" kommt, nicht als eine Tatbestandsverweisung auf die nationalen Streitbeilegungsregeln i. S. einer Rechtsgrundverweisung zu verstehen. Vielmehr seien diese Formulierungen als eine Art Rechtsfolgenverweisung zu interpretieren[1]. Dem ist voll und ganz zuzustimmen, da die Möglichkeit, effektiven Rechtsschutz im Rahmen eines einzelstaatlichen Streitbeilegungsverfahrens zu erlangen, beeinträchtigt wäre, sofern weitere, die Anwendung des einzelstaatlichen Streitbeilegungsverfahrens einschränkende Voraussetzungen aufgestellt würden. Im übrigen sei darauf hingewiesen, daß der das Streitbeilegungsverfahren regelnde Art. 17 der RL 97/33/EG insoweit auch keine einschränkenden Voraussetzungen vorsieht. Bei entsprechender Anwendung des § 33 Abs. 2 Sätze 1 und 2 TKG kommt es demnach nicht darauf an, daß sämtliche Voraussetzungen des § 33 Abs. 1 TKG erfüllt sind, sondern lediglich daß ein gemeldeter Betreiber mit beträchtlicher Marktmacht gegen seine Verpflichtung aus Art. 3 Abs. 2 S. 1 VO (EG) 2887/2000 verstößt. Ruft demnach ein Wettbewerber in einem Streit wegen Zugangs zur Teilnehmeranschlußleitung die Regulierungsbehörde an, wird diese zukünftig bei Vorliegen o.a. Voraussetzungen berechtigt sein, zur Streitbeendigung die ihr durch § 33 Abs. 2 eingeräumten Maßnahmen gegen diesen Betreiber des Teilnehmeranschlußnetzes zu ergreifen[2].

4.12.2 Resale im Ortsnetz

438c Mit Beschluß vom 30. 3. 2001 hat die Beschlußkammer 3 der Regulierungsbehörde festgestellt, daß sich die DTAG mißbräuchlich i. S. v. § 33 TKG verhält, da sie keine Leistungen im Teilnehmernetzbereich (Anschlüsse, Orts- und Cityverbindungen) anbietet, die von ihren Wettbewerbern zum Zwecke des **Wiederverkaufs ("Resale")** nachgefragt werden können[3]. Um diesen Mißbrauch abzustellen, wurde der DTAG ge-

---

1 OVG Münster Beschl. v. 23. 8. 2001 – 13 B 865/01, S. 8 des amtlichen Umdrucks.
2 OVG Münster Beschl. v. 23. 8. 2001 – 13 B 865/01, S. 9 des amtlichen Umdrucks.
3 Beschl. der Regulierungsbehörde v. 30. 3. 2001 – BK 3a-00/025 („Resale").

mäß § 33 Abs. 2 TKG aufgegeben, ein Angebot über solche sogenannte **AGB-Produkte** zu erstellen, die zum Zwecke des Wiederverkaufs nachgefragt werden können und die es den Wettbewerbern gleichzeitig ermöglichen, auf deren Basis selbst gestaltete Produkte in eigenem Namen und auf eigene Rechnung anzubieten. Dabei ist den besonderen Rechten und Pflichten, die sich aus der Stellung als Wiederverkäufer ergeben, bei der Gestaltung des Angebots Rechnung zu tragen.

Inzwischen wurde dies im Ergebnis auch durch das **VG Köln**[1] in seiner Entscheidung über den Antrag der DTAG auf Anordnung der aufschiebenden Wirkung ihrer Anfechtungsklage gegen diesen Beschluß bestätigt. Ebenso auch vom **OVG Münster**[2] im Rahmen einer gegen die Entscheidung des VG Köln gerichteten Beschwerde der DTAG. Wie in der Hauptsache das VG Köln entscheiden wird, bleibt abzuwarten. Nachfolgend ist im wesentlichen die Argumentation der Regulierungsbehörde sowie des OVG Münster dargestellt. 438d

4.12.2.1 Resale als eine Telekommunikationsdienstleistung für die Öffentlichkeit

In ihrem Beschluß stellt die Regulierungsbehörde zunächst grundlegend klar, daß auch **Produkte für Reseller Telekommunikationsdienstleistungen für die Öffentlichkeit i. S. d. § 3 Nr. 18 TKG** darstellen. Dies wurde bis dahin teilweise mit dem Argument abgelehnt, daß Reseller eine gegenüber der Öffentlichkeit abgrenzbare geschlossene Benutzergruppe bildeten[3]. Eine Verpflichtung zur Abgabe eines Resale-Angebots im Rahmen von § 33 TKG bestehe folglich nicht. Denn § 33 TKG erfordere insoweit tatbestandlich einen Markt für Telekommunikationsdienstleistungen für die Öffentlichkeit, der aber aufgrund des Fehlens des Öffentlichkeitsmerkmals nicht angenommen werden könne. Gegen die Qualifizierung von Resellern als geschlossene Benutzergruppe führt die Regulierungsbehörde nunmehr an, daß unter Bezugnahme auf die ursprüngliche Definition der geschlossenen Benutzergruppe in § 4 der am 31. 12. 1997 außer Kraft gesetzten Telekommunikations-Verleihungsverordnung („TVerleihV") eine derartige Annahme nicht gerechtfertigt sei. Abgesehen von zusammengefaßten Unternehmen seien „**sonstige geschlossenen Benutzergruppen**" solche, deren Mitglieder untereinander dauerhafte gemeinsame Geschäftsinteressen haben und deren interne Kommunikation auf dem dieser Beziehung zugrundeliegenden gemeinsamen Interes- 438e

---

1 Beschl. des VG Köln v. 23. 8. 2001 – 1 L 1696/01 sowie Beschl. v. 19. 11. 2001 – 1 L 2061/01, CR 2002, 111.
2 Beschl. des OVG Münster v. 1. 10. 2001 – 13 B 1156/01.
3 Vgl. OVG Münster Beschl. v. 24. 8. 2000 – 13 B 112/00, S. 5, 8 f. des amtlichen Umdrucks.

se beruhten. Diese Voraussetzungen seien bei dem Angebot für Verbindungen im Teilnehmernetzbereich durch marktbeherrschende Unternehmen an Reseller, damit letztere diese Verbindungen im eigenen Namen und auf eigene Rechnung vertreiben und ihren Kunden anbieten können, jedoch nicht erfüllt. Ein derartiges Angebot an beliebige Reseller als natürliche oder juristische Personen sei somit an die Öffentlichkeit gerichtet[1]. Darüber hinaus ließe sich die gleiche Schlußfolgerung auch § 4 TKV entnehmen. Hiernach sind Anbieter, die Leistungen von Betreibern öffentlicher Telekommunikationsnetze im eigenen Namen und auf eigene Rechnung vertreiben und ihren Kunden anbieten, „**Anbieter von Telekommunikationsdienstleistungen für die Öffentlichkeit**". Derjenige, der selbst Telekommunikation oder Telekommunikationsdienstleistungen erbringt und diese gewerblich anbietet, sowie der Wiederverkäufer derartiger Leistungen werden daher rechtlich gleich behandelt. Allein durch die Überlassung einer Leistung an einen Reseller ändert sich also nicht deren rechtliche Beurteilung. Im Verhältnis zum Endkunden erbringt daher ein Reseller Telekommunikationsdienstleistungen für die Öffentlichkeit, auch wenn er selbst nicht den technischen Vorgang i. S. d. § 3 Nr. 16 TKG (Telekommunikation) durchführt. Dementsprechend werden auch in dem Verhältnis zwischen dem Betreiber eines öffentlichen Telekommunikationsnetzes und dem Reseller i. S. d. § 4 TKV Telekommunikationsdienstleistungen für die Öffentlichkeit angeboten[2]. Dem ist zuzustimmen, zumal der Zweck des Wiederverkaufs gerade darin besteht, die Leistungen wiederum der Öffentlichkeit anzubieten. Nach der ursprünglichen Definition von „geschlossener Benutzergruppe" sollte deren gemeinsamer Zweck aber gerade nicht in der Kommunikation selbst liegen[3].

438f   Bestätigt wurde diese Auffassung der Regulierungsbehörde inzwischen auch durch das OVG Münster, das in seinem Beschluß vom 1. 10. 2001 zur Resellerproblematik ausführt, daß „Öffentlichkeit" im Ausgangspunkt **jede beliebige natürliche oder juristische Person** ist, die nach der Eigenart der jeweiligen Leistung als Empfänger, Nutzer oder Verbraucher in Betracht kommt. Als Öffentlichkeit schieden jedoch kraft eindeutigen normativen Ausschlusses (vgl. § 3 Nr. 18 TKG) die Mitglieder geschlossener Benutzergruppen aus, selbst wenn sie die zuvor genannten Merkmale erfüllten[4]. Dennoch müsse in bezug auf Reseller von

---

1 Beschl. der Regulierungsbehörde v. 30. 3. 2001 – BK 3a-00/025 („Resale"), S. 16 des amtlichen Umdrucks.
2 Beschl. der Regulierungsbehörde v. 30. 3. 2001 – BK 3a-00/025 („Resale"), S. 17 des amtlichen Umdrucks.
3 Siehe § 6 Abs. 4 der alten TVerleihV.
4 Beschl. des OVG Münster v. 1. 10. 2001 – 13 B 1156/01, S. 7 des amtlichen Umdrucks.

einem Öffentlichkeitsbezug ausgegangen werden. Denn die bei der DTAG nachgefragte und von ihr mit einem entsprechenden Angebot zu bedienende Telekommunikationsdienstleistung sei an einen Kreis von Adressaten gerichtet, die zu der Leistung unter grundsätzlich gleichen Gegebenheiten Zugang suchen. Dieser Kreis sei nicht i. S. einer geschlossenen Benutzergruppe gegenüber der Öffentlichkeit abgetrennt. Er stehe vielmehr grundsätzlich allen offen, die die Rolle eines Resellers einnehmen wollten. Die von der DTAG den Wettbewerbern zu erbringende Vorleistung sei insofern an alle Öffentlichkeitsmitglieder mit gleichen Merkmalen, hier der Resellerfunktion, gerichtet. Im Ergebnis kommt das OVG somit ebenfalls zu dem Schluß, daß Vorleistungsprodukte für Reseller Telekommunikationsdienstleistungen für die Öffentlichkeit darstellen[1].

4.12.2.2 Leistungsbegriff in § 33 TKG im Hinblick auf die besondere Situation von Resale

Hinsichtlich des **Leistungsbegriffs in § 33 TKG** argumentierte die Regulierungsbehörde im Hinblick auf die besondere Situation bei Reseller-Produkten ferner, daß dieser weit zu verstehen sei[2]. § 33 TKG umfasse insoweit sämtliche Leistungen, die in einer Kausalbeziehung i. S. eines **hinreichend engen sachlichen Zusammenhangs** zu den zu erbringenden Telekommunikationsdienstleistungen stehen. Entscheidend sei dabei vor allem das **funktionale Element der Leistung**, die der Marktbeherrscher sich selbst einräumt. Es komme daher im Verhältnis zu den Telekommunikationsdienstleistungen **nicht auf eine zeitliche Vor-, Nach- oder Gleichlagerung an**. Unter Bezug auf die Begründung des Entwurfs zum TKG ergebe sich zudem mittelbar, daß § 33 TKG sowohl der Gewährleistung der Belange der Serviceprovider als auch der Wiederverkäufer von Telekommunikationsdienstleistungen des marktbeherrschenden Anbieters diene. Die Regulierungsbehörde kommt somit zu dem Schluß, daß auch Reseller-Produkte dem Leitungsbegriff des § 33 TKG unterfallen, da die nachgefragten Leistungen in untrennbarem Zusammenhang mit bestimmten Telekommunikationsdienstleistungen i. S. d. § 3 Nr. 19 TKG stehen, welche die Reseller gegenüber ihren Endkunden zu erbringen beabsichtigen[3]. Ergänzend stellt das OVG Münster klar, daß Zugang zu einer Leistung i. S. von § 33 TKG nicht nur derjenige nehme,

438g

---

[1] Beschl. des OVG Münster v. 1. 10. 2001 – 13 B 1156/01, S. 8 des amtlichen Umdrucks.
[2] Beschl. der Regulierungsbehörde v. 30. 3. 2001 – BK 3a-00/025 („Resale"), S. 17 des amtlichen Umdrucks; so auch OVG Münster, Beschl v. 1. 10. 2001 – 13 B 1156/01, S. 11 des amtlichen Umdrucks.
[3] Beschl. der Regulierungsbehörde v. 30. 3. 2001 – BK 3a-00/025 („Resale"), S. 18 des amtlichen Umdrucks.

der die Leistung gegenständlich nutzt, sondern auch der den ihr **innewohnenden Produktwert** – etwa durch Einbindung in ein neues Produkt – vermarkte[1]. Das OVG Münster stellt dabei zutreffend – wie schon die Regulierungsbehörde – im wesentlichen auf das funktionale Element der Leistung für die Erbringung von Telekommunikationsdienstleistungen für die Öffentlichkeit ab.

4.12.2.3 Wesentlichkeitskriterium des § 33 TKG im Hinblick auf die besondere Situation von Resale

438h Die ferner für das Vorliegen des § 33 TKG erforderliche **Wesentlichkeit der Leistung** ergibt sich nach der Regulierungsbehörde daraus, daß die Wettbewerber ohne die Möglichkeit einer Inanspruchnahme der begehrten Leistung an der Erbringung der von ihnen beabsichtigten Telekommunikationsdienstleistungen faktisch gehindert wären. Entscheidend sei dabei, daß jedenfalls im Zeitpunkt des Verfügungserlasses **keine Alternativen zur Verfügung stünden**. Dies sei vorliegend erfüllt, da derzeit weder tatsächliche noch von den Wettbewerbern selbst zu wirtschaftlichen Bedingungen schaffbare Alternativen zu den begehrten Leistungen „Produkte für Reseller" existierten. Insbesondere das von der DTAG zur Weiterveräußerung angebotene Produkt „Business Call 700" stelle keine zumutbare Alternative zu den begehrten Leistungen dar, da es keine eigene Leistungsbeziehung des Wiederverkäufers zu seinem Endkunden vorsehe. Es sei vielmehr ausschließlich auf das Verhältnis Netzbetreiber/Endkunde zugeschnitten und könne daher nicht als Reseller-Produkt angesehen werden. Aber auch das Angebot der DTAG über ein sogenanntes Rebilling sowie alternativ der Anmietung der gesamten Teilnehmeranschlußleitung lassen die Wesentlichkeit nicht entfallen. Denn zum einen wurde ein Angebot über ein sogenanntes Rebilling von der DTAG noch nicht vorgelegt. Zum anderen entspricht die Übernahme der gesamten TAL nicht der Nachfrage der Wettbewerber und stellt somit kein geeignetes Substitut für die nachgefragte Leistung dar. Die Wesentlichkeit ergibt sich somit aus dem Umstand, daß die Wettbewerber an der Ausübung ihrer auf ein bundesweites Angebot von Produkten, deren Bezug sie im Wege eines Wiederverkaufsangebotes begehren, gehindert wären, wenn sie auf die Anmietung der TAL insgesamt verwiesen würden[2]. Dem ist zuzustimmen.

---

1 Beschl. des OVG Münster v. 1. 10. 2001 – 13 B 1156/01, S. 11 des amtlichen Umdrucks.
2 Beschl. der Regulierungsbehörde v. 30. 3. 2001 – BK 3a-00/025 („Resale"), S. 20 des amtlichen Umdrucks.

4.12.2.4 Intern und am Markt angebotene Leistung

Die begehrten Leistungen „Reseller-Produkte" werden von der DTAG **intern genutzt** sowie ihren Endkunden **am Markt angeboten**. Dabei ist hinsichtlich des Tatbestandsmerkmals „interne Leistung" zwischen den einzelnen Geschäftsbereichen der DTAG zu differenzieren. So stelle nach Ansicht der Regulierungsbehörde der Geschäftsbereich „Netze" den Bereichen „Marketing" und „Vertrieb" bei der DTAG die vorliegend begehrten Leistungen intern zur Vermarktung zur Verfügung. Zugleich handele es sich aber auch um Angebote, die gegenüber Endkunden, wenn auch auf einer anderen Handelsstufe, am Markt angeboten würden[1].

438i

4.12.2.5 Tatbestandsmerkmal „für die Erbringung einer anderen Telekommunikationsdienstleistung" in § 33 TKG im Hinblick auf die besondere Situation von Resale

Die Wettbewerber erbringen auf der Grundlage der „Reseller-Produkte" zudem auch **andere Telekommunikationsdienstleistungen i. S. d. § 33 TKG**, da sie Vorleistungen der DTAG nutzen wollen, um diese sodann in eigenem Namen und auf eigene Rechnung zu vertreiben und ihren Endkunden anzubieten. Die Voraussetzung **der Erbringung anderer Telekommunikationsdienstleistungen** resultiert dabei aus der Überlegung, daß die vom marktbeherrschenden Unternehmen unter Nutzung seiner internen Leistungen erbrachten Telekommunikationsdienstleistungen andere – nämlich nicht dieselben – als die von den Wettbewerbern erbrachten sind[2]. Die Regulierungsbehörde befürchtet, daß anderenfalls die Wettbewerber auf die Erbringung einer solchen Telekommunikationsleistung beschränkt würden, die sich letztlich im Rahmen der von der DTAG selbst angebotenen Dienstleistungen und der gelieferten Qualität hielte, wodurch der Wettbewerb zu Lasten der Wettbewerber eingegrenzt wäre und für die DTAG überschaubar bliebe[3].

438j

Für unbeachtlich hält es die Regulierungsbehörde in diesem Zusammenhang allerdings, ob die Wettbewerber weitgehend **ähnliche Produkte** wie die DTAG anbieten oder diesen **umfangreiche Leistungsmerkmale** hinzufügen müssen. Denn die Erbringung eigenständiger Telekommunikationsdienstleistungen durch die Wettbewerber im Sinne einer tech-

438k

---

1 Beschl. der Regulierungsbehörde v. 30. 3. 2001 – BK 3a-00/025 („Resale"), S. 21 des amtlichen Umdrucks.
2 Vgl. OVG Münster, Beschl. v. 7. 2. 2000 – 13 A 180/99, S. 25 f. des amtlichen Umdrucks.
3 Beschl. der Regulierungsbehörde v. 30. 3. 2001 – BK 3a-00/025 („Resale"), S. 22 des amtlichen Umdrucks.

nisch vom Vorprodukt abweichenden Leistung sei für die Anwendung des § 33 TKG jedenfalls dann nicht erforderlich, wenn der Nachfrager die Telekommunikationsdienstleistungen der DTAG mit umfangreichen sonstigen (Zusatz-)Leistungen kombiniert[1]. Als solche eigenständigen unternehmerischen (Zusatz-)Leistungen sieht die Regulierungsbehörde dabei anscheinend bereits – neben den vielfältigen Kombinationsmöglichkeiten mit anderen Sprach- und Datendiensten – die Betreuung von Endkunden, die Bearbeitung von Reklamationsfällen, eigenes Marketing, eigener Vertrieb sowie die Rechnungsstellung und die Übernahme des Forderungsausfallrisikos an[2]. Die konkrete Frage einer **1 zu 1 Leistungsübernahme** läßt die Regulierungsbehörde damit unbeantwortet. Aufgrund der geringen Anforderungen der Regulierungsbehörde an die Qualifikation von (Zusatz-)Leistungen wäre die praktische Relevanz dieser Fragestellung jedoch rein theoretischer Natur.

438l Im Rahmen seiner Ausführungen zur Wesentlichkeit vertritt das OVG Münster dagegen die Ansicht, daß Resale-Produkte i. S. eines Vorleistungsprodukts nicht zugleich eine andere Telekommunikationsdienstleistung i. S. d. § 33 TKG darstellen könnten. Eine bloße 1 zu 1 Leistungsübernahme im Rahmen des Resale sei folglich nicht möglich. Dies ergebe sich unter anderem daraus, daß die Wesentlichkeit an der vom Wettbewerber beabsichtigten Telekommunikationsdienstleistung zu messen sei. Die beanspruchte Vorleistung scheide dabei als Bezugsobjekt aus, weil ihre Wesentlichkeit für sich selbst eine Selbstverständlichkeit ist und dies der Vorschrift keinen Sinn gäbe. Als Bezugsobjekt komme daher eben nur eine **andere Leistung**, und zwar die vom Wettbewerber unter Nutzung der Vorleistung beabsichtigte Telekommunikationsdienstleistung in Betracht[3]. Dies bestätige sich auch durch einen Blick auf das der Vorschrift des § 33 TKG innewohnende Gebot der internen/externen Gleichbehandlung. Diese könne nur dann bejaht werden, wenn auch der Wettbewerber die Leistung zur Erbringung anderer Telekommunikationsdienstleistungen begehre. Insoweit müsse die eine den grundsätzlichen Zugangsanspruch beschränkende Formulierung „soweit sie wesentlich ist" um das ungeschriebene Tatbestandsmerkmal „*soweit sie* **für die Erbringung anderer Telekommunikationsdienstleistungen wesentlich** *sind*" ergänzt werden[4]. Dieser Einschränkung kann

---

1 Beschl. der Regulierungsbehörde v. 30. 3. 2001 – BK 3a-00/025 („Resale"), S. 22 des amtlichen Umdrucks.
2 Siehe Beschl. der Regulierungsbehörde v. 30. 3. 2001 – BK 3a-00/025 („Resale"), S. 22 des amtlichen Umdrucks.
3 Beschl. des OVG Münster v. 1. 10. 2001 – 13 B 1156/01, S. 13 des amtlichen Umdrucks.
4 Beschl. des OVG Münster v. 1. 10. 2001 – 13 B 1156/01, S. 13 des amtlichen Umdrucks.

nicht gefolgt werden, weil der Zweck des § 33 TKG darin besteht, Wettbewerb zu ermöglichen[1]. Dazu gehört es auch, die Leistungen des Marktbeherrschers unverändert weiterverkaufen zu können. Denn auch diese Form des Vertriebs schafft Wettbewerb bzw. stellt einen eigenständigen Absatzmarkt in Form eines weiteren Vertriebskanals dar. Mit anderen Worten geht es um die Förderung des Wettbewerbs und nicht um die Förderung einzelner Leistungs- bzw. Produktkonfigurationen.

Wie die Regulierungsbehörde behilft sich das OVG Münster im weiteren allerdings dadurch, daß es eine andere Telekommunikationsdienstleistung – und damit eine solche auf **höherer Wertschöpfungsebene** – bereits dann annimmt, wenn das andere Produkt sich erkennbar von dem Vorleistungsprodukt etwa durch inhaltliche Ergänzungen oder Verarbeitung abhebt. Einschränkend gegenüber der Regulierungsbehörde hält es das OVG jedoch **nicht** für ausreichend, wenn der Reseller das **identische Vorleistungsprodukt** im eigenen Namen lediglich unter anderem Preis und eigener Rechnungslegung weiterreicht[2]. Denn die Bepreisung und Rechnungslegung sei nicht Inhalt der Telekommunikationsdienstleistung[3]. 438m

Zusammenfassend kann festgehalten werden, daß nach Auffassung der Regulierungsbehörde und des OVG Münster ein Resale in Form einer bloßen 1 zu 1 Leistungsübernahme im Rahmen des § 33 TKG nicht möglich ist, sondern vielmehr eine **Kombination des Vorleistungsproduktes mit einer (Zusatz-)Leistung** voraussetzt. Diese (Zusatz-)Leistung muß eine **inhaltliche Ergänzung oder Verarbeitung** zum Gegenstand haben, die durch eine unterschiedliche Bepreisung oder eigene Rechnungslegung nicht erreicht wird. Eine 1 zu 1 Leistungsübernahme im Rahmen von § 4 TKV bleibt allerdings nach wie vor möglich, da sich die Ausführungen der Regulierungsbehörde und des OVG Münster insoweit nur auf § 33 TKG beziehen. 438n

4.12.2.6 Sachliche Rechtfertigung

Hinsichtlich der Frage einer **sachlichen Rechtfertigung** der DTAG im Hinblick auf ihre Leistungsverweigerung, führt die Regulierungsbehörde schließlich aus, daß gegen eine sachliche Rechtfertigung die Regulierungsziele der §§ 1 und 2 Abs. 2 Nr. 1 TKG sprechen. Bei Abwägung der Interessen der Wettbewerber unter Berücksichtigung der auf die Freiheit 438o

---
1 BVerwG, Urteil vom 25. 4. 2001 – BVerwG 6 C 6.00, S. 26 des amtlichen Umdrucks.
2 Beschl. des OVG Münster v. 1. 10. 2001 – 13 B 1156/01, S. 14 des amtlichen Umdrucks.
3 Vgl. hierzu Beschl. des OVG Münster v. 26. 1. 2000 – 13 B 47/00.

und Förderung des Wettbewerbs gerichteten Zielsetzung des TKG sprächen die höherrangigen Interessen der Allgemeinheit vielmehr dafür, durch die Zulassung von Resellern zusätzliche **Impulse für den Wettbewerb im Ortsnetzbereich** zu erzeugen. Demgegenüber trete das unternehmerische Interesse der DTAG zurück. Denn zum einen könne die DTAG für die zu erbringende Leistung ein angemessenes Entgelt erzielen. Zum anderen ist nicht auszuschließen, daß ihr der Vertrieb ihrer Produkte über Reseller zusätzliche Rationalisierungspotentiale eröffnet und sich im Ergebnis umsatzsteigernd auswirke[1]. Darüber hinaus scheide eine Rechtfertigung bereits aus, weil die DTAG schon nach dem, nicht lediglich für marktbeherrschende Unternehmen geltenden Grundsatz des § 4 TKV zu einem entsprechenden Wiederverkaufsangebot für Reseller verpflichtet sei. Zwar könne nicht jede allgemeine Regelung über § 33 TKG durchgesetzt werden, da dieser Vorschrift anderenfalls die Funktion einer Generalermächtigung zuerkannt würde, die ihr ersichtlich nicht zukommt. Allerdings spreche vieles dafür, daß ein Verhalten, welches allgemeinen Rechtsvorschriften – wie § 4 TKV – widerspreche, auch im Rahmen des § 33 TKG regelmäßig nicht gerechtfertigt sein wird, da insbesondere marktbeherrschende Unternehmen zur Beachtung verpflichtet sind[2]. Daher schied eine sachliche Rechtfertigung aus.

4.12.2.7 Ergebnis

438p Die DTAG war durch die Regulierungsbehörde daher im tenorierten Umfang zu einem entsprechenden **Angebot für Reseller** zu verpflichten. Insgesamt ist diese Entscheidung zu begrüßen, da hiervon tatsächlich neue Impulse für den Wettbewerb im Ortsnetzbereich zu erwarten sind.

4.12.3 Inhouse-Verkabelung

439 Unter dem Begriff **Inhouse-Verkabelung** werden **sämtliche Installationskabel innerhalb eines Gebäudes** bzw. **eines abgeschlossenen Grundstückes** verstanden, beginnend **ab dem Abschlußpunkt des öffentlichen Telekommunikationsnetzes**. Dieser wird meist als **Abschlußpunkt der Linientechnik (APL)** bezeichnet. Das Inhouse-Netz erstreckt sich vom **APL** bis zur jeweiligen **Telekommunikationsabschlußeinheit (TAE)** bzw. bis zur jeweiligen **ISDN-Netzabschlußeinrichtung (NT)** und ge-

---

[1] Beschl. der Regulierungsbehörde v. 30. 3. 2001 – BK 3a-00/025 („Resale"), S. 26 des amtlichen Umdrucks.
[2] Beschl. der Regulierungsbehörde v. 30. 3. 2001 – BK 3a-00/025 („Resale"), S. 27 des amtlichen Umdrucks.

währleistet sowohl die gebäudeinterne Kommunikation zwischen Nebenstellen als auch die Kommunikation mit dem öffentlichen Telekommunikationsnetz über den APL, kann zudem auch die einzelnen Nebenstellen mit einer zentralen Telekommunikationsanlage vernetzen.

Die Errichtung und der Betrieb einer Inhouse-Verkabelung setzt das **Einverständnis des jeweiligen Grundstückseigentümers** voraus. Die entsprechende Einverständniserklärung gegenüber dem Netzbetreiber kann dabei im Rahmen einer sog. **Grundstückseigentümererklärung (GEE) nach der in § 10 TKV** vorgesehenen Form erfolgen, wobei auch andere Formen wie z. B. **Gestattungsverträge** oder **Dienstbarkeiten** möglich sind (siehe Teil 6, Rz. 322 ff.). Aufgrund der GEE erhält der Netzbetreiber nach der Begründung zu § 10 TKV somit das Recht, 440

> „sämtliche Einrichtungen auf dem Grundstück anzubringen, die erforderlich sind, um seinen vertraglichen Verpflichtungen zur Bereitstellung von Telekommunikationseinrichtungen, die bis zur Telekommunikationsabschlußeinrichtung (TAE) beim einzelnen Kunden reichen, gerecht zu werden."[1]

Sofern der Grundstückeigentümer allerdings keine GEE erteilt, ist die Installation und der Betrieb einer Inhouse-Verkabelung unzulässig. In der Praxis wird diese Konstellation für die **Ersterschließung** des Grundstücks jedoch kaum vorzufinden sein, da der Eigentümer in der Regel ein berechtigtes Interesse hat, sein Grundstück bzw. sein Haus an das öffentliche Telekommunikationsnetz anzubinden. Der Grundstückeigentümer wird daher zumindest einem Netzbetreiber eine GEE erteilen.

Von größerer praktischer Relevanz ist dagegen die Situation, in der ein Grundstückseigentümer zumindest einem Netzbetreiber eine GEE erteilt hat, nun jedoch eine **weitere GEE an einen anderen Netzbetreiber** – aus welchen Gründen auch immer – ablehnt. Dieser ist damit an der Installation einer weiteren Inhouse-Verkabelung gehindert, selbst in der Situation, daß Mieter des Gebäudes ihn zur Anbindung ihrer Anschlüsse an das öffentliche Telekommunikationsnetz beauftragt haben. Ebenso ist auch der Fall zu berücksichtigen, daß der Grundstückseigentümer eine weitere GEE erteilt, der neue Netzbetreiber jedoch auf die bereits bestehende Inhouse-Verkabelung eines anderen Netzbetreibers zugreifen möchte. Gründe hierfür können sich aus der **Platzsituation** des Gebäudes im Hinblick auf eine weitere Inhouse-Verkabelung oder auch einfach aus **Kostengesichtspunkten** ergeben. In beiden Konstellationen stellt sich somit die Frage nach einem **Zugangsanspruch zu einer bestehenden Inhouse-Verkabelung**. 441

---

1 Vgl. BegrE zur TKV, BR-Drucks. 551/97, S. 30 (zu § 10 TKV).

442 Ein derartiger Anspruch kann sich bereits aus einer durch den Grundstückseigentümer erteilten GEE ergeben. Von dem Wortlaut der GEE in Anlage 1 zu § 10 Abs. 1 TKV wird auch das Recht erfaßt – nach der Gegenerklärung besteht für den Netzbetreiber sogar eine entsprechende Pflicht –, **bereits vorinstallierte, d. h. existierende Hausverkabelungen** zu nutzen, soweit dies technisch möglich ist. Sofern daher der Grundstückseigentümer eine GEE erteilt, erlangt der hieraus Berechtigte zum einen das Recht, einen ggf. weiteren Grundstücksanschluß zu realisieren, zum anderen eine neue Inhouse-Verkabelung zu errichten sowie ggf. eine bereits bestehende Verkabelung mitzubenutzen. Ein Recht zur Mitbenutzung kann in diesem Zusammenhang allerdings nur dann durch die GEE begründet werden, soweit der Grundstückseigentümer gleichzeitig auch **dinglich Berechtigter**, d. h. Eigentümer oder verfügungsberechtigter **Besitzer** der bestehenden Inhouse-Verkabelung, ist.

443 Sollte eine GEE vom Grundstückseigentümer dagegen nicht zu erlangen sein bzw. ist er hinsichtlich der Einräumung eines Mitbenutzungsanspruches der bestehenden Inhouse-Verkabelung nicht verfügungsbefugt, besteht zumindest ein **Mitbenutzungsanspruch nach § 10 Abs. 3 TKV gegen den Berechtigten einer bestehenden GEE**. Dieser hat die Mitbenutzung seiner auf dem Grundstück und in den darauf befindlichen Gebäuden verlegten Leitungen und Vorrichtungen zu ermöglichen, sofern der Grundstückseigentümer **keine weitere Grundstückseigentümererklärung erteilt** und **erforderliche Nutzungen des Berechtigten der Mitbenutzung nicht entgegenstehen**. Die Weigerung einer Erteilung der GEE ist in diesem Zusammenhang mit dem Fehlen einer Verfügungsbefugnis gleichzusetzen. Es kann nämlich nicht darauf ankommen, ob eine weitere GEE durch den Grundstückseigentümer verweigert wird, oder – in bezug auf eine Mitbenutzung – mangels entsprechender Verfügungsbefugnis gänzlich unmöglich ist. Ein anderes Ergebnis würde dem Sinn und Zweck des § 10 Abs. 3 TKV zuwiderlaufen, der auch neuen Wettbewerbern die Inanspruchnahme von auf dem Grundstück befindlichen Leitungen von der Grundstücksgrenze bis zu den einzelnen Netzzugängen (TAE) im Wege einer Mitbenutzung ermöglichen soll. Der Mitbenutzungsanspruch aus § 10 Abs. 3 TKV zielt dabei auf die Einräumung eines Teilnutzungsrechts an dem im Rahmen der bestehenden GEE eingeräumten Gesamtnutzungsrechts ab und ist ausweislich der Verordnungsbegründung zu § 10 TKV auf die Mitbenutzung an den auf dem Grundstück befindlichen Teilen des Netzes beschränkt[1]. Man könnte diesbezüglich sicherlich auch von einem abgeleiteten oder gestuften Nutzungsanspruch sprechen.

---

1 Vgl. BegrE zur TKV, BR-Drucks. 551/97, S. 31 (zu § 10 TKV).

444 Nochmals sei in diesem Zusammenhang darauf hingewiesen, daß es für den Mitbenutzungsanspruch nicht auf die Frage der Eigentumsverhältnisse im Hinblick auf die Inhouse-Verkabelung ankommt, sondern allein auf die Frage nach der Berechtigung aus einer bestehenden GEE. Dies ergibt sich sowohl aus dem Verordnungstext des § 10 Abs. 3 TKV, als auch aus seiner Begründung: „... Danach hat **der Berechtigte der Grundstückseigentümererklärung** anderen Anbietern die Mitbenutzung der auf dem Grundstück befindlichen Leitungen von der Grundstücksgrenze bis zu den einzelnen Netzzugängen zu ermöglichen."[1] Ebenfalls **ohne Belang** ist die Frage einer **marktbeherrschenden Stellung**, da § 10 Abs. 3 TKV „ein Mitbenutzungsrecht unabhängig davon [gibt], ob der Berechtigte über eine marktbeherrschende Stellung verfügt."[2] Die mit einem Mitbenutzungsrecht nach § 10 TKV verbundene Zugangsgewährungspflicht zur Inhouse-Verkabelung gilt folglich für sämtliche Netzbetreiber, zu deren Gunsten Grundstückseigentümererklärungen (GEE) vorliegen.

445 Aufgrund der Tatsache, daß mit wenigen Ausnahmen allein die DTAG über die Mehrzahl an GEE verfügt, stellt sich für die übrigen Netzbetreiber daher vor allem die Frage eines **Mitbenutzungsanspruchs gegen die DTAG**. Dieser besteht – unabhängig von den zum Teil schwierigen Eigentumsverhältnissen im Hinblick auf die Inhouse-Verkabelung – entweder weil eine weitere GEE erteilt wurde, sofern der Grundstückeigentümer auch Eigentümer der Inhouse-Verkabelung und/oder anderweitig verfügungsbefugt ist, oder aufgrund des Anspruches nach § 10 Abs. 3 TKV, falls der Eigentümer keine weitere GEE erteilt oder im Fall einer erteilten GEE hinsichtlich der Einräumung eines Mitbenutzungsrechts der Inhouse-Verkabelung nicht verfügungsbefugt war.

446 Ein Anspruch auf Zugangsgewährung gegen die DTAG ist zusätzlich allerdings auch durch **§ 33 TKG eröffnet**. Eine diesbezüglich erforderliche **marktbeherrschende Stellung** der DTAG wird von der Regulierungsbehörde insbesondere für den **Markt der Netzzugangsdienstleistungen in das Inhouse-Netz als Teil der Teilnehmeranschlußleitung** angenommen, dem somit die Inhouse-Verkabelung zugerechnet werden kann[3]. Dabei gilt es zu berücksichtigen, daß die Eigentumsverhältnisse bzgl. der Inhouse-Verkabelung bei der Betrachtung und der Abgrenzung des Marktes, einschließlich der Frage nach der marktbeherrschenden Stellung, keine Rolle spielen. Ausschlaggebend für die Abgrenzung des sachlich relevanten Marktes ist vielmehr die **Funktionsherrschaft desje-**

---

1 Vgl. BegrE zur TKV, BR-Drucks. 551/97, S. 31 (zu § 10 TKV).
2 Vgl. BegrE zur TKV, BR-Drucks. 551/97, S. 31 (zu § 10 TKV).
3 Vgl. Beschl. der Regulierungsbehörde v. 30. 4. 1999 – BK 3-01/98 (ISIS-Beschl.).

nigen über die **Inhouse-Verkabelung als Teil der Teilnehmeranschlußleitung, der ein öffentliches Telekommunikationsnetz betreibt**[1].

447 Bei der Inhouse-Infrastruktur handelt es sich auch um eine **Leistung i. S. d. § 33 Abs. 1 S. 1 TKG**, da § 33 TKG insbesondere keine Leistung im Sinne der Telekommunikationsdienstleistung nach § 3 Nr. 18 i. V. m. § 3 Nr. 22 TKG erfordert, sondern einen weiten Leistungsbegriff zugrunde legt[2]. Die **Wesentlichkeit der Leistung** ergibt sich hingegen aus folgenden Überlegungen: Erteilt der Grundstückeigentümer dem Zugangsbegehrenden zur Inhouse-Verkabelung der DTAG **keine zweite GEE**, so ist der Zugang zur Inhouse-Verkabelung der DTAG schon deshalb wesentlich, weil der Zugangsbegehrende ansonsten an der Erbringung der Leistung, z. B. durch Aufbau einer zweiten Inhouse-Infrastruktur, rechtlich gehindert ist. In diesem Falle ist die Inhouse-Infrastruktur der DTAG **unentbehrlich**, um überhaupt etwa gegenüber einem Mieter, der sich an das Netz des Zugangsbegehrenden anschließen lassen will, tätig werden zu können. Die Wesentlichkeit der Leistung folgt ohnedies auch aus dem Rechtsgedanken des § 10 Abs. 3 TKV, dessen Wertungen im Rahmen des § 33 TKG zu berücksichtigen sind. § 10 Abs. 3 TKV normiert die Gewährung des Zugangs zu den auf dem Grundstück verlegten Leistungen und Vorrichtungen als eine allgemeine Verpflichtung auch nicht marktbeherrschender Anbieter von Zugängen zu öffentlichen Telekommunikationsnetzen. Trifft eine derartige Pflicht schon sämtliche Anbieter unabhängig einer marktbeherrschenden Stellung, so muß dies **erst recht** für marktbeherrschende Anbieter gelten. Ausweislich der Begründung zu § 10 Abs. 3 TKV sollte durch die Vorschrift verhindert werden, daß die freie Wahl des Anbieters durch den Kunden aufgrund der Position des Anbieters im Markt beschränkt wird[3]. Eine solche Gefahr besteht aber gerade dann, wenn es sich um einen marktbeherrschenden Anbieter handelt.

448 Erteilt der Grundstückseigentümer hingegen eine **zweite GEE**, fehlt es zwar an den Voraussetzungen des § 10 Abs. 3 TKV, nicht jedoch an der Wesentlichkeit der Leistung i. S. d. § 33 TKG. Auch dann ist der Zugang zur Inhouse-Verkabelung **unentbehrlich**, damit der Zugangsbegehrende Kunden an sein Netz anschließen kann. Der Begriff der Unentbehrlichkeit setzt in diesem Zusammenhang keine Unmöglichkeit in der Weise voraus, daß es dem konkurrierenden Unternehmen rechtlich oder tatsächlich unmöglich ist, die Leistung selbst zu erbringen, vielmehr reicht

---

1 Vgl. Beschl. der Regulierungsbehörde v. 30. 4. 1999 – BK 3-01/98 (ISIS-Beschl.), S. 13.
2 Vgl. VG Köln v. 18. 8. 1997, MMR 1998, 102; OVG Münster v. 29. 9. 1997, MMR 1998, 98.
3 Vgl. BegrE zur TKV, BR-Drucks. 551/97, S. 31 (zu § 10 TKV).

es aus, daß die **jeweilige Einrichtung mit angemessenen Mitteln nicht neu geschaffen werden kann**, d. h. daß die **Verweigerung des Zugangs dazu führen muß, daß die beabsichtigten Aktivitäten entweder gar nicht durchgeführt werden können oder aber unwirtschaftlich werden.**

Da die weiter im Rahmen der Voraussetzungen des § 33 TKG erforderliche **interne Nutzung** der Inhouse-Infrastruktur seitens der DTAG ebenfalls angenommen werden kann, hat die DTAG ihren Wettbewerbern grundsätzlich den Zugang zur Inhouse-Verkabelung zu den gleichen Bedingungen zu gewähren, die sie sich bei der Inanspruchnahme der Inhouse-Verkabelung selbst einräumt[1]. 449

Für die **Wettbewerber** der DTAG besteht damit zum einen die Möglichkeit, Zugang zur Inhouse-Verkabelung im Wege des § 10 TKV zu erhalten, zum anderen im Rahmen eines **Mißbrauchverfahrens** nach § 33 TKG. 450

4.12.4 Carrier-Festverbindungen

Bei **Carrier-Festverbindungen (CFV)** handelt es sich um Übertragungswege, die die DTAG ausschließlich Netzbetreibern im Rahmen des Vertrages über die „**Bereitstellung und Überlassung von Carrier-Festverbindungen**" zur Verfügung stellt. In concreto umfaßt ihr Angebot Übertragungswege mit Kapazitäten von 64 kbit/s bis zu 155 Mbit/s einschließlich der erforderlichen Abschlußeinrichtungen vorab bestimmter Endpunkte an beiden Enden. Diese Übertragungswege stellen insbesondere für Netzbetreiber, die ihr Netz nicht ausschließlich bzw. vollständig unter Verwendung eigener Infrastrukturen aufgebaut haben, **wichtige Elemente des Netzausbaus** dar, mit denen in der Praxis Großkunden an das eigene Netz angeschlossen sowie die eigenen Netzinfrastrukturen ergänzt werden. So dienen CFV's beispielsweise zur Anbindung der Zusammenschaltungsorte (OdZ) der DTAG an das jeweilige Netz des Zusammenschaltungspartners. Neben den CFV bietet die DTAG aber auch ein technisch ähnliches Produkt an, die **Standard-Festverbindung (SFV)**. Diese sind im Gegensatz zu den CFV als Endkundenprodukte konzipiert und können von „Jedermann" in Anspruch genommen werden. Der Kundenkreis der CFV beschränkt sich hingegen ausschließlich auf Netzbetreiber (hinsichtlich der Frage, inwieweit und ob überhaupt CFV bzw. SFV dem Begriff des Besonderen Netzugangs unterfallen, siehe oben Rz. 35 ff.). 450a

Ein wesentliches **Problem** im Zusammenhang mit **CFV** besteht in den langen **Bereitstellungszeiten der DTAG.** Diese können im ungünstigsten 450b

---

[1] Vgl. Beschl. der Regulierungsbehörde v. 30. 4. 1999 – BK 3-01/98 (ISIS-Beschl.), S. 18.

Fall mehr als ein Jahr betragen. Darüber hinaus steht aber auch der **Bereitstellungsprozeß** der DTAG insgesamt sowie die **Pönalen** bei Verzug mit der Bereitstellung in der Kritik.

450c In dieser Situation hat die Regulierungsbehörde der DTAG im Rahmen eines Mißbrauchsverfahrens[1] erstmals auferlegt, verbindliche Bereitstellungstermine zu benennen sowie maximale Bereitstellungszeiten einzuhalten. Danach ist die DTAG nunmehr verpflichtet, **CFV's innerhalb von maximal 8 Wochen nach Eingang der Bestellung bereitzustellen**, soweit spätestens innerhalb von 20 Werktagen nach Eingang der Bestellung festgestellt wurde, daß die erforderlichen Netzressourcen **ohne technische oder bauliche Maßnahmen** zur Verfügung stehen. Zur **Bereitstellung von CFV's innerhalb von maximal 4 Monaten** ist sie hingegen verpflichtet, wenn die erforderlichen Netzressourcen zuvor **mit geringem Aufwand** hergestellt werden müssen. Als geringer Aufwand gelten dabei i. S. v. **Regelbeispielen** Spleißarbeiten, Tiefbaumaßnahmen auf einer Länge von weniger als 10 Metern, die Errichtung einer Inhouse-Verkabelung sowie der Aufbau von Technikeinrichtungen. Eine **Bereitstellung innerhalb von maximal 6 Monaten** ist der DTAG schließlich dann erlaubt, wenn die Netzressourcen nur **unter größerem Aufwand** hergestellt werden können. Hierzu zählen i. S. v. **Regelbeispielen** besonders abgelegene oder schwer erschließbare Standorte, Tiefbaumaßnahmen auf einer Länge über 10 Meter, die Schaffung der entsprechenden linientechnischen Infrastruktur oder auch die besondere Prüfung wegen Starkstrombeeinflussung oder ähnlicher atmosphärischer Beeinflussungen[2].

450d Leider hat sich die Regulierungsbehörde trotz entsprechender Aufforderung durch das Bundeskartellamt[3] nicht dazu durchringen können, auch effektive Pönalen für den Fall des Bereitstellungsverzugs seitens der DTAG anzuordnen. Dazu wäre sie durchaus in der Lage gewesen. Denn im Rahmen ihrer Anordnungsbefugnis nach § 33 TKG ist die Regulierungsbehörde grundsätzlich berechtigt, sämtliche Maßnahmen zu treffen, die notwendig sind, um einem mißbräuchlichen Verhalten des Marktbeherrschers abzuhelfen (siehe oben Rz. 131).

450e Insgesamt stellt diese Entscheidung der Regulierungsbehörde zwar „**einen ersten Schritt in die richtige Richtung**" dar, jedoch sind die im Rahmen ihres Beschlusses ausgeführten „Vorgaben" kaum geeignet, die

---

1 Siehe Beschl. der Regulierungsbehörde v. 9. 10. 2001 – BK 3c-00/040 („Riodata").
2 Vgl. Tenor des Beschl. der Regulierungsbehörde v. 9. 10. 2001 – BK 3c-00/040 („Riodata"), S. 4 des amtlichen Umdrucks.
3 Beschl. der Regulierungsbehörde v. 9. 10. 2001 – BK 3c-00/040 („Riodata"), S. 21 des amtlichen Umdrucks.

Bereitstellungssituation bei CFV grundlegend zu verbessern. Denn die Beurteilung, ob die Bereitstellung der Übertragungswege ohne technische oder bauliche Maßnahmen, mit geringem Aufwand oder nur unter größerem Aufwand erfolgen können, obliegt zunächst allein der DTAG und ist im Einzelfall durch die Wettbewerber kaum zu widerlegen. Darüber hinaus sind die von der Regulierungsbehörde vorgegebenen Maximal-Bereitstellungszeiten im Vergleich zur **europäischen best practice** immer noch zu hoch. Hier sei als Beispiel auf die Richtlinie der niederländischen Regulierungsbehörde OPTA über „die Bereitstellung von Mietleitungen" verwiesen, nach der KPN verpflichtet ist, 95% der bestellten Mietleitungen innerhalb von 25 Werktagen bereitzustellen[1]. Eine maximale Bereitstellungszeit von sechs Monaten für Netzressourcen, die einen größeren Aufwand erfordern, scheint vor diesem Hintergrund sowie vor dem Hintergrund der angeführten Regelbeispiele nicht realistisch und wettbewerbskonform. Denn es ist kaum nachvollziehbar, daß eine Prüfung der Starkstrombeeinflussung oder Tiefbaumaßnahmen, die die 10-Meter-Grenze knapp überschreiten, einen Bereitstellungszeitraum von sechs Monaten erfordern. Dies wird wohl eher die Ausnahme bleiben und vielmehr auf die Schaffung der linientechnischen Infrastruktur – allerdings in Abhängigkeit von der Länge der Linie – oder schwer erschließbare Standorte zutreffen.

Schließlich ist darauf hinzuweisen, daß die oben beschriebene Bereitstellungsproblematik nicht nur bei CFV besteht, sondern bei **sämtlichen Übertragungswegen**, die von der DTAG angemietet werden können. Dem genannten Beschluß der Regulierungsbehörde müssen daher weitere Schritte nachfolgen. 450f

Dabei ist zweierlei aus dem Beschluß der Regulierungsbehörde zu CFV rechtlich besonders bedeutsam: Zum einen geht die Regulierungsbehörde in Anlehnung an vorangegangene Entgeltgenehmigungsverfahren von einem **einheitlichen Markt für Übertragungswege** in Deutschland aus, in dem die DTAG derzeit eine marktbeherrschende Stellung inne habe[2]. Zum anderen bestätigt und verfestigt die Regulierungsbehörde ihre Praxis, auch die **„unbillige Behinderung"** als vom Mißbrauchstatbestand des § 33 Abs. 1 TKG erfaßtes Verhalten anzusehen[3] (siehe auch oben Rz. 121 ff.). 450g

---

1 Vgl. Richtlinie der niederländischen Regulierungsbehörde über die Bereitstellung von Mietleitungen, http://www.opta.nl/download/beleidsregels_leverplicht_hrln_210501.pdf
2 Beschl. der Regulierungsbehörde v. 9. 10. 2001 – BK 3c-00/040 („Riodata"), S. 22 des amtlichen Umdrucks, unter Verweis auf Beschl. der Regulierungsbehörde v. 15. 6. 2001 – BK 2a-01/006.
3 Beschl. der Regulierungsbehörde v. 9. 10. 2001 – BK 3c-00/040 („Riodata"), S. 27 des amtlichen Umdrucks.

450h Vor diesem Hintergrund scheint es insgesamt angeraten, die DTAG im Rahmen des § 33 TKG auch zu regelmäßigen **Berichten** über die Bereitstellungssituation an die Regulierungsbehörde zu verpflichten. Als Beispiel mag wiederum die Auferlegung einer entsprechenden Berichtspflicht durch die niederländische Regulierungsbehörde (OPTA) dienen, die KPN dazu verpflichtet hat, monatlich über die Bereitstellungssituation an sie Bericht zu erstatten[1]. Nur im Wege einer solchen Berichtspflicht wird die Regulierungsbehörde nämlich in der Lage sein, die tatsächliche Bereitstellungssituation zu überblicken und ihre Entscheidungen dementsprechend wettbewerbskonform zu gestalten.

4.12.5 Seekabellandeköpfe

451 Als **Seekabellandeköpfe** oder auch einfach **Seekabelköpfe** bezeichnet man Schnittstellen bzw. **landseitige Endpunkte** von und zu **Unterseekabeln**, über die der internationale wie z. B. der transatlantische Telekommunikationsverkehr zwischen Europa und den USA abgewickelt wird. In Deutschland befinden sich derartige Endpunkte in Norden, Großheide und auf Sylt. Die „**Zusammenschaltungen**" der Seekabel mit dem **nationalen Festnetz** werden dabei bis auf eine Ausnahme **ausschließlich von der DTAG** kontrolliert und betrieben. Diese übergibt und übernimmt internationalen Telekommunikationsverkehr dritter Netzbetreiber allerdings nicht direkt am Ort der Zusammenschaltung mit den Unterseekabeln, sondern nur an **Gateways** im Hinterland, so in Hamburg, Berlin, Düsseldorf, Frankfurt, Stuttgart und München über das sog. **ICC-Produkt** (dazu Rz. 34 ff.). Soweit Wettbewerber internationalen Telekommunikationsverkehr über in Deutschland angebundene Unterseekabel routen wollen, sind sie gezwungen, auch an sich unnötige und daher **ungewollte Transportleistungen** der DTAG zwischen den Gateways und den Seekabelköpfen in Anspruch zu nehmen. Es stellt sich daher die Frage, ob Wettbewerber einen Anspruch auf **entbündelten Zugang zu den Seekabelköpfen** haben.

452 Soweit ein Zugang zu Seekabelköpfen als **Zusammenschaltung** zweier Netze qualifiziert wird, könnte sich ein Anspruch unmittelbar aus §§ 36, 37 TKG ergeben. Freilich ist schon die Frage, ob hier überhaupt eine Zusammenschaltung vorliegt, problematisch. So geht es bei dem Zugang zu Seekabellandeköpfen zumeist nicht nur darum, netzübergreifenden Telekommunikationsverkehr senden und empfangen zu können, sondern der Zugang bezieht sich zumeist lediglich auf den Erhalt von Kapazität wie etwa bei der Inanspruchnahme von **Mietleitungen**. Wie

---

1 Vgl. Richtlinie der niederländischen Regulierungsbehörde über die Bereitstellung von Mietleitungen, http://www.opta.nl/download/beleidsregels_leverplicht_hrln_210501.pdf

oben Rz. 267 bereits dargestellt, weist § 36 TKG aber ein **Umsetzungsdefizit** gegenüber der Zusammenschaltungsrichtlinie auf, weil er einen Anspruch auf Zusammenschaltungsverhandlungen für Betreiber von Übertragungswegenetzen (Mietleitungsnetzen) nicht vorsieht. Eine richtlinienkonforme Auslegung würde zwar zum gewünschten Ergebnis führen, ein derartiger Zusammenschaltungsanspruch gegenüber der DTAG allein dürfte jedoch an der Voraussetzung eines Betreibens des Netzes durch die DTAG i. S. d. §§ 36, 37 TKG scheitern. Seekabel werden nicht ausschließlich von der DTAG, sondern meist von internationalen Konsortien betrieben. Für eine Anordnung der Zusammenschaltung mit dem Seekabel am Seekabellandekopf nach § 37 TKG wäre daher ein Anspruch gegen die Betreiber des internationalen Netzes, d. h. gegen das Betreiberkonsortium einschließlich der DTAG, notwendig.

Im übrigen ist zu berücksichtigen, daß sich das Zugangsinteresse der Wettbewerber zumeist **unmittelbar** auf die Einrichtungen der DTAG an den Seekabellandeköpfen beziehen wird, während die Inanspruchnahme der Seekabelkapazitäten ohnehin unabhängig davon mit den Betreibern bzw. dem Betreiberkonsortium des Seekabels vereinbart wird. Als weitere Anspruchgrundlage einer Zugangsgewährung kommt daher § 35 TKG in Betracht. Vor diesem Hintergrund kommt es nicht auf eine Betreiberstellung der DTAG hinsichtlich der Seekabelkapazitäten an. Vielmehr geht es ausschließlich um die Betreiberstellung der DTAG hinsichtlich eines **Bestandteils** ihres Netzes, nämlich der Seekabellandeköpfe. Nach § 35 Abs. 1 TKG haben marktbeherrschende Unternehmen grundsätzlich allen Nutzern den Zugang zu ihrem Telekommunikationsnetz oder **zu Teilen desselben** zu gewähren. Bei Seekabelköpfen handelt es sich um Bestandteile des DTAG-Netzes, zu denen damit im Wege Allgemeiner oder Besonderer Netzzugänge Zugang zu gewähren ist. Wie bereits in Rz. 28 dargestellt, setzen Besondere Netzzugänge keine physische und logische Verbindung zweier Netze mit dem Ziel, eine Kommunikation der Kunden verschiedener Netze zu ermöglichen, voraus (so die Zusammenschaltung i. S. d. § 3 Nr. 24 TKG), sondern möglich ist bereits ein bloßer Zugang zu (Teil-)Funktionen des fremden Netzes, wie z. B. den übertagungstechnischen Einrichtungen von Seekabellandeköpfen. Das marktbeherrschende Unternehmen muß dabei dem Nachfrager den entbündelten Zugang (vgl. §§ 2 und 3 NZV) räumlich an der übertragungs-, vermittlungs- und betriebstechnischen Schnittstelle diskriminierungsfrei und zu den Bedingungen bereitstellen, die es sich selbst einräumt. Sofern daher die DTAG bezüglich der relevanten Schnittstellen zu Seekabelköpfen eine marktbeherrschende Stellung i. S. d. § 19 GWB innehat, hat sie den Wettbewerbern unmittelbar an den Seekabelköpfen Zugang zu gewähren. Das Vorliegen einer marktbeherrschenden Stellung hinsichtlich des sachlich relevanten Teilmarktes Seekabelköpfe darf auf-

453

grund der Tatsache, daß die DTAG zwei von drei Seekabelköpfen betreibt und kontrolliert, angenommen werden. Ein Anspruch auf Zugangsgewährung zu den Seekabelköpfen besteht daher bereits nach § 35 TKG. Daß dieser Anspruch von den Wettbewerbern bislang noch nicht eingefordert worden ist, liegt im Zweifel daran, daß die bereits errichteten pan-europäischen Netze ihre seeseitigen Verbindungen zumeist effizienter über Großbritannien (transatlantisch) bzw. über die Niederlande (europäisches Festland) realisieren konnten. Bei weiter ansteigendem internationalen Bandbreitenbedarf kann sich diese Situation aber schnell ändern.

454 Sofern die DTAG ihren Wettbewerbern einen direkten Zugang zu den Seekabelköpfen **verweigern** sollte und dadurch ein diskriminierungsfreier Zugang zu den von der DTAG intern genutzten und am Markt angebotenen Leistungen, soweit sie wesentlich sind, unmöglich gemacht würde, bestünde ein Anspruch auf Zugangsgewährung zu Seekabelköpfen auch nach § 33 TKG. Ein **Mißbrauch** ist in diesem Zusammenhang in der Tatsache zu erblicken, daß die DTAG den Zugang zu den Seekabelköpfen nur unter gleichzeitiger Inanspruchnahme von Mietleitungen zwischen Seekabelkopf und Gateway anbietet, somit eine **Kopplung** von zwei an sich unabhängigen Leistungen vorliegt, die den Wettbewerbern ein betriebswirtschaftlich sinnvolles Angebot von internationaler Telekommunikation erheblich erschwert.

4.12.6 Inkasso über die DTAG

455 Bis zu der von der DTAG ausgesprochenen Kündigung erbrachte die DTAG sämtliche Fakturierungs- und Inkassodienstleistungen in Erfüllung der Verpflichtung aus § 15 TKV für ihre Wettbewerber auf Grundlage des **Inkassovertrages von 1998**. Dieser regelte zunächst nur die Fakturierung und Inkassierung von Leistungen, welche die Wettbewerber als Verbindungsnetzbetreiber (VNB) gegenüber Kunden der DTAG erbrachten. Weiter gehende Dienstleistungen konnten zusätzlich im Wege sog. **Side-Letter** mit der DTAG vereinbart werden, was insbesondere für die Fakturierung und Inkassierung von Verbindungsentgelten zu IN-Plattformen bzw. zu Telefonmehrwertdiensten Anwendung fand (sog. Offline-Billing). Der Leistungsumfang des Hauptvertrages sah im einzelnen die Fakturierung der Summen einzelner Telekommunikationsdienstleistungen und des ermittelten Gesamtbetrages für den jeweiligen VNB, die Erstellung des Einzelverbindungsnachweises der Gesprächsverbindungen, Bearbeitung von Kundenanfragen und Reklamationen bezüglich der Rechnungsstellung und Zahlung, Durchführung des gerichtlichen Mahnverfahrens und anwaltliche Beitreibung bei Zahlungsverzug eines Kunden ohne Reklamation sowie ggf. Sperrung des Anschlusses

vor. Als Vergütung für Fakturierung, Lastschrifteinzug und Inkasso erhielt die DTAG einen bestimmten Prozentsatz der für die Wettbewerber eingezogenen Forderungen. Geschlossen wurden die Verträge mit den Wettbewerbern auf unbestimmte Zeit, vorbehaltlich einer beiderseitigen ordentlichen Kündigungsmöglichkeit mit einer Frist von sechs Monaten.

Die **erstmalige Kündigung** der Verträge durch die DTAG erfolgte zum 30. 9. 1999. Als Gründe wurden das Fehlen einer gesetzlichen Verpflichtung bzgl. der Durchführung des Inkassos, eine Überlastung der DTAG-Hotlines mit Anfragen zu Tarifen und Rechnungsposten der VNB sowie erhebliche Imageschäden durch Unklarheiten bei Rechnungsbeträgen der anderen VNB angeführt. Da in der Folge jedoch keine Einigung mit den Wettbewerbern über eine Fortführung der bisherigen Fakturierung erzielt werden konnte, zudem mehrere Anträge von Wettbewerbern bei der Regulierungsbehörde auf Anordnung der Weiterführung des bisherigen Fakturierungssystems vorlagen, verpflichtete sich die DTAG freiwillig, die Verträge bis 31. 3. 2000 zu verlängern. Danach sollte ihr **neues Vertragsmodell** Anwendung finden, welches im wesentlichen die Rechnungsstellung für die reinen VNB-Sprachverbindungen (Preselection oder Call-by-Call), die Darstellung der VNB in einem separaten VNB-Block mit einer oder zwei Rechnungspositionen sowie den Ausweis der Umsatzsteuer, die Angabe von Anschrift und Bankverbindung des VNB und den Hinweis auf die Kontakttelefonnummer des VNB für Rückfragen sowie die Weiterleitung von an die DTAG geleistete Zahlungen vorsah. **Nicht mehr Vertragsgegenstand** waren hingegen die Durchführung des Lastschrifteinzugs, des Inkasso, die Bearbeitung von Beschwerden, Anfragen und Auskünfte, die gerichtliche Beitreibung und die Erstellung von Einzelverbindungsnachweisen. Zudem sollte der Vertrag generell nicht mehr für Mehrwert-, Auskunfts- und Online-Dienste gelten.

456

Aufgrund erheblicher Proteste seitens der Wettbewerber leitete die Regulierungsbehörde daraufhin ein Verfahren der besonderen Mißbrauchsaufsicht nach § 33 TKG gegen die DTAG ein. Gegenstand des Verfahrens war das neue Vertragsangebot der DTAG zu Inkasso und Fakturierung. Mit Beschluß vom 14. 3. 2000 hat die Beschlußkammer 3 der Regulierungsbehörde dieses Verfahren beendet[1]. Wichtig ist dabei festzuhalten, daß die Fakturierungs- und Inkassoleistungen als wesentliche Leistungen i. S. d. § 33 TKG angesehen worden sind. Im Tenor der Entscheidung wird der DTAG auferlegt, die Leistungen entsprechend den bisherigen Inkasso- und Fakturierungsverträgen bis zum 31. 12. 2000 **unverändert** (einschließlich aller Side-Letter) anzubieten und dieses Angebot in eingeschränkter Weise auch nach dem **31. 12. 2000 fortzuführen**.

457

---

[1] Vgl. Beschl. der Regulierungsbehörde v. 14. 3. 2000 – BK 3a-99/032 (Inkasso-Beschl.).

458 Nach dem 31. 12. 2000 verbindlich fortzuführende Leistungen sind:
- Rechnungserstellung unter Aufnahme einzelner Produkte;
- Einzelverbindungsnachweis für sämtliche abgerechneten Sprachkommunikationsdienstleistungen für die Öffentlichkeit, soweit Endkunden dies wünschen;
- Ausweisung einer vom Kunden an die DTAG zu entrichtenden Gesamtrechnungssumme;
- Aufforderung zur Zahlung der Gesamtrechnungssumme an eine einheitliche Bankverbindung der DTAG, einschließlich Entgegennahme der Gesamtrechnungssumme bzw. Ersteinzug dieser Summe im Lastschriftverfahren;
- Weiterleitung der eingegangenen Zahlungen an den jeweiligen VNB.

459 Nicht mehr nach dem 31. 12. 2000 fortzuführende Leistungen sind hingegen:
- außergerichtliche und gerichtliche Forderungsverfolgung (Mahnwesen);
- Bearbeitung von Beschwerden, Anfragen und Auskünften;
- bei Mehrwertdiensten und Internet-by-Call müssen solche Dienstleistungen nicht erfaßt werden, für die über das reine Verbindungsentgelt hinaus gesonderte Zahlungen anfallen oder für die ein einheitliches Verbindungsentgelt erhoben wird, das sich nicht in Abhängigkeit von der Dauer der Verbindung bestimmen läßt. Diese Einschränkung soll wiederum nicht für Shared-Cost-Dienste gelten, die also vollständig erfaßt sein müssen.

460 In der Folge kam es zu multilateralen Verhandlungsrunden zwischen der DTAG und verschiedenen Wettbewerbern unter gleichzeitiger Teilnahme der Regulierungsbehörde als schlichtende Stelle. Strittig waren bis zuletzt die von der DTAG geforderten Entgelte für die Fakturierungs- und Inkassodienstleistungen. Inwieweit die in der ersten Jahreshälfte 2001 erzielte Einigung kommerziell und abwicklungstechnisch trägfähig ist, wird erst die Zukunft erweisen. Schon jetzt zeigt sich aber, daß die Abwicklung erhebliche Schwierigkeiten bereitet. Die Inkasso-Thematik wird daher die Regulierungsbehörde und im Zweifel ebenso die Gerichte auch in Zukunft beschäftigen.

4.12.7 Flatrate-Internet-Zugang

461 Die Frage des **Flatrate-Internet-Zugangs** hat neben der hitzig geführten politischen Debatte die Regulierungsbehörde bislang nur im Rahmen eines nachträglichen **Entgeltregulierungsverfahrens** nach § 30 TKG (siehe zur dortigen Frage der Diskriminierung auch Rz. 113 ff.) hinsichtlich

der von der DTAG verlangten Entgelte für das Produkt **AfOD** (Anschluß für Onlinedienste-Anbieter) beschäftigt[1]. In der Folge hat die DTAG ein besonderes Flatrate-Produkt für ihre Wettbewerber unter dem Namen OVF (Onlinedienste Vorleistungs-Flatrate) angeboten, welches aber auf erheblichen Widerstand seitens der potentiellen Abnehmer stieß.

Darüber hinaus stellt sich aber die Frage, ob ein derartiger Flatrate-Zugang zugunsten der Wettbewerber für die Internet-Einwahl ihrer Endkunden auch im Rahmen bestehender **Zusammenschaltungsvereinbarungen** als **Zusammenschaltungsdienst** verlangt werden kann. Dies ist zu bejahen. Es handelt sich dabei nicht lediglich um eine Tarifierungsvariante von schon bestehenden Zusammenschaltungsdiensten (etwa die Zuführung zu Online-Dienste). In diesem Fall wäre eher an ein (nachträgliches) Entgeltregulierungsverfahren gemäß §§ 28, 30 TKG zu denken, weil keine Leistung, sondern ein Entgelt (wenn auch in einer bestimmten Struktur) nachgefragt werden würde. Vielmehr handelt es sich um eine **eigenständige Leistung** bzw. ein **eigenständiges Produkt**, das im Rahmen einer bestehenden oder noch zu vereinbarenden Zusammenschaltung nachgefragt werden kann. Schon die Praxis der DTAG selbst zeigt, daß von einem eigenen Produkt auszugehen ist. Anderenfalls hätte es nämlich nicht der Vorlage des OVF-Angebots bedurft, sondern es hätte vielmehr eine veränderte Tarifierung im Rahmen des Produkts AfOD ausgereicht. Tatsächlich enthält aber das OVF-Angebot eine Vielzahl technischer, betrieblicher und kommerzieller Bedingungen, die von den bisherigen DTAG-Produkten einschließlich derjenigen, die derzeit im Rahmen des Zusammenschaltungsangebots der DTAG vereinbart werden können, erheblich abweichen. 462

Daher kann ein Flatrate-Zugang auch im Rahmen der Zusammenschaltung nachgefragt werden. Diese **Nachfrage** stellt sich als Wunsch auf **Zugang** zum Netz der DTAG bzw. auf **Zusammenschaltung** mit deren Netz auf die vergleichbare Weise dar, wie etwa bei Mehrwertdiensten, welche die Regulierungsbehörde bereits im Rahmen bestehender Zusammenschaltungsvereinbarungen angeordnet hat (siehe Rz. 332 ff.). Dies folgt aus der Verpflichtung des marktbeherrschenden Netzbetreibers zu Gewährung **gleichwertigen Zugangs** (§ 35 Abs. 2 TKG, ggf. i. V. m. § 37 Abs. 3 S. 3 TKG) ebenso wie daraus, daß die **Zusammenschaltung** auch dem **Zweck** dienen soll, die Kommunikation der Nutzer verschiedener öffentlicher Telekommunikationsnetze untereinander zu **verbessern**. Im übrigen sind im Rahmen der Zusammenschaltungsdienste wie auch im Rahmen der Interconnection-Anschlüsse schon seit längerem unterschiedliche Varianten des gleichen Produkts anerkannt. Insbesondere 463

---
1 Beschl. der Regulierungsbehörde v. 15. 11. 2000 – BK 3b-00/033, MMR 2001, 121.

die bereits in Rz. 328 ff. dargestellte Differenzierung zwischen Terminierung und Zuführung (d. h. die Tarifierungsvarianten Online- und Offline-Billing) zeigen, daß sogar tariflich motivierte Unterscheidungen zu unterschiedlichen Produkten und damit unterschiedlichen Zusammenschaltungsleistungen führen.

464 Dementsprechend können nach Auffassung der Regulierungsbehörde[1] im Rahmen einer Anordnung gemäß § 37 TKG **alle Leistungen** angeordnet werden, die dem **Zweck einer Zusammenschaltung dienen** und **die im Interesse mindestens eines Zusammenschaltungspartners sind.** Denn Zweck der Zusammenschaltung sei gemäß § 36 Abs. 2 TKG die Ermöglichung oder Verbesserung der Kommunikation von Nutzern verschiedener Telekommunikationsnetze. Durch die reine Verbindung zweier Telekommunikationsnetze werde die Kommunikation zwischen den Nutzern der beiden Netze jedoch nicht ermöglicht. Erst wenn sich die Zusammenschaltungspartner gegenseitig Leistungen auf ihrem Netz anbieten, werde eine Kommunikation über die Netzgrenzen möglich. Der Zusammenschaltungsanspruch erfaßt demgemäß auch und gerade **einzelne Leistungen und Dienste**, die netzübergreifend bereitgestellt werden können oder – im Interesse mindestens eines Zusammenschaltungspartners – sollen[2]. Der Flatrate-Internet-Zugang ist ein solcher Dienst. Dem steht nicht entgegen, daß der netzübergreifende Internet-Zugang im Rahmen der Zusammenschaltungsvereinbarung der DTAG bereits durch einen bestimmten Zusammenschaltungsdienst gewährleistet ist. Zum einen ist bereits dargelegt worden, daß der Flatrate-Internet-Zugang als eigenständiges und damit anderes Produkt anzusehen ist. Zum anderen zeigt die Praxis hinsichtlich der Differenzierung zwischen Terminierung und Zuführung, daß bei technisch gesehen gleicher Verkehrsrichtung unterschiedliche Produkte deswegen vorliegen, weil die Tarifstruktur unterschiedlich ist.

4.12.8 Peering-Verträge

465 Der Begriff der **Peering-Verträge** meint nichts anderes als eine Zusammenschaltungsvereinbarung zwischen zwei Betreibern von **IP-Netzen.** Ziel der Vereinbarung ist dabei insbesondere der netzübergreifende Austausch von Internet-Verkehr, der durch eine Zusammenschaltung zweier IP-Netze im technischen Sinne, dem sog. **Peering,** realisiert wird. Denkbar sind allerdings auch Zusammenschaltungen von IP-Netzen mit sonstigen (z. B. leitungsvermittelten) Telekommunikationsnetzen, über die

---

1 Beschl. der Regulierungsbehörde v. 2. 12. 1998 – BK 4-98-034/Z, 26. 10. 1998, S. 5/6 und v. 30. 10. 1998 – BK 4-98-026/Z, 23. 9. 1998, S. 7.
2 Ebenso *Kaufmann*, CR 1998, 728, 729 f., der allerdings auf § 35 Abs. 1 TKG Bezug nimmt, was im Rahmen des § 36 TKG nicht (unbedingt) erforderlich ist.

Sprachen-, Daten- und Internetverkehr abgewickelt wird. In allen Fällen beschränkt sich jedoch der Umfang der Zusammenschaltungsleistung auf den Austausch des Internetverkehrs zwischen den Netzen.

Peering-Verträge können als **Zusammenschaltungen i. S. d. § 3 Nr. 24 TKG** qualifiziert werden, da sie eine physische und logische Verbindung zweier Telekommunikationsnetze voraussetzen, die den Nutzern unterschiedlicher IP-Netze die mittelbare oder unmittelbare Kommunikation, z. B. durch Austausch von E-Mails, ermöglichen sollen. Die ferner erforderliche Tatbestandsvoraussetzung eines Telekommunikationsnetzes in § 3 Nr. 24 erfüllen IP-Netze in diesem Zusammenhang ebenfalls, da sie i. S. d. § 3 Nr. 21 TKG eine Gesamtheit von technischen Einrichtungen – so Server, Router und Übertragungswege – umfassen, welche zur Erbringung von Telekommunikationsdienstleistungen oder zu nichtgewerblichen Telekommunikationszwecken dienen.

466

Aufgrund der Qualifikation als Zusammenschaltung sind auf Peering-Verträge demnach die Vorschriften des Vierten Teils des TKG anwendbar. Im Hinblick auf den Abschluß derartiger Verträge besteht daher für sämtliche Betreiber – gleichgültig ob von IP- Netzen oder sonstigen Telekommunikationsnetzen – zunächst eine grundsätzliche **Verhandlungspflicht** nach § 36 TKG, unabhängig von einer marktbeherrschenden Stellung. Sofern die Verhandlungen zu keiner Einigung führen, ist zudem eine **Anordnung** der Zusammenschaltung durch die Regulierungsbehörde nach § 37 TKG denkbar.

467

Im vorliegenden Regelungskontext stellt sich darüber hinaus die Frage nach einer Anwendbarkeit des **§ 35 TKG**. Hiernach haben marktbeherrschende Betreiber eines Telekommunikationsnetzes, die Telekommunikationsdienstleistungen für die Öffentlichkeit erbringen, anderen Nutzern Zugang zu ihren Telekommunikationsnetzen oder zu Teilen desselben zu ermöglichen. Eine Zugangsgewährungspflicht nach § 35 TKG hängt folglich maßgeblich von dem Vorliegen einer **marktbeherrschenden Stellung** ab. Aufgrund des Fehlens von entsprechenden Informationen über die Marktanteile ist eine Aussage zur **marktbeherrschenden Stellung der DTAG** bei IP-Netzen allerdings nicht möglich. Die Tatsache, daß der IP-Verkehr sowohl über das „normale" leitungsvermittelte Telekommunikationsnetz, als auch über gesonderte Datenleitungen bzw. Netzwerkstrukturen, die ausschließlich dem IP-Verkehr vorbehalten sind, abgewickelt werden kann, macht eine Bewertung der Marktbeherrschung der DTAG zur Zeit schwierig. Gerade bei der Zusammenschaltung von reinen IP-Netzen, die den sog. Internet-Backbone bilden, wird es dabei auf die vorhandenen **Verkehrsmengen** ankommen, die über dieses Netz abgewickelt werden (müssen), z. B. weil es mehr Verbindungen zu anderen IP-Netzen aufweist als andere Netze.

468

469 Bislang sind Peering-Vereinbarungen **kaum streitig** gewesen. Dies wird sich aber im Zweifel künftig aufgrund der immer größer werdenden Bedeutung des Internets und des IP-Verkehrs ändern.

4.12.9 National Roaming auf Grundlage des § 4 TKV

470 Ein künftiges Problem im Mobilfunkbereich stellt die Frage dar, ob von **UMTS-Netzbetreibern, die über keine GSM-Lizenz verfügen**[1], gegenüber **UMTS-Netzbetreibern, die gleichzeitig auch als GSM-Netzbetreiber tätig** sind, ein Anspruch auf **National Roaming** in den **GSM-Netzen** besteht.

471 Der Hintergrund dieser Problematik besteht darin, daß die Regulierungsbehörde in ihren Musterlizenzen **keine Auflagen** hinsichtlich einer Verpflichtung von Mobilfunkbetreibern vorsieht, Vereinbarungen über National Roaming zu schließen. Anbietern, die lediglich eine UMTS/IMT-2000-Lizenz besitzen, wird dadurch eine Inanspruchnahme von GSM-Diensten von Lizenznehmern, die sowohl über eine UMTS/IMT-2000-Lizenz als auch über eine GSM-Lizenz verfügen, ggf. wirtschaftlich unmöglich gemacht. Diese Frage ist deswegen von kommerzieller Bedeutung, weil die bestehenden GSM-Lizenznehmer aufgrund des existierenden Kundenstamms einen **immanenten Wettbewerbsvorteil** dadurch haben können, daß sie UMTS- mit GSM-Angeboten verknüpfen, um beispielsweise zumindest für schmalbandige Anwendungen eine höhere Netzabdeckung zu erreichen. Denn die GSM-Netze sind im Gegensatz zu den UMTS-Netzen bereits flächendeckend ausgebaut. Es stellt sich somit die Frage, inwieweit eine Pflicht zum National Roaming hergeleitet werden kann.

472 Unter dem Begriff **„Roaming"**, der im TKG nicht definiert ist, wird dabei verstanden, daß einem Kunden eines Netzbetreibers die mobile Kommunikation außerhalb des Versorgungsbereichs desjenigen Mobilfunknetzes ermöglicht wird, zu dessen Leistung ein Vertragsverhältnis besteht[2]. Im Wege des Roamings ermöglicht also ein Netzbetreiber seinen Kunden, auch andere Netze zu nutzen, ohne daß hierbei der Kunde selbst einen weiteren Vertrag mit anderen Netzbetreibern abschließen muß.

---

1 So verfügen Mobilcom und Group 3 G (Telefonica/Sonera) nur über eine UMTS-Lizenz und besitzen keine GSM-Lizenz.
2 Vgl. Entscheidung der Präsidentenkammer v. 18. 2. 2000 über die Festlegungen und Regeln im Einzelnen über die Vergabe von Lizenzen für UMTS/IMT-2000-Mobilkommunikation der dritten Generation, ABl. RegTP 2000, S. 516, 531, siehe hierzu auch *Mestmäcker*, Netzwettbewerb, Netzzugang und „Roaming" im Mobilfunk, S. 14.

Technisch gesehen, stellt Roaming eine Verknüpfung zweier Mobilfunk- 473
netze dar, die **nicht** im Wege einer **Zusammenschaltung**, d. h. einer
logischen und physischen Verknüpfung zweier Netze, erfolgt, sondern
im Rahmen eines „Einloggens" des Endkunden mit der eigenen SIM-Karte im fremden Mobilfunknetz, so daß (auch) über das fremde Netz Telefongespräche geführt als auch Anrufe entgegengenommen werden können. Im Unterschied zu einer Zusammenschaltung ist somit keine physische Verknüpfung der Netze erforderlich, höchstens eine logische. Es wird zwar vertreten, daß die SIM-Karte selbst als **Netzbestandteil** des einen Netzes anzusehen ist, so daß eine Zusammenschaltung mit anderen Netz vorläge. Indes erscheint diese Sichtweise schon deswegen konstruiert, weil die SIM-Karte Bestandteil der Endeinrichtung Mobiltelefon ist, nicht aber Netzbestandteil als solcher.

Mangels Lizenzauflagen zu National Roaming und Zusammenschal- 474
tungsansprüchen kommt daher als **Anspruchsgrundlage** für das National Roaming allenfalls § 4 TKV (zu dieser Regelung schon in Rz. 206) in Betracht. Bezüglich der GSM-Alt-Lizenzen ist dabei zu berücksichtigen, daß Punkt 17 der entsprechenden Lizenz eine § 4 TKV ähnliche Regelung enthält, die aufgrund des § 97 Abs. 5 TKG in ihrem Bestand geschützt ist und insoweit § 4 TKV vorgeht. Da diese Regelungen jedoch weitestgehend inhaltsgleich sind, soll im folgenden nur auf § 4 TKV eingegangen werden, da die Ergebnisse entsprechend auf Punkt 17 der Alt-Lizenzen übertragen werden können.

Als Rechtsfolge sieht § 4 Abs. 1 S. 1 TKV vor, daß Diensteanbieter und 475
damit auch UMTS-Anbieter gegenüber GSM-Betreibern verlangen können, deren GSM-Dienstleistungen „**im eigenen Namen und auf eigene Rechnung vertreiben und ihren Kunden anbieten**" zu können. Grundsätzlich sind somit GSM-Netzbetreiber vorbehaltlich einer sachlich rechtfertigenden Ausnahme nach § 4 Abs. 1 S. 1 TKV verpflichtet, UMTS-Lizenznehmern das Angebot von **GSM-Diensten** zu ermöglichen[1]. Andererseits sind UMTS-Lizenznehmer auch rechtlich nicht daran gehindert, GSM-Dienste als Diensteanbieter i. S. v. § 4 TKV anzubieten, da es sich bei GSM und UMTS um unterschiedliche sachliche Märkte handelt[2].

---

1 Folgt man freilich der jüngsten Rechtsprechung des OVG Münster (Beschl. vom 1. 10. 2001 – 13 B 1156/01, dazu oben Rz. 207), wonach § 4 TKV keinen Kontrahierungszwang beinhalte, so erübrigt sich die folgende Diskussion weitgehend.
2 Vgl. Entscheidung der Präsidentenkammer v. 18. 2. 2000 über die Festlegungen und Regeln im Einzelnen über die Vergabe von Lizenzen für UMTS/IMT-2000-Mobilkommunikation der dritten Generation, ABl. RegTP 2000, S. 516, 520, 533. Demgegenüber verbietet Teil C Ziff. 2 S. 3 der UMTS-Musterlizenz, daß UMTS-Lizenznehmer Diensteanbieter eines anderen UMTS-Lizenznehmers sein dürfen.

476 Netzbetreiber dürfen darüber hinaus nach § 4 Abs. 2 TKV Diensteanbieter in bezug auf **Preis- und Konditionsgestaltung** oder bezüglich anderer Betätigungsfelder nicht einschränken sowie ihnen keine ungünstigeren Bedingungen als dem eigenen Vertrieb oder verbundenen Unternehmen einräumen, ausgenommen eine sachliche Rechtfertigung liegt vor. Demnach können UMTS-Anbieter gegenüber ihren Kunden GSM-Dienstleistungen selbständig anbieten, die sie von GSM-Netzbetreibern als Vorprodukt beziehen. UMTS-Anbietern steht daher nach § 4 TKV ein Anspruch auf Zugang zum Dienstleistungsangebot des GSM-Netzbetreibers zu. Die konkret-technische Ausgestaltung des Dienstleistungsangebotes für den UMTS-Lizenznehmer hängt dabei davon ab, wie der GSM-Netzbetreiber selbst seine GSM-Dienstleistungen den Endkunden anbietet, da er anderen Dienstleistern **keine ungünstigeren Bedingungen** einräumen darf.

477 Sofern der GSM-Netzbetreiber selbst UMTS-Lizenznehmer ist und seine GSM-Dienstleistungen **zusammen** mit UMTS-Leistungen vertreibt, hat er Dritten dementsprechend im Rahmen von § 4 TKV ebenfalls die Möglichkeit zu eröffnen, sein gebündeltes Angebot von GSM- und UMTS-Leistungen zu nutzen. Technisch gesehen, liegt hier regelmäßig ein Roaming zwischen dem eigenen GSM- und eigenem UMTS-Netz vor. Sofern Dritte eine **UMTS-Lizenz** aber keine eigene GSM-Lizenz innehaben, ist dies zu relativieren, da solche Lizenznehmer nicht daran interessiert sein werden, fremde UMTS-Leistungen anzubieten, sondern ihre eigenen UMTS-Dienstleistungen, ergänzt um GSM-Leistungen anderer Lizenznehmer, vermarkten wollen. Darüber hinaus sind UMTS-Lizenznehmer auch rechtlich an einem Angebot fremder UMTS-Leistungen aufgrund Teil C Ziff. 2 S. 3 der UMTS-Musterlizenz gehindert, da UMTS-Lizenznehmer nicht zugleich Diensteanbieter eines anderen UMTS-Lizenznehmers sein dürfen. Ein UMTS-Lizenznehmer müßte hiernach gemäß § 4 TKV bzw. Punkt 17 der GSM-Alt-Lizenz einen Anspruch gegen einen kombinierten GSM/UMTS-Lizenznehmer haben, lediglich dessen GSM-Leistungen als Diensteanbieter – sozusagen „**entbündelt**" aber **gebündelt** mit eigenen UMTS-Diensten – zu vertreiben. Diese Entbündelung eines kombinierten Angebots bei gleichzeitiger Bündelung mit einem eigenen UMTS-Angebot würde in technischer Hinsicht auf ein National Roaming zwischen dem entbündelten GSM-Dienst und dem zu bündelnden eigenen UMTS-Dienst hinauslaufen.

478 Fraglich ist indessen, ob die Verpflichtung aus § 4 TKV so **weitreichend** ist, daß auch die Verpflichtung zu einem National Roaming zwischen GSM/UMTS-Lizenznehmer gegenüber dem nur UMTS-Netzbetreiber hergeleitet werden kann. Im Fall eines Roaming fragt der UMTS-Netzbetreiber die technische Verknüpfung seiner UMTS- mit den GSM-Leistun-

gen des Dritten dergestalt nach, daß er lediglich dann das GSM-Netz und somit die Dienstleistungen des Dritten nutzt, sofern dies erforderlich ist, weil sein eigenes UMTS-Netz nicht den entsprechenden Versorgungsbereich abdeckt. Es geht folglich um eine **entbündelte Leistungsbereitstellung** von GSM-Leistungen entsprechend dem Bedürfnis des UMTS-Anbieters.

Nach dem Willen des Verordnungsgebers stellt § 4 TKV eine **Spezialausprägung des Grundsatzes der Nichtdiskriminierung** dar, „die ihre Berechtigung in der Marktmacht der Netzbetreiber gegenüber den Diensteanbietern . . . findet"[1]. Allein die Netzbetreibereigenschaft verleiht gegenüber Nicht-Netzbetreibern eine Marktmacht, die der Verordnungsgeber als ausreichend angesehen hat, um den Netzbetreiber in der Freiheit des Vertriebs seiner Leistungen einzuschränken. Dies gilt – entgegen des ursprünglichen Entwurfvorschlags der TKV – auf Initiative des Bundesrates hin unabhängig davon, ob der Netzbetreiber marktbeherrschend im Sinne des Wettbewerbsrechts ist.

Kartellrechtlich ist es darüber hinaus mißbräuchlich, eine bestehende Marktmacht auf einem Markt dazu auszunutzen, den Wettbewerb auf einem anderen Markt zu behindern. So ist eine unzulässige wirtschaftliche **Absatzkoppelung** dann gegeben, wenn der wirtschaftliche Druck oder Anreiz zum gemeinsamen Bezug zweier Produkte – also deren Koppelung – so groß ist, daß eine Parallele zu vertraglichen Bindungen, die auf Wettbewerbsunterdrückung gerichtet sind, gezogen werden kann[2]. Bezogen auf den sachlich voneinander getrennten GSM- und UMTS-Markt bedeutet dies: Die reine Netzbetreibereigenschaft des GSM-Lizenzinhabers führt nach § 4 TKV bereits zu dessen Marktmacht gegenüber Nicht-Lizenzinhabern. Daher darf er diese Marktmacht nicht dazu ausnutzen, seine GSM-Leistungen mit anderen Leistungen – hier seinen UMTS-Leistungen – in mißbräuchlicher Weise zu koppeln. Eine solche Koppelung besteht aber nicht nur, wenn er seine GSM-Leistungen nicht einzeln, sondern ausschließlich zusammen mit seinen UMTS-Leistungen vertreibt, sondern bereits dann, wenn eine wirtschaftliche Absatzkoppelung erfolgt. Eine solche liegt gegenüber den Endverbrauchern gerade dann vor, wenn diese lediglich von GSM/UMTS-Lizenzinhabern Mobilkommunikationsleistungen erhalten, die breit- und schmalbandige Dienste über (zumindest aus der Sicht des Endkunden) ein Netz erfassen und lediglich ein Endgerät benötigen, wohingegen „Nur"-UMTS-Lizenznehmer keine Kombination beider Dienste anbieten können. Der Endverbraucher wird sich dann – will er vermeiden, zwei Endgeräte zu erwerben und zwei Rufnummern zu benötigen – anstelle von zwei getrennten

---
1 BegrE zur TKV, BR-Drucks. 551/97, S. 5.
2 *Möschel*, in: Immenga/Mestmäcker, GWB, § 19 Rz. 134.

Anbietern für einen kombinierten GSM/UMTS-Anbieter und somit gegen den „Nur"-UMTS-Netzbetreiber entscheiden.

481 Dies hätte eine **wesentliche Beeinträchtigung** der „Nur"-UMTS-Lizenznehmer zur Folge und würde entgegen dem Regulierungsziel des § 2 Abs. 2 Nr. 2 TKG einen chancengleichen und funktionsfähigen Wettbewerb, der von neu aufzubauenden UMTS-Netzen noch nicht so schnell aufgebaut werden kann, behindern. Um dies zu verhindern, ist konsequenterweise § 4 TKV so zu **interpretieren**, daß neben der Nutzung der GSM-Dienste Dritter auch und gerade die Koppelung dieser Dienste mit eigenen UMTS-Diensten in gleicher Weise ermöglicht wird, wie sie auch durch den GSM/UMTS-Lizenznehmer angeboten werden. Eine solche Interpretation ist auch unter Berücksichtigung des Normzwecks des § 4 TKV, „im Interesse des Kunden ein größtmögliches Angebot für Endverbraucher zu gewährleisten"[1], geboten, denn der Endverbraucher möchte die Möglichkeit haben, unter vielen Anbietern von GSM- und UMTS-Diensten auswählen zu können. Da es nach Teil C Ziff. 2 S. 3 der Musterlizenz einem UMTS-Lizenznehmer aber gerade untersagt ist, als Diensteanbieter eines anderen UMTS-Lizenznehmers tätig zu werden, kann ein kombinierter Vertrieb von GSM- und UMTS-Diensten nur so ermöglicht werden, daß eine **Koppelung** zwischen eigenen UMTS- und auf Grund von § 4 TKV zugekauften GSM-Diensten erfolgt.

482 Im Ergebnis ist also festzuhalten, daß § 4 TKV im Zusammenspiel mit Teil C Ziff. 2 S. 3 der UMTS-Musterlizenz, dem kartellrechtlichen Koppelungsverbot und dem Regulierungsziel der Sicherstellung eines chancengleichen und funktionsfähigen Wettbewerbs, auch in der Fläche (§ 2 Abs. 2 Nr. 2 TKG), dazu führt, daß „Nur"-UMTS-Lizenznehmer in die **wettbewerblich gleiche Position** zu setzen sind wie GSM/UMTS-Lizenzinhaber, die beide Dienste miteinander kombiniert vertreiben. Dies bedeutet nicht nur, daß sie beide Dienste vertreiben dürfen, sondern insbesondere, daß sie beide Dienste **gleichermaßen koppeln** dürfen wie GSM/UMTS-Lizenzinhaber.

483 Aufgrund der nach § 4 TKV erforderlichen **diskriminierungsfreien Ausgestaltung** des Leistungsangebots muß dies im Ergebnis dazu führen, daß GSM-Netzbetreiber, die im Rahmen des eigenen Vertriebs ihre Leistungen derart gestalten, daß National Roaming zwischen ihrem GSM- und ihrem UMTS-Netz möglich ist, dies auch anderen UMTS-Betreibern, die als Diensteanbieter für ihre GSM-Leistungen tätig werden, ermöglichen müssen. Wie gezeigt erfordert § 4 TKV gerade auch die diskriminierungsfreie Möglichkeit zur Koppelung von GSM- und UMTS-Dienstleistungen. Eine etwaige Ungleichbehandlung kann sich auf alle Einzel-

---

[1] BegrE zur TKV, BR-Drucks. 551/97, S. 5.

aspekte erstrecken und sich insbesondere auch auf die technische Konfigurierung der Leistung beziehen[1]. Wenn ohne National Roaming eine Ungleichbehandlung zwischen eigenem und fremdem Vertrieb gegeben und sachlich nicht gerechtfertigt ist, müßte anderen UMTS-Betreiber auch und gerade National Roaming mit GSM-Netzen ermöglicht werden[2].

4.13 Fazit

Das Instrumentarium des TKG zur Sicherstellung eines funktionsfähigen Wettbewerbs mittels besonderer Mißbrauchsaufsicht und der Verpflichtungen hinsichtlich der Gewährung von Netzzugängen und Zusammenschaltungen ist umfangreich und von der Regulierungsbehörde in vielerlei Hinsicht sinnvoll genutzt worden. Anderseits ist angesichts der bestehenden Interpretationsspielräume kaum eine Entscheidung der Regulierungsbehörde unangegriffen geblieben. Vor allem die DTAG hat sich hier besonders hervorgetan. Die verbliebenen Interpretationsspielräume wie auch die gerichtliche Praxis zeigen, daß das TKG noch keine stringente und konsequente Regelung dieses Bereichs enthält. Der Gesetzgeber ist daher aufgerufen, bei der nächsten Novelle des TKG diese Mißstände zu beseitigen, ohne den gerade begonnen Weg der Liberalisierung der Telekommunikationsmärkte zu verlassen.

484

---

[1] Vgl. *Markert*, in: Immenga/Mestmäcker, GWB, 2. Aufl., § 26 Rz. 187; Beck TKG-Komm/*Piepenbrock*, § 33 Rz. 25; bezüglich der diskriminierungsfreien Zugangsgewährung zu intern genutzten Leistungen nach § 33 Abs. 1 TKG: VG Köln, MMR 1998, 102.

[2] Auch die Regulierungsbehörde sieht dieses Problem und hat deswegen eine Anhörung zu diesen Fragen angekündigt, vgl. Entscheidung der Präsidentenkammer v. 18. 2. 2000 über die Festlegungen und Regeln im Einzelnen über die Vergabe von Lizenzen für UMTS/IMT-2000-Mobilkommunikation der dritten Generation, ABl. RegTP 2000, S. 516, 534.

5. Vertragsrecht der Telekommunikationsdienstleistungen und Kundenschutz

5.1 Einleitung

Mit der Liberalisierung des Telekommunikationsmarktes in Deutschland, die 1989 mit der Postreform I ihren Anfang nahm, wandelte sich auch das Verhältnis des Anbieters von Telekommunikationsdienstleistungen zu seinen Abnehmern. Aus „Antragstellern" wurden Kunden, die Rechte und Pflichten aus ihrem Vertragsverhältnis ableiten konnten. Mit der ersten Telekommunikations-Kundenschutzverordnung wurde der gesetzliche Rahmen für die Ausgestaltung des Verhältnisses zwischen dem Anbieter der Telekommunikationsdienstleistung und den Kunden geschaffen. Verpflichteter war insoweit nur der damalige Monopolist, die jetzige DTAG. Mit dem Auftreten von Wettbewerbern im Kernbereich der Telekommunikationsdienstleistungen, dem Sprach-Telefondienst, bestand eine Notwendigkeit, die entsprechenden Vorschriften auch auf die wettbewerbenden Anbieter zu erstrecken. Entsprechend wurde der fünfte Teil in das Telekommunikationsgesetz aufgenommen und mit ihm die Rechtsgrundlage zum Erlaß einer allgemeinen Kundenschutzverordnung in § 41 TKG. Auf dieser Basis trat schließlich mit dem 1. Januar 1998 die Telekommunikations-Kundenschutzverordnung, wie sie heute Anwendung findet, in Kraft. Sie bildet weiterhin den Kern des Verhältnisses der Kunden zu ihrem Telekommunikationsdiensteanbieter. 1

5.2 Telekommunikationsdienste

Die Telekommunikationsverträge können einen vielfältigen Inhalt haben. Den Kern bietet stets ein Telekommunikationsdienst. Dieser ist nach § 3 Ziff. 18 TKG das gewerbliche Angebot von Telekommunikation einschließlich des Angebots von Übertragungswegen für Dritte. Erfolgt das Angebot an beliebige natürliche oder juristische Personen und nicht lediglich für die Teilnehmer geschlossener Benutzergruppen, spricht man von einer Telekommunikationsdienstleistung für die Öffentlichkeit (§ 13 Ziff. 19 TKG). 2

Im wesentlichen kann man vier Kategorien für die Telekommunikationsdienste bilden, die im folgenden näher dargestellt werden: 3

5.2.1 Teilnehmeranschluß

4   Um überhaupt an der Telekommunikation teilnehmen zu können, benötigt der Nutzer einen Teilnehmeranschluß, d. h. den Zugang zu einem Telekommunikationsnetz. Dieser erfolgt in der Regel über ein Endgerät und die (Teilnehmer-)Anschlußleitung. Bei einem Festnetzanschluß wird hierzu eine physikalische Leitung zum Standort des Endgerätes hergestellt. Hierbei handelt es sich entweder um die seit Jahrzehnten benutzte Kupferleitung oder eine moderne Glasfaserleitung. Diese enden in einer Anschlußbuchse (TAE), an die eines oder mehrere Endgeräte oder gar ein lokales Telefonnetzwerk, wie es in Firmen und Behörden zu finden ist, angeschlossen werden.

5   Mit modernen Funktechnologien ist es zwischenzeitlich möglich, die sogenannte „letzte Meile", das heißt also die Verbindung vom öffentlichen Telefonnetz zum Teilnehmer, drahtlos, d. h. über Funkwellen, herzustellen (Wireless Local Loop). Hierzu muß vor die TAE in der Regel noch ein Funkempfangs- und Sendegerät geschaltet werden.

6   Eine zwischenzeitlich höchst erfolgreiche Form des Teilnehmeranschlusses stellt der Mobilfunk dar. Dabei wird das Endgerät des Nutzers über die sogenannte SIM-Karte identifiziert und der entsprechende Teilnehmeranschluß unabhängig vom Standort des Kunden bereitgestellt.

7   Der Zugang zum Teilnehmeranschluß hat für Wettbewerber eine hohe Bedeutung, da über ihn die Nutzung aller weiteren Telekommunikationsdienste erst ermöglicht wird. Im Falle der Hausanschlußleitung und des Wireless-Local-Loop-Zugangs sind mit der Herstellung der Teilnehmer-Anschlußleitung erhebliche Vorkosten verbunden.

5.2.2 Verbindungsleistungen

8   Ist der Teilnehmeranschluß hergestellt, so besteht für viele Telekommunikationsdienstleistungen die wesentliche Leistung des Telekommunikationsdienstanbeiters in der Herstellung einer im Einzelfall aufgebauten Verbindung zwischen dem Anrufer und dem Angerufenen über eine im jeweiligen Einzelfall angewählte Teilnehmerrufnummer. Die Verbindung wird in der Regel mit Beendigung des Gesprächs unterbrochen. Eine Abrechnung erfolgt gegenüber dem anrufenden Teilnehmer auf Basis der Nutzungszeit (Prinzip: „calling party pays").

5.2.2.1 Sprachtelefondienst

9   Die häufigste Telekommunikationsdienstleistung im Massenmarkt ist der Sprachtelefondienst, bei den zwei oder mehreren Teilnehmern die

Möglichkeit zum verbalen Austausch von Informationen in Echtzeit gegeben wird (zur Definition siehe § 3 Ziff. 15 TKG).

5.2.2.2 Datendienste

Neben der Übertragung von Sprache werden die Telekommunikationsnetze auch zur Übermittlung von Daten benutzt. Dabei kann eine Vielzahl von Übertragungsverfahren mit entsprechenden Kapazitäten genutzt werden. Aus einer ursprünglichen Trennung zwischen Sprach- und Datennetzen ist zwischenzeitlich – zumindest im Bereich der Massenkunden – eine Integration dieser Dienste (z. B. Telefax und Telefon) über dieselbe Teilnehmeranschlußleitung geworden. Auch der Zugang zum Internet erfolgt in den meisten Haushalten über die „normale" Teilnehmeranschlußleitung. Selbstverständlich gibt es auch heute noch Teilnehmeranschlüsse, die ausschließlich für Datendienste genutzt werden und in der Regel über ein eigenes Übertragungsverfahren verfügen (z.B. Datex-P). 10

5.2.3 Mehrwertdienste

Eine besondere Fallgruppe bilden die Telekommunikations-Mehrwertdienste. Sie sind gesetzlich nicht eindeutig geregelt. Grundsätzlich handelt es sich hierbei um besondere Dienstleistungen, die über die Telekommunikationsverbindung angeboten werden. Zu den ursprünglichen Mehrwertdiensten gehören z. B. die Telefonauskunft, Zeitansage, Weckruf etc. Schon vor der Liberalisierung des Telekommunikationsmarktes hat sich auch ein Markt für solche Mehrwertdienste gebildet, die ein weiter gehendes Informationsangebot zum Inhalt hatten. Besondere – wirtschaftliche – Bedeutung haben dabei von Beginn an die sogenannten Sex-Telefon-Dienste. 11

In den wenigsten der o.g. Fälle handelt es sich rechtlich um – reine – Telekommunikationsdienstleistungen. In der Regel wird davon auszugehen sein, daß lediglich der Verbindungsaufbau und das Halten der Verbindung als Telekommunikationsdienstleistung zu betrachten ist. Das eigentliche inhaltliche Angebot stellt für sich keine Telekommunikationsdienstleistung dar. Dies führt zu einer Reihe von Problemen, die insbesondere dann deutlich werden, wenn eine Mehrzahl von Beteiligten auftritt (siehe hierzu auch unten Rz. 32 ff.). 12

Die Einordnung eines Mehrwertdienstes als Telekommunikationsdienstleistung hat für den Erbringer aber auch bestimmte Vorteile, wenn es um den Bezug von Teilleistungen für die Erbringung seines Dienstes geht (z. B. die Rechte aus § 33 TKG). Die Frage, ob der sich als gemischte 13

Dienstleistung darstellende Mehrwertdienst in der Tat eine Telekommunikationsdienstleistung ist, wurde bislang nur für die Telefonauskunft positiv entschieden. Diese Entscheidung dürfte aber nicht repräsentativ sein, da sie sich auf eine Argumentation stützt, die nicht ohne weiteres für andere Mehrwertdienste zutrifft. Nach § 1 Ziff. 2a der Telekommunikations-Universaldienstleistungsverordnung ist das jederzeitige Erteilen von Auskünften über Rufnummern einschließlich der Netzkennzahlen von Teilnehmern im lizenzierten Bereich und von Anschlußinhabern ausländischer Telefondienste eine nicht lizenzpflichtige Telekommunikationsdienstleistung, die im unmittelbaren Zusammenhang mit dem Sprachtelefondienst steht, und ist daher als Universaldienstleistung bestimmt. Der Auskunftsdienst wird also nicht als Nebenleistung, sondern selbst als Telekommunikationsdienstleistung angesehen. Eine Einordnung, die sich nicht ohne weiteres aus den Begriffsbestimmungen in § 3 Ziff. 18 und Ziff. 16 TKG ergeben würde.

5.2.4 Übertragungswege

14 Eine weitere Telekommunikationsdienstleistung stellt die Bereitstellung von Übertragungswegen für – in der Regel – Punkt-zu-Punkt-Verbindungen dar. Diese Übertragungswege können wiederum leitungsgebunden sein oder aber auch durch sogenannte Richtfunkverbindungen hergestellt werden. Der Kunde mietet diese Übertragungswege oder Teile hiervon an und zahlt meistens eine nutzungsunabhängige Bereitstellungsgebühr für die ihm überlassene Bandbreite auf dem Übertragungsweg.

5.3 Vertragsparteien

15 Das Telekommunikationsgesetz und die damit in Verbindung stehenden Rechtsvorschriften arbeiten mit einer Vielzahl verschiedener Definitionen der an der Erbringung der Telekommunikationsdienstleistung Beteiligten. Dem TKG ist insoweit eine Reihe von Begriffsbestimmungen in § 3 vorangestellt, die aufgrund einer Reihe von Querverweisungen schon nicht auf den ersten Blick verständlich sind. Gänzlich unübersichtlich werden die Begriffe aber im Bereich der Regelung der Kundenbeziehungen. Die Telekommunikationskundenschutzverordnung (siehe zu deren Inhalten Rz. 181 ff.) unterscheidet zunächst zwischen dem Anbieter von Telekommunikationsdienstleistungen und dem Kunden. Tatsächlich versteckt sich hinter diesen Begriffen jedoch eine Reihe von Abgrenzungen, die im folgenden kurz dargestellt werden sollen:

5.3.1 Anbieter

Der Kern der Telekommunikations-Kundenschutzverordnung bezieht sich auf die Anbieter von Telekommunikationsdienstleistungen für die Öffentlichkeit (zur Definition dieses Begriffes siehe § 3 Ziff. 19 TKG) oder auch Diensteanbieter (siehe § 4 Abs. 2 TKV). Mit diesem Begriff werden umfassend alle Anbieter von Telekommunikationsdienstleistungen für die Öffentlichkeit angesprochen. Er findet sich in §§ 1, 7 Abs. 1 und Abs. 2, 8, 11 Abs. 3, 15, 18, 27 Abs. 1, 28, 34 Abs. 2 TKV und mit einer Einschränkung auf marktbeherrschende Anbieter von Telekommunikationsdienstleistungen für die Öffentlichkeit in §§ 2, 3 Abs. 1, 16, 17, 27 und 30 TKV. Eine besondere Fallgruppe bilden die Anbieter von Telekommunikationsdienstleistungen für die Öffentlichkeit, die ihre Leistungen auf den für die Sprachkommunikation für die Öffentlichkeit vorgesehenen Telekommunikationsnetzen erbringen (siehe § 16 Abs. 1 TKV). Inwieweit sich solche Anbieter von Sprachtelefondienstanbietern unterscheiden, ist unklar. Die Sprachtelefondienstanbieter bilden an sich eine Untergruppe der Anbieter von Telekommunikationsdienstleistungen (zur Definition der Sprachtelefondienste siehe § 3 Ziff. 15 TKG). Spezielle Regelungen finden sich in §§ 9, 13 Abs. 2, 14, 19 Abs. 1 TKV. Weitere Untergruppen bilden die Sprachtelefondienstanbieter für die Öffentlichkeit in § 21 TKV[1] und die marktbeherrschenden Anbieter von Sprachtelefondiensten in §§ 17 Abs. 3, 32 Abs. 1, 33 Abs. 1, 34 Abs. 2 und 36 TKV.

Als Gegenstück zu den Sprachtelefondienstanbietern kennt das Gesetz die Anbieter von Übertragungswegen, für die sich Regelungen in § 24 TKV und, soweit sie marktbeherrschend sind, in §§ 25, 26, 27 Abs. 3 und 34 Abs. 1 TKV finden.

Unklar ist, ob der Gesetzgeber die Betreiber von (öffentlichen) Telekommunikationsnetzen auch als Anbieter von Telekommunikationsdienstleistungen für die Öffentlichkeit ansieht. Hiergegen könnte der Wortlaut von § 34 Abs. 2 TKV sprechen, in dem beide nebeneinander erwähnt werden. Tatsächlich geht aber wohl auch die Telekommunikations-Kundenschutzverordnung davon aus, daß es sich bei den Betreibern (öffentlicher) Telekommunikationsnetze um Anbieter von Telekommunikationsdienstleistungen für die Öffentlichkeit handelt. Die Betreiber (öffentlicher) Telekommunikationsnetze (Netzbetreiber; siehe § 4 Abs. 3 TKV) sind besonders in §§ 4 Abs. 1, 24 Abs. 1, 34 Abs. 2 TKV erwähnt. Besonderen Anforderungen unterliegen aber auch die Anbieter von Zugängen zum öffentlichen Telekommunikationsnetz, die nicht selbst

---
1 Eine Unterscheidung, die an sich überflüssig ist, da der Sprachtelefondienst über § 3 Ziff. 15 TKG bereits als ein Angebot für die Öffentlichkeit definiert ist.

Netzbetreiber sind. Deren Verpflichtungen finden sich in §§ 10, 15, 20 Abs. 1, 31, 35 Abs. 1 TKV. Soweit sie einen allgemeinen Zugang anbieten, finden ergänzend die Bestimmungen des § 13 Abs. 1, Abs. 4 und Abs. 5 TKV Anwendung. Spezielle Vorschriften für die Anbieter von Zugängen zu einem festen Telekommunikationsnetz ergeben sich aus §§ 19 Abs. 1, 27 Abs. 2, 32 Abs. 1, 33 TKV.

19 Weitere besondere Vorschriften gelten für Unternehmen, die Universaldienstleistungen erbringen. Während §§ 6 Abs. 1, 9 und 11 TKV für alle diese Unternehmen gelten, findet § 36 TKV nur auf diejenigen Unternehmen Anwendung, die gleichzeitig marktbeherrschende Anbieter von Sprachtelefondienst sind. Werden Übertragungswege als Universaldienst angeboten, ergeben sich weitere Pflichten aus § 23 TKV.

20 Eine Sondervorschrift findet sich schließlich noch für Auskunftsdiensteanbieter in § 32 Abs. 2 TKV. Auch hierdurch wird die besondere Stellung des Auskunftsdienstes im Bereich der Mehrwertdienste unterstrichen.

21 Im Ergebnis ist festzustellen, daß der Gesetzgeber hinsichtlich der Anbieter von Telekommunikationsdienstleistungen eine Reihe von Wertungsunterschieden getroffen hat, die zu einem Wirrwarr von Vorschriften führen. In vielen Fällen dürfte nicht klar sein, warum bestimmte Anbieter von Telekommunikationsdienstleistungen ein Privileg besitzen und andere nicht. Dies gilt z. B. für § 36 TKV und auch § 32 Abs. 1 TKV, durch die alle Anbieter von Zugängen zu festen Telekommunikationsnetzen und über § 32 Abs. 2 TKV auch die Auskunftsdiensteanbieter unabhängig von ihrer Stellung im Markt aber nur die marktbeherrschenden Sprachtelefondienstanbieter verpflichtet werden. Es empfiehlt sich mithin, vor einer Anwendung von Vorschriften deren Anwendungsbereich gründlich zu prüfen.

5.3.2 Kunden/Nutzer/Teilnehmer

22 Dem Begriff der Anbieter steht der Begriff der Kunden gegenüber. Auch insoweit trifft das Gesetz eine Reihe von Differenzierungen. Kunden sind zunächst alle, die das Angebot von Telekommunikationsdienstleistungen für die Öffentlichkeit vertraglich in Anspruch nehmen (siehe § 1 Abs. 1 TKV). Neben dem Begriff des Kunden kennt das Gesetz aber auch den der Nutzer (z. B. § 7 TKV) und der Teilnehmer (z. B. § 21 TKV). Nutzer sind nach § 3 Ziff. 11 TKG Nachfrager von Telekommunikationsdienstleistungen. Dagegen ist der Begriff des Teilnehmers, obgleich er z. B. auch in § 12 TKG auftaucht, nicht definiert. Aus § 21 Abs. 2 TKV läßt sich ableiten, daß als Teilnehmer zunächst der Inhaber des Netzzugangs angesehen wird. Dieser kann verlangen, daß auch Mit-

benutzer in ein Teilnehmerverzeichnis eingetragen werden. Hieraus ergibt sich der Schluß, daß der Teilnehmerbegriff weiter als der des Kunden ist, da ein Mitbenutzer nicht notwendigerweise eine eigene vertragliche Beziehung zum Anbieter von Telekommunikationsdienstleistungen unterhält.

Wesentlich für die Anwendung der Telekommunikations-Kundenschutzverordnung ist die Unterscheidung zwischen Endkunden und Wiederverkäufern, wie sie z. B. in den §§ 21 Abs. 2 und 27 TKV getroffen wird. Diese Unterscheidung macht zunächst deutlich, daß der Kundenbegriff sich nicht allein auf die Endkunden bezieht und damit auch die Wiederverkäufer und sogar solche Kunden umfaßt, die ihrerseits Anbieter von Telekommunikationsdienstleistungen für die Öffentlichkeit sind. Dieser Anwendungsbereich zeigt sich z. B. gerade auch in § 7 Abs. 2 TKV[1]. 23

5.4 Kombination von Beteiligten

Wie oben unter Ziff. 3 dargestellt, bieten die gesetzlichen Vorschriften keine praktikable Möglichkeit zur Ordnung der Beteiligten im Rahmen der Erbringung von Telekommunikationsdienstleistungen. Dies gilt insbesondere dann, wenn sich die Situation durch eine Kombination der Beteiligten komplexer darstellt als die reine Beziehung eines Anbieters zu seinem (End-)Kunden. Dies kann an drei Fallgruppen veranschaulicht werden. 24

5.4.1 Leistungskette im Mobilfunk

Aufgrund der Lizenzauflagen sind die Mobilfunknetzbetreiber gezwungen, auch sogenannte Serviceprovider als Wiederverkäufer ihrer Leistungen zuzulassen. Hierdurch ergibt sich eine Dreierkette, bei der der Serviceprovider die Netzleistungen des Mobilfunknetzbetreibers „einkauft" und unter seinem eigenen Namen so wie in der Regel über ein eigenes Tarifmodell an die Endkunden vertreibt. Der Kunde hat in diesem Fall keine direkte Beziehung zum Netzbetreiber. Der Serviceprovider erbringt keine eigenen Netzleistungen, sondern bietet allenfalls ein differenziertes Diensteangebot im Bereich der Mehrwertdienste an. Die Tendenz geht dahin, daß in einer gewissen Weise der Serviceprovider in der Zukunft auch Netzintelligenz zur Verfügung stellt, ohne aber ein eigenes Mobilfunknetz aufzubauen. Man spricht in diesem Fall von einem virtuellen Netzbetreiber. 25

---

1 Siehe hierzu auch ausdrücklich die Anmerkung zu § 1 der Begründung zur TKV, BR-Drucks. 551/97, S. 28.

26 Die dreistufige Leistungskette erweitert sich dann, wenn es um das Angebot von Mehrwertdiensten geht. Diese werden entweder über den Netzbetreiber oder den Diensteanbieter zur Verfügung gestellt (zu den Problemen siehe unten Rz. 32 ff.).

5.4.2 Leistungsbeziehungen in der Multi-Carrier-Umgebung

27 Mit der Liberalisierung des Telekommunikationsmarktes sind an der Leistungserbringung im Bereich der Telekommunikation mitunter mehr als ein Netzbetreiber bzw. Telekommunikationsdiensteanbieter beteiligt. Es gibt ähnliche Wiederverkaufsmodelle wie im Mobilfunk, aber auch die Kombination der Leistung von Netzwerkbetreibern. Besondere Bedeutung hat seit der Marktöffnung die Nutzung von Leistungen von sogenannten Verbindungsnetzbetreibern durch die Endkunden. Dabei kann der Kunde entweder wahlweise im Einzelfall (Call-by-Call) oder über eine dauerhafte Voreinstellung (Preselection) einen Netzbetreiber auswählen, der das Telefonat von dem Anbieter des Netzzugangs übernimmt und selbst oder über einen anderen Anbieter von Telekommunikationsdienstleistungen zu dem gewünschten Gesprächspartner die Verbindung aufbaut.

28 Die Leistungsbeziehungen aus Sicht des Verbindungsnetzbetreibers sehen folgendermaßen aus:

29 Zu den anderen Betreibern der öffentlichen Telekommunikationsnetze besteht eine Zusammenschaltungsbeziehung, bei der einerseits eine Zuführungsleistung von dem Teilnehmernetzbetreiber des Anrufers und eine Terminierungsleistung von dem Teilnehmernetzbetreiber des Angerufenen in Anspruch genommen wird.

30 Der Kunde unterhält zwar seinen Teilnehmeranschlußvertrag mit seinem Teilnehmernetzbetreiber, hinsichtlich der jeweiligen Telekommunikationsverbindung entsteht ein Vertragsverhältnis jedoch direkt mit dem Verbindungsnetzbetreiber. Der Verbindungsnetzbetreiber legt die Preise für die Verbindung fest und trägt auch das Forderungsausfallrisiko, d. h., er muß unabhängig von seinem eigenen Zahlungseingang die in Anspruch genommenen Leistungen der anderen Netzbetreiber abgelten.

31 Im Fall der Call-by-Call-Auswahl eines Verbindungsnetzbetreibers wird in der Regel der Verbindungsnetzbetreiber aber dem Endkunden nicht selbst eine Rechnung stellen wollen. Bei der Vielzahl der möglichen Kunden und der u. U. nur geringen Gebühren der einzelnen Telefonate wäre dies ein unwirtschaftlicher Vorgang. Insoweit erfolgt die Rechnungstellung über den Teilnehmernetzbetreiber des Anrufers. § 15 Abs. 1 TKV gibt dem Kunden sogar ein Recht auf einheitliche Rech-

nungstellung durch seinen Anbieter des Netzzugangs. Selbstverständlich kann aber die Verpflichtung des Anbieters, auch Leistungen Dritter in Rechnung zu stellen, nicht die Verpflichtung zur Übernahme des entsprechenden Forderungsausfallrisikos beinhalten.

5.4.3 Mehrwertdienste in der Multi-Carrier-Umgebung

Noch etwas komplexer wird die Situation, wenn die Kunden im Rahmen einer Multi-Carrier-Beziehung Leistungen von Mehrwertdiensteanbietern in Anspruch nehmen. Vor der Liberalisierung des Telekommunikationsmarktes erfolgte die Erbringung von Mehrwertdiensten über das Tarifmodell des Telekommunikationsdiensteanbieters. Dieser erhob ein von ihm festgesetztes Entgelt für die Verbindung zu bestimmten Rufnummern. Der Mehrwertdiensteanbieter erhielt einen Anteil des Gebührenaufkommens für seine Leistung, ohne daß es notwendigerweise zu einer direkten Vertragsbeziehung zwischen dem Kunden und dem Mehrwertdiensteanbieter gekommen ist. Der Telekommunikationsdienstebieter trat gewissermaßen als Wiederverkäufer der Leistung des Mehrwertdiensteanbieters auf. 32

Auch in der Multi-Carrier-Umgebung findet dieses Wiederverkäufer-Modell noch vielfach Anwendung. In diesem Fall ist dann der terminierende Netzbetreiber derjenige, der den Tarif für den Mehrwertdienst festsetzt und an den Mehrwertdiensteanbieter das vereinbarte Entgelt auskehrt. Der terminierende Netzbetreiber wird aber in der Regel selbst keine Beziehung zu dem anrufenden Endkunden haben, sondern sein Mehrwertdiensteentgelt dem Teilnehmernetzbetreiber des Anrufers oder dessen ausgewähltem Verbindungsnetzbetreiber in Rechnung stellen; mit dem Ergebnis, daß es eine zweite Wiederverkaufsstufe gibt, bei der der Teilnehmernetzbetreiber oder ausgewählte Verbindungsnetzbetreiber selbst nochmals als Wiederverkäufer auftritt und insoweit nochmals die Möglichkeit hat, eine Entgeltfestsetzung vorzunehmen. Für den Mehrwertdiensteanbieter bedeutet dies, daß er weder eine direkte Endkundenbeziehung noch eine Möglichkeit zur Festsetzung des Endkundenentgeltes hat. Dies kann zu vielfältigen Problemen, insbesondere bei der Vermarktung des Mehrwertdienstes, führen. Zu erwähnen seien nur die Preisauszeichnungspflichten, die bei bestimmten Mehrwertdiensten eine Ansage über das geforderte Entgelt zu Beginn der entsprechenden Verbindung erforderlich machen. 33

Diesem (mehrstufigen) Wiederverkaufsmodell kann ein Modell der direkten Kundenbeziehung zwischen Mehrwertdiensteanbieter und dem Endkunden gegenübergestellt werden. In diesem Fall kauft der Mehrwertdiensteanbieter eine Zuführungsleistung zu seinem Mehrwertdienst bei seinem (Teilnehmer-)Netzbetreiber ein. Die Leistung des Netzbetrei- 34 bers besteht darin, dem Mehrwertdiensteanbieter die Anrufer unter der Mehrwertdiensterufnummer zuzuführen. Hierfür muß der Mehrwertdiensteanbieter ein Verbindungsentgelt bezahlen. Auch in diesem Fall kann es zu einer mehrstufigen Leistungsbeziehung kommen, wenn der Mehrwertdienst auch aus anderen Netzen als dem (Teilnehmer-)Netz, auf dem der Mehrwertdienst selbst realisiert ist, erreichbar sein soll. Der (Teilnehmer-)Netzbetreiber des Mehrwertdiensteanbieters muß dann entlang der Leistungskette seinerseits Zuführungsleistungen in Anspruch nehmen und hierfür das jeweils vereinbarte Entgelt bezahlen. Ist die Leistungsbeziehung entsprechend aufgebaut, kommt eine direkte Kundenbeziehung zwischen dem Endkunden und dem Mehrwertdiensteanbieter zustande. Der Mehrwertdiensteanbieter kann sein Entgelt dem Kunden gegenüber eindeutig festlegen und muß selbstverständlich bei der Entgeltberechnung die für die Zuführungsleistung zu bezahlenden Entgelte berücksichtigen. Ein weiterer Vorteil dieser Art der Leistungserbringung besteht darin, daß das Inkassorisiko eindeutig auf den Mehrwertdiensteanbieter verlagert ist. Die an der Erbringung der zugrundeliegenden Telekommunikationsleistung beteiligten Anbieter erhalten das entsprechende Entgelt jeweils von ihren direkten Vertragspartnern und können daher ihr Risiko entsprechend kalkulieren und begrenzen.

35 Für den Mehrwertdiensteanbieter stellt sich allerdings entsprechend der Verbindungsnetzbetreiberleistungen im Falle des Call-by-Call das Problem des Inkassos. In der Regel werden sie auf die Inkassoleistungen des Teilnehmernetzbetreibers des Anrufers angewiesen sein. Mangels einer direkten Vertragsbeziehung mit den an der Leistungserbringung beteiligten Telekommunikationsdiensteanbietern ist auch diese Inkassoleistung entsprechend der Leistungskette abzuwickeln.

5.5 Vertragstypen

36 Die rechtliche Einordnung der Vereinbarung zwischen Sprachtelefonanbietern und den jeweiligen Kunden bedarf einer Klärung. Eindeutig rechtlich einordnen lassen sich nur einzelne Bestandteile des Vertrages, nämlich die entgeltpflichtige Überlassung des Telefonanschlusses bzw. der SIM-Karte im Mobilfunkbereich sowie die Einräumung der Möglichkeit, Telefonverbindungen über diesen „Anschluß" zu betreiben. Diese aus zwei Komponenten bestehende Vereinbarung wird im folgenden als „Telefonvertrag" bezeichnet.

37 Dieser Telefonvertrag könnte aufgrund seiner verschiedenen Vertragselemente sowohl als ein zusammengesetzter Vertrag oder als gemischt-typi-

scher Vertrag eingeordnet oder aber bei einer Trennung der Komponenten als zwei getrennte Verträge qualifiziert werden.

Die herrschende Meinung in Rechtsprechung und Literatur qualifiziert diese entgeltliche Überlassung des Anschlusses und der Bereitstellung von Verbindungsleistungen als zwei Komponenten **eines** gemischt-typischen Vertrages[1]. Nach der Gegenauffassung sind die Hauptleistungspflichten getrennt zu bewerten[2]. 38

Der herrschenden Meinung ist zuzustimmen, da die rechtliche Bewertung der genannten Vertragsbestandteile als isolierte Verträge sowohl in funktionaler Hinsicht als auch im Rahmen des zeitlichen Ablaufs des Vertragsschlusses eine künstliche Trennung eines einheitlichen Vorganges darstellen würden. Aus einem ähnlichen Grund ist auch die Qualifikation der genannten Vertragsbestandteile als Teile eines zusammengesetzten Vertrages abzulehnen. Ein solcher läge nur dann vor, wenn unter Auslegung des entsprechenden Parteiwillens eine vertragliche Einheit gewollt ist. Eine solche Einheit wird regelmäßig dann angenommen, wenn die Parteien davon ausgehen, daß die einzelnen Vertragskomponenten nicht isoliert getrennten Rechtsfolgen zugeführt werden sollen, sondern der gesamte Vertrag einheitlich steht oder fällt. Beim Telefonvertrag ist es aber nicht nur denkbar, sondern der Regelfall, daß Leistungsstörungen sich ausschließlich auf die Verbindungskomponente der Vereinbarung beziehen. Die Klärung dieser Fragen ist aber von dem Bestand oder auch der Mangelhaftigkeit der Anschlußkomponente völlig unabhängig. Nur durch diese Unabhängigkeit wird gewährleistet, daß beispielsweise bei einer Anpassung oder Teilnichtigkeit der Vermittlungskomponente diese Änderungen bei einem gleichzeitigen Bestand der Anschlußkomponente nicht in einem ansonsten möglicherweise bestehenden Wertungswiderspruch zu den mietvertraglichen Gewährleistungsregeln stehen. Der Mindermeinung ist entgegenzuhalten, daß bereits § 3 Nr. 15 TKG unter Sprachtelefondienst „die gewerbliche Bereitstellung für die Öffentlichkeit des direkten Transports unter der Vermittlung von Sprache in Echtzeit von und zu den Netzabschlußpunkten des öffentlich vermittelten Netzes versteht, wobei jeder Benutzer das an einem solchen Netzabschlußpunkt angeschlossene Endgerät zur Kommunikation mit einem anderen Netzabschlußpunkt verwenden kann". Die Bereitstellung des Telefonanschlusses ist somit unmittelbare technische Voraussetzung für die spätere Herstellung von Netzverbindungen, so daß die von der Gegenauffassung vertretene isolierte Bewertung der rechtlichen Teilkomponenten einen einheitlichen Vorgang willkürlich 39

---

1 BGHZ 101, 396; BGH, NJW 1997, 1069. Vgl. auch *Graf von Westphalen/Grote/Pohle*, Der Telefondienstvertrag, 2001, S. 25.
2 Vgl. *Korf*, CR 1995, 518, 520.

aufspaltet. Es zeigt sich im Rahmen der Gewährleistung, daß der Netzbetreiber bei Durchführung von Entstörungsmaßnahmen diese nicht nur bezogen auf den Telefonanschluß oder einzelne Netzverbindungen erbringt, sondern diese Gewährleistung auf das gesamte Vertragsverhältnis erstreckt. Eine Differenzierung nach den jeweiligen Hauptleistungspflichten ist auch aus rechtlicher Sicht nicht unbedingt geboten. So lösen Leistungsstörungen von gemischt-typischen Verträgen die mit der jeweiligen schwerpunktmäßig betroffenen Vertragskomponente verbundene Rechtsfolge aus[1]. Eine andere Betrachtungsweise wäre nur dann geboten, wenn der Netzbetreiber nicht gleichzeitig auch für die Herstellung der Netzverbindung zuständig ist. Dieses ist für Deutschland nicht der Fall, weil der Netzbetreiber auch immer der Hersteller der Netzverbindung ist.

40 Somit ist, der herrschenden Meinung folgend, der Telefonvertrag als gemischt-typischer Vertrag anzusehen, bei dem im Falle der Störung einer der Hauptleistungspflichten die für den entsprechenden Vertragstyp vorgesehenen zivilrechtlichen Normen heranzuziehen sind.

5.5.1 Verträge zwischen Telekommunikationsanbietern und Endkunden

41 Verträge zwischen Telekommunikationsdienstleistern und ihren Endkunden (in der Literatur häufig auch als Teilnehmer bezeichnet) basieren nach der Privatisierung des Telefonsektors im Zuge der Postreform[2] nach § 9 Abs. 1 Fernmeldeanlagengesetz und dem Marktzutritt etlicher Wettbewerber zur DTAG auf rein privatrechtlichen Grundsätzen[3]. Die allgemeinen zivilrechtlichen Grundsätze werden jedoch in Ausnahmesituationen, in denen beispielsweise ein Endkunde für eine wichtige Dienstleistung nur auf ein Unternehmen zugreifen kann, enger interpretiert. So steht einem solchen Unternehmen nur eingeschränkt ein Zurückbehaltungsrecht aus §§ 273, 320 BGB zu, da der Endkunde auf die Leistung angewiesen ist[4].

42 Die Teilnahme des Einzelnen an der Sprachtelefonie basiert sowohl beim Festnetzvertrag als auch beim Mobilfunkvertrag auf einem gemischt-typischen Vertrag. Auf eine Kurzformel gebracht werden zeitgleich im Rahmen des Festnetz- wie auch des Mobilfunkvertrages eine **Anschlußkomponente** für die Bereitstellung und Überlassung des Teil-

---

1 Vgl. Palandt/*Heinrichs*, Einf. Vor § 305 Rz. 25a m. w. N.
2 Vgl. dazu *Leitermann*, in: Beyond the Telecommunications Act, 1998, S. 245 (247).
3 Vgl. MünchKomm/*Voelskow*, Vor § 535, Rz. 14.
4 AG Frankfurt, BS v. 2. 2. 1994 – 29 C 2767 94.

nehmeranschlusses bzw. die Aktivierung der Mobilfunk-(SIM-)Karte sowie jeweils für die Bereitstellung einer Rufnummer und eine **Verbindungskomponente**, durch die die weiteren technischen Voraussetzungen zur Durchführung von Telefonaten geschaffen wird, vereinbart. Es bestehen mehrere Hauptleistungspflichten, die vertragstypisch zu qualifizieren sind. Da hier jeweils ein Erfolg geschuldet wird, kommt ein Werkvertrag in Frage.

5.5.1.1 Anschlußvertrag

Im Rahmen des sogenannten Festnetzanschlußvertrages überläßt der Netzbetreiber dem Endkunden zum einen den Telefonanschluß und gibt ihm durch diesen die Möglichkeit, Telefonverbindungen entgegenzunehmen oder herzustellen. Es liegt ein Dauerschuldverhältnis vor. Auf Grund dieses leistungsmäßigen Zweiklangs qualifiziert die herrschende Meinung in der Literatur den Festnetzvertrag als aus miet- und werkvertraglichen Teilkomponenten bestehendes Vertragswerk[1]. 43

Unter Berücksichtigung der Vertragsleistung des Netzbetreibers liegt es nahe, die Überlassung des Telefonanschlusses als mietvertragliche Komponente zu charakterisieren. Der Telefonanschluß ist ein körperlicher Gegenstand i. S. d. § 90 BGB, zu dessen Gebrauchsüberlassung sich der Netzbetreiber gegenüber dem Kunden während eines vertraglich vorgesehenen Zeitraumes, meist jedoch unbefristet, verpflichtet. Diese entgeltliche Gebrauchsüberlassung entspricht inhaltlich der Miete. 44

Auch die gemäß § 12 TKV vorgesehene Verpflichtung, zumindest bezüglich des marktbeherrschenden Netzbetreibers, Störungen des Sprachtelefondienstes auf Verlangen des Kunden **unverzüglich** nachzugehen, legt auf Grund der Analogie zu § 536 BGB die Annahme einer mietvertraglichen Komponente nahe. Auch wenn § 12 TKV durch den engeren Zeithorizont zur Behebung des Mangels im Vergleich zu § 536 BGB dem Vermieter eine schärfere Obliegenheit auferlegt, entspricht auch diese gesetzliche Vorschrift der Pflicht des Vermieters, dem Mieter die vermietete Sache in einem zu dem vertragsgemäßen Verbrauch geeigneten Zustand zu überlassen und auch während der Mietzeit in diesem Zustand zu erhalten[2]. 45

Im Rahmen des Mobilfunk(anschluß)vertrages wird dem Kunden des Mobilfunkanbieters die Möglichkeit gegeben, mit jedem beliebigen Teilnehmer in einem Mobil- oder Festnetz per Sprachtelefonie zu kommuni- 46

---

1 Vgl. *Imping*, Vertragsrecht der TK-Anbieter, S. 329. Vgl. auch *Graf von Westphalen/Grote/Pohle*, Der Telefondienstvertrag, 2001, S. 170 f.
2 So auch Beck TKG-Komm/*Kerkhoff*, 2. Aufl., Anh. § 41 zu § 12 TKV, Rz. 6.

zieren. Hierbei werden durch Aktivierung der sogenannten SIM-Karte und die Zuteilung einer speziellen Mobilfunkrufnummer alle technischen Voraussetzungen zur Durchführung von Telefongesprächen geschaffen.

47 Nach einer Auffassung in der Literatur ist im Gegensatz zur Einordnung des Festnetzanschlußvertrages die rechtliche Charakterisierung des Mobilfunkanschlußvertrages nicht mit der Situation im Festnetz vergleichbar[1]. *Imping* qualifiziert die Übergabe der SIM-Karte und die Freischaltung des Mobilfunktelefons nicht als Äquivalent zur Anschlußkomponente im Rahmen der Festnetztelefonvertrages.

48 Der Auffassung ist zunächst entgegenzuhalten, daß durch die Überlassung der Mobilfunkkarte (SIM-Karte) und die Einräumung der Rufnummer im Bereich des Verbindungsvertrages technisch genau derselbe Netzzugang ermöglicht wird wie durch die Bereitstellung und Überlassung des Teilnehmeranschlusses im Rahmen des Festnetzvertrages. Das im Regelfall entgeltlich überlassene Mobiltelefon, die SIM-Karte und die frei geschaltete Rufnummer sind somit das technische Äquivalent zum Festnetzanschluß und werden ebenfalls durch eine Grundgebühr vom Kunden vergütet. Der Mobilfunkanbieter übernimmt es auch, das Handy und/oder die SIM-Karte im Rahmen der Gewährleistungsvorschriften zu überprüfen. Die Situation ähnelt der mietvertraglichen Gewährleistung, weswegen Mietrecht Anwendung findet.

5.5.1.2 (Rahmen-)Verbindungsverträge

49 Für die Bejahung einer werkvertraglichen Komponente der Verbindungsleistung spricht der Umstand, daß der Netzbetreiber mit der Herstellung der vom Kunden gewünschten Netzverbindung nicht nur die technische Durchführung dieser Verbindung, sondern vielmehr das tatsächliche Zustandekommen einer solchen Endverbindung und somit einen Erfolg i. S. d. § 631 BGB verspricht[2].

50 Das Zurverfügungstellen des Telefonanschlusses und damit einhergehend die Möglichkeit des Endkunden, Telefongespräche zu führen, basiert nach einer Mindermeinung auf einem Dienstvertrag gemäß §§ 611 ff. BGB[3].

51 Diese Einschätzung basiert nach Auffassung ihrer Vertreter darauf, daß es bei der zu erbringenden Leistung vorrangig um die Leistung (das

---
1 Vgl. *Imping*, Vertragsrecht der TK-Anbieter, S. 9.
2 *Wolf*, in: Wolf/Horn/Lindacher, § 9 T 15 m. w. N.
3 Vgl. *Hahn*, MMR 2000, 251 ff., der jedoch ohne weitere Begründung den Festnetzanschlußvertrag als TK-Dienstleistungsvertrag deklariert.

„Wirken") und weniger um die Herbeiführung eines vereinbarten Arbeitsergebnisses (des „Erfolges") geht.

Diese Auffassung überzeugt eher nicht, da es für den Kunden durchaus auf den Erfolg bei der Verbindungsleistung ankommt. 52

Aus den oben dargestellten Gründen ist zusammenfassend festzuhalten: Der Festnetzanschlußvertrag ist einschließlich seiner Ausgestaltung als Preselection oder Call-by-Call-Verfahren im Ergebnis aufgrund der ihm immanenten, verschiedenen Vertragstypen zuzuordnenden Kombination von Hauptleistungspflichten als gemischt-typischer Vertrag zu qualifizieren. 53

Auch beim Mobilfunk-Verbindungsvertrag hat die rechtliche Klassifikation unter Berücksichtigung der Rechte und Pflichten der Vertragsparteien, aber insbesondere unter Berücksichtigung der jeweiligen Hauptleistungspflicht, zu erfolgen. Da auch hier die vertraglich geschuldete Hauptleistungspflicht die „erfolgreiche" Anbindung an das jeweilige Telekommunikationsnetz und die Möglichkeit der Gesprächsaufnahme gebunden ist, ist – wie bereits oben ausgeführt – ein stärkerer werkvertraglicher Einschlag ersichtlich. 54

Nach einer Mindermeinung wird jedoch der Mobilfunkverbindungsvertrag wiederum im Gegensatz zum Festnetzvertrag nicht als Werkvertrag ausgestaltet, sondern vielmehr als Dienstvertrag i. S. d. §§ 611 ff. BGB eingeordnet[1]. Ob jedoch diese auf einer Entscheidung des OLG Düsseldorf[2] aus dem Jahre 1996 zurückgehende Argumentation auch heute noch haltbar ist, erscheint fraglich. 55

Für die Qualifikation des Verbindungsvertrages als Dienstvertrag wird angeführt, daß der Kunde des Mobilfunkanbieters für die Leistung sowohl einen monatlichen Grundpreis als auch ein variables Verbindungsentgelt entrichtet. Diese Argumentation ist nicht sonderlich stichhaltig. Zum einen müßte dann auch der Festnetzverbindungsvertrag als Dienstvertrag qualifiziert werden, was wie dargestellt nach einhelliger Auffassung nicht der Fall ist. Zum anderen ist beim Werkvertrag eine nachfrage- oder aufwandsabhängige Vergütung nach § 632 BGB nicht unüblich, weil die taxmäßige Vergütung nach Abs. 2 eine solche vorsieht. 56

Dem wird weiterhin entgegengehalten, daß nach der genannten Auffassung der Mobilfunkvertrag als Dienstvertrag zu qualifizieren ist, da die 57

---

1 *Schöpflin*, BB 1997, 106; *Imping*, Vertragsrecht der Telekommunikationsanbieter, S. 361.
2 Vgl. OLG Düsseldorf, NJW-RR 1997, 374, 378.

vertragsbeendenden Regelungen der §§ 620 f., 626 BGB für die Beendigung des Dauerschuldverhältnisses besonders geeignet seien. Werkvertragsrecht käme außerdem unter Berücksichtigung der Regelung über die Nachbesserung und Mängelbeseitigung nicht in Frage, da Störung der Verbindung grundsätzlich nicht nachzubessern oder einer Mängelbeseitigung zugänglich seien. Auch der potentielle Schadensersatzanspruch des Kunden wegen einer Schlechterfüllung des Vertrages sei durch die Regelung der positiven Vertragsverletzung im Rahmen des Dienstvertrages rechtlich angemessener ausgestaltet als die Regelung des § 634 Nr. 4 BGB zur Gewährung eines Schadensersatzes im Falle der Nichterfüllung des Vertrages.

58 Dieser Auffassung ist entgegenzuhalten, daß die vorgenannte Differenzierung anhand der vertragsauflösenden Normen bzw. einzelner Ausprägung nicht durchgreifen und somit nicht zu der von der Gegenauffassung angenommenen Qualifikation des Mobilfunkvertrages als Dienstvertrag führen wird, da diese Wertungswidersprüche auch alle beim Festnetzverbindungsvertrag anzutreffen sind. Ebenso ist – wie dort – beim Mobilfunkverbindungsvertrag auf die Hauptleistungspflicht abzustellen. Dies dürfte unstreitig in der Bereitstellung der technischen Möglichkeit sowie der konkreten Durchführung der Herstellung von Telefonverbindungen bestehen. Auch im Bereich des Mobilfunkverbindungsvertrages steht daher die Herbeiführung des vertraglich vereinbarten Erfolges im Vordergrund.

59 Im Ergebnis sind daher, wie beim Festnetzverbindungsvertrag, die werkvertraglichen Regelungen einschlägig. In den beiden Konstellationen steht nämlich die Ermöglichung einer Sprachverbindung zwischen zwei wie auch immer gearteten Teilnehmeranschlüssen im Vordergrund. Kern beider Vereinbarungen ist somit nicht nur die Herstellung, zwischenzeitliche Aufrechterhaltung und abschließende Beendigung einer Sprachtelefonieverbindung, sondern die vollumfängliche Erbringung einer Verbindungsleistung. Es kommt daher vorrangig weniger auf ein „Wirken" als vielmehr auf einen Erfolg der genannten Tätigkeiten an.

5.5.2 Verträge zwischen Mehrwertdiensteanbietern und Endkunden

60 Zu den grundsätzlichen Fragestellungen der Abwicklung von Verträgen über die Erbringung von Mehrwertdiensten wurde oben unter Rz. 32 ff. bereits Stellung genommen. Gerade die sprachbasierten Mehrwertdienste haben sich seit der Liberalisierung der Sprachtelefonie stark ausgeweitet. So ist die Anzahl der Anbieter der verschiedenen Servicenummern im Zeitraum 1996/1997 bei den sogenannten 0130-Rufnummern um ca. 25% und bei den 0180-Rufnummern sogar um ca. 50% gestie-

gen[1]. Der Anstieg der gehobenen Mehrwertdienste (0190-Dienste) führte in dem gleichen Zeitraum sogar zu einer Verzehnfachung des Rufnummern-Angebotes.

5.5.3 Verträge mit Sprachtelefonie-Service-Providern

Je nachdem ob es sich bei dem gewählten Mehrwertdienst um eine Sonderrufnummer, eine 0180er-Rufnummer oder eine 0190er-Nummer handelt, entstehen unterschiedliche vertragliche Bindungen zwischen Endkunde und Mehrwertdiensteanbieter. 61

5.5.3.1 Anwahl einer gebührenfreien Sonderrufnummer (0130 bzw. 0800)

Wählt der Endkunde eine Sonderrufnummer mit der Dienstekennziffer 0130 bzw. 0800 an, so wird sein Anruf an eine bestimmte, sich aus der weiteren Zahlenkombination ergebende Zielrufnummer weitergeleitet, wobei es sich sowohl um ein Festnetzanschluß als auch um ein Mobilfunkanschluß handeln kann. Bei Verwendung der genannten Sonderrufnummern entrichtet der Angerufene aufgrund eines gesonderten Servicevertrages das ansonsten von dem Anrufer zu entrichtende volle Verbindungsentgelt. Der Anrufer erhält daher eine Leistung ohne seinerseits zur Gegenleistung, das heißt zur Zahlung von Verbindungsgebühren, verpflichtet zu sein. Die hier zugrundeliegende Rechtskonstruktion stellt einen echten Vertrag zugunsten Dritter gem. § 328 BGB dar, bei dem der vom Angerufenen verfolgte Zweck einer Drittbegünstigung dem Anrufer durch den Netzbetreiber ermöglicht wird. Inhaltlich wird aber nur eine Dienstleistung, nicht aber der Erfolg des Anrufes geschuldet. 62

5.5.3.2 Anwahl der Sonderrufnummer 0180

Auch bei der Anwahl der Sonderrufnummer mit der Dienstekennziffer 0180 wird der Anruf an eine bestimmte Zielrufnummer weitergeleitet. Hierfür zahlt der Anrufer eine festgelegte, sich aus der fünften Ziffer der Rufnummer ergebende gestaffelte Gebühr. Die über diese Staffelung hinausgehenden Gesprächsgebühren werden vom Angerufenen übernommen. Diesem durch die Anwahl einer 0180er Sonderrufnummer zustande kommenden Vertragsverhältnis liegen somit zwei Verträge zugrunde. Zum einen besteht ein 0180-Servicevertrag zwischen dem Netzbetreiber und dem Mehrwertdiensteanbieter. Teil dieses Vertrages ist ebenfalls ein Vertrag zugunsten Dritter, auf Grund dessen der Angerufene verpflichtet 63

---
1 Vgl. *Böhm*, MMR, 1998, 519, 520.

ist, die möglicherweise über die genannte Gebührenstaffelung hinausgehenden Kosten der Verbindung zu übernehmen. Zum anderen ist der Anrufer auf Grund der festgelegten Gebührenstaffel im Rahmen eines „normalen" Verbindungsvertrages zwischen ihm und dem Netzanbieter zur Entrichtung der jeweiligen Gesprächskosten verpflichtet. Inhaltlich steht hier wieder die Dienstleistung im Vordergrund.

5.5.3.3 Anwahl einer 0190er Sonderrufnummer

64 Auch bei der Anwahl einer 0190er bzw. 0900er Sonderservicenummer werden zwei Verträge parallel abgeschlossen. Zum einen handelt es sich um einen 0190-Servicevertrag zwischen dem Mehrwertdiensteanbieter (0190-Serviceanbieter) und dem Netzbetreiber sowie um einen Dienstvertrag im Sinne des § 611 BGB zwischen dem Anrufer und dem Mehrwertdiensteanbieter. Der Umstand, daß der Netzanbieter im Regelfall die Vergütung für den erbrachten Mehrwertdienst im Rahmen der Telefonrechnung fakturiert und gegebenenfalls auch die Forderung einzieht, ändert nichts an der rechtlichen Trennung der beiden Vertragsverhältnisse, sondern ist vielmehr eine Frage der Ausgestaltung des Inkassoverhältnisses zwischen Netzanbieter und Mehrwertdiensteanbieter. Diese Trennung der beiden Vertragsverhältnisse hat auch zur Folge, daß bei Nichtbestehung eines der Vertragsverhältnisse das jeweils andere, im Regelfall der Verbindungsvertrag, nach wie vor wirksam ist.

5.6 Telekommunikationsverträge

5.6.1 Vertragsschluß

65 Bezüglich des Vertragsschlusses bestehen im Bereich der Telefonverträge keine Besonderheiten. Auch diese kommen wie üblich durch die Abgabe von zwei sich entsprechenden Willenserklärungen zustande, wobei die Willenserklärungen ausdrücklich schriftlich oder mündlich erklärt werden oder sich konkludent aus den Umständen des Einzelfalls ergeben können.

5.6.1.1 Angebot

66 Ein Angebot liegt nur vor, wenn eine Partei mit Rechtsbindungswillen eine Vertragserklärung abgibt, die alle wesentlichen Vertragsbestandteile (je nach Vertragstyp) beinhalten muß. Wird, wie im Telekommunikationsbereich, sehr häufig mit vorformulierten Texten gearbeitet, so ist fraglich, ob bereits die Auslage oder Ausgabe des Formulars ein Angebot beinhaltet, das der jeweilige Kunde ohne weiteres annehmen kann. Es

könnte auch eine Aufforderung, ein Angebot abzugeben („invitatio ad offerendum") vorliegen.

Für ein Angebot ist erforderlich, daß die Annahme durch ein einfaches „Ja" erklärt werden kann. Diese Möglichkeit besteht bei einem in der Regel sehr umfangreichen Formular mit unterschiedlichen, vom Kunden zu selektierenden Leistungsprofilen nicht. 67

Darüber hinaus wird der TK-Anbieter sich im Regelfall das Recht zum Abschluß eines entsprechenden Vertrages vorbehalten wollen. Dies ergibt sich schon aus dem Umstand, daß er sich nicht mit einer unbestimmten Zahl von Vertragsabschlüssen konfrontiert sehen will, deren Erfüllung er zum Beispiel wegen fehlender physischer Kapazitäten nicht sicherstellen kann. Nur durch den Vorbehalt der Annahme des Vertragsangebotes durch den TK-Anbieter kann dieser seine Kapazitäten steuern und somit die ordnungsgemäße Leistungserbringung sicherstellen. 68

Es liegt somit in der Hand des Kunden, den Vertragsschluß durch Abgabe eines Angebotes zu initiieren. 69

Der Telefonvertrag (Anschluß- und Verbindungsrahmenvertrag) zwischen dem potentiellen Kunden und dem Telekommunikationsunternehmen wird daher im Festnetz- als auch im Mobilfunksektor häufig mittels des vom jeweiligen TK-Anbieter bereitgestellten, vom Kunden ausgefülltes Angebot und der Annahmeerklärung durch das Telekommunikationsunternehmen geschlossen. In der Praxis verwenden die Festnetz- und Mobilfunkanbieter hierbei vorformulierte Antragsformulare, die neben der Art und dem Umfang der Leistung auch die Identität des Antragstellers festhalten. Zudem findet hier im Gegensatz zu einem Vertragsschluß zwischen dem Endverbraucher und einem Anbieter von zusätzlichen Leistungen, sei es als Call-by-Call-Anbieter oder Mehrwertdiensteanbieter, zumindest im Regelfall ein persönlicher Kontakt zwischen den Parteien statt. Die Bereitstellung der Verbindungsleistung erfolgt beim Telefonvertrag in Form eines Rahmenvertrags, da insgesamt eine Vielzahl von Telefondienstleistungen für den Kunden abrufbar sind. 70

Auch im Mobilfunkbereich trägt der zukünftige „Anschluß"inhaber dem Telekommunikationsunternehmen im Rahmen des Vertragsschlusses den ihm gewünschten Leistungsumfang entweder durch eine entsprechende Erklärung oder die Übergabe des entsprechenden Formulars beispielsweise bei einer Geschäftsstelle an. Aufgrund der weitgehend gleichen Situation gilt bezüglich des Vertragsschlusses auch hier das zum Festnetzvertrag Gesagte. 71

72 Verträge über Zusatzdienste, bei denen es nicht um die bloße Anschlußbereitstellung und/oder Verbindungsleistung geht, sondern um eine darüber hinausgehende Dienstleistung (z. B. Auskunftsdienste, Mehrwertdienste etc.), werden hingegen im speziellen Bedarfsfall geschlossen und bedürfen daher zur vollständigen Abwicklung einer klaren Bestimmung beider vertragschließenden Parteien. Problematisch ist in diesem Fall, daß Anschlußinhaber und Nutzer nicht notwendigerweise personenidentisch sind und der TK-Anbieter in der Regel keine Möglichkeit hat, sich ausreichende Sicherheit über die Personenidentität zu verschaffen. Fraglich ist daher, ob bei der Inanspruchnahme von Zusatzdiensten der jeweilige Anschlußinhaber oder der Nutzer Vertragspartner des TK-Anbieters werden und wer folglich zur Erbringung der Gegenleistung (Zahlung) verpflichtet ist. In der Praxis wird dieses Problem dadurch gelöst, daß dem Anschlußinhaber die Haftung für die von seinem Anschluß aus geführten Verbindungen und Dienstleistungen auferlegt wird (siehe zur Beweislast unter Rz. 102 ff.). Die Frage, wer Vertragspartner wird, bleibt unbeantwortet. Wer bei Zusatzleistungen Vertragspartner wird, ist im Regelfall in den AGB nicht genauer bezeichnet. In der Praxis stellt sich spätestens bei einem Auseinanderfallen der Person des Nutzers und der des Anschlußinhabers die Frage, wer die im Normalfall bereits erbrachte Leistung zu bezahlen hat.

5.6.1.2 Annahme

73 Für die Annahme des Telefonvertrags durch das jeweilige Unternehmen bestehen ebenfalls keine Abweichungen von den allgemeinen zivilrechtlichen Regelungen. Der jeweilige TK-Anbieter nimmt das Angebot des Kunden entweder ausdrücklich gegenüber dem Kunden oder spätestens durch eine schlüssige Handlung in Form der Freischaltung des entsprechenden Telefonanschlusses an, wobei die konkludente Handlung sich zusätzlich noch in der unter Umständen vorzunehmenden Montage der gegenständlichen Anschlußbuchse und der Bekanntgabe der Rufnummer zeigt.

74 Im **Mobilfunkbereich** wird diese schlüssige Vertragsannahme im Regelfall nach der obligatorischen Bonitätsprüfung in der Übergabe der freigeschalteten oder einer kurz danach freizuschaltenden SIM-Karte zu erblicken sein, da auch hier nach der Verkehrssitte keine explizite Annahmeerklärung i. S. d. § 151 BGB zu erwarten ist. Wird diese Karte tatsächlich nicht oder nur mit erheblicher Verzögerung frei geschaltet, kann hierin eine nach § 307 Abs. 2 BGB n. F. (vorher § 9 Abs. 2 AGBG) unzulässige Abweichung von § 151 BGB zuungunsten des Kunden liegen. Hierbei müßte es sich dann aber um eine beträchtliche Verzögerung handeln.

Auch im Rahmen des Vertrages zwischen dem **Mehrwertdiensteanbieter** und dem Nutzer nimmt der Mehrwertdiensteanbieter das Angebot des Nutzers an. Im konkreten Fall wählt der Nutzer die Rufnummer des Dienstes, und der jeweilige Mehrwertdiensteanbieter nimmt die hierin liegende Offerte schlüssig durch Leistungserbringung an.

75

5.6.1.3 Form

Grundsätzlich ist der Abschluß eines TK-Vertrages formfrei. Wie bereits gesagt, werden die Telefonverträge aber in der Regel schriftlich mittels eines standardisierten Textes fixiert. Ein faktischer Zwang zur Schriftlichkeit kann aus der Tatsache folgen, daß zumindest bei der Übernahme von Teilnehmeranschlüssen durch Wettbewerber der DTAG, diese der DTAG gegenüber nachweisen müssen, daß ein Auftrag des Anschlußinhabers an den Wettbewerber der DTAG erteilt worden ist. Während die Telefonverträge meist schriftlich geschlossen werden, erfolgt der Vertragsabschluß bezüglich der Mehrwertdienste im Regelfall ausschließlich durch schlüssige Handlungen der Parteien. Dabei gibt der jeweilige Nutzer durch Eingabe der entsprechenden Telefonnummern und sein Abwarten bis zum Zustandekommen der betreffenden Verbindung sein Angebot ab, wohingegen der Mehrwertdiensteanbieter durch seine tatsächliche Leistungserbringung das Angebot annimmt.

76

5.6.2 Unwirksamkeit des Vertrages

5.6.2.1 Minderjährigenrecht (§§ 105 ff. BGB)

Grundsätzlich gilt, daß Verträge mit Minderjährigen gem. § 105 Absatz 1 BGB unwirksam sind. Verträge mit beschränkt Geschäftsfähigen sind hingegen nach § 108 Abs. 1 BGB schwebend unwirksam und können seitens der Eltern nach § 182 BGB genehmigt werden. Bei einer mangelnden Genehmigung durch Erziehungsberechtigte sind auch diese unwirksam. Eine Ausnahme besteht hingegen, wenn das zugrundeliegende Geschäft unter den sog. Taschengeldparagraphen (§ 110 BGB) fällt. Er setzt aber voraus, daß der Leistungsaustausch unmittelbar vollzogen wird. In der Überlassung der Mittel wird die Generaleinwilligung der Eltern gesehen[1]. Bei der großen Masse der Telekommunikationsleistungen ist das nicht der Fall, da dort zumindest die Gegenleistung zeitversetzt durch Forderungseinzug oder Überweisung erfolgt.

77

Eine andere Situation besteht aber bei klassischen Kaufverträgen. Erwirbt ein 17jähriger zum Beispiel ein einfaches Mobiltelefon samt sog. pre-paid-card, auf der ein begrenztes Gesprächsguthaben gespeichert ist,

78

---
[1] Hinweis in Palandt/*Heinrichs*, § 110 m. w. N.

ist fraglich, ob der Kaufvertrag und der später eingreifende Verbindungswerkvertrag wirksam geschlossen wurden.

79 Hier ist insbesondere das Tatbestandsmerkmal der Generaleinwilligung durch den gesetzlichen Vertreter von Bedeutung: Es stellt sich die Frage, inwieweit der Erziehungsberechtigte mit der Hingabe des Taschengeldes an den Minderjährigen Grenzen in bezug auf dessen Verfügungsgewalt über diese Barmittel setzt. Die Rechtsprechung stellt seit jeher darauf ab, was sich bei der Anschaffung von Dingen durch den Minderjährigen noch im Rahmen des Vernünftigen bewegt[1], und läßt das Problem damit zu einer Auslegung des Einzelfalles werden: So wird der Vater seinem 13jährigen Sohn mit dem Zurverfügungstellen auch eines vergleichsweise hohen Taschengeldbetrages nicht gleichzeitig den Kauf eines Motorrades bewilligen wollen. Auch beim Kauf einer Pistole sind sicher die Grenzen der Verfügungsgewalt des Minderjährigen über sein Taschengeld überschritten.

80 Bei dem Kauf eines Handys mit pre-paid-card wird es jedoch – zumindest bei Jugendlichen – diesseits dieser Grenze bleiben: Denn einerseits ist in dieser Altersgruppe die Nutzung solcher Handys heutzutage als üblich und erst recht nicht als verwerflich anzusehen. Zum anderen kann es sogar gerade im Interesse der Eltern sein, daß Jugendliche sich bei der Nutzung eines Handys mit (voraufgeladener) pre-paid-card auf das vorhandene Guthaben beschränken (müssen), ohne Gefahr zu laufen, über eine feste Vertragsbindung (deren Wirksamkeit jedoch von der elterlichen Einwilligung abhängt) durch exzessives Telefonieren in eine „Kostenfalle" zu geraten.

81 Der Ankauf eines Handys inklusive pre-paid-card durch Taschengeld oder eigenes Einkommen wird somit – jedenfalls bei Jugendlichen in einer bestimmten Altersgruppe – im Rahmen der Verfügungsgewalt des Minderjährigen liegen und nach § 110 BGB als wirksam anzusehen sein.

5.6.2.2 Verstoß gegen ein gesetzliches Verbot (§ 134 BGB)

82 Nach § 134 BGB ist die Unwirksamkeit eines Vertrages dann gegeben, wenn der Vertrag gegen ein gesetzliches Verbot verstößt. Es stellt sich zunächst die Frage, was Verbotsgesetze im Sinne dieser Vorschrift sind. Nach herrschender Rechtsmeinung sind dies solche Gesetze, die sich auf die inhaltliche Gestaltung des Vertrages, nicht jedoch auf eine bloße rechtsgeschäftliche Gestaltungsmacht beziehen[2]. Verstöße gegen das Wettbewerbsrecht nach § 1 UWG führen dagegen nicht zur Unwirksam-

---

1 RGZ 74, 235.
2 BGH, NJW 1983, 2873.

keit eines geschlossenen Vertrages[1], da diese Vorschriften die Art des Zustandekommens des Vertrages, nicht aber den Vertragsinhalt selbst sanktionieren sollen[2].

Die Unwirksamkeit von Telekommunikationsverträgen aufgrund § 134 BGB kann jedoch im Bereich der Übermittlung von Kommunikation mit erotischem Inhalt und bei Verträgen mit Preisvereinbarungen, die von genehmigten Tarifen abweichen, eine Rolle spielen[3]. So könnte der Vertrag eines marktbeherrschenden Unternehmens über einen Telefondienst, welcher für ein von der Regulierungsbehörde nicht genehmigtes Tarifentgelt angeboten wird, schon deswegen nach § 134 BGB unwirksam sein, da gemäß §§ 25, 27 TKG ein Genehmigungsvorbehalt für bestimmte Telekommunikationsentgelte durch die Regulierungsbehörde vorgeschrieben wird und diese Vorschrift gerade auf die Überwachung eines angemessenen Entgeltes für die Leistung eines marktbeherrschenden Unternehmens angelegt ist. Fraglich ist jedoch, ob der Verstoß gegen preisrechtliche Vorschriften das betroffene Rechtsgeschäft auch in Gänze unwirksam werden läßt. 83

Man wird gemäß § 29 Abs. 2 Satz 1 TKG den Vertrag insoweit bestehen lassen können, als der Preisbetrag innerhalb des vorgeschriebenen Tarifraumes verbleibt, den darüber hinaus gehenden Teilbetrag jedoch als unwirksam ansehen und ihn über die Vorschriften der ungerechtfertigten Bereicherung zurückfließen lassen müssen[4]. 84

Sollte jedoch überhaupt keine Genehmigung für eine Leistung vorliegen, für die ein Entgelt vereinbart worden ist, so ist eine solche Vereinbarung bereits nach § 30 TKV in Gänze unwirksam. 85

5.6.2.3 Nichtigkeit des Vertrages wegen Sittenwidrigkeit

Nach § 138 Abs. 1 BGB ist ein Rechtsgeschäft, das gegen die guten Sitten verstößt, nichtig. Nichtigkeit wird angenommen, wenn das Geschäft im Zeitpunkt seiner Vornahme gegen das Anstandsgefühl aller billig und gerecht Denkenden verstößt. 86

Mit dieser Generalformel ist aber nicht viel gewonnen, so daß die Rechtsprechung unter Berücksichtigung der Umstände des Einzelfalls einzelne Fallgruppen etabliert hat. Anhand dieser Fallgruppen ist zu prüfen, ob eine bestimmte Vereinbarung gegen den genannten Maßstab verstößt. 87

---

1 Staudinger/*Dilcher*, § 134, Rz. 15.
2 BGHZ 110, 175.
3 *Graf von Westphalen*, DB 1996, Beil Nr. 5, S. 13.
4 Beck TKG-Komm/*Kerkhoff*, § 29 TKV, Rz. 16.

5.6.2.3.1 Telefon-Sex

88 Nach inzwischen h. M. sind Verträge zwischen dem Endkunden und dem Anbieter wie auch die Verträge des Anbieters mit dem vorgelagerten Telekommunikationsunternehmen im Zusammenhang mit Telefon-Sex nach § 134 BGB nichtig. Sie werden ähnlich wie eine Vereinbarung des unmittelbaren Geschlechtsverkehrs gegen Entgelt als sexuelle Betätigung mit wechselnden Partnern zu Erwerbszwecken und somit als eine vertragliche Form verbaler Prostitution beurteilt[1].

89 Davon abweichend wird in einem Urteil des VG Berlin in jüngster Zeit Prostitution als ganz normale Dienstleistung und nicht mehr als sittenwidrig eingestuft[2].

90 Der BGH hat hierzu aber grundlegend festgestellt, daß beim Telefonsex die Mitarbeiterin als Person zum Objekt herabgewürdigt und zugleich im Intimbereich zu einer Ware gemacht werde[3].

5.6.2.3.2 Btx-Kommunikation mit erotischem Inhalt

91 Nach Auffassung des LG Osnabrück steht bei der Benutzung von Btx-Diensten das „Ansehen" von Schriften im Vordergrund. Diese Art der Wahrnehmung sei daher nicht mit den vorgenannten Telefonsex-„Gesprächen" zu vergleichen, da der Kunde nicht nur das Aussehen des Gesprächspartners – wie bei dem Telefonat –, sondern auch deren Stimme nur mittelbar wahrnimmt[4]. Mangels der „akustischen Stimulation" nahm auch das OLG Köln daher keine Sittenwidrigkeit der Nutzung eines Dialogprogramms mit erotischem Inhalt an[5].

5.6.2.3.3 Stark überhöhte Tarife, wucherähnliches Rechtsgeschäft (§ 138 BGB)

92 Nach § 138 Abs. 2 BGB ist ein Rechtsgeschäft, durch das eine Person unter Ausbeutung der Zwangslage, der Unerfahrenheit, des Mangels an Urteilsvermögen oder einer erheblichen Willensschwäche eines anderen

---

1 Vgl. LG Düsseldorf, Urt. v. 3. 3. 1995 – 2 O 54/95; LG Mannheim, NJW 1995, 3398; OLG Hamm, NStZ 1990, 342.
2 Vgl. VG Berlin, Urt. v. 1. 12. 2000 – VG 35 A 570.99. Eine Gesetzesnovelle soll im April 2001 eingebracht werden, die die Prostitution legalisiert. Vgl. taz v. 29. 1. 2001, S. 6.
3 BGH, NJW 1998, 2895, 2896.
4 Siehe in Auszügen LG Osnabrück, Urt. v. 10. 11. 1995, NJW-CoR 1996, 332.
5 OLG Köln, Urt. v. 21. 11. 1997 – 19 – 128/97, veröffentlicht in NJW-RR 1998, 1277, 1279.

sich eine Leistung versprechen läßt, die in einem auffälligen Mißverhältnis zu seiner eigenen Leistung steht, nichtig.

Ob eine solche Nichtigkeit wegen Wucher oder im Rahmen eines sog. wucherähnlichen Geschäfts nach § 138 Abs. 1 BGB vorliegt, ist ebenfalls unter Berücksichtigung der Umstände des Einzelfalls festzustellen. 93

Beim wucherähnlichen Rechtsverhältnis wird auf eine objektive (Mißverhältnis zwischen angebotener Leistung und Gegenleistung) und eine subjektive (Zwangslage des Kunden, die der Anbieter bewußt ausnutzt) Voraussetzung abgestellt, welche beide in ihrer Gewichtigkeit untereinander nicht variabel sind, sondern in vollständiger Weise vorliegen müssen. Ein „Mehr" auf der Seite des Mißverhältnisses kann das entsprechende „Weniger" auf der Seite der Unerfahrenheit nicht per se ausgleichen, sondern allenfalls auf ein entsprechendes Ausnutzen einer Zwangslage hinweisen[1]. 94

Im Bereich der Telekommunikation hat sich der BGH in seinem Urteil vom 2. 7. 1998[2] mit der Situation eines Telefonanbieters mit marktbeherrschender Stellung auseinandergesetzt. Streitgegenstand war die Tarifreform der DTAG von 1996. Ein wucherähnliches Geschäft, so die Richter, sei hier dann anzunehmen, wenn bei Ausnutzung einer monopolartigen Stellung und gleichzeitigem Angewiesensein auf die Leistung durch den Kunden diese Leistung preislich als überhöht zu bezeichnen sei[3]. Ein solches Verhalten sei unter anderem an einem vergleichbaren Marktpreis zu prüfen. Der BGH läßt dabei ausdrücklich die Frage dahinstehen, welche Mittel zur Prüfung dem Tatrichter im Prozeß an die Hand gegeben sind, wenn ein vergleichbarer Marktpreis fehlt[4]. 95

Sucht man daher andere Maßstäbe zur Mißbrauchsbemessung bei Fehlen eines Marktpreises – als Beispiel sei hier eine starke Tarifsteigerung durch einen Monopolisten innerhalb eines bestimmten Leistungssegments der Telefonie genannt –, so könnten hierfür allerdings sowohl die Tarife des betreffenden Anbieters vor ihrer Erhöhung in diesem Segment herhalten als auch die Tarife für gleichartige Leistungen im Ausland[5], an denen eine Tariferhöhung des Anbieters gemessen und gewertet werden kann. 96

Die Frage, ab welcher Erhöhung der Tarife von einem wucherähnlichen Geschäft gesprochen werden kann, läßt sich anhand der zerfaserten 97

---

1 Sogenannte „Sandhaufentheorie", verworfen aber durch BGH, NJW 1981, 1206, 1207.
2 BGH, NJW 1998, 3188, Bezug nehmend auf BGH, NJW 1976, 710, 711.
3 BGH, NJW 1998, 3188, 3191.
4 BGH, NJW 1998, 3188, 3191.
5 *Michalski*, BB 1996, 1177, 1179.

Rechtsprechung zu diesem Thema nicht eindeutig bestimmen. Zudem ist nochmals auf den Genehmigungsvorbehalt bei Entgelten von monopolistischen Anbietern im Bereich der Telefonie durch die Regulierungsbehörde hinzuweisen, ein Umstand, der der Diskussion ihre zugrunde gelegte Problemsituation in vielen Fällen entziehen könnte.

98 Die Schwierigkeit einer substantiierten Darlegung für ein wucherähnliches Geschäft ist zudem bei Vorliegen einer umfassenden, segmentübergreifenden Tarifreform eines Monopolisten gegeben. Im Falle der Tarifreform der DTAG übernahm der BGH die Argumentation des LG München[1], nach der das Tarifwerk zwar als in sich differenziert, aber für das Verhältnis zwischen Anbieter und Kunden als Einheit anzusehen ist. Diesem Gedanken folgend, verwies der BGH auf die „nicht unerheblichen Tarifsenkungen in anderen Tarifbereichen"[2] hin und macht somit die Gesamtbetrachtung als Maßstab zur Prüfung einer Sittenwidrigkeit.

99– Es kann mithin festgestellt werden, daß ein wucherähnliches Rechtsgeschäft i. S. d. § 138 Abs. 1 BGB durch ungebührliche Tariferhöhung eines monopolistischen Anbieters grundsätzlich zu einer Sittenwidrigkeit und damit zu einer Nichtigkeit des Leistungsvertrages führen kann[3]. Ob dieses Problem vor dem Hintergrund abnehmender Monopolstellungen in den der DTAG noch allein verbleibenden Bereichen und einer umfassenden staatlichen Entgeltregulierung noch auftreten wird, kann hingegen bezweifelt werden.

5.6.3 Beweislast

102 Grundsätzlich gilt, daß der Anschlußinhaber als Vertragspartner des Telekommunikationsdienstleisters nach §§ 611, 675 BGB die verursachten, d. h. seinem Anschluß zuzuordnenden Gebühren zu zahlen hat. Dies gilt zumindest solange, wie keine Anhaltspunke für eine Manipulation der Einrichtung oder einen technischen Fehler der automatischen Gebührenerfassung vorliegen[4]. Das OLG Düsseldorf stellt diesbezüglich

---

1 LG München v. 24. 9. 1996, BB 1996, 224, 225.
2 BGH, NJW 1998, 3188, 3191.
3 Der BGH hat in seiner Entscheidung vom 2. 7. 1998 den Tatbestand des Wuchers schon deswegen verneint, weil der Berufungskläger nicht substantiiert dargelegt habe, durch die Tarifreform der DTAG so gravierende Kostennachteile erlitten zu haben, daß hinreichender Anlaß für die Annahme einer Sittenwidrigkeit der Preisgestaltung bestehe.
4 OLG Schleswig, ArchPT 1997, 59, 60; LG Berlin, Urt. v. 12. 7. 1996 – 35 O 66/95, veröffentlicht in ArchPT 1997, 61–63; a. A. LG Aachen, das einen plötzlichen Gebührensprung als Umstand, der an einem typischen Geschehensablauf im Rahmen eines Anscheinsbeweises zweifeln läßt, qualifiziert, NJW 1995, 2364 f.

klar, daß der plötzliche Anstieg der Telefonrechnung durch „erhöhte Zählimpulse" allein nicht geeignet ist, den Anscheinsbeweis zu erschüttern, da eine Inanspruchnahme von Informationsdiensten verschiedenster Art per se deutliche Schwankungen auslösen kann[1].

Das LG Krefeld hält es zudem für notwendig, daß der jeweilige Gebührenschuldner nicht nur die abstrakte Möglichkeit einer Manipulation, sondern konkrete Anhaltspunkte hierfür vorbringen muß[2]. 103

Nach Auffassung des BGH setzt der Beweis des ersten Anscheins einen Lebenssachverhalt voraus, **der nach der Lebenserfahrung regelmäßig auf einen bestimmten Verlauf hinweist** und so das Gepräge des Üblichen und Gewöhnlichen trägt, daß die besonderen Umstände des einzelnen Falls in ihrer Bedeutung zurücktreten[3]. 104

Falls kein Ansatzpunkt für technische Fehler vorliegt, spricht nach Auffassung des LG Berlin[4] der Anschein dann für eine korrekte Gebührenerfassung, wohingegen das LG Aachen bei einem plötzlichen Gebührensprung an einem typischen Geschehensablauf zweifeln läßt[5]. Das LG Saarbrücken stimmt der vorgenannten Auffassung für den Fall zu, daß der außerhalb der Sphäre des Endkunden/Teilnehmers liegende Anschlußpunkt unverplombt ist und somit ein sog. Aufschalten von Dritten möglich wäre[6]. Etwas anderes gilt, wenn eine Überprüfung des Hausverteilerkastens keine Anhaltspunkte bringt[7]. 105

Im Bereich des Mobilfunks ist nach Ansicht des LG Berlin ein typischer Geschehensablauf dann nicht gegeben, wenn innerhalb weniger Tage ein Gebührenaufkommen anfällt, welches lediglich durch nahezu ununterbrochenes Telefonieren ins Ausland erreicht werden kann. Die Wahrscheinlichkeit eines solchen Geschehensablaufes sei nämlich nicht größer als die Möglichkeit eines technischen Fehlers oder einer fehlerhaften Gebührenerfassung[8]. 106

Bei der Frage des Charakters des in Anspruch genommenen Mehrwertdienstes wird nach richtiger Auffassung der Hinweis eines Endkunden, der 0190-Dienst biete ausschließlich sittenwidrigen Telefonsex an, nicht 107

---
1 Vgl. OLG Düsseldorf, ArchPT 1998, 52, 53 m. zust. Anm. *Schmidt*.
2 Vgl. LG Krefeld, ArchPT 1998, 274, 275.
3 Vgl. BGHZ 100, 214, 216.
4 LG Berlin, ArchPT 1997, 61, 62.
5 LG Aachen, NJW 1995, 2364 f.; OLG Stuttgart, ZIP 1999, 1217; OLG Celle, OLGR 1997, 35; OLG Koblenz, RT kom 2000, 152, 154.
6 LG Saarbrücken, NJW-RR 1998, 1367.
7 LG Mainz, RT kom 2000, 152, 153; OLG Düsseldorf, Urt. v. 17. 12. 1997 – 5 U 39/97, veröffentlicht in ArchPT 1998, 52, 53 m. w. N.
8 LG Berlin, BB 1996, 818, 819.

ausreichen, um die Telefongesellschaft ihrerseits zu einem Gegenbeweis zu verpflichten[1]. Vielmehr wird die Darlegungs- und Beweislast bei einem derartig pauschalen und damit unsubstantiierten Sachvortrag beim Endkunden liegen. Nur dieser kann vortragen, mit wem er sich über was unterhalten hat[2]. Basierend auf der Überprüfung dieses Vortrags, kommt erst dann eine Entscheidung über den sittenwidrigen Charakter der zugrundeliegenden Leistung in Betracht. Das LG Bielefeld sieht in diesem Zusammenhang den Anscheinsbeweis der zutreffenden Erfassung der Gebühren für Mehrwertdienste noch nicht durch den Nachweis des Anschlußinhabers erschüttert, er sei zum Zeitpunkt des Abrechnungszeitraumes nicht zu Hause gewesen[3].

108 Inwieweit sich die Darlegungslast zwischen Kunden und Telekommunikationsunternehmen ändert, wenn der Anbieter von Telefondienstleistungen gemäß § 7 Abs. 3 Satz 3 TDSV die Verbindungsdaten 6 Monate nach der Rechnungstellung löscht, ist umstritten. Das LG München sieht in dieser Verpflichtung zur Löschung der Daten keine Konsequenz, daß von dem zivilprozessualen Grundsatz, daß die Partei, die ein Recht geltend macht, auch dessen Voraussetzungen darzulegen und zu beweisen hat, abzuweichen ist[4]. Dieser Ansicht folgt das LG Kiel nicht und stellt darauf ab, daß es dem Telekommunikationsunternehmen schlicht nicht möglich ist, nach Löschung der Verbindungsdaten die streitigen Leistungsentgelte darzulegen, so daß nach seiner Ansicht eine Beweislastumkehr zu Lasten des Kunden zu erfolgen habe[5].

5.7 Allgemeine Geschäftsbedingungen

109 Ein weiterer Schutz von Kunden der Telekommunikationsunternehmen wird durch die Vorschriften über die Gestaltung rechtsgeschäftlicher Schuldverhältnisse durch Allgemeine Geschäftsbedingungen, §§ 305 ff. BGB, gewährleistet. Mit Inkrafttreten des Schuldrechtsmodernisierungsgesetzes zum 1. Januar 2002 lösten diese Vorschriften das bislang geltende Gesetz über die Allgemeinen Geschäftsbedingungen (AGBG) ab. Die zentralen Vorschriften sind hier die Inhaltskontrolle nach § 307 BGB sowie die Klauselverbote mit und ohne Wertungsmöglichkeit nach §§ 308, 309 BGB. Nachdem zu diesen Vorschriften naturgemäß noch

---

1 Mißverständlich insofern zunächst OLG Stuttgart, K&R 1999, 518, zust. jedoch OLG Stuttgart, MMR 2000, 98, m. Anm. *Hoffmann*; AG Hainichen, MMR 2000, 378.
2 So auch *Vorspel-Rüter*, K&R 1999, 505, 506 f.
3 LG Bielefeld, MMR 2000, 112, 113.
4 LG München, BB 1996, 450.
5 LG Kiel, NJW-RR 1998, 1366, 1367.

keine Rechtsprechung ergangen ist, soll die Rechtslage, die inhaltlich der bisherigen entspricht, anhand des AGBG beschrieben werden.

Im folgenden werden die gebräuchlichsten und wichtigsten AGB-Klauseln, die in TK-Dienstleistungsverträgen verwendet werden, dargestellt. 110

5.7.1 Einbeziehung von AGB

Grundsätzlich gilt für die Einbeziehung von AGB § 2 AGBG (jetzt § 305 BGB). Danach muß bei Vertragsschluß der Vertragspartner auf die Einbeziehung der AGB ausdrücklich bzw. durch deutlich sichtbaren Aushang am Ort des Vertragsschlusses hingewiesen werden. Außerdem muß der anderen Vertragspartei die Möglichkeit verschafft werden, in zumutbarer Weise von den AGB Kenntnis zu erlangen. 111

Gemäß § 23 Abs. 2 Nr. 1a AGBG (jetzt § 305a Nr. 2b BGB) findet § 2 AGBG allerdings auf allgemeine Geschäftsbedingungen und Entgelte der Anbieter von Telekommunikationsdienstleistungen über das Angebot von Telekommunikationsdienstleistungen für die Öffentlichkeit keine Anwendung, sofern diese in ihrem Wortlaut im Amtsblatt der Regulierungsbehörde veröffentlicht worden sind und bei den Geschäftsstellen der Anbieter zur Einsichtnahme bereitgehalten werden. 112

Begründet wurde diese Erleichterung der Einbeziehung damit, daß es im Bereich des Massenverkehrs, der in der Regel auch nicht schriftlich abgewickelt wird, unpraktikabel ist, auf die Allgemeinen Geschäftsbedingungen hinzuweisen und diese zur Verfügung zu stellen. Denkbar ist dies bei den Festnetz- und Mobilfunkanschlußverträgen. Dort werden teilweise schriftliche Verträge geschlossen, so daß AGB ohne weiteres einbezogen werden können. Nicht möglich ist dies jedoch bei Mehrwertdiensten und bei Call-by-Call. Diese Situation kann nicht befriedigen. 113

5.7.2 Vertragsabschlußklauseln

Bei der Beurteilung von Vertragsabschlußklauseln ist zwischen dem Anschluß an Fest- oder Mobilfunknetze und der Nutzung von Verbindungsnetzen (Preselection, Call-by-Call) bzw. der Nutzung von Mehrwertdiensten (Auskunft, Faxabruf) zu unterscheiden. 114

5.7.2.1 Vertragsabschlußklauseln für Anschlüsse an das Mobilfunk- oder das Festnetz

Die Vertragsabschlußklauseln für Anschlüsse an das Fest- oder das Mobilfunknetz werden in der Regel wie folgt gestaltet: 115

> „Der Vertrag zwischen dem Kunden und xy kommt zustande durch einen schriftlichen Antrag des Kunden unter Verwendung des hierfür vorgesehenen Formulars und seiner Annahme durch xy, die entweder schriftlich oder durch Freischaltung des betreffenden Dienstes erfolgt."[1]

oder

> „Das Kundenverhältnis kommt aufgrund eines schriftlichen Antrages des Kunden und der Annahme durch xy, die durch Freischaltung der D2-Karte (Einräumung der Möglichkeit zur allgemeinen Nutzung im D2-Netz) erfolgt, zustande. Im Regelfall wird die D2-Karte vorbehaltlich Ziff. 2.3a) innerhalb von 12 Stunden nach Aushändigung an den Kunden freigeschaltet. Bei vordatiertem Vertragsbeginn ist der Kunde bis zu dem angegebenen Datum an den Vertrag gebunden."[2]

116 Die DTAG verwendet für ihren Festnetzanschlußvertrag keine Vertragsabschlußklauseln. Der Vertragsabschluß vollzieht sich durch ein Angebot des Kunden mittels eines Auftragsformulars, welches von der DTAG durch eine schriftliche Auftragsbestätigung angenommen wird.

117 Die Klauseln, die die Annahme des Kundenangebots durch Freischaltung der Karte bzw. durch Freischaltung des Dienstes regeln, sind unbedenklich. Ein Problem besteht nur dann, wenn der TK-Diensteanbieter den Kunden über längere Zeit an dem Angebot festhalten will, bevor er die Annahme erklärt. Als Beispiel mag die Ziff. 2.2 der *„Allgemeinen Geschäftsbedingungen von Talkline"* dienen:

> „Das Vertragsverhältnis für eine Dienstleistung kommt durch die Erteilung eines schriftlichen Kundenauftrags und dessen Annahme durch Talkline zustande. Für den Auftrag, an den sich der Kunde zwei Wochen nach Unterzeichnung gebunden hält, ist das von Talkline herausgegebene Auftragsformular zu verwenden."[3]

118 Solch eine Annahmefrist muß sich an § 10 Nr. 1 AGBG (jetzt § 308 Nr. 1 BGB) messen lassen. Danach ist eine Klausel, in der sich der Verwender eine unangemessen lange oder nicht hinreichend bestimmte Frist für die Annahme oder Ablehnung eines Angebots vorbehält, unwirksam. Wann

---

1 Ziff. 2.1 der AGB für die Erbringung von Telekommunikationsdienstleistungen für die Öffentlichkeit (AGB TK) der *o.tel.o communications GmbH & Co.*, ABl. RegTP I/98 v. 21. 1. 1998, S. 81.
2 Ziff. 2.1 der Allgemeinen Geschäftsbedingungen für *D2*-Mobilfunkdienstleistungen (AGB), ABl. RegTP II/98 v. 30. 9. 1998, S. 2319.
3 ABl. RegTP II/98 v. 11. 11. 1998, S. 2706.

eine Annahmefrist unangemessen lang ist, bestimmt sich nach Inhalt und wirtschaftlicher Bedeutung des Vertrages[1]. Grundsätzlicher Maßstab ist § 147 Abs. 2 BGB, wonach der unter Abwesenden gemachte Antrag nur bis zu einem Zeitpunkt angenommen werden kann, in welchem der Antragende den Eingang der Antwort unter regelmäßigen Umständen erwarten darf. Das Vereinbaren möglichst langer Annahmefristen erklärt sich aus dem Bestreben der Telefongesellschaften, Bonitätsprüfungen über die zukünftigen Kunden durchzuführen[2]. In den AGB werden regelmäßig Klauseln vereinbart, nach denen der Kunde sich mit der Einholung von Kreditauskünften über seine Person, insbesondere einer SCHUFA-Auskunft einverstanden erklärt. Da es sich bei Verträgen über Telekommunikationsdienste (zumindest bei Anschlüssen ans Fest- oder Mobilfunknetz) um Dauerschuldverhältnisse handelt, bei denen erhebliche Rechnungshöhen entstehen können, besteht ein berechtigtes wirtschaftliches Interesse der TK-Dienstleistungsanbieter an der Überprüfung der Bonität der Kunden. Es ist ferner zu beachten, daß die Diensteanbieter gegenüber den Kunden in Vorleistung gehen, es insofern ein darlehensähnlicher Charakter vorliegt. Für Darlehensverträge wurde von der Rechtsprechung eine Annahmefrist von einem Monat noch als zulässig erachtet[3]. In der Literatur wird teilweise vertreten, daß diese Frist auch auf TK-Dienstleistungsverträge anwendbar sei[4]. Es ist jedoch fraglich, ob eine Interessenabwägung zwischen den Interessen des Kunden und denen des Anbieters eine Frist von einem Monat im Rahmen eines Telekommunikationsvertrags noch als zulässig erscheinen läßt. Zwar hat der Anbieter ein Interesse daran, eine Bonitätsprüfung durchzuführen. Es ist auch zuzugestehen, daß bei der Masse der Vertragsabschlüsse eine Bonitätsprüfung eine gewisse Zeit in Anspruch nimmt. Allerdings hat auch der Kunde ein Interesse an der Rechtssicherheit zu wissen, ob der Vertrag nun zustande gekommen ist oder nicht. Eine Frist von einem Monat erscheint unter diesen Voraussetzungen unangemessen lang. Die Rechtsprechung hat zu dieser Frage bisher noch keine Stellung genommen. Es wird daher empfohlen, Annahmefristen zu vereinbaren, die nicht länger als zwei Wochen sind[5].

---

1 Palandt/*Heinrichs*, § 148 BGB, Rz. 4.
2 *Schöpflin*, BB 1997, 106, 107.
3 BGH, NJW 1988, 2106, 2106 f.
4 *Schöpflin*, BB 1997, 106, 107; *Thamm/Pilger*, S. 271, halten drei bis vier Wochen für zulässig.
5 So auch *Hahn*, MMR 1999, 251, 252.

5.7.2.2 Vertragsabschlußklauseln für die Nutzung von Verbindungsnetzen (Call-by-Call, Auskunfts- und andere Mehrwertdienste)

119 Der Vertrag über die TK-Dienstleistung, zu deren Inanspruchnahme die Vorwahl einer Verbindungsnetzbetreiberkennzahl erforderlich ist, hat die Anbieter zu speziellen Vertragsabschlußklausel inspiriert. Z. B. lautet Ziff. 1 der „Besonderen Geschäftsbedingungen o.tel.o 01011" wie folgt:

> „Abweichend von Ziffer 2.1 der AGB TK kommt der Vertrag zwischen dem Kunden und o.tel.o durch Vorwahl der Verbindungsnetzbetreiberkennzahl von o.tel.o (0 10 11) durch den Kunden und Vermittlung der Verbindung durch o.tel.o zustande."[1]

120 Diese AGB sind exemplarisch. In der Regel wird vage von „dem Kunden" gesprochen. Dies rührt daher, daß der Anschlußinhaber nicht unbedingt derjenige ist, der den Mehrwertdienst nutzt. Bei den Call-by-Call Verbindungen ist problematisch, daß kein Zählimpuls an den Telefonanschluß übermittelt wird. Dies ist kein Problem, wenn Anrufer und Telefonanschlußinhaber identisch sind. Ist der Anrufer jedoch nicht der Anschlußinhaber, fragt sich, ob der Vertrag des Dienstleisters mit dem Anschlußinhaber oder dem Anrufer zustande kommt. Wird ein Vertrag ausdrücklich mündlich über einen Operator geschlossen, so kommt der Vertrag mit dem Anrufer zustande, sofern dieser nicht zu erkennen gibt, er handele im Auftrag eines Dritten. Selbst wenn der Mehrwertdienst nicht über einen Operator, sondern wie im Fall der oben wiedergegebenen AGB durch Vorwahl und Zustandekommen der Verbindung – also durch ein sozialtypischens Verhalten – abgeschlossen wird, wird man nicht sagen können, der Vertrag kam mit dem Anschlußinhaber zustande. Der Anschlußinhaber hat keinerlei ihm zurechenbare Handlung begangen, die als Angebot auf Abschluß oder Annahme eines TK-Dienstleistungsvertrages ausgelegt werden kann.

121 Unabhängig davon, ob man das Wählen der Verbindungsnetzbetreiberkennzahl als Angebot auf Abschluß eines Vertrages an den Mehrwertdienstleister ansieht, oder ob im Wählen schon die Annahme eines Angebotes liegt[2], kommt jedenfalls der Vertrag mit dem Wählenden zustande und nicht mit dem Anschlußinhaber. Es handelt sich nicht um ein Geschäft für den, den es angeht, da das Geschäft kein Bargeschäft des täglichen Lebens ist. Außerdem wird der Wählende in der Regel nicht als Vertreter handeln wollen[3].

---

1 ABl. RegTP I/98 v. 10. Juni 1998, S. 1566.
2 So fälschlicherweise das OLG Frankfurt, WRP 1999, 454.
3 Palandt/*Heinrichs*, § 164 BGB, Rz. 8.

5.7.2.3 Vertragsabschlußklauseln für Preselectionverträge

Im Bereich der Preselectionverträge kann auf das oben zu den Netzverträgen Gesagte verwiesen werden. Hier wird in der Regel ein schriftlicher Vertrag geschlossen, aufgrund dessen der Anschluß des Anschlußinhabers voreingestellt wird. Der Vertrag kommt dann durch Angebot und Annahme zustande. Es ergeben sich insoweit keinerlei Besonderheiten. 122

5.7.3 Leistungsbeschreibungsklauseln

Aufgrund des technischen Hintergrundes der TK-Dienstleistung werden in den entsprechenden AGB umfangreiche Leistungsbeschreibungen aufgenommen. In vielen Fällen werden die Leistungsbeschreibungen noch als gesonderter Abschnitt der AGBs oder als Anhang ausgestaltet. 123

Fraglich ist, ob solche Leistungsbeschreibungsklauseln überhaupt der Kontrolle des AGBG unterliegen. Gem. § 8 des AGBG (§ 307 III BGB) beschränkt sich die Klauselkontrolle der §§ 9–11 AGBG (§§ 307 ff. BGB) auf solche Klauseln, die von geltenden Rechtsvorschriften abweichen oder diese ergänzen. Nach h. M. bedeutet dies, daß Klauseln, die Art, Inhalt und Umfang der zu erbringenden Leistung oder Gegenleistung festlegen, nicht der Inhaltskontrolle unterliegen. Dasselbe gilt für Klauseln, die nur den Inhalt gesetzlicher Regeln wiedergeben[1]. Als Begründung für die Kontrollfreiheit leistungs- und preisbestimmender Klauseln werden in der Regel folgende drei Argumente verwandt: Erstens fehlt ein tauglicher normativer Kontrollmaßstab; zweitens sind die Kunden des AGB-Verwenders in bezug auf Preis und Leistung aufmerksam und daher nicht schutzbedürftig; und drittens widerspricht eine Kontrolle von Leistung und Preis jedenfalls im Grundsatz marktwirtschaftlichen Prinzipien. Grundsätzlich sollte es dem Markt überlassen bleiben, das richtige Preis-Leistungs-Verhältnis zu bestimmen[2]. Nur wenn die Funktion des Marktes gestört ist, sollten die Gerichte in diese Steuerungsmechanismen des Marktes eingreifen[3]. Im übrigen ist im Bereich der Leistungs- und Preisbestimmung der Wettbewerb schon dadurch gewährleistet, daß der Kunde beim Einkauf Preis und Leistung seine besondere Aufmerksamkeit schenken wird[4]. 124

---

1 *Brandner* in: Ulmer/Brandner/Hensen, § 8 AGBG, Rz. 9 ff., 30 ff. m. w. N.; *Thamm/Pilger*, AGBG, § 8, Rz. 4.
2 *Fuchs* in: Spindler, S. 185, 212.
3 Die Funktionsfähigkeit des Marktes wird durch das GWB geschützt. Für den Bereich der Telekommunikation sieht das TKG in §§ 24 ff. und 33 ff. sektorspezifische Regelungen zum Schutz eines funktionsfähigen Marktes vor.
4 *Fuchs* in: Spindler, S. 185, 212.

125 Es bereitet jedoch erhebliche Schwierigkeiten, die nur leistungsbeschreibenden Klauseln von den Klauseln zu unterscheiden, die der Inhaltskontrolle unterliegen. Bei Verträgen, deren Leistungsinhalt erst in den AGB definiert wird und die kein gesetzliches Leitbild haben, ist die Abgrenzung besonders schwer. Dies gilt vor allem für TK-Dienstleistungsverträge. Einigkeit besteht darüber, daß die Klauselkontrolle eingreift, wenn in den Leistungsbeschreibungen das eigentliche Hauptleistungsversprechen modifiziert wird, da sich dadurch Einschränkungen oder Ergänzungen gesetzlicher Regelungen ergeben können, die Gewährleistung, Haftung, etc. betreffen[1]. Hinsichtlich der Frage, ob eine Regelung der Inhaltskontrolle unterfällt oder nicht, werden verschiedene Ansichten vertreten.

126 Die Rechtsprechung und die h. M. in der Literatur beschränken den kontrollfreien Bereich von Leistungsbeschreibungsklauseln auf die essentialia negotii. Kontrollfrei sind solche Klauseln, durch deren Fehlen mangels Bestimmtheit oder Bestimmbarkeit des wesentlichen Inhalts ein wirksamer Vertragsschluß nicht mehr angenommen werden kann[2]. Der Vertragspartner des AGB-Verwenders soll davor geschützt werden, daß die vollwertige Leistung, die er nach Gegenstand und Zweck des Vertrages verlangen kann, durch Klauseln eingeschränkt wird[3]. Dadurch ergibt sich eine Annäherung an § 9 Abs. 2 Nr. 2 AGBG (§ 307 Abs. 2 Nr. 2 BGB). Danach liegt eine unangemessene Benachteiligung vor, wenn wesentliche Rechte oder Pflichten, die sich aus der Natur des Vertrages ergeben, so eingeschränkt werden, daß die Erreichung des Vertragszwecks gefährdet ist. Dies birgt nach einer weit verbreiteten Ansicht die Gefahr in sich, daß die Kontrollmöglichkeit immer dann bejaht wird, wenn die Klausel im Ergebnis inhaltlich mißbilligt wird und § 8 AGBG (§ 307 Abs. 3 BGB) zu einer nur deklaratorischen Norm degradiert wird[4].

127 Nach einer anderen Ansicht in der Literatur wird für die Kontrollfähigkeit von AGB-Klauseln nicht auf die essentialia negotii, sondern auf die effektive Gesamtbelastung des Vertrages abgestellt[5]. Danach wären z. B. Zinsberechnungsklauseln bei Darlehensverträgen eine nicht kontrollierbare Leistungsabrede, weil sie sich auf das Entgelt des Darlehens über den Effektivzins auswirken[6]. Diese Ansicht ist abzulehnen. Sie wider-

---
1 *Brandner* in: Ulmer/Brandner/Hensen, § 8 AGBG, Rz. 10; Palandt/*Heinrichs*, § 8 AGBG, Rz. 2.
2 BGHZ 127, 35, 41; 123, 83, 84; 100, 157, 174; VersR 1993, 830, 831; OLG Stuttgart, NJW 1987, 2020, 2021; *Brandner* in: Brandner/Ulmer/Hensen, § 8 AGBG, Rz. 28; *Thamm/Pilger*, AGBG, § 8, Rz. 4 m. w. N.
3 BGHZ 100, 157, 174; *Brandner* in: Ulmer/Brandner/Hensen, § 8 AGBG, Rz. 27.
4 Statt vieler: *Fuchs* in: Spindler, S. 185, 215.
5 *Dylla-Krebs*, S. 187.
6 *Canaris*, NJW 1987, 609, 613 f.

spricht dem Transparenzgedanken des AGBG. Wollte man alle Klauseln, die irgendeine Auswirkung auf die effektive Gesamtbelastung des Vertrages für den Kunden haben, als nicht kontrollfähig ansehen, bliebe für eine Inhaltskontrolle von AGB wenig übrig. Nicht intransparente Klauseln, die keine Auswirkung auf die Gesamtbelastung haben, bedürfen unbedingt einer Kontrolle, sondern gerade solche Klauseln, die eine Auswirkung auf die Belastung des Kunden durch den Vertrag haben.

Für die Bestimmung, ob eine Klausel der Inhaltskontrolle der §§ 9–11 AGBG (§§ 307 ff. BGB) unterliegt, ist daher auf den Vertragszweck und die essentialia negotii abzustellen. Allerdings besteht bei Verträgen, die keinem gesetzlichen Leitbild für einen Vertragstyp unterliegen, das Problem, daß der Kern der Leistungszusage schwer bestimmbar ist. Letztendlich gilt es, die wesentlichen Kriterien zu identifizieren, die in den im selben Markt für das Angebot der selben Dienstleistung verwendeten AGB eine Rolle spielen. Dabei sind die Merkmale kontrollfrei zu halten, die die Identität der Dienstleistung im Markt ausmachen[1]. 128

Diese Kriterien werden im folgenden bei der Untersuchung der Leistungsbeschreibungsklauseln der einzelnen Vertragstypen zugrunde gelegt. 129

5.7.3.1 Leistungsbeschreibungsklauseln im Mobilfunk

Besonders im Mobilfunk bleibt die Abgrenzung zwischen kontrollfreien AGB-Klauseln und solchen, deren Inhalt an §§ 9–11 AGBG (§§ 307 ff. BGB) gemessen wird, schwierig. Dies liegt an der Tatsache, daß im Gegensatz zum Festanschluß die Verbindungen nicht lückenlos über Festleitungen hergestellt werden. Außerdem kann der Mobilfunknetzbetreiber keine Garantie für den Aufbau der gewünschten Verbindung übernehmen[2]. Besonders beliebt bei Anbietern von TK-Dienstleistungen sind Klauseln, die die zeitweilige Beschränkung des Dienstes wegen höherer Gewalt oder Arbeiten am Netz vorbehalten. So lauten z. B. Ziff. 3.5 und 3.6 der „Allgemeinen Geschäftsbedingungen für D2-Mobilfunkdienstleistungen" wie folgt: 130

> „XY behält sich eine zeitweilige Beschränkung der Mobilfunkdienstleistungen im Hinblick auf die Kapazitätsgrenzen des D2-Mobilfunksystems vor. Zeitweilige Störungen der Mobilfunkdienstleistungen können sich auch aus Gründen höherer Gewalt, einschließlich Streiks, Aussperrungen und behördlicher Anordnungen sowie wegen techni-

---

[1] So auch *Fuchs* in: *Spindler*, S. 185, 219 f.
[2] *Fuchs* in: Spindler, S. 185, 219 f.; vgl. auch *Graf von Westphalen/Grote/Pohle*, S. 196 ff.

> scher Änderungen an den Anlagen von XY (z. B. Verbesserungen des Netzes, Änderung der Standorte der Anlagen, Anbindung der Stationen an das öffentliche Leitungsnetz etc.) oder wegen sonstiger Maßnahmen, die für einen ordnungsgemäßen oder verbesserten Betrieb des Mobilfunknetzes erforderlich sind, ergeben (z. B. Wartungsarbeiten, Reparaturen etc.). XY wird alle zumutbaren Anstrengungen unternehmen, um derartige Störungen baldmöglichst zu beseitigen bzw. auf deren Beseitigung hinzuwirken. Schließlich kann die Übertragungsqualität durch atmosphärische Bedingungen und topographische Gegebenheiten sowie Hindernisse (z. B. Brücken und Gebäude) gestört sein.
>
> Ziff. 3.5 gilt entsprechend für Störungen von Telekommunikationsanlagen Dritter, die XY zur Erfüllung der Verpflichtungen aus dem Kundenverhältnis nutzt."

131 Diese Klauseln wurden vom *LG Düsseldorf*[1] und vom *OLG Düsseldorf*[2] gerichtlich auf ihre Vereinbarkeit mit § 11 Nr. 7 (§ 309 Nr. 7 BGB) und § 9 AGBG (§ 307 BGB) überprüft. Sowohl das LG also auch das OLG sahen in dieser Klausel keinen Verstoß gegen § 10 Nr. 7 AGBG (§ 308 Nr. 7 BGB) und gegen § 9 AGBG (§ 307 BGB). Ein Verstoß gegen § 11 Nr. 7 AGBG (§ 309 Nr. 7 BGB) sei schon deshalb nicht gegeben, weil die Klausel weder einen Haftungsausschluß noch eine Haftungsbegrenzung enthalte. Auch eine unangemessene Benachteiligung gem. § 9 Abs. 1 AGBG (§ 307 BGB) sei der Klausel nicht zu entnehmen. Die Klausel enthalte lediglich eine Beschreibung der einem Mobilfunknetz immanenten Beschränkungen, keine Definition von tatbestandlichen Voraussetzungen und auch keine Rechtsfolgeregelungen. Sie regele nichts, was nicht schon aus dem vereinbarten Vertragsgegenstand folgen würde[3].

132 Diese Einschätzung einer einschränkenden Leistungsbeschreibungsklausel des OLG Düsseldorf wird in der Literatur kritisiert[4]. Eine Einschränkung wie die oben zitierte sei ein den primären Leistungsanspruch betreffender Leistungsvorbehalt, der nach § 10 Nr. 1 (§ 308 Nr. 1 BGB) bzw. zumindest nach § 9 Abs. 2 Nr. 1 AGBG (§ 307 BGB) unwirksam sei. Eine Einschränkung hinsichtlich funktechnisch bedingter Störungen sei noch hinzunehmen. Ansonsten dürfe es jedoch nicht im Belieben des Netzbetreibers oder Diensteanbieters stehen, die vertraglich versprochene Hauptleistung zu erbringen oder nicht[5]. Von Netzbetreibern und ihren Vertriebspartnern sei zu erwarten, daß sie die technischen und

---

1 LG Düsseldorf, NJW-RR 1996, 308.
2 OLG Düsseldorf, NJW-RR 1997, 374.
3 OLG Düsseldorf, NJW-RR 1997, 374, 378.
4 *Hahn*, MMR 1999, 251, 255.
5 *Hahn*, MMR 1999, 251, 255.

vom Verkehrsaufkommen beeinflußten Kapazitätsgrenzen ihres Netzes beschreiben und ihrem Kunden derartige Informationen laienverständlich in AGB oder auf andere Weise an die Hand geben[1].

Diese Ansicht ist abzulehnen. § 10 Nr. 1 AGBG (§ 308 Nr. 1 BGB) ist nicht einschlägig. Dort geht es um unangemessen lange Leistungsfristen. Die Klausel selbst regelt aber Leistungsunterbrechungen. Selbst wenn man § 10 Abs. 1 AGBG (§ 308 Nr. 1 BGB) für die Regelung von Leistungsunterbrechungen anwenden wollte, so enthält die Klausel keine Bestimmungen, die eine unangemessen lange Leistungserbringungsfrist vorsehen. Es geht lediglich um Fristen, die im Rahmen einer regelmäßigen Leistungserbringung für Störungen vorbehalten sind. Auch § 9 Abs. 2 Nr. 1 AGBG (§ 307 BGB) ist nicht einschlägig. Es ist nicht ersichtlich, von welchen gesetzlichen Regelungen im Rahmen dieser Klausel abgewichen wird.

133

Leistungsbeschreibungsklauseln, die die Leistung in der oben beschriebenen Weise einschränken, sind daher wirksam und verstoßen nicht gegen das AGBG.

134

5.7.3.2 Leistungsbeschreibungsklauseln für Festnetzanschlüsse

Ähnliche Klauseln finden sich jedoch auch im Festnetzbereich. So lauten Ziff. 3.2 und Ziff. 3.4 der Allgemeinen Geschäftsbedingungen für Arcor-Festnetz-Telekommunikationsdienstleistungen (AGB Festnetz):

135

„Wenn Arcor an der Erfüllung ihrer Verpflichtungen durch den Eintritt unvorhergesehener Ereignisse, die Arcor oder deren Zulieferer betreffen, gehindert wird und die Arcor auch mit der nach den Umständen zumutbaren Sorgfalt nicht abwenden konnte, z. B. höhere Gewalt, Krieg, innere Unruhen, Streik, Aussperrung, so verlängert sich die Leistungsfrist um die Dauer der Behinderung zuzüglich einer angemessenen Laufzeit.

Werden bei der Installation oder Erweiterung von Kundenanschlüssen oder für sonstige Leistungen Übertragungswege oder Hardware- bzw. Software-Erweiterungen oder sonstige technische Leistungen Dritter benötigt, insbesondere Stromlieferungen, gelten diese als Vorleistungen. Die Leistungsverpflichtung von Arcor gilt vorbehaltlich richtiger und rechtzeitiger Selbstbelieferung dieser Vorleistungen."

Hinsichtlich der Störungsklausel kann auf das oben Gesagte und das Urteil des OLG Düsseldorf verwiesen werden[2]. § 10 Nr. 1 AGBG (§ 308

136

---

1 *Hahn*, MMR 1999, 251, 255.
2 OLG Düsseldorf, NJW-RR 1997, 374.

Nr. 1 BGB) wird durch die Klausel nicht verletzt. Insbesondere handelt es sich bei dem Vorbehalt, daß sich die Leistungsfrist entsprechend der Dauer der Störung zusätzlich einer angemessenen Anlaufzeit verlängert, nicht um den Vorbehalt einer unangemessen langen Frist. Solche Störungsklauseln sind soweit zulässig.

5.7.3.3 Leistungsbeschreibungsklauseln für Mehrwertdienste

137 Im Bereich der Mehrwertdienste werden diese Störungsklauseln in der Regel ebenfalls verwendet. Auch hier dürfte keine Unwirksamkeit vorliegen. Insbesondere können Mehrwertdienste sowohl über das Mobilfunknetz als auch über das Festnetz in Anspruch genommen werden. Die Klauseln dürften daher mit Verweis auf das Urteil des OLG Düsseldorf für den Mobilfunkbereich wirksam sein.

5.7.4 Bonitäts- und Rücktrittsklauseln

138 Wie oben schon erwähnt, sind die Anbieter von TK-Dienstleistungen sehr daran interessiert, etwas über die Bonität der Kunden zu erfahren, da sie in der Regel vorleistungspflichtig sind und bei der Inanspruchnahme von TK-Dienstleistungen erhebliche Leistungsentgelte fällig werden können. Aus diesem Grund lassen sich TK-Diensteanbieter in den AGB das Recht einräumen, bei der SCHUFA (Schutzgemeinschaft für allgemeine Kreditsicherung) Auskünfte über die Bonität einzuholen. Da § 10 Nr. 1 AGBG (§ 308 Nr. 1 BGB) übermäßig lange Vorbehaltsfristen hinsichtlich des Abschlusses des Vertrages verhindert und die TK-Anbieter auch ein Interesse daran haben, ihre Kunden schnell an sich zu binden, wird der positive Ausgang der SCHUFA-Anfrage nicht zur Voraussetzung für einen Vertragsschluß gemacht. Allerdings behalten sich die TK-Anbieter in der Regel in den AGB vor, vom Vertrag zurückzutreten, wenn die Bonitätsüberprüfung negativ ausfällt.

139 Das OLG Düsseldorf hatte in diesem Zusammenhang die folgende Klausel zu überprüfen:

„XY ist berechtigt, innerhalb von 10 Arbeitstagen nach Annahme des Auftrags vom Vertrag zurückzutreten, wenn sich ein Ablehnungsgrund gem. Nr. 2.1 ergibt. MMO behält sich für die Dauer der Rücktrittsfrist vor, die D2-Karte jederzeit zu sperren oder die Durchführung des Kundenvertrages von einer Sicherheitsleistung des Kunden in Form einer verzinslichen Kaution oder einer Bürgschaft eines in der EG ansässigen Kreditinstituts abhängig zu machen."[1]

---

[1] OLG Düsseldorf, NJW-RR 1997, 374, 375.

Ein Ablehnungsgrund liegt nach Nr. 2.1 dieser AGB dann vor, wenn begründete Zweifel an der Kreditwürdigkeit des Kunden bestehen[1]. Nach Ansicht des Gerichts verstößt diese Klausel gegen § 9 Abs. 1 AGBG (§ 307 BGB), da sie den Kunden entgegen den Geboten nach Treu und Glauben unangemessen benachteiligt.

140

5.7.5 Laufzeitklauseln

Laufzeitklauseln spielen insbesondere im Bereich Mobilfunk eine große Rolle. Während Festnetzanschlußverträge in der Regel ordentlich kündbar sind[2], sind die Anbieter von Mobilfunkdienstleistungen (Netzbetreiber und Wiederverkäufer) bestrebt, befristete Verträge abzuschließen mit Mindestlaufzeiten von zwölf, vierundzwanzig oder sogar sechsunddreißig Monaten. Dabei hat sich als übliches Vorgehen herauskristallisiert, einen mehrjährigen Netzkartenvertrag mit dem Kaufvertrag über ein Mobilfunktelefon zu verknüpfen.

141

Für die Inhaltskontrolle einer solchen AGB-Klausel kommt es darauf an, wie ein solcher Mobilfunkvertrag vertragstypologisch eingeordnet wird. Sieht man den Mobilfunkvertrag als einen Dienstvertrag an, so ist § 11 Nr. 12a) AGBG (§ 309 Nr. 9a BGB) einschlägig, nach dem bei einem Vertragsverhältnis, welches die regelmäßige Lieferung von Waren oder die regelmäßige Erbringung von Dienst- oder Werkleistungen durch den Verwender zum Gegenstand hat, eine den anderen Vertragsteil länger als zwei Jahre bindende Laufzeit des Vertrages unwirksam ist. Sieht man in dem Mobilfunkvertrag einen Mietvertrag (ggf. mit werk- und/oder dienstvertraglichen Komponenten), muß die Wirksamkeit der Laufzeitklauseln an § 9 Abs. 1 AGBG (§ 307 BGB) gemessen werden[3]. Selbst wenn man die AGB nach § 11 Nr. 12a AGBG (§ 309 Nr. 9a BGB) beurteilt, ist in jedem Fall noch zu prüfen, ob die AGB-Klausel dem Maßstab des § 9 AGBG (§ 307 BGB) genügt[4]. Unwirksam ist die Klausel dann, wenn der Verwender mißbräuchlich eigene Interessen auf Kosten des Vertragspartners durchzusetzen versucht, ohne die Interessen der Gegenpartei ausreichend zu berücksichtigen und angemessen auszugleichen[5]. Es müssen besondere, aus der Natur des Vertragsverhältnisses

142

---

1 OLG Düsseldorf, NJW-RR 1997, 374, 375.
2 *Gehrhoff/Grothe/Siering/Statz*, Allgemeine Geschäftsbedingungen der Deutschen Telekom – AGB der Deutschen Telekom, – LoseBl. (2 Bände), Grundwerk (1992), Ziff. 8.1 der „AGB Telefondienst (T-Net-Anschlüsse)" der DTAG. Vgl. auch *Graf von Westphalen/Grote/Pohle*, S. 196 ff.
3 *Hahn*, MMR 1999, 251, 255.
4 *Hensen* in: Ulmer/Brandner/Hensen, § 11 Nr. 12 AGBG, Rz. 3.
5 BGH, NJW 1993, 1133, 1134.

folgende Gesichtspunkte vorhanden sein, um eine grundsätzlich zulässige zweijährige Erstbindungsfrist für unwirksam anzusehen[1].

143 Bei der Dienstleistung im Rahmen eines Mobilfunkvertrages kann der Kunde von Anfang an absehen, ob er diese Leistung zwei Jahre in Anspruch nehmen will oder nicht. Außerdem erfordert der Abschluß eines Mobilfunkvertrages auf seiten der Telefongesellschaft einen nicht unerheblichen Aufwand: Bonitätsprüfung, Freischaltung der Karte, Einrichtung der Mailbox, Veranlassung des Lastschrifteinzuges, Telefonbucheintragung, ggf. Provisionszahlung an den Vermittler. Daher sind Laufzeiten von bis zu zwei Jahren zulässig[2]. Dies gilt auch dann, wenn der Mobilfunkvertrag nicht mit dem Kaufvertrag über ein Handy verbunden wird[3]. Dies ergibt sich schon daraus, daß der BGH selbst bei Zeitschriftenabonnements eine Bindungsdauer von zwei Jahren unbeanstandet läßt[4]. Ein Teil der Literatur geht für § 11 Nr. 12 AGBG (§ 309 Nr. 9 BGB) sogar davon aus, daß, wenn der Kunde die Wahl zwischen einer zwei Jahre dauernden und einer kürzeren Laufzeit hat, eine Individualvereinbarung vorliegt[5]. Ordnet man den Mobilfunkvertrag als Mietvertrag ein, so dürfte im Zusammenhang mit dem Kauf eines Mobiltelefons auf Grund der dadurch erzielten Kostenvorteile sogar eine Klausel, die eine Mindestlaufzeit von drei Jahren vorsieht, nicht gegen § 9 AGBG (§ 307 BGB) verstoßen[6].

144 In diesem Zusammenhang ist noch § 4 Abs. 2 Satz 1 TKV zu beachten, der allerdings nicht auf AGB gegenüber Endkunden anwendbar ist. Nach § 4 Abs. 2 Satz 1 TKV ist den Betreibern von öffentlichen TK-Netzen eine ausschließliche oder unverhältnismäßige Bindung von Vertragspartnern, die ihrerseits Diensteanbieter sind, verboten.

145 Zu Laufzeitklauseln von Breitbandkabelanschlußverträgen liegen zwei höchstrichterliche Entscheidungen vor. Danach wird der Breitbandkabelanschlußvertrag als Mietvertrag bzw. als mietähnlicher Vertrag eingeordnet und eine Laufzeitklausel von zwölf Jahren nicht als unangemessene Benachteiligung i. S. d. § 9 Abs. 1 AGBG (§ 307 BGB) angesehen[7].

---

1 BGHZ 100, 373, 378 ff.
2 *Schöpflin*, BB 1997, 106, 108.
3 A. A.: *Hahn*, MMR 1999, 251, 255, der im Rahmen des § 9 Abs. 1 AGBG Bindungsfristen über ein Jahr für unwirksam hält mit der Ausnahme, daß der Wiederverkäufer einen Teil der ihm zustehenden Provision dazu verwendet, bei einem Kaufvertrag über ein Handy, der mit einem Mobilfunkvertrag kombiniert ist, den Kaufpreis zu subventionieren.
4 BGHZ 100, 373.
5 Staudinger/*Schlosser*, § 11 Nr. 12 AGBG, Rz. 17; vgl. auch BGH, NJW 1994, 2693, 2694 ff.
6 So auch *Schöpflin*, BB 1997, 106, 108.
7 BGH, NJW 1993, 1133.

Dagegen wurde für eine Laufzeit von zwanzig Jahren entschieden, daß diese unwirksam sei[1]. Diese Rechtsprechung ist jedoch nicht auf Mobilfunkverträge übertragbar. Bei Breitbandkabelanschlußverträgen werden keine variablen monatlichen Entgelte fällig, sondern es handelt sich um einen festen Betrag. Darüber hinaus ist das Bedürfnis für die Inanspruchnahme dieser Dienstleistungen vorhersehbarer als für Mobilfunkdienstleistungen[2].

5.7.6 Fälligkeitsklauseln

Im Rahmen von TK-Dienstleistungsverträgen werden unterschiedliche Vergütungsansprüche fällig. Neben einer einmaligen Zahlung für die Einrichtung des Anschlusses (sog. Einrichtungs- oder Anschlußgebühr) gibt es monatlich fällig werdende Festbeträge (sog. Grundgebühr) und nutzungsabhängige Verbindungsentgeltbeträge. Fälligkeitsklauseln im Zusammenhang mit diesen Verbindungdentgelten in AGB können unter Umständen dann problematisch sein, wenn sie vom Verwender beeinflußbar sind. In der Praxis kommt etwa häufig die Klausel vor, daß Rechnungsbeträge mit Zugang der Rechnung ohne Abzug zur Zahlung fällig sind[3]. Ziff. 5.3 der „AGB Telefondienst (T-Net-Anschlüsse)" bestimmt den Fälligkeitszeitpunkt auf die Erbringung der Leistung. Ferner ist der Rechnungsbetrag auf das in der Rechnung angegebene Konto einzuzahlen, wobei er spätestens am 10. Tag nach Zugang der Rechnung gutgeschrieben oder bei der zuständigen Buchungsstelle ein Scheck in Höhe des Rechnungsbetrages eingegangen sein muß[4]. Ziffer 6.2 der AGB Mobilfunkvertrag C-Tel und D1 der „DeTe Mobil Deutsche Telekom Mobilnet GmbH" bestimmt den Fälligkeitszeitpunkt folgendermaßen: 146

„Sonstige Preise sind nach Erbringung der Leistung zu zahlen und werden mit Zugang der Rechnung fällig[5]." 147

Problematisch sind solche Fälligkeitsklauseln, die den Zugang oder Erhalt der Rechnung beim Kunden zum ausschließlichen Zeitpunkt für die Fälligkeit der darin ausgewiesenen Forderungen bestimmen. Der TK-Diensteanbieter hat es in der Hand, Beginn und somit auch Ende der Verjährung durch die Versendung der Rechnung zu beeinflussen oder gar 148

---

1 BGH, EWiR, § 9 AGBG 16/1997, 1009.
2 *Hahn*, MMR 1999, 251, 256.
3 Ziff. 4.4 der „AGB der e-Plus Service GmbH", ABl. RegTP Nr. 5 v. 24. 3. 1999, S. 815.
4 *Gehrhoff/Grothe/Siering/Statz*, Allgemeine Geschäftsbedingungen der Deutschen Telekom – AGB der Deutschen Telekom – LoseBl. Grundwerk (1992), D01.100.
5 *Gehrhoff/Grothe/Siering/Statz*, D06.102.

zu manipulieren[1]. § 8 Abs. 2 TKV ordnet als Verjährungsvorschrift die entsprechende Anwendung von § 201 BGB (a. F.) an. Nach § 201 Satz 1 BGB beginnt die Verjährung mit dem Schluß des Jahres, in welchem der nach den §§ 198–200 BGB (a. F.) maßgebende Zeitpunkt eintritt. Gemäß § 198 Satz 1 BGB (a. F.) beginnt die Verjährung mit der Entstehung des Anspruchs. Für die Entstehung des Anspruchs ist wiederum die vertragstypologische Einordnung des TK-Dienstleistungsvertrages von Bedeutung. Legt man Werkvertragsrecht zugrunde, ist der Abnahme- oder Veränderungszeitpunkt i. S. d. §§ 641, 646 BGB maßgeblich. Sieht man den TK-Dienstleistungsvertrag dagegen als Mietvertrag an, ist die von den Parteien getroffene Festlegung der Zeitabschnitte entscheidend. Unabhängig davon, ob man für die Bestimmung des Verjährungsbeginns die Entstehung der Forderung oder das Ende der Abrechnungsperiode annimmt, verstößt jedenfalls eine Klausel, die den Verjährungsbeginn auf Eingang der Rechnung festlegt, gegen § 8 Satz 2 TKK i. V. m. §§ 201 Satz 1 (a. F.) und 138 Satz 1 BGB. Sie sind daher entweder nach § 1 Satz 1 TKV oder gemäß §§ 5 (§ 305c Abs. 2 BGB), 9 (§ 307 BGB) AGBG unwirksam[2].

5.7.7 Vorfälligkeitsklauseln

149 Die sogenannten Vorfälligkeitsklauseln sind im Rahmen des Verbandsklageverfahrens vor dem OLG Düsseldorf[3] mit Verweis auf die BGH-Rechtsprechung zu vergleichbaren AGB in Ratenkreditverträgen[4] für unwirksam erklärt worden.

5.7.8 Lastschrift- und Barzahler-Aufschlagsklauseln

150 Eine übliche Klausel in den AGB der TK-Dienstleistungsanbieter ist die sogenannte Lastschrift- und Barzahler-Aufschlagsklausel wie zum Beispiel die folgende der Mannesmann Arcor AG und Co.:

„Die Rechnungsbeträge werden im Einzugsermächtigungsverfahren vom Konto des Kunden eingezogen. Der Kunde wird Arcor eine Einzugsermächtigung erteilen. Bei Nichterteilung oder Widerruf der Einzugsermächtigung durch den Kunden erhebt Arcor ein Bearbeitungsentgelt für die administrative Abwicklung nach der jeweils gültigen Preisliste"[5].

---

1 *Hahn*, MMR 1999, 586, 587.
2 *Hahn*, MMR 1999, 586, 587.
3 OLG Düsseldorf, NJW-RR 1997, 374, 376.
4 BGHZ 95, 362 ff., 372 f.
5 Ziff. 5.7 der „AGB für Arcor Festnetz TK-Dienstleistungen", ABl. RegTP Nr. 1 v. 21. 1. 1998, S. 70.

Solche Klauseln werfen drei Probleme auf: Sie schließen die Barzahlung 151
aus, zwingen den Kunden zur Teilnahme am Lastschriftverfahren und
belasten den Kunden, sollte er doch bar bezahlen wollen, mit einem
zusätzlichen Bearbeitungsentgelt.

Die Gerichte hatten jedoch bisher gegen eine solche Klausel nichts ein- 152
zuwenden. Der BGH hat in seiner Breitbandkabel-Entscheidung keine
grundsätzlichen Einwände gegen den Ausschluß der Barzahlung per
Lastschriftklausel erhoben[1]. In dieser Entscheidung ging es um ein monatlich gleichbleibendes Nutzungsentgelt. Nach Ansicht des BGH haben
die Rationalisierungseffekte durch die Lastschriftklausel für den Vertragspartner des Klauselverwenders keine unangemessenen Nachteile.
Dagegen wird in der Literatur angeführt, daß die vom BGB grundsätzlich
vorgesehene Erfüllungsmodalität der Barzahlung einfach beiseite geschoben würde[2]. Auch das LG Düsseldorf hielt eine solche Klausel für
unwirksam, da sie den Kunden unangemessen benachteilige[3]. Die grundsätzlich bestehende Dispositionsfreiheit der Kunden bezüglich der Zahlungsweise der Rechnungsbeträge werde eingeschränkt. Die Einzugsermächtigung werde vom Kunden durch den Preisaufschlag bei der Barzahlung erzwungen.

Dem Interesse an der Wahlfreiheit der Zahlungsweise steht jedoch das 153
Interesse des TK-Dienstleistungsanbieters an der möglichst rationalen
Abwicklung des Vertragsverhältnisses gegenüber. Eine solche rationelle
Abwicklung ist auch im Interesse des Kunden. Daher liegt hier jedenfalls
keine unangemessene Benachteiligung vor[4]. Eine andere Beurteilung
ergibt sich auch nicht daraus, daß der Kunde durch das Lastschrifteinzugsverfahren während der gesamten Vertragslaufzeit ein erhebliches
Deckungsvolumen seines Kontos vorhalten muß und daß ihm durch das
Lastschriftverfahren die Prüfung der Rechnung auf ihre Richtigkeit vor
Einziehung der Verbindungsentgelte abgeschnitten wird[5]. Der Zahlungspflichtige kann nämlich der Kontobelastung widersprechen und eine
Gutschrift des abgebuchten Betrages verlangen[6].

5.7.9 Datenverarbeitungs- und Datennutzungsklauseln

TK-Dienstleistungsanbieter sind in der Regel daran interessiert, ihre 154
Kunden in allgemeine und besondere Teilnehmerverzeichnisse aufzu-

---

1 BGH, NJW 1996, 988.
2 *Hahn*, MMR 1999, 586, 588.
3 LG Düsseldorf, NJW-RR 1996, 308, 309.
4 Vgl. auch OLG Düsseldorf, NJW-RR 1997, 374, 377.
5 So aber *Hahn*, MMR 1999, 586, 588.
6 Vgl. OLG Düsseldorf, NJW-RR 1997, 374, 377.

nehmen oder die Daten für Rufnummern- und sonstige Auskunftsdienste zu verwenden. Des weiteren haben die Unternehmen häufig auch noch ein Interesse daran, die gesammelten Daten zu Werbezwecken und zur Marktforschung zu verwenden.

155 Im Zusammenhang mit solchen Datenverarbeitungs- und -nutzungsklauseln sind insbesondere die Regelungen der TDSV[1] zu beachten. Die Verordnung bezweckt den Schutz personenbezogener Daten der Telekommunikationskunden und regelt die Zulässigkeit der Erhebung, Verarbeitung und Nutzung dieser Daten durch die Diensteanbieter (§ 1 Abs. 1 TDSV).

156 Nach dem in § 3 TDSV geregelten datenschutzrechtlichen Grundsatz dürfen personenbezogene Daten für Telekommunikationszwecke nur nach Maßgabe der Verordnung oder mit Einwilligung der Beteiligten erhoben, verarbeitet und genutzt werden. Ferner dürfen Telekommunikationsdienstleistungen nicht von der Angabe personenbezogener Daten abhängig gemacht werden, die für die Erbringung des Dienstes nicht erforderlich sind (§ 3 Abs. 2 TDSV).

157 In bezug auf die Verwendung von personenbezogenen Daten für Rufnummern- und sonstige Auskunftsdienste ist § 13 Abs. 2 TDSV zu beachten. Nach dieser Vorschrift können Kunden die Eintragung in öffentliche Verzeichnisse beantragen, wenn sie hieran Interesse haben. Eine Eintragung durch den Diensteanbieter ohne ausdrücklichen Antrag des Kunden ist daher nicht zulässig. Ein bloßer standardisierter Hinweis auf die Eintragung in den AGB reicht insofern nicht aus. Mit dem Antragserfordernis geht die Regelung über die Vorgängernorm § 10 Abs. 2 der TDSV von 1996 hinaus. Nach dieser Vorschrift war es möglich, den Kunden ohne vorherigen Antrag einzutragen. Nur auf besonderes Verlangen des Kunden mußte die Eintragung in die Kundenverzeichnisse unterbleiben.

158 Der Kunde muß ferner gem. § 14 Abs. 2 TDSV vor der Nutzung seiner Daten für die beschriebenen Verwendungen auf sein Widerspruchsrecht hingewiesen werden. Unterbleibt ein solcher Hinweis, ist die Datenverarbeitungs- und Datennutzungsklausel unwirksam. Bei Auskünften, die über die Rufnummer hinausgehen, bedarf es wiederum einer ausdrücklichen Einwilligung des Kunden (§ 14 Abs. 2 Satz 2 TDSV).

---

[1] Telekommunikations-Datenschutzverordnung v. 18. 12. 2000 (BGBl. I 2000, 1740).

5.7.10 Haftungsklauseln

Haftungsklauseln finden sich in nahezu allen AGB von TK-Dienstleistungsunternehmen. Zum einen versuchen die Verwender, sich von der Haftung freizuzeichnen bzw. ihre Haftung zu begrenzen. Zum anderen versuchen sie, die Haftung auf den Kunden zu verlagern bzw. die Haftung des Kunden zu erweitern. 159

5.7.10.1 Freizeichnungs- und Haftungsbegrenzungsklauseln

TK-Dienstleistungsanbieter sind nicht nur im Ausland, sondern auch im Inland auf die Mitwirkung anderer Dienstleister (Netzbetreiber) angewiesen. Die TK-Dienstleistungsunternehmen versuchen in der Regel, ihre Haftung für diese Erfüllungsgehilfen zu begrenzen. Klauseln, die die Haftung gänzlich begrenzen, sind gemäß § 7 AGBG (§ 306a BGB) unwirksam. Nach der Rechtsprechung kann der Verwender seine Haftung lediglich für leichte Fahrlässigkeit ausschließen; sofern es sich um vertragswesentliche Pflichten handelt, kann er seine Haftung nicht einmal für leichte Fahrlässigkeit ausschließen. Diese Haftungsregeln gelten auch für seine Erfüllungsgehilfen. Sofern sich der Verwender der AGBs anderer Dienstleister bedient, sind diese seine Erfüllungsgehilfen. Ein Haftungsausschluß verstößt daher gegen § 11 Nr. 7 AGBG (§ 309 Nr. 7 BGB). Das OLG Düsseldorf[1] hielt eine Haftungsbegrenzungsklausel wegen Verstoßes gegen § 11 Nr. 7 AGBG für unwirksam, nach der der Verwender die Haftung eines inländischen Mobilfunknetzbetreibers hinsichtlich solcher Schäden, die dem Kunden im Zusammenhang mit den Mobilfunkdienstleistungen ausländischer Netzbetreiber entstehen, auf den Umfang der Schadensersatzverpflichtung des ausländischen Netzbetreibers gegenüber dem inländischen Netzbetreiber beschränkt hatte. Auch hier gilt, daß die Klausel vorsätzliches oder grob fahrlässiges Verhalten der Erfüllungsgehilfen beschränkt. Dies ist nach der eindeutigen Rechtsprechung des BGH unzulässig. Die Klausel verstößt nach Ansicht des OLG Düsseldorf nicht nur gegen § 11 Nr. 7 AGBG (§ 309 Nr. 7 BGB), sondern auch gegen § 9 Abs. 1 AGBG (§ 307 BGB). 160

Eine betragsmäßige Begrenzung der Haftung für TK-Dienstleistungsunternehmen ermöglicht § 7 Abs. 2 Satz 1 und Satz 6 TKV. Danach kann die Haftung für Vermögensschaden auf DM 25 000 je Nutzer und auf DM 20 Mio. gegenüber der Gesamtheit der Geschädigten je schadenverursachendes Ereignis begrenzt werden. Im Zusammenspiel mit § 11 Nr. 7 AGBG (§ 309 Nr. 7 BGB) können daher TK-Dienstleistungsunternehmen ihre Haftung für Personen-, Sach- und Vermögensschäden 161

---
1 OLG Düsseldorf, NJW-RR 1997, 374, 375 f.; vgl. auch *Graf von Westphalen/Grote/Pohle*, S. 198 ff.

begrenzen, sofern weder vertragswesentliche Pflicht betroffen ist, noch Vorsatz oder grobe Fahrlässigkeit vorliegt und auch keine anderen zwingenden gesetzlichen Haftungsgründe greifen.

162 Eine Freizeichnung von Personenschäden in AGB von TK-Dienstleistungsunternehmen ist selten zu finden. Dies dürfte zum einen daran liegen, daß Personenschäden im Rahmen solcher Verträge relativ selten sind, zum anderen daran, daß wegen Nr. 1a) des Anhangs zu Art. 3 Abs. 3 der Richtlinie 93/13/EWG des Rates vom 5. 4. 1993 über mißbräuchliche Klauseln in Verbraucherverträgen[1] kaum Anerkennung bei den Gerichten finden würde[2].

163 Die DTAG verzichtet sogar auf jede Haftungsklausel gegenüber Endkunden[3], nicht jedoch auf die durch § 7 Abs. 2 Satz 2 bis 4 TKV eingeräumte Option der Haftungsbeschränkung von TK-Diensteanbietern untereinander[4].

5.7.10.2 Haftungsverlagerungs- und Haftungserweiterungsklauseln

164 Grundsätzliches Problem von TK-Dienstleistungsverträgen ist die Tatsache, daß Anschlüsse und Mobiltelefone nicht nur vom Kunden selbst, sondern auch von Dritten benutzt werden können. Dabei ist es dem Dienstleistungsanbieter grundsätzlich nicht möglich festzustellen, von wem der Anschluß oder das Mobiltelefon genutzt wird. Daher ist gegen eine Klausel, die vorsieht, daß der Inhaber des Anschlusses oder des Netzkartenvertrages für solche Entgelte haften muß, die durch die Benutzung anderer Personen, denen er die Nutzung des Anschlusses gestattet hat oder duldet (Familienmitglieder, Betriebsangehörige, Mitbewohner, Freunde, Gäste etc.) aufkommen muß, nichts einzuwenden[5]. Allerdings wird von den TK-Dienstleistungsanbietern nicht selten versucht, ihre Klauseln so zu gestalten, daß auch die Verbindungsentgelte, die von *unbefugten* Benutzern verursacht worden sind, vom Anschlußinhaber getragen werden müssen. Nach Ziff. 3 der „AGB Telefondienst (T-Net-Anschlüsse)" der DTAG hat der Kunde auch die Preise zu zahlen, die durch befugte oder unbefugte Benutzung des Anschlusses durch Dritte entstanden sind, wenn und soweit er diese Nutzung zu vertreten hat[6]. Auch die Haftung für Verlust und Abhandenkommen der SIM-Karten

---

1 ABl. EG Nr. L 95 S. 29, v. 21. 4. 1993.
2 *Hahn*, MMR 1999, 586, 589; *Heinrichs*, NJW 1996, 2199.
3 „AGB Telefondienst (T-Net-Anschlüsse)" in: *Gehrhoff/Grothe/Siering/Statz*, D.01.100.
4 *Gehrhoff/Grothe/Siering/Statz*, D.01.600.
5 *Hahn*, MMR 1999, 586, 589.
6 *Gehrhoff/Grothe/Siering/Statz*, D.01.100.

bei Mobiltelefonen soll auf die Kunden abgewälzt werden. Nach den AGB der DeTe Mobil (Deutsche Telekom Mobil Net GmbH) hat der Kunde nach Verlust und Abhandenkommen der Telekarte nur die Preise zu zahlen, die bis zum Eingang der Meldung bei DeTe Mobil angefallen sind[1].

Das OLG Schleswig hatte im Rahmen eines Verbandsklageverfahrens folgende Klausel zu überprüfen:

„Der Kunde haftet gegenüber XY für angefallene Gebühren und Rechnungsbeträge für Leistungen bis zum Zeitpunkt des Eingangs seiner Sperrmeldung bei XY gemäß Ziffer 4 aus dem Antrag"[2].

Das Gericht hielt diese Klausel für unwirksam nach § 9 Abs. 2 Nr. 1 AGBG (§ 307 BGB), mit dem Hinweis auf die BGH-Rechtsprechung im vergleichbaren Kreditkartenbereich, und insbesondere wegen Verstoßes gegen wesentliche Grundgedanken des BGB, wenn der Verwender seinem Vertragspartner formularmäßig eine verschuldensunabhängige Risikohaftung zuweist. Für die Wirksamkeit dieser Klauseln kommt es daher immer darauf an, ob dem Inhaber des Anschlusses ein Verschulden zur Last fällt. Eine Klausel, die die Haftung vom Verschulden des Anschlußinhabers abhängig macht, dürfte wirksam sein.

Damit wird die Frage der Haftungsverlagerung und Erweiterung auf die Ebene der Beweislast verlegt. Gemäß § 16 Abs. 3 Satz 3 TKV dürfen Verbindungsentgelte für eine Nutzung des Netzzugangs vom Kunden nur gefordert werden, wenn dieser nicht den Nachweis erbringen kann, daß der Netzzugang in vom Kunden nicht zu vertretendem Umfang genutzt wurde oder Tatsachen die Annahme rechtfertigen, daß die Höhe der Verbindungsentgelte auf Manipulation Dritter am öffentlichen TK-Netz zurückzuführen ist. Das heißt, daß der Kunde grundsätzlich das Nichtvorliegen eines Verschuldens nachweisen muß. § 16 Abs. 3 Satz 3 TKV gewährt ihm insofern jedoch eine Haftungserleichterung, als nur Tatsachen vorliegen müssen, die die Annahme einer Manipulation rechtfertigen. § 16 Abs. 3 Nr. 2 TKV erlaubt allerdings nicht den Schluß, daß der Kunde in all diesen Fällen automatisch von jeglicher Zahlung angefallener Verbindungsentgelte frei gestellt wird. Die Entgeltermittlung hat sich an § 17 Satz 1–6 TKV zu orientieren, also einer Durchschnittsberechnung vergangener Abrechnungsabschnitte. Außerdem kann gemäß § 17 Satz 7 TKV der Kunde den Nachweis antreten, daß der Zugang im betreffenden Abrechnungszeitraum gar nicht genutzt wurde.

---
1 Ziff. 12.3 Satz 2 der „AGB Mobilfunkvertrag C-Tel und D1" in: *Gehrhoff/Grothe/Siering/Statz*, D06.120.
2 OLG Schleswig, MMR 1998, 41, 43.

168 In diesem Zusammenhang dürften daher nur solche Haftungserweiterungs- bzw. Haftungsverlagerungsklauseln zulässig sein, die dem Kunden das entstandene Verbindungsaufkommen in der Zeit zwischen dem nicht zu vertretenden Verlust, Abhandenkommen oder Diebstahl seines Mobiltelefons oder seiner Netzkarte und der Verlustanzeige beim Diensteanbieter höchstens bis zur Grenze des nach § 17 TKV zu ermittelnden Durchschnittsbetrages auferlegen. Daneben muß es ihm jedoch unbenommen bleiben, nach § 17 Satz 7 TKV den Gegenbeweis anzutreten, daß er den Anschluß zur Zeit der Abrechnung nicht benutzt hat bzw. daß ein Verschulden des TK-Dienstleistungsanbieters vorliegt[1]. Manche Mobilfunk-Diensteanbieter versuchen, eine verschuldensunabhängige Haftung des Kunden in Höhe eines Pauschalbetrages von DM 100 bis zur Verlustanzeige vorzusehen. Eine solche Klausel kann gegen das Abweichungsverbot des § 1 Abs. 2 TKV verstoßen, sofern die Berechnung nach § 17 TKV eine unterhalb des Pauschalbetrages liegende Summe ergibt. Es sollten daher in AGB-Klauseln jedenfalls die Abrechnungsmodalitäten nach § 17 Abs. 7 TKV sowie die Möglichkeit des Nachweises eines Verschuldens des Diensteanbieters vorbehalten bleiben[2].

5.7.11 Kündigungsklauseln

169 In der Regel werden in AGB von TK-Dienstleistungsunternehmen Kündigungsklauseln für den Zahlungsverzug des Kunden vorgesehen. Dabei gibt es verschiedene Ausgestaltungen, die die ordentliche Kündigung wegen Zahlungsverzugs erleichtern sollen.

170 Relativ verbreitet ist eine Kündigungsklausel, die sich an § 19 Abs. 1 Nr. 1 TKV orientiert, wonach Anbieter von Sprachtelefondiensten zur Sperre des Anschlusses berechtigt sind, wenn der Kunde mit seinen Zahlungsverpflichtungen in Höhe von mindestens DM 150 in Verzug ist. Solche Klauseln sehen in der Regel vor, daß der Vertrag vom TK-Dienstleistungsanbieter gekündigt werden kann, sofern der Kunde für zwei aufeinanderfolgende Monate mit der Bezahlung der geschuldeten Vergütung oder einen länger als zwei Monate dauernden Zeitraum mit einem Betrag, der der durchschnittlich geschuldeten Vergütung für zwei Monate entspricht, sofern die Gesamtforderung mindestens DM 150 beträgt, in Verzug kommt[3].

171 Fraglich ist, ob eine solche Klausel wirksam ist. Es wird vertreten, daß sie gegen § 1 Abs. 2 TKV (Entsprechungsgebot) verstößt. Die Orientie-

---

1 *Hahn*, MMR 1999, 586, 590.
2 *Hahn*, MMR 1999, 586, 590.
3 „AGB der First Telekom GmbH für First Business (AGB)", ABl. RegTP Nr. 1 vom 20. 1. 1999, S. 21.

rung an der TK-rechtlichen Sperrbefugnis sei für die außerordentliche Kündigung des Vertrages nicht heranzuziehen. Im TK-Recht sei der Nutzungs-Kundenschutz zum Beispiel in §§ 2 Abs. 2 Nr. 1, 40, 41 TKG besonders herausgestellt. Dies spreche dafür, daß bei den genannten Beträgen zwar eine Sperre, aber nicht das schwerere Mittel der Kündigung zulässig sei[1]. Diese Ansicht ist abzulehnen. Es muß hier dem TK-Dienstleistungsanbieter überlassen bleiben, ob er bei Verzug mit den genannten Beträgen noch am Vertrag festhält, da er glaubt, daß es sich nur um einen vorübergehenden Liquiditätsengpaß des Kunden handelt oder daß dieser die Zahlung nur vergessen hat, oder ob er sich vom Vertrag gänzlich lösen will. Auch für den TK-Dienstleistungsanbieter ist es von Nachteil, wenn er einen Vertrag mit einem Kunden kündigt, der die Zahlung seiner Rechnungen nur versäumt hat, aber nicht illiquid ist. Er verliert dann nämlich einen Kunden. Unter diesem Gesichtspunkt ist eine solche Klausel nicht unangemessen benachteiligend. Auch nach dem Sinn und Zweck der TKV liegt kein Verstoß vor. Die TKV sieht ja auch hier das Mittel der Sperre vor.

Andere TK-Dienstleistungsanbieter orientieren sich bei ihren Verzugsregeln an § 543 Abs. 2 S. 1 Nr. 3a BGB. Danach ist eine außerordentliche Kündigung möglich, wenn der Kunde für zwei aufeinanderfolgende Monate mit der Bezahlung der Preise bzw. eines nicht unerheblichen Teils der Preise in Verzug gerät[2]. Einer solchen Regelung dürfte schon § 19 Abs. 1 Nr. 1 TKV entgegenstehen, nach der eine Grenze von DM 150 erst zur Sperre berechtigt. Da erst bei diesem Betrag eine Sperre möglich ist, dürfte es jedenfalls gegen § 1 Abs. 2 TKV verstoßen, wenn die oben genannte Klausel schon bei einem Betrag, der unter DM 150 liegt, zu einer Kündigung führt[3]. 172

Aus diesem Grund ist auch Ziffer 7.2b) der „AGB Telefondienst (T-Net-Anschlüsse)" der DTAG[4] unzulässig, nach der eine außerordentliche Kündigung zulässig ist, wenn der Kunde in einem Zeitraum, der sich über mehr als zwei Monate erstreckt, mit der Bezahlung der Preise in Höhe eines Betrages, der den monatlichen Grundpreis für zwei Monate erreicht, in Verzug ist. Auch in diesem Fall ist es gut möglich, daß der Betrag weit unter DM 150 liegt, so daß ein Verstoß gegen die TKV vorliegt. 173

---

1 *Hahn*, MMR 1999, 586, 591. Vgl. dazu auch *Graf von Westphalen/Grote/Pohle*, S. 246 ff.
2 Ziff. 7.2 der „AGB Telefondienst (T-Netz-Anschlüsse)" der DTAG, *Gehrhoff/Grothe/Siering/Statz*, D01.100.
3 So auch *Hahn*, MMR 1999, 586, 591.
4 *Gehrhoff/Grothe/Siering/Statz*, D01.100.

174 Als weiterer Kündigungsgrund wird oft auch der Widerruf der Einzugsermächtigung im Lastschriftverfahren angesehen. Dies ist gemäß § 9 Abs. 1 AGBG (§ 307 BGB) unzulässig. Eine solche Regelung benachteiligt den Kunden unangemessen. Wenn dem Kunden anfangs die Wahl zwischen einem Lastschrifteinzug und der Barzahlung gewährt wird, und für die Barzahlung eine erhöhte Bearbeitungsgebühr verlangt wird, so muß es dem Kunden unbenommen bleiben, im Laufe des Vertrages auf Barzahlung umzuschwenken, sofern er natürlich bereit ist, den Baraufschlag zu bezahlen.

5.7.12 Sperr- und Wiederanschlußklauseln

175 Da es für die Sperre von allgemeinen Netzzugängen eine detaillierte, unmißverständliche Regelung in § 19 TKV gibt, orientieren sich fast alle Anbieter an dieser Vorschrift. Versuche der Umgehung verstoßen gegen §§ 1 Abs. 2, 19 TKV, in der Regel auch gegen das AGBG (§§ 3, 5 und 9 AGBG [§§ 305c Abs. 1, 2, 307 BGB] sowie das Transparenzgebot). Ein solcher Versuch wurde zum Beispiel von der Hutchinson Telecom GmbH unternommen, die in Ziff. III.3.6e) regelte, daß die Bereitstellung der Dienstleistungen ausgesetzt werden kann, wenn der Kunde in Zahlungsverzug gerät[1]. Eine solche Regelung ist unzulässig.

5.7.13 Einwendungsausschlußklauseln

176 Da bei TK-Dienstleistungsverträgen der Diensteanbieter in der Regel vorleistungspflichtig ist, versuchen die TK-Dienstleistungsanbieter ihre erteilten Abrechnungen einwendungssicher zu machen, indem sie dem Empfänger mit einer Pflicht zur Prüfung der TK-Rechnung und zeitlich befristeter Einwendungserhebungen belasten. Anderenfalls soll nach den einschlägigen Klauseln eine Genehmigungsfiktion eintreten. Das OLG Schleswig[2] hatte folgende Klausel zu prüfen:

> „Etwaige Einwendungen gegen die Rechnungen von XX sind innerhalb eines Monats nach deren Zugang schriftlich geltend zu machen."

177 Das Gericht hat diese Klausel als Einwendungsverzicht i. S. d. § 10 Nr. 5 AGBG (§ 308 Nr. 5 BGB) angesehen und sie für unwirksam erklärt, da der Verwender seiner Hinweispflicht gemäß § 10 Nr. 5 AGBG (§ 308 Nr. 5 BGB) nicht nachgekommen ist. Über die Angemessenheit der Frist gemäß § 10 Nr. 5a AGBG (§ 308 Nr. 5a BGB) hat das Gericht nicht entschieden. Andere Klauseln sind weniger deutlich. Zum Beispiel sieht

---

1 ABl. RegTP Nr. 6 v. 14. 4. 1999, S. 1134.
2 OLG Schleswig, MMR 1998, 41.

die DeTe Mobil Deutsche Telekom Mobilnet GmbH (TeMobil AG) folgende Klausel vor:

> „Erhebt der Kunde Einwendungen gegen die Höhe der in Rechnung gestellten Verbindungspreise oder sonstige nutzungsabhängige Preise, so hat er diese innerhalb von sechs Wochen nach Zugang der Rechnung TeMobil schriftlich anzuzeigen. Die Unterlassung rechtzeitiger Einwendungen gilt als Genehmigung; TeMobil wird in den Rechnungen auf die Folgen einer unterlassenen, rechtzeitigen Anzeige besonders hinweisen. Gesetzliche Ansprüche des Kunden bei begründeten Einwendungen nach Fristablauf bleiben unberührt."[1]

Das OLG Köln, welches diese Ausschlußklausel zu überprüfen hatte[2], hat die Klausel mit § 10 Nr. 5 (§ 308 Nr. 5 BGB) und § 9 AGBG (§ 307 BGB) vereinbar erklärt. Nach Ansicht des OLG Köln habe der Verwender – ähnlich wie bei Banken-AGB – ein berechtigtes Interesse daran, den Massenverkehr insoweit übersichtlich zu organisieren, als per Einwendungsausschluß klare Verhältnisse herbeigeführt werden. Daran wird zu Recht kritisiert, daß jemandem, dem schon aus der Abwicklung von Massenverkehr ökonomische Vorteile zukommen, darüber hinaus noch das Recht eingeräumt wird, zu Lasten seines Vertragspartners klare Vertragsverhältnisse zu schaffen[3].

Im übrigen enthält die neue TKV keine Regelung der Einwendungsfrist. Eine solche war jedoch in der Vorgängerverordnung der TKV 1995 in § 17 Abs. 1 Satz 1 enthalten. Dies kann dahin interpretiert werden, daß der Verordnungsgeber dem Kunden nunmehr ein unbefristetes Recht zur Einwendungserhebung gegen die Höhe der in Rechnung gestellten Verbindungsentgelte an die Hand geben wollte.

Allerdings ist aus Praktikabilitätsgründen mit Blick auf die Beweissituation eine Einwendungsausschlußfrist geboten. Gemäß § 7 Abs. 3 TDSV sind die Daten der Einzelverbindungen spätestens nach 6 Monaten zu löschen. Danach ist es sowieso schwierig, Einwendungen gegen die Höhe der Entgelte zu erheben, da die einzelnen Verbindungen nicht mehr nachvollzogen werden können. Daher dürften diese 6 Monate als Richtschnur für entsprechende Einwendungsausschlußklauseln herangezogen werden. Dies wäre bei der Beratung einschlägiger AGB zu beachten.

---

1 Ziff. 7 der „AGB Mobilfunkvertrag CTel und D1", *Gehrhoff/Grothe/Siering/Statz*, D06.120.
2 OLG Köln, MMR 1998, 106.
3 *Hahn*, MMR 1999, 586, 592.

5.8 Kundenschutz

181 Der Schutz des Kunden der Telekommunikationsunternehmen wird zentral durch die Telekommunikations-Kundenschutzverordnung (TKV) geregelt. Hier finden sich sämtliche unmittelbar mit Telekommunikationsdienstleistungen verbundene Schutznormen. Ergänzend finden zum Schutze des Endverbrauchers die Vorschriften über Fernabsatzverträge, §§ 312b ff. BGB, sowie über den Verbraucherdarlehensvertrag, §§ 491 ff. BGB, Anwendung. Mit diesen Vorschriften sind im Wege der Schuldrechtsmodernisierung zum 1. 1. 2002 die Regelungen der Fernabsatzrichtlinie (Richtlinie 97/7/EWG vom 20. 5. 1997 über den Verbraucherschutz bei Vertragsabschlüssen im Fernabsatz) und des Verbraucherkreditgesetzes in das BGB integriert worden. Gravierende inhaltliche Änderungen der Gesetzeslage sind damit jedoch nicht vorgenommen worden, so daß die Rechtsprechung zur alten Rechtslage uneingeschränkt übertragbar scheint.

5.8.1 Telekommunikations-Kundenschutzverordnung (TKV)

182 Die TKV vom 11. 12. 1997 ersetzt die Telekommunikations-Kundenschutzverordnung 1995. Sie wurde aufgrund der Ermächtigungsgrundlage des § 41 TKG erlassen. Sie ist im Hinblick auf die vollständige Liberalisierung des Telekommunikationsmarktes verfaßt und weicht von der TKV 1995 grundlegend ab. Die neue TKV dient der Umsetzung der Richtlinie 92/44/EWG des Rates vom 5. 6. 1992 zur Einführung des offenen Netzzugangs bei Mietleitungen[1], geändert durch die Richtlinie 97/51/EWG[2] des Parlaments und des Rates vom 6. 10. 1997 zur Anpassung der Richtlinien 90/387/EWG und 92/44/EWG, und zur Umsetzung der ONP-Sprachtelefondienstrichtlinie II 98/10/EWG vom 26. 2. 1998[3].

5.8.1.1 Anwendungsbereich

183 In § 1 TKV wird der Geltungsbereich festgelegt. Die TKV beschränkt die Vertragsautonomie der Vertragspartner bei Verträgen über Telekommunikationsdienstleistungen für die Öffentlichkeit und legt besondere Rechte und Pflichten der Anbieter von Telekommunikationsdienstleistungen für die Öffentlichkeit und diejenigen, die diese Leistung vertraglich in Anspruch nehmen oder begehren (Kunden), fest (siehe hierzu aber Rz. 15 ff.). Die TKV ist nur für Telekommunikationsdienstleistungen für die Öffentlichkeit anwendbar, also nicht für geschlossene Benutzergruppen, wie z. B. Corporate Networks.

---

1 ABl. EG Nr. L 165 S. 27.
2 ABl. EG Nr. L 295 S. 23.
3 ABl. EG Nr. L 101 S. 24.

Kundenschutz Rz. 188 **Teil 5**

Als Kunden sind in der TKV nicht nur die Endverbraucher definiert, sondern auch Anbieter von Telekommunikationsdienstleistungen, die Vorprodukte für ihr Angebot von anderen Telekommunikationsdienstleistern einkaufen, z. B. Anbieter von Mehrwertdiensten, die die Netzdienstleistung von einem Netzbetreiber einkaufen. Dies ergibt sich daraus, daß § 1 TKV als Kunden diejenigen erfaßt, die die Leistungen der Anbieter von Telekommunikationsdienstleistungen für die Öffentlichkeit in Anspruch nehmen oder begehren. Zudem sind in § 4 TKV Regelungen enthalten sind, die nicht das Verhältnis Endverbraucher zum Anbieter von Telekommunikationsdienstleistungen beschreibt, sondern das Verhältnis von zwei Diensteanbietern untereinander. Auf die Lizenzpflichtigkeit des Anbieters der Telekommunikationsdienstleistung kommt es nicht an. Normadressat als Anbieter sind daher auch Wiederverkäufer und Mehrwertdiensteanbieter. 184

Die Normen der TKV sind unabdingbar. Dies ergibt sich aus § 1 Abs. 2 TKV. Zum Nachteil des Kunden darf von der Verordnung also nicht abgewichen werden, zu seinen Gunsten jederzeit. 185

5.8.1.2 Nichtdiskriminierung

§ 2 TKV normiert für marktbeherrschende Anbieter von Telekommunikationsdienstleistungen für die Öffentlichkeit ein Diskriminierungsverbot. Die Norm dient der Umsetzung von Art. 8 Abs. 2 Satz 1 der Richtlinie 92/44/EWG[1]. Als Ergänzung zu § 33 TKG, der ein Diskriminierungsverbot für Wettbewerber enthält, verbietet § 2 TKV die horizontale Diskriminierung einzelner Kunden[2]. 186

Normadressat sind marktbeherrschende Anbieter von Telekommunikationsdiensten für die Öffentlichkeit. Sie müssen ihre Leistungen jedermann zu gleichen Bedingungen anbieten und zur Verfügung stellen, es sei denn, unterschiedliche Bedingungen sind sachlich gerechtfertigt. Wann Marktbeherrschung vorliegt, bestimmt sich wie im Rahmen des § 33 TKG nach § 19 GWB. 187

Für das Vorliegen eines sachlichen Grundes, der eine Diskriminierung der Kunden zuläßt, ist das marktbeherrschende Unternehmen beweispflichtig. Ob ein sachlicher Grund vorliegt oder nicht, ist durch die Abwägung der Interessen der Beteiligten unter Berücksichtigung der auf die Freiheit des Wettbewerbs gerichteten Zielsetzung des TKG zu ermitteln. Die Grundkonzeption ist, daß das TKG den funktionsfähigen Wettbewerb ermöglichen soll. Als sachlicher Grund kommen z. B. Mengenrabatte oder gesetzliche Verpflichtungen in Betracht. 188

---
1 ABl. EG Nr. L 165 S. 27.
2 Beck TKG-Komm/*Piepenbrock*, Anh. § 41, § 2 TKV, Rz. 1.

Leitermann | 579

5.8.1.3 Entbündelung

189 § 3 TKV normiert ein Entbündelungsgebot. Danach sind marktbeherrschende Anbieter von Telekommunikationsdienstleistungen für die Öffentlichkeit verpflichtet, entsprechend der allgemeinen Nachfrage Leistungen getrennt anzubieten.

190 Fraglich ist, ob sich die Nachfrage am Markt nach den Bedürfnissen der Endverbraucher oder nach den Bedürfnissen aller Kunden im Sinne der TKV, also auch nach den Bedürfnissen der Wettbewerber von marktbeherrschenden Anbietern von Telekommunikationsdienstleistungen richtet. § 1 Abs. 1 TKV bezieht in den Anwendungsbereich der Verordnung ausdrücklich alle Kunden und nicht nur Endverbraucher mit ein. Danach könnten sich auf § 3 TKV auch Wettbewerber von Telekommunikationsdiensteanbietern berufen. Das *LG Hamburg* hat jedoch in einer Entscheidung § 3 TKV als Schutznorm nur für Endverbraucher eingestuft[1]. Begründet wurde dies damit, daß nach § 41 TKG als Rechtsgrundlage für die TKV nur Regelungen zum besonderen Schutz der Nutzer, insbesondere der Verbraucher, getroffen werden können. Zudem besage Erwägungsgrund 14 der Richtlinie 98/10/EG vom 26. 2. 1998[2], daß die durch die Entbündelung herbeigeführte Preistransparenz die Preissubvention von Geschäftskunden durch die Endverbraucher verhindern soll. Dieses Instrument sei daher nicht zum Schutz von Wettbewerbern bestimmt. Im Ergebnis ist diese Entscheidung wegen des umfassenden Kundenbegriffs der TKV falsch. Wegen der Regelungen des § 33 TKG hält sich die Wirkung jedoch in Grenzen.

191 Die Leistungsbeschreibungen müssen diesem Transparenzgebot genügen (§ 3 Abs. 1 Satz 2 TKV). Außerdem müssen auch die Rechnungen so gestaltet sein, daß der Marktteilnehmer ersehen kann, welchen Betrag er für welche Leistung zu bezahlen hat (§ 3 Abs. 2 TKV). Verschiedene Leistungen liegen z. B. dann vor, wenn Internetdienstleistungen und die Telekommunikationsverbindungen angeboten werden[3]. Hier handelt es sich bei der Verbindungsleitung und der Telefonauskunft um eine einheitliche Dienstleistung.

192 Grundsätzlich entscheidend für die Aufspaltung in verschiedene Leistungen sind die allgemeinen Gepflogenheiten auf dem jeweiligen Markt.

---

1 *AOL Bertelsmann Online GmbH ./. T-Online GmbH*, Az.: 416 O 46/99.
2 ABl. EG Nr. L 101 S. 24.
3 LG Hamburg, *AOL Bertelsmann Online GmbH ./. T-Online GmbH*, Az.: 416 O 46/99.

5.8.1.4 Entbündelte Angebote für Diensteanbieter

Die Verpflichtung zu entbündelten Angeboten ergibt sich für Netzbetreiber insbesondere aus § 4 Abs. 1 TKV. Danach haben Betreiber öffentlicher Telekommunikationsnetze ihr Leistungsangebot so zu gestalten, daß Anbieter von Telekommunikationsdienstleistungen für die Öffentlichkeit diese Leistungen im eigenen Namen und auf eigene Rechnung vertreiben und ihren Kunden anbieten können, es sei denn, diese Verpflichtung wäre im Einzelfall nach § 97 Abs. 5 TKG ungerechtfertigt.

193

§ 4 Abs. 1 TKV ist eine der umstrittensten Vorschriften der TKV. Es bestand im Vorfeld des Erlasses der TKV keine Einigkeit darüber, ob Diensteanbietern im Verordnungswege das Recht eingeräumt werden konnte und sollte, die Leistungen der Netzbetreiber in Anspruch zu nehmen. Hintergrund der Vorschrift sind entsprechende Regelungen der Lizenzerteilungen für das D1-[1] und D2[2]-Mobilfunknetz sowie des Lizenzvertrages über die Errichtung und den Betrieb des E1[3]-Mobilfunknetzes. Der Verordnungsgeber wies außerdem ausdrücklich darauf hin, daß das Motiv für die Regelung in § 4 Abs. 1 TKV die Tatsache sei, daß bei der Erteilung der E2-Lizenz keine entsprechende Auflage habe gemacht werden können, da das TKG selbst keine Regelung vorsehe[4]. Die ursprünglich im Kabinettsentwurf enthaltene Beschränkung der Normadressaten auf marktbeherrschende Netzbetreiber wurde auf politischen Druck wieder fallengelassen[5]. Sinn und Zweck der Vorschrift ist es jedenfalls, einen Zwischenhandel für Diensteanbieter zu eröffnen, die nicht selbst ein Netz betreiben, jedoch Telekommunikationsdienste an den Endkunden vertreiben wollen. Da ein solcher Zwischenhandel durch die Verweigerung des Netzzugangs völlig unterbunden werden kann, soll die Vorschrift die Entwicklung eines solchen Zwischenhandels sicherstellen[6].

194

Abgesehen von der Zielrichtung der Vorschrift ist vor allem ihre Rechtmäßigkeit umstritten. Fraglich ist schon, ob § 4 Abs. 1 TKV von § 41 Abs. 1 TKG als Ermächtigungsgrundlage umfaßt ist. Nach § 41 Abs. 1 TKG wird die Bundesregierung zum besonderen Schutze der Nutzer, insbesondere der Verbraucher, ermächtigt, durch Rechtsverordnung mit Zustimmung des Bundesrates Rahmenvorschriften für die Inanspruchnahme von Telekommunikationsdienstleistungen für die Öffentlichkeit zu erlassen. Es kann argumentiert werden, daß Diensteanbieter als Nutzer

195

---
1 BMPT Vfg. 259.1/1994, ABl. BMPT 1994 S. 866.
2 BMPT Vfg. 259.2/1991, ABl. BMPT 1991 S. 873.
3 BMPT Vfg. 259.3/1994, ABl. BMPT 1994 S. 880.
4 Beck TKG-Komm/*Ehmer*, Anh. § 41, § 4 TKV, Rz. 1.
5 Beck TKG-Komm/*Ehmer*, Anh. § 41, § 4 TKV, Rz. 1.
6 BR-Drucks. 551/97, S. 25 f.

von öffentlichen Telekommunikationsnetzen im Verhältnis zu den Netzbetreibern als deren Kunden schutzbedürftig sind und daher in den Anwendungsbereich der Verordnungsermächtigung fallen[1]. Andererseits ist § 4 Abs. 1 TKV eine wettbewerbsrechtliche Vorschrift, die einen Kontrahierungszwang schafft, der in gravierender Weise in die grundrechtlich verankerte Eigentums- und Berufsfreiheit eingreift. Eine Auslegung des § 41 TKG, nach der solche weitgehenden Eingriffe noch von der Ermächtigungsgrundlage gedeckt sein sollen, stößt an die Grenzen von Wortlaut, Regelungszweck und systematischer Stellung des § 41 TKG[2].

196 Außerdem sprechen auch verfassungsrechtliche Bedenken gegen die Wirksamkeit von § 4 Abs. 1 TKV. Nach der „Wesentlichkeitstheorie" ist der Gesetzgeber verpflichtet, die wesentlichen Entscheidungen bzw. die statusbildenden Normen in den Grundzügen durch ein förmliches Gesetz festzulegen[3]. Besonders stark ausgeprägt ist dieser Parlamentsvorbehalt im Bereich grundrechtsrelevanter Regelungen. Mit der Normierung eines Kontrahierungszwangs zu Lasten der Netzbetreiber könnte § 4 Abs. 1 TKV in die Grundrechte des Eigentums und der Berufsfreiheit eingreifen.

197 Im Ergebnis wird man § 4 Abs. 1 TKV aber als wirksame Verpflichtung ansehen müssen. Nicht zuletzt erfüllt sie den Zweck des TKG (§ 1 TKG) und schafft eine Voraussetzung für den Wettbewerb auch unter Einbeziehung von Wiederverkäufern/Diensteanbietern.

5.8.1.5 Gestaltung des Diensteanbietervertrages

198 Der Netzbetreiber hat im Rahmen von § 4 Abs. 2 Satz 1 TKV zu beachten, daß er den Diensteanbieter nicht ausschließlich und nicht unangemessen lang an sich binden darf. Die Vorschrift geht in ihrem inhaltlichen Umfang als Kundenschutzvorschrift über das hinaus, was sonst in der TKV an Kundenschutzvorschriften geregelt worden ist. Es handelt sich um eine wettbewerbsrechtliche Vorschrift nach dem Vorbild von § 16 GWB. Sie geht allerdings noch über § 16 GWB hinaus. Während nach § 16 GWB die Kartellbehörde Ausschließlichkeitsbindungen nur aufheben und für die Zukunft untersagen kann, verbietet § 4 Abs. 2 Satz 1 TKV Ausschließlichkeitsbindungen generell. Zu beachten ist, daß es den Parteien nach der Vorschrift unbenommen wäre, in beiderseitigem Einvernehmen eine Exklusivbindung zu vereinbaren.

---

1 BR-Drucks. 551/97, S. 25 f.
2 Beck TKG-Komm/*Ehmer,* Anh. § 41, § 4 TKV, Rz. 5.
3 BVerfGE 33, 1, 11 f.; 34, 165, 192; 41, 251, 259 f. (sog. Entscheidungsprärogative des Parlaments).

Kundenschutz

Auch § 4 Abs. 2 Satz 2 TKV ist eine wettbewerbsrechtliche Vorschrift. Sie soll sicherstellen, daß ein Netzbetreiber, der einem Diensteanbieter zu seinem Netz Zugang gewährt, nicht dadurch die Wettbewerbsbedingungen auf dem nachgelagerten Markt für die Dienste verzerrt, indem er ihm ungünstigere Bedingungen gewährt als seinem eigenen Vertrieb oder verbundenen Unternehmen. 199

5.8.1.6 Preisberechnung

§ 5 TKV dient der Eichung der Abrechnungsmodi der Anbieter von Telekommunikationsdiensten. Die Dauer zeitabhängig tarifierter Verbindungen von Telekommunikationsdienstleistungen für die Öffentlichkeit soll regelmäßig mit einem amtlichen Zeitnormal abgeglichen werden (§ 5 Nr. 1 TKV). Eine solches Zeitnormal kann z. B. die sogenannte „Atomuhr" sein[1]. Die Vorschrift dient nicht zur Bestimmung, wie lange ein Gespräch gedauert hat, sondern soll die Genauigkeit der zugrundeliegenden Systemzeit sicherstellen. 200

Außerdem sind die Systeme, Verfahren und technischen Einrichtungen, mit denen die Umrechnung der nach § 5 Nr. 1 TKV ermittelten Verbindungsdaten erfolgt, vom Anbieter einer regelmäßigen Kontrolle auf Abrechnungsgenauigkeit und Übereinstimmung mit den vertraglich vereinbarten Entgelten einschließlich der Verzonungsdaten zu unterziehen (§ 5 Nr. 2 TKV). Mit dieser Regelung soll sichergestellt werden, daß bei der Entgeltbestimmung nicht durch technische Ungenauigkeiten falsche Beträge berechnet werden. 201

Sowohl die Ermittlung der Verbindungsdaten als auch die Umrechnung muß durch ein Qualitätssicherungssytem sichergestellt werden oder einmal jährlich durch vereidigte, öffentlich bestellte Sachverständige oder vergleichbare Stellen überprüft werden. Zum Nachweis ist der Regulierungsbehörde die Prüfbescheinigung einer akkreditierten Zertifizierungsstelle für Qualitätssicherungssysteme oder das Prüfergebnis eines vereidigten, öffentlich bestellten Sachverständigen vorzulegen (§ 5 Nr. 3 TKV). 202

5.8.1.7 Leistungsstörung

§ 6 TKV regelt in Absatz 1 und Absatz 2, unter welchen Voraussetzungen Anbieter, denen nach § 19 TKG die Erbringung von Universaldienstleistungen auferlegt worden ist oder die Leistungen nach § 97 Abs. 1 TKG erbringen, diesen Dienst einstellen oder beschränken dürfen. Danach dürfen solche Leistungen nur vorübergehend auf Grund grundlegender, in Übereinstimmung mit dem Recht der Europäischen Union 203

---
[1] Beck TKG-Komm/*Ehmer*, Anh. § 41, § 5 TKV, Rz. 4.

stehender Anforderungen eingestellt oder beschränkt werden. Adressat der Regelungen in Absatz 1 und Absatz 2 sind nur solche Unternehmen, denen eine Universaldienstleistung in § 19 TKG förmlich auferlegt worden ist. Gemäß § 19 Abs. 2 TKG kann die Regulierungsbehörde einem Lizenznehmer, der auf einem sachlich und räumlich relevanten Markt eine marktbeherrschende Stellung innehat, auferlegen, bestimmte Universaldienstleistungen nach Maßgabe der Telekommunikationsuniversaldienstleistungsverordnung (TUDLV) durchzuführen. Gemäß § 1 TUDLV sind folgende Telekommunikationsdienstleistungen Universaldienstleistungen:

– Sprachtelefondienst mit ISDN-Leistungsmerkmalen,

– die Rufnummernauskunft,

– die Herausgabe von Teilnehmerverzeichnissen,

– die flächendeckende Bereitstellung von öffentlichen Telefonstellen sowie

– die Bereitstellung bestimmter Basisübertragungswege.

204 Diese Universaldienstleistungen dürfen nur im Rahmen von § 6 Abs. 1 und Abs. 2 TKV eingestellt bzw. beschränkt werden.

205 Nach § 6 Abs. 2 TKV kann eine Beschränkung von Universaldienstleistungen gerechtfertigt sein, wenn folgende grundlegenden Anforderungen beeinträchtigt sind:

– die Sicherheit des Netzbetriebes,

– Aufrechterhaltung der Netzintegrität, insbesondere die Vermeidung schwerwiegender Störungen des Netzes, der Software oder gespeicherter Daten,

– die Interoperabilität der Dienste,

– der Datenschutz.

206 Gemäß § 6 Abs. 3 TKV sind alle Anbieter von Telekommunikationsdienstleistungen für die Öffentlichkeit (nicht nur solche, denen die Erbringung von Universaldienstleistungen gemäß § 19 TKG auferlegt worden ist) verpflichtet, bei längeren, vorübergehenden Leistungseinstellungen oder Beschränkungen die Kunden in geeigneter Form über Art, Ausmaß und Dauer der Leistungseinstellung zu unterrichten. Im Falle voraussehbarer Leistungseinstellungen oder Beschränkungen hat der Anbieter von Telekommunikationsdienstleistungen diejenigen Kunden vor der Leistungseinstellung oder Beschränkung zu unterrichten, die auf eine ununterbrochene Verbindung oder einen jederzeitigen Verbindungsaufbau angewiesen sind und dies dem Anbieter unter Angabe von Gründen schriftlich mitgeteilt haben. Eine Mitteilungspflicht über den Beginn der Einstellung besteht nur dann nicht, wenn die Unterrichtung

objektiv nicht vorher möglich ist oder die Beseitigung bereits eingetretener Unterbrechungen verzögern würde.

5.8.1.8 Haftung

Nach § 7 Abs. 1 TKV richten sich Schadensersatz- oder Unterlassungsansprüche der Kunden der Anbieter von Telekommunikationsdienstleistungen für die Öffentlichkeit nach § 40 des TKG und den allgemeinen gesetzlichen Bestimmungen. Daraus ergibt sich zum einen, daß die unbegrenzte Haftung des § 40 TKG im Rahmen der allgemeinen Gesetze eingeschränkt werden kann. Zum anderen folgt hieraus auch die Anwendung des AGB-Gesetzes[1]. In § 7 Abs. 2 TKV ist für Vermögensschäden sowohl für das schadensverursachende Ereignis insgesamt mit DM 20 Mio. (EUR 10 204 000) als auch hinsichtlich des einzelnen Nutzers mit DM 25 000 (EUR 12 755) eine Höchstgrenze vorgesehen. § 6 Abs. 2 Satz 5 und 6 TKV begrenzen die Haftung aller Endkunden je Schadensereignis auf DM 20 Mio. Für den Fall, daß der Schaden diesen Betrag übersteigt, ist eine anteilige Kürzung jedes einzelnen Schadensersatzanspruches vorgesehen. Die Haftungsbegrenzungen wurden damit begründet, daß z. B. die Störung von Telekommunikationseinrichtungen bei Banken oder bei der Börse zu enormen wirtschaftlichen Schäden führen kann[2].

Die Begrenzung der Haftung für Vermögensschäden bis zu einem Betrag von DM 25 000 je Nutzer gilt jedoch nicht automatisch gegenüber Nutzern, die ihrerseits Telekommunikationsdienstleistungen aber für die Öffentlichkeit erbringen. Im Verhältnis untereinander können die Anbieter von Telekommunikationsdienstleistungen die Haftung durch Vereinbarung der Höhe nach beschränken. Gemäß § 7 Abs. 2 Satz 4 TKV darf die Summe der Mindesthaftungsbeträge gegenüber den geschädigten Endkunden des anderen Nutzers jedoch nicht unterschritten werden.

Die Bestimmungen der Haftungsbegrenzungen in § 7 Abs. 2 Satz 2 bis 4 TKV gelten nicht für eine Haftung der Anbieter für originäre Schäden des anderen Anbieters. Die Sätze 2 bis 4 sollen lediglich die Endkundenansprüche auf den originären Anbieter überwälzen, nicht jedoch eine unbegrenzte Haftung für hiervon unabhängige, unmittelbare eigene Schäden des Zwischenhändlers bewirken[3].

Gemäß Satz 7 ist die Haftungsbegrenzung der Höhe nach nicht wirksam, wenn der Schaden vorsätzlich verursacht wurde. Damit ist klargestellt,

---
1 Beck TKG-Komm/*Ehmer*, Anh. § 41, § 7 TKV, Rz. 1.
2 BR-Drucks. 551/97, S. 28.
3 Beck TKG-Komm/*Ehmer*, Anh. § 41, § 7 TKV, Rz. 6.

daß die Haftungsbeschränkung auch für den Fall der groben Fahrlässigkeit greift, für den die Haftung nach § 11 Nr. 7 AGBG (§ 309 Nr. 7 BGB) nicht abbedungen werden könnte[1].

5.8.1.9 Verjährung

211 § 8 TKV bestimmt die Verjährung vertraglicher Ansprüche über Telekommunikationsdienstleistungen für die Öffentlichkeit und Kunden auf zwei Jahre. Es wird auf § 201 BGB a. F. verwiesen. Nach §§ 201, 198 BGB a. F. beginnt die Verjährung mit dem Schluß des Jahres, in dem der Anspruch entsteht. Gemäß § 201 Satz 2 BGB a. F. beginnt die Verjährung für den Fall, daß die Leistung erst nach Ablauf einer über den Entstehungszeitpunkt hinausreichenden Frist verlangt werden kann, mit dem Schluß des Jahres, in welchem die Frist abläuft. Durch die Schuldrechtsmodernisierung und die Änderung des zivilrechtlichen Verjährungsrechtes sind Beginn und Ablauf der Verjährung nach § 8 TKV im Ergebnis nicht betroffen. Nach Art. 229 § 6 Abs. 1 EGBGB gilt zwar das neue Verjährungsrecht mit der regelmäßigen Verjährungsfrist von drei Jahren auch für solche Ansprüche, die in anderen Gesetzen geregelt sind, deren Verjährung sich aber nach den Vorschriften des BGB bestimmt. Da in § 8 TKV aber mit zwei Jahren eine kürzere Verjährungsfrist vorgesehen ist, bleibt es nach Art. 229 § 6 Abs. 3 EGBGB zum Schutze des Schuldners bei dieser kürzeren Frist.

212 Eine Vereinbarung, die zuungunsten des Kunden von § 8 TKV abweicht, ist gemäß § 1 Abs. 2 TKV unwirksam.

5.8.1.10 Anspruch auf Universaldienstleistung

213 § 9 Abs. 1 TKV begründet einen Rechtsanspruch des Kunden auf Zugang zum Sprachtelefondienst. Normadressat ist die DTAG, sofern sie nicht ihre Dienstleistungen nach dem in § 97 Abs. 1 TKV vorgesehenen Verfahren reduziert hat, oder das Unternehmen, welchem die Universaldienstleistung im Rahmen des § 19 TKG förmlich auferlegt worden ist. Der Leistungsumfang ergibt sich aus der TUDLV.

214 Gemäß § 9 Abs. 2 TKV kann der Kunde seinen Vertrag mit dem Anbieter von Sprachtelefondiensten, welcher nicht zum Universaldienst verpflichtet ist, ohne Einhaltung einer Frist kündigen, sofern die Leistungen, die der Anbieter dem Kunden bereitgestellt hat, nicht den Mindestanforderungen der TUDLV entsprechen und er den Kunden bei Vertragsabschluß auf diesen Umstand nicht schriftlich hingewiesen hat.

---

1 Siehe Anmerkung zu § 7 der Begründung zur TKV, BR-Drucks. 551/97, S. 29.

5.8.1.11 Grundstückseigentümererklärung

§ 10 TKV betrifft nur Verträge über Zugänge zu öffentlichen Telekommunikationsnetzen. Gemäß Absatz 1 kann der Abschluß eines Vertrages über den Zugang zu einem öffentlichen Telekommunikationsnetz davon abhängig gemacht werden, daß dem Netzbetreiber für das betroffene Grundstück eine Einverständniserklärung des dinglich Berechtigten vorgelegt wird (Grundstückseigentümererklärung). Der Eigentümer erklärt einem bestimmten Netzbetreiber sein Einverständnis, daß dieser auf dem Grundstück bzw. in den auf dem Grundstück befindlichen Gebäuden alle für den Zugang zu einem Telekommunikationsnetz erforderlichen Einrichtungen anbringen darf. Bei dieser Erklärung handelt es sich lediglich um eine schuldrechtliche Einwilligung, nicht um ein dingliches Recht. Die Grundstückseigentümererklärung gibt dem Netzbetreiber daher nur eine Einrede gegen Ansprüche auf Unterlassung der Nutzung des Grundstücks, begründet jedoch kein eigenständiges dingliches Recht in Form einer beschränkt-persönlichen Dienstbarkeit gemäß § 1090 BGB[1]. Nach der in Anlage 1 zum TKG vorgegebenen Grundstückseigentümererklärung umfaßt das Nutzungsrecht des Netzbetreibers die Einrichtung, Prüfung und Instandhaltung der erforderlichen Leitungen auf dem Grundstück und der dazugehörigen Gebäude (Hausverkabelung).

215

Gemäß § 10 Abs. 2 TKV hat der Netzbetreiber dem dinglich Berechtigten eine Gegenerklärung auszustellen, die in Anlage 2 zur TKV vorgegeben ist. Darin verpflichtet sich der Netzbetreiber gegenüber dem Grundstückseigentümer, bereits vorinstallierte Hausverkabelungen zu nutzen, soweit dies technisch möglich ist. Außerdem verpflichtet sich der Netzbetreiber, im Falle der Beschädigung des Grundstücks bzw. seiner Bestandteile (Gebäude), diese wieder instand zu setzen. Die erforderliche Verkabelung sowie die ggf. notwendige Entfernung der Vorrichtungen zum Anschluß an sein Telekommunikationsnetz hat der Netzbetreiber auf eigene Kosten durchzuführen. Die Entfernung wird dann erforderlich, wenn das Grundstück einer veränderten Nutzung zugeführt wird. Außerdem hat der Netzbetreiber aufgrund seiner Gegenerklärung im Falle der Kündigung die Pflicht, die von ihm eingebauten Vorrichtungen binnen Jahresfrist auf eigene Kosten zu entfernen. Der Netzbetreiber hat ferner, soweit nicht schutzwürdige Interessen Dritter entgegenstehen, auf Verlangen des Eigentümers die Vorrichtungen sogar unverzüglich zu entfernen.

216

Die Erklärungen gelten auf unbestimmte Zeit, können jedoch mit einer Frist von sechs Wochen gekündigt werden.

217

---
1 Beck TKG-Komm/*Piepenbrock*, Anh. § 41, § 10 TKV, Rz. 6.

218 Zwar ist der Netzbetreiber gemäß der Grundstückseigentümererklärung auch berechtigt, die von ihm errichteten Vorrichtungen binnen Jahresfrist nach der Kündigung zu entfernen, er hat jedoch wohl in der Regel keinen Anspruch auf Duldung der Entfernung der Installationen gegen den Willen des Eigentümers. Dies ergibt sich daraus, daß im Regelfall Leitungen und sonstige Anlagen unter der Erdoberfläche oder unterhalb des Putzes verlegt werden. Sie werden daher als fest mit dem Grundstück oder dem Gebäude verbunden angesehen. Dies hat zur Folge, daß sie gemäß § 946, 94 BGB als wesentliche Bestandteile in das Eigentum des Grundstückseigentümers übergehen.

219 Etwas anderes ergibt sich nur, wenn es sich bei den Leitungen und Installationen um Scheinbestandteile gemäß § 95 BGB handelte. Eine Scheinbestandteilseigenschaft liegt jedoch auch dann nicht vor, wenn nach den Vorstellungen der Beteiligten eine spätere Trennung nicht ausgeschlossen ist[1]. Soweit außerdem feststeht, daß die Sache nach Beendigung des Nutzungsverhältnisses dem Grundstückseigentümer überlassen werden soll, ist trotz der zeitlichen Befristung eines Nutzungsrechtes keine Eigenschaft als Scheinbestandteil anzunehmen[2]. Es kann daher jedenfalls bei in der Vergangenheit eingerichteten Anlagen davon ausgegangen werden, daß diese in das Eigentum des Grundstückseigentümers übergegangen sind. Bei diesen hatte keine der Parteien angenommen, daß diese vom Netzbetreiber wieder entfernt werden würden. Aufgrund der Tatsache, daß der Ausbau der Einrichtungen mit einem erheblichen finanziellen Aufwand verbunden ist, dürfte auch in Zukunft keine der Parteien davon ausgehen, daß die Einrichtungen vom Netzbetreiber freiwillig wieder entfernt werden. Daher sind die Einrichtungen in diesen Fällen keine Scheinbestandteile und gehen in das Eigentum des Grundstückseigentümers über[3].

220 Gemäß § 10 Abs. 3 TKV hat der Berechtigte eine Grundstückseigentümererklärung einem anderen Anbieter von Zugängen zur öffentlichen Telekommunikationsnetzen, also einem Wettbewerber, die Mitnutzung der auf dem Grundstück verlegten Leitungen und Vorrichtungen zu gewähren, sofern der dinglich Berechtigte keine weitere Grundstückseigentümererklärung erteilt. Nach § 10 Abs. 3 Satz 2 TKV kann der Berechtigte der Grundstückseigentümererklärung für die Mitnutzung seiner Einrichtungen ein angemessenes Entgelt verlangen, welches sich an den Kosten der effizienten Leistungsbereitstellung zu orientieren hat. Sinn dieser Vorschrift ist, den Wettbewerb zu gewährleisten und zu schützen. Es soll verhindert werden, daß durch das einmalige Gewähren

---
1 BGH, NJW 1970, 896, 897.
2 BGH, NJW 1996, 916, 917.
3 Beck TKG-Komm/*Piepenbrock*, Anh. § 41, § 10 TKV, Rz. 17.

der Leitungsverlegung anderen Wettbewerbern der Zugang zu den Nutzern versperrt bleibt.

5.8.1.12 Sicherheitsleistung

Gemäß § 11 Abs. 1 TKV können Anbieter von Telekommunikationsdienstleistungen für die Öffentlichkeit, denen nach § 19 TKG die Erbringung von Universaldienstleistungen auferlegt worden sind, von Endkunden vor Erbringung der eigenen Leistung Sicherheitsleistung in angemessener Höhe verlangen. Dies ist jedoch nur dann möglich, wenn zu befürchten ist, daß der Kunde seinen vertraglichen Verpflichtungen nicht oder nicht rechtzeitig nachkommt. Die Sicherheitsleistung kann durch Bürgschaftserklärung eines im europäischen Wirtschaftsraum zugelassenen Kreditinstituts erfolgen. Die Sicherheitsleistung ist unverzüglich zurückzugeben oder zu verrechnen, sobald die Voraussetzungen für ihre Erbringung weggefallen sind. Als angemessene Höhe für die Sicherheitsleistung bestimmt Absatz 2 einen Betrag in Höhe des Bereitstellungspreises zuzüglich des sechsfachen Grundpreises. Ein höherer Betrag ist nur dann zu fordern, wenn die Umstände des Einzelfalls dies begründen. Mit Bereitstellungspreis ist der Betrag gemeint, der für die erstmalige Bereitstellung der Dienstleistung gefordert wird. Mit Grundpreis ist das monatlich in Rechnung gestellte, vom individuellen Umfang der Leistungsinanspruchnahme unabhängige Entgelt gemeint[1].

Die Sicherungsmöglichkeiten der Anbieter von Telekommunikationsdienstleistungen für die Öffentlichkeit, die nicht Universaldienste anbieten, bestimmen sich im übrigen nach den allgemeinen Gesetzen (§ 10 Abs. 3 TKV).

5.8.1.13 Entstörungsdienst

Nach § 12 TKV sind marktbeherrschende Anbieter von Sprachtelefondiensten auf Verlangen des Kunden verpflichtet, einer Störung unverzüglich, auch nachts und an Sonn- und Feiertagen, nachzugehen. Gemäß Satz 2 sind die vertraglichen Bedingungen für den Entstörungsdienst in die Allgemeinen Geschäftsbedingungen des marktbeherrschenden Anbieters auf dem Sprachtelefondienstmarkt aufzunehmen. Diese Hinweise richten sich nach §§ 27 und 28 TKV sowie nach dem AGB-Gesetz, § 28 TKV betrifft Vertragsänderungen. § 27 TKV betrifft die Veröffentlichungen von Informationen für die Endkunden allgemein. Gemäß § 27 Abs. 4 TKV haben die Allgemeinen Informationen für Endkunden über allge-

---

1 Beck TKG-Komm/*Schütz*, Anh. § 41, § 11 TKV, Rz. 8.

meine Zugänge zu festen öffentlichen Telekommunikationsnetzen Angaben über die Regelbereitstellungsfrist, die Regelentstörungsfrist, Ausgleichsregelungen bei Leistungsstörungen sowie eine Zusammenfassung des Vorgehens zur Einleitung von Schlichtungsverfahren nach § 35 TKV zu enthalten. Auf die Möglichkeit einer Benachrichtigung nach § 6 Abs. 3 TKV (Benachrichtigung über vorhersehbare Störungen) ist ebenfalls hinzuweisen.

5.8.1.14 Allgemeiner Netzzugang

224 § 13 Abs. 1 TKV verpflichtet den Netzbetreiber, den allgemeinen Zugang zu festen öffentlichen Telekommunikationsnetzen mit einer genormten Schnittstelle zu versehen, die an einer mit dem Kunden zu vereinbarenden geeigneten Stelle installiert wird. Mit dem Verweis auf die ONP-Norm soll gewährleistet werden, daß die im Rahmen des ISDN geltenden genormten Schnittstellenbedingungen eingehalten werden. Zu beachten ist die derzeit gültige, im Amtsblatt der Europäischen Gemeinschaft aktuell veröffentlichte 5. Ausgabe des Verzeichnisses der ONP-Normen vom 14. 6. 1997[1]. Die Schnittstellen und die Installationen sollen räumlich frei zugänglich sein. Der Kunde soll die Möglichkeit haben, Endgeräte und Verkabelungen unabhängig von seinem Netzbetreiber auszuwählen, installieren zu lassen und zu betreiben[2]. Gemäß § 13 Abs. 2 TKV muß der Kunde eines Sprachtelefondienstes die Möglichkeit haben, die Nutzung seines Netzzugangs für bestimmte Arten[3] von Rufnummern zu beschränken. Damit zielt die TKV in erster Linie auf die frei tarifierbaren, entgeltpflichtigen Mehrwertdienste ab. Es soll dem Kunden ermöglicht werden, daß er bestimmten Nutzern seines Anschlusses, z. B. Kindern oder Mitarbeitern, den Zugriff auf bestimmte Dienste verwehren kann. Eine netzseitige Sperrung ist nur hinsichtlich bestimmter Arten von Rufnummern vorgesehen, nicht hinsichtlich einzelner, vom Kunden zu bestimmender Zielrufnummern.

225 Gemäß § 13 Abs. 3 TKV kann der Kunde von einem marktbeherrschenden Sprachtelefondiensteanbieter verlangen, daß über den allgemeinen Netzzugang im Rahmen der datenschutzrechtlichen Bestimmungen die Anzeige der Teilnehmerrufnummer des Anrufenden und eine direkte Durchwahl möglich ist, dies jedoch nur im Rahmen der technischen Durchführbarkeit. In der ISDN-Richtlinie 97/66/EG vom 15. 12. 1997[4] ist in Art. 8 der Datenschutz für diesen Bereich geregelt. Die Umsetzung in

---

1 ABl. EG Nr. C 180 S. 3.
2 Beck TKG-Komm/*Piepenbrock*, Anh. § 41, § 13 TKG, Rz. 3.
3 In diesem Zusammenhang spricht man auch von Rufnummerngassen; z. B. 0-800, 0-900, 118xy etc.
4 ABl. EG Nr. L 24 S. 1.

deutsches Recht erfolgte mit der Telekommunikations-Datenschutzverordnung (TDSV) vom 18. 12. 2000.

Gemäß § 11 Abs. 1 TDSV müssen der Anrufende und der Angerufene die Möglichkeit haben, ihre Nummernanzeige dauernd oder für jeden Anruf einzeln auf einfache Weise und unentgeltlich zu unterdrücken, sofern der Diensteanbieter die Anzeige der Nummer anbietet. Außerdem muß der Angerufene die Möglichkeit haben, eingehende Anrufe, bei denen die Nummernanzeige durch den Anrufenden unterdrückt wurde, auf einfache Weise und unentgeltlich abzuweisen. Gemäß § 11 Abs. 2 TDSV muß der Diensteanbieter Anschlüsse bereitstellen, bei denen die Übermittlung der Nummer des anrufenden Anschlusses an den angerufenen Anschluß auf Antrag des Kunden unentgeltlich ausgeschlossen werden kann. Gemäß § 11 Abs. 4 TDSV muß der Angerufene die Möglichkeit haben, die Anzeige seiner Nummer beim Anrufenden auf einfache Weise und unentgeltlich zu unterdrücken, soweit dies technisch möglich ist. 226

§ 13 Abs. 4 TKV bestimmt, daß allgemeine Zugänge zu öffentlichen Telekommunikationsnetzen die Möglichkeit des Zugangs zu Vermittlungs- und Unterstützungsdiensten sowie zu Auskunftsdiensten über Teilnehmerrufnummern eröffnen müssen. Dies bedeutet nicht, daß der Teilnehmernetzbetreiber diese Dienste selbst anbieten muß. Es genügt, daß er den Zugang zu entsprechenden Diensten ermöglicht. Dazu wird der Teilnehmernetzbetreiber entweder entsprechende Dienste direkt an sein Netz anschalten oder über Netzzusammenschaltungsvereinbarungen mit anderen Netzbetreibern den Zugang zu den entsprechenden Diensten eröffnen. 227

Gemäß § 13 Abs. 5 TKV kann im Falle einer Kündigung des Kunden gegenüber dem Anbieter des allgemeinen Netzzugangs die Kündigung durch den neuen Anbieter entgegengenommen und dem alten Anbieter übermittelt werden. Die Kündigung wird erst wirksam mit Zugang beim Vertragspartner, d. h. bei dem alten Diensteanbieter. 228

5.8.1.15 Einzelverbindungsnachweis

§ 14 TKV normiert einen Anspruch des Kunden gegen den Anbieter von Sprachtelekommunikationsdienstleistungen für die Öffentlichkeit auf Erteilung eines unentgeltlichen Einzelverbindungsnachweises. Der Kunde muß sein Recht auf Erteilung des Einzelverbindungsnachweises vor dem maßgeblichen Abrechnungszeitraum geltend machen. Die Erteilung des Nachweises beschränkt sich auf Sprachkommunikationsverbindungen. Datenverbindungen werden von der Vorschrift nicht erfaßt. Bei der Erteilung des Einzelverbindungsnachweises sind jedoch datenschutz- 229 rechtliche Vorschriften zu beachten. Diese finden sich in § 8 der neuen TDSV. Gemäß § 8 Abs. 1 Satz 2 TDSV ist die Erteilung eines Einzelverbindungsnachweises nur zulässig, wenn der Kunde schriftlich erklärt hat, daß er alle zum Haushalt gehörenden Mitbenutzer des Anschlusses darüber informiert hat und künftige Mitbenutzer unverzüglich darüber informiert werden, daß ihm die Verbindungsdaten zur Erteilung des Nachweises bekanntgegeben werden. Dasselbe gilt gemäß Satz 3 bei Anschlüssen in Betrieben und Behörden für die Information von Mitarbeitern. Gemäß Satz 5 dürfen einem Kunden, der zur vollständigen oder teilweisen Übernahme der Entgelte für bei seinem Anschluß ankommende Verbindungen verpflichtet ist, die Nummern der anrufenden Anschlüsse nur unter Kürzung der letzten drei Ziffern mitgeteilt werden.

230 Gemäß § 8 Abs. 2 TDSV darf der Einzelverbindungsnachweis Verbindungen von Anschlüssen zu Anschlüssen von Personen, Behörden und Organisationen in sozialen oder kirchlichen Bereichen, die grundsätzlich anonym bleibenden Anrufern ganz oder überwiegend telefonische Beratung in seelischen oder sozialen Notlagen anbieten und die selbst oder deren Mitarbeiter insoweit besonderen Verschwiegenheitsverpflichtungen unterliegen, nicht erkennen lassen. Die entsprechenden Organisationen können sich in eine durch die Regulierungsbehörde für Telekommunikation und Post geführte Liste aufnehmen lassen.

231 Der Einzelverbindungsnachweis muß gemäß § 14 Satz 2 TKV jedoch nur dann erteilt werden, wenn eine Rechnung üblicherweise erteilt wird. Wird eine Rechnung üblicherweise nicht erteilt, so besteht auch kein Anspruch auf die Erteilung eines Einzelverbindungsnachweises. Dies betrifft insbesondere die Pre-paid-Produkte. In diesem Fall zahlt der Kunde vorab und erhält ein bestimmtes Telefonguthaben. Für diese Leistung wird üblicherweise keine (nachträgliche) Rechnung erstellt, so daß auch kein unentgeltlicher Einzelverbindungsnachweis zu erteilen ist.

232 Aus der Formulierung „unentgeltlich" in Satz 4 folgt, daß weder ein regelmäßiges monatliches Entgelt noch ein Entgelt für die Einrichtung des Einzelverbindungsnachweises erhoben werden darf[1].

233 Was den Inhalt des unentgeltlichen Einzelverbindungsnachweises angeht, so besteht Einigkeit darüber, daß jedenfalls das Datum des Verbindungsbeginns sowie die Anschlußnummer des Kunden auszuweisen sind. Hinsichtlich des Ausweises der Zielrufnummer ist umstritten, ob die gesamte Nummer anzugeben ist oder nur so weit, daß dem Kunden

---

[1] OLG Schleswig-Holstein, K&R 1999, 330 f.; LG Flensburg, MMR 1999, 415; Beck TKG-Komm/*Ehmer*, Anhang § 41, § 14 TKV, Rz. 9.

die Überprüfung und Kontrolle der entstandenen Entgeltforderung ermöglicht wird. Dafür könnte es ausreichen, wenn die Zielrufnummer um die letzten drei Ziffern verkürzt wiedergegeben wird. Dies ist bei den meisten Anbietern der Fall. Da sich das Entgelt aus der Vorwahl und der Verbindungszeit und Dauer des Gesprächs ermitteln läßt, ist zur Überprüfung und Kontrolle der Entgeltforderungen die Angabe der vollständigen Telefonnummer nicht notwendig[1].

Auch beim Ausweis des Entgelts für das Einzelgespräch ist umstritten, ob dieses überhaupt anzugeben ist. Dies ist zu bejahen, da nur so die insgesamt entstandenen Entgeltforderungen nachvollziehbar sind. Die Regulierungsbehörde hat ihre Ansicht hinsichtlich des Ausweises der Tarifeinheiten inzwischen verändert und ist nunmehr der Auffassung, daß alternativ die Tarifeinheiten oder das Entgelt des Einzelgesprächs anzugeben sind. Tarifart und Zeitzone sind nach Ansicht der Regulierungsbehörde nicht anzugeben[2].

234

5.8.1.16 Rechnungsstellung

Gemäß § 15 Abs. 1 TKV ist der Anbieter des Zugangs zum öffentlichen Telekommunikationsnetz gegenüber dem Kunden verpflichtet, eine Rechnung zu erstellen, die auch die Entgelte für Verbindungen ausweist, die durch Auswahl anderer Anbieter von Netzdienstleistungen über den Netzzugang des Kunden entstehen. Die Rechnung muß die einzelnen Anbieter und mindestens die Gesamthöhe der auf sie entfallenden Entgelte erkennen lassen. Zahlt der Kunde an den Rechnungssteller, hat dies auch gegenüber den anderen in Anspruch genommenen Telekommunikationsdienstleistern befreiende Wirkung. Der Rechnungssteller ist gegenüber den anderen Anbietern verpflichtet, diesen die für die Durchsetzung der Forderungen gegenüber ihren Kunden erforderlichen Bestands- und Verbindungsdaten zu übermitteln.

235

5.8.2 Fernabsatzverträge

Der Endverbraucher wird zusätzlich nach den Vorschriften über Fernabsatzverträge, §§ 312b ff. BGB, geschützt, wenn er dabei zum Bezug seiner Telekommunikationsdienstleistungen einen Fernabsatzvertrag abschließt. Fernkommunikationsmittel sind nach § 312b Abs. 2 BGB solche Kommunikationsmittel, die zur Anbahnung oder zum Abschluß eines Vertrages zwischen einem Verbraucher und einem Unternehmer ohne gleichzeitige körperliche Anwesenheit der Vertragsparteien einge-

236

---

1 Beck TKG-Komm/*Ehmer*, Anh. § 41, § 14 TKV, Rz. 13.
2 RegTP Mitt. Nr. 184/98, ABl. RegTP 1998 S. 2008.

setzt werden. Dazu gehören insbesondere Briefe, Kataloge, Telefonanrufe, Telekopien, E-Mails sowie Rundfunk, Tele- und Mediendienste. Ein Fernabsatzvertrag liegt gemäß § 312b Abs. 1 BGB dann vor, wenn ein Vertrag zwischen einem Unternehmer und einem Verbraucher über die Lieferung von Waren oder die Erbringung von Dienstleistungen ausschließlich unter Verwendung von Fernkommunikationsmitteln abgeschlossen wird. Das gilt nur dann nicht, wenn der Vertragsschluß nicht im Rahmen eines für den Fernabsatz organisierten Vertriebs- und Dienstleistungssystems erfolgt.

237 Anders formuliert sind auf Verträge über Telekommunikationsdienstleistungen zwischen Anbieter und Endverbraucher die Vorschriften über Fernabsatzverträge dann anwendbar, wenn

– der Vertrieb der Dienstleistungen über ein für den Fernabsatz organisiertes Vertriebs- und Dienstleistungssystem erfolgt und
– der Vertragsabschluß unter ausschließlicher Verwendung von Fernkommunikationsmitteln erfolgt.

238 Diese Voraussetzungen sind etwa erfüllt bei der Online-Bestellung eines Telefonanschlusses des Verbrauchers über die Internet-Homepage des Anbieters.

5.8.2.1 Pflichten des Anbieters bei Fernabsatzverträgen

239 Der Anbieter muß in solchen Fällen den Verbraucher gemäß § 312c BGB über die Einzelheiten des Vertrages alsbald, spätestens mit Vertragserfüllung, in Textform informieren, wie dies in der Rechtsverordnung nach Art. 240 EGBGB bestimmt ist, sowie über den geschäftlichen Zweck des Vertrages. Bei Telefongesprächen muß der Unternehmer seine Identität und den geschäftlichen Zweck des Vertrages bereits zu Beginn des Gesprächs offenlegen. Weiter gehende Informationspflichten aufgrund anderer Vorschriften bleiben unberührt.

240 Bedient sich der Anbieter zum Vertragsabschluß eines Tele- oder Mediendienstes, schließt er zudem einen Vertrag im elektronischen Geschäftsverkehr, § 312e BGB. Nach § 312e BGB hat der Anbieter dem Kunden diejenigen technischen Mittel zur Verfügung zu stellen, mit deren Hilfe er Eingabefehler vor Abgabe seiner Bestellung erkennen und berichtigen kann. Alle wesentlichen Informationen über den Vertragsinhalt müssen dem Verbraucher vor Abgabe der Bestellung klar und unmißverständlich mitgeteilt werden. Der Zugang der Bestellung ist unverzüglich auf elektronischem Wege zu bestätigen. Schließlich muß der Anbieter dem Verbraucher die Möglichkeit verschaffen, die Vertragsbestimmungen einschließlich der Allgemeinen Geschäftsbedingungen bei

Vertragsschluß abzurufen und in wiedergabefähiger Form zu speichern. Dies alles gilt nicht, wenn der Vertrag aufgrund von individueller Kommunikation geschlossen wird.

5.8.2.2 Widerrufs- und Rückgaberecht

Von besonderer Bedeutung für die Wirksamkeit des Fernabsatzvertrages ist die Beachtung des Widerrufsrechtes des Verbrauchers. Nach § 312d BGB steht dem Verbraucher ein Widerrufs- und Rückgaberecht nach den §§ 355, 356 BGB zu. Danach kann der Verbraucher durch schriftliche Erklärung oder durch Rücksendung der Ware innerhalb der Widerrufsfrist von zwei Wochen seine auf Vertragsabschluß gerichtete Willenserklärung widerrufen. Zur Fristwahrung genügt die rechtzeitige Absendung, § 355 Abs. 1 Satz 2 BGB. Die Widerrufsfrist beginnt mit dem Zeitpunkt, zu dem der Verbraucher eine deutlich gestaltete Belehrung über sein Widerrufsrecht, die ihm entsprechend den Erfordernissen des eingesetzten Kommunikationsmittels seine Rechte deutlich macht, in Textform mitgeteilt worden ist. Dabei müssen Name und Anschrift des Widerrufsempfängers sowie ein Hinweis auf den Fristbeginn und die Regelung des § 355 Abs. 1 Satz 2 BGB enthalten sein. Das Widerrufsrecht endet spätestens sechs Monate nach Vertragsschluß. 241

Vor Abschluß eines Fernabsatzvertrages muß der Verbraucher also entsprechend belehrt werden. Abweichend von § 355 Abs. 2 Satz 1 BGB beginnt die Widerrufsfrist beim Fernabsatzvertrag nicht vor Erfüllung der Informationspflichten gemäß § 312c Abs. 2, bei der Lieferung von Waren nicht vor dem Eingang der Waren, bei wiederkehrenden Lieferungen gleichartiger Waren nicht vor dem Eingang der ersten Teillieferung und bei Dienstleistungen nicht vor Vertragsschluß, § 312d Abs. 2 BGB. Bei einer Dienstleistung erlischt das Widerrufsrecht auch, wenn der Anbieter mit der Ausführung der Dienstleistung mit ausdrücklicher Zustimmung des Verbrauchers vor Ende der Widerrufsfrist begonnen hat oder wenn der Verbraucher dies selbst veranlaßt hat. 242

Bei einem Vertrag im elektronischen Geschäftsverkehr (§ 312e BGB) beginnt die Widerrufsfrist erst mit der Erfüllung der Pflichten nach § 312e Abs. 1 BGB. 243

Gemäß § 312d Abs. 4 BGB besteht bei einigen Fernabsatzverträgen oder Verträgen im elektronischen Geschäftsverkehr das Widerrufsrecht des Verbrauchers nicht. Relevant für die Anbieter von Telekommunikationsdienstleistungen ist, daß gemäß § 312d Abs. 4 Nr. 2 a. E. BGB das Widerrufsrecht bei Verträgen über Software ausgeschlossen ist, sofern die gelieferten Datenträger vom Verbraucher entsiegelt worden sind. Der Fall der Übermittlung der Software über das Internet ist gesetzlich nicht 244 geregelt. Wenn aber nach dem Download die Software ohne weitere Schritte – etwa der Einsatz eines noch mitzuteilenden Paßwortes – nutzbar ist, besteht hier eine Situation, die der des entsiegelten Datenträgers entspricht. In diesen Fällen dürfte das Widerrufsrecht in Analogie zu § 312d Abs. 4 Nr. 2 BGB ausgeschlossen sein.

5.8.3 Verbraucherdarlehensvertrag

245 In Abhängigkeit vom jeweiligen Vertragsinhalt, insbesondere der Ausgestaltung der vom Kunden zu entrichtenden Vergütung, sind die Vorschriften über das Verbraucherdarlehen, §§ 491 ff. BGB, möglicherweise auch im Bereich von Telekommunikationsverträgen einschlägig. Dies überrascht, da die hier untersuchten Vertragsbeziehungen zwischen Telekommunikationsanbietern und Kunden weder Sachleistungen noch Kreditgeschäfte im klassischen Sinne betreffen.

246 Die §§ 491 ff. BGB wie zuvor das Verbraucherkreditgesetz finden aber nicht nur bei Kauf- und Lieferungsverträgen, sondern auch bei Dienst- und Werkverträgen sowie auch anderen Vertragstypen Anwendung[1]. Eine derartige Anwendung setzt aber voraus, daß vertraglich zwischen den Parteien entgeltlich ein Zahlungsaufschub oder eine sonstige Finanzhilfe gewährt oder versprochen wird (§ 1 Abs. 2 VerbrKrG). Ein Zahlungsaufschub, der im Rahmen der Telekommunikationsverträge am häufigsten als Finanzierungshilfe in Form der Stundung oder in eingeschränktem Maße als Ratenzahlung gewährt wird, liegt vor, wenn die vertraglich vereinbarte (Gegen-)Leistung des Verbrauchers/Kunden vom dispositiven Recht abweicht. Eine solche Abweichung ist anzunehmen, wenn ihm auf Grund der gesetzlichen Regelung die in Frage stehende finanzielle Vergütung **ohne Abrede** nicht zuteil geworden wäre[2]. Eine Stundung des Telekommunikations-Anbieters aus Kulanz löst somit mangels Vereinbarung keine Anwendung des Verbraucherkreditgesetzes aus[3]. Auch der im Bereich der Mehrwertdienste anzutreffende/denkbare Einsatz der Kreditkarte seitens des Kunden unterliegt somit nicht dem Verbraucherkreditgesetz, da der Verbraucher/Kunde nicht mit einer derartig langfristigen, eine Stundung auslösenden Abwicklung rechnen muß.

247 Selbst wenn Finanzhilfen im Rahmen eines Telekommunikationsvertrages zum Einsatz kommen, müssen diese den Charakter der Entgeltlichkeit aufweisen. Die Rechtsprechung und Literatur nehmen eine solche

---

1 Vgl. *Bülow*, Verbraucherkreditgesetz, § 1, Rz. 78; Palandt/*Putzo*, Verbraucherkreditgesetz, § 1, Rz. 6.
2 Vgl. BGH, NJW 1996, 457 f.
3 *Fuchs*, in: Spindler, Vertragsrecht der Telekommunikationsanbieter, S. 73.

Entgeltlichkeit aber nur an, wenn die Gewährung einer Finanzhilfe von einer konkreten Gegenleistung des Verbrauchers/Kunden abhängt[1]. Diese Gegenleistung des Verbrauchers/Kunden besteht in der Regel in einer **zusätzlichen** Vergütung in Form von Aufschlägen für die Gewährung eines späteren Zahlungsziels oder als Zuschlag im Rahmen einer Ratenzahlung.

Auch im Rahmen der umgekehrten Situation, in der das Telekommunikationsunternehmen vom Kunden die komplette Vergütung vor Abruf der gesamten Leistung erhält, wie es beispielsweise bei Telefonguthaben auf Telefonkarten oder auch bei den sogenannten Pre-paid-Cards im Mobilfunkbereich der Fall ist, hat die Rechtsprechung trotz der dispositiven Vorleistungspflicht des Unternehmens diese reziproke Stundung nicht als Kreditgeschäft qualifiziert[2]. Selbst in den Fällen, in denen der Kunde/Verbraucher vom Telekommunikationsanbieter einen kompletten Erlaß der Gegenleistung für besondere „Leistungen" gewährt erhält, zum Beispiel bei Einräumung von kostenlosen, aber durch Werbung unterbrochenen Telefonverbindungen, wäre das Verbraucherkreditgesetz nicht anwendbar, weil der Erlaß der genannten zusätzlichen Leistung des Kunden das **eigentliche** Vertragsverhältnis ausmacht. Ein solcher Erlaß stellt daher keine Finanzierungshilfe, sondern die eigentliche Gegenleistung für die erklärte Bereitschaft des Kunden, in gesteigertem Maße Werbung hinzunehmen, dar.

248

---

1 OLG Köln, ZIP 1994, 776; *Bülow*, Verbraucherkreditgesetz, § 1, Rz. 85; *Martis*, MDR 1998, 1189, 1194 m. w. N.
2 BGH, NJW 1996, 457, 458; a.A. OLG Stuttgart, ZIP 1993, 1466, 1467.

6. Wegerechte, Nutzungsrechte und Infrastrukturverträge

Im Gesetzgebungsverfahren für das neue Telekommunikationsgesetz (TKG) und den aus diesem Anlaß geführten Diskussionen hat die Frage der Regulierung der „Wegerechte" eine besondere Stellung eingenommen. Wegerechte sind Voraussetzung für das Verlegen von Telekommunikationsleitungen. Sie sind damit ein wesentliches **„rechtliches Vorprodukt"** für die mit Inkrafttreten des TKG endgültig liberalisierte Infrastruktur, also das Betreiben von Übertragungswegen auch durch andere als den Nachfolger des früheren Monopolunternehmens, die DTAG. Zu Monopolzeiten wurden die Wegerechte der Deutschen Bundespost und ihren Nachfolgeunternehmen an öffentlichen Wegen als ein besonderes und unentgeltliches Recht durch das Telegraphenwegegesetz (TWG) bundesgesetzlich gewährt (sog. **Fernmeldeleitungsrecht**). Diese Unentgeltlichkeit hat das TKG beibehalten, nunmehr allerdings zugunsten aller Lizenznehmer für das Betreiben von Übertragungswegen (§ 3 Abs. 1 Nr. 1 TKG), die Telekommunikationsleitungen verlegen (heute: **Telekommunikationsleitungsrecht**). Demgegenüber betrachten die Kommunen als rechtliche Träger der Straßenbaulast und damit als „Verwalter" der öffentlichen Wege die Vergabe von Rechten hieran als kommunale Aufgabe und zugleich als eine Einnahmequelle von nicht unerheblicher Bedeutung. An der Frage der Unentgeltlichkeit entzündete sich dementsprechend auch eine Diskussion, welche das Inkrafttreten des TKG zumindest verzögert und die ihren (vorläufigen) Abschluß erst durch einen Beschluß des Bundesverfassungsgerichts gefunden hat.

1

Allerdings betrifft die Regulierung der Wegerechte nicht lediglich die Frage des „Ob" der unentgeltlichen Nutzung öffentlicher Wege, es geht auch und gerade um die **Ausgestaltung und Ausübung** dieses Nutzungsrechts im Einzelfall sowie um die Frage privater Nutzungsrechte, ohne die letztlich weder umfassende Telekommunikationsnetze noch Kundenanschlüsse errichtet werden können.

2

6.1 Struktur der Wege- und Leitungsrechte

Die Wege- und Leitungsrechte für Telekommunikationsleitungen sind im achten Teil des TKG geregelt. Trotz der am Anfang eingefügten gesetzlichen Überschrift **„Benutzung der Verkehrswege"** wird im achten Teil nicht lediglich die Benutzung der Verkehrswege geregelt, sondern

3

auch die Mitbenutzung bestehender Einrichtungen sowie die Benutzung privater Grundstücke.

4 Zentrale Anspruchsnormen für die **Telekommunikationsleitungsrechte** des TKG sind

- § 50 Abs. 1 TKG, der die Benutzung der Verkehrswege regelt und im folgenden auch als „**öffentliches Wegerecht**" bezeichnet wird;
- § 51 TKG, der die Mitbenutzung bestehender Einrichtungen regelt und im folgenden auch als „**Mitbenutzungsrecht**" bezeichnet wird, und
- § 57 Abs. 1 TKG, der die Benutzung privater Grundstücke regelt und im folgenden auch als „**privates Wegerecht**" bezeichnet wird.

5 Das in § 50 TKG geregelte öffentliche Wegerecht ist in seiner Struktur **zweistufig**. Während im ersten Absatz das unentgeltliche Nutzungsrecht an den Verkehrswegen dem Bund zugewiesen wird, überträgt der Bund wiederum dieses Nutzungsrecht im zweiten Absatz auf Lizenznehmer für das Betreiben von Übertragungswegen (§ 6 Abs. 1 Nr. 1 TKG: Lizenzklassen 1–3) mit der Lizenz. Das Mitbenutzungsrecht folgt dieser Zweistufigkeit, indem § 51 TKG auf § 50 TKG verweist. Demgegenüber gewährt die Bestimmung in § 57 TKG das private Wegerecht durch einen unmittelbaren Anspruch.

6 Regelungen über die **praktische Umsetzung** der Telekommunikationsleitungsrechte administrativer, technischer wie auch rechtlicher Art sind lediglich im Bereich des öffentlichen Wegerechts durch die Bestimmungen in §§ 50 Abs. 3 und 4, 52, 54 und 55 TKG getroffen. Gleiches gilt für die sog. straßenrechtlichen Folgepflichten und Folgekostenpflichten in §§ 53 und 56 TKG. Für das Mitbenutzungsrecht und das private Wegerecht fehlen vergleichbare Bestimmungen. Dies dürfte letztlich darauf zurückzuführen sein, daß es sich in den beiden letztgenannten Fällen um rein privatrechtliche Rechtsverhältnisse handelt.

7 Außerhalb der oben dargestellten Struktur des TKG finden sich auch Regelungen über das private Wegerecht in der Telekommunikations-Kundenschutzverordnung (TKV), soweit es um den Anschluß von Grundstücken geht.

6.2 Verfassungsrechtliche Fragen des öffentlichen Wegerechts

8 Wie eingangs erwähnt, war und ist die Regelung der öffentlichen Wegerechte im TKG heftig zwischen Bund und Kommunen umstritten. Recht-

licher Hintergrund der Diskussion um die öffentlichen Wegerechte sind im Wesentlichen folgende Fragen:
- Besitzt der Bundesgesetzgeber eine **Gesetzgebungsbefugnis** im Bereich der Telekommunikationsleitungen?
- Verletzt eine bundesgesetzliche Gewährung von Wegerechten für die Verlegung von Telekommunikationsleitungen in öffentlichen Wegen, insbesondere die Unentgeltlichkeit des öffentlichen Wegerechts, die zugunsten der Kommunen bestehenden **verfassungsrechtlichen Garantien**?
- Reichen die im TKG vorgesehenen **Beteiligungsrechte** der Kommunen aus, die bestehenden verfassungsrechtlichen Garantien sicherzustellen?

Die beiden letztgenannten Fragen hat das Bundesverfassungsgericht auf eine **Kommunalverfassungsbeschwerde** mehrerer Kommunen hin in einem Beschluß vom 7. 1. 1999[1] zu Lasten der Kommunen entschieden. In der Praxis ist damit jedenfalls vorläufig Rechtssicherheit für Telekommunikationsunternehmen gegenüber den Kommunen erzielt worden, wenngleich die Frage der Gesetzgebungskompetenzen offenbar nicht Gegenstand des Beschlusses des Bundesverfassungsgerichts war. Aus diesem Grunde und zum besseren Verständnis sollen daher nachstehend gleichwohl die Hintergründe der Entscheidung dargestellt werden.

6.2.1 Gesetzgebungskompetenz

Die Gesetzgebungskompetenz des Bundes für die Verlegung von Telekommunikationslinien wird aus Art. 73 Nr. 7 des Grundgesetzes hergeleitet[2]. Danach hat der Bund die ausschließliche Gesetzgebung für das Postwesen und die **Telekommunikation**. Zwischen Bund und Kommunen ist allerdings im Rahmen der Neuregelung durch das TKG umstritten, wie weit dieser Kompetenztitel in einem liberalisierten, nicht mehr durch Monopole gekennzeichneten Telekommunikationsmarkt reicht.

Im Ausgangspunkt sind sich beide Seiten einig, daß das bislang im TWG bundesgesetzlich geregelte (unentgeltliche) Fernmeldeleitungsrecht als historisch gewachsenes **Korrelat** zur Erfüllung einer (verfassungsrechtlich bestehenden) hoheitlichen Aufgabe, nämlich den Telegraphen- und Fernmeldeverkehr zu gewährleisten, anzusehen war[3]. Der Kompetenztitel für die Gesetzgebung im Bereich der Fernmeldelinien war demnach als **akzessorisch** gegenüber dem Kompetenztitel und der Aufgabenerfül-

---
1 BVerfG, MMR 1999, 355.
2 *Bullinger*, ArchPT 1998, 105, 122; *Scholz*, ArchPT 1996, 95, 101.
3 *Püttner*, ArchPT 1996, 307; *Scholz*, ArchPT 1996, 95.

lung im Bereich des Fernmeldewesens bzw. der Telekommunikation zu betrachten.

12 Demgegenüber vertreten die **Kommunen** heute die auf ein Rechtsgutachten[1] gestützte Position, daß nach dem Wegfall des Infrastrukturmonopols und der Entstaatlichung der Telekommunikationsversorgung die enge Verknüpfung zwischen der früheren „Post", ihrer hoheitlichen Aufgabenerfüllung und der Regelung von Fernmeldeleitungen im TWG entfallen sei. Dem Bund komme daher allenfalls noch das Recht zu, grundsätzlich zu bestimmen, daß öffentliche Wege für Telekommunikationszwecke angemessen zur Verfügung stehen müssen. Die Detailregelung müsse bei Landes- und Gemeindestraßen den Ländern überlassen bleiben. Dies werde durch den lediglich für Bundesstraßen bestehenden und überdies nur konkurrierenden Kompetenztitel in Art. 74 Nr. 22 GG bestätigt[2].

13 Entgegengesetzte Anhaltspunkte liefert eine Entscheidung des **Bundesverwaltungsgerichts** aus dem Jahre 1987[3]. Hier ging es um die Frage, ob die in den achtziger Jahren begonnene **Breitbandverkabelung** für Kabelfernsehnetze der Wegerechtsregelung im TWG unterfällt, obwohl es sich um eine „neue" Kommunikationsform bzw. ein neuartiges Telekommunikationsnetz handelte. Das Bundesverwaltungsgericht hat diese Frage mit dem Argument bejaht, daß der Begriff der „Telegraphenlinie" auch neuartige Übertragungstechniken wie die Breitbandverkabelung erfasse. Damit hat das Gericht zugleich implizit darüber entschieden, daß eine Ausweitung der Telekommunikationsmöglichkeiten zugleich auch eine Ausweitung der hier zugunsten des Bundes bestehenden Gesetzgebungskompetenz bedeutet. Wie im Rahmen der Erörterung des Begriffs Telekommunikationslinie dargestellt wird (Rz. 37), hat diese Betrachtungsweise letztlich über die umfassende gesetzliche Definition von Telekommunikation eine Verfestigung erfahren. Allerdings bestand infolge der Entscheidung des Bundesverwaltungsgerichts später auch Einigkeit darüber, daß diese erweiternde Interpretation nur zugunsten der Deutschen Bundespost gilt, nicht aber zugunsten privater Betreiber, die im Auftrag der Bundespost Breitbandkabelnetze errichteten[4].

---

1 *Püttner*, ArchPT 1996, 307.
2 *Püttner*, ArchPT 1996, 307, 311.
3 BVerwG, NJW 1987, 2096, 2097.
4 Nach der in einem Rundschreiben geäußerten Ansicht des Bundesministers für Verkehr (BMV) kam eine wegerechtliche Gleichstellung dieser Unternehmen mit der Deutschen Bundespost (TELEKOM) nicht in Betracht, weil das private Unternehmen nicht an der öffentlich-rechtlichen Sachherrschaft über die Straße teilhabe; vgl. Allgemeines Rundschreiben Straßenbau (ARS) Nr. 4/1990 v. 15. 2. 1990: Nutzung von Bundesfernstraßen, durch Breitbandkabel, die von privaten Unternehmen verlegt und betrieben werden, VkBl. 1990, S. 209. Zustimmend *Kempfer*, in: Kodal/Krämer, 5. Auflage 1995, S. 775; vgl. auch *Eiden-*

14 Der vormals bestehenden Unterscheidung zwischen öffentlichen und privaten Betreibern von Telekommunikationsnetzen und der damit verbundenen unterschiedlichen Behandlung bei den öffentlichen Wegerechten trägt heute die Vorschrift des **Art. 87f GG** Rechnung. Nach Art. 87f Abs. 1 GG gewährleistet der Bund im Bereich der Telekommunikation nach Maßgabe eines Bundesgesetzes flächendeckend angemessene und ausreichende Dienstleistungen. Diese Dienstleistungen werden wiederum nach Art. 87f Abs. 2 GG (nur noch) als privatwirtschaftliche Tätigkeiten erbracht. Es bleibt also in Anknüpfung an den oben dargestellten gemeinsamen Ausgangspunkt nach wie vor bei einem hoheitlichen Versorgungsauftrag. Lediglich dessen „operative" Erfüllung erfolgt nicht mehr hoheitlich, sondern durch private Unternehmen.

15 Ebenfalls gestützt auf ein Rechtsgutachten[1] sieht der **Bund** daher die bundesgesetzliche Regelung des Wegerechts zugunsten aller Lizenznehmer für das Betreiben von Übertragungswegen im Zusammenhang der Regelungen in Art. 73 Nr. 7 und Art. 87f GG als eine konsequente Verwirklichung und Fortentwicklung der Akzessorietät zwischen Infrastrukturauftrag einerseits und dem (unentgeltlichen) Telekommunikationsleitungsrecht andererseits.

16 Die Argumentation des Bundes ist insbesondere deswegen überzeugend, weil es im Rahmen der Frage der Gesetzgebungskompetenz gerade nicht zu einem von den Kommunen aufgrund der Entstaatlichung der Telekommunikation behaupteten **„Paradigmenwechsel"** gekommen ist[2]. Allein der Rückzug des Bundes aus dem Telekommunikationsgeschäft kann für sich genommen keinen Einfluß auf seine Gesetzgebungskompetenz für diesen Bereich bedeuten. Warum sollte sich also der Kompetenztitel des Bundes, im Rahmen der Telekommunikation auch das öffentliche Wegerecht zu regeln, deswegen im Ergebnis verringern, weil er das hieraus folgende Recht nunmehr nicht mehr in eigener Person wahrnimmt[3]?

---

müller, Post- und Fernmeldewesen, TWG Vorbem., Anm. 4.3. Diese Argumentation basierte wiederum auf dem Gedanken, daß es sich bei dem in § 1 TWG enthaltenen gesetzlichen Nutzungsrecht um ein Hoheitsrecht des Bundes handelte, welches damals allein von der Deutschen Bundespost (TELEKOM) bzw. der DTAG wahrgenommen wurde. Vgl. *Aubert/Klingler*, Fernmelderecht/Telekommunikationsrecht, S. 26 f., 29 f.; *Eidenmüller*, Post- und Fernmeldewesen, TWG Vorbem., Anm. 2. und 3.1; ähnlich *Kempfer*, in: Kodal/Krämer, 5. Auflage 1995, S. 775 f.

1 *Bullinger*, ArchPT 1998, 105.
2 *Püttner* selbst geht davon aus, daß nach der Änderung des Grundgesetzes der Kompetenztitel in Art. 73 Nr. 7 GG unverändert geblieben ist (*Püttner*, ArchPT 1996, 307, 310 f.).
3 Das Argument, daß auch infolge der Breitbandkabel-Entscheidung des BVerwG unbestritten gewesen sei, private Anbieter besäßen kein Wegerecht (*Püttner*,

17 Ein anderes Problem ist indessen die vom Bundesverfassungsgericht entschiedene Frage[1], wie sich die Veränderungen in der Ausübung des Wegerechts auf die Rechte der Kommunen selbst auswirken.

6.2.2 Verfassungsrechtliche Garantien zugunsten der Kommunen

18 Im Hinblick auf die Ausgestaltung der Regulierung des Telekommunikationsleitungsrechts im TKG und insbesondere dessen Unentgeltlichkeit wird vom Gesetzgeber in der Begründung für den Gesetzentwurf ebenfalls auf die verfassungsrechtliche Versorgungsaufgabe des Bundes in Art. 87f Abs. 1 GG Bezug genommen[2]. Aus diesem Auftrag und dessen privatwirtschaftlicher Erfüllung folgert der Gesetzgeber zweierlei: Zum einen die Notwendigkeit, alle Anbieter öffentlicher Telekommunikationsdienstleistungen als „(Teil-)Erfüller" der verfassungsrechtlich begründeten öffentlichen Versorgungsaufgabe der angemessenen und ausreichenden Versorgung mit Telekommunikationsdienstleistungen zu betrachten. Zum zweiten die Notwendigkeit einer Übertragung des Nutzungsrechts auf die privatwirtschaftlichen Anbieter. Folgerichtig sei daher, das schon immer mit der Versorgungsaufgabe verbundene unentgeltliche Nutzungsrecht an öffentlichen Verkehrswegen allen Lizenznehmern zu übertragen, welche Telekommunikationsdienstleistungen für die Öffentlichkeit anbieten.

19 Diese am rechtlichen Status quo orientierte Sichtweise wird von den Kommunen nicht geteilt. Diese sehen in dem heutigen unentgeltlichen Nutzungsrecht eine Verletzung der kommunalen Selbstverwaltungsgarantie des Art. 28 Abs. 2 und des Eigentumsrechts des Art. 14 Abs. 1 GG.

6.2.3 Beschluß des Bundesverfassungsgerichts vom 7. 1. 1999

20 Bei der Frage der möglichen Verletzung der kommunalen Selbstverwaltungsgarantie durch das Telekommunikationsleitungsrecht ist zunächst von Bedeutung, ob überhaupt ein **Eingriff** in die Rechte der Kommunen vorliegt. Erst wenn dies festgestellt wird, kann es um die (weitere) Frage gehen, ob dieser Eingriff grundgesetzwidrig, d.h. unverhältnismäßig ist.

21 Das Bundesverfassungsgericht hat in seinem Beschluß, welche die eingereichte Kommunalverfassungsbeschwerde schon nicht zur Entscheidung

---

ArchPT 1996, 307, 311), überzeugt schon deswegen nicht, weil im TWG gerade keine der Regelung im TKG vergleichbare Übertragung des Nutzungsrechts gesetzlich vorgesehen war.
1 BVerfG, MMR 1999, 355.
2 BR-Drucks. 80/96, S. 48.

annimmt, freilich bereits verneint, daß überhaupt ein Eingriff in kommunale Rechte vorliegt.

6.2.3.1 Eigentum

Ein Argument der Kommunen ist die vermeintliche Verletzung von Art. 14 GG. Die verfassungsrechtliche Gewährleistung des Eigentums in Art. 14 Abs. 1 GG wird allerdings selbst von Kommunen nicht ernsthaft zur Begründung ihrer Position herangezogen, da die Rechtsprechung des Bundesverfassungsgerichts den **Grundrechtsschutz für juristische Personen des öffentlichen Rechts** (und das sind die Gemeinden als sog. Gebietskörperschaften) praktisch ausschließt[1]. In diesem Sinne hat sich auch das Bundesverfassungsgericht in seinem Beschluß geäußert[2].

6.2.3.2 Selbstverwaltungsgarantie

In Bezug auf die **Selbstverwaltungsgarantie** des Art. 28 Abs. 2 GG sind die Kommunen der Auffassung, daß sowohl die im TKG vorgesehene Übertragung bzw. Vergabe der öffentlichen Wegerechte mit einer entsprechenden Lizenz als auch deren Unentgeltlichkeit einen unverhältnismäßigen Eingriff in die Selbstverwaltungsgarantie zugunsten privater Wirtschaftstätigkeit darstelle. War dieser Eingriff früher noch durch die direkte hoheitliche Aufgabenerfüllung durch die Bundespost gerechtfertigt, gelte dies für einen rein privatwirtschaftlich organisierten Telekommunikationsmarkt nicht mehr[3]. Da die kommunale Selbstverwaltungsgarantie des Art. 28 Abs. 2 GG „nur" im Rahmen der Gesetze besteht, also durch Gesetze wie das TKG beschränkt werden darf, kommt es für die Kommunen also entscheidend auf die Verhältnismäßigkeit der Wegerechtsregelung an.

6.2.3.2.1 Gemeindeeigener Wirkungskreis

Der Sichtweise der Kommunen hält das Bundesverfassungsgericht entgegen, daß durch eine bundesgesetzliche Vergabe der Wegerechte bereits ein Eingriff in die Selbstverwaltungsgarantie schon deswegen nicht vorliege, weil die Einrichtung von **Telekommunikationslinien** nicht Angelegenheit des gemeindeeigenen, durch Art. 28 Abs. 2 GG geschützten Wirkungskreises, sondern dem Bunde zugewiesen sei[4]. Mit diesem Argument hat das Bundesverwaltungsgericht in der bereits erwähnten

---

1 *Püttner*, ArchPT 1996, 307, 312.
2 BVerfG, MMR 1999, 355, 356.
3 In diesem Sinne *Püttner*, ArchPT 1996, 307, 311.
4 BVerfG, MMR 1999, 355, 356.

Breitbandkabel-Entscheidung aus dem Jahre 1987 schon damals einen Eingriff in die kommunale Selbstverwaltungsgarantie abgelehnt: Mangels Verwaltungszuständigkeit der Kommunen besäßen diese daher kein Recht, über die Verlegung von Fernmeldelinien (mit) zu entscheiden[1].

6.2.3.2.2 Unentgeltlichkeit

25 Was schließlich die Unentgeltlichkeit im besonderen anbetrifft, so sehen die Kommunen hierin einen besonderen Aspekt der Selbstverwaltungsgarantie verletzt, den der **kommunalen Finanzhoheit**[2]. Demgegenüber stellt das Bundesverfassungsgericht fest, daß der Schutz der kommunalen Finanzhoheit nicht den Schutz einzelner Einnahmepositionen gewährleiste, sondern die Eigenverantwortlichkeit des gemeindlichen Wirtschaftens. Darüber hinaus stellt das Bundesverfassungsgericht fest, daß das Telekommunikationsleitungsrecht auch schon unter der Geltung des TWG unentgeltlich war, so daß es auf die Frage der Sicherstellung einer finanziellen Mindestausstattung der Kommunen hier nicht ankomme[3]. Auch wenn diese Feststellung des Gerichts angesichts einiger vor Inkrafttreten des TKG mit Telekommunikationsunternehmen geschlossener entgeltlicher Gestattungsverträge tatsächlich nicht ganz zutrifft, so ist doch die Folgerung richtig. Zum einen hat es sich hierbei nicht um eine wesentliche und gesicherte Einnahmequelle gehandelt. Zum anderen sind die von Kommunen hier zumeist herangezogenen Vergleichsbeispiele unpassend. Als Vergleichsbeispiel dienten den Kommunen nämlich insbesondere die Konzessionsabgaben von herkömmlichen Versorgungsunternehmen, die auch für die Vergabe von Wegerechten gezahlt werden. Allerdings leidet die Vergleichbarkeit hier an der Tatsache, daß die Konzessionsabgaben zumindest auch für exklusive Versorgungsrechte gezahlt wurde, die in der Telekommunikation nicht (mehr) existieren.

6.2.3.2.3 Mitwirkungsrechte

26 Auch eine Verletzung von Mitwirkungsrechten zugunsten der Kommunen sieht das Bundesverfassungsgericht nicht gegeben, weil die **Beteiligung der Kommunen** durch die verfahrensrechtlichen Bestimmungen in § 50 Abs. 3 und 4 TKG hinreichend gewährleistet sei. Dies ergebe sich zum einen aus dem **Zustimmungserfordernis** für die Verlegemaßnahmen nach § 50 Abs. 3 TKG wie auch aus einem **Anhörungsanspruch** bei einer Entscheidung über die Zustimmung durch die Regulierungsbehörde (für

---

1 BVerwG, NJW 1987, 2096, 2097.
2 *Püttner*, ArchPT 1996, 307, 313.
3 BVerfG, MMR 1999, 355, 356.

Telekommunikation und Post [RegTP]) nach § 50 Abs. 4 TKG[1]. Auch bei der unterirdischen Verlegung von Leitungen macht das Gericht keine Einschränkungen, obwohl sich hier die Mitwirkungsrechte der Kommunen auf technische Belange beschränken.

Diese letzte Feststellung des Gerichts überrascht ein wenig. Mit einer Vielzahl von privaten Telekommunikationsunternehmen, die das öffentliche Wegerecht in Anspruch nehmen, sind die Mitwirkungsinteressen der Kommunen in weitaus stärkerem Maße betroffen als zuvor bei lediglich einem Unternehmen wie der Deutschen Bundespost (TELEKOM). Dies betrifft insbesondere die Frage der Koordinierung unterschiedlicher Bautätigkeiten wie auch den Umfang der im Rahmen der Zustimmung durch die Kommune regelbaren Gegenstände. Allerdings legen die Ausführungen des Gerichts im Beschluß nahe, daß zumindest die Vermeidung von Konflikten zwischen den Telekommunikationsleitungen und anderen Versorgungsleitungen (Gas, Wasser, Elektrizität, Abwasser etc.) als technische Belange gesehen werden. Der Umfang der hierauf beruhenden Mitwirkungsrechte der Kommunen im Rahmen der für die Durchführung der Verlegearbeiten erforderlichen Zustimmung nach § 50 Abs. 3 und Abs. 4 TKG bereitet freilich gerade in Praxis einige Probleme (dazu näher Rz. 81 ff. und Rz. 104 ff. sowie insbesondere Rz. 139 ff.). 27

6.3 Europarechtliche Fragen des Wegerechts

Auch die Europäische Union hat sich mit Fragen des Wegerechts befaßt. Aus europarechtlicher Sicht kann die wegerechtliche Ungleichbehandlung der DTAG gegenüber anderen Netzbetreibern einen Verstoß gegen Art. 86, 90, 92 EG-Vertrag darstellen. Die wettbewerbsrechtliche Bedeutung der Ausgestaltung der Wegerechte wurde dementsprechend auch bereits ausdrücklich im **Grünbuch der EU-Kommission über die Liberalisierung der Telekommunikationsinfrastruktur und der Kabelfernsehnetze** hervorgehoben[2]. 28

Mit der Richtlinie 96/19/EG der Kommission zur Änderung der Richtlinie 90/388/EWG hinsichtlich der Einführung des vollständigen Wettbewerbs auf den Telekommunikationsmärkten[3] hat die Kommission den Mitgliedstaaten in Art. 4d der Richtlinie zweierlei aufgegeben: 29

---

1 BVerfG, MMR 1999, 355, 357.
2 EU-Kommission: Grünbuch über die Liberalisierung der Telekommunikationsinfrastruktur und der Kabelfernsehnetze: Teil II, KOM(94) 682 endg., S. 117.
3 Richtlinie v. 13. 3. 1996, ABl. EG Nr. L 74 S. 13, vom 22. 3. 1996.

30 Zum einen dürfen die Mitgliedstaaten Betreiber öffentlicher Telekommunikationsnetze bei der Erteilung von Wegerechten für die Bereitstellung solcher Netze **nicht diskriminieren**. Gegenstand dieses Gesetzgebungsauftrags sind insbesondere die Bestimmungen in den §§ 50 und 57 TKG.

31 Zum anderen müssen die Mitgliedstaaten den **Zugang zu bestehenden Einrichtungen**, für die Wegerechte erteilt wurden und neben denen zusätzliche Einrichtungen nicht errichtet werden können, sicherstellen, wenn die Einräumung von Wegerechten selbst aufgrund von grundlegenden Anforderungen (in diesem Zusammenhang insbesondere Umweltschutz-, Bauplanungs- und Raumordnungsgründe) nicht möglich ist. Gegenstand dieses Gesetzgebungsauftrags ist vor allem die Bestimmung des § 51 TKG.

32 Anders als in anderen Bereichen der Telekommunikation sind damit die europarechtlichen Vorgaben im Bereich der Wegerechte eher geringen Umfangs und nicht sehr detailliert. Gleichwohl hat die Verpflichtung, Betreiber öffentlicher Telekommunikationsnetze nicht zu diskriminieren, erhebliche Auswirkungen, da sie eine unterschiedliche Behandlung der DTAG einerseits und anderen Netzbetreibern andererseits untersagt. Ob damit zugleich auch eine Entscheidung zugunsten eines **unentgeltlichen Benutzungsrechts** für öffentliche Wege getroffen wurde[1], erscheint allerdings fraglich. Der deutsche Gesetzgeber wäre nach den genannten Bestimmungen nicht gehindert, eine entgeltliches Wegerecht einzuführen, solange dieses alle Netzbetreiber trifft. Das europarechtliche Diskriminierungsverbot geht dabei nicht so weit, vom Mitgliedstaat zugleich auch die Erhebung von Entgelten für bereits existierende Netze zu verlangen. Dies zeigt im Ergebnis die zweite europarechtliche Vorgabe, nämlich die Sicherstellung von Nutzungsmöglichkeiten in Bezug auf bestehende Einrichtungen. Sie betrifft gerade die Fälle, wo die neuen Netzbetreiber auf die Nutzung der bestehenden Infrastrukturen angewiesen sind, insbesondere derjenigen des bisherigen Monopolisten. Wären auch diese existierenden Netze in bezug auf die Wegerechte entgeltpflichtig, würde dies wiederum deren (Mit-)Benutzung durch Wettbewerber verteuern. Freilich kann dem auch wiederum nicht entnommen werden, daß der deutsche Gesetzgeber europarechtlich gehindert wäre, eine etwaige Entgeltpflicht in gleicher Weise für die bereits existierenden Telekommunikationsnetze aufzustellen[2].

---

1 So Beck TKG-Komm/*Schütz*, § 50, Rz. 4.
2 Die möglicherweise hiermit wiederum verbundenen verfassungsrechtlichen Probleme sollen hier unerörtert bleiben.

6.4 Der Begriff der Telekommunikationslinie

Zentraler Begriff des achten Teils des TKG über die Wege- und Leitungsrechte ist der Begriff der „**Telekommunikationslinie**". Alle drei Anspruchsnormen des TKG (§§ 50, 51 und 57) setzen voraus, daß es sich um Telekommunikationslinien handelt, für die das Nutzungsrecht besteht.

33

Telekommunikationslinien sind in § 3 Nr. 20 TKG legaldefiniert als „unter- oder oberirdisch geführte Telekommunikationskabelanlagen einschließlich ihrer zugehörigen Schalt- und Verzweigungseinrichtungen, Masten und Unterstützungen, Kabelschächte und Kabelkanalrohre". Anders als bei anderen Begriffsbestimmungen in § 3 TKG werden der Begriff Telekommunikationslinie oder die in der Begriffsbestimmung verwendeten Definitionen nicht im Rahmen der übrigen Begriffsbestimmungen zur Herstellung oder Darstellung von Zusammenhängen benutzt. Gleichwohl besteht naturgemäß eine Zusammenhang zwischen Telekommunikationslinien und Telekommunikationsnetzen: Erstere sind ein (physikalisches) Vorprodukt für letztere. Telekommunikationslinien bilden somit begrifflich zumindest eine Schnittmenge mit Telekommunikationsnetzen, was auch bei der Frage der Auslegung des Begriffs und der Legaldefinition zu berücksichtigen ist.

34

6.4.1 Telekommunikationskabelanlage

Zentrales Element der Definition der Telekommunikationslinien wiederum ist der Begriff der **Telekommunikationskabelanlage**. Eine Telekommunikationslinie setzt daher voraus, daß es sich im Kern um ein kabelgebundenes Übertragungsmedium, genauer um (mindestens) eine „**Verbindungsleitung**" handelt. Diese definitorische Klarstellung erschließt sich aus dem Begriff der „Funkanlage". Funkanlagen sind gesetzlich definiert als „elektrische Sende- und Empfangseinrichtungen, zwischen denen die Informationsübertragung **ohne Verbindungsleitungen**[1] stattfinden kann" (§ 3 Nr. 4 TKG). Damit können im Umkehrschluß Kabelanlagen mit Verbindungsleitungen gleichgesetzt werden.

35

Aus der vorstehenden begrifflichen Gegenüberstellung wird auch ein Versäumnis des Gesetzgebers deutlich, das im Zusammenhang mit der Nutzung von Anlagen, Grundstücken und Gebäuden für **Funkanlagen** steht, die dem Betrieb von Mobilfunknetzen wie GSM und UMTS oder von festen Funknetzen wie Wireless Local Loop dienen. Ebenso wie die Betreiber von kabelgebundenen Netzen sind die Betreiber dieser Funknetze als (Teil-)Erfüller des verfassungsrechtlichen Infrastrukturauftrags

36

---
[1] Hervorhebung durch den Verfasser, nicht im Originaltext.

in Art. 87f GG zu sehen. Anders aber als die Betreiber von kabelgebundenen Netzen unterliegen die Betreiber von Funknetzen im Rahmen der Lizenz- und Frequenzvergabe und nach Maßgabe ihrer Lizenzen häufig erheblichen Versorgungsverpflichtungen innerhalb des Lizenzgebiets. Besonders deutlich wird die unterschiedliche Behandlung, wenn man sich die im Wege einer Versteigerung erlösten Lizenzkosten einer UMTS-Lizenz in Höhe von rund 16 Mrd. DM vor Augen führt. Mit dieser Summe ist noch kein einziger Teil des Netzes finanziert, welches nach den Lizenzbestimmungen innerhalb eines Zeitraums von fünf Jahren einen Versorgungsgrad von 50% der Bevölkerung erreichen soll. Für die Betreiber von Wireless Local Loop-Netzen war zwar die Lizenzgebühr nicht so hoch, aber auch diese unterliegen erheblichen Versorgungsauflagen. Gleichwohl hat der Gesetzgeber keine Regelung in das TKG aufgenommen, welche es den Betreibern von Funkanlagen in angemessenem Umfang erleichtert, Ihre Netze auf Basis gesetzlicher Nutzungsrechte für Antennenstandorte zu errichten. Dies sollte bei der nächsten Novellierung des TKG unbedingt nachgeholt werden.

37 Die Kabelanlagen müssen als Telekommunikationskabelanlagen der **Telekommunikation**, also dem technischen Vorgang „des Aussendens, Übermittelns und Empfangens von Nachrichten jeglicher Art in der Form von Zeichen, Sprache, Bildern oder Tönen mittels Telekommunikationsanlagen" (§ 3 Nr. 16 TKG), **dienen**. Angesichts der umfassenden Definition von Telekommunikation kann es dementsprechend keine Rolle spielen, ob es sich um ein klassisches Telefonkabel handelt oder beispielsweise ein Breitbandkabel, also welche Art der Telekommunikation mittels der Kabelanlage übermittelt wird. Die unter Geltung des TWG umstrittene, aber letztlich zugunsten der Einordnung von Breitbandkabeln in den Begriff der Fernmeldelinie entschiedene Frage[1] ist damit in der heutigen Begriffswelt des TKG kein Problem. Ebenso ist festzuhalten, daß sowohl oberirdisch als auch unterirdisch geführte Kabelanlagen als Telekommunikationslinien anzusehen sind.

38 Soweit es sich also bei einer Kabelanlage um Kupferdraht, Koaxialkabel oder Lichtwellenleiter handelt, die **ausschließlich** für Zwecke der Telekommunikation verwendet werden, besteht kein Zweifel daran, daß es sich um eine Telekommunikationskabelanlage und damit um eine Telekommunikationslinie im Sinne der gesetzlichen Definition handelt. Die Anzahl der Kabel selbst ist dabei nach der gesetzlichen Definition unerheblich, d.h. es kann sich gleichermaßen um ein einziges Kabel wie auch eine Vielzahl von Kabeln handeln[2].

---

[1] BVerwG, NJW 1987, 2096, 2097.
[2] Anders nach BVerwG, NJW 1976, 906, 907. Dazu sogleich näher Rz. 47.

Schwieriger wird der Umgang mit der Definition allerdings dort, wo die 39
Kabelanlage selbst auch anderen Zwecken als der Telekommunikation
dient, möglicherweise sogar vorrangig. Als wichtigstes Beispiel seien
hier die Elektrizitätskabel genannt. Diese können nicht nur für die Versorgung mit Elektrizität genutzt werden, sondern zugleich für Zwecke
der Telekommunikation (Stichwort „**Powerline**"). In erster Linie handelt
es bei diesen Kabelanlagen um **Elektrizitäts**kabelanlagen, so daß sich die
Frage stellt, ob diese Kabelanlagen gleichwohl als *Telekommunikations-
kabelanlagen* im Sinne der Legaldefinition von Telekommunikationslinien anzusehen sind. Diese Frage wird u.a. dann relevant, wenn in Frage
steht, ob die Nutzung der Elektrizitätskabel für Telekommunikationszwecke von bestehenden Konzessionsverträgen[1] abgedeckt ist[2]. Ist dies
nicht der Fall, drohen dem Konzessionsinhaber zusätzliche Forderungen
des Konzessionsgebers, wenn hier nicht die Telekommunikationsleitungsrechte des TKG weiterhelfen[3].

Die Legaldefinition von Telekommunikationslinien liefert selbst keine 40
konkreten Anhaltspunkte dafür, daß es sich bei den Telekommunikationskabelanlagen um Anlagen handeln müsse, die ausschließlich für
Zwecke der Telekommunikation genutzt werden. Lediglich die rein am
Wortlaut orientierte Interpretation des Begriffs „Telekommunikationskabelanlage" könnte eine solche Betrachtungsweise rechtfertigen. Dieser
Betrachtungsweise kann allerdings entgegengehalten werden, daß die
Begriffe „Telekommunikation" und „Telekommunikationsanlage" umfassend und **funktional** im TKG definiert sind. Neben der bereits oben
dargestellten Definition von Telekommunikation sind „‚Telekommunikationsanlagen' technische Einrichtungen oder Systeme, die als Nachrichten identifizierbare elektromagnetische oder optische Signale senden, übertragen, vermitteln, empfangen, steuern oder kontrollieren können" (§ 3 Nr. 17 TKG). Durch die gesetzlichen Definitionen, insbesondere durch die Verwendung des Begriffs „können", wird deutlich, daß jede
Einrichtung, die für Telekommunikation geeignet ist, eine Telekommunikationsanlage darstellt, ungeachtet ihrer möglicherweise sonst bestehenden Funktionalität. Nichts anderes kann für die Telekommunikationskabelanlage gelten, die bei Anwendung der vorstehenden Definition im Ergebnis selbst eine Telekommunikationsanlage ist. Bestätigung
findet diese Sichtweise schließlich im sog. „funktionalen Fernmeldean-

---

1 Dazu *Bauer*, in: Kodal/Krämer, Kap. 27, Rz. 73 ff.
2 Diese Fragestellung ist vergleichbar mit der später im Rahmen der Bestimmung
 des § 57 TKG noch zu untersuchenden Frage, inwieweit die für herkömmliche
 Versorgungsanlagen gewährten Wegerechte auch die Nutzung für Telekommunikationslinien umfassen.
3 Freilich kommt es dabei auch im einzelnen auf die Inhalte des Konzessionsvertrags an.

lagenbegriff", der sich bereits zu Zeiten des Fernmeldeanlagengesetzes (FAG) herausgebildet hat. Danach kommt es nicht auf eine einheitliche Betrachtung der betreffenden Einrichtung bzw. des betreffenden Systems an, sondern auf die jeweilige **Funktion**[1]. Demnach ist auch eine Elektrizitätskabelanlage eine Telekommunikationskabelanlage und damit eine Telekommunikationslinie, **soweit**[2] diese der Telekommunikation dient.

6.4.2 Zubehör

41 Zur Telekommunikationslinie gehören auch die zugehörigen Schalt- und Verzweigungseinrichtungen, Masten und Unterstützungen, Kabelschächte und Kabelkanalrohre. Damit wird sichergestellt, daß die von den Wegerechten erfaßte Linie nicht lediglich die Kabel selbst umfaßt, sondern auch die Einrichtungen und Gegenstände, die der **Linienführung** (Masten, Unterstützungen und Kabelkanalrohre[3]) und der **Linienverzweigung** (Schalt- und Verzweigungseinrichtungen, Kabelschächte) dienen.

42 Freilich kann die gesetzliche Definition auch in Bezug auf das vorgenannte Zubehör **nicht** als dem reinen Wortlaut entsprechende **abschließende Aufzählung** angesehen werden. Anderenfalls wären beispielsweise Kabeltröge oder sonstige, nicht aufgezählte Schutzvorrichtungen für Telekommunikationskabelanlagen nicht vom Begriff der Telekommunikationslinie umfaßt. Auch hier ist daher auf die Funktion der Einrichtungen oder Gegenstände im Rahmen der Linienführung und -verzweigung abzustellen, so daß jede dieser Einrichtungen und jeder dieser Gegenstände als erfaßt zu gelten hat, wenn er die entsprechende Funktion erfüllt.

6.4.3 Öffentliche Telefonstellen

43 Unter der Geltung des TWG wurde verbreitet die Auffassung vertreten, daß auch öffentliche Telefonstellen (**Fernsprechhäuschen**) zu den Fernmeldelinien i. S. d. § 1 TWG, dem damaligen Äquivalent zu § 50 TKG, gehören[4]. Diese schon damals umstrittene Sichtweise ist vor dem Hintergrund der nunmehr auf Telekommunikationskabelanlagen abstellenden Legaldefinition von Telekommunikationslinien nicht mehr haltbar. Die öffentliche Telefonstelle ist selbst keine Telekommunikationskabelanla-

---

1 Dazu bereits *Bothe/Heun/Lohman*, ArchPT 1995, 5, 8 ff.
2 Soweit also telekommunikationstechnische Funktionalität besteht.
3 Im folgenden wird hierfür zumeist der Begriff „Leerrohre" verwendet.
4 *Aubert/Klingler*, Fernmelderecht/Telekommunikationsrecht, S. 14 m. w. N.

ge und auch keine zugehörige Einrichtung, die der Linienführung oder Linienverzweigung dient. Da die öffentliche Telefonstelle im Ergebnis ein Telefonapparat ist, handelt es sich bei ihr vielmehr um eine **Endeinrichtung** mit zugehörigen Bauten bzw. Aufhängungs- und/oder Schutzvorrichtungen. Die öffentliche Telefonstelle liegt damit bildlich gesprochen „hinter" der Netzabschlußeinrichtung eines Telekommunikationsnetzes, welches durch Telekommunikationslinien gebildet wird[1]. Vom Begriff der Telekommunikationslinie ist die öffentliche Telefonstelle damit weder dem Wortlaut oder ihrer Funktion nach noch vor dem Hintergrund der begrifflichen Systematik des TKG erfaßt[2].

Lediglich eine zweckorientierte, zugleich erweiternde Auslegung der Legaldefinition von Telekommunikationslinie vermag hier ggf. weiterzuhelfen. Eine solche Auslegung kann deswegen in Betracht kommen, weil die Bereitstellung öffentlicher Telefonstellen gemäß § 1 Nr. 2c der Telekommunikations-Universaldienstleistungsverordnung als **Universaldienstleistung** bestimmt worden ist. Betrachtet man diese Festlegung vor dem Hintergrund, daß wesentliches Argument für das unentgeltliche öffentliche Wegerecht der in Art. 87f Grundgesetz enthaltene Versorgungsauftrag des Bundes ist (dazu näher Rz. 14 ff.), so läßt sich nicht leugnen, daß die Bestimmung der Universaldienstleistungen und damit auch das Bereitstellen von öffentlichen Telefonstellen der Erfüllung dieses Versorgungsauftrags in besonderem Maße dienen. Nach § 17 TKG ist durch die Bestimmung zur Universaldienstleistung die Bereitstellung von öffentlichen Telefonstellen eine Telekommunikationsdienstleistung, deren Erbringung für die Öffentlichkeit als Grundversorgung unabdingbar geworden ist. Andererseits bedeutet die Erweiterung der Legaldefinition von Telekommunikationslinien auf öffentliche Telefonstellen vor dem Hintergrund der gefundenen Ergebnisse zur Tragweite des Begriffs der Telekommunikationskabelanlage eine Interpretation, die sich gegen den **Wortlaut und die Systematik** der vom Gesetzgeber verwendeten Begriffe stellt. Gerade angesichts des schon vor Inkrafttreten des TKG zwischen Kommunen und der Deutschen Bundespost (TELEKOM) umstrittenen Umfangs des öffentlichen Wegerechts in Bezug auf öffentliche Telefonstellen hätte es nahegelegen, die Legaldefinition von Telekommunikationslinien so zu fassen, daß öffentliche Telefonstellen

44

---

1 Einfach gesagt: Die öffentliche Telefonstelle ist keine „Linie" oder Linienzubehör, sondern ein „Punkt".
2 Anderer Ansicht ist Beck TKG-Komm/*Schütz*, § 50 Rz. 13, der darauf hinweist, daß die Regelung der Wegerechte im TKG den sachlichen Anwendungsbereich der Regelungen des TWG nicht einschränken, sondern auf sämtliche Wettbewerber ausdehnen wolle. Allerdings existierte unter der Geltung des TWG auch noch keine Legaldefinition für Telekommunikationslinien.

dazugehören. Dies ist allerdings unterblieben. Im Gegenteil, die in das TKG aufgenommene Definition deutet angesichts der Begriffswahl vielmehr darauf, daß öffentliche Telefonstellen gerade nicht vom Begriff der Telekommunikationslinien erfaßt sein sollen. Dementsprechend ist eine erweiternde Auslegung von Telekommunikationslinien zugunsten öffentlicher Telefonstellen abzulehnen.

6.4.4 Teilnehmeranschluß

45 Schließlich ist angesichts der bisherigen, auch in die **TKV** übernommenen Praxis der **Grundstückseigentümererklärung** (dazu näher unter Rz. 320 ff.) zu fragen, ob und inwieweit der vom sog. „Netzwerk-Backbone" abzweigende Teilnehmeranschluß nebst Zubehör eine Telekommunikationslinie darstellt. Zweifellos handelt es sich auch hier um eine Telekommunikationskabelanlage. Lediglich dann, wenn unter Telekommunikationslinien allein diejenigen Linien zu verstehen wären, die den „Backbone" eines Telekommunikationsnetzes bilden, ließe sich argumentieren, daß die vom „Backbone" abzweigende Leitung zum Anschluß eines Endkunden keine Telekommunikationslinie darstellt und somit nicht an den Wegerechten teilhätte.

46 Für diese **restriktive Betrachtung** liefern aber weder die Legaldefinition von Telekommunikationslinie selbst, wie soeben dargestellt, noch die übrigen Begriffsbestimmungen des TKG einen Anhaltspunkt. So ist ein „'Telekommunikationsnetz' die Gesamtheit der technischen Einrichtungen (Übertragungswege, Vermittlungseinrichtungen und sonstige Einrichtungen, die zur Gewährleistung eines ordnungsgemäßen Betriebs des Telekommunikationsnetzes unerläßlich sind), die zur Erbringung von Telekommunikationsdienstleistungen oder zu nichtgewerblichen Telekommunikationszwecken dient". Da für die Erbringung von Telekommunikationsdienstleistungen auch der Teilnehmeranschluß erforderlich ist, sind auch die diesbezüglichen Leitungen zwangsläufig Teil eines Telekommunikationsnetzes im Sinne des TKG[1]. Da wiederum Telekommunikationsnetze aus Telekommunikationslinien gebildet werden, ist auch die Teilnehmeranschlußleitung eine Telekommunikationslinie im Sinne des TKG[2].

---

1 Noch deutlicher wird dies anhand der Definition des Netzzugangs in § 3 Nr. 9 TKG, wonach Netzzugang u. a. die Verbindung von Endeinrichtungen mit einem Telekommunikationsnetz ist und diese Endeinrichtungen gemäß § 3 Nr. 3 TKG u. a. an die Abschlußeinrichtung eines Telekommunikationsnetzes angeschlossen werden, während die Abschlußeinrichtung wiederum den Endpunkt der Teilnehmeranschlußleitung (damit als Teil des Netzes) darstellt.
2 Im Ergebnis ebenso, wenngleich ohne nähere Begründung, AG Tempelhof-Kreuzberg, ArchPT, 337.

Dem wird unter Verweis auf eine Entscheidung des Bundesverwaltungsgerichts aus dem Jahre 1976[1] entgegengehalten, daß es sich bei dem Teilnehmeranschluß nicht um eine Telekommunikationslinie handele, sondern um eine einzelne Leitung[2]. Die Telekommunikationslinie sei demgegenüber nicht eine einzelne Leitung, sondern die **Zusammenfassung mehrerer Leitungen oder mehrerer Kabel in einer gemeinsamen Trasse**[3]. Diese Sichtweise greift allerdings der zwischenzeitlich im TKG vorhandenen Legaldefinition der Telekommunikationslinie zu kurz. Es ist ferner kein Grund ersichtlich, warum die Anlage eines Telekommunikationsunternehmens, die beispielsweise allein aus einem Kabel und einem Leerrohr bzw. einer Leitung besteht und die Städte Hamburg und Berlin miteinander verbindet, keine Telekommunikationslinie sein sollte. Derartige Konstellationen sind aber unter den heutigen Bedingungen eines liberalisierten Telekommunikationsmarkts durchaus anzutreffen. Die zu Monopolzeiten ergangene Entscheidung des Bundesverwaltungsgerichts mag damals wie heute geeignet sein, das Fernliniennetz der Bundespost von den Ortslinien abzugrenzen. Damit ist aber kein Aussage darüber getroffen, wie heutige Konstellationen oder Teilnehmeranschlüsse im Rahmen der Begriffsbestimmung der Telekommunikationslinie zu betrachten sind. Je nach Größe des Grundstücks bzw. Anzahl der potentiell anschließbaren Kunden oder je nachdem, ob sich mehrere Telekommunikationsunternehmen für die Erschließung eines Grundstücks zusammenfinden, besteht der Teilnehmeranschluß aus mehreren Kabeln, Leitungen und/oder Leerrohren. Damit liegt auch insoweit eine Trasse im Sinne der Entscheidung des Bundesverwaltungsgerichts vor. Danach kann festgehalten werden, daß auch die Teilnehmeranschlußleitung eine Telekommunikationslinie darstellt.

47

Die sich hieraus ergebenden Folgerungen für das private Wegerecht nach § 57 TKG bzw. das Wegerecht für den Kundenanschluß auf Basis der TKV werden später (unten Rz. 336 ff.) noch erörtert.

48

6.5 Benutzung öffentlicher Wege (§ 50 TKG)

6.5.1 Nutzungsberechtigung

Nach § 50 Abs. 1 TKG ist der Bund befugt, „Verkehrswege für die öffentlichen Zwecken dienenden Telekommunikationslinien unentgeltlich zu benutzen, soweit nicht dadurch der Widmungszweck der Verkehrswege

49

---

1 BVerwG, NJW 1976, 906.
2 Siehe Begr. der Bundesregierung zur TKV, BR-Drucks. 551/97, S. 30. Dem folgend Beck TKG-Komm/*Piepenbrock*, Anh. § 41 TKG, § 10 TKV, Rz. 2.
3 BVerwG, NJW 1976, 906.

dauernd beschränkt wird (Nutzungsberechtigung)". Wie eingangs bereits erwähnt, ist damit gesetzlich nicht unmittelbar ein Telekommunikationsunternehmen berechtigt. Zunächst ist nur der Bund selbst nutzungsberechtigt, was als **primäre Nutzungsberechtigung** bezeichnet werden kann.

6.5.1.1 Rechtsnatur des öffentlichen Wegerechts

50 Das öffentliche Wegerecht wird allgemein als kraft Gesetzes bestehendes, öffentlich-rechtliches (nicht hoheitliches) **Sonderrecht bzw. Sondergebrauchsrecht** zur Benutzung der Verkehrswege angesehen[1]. Als solches, außerhalb des Straßenrechts des Bundes und der Länder geregeltes Recht, ist es weder Gemeingebrauch noch Sondernutzung im straßenrechtlichen Sinne. Vielmehr ist das öffentliche Wegerecht eine kraft Gesetzes eintretende Rechtsfolge der Widmung des Verkehrswegs für den öffentlichen Verkehr[2]. Als ein infolge der Trennung von hoheitlichen und operativen Aufgaben der Telekommunikation nach Art. 87f Abs. 2 GG zwar öffentliches, aber nicht mehr hoheitliches Recht ist es grundsätzlich übertragbar[3].

51 Mit der Inanspruchnahme des öffentlichen Wegerechts entsteht ein **gesetzliches (öffentlich-rechtliches) Schuldverhältnis** zwischen dem Anspruchsberechtigten und dem Träger der Wegebaulast[4], welches durch die Regelungen der §§ 52-56, 58 TKG bestimmt wird.

6.5.1.1.1 Verhältnis zum Straßenrecht

52 Eine wesentliche Rechtsfolge dieser Einordnung des öffentlichen Wegerechts ist, daß **straßenrechtliche Regelungen** des Bundes und der Länder auf das Wegerecht grundsätzlich nur dort Anwendung finden, wo dies ausdrücklich im TKG vorgesehen ist oder das TKG straßenrechtliche Begriffe verwendet[5]. Freilich wird in der Praxis bei der Verlegung von Telekommunikationslinien häufig, nicht zuletzt bei etwaigen (oder vermeintlichen) Regelungslücken auf straßenrechtliche Bestimmungen zurückgegriffen. Angesichts der Rechtsnatur des öffentlichen Wegerechts kann ein solcher Rückgriff allerdings nur **subsidiär** und zur Erlangung sachgerechter, mit den Regelungen des TKG in Einklang stehender Ergebnisse hingenommen werden.

---

1 *Aubert/Klingler*, Fernmelderecht/Telekommunikationsrecht, S. 26 Rz. 50; *Bauer*, in: Kodal/Krämer, Kap. 27, Rz. 127.2.
2 *Bauer*, in: Kodal/Krämer, Kap. 27, Rz. 127.2.
3 *Bullinger*, ArchPT 1998, 105, 113.
4 OVG NRW, ArchPT 1997, 329, 331 f.
5 *Aubert/Klingler*, Fernmelderecht/Telekommunikationsrecht, S. 26 Rz. 50.

6.5.1.1.2 Zivilrechtliche Sonderrechtsfähigkeit der Telekommunikationslinien

Eine weitere wesentliche Rechtsfolge ist die zivilrechtliche Sonderrechtsfähigkeit der in Ausübung des Nutzungsrechts verlegten Telekommunikationslinien. Da die Verlegung infolge eines Rechtes (Widmung + öffentliches Wegerecht) an einem fremden Grundstück (Straßengrundstück) erfolgt, handelt es sich bei den Telekommunikationslinien lediglich um **Scheinbestandteile** eines Grundstücks[1]. Diese verbleiben gemäß § 95 Abs. 1 S. 2 BGB im Eigentum des verlegenden Unternehmens.

53

Die zivilrechtliche Sonderrechtsfähigkeit erlangt praktisch insbesondere dann Bedeutung, wenn und soweit die Telekommunikationslinien eines Unternehmens einzeln oder gemeinsam mit dem Unternehmen **veräußert** oder anderweitig **übertragen** werden sollen. Durch die in den letzten ein bis zwei Jahren durchgeführten intensiven Verlegemaßnahmen in Deutschland häufen sich in letzter Zeit eigentumsrechtliche Übertragungen von Telekommunikationslinien (zu den hierdurch aufgeworfenen Fragen siehe Rz. 167 ff.).

54

6.5.1.2 Persönlicher Anwendungsbereich des öffentlichen Wegerechts – Übertragung des Nutzungsrechts auf Lizenznehmer

6.5.1.2.1 Person des Nutzungsberechtigten

Da der **Bund** primär Nutzungsberechtigter des öffentlichen Wegerechts ist, erfordert die Inanspruchnahme des öffentlichen Wegerechts durch Dritte eine Übertragung des Nutzungsrechts auf sekundär Nutzungsberechtigte. Der Kreis der sekundär Nutzungsberechtigten für das öffentliche Wegerecht wird in § 50 Abs. 2 S. 1 TKG mit **Lizenznehmern** nach § 6 Abs. 1 Nr. 1 TKG umschrieben. Damit sind lediglich diejenigen Personen nutzungsberechtigt, welche als Lizenznehmer der Lizenzklasse 1–3 Übertragungswege betreiben, die die Grenze eines Grundstücks überschreiten und für Telekommunikationsdienstleistungen für die Öffentlichkeit genutzt werden.

55

Ob der Nutzungsberechtigte dabei **Eigentümer** der Telekommunikationslinien ist oder aufgrund anderer Rechte zur Nutzung der Telekommunikationslinien berechtigt ist[2], spielt dabei keine Rolle. Wenn das Eigentum schon bei der Frage der Lizenzpflichtigkeit des Übertragungswegs

56

---

1 BGH, NJW 1994, 999; *Bauer*, in: Kodal/Krämer, Kap. 27, Rz. 127.2.
2 Etwa bei Anmietung von Einrichtungen wie Leerrohren von einem anderen Nutzungsberechtigten.

unerheblich ist[1], kann nichts anderes für die Frage des Eigentums an den Telekommunikationslinien gelten.

6.5.1.2.2 Übertragung der Nutzungsberechtigung – Lizenzgebiet

57 Die Übertragung der Nutzungsberechtigung vom Bund auf die sekundär Nutzungsberechtigten erfolgt mit Erteilung einer **Lizenz der Lizenzklassen 1–3** im Wege einer Nebenbestimmung zur Lizenz, mithin im Festnetzbereich durch die Lizenz der Lizenzklasse 3.

58 Eine genaue **Umschreibung** der vorgesehenen Telekommunikationslinien in der Übertragung der Nutzungsberechtigung ist gesetzlich nicht vorgesehen. Soweit der betreffende Lizenznehmer über eine Gebietslizenz verfügt, ist dies auch nicht erforderlich, da sich dann die Übertragung der Nutzungsberechtigung auf das in der Lizenz ausgewiesene Gebiet bezieht bzw. beschränkt. Bei Lizenzgebieten, die kleiner sind als das gesamte Bundesgebiet, beinhaltet die Übertragung zugleich eine quasi-sachliche, mit der Person des Lizenznehmers und dessen Lizenzumfang verbundene Bestimmung des Umfangs der Nutzungsberechtigung.

6.5.1.2.3 Übertragung der Nutzungsberechtigung bei Linienlizenzen

59 Problematischer war bislang allerdings die Übertragung der Nutzungsberechtigung bei Linienlizenzen der Lizenzklasse 3. Linienlizenzen waren und sind nach wie vor ein probates Mittel, den Bau längerer **Überlandstrecken** kosteneffizient zu ermöglichen, ohne daß die erheblichen Lizenzgebühren für Gebietslizenzen der Lizenzklasse 3 entrichtet werden müssen[2]. Derartige Lizenzen sind lizenz- und lizenzgebührenrechtlich nicht durch ein Gebiet definiert, sondern durch geographisch eindeutig bestimmbare Punkte am Anfang und am Ende der Linie (siehe hierzu oben der Beitrag zu 1. „Telekommunikationsdienstleistungen und Lizenzpflicht"). In praktischer Hinsicht stellt sich hier folgendes Problem: Lizenz- und lizenzgebührenrechtlich kommt es auf die Streckenführung der Linie, also die Inanspruchnahme welcher öffentlicher Wege ebensowenig an wie bei einer Gebietslizenz, die ja die Nutzungsberechtigung im gesamten Lizenzgebiet beinhaltet. Entscheidend ist bei den Linienlizenzen allein die (telekommunikationstechnische) Verbindung von Anfangs- und Endpunkt sowie (zur Bestimmung der Lizenzgebühr) die

---

1 So schon *Bothe/Heun/Lohman*, ArchPT 1995, 5, 20.
2 Dies mag sich infolge der Entscheidung des BVerwG über die Rechtswidrigkeit der Telekommunikationslizenzgebührenverordnung in Zukunft ändern, insbesondere falls Linienlizenzen in einer künftigen Verordnung entfallen sollten. Näher dazu die Ausführungen in Teil 1, Rz. 252 ff.

Luftliniendistanz zwischen diesen beiden Punkten. Wegerechtlich bzw. bautechnisch hingegen kann die Realisierung der Verbindung auf den unterschiedlichsten Routen erfolgen, womit auch unterschiedlichste öffentliche Wege bzw. Wegebaulastträger betroffen sein können. Dementsprechend verlangte die RegTP bis vor kurzem noch die Einreichung von Streckenplänen bei der Beantragung von Linienlizenzen. Damit sollte insbesondere der Umfang der Übertragung der Nutzungsberechtigung für den Linienlizenznehmer festgelegt und die Beantwortung etwaiger Auskunftsersuchen von Wegebaulastträgern über eine in Frage stehende Nutzungsberechtigung des Linienlizenznehmers erleichtert werden. Erschwerend kam aber hinzu, daß sich die vom Antragsteller einer Linienlizenz bei Lizenzbeantragung geplante Streckenführung aus kaufmännischen wie auch technischen Gründen während des Lizenzbeantragungsverfahrens bzw. bei Inanspruchnahme der Nutzungsberechtigung ändern kann. Die Folge war entweder ein die Lizenzerteilung verzögerndes ständiges Nachreichen von geänderten Streckenplänen gegenüber der RegTP im Antragsverfahren oder ein die Bauarbeiten verzögernder Diskurs zwischen Linienlizenznehmer, Wegebaulastträger und RegTP über die Frage, wie stark die tatsächliche Streckenführung der Luftlinie von Anfangs- und Endpunkt der Linie angenähert sein muß bzw. wie viel Abweichungsspielraum eine bei Lizenzbeantragung eingereichte und bei Lizenzerteilung zugrunde gelegte Streckenführung während der Durchführung der Bauarbeiten noch läßt.

Mit der Verfügung 158/199 über die Lizenzbeantragung[1] sollten diese Probleme nunmehr nicht mehr auftreten. Danach soll bei Lizenzbeantragung für eine Linienlizenz zwar ein **Verlaufsplan** der Linie über die betroffenen Kreise und kreisfreien Städte beigefügt werden. Trotz der Begriffswahl „Verlaufsplan" ist damit aber nicht eine Karte im geographischen Sinne gemeint, sondern lediglich eine namentliche Liste der betroffenen Kreise und kreisfreien Städte. Diese Liste wird dann Bestandteil der Lizenz in Bezug auf die Übertragung der Nutzungsberechtigung. Die eigentliche Streckenkarte soll hingegen erst nach Fertigstellung der Linie zu den Akten der RegTP gereicht werden, ohne Bestandteil der Lizenz bzw. der Übertragung der Nutzungsberechtigung vom Bund auf den Lizenznehmer zu werden. Die Karte dient damit nur noch der Information über den tatsächlich gebauten Streckenverlauf.

Die Folge dieser Praxisänderung seitens der RegTP ist eine Angleichung des Übertragungsumfangs der Nutzungsberechtigung bei Linienlizenzen an Gebietslizenzen. Denn auf diese Weise erhält der Linienlizenznehmer für seine Linie die Nutzungsberechtigung in einem gebietsweise abgegrenzten **Korridor**, der durch die von ihm aufgelisteten Kreise und

---
1 ABl. RegTP Nr. 23/1999, S. 4090 ff.

kreisfreien Städte definiert ist. Dieser Korridor wird auch später nicht auf die tatsächlich gebaute Streckenführung konkretisiert, da die Streckenkarte nicht Bestandteil der Lizenz wird. Damit ist allerdings keine Nutzungsberechtigung des Linienlizenznehmers verbunden, auch nachträglich, d.h. nach Abschluß der Bauarbeiten für die Linie innerhalb dieses Korridors geänderte oder zusätzliche Linien zu errichten. Wenn derartige Baumaßnahmen nämlich der Errichtung neuer Linien dienen, so wären diese von der ursprünglichen Lizenz nicht mehr erfaßt, und eine neue (Linien-)Lizenz müßte beantragt werden.

62 Interessant ist freilich die Fragestellung, ob eine neue Lizenz auch dann beantragt werden muß, wenn bei **gleicher Linie** (Anfangs- und Endpunkt sind gleich) und gleicher Streckenführung zusätzliche Leerrohre und Kabel in die vorhandene Trasse bzw. Linie verlegt werden sollen. Da es bei Linienlizenzen nicht auf die Kapazität der Verbindung zwischen Anfangs- und Endpunkt ankommt und bei den vorbeschriebenen Maßnahmen auch die Linie wegen des unveränderten Anfangs- und Endpunkts selbst identisch bleibt, müssen derartige Maßnahmen von der ursprünglichen Linienlizenz erfaßt sein. Dagegen wird eine abweichende Streckenführung, welche zwar ebenfalls den gleichen Anfangs- und Endpunkt hat, aber aus Gründen der Sicherheit und Redundanz der hierauf beruhenden Telekommunikationsdienstleistungen von der ursprünglichen Streckenführung räumlich entfernt liegt (**„Zweiwegeführung"**), eine eigene Linie darstellen und damit erneut lizenzpflichtig sein. Diese Sichtweise ist deswegen interessengerecht, weil bei Ausfall der Systeme in der ursprünglichen Streckenführung durch physische Unterbrechungen tatsächlich infolge der zweiten abweichenden Streckenführung auch eine selbständige zweite Linie zwischen Anfangs- und Endpunkt besteht, Anfangs- und Endpunkt also sowohl geographisch als auch technisch und damit funktional durch zwei Linien miteinander verbunden sind.

63 Wann im einzelnen eine derartige zweite Linie vorliegt, wird danach zu beurteilen sein, ob die Streckenführung in **unterschiedlichen Trassen** erfolgt. Der von der DTAG in anderen Zusammenhängen für die Zweiwegeführung[1] verwendete Mindestabstand von 1,50 Metern („Breite einer Baggerschaufel") dürfte hier nicht ausreichend sein. Als Beispiele für den Mindestabstand für eine lizenz- und wegerechtlich getrennte Trassenführung wäre daher eher an unterschiedliche Straßenseiten zu denken. Bei der aufgrund der bezweckten Sicherheit und Redundanz zugrunde zu legenden funktionalen Betrachtungsweise für die Annahme einer zweiten Linie können sich freilich auch zwei Straßenseiten als zu nah herausstellen. Insofern wäre anstelle einer starren Definition als

---

1 In der Zusammenschaltungsvereinbarung bei der Beschreibung des Interconnection-Anschlusses in der Ausführung Zweiwegeführung.

Abgrenzungsmaßstab daran zu denken, daß in den Fällen der mehrfachen Verbindung des gleichen Anfangs- und Endpunkts nur dann eine zweite Linie vorliegt, wenn beide Linien nicht durch dieselbe Baumaßnahme gefährdet werden können. Bei der Streckenführung auf beiden Straßenseiten kann aber eine Baumaßnahme an eben jener Straße beide Streckenführungen gefährden. Eine zweite Linie liegt nach dem hier gewählten Abgrenzungskriterium daher erst bei einem solchen Abstand in der Streckenführung vor, welcher eben genau diejenigen Risiken ausschließt, deren Vermeidung die „zweite" Linie dient. In Anlehnung an den funktionalen Fernmeldeanlagenbegriff (siehe zu den Auswirkungen des „funktionalen Fernmeldeanlagenbegriffs" schon Rz. 37 ff.) liegt daher nur dann eine zweite Linie vor, wenn diese gegenüber der ursprünglichen Linie die bezweckte Sicherheitsfunktion tatsächlich erfüllt.

6.5.1.3 Sachlicher Anwendungsbereich des Nutzungsrechts

In sachlicher Hinsicht bezieht sich das öffentliche Wegerecht einerseits auf Verkehrswege, soweit deren **Widmungszweck** durch die Nutzung nicht dauernd beschränkt wird, und besteht andererseits nur für **öffentlichen Zwecken** dienende Telekommunikationslinien. 64

6.5.1.3.1 Verkehrswege

Verkehrswege werden in § 50 Abs. 1 TKG gesetzlich definiert als öffentliche Wege, Plätze und Brücken sowie die öffentlichen Gewässer. „Öffentlich" sind die Wege dann, wenn sie im straßenrechtlichen Sinne für den öffentlichen Verkehr gewidmet sind[1]. Daher können auch derartig gewidmete Privatwege Gegenstand des Wegerechts sein. Bei öffentlichen Wegen sind nämlich **zwei rechtliche Regime** zu unterscheiden, die sich überlagern. Zunächst handelt es sich um Sachen, die daher Gegenstand von Eigentumsrechten sind. Dieses privatrechtliche Eigentum[2] wird überlagert vom öffentlich-rechtlichen Straßenrecht, das die Widmung und Benutzung der Wege regelt. Diese Überlagerung entfällt wiederum, wenn der Verkehrsweg eingezogen wird. Dann geht es nur noch um das privatrechtliche Eigentum. Die Widmung und Einziehung ergeben sich aus den einschlägigen straßenrechtlichen Regelungen des Bundes und der Länder. 65

Öffentliche Wege sind insbesondere die **Bundes-, Landes- und Gemeindestraßen** einschließlich der etwa vorhandenen Gehwege, Seitenbefestigungen und Gräben, des Luftraums darüber und des Erdkörpers[3]. Eisen- 66

---
1 Dazu *Krämer*, in: Kodal/Krämer, Kap. 4 Rz. 2.3.
2 Eine Ausnahme gilt für Hamburg: Dort besteht öffentlich-rechtliches Eigentum.
3 *Aubert/Klingler*, Fernmelderecht/Telekommunikationsrecht, S. 18 Rz. 28.

bahngelände und -trassen gehören aus historischen Gründen nicht zu den öffentlichen Wegen in diesem Sinne[1]. Sie dienen nicht dem öffentlichen Verkehr im straßenrechtlichen Sinn sondern (lediglich) dem Eisenbahnverkehr. Dies gilt in der Regel auch für Bahnhofsgelände und Bahnhofsvorplätze[2]. Bei Brücken ist zu beachten, daß der Brückenbaulastträger nicht notwendigerweise mit dem Straßenbaulastträger für die anschließende Strecke identisch ist. Dies ist für die Frage der Bestimmung der zuständigen Behörde für die Zustimmung nach § 50 Abs. 3 TKG relevant (dazu unten Rz. 81 ff.).

67 Zu den **öffentlichen Gewässern** gehören insbesondere die Binnen- und Seewasserstraßen, von denen letztere insbesondere bei der Frage der Anlandung von Seekabeln Bedeutung haben. Gerade bei Seekabeln sind aber auch Genehmigungserfordernisse zu beachten, die außerhalb des Telekommunikations- oder des Straßenrechts liegen, wie beispielsweise in bezug auf den deutschen Festlandsockel. Zu berücksichtigen ist ferner[3], daß der Begriff der öffentlichen Gewässer sämtliche natürlichen und künstlichen Wasserflächen erfaßt, deren Benutzung der Allgemeinheit nach Bundes- oder Landesrecht zusteht, z. B. künstliche oder natürliche Wasserläufe, Häfen, Seen oder geschlossene Gewässer. Auf die Schiffbarkeit kommt es nicht an.

6.5.1.3.2 Keine dauernde Beschränkung des Widmungszwecks

68 Die Nutzungsberechtigung gilt nur, soweit dadurch der **Widmungszweck** der Verkehrswege, d. h. die öffentlich rechtliche Widmung zum Verkehr – straßenrechtlich vornehmlich durch den sogenannten „**Gemeingebrauch**" umschrieben – nicht dauernd beschränkt wird. Gemeingebrauch ist nach der Legaldefinition des § 7 Abs. 1 Bundesfernstraßengesetz (FStrG), an der sich die Landesstraßengesetze orientieren, der jedermann gestattete, freie Gebrauch der öffentlichen Straßen zum Verkehr im Rahmen der Widmung und der Verkehrsvorschriften. Für diese Benutzung der Straße ist weder eine besondere Erlaubnis noch eine vertragliche Gestattung erforderlich. Sie ist in den genannten Grenzen jedermann möglich. Ein Benutzung hält sich nicht mehr im Rahmen des zulässigen Gemeingebrauchs, wenn sie **Eingriffe in die Bausubstanz** erfordert[4]. Die Verlegung von Telekommunikationslinien in den Straßenuntergrund erfordert solche Eingriffe. Sie fällt daher nicht mehr unter den Gemeingebrauch.

---

1 *Aubert/Klingler*, Fernmelderecht/Telekommunikationsrecht, S. 18 Rz. 29.
2 *Krämer*, in: Kodal/Krämer, Kap. 4 Rz. 22.
3 OLG Bamberg, RTkom 2001, 103.
4 *Grote*, in: Kodal/Krämer, Kap. 26 Rz. 4.1.

Bei der unterirdischen Verlegung erfolgt eine Beeinträchtigung vor allem durch die in die **Straßenoberfläche** eingreifende Verlegung infolge der hierfür erforderlichen Baumaßnahmen. Allerdings hat die Rechtsprechung diesbezüglich bereits anerkannt, daß Verlegearbeiten lediglich eine kurzfristige, nicht aber eine die widmungsgerechte Nutzung verhindernde dauernde Beeinträchtigung darstellen[1].

69

Regelmäßig führt daher die **unterirdische Verlegung** von Telekommunikationslinien zu keiner dauernden Beschränkung des Widmungszwecks. Im Gesetzgebungsverfahren war es dagegen Wunsch des Bundesrats das Wort „dauernd" zu streichen[2]. Nach Vorstellung des Bundesrats wäre dann für jede Verlege- und Änderungsmaßnahme (nach dem Wortlaut von § 50 Abs. 3 TKG zustimmungsbedürftig), aber auch für Wartungsmaßnahmen (nach dem Wortlaut von § 50 Abs. 3 TKG nicht zustimmungsbedürftig) eine straßenrechtliche Sondernutzungserlaubnis für die kurzfristige Nutzung der Wegeoberfläche erforderlich gewesen. Eine Betrachtungsweise, die auch nach der geltenden Rechtslage von verschiedenen Wegebaulastträgern gern angeführt wird und damit für die Nutzungsberechtigten des öffentlichen Wegerechts zu Problemen führen kann (dazu näher Rz. 153 ff.).

70

Nach einem Urteil des Bayerischen Verwaltungsgerichts München[3] ist aber der Begriff des Benutzens in § 50 Abs. 1 S. 1 TKG in einem **umfassenden Sinn** auszulegen. Der Wille des Gesetzgebers sei hier insbesondere als Ergebnis der bereits erwähnten unterbliebenen Streichung des Wortes „dauernd" hinsichtlich der Beeinträchtigung des Widmungszwecks eindeutig zum Ausdruck gekommen. Daher sind auch alle Nutzungen im Zusammenhang mit der Einlegung oder Errichtung der Telekommunikationslinie wie insbesondere der durch die Erdarbeiten verursachte Aushub und dessen vorübergehende Lagerung an der Baustelle, die Lagerung des zur Verlegung vorgesehenen Materials (z. B. der Leerrohre) vor Ort sowie das Aufstellen von Containern und das Abstellen von Baumaschinen erfaßt.

71

Demnach kann festgehalten werden, daß jegliche im Zusammenhang mit den Verlegearbeiten stehenden Nutzungen des Verkehrswegs vom öffentlichen Wegerecht erfaßt und damit unentgeltlich möglich sind, solange sie von nur vorübergehender Dauer sind.

72

Zu beachten ist weiterhin, daß der in § 50 Abs. 1 S. 1 TKG gewählte Begriff des Widmungszwecks weiter ist als der in der Vorgängerbestimmung des § 1 Abs. 1 S. 1 TWG benutzte Begriff des Gemeingebrauchs[4].

73

---

1 BVerwGE 29, 248.
2 BR-Drucks. 80/96, Anlage mit Stellungnahme, S. 27 Nr. 60.
3 Bayer. VG München, RTkom 1999, 192, 193.
4 Ebenso Beck TKG-Komm/*Schütz*, § 50 Rz. 30.

Der Widmungszweck eines Verkehrswegs erfaßt damit auch den sogenannten **Anliegergebrauch** in Form von Zufahrten und Zugängen von anliegenden Grundstücken zum Verkehrsweg[1]. Die veränderte Begriffswahl und gleichzeitige Nutzung eines Begriffs aus einer höheren Abstraktionsebene macht nur Sinn, wenn hiermit eine Erweiterung des zu berücksichtigenden Widmungszwecks gegenüber dem bisherigen Gemeingebrauch gemeint ist. Die früher entwickelte Meinung in Rechtsprechung und Literatur, wonach der Gemeingebrauch des § 1 TWG nicht den Anliegergebrauch erfasse, wird zwar heute noch vertreten[2]. Sie erscheint aber aus den genannten Gründen überholt.

6.5.1.3.3 Öffentlichen Zwecken dienende Telekommunikationslinien

74 Öffentlichen Zwecken dienende Telekommunikationslinien sind im TKG als zusammenhängender Begriff ebenso wenig definiert wie der Begriff „öffentlicher Zweck" als solcher. Üblicherweise wird der „öffentliche Zweck" über das **Gemeinwohlinteresse** definiert. In bezug auf die Telekommunikation erschließt sich der Begriff des öffentlichen Zweckes durch zwei Komponenten: zum einen durch den in Art. 87f Abs. 1 GG enthaltenen Infrastrukturauftrag des Bundes, der nach Art. 87f Abs. 2 GG durch Unternehmen der Privatwirtschaft (operativ) erfüllt wird. Durch den Auftrag und seine Erfüllung wird der öffentliche Zweck, nämlich die flächendeckend angemessene und ausreichende Versorgung mit Telekommunikationsdienstleistungen, im eigentlichen Sinne umschrieben. Zum zweiten dadurch, daß das öffentliche Wegerecht nach § 50 Abs. 2 S. 1 TKG lediglich auf Lizenznehmer der Lizenzklassen 1–3 vom primär nutzungsberechtigten Bund übertragen wird. Der Gesamtzusammenhang der Regelung des § 50 TKG ergibt damit die folgende Aussage:

> Öffentlichen Zwecken dienen die Telekommunikationslinien aller Lizenznehmer von Lizenzen für das Betreiben von Übertragungswegen (§ 3 Nr. 1 TKG) nach § 6 Abs. 2 Nr. 1 (Lizenzklassen 1–3), wenn also die Telekommunikationslinien dem Betrieb von Übertragungswegen für ein öffentliches Telekommunikationsnetz (§ 3 Nr. 12 TKG) dienen, da das Betreiben von Übertragungswegen ohnehin nur dann lizenzpflichtig ist, wenn die Übertragungswege für Telekommunikationsdienstleistungen für die Öffentlichkeit (§ 3 Nr. 19) genutzt werden.
>
> Im Umkehrschluß: keinen öffentlichen Zwecken dienen die Telekommunikationslinien mittels derer Übertragungswege für Telekommuni-

---

1 *Herber*, in: Kodal/Krämer, Kap. 7 Rz. 8, Kap. 25.
2 *Schmidt*, Urteilsanmerkung RTkom 1999, 32 f. unter Verweis auf *Aubert/Klingler*, Fernmelderecht/Telekommunikationsrecht, S. 50 und BVerwGE 64, 176 ff.

kationsnetze betrieben werden, auf deren Grundlage lediglich Telekommunikation für eigene Zwecke betrieben wird oder Telekommunikationsdienstleistungen für Teilnehmer geschlossener Benutzergruppen erbracht werden.

Unerheblich ist bei der vorstehenden Abgrenzung, in welchem **Umfang** Telekommunikationslinien von einem Lizenznehmer auch für die Erbringung von Telekommunikationslinien für Teilnehmer geschlossener Benutzergruppen genutzt werden. Die Lizenzpflicht nach § 6 Abs. 1 Nr. 1 TKG sieht keinen Mindestanteil an Telekommunikationsdienstleistungen für die Öffentlichkeit in Bezug auf die Übertragungswege vor, die auf der Basis von Telekommunikationslinien betrieben werden. Freilich ist andererseits auch die Eingrenzung des durch den verfassungsrechtlich formulierten Infrastrukturauftrag „öffentlichen Zwecks" in § 50 Abs. 2 TKG auf Lizenznehmer nicht völlig unproblematisch, da auch Angebote an Teilnehmer geschlossener Benutzergruppen der Versorgung mit Telekommunikationsdienstleistungen dienen. 75

Nach der bestehenden Gesetzeslage gilt jedenfalls für die Verlegung von Telekommunikationslinien, die ausschließlich für die Erbringung von (lizenzfreien) Telekommunikationsdienstleistungen für Teilnehmer **geschlossener Benutzergruppen** oder für betriebs- bzw. konzerninterne Kommunikation genutzt werden sollen, nicht die Regelung in § 50 TKG. Hier findet vielmehr die jeweils einschlägige bundesgesetzliche (Bundesfernstraßengesetz) oder landesgesetzliche (Länderstraßengesetze) straßenrechtliche Regelung Anwendung. Für die Verlegung ist in diesen Fällen der Abschluß von (entgeltlichen) Gestattungsverträgen oder die Erteilung von (entgeltlichen) Sondernutzungserlaubnissen erforderlich[1]. 76

6.5.1.4 Umfang des Nutzungsrechts – Anzahl der Telekommunikationslinien

Abgesehen von der Frage der dauerhaften Beschränkung des Widmungszwecks und den mit der Verlegung in Zusammenhang stehenden Nutzungen des Verkehrswegs, ist in der Praxis immer wieder umstritten, welchen Umfang das öffentliche Wegerecht für die Telekommunikationslinien konkret hat, d.h. insbesondere **wie viel Leerrohre** bzw. Kabel je Telekommunikationslinie oder je Trasse vom jeweiligen Nutzungsberechtigten verlegt werden dürfen. Die Wegebaulastträger versuchen dabei immer wieder, den Umfang der zu verlegenden Telekommunikationslinien dahin gehend zu beschränken, daß die Anzahl der Kabel bzw. Leerrohre begrenzt wird. 77

---

1 Siehe dazu ausführlich: *Heun/Lohmann*, ArchPT 1996, 132 ff.

78 Das TKG selbst enthält dagegen weder in den wegerechtlichen Bestimmungen noch in der Legaldefinition von Telekommunikationsanlagen eine Beschränkung der Anzahl der Telekommunikationslinien bzw. des Zubehörs. Vielmehr spricht schon der vom Gesetzgeber verwendete Begriff der „Linie" anstelle des Begriffs der „Leitung" dafür, daß weder explizite noch implizite **Begrenzungen** in der gesetzlichen Regelung enthalten sind. Auch aus dem in der Legaldefinition gewählten Begriff der Telekommunikationskabelanlage lassen sich keine impliziten Begrenzungen entnehmen. So bedeutet dieser Begriff insbesondere nicht, daß etwa jedes verlegte Leerrohr auch mit einem Kabel bestückt oder daß jedes Leerrohr bzw. jedes Kabel auch zum Betreiben von Übertragungswegen tatsächlich in Betrieb sein müßte. Begrifflich liegt eine Kabelanlage schon dann vor, wenn lediglich **ein Kabel** in eine Mehrzahl hierfür vorgesehener Leerrohre eingezogen ist. Denn der Begriff Kabelanlage ist weiter gefaßt als der Begriff des Kabels. Das Betreiben von Übertragungswegen ist bereits dann gegeben, wenn mittels der Telekommunikationslinie auch nur ein einziger Übertragungsweg errichtet und betrieben wird. Dieses Ergebnis wird auch durch die sonstigen wegerechtlichen Bestimmungen des TKG bestätigt. So schreibt insbesondere § 52 Abs. 1 TKG vor, daß der Nutzungsberechtigte auf Wegeunterhaltung und Widmungszweck der Verkehrswege Rücksicht zu nehmen hat. Eine Verlegung indessen, die sich nur an einem jeweils unmittelbar benötigten Kabel orientierte, würde diese Verpflichtung durch wiederholt erforderliche Neuaufgrabungen konterkarieren.

79 Eine Begrenzung der Anzahl der zu verlegenden Telekommunikationslinien kann sich daher allenfalls daraus ergeben, daß der betroffene Verkehrsweg in seiner **Aufnahmekapazität** für die geplante(n) Telekommunikationslinie(n) tatsächlich beschränkt ist. Dies folgt aus zweierlei Gründen: Zum einen ist die aus dem öffentlichen Wegerecht des § 50 Abs. 1 TKG folgende Nutzungsberechtigung ein Sonderrecht, welches sich von vornherein auf den öffentlichen Verkehrsweg innerhalb der Grenzen seiner Widmung beschränkt. Zum anderen verdeutlichen die Bestimmungen in den §§ 53–56 TKG, daß das unentgeltliche öffentliche Wegerecht des TKG gegenüber dem Widmungszweck des öffentlichen Verkehrswegs und gegenüber sonstigen vorhandenen Anlagen bzw. Versorgungsleitungen („besondere Anlagen" i. S. d. §§ 55 und 56 TKG) nachrangig ist (dazu noch näher Rz. 104 ff.).

80 Dementsprechend kann es zu tatsächlichen Beschränkungen kommen, wenn beispielsweise in städtischen Bereichen zum einen innerhalb eines **Gehwegs** verschiedene Trassenbreiten unterschiedlichen Versorgern zugewiesen sind (etwa je eine Teiltrasse für Elektrizität, Wasser, Abwasser, Gas und Telekommunikation) und zum anderen der für die Tele-

kommunikation vorgesehene Teil bereits belegt ist. Mit Zustimmung eines betroffenen Versorgers ist freilich auch die Überbauung[1] anderer Versorgungsleitungen denkbar, so daß in einem solchen Falle der Verlegung keine Argumente mehr entgegengehalten werden können. Dies folgt aus den in den §§ 55 und 56 TKG vorgesehenen Gestaltungsmöglichkeiten bei **Kollisionen** zwischen Telekommunikationslinien und anderen Versorgungsleitungen. So kann der Nutzungsberechtigte nach § 55 Abs. 2 TKG sogar die Verlegung einer anderen Versorgungsleitung verlangen wenn a) die Nutzung für Telekommunikationslinien unterbleiben müßte, b) eine Entschädigung gezahlt wird und c) die andere Versorgungsleitung ihrem Zweck entsprechend anderweitig untergebracht werden kann. Wenn also schon die Verlegung verlangt werden darf, gilt dies erst Recht für die Möglichkeit der Überbauung aus Platzmangel im Trassenteil für Telekommunikation.

6.5.2 Zustimmung des Trägers der Wegebaulast

Die verfahrensseitige Regelung der Inanspruchnahme des öffentlichen Wegerechts durch die Berechtigten im einzelnen ist mittlerweile nur noch sehr knapp geregelt. War im TWG, in den Vorentwürfen zum TKG und dem Referentenentwurf noch ein Planfeststellungsverfahren vorgesehen, sieht § 50 Abs. 3 TKG nurmehr ein **Zustimmungserfordernis** seitens des Trägers der Wegebaulast vor. Träger der Wegebaulast sind in der Regel bei Bundesstraßen der Bund, bei Landesstraßen die Länder und bei Gemeindestraßen sowie dem innerörtlichen Teil aller Straßen die Kommunen. Dieses Zustimmungserfordernis soll der Abstimmung zwischen Nutzungsberechtigtem und Wegebaulastträger dienen. Die Zustimmung soll sich nach der Gesetzesbegründung[2] demnach nur auf Fragen der **technischen Ausgestaltung** der Verlegung beziehen (z. B. Verlegetiefe, Abstand vom Fahrbahnrand) und nur in diesem Rahmen einen Ermessensspielraum beinhalten. Lediglich bei der oberirdischen Verlegung von Telekommunikationslinien soll eine Abwägung zwischen **städtebaulichen Belangen** und den wirtschaftlichen Interessen des Nutzungsberechtigten erfolgen können. Diesbezügliche Anhaltspunkte enthalten das TKG oder die Gesetzesbegründung zwar nicht. Indessen kommt die oberirdische Verlegung innerhalb von Stadtgebieten ohnehin kaum in der Praxis vor.

81

6.5.2.1 Anwendungsbereich der Zustimmung

Festzuhalten ist zunächst, daß nach dem Willen des Gesetzgebers die Regelung über das „Ob" des öffentlichen Wegerechts in § 50 Abs. 1 und

82

---

1 Die Verlegung im Erdraum über oder unter der vorhandenen Leitung.
2 BR-Drucks. 80/96, S. 49.

2 TKG getroffen ist und die Zustimmung in § 50 Abs. 3 TKG lediglich die Frage des „**Wie**" der Verlegung von Telekommunikationslinien betrifft. Letzteres hat lediglich dann auch Einfluß auf das „Ob" der Verlegung, wenn es um die oberirdische Verlegung geht, und beschränkt sich bei der unterirdischen Verlegung gänzlich auf Fragen der technischen Durchführung der Verlegemaßnahmen.

83 Ferner ist die Zustimmung nur für die erstmalige Verlegung von Telekommunikationslinien (§ 50 Abs. 3 S. 1, 1. Alternative: „Verlegung neuer Telekommunikationslinien") und für die Änderung vorhandener Telekommunikationslinien (§ 50 Abs. 2 S. 1, 2. Alternative) erforderlich. Dem Gesetzeszweck entsprechend, mit der Zustimmung die Abstimmung zwischen Wegebaulastträger und Nutzungsberechtigten über die technische Ausgestaltung der Inanspruchnahme des Wegekörpers zu gewährleisten, kommt es demnach bei beiden Alternativen ausschließlich darauf an, ob durch die betreffende Maßnahme der Wegekörper **erstmalig oder in physisch verändertem Umfang** in Anspruch genommen wird. Zustimmungspflichtig ist nach dem Wortlaut von § 50 Abs. 1 S. 1 TKG allein die Verlegung einer neuen oder die Änderung einer vorhandenen Telekommunikationslinie, nicht aber die Durchführung von Maßnahmen, die „innerhalb" der Linie vorgenommen werden. Mit anderen Worten: Es kommt darauf an, daß der Raum im Wegekörper durch die jeweilige Maßnahme betroffen ist. Dies ist beispielsweise dann der Fall, wenn Leerrohre erstmalig verlegt werden oder neue Leerrohre zu den bestehenden hinzu verlegt werden. Dies ist aber nicht der Fall, wenn neue oder zusätzliche Kabel in bereits verlegte Leerrohre eingezogen werden, Kabel in Leerrohren ausgetauscht werden oder wenn eine vorhandenes Erdkabel durch ein neues Erdkabel ersetzt wird. In diesen Fällen ändert sich an der (durch die vorhandenen Leerrohre oder Erdkabel gegebenen) räumlichen Nutzung des Wegekörpers nichts, d.h. es wird kein zusätzlicher Raum in Anspruch genommen[1]. Gleiches gilt für Wartungs- und Reparaturmaßnahmen, auch wenn hiermit Aufgrabungen verbunden sind. Auch hier findet keine Veränderung der Raumnutzung des Wegekörpers statt[2].

---

1 Dies wird auch von den kommunalen Spitzenverbänden so gesehen. Bundesvereinigung der kommunalen Spitzenverbände, Die Benutzung öffentlicher Wege für Telekommunikationslinien, Stand Februar 1997, S. 12 f.
2 Insoweit anderer Ansicht die Bundesvereinigung der kommunalen Spitzenverbände, Die Benutzung öffentlicher Wege für Telekommunikationslinien, Stand Februar 1997, S. 13, wonach bei Aufgrabungen immer eine Aufbruchgenehmigung erforderlich sein soll.

6.5.2.2 Rechtsnatur der Zustimmung

Allgemeines Verständnis ist, daß die Zustimmung einen **gebundenen Verwaltungsakt** darstellt[1], der zu erlassen ist, wenn die Nutzungsberechtigung nach § 50 Abs. 1 und 2 TKG besteht sowie
- die Telekommunikationslinie den Widmungszweck des betroffenen Verkehrswegs nicht dauernd beschränkt und
- die Telekommunikationslinie den Anforderungen der Sicherheit und Ordnung und den anerkannten Regeln der Technik entspricht.

84

Mit Vorliegen dieser Voraussetzungen, muß der Wegebaulastträger die Zustimmung zur Verlegung erteilen. Da die Zustimmung mit technischen **Auflagen** und Bedingungen versehen werden kann und die vorgenannten Voraussetzungen nicht ohne weiteres evident sind, ist eine Prüfung durch den Wegebaulastträger erforderlich.

85

6.5.2.3 Verfahren und Inhalt der Zustimmung

Für die Prüfung bzw. das Verfahren der Zustimmung durch den Wegebaulastträger enthält das TKG, wie bereits erwähnt, keine Regelungen. Die Wegebaulastträger, insbesondere die Kommunen, greifen hier daher auf die **vorhandenen Verfahren** zurück, die im Rahmen von straßenrechtlichen Gestattungsverträgen oder Sondernutzungserlaubnissen verwendet werden. Dies kann beispielsweise darin bestehen, daß die Kommune über das Straßenbauamt dem Nutzungsberechtigten einen „Laufschein" aushändigt, der von diesem abgearbeitet werden muß. Dazu gehört beispielsweise die Einholung von Informationen bei anderen Wegenutzern im Bereich der geplanten Trasse über deren Trassenverläufe, die Anfertigung einer genauen, möglicherweise Straße für Straße durch Scanner oder Probegrabungen verifizierten Trassenplanung sowie die Einholung straßenverkehrsrechtlicher Genehmigungen für die erforderlichen Absperrmaßnahmen an der Baustelle. Der Zustimmungsantrag ist dann regelmäßig schriftlich einzureichen mit einer genauen Bezeichnung der Linie, einem Trassenplan sowie den eingeholten Erklärungen anderer Nutzungsberechtigter, die von der Maßnahmen betroffen sein könnten.

86

Die **Zustimmung** selbst besteht dann in der Regel aus der Erklärung der Zustimmung, technischen Bedingungen und Auflagen (z. B. Trassenbezeichnung, Verlegetiefe und Verlegebreite, Anordnung der Kabel und/oder Leerrohre übereinander statt nebeneinander, keine Überbauung von Anlagen Dritter, Bestimmungen über die Wiederherstellung der Oberdecke) sowie Verweisen auf einschlägige zu beachtende rechtliche

87

---
1 Siehe z. B. BVerwG, NVwZ 2000, 316, 317.

und technische Regelungen. Häufig findet sich auch ein Hinweis auf eine einschlägige Gebührenregelung. Außerdem sind Zustimmungen nicht selten befristet, damit sichergestellt ist, daß die Verlegemaßnahmen innerhalb eines vorgegebenen Zeitraums durchgeführt werden[1].

88 Die Zustimmung zu der Verlegung umfaßt dabei für sich genommen gerade nicht **straßenverkehrsrechtliche Anordnungen** oder Zustimmungen. So hat der Nutzungsberechtigte bzw. Unternehmer nach § 46 Abs. 6 der Straßenverkehrsordnung vor Beginn von Arbeiten, die sich auf den Straßenverkehr auswirken, unter Vorlage eines Verkehrszeichenplans Anordnungen von der Straßenverkehrsbehörde darüber einzuholen, wie die Arbeitsstellen abzusperren und zu kennzeichnen sind und ggf., ob und wie der Verkehr zu regeln ist. Ebenso erfaßt die Zustimmung keine **natur- oder landschaftsschutzrechtlichen Genehmigungen**, die häufig zusätzlich bei der Verlegung von Telekommunikationslinien auf Langstrecken außerhalb der städtischen Gebiete aufgrund landesgesetzlicher Regelungen erforderlich sind.

89 Eine erste praktische Umsetzung für das öffentliche Wegerecht des TKG haben die erwähnten vorhandenen Verfahren durch eine Empfehlung der Bundesvereinigung der kommunalen Spitzenverbände erfahren[2]. Diese im Februar 1997 veröffentlichte Empfehlung enthält insbesondere **Muster** für die Zustimmung als Verwaltungsakt sowie über die vertragliche Regelung der Zustimmung. Die Praxis in den **Großstädten** weicht allerdings nicht selten in erheblichem Umfang zuungunsten des Nutzungsberechtigten von den Musterempfehlungen ab (zu den Einzelproblemen siehe Rz. 139 ff.). So wird die Zustimmung zumeist in zwei selbständige Verwaltungshandlungen aufgeteilt: Zum einen die **Trassenanweisung** und zum anderen die **Aufbruchgenehmigung**. Beide sollen nach dem Willen der Großstädte selbständige Amtshandlungen bzw. Verwaltungsakte und damit ggf. selbständig gebührenpflichtig sein. Es mag zwar sein, daß sich die bisherige Praxis bei Sondernutzungen in Richtung der genannten zwei Amtshandlungen herausgebildet hat. Die hier allein maßgebende Ermächtigungsgrundlage für das Verwaltungshandeln der Wegebaulastträger ist allerdings die Bestimmung in § 50 Abs. 3 TKG. Die Aufsplitterung des einen vorgesehenen Verwaltungsakts Zustimmung in zwei selbständige Verwaltungsakte ist daher abzulehnen. Vielmehr handelt es sich allenfalls um zwei Teilakte der Zustim-

---

1 Da eine derartige Befristung auch mit der Auflage erreicht werden kann, die Verlegung innerhalb eines bestimmten Zeitraums durchzuführen, bestehen gegen derartige Befristungen nur dann Bedenken, wenn der Zeitraum unzumutbar kurz ist.
2 Bundesvereinigung der kommunalen Spitzenverbände, Die Benutzung öffentlicher Wege für Telekommunikationslinien, Stand Februar 1997.

mungserteilung. Mit Blick auf die Regelung des § 50 Abs. 3 TKG und die dort vorgesehene Zustimmung ist nicht zu ersehen, welchen, für die Annahme eines Verwaltungsakts erforderlichen eigenständigen Regelungsgehalt[1] Trassenanweisung und Aufbruchgenehmigung haben sollen.

6.5.2.4 Zustimmungsgebühren

Die Ausgestaltung des öffentlichen Wegerechts in § 50 Abs. 1 TKG als unentgeltliches Nutzungsrecht bedeutet nicht notwendigerweise, daß die Zustimmung der Wegebaulastträger als kostenfreie Amtshandlung erfolgen müßte. Da es sich bei der Zustimmung um einen Verwaltungsakt handelt, kann für diese Amtshandlung vom Wegebaulastträger nach Maßgabe einschlägiger gebührenrechtlicher Bestimmungen eine **Verwaltungsgebühr** erhoben werden[2]. Derartige gebührenrechtlichen Bestimmungen finden sich beispielsweise in gemeindlichen **Gebührensatzungen** bzw. im Landesgebührenrecht. 90

Zu beachten ist dabei allerdings, daß die **Gebührenpraxis** der Wegebaulastträger, insbesondere der Kommunen, im Einklang mit den gebührenrechtlichen Bestimmungen stehen muß. Dies ist in der Praxis nicht immer Fall. Nicht selten erfolgt eine Bemessung der Gebühren anhand der Trassenlänge. Dies stellt aber nach Ansicht des Verwaltungsgerichts Regensburg eine unzulässige Pauschalierung des Verwaltungsaufwands dar[3]. Nach Ansicht des Gerichts kommt es stattdessen auf den jeweiligen, durch die Zustimmung verursachten Einzelaufwand an, der von der Länge der betroffenen Trasse unabhängig sein könne. Diese Ansicht ist zutreffend, zumal die Gebührenfestsetzung anhand der Trassenlänge die Gebühr in die Nähe eines Nutzungsentgelts rückt. 91

6.5.2.5 Vertragliche Regelung der Zustimmung

Nach § 54 VwVfG kann anstelle des Erlasses eines Verwaltungsakts zwischen der zuständigen Behörde und dem Adressaten auch ein **öffentlich-rechtlicher Vertrag** geschlossen werden. Da die Zustimmung nach § 50 Abs. 3 TKG ein Verwaltungsakt ist, kann daher auch ein öffentlich-rechtlicher Vertrag zwischen Wegebaulastträger und Nutzungsberechtigtem über die Zustimmung geschlossen werden. 92

Derartige Verträge werden häufig dann geschlossen, wenn der Nutzungsberechtigte beabsichtigt, in städtischen Gebieten mehr als eine Telekom- 93

---

1 *Kopp/Ramsauer*, Kommentar zum VwVfG, § 35, Rz. 47 ff.
2 VG Arnsberg, RTkom 2000, 59 ff.
3 VG Regensburg, CR 1999, 741, 743 f.

munikationslinie zu verlegen. Beispielsweise wenn ein **Stadtnetz** gebaut werden soll. Zustimmungsverträge kommen aber auch dann vor, wenn lediglich eine einzelne, das Gebiet einer Gemeinde querende Telekommunikationslinie verlegt werden soll oder bei langen Telekommunikationslinien entlang von Bundesfernstraßen bzw. Bundesautobahnen.

94 Wenngleich gerade bei **Einzelstrecken** bzw. einzelnen Linien der Abschluß eines Zustimmungsvertrages eigentlich keinen Sinn macht, findet in der Praxis selten ein Streit darüber statt, ob ein einzelner Zustimmungsbescheid ausreicht oder nicht. Zwar kostet die Verhandlung eines Zustimmungsvertrages für sich genommen möglicherweise mehr Zeit als das Zustimmungsverfahren für einen einzelnen Zustimmungsbescheid. Indessen wird der Zeitvorteil des Zustimmungsbescheids häufig dadurch aufgehoben, daß der Wegebaulastträger auf den Abschluß eines Vertrages besteht, und daher auch hierüber verhandelt werden müßte.

95 Die am häufigsten anzutreffenden Zustimmungsverträge betreffen den städtischen Bereich, weil im Wege eines solchen Vertrages eine **Rahmenregelung** zwischen Wegebaulastträger und Nutzungsberechtigtem getroffen werden kann, die dann für sämtliche Maßnahmen im Stadtgebiet gilt.

96 Die meisten Verträge beruhen auf der **Musterempfehlung** der Bundesvereinigung der Kommunalen Spitzenverbände[1] und regeln folgende Punkte[2]:

– **Regelungsgegenstand** des Zustimmungsvertrages, zumeist einschließlich spezieller Regelung über die Aufteilung der Zustimmung in Trassenzuweisung und Aufbruchgenehmigung sowie hinsichtlich unterschiedlicher Verlegemaßnahmen wie beispielsweise normale Längsverlegung entlang der Wegeführung, Kabelschächte, Kurzstrecken, Punktaufbrüche und Hausanschlüsse.

– Regelung über das **Zustimmungsverfahren** im einzelnen, insbesondere einzureichende Unterlagen und Pläne sowie das Verfahren und die zuständige Behörde beim Wegebaulastträger.

– Regelungen über die **Baumaßnahmen**, insbesondere Verlegetiefe und Verlegeabstand, Trassenbreite, Anordnung von Leerrohren und Kabelschächten sowie von Hausanschlüssen, Regelungen zum Schutz der Anlieger und über die Durchführung der Bauarbeiten selbst, Schutzvorkehrungen, Wiederherstellung der Wegdecke und Nachweispflichten des Nutzungsberechtigten über die ordnungsgemäße Bauausführung.

---

1 Bundesvereinigung der kommunalen Spitzenverbände, Die Benutzung öffentlicher Wege für Telekommunikationslinien, Stand Februar 1997.
2 Zur Rechtmäßigkeit einzelner Bestimmungen in einem Zustimmungsbescheid siehe VG Düsseldorf, RTkom 2001, 118.

- Regelungen über die im einzelnen anzuwendenden **Vorschriften**, die neben dem TKG und den Länderstraßengesetzen zumeist die anerkannten Regeln der Technik sowie einschlägige kommunale Satzungen betreffen.
- Regelungen über die **Dokumentationspflichten** des Nutzungsberechtigten.
- Regelungen über die **Folgepflichten und Folgekostenpflichten** des Nutzungsberechtigten.
- Regelungen über die **Kostentragung**, insbesondere die Verwaltungsgebühren.
- Regelungen über **Abnahme und Gewährleistung** sowie etwa erforderliche Reparaturmaßnahmen an der Wegdecke.
- Regelungen über die **Vertragsdauer**.
- Schlußbestimmungen, die zumeist auch Regelungen über die **Haftung** enthalten (Freistellung des Wegebaulastträger und Haftungsübernahme seitens des Nutzungsberechtigten) sowie Regelungen über das Vorgehen bei Beendigung des Nutzungsrechts und bei etwaigen **Übertragungen** der Telekommunikationslinien vom Nutzungsberechtigten auf andere Nutzungsberechtigte.

Gerade die von den **Großstädten** benutzten Verträge sind mittlerweile inhaltlich weitgehend einheitlich ausgestaltet. Bei kleineren Städten wie auch bei Zustimmungsverträgen mit den für Fernstraßen und Autobahn zuständigen Wegebaulastträgern kommt es aber immer wieder zu Überraschungen (dazu Rz. 139 ff.). 97

Alles in allem hat sich aber die vertragliche Regelung der Zustimmung in der Praxis für die Durchführung der Verlegemaßnahmen bewährt. Wieweit sich die Regelungen auch bei späteren Streitigkeiten, insbesondere im Bereich der Gewährleistung, bewähren, bleibt abzuwarten. 98

6.5.2.6 Zustimmung durch die Regulierungsbehörde

Wenn der Wegebaulastträger selbst Lizenznehmer des TKG ist oder mit einem solchen im kartellrechtlichen Sinn als **zusammengeschlossen** gilt, so ist nach § 50 Abs. 4 TKG nicht mehr der Wegebaulastträger, sondern die RegTP für die Erteilung der Zustimmung zuständig. Bei den zahlreichen existierenden kommunalen Beteiligungsunternehmen für Telekommunikationsdienstleistungen bedeutet dies, daß nach dieser Vorschrift die kommunalen Interessen von der RegTP wahrgenommen werden. Dies ist ein in Praxis durchaus häufiger Fall. 99

Offenbar soll diese Bestimmung einem befürchteten **Interessenkonflikt** seitens der Wegebaulastträger vorbeugen, die durch die Erteilung der 100

Zustimmung es im Ergebnis Konkurrenzunternehmen ermöglichen sollen, Telekommunikationslinien dort zu verlegen, wo auch der Wegebaulastträger selbst oder der mit ihm zusammengeschlossene Lizenznehmer tätig ist. Damit wird vom Gesetzgeber allerdings unterstellt, die Wegebaulastträger würden sich in derartigen Konstellationen nicht rechtmäßig verhalten. Um so erstaunlicher ist es, daß die Bestimmung im Verfahren vor dem Bundesverfassungsgericht standgehalten hat[1].

101 Andererseits ist die Vorschrift nicht wirklich **geeignet**, den hier befürchteten Interessenkonflikt zu vermeiden. Sie gilt erst dann, wenn Lizenzen bereits erteilt wurden, hindern aber einen Wegebaulastträger nicht, ohne Lizenz Leerrohre für eigene Zwecke zu verlegen oder verlegen zu lassen und möglicherweise sogar eine weitgehende **Kapazitätserschöpfung** herbeizuführen.

102 Darüber hinaus führt die Bestimmung auch zu **praktischen Problemen** bei der Erlangung der Zustimmung. Aufgrund der natürlichen Sachnähe der Wegebaulastträger zu den Verlegemaßnahmen in ihrem Zuständigkeitsgebiet greift nämlich auch die RegTP auf die Wegebaulastträger zurück. Es findet ein **internes Abstimmungsverfahren** statt, nach welchem die Zustimmung zwischen dem Wegebaulastträger und dem Nutzungsberechtigten so vorbereitet wird, als wäre der Wegebaulastträger für die Zustimmungserteilung zuständig. Am Ende dieses Verfahrensschritts steht eine **Empfehlung** des Wegebaulastträgers an die RegTP, die dann empfehlungsgemäß die Zustimmung erteilt. Insgesamt führt dieses Verfahren nicht selten zu Verzögerungen in der Zustimmungserteilung gegenüber der Erteilung durch den Wegebaulastträger. Interessant ist allerdings, daß für Zustimmungen nach § 50 Abs. 4 TKG keine Verwaltungsgebühren von der RegTP erhoben werden können, weil diese hierfür keine gesetzliche Ermächtigung besitzt.

6.5.2.7 Rechtsschutz

103 Da es sich bei der Zustimmung um einen (begünstigenden) Verwaltungsakt handelt, ist nach zutreffender Ansicht des Gesetzgebers[2] die Zustimmung für den Nutzungsberechtigten vor den **Verwaltungsgerichten** im Wege der Verpflichtungsklage einklagbar. Bislang sind diesbezüglich allerdings keine Gerichtsentscheidungen bekanntgeworden. Dies dürfte vor allem daran liegen, daß die engen Zeitpläne der Nutzungsberechtigten für die Verlegung ihrer Telekommunikationslinien regelmäßig keine langwierigen verwaltungsgerichtlichen Prozesse zulassen und somit in der Praxis anderweitige Lösungen gefunden werden müssen.

---

1 BVerfG, MMR 1999, 355, 357.
2 BR-Drucks. 80/96, S. 49.

6.5.3 Pflichten, Folgepflichten und Folgekostenpflichten des Nutzungsberechtigten

In den Bestimmungen der §§ 52 bis 56 übernimmt das TKG die bestehenden Regelungen des TWG, welche die **Pflichten, Folgepflichten** und **Folgekostenpflichten** des Nutzungsberechtigten betreffen. Die Bestimmungen sollen nach dem Willen des Gesetzgebers „unverändert fortgelten"[1]. Nach diesen Bestimmungen

- ist im Rahmen der Nutzung auf den **Widmungszweck** der Verkehrswege zu achten (§ 52 Abs. 1 TKG),
- hat der Nutzungsberechtigt dem Wegebaulastträger die **Kosten** zu erstatten, die aus einer etwaigen **Erschwerung** des Wegunterhalts durch das öffentliche Wegerecht erwachsen (§ 52 Abs. 2 TKG),
- hat der Nutzungsberechtigte den Verkehrsweg nach der Verlegung unverzüglich wieder **instand zu setzen** oder, bei Instandsetzung durch den Wegebaulastträger jenem die diesbezüglichen **Auslagen** zu vergüten und etwa entstandene **Schäden** zu ersetzen (§ 52 Abs. 3 TKG),
- hat der Nutzungsberechtigte die Telekommunikationslinie auf seine Kosten **abzuändern oder zu beseitigen**, wenn sie nach Errichtung den Widmungszweck dauerhaft beschränkt, erforderliche Unterhaltungsarbeiten verhindert oder einer beabsichtigten Änderung des Verkehrswegs entgegensteht (§ 53 Abs. 1, 3 TKG),
- **erlischt** das öffentliche Wegerecht, wenn die Widmung des öffentlichen Verkehrsweg entfällt mit der Folge, daß der Nutzungsberechtigte die gebotenen Maßnahmen auf seine Kosten zu bewirken hat (§ 52 Abs. 2, 3),
- hat der Nutzungsberechtigte auf **Baumpflanzungen** Rücksicht zu nehmen und etwaige an den Baumpflanzungen verursachte Kosten und Schäden zu ersetzen (§ 54 TKG),
- dürfen Telekommunikationslinien **vorhandene oder in Vorbereitung befindliche besondere Anlagen** (der Wegeunterhaltung dienende Einrichtungen, Kanalisations-, Wasser-, Gasleitungen, Schienenbahnen, elektrische Anlagen und dergleichen) nicht störend beeinflussen (§ 55 Abs. 1, 3 TKG),
- dürfen Telekommunikationslinien nicht verlegt werden, wenn die Kosten der Verlegung oder Veränderung der vorhandenen oder in Vorbereitung befindlichen besonderen Anlagen trotz Übernahme durch den Nutzungsberechtigten gegenüber einer Verlegung der Telekommunikationslinie in einem anderen Verkehrsweg **unverhältnismäßig** hoch sind (§ 55 Abs. 2, 3 TKG),

---

1 BR-Drucks. 80/96, S. 50.

- sollen zwar **spätere besondere Anlagen** oder Änderungen vorhandener besonderer Anlagen vorhandene Telekommunikationslinien nicht störend beeinflussen (§ 56 Abs. 1, 6 TKG), müssen vorhandene Telekommunikationslinien aber späteren besonderen Anlagen oder Veränderungen vorhandener besonderer Anlagen weichen, wenn sonst deren Herstellung oder Änderung unterbleiben oder wesentlich erschwert würde (§ 56 Abs. 2, 6 TKG),
- hat der Nutzungsberechtigte die Kosten für etwaige **Schutzvorkehrungen** an der Telekommunikationslinie, die durch die spätere besondere Anlage oder die Änderung einer vorhandenen besonderen Anlage verursacht werden, zu tragen (§ 56 Abs. 3, 6 TKG).

105 Diese **umfassenden Pflichten** des Nutzungsberechtigten erklären sich daraus, daß das öffentliche Wegerecht gemäß § 50 Abs. 1 TKG unentgeltlich ist. Damit ist es im Zweifel interessengerecht, daß es gegenüber den aus der Wegebaulast folgenden Pflichten ebenso subsidiär ist wie gegenüber anderen, entgelt- oder gebührenpflichtigen Nutzungen des Verkehrswegs[1].

6.5.3.1 Praktische Bedeutung und Anwendungsbereich

106 In der Praxis sind zum einen die Regelungen der §§ 52, 53 TKG über das Verhältnis zwischen Nutzungsberechtigtem und Wegebaulastträger – die Bestimmungen sprechen hier vom „Unterhaltungspflichtigen"[2] – und zum anderen die Regelungen der §§ 55, 56 TKG über das Verhältnis zwischen dem Nutzungsberechtigten und anderen Nutzern relevant. Für beide Fälle sind im TKG **abschließende** Regelungen getroffen worden[3].

107 Das **Rechtsverhältnis** zwischen dem Nutzungsberechtigten und dem Wegebaulastträger richtet sich allein nach den Bestimmungen in § 52 und insbesondere § 53 TKG. Regelungsgegenstand der §§ 55, 56 TKG sind dagegen die Rechtsbeziehungen zwischen dem Nutzungsberechtigten aus dem öffentlichen Wegerecht einerseits und anderen privaten oder öffentlichen Aufgabenträgern andererseits, die den Verkehrsweg für eine besondere Anlage in Anspruch nehmen dürfen, egal auf welchem Rechtstitel dieser Nutzungsanspruch beruht. Die **Kollision** bzw. der Konflikt von Telekommunikationslinien mit den besonderen Anlagen richtet sich nach diesen Vorschriften.

---

1 BVerwG, NVwZ 2000, 316, 318.
2 Beide Begriffe sind als Synonym zu sehen. Ebenso: Beck TKG-Komm/*Schütz*, § 53 Rz. 7.
3 Hierzu und zum folgenden BVerwG, NVwZ 2000, 316. Sowie für § 52 Abs. 3 TKG bzw. § 2 Abs. 3 TWG OVG Münster, ArchPT 1998, 406 und VG Osnabrück, RTkom 1999, 106.

6.5.3.2 Besondere Pflichten, Folgepflichten und Folgekostenpflichten gegenüber dem Wegebaulastträger (§§ 52, 53 TKG)

Die Vorschriften in den §§ 52, 53 TKG begründen ein **gesetzliches öffentlich-rechtliches Schuldverhältnis** zwischen dem Nutzungsberechtigten und dem Wegebaulastträger[1]. Im Verhältnis zu § 52 TKG sind nur die in § 53 TKG enthaltenen Pflichten Folge- und Folgekostenpflichten im eigentlichen (straßenrechtlichen) Sinne, da nur letztere den Zustand der bereits errichteten Telekommunikationslinien zum Gegenstand haben.

108

6.5.3.2.1 Wegeunterhaltung und Widmungszweck

Nach § 52 Abs. 1 TKG ist bei der Benutzung der Verkehrswege eine **Erschwerung ihrer Unterhaltung** und eine **vorübergehende Beschränkung ihres Widmungszwecks** nach Möglichkeit zu vermeiden. Schon die Formulierung zeigt, daß die Vermeidungspflicht nicht zwingend ist, sondern nur im Rahmen der Möglichkeiten besteht. Dies folgt auch aus § 52 Abs. 2 TKG, der die tatsächliche Erschwerung der Unterhaltung des Verkehrwegs voraussetzt. Die Vermeidungspflicht gilt daher nur insoweit, als die Vermeidung technisch durchführbar und wirtschaftlich zumutbar ist[2].

109

Ist eine vorübergehende Beschränkung des Widmungszwecks des Verkehrswegs **unvermeidbar**, so folgen daraus keine weiteren Konsequenzen, zumal nach § 50 Abs. 1 TKG nur dauerhafte Beschränkungen des Widmungszwecks gegen das Nutzungsrecht sprechen.

110

Bei unvermeidbaren Erschwerungen für die Unterhaltung des Verkehrswegs ist allerdings eine besondere Regelung in § 52 Abs. 2 TKG getroffen. Danach hat der Nutzungsberechtigte dem Wegebaulastträger die aus der Erschwerung erwachsenden **Kosten** zu ersetzen. Hierbei geht es um die Mehraufwendungen, die dem Wegebaulastträger gegenüber dem früheren Zustand entstehen[3]. Für die Mehraufwendungen ist der Wegebaulastträger beweispflichtig (zu den praktischen Problemen und der häufigen Pauschalierung siehe Rz. 164 ff.).

111

6.5.3.2.2 Instandsetzung und Schadensersatz

In der **Praxis** besonders bedeutsam ist die Regelung in § 52 Abs. 3 TKG. Hiernach hat der Nutzungsberechtigte nach Beendigung der Arbeiten an der Telekommunikationslinie den Verkehrsweg entweder unverzüglich

112

---
1 Für § 52 Abs. 3 TKG bzw. dessen Vorgängerbestimmung in § 2 Abs. 3 TWG: OVG Münster, ArchPT 1998, 406, 407 f.
2 *Aubert/Klingler*, Fernmelderecht/Telekommunikationsrecht, S. 50 Rz. 121.
3 *Aubert/Klingler*, Fernmelderecht/Telekommunikationsrecht, S. 51 Rz. 124.

wieder instand zu setzen oder dem Wegebaulastträger die Auslagen zu vergüten, wenn jener die Instandsetzung selbst vorgenommen hat. Darüber hinaus hat der Nutzungsberechtigte den durch die Arbeiten an der Telekommunikationslinie entstandenen Schaden zu ersetzen. Mit Blick auf die Instandsetzungspflicht kann der Wegebaulastträger **wählen** zwischen der Instandsetzung durch den Nutzungsberechtigten oder der Erstattung von Instandsetzungskosten durch den Nutzungsberechtigten[1].

113 Der Instandsetzungsanspruch ist von dem Schadensersatzanspruch zu trennen. Schäden am Verkehrsweg, die durch den Eingriff in dessen **Sachsubstanz** eintreten, sind im Wege der Instandsetzung auszugleichen. Der Schadensersatzanspruch umfaßt dagegen nur **sonstige Schäden**, die nicht unmittelbar mit der Instandsetzungspflicht zusammenhängen. Demzufolge führt die mangelhafte Instandsetzung nicht zu Schadensersatzansprüchen des Wegebaulastträgers, sondern der Instandsetzungsanspruch bleibt bis zur ordnungsgemäßen Erfüllung erhalten. Der Schadensersatzanspruch erfaßt dagegen nur solche Nachteile, deren Beseitigung nicht mit der ordnungsgemäßen Instandsetzung verlangt werden kann. Diese Unterscheidung ist insbesondere dann von praktischer Bedeutung, wenn es um den Beginn der in § 58 TKG vorgesehenen zweijährigen Verjährungsfrist geht. Während die Verjährungsfrist bei dem Instandsetzungsanspruch unmittelbar mit Beendigung der Arbeiten an der Telekommunikationslinie beginnt, kann ein durch die Arbeiten entstandener Schaden auch erst später auftreten, so daß die Verjährung dieses Anspruchs auch erst später beginnt (zu den mit der Verjährung verbundenen praktischen Problemen siehe Rz. 161 ff.).

114 Unter **Instandsetzung** i. S. v. § 52 Abs. 3 TKG ist die Herstellung eines Wegezustands zu verstehen, der demjenigen vor Arbeitsbeginn gleichwertig ist[2]. Allerdings kann die Instandsetzungspflicht nur insoweit bestehen, als der Verkehrsweg zur Verlegung der Telekommunikationslinie aufgebrochen worden ist[3]. Eine Verpflichtung etwa, die Wegdecke über die gesamte Wegbreite zu erneuern, wäre unverhältnismäßig. Die systematische Stellung der Instandsetzungspflicht innerhalb der Regelung des § 52 TKG mit der Überschrift „Rücksichtnahme auf Wegeunterhaltung und Widmungszweck" erlaubt die Folgerung, daß der Umfang der Instandsetzungspflicht durch Wegeunterhaltung und Widmungszweck bestimmt wird. Während nach § 52 Abs. 2 TKG die Wegeunterhaltung sogar erschwert werden darf (bei gleichzeitiger Kostenerstattungspflicht durch den Nutzungsberechtigten für die Erschwerung), geht es maßgeblich darum, den Widmungszweck des Verkehrsweg dauerhaft

---

1 Hierzu und zum folgenden: OVG Münster, ArchPT 1998, 406.
2 OVG Münster, ArchPT 1998, 406, 408.
3 *Aubert/Klingler*, Fernmelderecht/Telekommunikationsrecht, S. 52 Rz. 126.

zu erhalten. Dieser Zweck, nämlich die Nutzung des Verkehrswegs für den Verkehr, wird auch durch eine Instandsetzung erreicht, die lediglich den Teil des Verkehrswegs instand setzt, der durch die Verlegung aufgebrochen worden ist. Ästhetische Gesichtspunkte, wie beispielsweise die Vermeidung von Reparaturflecken in der Wegdecke, spielen dabei keine Rolle[1], solange nicht auch die Freiheit oder Sicherheit des Verkehrs betroffen ist.

Was den **Kostenerstattungsanspruch** des Wegebaulastträgers bei eigener Instandsetzung anbetrifft, so sind nur diejenigen Kosten vom Nutzungsberechtigten zu erstatten, die für die Instandsetzung im Umfang des Instandsetzungsanspruchs erforderlich sind. Verbesserungen oder Verschönerungen können daher nicht zu Lasten des Nutzungsberechtigten gehen[2]. 115

Bemerkenswert ist schließlich, daß der Wegebaulastträger für die Abnahme der Instandsetzungsarbeiten durch den Nutzungsberechtigten keine Verwaltungsgebühr erheben darf[3]. 116

6.5.3.2.3 Gebotene Änderungen

Die Regelung in § 53 TKG enthält Folgepflichten und Folgekostenpflichten[4] des Nutzungsberechtigten gegenüber dem Wegebaulastträger für eine bereits errichtete Telekommunikationslinie, die **nachträglich Konflikte** aufwirft. Es sind vier Fälle zu unterscheiden, denen allen gemeinsam ist, daß der Nutzungsberechtigte die danach gebotenen Maßnahmen (z. B. Beseitigung oder Änderung) an der Telekommunikationslinie auf seine Kosten zu bewirken hat (§ 53 Abs. 3 TKG): 117

— der Widmungszweck des Verkehrswegs wird nicht nur vorübergehend beschränkt (§ 53 Abs. 1, 1. Alt.);
— die zur Unterhaltung des Verkehrswegs erforderlichen Arbeiten werden verhindert (§ 53 Abs. 1, 2. Alt.);
— die Telekommunikationslinie steht der Ausführung einer vom Wegebaulastträger beabsichtigten Änderung des Verkehrswegs entgegen (§ 53 Abs. 1, 3. Alt.);
— die Nutzungsberechtigung erlischt mit der Einziehung des Verkehrswegs (§ 53 Abs. 2 TKG).

---

1 Ebenso: *Aubert/Klingler*, Fernmelderecht/Telekommunikationsrecht, S. 52 Rz. 126.
2 So auch *Aubert/Klingler*, Fernmelderecht/Telekommunikationsrecht, S. 52 Rz. 128.
3 VG Osnabrück, RTkom 1999, 106.
4 Im Verhältnis zu § 52 TKG sind die in § 53 TKG enthaltenen Pflichten Folge- und Folgekostenpflichten im eigentlichen Sinne.

118 Eine (nachträgliche) nicht nur vorübergehende Beschränkung des Widmungszwecks durch eine vorhandene Telekommunikationslinie (Fall 1) dürfte vor allem dann eine Rolle spielen, wenn sich der Widmungszweck bzw. hierdurch geschützte Nutzungen des Verkehrswegs **verändern**. So etwa wenn aus einer bisherigen Fußgängerzone eine befahrbare Straße entsteht und sich die dort verlegten Kabelschächte plötzlich mitten auf der (geplanten) Fahrbahn befinden. Dann wird aber regelmäßig auch eine selbständig geregelte Änderung des Verkehrswegs in Frage stehen (Fall 3). Als Beispiel für Fall 1 ist allerdings vom Oberlandesgericht (OLG) Dresden ein Fall entschieden worden, in dem ein Kabelverzweiger an einem bislang zugemauerten Hauseingang nach Wiedereröffnung des **Hauseingangs** dem Zugang zum Grundstück entgegenstand[1]. Das Gericht wies dabei interessanterweise einen Kostenerstattungsanspruch des Nutzungsberechtigten wegen der Verlegung des Kabelverzweigers gegen den privaten Eigentümer ab. Nach Ansicht des Gerichts gelte die Kostentragungsregelung in § 53 Abs. 3 TKG auch zugunsten des hier betroffenen Privateigentümers und gehöre dessen Zugang zum Grundstück als **Anliegergebrauch** auch zu dem Widmungszweck des betroffenen Verkehrswegs. Der Entscheidung wird zweierlei entgegengehalten[2]: Zum einen regele § 53 TKG ausschließlich des Verhältnis zwischen Nutzungsberechtigtem und Wegebaulastträger und nicht das Verhältnis zu (privaten) Dritten. Zum anderen umfasse der von § 53 TKG geschützte Widmungszweck lediglich die allgemeine Verkehrsfunktion innerhalb des Gemeingebrauchs des Verkehrswegs, nicht aber individuelle Nutzungsinteressen des Anliegergebrauchs[3].

119 Wenngleich zuzugeben ist, daß § 53 TKG in erster Linie das **Verhältnis zwischen dem Nutzungsberechtigten und dem Wegebaulastträger** regelt, so stellt sich doch die Frage, wie dann die Regelung in § 53 Abs. 2 i. V. m. Abs. 3 TKG zu verstehen ist. Auch bei Einziehung des Verkehrswegs hat der Nutzungsberechtigte auf seine Kosten die gebotenen Maßnahmen zu bewirken. Mit der Einziehung entfällt die Widmung des Verkehrswegs und damit zugleich die öffentlich-rechtliche Sacheigenschaft des Verkehrswegs[4]. Zugleich bedeutet dies, daß sich dann die Rechtsverhältnisse über die Benutzung des Weges (wieder) nach bürgerlichem Recht richten. Der zivilrechtliche Eigentümer ist aber selbst bei Personenidentität mit dem früheren Wegebaulastträger eben nicht mehr der Wegebaulastträger, sondern privater Dritter. Im Falle der Einziehung des Ver-

---

1 OLG Dresden, RTkom 1999, 30 ff. zur Vorgängerbestimmung des § 3 Abs. 3 TWG.
2 *Schmidt*, Urteilsanmerkung RTkom 1999, 32.
3 *Schmidt*, Urteilsanmerkung RTkom 1999, 32 unter Hinweis auf BVerwGE 64, 176.
4 *Aubert/Klingler*, Fernmelderecht/Telekommunikationsrecht, S. 56 Rz. 141.

kehrswegs würde demnach unter Zugrundelegung der vorstehend zitierten Ansicht die Kostentragungspflicht des § 53 Abs. 3 TKG komplett leerlaufen, weil dann kein Wegebaulastträger mehr vorhanden wäre. Dementsprechend muß angenommen werden, daß § 53 TKG das Rechtsverhältnis zwischen dem Nutzungsberechtigten und betroffenen Dritten zumindest dann mitregelt, wenn der Dritte in den **Schutzumfang** der Regelung einbezogen ist. Das ist bei der Einziehung des Verkehrswegs ebenso der Fall wie in der Entscheidung des OLG Dresden. Dies muß übrigens nicht bedeuten, daß dem Dritten ein eigenständiger Anspruch aus § 53 Abs. 3 TKG gewährt wird. Als Eigentümer folgen seine Rechte aus § 1004 BGB[1], die insoweit durch § 53 TKG konkretisiert werden. Im Fall der Einziehung kann sich das Fortbestehen eines Nutzungsrechts dann allenfalls aus § 57 TKG ergeben. Jedenfalls war in der vorstehenden Entscheidung auch zu berücksichtigen, daß nicht der Eigentümer einen Anspruch benötigte, damit der Kabelverzweiger beseitigt wird. Vielmehr ging es um einen Anspruch des Nutzungsberechtigten auf Erstattung der durch die Beseitigung verursachten Kosten.

Auch hinsichtlich der zweiten Frage des **Anliegergebrauchs** bestehen die Bedenken gegen die Entscheidung des OLG Dresden mittlerweile zu Unrecht. Zwar ist die Entscheidung noch zum TWG und damit (auch) zu der früher negativ beantworteten Frage ergangen, ob der Begriff des Gemeingebrauchs den Anliegergebrauch umfaßt. Wie bereits erwähnt (siehe Rz. 73), ist aber der im TKG verwendete Begriff des Widmungszwecks weiter und schützt damit auch den Anliegergebrauch. 120

Die (nachträgliche) **Verhinderung** von Unterhaltungsmaßnahmen an dem Verkehrsweg durch die Telekommunikationslinie (Fall 2) tritt in der Praxis kaum auf. Auch hier wird es zumeist um Änderungen des Verkehrwegs gehen, denen die vorhandene Telekommunikationslinie entgegensteht, indem sie die infolge der Änderung erforderlichen geänderten Unterhaltungsarbeiten unmöglich macht. 121

Von großer praktischer Relevanz ist die Folgepflicht bei einer vom Wegebaulastträger beabsichtigten **Änderung des Verkehrswegs** (Fall 3). Umstritten ist in diesen Fällen die Frage, was unter einer „vom Unterhaltungspflichtigen **beabsichtigten** Änderung" zu verstehen ist. Überwiegend wurde unter „beabsichtigt" bislang die Konstellation verstanden, daß die Änderung des Verkehrswegs im ausschließlichen oder überwiegenden Interesse des Wegebaulastträgers erfolgt[2]. Hintergrund 122

---
1 Als Störung gilt dabei auch die Zugangsbehinderung, Palandt/*Bassenge*, § 1004 BGB Rz. 5.
2 *Aubert/Klingler*, Fernmelderecht/Telekommunikationsrecht, S. 54 Rz. 136. Beck TKG-Komm/*Schütz*, § 53 Rz. 12 m. w. N. In der Rechtsprechung zuletzt

ist die systematische Überlegung, daß die in § 53 TKG geregelten Folge- und Folgekostenpflichten den im Widmungszweck verkörperten Interessen des Wegebaulastträgers Vorrang vor der Telekommunikationslinien einräumen wollen, nicht aber sonstigen Drittinteressen[1]. Dieser Sichtweise hat des Bundesverwaltungsgericht in einer kürzlich ergangenen Entscheidung eine Absage erteilt[2]. Nach Ansicht des Gerichts enthalte das Absichtsmerkmal zwar ein subjektives Element, es verstehe sich jedoch nicht von selbst, daß hiermit eine Interessenposition markiert werden solle. Eine Absicht läge auch dann vor, wenn der Wegebaulastträger als Träger des Änderungsvorhabens in Erscheinung tritt, unabhängig davon, ob er damit auch ausschließlich oder überwiegend eigene Interessen verfolgt. Die Wahrnehmung eigener Interessen des Wegebaulastträgers möge zwar die Regel sein, sie gehöre aber nicht zu den unabdingbaren Wesensmerkmalen des Änderungsvorhabens gemäß § 53 Abs. 1, 3. Alternative TKG[3].

123 Allerdings folgt das Gericht auch nicht der im straßenrechtlichen Schrifttum vertretenen Auffassung, für die Folgepflicht reiche es schlicht aus, daß das Vorhaben vom Wegebaulastträger **durchgeführt** wird[4]. Vielmehr entwickelt das Gericht eine differenzierte Auffassung anhand außerhalb des TKG gelegenen Rechtsvorschriften (z. B. §§ 12, 13 20 Abs. 2 FStrG, § 10 EKrG, und insbesondere § 75 Abs. 1 VwVfG), nach denen der Wegebaulastträger verpflichtet werden kann, Änderungsmaßnahmen am Verkehrsweg vorzunehmen, auch wenn diese Änderungen weder durch ihn veranlaßt noch in seinem ausschließlichen oder überwiegenden Interesse liegen[5]. Im Ergebnis bedeutet daher die Auffassung des Gerichts, daß die Folgepflicht des § 53 Abs. 1, 3. Alternative TKG auch dort zu Lasten des Nutzungsberechtigten besteht, wo das Vorhaben des Wegebaulastträgers seinerseits auf einer gesetzlichen Verpflichtung (also quasi ebenfalls einer Folgepflicht) beruht. In derartigen Fällen kommt es dann auf das eigene Interesse des Wegebaulastträgers nicht an.

124 Die vom Bundesverwaltungsgericht vorgenommene Wertung erscheint interessengerecht. Wo sich der Wegebaulastträger fremden Interessen

---

VG Oldenburg, ArchPT 1998, 410, 411 mit Anm. *Schmidt*. Ausführlich mit Fallgruppen: *Biletzki*, MMR 1999, 80.
1 *Biletzki*, MMR 1999, 80, 81; Beck TKG-Komm/*Schütz*, § 53 Rz. 12. Freilich muß dann konsequenterweise zumindest dasjenige Drittinteresse berücksichtigungsfähig sein, welches als Anliegergebrauch dem Widmungszweck des Verkehrswegs unterfällt.
2 BVerwG, NVwZ 2000, 316, 317 f.
3 BVerwG, NVwZ 2000, 316, 317.
4 *Kempfer*, in: Kodal/Krämer, 5. Auflage 1995, S. 781 ff.
5 BVerwG, NVwZ 2000, 316, 317 f.

aus rechtlichen Gründen nicht entziehen kann, soll auch der Nutzungsberechtigte nicht über eine Auslegung von § 53 Abs. 1, 3. Alternative TKG **privilegiert** werden. Im übrigen ist jedenfalls grundsätzlich der bisherigen Ansicht zu folgen, daß Änderungsvorhaben, die ausschließlich oder überwiegend im Interesse eines Dritten erfolgen, die diesbezügliche Folge- und Folgekostenpflicht des Nutzungsberechtigten nicht auslösen. Dabei ist zusätzlich aber zweierlei zu berücksichtigen: Zum einen muß konsequenterweise die Folge- und Folgekostenpflicht dann bestehen, wenn ein Drittinteresse durch den Widmungszweck des Verkehrswegs geschützt ist, also der sog. Anliegergebrauch[1]. Zum anderen richten sich Änderungsmaßnahmen am Verkehrsweg, die durch besondere Anlagen i. S. v. §§ 55, 56 TKG veranlaßt sind, ausschließlich nach den dortigen Bestimmungen[2].

Die im Konfliktfall und bei gegebener Folgepflicht des Nutzungsberechtigten gebotenen Maßnahmen bestehen in der Abänderung oder Beseitigung der Telekommunikationslinie. Wie schon der Begriff der „**gebotenen Maßnahmen**" aufzeigt, ist der Nutzungsberechtigte nur dann zur Beseitigung und auch nur insoweit zur Beseitigung verpflichtet, als diese geboten, d.h. geeignet und erforderlich ist. Der Nutzungsberechtigte ist nur zur Vornahme der „**mildesten**" Maßnahme verpflichtet, solange diese geeignet ist, den Konflikt mit dem Widmungszweck bzw. den Interessen und Pflichten des Wegebaulastträgers aufzulösen. Während die Beseitigung die Entfernung aller störenden Teile der Telekommunikationslinie bedeutet, kann die Abänderung in jeder Veränderung der Telekommunikationslinie (z. B. tiefere Einbettung, Ausweichen etc.) liegen. 125

6.5.3.3 Vorhandene besondere Anlagen (§ 55 TKG)

Nach § 55 Abs. 1 TKG sind Telekommunikationslinien so auszuführen, daß vorhandene besondere Anlagen nicht störend beeinflußt werden. Die Kosten für die Herstellung erforderlicher Schutzvorkehrungen sind vom Nutzungsberechtigten zu tragen. Hierin kommt zunächst der Grundsatz zum Ausdruck, daß ältere Anlagen vor jüngeren Anlagen **Priorität** genießen. Dieser Prioritätsgrundsatz gilt grundsätzlich auch zugunsten älterer Telekommunikationslinien gegenüber jüngeren besonderen Anlagen, der in § 56 Abs. 1 TKG geregelt ist. Allerdings zeigen die weiteren Bestimmungen in den §§ 55 und 56 TKG, daß dieser Prioritätsgrundsatz zugunsten der besonderen Anlagen durchbrochen werden kann. 126

---
[1] Dies folgt aus den Überlegungen zu § 53 Abs. 1, 1. Alternative und wird von Beck TKG-Komm/*Schütz*, § 53 Rz. 12 übersehen, wenn dort ausschließlich auf das Interesse der „Allgemeinheit am Weg als Verkehrsmittler" abgestellt wird.
[2] BVerwG, NVwZ 2000, 316.

127 Der **Begriff der besonderen Anlage** ist in § 55 Abs. 1 TKG beispielhaft definiert mit der Wegeunterhaltung dienenden Einrichtungen, Kanalisations-, Wasser-, Gasleitungen, Schienenbahnen, elektrischen Anlagen und dergleichen. Neben den im Gesetz aufgeführten Einrichtungen gehören zu den besonderen Anlagen auch Tankanlagen für Kraftfahrzeuge, Zubehör zu Versorgungsleitungen wie Transformatoren und Schaltstellen, Eisenbahntunnel, Straßenbrücken, Zufahrten zu Tankstellen, Grundstückszufahrten für besonders schwere Fahrzeuge u. a.[1]. Soweit es sich bei den Anlagen um solche handelt, die bereits vom normalen Anliegergebrauch wie beispielsweise normale Grundstückszugänge erfaßt sind, dürften dagegen nach der hier vertretenen Auffassung (siehe oben Rz. 118) nicht mehr die §§ 55 und 56 TKG einschlägig sein, sondern § 53 TKG.

128 Die **Schwelle**, ab der die Telekommunikationslinie hinter der besonderen Anlage zurückzutreten hat, ist begrifflich niedrig gewählt. Es reichen bereits störende Beeinflussungen. Hierzu gehört im Zweifel bereits, daß die Telekommunikationslinie die Wartung der besonderen Anlage erschwert. Dies ist ein in Gehwegen hinsichtlich anderer Versorgungsleitungen für Gas, Wasser oder Elektrizität nicht selten anzutreffender Fall.

129 Unter den auf Kosten des Nutzungsberechtigten herzustellenden **Schutzvorkehrungen** sind Maßnahmen zu verstehen, die nicht erforderlich sind, um die Telekommunikationslinie auszuführen, aber zur Vermeidung von Störungen zusätzlich getroffen werden müssen[2]. Da § 55 Abs. 1 S. 2 TKG von „erforderlichen" Schutzvorkehrungen spricht, besteht eine Verpflichtung nur zu derjenigen Schutzmaßnahme, die das „mildeste" Mittel darstellt, solange die Maßnahme zum Schutz geeignet ist. Die Schutzvorkehrungen können an der Telekommunikationslinie wie auch an der besonderen Anlage vorgenommen werden.

130 Zwar kann nach § 55 Abs. 2 TKG die **Verlegung oder Änderung** vorhandener besonderer Anlagen vom Nutzungsberechtigten verlangt werden, aber nur, wenn insgesamt vier Voraussetzungen vorliegen:
– Der Nutzungsberechtigte zahlt dem betroffenen Betreiber der besonderen Anlage eine **Entschädigung** (§ 55 Abs. 2 TKG);
– die Benutzung des Verkehrswegs durch die Telekommunikationslinie müßte sonst **unterbleiben** (§ 55 Abs. 2 TKG);
– die besondere Anlage kann ihrem Zweck entsprechend **anderweitig** untergebracht werden (§ 55 Abs. 2 TKG);

---

1 *Eidenmüller*, Kommentar zum Post- und Fernmeldewesen, § 5 TWG Anm. 3 m. w. N.
2 *Eidenmüller*, Kommentar zum Post- und Fernmeldewesen, § 5 TWG Anm. 14.

– der aus Verlegung oder Veränderung entstehende Schaden (siehe Nr. 1) ist gegenüber den Kosten, die dem Nutzungsberechtigten durch Nutzung eines anderen Verkehrswegs erwachsen, **unverhältnismäßig groß** (§ 55 Abs. 3 TKG).

Hieran wird deutlich, daß Telekommunikationslinien gegenüber vorhandenen besonderen Anlagen grundsätzlich **subsidiär** sind. Dies gilt gemäß § 55 Abs. 4 TKG auch für in Vorbereitung befindliche, d.h. genehmigte besondere Anlagen, wobei dann allerdings die Entschädigung auf die Vorbereitungskosten beschränkt ist. In der **Praxis** werden die Kollisionsfragen gleichwohl zumeist im Verhandlungswege und über mehr oder minder umfangreiche Schutzvorkehrungen gelöst. 131

6.5.3.4 Spätere besondere Anlagen (§ 56 TKG)

Zwar gilt nach § 56 Abs. 1 TKG, daß spätere besondere Anlagen nach Möglichkeit so auszuführen sind, daß sie die vorhandenen Telekommunikationsanlagen **nicht störend beeinflussen**. Indes zeigt schon die Einfügung der in § 55 Abs. 1 TKG fehlenden Worte „nach Möglichkeit", daß der Schutz der vorhandenen Telekommunikationslinien weitaus schwächer geregelt ist. Die Pflicht zur Schonung der älteren Telekommunikationslinie besteht demnach nur in dem Umfang, wie sie technisch durchführbar und wirtschaftlich zumutbar ist. 132

Nach § 56 Abs. 2 TKG muß ferner die ältere Telekommunikationslinie einer jüngeren besonderen Anlage auf Kosten des oder der Nutzungsberechtigten weichen (**Verlegung oder Veränderung**), wenn folgende Voraussetzungen erfüllt sind: 133

– Die Herstellung einer späteren besonderen Anlage müßte **unterbleiben** oder würde wesentlich erschwert werden (§ 56 Abs. 2 S. 1 TKG);
– die besondere Anlage soll aus Gründen des **öffentlichen Interesses**, insbesondere aus volkswirtschaftlichen Interessen oder Verkehrsrücksichten, zur Ausführung gebracht werden (§ 56 Abs. 2 S. 1 TKG);
– die Ausführung der besonderen Anlage erfolgt durch den **Wegebaulastträger** oder unter überwiegender Beteiligung eines oder mehrerer Wegebaulastträger (§ 56 Abs. 2 S. 1 TKG).
– Sofern eine **überörtliche Telekommunikationslinie** betroffen ist, kann diese ohne Aufwendung unverhältnismäßig hoher Kosten anderweitig ihrem Zweck entsprechend untergebracht werden (§ 56 Abs. 2 S. 2 TKG).

Besondere Anlagen, welche die vorstehend unter Nr. 1 bis 3 aufgestellten Voraussetzungen erfüllen, gelten als „**bevorrechtigte Anlagen**". Dementsprechend gehen gemäß § 56 Abs. 3 TKG auch die Kosten für Schutz- 134 vorkehrungen an der älteren Telekommunikationslinie gegenüber den bevorrechtigten besonderen Anlagen zu Lasten des Nutzungsberechtigten. Unter „**Verlegung**" ist die Entfernung der Linie vom derzeitigen Standort und der Einbau an einer anderen Stelle zu verstehen. „**Veränderung**" bedeutet die anderweitige Befestigung, Höher- oder Tieferlegung der Telekommunikationslinie oder das Abrücken um einige Meter von der jüngeren besonderen Anlage[1]. Auch hier gilt, daß die Verpflichtung des Nutzungsberechtigten nur hinsichtlich des milderen Mittels aus Verlegung oder Veränderung besteht. Zwar wird hier nicht mit Begriffen wie „erforderlich" oder „geboten" gearbeitet, aber aus dem Prioritätsgrundsatz ist zu folgern, daß gegenüber der älteren Telekommunikationslinie nicht die schärfere Maßnahme zum Einsatz kommen kann, wenn eine mildere, ebenso geeignete Maßnahme zur Verfügung steht. Dem kann auch nicht entgegengehalten werden, daß hier gerade der Prioritätsgrundsatz durchbrochen wird. Gerade Ausnahmen von diesem Grundsatz sind eher restriktiv zu interpretieren.

135 Die sonstigen jüngeren besonderen Anlagen unterliegen dem **Prioritätsgrundsatz** mit der Folge, daß nach § 56 Abs. 5 TKG die Kosten für Verlegung oder Veränderung sowie für die Herstellung von Schutzvorkehrungen an den älteren Telekommunikationslinien von den Unternehmern bzw. Betreibern der sonstigen besonderen Anlagen getragen werden müssen.

136 Die Voraussetzung, wonach ohne Verlegung oder Veränderung der Telekommunikationslinie die Erstellung der besonderen Anlage unterbleiben müßte oder wesentlich erschwert würde (Nr. 1), ist ebenso als Abweichung von dem ansonsten geltenden Prioritätsgrundsatz zugunsten der jüngeren besonderen Anlage **eng auszulegen**. So kann eine Verlegung oder Veränderung der Telekommunikationslinie nicht verlangt werden, wenn nicht die Herstellung, sondern nur der Betrieb oder die Unterhaltung der besonderen Anlage erschwert wird. Das Vorrecht besteht auch dann nicht, wenn eine anderweitige Unterbringung der Telekommunikationslinie nicht möglich ist[2]. Dies folgt daraus, daß zwar eine Verlegung oder Änderung der Telekommunikationslinie gegenüber bevorrechtigten besonderen Anlagen verlangt werden kann, nicht aber, wie beispielsweise in § 53 TKG vorgesehen, die Beseitigung.

137 Eine Herstellung im **öffentlichen Interesse** (Nr. 2) liegt vor allem bei der Errichtung von Anlagen vor, die der allgemeinen **Versorgung** mit Strom, Gas und Wasser oder dem allgemeinen öffentlichen Verkehr dienen.

---

1 *Eidenmüller*, Kommentar zum Post- und Fernmeldewesen, § 5 TWG Anm. 5 f.
2 *Eidenmüller*, Kommentar zum Post- und Fernmeldewesen, § 6 TWG Anm. 7.

Dagegen reicht es nicht aus, wenn die Anlage nur für einen begrenzten Personenkreis oder für einzelne Personen errichtet werden soll[1].

Die überwiegende **Beteiligung** eines oder mehrerer Wegebaulastträger (Nr. 3) ist im wesentlichen anhand der Kostentragung für die (bevorrechtigte) besondere Anlage zu bestimmen[2]. Wenn der Wegebaulastträger seinen Anteil an der bevorrechtigten besonderen Anlage später Dritten überläßt (z. B. Veräußerung der Anlage), so hat der Nutzungsberechtigte nach § 56 Abs. 4 TKG einen Erstattungsanspruch für die zuvor entstandenen Kosten aus Verlegung, Änderung und Schutzvorkehrungen. 138

6.5.4 Besondere Einzelprobleme in der Praxis

Nachfolgend soll anhand von verschiedenen Beispielen dargestellt werden, welche Probleme typischerweise in der Praxis zwischen den Nutzungsberechtigten und den Wegebaulastträgern auftreten[3]. 139

6.5.4.1 Begrenzung des Nutzungsumfangs

Es kommt immer wieder vor, daß die Wegebaulastträger von den Nutzungsberechtigten verlangen, nicht mehr als eine bestimmte **Anzahl** von Kabeln bzw. Leerrohren zu verlegen. Insbesondere in Zustimmungsverträgen finden sich Bestimmungen, wonach sich die Anzahl der mit der jeweiligen Zustimmung verlegbaren Leerrohre nach dem „voraussichtlichen künftigen Bedarf" richten solle. Ferner beschränken häufig einzelne Zustimmungsbescheide die Zustimmung selbst auf eine Verlegung einer bestimmten Anzahl von Leerrohren oder Kabeln. 140

Wie bereits dargestellt (Rz. 77 ff.), enthält das TKG keine Begrenzungen hinsichtlich der Anzahl bzw. des physischen Umfangs der vom öffentlichen Wegerecht begünstigten Telekommunikationslinien. Ohne eine derartige **Begrenzung** bzw. ohne eine entsprechende **Ermächtigungsgrundlage** seitens der Wegebaulastträger sind die Wegebaulastträger aber nicht berechtigt, eigenmächtig Begrenzungen für die Anzahl der zu verlegenden Leerrohre zu verlangen. Eine derartige Begrenzung kommt einer Kontingentierung gleich, die im Ergebnis eine Entscheidung über das „Ob" des Nutzungsrechts darstellt und keine Entscheidung mehr über das „Wie" bedeutet. Nur letzteres ist allerdings Gegenstand der Zustimmung nach § 50 Abs. 3 TKG. Darüber hinaus ist in der Gesetzesbegründung ausdrücklich aufgeführt, daß sich die Zustimmung nicht auf 141

---
1 *Eidenmüller*, Kommentar zum Post- und Fernmeldewesen, § 6 TWG Anm. 8.
2 *Eidenmüller*, Kommentar zum Post- und Fernmeldewesen, § 6 TWG Anm. 9.
3 Zur Unzulässigkeit verschiedener Nebenbestimmungen in einem Zustimmungsbescheid siehe VG Düsseldorf, RTkom 2001, 118.

Prioritätsregelungen beziehen können soll[1]. Damit sind Begrenzungen der Anzahl von Leerrohren in Zustimmungsverträgen oder Zustimmungsbescheiden grundsätzlich unzulässig.

142 Andererseits soll aber auch nicht verkannt werden, daß fehlende Begrenzungen zu einer kompletten Ausnutzung der **Kapazität** des Wegekörpers durch denjenigen Nutzungsberechtigten führen können, der (zufällig) zuerst kommt. Nicht zuletzt mit diesem Argument stellen sich die Wegebaulastträger häufig auf den Standpunkt, daß daher eine Begrenzung auf den voraussichtlichen künftigen Bedarf eine interessengerechte Regelung darstelle. Dieser Ansicht kann allerdings trotz des dargestellten Problems der Kapazitätserschöpfung durch einen Nutzungsberechtigten nicht gefolgt werden.

143 Es ist nicht Sache der Wegebaulastträger zu bestimmen, welchen Umfang das Nutzungsrecht hat bzw. was unter dem **voraussichtlichen künftigen Bedarf** zu verstehen ist. Das Bundesverfassungsgericht hat in seiner Entscheidung zu § 50 TKG vielmehr klargestellt, daß die Regelungen in § 50 TKG den **Schutzbereich** der gemeindlichen Aufgaben überhaupt nicht berühren[2]. Dementsprechend haben zumindest die kommunalen Wegebaulastträger keine gesetzliche Grundlage, mit dem Argument der **Ressourcenbewirtschaftung** Kapazitäten an öffentlichen Verkehrswegen auch für andere potentielle Nutzungsberechtigte freizuhalten. In Ermangelung eigener gesetzlicher Grundlagen gilt dies erst recht für die anderen Wegebaulastträger, denen keine kommunale Selbstverwaltungsgarantie (Art. 28 Abs. 2 GG) zur Seite steht.

144 Soweit sich ein Nutzungsberechtigter in einem Zustimmungsbescheid oder einem **Zustimmungsvertrag** gleichwohl durchringt, eine zahlenmäßige Begrenzung bzw. eine Begrenzung auf den voraussichtlichen zukünftigen **Bedarf** zu akzeptieren, so sollte zumindest klargestellt werden, was das gemeinsame Verständnis des voraussichtlichen zukünftigen Bedarfs ist. Die Entwicklung am Markt hat gezeigt, daß es eine bestimmte Anzahl von Unternehmen gibt, die selbst Telekommunikationslinien verlegen. Daneben existiert eine weitere nicht unerhebliche Gruppe von Unternehmen, die aufgrund späteren Markteintritts oder aufgrund einer anderen Marktstrategie zwar eigene Infrastrukturen sucht, diese aber nicht mehr selbst verlegen will. Es kommt daher in der Praxis häufig zu Verkäufen, Verpachtungen oder Vermietungen von Leerrohren, Kabeln und/oder Glasfasern durch diejenigen Nutzungsberechtigten, welche Telekommunikationslinien bereits verlegt haben. Vor dieser Marktentwicklung können und dürfen sich die Wegebaulastträger

---

1 BR-Drucks. 80/96, S. 49.
2 BVerfG, MMR 1999, 355, 356 f.

aus zwei Gründen nicht verschließen: Zum einen tragen diese Geschäfte zur Schonung der öffentlichen Verkehrswege bei, weil auf diese Weise weitere Verlegemaßnahmen vermieden werden. Zum anderen handelt es sich bei diesen Geschäften mittlerweile um ein eigenständiges Marktsegment und damit um einen eigenen Bedarf seitens der verlegenden Unternehmen. Die Beschränkung von Telekommunikationslinien auf den voraussichtlichen zukünftigen Bedarf ist daher im Lichte dieser Entwicklung zu betrachten und kann sich nicht auf den Eigenbedarf des Nutzungsberechtigten an Übertragungswegen auf Basis der Telekommunikationslinien beschränken.

Diese Sichtweise kann auch auf den Wortlaut der Regelungen im § 50 TKG gestützt werden. Die grundsätzliche Nutzungsberechtigung im § 50 Abs. 1 TKG zugunsten des Bundes spricht nämlich **generell** von Telekommunikationslinien, die öffentlichen Zwecken dienen. Diese Nutzungsberechtigung wird zwar auf einzelne Lizenznehmer gemäß § 50 Abs. 2 TKG übertragen. Öffentlichen Zwecken dienen aber nicht nur diejenigen Telekommunikationslinien, die der Lizenznehmer für eigene Zwecke betreibt, sondern auch solche Telekommunikationslinien oder Teile derselben, die von anderen Lizenznehmern genutzt werden. 145

6.5.4.2 Verfahrensdauer für die Zustimmung und deren Regelung

Insbesondere in Zustimmungs-Rahmenverträgen mit Kommunen liegt es im Interesse der Nutzungsberechtigten, Regelungen in den Vertrag aufzunehmen, welche die **Zeiträume** bestimmen, innerhalb derer einzelne Zustimmungen zu erteilen sind. Auch wenn die Wegebaulastträger in der Regel zögern, sich auf einen Zeitraum für die Zustimmungserteilung festzulegen, finden sich doch in der Praxis häufig diesbezügliche vertragliche Regelungen. Ferner ist es in der Praxis üblich, bestimmte Baumaßnahmen mit besonders kurzen Fristen zu versehen. Dies gilt beispielsweise für die Herstellung von Hausanschlüssen oder bei Punktaufgrabungen. Insbesondere ersteres liegt im besonderen Interesse des Nutzungsberechtigten, weil hier zumeist auch ein Termin bei dem betreffenden Kunden eingehalten werden muß, für den der Hausanschluß vorgesehen ist. 146

6.5.4.3 Aufgrabesperren

Zustimmungsverträge im kommunalen Bereich enthalten nicht selten offene oder versteckte Hinweise auf sogenannte Aufgrabesperren. Hierbei handelt es sich um zumeist in kommunalen Satzungen vorgesehene Möglichkeiten, die **Aufgrabung** von bestimmten Straßen für bestimmte Zeiträume zu sperren. Üblicherweise werden Aufgrabesperren im An- 147 schluß an komplette **Sanierungsmaßnahmen** von Straßen und/oder Gehwegen ausgesprochen. Versteckte diesbezügliche Hinweise in Zustimmungsverträgen sind häufig in der Weise ausgestaltet, daß dem Nutzungsberechtigten zugestanden wird, nur diejenigen Aufgrabesperren beachten zu müssen, die nach Inkrafttreten des Vertrages ausgesprochen worden sind. Mit der Unterzeichnung einer solchen Regelung wird dann regelmäßig implizit die Anerkennung der nach Inkrafttreten des Vertrages ausgesprochenen Aufgrabesperren angenommen.

148 Auch wenn das Interesse der kommunalen Wegebaulastträger an der mittelfristigen **Unversehrtheit** von sanierten Verkehrswegen verständlich ist, so stehen Aufgrabesperren gleichwohl im Gegensatz zu den Bestimmungen des TKG. Diese Bestimmungen gehen schon aufgrund des **Vorrechts** von Bundesrecht vor Landesrecht den gemeindlichen Satzungen bzw. Aufgrabesperren vor. In § 50 Abs. 3 TKG kommt darüber hinaus eindeutig zum Ausdruck, daß städtebauliche Belange nur dann bei der Zustimmung zu berücksichtigen sind, wenn die Verlegung der Telekommunikationslinien oberirdisch erfolgt. Bei der unterirdischen Verlegung, die regelmäßig mit Aufgrabesperren kollidiert, sind derartige Belange nicht zu berücksichtigen.

149 Aus diesen Gründen ist zu folgern, daß der Nutzungsberechtigte derartige vertragliche Regelungen in den Zustimmungsverträgen **nicht zu akzeptieren** braucht. Gleiches gilt für solche Regelungen in Zustimmungsbescheiden. Dem kommunalen Interesse wird ausreichend dadurch Rechnung getragen, daß der Nutzungsberechtigte gemäß § 52 Abs. 3 TKG den Verkehrsweg nach Beendigung der Arbeiten an den Telekommunikationslinien unverzüglich wieder **instand zu setzen** oder bei Vorname durch den Wegebaulastträger diesem die Aufwendungen zu erstatten hat und schadensersatzpflichtig für durch die Arbeiten verursachte Schäden ist. Zwar können Verlegemaßnahmen für Telekommunikationslinien an sanierten Verkehrswegen zu einer Erschwerung der Unterhaltung des Verkehrswegs führen. Aber auch hierfür ist in § 52 Abs. 1 TKG eine ausdrückliche Regelung getroffen. Danach sind derartige Erschwerungen „nach Möglichkeit" zu vermeiden, d.h. also nicht zwingend.

6.5.4.4 Instandsetzung

150 Häufig finden sich in Zustimmungsverträgen Regelungen, welche es dem Wegebaulastträger erlauben, vom Nutzungsberechtigten auf dessen Kosten **jederzeit** den **Nachweis** über die ordnungsgemäße Instandsetzung bzw. die Einhaltung der anerkannten Regeln der Technik bei Bau und Betrieb der Telekommunikationslinien zu verlangen. Gerade mit Blick auf die knapp geregelte Instandsetzungspflicht gemäß § 52 Abs. 3

TKG und die kurze zweijährige Verjährungsfrist des § 58 TKG ist der Wunsch nach einer solche Regelung zugunsten der Wegebaulastträger zu verstehen. Andererseits erscheint die Möglichkeit, den Nachweis „jederzeit" verlangen zu können, unverhältnismäßig[1]. In der Praxis wird die Regelung daher zumeist dahin gehend abgeschwächt, daß der Nachweis nur aus begründetem Anlaß verlangt werden kann.

Ebenso finden sich häufig Regelungen, welche die Gestaltung der **Schachtdeckel** von Kabelschächten anhand der umgebenden Wegefläche verlangen. Auch wenn, wie bereits erörtert, ästhetische Fragen bei der Frage des Umfangs der Instandsetzungspflicht keine Rolle spielen sollten, wird eine derartige Regelung oft akzeptiert. 151

6.5.4.5 Koordinierung von Bauarbeiten

Ungeklärt ist die Frage, wie weit das Zustimmungsrecht der Wegebaulastträger, wiederum insbesondere der Kommunen, gehen kann, soweit es um die **Koordinierung von mehrfachen Bauarbeiten im Straßenraum**, sei es durch verschiedene Telekommunikationsunternehmen und/oder herkömmliche Versorgungsunternehmen geht. Zwar ist der Wegebaulastträger, wie bereits erwähnt, nicht berechtigt, Kontingentierungen oder Priorisierungen vorzunehmen. Andererseits schreibt § 52 TKG wie früher das TWG ausdrücklich vor, daß bei der Benutzung der Verkehrswege auf die Wegeunterhaltung und den Widmungszweck **Rücksicht** genommen werden muß. Es dürfte daher ein gewisser Koordinationsspielraum der Gemeinden auch im Rahmen des Zustimmungsverfahrens bestehen. Dieser darf zwar angesichts des bereits mit der Lizenz vergebenen Nutzungsrechts nicht darin liegen, bestimmte Berechtigte zu bevorzugen. Es erscheint aber denkbar, daß die Berechtigten verpflichtet werden können, ihre Verlegearbeiten beispielsweise innerhalb eines zumutbaren Zeitraums mit den Arbeiten anderer Berechtigter oder anderen Arbeiten des Wegebaulastträgers im Straßenraum zu koordinieren. 152

6.5.4.6 Sondernutzungen durch die Bauarbeiten?

In der Praxis ist nach wie vor häufig umstritten, wie die mit der Verlegung und den Verlegearbeiten in Zusammenhang stehenden Nutzungen des Verkehrswegs zu beurteilen sind. Hierbei geht es insbesondere um den durch die Erdarbeiten verursachten **Aushub** und dessen vorübergehende **Lagerung** an der Baustelle, die Lagerung der zur Verlegung vorgesehenen **Leerrohre** sowie das Aufstellen von **Containern** und das Abstel- 153

---
1 Ebenso VG Düsseldorf, RTkom 2001, 118, 120.

len von **Baumaschinen**. Erwartungsgemäß sind die Wegebaulastträger der Auffassung, daß es sich hierbei um **Sondernutzungen** handelt, die gebührenpflichtig sind. Dem ist entgegenzuhalten, daß jede der genannten Aktivitäten mit den Verlegemaßnahmen zur Inanspruchnahme des unentgeltlichen öffentlichen Wegerechts in Zusammenhang steht und keine der genannten Aktivitäten eine dauernde Beschränkung des Widmungszwecks des betroffenen öffentlichen Verkehrswegs bedeutet.

154 Eine gewisse Kompromißlinie hat sich in der Praxis in der Weise herausgebildet, daß zumindest die Nutzungen als vom öffentlichen Wegerecht erfaßt angesehen worden sind, die **unmittelbar** durch die Verlegung verursacht sind; so beispielsweise der Aushub an der Baustelle selbst sowie die unmittelbar dort zur Verlegung gelagerten Leerrohre. Die Nutzung einer größeren Wegefläche für Material, Container bzw. Aushub und Baumaschinen zur Versorgung mehrerer nahe gelegener Baustellen wurde indessen als Sondernutzung betrachtet. Derartige Regelungen finden sich in vielen städtischen Rahmenverträgen über die Zustimmung.

155 Die Nutzungsberechtigten haben sich zumeist deswegen auf diese Kompromißlinie eingelassen, weil die **Zeitpläne** für die Verlegung der Telekommunikationslinien keine langwierigen Verhandlungen mit den Wegebaulastträgern, geschweige die denn gerichtliche Klärung dieser Frage erlauben. Zwischenzeitlich liegt allerdings das bereits erwähnte (Rz. 71 f.) Urteil des Bayerischen Verwaltungsgerichts München[1] vor, infolge dessen die Nutzungsberechtigten diese Kompromißlinie nicht mehr zu akzeptieren brauchen.

6.5.4.7 Mitverlegung von Leerrohren für den Wegebaulastträger

156 Insbesondere im Bereich von Fernstrecken, d.h. bei der Verlegung von Telekommunikationslinien entlang von **Bundesfernstraßen oder Bundesautobahnen** kommt es vor, daß der zuständige Wegebaulastträger vom Nutzungsberechtigten verlangt oder diesem nahelegt, Leerrohre auch für den Wegebaulastträger mitzuverlegen.

157 Soweit die Erteilung der Zustimmung des Wegebaulastträgers hiervon abhängig gemacht wird, handelt es sich entweder um eine **unzulässige Auflage** im Zustimmungsbescheid[2], oder es handelt sich in einem Zustimmungsvertrag um eine Gegenleistung, auf die der Wegebaulastträger gemäß § 56 des VwVfG keinen Anspruch hat. Da die Zustimmung ein gebundener Verwaltungsakt ist, besteht nämlich seitens des Nutzungsberechtigten ein Anspruch auf Erteilung der Zustimmung mit der Folge,

---

1 Bayer. VG München, RTkom 1999, 192, 193.
2 Eine solche Auflage wäre im Zweifel selbständig anfechtbar.

daß die Gegenleistung nur in dem Umfang zulässig ist, wie sie im Falle des Verwaltungsakts auch als Nebenbestimmung erlassen werden könnte. Bei der Verpflichtung zur zusätzlichen Verlegung von Leerrohren für den Wegebaulastträger handelt es sich indessen nicht um eine technische Bedingung oder Auflage zur Zustimmung, die der in § 50 Abs. 3 intendierten gegenseitigen Abstimmung der Verlegearbeiten dient. Vielmehr handelt es sich um eine zusätzliche Belastung des Nutzungsberechtigten zur Verlegung einer nicht beantragten Telekommunikationslinie für den Wegebaulastträger selbst.

Wird der Vertrag gleichwohl mit einer solchen Bestimmung geschlossen, so ist der Vertrag im Zweifel gemäß § 59 Abs. 2 Nr. 4 in Verbindung mit § 59 Abs. 3 VwVfG insgesamt **nichtig**. Diese Nichtigkeit dürfte freilich dem Nutzungsberechtigten dann nicht mehr schaden, wenn die Verlegemaßnahmen durchgeführt sind, da ein Anspruch auf die Zustimmung bestanden hat und eine Beseitigungsverfügung aufgrund des gemäß § 50 Abs. 2 TKG bestehenden Nutzungsrechts nicht durch den Wegebaulastträger ergehen kann. Im Zweifel könnte der Nutzungsberechtigte sogar soweit gehen, vom Wegebaulastträger eine Vergütung für das zusätzlich verlegte Leerrohr zu erhalten, weil der Wegebaulastträger in Folge der Nichtigkeit des zugrundeliegenden Vertrags um dieses Leerrohr ungerechtfertigt bereichert ist.

6.5.4.8 Erweiterte Folgepflichten

Wiederum in kommunalen Zustimmungsverträgen finden sich häufig Regelungen, die den Nutzungsberechtigten zu gegenüber § 53 TKG erweiterten Folgepflichten verpflichten. Besonders häufig anzutreffen ist die Regelung, daß in den Fällen wo eine **Beseitigung oder Änderung** der Telekommunikationslinie im öffentlichen Interesse liegt, aber nicht von § 53 TKG erfaßt ist, der Nutzungsberechtigte gleichwohl eine Beseitigung oder Umlegung der Telekommunikationslinie vornehmen wird.

Wie schon der Wortlaut dieser vertraglichen Regelung zeigt, steht dies im Widerspruch zu § 53 TKG und braucht deswegen vom Nutzungsberechtigten **nicht** akzeptiert zu werden[1]. Dementsprechend hat sich in der Praxis auch immer stärker eine Angleichung der Verträge an den Wortlaut des § 53 TKG herausgebildet.

6.5.4.9 Gewährleistungsfrist für die Verlegemaßnahmen

In praktisch allen Zustimmungsverträgen findet sich eine Regelung dahin gehend, daß die Gewährleistung für die Verlegemaßnahmen, insbe-

---
1 Siehe auch VG Düsseldorf, RTkom 2001, 118, 119 f.

sondere die Wiederherstellung der Wegdecke, nach VOB geregelt ist und die Gewährleistungsfrist **fünf Jahre** beträgt. Insbesondere die Regelung der Gewährleistungsfrist widerspricht eindeutig der gesetzlichen Fristenregelung im § 58 TKG, wonach die im 8. Teil des TKG geregelten Ersatzansprüche in zwei Jahren verjähren.

162 Die in § 58 gemeinten Ersatzansprüche betreffen dabei auch die **Ansprüche des Wegebaulastträgers** in § 52 Abs. 3 TKG. Nach dieser Vorschrift hat der Wegebaulastträger gegen den Nutzungsberechtigten entweder einen Instandsetzungsanspruch oder einen Auslagenanspruch sowie einen Schadensersatzanspruch im Zusammenhang mit der Wiederherstellung des Verkehrswegs nach Durchführung der Verlegemaßnahmen bzw. im Zusammenhang mit Arbeiten an der Telekommunikationslinie[1]. Gewährleistungsmängel unterfallen dabei der Instandsetzungsregelungen in § 52 Abs. 3. Die Verjährungsfrist in § 58 TKG wiederum erfaßt damit auch alle „Gewährleistungsansprüche" des Wegebaulastträgers.

163 Folglich läßt sich der Wegebaulastträger durch die **Ausdehnung** der Gewährleistungsfrist von zwei auf fünf Jahre wiederum eine nach § 56 VwVfG unzulässige Gegenleistung versprechen, die nach § 59 Abs. 2 Nr. 4 und Abs. 3 VwVfG zur Nichtigkeit des Vertrages führt[2].

6.5.4.10 Verwaltungsgebühren und Pauschalen

164 Zustimmungsverträge enthalten regelmäßig auch **Kostenregelungen**. Zumeist wird hinsichtlich der Verwaltungsgebühren für die Erteilung der Zustimmung auf die einschlägigen Verwaltungsvorschriften über die Erhebung von Verwaltungsgebühren verwiesen. Hiergegen bestehen grundsätzlich keine Bedenken. Bedenken bestehen dann, wenn der Vertrag selbst die Gebühren festlegt und hierbei die gesetzlichen **Maßstäbe der Gebührenbemessung** außer acht läßt. Häufig anzutreffen sind Gebührenregelungen auf Basis des **laufenden Meters** Trassenlänge, die nach einer Entscheidung des Verwaltungsgerichts Regensburg[3] unzulässig sind.

165 Darüber hinaus finden sich **Pauschalierungen** in Zustimmungsverträgen, die auf § 52 Abs. 2 TKG beruhen. Danach hat der Nutzungsberechtigte dem Wegebaulastträger die aus einer etwaigen Erschwerung der Unterhaltung des Verkehrswegs erwachsenden Kosten zu ersetzen. Ob-

---

1 Hierzu und zum Folgenden: OVG Münster, ArchPT 1998, 406, 408 zu den gleichlautenden Regelungen im Telegrafenwegegesetz.
2 Ebenso für einen Zustimmungsbescheid VG Düsseldorf, RTkom 2001, 118, 120 f.
3 VG Regensburg, NVwZ-RR 1999, 404, 405 f.

gleich diese Regelung den Einzelfall der Erschwernis und der damit verbundenen höheren Kosten im Sinn hat, werden diese Kosten seitens der Wegebaulastträger in den Zustimmungsverträgen häufig pauschalisiert. Diese Regelung ist zwar bedenklich, aber vor dem Hintergrund verständlich, daß der Wegebaulastträger im Zweifel einige Beweisprobleme haben wird, wenn es um den Einzelfall geht.

Für den Nutzungsberechtigten wird hierbei zu beachten sein, daß mit einer solchen Pauschalierung dann aber auch sämtliche Erschwerniskosten **abgegolten** sind, also keine zusätzlichen Möglichkeiten der Kostenerhebung für den Wegebaulastträger bestehenbleiben. 166

6.5.4.11 Vermietung und Übertragung von Telekommunikationslinien sowie „Übertragung" des Nutzungsrechts

Es ist bereits erwähnt worden (Rz. 144 f.), daß sich in der Praxis ein **Markt** für den Verkauf von Leerrohren bzw. deren Vermietung oder Verpachtung sowie für die Vermietung von Glasfasern herausgebildet hat. Häufig betreffen diese Geschäfte Telekommunikationslinien bzw. Teile derselben, die vom ursprünglichen Nutzungsberechtigten bereits aufgrund von Zustimmungsbescheiden und/oder Zustimmungsverträgen verlegt worden sind. 167

Damit stellt sich bei diesen Geschäften die Frage, wie sie sich auf das **Verhältnis** des ursprünglichen Nutzungsberechtigten gegenüber dem Wegebaulastträger bzw. des neu hinzukommenden Nutzungsberechtigten gegenüber dem Wegebaulastträger auswirken. 168

Zunächst ist festzustellen, daß sich bei diesen Geschäften **nicht** um eine Neuverlegung von Telekommunikationslinien handelt und auch nicht um eine Änderung vorhandener Telekommunikationslinien i. S. v. § 50 Abs. 3 TKG. Wie bereits festgestellt (Rz. 83), knüpft die Zustimmungsregelung an die **Raumnutzung** des Wegekörpers an. Diese Raumnutzung verbleibt aber auch bei neu hinzukommenden Nutzungsberechtigten unverändert. Sofern es sich bei den neu hinzukommenden Nutzungsberechtigten auch um Lizenznehmer der Lizenzklassen 1 bis 3 gemäß § 6 Abs. 1 Nr. 1 TKG handelt, besitzen auch diese Nutzungsberechtigten das öffentliche Wegerecht gemäß § 50 Abs. 2 TKG. Dementsprechend müssen keine weiteren Zustimmungen des Wegebaulastträgers für diese Geschäfte eingeholt werden. 169

Es bleibt aber die Frage, ob rechtlich gesehen die ursprüngliche Telekommunikationslinie nunmehr **zwei oder mehrere Nutzungsberechtigte** i. S. v. § 50 Abs. 2 TKG hat oder ob durch die Übertragung bzw. Vermietung/Verpachtung rechtlich eine neue (Teil-)Telekommunikationslinie 170 unter gleichzeitiger Verkleinerung der ursprünglichen Linie entsteht. Praktisch relevant kann diese Frage dann werden, wenn beispielsweise bei zwei nebeneinanderliegenden Leerrohren nur eines aufgrund einer Folgepflicht verlegt werden müßte. Einmal abgesehen davon, daß die Beteiligten eines solchen Geschäfts diese Frage vertraglich in ihrem **Innenverhältnis** regeln sollten, geht es im Außenverhältnis darum, wer Adressat und damit Verpflichteter der Folgepflicht ist. In den §§ 50, 52 und 53 TKG lassen sich keine Anhaltspunkte finden, wie hiermit umzugehen ist. Lediglich § 56 Abs. 4 TKG enthält eine Regelung darüber, daß eine bevorrechtigte besondere Anlage ihren bevorrechtigten Status verliert, wenn der Wegebaulastträger seinen Anteil hieran an einen Dritten überträgt[1]. Das TKG sieht an dieser Stelle vor, daß sich rechtlich der Status der besonderen Anlage mit der Übertragung verändert. Es sind keine Gründe ersichtlich, diese Folge nicht auch für den vorliegenden Fall anzunehmen. Demnach kann angenommen werden, daß mit der Übertragung oder Vermietung/Verpachtung von Teilen einer mit Zustimmung verlegten Telekommunikationslinie rechtlich zwei oder mehrere **eigenständige (Teil-)Telekommunikationslinien** mit jeweils unterschiedlichen Nutzungsberechtigten entstehen und nicht etwa eine Telekommunikationslinie mit mehreren Nutzungsberechtigten. Dies setzt freilich voraus, daß die übertragenen bzw. vermieteten/verpachteten Teile in sich selbständig genug sind, um der Definition der Telekommunikationslinie zu unterfallen. Dies wird regelmäßig bei Leerrohren der Fall sein, nicht aber bei Glasfasern. Folge- und Folgekostenpflichten treffen dann nur den betroffenen Nutzungsberechtigten der (Teil-)Telekommunikationslinie.

171 Auch wenn nicht ausdrücklich in TKG geregelt, so bietet es sich ferner hier an, den Wegebaulastträger über die neu hinzukommenden Nutzungsberechtigten unverzüglich zu **unterrichten**. Eine derartige Verpflichtung ist hin und wieder auch in den Zustimmungsverträgen selbst enthalten und erscheint nicht unangemessen. Die Mitteilungsverpflichtung kann sich auch implizit aus den Dokumentationspflichten ergeben, die den Nutzungsberechtigten zumeist aufgrund eines Zustimmungsvertrages treffen. Eine derartige Mitteilung liegt im übrigen im Hinblick auf die Folge- und Folgekostenpflichten gegenüber dem Wegebaulastträger sowie hinsichtlich der Kollision mit besonderen Anlagen auch im Interesse des ursprünglichen Nutzungsberechtigten. Auch wenn keine Zustimmung des Wegebaulastträgers für die genannten Geschäfte erforder-

---

1 Dies soll zwar bei einer Verpachtung nicht gelten, vgl. Beck TKG-Komm/ *Schütz*, § 56 Rz. 29. Dies ist für die hier interessierende Frage irrelevant, weil die Nutzungsberechtigung nach § 50 Abs. 1 und 2 TKG ohnehin nicht das Eigentum an der Telekommunikationslinie voraussetzt (siehe Rz. 56).

lich ist und auch wenn die Folge- und Folgekostenpflichten nur den im Einzelfall tatsächlich betroffenen Nutzungsberechtigten treffen, so würde diesbezüglich mangels Kenntnis seitens der Anspruchsgegner vom neu hinzugekommenen Nutzungsberechtigten zunächst weiterhin nur der ursprüngliche Nutzungsberechtigte in Anspruch genommen werden.

6.5.4.12 Regelungen für Vertragsbeendigung bzw. Beendigung des Nutzungsrechts

Zustimmungsverträge und (seltener) Zustimmungsbescheide enthalten die Verpflichtung des Nutzungsberechtigten, seine Telekommunikationslinien nach Wegfall des Nutzungsrechts zu **beseitigen** und den Verkehrsweg nach den Weisungen des Wegebaulastträgers ordnungsgemäß wiederherzustellen. Denkbar ist aber auch eine Regelung, die den **Verbleib** der Telekommunikationslinien so lange gestattet, wie sie den Interessen des Wegebaulastträgers nicht entgegenstehen. Eine solche Regelung vermeidet unnötige Aufgrabungen und erhält die Linie für mögliche andere Nutzungen. 172

Mögliche **andere Nutzungen** liefern wiederum das Stichwort für eine Regelung darüber, was wirtschaftlich mit einer Telekommunikationslinie geschehen soll, die nicht mehr vom Nutzungsberechtigten genutzt werden soll oder kann. So könnte es im Interesse des Wegebaulastträgers liegen, die Linie zu übernehmen und dem Interesse des Nutzungsberechtigten entsprechen, die Anlage an den Wegebaulastträger oder Dritte zu verkaufen. In diesem Fall sind ggf. detaillierte Regelungen zu treffen, wie die Anlage nach Vertragsbeendigung bewertet werden soll. Jedenfalls ist seitens des Nutzungsberechtigten darauf zu achten, daß die vertraglichen Regelungen ihm genügend Zeit lassen, einen Käufer zu finden, bevor die Telekommunikationslinie entfernt werden muß. 173

6.6 Mitbenutzung bestehender Einrichtungen (§ 51 TKG)

Hinsichtlich bereits vorhandener Infrastruktureinrichtungen ist in § 51 TKG eine im TWG nicht vorhandene Regelung über die Mitbenutzung vorgenommen worden. Soweit danach „die Ausübung des Rechtes nach § 50 TKG nicht oder nur mit einem unverhältnismäßig hohen Aufwand möglich ist, besteht ein Anspruch auf **Duldung der Mitbenutzung** anderer für die Aufnahme von Telekommunikationskabeln vorgesehener Einrichtungen, wenn die Mitbenutzung **wirtschaftlich zumutbar** ist und keine zusätzlichen größeren Baumaßnahmen erforderlich werden". Der Mitbenutzer hat einen **angemessenen geldwerten Ausgleich** zu gewähren. 174

6.6.1 Persönlicher Anwendungsbereich des Mitbenutzungsrechts

6.6.1.1 Person des Nutzungsberechtigten

175 Begünstigter des Mitbenutzungsrechts ist durch den Verweis in § 51 auf § 50 TKG lediglich ein **Lizenznehmer** nach § 6 Abs. 1 Nr. 1 TKG (Lizenznehmer der Lizenzklassen 1–3. Der Mitbenutzungsanspruch soll nur insoweit bestehen, als die Ausübung der Rechte nach § 50 TKG nicht oder nur mit unverhältnismäßig hohem Aufwand möglich ist. Die Ausübung der Rechte aus § 50 TKG setzt allerdings voraus, das der Anspruchsteller als Lizenznehmer der Lizenzklassen 1, 2 oder 3 vom Bund das Nutzungsrecht für die öffentlichen Verkehrswege gemäß § 50 Abs. 2 TKG mit der Lizenz erhalten hat.

6.6.1.2 Person des Mitbenutzungsverpflichteten

176 Bei der Bestimmung der Person des aus § 51 TKG Verpflichteten sind im wesentlichen zwei Fragestellungen relevant:
– Trifft die Verpflichtung **nur Lizenznehmer** nach § 50 Abs. 2 TKG?
– Trifft die Verpflichtung **nur Eigentümer** der Einrichtungen oder auch sonstige Nutzungsberechtigte?
Beiden Fragen soll im Folgenden nachgegangen werden.

6.6.1.2.1 Keine Begrenzung auf Lizenznehmer

177 Die Antwort auf die erste Frage erschließt sich aus der **Entstehungsgeschichte** des TKG. Der Bundesrat schlug in seiner Stellungnahme zum Entwurf des TKG folgende Fassung des § 50 (diese Vorschrift entspricht dem heutigen § 51 TKG) vor[1]:

„Die Mitbenutzung vorhandener Telekommunikationslinien hat Vorrang vor einer Neuverlegung. Lizenznehmer nach § 6 Abs. 1 Nr. 1 haben gegeneinander einen Anspruch auf Mitbenutzung vorhandener Telekommunikationslinien, wenn die Mitbenutzung wirtschaftlich und technisch zumutbar ist. In diesem Fall hat der Nutzer an den Mitbenutzungsverpflichteten einen angemessenen geldwerten Ausgleich zu leisten."

178 Der Anspruch sollte sich also nur gegen **Lizenznehmer** nach § 6 Abs. 1 Nr. 1 TKG richten. Dagegen sei, wie der Bundesrat in seiner Begründung ausführt, Betreibern von Übertragungswegen außerhalb des lizenzpflichtigen Bereichs, deren Telekommunikationsnetz zu nichtgewerblichen Telekommunikationszwecken dient, die auf Gewinnerzielung

---

1 BR-Drucks. 80/96, Anlage mit Stellungnahme, S. 32.

ausgerichtete Mitbenutzung von Lizenznehmern nicht **zumutbar**[1]. Danach hätte sich der Anspruch auf Mitbenutzung z. B. nicht gegen städtische Leerrohrnetze gerichtet, die bislang der Eigenversorgung gedient haben.

Dieser Änderungsvorschlag des Bundesrates ist **nicht** in § 51 TKG eingeflossen. Dort ist generell von einem Anspruch auf Duldung der Mitbenutzung die Rede. Eine Einschränkung dahin, daß dieser Anspruch nur Lizenznehmern nach § 6 Abs. 1 Nr. 1 TKG gegeneinander zusteht, enthält die Vorschrift nicht. Daraus folgt, daß sich der Anspruch aus § 51 TKG auch gegen **Nicht-Lizenznehmer** richtet[2]. 179

6.6.1.2.2 Keine Begrenzung auf Eigentümer

Weder aus dem Gesetzeswortlaut noch aus der Gesetzesbegründung läßt sich eindeutig entnehmen, ob nur der Eigentümer einer Einrichtung oder ein **sonst Nutzungsberechtigter** (Mieter, Pächter, Nießbraucher etc.) Adressat der Duldungspflicht ist. Diese Frage ist deswegen praktisch relevant, weil sich in den letzten Jahren immer mehr unterschiedliche rechtliche Gestaltungen bei der Nutzung von Einrichtungen für Telekommunikationsinfrastruktur herausgebildet haben. 180

Zwar spricht der **erste Anschein** dafür, daß in § 51 TKG lediglich der Eigentümer gemeint ist, der Wortlaut läßt aber auch einen Mitbenutzungsverpflichteten zu, der selbst Nutzungsberechtigter der betreffenden Einrichtungen ist. Der Begriff „Eigentümer" wird jedenfalls nicht benutzt, sondern es wird lediglich vom „Mitbenutzungsverpflichteten" gesprochen. 181

Gegen die Einordnung des bloß anderweitig Nutzungsberechtigten als Adressaten des § 51 TKG könnte aber sprechen, daß nach üblichem Verständnis Nutzungsrechte an **Sachen** regelmäßig im Verhältnis Eigentümer und „Nutzer" begründet werden. Andererseits ist bei vertraglichen Schuldverhältnissen über die Begründung von Nutzungsrechten der Nutzungsverpflichtete schon terminologisch nicht notwendigerweise der Eigentümer. Zwar ist auch bei den vertraglichen Nutzungsverhältnissen **sachenrechtlicher** Natur (Grunddienstbarkeiten nach § 1018 BGB, Nießbrauch nach § 1030 BGB und beschränkte persönliche Dienstbarkeiten nach § 1090 BGB) grundsätzlich der Eigentümer Anspruchsgegner. Dies liegt aber in der Natur der Sache, da es sich eben um Belastungen des Eigentums handelt. Dagegen ist Anspruchsgegner bei den sonst **typischen Nutzungsverhältnissen** nicht ausdrücklich nur der Eigentümer, sondern 182

---
1 BR-Drucks. 80/96 Anlage mit Stellungnahme, S. 33.
2 Anders Beck TKG-Komm/*Schütz*, § 51 Rz. 10.

der „Vermieter" (§ 535 BGB) oder der „Verpächter" (§ 581 BGB). Dabei zeigt insbesondere die Vorschrift des § 549 BGB über die Untermiete, daß Vermieter auch der obligatorisch Berechtigte, also auch ein Mieter selbst sein kann. Das herkömmliche Verständnis vertraglicher Nutzungsverhältnisse zwischen dem Nutzer auf der einen und nur dem Eigentümer auf der anderen Seite kann daher nicht durch zwingende rechtliche Argumente gestützt werden. Darüber hinaus ist in § 51 TKG ausdrücklich von „Mitbenutzung" und nicht lediglich von Nutzung die Rede, d. h. also begrifflich von einer gleichgeordneten Nutzung der betroffenen Einrichtung. Es geht demnach um die Nutzung als solche, die „geteilt" werden soll. Diese Nutzung wiederum kann aber sowohl auf dem Eigentum an der Einrichtung als auch auf anderweitigen Nutzungsrechten beruhen.

183 Gegen den anderweitig Nutzungsberechtigten als Adressaten von § 51 TKG könnte ferner angeführt werden, daß vertragliche Schuldverhältnisse grundsätzlich **Rechte und Pflichten nur zwischen den Parteien** begründen. Dabei ist zunächst davon auszugehen, daß Nutzungsrechte an zur Aufnahme von Telekommunikationskabeln vorgesehenen Einrichtungen regelmäßig in Form von Miet- bzw. Pachtverträgen eingeräumt werden. Die Gewährung von Nutzungsrechten beispielsweise an Leerrohren ist zumeist eine mietvertragstypische Leistung, was sich auch in der Praxis in bereits bestehenden diesbezüglichen Nutzungsverträgen widerspiegelt. Dem Mieter einer Telekommunikationslinie steht ein Nutzungsrecht nur gegenüber seinem Vertragspartner zu. In dieses Schuldverhältnis greift § 51 TKG ein, wenn er dem Mieter oder Pächter die Pflicht auferlegt, die Mitbenutzung der Telekommunikationslinie durch einen Dritten zu dulden. Es handelt sich hierbei im Ergebnis um den **Zwang zum Abschluß eines Untermietverhältnisses** ohne Zustimmung des Eigentümers. Bei Mietern und/oder Pächtern als Adressaten des § 51 TKG stellt sich die Duldungsverpflichtung damit in einen Gegensatz zu der Regelung in § 549 BGB, wonach der Mieter (Pächter) ohne die **Erlaubnis** des Vermieters nicht berechtigt ist, den Gebrauch der gemieteten Sache einem Dritten zu überlassen. Für die Auslegung einfachen Rechts, wozu auch die Vorschriften des TKG gehören, ist aber auch die Einheit der Rechtsordnung zu beachten, zu der sich § 51 TKG bei einer Anwendung auf Mieter (Pächter) in Widerspruch stellt. Die Mitbenutzungsverpflichtung greift damit nicht nur in das Verfügungsrecht des Mitbenutzungsverpflichteten über die Sache selbst ein, sondern auch in das dem Verfügungsrecht zugrundeliegende Schuldverhältnis[1].

---

1 Dies wirft die Frage auf, wie im Vertrag zwischen Eigentümer und Nutzungsberechtigten mit dieser Frage hinsichtlich der Pflichten und Gewährleistungen des Eigentümers und des Entgelts umzugehen ist.

Andererseits ist der Verweis auf § 549 BGB für den Mieter dann nicht mehr rechtlich sinnvoll anzuführen, wenn § 51 TKG zugleich **auch den Vermieter** (Eigentümer) als Mitbenutzungsverpflichteten trifft. Der Eigentümer ist aber in jedem Fall als Adressat von § 51 TKG anzusehen, ohne daß es einer weiteren Auslegung bedürfte. Der vorbeschriebene Widerspruch wird damit durch eine aufgrund der auch den Eigentümer treffenden Mitbenutzungsverpflichtungen anzunehmende Zustimmungspflicht aufgehoben. 184

Für die Einordnung des anderweitig Nutzungsberechtigten als Adressaten des § 51 TKG spricht der Wortlaut als zuerst maßgebliches Auslegungskriterium, also daß in § 51 TKG lediglich von „Nutzern" und „Mitbenutzungsverpflichteten" an den Einrichtungen die Rede ist. Im Gegensatz dazu unterscheidet die ebenfalls eine Duldungsverpflichtung in bezug auf ein Nutzungsrecht beinhaltende Vorschrift des § 57 TKG ausdrücklich zwischen dem „*Eigentümer*" eines Grundstücks" und dem „*Betreiber*" der Telekommunikationslinie". Aus dieser begrifflichen Gegenüberstellung kann im Hinblick auf eine systematische Auslegung von § 51 TKG, also aus ihrem Zusammenhang mit anderen Vorschriften zweierlei gefolgert werden: 185

Zum einen deutet die **Wortwahl** in den beiden Vorschriften darauf hin, daß in § 51 TKG der Begriff **Eigentümer** hätte gewählt werden können, wenn nur der Eigentümer als Adressat gemeint sein sollte. Eben dies ist nämlich in § 57 TKG geschehen. Zum anderen ermöglicht der gewählte Begriff des Betreibers einer Telekommunikationslinie Rückschlüsse auf die Frage, wen der Gesetzgeber als Adressat von § 51 TKG konkret im Auge gehabt hat. Die in der Definition von Telekommunikationslinien in § 3 Nr. 20 TKG aufgeführten Kabelkanalrohre (Leerrohre) sind gleichzeitig als für die Aufnahme von Telekommunikationskabeln vorgesehene Einrichtungen i. S. v. § 51 TKG anzusehen. Demgemäß kommt der **Betreiber** einer Telekommunikationslinie grundsätzlich als Mitbenutzungsverpflichteter nach § 51 TKG in Betracht. Der Begriff des Betreibers ist, wenn auch nicht für Telekommunikationslinien, so doch für Übertragungswege und Telekommunikationsnetze in § 3 Nr. 1 und 2 TKG über den Begriff der rechtlichen und tatsächlichen Kontrolle (Funktionsherrschaft) definiert. Die **Funktionsherrschaft** wiederum erfordert nicht das Eigentum am Übertragungsweg oder dem Telekommunikationsnetz[1]. Da angesichts der gesetzliche Definition des Betreibers davon auszugehen ist, daß dieser Begriff vom Gesetzgeber in den verschiedenen telekommunikationsrechtlichen Vorschriften einheitlich verwandt wird, ist daraus zu folgern, daß mit Betreiber der Telekommunikationsli- 186

---

[1] Ausdrücklich in § 3 Nr. 2 TKG; im übrigen *Bothe/Heun/Lohmann*, ArchPT 1995, 5, 19 f.

nie und damit zugleich mit dem „Betreiber" eines Leerrohrs bzw. dem Mitbenutzungsverpflichteten aus § 51 TKG sowohl der Eigentümer als auch ein anderweitig Nutzungsberechtigter gemeint ist.

187 Zu berücksichtigen ist schließlich auch der **Sinn und Zweck** der Regelung in § 51 TKG. Die Mitbenutzungsregelung des § 51 TKG soll es Anbietern ermöglichen, ihre Telekommunikationskabel auch dann noch zu verlegen, wenn Raum für zusätzliche Kabeltrassen nicht mehr vorhanden ist. In der Gesetzesbegründung zum TKG heißt es in bezug auf § 50 (heute § 51 TKG), daß für den Fall der besonderen Knappheit der Ressource Wegerecht Vorsorge getroffen werden soll[1]. Es geht dem Gesetzgeber also darum, durch die Mitbenutzungsverpflichtung einen vorhandenen **Kapazitätsengpaß** bei den Wegerechten dadurch auszugleichen, daß in der nächst höheren Ressourcenebene (z. B. Leerrohre) eine Nutzungsberechtigung besteht. Dieser Gesetzeszweck läßt sich nicht grundsätzlich nur auf die Inanspruchnahme der Eigentümer jener Ressourcen beschränken, da die rechtliche Ausgestaltung der Verfügungsgewalt über diese Ressourcen vielerlei Gestalt annehmen kann. Ferner würde bei einer Beschränkung des § 51 TKG auf Eigentümer als Adressaten der Gesetzeszweck beispielsweise auf einfachste Weise vereitelt, wenn der Eigentümer einer Kabeltrasse deren Mitbenutzung durch Dritte dadurch verhindern könnte, daß er sämtliche Kapazitäten einem ihm verbundenen Mieter überläßt und so die gesamten Ressourcen blockiert. Hiergegen läßt sich zwar einwenden, daß der Mieter dann eben auch nur in diesen Fällen der „Umgehung" des Gesetzeszwecks in Anspruch genommen werden sollte. Diese Frage hat aber weniger mit dem grundsätzlichen Problem des Adressaten von § 51 TKG zu tun als vielmehr mit der Frage, wann eine Mitbenutzung zumutbar ist. Dies wäre in jenen Fällen weitaus eher zu bejahen als dann, wenn Eigentümer und Mieter völlig unabhängige juristische Personen sind.

188 Nach alledem ist festzustellen, daß überwiegende Gründe dafür sprechen, neben dem Eigentümer der Einrichtungen **auch anderweitig Nutzungsberechtigte** als Adressaten des § 51 TKG anzusehen.

6.6.2 Sachlicher Anwendungsbereich des Mitbenutzungsrechts

6.6.2.1 Für die Aufnahme von Telekommunikationskabeln vorgesehene Einrichtungen

189 Die Vorschrift des § 51 TKG gewährt ausdrücklich nur einen Anspruch auf Mitbenutzung „... für die Aufnahme von Telekommunikationskabeln **vorgesehener Einrichtungen** ...". Dies schließt beispielsweise die

---

[1] BR-Drucks. 80/96, S. 50.

Mitbenutzung eines **Kabels** selbst eindeutig aus. Konkret erfaßt sind Kabelleer- bzw. kanalrohre, Kabelkanäle und -gräben sowie Kabelaufhängungen (§ 3 Nr. 20 TKG) sowie alle weiteren Einrichtungen, die für die Verlegung von Kabeln nicht nur geeignet, sondern vorgesehen sind. Dabei wird es nicht auf den subjektiven Willen des Verpflichteten ankommen, sondern auf die technische, nach DIN-Vorschriften anzunehmende Bestimmung der Einrichtung.

Auf die **bisherige Art der Nutzung** der Einrichtungen kommt es nicht an, so daß auch bestehende Telekommunikationslinien vom Anwendungsbereich erfaßt sind (die Frage, ob etwa nur Telekommunikationslinien und keine anderen Einrichtungen erfaßt sind, wurde unter Rz. 176 ff. erörtert). Die Regelung des § 51 TKG differenziert gerade nicht zwischen der Art der Nutzung der für die Aufnahme von Telekommunikationskabeln geeigneten Einrichtungen, sondern stellt lediglich auf deren grundsätzliche Eignung ab. Bestätigt wird dies durch die amtliche Begründung zum TKG, da dort von der „Duldung der Mitbenutzung vorhandener Linien" gesprochen wird[1]. Zu vorhandenen Linien gehören aber auch Telekommunikationslinien, die öffentlichen Zwecken, also der Erbringung von Telekommunikationsdienstleistungen für die Öffentlichkeit dienen (§ 50 i. V. m. § 3 Nr. 12 TKG). 190

Nicht so eindeutig wie die Person des Nutzungsberechtigten klärt der in § 51 TKG enthaltene Verweis auf § 50 TKG die Frage, ob sich die **Einrichtungen in öffentlichen Verkehrswegen** i. S. d. § 50 Abs. 1 TKG befinden müssen. Hierzu wird die Ansicht vertreten, daß die systematische Stellung des § 51 TKG zwischen Bestimmungen, die das öffentliche Wegerecht zum Gegenstand haben, dafür spreche, nur Einrichtungen in den Anwendungsbereich einzubeziehen, die im öffentlichen Verkehrsraum liegen[2]. Zwar spricht durch den Verweis auf § 50 TKG und die systematische Stellung des § 51 TKG in der Tat viel für die Sichtweise, daß es sich um Einrichtungen in Verkehrswegen handeln müsse. Andererseits besteht der Zweck der Bestimmung gerade darin, die nicht mögliche Inanspruchnahme des öffentlichen Wegerechts zu substituieren. Es muß daher ausreichen, wenn ein **angemessener wirtschaftlicher und räumlicher Zusammenhang** zwischen der geplanten (aber nicht realisierbaren) Linie im Verkehrsweg und dem Ausweichen auf vorhandene Einrichtungen besteht; so etwa, wenn eine Flußüberquerung an einer Brücke unmöglich ist, aber durch Ausweichen auf eine auf einem Privatgrundstück gelegene und unter dem Fluß geführte Leerrohrtrasse im Umweg erreicht werden kann. 191

---

1 BR-Drucks. 80/96, S. 50.
2 So Beck TKG-Komm/*Schütz*, § 51 Rz. 9.

192 Die Bestimmung des § 57 TKG steht diesem Ergebnis nicht entgegen[1]. Da es sich bei § 51 TKG um einen Mitbenutzungsanspruch handelt, ändert sich am **räumlichen Umfang** der Nutzung des Grundstücks durch die vorhandene Telekommunikationslinie nichts. Es kommt lediglich ein Nutzungsberechtigter hinzu. Wenn aber schon die Nutzung des Grundstücks zu der mit Eingriffen in die Grundstückssubstanz verbundenen Verlegung nach § 57 TKG zulässig ist, muß dies erst Recht für den Fall gelten, daß ohne weitere Eingriffe dieselbe Trasse auch von weiteren Nutzungsberechtigten genutzt wird. Schon diese Erwägungen zeigen, daß es sich bei der Frage des Anwendungsbereichs von § 51 TKG hinsichtlich der örtlichen Lage der Einrichtungen weniger um die Frage dreht, wie weit das Mitbenutzungsrecht geht, sondern vielmehr um die Frage des Umfangs der Duldungspflicht des Eigentümers in § 57 TKG, die auch im Rahmen des Anwendungsbereichs jener Bestimmung zu beantworten ist (dazu näher Rz. 244 ff.). Im übrigen ist den telekommunikationsrechtlichen Vorschriften eine Überlappung zwischen Mitbenutzungsrechten an Einrichtungen und Wegerechten nicht fremd. Dies zeigt die wenn auch durchaus nicht unproblematische Bestimmung des § 10 Abs. 3 TKV, nach der ein Mitbenutzungsanspruch für Zugangsleitungen an vorhandenen Einrichtungen auf einem Grundstück ungeachtet der Rechtsposition des Grundstückseigentümers besteht, gerade wenn dieser die Einräumung eines eigenen Wegerechts für die geplante Leitung verweigert (dazu näher Rz. 320 ff.).

6.6.2.2 Nutzung der Verkehrswege ist unmöglich oder nur mit unverhältnismäßig hohem Aufwand möglich

193 Nach der **Gesetzesbegründung** soll eine Duldung der Mitbenutzung auf den Extremfall beschränkt sein, in denen die Alternative, „wenn deine Mitbenutzung so teuer ist, baue ich eben selbst", aus wirtschaftlichen Gründen bzw. Gründen der Kapazität nicht gegeben ist[2].

194 In jedem Fall geht der Gesetzgeber davon aus, daß von entscheidender Bedeutung zunächst die Frage der **Kapazität** der (primär) zu nutzenden Verkehrswege ist. Zunächst geht es also darum, daß der Mitbenutzungsberechtigte aufgrund von Kapazitätsproblemen überhaupt nicht selbst verlegen kann. Damit beschränkt sich der Anwendungsbereich von § 51 TKG vor allem auf das kommunale Gebiet, da bei Fernverkehrslinien in der Regel (zur Ausnahme bei Flüssen sogleich) ein Ressourcenengpaß deswegen zu verneinen sein dürfte, weil genügend alternative Routenführungen möglich sind.

---

1 Anders ausdrücklich Beck TKG-Komm/*Schütz*, § 51 Rz. 9.
2 BR-Drucks. 80/96, S. 50.

Für die Frage, ob ein **unverhältnismäßig hoher Aufwand** vorliegt, reicht die Tatsache allein, daß Bauen teurer als Mieten ist, für den in § 51 TKG vorausgesetzten Extremfall nicht aus. Vielmehr muß objektiv die Wirtschaftlichkeit der Baumaßnahme in Frage stehen[1]. Ein solcher Extremfall dürfte bei Querungen von Flüssen oder vergleichbaren natürlichen Hindernissen bestehen, wenn z. B. vorhandene Straßenbrücken mangels Kapazitäten nicht zur Querung genutzt werden können. Der Neubau von Flußquerungen gegenüber möglicherweise anderweitig bereits vorhandenen Querungen ist in der Regel mit so erheblichen Kosten verbunden, daß diese geeignet sein werden, den Mitbenutzungsanspruch zu begründen. 195

Auf **Nutzungsmöglichkeiten** bei anderen möglichen Mitbenutzungsverpflichteten braucht sich der Mitbenutzungsberechtigte nicht verweisen lassen. Ausweislich der Gesetzesbegründung soll § 51 TKG für den Fall Vorsorge treffen, daß in öffentlichen Verkehrswegen kein Raum für weitere Kabeltrassen mehr vorhanden ist[2]. Keine Voraussetzung ist dagegen, daß andere Nutzungsmöglichkeiten ebenfalls fehlen müssen. 196

6.6.2.3 Wirtschaftliche Zumutbarkeit

Die wirtschaftliche Zumutbarkeit ist ein **unbestimmter Begriff**, der noch einer Konkretisierung durch die Rechtsprechung bedarf. Dabei ist davon auszugehen, daß die Rechtsprechung u. a. die zu zivilrechtlichen Duldungsverpflichtungen wie etwa des § 906 BGB im Einzelfall angewandten Kriterien bei der Frage einer wesentlichen Beeinträchtigung einerseits und der wirtschaftlichen Zumutbarkeit von Gegenmaßnahmen andererseits heranziehen wird. 197

Der Mitbenutzungsverpflichtete kann daher nicht verpflichtet sein, **besondere technische oder betriebliche Schwierigkeiten** hinzunehmen. So wird man sagen können, daß die Mitbenutzung eines Leerrohrs dann nicht zumutbar ist, wenn die konkrete Gefahr besteht, daß die bereits verlegten Kabel beim Einziehen neuer Leitungen **beschädigt** werden. Diese Gefahr könnte etwa bei nicht unterteilten Leerrohren angenommen werden, die bereits zu 50% oder mehr belegt sind. Gleiches gilt für **Abschaltungen** im Zusammenhang mit dem Einziehen der neuen Kabel. Sollten Abschaltungen notwendig sein, sieht der Mitbenutzungsverpflichtete sich nämlich unter Umständen Minderungs- oder Schadensersatzansprüchen seiner Nutzer ausgesetzt. Weiterhin wird man dem Mitbenutzungsverpflichteten gestatten müssen, die betroffenen freien Kapazitäten für eigene, **geplante Projekte** freizuhalten. So dürfte die Mitbe- 198

---
1 Beck TKG-Komm/*Schütz*, § 51 Rz. 6.
2 BR-Drucks. 80/96, S. 50.

nutzung unzumutbar sein, wenn bei zwei vorhandenen Leerrohren eines bereits voll genutzt wird und die volle Nutzung des zweiten Leerrohrs kurz- oder mittelfristig geplant ist. Nicht ausreichen dürfte dagegen die bloß **abstrakte Möglichkeit** oder lediglich langfristige Planung, daß die freien Kapazitäten später einmal von dem Mitbenutzungsverpflichteten für die Verlegung eigener Kabel benutzt werden. Ansonsten liefe der in § 51 TKG normierte Anspruch weitgehend leer.

199 Festzuhalten bleibt, daß der Mitbenutzungsverpflichtete eine mehr als nur geringfügige Beeinträchtigung durch die Verlegung weiterer Kabel nicht zu dulden braucht. Wegen der Vielfalt möglicher Beeinträchtigungen läßt sich der Begriff „wirtschaftliche Zumutbarkeit" nicht abstrakt definieren; es kommt vielmehr auf den konkreten **Einzelfall** an. Dabei dürfte eine Abwägung der gegenseitigen Interessen wie auch die gegenseitige Wettbewerbsposition sowie die wirtschaftliche Leistungsfähigkeit des Mitbenutzungsverpflichteten gegenüber dem Mitbenutzungsberechtigten eine wesentliche Rolle spielen[1].

6.6.2.4 Keine zusätzlichen größeren Baumaßnahmen

200 Der Anspruch des Mitbenutzungsberechtigten nach § 51 TKG besteht nur, soweit keine zusätzlichen größeren Baumaßnahmen erforderlich sind. Eindeutig überschritten ist diese Schwelle, wenn die für die Mitbenutzung erforderlichen Bauarbeiten den **Umfang einer Neuverlegung** einer Telekommunikationslinie erreichen[2].

201 Durch die gewählte Formulierung dürfte die **Schwelle** hierfür aber schon niedriger anzusetzen sein. Eine Antwort auf diese Frage könnte sich in Anlehnung an § 1020 BGB ergeben. Nach dieser Vorschrift hat der Berechtigte bei der Ausübung einer Grunddienstbarkeit das Interesse des Eigentümers des belasteten Grundstücks tunlichst zu **schonen**. Der Dienstbarkeitsberechtigte muß insbesondere auf die Bewirtschaftung des dienenden Grundstückes Rücksicht nehmen[3]. Er muß sein Recht so wahrnehmen, daß die Interessen des Eigentümers am wenigsten beeinträchtigt werden. Bei Übertragung dieser Erwägungen auf den in § 51 TKG geregelten Sachverhalt wird man sagen können, daß der Mitbenutzungsverpflichtete nicht verpflichtet sein kann, seine bereits im Leerrohr befindlichen Kabel zu entfernen, damit der Nutzungsberechtigte seinen eigenen gemeinsam mit den bisherigen neu einziehen kann. Auch wird der Mitbenutzungsverpflichtete sich dann gegen die Verpflichtung wehren können, wenn der Berechtigte die Errichtung neuer

---
1 Palandt/*Bassenge*, § 906 BGB Rz. 29.
2 Vgl. Beck TKG-Komm/*Schütz*, § 51 Rz. 13.
3 Staudinger/*Rink*, § 1020 BGB Rz. 1.

Kabelschächte fordert, da dies nicht nur größere Baumaßnahmen im eigentlichen Sinne darstellen, sondern auch Maßnahmen an den Leerrohren und den Kabeln zur Herstellung der erforderlichen Verzweigungen. Da allerdings lediglich größere Baumaßnahmen die Mitbenutzungsverpflichtung hindern, wird der Verpflichtete vermutlich keine Einwände gegen das Einziehen von Unterleerrohren in ein vorhandenes, nicht belegtes Leerrohr erheben können, sofern dies über die vorhandenen Kabelschächte geschehen kann und der Berechtigte die Kosten (wirtschaftliche Zumutbarkeit!) trägt.

6.6.3 Angemessener geldwerter Ausgleich

Der Mitbenutzungsverpflichtete hat gegen den Mitbenutzungsberechtigten einen Anspruch auf angemessenen geldwerten Ausgleich für die Mitbenutzung. Die Frage nach der Angemessenheit wird sich im Zweifel nach dem am **Markt** für die Nutzung vergleichbarer Einrichtungen erzielbaren Entgelt richten. Telekommunikationsrechtliche Vorschriften liefern hier mangels Anwendbarkeit keine Anhaltspunkte. So setzen die Anwendung der Telekommunikations-Entgeltregulierungsverordnung (TEntgV) ebenso wie der TKV und die diesen zugrundeliegenden Vorschriften des TKG Telekommunikationsdienstleistungen als Anknüpfungspunkt voraus. Die Nutzung von Einrichtungen des § 51 TKG wie beispielsweise Leerrohrkapazitäten ist dagegen nicht als Inanspruchnahme einer Telekommunikationsdienstleistung zu sehen. 202

Problematisch an den fehlenden Maßstäben ist, daß der angemessene Ausgleich zugleich eine Variable dafür ist, die anspruchsbegründende Voraussetzung des unverhältnismäßig hohen Aufwands für den Bau einer eigenen Telekommunikationslinie zu bestimmen. In **Knappheitssituationen** – und nur für diese ist die Bestimmung des § 51 TKG konzipiert – kann es daher zu fragwürdigen Preisverschiebungen kommen, die aber ggf. durch den Rückgriff auf das allgemeine Kartellrecht (Mißbrauch einer marktbeherrschenden Stellung) gemildert werden können. 203

6.6.4 Durchsetzung des Mitbenutzungsanspruchs

Die Regelung des § 51 TKG räumt einem Anbieter von Telekommunikationsdienstleistungen unter den dort genannten Voraussetzungen einen Anspruch auf **Duldung** der Mitbenutzung von für die Aufnahme von Telekommunikationskabeln vorgesehenen Einrichtungen gegen Entschädigung ein. 204

Der Anspruch wäre vor den Zivilgerichten zu verfolgen. Zwar handelt es um eine Verpflichtung aus dem TKG, der Duldungsanspruch ist aber 205 zivilrechtlicher Natur, so daß gemäß § 13 GVG der Rechtsweg zu den **ordentlichen Gerichten** eröffnet ist.

206 Eine Klage wäre ähnlich wie bei dem **Notwegerecht** nach § 917 BGB auf Duldung der Benutzung zu erheben[1].

207 Da der Duldungsanspruch wegen der damit verbundenen Einzelfragen (Baumaßnahmen, Ausgleich, evtl. Schutzpflichten) aber eigentlich den Abschluß eines entsprechenden **Miet- oder Pachtvertrages**, in dem die Einzelheiten der Benutzung geregelt werden, als Rechtsgrundlage für die Mitbenutzung impliziert, könnte auch an eine Klage auf Abschluß eines derartigen Vertrags gedacht werden.

208 Der Anspruch richtet sich dann auf die Abgabe einer Willenserklärung und ist im Wege der **Leistungsklage** durchzusetzen[2].

6.6.5 Mitbenutzungsverträge, Leerrohrmiete und -nutzung

209 Trotz des Anspruchs bzw. wegen der umfangreichen Anspruchsvoraussetzungen des § 51 TKG werden Nutzungsverträge über Einrichtungen, die zur Aufnahme von Telekommunikationskabeln geeignet sind, in der Praxis meist **frei vereinbart** und geschlossen. Wie bereits erwähnt (siehe Rz. 144 f.), hat sich hier bereits ein eigener Markt über die Vermietung von Leerrohren herausgebildet[3]. Angesichts der umfangreichen Baumaßnahmen für Telekommunikationsinfrastruktur der letzten Jahre in Deutschland ist aber für die Zukunft durchaus mit Kapazitätsengpässen zu rechnen, die zu **Streitigkeiten** über die Anwendung von § 51 TKG führen können.

6.6.5.1 Rechtsnatur der Nutzungsverträge

210 Nutzungsrechte können im Wege **privatrechtlicher Verträge** eingeräumt werden. Da die Verträge private Nutzungsrechte an beweglichen Sachen[4] zum Gegenstand haben, dürften sie in aller Regel als Miet- oder Pachtverträge aufzufassen sein.

211 In der letzten Zeit sind aber auch häufiger Verträge anzutreffen, bei denen das Nutzungsrecht im Wege des (**sachenrechtlichen**) Nießbrauchs gemäß §§ 1030 ff. BGB eingeräumt wird. Dies liegt zum einen daran, daß

---
1 Siehe Palandt/*Bassenge*, § 917 BGB Rz. 13.
2 *Immenga/Mestmäcker*, GWB, § 26 Rz. 304.
3 Gleiches gilt für die Vermietung von Glasfasern (Dark Fiber-Miete), die hier allerdings nicht näher betrachtet wird. Die Vertragsgestaltung bei diesen Verträgen ist ähnlich wie bei Leerrohrnutzungsverträgen.
4 Zumeist Scheinbestandteile gemäß § 95 BGB. Siehe oben Rz. 53.

die Nutzungsverträge zumeist langfristig vereinbart werden und sich damit auch die Frage der langfristigen Sicherung und Insolvenzfestigkeit des Nutzungsrechts stellt. Zum anderen liegt der Nießbrauch näher an dem im angloamerikanischen Rechtsraum entwickelten **„Indefeasible Right of Use (IRU)"** für langfristige Nutzungsrechte an Infrastruktureinrichtungen[1].

Die **TKV** spielt bei derartigen Verträgen keine Rolle, da es sich bei der Einräumung von Nutzungsrechten an Leerrohren, sonstigen Infrastruktureinrichtungen oder Glasfasern nicht um eine Telekommunikationsdienstleistung handelt. Der Anwendungsbereiche der TKV ist gemäß § 1 Abs. 1 TKV auf Telekommunikationsdienstleistungen beschränkt. Diese sind nach der Legaldefinition in § 3 Nr. 18 TKG das gewerbliche Angebot von Telekommunikation einschließlich des Angebots von Übertragungswegen. Mit den Nutzungsrechten werden aber weder Telekommunikation noch Übertragungswege angeboten. Vielmehr ist Gegenstand der Nutzungsrechte ein physikalisches Vorprodukt für Telekommunikation oder Übertragungswege.

212

6.6.5.2 Einrichtungen in öffentlicher Hand

Häufig werden Nutzungsverträge über Einrichtungen geschlossen, die sich in öffentlicher Hand befinden, d. h. Einrichtungen des Bundes, eines Landes, einer Kommune oder der nicht privatrechtlich ausgegliederten kommunalen Versorgungsbetrieben. Die Nutzung dieser Einrichtungen richtet sich nach den allgemeinen Grundsätzen für die Nutzung **öffentlicher Sachen in Verwaltungs- bzw. Anstaltsgebrauch.** Nutzungsverträge sind ebenfalls privatrechtlicher Natur.

213

Bei Einrichtungen in **Verwaltungsgebrauch** handelt es sich um **öffentliche Sachen**, die von der Verwaltung **selbst genutzt** werden, z. B. verwaltungseigene Gebäude, technische Einrichtungen etc.[2]. Diese Einrichtungen gehören zum „**Verwaltungsvermögen**" und dienen der öffentlichen Verwaltung unmittelbar zur Erfüllung ihrer Aufgaben[3]. Im Gegensatz zu

214

---

1 Dieses Rechtsinstitut wird insbesondere bei angloamerikanischen Dark Fiber-Nutzungsverträgen genutzt. In Deutschland wirft dies für Glasfaser-Nutzungsverträge allerdings die Frage auf, ob an einzelnen Glasfasern ebenfalls Nießbrauch eingeräumt werden kann. Da einzelne Glasfasern im Zweifel nicht sonderrechtsfähige wesentliche Bestandteile eines Glasfaserkabels nach § 93 BGB darstellen, wird dies regelmäßig problematisch. Denkbar wären aber Quotennießbrauch (dazu Palandt/*Bassenge*, § 1030 BGB Rz. 9) oder Bruchteilsnießbrauch (dazu Palandt/*Bassenge*, § 1066 BGB Rz. 2).
2 *Salzwedel*, Anstaltsnutzung und Nutzung öffentlicher Sachen, in: Erichsen, Allgemeines Verwaltungsrecht, § 46 Rz. 2.
3 *Papier*, Recht der öffentlichen Sachen, S. 31.

öffentlichen Sachen in Gemeingebrauch wie eben beispielsweise öffentlichen Verkehrswegen, existiert für öffentliche Sachen in Verwaltungsgebrauch keine spezielle gesetzliche Regelung.

215 Öffentliche Sachen in **Anstaltsgebrauch** sind Einrichtungen, die den Kommunen unmittelbar oder mittelbar für Zwecke der **Daseinsvorsorge** gegenüber den Bürgern dienen, z. B. Personentransport, Entwässerung, Müllabfuhr etc.[1]. Diesbezügliche rechtliche Regelungen ergeben sich vor allem aus kommunalrechtlichen Vorschriften.

216 Im Hinblick auf die Verlegung von Telekommunikationslinien wären beispielsweise folgende **Gegenstände** als öffentliche Sachen in Verwaltungs- oder Anstaltsgebrauch anzusehen:
- städtische **Leerrohre** für Telekommunikationsleitungen des Kommunikationsnetzes der städtischen **Verwaltung**[2];
- **Leerrohre, Versorgungsrohre oder Versorgungstunnel** (z. B. Entwässerungskanäle und U-Bahn-Tunnel) der städtischen **Versorgungs- oder Verkehrsbetriebe**, soweit es sich bei diesen nicht um ausgegliederte juristische Personen des Privatrechts handelt (z. B. Stadtwerke AG).

217 Wenn und soweit es sich bei einer Nutzung öffentlicher Sachen in Verwaltungsgebrauch durch einen Dritten **nicht** um eine Wahrnehmung **verwaltungsrechtlicher Angelegenheiten** handelt (z. B. das Betreten eines Gebäudes zwecks Antragstellung), richtet sich deren Nutzung nach **Privatrecht**[3]. Letzteres ist bei der Verlegung von Telekommunikationslinien unter Benutzung städtischer Leerrohre der Fall. Hier geht es nicht um eine verwaltungsrechtliche, sondern um eine privatwirtschaftliche Tätigkeit. Zwar erfolgen Errichtung und Betrieb der Infrastruktur im Rahmen der verfassungsrechtlichen Gewährleistung einer angemessenen und ausreichenden Versorgung mit Telekommunikationsdienstleistungen durch den Bund nach Art. 87f Abs. 1 GG. Jedoch wird das Unternehmen damit nicht zu einem Nutzer, der verwaltungsrechtliche Angelegenheiten im Verhältnis zur Stadt wahrnimmt.

218 Die privatrechtliche Rechtsform ist auch bei der Nutzung von Leerrohren oder **Versorgungsanlagen** der städtischen Versorgungs- und Verkehrsbetriebe zur Verlegung von Telekommunikationslinien durch Telekommu-

---

1 *Salzwedel*, Anstaltsnutzung und Nutzung öffentlicher Sachen, in: Erichsen, Allgemeines Verwaltungsrecht, § 45 Rz. 1.
2 Solche Netze werden häufig von den städtischen Hochbau- oder Hauptämtern betrieben. Vgl. Deutscher Städtetag (Hrsg.), Kommunale Kommunikationsnetze, S. 15 f.
3 *Papier*, Recht der öffentlichen Sachen, S. 32.

nikationsunternehmen gegeben. Zwar wird bei öffentlichen Sachen in Anstaltsgebrauch regelmäßig unterschieden, ob die übliche Benutzungsform privatrechtlich (z. B. öffentlicher Personennahverkehr) oder öffentlich-rechtlich (z. B. Müllabfuhr, Entwässerung) ausgestaltet ist[1]. Daraus wird von manchen gefolgert, daß für besondere Nutzungen – darum handelt es sich bei der Verlegung von Telekommunikationslinien in diesen Einrichtungen – seitens des Trägers ein Wahlrecht für die Rechtsform besteht[2]. Andere folgern, daß sich besondere Nutzungen nach der rechtlichen Ausgestaltungsform der üblichen Nutzung richten[3]. Indessen steht aber die Verlegung von Telekommunikationslinien unter Benutzung der öffentlichen Sachen in Anstaltsgebrauch wie bei der Benutzung von öffentlichen Sachen in Verwaltungsgebrauch in keinem Zusammenhang mit der üblichen Benutzung, wie eben beispielsweise Personentransport oder Entwässerung[4]. Auf die rechtliche Ausgestaltung der üblichen Benutzungsform kann und braucht es daher nicht ankommen.

219 Die Nutzung städtischer Leerrohre oder der sonstigen genannten Einrichtungen kann demnach in Form von **Miet- oder Pachtverträgen** geregelt werden, wie etwa im Falle eines Pächters der Kantinenräume in einem Verwaltungsgebäude. Auch die Vereinbarung von Nießbrauch ist denkbar, kommt aber bei Einrichtungen der öffentlichen Hand in der Praxis kaum vor.

6.6.5.3 Vertragsgestaltung

220 Ausgehend vom Beispiel eines **Mietvertrags** über die Nutzung von bestehenden Leerrohren einer Gemeinde sind für die Vertragsgestaltung insbesondere die nachfolgend dargestellten Punkte zu beachten:

6.6.5.3.1 Nutzungsgegenstand

221 Die **Anzahl der Leerrohre und der Trassenverlauf** sind genau zu bezeichnen. Insbesondere bei Vereinbarung des Nießbrauchs ist darauf zu

---

1 Vgl. *Salzwedel*, Anstaltsnutzung und Nutzung öffentlicher Sachen, in: Erichsen, Allgemeines Verwaltungsrecht, § 41 Rz. 11 ff.
2 *Papier*, Recht der öffentlichen Sachen, S. 30.
3 Vgl. *Salzwedel*, Anstaltsnutzung und Nutzung öffentlicher Sachen, in: Erichsen, Allgemeines Verwaltungsrecht, § 41 Rz. 11 ff.
4 Die als Beispiele aufgeführten besonderen Benutzungsformen gehen vielmehr von einer über den Rahmen hinausgehenden Beanspruchung aus, wie die Privatfahrt mit einer U-Bahn oder die Ableitung von besonders viel Wasser. Vgl. *Papier*, Recht der öffentlichen Sachen, S. 30, und *Salzwedel*, Anstaltsnutzung und Nutzung öffentlicher Sachen, in: Erichsen, Allgemeines Verwaltungsrecht, § 41 Rz. 11 ff.

achten, daß die zu nutzenden Leerrohre keine wesentlichen Bestandteile eines anderen Gegenstands wie z. B. eines Mantelrohrs oder anderer Leerrohre sind. Ohne **genaue Bezeichnung** bestehen Probleme mit dem sachrechtlichen Bestimmtheitsgrundsatz, die der Entstehung des Nießbrauchs entgegenstehen könnten. Ferner ist das Verfahren der **Besitzübertragung** genauestens zu regeln, da für die Bestellung des Nießbrauchs gemäß § 1032 BGB Einigkeit über das Entstehen des Nießbrauchs und die Übergabe der Leerrohre erforderlich ist[1].

222 Bei Leerrohren, die sich schon länger in z. B. städtischem Eigentum oder Besitz befinden, muß Klarheit darüber bestehen, welche Leerrohre **tatsächlich** vorhanden und aus technischer Sicht für die geplante Nutzung geeignet sind. Liegen ausreichende Informationen nicht vor, ist ein Verfahren für die **Sichtung und Inbesitznahme** der Leerrohre vorzusehen. Für einen möglicherweise geplanten weiteren Ausbau sollte an **Erweiterungsoptionen** gedacht werden.

223 Die technischen Spezifikationen des Leerrohrs werden üblicherweise in einem technischen Anhang beschrieben.

6.6.5.3.2 Nutzungsumfang

224 Neben der Festlegung der technischen Einzelheiten bezüglich der einzubringenden Telekommunikationsleitungen muß der **Zugang** zu den Leerrohren jederzeit gewährleistet sein. Dies gilt auch für die Nutzung der vorhandenen Kabelschächte. Regelungen und Verfahren im Hinblick auf die gemeinsame Benutzung sind notwendig (z. B. Aufbewahrung der Schlüssel für die Kabelschächte, gegenseitige Unterrichtungspflichten bezüglich Installations- und Wartungsarbeiten etc.).

225 Entbehrlich sind derartige Zugangs- und Benutzungsregelungen nur dann, wenn der Vermieter des Leerrohrs zugleich die **Wartung und Instandhaltung** des vermieteten Leerrohrs übernimmt.

226 Schließlich ist bei der Nutzung von Einrichtungen der öffentlichen Hand daran zu denken, daß der Vermieter möglicherweise beabsichtigt, dem Mieter zugleich die Instandhaltung der vermieteten Leerrohre zu **übertragen**. Instandhaltungsmaßnahmen werden im gewerblichen Mietrecht regelmäßig auf den Mieter abgewälzt. Zwar würde sich beispielsweise eine Stadt damit eines Großteils der Kontrolle über die Leerrohre begeben, was nicht unbedingt in ihrem Interesse sein dürfte. Gleichwohl ist eine solche Vertragsklausel in der Praxis anzutreffen. Je nach Zustand des städtischen Leerrohrsystems kann dies zu erheblichen Mehraufwen-

---

1 Dazu Palandt/*Bassenge*, § 1032 BGB Rz. 2.

dungen für den Mieter führen. Andererseits kann hiermit aber auch ein Anreiz für die Stadt geschaffen werden, mehr Leerrohrkapazitäten zu vermieten.

6.6.5.3.3 Entgelt

Ausgangspunkt für die Entgeltregelung ist in der Regel der **laufende Meter** gemietetes Leerrohr, welcher pro Zeiteinheit (Monat, Jahr) oder als **Pauschale** vergütet wird. Die Preisbildung kann sich dabei zusätzlich auch an der Lage der Leerrohre orientieren. So kommt es beispielsweise vor, daß die Leerrohre im Innenstadtbereich oder in Bürozentren höher bemessen werden als in anderen Stadtgebieten. Mittlerweile hat sich hier am Markt eine zumeist funktionierende Preisbildung entwickelt. 227

6.6.5.3.4 Folgepflichten und Folgekosten

Auch bei der Miete von Leerrohren stellt sich die Frage nach Folgepflichten und Folgekosten. Die gemieteten Leerrohre können genau wie alle anderen in den Straßen befindlichen Leitungen von **Straßenbaumaßnahmen** betroffen werden, die eine Umlegung oder Umbettung erforderlich machen. Ist der Vermieter zugleich Wegebaulastträger (was bei der Anmietung städtischer Leerrohre regelmäßig der Fall ist), wäre es interessengerecht, neben Informationspflichten für die Stadt zu vereinbaren, daß jener die Folgekosten trägt. Ist der Vermieter selbst ein Telekommunikationsunternehmen, wird zumeist vereinbart, daß den Mieter die etwaigen Folgepflichten ebenso treffen und er einen seinem Mietanteil entsprechenden Teil der Folgekosten trägt. 228

6.6.5.3.5 Haftung

Gerade wegen der möglichen gemeinsamen Benutzung der Kabelschächte stellt die haftungsrechtliche Ausgestaltung bei der Miete von Leerrohren ein delikates Problem dar. Zumeist werden hier Regelungen aufgenommen, die vorsehen, daß weder Mieter noch Vermieter die Einrichtungen und den Betrieb der Einrichtungen des anderen **stören** darf. Ist die öffentliche Hand Vermieter, besteht dieser häufig auf umfangreiche **Haftungsfreistellungen** für sich und seine Bediensteten im Verhältnis zum Mieter selbst wie auch im Verhältnis zu Dritten (insbesondere der an das Netz angeschlossenen Kunden des Mieters). 229

6.6.5.3.6 Vertragsdauer und Vertragsbeendigung

Wegen der Investitionskosten bei der Verlegung von Telekommunikationsleitungen sind im Mietvertrag Regelungen zu treffen, die für den 230

Mieter eine ausreichende **Investitionssicherheit** bieten. Problematisch ist wie bei der Nutzung öffentlicher Wege ferner die Frage, was mit den vom Mieter eingebrachten Telekommunikationslinien und Einrichtungen nach Ablauf der Vertragsdauer oder im Fall der sonstigen Beendigung des Vertragsverhältnisses geschehen soll. Im Mietrecht gilt grundsätzlich, daß der Mieter mit Beendigung des Mietverhältnisses die von ihm eingebrachten Gegenstände zu entfernen hat[1]. Bei einem Leitungsnetz, welches zum Teil aus selbst in öffentlichen Wegen verlegten Leerrohren und zum Teil aus angemieteten Leerrohren besteht, kann dies zu einer Unterbrechung des Netzbetriebs führen. Die vertraglichen Regelungen über die Vertragsdauer wie auch die Beendigung des Vertrags (insbesondere die Kündigungsfristen) müssen diese Interessen angemessen berücksichtigt werden.

6.6.5.3.7 Übertragung der Nutzungsrechte

231 Häufig liegt es im Interesse des Mieters, die eingeräumten Nutzungsrechte auch an **Dritte** übertragen zu können. Dies ist insbesondere dann relevant, wenn der Mieter Nutzungsrechte an mehr als einem Leerrohr erwirbt.

232 Zu berücksichtigen ist dabei, daß der **Mieter** gemäß § 549 Abs. 1 BGB nicht berechtigt ist, ohne **Erlaubnis** des Vermieters den Gebrauch der Mietsache einem Dritten zu überlassen. Der **Nießbrauch** ist zwar gemäß § 1059 S. 1 BGB unübertragbar, kann aber ohne das Erfordernis einer Gestattung gemäß § 1059 S. 2 BGB einem Dritten im Ganzen oder hinsichtlich **einzelner Nutzungen**[2] zur **Ausübung überlassen** werden. Allerdings ist die Überlassung nur schuldrechtlicher[3] Natur und gewährt demgemäß nicht den gleichen Schutz wie der Nießbrauch selbst.

233 Bei Mietverträgen ist es daher für den Mieter im Zweifel wichtig, die Möglichkeit der Übertragung von Nutzungsrechten bzw. die Untervermietung **vorab** vertraglich durch eine **Zustimmung des Vermieters** zu regeln. Trotz der Möglichkeit, auch nur einzelne Nutzungen zur Ausübung an Dritte zu überlassen, bietet es sich beim Nießbrauch an, klarzustellen, daß sich dieses Recht auch auf einzelne Teile des Nießbrauchsgegenstands bezieht.

234 Andererseits sind die Vermieter bzw. Eigentümer aber in der Regel sehr **zurückhaltend**, wenn es darum geht, der Einräumung von Nutzungsbzw. Untermietrechten an Dritte vorab vertraglich zuzustimmen. Dies

---

1 Vgl. Palandt/*Putzo*, § 556 BGB Rz. 4.
2 Palandt/*Bassenge*, § 1059 BGB Rz. 2.
3 Palandt/*Bassenge*, § 1059 BGB Rz. 3.

gilt insbesondere dann, wenn der Eigentümer bzw. Vermieter die öffentliche Hand ist.

6.6.6 Exkurs: Mitverlegungsverträge und Leerrohrverkäufe

Neben herkömmlichen Mietverträgen über Leerrohre oder Verträgen über die Miete von Glasfasern haben sich in der Praxis auch sog. Mitverlegungsverträge („**Shared Trenching**") herausgebildet. Diese Verträge regeln die **Kooperation** zwischen zwei oder mehreren lizenzierten Betreibern von Übertragungswegen, die sich aus ökonomischen Gründen bei der Verlegung von Telekommunikationslinien zusammentun. In solchen Verträgen erwerben zumeist alle Beteiligten das Eigentum an den für sie vorgesehenen Leerrohren und sonstigen Einrichtungen. Gleiches geschieht bei mittlerweile ebenfalls häufig anzutreffenden Verkäufen von Leerrohren und Infrastruktureinrichtungen. 235

6.6.6.1 Vertragsarten

Zwei Arten von Mitverlegungsverträgen lassen sich unterscheiden: 236
– Verträge, in denen sich ein Telekommunikationsunternehmen verpflichtet, **für** ein anderes oder mehrere andere Telekommunikationsunternehmen Leerrohre oder sonstige Infrastruktureinrichtungen anläßlich der Verlegung von eigenen Telekommunikationslinien **im Einzelfall** mitzuverlegen.
– Ein **Rahmenvertrag** über die Mitverlegung zwischen zwei oder mehreren Telekommunikationsunternehmen, der ein Verfahren der Mitverlegung für anstehende wie auch zukünftige Verlegeprojekte der Beteiligten vorsieht.

In beiden Verträgen geht es im wesentlichen darum, daß das verlegende Unternehmen für die anderen Unternehmen ein **Werk** herstellt, nämlich die mitzuverlegenden Telekommunikationslinien der anderen Unternehmen. Bei dieser Art von Verträgen handelt es sich also normalerweise um Werkverträge. Zwar kommen in der Praxis auch Vertragsgestaltungen vor, in denen mehrere Unternehmen ein **Joint Venture** für die gemeinsame Verlegung gründen. Auch hier spielen aber werkvertragliche Regelungen eine maßgebende Rolle, weil Kern der Zusammenarbeit die Herstellung eines Werkes, d. h. die Verlegung der Telekommunikationslinien, ist. 237

Ein zusätzlicher Geschäftstypus, der mit den Mitverlegungsverträgen in engem Zusammenhang steht, ist ferner der **Verkauf** von Leerrohren und Infrastruktureinrichtungen zwischen Telekommunikationsunternehmen. Hier wird zumeist ein Teil der bereits verlegten Telekommunikationsli- 238 nie, d. h. beispielsweise eines von mehreren Leerrohren im Wege eines Kaufvertrags veräußert. Seltener wird die gesamte Infrastruktur verkauft, dies kommt aber durchaus im Zusammenhang mit Insolvenzen vor.

6.6.6.2 Vertragsinhalte und Problembereiche

239 Mitverlegungsverträge enthalten relativ **komplexe** Regelungen über die Kooperation und/oder Bauausführung, über Fragen der Lizenz und des öffentlichen Wegerechts der Vertragspartner, über die aus dem TKG folgenden Folge- und Folgekostenpflichten im Verhältnis der Beteiligten zueinander sowie über die Entgeltberechnung und Abrechnung. Zumeist haben derartige Verträge **Projektcharakter** und werden dementsprechend ausführlich verhandelt.

240 In der Praxis der letzten zwei bis drei Jahre haben sich die **Inhalte** der von den verschiedenen am Markt tätigen Telekommunikationsunternehmen verwendeten Mitverlegungsverträge weitgehend angenähert. Viele der anhand der Mitverlegungsverträge entwickelten Regelungen sind auch in die Leerrohr- und Glasfasernutzungsverträge sowie in die Leerrohrkaufverträge eingeflossen.

241 Hauptprobleme im Mitverlegungsprojekt selbst sind regelmäßig die **Ausführungsfristen** und die mit Einhaltung oder Nichteinhaltung verbundenen Konsequenzen. Denn die Verlegung von Telekommunikationslinien ist in zeitlicher Hinsicht sowohl mit rechtlichen (z. B. zeitgerechte Erlangung der öffentlichen und privaten Wegerechte) als auch mit tatsächlichen Unwägbarkeiten (z. B. Wetter, Bodenbeschaffenheit etc.) belastet.

242 Wegen des mit der Mitverlegung oder dem Kauf verbundenen Eigentumserwerbs an den Leerrohren und Einrichtungen, stellen sich Fragen der Einräumung von Nutzungsrechten an **Dritte** bzw. der Untervermietung in diesen Verträgen hinsichtlich der vertragsgegenständlichen Leerrohre und Einrichtungen nicht. Allerdings bleiben diese Fragen gleichwohl relevant, nämlich hinsichtlich der **Wegerechte** an den Verkehrswegen oder privaten Grundstücken, aufgrund deren die Leerrohre und Einrichtungen verlegt worden sind (dazu oben Rz. 167 ff. und unten Rz. 308 ff.).

243 Gerade bei den Wegerechten für die zu übertragenden bzw. erworbenen Leerrohre und Einrichtungen liegen große Probleme in der **Durchführung** von Mitverlegungs- und Leerrohrkaufverträgen (gleiches gilt übrigens auch für Nutzungsverträge der oben Rz. 209 ff. erörterten Art). Verständlicherweise will der Erwerber für seine Leerrohre und Einrichtungen bzw. seine Telekommunikationslinien **eigene** und nicht nur vom Vertragspartner **abgeleitete Wegerechte** besitzen. Hinsichtlich des öf-

fentlichen Wegerechts bestehen hier wegen des mit der Lizenz gemäß § 50 Abs. 2 TKG übertragenen Nutzungsrechts regelmäßig keine Probleme (siehe oben Rz. 169 ff.). Ganz anders sieht die Situation aber wegen der vielfältigen Vertragsgestaltungen bei privaten Wegerechten aus (dazu auch unten Rz. 308 ff.). Hier bereiten sowohl die Natur der eingeräumten Rechte, also auch das mögliche Erfordernis einer Erlaubnis seitens des Grundstückseigentümers für die Einräumung von Nutzungsrechten an Dritte oder gar der explizite Ausschluß der Einräumung von Nutzungsrechte an Dritte im Vertrag ganz erhebliche Probleme. Wenn nicht schon der ursprünglich Berechtigte aus den privaten Wegerechten in den entsprechenden Verträgen ausreichende Vorkehrungen für die Übertragung von späteren Nutzungsrechten an Dritte getroffen hat[1], bleibt entweder nur die zumeist zeit- und kostenintensive Neuverhandlung der Verträge mit den Grundstückseigentümern, oder der Erwerber gibt sich mit abgeleiteten Nutzungsrechten zufrieden. Letzteres ist insbesondere deswegen unbefriedigend, weil die abgeleiteten Nutzungsrechte immer vom Hauptrecht abhängig und häufig auch schwächer als dieses sind. Oftmals ist aber auch schon die Einräumung abgeleiteter Nutzungsrechte wie die Untermiete aufgrund der vertraglichen Situation problematisch. Die hieraus erwachsenden Fragen müssen zwischen den beteiligten Telekommunikationsunternehmen genau untersucht und geregelt werden.

6.7 Nutzung privater Grundstücke (§ 57 TKG)

In Erweiterung der bisherigen Regelung des § 10 TWG enthält die Bestimmung des § 57 TKG nunmehr eine Regelung, die sich mit der **oberirdischen und unterirdischen Verlegung** von Telekommunikationslinien auf **Privatgrundstücken** befaßt (**privates Wegerecht**). 244

Die Regelung sieht eine **Duldungspflicht** des Eigentümers für den Betrieb, die Errichtung und Erneuerung von Telekommunikationslinien vor, sofern 245

– eine bereits **vorhandene**, durch ein Recht gesicherte Leitung oder Anlage auch für Telekommunikationslinien genutzt werden kann und keine zusätzliche Beeinträchtigung der Grundstücksnutzung entsteht (§ 57 Abs. 1 Nr. 1) oder

– diese die **Benutzung des Grundstücks** nicht oder nur unwesentlich beeinträchtigen (§ 57 Abs. 1 Nr. 2).

---

1 Dies ist bei größeren Projekten ohne die anfängliche Beteiligung mehrerer aus Zeitmangel oft nicht möglich (gewesen). Bei Mitverlegungsprojekten kann das Problem zumeist von Anfang an unter Einbeziehung aller Beteiligten besser angegangen werden.

246 Der erste Fall hat insbesondere die bestehenden Leitungssysteme der **Energieversorger** im Auge, die nunmehr unter den genannten Voraussetzungen auch für öffentliche Telekommunikationsnetze genutzt, erweitert und erneuert werden dürfen (**Nutzungserweiterung**)[1]. Der zweite Fall ist allgemeinerer Natur und enthält unter den genannten Voraussetzungen ein dem Nutzungsrecht an öffentlichen Wegen vergleichbares **privates Wegerecht**.

247 Infolge der regen Bauaktivitäten der letzten Jahre für Telekommunikationsinfrastrukturen in Deutschland ist es zu einer umfangreichen **Auseinandersetzung** mit dem privaten Wegerecht des § 57 TKG in **Rechtsprechung**[2] und **Literatur**[3] gekommen, die zuletzt durch Entscheidungen des **Bundesverfassungsgerichts**[4] und des **Bundesgerichtshofs**[5] weitgehend, wenn auch noch nicht umfassend geklärt scheint.

6.7.1 Rechtsnatur, Regelungsgegenstand und Durchsetzung des privaten Wegerechts

248 Die Regelung in § 57 TKG begründet ein **gesetzliches Schuldverhältnis** zwischen dem Grundstückseigentümer und dem Nutzungsberechtigten[6]. Aus diesem Schuldverhältnis folgt ein unmittelbarer Anspruch des Nutzungsberechtigten, das Grundstück betreten und nutzen zu dürfen, sowie eine korrespondierende Duldungspflicht des Grundstückseigentümers[7].

249 Dies bedeutet, daß der Nutzungsberechtigte bei Vorliegen der Voraussetzungen des § 57 TKG **weder eine vorherige Erlaubnis** des Grundstückseigentümers vor Beginn der Inanspruchnahme des Grundstücks einzuholen braucht **noch die Duldungspflicht des Grundstückseigentümers erst einklagen** müßte, falls sich dieser der Nutzung verweigert. Dies wird von der Rechtsprechung zutreffend aus der Formulierung in § 57 Abs. 1 S. 1 TKG gefolgert, wonach der Grundstückseigentümer die Nutzung des Grundstücks „nicht verbieten darf". Hiermit, wie auch mit dem Gesetzeszweck, den Aufbau von Netzen durch Wettbewerber zu fördern[8], wäre es nicht vereinbar, wenn der Nutzungsberechtigte den Dul-

---

1 Vgl. die Gesetzesbegründung, BR-Drucks. 80/96, S. 50.
2 OLG München, MMR 2000, 91; OLG Frankfurt, CR 1998, 301; OLG Düsseldorf, NJW 1999, 956; OLG Oldenburg, NJW 1999, 957; OLG Frankfurt, CR 1998, 222; LG Hanau, CR 1998, 149; LG Magdeburg, ArchPT, 335.
3 *Haidinger/Rädler*, MMR 1999, 330; *Schuster*, MMR 1999, 337; *Hoeren*, MMR 1998, 1; *Schäfer/Just*, ArchPT 1997, 200.
4 BVerfG, MMR 2000, 87; BVerfG, MMR 2001, 521.
5 BGH, CR 2000, 823.
6 Vgl. *Haidinger/Rädler*, MMR 1999, 330, 331.
7 BGH, CR 2000, 823, 824.
8 BR-Drucks. 80/96, S. 50 sowie die Zielbestimmung in § 1 TKG.

dungsanspruch erst in ggf. langwierigen gerichtlichen Verfahren durchsetzen müßte[1].

Aus den gleichen Gründen hat der Grundstückseigentümer mit Blick auf den nach § 57 Abs. 2 TKG zu seinen Gunsten möglichen Ausgleichsanspruch **kein Zurückbehaltungsrecht** (§ 273 BGB) an seinem Grundstück bzw. seiner Duldungspflicht[2]. 250

Trotz dieser weitreichenden Verpflichtungen, welche die Rechtsprechung aus § 57 Abs. 1 TKG folgert, wird die Bestimmung als **verfassungskonforme** Inhalts- bzw. Schrankenbestimmung gemäß Art. 14 Abs. 1 S. 2 der Eigentumsgarantie in Art. 14 Abs. 1 S. 1 GG angesehen. Begründet wird dies zutreffend damit, daß der Gesetzgeber aufgrund des in Art. 87f GG ebenfalls mit verfassungsrechtlichem Rang ausgestatteten Infrastrukturauftrags berechtigt sei, private Grundstücke in dem in § 57 TKG vorgesehenen Ausmaß für Telekommunikationsinfrastrukturen in Anspruch zu nehmen[3]. Der Eingriff beschränkt sich nämlich zum einen auf Fälle, in denen das Grundstück bereits belastet ist (§ 57 Abs. 1 Nr. 1 TKG) oder die Beeinträchtigung nur unwesentlich ist (§ 57 Abs. 1 Nr. 2 TKG). 251

Obwohl damit bei Vorliegen der Voraussetzungen des § 57 TKG dem Nutzungsberechtigten die erlaubnisfreie Nutzung privater Grundstücke gestattet ist, verfährt die Praxis überwiegend in der Weise, daß mit den betroffenen Grundstückseigentümern **vertragliche Vereinbarungen** über die Grundstücksnutzung getroffen werden. 252

Ebenso wie die Telekommunikationslinien in öffentlichen Wegen sind die aufgrund von § 57 Abs. 1 TKG auf oder in privaten Grundstücken verlegten Telekommunikationslinien **Scheinbestandteile** des Grundstücks gemäß § 95 Abs. 1 BGB und damit sonderrechtsfähig. Auch im Rahmen von § 57 Abs. 1 TKG erfolgt die Verlegung in Ausübung eines Rechts an dem Grundstück. Selbst bei der Verlegung von Telekommunikationslinien aufgrund eigenständiger vertraglicher Regelung (Gestattungsvertrag, Dienstbarkeit etc.), unabhängig von § 57 Abs. 1 TKG, erfolgt diese wegen der vertraglich geregelten zeitlichen Begrenzung der Nutzung wie auch wegen der zumeist geregelten Folgepflichten für Umverlegung oder Beseitigung der Linien nur zu einem vorübergehenden Zweck[4] i. S. v. § 95 Abs. 1 BGB. Selbst wenn man den vorübergehenden Zweck angesichts der langfristig gewollten Verlegung in Frage stellt, ist 253

---

1 BGH, CR 2000, 823, 824 unter Bezugnahme auf *Schuster*, MMR 1999, 137, 141 und OLG Düsseldorf, NJW 1999, 956, 957.
2 BGH, CR 2000, 823, 826 f.
3 BVerfG, MMR 2000, 87, 88 f. zu § 57 Abs. 1 Nr. 2; BGH, CR 2000, 823, 826 sowie BVerfG, MMR 2001, 521 zu § 57 Abs. 1 Nr. 1.
4 Vgl. Palandt/*Putzo*, § 95 BGB Rz. 3.

schon fraglich, ob die Telekommunikationslinien überhaupt mit dem Grundstück i. S. d. § 94 Abs. 1 BGB fest **verbunden** sind. Unabhängig von der Art der Verlegung können sowohl Leerrohre als auch Kabelschächte wieder vom Grundstück entfernt und anderweitig verwendet werden. Dies gilt erst recht für die darin verlegten Kabel.

6.7.2 Nutzungsrecht nach § 57 Abs. 1 Nr. 1 TKG

6.7.2.1 Persönlicher Anwendungsbereich – Person des Nutzungsberechtigten

254 Wer Nutzungsberechtigter des Anspruchs aus § 57 Abs. 1 Nr. 1 TKG sein soll, ist im Gesetz nicht eindeutig beschrieben, weil der Wortlaut an die **passive Duldungspflicht** des Eigentümers anknüpft. Soweit ersichtlich haben sich bislang auch weder Rechtsprechung noch Literatur genauer mit der Frage beschäftigt, wer positiv umschrieben Berechtigter der Regelung in § 57 Abs. 1 Nr. 1 TKG ist. Dies liegt daran, daß die Bestimmung bislang regelmäßig Gegenstand besitzschützender (§ 862 Abs. 1 BGB) oder eigentumsschützender (§ 1004 Abs. 1 BGB) Ansprüche des Grundstückseigentümers war, die sich bereits gegen eine bestimmte Person richteten.

255 Um sich der Problematik anzunähern, ist zunächst zu berücksichtigen, daß § 57 Abs. 1 Nr. 1 TKG einerseits von der Errichtung, dem Betrieb und der Erneuerung von **Telekommunikationslinien** spricht und andererseits von einer bereits bestehenden **Leitung oder Anlage** ausgeht, die durch ein Recht gesichert ist und auch für eine Telekommunikationslinie genutzt wird. Durch die Voraussetzung einer bereits vorhandenen, durch ein Recht gesicherten Leitung geht es daher in erster Linie um denjenigen, der bereits aus dem gesicherten Recht berechtigt (und verpflichtet) ist. In zweiter Linie geht es um denjenigen, der die Telekommunikationslinie nutzt, wenn er nicht personenidentisch mit dem Inhaber des gesicherten Rechts ist.

6.7.2.1.1 Inhaber eines gesicherten Rechts

256 Voraussetzung für die beiden genannten personalen Fallkonstellationen des § 57 Abs. 1 S. 1 TKG ist zunächst, daß ein **Inhaber eines gesicherten Rechts** für eine Leitung oder Anlage auf dem Grundstück existiert. Verbreitet wird vertreten, daß es sich dabei nicht notwendigerweise um den Inhaber eines **dinglichen** Sicherungsrechts (z. B. einer beschränkten persönlichen Dienstbarkeit) handeln müsse, sondern auch **schuldrechtlich** berechtigte Rechtsinhaber hierunter fallen[1]. Auch wenn der Gesetzgeber

---
1 Beck TKG-Komm/*Schütz*, § 57 Rz. 20; *Hoeren*, MMR 1998, 1, 3.

offenbar von dinglichen Rechten ausgegangen ist[1], läßt der Wortlaut der Bestimmung auch sämtliche schuldrechtlichen Nutzungsverhältnisse (z. B. Miete, Pacht) zu. Andererseits sind rechtlich bei der Wahl des Begriffs „Sicherungsrechte" in der Regel dingliche Rechte gemeint, was auch vom Gesetzgeber offenbar hier in der Wahl des Begriffs „gesichert" so gesehen wird[2].

Gleichwohl kommt eine **zweckentsprechende Auslegung** von § 57 Abs. 1 Nr. 1 TKG zu dem Ergebnis, daß auch schuldrechtlich berechtigte Rechtsinhaber erfaßt sind. So kann der mit der Regelung verfolgte Zweck, die existierenden Energieversorgungsnetze für Telekommunikationsnetze nutzbar zu machen[3], nur dann erfolgreich erreicht werden, wenn keine Unterschiede bei der Frage gemacht werden, ob die Energieversorgungsnetze aufgrund dinglicher oder schuldrechtlicher Rechte errichtet worden sind[4]. Ferner wird der Grundstückseigentümer nicht zusätzlich allein dadurch beschwert, wenn auch die Nutzung schuldrechtlich „gesicherter" Anlagen und Leitungen erweitert werden darf.   257

Ungeschriebene Voraussetzung des § 57 Abs. 1 Nr. 1 TKG ist, daß nicht bereits ein Recht besteht, das Grundstück für die Errichtung, den Betrieb und die Erneuerung von Telekommunikationslinien nutzen zu können. Anderenfalls würde das gesetzliche Nutzungsrecht auch nicht benötigt. Die Interpretationsspielräume bezüglich existierender Rechte (insbesondere von Grunddienstbarkeiten) zugunsten von Versorgungsunternehmen sind dabei meistens begrenzt, zumal die Rechtsprechung hier zu einer engen Auslegung neigt[5].   258

Ferner ist fraglich, ob die Duldungspflicht des § 57 Abs. 1 Nr. 1 TKG nur an solche Nutzungsrechte anknüpft, die **vor Inkrafttreten des TKG** vereinbart bzw. bestellt worden sind. Dem Wortlaut ist eine derartige Schlußfolgerung nicht zu entnehmen. Nach dem Willen des Gesetzgebers sollen Energieversorgungsnetze, die bereits verlegt worden sind, auch für Telekommunikation genutzt werden können[6]. Dies spricht zwar gegen die Zulassung der Duldungspflicht des Eigentümers auch in den Fällen, in denen das betreffende Nutzungsrecht nach Inkrafttreten des TKG vereinbart bzw. worden ist. Andererseits ist mit Blick auf den   259

---

1 So der Ausschuß für Post und Telekommunikation in seiner Beschlußempfehlung, BT-Drucks. 13/4864 (neu), S. 81.
2 Siehe Ausschuß für Post und Telekommunikation in seiner Beschlußempfehlung, BT-Drucks. 13/4864 (neu), S. 81, wenn es dort ausdrücklich heißt „... vertraglich geregelt (und dinglich gesichert) ...".
3 BR-Drucks. 80/96, S. 50.
4 Ebenso Beck TKG-Komm/*Schütz*, § 57 Rz. 20.
5 BGH, CR 2000, 823, 824 f.; OLG Oldenburg, NJW 1999, 957.
6 BR-Drucks. 80/96, S. 50; BT-Drucks. 13/4864 (neu), S. 81.

Zweck der Regelung, Telekommunikationsinfrastrukturen zu fördern, nicht ersichtlich, warum nur solche Nutzungsrechte für Leitungen oder Anlagen erfaßt sein sollten, die vor Inkrafttreten des TKG vereinbart wurden. Daher ist eine solche restriktive Auslegung von § 57 Abs. 1 Nr. 1 TKG abzulehnen.

6.7.2.1.2 Rechtsposition des Inhabers des gesicherten Rechts

260 Mit Blick auf die **tatsächliche Ausgestaltung** von Trassennutzungen, bei denen der Inhaber des gesicherten Rechts und Betreiber der Telekommunikationslinie auseinanderfallen, hat die Regelung in § 57 Abs. 1 Nr. 1 TKG vor allem Anlaß zu der Frage gegeben, ob die **Person des Inhabers** des gesicherten Rechts **identisch** mit der **Person des Betreibers** der Telekommunikationslinie (richtiger: desjenigen der mittels der Telekommunikationslinie Übertragungswege betreibt) bzw. ob diese Person selbst Inhaber einer Lizenz nach § 6 Abs. 1 Nr. 1 TKG sein muß. Dies ist in mehreren obergerichtlichen Entscheidungen[1] verneint und vom BGH[2] sowie vom Bundesverfassungsgericht[3] bestätigt worden. Schon der Wortlaut der Bestimmung knüpft anders als § 50 Abs. 1 und 2 TKG nicht an Lizenznehmer an, sondern spricht lediglich von der Duldungspflicht gegenüber Telekommunikationslinien. Diese Sichtweise wird auch dem **Zweck** der Vorschrift, vor dem Hintergrund des verfassungsrechtlichen Infrastrukturauftrags in Art. 87f GG und dem Gesetzeszweck des TKG, den Wettbewerb zu fördern und flächendeckend angemessene und ausreichende Dienstleistungen zu gewährleisten (§ 2 TKG), eine erweiterte Anlagennutzung zu ermöglichen, gerecht[4]. Anderenfalls wäre die erweiterte Anlagennutzung nur dann möglich, wenn das betreffende Unternehmen zugleich Versorgungs- und Telekommunikationsunternehmen wäre. Dies ist aber aus Gründen der Regelung des Marktzutritts im TKG vom Gesetzgeber gerade nicht gewollt, wie die Bestimmung in § 14 TKG über die strukturelle Separierung der Telekommunikationsaktivitäten von Versorgungsunternehmen in Form rechtlich selbständiger Unternehmen zeigt[5]. Die Nutzungsrechtsregelung in § 57 Abs. 1 Nr. 1 TKG wäre dementsprechend bei einer Identität des Berechtigten und Betreibers in weiten Teilen wertlos.

261 Weniger eindeutig fällt die Antwort auf die Frage aus, ob „**hinter**" dem Inhaber des gesicherten Rechts ein **Lizenznehmer** gemäß § 6 Abs. 1 Nr. 1

---

1 OLG Frankfurt, NJW 1997, 3030, 3031; OLG Düsseldorf, NJW 1999, 956, 957.
2 BGH, CR 2000, 823, 825 f.
3 BVerfG, MMR 2001, 521, 522.
4 Ausführlich BGH, CR 2000, 823, 825 f.
5 Ebenso BGH, CR 2000, 823, 826; BVerfG, MMR 2001, 521, 522; *Schuster*, MMR 1999, 137, 139.

TKG stehen muß oder nicht, ob also der (eigentliche) Betreiber der Telekommunikationslinie Lizenznehmer sein muß. Diese Frage ist auch im Rahmen der Bestimmung des Nutzungsberechtigten nach § 57 Abs. 1 Nr. 2 TKG relevant.

Schon die soeben betrachtete Fragestellung nach der **Personenidentität** zwischen dem Inhaber des gesicherten Rechts einerseits und dem Betreiber bzw. Lizenzinhaber andererseits zeigt, daß es sich hier eigentlich um zwei Fragen handelt. Die zitierten Urteile mußten sich nämlich inhaltlich aufgrund der gegebenen Fallkonstellation nur mit der Frage der Personenidentität auseinandersetzen, wobei der Betreiber immer selbst Lizenznehmer nach § 6 Abs. 1 Nr. 1 TKG war. Die Konstellation mit einem Betreiber, der selbst **nicht lizenzpflichtig** ist[1], und damit die Frage, ob die Nutzungsberechtigung an privaten Grundstücken auch diese Fälle erfaßt, mußte dagegen nicht entschieden werden. 262

Die zweite Frage ist dahin gehend zu beantworten, daß die Duldungspflicht des Grundstückseigentümers nur dann besteht, wenn es sich um Telekommunikationslinien handelt, die von nach § 6 Abs. 1 Nr. 1 TKG **lizenzierten Betreibern** genutzt werden[2]. Zwar spricht § 57 Abs. 1 TKG nicht von „*öffentlichen Zwecken dienenden* Telekommunikationslinien" wie § 50 Abs. 1 TKG. Allerdings existierte dieser begriffliche Unterschied schon im Verhältnis zwischen den jeweiligen Vorgängerbestimmungen in den §§ 1 und 10 Abs. 1 TWG, ohne daß ein qualitativer Unterschied zwischen der Art der Fernmeldelinien gemacht worden wäre. Es ist aus verfassungsrechtlichen Gründen des **Eigentumsschutzes** nach Art. 14 Abs. 1 S. 1 GG nicht hinnehmbar, wenn die durch § 57 Abs. 1 TKG vorgenommene Inhalts- bzw. Schrankenbestimmung des Eigentums die Errichtung beliebiger Telekommunikationslinien gestatten würde, ohne daß diese einem öffentlichen Zweck dienen, wie er in der Lizenzierung des Betreibers der auf der Linie beruhenden Übertragungswege zum Ausdruck kommt. Ansonsten hätte der Eigentümer auch die Verlegung einer Telekommunikationslinie durch einen privaten Grundstücksnachbarn zu dulden. Hierin kann aber keine zulässig Inhalts- bzw. Schrankenbestimmung des Eigentums mehr gesehen werden. Diese Sichtweise mag dann fragwürdig erscheinen, wenn die Telekommunikationslinien genutzt werden, um Telekommunikationsdienstleistungen für **geschlossene Benutzergruppen** anzubieten. In diesen Fällen besteht einerseits keine Lizenzpflicht während andererseits gleichwohl dem Zweck des TKG entsprechend Telekommunikationsdienstleistungen angeboten werden. Gleichwohl erscheint es richtiger, den Eingriff in 263

---
1 So etwa, weil seine Dienste nur geschlossenen Benutzergruppen und nicht der Öffentlichkeit angeboten werden oder nur dem Eigenbedarf dienen.
2 Anders *Hoeren*, MMR 1998, 1, 3 f.

das Grundstückseigentum nur dann zu gestatten, wenn das öffentliche Interesse an dem Eingriff durch eine Lizenz des Betreibers bzw. Nutzers der Telekommunikationslinie dokumentiert ist.

264 Die Entscheidung des **OLG Frankfurt**[1] ist an dieser Stelle mehrdeutig. Zum einen wird lediglich auf den unpersönlich gefaßten Wortlaut der Bestimmung hingewiesen. Zum anderen geht das Gericht selbstverständlich davon aus, daß es sich bei dem „Betreiber" der Telekommunikationslinie um einen Lizenznehmer handelt. Dabei wird das in § 50 Abs. 1 TKG (Rechteinhaber der Bund und überträgt Recht auf Lizenznehmer gemäß § 6 Abs. 1 Nr. 1 TKG) vorgesehene Nutzungsrecht mit dem in § 57 Abs. 1 Nr. 1 TKG vorausgesetzte gesicherte Recht (Rechteinhaber ist beliebige Person und **„überträgt"** Recht auf Lizenznehmer) als solches verglichen. Die Entscheidung des BGH scheint zwar das Gegenteil festzustellen, wenn dort ausdrücklich abgelehnt wird, das private Wegerecht nur einem lizenzierten Anspruchsinhaber zukommen zu lassen[2]. Ferner führt der **BGH** ausdrücklich aus, daß die unterbliebene Begrenzung des Kreises der von der Duldungspflicht Begünstigten auf diejenigen Leitungsrechtsinhaber, die auch über eine Lizenz nach § 6 Abs. 1 Nr. 1 TKG verfügten, die Eigentumsgarantie des Art. 14 Abs. 1 S. 1 GG nicht berühre, weil die Lizenzpflicht keinen Einfluß auf Umfang oder Qualität des Eigentumseingriffs habe[3]. Aber auch dort mußte die hier interessierende Frage nicht ausdrücklich entschieden werden, sondern es ging lediglich um die Frage der Identität zwischen Rechtsinhaber und Lizenznehmer. Vielmehr geht auch der BGH in seiner Begründung gegen die Notwendigkeit einer Personenidentität von den mit dem TKG auf Basis des Infrastrukturauftrags in Art. 87f GG verfolgten Zwecken aus, den Aufbau von Telekommunikationsnetzen und den Wettbewerb zu fördern[4]. Dabei ist in der Entscheidungsbegründung ausdrücklich von *„öffentlichen Telekommunikationsnetzen"* die Rede ebenso wie davon, daß die §§ 50 Abs. 1, Abs. 2 TKG in ihrer Kernaussage mit § 57 Abs. 1 TKG übereinstimmten:

> „In beiden Fällen wird die Nutzungsberechtigung originär einer Rechtspersönlichkeit zugewiesen (Bund, Leitungsrechtsinhaber), die dieses Recht auf einen Lizenznehmer überträgt, der die Erfüllung des grundgesetzlichen Infrastrukturauftrags sicherstellen soll."

265 Hieraus folgt zum einen, daß die zitierten Entscheidungen der dargelegten Sichtweise nicht entgegenstehen, daß jedenfalls der Nutzer der Tele-

---
1 OLG Frankfurt, NJW 1997, 3030, 3031.
2 BGH, CR 2000, 823, 825.
3 BGH, CR 2000, 823, 826.
4 BGH, CR 2000, 823, 826.

kommunikationslinie ein nach § 6 Abs. 1 Nr. 1 TKG lizenzierter Betreiber sein muß. Zum anderen wird deutlich, daß die Argumentation der Rechtsprechung zur Frage der Personenidentität überwiegend darauf beruht, daß diese deswegen nicht erforderlich sei, weil die im TKG umgesetzten und verfolgten **öffentlichen Zwecke** dem entgegenstehen. Dies kann umgekehrt aber nichts anderes bedeuten, als daß in Ermangelung dieser öffentlichen Zwecke – also wenn ein Lizenznehmer, der den grundgesetzlichen Infrastrukturauftrag erfüllen soll, nicht vorhanden ist – die Duldungspflicht des Grundstückseigentümers nicht besteht.

In der Praxis ist dieses Ergebnis im Zweifel nicht allein dann relevant, wenn feststeht, daß der Nutzer der Telekommunikationslinien kein Lizenznehmer sein wird. Problemfall könnte schon sein, wenn der Rechtsinhaber selbst Maßnahmen zur erweiterten Nutzung nach § 57 Abs. 1 Nr. 1 TKG vornimmt, **ohne** daß bereits ein Lizenznehmer für die Nutzung vorhandenen ist. So etwa bei der Erweiterung der existierenden Einrichtungen und Anlagen „auf Vorrat", um sie dann nach Fertigstellung einem oder mehreren lizenzierten Nutzern anzubieten. Hier wird man allerdings wie schon im Rahmen des öffentlichen Wegerechts (siehe oben Rz. 77 ff. und Rz. 140 ff.) keinen zu strengen Maßstab anlegen können, solange sichergestellt ist, daß der Zeitraum zwischen Inanspruchnahme des Grundstücks und Nutzung der Telekommunikationslinien durch einen Lizenznehmer nicht unangemessen lange ist. 266

6.7.2.1.3 Rechtsposition des Betreibers der Telekommunikationslinie

Aus den vorstehenden Ausführungen zum Inhaber des gesicherten Rechts folgt zugleich, daß auch der (eigentliche) Betreiber der Telekommunikationslinie (dazu sogleich Rz. 275) aus § 57 Abs. 1 Nr. 1 TKG **berechtigt** ist[1]. Der unpersönliche Wortlaut des § 57 Abs. 1 Nr. 1 TKG ist der Bestimmung in § 906 BGB nachempfunden. Dort kommt es im Ergebnis nicht auf einen bestimmten Berechtigten an, sondern lediglich darauf, ob die betreffende **Einwirkung** auf das Grundstück zu dulden ist oder nicht. Einwirkungsberechtigt ist damit jede Person, von der eine berechtigende Einwirkung ausgeht. Im Fall des § 57 Abs. 1 Nr. 1 TKG kann dies neben dem Inhaber des gesicherten Rechts auch der (eigentliche) Betreiber der Telekommunikationslinie sein. Vorausgesetzt freilich, 267

---

1 In dieser Richtung läßt sich auch OLG Frankfurt, NJW 1997, 3030, 3031 verstehen, wenn dort davon gesprochen wird, daß sich der Inhaber des gesicherten Rechts auf die Pflicht des Grundstückseigentümers berufen dürfe, den Betrieb der Telekommunikationslinie durch einen von Inhaber verschiedenen Betreiber zu dulden. Anders offenbar Beck TKG-Komm/*Schütz*, § 57 Rz. 22, der aber auch eine „Übertragung" anspricht.

der Betreiber hat vom Inhaber des gesicherten Rechts die Befugnis erhalten, die erweiterte Einrichtung oder Anlage zu nutzen. Ein Anspruch des Betreibers gegen den Inhaber des gesicherten Rechts besteht insoweit – mit Ausnahme der Regelung in § 51 TKG (siehe oben Rz. 180 ff.) nicht[1]. Wenn jedenfalls wie soeben dargestellt nach Ansicht der Rechtsprechung die Fallkonstellationen in § 50 Abs. 1 und Abs. 2 TKG einerseits und § 57 Abs. 1 Nr. 1 TKG andererseits durch die Übertragung der originären Nutzungsberechtigung vergleichbar sind, dann bedeutet dies, daß dann auch der (eigentliche) Nutzer bzw. Betreiber der Telekommunikationslinie aus § 57 Abs. 1 Nr. 1 TKG berechtigt ist.

268 Dieses Ergebnis läßt sich auch dadurch stützen, daß in der Gesetzesfassung des § 57 Abs. 2 S. 1 TKG **Anspruchsgegner des Ausgleichsanspruchs** des Grundstückseigentümers der „Betreiber der Telekommunikationslinie" ist und nicht wie im Gesetzentwurf der „Betreiber der Leitung oder Anlage"[2], also der Inhaber des gesicherten Rechts. Wäre nämlich auch dann nur der Inhaber einer durch ein Recht gesicherten Anlage oder Leitung ausgleichsverpflichtet, wenn Rechtsinhaber und Betreiber der Telekommunikationslinie auseinanderfallen, dann hätte es der Änderung im Gesetzgebungsverfahren nicht bedurft[3].

6.7.2.2 Sachlicher Anwendungsbereich und Nutzungsumfang

269 Die Duldungspflicht des Grundstückseigentümers für die Nutzungserweiterung knüpft in sachlicher Hinsicht zunächst an ein **Grundstück** an, das **kein Verkehrsweg** i. S. v. § 50 Abs. 1 TKG ist. Damit sind sämtliche denkbaren Grundstücke einschließlich in fiskalischem Eigentum stehende Grundstücke (z. B. Forstgrundstücke) sowie Bahngrundstücke[4] erfaßt. Auf diesem Grundstück muß sich bereits eine Leitung oder Anlage befinden, deren zulässige Nutzungserweiterung in der Errichtung, dem Betrieb und der Erneuerung einer Telekommunikationslinie besteht. Die Nutzungserweiterung wiederum darf die Nutzbarkeit des Grundstücks nicht dauerhaft zusätzlich einschränken.

---

1 Generell gegen einen Anspruch Beck TKG-Komm/*Schütz*, § 57 Rz. 24.
2 BR-Drucks. 80/96, S. 19.
3 Ebenso BVerfG, MMR 2001, 521, 522; anders Beck TKG-Komm/*Schütz*, § 57 Rz. 22, der genau die gegenteilige Schlußfolgerung zieht. Der Widerspruch in den beiden Sichtweisen wäre nur dann aufzulösen, wenn begrifflich zwischen Rechtsinhaber, Betreiber der Telekommunikationslinie und (lizenziertem) Betreiber der Übertragungswege auf Basis der Telekommunikationslinie unterschieden werden könnte oder müßte. Diese Unterscheidung erscheint zwar richtig, ändert aber nichts an der rechtlichen Zuordnung (siehe Rz. 270 ff.).
4 So auch *Hoeren*, MMR 1998, 1, 2.

6.7.2.2.1 Leitung oder Anlage

Die zulässige Nutzungserweiterung nach § 57 Abs. 1 Nr. 1 TKG bezieht sich auf eine bestehende Leitung oder Anlage. Der Begriff der „**Leitung**" erfaßt zunächst selbsterklärend nur das **physische Transportmedium** für die zu transportierenden Stoffe (z. B. Gasrohr, Wasserrohr, Elektrizitätskabel, Telekommunikationskabel) und ist demgemäß auch enger als der Begriff der Telekommunikationslinie (siehe oben Rz. 33 ff.).

270

Größere Probleme bereitet der Begriff der „**Anlage**". Unter Anlage i. S. v. § 57 Abs. 1 Nr. 1 TKG sind **sämtliche Einrichtungen** zu sehen, die der bisherigen Nutzung (zumeist Energieversorgung) dienen. Ob der bei Versorgungsleitungen üblicherweise bestehende **Schutzstreifen** zum Anlagenbegriff gehört[1] oder nicht, und im letzteren Fall eine erweiterte Auslegung bei zusätzlich verlegten Leerrohren gerechtfertigt ist[2], ist im Ergebnis unerheblich. Die zulässige Nutzungserweiterung knüpft nämlich nicht allein an die physische Leitung oder Anlage an, sondern auch an das Recht, welches Leitung oder Anlage sichert. Rechtlich betrachtet geht es bei der Nutzung des betroffenen Grundstücks schließlich zunächst um das **Nutzungsrecht selbst**[3], welches dem Umfang nach durch einen bestimmten Zweck bestimmt wird. Im Rahmen dieser Zweckbestimmung gewinnt dann erst die betreffende Leitung oder Anlage Bedeutung. Das Recht, welches die Nutzung des Grundstücks für eine Leitung oder Anlage gestattet, umfaßt aber regelmäßig auch den Schutzstreifen bzw. einen definierten **dreidimensionalen Raum** innerhalb des Grundstücks. Richtig verstanden besteht die Nutzungserweiterung nach § 57 Abs. 1 Nr. 1 TKG daher nicht in der erweiterten Nutzung einer Leitung oder Anlage, sondern in der Erweiterung des vorhandenen Nutzungsrechts. Das Nutzungsrecht gestattet die Nutzung eines bestimmten Teils des Grundstücks für einen durch Leitung oder Anlage bestimmten Zweck, der nunmehr zugunsten einer erweiterten Nutzung ebenfalls genutzt werden kann.

271

Dies zeigt auch eine Betrachtung der zulässigen Nutzungserweiterungen. So ist auch die **Errichtung** einer Telekommunikationslinie durch § 57 Abs. 1 Nr. 1 TKG gestattet, also einer kompletten Anlage wie in § 3 Nr. 20 TKG definiert. Dies ist nur möglich, wenn auch der Schutzstreifen genutzt werden kann, und zwar unabhängig davon, ob ein vorhandenes Leerrohr genutzt oder ein zusätzliches Leerrohr benötigt wird. Da es bei Grundstücken wie bei Verkehrswegen (siehe oben Rz. 83) bei der Nutzung in erster Linie um die räumliche Inanspruchnahme geht,

272

---

1 OLG Oldenburg, NJW 1999, 957, 958; *Schuster*, MMR 1999, 137, 140.
2 Bejahend OLG Düsseldorf, NJW 1999, 956.
3 Siehe auch *Hoeren*, MMR 1998, 1, 3.

kommt es letztlich weniger auf die Frage an, ob beispielsweise der Schutzstreifen Teil der Anlage ist, sondern vielmehr darauf, welche **räumliche Inanspruchnahme** das gesicherte Recht bereits gestattet. Ist ein Schutzstreifen erfaßt, so sind auch Maßnahmen und Nutzungserweiterungen innerhalb des Schutzstreifens zulässig, solange diese Maßnahmen oder Nutzungen nicht zu einer Erweiterung des Schutzstreifens führen.

273 Die Regelung in § 57 Abs. 1 Nr. 1 TKG setzt durch die Verwendung des Wortes „**auch**" implizit voraus, daß es sich bei der Leitung oder Anlage um solche handelt, die noch nicht zum Betrieb von Telekommunikationslinien genutzt werden. Allerdings bezieht die Rechtsprechung auch jene Fälle ein, in denen eine Nutzung bereits für **innerbetriebliche Telekommunikationszwecke** vorgelegen hat[1].

6.7.2.2.2 Errichtung, Betrieb und Erneuerung einer Telekommunikationslinie

274 Die Nutzungserweiterung besteht in der Errichtung, dem Betrieb oder der Erneuerung einer Telekommunikationslinie. Die **Errichtung** der Telekommunikationslinie bedeutet die Verlegung und Installation aller Komponenten, die bautechnisch zweckmäßig und informationstechnisch notwendig sind, um mittels der Telekommunikationslinie das Betreiben von Übertragungswegen aufnehmen zu können[2]. Zur Errichtung gehört damit neben dem Verlegen von Leerrohren auch das Einziehen von Kabeln. Allerdings ist es nicht erforderlich, daß jedes Leerrohr zugleich auch in vollem Umfang mit Kabeln belegt wird (siehe oben Rz. 78)[3].

275 Unter **Betrieb** der Telekommunikationslinie ist in Anlehnung an die Begriffsdefinitionen in § 3 Nr. 1 und 2 TKG die Ausübung der rechtlichen und tatsächlichen Kontrolle über die Gesamtheit der Funktionen zu sehen, die für eine Nutzung der Telekommunikationslinie zum Zwecke des Betreibens von Übertragungswegen erforderlich ist. Zwar ist der Betrieb von Telekommunikationslinien selbst im TKG nicht definiert und wird begrifflich allein in § 57 TKG verwendet. Gleichwohl erfordert der Betrieb einer Telekommunikationslinie mit Blick auf die hierfür relevanten Funktionen mehr Tätigkeiten als beispielsweise der Betrieb eines Übertragungswegs. Dies liegt daran, daß die Telekommunikationslinie physisch aus mehr Komponenten (z. B. Leerrohr, Kabel, Kabelschacht) besteht als ein Übertragungsweg, der erst an der im Kabel

---

1 BGH, CR 2000, 823, 828; BVerfG, MMR 2001, 521, 522.
2 Grundlegend zur Frage des früher genehmigungspflichtigen „Errichtens": *Bothe/Heun/Lohmann*, ArchPT 1995, 10.
3 Siehe auch *Schuster*, MMR 1999, 137, 140 m. w. N.

befindlichen Leitung (z. B. Kupferdraht, Glasfaser) anknüpft. Allerdings wird man den Betrieb der Telekommunikationslinie nicht isoliert vom Betrieb der Übertragungswege betrachten können. Dies zeigt zum einen generell die Übertragung des öffentlichen Wegerechts gemäß § 50 Abs. 2 TKG auf einen Nutzungsberechtigten, der lizenzierte Betreiber von Übertragungswegen ist. Zum anderen geht offenbar auch die Regelung in § 54 Abs. 1 TKG durch Benutzung des Begriffs „Betriebsstörungen" davon aus, daß der Nutzungsberechtigte (= lizenzierter Betreiber von Übertragungswegen) – und nur von diesem ist in den §§ 50–56 TKG die Rede – zugleich Betreiber der Telekommunikationslinie ist. Daher kann angenommen werden, daß der Betreiber der Telekommunikationslinie und der Betreiber von darauf basierenden Übertragungswegen im Gesetz als die gleiche Person angesehen werden.

Unter **Erneuerung** schließlich ist Austausch einzelner oder aller Komponenten der vorhandenen Telekommunikationslinie zu verstehen. Im Rahmen dieses Begriffs ist zunächst die Ersetzung eines vorhandenen Kabels innerhalb eines Leerrohrs mit einem leistungsfähigeren Kabel zulässig. Da es bei Grundstücken wie bei Verkehrswegen (siehe oben Rz. 83) bei der Nutzung in erster Linie um die räumliche Inanspruchnahme geht, kann die Erneuerung daher auch solche (erweiternden) Maßnahmen erfassen, die sich innerhalb der bereits vorhandenen räumlichen Inanspruchnahme bewegen. Allerdings kann der Begriff der Erneuerung einer (vorhandenen) Telekommunikationslinie allein keine zusätzlichen Leerrohre erfassen. 276

6.7.2.2.3 Keine dauerhafte zusätzliche Einschränkung der Nutzbarkeit des Grundstücks

Durch die Errichtung, den Betrieb und die Erneuerung der Telekommunikationslinie darf die **Nutzbarkeit** des Grundstücks nicht dauerhaft zusätzlich eingeschränkt werden. Entscheidend sind demnach zwei Aspekte, zum einen die **Zusätzlichkeit** und zum anderen die **Dauerhaftigkeit** der durch die Telekommunikationslinie verursachten Einschränkung des Grundstücks. 277

Zunächst ist festzustellen, daß **Verlegemaßnahmen** einschließlich der Aufgrabung des Grundstücks ebensowenig eine dauerhafte Einschränkung der Nutzbarkeit darstellen wie das hierfür erforderlich Betreten oder Befahren des Grundstücks. Diese Maßnahmen sind regelmäßig nur **vorübergehender** Natur. Was für die Frage der dauerhaften Beeinträchtigung des Widmungszwecks von Verkehrswegen gilt (dazu oben Rz. 70), kann bei gleicher Begriffswahl nicht anders für private Grundstücke betrachtet werden. 278

279 Bei der Frage, ob eine zusätzliche Einschränkung der Nutzbarkeit des Grundstücks vorliegt, kommt es darauf an, wie sich die **Nutzung** für die (neue) Telekommunikationslinie zur bisherigen Nutzung für die Leitung oder Anlage verhält[1]. Anders als in § 57 Abs. 1 Nr. 2 TKG wird nicht an das Grundstück selbst angeknüpft, sondern auf dessen Nutzbarkeit abgestellt. § 57 Abs. 1 Nr. 1 TKG setzt dagegen ohne weiteres voraus, daß diese Nutzbarkeit bereits durch die Leitung oder Anlage eingeschränkt ist[2]. Diese Einschränkung bezieht sich begriffsnotwendig auf den **Grundstücksteil**, in dem sich räumlich die Leitung oder Anlage befindet. Dementsprechend kommt eine zusätzliche Einschränkung ebenso wie die Änderung einer Telekommunikationslinie in Verkehrswegen (siehe oben Rz. 83) nur dann in Betracht, wenn die räumliche Inanspruchnahme des Grundstücks durch die Telekommunikationslinie vergrößert wird[3].

280 Ein möglicherweise durch das Vorhandensein der (neuen) Telekommunikationslinie **höheres abstraktes Haftungsrisiko** des Grundstückseigentümers bei von diesem verursachten Schäden an der Linie stellt keine zusätzliche Beschränkung der Nutzbarkeit des Grundstücks dar. Wollte man dieses Argument gelten lassen, so wäre einer Anwendung des § 57 Abs. 1 Nr. 1 TKG von vornherein die Grundlage entzogen, weil im Zweifel jede Nutzungserweiterung auch zu höheren Haftungsrisiken führt[4]. Es erscheint außerdem sinnwidrig, dem Grundstückseigentümer auf diesem Wege ein Abwehrrecht zuzugestehen, welches bei Realisierung des Haftungsrisikos im Zweifel eine Vertragsverletzung oder unerlaubte Handlung, jedenfalls aber ein schuldhaftes Verhalten seinerseits voraussetzt.

6.7.2.2.4 Ergebnis: Zulässige Nutzungserweiterung und Maßnahmen

281 Als Ergebnis der vorstehenden Ausführungen läßt sich folgendes zusammenfassend feststellen: Zulässige Nutzungserweiterungen bzw. Maßnahmen sind sowohl die Hinzufügung eines neuen **Telekommunikationskabels** in einem Leerrohr, welches bereits ein Telekommunikationskabel zur betrieblichen Steuerung der Versorgungsleitung bzw. -anlage enthält, als auch die **Ersetzung** eines solchen Kabels durch ein neues,

---

1 Siehe auch Beck TKG-Komm/*Schütz*, § 57 Rz. 25, der von einem „qualitativem Plus" spricht.
2 Daher kommt es hier anders als in § 57 Abs. 1 Nr. 2 TKG auch nicht auf die Art des mit der Verlegung verbundenen Eingriffs in die Grundstücksoberfläche bzw. die hierfür verwendeten Verlegetechniken an. Anders offenbar *Schuster*, MMR 1999, 137, 139.
3 Ebenso *Schuster*, MMR 1999, 137, 140, wenn dort von dem bereits rechtlich geschützten Bereich für Leitung oder Anlage gesprochen wird.
4 BGH, CR 2000, 823, 825.

leistungsfähigeres Kabel[1]. Ebenso zulässig ist die **Verlegung von zusätzlichen Leerrohren innerhalb des Schutzstreifens**[2]. Zu den zulässigen Maßnahmen gehört das **Betreten und Befahren**[3] des Grundstücks für Zwecke der Errichtung, Erneuerung, Wartung, Reparatur oder zur Durchführung von Maßnahmen, die mit dem Betrieb der Telekommunikationslinie unmittelbar zusammenhängen[4], ebenso wie die **zeitlich begrenzte Aufgrabung** des Grundstücks zu diesen Zwecken.

Umfaßt sind damit auch beispielsweise die **Aufhängung** von (erneuernden oder neuen) Telekommunikationsleitungen an Strommasten, der Einbau von Telekommunikationslinien in Abwasserrohre usw. 282

6.7.3 Nutzungsrecht nach § 57 Abs. 1 Nr. 2 TKG

Grundstücke können auch dann für Errichtung, Betrieb und Erneuerung von Telekommunikationslinien in Anspruch genommen werden, wenn das Grundstück durch die Benutzung nicht oder nur unwesentlich beeinträchtigt wird. 283

6.7.3.1 Persönlicher Anwendungsbereich – Person des Nutzungsberechtigten

Nutzungsberechtigter des Nutzungsanspruchs aus § 57 Abs. 1 Nr. 2 TKG ist der **Betreiber der Telekommunikationslinie**, also in Anlehnung an die obigen Ausführungen (Rz. 265, 275) der lizenzierte Betreiber der mittels der Telekommunikationslinie zu betreibenden Übertragungswege. 284

6.7.3.2 Sachlicher Anwendungsbereich

Durch die Errichtung, den Betrieb und die Erneuerung der Telekommunikationslinie darf das Grundstück nicht oder nur unwesentlich beeinträchtigt werden. Die Formulierung in § 57 Abs. 1 Nr. 2 TKG ist der Regelung in § 906 Abs. 1 BGB nachempfunden. Demnach ist bei der Frage, ob eine unwesentliche oder wesentliche Beeinträchtigung vorliegt, auf das **Empfinden eines verständigen Durchschnittsbenutzers** des betroffenen Grundstücks in seiner durch Natur, Gestaltung und Zweckbestimmung geprägten konkreten Beschaffenheit abzustellen und nicht auf das subjektive Empfinden des Gestörten[5]. Als wesentliche Beein- 285

---

1 BGH, CR 2000, 823, 825.
2 OLG Düsseldorf, NJW 1999, 956; OLG Oldenburg, NJW 1999, 957, 958.
3 Vgl. BT-Drucks. 13/4864 (neu), S. 81.
4 Nur dann macht die Regelung in § 57 Abs. 2 S. 1 TKG, in der diese Maßnahmen ausdrücklich angesprochen werden, Sinn.
5 Palandt/*Bassenge*, § 906 BGB Rz. 22.

trächtigungen werden regelmäßig **Sachbeschädigungen** angesehen sowie **Wertminderungen** bei Wohngrundstücken[1].

286 Zur konkreten Bestimmung der Beeinträchtigung gemäß § 57 Abs. 1 TKG werden in der Regel zwei Themenkreise unterschieden[2]: zum einen der mit der **Verlegung** einer Telekommunikationslinie verbundene Eingriff in die Grundstücksoberfläche; zum anderen der in dem (einfachen) **Vorhandensein** der Telekommunikationslinie auf oder in dem Grundstück liegende Eingriff.

287 Danach werden zutreffend reine **Luftraumkreuzungen** ebenso regelmäßig als unwesentliche Beeinträchtigungen angesehen wie die **aufgrabungsfreie Errichtung** (Verlegung) einer Telekommunikationslinie beispielsweise mittels „Durchschießen" eines Kabels[3]. Beiden genannten Fallgruppen ist gemeinsam, daß hier in Ermangelung einer offenen Baugrube kein Eingriff in die Grundstücksoberfläche erfolgt. Im Falle der unterirdischen Verlegung kommt es aber auch auf **Lage und Tiefe** des Kabels im Grundstück an. Eine unwesentliche Beeinträchtigung liegt jedenfalls bei einem landwirtschaftlich genutzten Grundstück mangels Beeinträchtigung der landwirtschaftlichen Nutzung dann vor, wenn das Kabel bzw. die Telekommunikationslinie 90 cm tief eingegraben ist und im Grenzstreifen des Grundstücks verlegt wird[4].

288 Hieraus folgt, daß das Vorhandensein einer Telekommunikationslinie das Grundstück dann nicht oder nur unwesentlich beeinträchtigt, wenn das Grundstück weiterhin **bestimmungsgemäß** durch den Eigentümer genutzt werden kann.

289 Mit Blick auf den mit der Verlegung möglicherweise auch verbundenen **Eingriff in die Grundstücksoberfläche** (z. B. durch Eingraben oder Einpflügen des Kabels) ist zu differenzieren. Keinesfalls ist bei derartigen Verlegetechniken von vornherein eine wesentliche Beeinträchtigung zu erblicken, etwa weil die Grundstücksoberfläche beschädigt wird. Dies ergibt sich aus dem Zusammenspiel zwischen der **Duldungspflicht** des Grundstückseigentümers in § 57 Abs. 1 Nr. 2 TKG einerseits und seinem **Ausgleichsanspruch** gemäß § 57 Abs. 2 S. 1 TKG andererseits. Der Ausgleichsanspruch setzt die Duldungspflicht voraus und benennt gleichzeitig einzelne ausgleichspflichtige Maßnahmen, nämlich „Errichtung, Erneuerung, Wartung, Reparatur oder vergleichbare, mit dem Betrieb der Telekommunikationslinie zusammenhängende Maßnahmen". Daraus

---

1 Palandt/*Bassenge*, § 906 BGB Rz. 22.
2 Hierzu *Schuster*, MMR 1999, 137, 139.
3 Beck TKG-Komm/*Schütz*, § 57 Rz. 11.
4 LG Magdeburg, ArchPT 1997, 335, 336.

folgt, daß der Gesetzgeber diese einzelnen, u. a. mit der erstmaligen Verlegung in Zusammenhang stehenden Maßnahmen („Errichtung") nicht per se als wesentliche Beeinträchtigung des Grundstücks ansieht. Im Umkehrschluß müssen derartige Maßnahmen einschließlich beispielsweise der Verlegung in offener Baugrube auch unterhalb der Wesentlichkeitsschwelle für die Beeinträchtigung des Grundstücks liegen können. Würde die Ausgleichspflicht zugleich schon die Wesentlichkeit der Beeinträchtigung begründen, wäre nämlich die Duldungspflicht in § 57 Abs. 1 Nr. 2 TKG überflüssig.

Eine genauere Betrachtung des Wortlauts von § 57 Abs. 1 Nr. 2 TKG verdeutlicht, daß hier **keine überflüssige Regelung** vorliegt. Konkret wird nämlich lediglich von einer Beeinträchtigung des Grundstücks **„durch die Benutzung"** gesprochen. Diese Wortwahl deutet darauf hin, daß der Gesetzgeber von vornherein nur die Inanspruchnahme des Grundstücks durch das Vorhandensein der Telekommunikationslinie im Auge gehabt hat. Sonst hätte er unter Bezugnahme auf Errichtung, Betrieb und Erneuerung lediglich den Begriff „hierdurch" verwenden können. So verstanden kommt es für die Duldungspflicht allein auf Beeinträchtigungen durch das Vorhandensein der Telekommunikationslinie an, während die mit Errichtung, Betrieb und Erneuerung in Zusammenhang stehenden Maßnahmen nach der Ausgleichsregelung in § 57 Abs. 2 TKG zu beurteilen sind.

290

Dabei sind seitens des Grundstückseigentümers im Rahmen der für Errichtung, Betrieb und Erneuerung durchgeführten Maßnahmen auch **Sachbeschädigungen** hinzunehmen. Nur dann macht nämlich wiederum der ausdrücklich in § 57 Abs. 2 S. 3 aufgeführte **Schadensbeseitigungsanspruch** Sinn. Wäre auch insoweit bereits eine wesentliche Beeinträchtigung gegeben, bestünde ein Beseitigungsanspruch bereits unmittelbar aus § 1004 Abs. 1 BGB[1]. Gerade die Wortwahl, die von einem Beseitigungsanspruch statt etwa von einem Schadensersatzanspruch spricht und damit an die sachenrechtlichen Regelungen begrifflich anknüpft, läßt aber den Schluß zu, daß die **Wesentlichkeitsschwelle** in § 57 Abs. 1 Nr. 2 TKG nicht zu niedrig anzusetzen ist. Dieses Ergebnis ist auch systemgerecht, weil das Nutzungsrecht aus dieser Bestimmung dem grundgesetzlichen Infrastrukturauftrag und Gesetzeszweck, Telekommunikationsnetze zu fördern (dazu schon Rz. 264), ebenfalls dient.

291

Hieraus folgt, daß auch der Eingriff in die Grundstücksoberfläche nur dann die Wesentlichkeitsschwelle überschreitet, wenn durch den Eingriff selbst die **bestimmungsgemäße Nutzung** des Grundstücks beein-

292

---

1 Siehe Palandt/*Bassenge*, § 1004 BGB Rz. 22.

trächtigt ist[1]. Dies ist nur dann denkbar, wenn der Eingriff bei einem land- oder forstwirtschaftlichen Grundstück die gepflanzten und zu pflanzenden Kulturpflanzen dauerhaft zerstört oder verhindert.

6.7.4 Ausgleichspflicht

293 In § 57 Abs. 2 TKG sind **zwei Ausgleichstatbestände** zugunsten des Grundstückseigentümers vorgesehen. Während es in S. 1 um mit der Nutzung in Zusammenhang stehende Maßnahmen geht, betrifft S. 2 die erweiterte Nutzung zu Zwecken der Telekommunikation.

6.7.4.1 Ausgleich für beeinträchtigende Maßnahmen

294 Für den nach § 57 Abs. 1 TKG zur Duldung verpflichteten Eigentümer ist ein angemessener Ausgleich in Geld vorgesehen, wenn durch Errichtung, Erneuerung, oder durch Wartung-, Reparatur- oder vergleichbare mit dem Betrieb der Telekommunikationslinie unmittelbar zusammenhängende Maßnahmen eine Benutzung seines Grundstücks oder dessen Ertrag über das **zumutbare Maß** hinaus beeinträchtigt wird. Der Anspruch richtet sich gegen den Betreiber der Telekommunikationslinie, der nicht notwendigerweise mit dem Rechtsinhaber i. S. v. § 57 Abs. 1 Nr. 1 TKG identisch ist.

295 Nach der hier vertretenen Auffassung kommt es für die Frage des Ausgleichsanspruchs darauf an, ob die **einzelnen Maßnahmen** die Zumutbarkeitsschwelle für den Eigentümer überschreiten. Die Verlegung mittels schonender Verlegetechniken (d. h. ohne Aufgrabung) liegt unterhalb dieser Schwelle[2]. Verhindern dagegen Verlege- oder Reparaturmaßnahmen beispielsweise längerfristig die Benutzung des Grundstücks (so daß beispielsweise ein Golfplatz nicht bespielt oder ein Acker nicht zeitgerecht bewirtschaftet werden kann), so ist anzunehmen, daß dann die Zumutbarkeitsschwelle überschritten ist. Gleiches gilt, wenn bei einem Forstgrundstück die Verlegung das Schlagen von Bäumen erfordert, die wieder aufgeforstet werden müssen. Zwar kann hierin auch eine Beschädigung i. S. v. § 57 Abs. 2 S. 3 liegen, allerdings gehört das Schlagen von Bäumen auch zur normalen Nutzung eines solchen Grundstücks.

---

1 Im Ergebnis ähnlich *Schuster*, MMR 1999, 137, 141. Anders Beck TKG-Komm/*Schütz*, § 57 Rz. 39, der wegen des Wortlauts in § 57 Abs. 2 S. 1 TKG umgekehrt den Schluß zieht, daß damit der Anwendungsbereich der Duldungspflicht in § 57 Abs. 1 Nr. 2 TKG weitgehend beschränkt ist.

2 BGH, CR 2000, 823, 827, hier zwar nicht ausgeführt, aber im amtlichen Druck, S. 17.

Für den **Betrieb** der Telekommunikationslinie selbst besteht ebensowenig ein Ausgleichsanspruch wie für das bloße **Vorhandensein** der Telekommunikationslinie auf dem Grundstück. 296

6.7.4.2 Ausgleich für erweiterte Nutzung

Die Regelung in § 57 Abs. 2 S. 2 TKG ist im Gesetzgebungsverfahren erst ganz zuletzt in das Gesetz aufgenommen worden[1]. Danach kann der Eigentümer über die Ausgleichsregelung in S. 1 hinaus einen einmaligen Ausgleich in Geld verlangen, sofern bei einer **erweiterten Nutzung** zu Zwecken der Telekommunikation bisher keine Leitungswege vorhanden waren, die zu Zwecken der Telekommunikation genutzt werden konnten. Der Anwendungsbereich dieser Ausgleichsregelung ist damit auf den in § 57 Abs. 1 Nr. 1 TKG vorgesehenen Fall beschränkt. 297

Damit wird zum einen klargestellt, daß für **jede Neuerrichtung** von Telekommunikationslinien neben vorhandenen Leitungen oder Anlagen zumindest ein einmaliger Ausgleich verlangt werden kann. Zum anderen ist aber nicht eindeutig geregelt, wie zu verfahren ist, wenn bereits Telekommunikationslinien für betriebsinterne Zwecke vorhanden sind, die nunmehr auch für öffentliche Telekommunikationsnetze genutzt werden. 298

Ging die Literatur bisher davon aus, daß im letztgenannten Fall keine Ausgleichsanspruch besteht[2], hat der **BGH** den Ausgleichsanspruch auch für diesen Fall bejaht[3]. Begründet wird dieses Ergebnis überzeugend damit, daß alle Fälle, in denen das vorhandene Recht zur Sicherung der Leitung oder Anlage nicht die Nutzung des Grundstücks für Zwecke der öffentlichen Telekommunikation erfasse, mit Blick auf die Eigentumsgarantie in Art. 14 Abs. 1 S. 1 GG und den Gleichheitssatz auch im Rahmen der Ausgleichspflicht **gleichbehandelt** werden müßten[4]. Diese Sichtweise wurde auch vom Bundesverfassungsgericht bestätigt[5]. 299

Bemessungsgrundlage für den einmaligen Ausgleichsanspruch ist in erster Linie die Höhe des Entgelts, das nach den jeweiligen **Marktverhältnissen** für die Einräumung eines Nutzungsrechts zu Telekommunikationszwecken gezahlt wird[6]. Bei landwirtschaftlich genutzten Grund- 300

---

1 Siehe BT-Drucks. 13/4864 (neu), S. 37, 81.
2 Beck TKG-Komm/*Schütz*, § 57 Rz. 45; *Schuster*, MMR 1999, 137, 142.
3 BGH, CR 2000, 823, 827 f.
4 BGH, CR 2000, 823, 828.
5 BVerfG, MMR 2001, 521, 522.
6 BGH, CR 2000, 823, 828 unter Verweis auf Beck TKG-Komm/*Schütz*, § 57 Rz. 48.

stücken war hierfür bislang Richtwert eine einmaliger Ausgleichsbetrag in Höhe von DM 3,00 je laufenden Meter Grundstücksnutzung.

301 Als **Anspruchsgegner** kommt durch die Anknüpfung an die „erweiterte Nutzung" der bisherigen Leitung oder Anlage bzw. des bisherigen Rechts hier nur der Inhaber dieses Rechts, nicht aber der Betreiber der Telekommunikationslinie in Betracht.

6.7.5 Einräumung und Übertragung/Überlassung von privaten Nutzungsrechten

302 Wie bereits erwähnt, werden ungeachtet der einzelnen Voraussetzungen des § 57 Abs. 1 TKG häufig **vertragliche Regelungen** über die Nutzung von Grundstücken für Telekommunikationslinien geschlossen. Dies geschieht zumeist auch dann, wenn die Voraussetzungen der Duldungspflicht nach § 57 Abs. 1 TKG vorliegen und somit eine Verlegung erlaubnisfrei erfolgen kann.

303 Zumindest im Rahmen der Duldungspflicht nach § 57 Abs. 1 Nr. 2 TKG ist die vertragliche Regelung auch durchaus **empfehlenswert**. Denn es ist im Zweifel sinnvoll, Lage und Tiefe der Telekommunikationslinie auf oder in dem Grundstück gemeinsam festzulegen bzw. zu bezeichnen, um den betreffenden Grundstücksteil von der sonstigen Nutzung des Grundstücks abzugrenzen. Ferner bietet es sich an, die Zugangsrechte des Nutzungsberechtigten und die ggf. vorhandenen Ausgleichsansprüche des Grundstückseigentümers zu konkretisieren, da die gesetzliche Regelung ausfüllungsbedürftig ist und auf diese Weise spätere Streitigkeiten vermieden werden können. Schließlich kann eine dingliche Sicherung des Nutzungsrechts auch nur über die Bestellung eines entsprechenden dinglichen Rechts (beschränkte persönliche Dienstbarkeit, Nießbrauch) erreicht werden.

6.7.5.1 Vertragliches Nutzungsrecht

304 Liegen die Voraussetzungen von § 57 Abs. 1 TKG nicht vor, so ist die Vereinbarung eines **vertraglichen Nutzungsrechts unabdingbar**, um die Nutzung des Grundstücks für Telekommunikationslinien zu erreichen. Zumeist wird zu diesem Zweck ein sog. Gestattungs- bzw. Nutzungsvertrag zwischen dem Netzbetreiber und dem Grundstückseigentümer geschlossen. Zuweilen wird dieser Vertrag auch dinglich durch eine im Grundbuch einzutragende beschränkte persönliche **Dienstbarkeit** gesichert. Letzteres ist unbedingt zu empfehlen, aber nicht immer für den Netzbetreiber erreichbar[1].

---

[1] Insbesondere nicht im Fall der Kreuzung von Bahngrundstücken.

Bei der **Vertragsgestaltung** sind auch bei bestehender Duldungspflicht des Grundstückseigentümers nach § 57 Abs. 1 TKG wie bei den bereits dargestellten Nutzungsverträgen die Bestimmung von Nutzungsgegenstand und Nutzungsumfang, Ausgleichsansprüche, die Regelung von Schutzpflichten, möglichen Folgepflichten und Folgekosten, die Haftung und Regelungen über Vertragsdauer und Vertragsbeendigung besonders sorgfältig vorzunehmen. 305

Insbesondere ist darauf zu achten, daß das eingeräumte Nutzungsrecht ganz oder teilweise an **Dritte** übertragen oder überlassen werden kann, wenn der Nutzungsberechtigte plant, die verlegten Linien auch gegenüber anderen Betreibern zu vermarkten. Dieses Interesse ist fast ausnahmslos gegeben. 306

Werden die Gestattungs- bzw. Nutzungsverträge für Telekommunikationslinien als **miet- oder pachtähnliche Verträge** angesehen[1] (dazu im einzelnen sogleich Rz. 308 ff.), hat dies zur Folge, daß die Gebrauchsüberlassung der Telekommunikationslinie bzw. Teilen hiervon und die Untervermietung gemäß § 549 Abs. 1 BGB der Erlaubnis des Grundstückseigentümers bedarf. Gleiches gilt für eine beschränkte persönliche **Dienstbarkeit**, die nach § 1092 Abs. 3 BGB zwar dann übertragbar ist, wenn sie einer juristischen Person oder rechtsfähigen Personengesellschaft u. a. für Telekommunikationsanlagen zusteht. Die Dienstbarkeit ist aber **nicht** nach ihren Befugnissen **teilbar**, so daß die insoweit praktisch bedeutsamere Übertragung von Nutzungsrechten an Teilen der Telekommunikationslinie ausscheidet. Ebenso kann zwar nach der gleichen Bestimmung die Ausübung der Dienstbarkeit einem anderen überlassen werden, aber nur wenn dies gestattet ist, d. h. also der zugrundeliegende Vertrag die ganze oder teilweise Überlassung durch den Nutzungsberechtigten vorsieht. 307

6.7.5.2 Teilweise Übertragung/Überlassung des Nutzungsrechts

Wenn der Nutzungsberechtigte nach Verlegung der Telekommunikationslinien Teile derselben (z. B. einzelne Leerrohre) an andere Betreiber von Telekommunikationsnetzen verkaufen oder vermieten bzw. sonstige Nutzungsrechte hieran vergeben will, entsteht in Praxis häufig die Frage, ob er hierzu ohne besondere Erlaubnis des Grundstückseigentümers berechtigt ist. Folgende tatsächliche **Fallkonstellationen** treten häufig auf: 308

---

1 So *Aubert/Klingler*, Fernmelderecht/Telekommunikationsrecht, S. 115 Rz. 321 m. w. N. Anders LG Frankfurt, NJW 1985, 1228, 1229, wo allerdings das Vorliegen eines Mietvertrags im Falle der sog. Grundstückseigentümererklärung nur deswegen abgelehnt wird, weil es an der Vereinbarung eines Mietzinses fehle. Hieran fehlt es heute in aller Regel nicht.

(A) Der dritte Betreiber soll ein Nutzungsrecht an in der Telekommunikationslinie bereits befindlichen **Glasfasern** oder Kupferadern erhalten.

(B) Der dritte Betreiber soll ein Nutzungsrecht an einem eigenständigen **Leerrohr** aus der Telekommunikationslinie erhalten.

309 Bevor die rechtlichen Unterfälle diesbezüglich untersucht werden, ist zunächst der unter **Buchstabe (A) genannte Fall** gesondert zu betrachten. Hierbei entsteht nämlich ein Nutzungsrecht des Dritten nicht an der Telekommunikationslinie bzw. an einem selbständigen Teil derselben, sondern lediglich an einem **unselbständigen wesentlichen Bestandteil** i. S. v. § 93 BGB. Die Glasfaser oder Kupferader kann nämlich nicht vom restlichen Kabel getrennt werden, ohne daß damit zugleich die Faser für ihre Funktion unbrauchbar bzw. zerstört wird. Ferner befindet sich die Glasfaser innerhalb der Einrichtung, welche den Nutzungsgegenstand, d. h. den betreffenden Grundstücksteil, nutzt, ohne daß sich das Nutzungsrecht des Dritten hieran auf diesen Grundstücksteil erstreckt. Insoweit liegt keine Gebrauchsüberlassung im mietrechtlichen Sinne, sondern unselbständiger **Mitgebrauch** vor, der keine Erlaubnis des Grundstückseigentümers erfordert[1]. Nichts anderes kann im Rahmen von § 1092 Abs. 1 BGB für eine beschränkte persönliche Dienstbarkeit gelten. Auch dort sind **Mitbenutzungen** zulässig[2], zumal sich der Umfang der Dienstbarkeit nach § 1091 BGB nach den persönlichen Bedürfnissen des Berechtigten richtet, die weit zu fassen sind und auch seinen **Geschäftsbetrieb** umfassen[3]. In Fall (A) wird hinsichtlich beider genannten rechtlichen Unterfälle nicht der Nutzungsgegenstand bzw. die Ausübung des Rechts überlassen, sondern es geht vielmehr um eine Mitnutzung innerhalb der unveränderten Rechtsausübung durch den Nutzungsberechtigten. Dementsprechend ist eine weitere, wie Fall (A) zu beurteilende tatsächliche Konstellation auch die Einräumung eines Nutzungsrechts an einem ganzen Kabel innerhalb eines vom Nutzungsberechtigten weiterhin auch selbst genutzten Leerrohrs.

310 Eine besondere Ausprägung dieser Mitnutzung sind die rechtlichen Fälle, in denen der Nutzungsberechtigte außerhalb der vertraglichen oder den Vertragstypus bestimmenden gesetzlichen Regelung verpflichtet ist, einem Dritten Betreiber aufgrund gesetzlicher **Mitbenutzungsrechte** (§ 51 TKG oder § 10 Abs. 3 TKV) die Mitbenutzung seiner Einrichtungen zu dulden bzw. zu gestatten. In diesen Fällen ist davon auszugehen, daß die Mitbenutzung ebenfalls einen unselbständigen Mitgebrauch dar-

---

1 Siehe Palandt/*Putzo*, § 549 BGB Rz. 4.
2 Palandt/*Bassenge*, § 1090 BGB Rz. 4 i. V. m. § 1018 BGB Rz. 13, 14.
3 Palandt/*Bassenge*, § 1091 BGB Rz. 1.

stellt, dem die dem Nutzungsberechtigten eingeräumten Nutzungsrechte am Grundstück nicht entgegenstehen. Schon durch die Wahl des Begriffs „Mitbenutzung" durch den Gesetzgeber zeigt, daß dieser von einem gegenüber dem Mitbenutzungsverpflichteten unselbständigen Recht ausgeht. Darüber hinaus läßt sich argumentieren, daß die Mitbenutzungsrechte der hieraus berechtigten Dritten eine **gesetzliche Konkretisierung** des Inhalts des zugunsten des Nutzungsberechtigten bestehenden Nutzungsrechts an dem Grundstück darstellen.

Auf die vorstehende Art und Weise wird der unter **Buchstabe (B) genannte Fall** allerdings kaum betrachtet werden können. Die Einräumung eines Nutzungsrechts an einem ganzen Leerrohr geht eindeutig weiter, indem ein **selbständiger Gegenstand** zur Nutzung überlassen wird. Überdies nimmt dieses Leerrohr gegenüber den anderen Leerrohren einen bestimmten Grundstücksteil eigenständig in Anspruch. Dies ist nur dann anders zu beurteilen, wenn es sich bei dem Leerrohr um ein Unterleerrohr handelt, das sich in einem weiterhin vom Nutzungsberechtigten genutzten Mantelleerrohr befindet. Dann ist aus den bereits zu Fall (A) genannten Gründen unselbständiger Mitgebrauch, nicht aber Überlassung oder Untermiete anzunehmen. Von diesen Konstellationen unterscheidet sich Fall (B) dadurch, daß das Leerrohr durch den Dritten unabhängig vom Nutzungsberechtigen, also selbständig genutzt werden kann und das Leerrohr auch einen eigenen Teil des Grundstücks beansprucht. 311

Im folgenden werden daher die typischen **rechtlichen Konstellationen** dargestellt, die in der Praxis im Zusammenhang mit vertraglichen Nutzungsrechten anzutreffen sind: 312

1. Der Vertrag zwischen Nutzungsberechtigtem und Grundstückseigentümer (egal ob schuldrechtliche oder dingliche Nutzungsberechtigung vorliegt) **schließt** die Untervermietung oder Gebrauchsüberlassung an Dritte **ausdrücklich aus**.

2. Der Vertrag zwischen Nutzungsberechtigtem und Grundstückseigentümer **schweigt** zur Frage der Untervermietung oder Gebrauchsüberlassung an Dritte, und

   (a) das Nutzungsrecht ist schuldrechtlicher Natur auf der Grundlage, daß die Voraussetzungen von **§ 57 Abs. 1 TKG** erfüllt sind, oder

   (b) das Nutzungsrecht ist **schuldrechtlicher** Natur auf der Grundlage, daß die Voraussetzungen von § 57 Abs. 1 TKG nicht erfüllt sind, oder

   (c) das Nutzungsrecht ist **dinglicher** Natur.

3. Der Vertrag zwischen Nutzungsberechtigtem und Grundstückseigentümer (egal ob schuldrechtliche oder dingliche Nutzungsberechtigung

vorliegt) **gestattet** die Untervermietung oder Gebrauchsüberlassung an Dritte **ausdrücklich**.

313 Die **Fälle 1 und 3** sind eindeutig zu Lasten oder zugunsten des Nutzungsberechtigten geregelt. Im Fall 1 kommt daher die Einräumung von Nutzungsrechten ohne Erlaubnis des Grundstückseigentümers nicht in Betracht. Ebenso scheidet daher ein Rückgriff auf andere Nutzungsrechte einschließlich etwaiger gesetzlicher Nutzungsrechte gemäß § 57 Abs. 1 TKG aus. Dagegen bedürfen die unter Nr. 2 genannten Fälle der genaueren Betrachtung.

314 Der unter **Nr. 2 (a)** aufgeführte Fall betrifft die Situation, daß der Nutzungsberechtigte eigentlich ein Nutzungsrecht aus § 57 Abs. 1 TKG besitzt, dieses aber z. B. aus Gründen der Klarstellung einzelner Punkte oder zur Beseitigung letzter Unsicherheiten hinsichtlich des Vorliegens der gesetzlichen Voraussetzungen vertraglich konkretisiert worden ist. Ebenso kommt es vor, daß der Grundstückseigentümer trotz Vorliegen der Voraussetzungen des § 57 Abs. 1 TKG auf einer vertraglichen Vereinbarung beharrt. In dieser Konstellation unterscheidet sich Verkauf oder Vermietung eines bereits verlegten Leerrohrs an einen Dritten nicht grundsätzlich von der Situation des ursprünglichen Nutzungsberechtigten. Zwar ist § 57 Abs. 1 Nr. 1 TKG in solchen Fällen nicht unmittelbar anwendbar, weil dort eine Leitung oder Anlage vorausgesetzt wird, die gerade nicht den Zwecken öffentlicher Telekommunikation dient (siehe Rz. 270 ff.). Dies muß aber nicht die Anwendung von **§ 57 Abs. 1 Nr. 2 TKG** ausschließen[1]. Wenn das vertragliche Nutzungsrecht schon auf der Basis dieses Nutzungsrechts geschlossen worden ist, so ändert das Hinzukommen eines weiteren Nutzungsberechtigten hinsichtlich der in ihrer räumlichen Inanspruchnahme des Grundstücks unverändert gebliebenen Telekommunikationslinie nichts an der rechtlichen Ausgangssituation, nämlich daß der Grundstückseigentümer zur Duldung verpflichtet ist. Da sich § 57 Abs. 1 Nr. 2 TKG nach der hier vertretenen Auffassung auch vornehmlich auf die Inanspruchnahme des Grundstücks durch das Vorhandensein der Telekommunikationslinie bezieht und sich hieran durch die Einräumung des Nutzungsrechts an den dritten Betreiber nichts ändert, besteht kein Grund, diese Konstellation nicht zuzulassen. Verkauf, Vermietung oder die Einräumung sonstiger Nutzungsrechte an einem bereits durch den Nutzungsberechtigten verlegten Leerrohr für einen dritten Betreiber ist daher insoweit als zulässig anzusehen. Der dritte Betreiber wird insoweit ebenfalls aus § 57 Abs. 1 Nr. 2 TKG berechtigt, allerdings infolge seiner vom Nutzungsberechtigten abgeleiteten Nutzung nur nach Maßgabe des Vertrags zwischen Nutzungs-

---

[1] So aber wohl Beck TKG-Komm/*Schütz*, § 57 Rz. 12.

berechtigtem und Grundstückseigentümer. Unberührt bleibt der **Ausgleichsanspruch** des Grundstückseigentümers nach § 57 Abs. 2 S. 1 TKG, der bei infolge des Hinzukommens des Dritten zusätzlichen Maßnahmen auch zu einem zusätzlichen Ausgleich führt.

Darüber hinaus kann in dieser Konstellation zusätzlich angeführt werden, daß die Einräumung des Nutzungsrechts an den dritten Betreiber nicht gegen das Überlassungs- bzw. Untermietverbot des § 549 Abs. 1 BGB verstößt, weil es sich jedenfalls insoweit nicht um einen Mietvertrag seitens des Überlassenden gegenüber dem Grundstückseigentümer handelt. Das aus der Duldungspflicht in § 57 Abs. 1 Nr. 2 TKG folgende Nutzungsrecht ist nämlich als **unentgeltliches** Nutzungsrecht anzusehen. Die Ausgleichsregelung in § 57 Abs. 2 S. 1 TKG betrifft nur den Ausgleich für mit der Nutzung in Zusammenhang stehende Maßnahmen, nicht aber ein Nutzungsentgelt. Wenn es aber an einem wesentlichen Merkmal des Mietvertrags, nämlich dem Mietzins für die Nutzung fehlt, so ist der Vertrag auch nicht als Mietvertrag zu qualifizieren[1]. 315

In der durch **Fall 2 (b)** beschriebenen Konstellation besteht **keine Duldungspflicht** seitens des Grundstückseigentümers, so daß hier das Nutzungsrecht des Nutzungsberechtigten **originär** auf der vertraglichen Vereinbarung beruht. In dieser Konstellation kann daher für Zwecke der Gewährung von Nutzungsrechten an dritte Betreiber nicht auf die Duldungspflichten in § 57 Abs. 1 TKG zurückgegriffen werden. Zwar ist die Interessenkonstellation durchaus mit derjenigen in § 57 Abs. 1 Nr. 1 TKG zugunsten vorhandener Leitungen oder Anlagen vergleichbar. Allerdings hat der Gesetzgeber dort die Situation im Auge gehabt, daß das Nutzungsrechts für die Leitung oder Anlage die Nutzung für Zwecke der öffentlichen Telekommunikation nicht vorsieht und diese Einrichtungen bzw. das Nutzungsrecht auch für Zwecke der Telekommunikation zur Verfügung stehen sollen. Das ist in der hier untersuchten Konstellation aber der Fall, weil bei Vertragsschluß die Nutzung für Telekommunikationszwecke sowohl bekannt als auch vereinbart ist. 316

Gleichwohl stellt sich für Fall 2 (b) die Frage, ob nicht die vom Gesetzgeber mit Einführung der Regelung des § 57 TKG gewollte Förderung von Telekommunikationsinfrastruktur dafür spricht, das **Duldungsrecht hier entsprechend anzuwenden** oder zu einer Anwendung von § 57 Abs. 1 Nr. 2 TKG zu kommen. Wie bereits erwähnt, ist die hier gegebene Interessenkonstellation mit derjenigen in § 57 Abs. 1 Nr. 1 TKG vergleichbar. Der Grundstückseigentümer hat einer Beeinträchtigung seines Grundstücks bereits zugestimmt. Daher ist nicht einzusehen, warum einerseits Nutzungsrechte für Leitungen oder Anlagen, welche die Nut- 317

---

1 LG Frankfurt, NJW 1985, 1228, 1229.

zung für Zwecke öffentlicher Telekommunikation überhaupt nicht vorsehen, für diese Zwecke erweitert werden dürfen, andererseits aber Nutzungsrechte, die für Zwecke öffentlicher Telekommunikation bereits vorgesehen sind, nicht teilweise überlassen werden können sollen, obwohl sich nicht einmal an dem Umfang der Inanspruchnahme des betroffenen Grundstücks etwas ändert. Dieses Ergebnis erscheint systemwidrig.

318 In **Fall 2 (c)** besteht das Problem, daß gemäß § 1092 Abs. 1 S. 2 BGB die Überlassung der Ausübung einer beschränkten persönlichen Dienstbarkeit nur möglich ist, wenn diese **Überlassung gestattet** ist. Im Zweifel wird man die Einräumung von Nutzungsrechten an einem selbständigen Leerrohr aber als eine solche zumindest teilweise Überlassung verstehen müssen. Ob die Einräumung der Dienstbarkeit ursprünglich auf einem nach § 57 Abs. 1 TKG bestehenden Nutzungsrecht beruht oder nicht, ist unerheblich. Die beschränkte persönliche Dienstbarkeit verleiht als dingliches Recht dem Nutzungsberechtigten ein eigenständiges Nutzungsrecht, welches sich nach Art, Inhalt und gesetzlicher Regelung von der Duldungspflicht nach § 57 Abs. 1 TKG unterscheidet. Allerdings stellt sich auch hier wie in Fall 2 (b) die Frage der entsprechenden Anwendung von § 57 Abs. 1 TKG für die Einräumung eines Nutzungsrechts zugunsten eines dritten Betreibers durch den Nutzungsberechtigten.

319 Besteht dagegen das dingliche Nutzungsrecht in Form des **Nießbrauchs** gemäß § 1030 BGB, können Nutzungsrechte an einzelnen Leerrohren eingeräumt werden. Dies folgt daraus, daß dem Nießbraucher einerseits die Vermietung oder Verpachtung des Nießbrauchsgegenstands gestattet ist[1] und andererseits die Ausübung des Nießbrauchs (auch hinsichtlich einzelner Nutzungen)[2] überlassen werden darf (§ 1059 S. 2 BGB).

6.8 Kunden- bzw. Teilnehmeranschluß

320 Die Frage der Benutzung von Grundstücken für die Herstellung von Kunden- bzw. Teilnehmeranschlüssen ist im TKG wie zuvor auch schon im Fernmeldeanlagengesetz oder dem TWG **nicht ausdrücklich geregelt**. Statt dessen war nach früherem Recht[3] eine Regelung in den Vorgängerverordnungen der TKV, der Fernmeldeordnung (FO), der Telekommunikationsordnung (TKO) sowie der TKV aus dem Jahre 1995, enthalten,

---

1 Palandt/*Bassenge*, § 1030 BGB Rz. 5.
2 Palandt/*Bassenge*, § 1059 BGB Rz. 2.
3 Dazu *Aubert/Klingler*, Fernmelderecht/Telekommunikationsrecht, S. 99 Rz. 283 ff.

welche eine Einwilligung des Grundstückseigentümers für die Errichtung und den Betrieb von Kundenanschlüssen auf dem betroffenen Grundstück durch eine sog. **Grundstückseigentümererklärung (GEE)** und **Gegenerklärung** (zuletzt) durch die Deutsche Bundespost Telekom vorsah. Zweck dieser Regelung war es, eine Ausnahme von dem zu Lasten des damaligen Monopolunternehmens bestehenden Kontrahierungszwangs nach § 8 FAG für den Fall vorzusehen, daß das Monopolunternehmen wegen fehlender Berechtigung zur Grundstücksnutzung nicht in der Lage ist, einen Kundenanschluß herzustellen. Dies war wiederum deswegen notwendig, weil das TWG keine Regelung enthielt, welche das damalige Monopolunternehmen berechtigte, Kabelleitungen auf einem Privatgrundstück zu verlegen. Lediglich die Luftraumkreuzung war zu dulden, die für die Herstellung von Kundenanschlüssen ungeeignet ist.

In der Begründung zur **TKV** stellt der Verordnungsgeber fest, daß sich mit Blick auf die im TKG vorgesehenen Universaldienstleistungspflichten, für die in § 9 Abs. 1 TKV ebenfalls einen Kontrahierungszwang vorgesehen sei, an der Ausgangssituation und damit an der Notwendigkeit einer gleichartigen Regelung in der TKV **nichts geändert** habe[1]. 321

6.8.1 Die Grundstückseigentümererklärung der TKV

Die in der TKV vorgesehene GEE ist die vom Verordnungsgeber vorgesehene Regelung für die Nutzung von Grundstücken durch Telekommunikationsunternehmen zur Errichtung und zum Betrieb von **Teilnehmeranschlüssen**. Ungeachtet der Frage, ob das Telekommunikationsunternehmen, welches die Herstellung von Teilnehmeranschlüssen beabsichtigt, einen Anspruch auf Grundstücksnutzung nach § 57 Abs. 1 TKG hat, soll daher zunächst die Regelung der GEE untersucht werden. Dies gilt um so mehr, als die GEE in der in der TKV vorgesehenen wie auch in anderen Formen weit verbreitet ist. Der Inhalt von GEE und Gegenerklärung des Telekommunikationsunternehmens ergeben sich aus Anlagen 1 und 2 zu § 10 Abs. 1 TKV. 322

6.8.1.1 Rechtsnatur der Grundstückseigentümererklärung

Die GEE stellt gemeinsam mit der Gegenerklärung einen **privatrechtlichen Vertrag** über die Nutzung eines Grundstücks dar, um dort Zugänge zu einem öffentlichen Telekommunikationsnetz einzurichten, zu prüfen und instand zu halten. Es wird demnach hier zwischen dem Eigentümer (**„dinglicher Berechtigter"** i. S. v. § 10 Abs. 1 TKV) und dem Telekommu- 323

---

[1] Begründung der Bundesregierung zur TKV, BR-Drucks. 551/97, S. 30.

nikationsunternehmen („**Netzbetreiber**" i. S. v. § 10 Abs. 1 TKV) ein privatrechtlicher Gestattungsvertrag geschlossen[1]. Auch diese Art von **Gestattungsvertrag** wird verbreitet entsprechend der alten Rechtslage wie die sonstigen Gestattungsverträge zur Nutzung privater Grundstücke (siehe oben Rz. 302 ff.) als mietvertragsähnlicher Vertrag gesehen[2]. Dem läßt sich allerdings entgegenhalten, daß die GEE die unentgeltliche Nutzung vorsieht, so daß es an einem wesentlichen Merkmal des Mietvertrags, nämlich dem Mietzins für die Nutzung, fehlt. Dementsprechend ist die GEE auch nicht als Mietvertrag oder mietvertragsähnlich zu qualifizieren[3].

324 Durch die standardisierte Fassung der GEE sowie infolge der standardisierten Verwendung der GEE ist ferner festzustellen, daß es sich hierbei um **Allgemeine Geschäftsbedingungen** handelt, die dem AGBG unterliegen. Hieran ändert sich nichts dadurch, daß der Wortlaut als Anlage zu § 10 Abs. 1 TKV vorgegeben ist. Keiner der Netzbetreiber wäre nach der TKV verpflichtet, ausschließlich diesen Wortlaut zu verwenden. Nach § 10 Abs. 1 TKV ist lediglich vorgesehen, daß der Netzbetreiber, den Abschluß von Verträgen über den Zugang zu seinem Netz von der Vorlage einer GEE abhängig machen **kann**, aber eben nicht muß. In der Praxis werden dementsprechend häufig von den Netzbetreibern auch andere, wenngleich ebenfalls standardisierte Gestattungsverträge verwendet. Diese Verträge sehen im Gegensatz zur GEE hin und wieder auch die Zahlung von Nutzungsentgelten vor. In jenen Fällen sind die Verträge dann als Mietverträge, zumindest aber als mietvertragsähnlich zu qualifizieren.

6.8.1.2 Inhalt der Grundstückseigentümererklärung

325 Die GEE berechtigt Netzbetreiber, **Zugänge** zu seinem öffentlichen Telekommunikationsnetz auf dem Grundstück und den darauf befindlichen Gebäuden einzurichten, zu prüfen und instand zu halten. Angesichts des Anwendungsbereichs der TKV und des Bezugs zu „öffentlichen Telekommunikationsnetzen" sind nur **Anbieter von Telekommunika-**

---

1 Die frühere Rechtsauffassung, wonach es sich bei der GEE in Anlehnung an das öffentlich-rechtlich ausgestaltete Teilnehmerverhältnis um einen öffentlich-rechtlichen Vertrag handele, ist durch die Tatsache, daß sämtliche telekommunikationsrechtliche Rechtsbeziehungen zwischen Kunden und Netzbetreibern heute privatrechtlichere Natur sind, mittlerweile obsolet.
2 Beck TKG-Komm/*Piepenbrock*, Anh. § 41 TKG, § 10 TKV, Rz. 6 unter Verweis auf *Aubert/Klingler*, Fernmelderecht/Telekommunikationsrecht, S. 106 Rz. 298.
3 So ausdrücklich für die GEE: LG Frankfurt, NJW 1985, 1228, 1229. Dem folgend: Palandt/*Putzo*, Einf. v. § 535 BGB Rz. 20.

tionsdienstleistungen für die **Öffentlichkeit** berechtigt, § 1 Abs. 1 TKV, § 3 Nr. 12, 19 TKG. Da auch der Betrieb von physischen Anschlußleitungen das Betreiben von Übertragungswegen bedeutet, kommen daher im Ergebnis nur nach § 6 Abs. 1 Nr. 1 TKG lizenzierte Betreiber in Betracht.

Zwar ist das Betreiben der innerhalb der **Grenzen des Grundstück** befindlichen Anteile eines Übertragungswegs nicht nach § 6 Abs. 1 Nr. 1 TKG lizenzpflichtig, weil nur solche Übertragungswege zur Lizenzpflicht gehören, die die Grenze eines Grundstücks überschreiten. Allerdings bezieht sich die GEE zugunsten des Netzbetreibers auf Zugänge zu **seinem** öffentlichen Telekommunikationsnetz. Ohne die Verbindung der Anschlußleitung mit einem außerhalb des Grundstücks gelegenen öffentlichen Telekommunikationsnetz des Netzbetreibers, wäre die GEE daher ihrem Wortlaut nach nicht anwendbar. 326

Das Recht des Netzbetreibers erstreckt sich auf die **Anbringung aller Vorrichtungen**, die erforderlich sind, um die Zugänge herzustellen, zu prüfen und instand zu halten. Damit ist das Recht aber nicht auf solche anschlußbezogenen Vorrichtungen begrenzt, die ausschließlich der Versorgung des Grundstücks dienen. Nach der Formulierung der GEE sind auch Vorrichtungen erfaßt, die der Versorgung eines **benachbarten Grundstücks** dienen. Die weiteren Formulierungen zu den Folgepflichten des Netzbetreibers unterscheiden dann zwischen solchen Vorrichtungen, die das Grundstück selbst versorgen und solchen, die dies nicht tun. Letztere sind weniger stark gegen die Verlegung (Umlegung) oder Entfernung bei veränderter Nutzung des Grundstücks geschützt. Der Begriff „Vorrichtungen" selbst bedarf keiner inhaltlichen Einschränkung, da sich die Begrenzung der Berechtigung ohnehin daraus ergibt, das nur die für die Zugänge erforderlichen Vorrichtungen angebracht werden dürfen. 327

Interessanterweise gewährt die GEE dem Netzbetreiber auch das Recht, und dieser verpflichtet sich entsprechend in der Gegenerklärung, **vorinstallierte Hausverkabelungen** zu nutzen. Hiermit soll offenbar sichergestellt werden, daß das Grundstück nur in dem Umfang in Anspruch genommen wird, wie es unbedingt erforderlich ist. Dies wird in der GEE auch selbst ausdrücklich festgestellt, indem die Inanspruchnahme des Grundstück nur zu einer notwendigen und zumutbaren Belastung des Grundstücks führen darf. 328

Die GEE und insbesondere die Gegenerklärung stellen klar, daß der Netzbetreiber das Grundstück ordnungsgemäß **instand zu setzen** hat und daß ihn **Folgepflichten** (Verlegung oder Beseitigung) und die daraus entstehenden **Kosten** (Folgekostenpflicht) treffen, wenn die Vorrichtungen einer veränderten Grundstücksnutzung entgegenstehen. Lediglich 329

Heun | 705

bei Vorrichtungen, die ausschließlich das Grundstück versorgen, trifft die Kostenpflicht den Netzbetreiber nur dann, wenn gleichzeitig Änderungen am öffentlichen Telekommunikationsnetz erforderlich sind.

330 Während in früheren Fassungen der GEE das **Kündigungsrecht** des Grundstückseigentümers ruhte, solange Vorrichtungen vorhanden waren, die der Grundstücksversorgung dienten, besteht heute lediglich ein Kündigungsrecht mit sechswöchiger Kündigungsfrist[1]. Durch diese Änderung spielt im übrigen die Diskussion um die Frage, ob es sich bei der GEE um einen mietvertragsähnlichen Vertrag handelt, eine wesentlich geringere Rolle, da diese vor allem durch die von den Vertretern dieser Auffassung erwünschte Anwendbarkeit des § 571 BGB („Kauf bricht nicht Miete") motiviert ist. Bei der generellen Kündigungsmöglichkeit für die GEE ist die Bedeutung von § 571 BGB nicht mehr besonders groß.

331 Der Netzbetreiber kann und muß dann im Rahmen der **Zumutbarkeit** die Vorrichtungen binnen Jahresfrist **entfernen**, auf Verlangen sogar unverzüglich, wenn dem nicht **schutzwürdige Interessen Dritter** entgegenstehen. Unter den schützwürdigen Interesse Dritter sind im Zweifel die Interessen der Anschlußnehmer zu sehen, für die im Rahmen der Vertragsbeziehung mit dem Netzbetreiber eine Kündigungsfrist vom Netzbetreiber einzuhalten ist.

6.8.1.3 Eigentum an den Vorrichtungen

332 Wie bei den anderen aufgrund von öffentlichen oder privaten Wegerechten sowie aufgrund vertraglicher Nutzungsregelungen verlegten Telekommunikationslinien bzw. -leitungen ist auch im Rahmen der GEE davon auszugehen, daß es sich bei den Vorrichtungen lediglich um **Scheinbestandteile** gemäß § 95 BGB handelt. Dies wird durch die infolge der Laufzeitregelung gegebenen Beendigungsmöglichkeit ebenso nahegelegt wie durch die Tatsache, daß die GEE ausdrücklich die Umverlegung oder Beseitigung der Vorrichtungen vorsieht. Dabei werden zumindest Vorrichtungen wie Leerrohre, Kabelschächte und Kabel nicht notwendigerweise beschädigt, so daß es auch hier bereits an der für wesentliche Bestandteile erforderlichen festen Verbindung mit dem Grundstück gemäß § 94 Abs. 1 BGB fehlen dürfte[2].

333 Die Mitbenutzung **vorinstallierter Hausverkabelungen** steht dem nicht entgegen. Diese Gegenstände stehen im Zweifel im Eigentum des Grundstückseigentümers, und daran ändert sich auch nichts durch die Benut-

---

1 Die frühere Regelung war und ist schwerlich mit § 11 Nr. 12 AGBG in Einklang zu bringen.
2 Anders Beck TKG-Komm/*Piepenbrock*, Anh. § 41 TKG, § 10 TKV, Rz. 17.

zung seitens des Netzbetreibers. Andererseits besteht kein Bedürfnis, bei den vom Netzbetreiber angebrachten Vorrichtungen eine einheitliche Eigentumsregelung für erforderlich zu halten.

Typischerweise geht es um **Konstellationen**, bei denen vom öffentlichen Weg ein Leerrohr mit einem oder mehreren Kabeln abzweigt, welches dann entweder gemeinsam mit einem Leerrohr in dem betroffenen Grundstück bis zum Gebäude verlegt wird oder es wird ein bereits vorhandenes Erschließungsleerrohr des Hauseigentümers für das Einziehen der Kabel genutzt. Der „Durchbruch" in das Gebäude erfolgt zumeist mittels hierfür bereits vorgesehener Rohranlagen in den Fundamenten, die in einem Keller enden. In diesem Keller wiederum installiert der Netzbetreiber am Ende des durchgezogenen Kabels einen Übergabeverteiler bzw. eine Netzabschlußeinrichtung. Von dort erfolgt die Verbindung zur Inhouse-Verkabelung des Gebäudes. Diese besteht entweder bereits (dann Mitbenutzung durch den Netzbetreiber gemäß der GEE oder infolge von Netzzugangsregelungen, wenn die Verkabelung der DTAG gehört), oder sie wird vom Netzbetreiber durch Steigleitungen selbst verlegt. In allen Fällen wird man ohne weiteres davon ausgehen können, daß das Kabel des Netzbetreibers bis zur Abschlußeinrichtung kein wesentlicher Bestandteil des Grundstücks wird. Gleiches dürfte auch für das Leerrohr des Netzbetreibers auf dem Grundstück bis zum Durchbruch gelten. Danach wird auch für die Kabel der Inhouse-Verkabelung das gleiche angenommen werden können, wenn sie vom Netzbetreiber installiert werden und so angebracht sind, daß sie wieder entfernt werden können. 334

6.8.2 Anspruch auf Grundstücksnutzung

Auf die Erteilung eine GEE besteht nach den Regelungen der TKV **kein Anspruch**. Der Verordnungsgeber hat auch ausdrücklich auf eine verordnungsrechtliche Duldungspflicht des Grundstückseigentümers gegenüber Anschlußleitungen verzichtet, wie es bei Energieversorgungsunternehmen für den Hausanschluß besteht. Dies komme angesichts der Vielzahl möglicher Netzbetreiber sowie angesichts der bereits bestehenden GEE-Praxis nicht in Betracht[1]. 335

6.8.2.1 Anspruch des Netzbetreibers aus § 57 TKG

Obwohl der Verordnungsgeber davon ausgeht, daß § 57 TKG nicht auf **Anschlußleitungen** Anwendung findet[2], heißt dies nicht, daß die An- 336

---

1 Begr. der Bundesregierung zur TKV, BR-Drucks. 551/97, S. 30 f.
2 Begr. der Bundesregierung zur TKV, BR-Drucks. 551/97, S. 30.

wendung von § 57 TKG ausgeschlossen wäre. Es ist bereits festgestellt worden (Rz. 45 ff.), daß der Begriff Telekommunikationslinie nach heutigem Verständnis die Teilnehmeranschlüsse auf Grundstücken erfaßt. Dementsprechend kann seitens des Netzbetreibers auch ein Anspruch auf Nutzung des Grundstücks für Teilnehmeranschlußleitungen bestehen. Dabei sind freilich die Anspruchsvoraussetzungen genau zu untersuchen.

337 Üblicherweise wird es um einen Fall des § 57 Abs. 1 Nr. 2 TKG gehen, d. h. das **Grundstück darf nicht oder nur unwesentlich beeinträchtigt werden**. Problematisch ist dies dann, wenn die Leitung quer über das Grundstück verlegt werden muß und ein (neuer) **Durchbruch** durch die Fundamente des Grundstücks erforderlich ist, um in das Gebäude zu gelangen. Insbesondere dann, wenn in die Unversehrtheit des Gebäudes eingegriffen werden muß, dürfte die Beeinträchtigung mehr als nur unwesentlich sein, da dieser Eingriff das Gebäude bzw. dessen Außenwände dauerhaft betrifft und z. B. die Wasserwiderstandsfähigkeit der Außenwände dauerhaft beeinträchtigen kann. Anders ist der Fall aber zu beurteilen, wenn entweder **vorhandene Erschließungsrohre** genutzt werden können oder wenn ohnehin bereits eine Erschließungsstrasse auf dem Grundstück vorhanden ist, in der dann der Teilnehmeranschluß verlegt wird. Üblicherweise ist beides zumindest bei der Errichtung neuer Grundstücke bereits eingeplant. Hier würde der Teilnehmeranschluß genau dort verlegt werden, wo derartige Anschlüsse nach der Planung des Grundstücks auch verlegt werden sollen. Eine mehr als nur unwesentliche Beeinträchtigung ist dann nicht gegeben.

338 Allerdings geht der auf das Grundstück bezogene Anspruch des § 57 Abs. 1 TKG nicht so weit, dem Netzbetreiber ein Recht auf **Nutzung eines im Eigentum des Grundstückseigentümers befindlichen Leerrohrs** zu gestatten[1]. Dies wird allerdings im Zweifel gleichwohl im Interesse des Grundstückseigentümers liegen. Ebenso gewährt § 57 Abs. 1 TKG keinen Anspruch auf Nutzung der Inhouse-Verkabelung wie in der GEE vorgesehen.

339 Soweit dagegen vorhandene **Energieversorgungsleitungen** entweder für die Verlegung von Teilnehmeranschlüssen oder zum Betrieb von Teilnehmeranschlüssen („Powerline") genutzt werden, greift § 57 Abs. 1 Nr. 1 TKG. Eine dauerhaft zusätzliche Einschränkung der Nutzbarkeit des Grundstücks dürfte hier kaum anzunehmen sein.

340 Demnach beschränkt sich der **Anspruch aus § 57 Abs. 1 TKG** in bezug auf Teilnehmeranschlüsse auf die Inanspruchnahme des Grundstücks

---

[1] Ebenso Beck TKG-Komm/*Schütz*, § 57 Rz. 12.

im Rahmen einer vorhandenen Erschließungstrasse und im Rahmen eines vorhandenen Gebäudedurchbruchs bis zur Herstellung der Netzabschlußeinrichtung unmittelbar hinter dem Gebäudedurchbruch. Insoweit ergänzt der Anspruch das in § 10 Abs. 3 TKV vorgesehene Mitbenutzungsrecht (dazu unten Rz. 343 ff.).

6.8.2.2 Mittelbarer Anspruch durch Rechte des Mieters

Unter der früheren Rechtslage ist zugunsten des Netzbetreibers ein mittelbarer Anspruch auf Zugang zum Grundstück für die Herstellung von Teilnehmeranschlüssen angenommen worden. Der (potentielle) Kunde (= z. B. Mieter des Grundstücks) besitzt nach der bisherigen Literatur und Rechtsprechung auf Basis des Mietvertrags im Zusammenhang mit dem Grundrecht der **Informationsfreiheit** (Art. 5 Abs. 1 GG) einen Anspruch gegen den Eigentümer auf Abgabe der GEE[1]. 341

Die Frage, wie weit dabei bei **mehreren Anbietern**, die einen oder mehrere Mieter eines Grundstücks anschließen wollen, die Pflicht des Eigentümers zur Abgabe der Grundstückseigentümererklärung geht, wird aber künftig noch klärungsbedürftig sein, sofern die Versorgung durch einen Anbieter (z. B. die DTAG) bereits sichergestellt ist. Die gleiche Frage wird sich auch im Rahmen der für „Wireless Local Loop" ggf. anzubringenden Haus- oder Wohnungsantennen stellen und ist aus der bisherigen Rechtsprechung zu Fernseh-Satellitenantennen bei bestehendem Breitbandanschluß nicht unbekannt. Es ist daher mehr als fraglich, ob zugunsten weiterer Wettbewerber der Mieter einen Anspruch gegen den Eigentümer auf Abgabe einer GEE haben wird. 342

6.8.3 Mitbenutzungsanspruch nach § 10 Abs. 3 TKV

Auch die Bundesregierung hat das **Problem des fehlenden Anspruchs** auf Erteilung von GEE an mehrere Wettbewerber gesehen. Die dafür in § 10 Abs. 3 TKV vorgesehene Lösung ähnelt einerseits dem Mitbenutzungsrecht nach § 51 TKG und anderseits der Verpflichtung marktbeherrschender Unternehmen, im Bereich des Netzzugangs auch entbündelten Zugang zur Teilnehmeranschlußleitung zu gewähren (§ 2 Netzzugangsverordnung – NZV). Nach § 10 Abs. 3 TKV soll jeder Berechtigte einer Grundstückseigentümererklärung anderen Anbietern die Mitbenutzung der bereits verlegten Leitungen und Vorrichtungen gegen Entgelt (in Höhe der Kosten der effizienten Leistungsbereitstellung) ermöglichen, wenn der Grundstückseigentümer keine weitere Grundstückseigentümererklä- 343

---

1 Hierzu ausführlich *Aubert/Klingler*, Fernmelderecht/Telekommunikationsrecht, S. 110 ff. Rz. 309 ff. m. w. N.

rung erteilt und erforderliche Nutzungen des Berechtigten nicht entgegenstehen.

6.8.3.1 Eingriffswirkung des Mitbenutzungsrechts

344 Zwar soll durch die Mitbenutzungsregelung ein weiterer **Eingriff in das Eigentumsrecht vermieden** werden[1], gleichwohl kommt es aber zu einer **eigentumsrechtlich relevanten Nutzungsänderung.** Qualifiziert man die GEE entgegen der hier vertretenen Auffassung als Mietvertrag oder mietvertragsähnlich, so ist die Mitbenutzung möglicherweise eine zustimmungspflichtige Untervermietung (§ 549 Abs. 1 BGB)[2]. Dies ist in der GEE aber nicht vorgesehen, so daß gleichwohl ein Eingriff in das Eigentumsrecht vorliegen kann.

345 Ein weiteres Problem in diesem Zusammenhang ergibt sich aus der Frage, worauf sich das Mitbenutzungsrecht im einzelnen bezieht. Die Regelung in § 10 Abs. 3 TKV spricht von „**Leitungen und Vorrichtungen**". Beide Begriffe werden im TKG nicht definiert. In der Begründung zur TKV spricht die Bundesregierung vornehmlich von Leitungen und stellt eine Parallele zum Zugang zur Teilnehmeranschlußleitung nach der NZV her, wonach die Regelung der TKV das Mitbenutzungsrecht an den auf dem Grundstück befindlichen Teil des Netzes betreffe[3]. Dies spricht dafür, daß die Regelung nach Ansicht der Bundesregierung vor allem die Mitbenutzung von Leitungen bzw. Kabeln nebst den zugehörigen Vorrichtungen (Netzabschlußpunkt, Kabelaufhängungen) umfaßt. Erfaßte das Mitbenutzungsrecht aber nur die einzelne Leitung bzw. das einzelne Kabel, würde es sich bei Inanspruchnahme des Rechts durch den Mitbenutzungsberechtigten nicht mehr um eine Mitbenutzung, sondern um einen Benutzerwechsel handeln. Der Wortlaut der GEE selbst steht einem solchen Benutzerwechsel aber eigentlich entgegen, da sich die dort vorgesehene Berechtigung des Netzbetreibers auf Vorrichtungen bezieht, „die erforderlich sind, um Zugänge zu **seinem** Telekommunikationsnetz" einzurichten. Zugänge zu anderen Netzen sind daher vom Wortlaut gegenständlich nicht erfaßt.

346 Folgende **Lösungsansätze** sind hier denkbar, welche die unterschiedlichen Mitbenutzungsszenarien erfassen können:

347 Soweit man die GEE als mietvertragsähnlich ansieht, läßt sich die Mitbenutzung zum einen nach § 10 Abs. 3 TKV als von dem Nutzungsrecht

---

1 So ausdrücklich Begr. der Bundesregierung zur TKV, BR-Drucks. 551/97, S. 31.
2 Ggf. handelt es sich aber auch nur um unselbständigen Mitgebrauch, siehe Rz. 309 f. sowie Rz. 347.
3 Begr. der Bundesregierung zur TKV, BR-Drucks. 551/97, S. 31.

des Mieters umfaßten **unselbständigen Mitgebrauch** ansehen (dazu schon oben Rz. 309 f.). Hierfür spricht schon der vom Verordnungsgeber benutzte Begriff „Mitbenutzung".

Zum zweiten kann nach der hier vertretenen Auffassung ergänzend die **Duldungspflicht** des Grundstückseigentümers gemäß § 57 Abs. 1 TKG herangezogen werden. Dies gilt allerdings nur insoweit, als schon das ursprüngliche Recht des Inhabers der GEE von § 57 Abs. 1 TKG erfaßt wäre (siehe oben Rz. 314). 348

Zum dritten könnte § 10 Abs. 3 TKV auch dahin gehend auszulegen sein, daß eine **Duldungspflicht des Grundstückseigentümers** gegenüber der Mitbenutzung in der Regelung mitenthalten ist. Dies widerspricht zwar der Absicht der Bundesregierung, keine weiteren Eingriffe in das Mietrecht und das Eigentum vorzunehmen[1], ist aber unvermeidliche Folge des gerade deswegen eingeführten Mitbenutzungsrechts. 349

Zum vierten kann eine zweckentsprechende Auslegung des in der GEE verwendeten **Zugangsbegriffs** im telekommunikationsrechtlichen Sinne Abhilfe schaffen. Dies kann in der Weise geschehen, daß zusätzlich zum gestatteten Teilnehmeranschluß selbst die Mitbenutzung als solche ebenfalls als Zugang zum Netz des berechtigten Netzbetreibers angesehen wird, und zwar in gleicher Weise wie der Zugang zur Teilnehmeranschlußleitung im Sinne der NZV. Der Zugang erfolgte dann zwar sozusagen „von der anderen Seite", aber es würde sich im telekommunikationsrechtlichen Sinne gleichwohl um einen Zugang handeln. 350

6.8.3.2 Umfang des Mitbenutzungsrechts

Nutzungsberechtigter des Mitbenutzungsrechts in § 10 Abs. 3 TKV ist **jeder Anbieter von Zugängen zu öffentlichen Telekommunikationsnetzen**. Dies kann ein anderer Betreiber eines öffentlichen Telekommunikationsnetzes, aber auch ein **Anbieter ohne Netz** sein (Widerverkäufer), der wiederum das Netz eines Dritten für das Angebot von Zugängen in Anspruch nimmt. Zwar besteht das Recht nur dann, wenn der Grundstückseigentümer keine weitere GEE erteilt und als Empfänger der GEE kommt gemäß § 10 Abs. 1 TKV nur ein Netzbetreiber in Betracht. Allerdings zeigt die Formulierung sowohl in § 10 Abs. 1 als auch Abs. 3 TKV, daß Anbieter und Netzbetreiber nicht identisch sein müssen. 351

Nutzungsverpflichteter des Mitbenutzungsrechts ist jeder Berechtigte einer GEE, also nicht nur ein (ansonsten) marktbeherrschendes Unternehmen[2]. Zwar wird als marktbeherrschendes Unternehmen meistens 352

---
1 Begr. der Bundesregierung zur TKV, BR-Drucks. 551/97, S. 31.
2 Begr. der Bundesregierung zur TKV, BR-Drucks. 551/97, S. 31.

die DTAG, zumal im Bereich der Teilnehmeranschlüsse, gesehen, allerdings ist auch der Berechtigte einer GEE gegenüber den anderen Anbietern von Zugängen in bezug auf das fragliche Grundstück und die dort vorhandenen (potenziellen) Kunden im Zweifel marktbeherrschend[1].

353 Das Mitbenutzungsrecht erstreckt sich auf die „auf dem Grundstück und in den darauf befindlichen Gebäuden verlegten Leitungen und Vorrichtungen". Wie bereits erwähnt, spricht die Bundesregierung in der Begründung vor allem von Leitungen, aber begrenzt ist das Mitbenutzungsrecht hierauf nicht. **Vorrichtungen** sind auch das im Zusammenhang mit der Leitung verlegte Zubehör[2]. Dazu gehören auch Leerrohre und Kabelschächte, die im Sinne der GEE erforderlich waren, um die Teilnehmeranschlüsse auf dem Grundstück herzustellen. Die Berechtigung erfaßt daher neben der Mitbenutzung des Kabels bzw. der Leitung auch das Einziehen eines weiteren Kabels in ein vom Inhaber der GEE bereits verlegtes Leerrohr.

354 **Begrenzt** wird das Mitbenutzungsrecht dadurch, daß erforderliche Nutzungen des Berechtigten der GEE nicht entgegenstehen dürfen. Insbesondere bei der Mitbenutzung einer Leitung wird es darauf ankommen, ob die eigene Nutzung durch den Berechtigten wegen des Mitbenutzungsrechts verhindert werden wird. Hat der Mitbenutzungsberechtigte zugleich entbündelten Zugang zu dieser Teilnehmeranschlußleitung im Sinne der NZV, so wird zwar die eigene Nutzung des Berechtigten verhindert. Dies ist aber nicht bedingt durch das Mitbenutzungsrecht, sondern durch den entbündelten Zugang zur Teilnehmeranschlußleitung. Daher ist insoweit keine Begrenzung des Mitbenutzungsrechts anzunehmen. Im übrigen folgt hinsichtlich der sog. Inhouse-Infrastruktur unabhängig von dem Vorliegen der Voraussetzungen des § 10 Abs. 3 TKV bereits aus § 33 Abs. 1 TKG ein Anspruch auf Zugang hierzu gegenüber einem marktbeherrschenden Unternehmen, der im Ergebnis aus einer Mitbenutzung besteht, da es sich hierbei um eine wesentliche Leistung handelt[3].

355 Schließlich hat der Mitbenutzungsverpflichtete Anspruch auf ein **Mitbenutzungsentgelt**, das sich an den Kosten der effizienten Leistungsbereitstellung[4] orientiert. Anhaltspunkte hierfür können die Entgeltregulierungsentscheidungen des RegTP zur Nutzung der Inhouse-Infrastruktur liefern.

---

1 Siehe RegTP, MMR 1998, 494, 496.
2 *Aubert/Klingler*, Fernmelderecht/Telekommunikationsrecht, S. 103 ff., Rz. 290.
3 RegTP, MMR 1998, 494.
4 Siehe § 3 Abs. 2 Telekommunikations-Entgeltregulierungsverordnung (TEntgV).

6.9 Fazit

Das TKG hat die mit der Verlegung von (kabelgebundenen) Telekommunikationslinien verbundenen Fragen nur teilweise gelöst. Mit einem unentgeltlichen Nutzungsrecht an öffentlichen Wegen und privaten Duldungspflichten allein werden den vielfältigen und gegenläufigen Interessen der Nutzungsberechtigten einerseits und der Duldungsverpflichteten andererseits nicht ausreichend Rechnung getragen. Auch wenn sich viele der hierdurch entstehenden Fragen in der Praxis durch interessengerechte vertragliche Vereinbarungen lösen lassen, dürfte eine weitere gerichtliche Konkretisierung der Wegerechtsbestimmungen des TKG in Ergänzung der bereits ergangenen Rechtsprechung unvermeidlich sein. Darüber hinaus ist aber der Gesetzgeber aufgerufen, nicht nur Zweifelsfragen zu klären, sondern auch die Nutzung von öffentlichen Wegen und Grundstücken für Funkanlagen (Wireless Local Loop, UMTS und sonstige mit Infrastruktur- bzw. Versorgungsauflagen versehene Funklizenzen) zu regeln.

7. Zulassung von Funkanlagen und Telekommunikationsendeinrichtungen

7.1 Entwicklung und Rechtsquellen

Die Zulassung von Funkanlagen und Telekommunikationsendeinrichtungen bildet den Kernbereich der sogenannten Regulierung im Telekommunikationsrecht. Sie ist weniger ein juristisches Thema als vielmehr eine Frage der Standardisierung, Umsetzung und Überwachung technischer Vorschriften.

Den Rahmen für diese Vorschriften bildet auf europäischer Ebene die Richtlinie über Funkanlagen und Telekommunikationsendeinrichtungen und die gegenseitige Anerkennung ihrer Konformität 1999/5/EG[1] (sog. RTTE-Richtlinie: Radio equipment and Telecommunications Terminal Equipment and the mutual recognition of their conformity), sowie auf nationaler Ebene das Gesetz über Funkanlagen und Telekommunikationsendeinrichtungen vom 7. 2. 2001 (FTEG)[2]. Daneben sind einige besondere Regelungen im Amateurfunkgesetz vom 23. 6. 1997 (AfuG)[3] sowie im Gesetz über die elektromagnetische Verträglichkeit von Geräten vom 18. 9. 1998 (EMVG)[4] enthalten.

Die europäische Entwicklung des Produktzulassungsrechts begann bereits Mitte der achtziger Jahre mit den Richtlinien 86/361[5] und 88/301/EWG[6], die den Weg für eine Liberalisierung des Endgerätemarktes öffneten. Durch die Richtlinie 98/13/EG vom 12. 2. 1998 (Richtlinie über Telekommunikationsendeinrichtungen und Satellitenfunkanlagen einschließlich der gegenseitigen Anerkennung ihrer Konformität – TTE-Richtlinie)[7] wurde diese Entwicklung verfestigt und weiter konkretisiert.

Durch Art. 20 Abs. 1 Der RTTE-Richtlinie wurde Anfang 2001 die bis dahin geltende Richtlinie 98/13/EG aufgehoben. Damit wurde zugleich das bis zu diesem Zeitpunkt bestehende komplizierte Zulassungsverfahren von Telekommunikationsendeinrichtungen von einem neuen System der Herstellerselbsterklärung abgelöst. Die Europäische Union rea-

---

1 ABl. EG Nr. L 91 S. 10, vom 7. 4. 1999.
2 BGBl. I 1996, S. 170.
3 BGBl. I 1997, S. 1494.
4 BGBl. I 1998, S. 2882.
5 ABl. EG Nr. L 217 S. 1, vom 5. 8. 1986.
6 ABl. EG Nr. L 131 S. 73, vom 27. 5. 1988.
7 ABl. EG Nr. L 74 S. 1, vom 12. 3. 1998.

gierte mit der neuen RTTE-Richtlinie auf die Marktentwicklung und die zunehmende Globalisierung des Telekommunikationssektors. Mit dem neuen Konzept wurde das Inverkehrbringen von Geräten und Anlagen deutlich vereinfacht und damit zugleich größere Flexibilität bewirkt. Durch die Rechtsänderung wurde dem spezifischen Bedarf an neuen Netztypen und den Reaktionen der Industrie auf das alte Verfahren Rechnung getragen. Diese Einflüsse führten im Ergebnis zu einer deutlichen Verringerung der telekommunikationsspezifischen Anforderungen.

5 Die neue RTTE-Richtlinie geht inhaltlich weit über die bisherige Richtlinie 98/13/EG hinaus, da sie sowohl die europäische als auch die nationale Zulassung abschafft. Des weiteren werden zusätzlich zu den bislang erfaßten Telekommunikationsendeinrichtungen bis auf einige Ausnahmen sämtliche Funkanlagen einbezogen. Insgesamt werden die Konformitätsbewertung und das Inverkehrbringen dieser Geräte wesentlich erleichtert.

6 Mit dem FTEG wurde die RTTE-Richtlinie in deutsches Recht umgesetzt. Das FTEG wurde am 7. 2. 2001 im Bundesgesetzblatt verkündet und ist am 8. 2. 2001 in Kraft getreten. Mit dem Inkrafttreten haben zugleich die auf der bisherigen Richtlinie 98/13/EG beruhenden Rechtsvorschriften ihre Rechtsgültigkeit verloren, soweit nicht Gegenteiliges geregelt war. Hiervon sind insbesondere die §§ 59–64 TKG[1] betroffen, welche die Zulassung von Endeinrichtungen und Funkanlagen geregelt haben.

6a Ebenfalls außer Kraft getreten sind mit der Verkündung des FTEG die Personenzulassungsverordnung vom 19. 12. 1997 (PersZulV)[2] sowie am 7. 4. 2001 die Telekommunikationszulassungsverordnung vom 20. 8. 1997 (TkZulV)[3] und die Beleihungs- und Akkreditierungsverordnung vom 10. 12. 1997 (BakkrV)[4]. Diese Rechtsänderungen stehen im Einklang mit § 18 Abs. 2 FTEG. Nach dieser Vorschrift wurden Zulassungen, die auf der Grundlage der TKZulV erteilt wurden, zum 7. 4. 2001 aufgehoben, wenn bis zu diesem Zeitpunkt das entsprechende Gerät noch nicht in den Verkehr gebracht wurde.

6b Gem. § 19 Abs. 2 FTEG wurden schließlich noch einige Regelungen des EMVG geändert und angepaßt. Durch die Änderungen sind die Bestimmungen der RTTE-Richtlinie, welche sich auf die Marktüberwachung beziehen, in nationales Recht umgesetzt worden. Diese Anpassungen

---

1 Telekommunikationsgesetz vom 25. 7. 1996 (BGBl. I 1996, S. 1120), zuletzt geändert durch § 19 Abs. 1 FTEG.
2 BGBl. I 1997, S. 3315.
3 BGBl. I 1997, S. 2117.
4 BGBl. I 1997, S. 2905.

der beiden Gesetze machen auch die systematische Nähe des FTEG zum EMVG deutlich.

7.2 Anwendungsbereich

Das FTEG findet gem. § 2 FTEG auf alle Telekommunikationsendeinrichtungen und Funkanlagen Anwendung. Unter Telekommunikationsendeinrichtungen werden Erzeugnisse verstanden, die eine Kommunikation ermöglichen und für den direkten oder indirekten Anschluß an Schnittstellen von öffentlichen Telekommunikationsnetzen bestimmt sind (§ 2 Nr. 2 FTEG). Funkanlagen sind Erzeugnisse, die „in dem für terrestrische und satellitengestützte Funkkommunikation zugewiesenen Spektrum durch Ausstrahlung und/oder Empfang von Funkwellen kommunizieren" können (§ 2 Nr. 3 FTEG).

Aus dem Anwendungsbereich des Gesetzes ausgenommen sind ausdrücklich:

(1) Funkanlagen, die von Funkamateuren im Sinne des Amateurfunkgesetzes vom 23. 6. 1997 (AfuG)[1] verwendet werden und nicht im Handel erhältlich sind[2],
(2) Ausrüstung im Sinne der Richtlinie 96/98/EG vom 20. 12. 1996 über Schiffsausrüstung[3],
(3) Kabel und Drähte,
(4) reine Empfangsanlagen, die nur für den Empfang von Rundfunk- und Fernsehsendungen bestimmt sind,
(5) Erzeugnisse, Ausrüstung und Bauteile i. S. d. Art. 2 der Zivilluftfahrt-Verordnung 3922/91/EWG[4] sowie
(6) Geräte, die ausschließlich für Tätigkeiten im Zusammenhang mit der öffentlichen Sicherheit, der Verteidigung, der Sicherheit des Staates oder für Tätigkeiten des Staates im strafrechtlichen Bereich benutzt werden. Für diese Bereiche gelten die in § 1 Abs. 4 FTEG genannten Spezialvorschriften.

In § 1 Abs. 2 Nr. 1 FTEG wird deutlich, daß der Anwendungsbereich des FTEG auch für solche Geräte eröffnet ist, die Bestandteil oder Zubehör eines Medizinproduktes im Sinne des Medizinproduktegesetzes vom 2. 8. 1994[5] sind. Erfaßt werden hierdurch sowohl die Medizinprodukte

---
1 BGBl. I 1997, S. 1494.
2 Vgl. hierzu Rz. 33 ff.
3 ABl. EG Nr. L 46 S. 25.
4 ABl. EG Nr. L 373 S. 4.
5 BGBl. I 1994, S. 1963.

entsprechend der Richtlinie 93/42/EWG vom 14. 6. 1993 über Medizinprodukte[1] als auch die aktiven implantierbaren medizinischen Geräte im Sinne der Richtlinie 90/385/EWG zur Angleichung der Rechtsvorschriften der Mitgliedstaaten über aktive implantierbare medizinische Geräte[2]. In § 1 Abs. 2 Nr. 2 FTEG wird der Anwendungsbereich des Gesetzes ferner für Geräte festgelegt, die Bauteil oder selbständige technische Einheit eines Kraftfahrzeugs sind.

10 In zeitlicher Hinsicht findet das FTEG nur auf Geräte Anwendung, die nach dem 7. 4. 2000 erstmalig in Verkehr gebracht worden sind (§ 18 Abs. 2 FTEG).

7.3 Zweck und Anforderungen des FTEG

11 Zweck des Gesetzes ist es, durch Regelungen über das Inverkehrbringen, den freien Verkehr und die Inbetriebnahme von Funkanlagen und Telekommunikationsendeinrichtungen einen offenen, wettbewerbsorientierten Warenverkehr dieser Geräte im europäischen Binnenmarkt zu ermöglichen (§ 1 Abs. 1 FTEG). Das FTEG regelt damit abschließend die technischen Anforderungen von Telekommunikationsgeräten und Funkanlagen. Unberührt bleiben dabei allerdings Vorschriften, die im Hinblick auf die Regulierung der Telekommunikationsmärkte, die geordnete Frequenznutzung bei Funkanlagen, den Schutz der öffentlichen Sicherheit oder den Datenschutz Regelungen für Telekommunikationsgeräte und Funkanlagen enthalten.

12 Ebenfalls nicht geregelt ist im FTEG das Inverkehrbringen von Anlagen, die vor Ort aus mehreren Komponenten zusammengebaut werden. Soweit es sich allerdings bei den Komponenten selbst wiederum um Geräte oder Anlagenteile im Sinne des FTEG handelt, müssen diese auch die grundlegenden Anforderungen einhalten.

13 Für die Inbetriebnahme und den Betrieb von Funkanlagen haben die Vorschriften über die Frequenzordnung im siebenten Teil des TKG (§§ 44–49) weiterhin Geltung. Für die Frequenznutzung werden die Nutzungsbedingungen verbindlich vorgeschrieben, um eine effiziente und störungsfreie Frequenznutzung sicherzustellen.

14 Für alle unter das FTEG fallenden Geräte gelten gem. § 3 FTEG die folgenden allgemeinen Anforderungen:

---

1 ABl. EG Nr. L 169 S. 1.
2 ABl. EG Nr. L 189 S. 17.

1. Schutz der Gesundheit und Sicherheit des Benutzers und anderer Personen einschließlich der in § 2 der Verordnung über das Inverkehrbringen elektrischer Betriebsmittel zur Verwendung innerhalb bestimmter Spannungsgrenzen vom 11. 6. 1979[1] enthaltenen Anforderungen, jedoch ohne Anwendung der Spannungsgrenzen.
2. Die in § 3 Abs. 1 EMVG enthaltenen Schutzanforderungen in bezug auf die elektromagnetische Verträglichkeit.
3. Bei Funkanlagen ist sicherzustellen, daß sie das für terrestrische und satellitengestützte Funkkommunikation zugewiesene Spektrum und die Orbitressourcen effektiv nutzen, damit keine funktechnischen Störungen auftreten.
4. In Art. 3 Abs. 3 der RTTE-Richtlinie sind weitere Anforderungen genannt, die durch TCAM[2] bestimmten Geräten oder Geräteklassen zugeordnet werden können (Artikel 3.3 der Richtlinie). Die Kommission kann nach dem Verfahren des Art. 15 der Richtlinie festlegen, daß Geräte in bestimmten Geräteklassen oder bestimmte Gerätetypen so hergestellt sein müssen, daß sie

a) über Netze mit anderen Geräten zusammenwirken und gemeinschaftsweit an Schnittstellen des geeigneten Typs angeschlossen werden können,

b) weder schädliche Wirkungen für das Netz oder seinen Betrieb haben noch Netzressourcen mißbrauchen, wodurch eine unannehmbare Beeinträchtigung des Dienstes verursacht würde,

c) über Sicherheitsvorrichtungen zum Schutz personenbezogener Daten und der Privatsphäre des Benutzers und des Teilnehmers verfügen,

d) bestimmte Funktionen zur Verhinderung von Betrug unterstützen,

e) bestimmte Funktionen unterstützen, die den Zugang zu Rettungsdiensten sicherstellen,

f) bestimmte Funktionen unterstützen, damit sie von behinderten Benutzern leichter genutzt werden können.

Die Kommission wird sich bei der Anwendung des Art. 3 Abs. 3 der RTTE-Richtlinie sehr restriktiv verhalten. An einige sicherheitsrelevante Geräte, die unter den Geltungsbereich der Richtlinie fallen, müssen jedoch erhöhte Anforderungen gestellt werden, z. B. an Funkanlagen zum Auffinden von Lawinenverschütteten und an Schiffsausrüstungen

---

[1] BGBl. I 1979, S. 629. Diese Verordnung stellt den nationalen Umsetzungsakt der Richtlinie 73/23/EWG dar. Auf diese Richtlinie wird in Art. 3 Abs. 1 Buchst. a) der RTTE-Richtlinie Bezug genommen.

[2] Ausschuß für Konformitätsbewertung von Telekommunikationsngeräten und Marktüberwachung (Telecommunication Conformity Assessment and Market Surveillance Committee).

für nicht ausrüstungspflichtige Schiffe (z. B. Binnenschiffe). Diese Geräte sollen in die Klasse 3.3e eingeordnet werden. Darüber hinausgehende Zuordnungen wurden noch nicht getroffen.

7.4 Schnittstellenbeschreibung

16 § 5 FTEG regelt die besondere Pflicht von Netzbetreibern zur Schnittstellenbeschreibung. Schnittstellen sind gem. § 2 Nr. 5 FTEG Netzabschlußpunkte, d. h. physische Anschlußpunkte, über die der Benutzer Zugang zu öffentlichen Telekommunikationsnetzen erhält, und/oder eine Luftschnittstelle für den Funkweg zwischen Funkanlagen und die entsprechenden technischen Spezifikationen. Nach § 5 Abs. 1 Nr. 1 FTEG sind Betreiber öffentlicher Telekommunikationsnetze verpflichtet, genaue und angemessene technische Beschreibungen ihrer Netzzugangsschnittstellen bereitzustellen und zu veröffentlichen. Ferner sind die Netzzugangsschnittstellen der Regulierungsbehörde für Telekommunikation und Post unmittelbar mitzuteilen. Die gleichen Pflichten bestehen auch hinsichtlich aller aktualisierten Beschreibungen der Netzschnittstellen (§ 5 Abs. 1 Nr. 2 FTEG) und für jede technische Änderung einer vorhandenen Schnittstelle (§ 5 Abs. 1 S. 2 FTEG).

17 Die Schnittstellenbeschreibung muß hinreichend detailliert sein, um den Entwurf von Telekommunikationsendeinrichtungen zu ermöglichen, die zur Nutzung aller über die entsprechende Schnittstelle erbrachten Dienste in der Lage sind (§ 5 Abs. 1 S. 3 FTEG). Sie muß alle Informationen enthalten, die ein Hersteller zur Prüfung der entsprechenden schnittstellenrelevanten Anforderungen benötigt.

18 Die Beschreibungen der Schnittstellen müssen veröffentlicht werden, bevor die hierüber erbrachten Dienste öffentlich verfügbar gemacht werden (§ 5 Abs. 5 FTEG). Genaue Zeitangaben werden im Gesetz nicht genannt; die Beschreibung muß aber auf jeden Fall vor Aufnahme des Dienstes im Amtsblatt der Regulierungsbehörde für Telekommunikation und Post veröffentlicht worden sein. Die Regulierungsbehörde ist gehalten, die ihr gelieferten Informationen unverzüglich zu veröffentlichen. Dabei ist es nicht nötig, daß der Netzbetreiber zu den Schnittstellenspezifikationen auch Meßvorschriften bereitstellt. Er muß jedoch auf die schnittstellenrelevanten grundlegenden Anforderungen, bezogen auf das jeweilige Endgerät, hinweisen.

19 Unter Hinweis auf Art. 2 e und 4.2 RTTE-Richtlinie wurde in TCAM 3 eindeutig gefolgt, daß es nicht möglich ist, die Netzschnittstelle (NTP) außerhalb des Telekommunikationsnetzes anzusiedeln: „It is not possi-

ble to allow publication of the interface after the service has been offered for the first time to the public. It further is not possible for the NTP to be positioned outside the telecommunications network."

Gem. § 2 Nr. 2 FTEG kann der Anschluß an die Schnittstellen von öffentlichen Telekommunikationsnetzen „mit jedwedem Mittel" erfolgen, d.h. über Kabel-, Funk-, optische oder andere elektromagnetische Systeme.

20

Die Regulierungsbehörde für Telekommunikation und Post stellt für alle wichtigen Funkschnittstellen ausreichend detaillierte Schnittstellenbeschreibungen bereit. Die Verfügbarkeit ist im Amtsblatt und im Internet veröffentlicht (http://www.regtp.de). In der Regel basieren die Schnittstellenbeschreibungen auf den bisherigen Zulassungsvorschriften, die vor der Veröffentlichung in den Gremien des ATRT[1] mit der interessierten Öffentlichkeit beraten wurden.

21

7.5 Inverkehrbringen, Konformitätserklärung

Mit Inkrafttreten der RTTE-Richtlinie ist die Zulassung der von der Richtlinie erfaßten Funkanlagen weggefallen. An die Stelle der Zulassung tritt in diesen Fällen die Konformitätserklärung der Hersteller für das Inverkehrbringen der Geräte. Der Hersteller erklärt damit die Konformität mit den grundlegenden Anforderungen der Richtlinie. Er ist selbst für deren Einhaltung verantwortlich. Eine Überprüfung der Geräte durch eine Behörde vor dem Inverkehrbringen entfällt. Es findet lediglich eine Marktüberwachung der in Verkehr gebrachten Geräte statt.

22

Die RTTE-Richtlinie verpflichtet die Mitgliedstaaten, sicherzustellen, daß Geräte nur dann in Verkehr gebracht werden, wenn sie den entsprechenden grundlegenden Anforderungen nach Artikel 3 und den übrigen einschlägigen Bestimmungen der Richtlinie bei ordnungsgemäßer Montage, Unterhaltung und bestimmungsgemäßer Verwendung entsprechen.

23

---

1 Ausschuss für technische Regulierung in der Telekommunikation. Der Ausschuss wurde vom ehemaligen Bundesministerium für Post und Telekommunikation eingerichtet. In ihm sind die interessierten und betroffenen Kreise der telekommunikationstechnischen Regulierung in Deutschalnd vertreten. Primäre Aufgaben sind die Beratung der Regulierungsbehörde für Telekommunikation und Post in Angelegenheiten der Zulassung, die Erarbeitung von Positionspapieren zu technischen Vorschriften und vergleichbaren Dokumenten sowie die Mitwirkung beim Entwurf dieser Vorschriften und Dokumente durch Beauftragte der Ausschussmitglieder in Arbeitsgruppen.

24 Dies wird zum einen durch die Marktüberwachung der in Verkehr gebrachten Geräte gewährleistet. Zum anderen sind für den Betrieb von Funkanlagen in der Bundesrepublik die Bestimmungen des TKG über die Frequenzordnung (§§ 44–49) einzuhalten. Für den Betrieb ist also weiterhin eine Frequenzzuteilung der Regulierungsbehörde für Telekommunikation und Post erforderlich. Der Nutzer ist dafür verantwortlich, daß die entsprechenden Nutzungsbestimmungen der Frequenzzuteilung eingehalten werden. Gem. § 44 Abs. 1 TKG bestehen die Aufgaben der Frequenzordnung in der Sicherstellung einer effizienten und störungsfreien Nutzung der Frequenzen. Dies wird durch den Prüf- und Meßdienst der Regulierungsbehörde für Telekommunikation und Post in Einzelfällen überprüft.

25 Werden Funkanlagen, die in nichtharmonisierten Frequenzbändern arbeiten, erstmals in Verkehr gebracht, muß nach § 10 Abs. 2 FTEG das jeweilige Frequenzmanagement (in der Bundesrepublik also die Regulierungsbehörde für Telekommunikation und Post) unterrichtet werden. Wenn zu erwarten ist, daß beim Betrieb dieser Geräte andere bestehende oder geplante Funkanwendungen gestört werden oder gestört werden können, kann die Regulierungsbehörde für Telekommunikation und Post das Inverkehrbringen gem. Art. 9.5 der RTTE-Richtlinie bzw. §§ 8, 9 EMVG verhindern oder beschränken bzw. die Rücknahme vom Markt verlangen.

7.6 Kennzeichnungen, Benutzerinformationen

26 Alle Geräte, die den grundlegenden Anforderungen entsprechen, müssen mit dem CE-Kennzeichen, der Typenbezeichnung, der Seriennummer und dem Namen des Herstellers versehen werden. Funkgeräte, die in nichtharmonisierten Frequenzbereichen arbeiten oder anderen Einschränkungen unterliegen, müssen zusätzlich das Aufmerksamkeitskennzeichen und die Nummern der eingeschalteten benannten Stellen tragen.

27 Die Buchstaben CE bedeuten „Communautés Européennes". Hierbei handelt es sich um eine privatrechtliche Erklärung unter Verwendung eines öffentlich zugelassenen und öffentlich-rechtlich überwachten Zeichens[1]. Bei Verfahren nach den Anhängen III, IV oder V der RTTE-Richtlinie wird nach der CE-Kennzeichnung zugleich die Kennummer der in das Konformitätsbewertungsverfahren einbezogenen benannten Stelle angegeben.

---

1 Vgl. *Spoerr*, in: Trute/Spoerr/Bosch, FTEG § 9 Rz. 2.

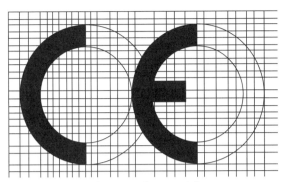

Abb. 1: CE-Konformitätskennzeichen
(Einzelheiten: RTTE-Richtlinie, Anhang VII)

Dabei müssen die Nummern aller beteiligten benannten Stellen am Gerät angebracht werden. Nach Ansicht der Kommission muß immer auch der Name des Herstellers auf dem Gerät angebracht sein, um eine gesicherte Marktüberwachung durchführen zu können. Das bloße Anbringen eines Logos oder des Importeurs ist nicht ausreichend. Verantwortlich für die Einhaltung der Bestimmungen des Gesetzes ist immer derjenige, der das Gerät in den Verkehr bringt. Zusammen mit der Konformitätserklärung müssen dem Nutzer alle Informationen über den vorgesehenen Verwendungszweck (Dienst, Netz, Region), Informationen über die Netzschnittstellen, für die das Gerät vorgesehen ist, und Informationen über mögliche regionale und rechtliche Einschränkungen (Lizenz-/Genehmigungs-/Nutzungsbedingungen) gegeben werden. Diese Informationspflicht gilt auch für reine Empfangsgeräte, nicht jedoch für Geräte, die ausschließlich für den Empfang von Rundfunk- und Fernsehsendungen vorgesehen sind. Für letztere gelten andere Bestimmungen.

7.7 Benannte Stellen

Durch die Liberalisierung des Telekommunikationsmarktes werden die Aufgaben der Prüfung und Kontrolle von Funkeinrichtungen nicht mehr ausschließlich durch staatliche Behörden wahrgenommen. Auch privatwirtschaftlich organisierte Unternehmen können die Zulassung erteilen. Voraussetzung dafür ist, daß sie von der Regulierungsbehörde für Telekommunikation und Post als „benannte Stelle" anerkannt worden sind. Unter welchen Voraussetzungen die Anerkennung erfolgt, richtet sich nach der Verordnung über die Anforderungen und das Verfahren für die Anerkennung von benannten Stellen auf dem Gebiet der Funkanlagen und Telekommunikationsendeinrichtungen (FTEV).

7.8 Personenzulassung

30 Nach § 20 Abs. 2 FTEG ist mit Inkrafttreten des Gesetzes die PersZulV außer Kraft gesetzt worden. Die Rechtsänderung war erforderlich, weil in der RTTE-Richtlinie nicht vorgesehen ist, daß die Anschaltung von Telekommunikationsendeinrichtungen von einer besonderen Zulassung abhängig gemacht wird. Vor Inkrafttreten der FTEG konnten Personenzulassungen der Klasse A und B entsprechend der Verordnung nach den in Anlage 2 genannten Gebührensätzen erteilt werden.

31 Grundgedanke der Personenzulassung war das Interesse an der sicheren und ordnungsgemäßen Kommunikation von Endeinrichtungen untereinander über das öffentliche Telekommunikationsnetz. Um das Aufbauen, Anschalten und Betreiben zugelassener Endeinrichtungen im Rahmen der zur Gewährleistung ordnungsgemäßer Telekommunikation festgelegten Bedingungen zu ermöglichen, sollten bestimmte Regeln eingehalten werden. Personen und Unternehmen, die zugelassene Telekommunikationsendeinrichtungen aufbauen, an das öffentliche Telekommunikationsnetz anschalten, ändern oder instand halten wollten, benötigten daher eine Personenzulassung (Ausnahme: § 4 PersZulV). Unter diese Pflicht fielen sowohl juristische als auch natürliche Personen. Unternehmen und sonstige juristische Personen benötigten für jede Niederlassung, die Arbeiten an Telekommunikationsendeinrichtungen durchführen wollte, eine eigene Zulassung. Die Personenzulassung wurde in zwei Klassen unterteilt. Die Klasse A umfaßte einfache Konfigurationen von Telekommunikationsendeinrichtungen zur Anschaltung an das öffentliche Telekommunikationsnetz (bis zu vier analoge Telekommunikationskanäle, die nicht in Durchwahl betrieben werden können, und bis zu zwei Basisanschlüsse für ISDN). Die Klasse B umfaßte komplexe Konfigurationen von Telekommunikationsendeinrichtungen ohne Einschränkungen. Voraussetzung für die Personenzulassung der Klassen A oder B waren eine entsprechende berufliche Qualifikation, ausreichende Fachkenntnisse auf dem Gebiet der Telekommunikation sowie eine Grundausstattung an Meß- und Prüfgeräten.

7.9 Amateurfunk

32 Das Amateurfunkgesetz und die Amateurfunkverordnung vom 23. 12. 1997 (AfuV)[1] bilden die Rechtsgrundlage für den Amateurfunkdienst in Deutschland. International regeln die Bestimmungen der Internationalen Fernmeldeunion (ITU) den Amateurfunkdienst. Dies ist notwendig, da

---

1 BGBl. I 1998, S. 42.

mit Amateurfunk sowohl nationale wie auch weltweite Funkverbindungen hergestellt werden können.

Zur aktiven Teilnahme am Amateurfunk (Senden und Empfangen) ist eine individuelle Zulassung notwendig, die sogenannte „Amateurfunklizenz". Amateurfunkzulassungen werden von einigen Außenstellen der Regulierungsbehörde für Telekommunikation und Post erteilt. 33

Eine Amateurfunkzulassung erhält, wer die gesetzlich vorgeschriebene fachliche Prüfung (Amateurfunkprüfung) bestanden hat. Voraussetzung zur Teilnahme an einer Amateurfunkprüfung ist ein Wohnsitz in Deutschland und bei Minderjährigen das Einverständnis des/der Erziehungsberechtigten. 34

Die meisten Länder erlauben deutschen Funkamateuren, Amateurfunk vom Gastland aus zu betreiben. In Deutschland gilt das gleiche für Inhaber ausländischer Amateurfunkzulassungen, die von Deutschland aus den Amateurfunk ausüben wollen. Allerdings ist dazu eine Gastzulassung erforderlich. 35

8. Aufgaben und Verfahren der Regulierungsbehörde

8.1 Entwicklung und Rechtsstellung der Regulierungsbehörde

8.1.1 Vom Bundesministerium für Post und Telekommunikation zur Regulierungsbehörde für Telekommunikation und Post

8.1.1.1 Organisatorische Veränderungen seit der ersten Postreform

Der (das Postwesen und) die Telekommunikation umfassende Geschäftsbereich eines Mitglieds der Bundesregierung (Art. 62, 65 S. 2 GG) führte die Bezeichnung – **Bundesministerium für Post und Telekommunikation** (BMPT) – nur wenige Jahre, nachdem das Postressort diesen neuen Namen im Zuge der ersten Postreform durch § 1 (und §§ 25 ff.) des Postverfassungsgesetzes (PostVerfG) 1989[1] erhalten hatte. Wenn § 98 S. 1 TKG[2] die nach diesem Gesetz der Regulierungsbehörde für Telekommunikation und Post (§ 66 Abs. 1) zugewiesenen Aufgaben noch bis zum 31. 12. 1997 „kommissarisch" beim BMPT beließ, so lag dieser „Überleitungsregelung" die Entscheidung der Bundesregierung zugrunde, das speziell mit Post- und Fernmelde- bzw. Telekommunikationsangelegenheiten befaßte Ministerium zum Jahreswechsel 1997/98 aufzulösen[3]. Damit verschwand ein mehr als 100 Jahre bestehendes, äußerlich sichtbares Kennzeichen organisatorischer Ausdifferenzierung innerhalb der Staatsleitung. Die (zentral)staatlichen Aufgaben in den Bereichen (des Postwesens und) der Telekommunikation entfielen zwar keineswegs zur Gänze; neben den Inhalten änderte sich jedoch auch die Gestalt der Wahrnehmung hoheitlicher Aufgaben.

Bereits 1989/1990 hatte – noch im Rahmen der durch Art. 87 Abs. 1 S. 1 GG a. F.[4] vorgegebenen Einheit einer „Bundespost" als eines Zweiges

1

2

---

1 Gesetz über die Unternehmensverfassung der Deutschen Bundespost = Art. 1 des Gesetzes zur Neustrukturierung des Post- und Fernmeldewesens und der Deutschen Bundespost (Poststrukturgesetz – PostStruktG) v. 8. 6. 1989, BGBl. I 1989, S. 1026. Zu Überleitungsregelungen s. § 64 PostVerfG.
2 Telekommunikationsgesetz v. 25. 7. 1996, BGBl. I 1996, S. 1120.
3 Vgl. *Bötsch*, in: Witte, Das Telekommunikationsgesetz 1996, 3, 4, sowie Ziff. 1 des Organisationserlasses des Bundeskanzlers v. 17. 12. 1997, BGBl. II 1998, S. 68.
4 „In bundeseigener Verwaltung werden geführt . . . die Bundespost". Die seit Inkrafttreten des GG (v. 23. 5. 1949, BGBl. 1949, S. 1) geltende Fassung der Vorschrift wurde durch Art. 1 Nr. 3 des Gesetzes zur Änderung des GG v. 30. 8. 1994 (BGBl. I 1994, S. 2245) dergestalt geändert, daß die Wörter „die Bundespost" gestrichen wurden.

bundeseigener Verwaltung (im Hinblick auf die Gegenstände „Post- und Fernmeldewesen" nach Art. 73 Nr. 7 GG a. F.[1]) – eine **organisatorische Trennung** von politisch-hoheitlichen Bereichen einerseits, unternehmerisch-betrieblichen Feldern andererseits stattgefunden (§ 1 PostVerfG). Die Zweiteilung bezog sich auf Aktivitäten im Inland ebenso wie auf solche mit dem bzw. im Ausland (§ 36 PostVerfG). Dem BMPT – zugleich oberste Bundesbehörde – wurden seinerzeit ein Infrastrukturrat (§§ 32 ff. PostVerfG) bei- sowie ein per Verfügung errichtetes Bundesamt für Post und Telekommunikation (BAPT)[2] als Bundesoberbehörde mit Sitz in Mainz nachgeordnet. Die ebenfalls dem politisch-hoheitlichen Bereich zugewiesene, bereits 1982 errichtete Zentralstelle für Zulassungen im Fernmeldewesen (Sitz: Saarbrücken) blieb als eigene Organisationseinheit bestehen, wurde jedoch von einer zentralen Mittelbehörde der Deutschen Bundespost zu einer Bundesoberbehörde im Geschäftsbereich des BMPT und erhielt daher 1992 eine neue, modernere Bezeichnung („Bundesamt für Zulassungen in der Telekommunikation", BZT)[3].

3   Die **zweite Postreform** – bestehend aus einer inhaltlich und zeitlich verknüpften Novellierung des GG (v. 30. 8. 1994[4]) sowie dem Erlaß eines Postneuordnungsgesetzes (PTNeuOG)[5] – zeitigte keine größeren Auswirkungen auf die Organisation der **Regulierung** im (Post- wie im) Telekommunikationssektor. Immerhin führte sie diesen Begriff in Gesetzestitel und -sprache ein („Gesetz über die Regulierung der Telekommunikation und des Postwesens" [PTRegG] = Art. 7 PTNeuOG). Zwar wurde aufgrund von Art. 1 PTNeuOG[6] eine „Bundesanstalt für Post und Telekommunikation Deutsche Bundespost" neu errichtet, mit dem Status einer rechtsfähigen Anstalt öffentlichen Rechts unter der Aufsicht des BMPT[7] (§§ 1 Abs. 2 S. 1, 2 S. 1 BAPostG). Ihre Aufgaben (§ 3 Abs. 1, 2 BAPostG) waren und sind jedoch durch Art. 87 f Abs. 3 GG klar vorgezeichnet[8]; sie beziehen sich allein auf einzelne Fragen bezüglich der aus dem

---

1   Art. 1 Nr. 1 der zuvor genannten GG-Novelle machte hieraus „das Postwesen und die Telekommunikation", um dem „international üblichen Sprachgebrauch" zu entsprechen (BT-Drucks. 12/6717 v. 1. 2. 1994, S. 3).
2   Dazu *Lenke*, ZPT H. 6, 1990, 28 ff.; *Hugentobler*, ZPT H. 11, 1991, 61 ff.
3   Mitteilung im ABl. BMPT 1992, S. 130.
4   BGBl. I 1994, S. 2245; die Grundgesetzänderung ist gemäß Art. 2 am 3. 9. 1994 in Kraft getreten.
5   Gesetz zur Neuordnung des Postwesens und der Telekommunikation v. 14. 9. 1994, BGBl. I 1994, S. 2325; Berichtigung v. 29. 11. 1995, BGBl. I 1996, S. 103.
6   Gesetz über die Errichtung einer Bundesanstalt für Post und Telekommunikation Deutsche Bundespost (Bundesanstalt Post-Gesetz – BAPostG).
7   Nach Ziff. II.1. des Kanzlererlasses v. 17. 12. 1997 ist die Zuständigkeit zum 1. 1. 1998 insoweit auf das Bundesministerium der Finanzen übergegangen.
8   *Fangmann/Lörcher/Scheurle/Schwemmle*, Telekommunikations- und Postrecht, 2. Aufl. 1996, Art. 87f GG Rz. 11.

Sondervermögen Deutsche Bundespost (§ 2 PostVerfG) hervorgegangenen Unternehmen – Deutsche Post AG, Deutsche Postbank AG und DTAG (§ 1 PostUmwG[1]). Dieser Problemkreis wird bereits von der Verfassung selbst von den „Hoheitsaufgaben" nach Art. 87 f Abs. 2 S. 2 GG abgegrenzt. Der Anstalt obliegen also keine Regulierungsangelegenheiten[2], vielmehr nimmt sie Eigentümerfunktionen des Bundes im Hinblick auf die drei „Nachfolgeunternehmen" wahr (§ 9 BAPostG; §§ 29 ff. der Satzung, gemäß § 8 S. 1 in der Anlage zum BAPostG festgestellt). Folgerichtig sieht daher § 2 S. 3 BAPostG vor, soweit „Eigentümerinteressen" des Bundes berührt seien, handele das BMPT „im Einvernehmen mit dem Bundesministerium der Finanzen"[3].

Art. 87f Abs. 2 S. 2 GG hingegen schreibt fest, daß „Hoheitsaufgaben im Bereich des Postwesens und der Telekommunikation", wie sie gemäß Art. 73 Nr. 7 i. V. m. Art. 71 GG nach wie vor der ausschließlichen Gesetzgebungskompetenz des Bundes unterliegen und nach Art. 87 f Abs. 1 GG vornehmlich in einem Infrastrukturgewährleistungsauftrag bestehen, in „bundeseigener Verwaltung", d. h. durch Stellen der **unmittelbaren Bundesverwaltung** ausgeführt werden (müssen). Auch soweit hierfür nicht mehr – wie nach Art. 87 Abs. 1 S. 1 GG a. F. – ein eigener Unterbau in Gestalt von Bundesmittel- und -unterbehörden (teils regional: Oberpostdirektionen, Fernmeldeämter, teils zentralisiert wie das Fernmeldetechnische Zentralamt[4]) – eingerichtet werden muß, bedeutet dies nicht etwa umgekehrt einen Zwang zu organisatorischer Konzentration auf der Ministerialebene. Nach Maßgabe des Art. 87 Abs. 3 S. 1 GG dürfen vielmehr für (die Wahrnehmung von) Angelegenheiten, für die dem Bund die Gesetzgebungskompetenz zusteht – hier insbesondere, aber nicht nur nach Art. 73 Nr. 7 GG – (auch) „selbständige Bundesoberbehörden" durch Bundesgesetz errichtet werden. Dabei bezeichnet auch freilich nach wie vor die (ausschließliche oder konkurrierende) Gesetzgebungszuständigkeit des Bundes die äußerste Grenze für ihm zugewiesene Exekutivkompetenzen[5]; nur unter den zusätzlichen Voraussetzun-

---

1 Gesetz zur Umwandlung der Unternehmen der Deutschen Bundespost in die Rechtsform der Aktiengesellschaft (Postumwandlungsgesetz) = Art. 3 PTNeuOG.
2 Klargestellt wird dies auch durch § 3 Abs. 4 BAPostG; vgl. BT-Drucks. 12/6718 v. 1. 2. 1994, S. 76, 77; *Fangmann/Lörcher/Scheurle/Schwemmle*, Telekommunikations- und Postrecht, 2. Aufl. 1996, Art. 87f GG Rz. 11; *Burmeister/Röger*, in: Stern, Postrecht der Bundesrepublik Deutschland, 1997 ff., § 1 BAPostG Rz. 1 ff. und § 3 BAPostG Rz. 9 ff., 90.
3 Vgl. *Fangmann/Lörcher/Scheurle/Schwemmle*, Telekommunikations- und Postrecht, 2. Aufl. 1996, § 2 BAPostG Rz. 7.
4 Vgl. *Schilly*, in: Jeserich/Pohl/von Unruh, Deutsche Verwaltungsgeschichte Bd. 5, 1987, S. 506, 511 ff.
5 BVerfG v. 28. 2. 1961 – 2 BvG 1, 2/60, BVerfGE 12, 205, 229 f.

gen des Art. 87 Abs. 3 S. 2 GG wären auch (bundeseigene) Mittel- und Unterbehörden zulässig.

5 **„Selbständigkeit"** i. S. v. Art. 87 Abs. 3 S. 1 GG erlaubt die Ausgliederung von Organisationseinheiten aus einem Bundesministerium (einschließlich unterschiedlicher Sitze von oberster und Ober-Behörde[1]) sowie die Reduzierung der regelgemäß strikten Weisungsgebundenheit im Verhältnis der über- und untergeordneten Stellen innerhalb der unmittelbaren Bundesverwaltung; nicht zulässig wäre aber die Bildung eines neuen „bundesunmittelbaren" Rechtsträgers[2]. Die parlamentarische Verantwortlichkeit der Bundesregierung wie ihrer einzelnen Mitglieder (Art. 63, 67, 68 GG) erfordert es, dem Kabinett (im Rahmen der Gesetze) sowohl personell als auch inhaltlich maßgeblichen Einfluß auf die Tätigkeit von selbständigen Bundesoberbehörden zu einzuräumen bzw. zu belassen.

8.1.1.2 Aufteilung der hoheitlichen Aufgaben und Befugnisse im Telekommunikationssektor

6 § 66 Abs. 1 TKG knüpft unmittelbar an Art. 87 f Abs. 2 S. 2 GG an, indem diese Vorschrift die neue **Regulierungsbehörde** nicht nur mit der Wahrnehmung der sich aus dem TKG ergebenden, sondern auch mit der Erfüllung von Hoheits-Aufgaben betraut, die aus „anderen Gesetzen" resultieren (unten, Rz. 77 ff.). Freilich steht die Art der bislang von einem Bundesminister (BMPT) wahrgenommenen politisch-hoheitlichen Aufgaben deren völliger „Herabstufung" auf die Ebene einer Oberbehörde entgegen, so daß mit der Auflösung des Postressorts notwendig eine Aufteilung seiner bisherigen Kompetenzen einhergehen mußte und, soweit es sich um „gubernative" Tätigkeiten handelt[3], lediglich ein Wechsel zu einem anderen Ressort (dem Bundesministerium für Wirtschaft und Technologie[4]) stattfand[5]. Im übrigen wurde der reibungslose Übergang der Verwaltungsbefugnisse organisatorisch durch eine neue hierarchische Zuordnung – Errichtung der Regulierungsbehörde als

---

1 S. insoweit § 1 Abs. 2 Nr. 3a) und § 4 des Gesetzes zur Umsetzung des Beschlusses des Deutschen Bundestages v. 20. 6. 1991 zur Vollendung der Einheit Deutschlands (Berlin-Bonn-Gesetz) v. 26. 4. 1994, BGBl. I 1994, S. 918; ferner BR-Drucks. 80/96 (Beschluß) v. 22. 3. 1996, S. 36.
2 BVerfG v. 27. 7. 1962 – 2 BvF 4, 5/61, 1, 2/62, BVerfGE 14, 197, 211 f.
3 Der Referentenentwurf zum TKG v. 6. 10. 1995 hatte in § 73 noch eine eigene, dem § 36 PostVerfG nachempfundene Vorschrift über „Internationale Beziehungen" enthalten.
4 Vgl. Organisationserlaß des Bundeskanzlers v. 27. 10. 1998, BGBl. I 1998, S. 3288.
5 Zu Zuständigkeiten des Bundesministeriums der Finanzen s. Ziff. II.1. des Organisationserlasses v. 17. 12. 1997.

Bundesoberbehörde im Geschäftsbereich des Wirtschaftsministeriums (§ 66 Abs. 1 TKG) – sowie durch ein Begleitgesetz zum TKG[1] bewerkstelligt, welches auch die notwendigen Maßnahmen der Personalsteuerung (unter Einbeziehung des BAPT) ermöglichte.

Dem Infrastrukturrat – der seinerseits an die Stelle des Verwaltungsrates nach §§ 5 ff. PostVerwG trat[2] – war mit Inkrafttreten des PTNeuOG ein „**Regulierungsrat**" (§§ 11 ff. PTRegG)[3] gefolgt. In Zusammensetzung, Aufgaben und in seinem Verhältnis zu BMPT bzw. zur Bundesregierung entsprachen die für ihn geltenden Vorschriften weithin den Vorgängerregelungen. Seine Existenz war im Hinblick auf die Befristung des PTRegG zum Jahresende 1997 (§ 23) prekär; die Bundesregierung sah keine Notwendigkeit, ein Gremium mit gleichen oder ähnlichen Mitwirkungsrechten beizubehalten. Im Verlauf des Gesetzgebungsverfahrens setzte sich jedoch die Auffassung des Bundesrates durch, daß Länderinteressen auch bei der Tätigkeit der Regulierungsbehörde von Bedeutung sein könnten und daher deren institutionelle Verankerung weiterhin vonnöten sei, so daß §§ 67 ff. TKG nunmehr Regelungen über einen bei der Regulierungsbehörde zu bildenden Beirat enthalten (unten, Rz. 36 ff.). Seine – im Vergleich zu seinen Vorläufern erheblich verringerten – Aufgaben wurden bis zum 30. 9. 1997 noch vom „alten" Regulierungsrat wahrgenommen (§ 98 S. 2 TKG). Grenzen des Einflusses zeigten sich rasch, als Vorschläge für die Besetzung des (ersten) Präsidenten und der Vizepräsidenten der Regulierungsbehörde (nach § 69 Nr. 1 i. V. m. § 66 Abs. 3 TKG) von der Bundesregierung, der insoweit das „Letztentscheidungsrecht" zusteht (§ 66 Abs. 3 S. 4 TKG), verworfen wurden.

8.1.1.3 Herausbildung von Regulierungs-Aufgaben und -Instrumenten im Bereich des Fernmeldewesens/der Telekommunikation

Im Hinblick auf die ihr übertragenen Aufgaben wie auf die Instrumente zu deren Wahrnehmung trat die neue Regulierungsbehörde zum großen Teil in die Fußstapfen des BMPT. Bei der **ersten Postreform** hatten allerdings §§ 25 ff. PostVerfG dem Ministerium (bzw. der Bundesregierung) noch Befugnisse zur Rechtsetzung und zu administrativem Einschreiten lediglich den Unternehmen der DBP gegenüber eingeräumt, also gerade keine allgemeine Aufsicht etabliert. Auch die DBP TELE-

---

1 Vom 16. 12. 1997, BGBl. I 1997, S. 3108; s. a. BR-Drucks. 369/97 v. 23. 5. 1997; zu BT-Drucks. 369/97 v. 4. 6. 1997; BT-Drucks. 13/8776 v. 15. 10. 1997.
2 Gesetz über die Verwaltung der Deutschen Bundespost (Postverwaltungsgesetz) v. 24. 7. 1953, BGBl. I 1953, S. 676.
3 Vgl. die Kommentierung der §§ 11 bis 14 PTRegG durch *Stober/Moelle/Müller-Dehn*, in: Stern, Postrecht der Bundesrepublik Deutschland, 1997 ff.

KOM stand weiter in besonderen Beziehungen zum Staatsapparat. Neben eher programmatischen politischen Zielvorgaben[1] unterlag sie speziellen normativen Bindungen aus der TKV 1991[2] und der TELEKOM-Pflichtleistungsverordnung[3]. Zudem wurden zwei Rechtsverordnungen erlassen, deren erste sich nur mit dem Datenschutz bei Dienstleistungen der TELEKOM[4], die andere hingegen mit dem bei (sonstigen) Unternehmen, die Telekommunikationsdienstleistungen erbringen, befaßte[5]; diese stützte sich nicht auf § 30 Abs. 2 PostVerfG, sondern auf eine allgemeinere Rechtsgrundlage (§ 14a Abs. 2 FAG[6]).

9 Die Möglichkeiten behördlicher Beeinflussung des Verhaltens der „öffentlichen Unternehmen" (§ 1 Abs. 2 PostVerfG)[7] wurden in § 27 PostVerfG zwar als „Rechtsaufsicht" bezeichnet, reichten aber weiter als eine bloße Kontrolle auf Rechtmäßigkeit hin. Als **aufsichtliche Mittel** sah § 28 Genehmigungs- und Widerspruchsrechte vor (Abs. 1, 2), wobei der BMPT teils andere Bundesminister (Abs. 3) und zudem den Infrastrukturrat (nach § 34 Abs. 2, 4) einschalten mußte und Kontroversen letztlich durch die Bundesregierung zu entscheiden waren (§ 35 Abs. 3 PostVerfG). Das mit aufschiebender Wirkung versehene Genehmigungserfordernis betraf Beschlüsse des (TELEKOM-)Aufsichtsrats nach § 23 Abs. 3, also insbesondere über „Leistungsentgelte" im „Monopolbereich des Fernmeldewesens" (Nr. 4). Als Versagungsgrund sah § 28 Abs. 1 S. 2 Hs. 1 PostVerfG auch den Fall vor, daß ein Beschluß „im Interesse der Bundesrepublik Deutschland nicht verantwortet werden" könne. Ohne daß dies ausdrücklich normiert war, galt derselbe Maßstab für das Widerspruchsrecht des BMPT im Hinblick auf Vorlagen des TELEKOM-Vorstands über „für die wirtschaftliche Entwicklung des Unternehmens wesentliche Leistungsentgelte für Pflichtleistungen". Nicht genutzt wur-

---

1 Politische Zielvorgaben für die Deutsche Bundespost TELEKOM (Verwaltungsvorschrift des BMPT) v. 18. 2. 1994, ABl. BMPT 1994, S. 241.
2 Telekommunikationsverordnung v. 24. 6. 1991, BGBl. I 1991, S. 1376; geändert durch Verordnung v. 16. 9. 1992, BGBl. I 1992, S. 1612; vgl. *Gramlich*, VerwArch 1997, 598, 615 f.
3 Verordnung zur Regelung der Pflichtleistungen der Deutschen Bundespost TELEKOM (TPflV) v. 16. 9. 1992, BGBl. I 1992, S. 1614. Da auch die Pflichtleistungen ab 1. 1. 1998 in den Kreis der Universaldienstleistungen nach § 17 Abs. 1 TKG fallen, wurde die Verordnung gemäß Art. 2 Abs. 28 TK-BegleitG zu diesem Datum aufgehoben.
4 Verordnung über den Datenschutz bei Dienstleistungen der Deutschen Bundespost TELEKOM (TDSV) v. 24. 6. 1991, BGBl. I 1991, S. 1390.
5 Verordnung für den Datenschutz für Unternehmen, die Telekommunikationsdienstleistungen erbringen (UDSV), v. 18. 12. 1991, BGBl. I 1991, S. 2337.
6 Gesetz über Fernmeldeanlagen in der seit 1. 7. 1989 geltenden Fassung, BGBl. I 1989, S. 1455.
7 Vgl. dazu *Gramlich*, ArchPT 1993, 51 ff.; *J. Scherer*, ArchPT 1993, 261 ff.

de die Befugnis, den Unternehmensvorstand mit der Erbringung von außerhalb des Aufgabenbereichs nach § 1 (Abs. 1), aber im „öffentlichen Interesse" liegenden Leistungen zu betrauen (§ 29 PostVerfG).

Zur Überwachung standen dem BMPT generell übliche Informationsbefugnisse wie Auskunfts- und Vorlegungsverlangen zu Gebote (§ 31 S. 1 Nr. 1 PostVerfG); auch durfte er „Wirtschaftlichkeitsprüfungen" bei den DBP-Unternehmen veranlassen. Geprägt wurde die (offiziell noch nicht sogenannte[1]) Regulierung seitens des BMPT durch die Verantwortlichkeit des Ministers dem Kabinett wie dem Parlament gegenüber dafür, „daß die Deutsche Bundespost nach den Grundsätzen der Politik der Bundesrepublik Deutschland geleitet wird" (§ 25 Abs. 1 S. 1 PostVerfG).

10

Freilich verlautete bereits in der Konzeption der Bundesregierung „zur Neuordnung des Telekommunikationsmarktes" vom Frühjahr 1988[2], künftig solle auch „im Fernmeldewesen der **Grundsatz des Wettbewerbs die Regel** und das Monopol des staatlichen Anbieters die zu begründende Ausnahme sein". Von der Übergangsregelung des § 25 FAG abgesehen, eröffnete daher § 1 Abs. 3 des durch Art. 3 PostStruktG erheblich geänderten FAG jeder in- und ausländischen Person die Möglichkeit, (nach Maßgabe von § 2 a) zugelassene Telekommunikations-Endeinrichtungen zu errichten und betreiben, vorausgesetzt, er bleibe dabei im Rahmen der zur Gewährleistung eines ordnungsgemäßen Fernmeldeverkehrs (behördlich) festgelegten Bedingungen. Lediglich einer Anzeigepflicht unterworfen wurden nach § 1 a Abs. 1 i. V. m. § 1 Abs. 4 S. 1 (bzw. für „Alt"-Anbieter nach § 26) FAG alle Personen, die Telekommunikationsdienstleistungen für andere über von der DBP TELEKOM bereitgestellte Fest- und Wählverbindungen erbrachten, änderten oder aufgaben. Kein Gebrauch gemacht wurde von der dem BMPT durch § 1a Abs. 2 FAG eingeräumten Befugnis, privaten Konkurrenten der DBP TELEKOM im Bereich von dieser auferlegten Pflichtleistungen zur Korrektur von Wettbewerbsverzerrungen Verpflichtungen zur Beseitigung solcher Beeinträchtigungen zu überbürden. Selbst in den noch vom Netz- und Telefondienstmonopol des Bundes bzw. der DBP TELEKOM (§ 1 Abs. 5 i. V. m. Abs. 2 und Abs. 4 S. 2 FAG) erfaßten Bereichen wurde schließlich in den Gebieten des Satelliten- und Mobilfunks „Randwettbewerb" ermöglicht[3]. Ob die Bedingungen der hierfür grund-

11

---

[1] Vgl. aber *Mestmäcker*, FS Steindorff 1990, 1045, 1050 ff. Zur Legaldefinition s. nunmehr § 3 Nr. 13 TKG; dazu *Ruffert*, AöR 124 (1999), 237, 241 ff.; *Schneider*, ZHR 164 (2000), 513, 514 ff.; *Eisenblätter*, Regulierung in der Telekommunikation, 2000, S. 108 ff.
[2] BR-Drucks. 214/88 v. 27. 5. 1988; vgl. *Gramlich*, VerwArch 1997, 618.
[3] Vgl. *Plagemann*, CR 1990, 317 ff.; *Rütter*, ArchPF 1991, 406 ff.; *Gramlich*, VerwArch 1997, 620.

legenden Verleihung nach § 2 FAG (mittels Verwaltungsakts oder verwaltungsrechtlichen Vertrags) beachtet wurden, unterlag nach § 6 Abs. 1 FAG staatlicher „Überwachung".

12 Seit der zweiten Postreform kennzeichnete § 1 PTRegG die „**Regulierung der Telekommunikation**" als „hoheitliche Aufgabe des Bundes"[1], und § 2 Abs. 1 dieses (nach § 23 zum 31. 12. 1997 befristeten) Gesetzes formulierte – im Einklang mit Art. 87f Abs. 1 GG –, ihr Zweck sei es sicherzustellen, daß „flächendeckend angemessene und ausreichende Dienstleistungen erbracht werden"[2]. Die Überwachungsbefugnis des BMPT nach § 3 Abs. 1 PTRegG – im Hinblick auf die Vorschriften des PTRegG wie des FAG – bezog sich nicht mehr allein auf die DTAG (als Inhaber ausschließlicher Rechte nach § 1 Abs. 2, 4 FAG[3]), sondern auch auf Personen, die gemäß § 2 Abs. 1 oder § 3 FAG „auf Grund einer Rechtsverleihung tätig werden dürfen". § 3 Abs. 2 PTRegG wies dem BMPT „zur Sicherung einer effizienten und störungsfreien Nutzung von Frequenzen" zudem die Aufgaben der Frequenzverwaltung zu. Im Zusammenhang damit bestimmte § 15 Abs. 2 Nr. 1 PTRegG die Aufgabe von beim BMPT zu bildenden „unabhängigen Beschlußkammern" (§ 15 Abs. 1) dahin, daß diesen die Aufsicht über die „Einhaltung der Verpflichtungen, Auflagen und Anordnungen" obliege, „die auf Grund des § 3 Abs. 1 (PTRegG) erlassen worden sind". Wie dies erfolgen könne, blieb jedoch offen, insbesondere weil § 6 FAG gestrichen wurde und die Vorgabe, die Ziele der Regulierung (§ 2 Abs. 2) seien „mit möglichst marktkonformen Maßnahmen zu verfolgen" (§ 2 Abs. 3 PTRegG), überaus vage war[4].

13 Nach Art und Inhalt setzte im übrigen das PTRegG an den **Instrumenten** des PostVerfG an und bewirkte sohin eine **„asymetrische" Regulierung**, welche im wesentlichen nur das Verhalten der „Nachfolgeunternehmen" der Deutschen Bundespost (und) in Monopolbereichen betraf[5]. Diese

---

1 Vgl. *Stober/Moelle/Müller/Dehn*, in: Stern, Postrecht der Bundesrepublik Deutschland, 1997 ff., § 1 PTRegG Rz. 15 ff. *Ruffert*, AöR 124 (1999), 237, 241 ff.
2 Vgl. näher *Stober/Moelle/Müller-Dehn*, in: Stern, Postrecht der Bundesrepublik Deutschland, 1997 ff., § 2 PTRegG Rz. 13 ff.
3 I. d. F. von Art. 5 Nr. 1 lits. b), d) PTNeuOG.
4 Vgl. *Gramlich*, VerwArch 1997, 625; *Stober/Moelle/Müller-Dehn*, in: Stern, Postrecht der Bundesrepublik Deutschland, 1997 ff., § 2 PTRegG Rz. 61 ff.
5 Dazu *J. Scherer*, CR 1994, 418, 422 ff.; *Gramlich*, NJW 1994, 2785, 2792; *Königshofen*, ArchPT 1995, 112, 120 ff.; *Fangmann/Lörcher/Scheurle/Schwemmle*, Telekommunikations- und Postrecht, 2. Aufl. 1996, 303 ff.; ferner *Holznagel u. a.*, Grundzüge des Telekommunikationsrechts, 2000, S. 45 f.; *Weber/Rommersbach*, in: Manssen, Telekommunikations- und Multimediarecht, 1999 ff., C § 66 Rz. 12.

Feststellung gilt insbesondere für die Genehmigungs- und Widerspruchsrechte nach § 4 PTRegG und den Ausgleich zwischen Monopol- und Wettbewerbsdiensten (auch) bei der DTAG (§ 7)[1]; die Abschöpfung von Mehrerlösen (§ 6) war hingegen kartellrechtlich inspiriert (§ 37b GWB a. F.). Eine Fortsetzung fanden im PTRegG auch die Ermächtigungen an die Bundesregierung, Rechtsverordnungen der Telekommunikation zu Pflichtleistungen (§ 8), Verbraucherschutz (§ 9)[2] und Datenschutz (§ 10)[3] zu erlassen. Insoweit wurde ebenfalls eine Kontrollzuständigkeit der Beschlußkammern begründet (§ 15 Abs. 2 Nr. 2–4 PTRegG).

Die politisch-hoheitliche **Organisation** blieb insoweit dem Bisherigen verhaftet, als dem BMPT weiterhin ein Beratungs- und Beschlußgremium mit neuer Bezeichnung („Regulierungsrat"), aber im wesentlichen unveränderter Zusammensetzung, Aufgabenstellung und Mitwirkungsrechten zur Seite stand (§§ 11 ff. PTRegG). 14

Neu konzipiert – in Anlehnung an das Kartellverfahrensrecht (§§ 51 ff. GWB a. F.)[4] – wurde freilich der 4. Abschnitt des PTRegG über „**Beschlußkammern** und Verfahren". Mit drei Beamten des höheren Dienstes (§ 15 Abs. 4, 5) besetzte Gremien sollten in Wahrnehmung der ihnen zugewiesenen Aufsichts-Aufgaben[5] Verfügungen treffen (§ 15 Abs. 3 i. V. m. § 18 PTRegG). Die Einleitung eines Verfahrens konnte von Amts wegen oder auf Antrag erfolgen (§ 16 Abs. 1). Beteiligt waren stets Antragsteller und/oder das Unternehmen, gegen die sich das Verfahren richtet (§ 16 Abs. 2 Nr. 1, 2); jedoch sah § 16 Abs. 2 Nr. 3 PTRegG zudem (auf diesbezüglichen Antrag hin) die „Beiladung" von Personen oder Personenvereinigungen vor, deren Interessen durch die Entschei- 15

---

1 Vgl. *Schroeder*, in: Stern, Postrecht der Bundesrepublik Deutschland, 1997 ff., § 7 PTRegG Rz. 5 ff., 18 ff.
2 Vgl. *Stober/Moelle/Müller-Dehn*, in: Stern, Postrecht der Bundesrepublik Deutschland, 1997 ff., § 9 PTRegG Rz. 6 ff., sowie die Telekommunikations-Kundenschutzverordnung (TKV 1995) v. 19. 12. 1995, BGBl. I 1995, S. 2020.
3 Vgl. *Stober/Moelle/Müller-Dehn*, in: Stern, Postrecht der Bundesrepublik Deutschland, 1997 ff., § 10 PTRegG Rz. 10 ff., sowie die Verordnung über den Datenschutz für Unternehmen, die Telekommunikationsdienstleistungen erbringen (Telekommunikationsdienstunternehmen-Datenschutzverordnung – TDSV) v. 12. 7. 1996 (BGBl. I 1996, S. 982), an deren Stelle zum 21. 12. 2000 die Telekommunikations-Datenschutzverordnung (TDSV) v. 18. 12. 2000 (BGBl. I 2000, S. 1740) trat; zu dieser *Königshofen*, DuD 2001, 85 ff.
4 Und der „hierzu entwickelten Rechtspraxis", so mehrfach die Begründung des Gesetzesentwurfs, BT-Drucks. 12/6718 v. 1. 2. 1994, S. 110; krit. *J. Scherer*, CR 1994, 426.
5 Sie sollten sich lediglich „auf Maßnahmen einer Ex-post-Aufsicht in Einzelfällen beziehen", jedoch nicht auch „politisch gestaltende Entscheidungen, wie z. B. die Vergabe von Lizenzen", umfassen (BT-Drucks. 12/6718 v. 1. 2. 1994, S. 110).

dung „erheblich berührt" werden (konnten). § 17 Abs. 1 schrieb eine Anhörung der Beteiligten vor; auch Verbraucher-„Vertretern" durfte Gelegenheit zur Stellungnahme gegeben werden (Abs. 2). Die in § 17 Abs. 3 PTRegG als Regel normierte Entscheidung „auf Grund mündlicher Verhandlung" ist ein weiterer Beleg für die einem Gerichtsprozeß angenäherte Verfahrensausgestaltung.

16 Besonderheiten waren zum einen für das **„Vorverfahren"** vorgesehen: Zwar glich der notwendige Zwischenschritt vor Erhebung einer Anfechtungs- oder Verpflichtungsklage nach § 42 Abs. 1 VwGO (s. § 19 PTRegG) nicht nur in der Bezeichnung dem ordentlichen Widerspruchsverfahren nach §§ 68 ff. VwGO, sondern auch in den Bestimmungen über Einlegung, Form und Frist des Rechtsbehelfs (§ 20 Abs. 1, 2) sowie über Abhilfe- oder Widerspruchsentscheidung (§ 20 Abs. 4, 5) und den Lauf der Klagefrist (§ 20 Abs. 6 PTRegG). Die vorgerichtliche Kontrolle fügte sich zudem in die Ausnahmeregelung des § 68 Abs. 1 S. 2 Nr. 1 VwGO ein. Ungewöhnlich hingegen war die Verpflichtung der über den Widerspruch entscheidenden „anderen" Beschlußkammer (§ 20 Abs. 3 i. V. m. § 19 Abs. 1 PTRegG)[1], „auf eine gütliche Einigung der Beteiligten hinzuwirken" – nach Überschrift des Abschnitts wie des Paragraphen eine „Schlichtung", wie sie ansonsten eher als „Güteverfahren" aus dem Arbeitsrecht bekannt ist (§ 54 ArbGG)[2].

17 Zum anderen behielt § 21 PTRegG dem BMPT **Einwirkungsmöglichkeiten** auf die Tätigkeit der Beschlußkammern vor, die gerichtlichen Spruchkörpern gegenüber an der verfassungsrechtlich gewährleisteten (sachlichen) Unabhängigkeit (Art. 97 Abs. 1 GG) hätten scheitern müssen. Sowohl zu veröffentlichende verhaltenssteuernde Richtlinien als auch nachträgliche Eingriffe „im Interesse der Politik der Bundesrepublik Deutschland" sollten zulässig sein, wobei letztere allerdings nur eine neue Entscheidung, nicht notwendig eine Korrektur der ersten bewirken konnten (Abs. 2 S. 3)[3].

---

1 Nur in dieser Zuständigkeitsverschiebung sieht die Entwurfsbegründung eine Besonderheit (BT-Drucks. 12/6718 v. 1. 2. 1994, S. 110).
2 Die Gesetzesmaterialien besagen hierzu nichts; auch jeder Hinweis auf die EG-rechtliche Vorgabe fehlt. Ohne Vertiefung auch *Oertel*, Die Unabhängigkeit der Regulierungsbehörde nach §§ 66 ff. TKG, 2000, S. 78.
3 Die Vorschrift verdeutliche, daß der BMPT gemäß Art. 65 S. 2 GG „die Richtlinienkompetenz (!) für sein Ressort auch im Verhältnis zu den Beschlußkammern innehat" (BT-Drucks. 12/6718 v. 1. 2. 1994, S. 110).

8.1.1.4 Übergangsprobleme

Die Vorschriften über Errichtung, Sitz und Rechtsstellung der Regulierungsbehörde (§ 66 TKG) und über das (Beschlußkammer-)Verfahren (§§ 73–79) traten zum 1. 1. 1998 **in Kraft** (§ 100 Abs. 1 S. 1), die Bestimmungen über den Beirat, dessen Geschäftsordnung, Vorsitz und Sitzungen (§§ 67, 68) zum 1. 10. 1997 (§ 100 Abs. 1 S. 2 TKG). Die übrigen Regelungen des TKG – formell-organisatorischer wie materiell-rechtlicher Art – galten hingegen vorbehaltlich des § 100 Abs. 1 S. 4, Abs. 2 bereits ab 1. 8. 1996 (§ 100 Abs. 1 S. 3).

18

Wenn und soweit daher der BMPT 17 Monate als Regulierer, der Regulierungsrat 15 Monate als Beirat fungierte, mußte diese kommissarische Aufgabenwahrnehmung bereits im Rahmen und mit den Instrumenten des TKG erfolgen[1]. Dort finden sich allerdings in § 97 Abs. 2 und 3 „Übergangsvorschriften", die zum einen Teile des FAG und des PTRegG bis Ende 1997 modifiziert aufrechterhielten, darüber hinaus aber die Wirksamkeit der in diesem Zeitraum erfolgten Vorgaben und Genehmigungen (nach PTRegG) bis längstens zum 31. 12. 2002 befristen[2]. Für bis Ende 1997 ergangene „beschwerende" Verfügungen der „alten" Beschlußkammern im Bereich des Sprachtelefondienstes war einerseits § 80 TKG vorbehaltlos anwendbar; andererseits war eine verwaltungsgerichtliche Kontrolle nach dem 1. 1. 1998 allenfalls im Hinblick auf eine Feststellung sinnvoll, ob diese Verwaltungsakte rechtswidrig gewesen waren (und so eine Grundlage für Schadensersatzansprüche gegeben sein könnte). Ein auf Genehmigungserteilung gerichtetes Verpflichtungsbegehren hingegen konnte von diesem Datum an allein nach Maßgabe der Entgeltregulierungsvorschriften des neuen Rechts (§§ 24 ff. TKG, TEntgV[3]) Erfolg haben, nach vorheriger (behördlicher) Prüfung durch eine neue, im Einklang mit § 73 TKG zusammengesetzte Beschlußkammer.

19

---

[1] Vgl. *Scheurle*, in: Witte, Das Telekommunikationsgesetz 1996, 1996, S. 61; des Näheren *Oertel*, Die Unabhängigkeit der Regulierungsbehörde nach §§ 66 ff. TKG, 2000, S. 86 ff.
[2] Dies geschah, „um dem Unternehmen Deutsche Telekom AG für die Übergangszeit ausreichende Planungssicherheit zu geben und um so ein sicheres investives Umfeld für den Börsengang des Unternehmens zu gewährleisten", BR-Drucks. 80/96 v. 9. 2. 1996, S. 58.
[3] Telekommunikations-Entgeltregulierungsverordnung v. 1. 10. 1996, BGBl. I 1996, S. 1492.

8.1.2 Allgemeine organisatorische Fragen

8.1.2.1 Die Regulierungsbehörde als „unabhängige Bundesoberbehörde"

20 „Der rechtliche Status und die Ausstattung der Regulierungsbehörde war . . . einer der zentralen rechtlichen Diskussions- und politischen Streitpunkte"[1]. Nach § 70 S. 1 des Diskussionsentwurfs vom Mai 1995 sollte sie ein „**unabhängiges** und nur dem Gesetz unterworfenes **Organ**" sein, den Referentenentwürfen vom Juli und Oktober 1995 zufolge eine „oberste Bundesbehörde", die „ihre fachlichen Entscheidungen unabhängig" treffe (§ 70 [§ 69] bzw. § 68). Bereits im endgültigen Gesetzesentwurf der Bundesregierung ist aber die schließlich auch in § 66 Abs. 1 TKG verwendete Formulierung zu finden, die Regulierungsbehörde für Telekommunikation und Post werde „als Bundesoberbehörde im Geschäftsbereich des Bundesministeriums für Wirtschaft" errichtet. Nur die Begründung der Vorlage verlautet noch, die „Regulierungsinstanz" müsse „ihre fachliche Entscheidung möglichst unabhängig treffen"[2] können.

21 Eine „Unabhängigkeit" im Sinne ministerialfreier Verwaltung[3] hätte im Hinblick auf die parlamentarische Verantwortlichkeit der Regierung (Art. 63, 67, 68 GG) einer eindeutigen verfassungsrechtlichen Absicherung bedurft, wie dies beim Bundesrechnungshof direkt (Art. 114 Abs. 2), bei der Deutschen Bundesbank über Art. 88 S. 2 GG zumindest mittelbar der Fall ist. Jedoch ist die im Telekommunikationssektor für notwendig erachtete **Unabhängigkeit** ohnehin von einer anderen Art, sie betrifft nicht (primär)[4] den Binnenraum staatlicher Verfaßtheit: Vielmehr gab schon Art. 6 der Kommissions-Richtlinie 88/301/EWG[5] den Mitgliedstaaten der Europäischen (Wirtschafts-)Gemeinschaft auf zu ge-

---

1 *Scheurle/Lehr/Mayen*, Telekommunikationsrecht, 1997, 1, 16; s. a. *Ludl*, JA 1998, 431, 434.
2 BR-Drucks. 80/96 v. 9. 2. 1996, S. 51; zur Genese auch *Oertel*, Die Unabhängigkeit der Regulierungsbehörde nach §§ 66 ff. TKG, S. 200 ff.
3 Vgl. *Ulmen/Gump*, CR 1997, 396, 398; *Nolte*, CR 1996, 459, 464; *Paulweber*, Regulierungszuständigkeiten in der Telekommunikation, 1999, 109 f.; *Schneider*, ZHR 164 (2000), 537; *Eisenblätter*, Regulierung in der Telekommunikation, 2000, S. 126 f.
4 Anders jedoch, solange eine maßgebliche staatliche Beteiligung an einem Telekommunikationsunternehmen besteht, wie (noch) im Hinblick auf die DTAG, wo für den Aktionär Bund das Bundesministerium der Finanzen sowie die Bundesanstalt für Post und Telekommunikation Deutsche Bundespost tätig werden; vgl. *Burmeister/Röger*, in: Stern, Postrecht der Bundesrepublik Deutschland, 1997 ff., § 3 BAPostG Rz. 10 ff., 23 ff.; *Windhorst*, CR 1998, 281, 285; *Manssen*, ArchPT 1998, 236, 237.
5 Vom 16. 5. 1988 über den Wettbewerb auf dem Markt für Telekommunikations-Endgeräte, ABlEG Nr. L 131, S. 73. S. hierzu EuGH v. 9. 11. 1995 – Rs. C-91/94, EuZW 1996, 401, 402.

währleisten, daß die Festschreibung von technischen und sonstigen Spezifikationen, die Kontrolle ihrer Anwendung sowie die Zulassung „von einer Stelle vorgenommen werden, von der die im Bereich der Telekommunikation Waren und/oder Dienstleistungen anbietenden öffentlichen oder privaten Unternehmen unabhängig sind"; ihr Erwägungsgrund 17 verwies hierfür auf den ansonsten gegebenen „offenkundigen Interessenkonflikt"[1]. Art. 2 Abs. 2 tir. 3 der Richtlinie 95/62/EG des Europäischen Parlaments und des Rates[2] übernahm diese Konzeption als Begriffsbestimmung (Behörde bzw. Stelle, die von den Telekommunikationsorganisationen[3] „rechtlich getrennt und funktionell unabhängig" sind); in einem neueren Rechtsakt wurde allein auf eine staatliche Betrauung mit Regulierungsfunktionen abgehoben[4]. Am weitesten konkretisiert wurden mitgliedstaatliche Pflichten im Hinblick auf die Organisation der Regulierung durch die Anpassungs-Richtlinie 97/51/EG[5]; Art. 1 Nr. 6 schreibt nicht nur (erneut) vor, nationale Regulierungsbehörden müßten sich „rechtlich von allen Organisationen unterscheiden, die Telekommunikationsnetze, -geräte oder -dienste bereitstellen, und von diesen funktionell unabhängig sein", sondern fordert zudem, daß „Mitgliedstaaten, wenn sie Eigentum an Organisationen behalten, die Telekommunikationsnetze und/oder -dienste bereitstellen, oder über diese eine wesent-

---

1 Dessen Vermeidung dienen auch gegen persönliche Verflechtungen gerichtete Unvereinbarkeitsregeln, wie sie in Übernahme US-amerikanischen Muster (s. *Ulmen/Gump*, CR 1997, 399) für Präsident und Vizepräsidenten der Regulierungsbehörde in § 8 Abs. 3 S. 3, 4 (und Abs. 8) des Personalrechtlichen Begleitgesetzes zum Telekommunikationsgesetz (PersBG = Art. 1 TK-BegleitG) enthalten sind; krit. *Moritz*, CR 1998, 13, 20.
2 Zur Einführung des offenen Netzzugangs (ONP) beim Sprachtelefondienst v. 13. 12. 1995, ABlEG Nr. L 321, S. 6.
3 Nach der Terminologie der EG-Richtlinien sind (bzw. waren) hierunter staatliche oder private Einrichtungen zu verstehen, denen ein Mitgliedstaat besondere oder ausschließliche Rechte zur Bereitstellung von öffentlichen Telekommunikationsnetzen und ggf. zur Erbringung von öffentlichen Telekommunikationsnetzen gewährt (s. Art. 2 Nr. 1 der Richtlinie des Rates 90/387/EWG zur Verwirklichung des Binnenmarktes für Telekommunikationsdienste durch Einführung eines offenen Netzzugangs [Open Network Provision – ONP] v. 28. 6. 1990, ABlEG Nr. 192, S. 1); s. a. EuGH v. 12. 12. 1996 – Rs. C-302/94, EuZW 1995, 252, 255 f.
4 Vgl. Art. 2 Abs. 2 lit. g) der Richtlinie 98/10/EG des Europäischen Parlaments und des Rates v. 26. 2. 1998 über die Anwendung des offenen Netzzugangs (ONP) beim Sprachtelefondienst und den Universaldienst im Telekommunikationsbereich in einem wettbewerbsorientierten Umfeld, ABlEG Nr. L 101, S. 24.
5 Richtlinie des Europäischen Parlaments und des Rates v. 6. 10. 1997 zur Änderung der Richtlinien 90/387/EWG und 92/44/EWG des Rates zwecks Anpassung an ein wettbewerbsorientiertes Telekommunikationsumfeld, ABlEG Nr. L 295, S. 23.

liche Kontrolle ausüben, eine wirksame strukturelle Trennung der hoheitlichen Funktion von Tätigkeiten im Zusammenhang mit Eigentum oder Kontrolle sicherstellen"[1].

22 In den im Rahmen des Vierten Protokolls vom 15. April 1997[2] zum Allgemeinen Übereinkommen über den Handel mit Dienstleistungen[3] eingegangenen „Zusätzlichen Verpflichtungen der Europäischen Gemeinschaften und ihrer Mitgliedstaaten" (Rn. 38) heißt es allerdings unter Ziff. 5 („Unabhängige regulierende Stellen") noch, die Regulierungsbehörde sei „getrennt von jedem Anbieter von Basistelekommunikationsdienstleistungen[4]" und diesem „nicht verantwortlich"; zudem müßten ihre Entscheidungen und Verfahren „im Hinblick auf alle Marktteilnehmer unparteiisch" sein[5].

23 Im Hinblick auf die **Vorgaben des EG- wie des WTO-Rechts** muß also die Regulierungsbehörde nicht rechtlich „unabhängig", d. h. als juristische Person des öffentlichen Rechts, etwa als Anstalt, verselbständigt werden, sondern darf Teil der unmittelbaren Bundesverwaltung sein. Weiter braucht ihr nicht die Stellung einer obersten Bundesbehörde eingeräumt zu werden[6]. Entscheidet sich aber der Gesetzgeber für die Wahrnehmung (eines wesentlichen Teils) der Regulierungsaufgaben durch eine Bundesoberbehörde, so erfordert diese Einordnung in einen ministeriellen Geschäftsbereich auch Regelungen über das Verhältnis zum Ressortminister. So bedarf die Geschäftsordnung der Regulierungsbehörde der Bestätigung durch das Bundesministerium für Wirtschaft und Technologie (§ 66 Abs. 2 S. 2), und § 66 Abs. 5 TKG setzt eine

---

1 Eingefügt als Art. 5 a (Abs. 2) in die Richtlinie 90/387/EWG; s. a. den 9. Erwägungsgrund der Anpassungs-Richtlinie; dazu *Schneider*, ZHR 164 (2000), 536 f.; *Oertel*, Die Unabhängigkeit der Regulierungsbehörde nach §§ 66 ff. TKG, 2000, 105 ff.
2 BGBl. II 1997, S. 1990.
3 General Agreement on Trade in Services (GATS) v. 15. 4. 1994, BGBl. II 1994, S. 1643.
4 In den Anlagen zum GATS – „zur Telekommunikation" (BGBl. II 1994, S. 1664) bzw. zu „Verhandlungen über Basistelekommunikation" (BGBl. II 1994, S. 1666) – wie in einem zur Schlußakte von Marrakesch über die Ergebnisse der multilateralen Handelsverhandlungen der Uruguay-Runde gehörenden Minister-Beschluß „zu Verhandlungen über Basistelekommunikation" (BGBl. II 1994, S. 1673) wird insoweit pauschal auf den Handel mit „Telekommunikationsnetzen und -diensten" Bezug genommen. Eine nicht sehr präzise Definition „öffentlicher" TK-Netze und Dienste enthält die Anlage zur Telekommunikation in Nr. 3 litt. b), c).
5 Hierzu auch *Strivens/Bratby*, International Regulatory Framework, in: Scherer, Telecommunication Laws in Europe, 24.10., 24.13, 24.20.
6 Zweifelnd *Schwintowski*, CR 1997, 630, 636; wie hier *Weber/Rommersbach*, in: Manssen, Telekommunikations- und Multimediarecht, 1999 ff., C § 66 Rz. 15.

Befugnis zu „allgemeinen Weisungen" gegenüber der Oberbehörde voraus[1]. Ohnehin ist es der Regierung bzw. deren zuständigem Mitglied vorbehalten, die auch in Zukunft anfallenden (hoch)politischen Probleme im Bereich der Telekommunikation (wie des Postwesens) zu behandeln.

Die **ministeriellen Aufgaben**, für deren Erfüllung eine eigene Abteilung (VII) mit Unterabteilungen für Telekommunikation und Post bzw. für Frequenzpolitik verantwortlich zeichnet[2], umfassen vor allem die Erarbeitung und Weiterentwicklung ordnungspolitischer Konzeptionen sowie vorbereitende Maßnahmen zu deren Umsetzung (durch Gesetze, Rechts- und Verwaltungsvorschriften) im nationalen, europäischen und weltweiten Umfeld, die Vertretung der Bundesrepublik Deutschland in regionalen und universellen Internationalen Organisationen[3] mit Kompetenzen im Telekommunikations(- und Post)sektor sowie die Beaufsichtigung der Aktivitäten der Regulierungsbehörde. Ausmaß und Intensität dieser Kontrolle reichen teils weiter als eine bloße Rechtsaufsicht; insbesondere gegenüber Beschlußkammern bleiben sie jedoch hinter deren Mitteln zurück, scheidet selbst eine Beanstandung aus. 24

Die Regeln zur Bestellung der Behördenleitung, das notwendige Zusammenwirken von Bundesregierung, Beirat und Bundespräsident (§ 66 Abs. 3, 4 TKG), sollen und können andererseits in Verbindung mit der vorgesehenen 5jährigen Amtsdauer zu einer gewissen „personellen" **Autonomie** der Spitze beitragen[4]. Ähnlich vermag § 66 Abs. 5 TKG, indem in bezug auf regulierungsbehördliche „Entscheidungen" nur „allgemeine" Weisungen vorgesehen werden und diese überdies im Bundesanzeiger zu veröffentlichen sind[5], einem Hineinregieren in die tägliche Regulierungspraxis zu wehren. Im Unterschied zu § 21 PTRegG ist hier eine 25

---

1 Von einer „sachlich steuernden Funktion" sprechen *Ulmen/Gump*, CR 1997, 401; s. a. Beck TKG-Komm/*Geppert*, § 66 Rz. 18 ff.; *Windhorst*, CR 1998, 340, 342; *Gramlich*, CR 2000, 816, 822.
2 Vgl. zur Kurzinfomation die Homepage des Ministeriums (http://www.bmwi.de).
3 Außer in der I.T.U. etwa im Rahmen des INTELSAT-, EUTELSAT- und INMARSAT-Übereinkommens.
4 Ähnlich *Windhorst*, CR 1998, 343.
5 Vorbild dieser Regelung ist § 49 GWB a. F. (§ 52 GWB i. d. F. der Bek. v. 26. 8. 1998, BGBl. I 1998, S. 2546); hier sollen freilich auch Einzelweisungen des Ressortministers zulässig sein, *Klaue*, in: Immenga/Mestmäcker, GWB, 2. Aufl. 1992, § 48 Rz. 11 ff.; *Bechtold*, GWB-Kommentar, 1993, § 49 Rz. 1 f. Ebenso für das TKG Beck TKG-Komm/*Geppert*, § 66 Rz. 20 f.; *Windhorst*, CR 1998, 342; *Badura*, in: Badura u. a., Beck'scher PostG-Kommentar, § 44 Rz. 64 f.; krit. *Gramlich*, CR 2000, 822; weiter differenzierend *Schneider*, ZHR 164 (2000), 536, 540 ff., im Anschluß an *Oertel*, Die Unabhängigkeit der Regulierungsbehörde nach §§ 66 ff. TKG, 2000, S. 348 ff.

nachträgliche Einflußnahme ausgeschlossen. So begründete der Postausschuß die vom Regierungsentwurf abweichende Fassung des § 80 Abs. 1 TKG gerade damit, „für den Status und die Unabhängigkeit der Regulierungsbehörde" sei es „erforderlich, daß nicht jede Entscheidung durch das zuständige Bundesministerium kassiert werden kann"[1]. Ministererlaubnisse wie nach §§ 8 und 42 GWB kennt das TKG nicht[2].

26 Endlich mag sich auch aus dem im Vergleich zum Regulierungsrat erheblich geringeren Gewicht des Beirats ein Mehr an „Politikunabhängigkeit"[3] ergeben.

27 Unabhängigkeit auf Grund von Organisation und Verfahren ergibt sich bei wesentlichen Entscheidungen der Regulierungsbehörde daraus, daß diese von speziellen **„Beschlußkammern"** getroffen werden und deren Zusammensetzung teils sogar schon durch das TKG selbst festgelegt wird (§ 73 Abs. 1, 3). Als „unabhängig" werden diese Gremien allerdings nur (noch) in den Materialien[4], nicht (mehr) im Gesetz selbst bezeichnet. Daß überdies ihre Bildung (genaue Zahl, Aufgabenzuordnung und -abgrenzung) vom Bundesminister für Wirtschaft bestimmt wird (§ 73 Abs. 1 S. 3)[5], läuft der angestrebten Abkoppelung von der Tagespolitik eher zuwider.

28 Außer der Präsidentenkammer (Rn. 30) existieren bisher vier weitere Beschlußkammern, mit **Kompetenzen** für Entgeltregulierung Telefondienst und Übertragungswege, Lizenzklasse 3 (2. Kammer), besondere Mißbrauchsaufsicht und nachträgliche Entgeltregulierung Telekommunikation (3. Kammer) bzw. besondere Netzzugänge, einschließlich Zusammenschaltungen (4. Kammer); Beschlußkammer 5 obliegt die Entgeltregulierung und besondere Mißbrauchsaufsicht über Postmärkte.

---

1 BT-Drucks. 13/4864 v. 12. 6. 1996, S. 82.
2 *Ulmen/Gump*, CR 1997, 401; *Eisenblätter*, Regulierung in der Telekommunikation, 2000, S. 280; abweichend *Paulweber*, Regulierungszuständigkeiten in der Telekommunikation, 1999, S. 104.
3 Vgl. die Wiedergabe der Auffassungen des Ausschusses für Wirtschaft, BT-Drucks. 13/4864 v. 12. 6. 1996, S. 72; zu diesem Kriterium *Rittaler*, WuW 1996, 699, 703 f.; *Möschel*, MMR-Beil. 3/1999, 3, 5; ferner *Eisenblätter*, Regulierung in der Telekommunikation, 2000, S. 271 f.
4 BT-Drucks. 13/4864 v. 14. 7. 1996, S. 82.
5 Vgl. *Oertel*, Die Unabhängigkeit der Regulierungsbehörde nach §§ 66 ff. TKG, 2000, S. 206 f.; *Weber/Rommersbach*, in: Manssen, Telekommunikations- und Multimediarecht, 1999 ff., C § 66 Rz. 26.

8.1.2.2 Errichtung, Organisationsstruktur, Sitz

Die „Errichtung" einer neuen Behörde geht einher mit ihrer (angemessenen) Personal- und Sachausstattung. Da hier teils die Regulierungsbehörde, teils Bundesministerien – insbesondere das Ressort für Wirtschaft und Technologie – **Funktionsnachfolger des BMPT** sind, konnte auf vorhandene Ressourcen zurückgegriffen werden, zumindest soweit die bisherigen Beschäftigten auch für die neuen bzw. modifizierten Aufgaben hinreichend geeignet waren. Demzufolge sah § 1 PersBG Überleitungsmaßnahmen für die Bediensteten vor: Während Beamte und andere Arbeitnehmer des BMPT zur Regulierungsbehörde oder zu Bundesministerien – nicht notwendig nur dem Wirtschaftsressort – versetzt wurden (Abs. 1), wurde das Personal des BAPT ohne weiteres „übernommen", soweit dessen Beschäftigte nicht bis zum 1. 1. 1998 ausschieden oder zu einer anderen Behörde versetzt wurden (Abs. 2). Im Hinblick auf Stellenplan und Ämterbewertung (§ 2), aber auch beim Besoldungs- und Tarifrecht (§§ 7, 9 PersBG) gelten besondere Regelungen, teils aus Bestandsschutzerwägungen heraus, teils um hinreichend qualifizierte Personen für wichtige Positionen bei der Regulierungsbehörde gewinnen zu können.

29

Die **Organisationsstruktur** der Regulierungsbehörde wird durch gesetzliche Bestimmungen eher vage abgesteckt. Näheres zu Geschäftsverteilung und Geschäftsgang regelt eine (unveröffentlichte) Geschäftsordnung des Präsidenten (§ 66 Abs. 2 S. 2 TKG)[1]. Die Leitung der Behörde ist nur auf den ersten Blick kollegial: Zwar amtieren neben dem Präsidenten zwei Vizepräsidenten; als Gremium („Ausschuß" i. S. v. §§ 88 ff. VwVfG) werden diese drei Personen jedoch nur tätig, wenn sie in den Fällen der §§ 11 und 19 TKG als Beschlußkammer fungieren (§ 73 Abs. 3 TKG). Im übrigen steht der Präsident allein an der Spitze der Behörde; ihm obliegt die Leitung (§ 66 Abs. 2 S. 1) nach innen (Geschäftsführung) wie nach außen (Vertretung, § 66 Abs. 2 S. 2 TKG). Zulässig war es jedoch, Verantwortung für die fünf Abteilungen (Rn. 28) auf die Vizepräsidenten zu übertragen.

30

Die **Bestellung des Präsidenten (und der Vizepräsidenten)** erfordert zunächst einen Vorschlag des Beirats (§ 66 Abs. 3 S. 1 i. V. m. § 69 Nr. 1 TKG). Die Bundesregierung ist hieran nicht gebunden, muß jedoch, bevor sie selbst endgültig entscheidet[2], dem Beirat eine zweite Gelegenheit zur Nennung geeigneter Personen geben (§ 66 Abs. 3 S. 3, 4). Beson-

31

---

1 Angelehnt an § 48 Abs. 2 S. 2 GWB a. F. (§ 51 Abs. 2 S. 2 GWB 1998); s. *Klaue*, in: Immenga/Mestmäcker, GWB, 2. Aufl. 1992, § 48 Rz. 8.
2 Vgl. *Weber/Rommersbach*, in: Manssen, Telekommunikations- und Multimediarecht, 1999 ff., C § 66 Rz. 39.

dere fachliche Kenntnisse fordert das Gesetz von den Kandidaten nicht, aus § 73 (Abs. 4) TKG folgt im Hinblick auf eine Ergänzung des Abs. 3 S. 1 ebd.[1] nicht mehr, daß auch Präsident und Vizepräsidenten die Befähigung für eine Laufbahn des höheren Dienstes (§§ 11 Abs. 2, 13 Abs. 2 Nr. 4 BRRG, § 19 BBG) erworben haben müssen. Die Ernennung ist in Anlehnung an Art. 60 Abs. 1 GG Sache des Bundespräsidenten. Den Vorschlag des Kabinetts wird er nur aus Rechtsgründen zurückweisen dürfen[2].

32 Wie bei der Deutschen Bundesbank (§§ 7 Abs. 4, 8 Abs. 5 BBankG) und früher beim Vorstand der DBP TELEKOM (und der anderen öffentlichen Post-Unternehmen – § 12 Abs. 3, § 47 Abs. 1 PostVerfG – sowie bei der Deutschen Bundesbahn) sind Präsident und Vizepräsidenten der Regulierungsbehörde nicht (Bundes-)Beamte[3], sondern stehen in einem **öffentlich-rechtlichen Amtsverhältnis** zum Bund, welches in der Regel auf fünf Jahre befristet ist, aber verlängert werden kann (§ 8 Abs. 1, 8 PersBG). Eine vorzeitige Entlassung ist nur auf eigenes Verlangen hin oder (durch Beschluß der Bundesregierung) dann vorgesehen, wenn ein „wichtiger Grund" vorliegt (§ 8 Abs. 5 PersBG).

33 Das Verhältnis zur Anstellungskörperschaft wird durch einen (verwaltungsrechtlichen) Vertrag mit dem Bundesministerium für Wirtschaft geregelt, welcher der Zustimmung der Bundesregierung bedarf und den Vorgaben des § 8 Abs. 3, 4 Rechnung tragen, also insbesondere Unvereinbarkeitsregelungen ähnlich Art. 66 GG[4] beinhalten muß (§ 8 Abs. 3 PersBG).

34 Von diesen Vorschriften abgesehen, obliegt die nähere **Ausgestaltung der behördlichen Organisation** („Einrichtung") dem Präsidenten im Rahmen der personal- und haushaltsrechtlichen Möglichkeiten. Hierbei muß(te) den Beschlußkammern[5] eine herausgehobene Stellung eingeräumt werden. Bei der Behördenspitze anzusiedeln sind die Beziehungen zum Beirat, aber auch Öffentlichkeitsarbeit und Prozeßführung. Im übrigen wurde die frühere (BMPT-)Unterscheidung zwischen einer Zen-

---

1 Durch Art. 2 Abs. 34 Nr. 1 lit. a) TK-BegleitG; zur Begründung s. BT-Drucks. 13/8776 v. 15. 10. 1997, S. 39.
2 Vgl. zur parallelen Befugnis gem. Art. 60 Abs. 1 GG *Pieroth*, in: Jarass/Pieroth, Grundgesetz, 3. Aufl. 1995, Art. 60 Rz. 1; s. ferner § 48 Abs. 5 GWB a. F. (§ 51 Abs. 5 GWB 1998) betr. alle „Mitglieder" des Bundeskartellamts.
3 Wie dies noch in § 69 des Referentenentwurfs v. Oktober 1995 vorgesehen war.
4 Die Bestimmung will Pflichten- und Interessenkollisionen vorbeugen und orientiert sich wohl am Vorbild der Federal Communications Commission (s. *Ulmen/Gump*, CR 1997, 399); krit. *Weber/Rommersbach*, in: Manssen, Telekommunikations- und Multimediarecht, 1999 ff., C § 66 Rz. 25.
5 Kritisch zur Mehrzahl *Knieps*, Ordo 48 (1997), 253, 265.

tralabteilung (Z) und Abteilungen für Regulierungsangelegenheiten (Telekommunikation [1], Post [2]) beibehalten, und das BAPT erhielt bei der Eingliederung in die Regulierungsbehörde die Gestalt einer weiteren Abteilung 3 (Technische Regulierung Telekommunikation). In der Folge wurden eine Abteilung Informationstechnik und Sicherheit (IS) sowie eine Abteilung (4) „Außenstellen" eingerichtet[1].

Alleiniger **Sitz** der Regulierungsbehörde ist Bonn (§ 66 Abs. 1 TKG). 35
Bedeutung hat diese Normierung für die örtliche Zuständigkeit der Gerichte, insbesondere gem. § 52 Nr. 2 VwGO. Die Einrichtung von Außenstellen[2] ist im TKG nicht ausdrücklich vorgesehen, anders als noch in § 68 Abs. 1 S. 3 des Referentenentwurfs vom Oktober 1995. Daraus ergibt sich zugleich, daß für die in die Regulierungsbehörde einbezogenen Behörden (BAPT und BZT) der frühere, nicht durch Rechtssatz festgelegte Sitz (Mainz bzw. Saarbrücken) lediglich noch die Bedeutung eines „Stand"- oder „Dienstortes" insbesondere für personalrechtliche Angelegenheiten behält[3].

8.1.3 Beirat

Im Gesetzgebungsverfahren hatte der Bundesrat „ein Mitwirkungsrecht 36 für die Länder bei den wichtigen Entscheidungen der Regulierung"[4] gefordert. Das „besondere und legitime Interesse daran, daß der grundgesetzlich normierte Infrastrukturauftrag des Bundes auch nach einer Öffnung der Telekommunikationsmärkte in vollem Umfang erfüllt wird", resultiere aus der **„Mitverantwortung" der Bundesländer** bei der „Verwirklichung des Sozialstaatsgebotes des Grundgesetzes und bei der vom Grundgesetz postulierten Herstellung gleichwertiger Lebensverhältnisse im Bundesgebiet". Von der Zustimmung eines Gremiums von Ländervertretern bei der Regulierungsbehörde solle daher „die Entscheidung grundsätzlicher Fragen der Regulierung abhängig" sein. Die Bundesregierung hatte dem entgegengehalten, die Einrichtung eines Länder-„Regulierungsrates" finde „im Grundgesetz keine Stütze"; die vom Bundesrat geforderten „Ingerenzbefugnisse" seien mit dem „Typus" einer Bundesoberbehörde nicht vereinbar; das Mitspracherecht der Länder komme durch das Zustimmungserfordernis beim Erlaß wesentlicher Rechtsver-

---
1 Vgl. die Eigendarstellung auf der Homepage (www.regtp.de) ferner den Organisationsplan in: Tätigkeitsbericht, BT-Drucks. 14/2321 v. 2. 12. 1999, S. 146.
2 Dazu *Geppert/Ruhle/Schuster*, Handbuch Recht und Praxis der Telekommunikation, S. 533; Beck TKG-Komm/*Geppert*, § 66 Rz. 9, 22; zur Übersicht s. http://www.regtp.de/behoerde/start/fs_01.html.
3 Vgl. § 2 PersBG.
4 BR-Drucks. 80/96 (Beschluß) v. 22. 3. 1996, S. 39; eingehend *Oertel*, Die Unabhängigkeit der Regulierungsbehörde nach §§ 66 ff. TKG, 2000, S. 331 ff., 451 ff.

ordnungen „in angemessener und ausreichender Weise" zum Zuge[1]. Auch der Bundestagsausschuß für Wirtschaft sprach sich gegen einen Fortbestand des Regulierungsrates aus[2].

37 Gleichwohl setzte sich in den Beratungen des Postausschusses eine modifizierte Beirats-Konzeption durch; einem Gremium aus je neun Vertretern von Bundestag und Bundesrat[3] sollen „im wesentlichen Vorschlags-, Beratungs- und Auskunftsrechte bei solchen Regulierungssachverhalten" zustehen, „bei denen es um Fragen der Infrastruktur geht"[4].

38 Die „**Aufgaben**" bzw. „Zuständigkeiten" des Beirats sind in § 69 TKG abschließend aufgeführt; sie betreffen vornehmlich „Fragen des flächendeckenden Angebots von Telekommunikationsdienstleistungen"[5]. Dies gilt vor allem im Hinblick auf das Antragsrecht[6] für Maßnahmen zur Sicherstellung des Universaldienstes (§ 69 Nr. 3) und zur Umsetzung weiterer Regulierungsziele (§ 2 Abs. 2 Nr. 2, 4)[7], in bezug auf die Mitwirkung bei Beschlußkammer-Entscheidungen über eine Lizenzvergabe nach § 11[8] und die Auferlegung von Universaldienstleistungen nach § 19 (§ 69 Nr. 2) sowie hinsichtlich der Anhörung im Rahmen der Aufstellung des Frequenznutzungsplans (§ 69 Nr. 6 i. V. m. § 46 Abs. 1 TKG). Der Ausschußbericht weist freilich darauf hin, die Ressortverantwortlichkeit des zuständigen Bundesministers (für die Tätigkeit der RegTP) werde hiervon nicht berührt[9].

---

1 BT-Drucks. 13/4438 v. 23. 4. 1996, S. 37.
2 BT-Drucks. 13/4864 v. 12. 6. 1996, S. 72.
3 Der Bundesrat strebte demgegenüber einen „Regulierungsrat" nur aus Ländervertretern an (s. § 65a seiner Stellungnahme, BR-Drucks. 80/96 [Beschluß] v. 22. 3. 1996, S. 37). Eine Anregung aus dem Bundesrat, im TK-BegleitG vorzusehen, daß „leitende Beamte" einer Landesregierung Beiratsmitglieder sein könnten (BR-Drucks. 860/1/97 v. 17.11.997), wurde nicht weiter verfolgt.
4 BT-Drucks. 13/4864 v. 12. 6. 1996, S. 74; vgl. *Ruffert*, AöR 124 (1999), 278.
5 BT-Drucks. 13/4864 v. 12. 6. 1996, S. 82 und 81.
6 Der Regulierungsbehörde obliegt ausdrücklich eine Verpflichtung, hierauf binnen sechs Wochen verbindlich zu antworten (§ 69 Nr. 3 S. 2 TKG); dazu auch *Weber/Rommersbach*, in: Manssen, Telekommunikations- und Multimediarecht, 1999 ff., C § 67 Rz. 9 f.
7 In diesem Kontext gehört auch das Beratungsrecht nach § 69 Nr. 5 i. V. m. § 81 Abs. 1 TKG.
8 Z. B. bei der Entscheidungen der Präsidentenkammer v. 3. 6. 1998 über das Verfahren zur Vergabe von Frequenzen für die Funkanbindung von Teilnehmeranschlüssen als Punkt-zu-Mehrpunkt-Richtfunk bzw. zum Vergabeverfahren über eine TFTS-Lizenz, ABl. RegTP 1998, 1519 ff., 1540 ff., v. 14. 4. 1999 über das Verfahren zur Vergabe weiterer Frequenzen im Bereich 1800 MHz für Mobilfunkanwendungen nach dem GSM-1800-Standard, ABl. RegTP 1999, 1251 ff.
9 BT-Drucks. 13/4864 v. 12. 6. 1996, S. 82.

Auch durch ein Vorschlagsrecht des Beirats „in personalrechtlichen Angelegenheiten, soweit es um die Leitung der Regulierungsbehörde geht" (§ 69 Nr. 1 TKG), soll das „Anliegen der Länder, an wesentlichen Regulierungsentscheidungen beteiligt zu werden"[1], berücksichtigt werden. Nicht nur die Gesetzesmaterialien, sondern auch der Gesetzestext (§ 66 Abs. 3 S. 4 TKG) heben allerdings das „aus verfassungsrechtlichen Gründen unabdingbare" Letztentscheidungsrecht der Bundesregierung hervor[2]; diese ist lediglich gehalten, zunächst ein- oder zweimal über vorgeschlagene Kandidaten zu befinden, bevor sie andere Personen als Präsident oder Vizepräsidenten benennen darf. 39

Für eine fundierte Beratung ist es wesentlich, daß dem Beirat gegenüber der Regulierungsbehörde Rechte auf Auskünfte und Stellungnahmen eingeräumt werden (§ 69 Nr. 4), der eine eigens normierte Auskunftspflicht der Regulierungsbehörde gegenübersteht; zur Durchsetzung der Informationsansprüche kommt ein verwaltungsrechtlicher Organstreit in Betracht[3]. Zur Förderung der gegenseitigen Kommunikation gibt § 68 Abs. 7 TKG dem Präsidenten der Regulierungsbehörde und dessen „Beauftragten" (i. d. R. leitende Mitarbeiter) ein Teilnahme- und Rede-Recht bei Beiratssitzungen, während das Gremium umgekehrt die Anwesenheit (zum Zwecke sachdienlicher Äußerung) des Präsidenten, ausnahmsweise auch seines „Stellvertreters" (Vizepräsident) verlangen kann. 40

Dem Beirat gehören 18 je zur Hälfte vom Bundestag und vom Bundesrat vorgeschlagene[4] **Mitglieder** des jeweiligen Verfassungsorgans an; ihre Ernennung – wie die von Stellvertretern[5] in gleicher Zahl – obliegt der Bundesregierung (§ 67 Abs. 1), deren Mitwirkung freilich auf die Prüfung formaler Aspekte[6] beschränkt ist. Eine Berufung in den Beirat 41

---

1 BT-Drucks. 13/4864 v. 12. 6. 1996, S. 81.
2 Dies war auch seitens des Bundesrates nicht in Abrede gestellt worden; s. § 65d Abs. 3 seines Änderungsvorschlags (BR-Drucks. 80/96 [Beschluß] v. 22. 3. 1996, S. 38).
3 Ebenso *Weber/Rommersbach*, in: Manssen, Telekommunikations- und Multimediarecht, 1999 ff., C § 67 Rz. 15.
4 Zum ersten Vorgang dieser Art s. BR-Drucks. 284/97 v. 21. 4. 1997 und BR-Drucks. 284/97 (Beschluß) v. 4. 7. 1997.
5 Diese übernehmen entweder die Aufgaben eines ausscheidenden Mitglieds bis zur Ernennung eines neuen, die „unverzüglich" (s. § 121 BGB) erfolgen soll (§ 67 Abs. 4 S. 1), oder werden bei vorübergehender Verhinderung eines Beiratsmitglieds tätig (§ 67 Abs. 4 S. 2 TKG).
6 Den Anforderungen aus §§ 1, 2 Abs. 1, 3 Abs. 1 und 5 des Gesetzes über die Berufung und Entsendung von Frauen und Männern in Gremien im Einflußbereich des Bundes (Bundesgremienbesetzungsgesetz) v. 24. 8. 1994 (BGBl. I 1994, S. 1413) wurde dabei schwerlich genügt.

erfolgt auf bestimmte Zeit[1] und kann wiederholt erfolgen (§ 67 Abs. 2 S. 1–4); eine vorzeitige Abberufung ist nur für die vom Bundesrat vorgeschlagenen Personen vorgesehen (§ 67 Abs. 2 S. 5 TKG). Ein Unterschied zu anderen ehrenamtlichen Tätigkeiten (§§ 81 ff. VwVfG) zeigt sich beim jederzeit und auch ohne wichtigen Grund zulässigen Verzicht auf die Mitgliedschaft in dem Beratungsgremium (§ 67 Abs. 3 S. 1 TKG), eine Parallele hingegen in der Vergütungsregelung des § 68 Abs. 8 TKG. Nur im Hinblick auf die Beschränkung auf Beratungs- und Vorschlagsrechte erscheint es noch hinnehmbar, daß Beiräten eine Tätigkeit bei und für Unternehmen im Telekommunikationssektor nicht untersagt ist[2].

42 „Wesentliche **Verfahrensbestimmungen**"[3] sind in § 68 Abs. 2–7 TKG gesetzlich festgeschrieben, weitere Einzelheiten einer Geschäftsordnung vorbehalten, die der (rechtsaufsichtlichen) Genehmigung des Ressortministeriums bedarf (§ 68 Abs. 1); ergänzend sind §§ 88 ff. VwVfG heranzuziehen. „Ordentliche Sitzungen", die nichtöffentlich sind (§ 68 Abs. 6)[4], sollen mindestens alle drei Monate stattfinden (§ 68 Abs. 5 S. 1); Beschlüsse außerhalb von Sitzungen können nur erfolgen, wenn weder ein Beiratsmitglied noch die Regulierungsbehörde mündliche Beratung der Angelegenheit fordert (§ 68 Abs. 4 S. 3 TKG). Während für das stets notwendige Quorum jeweils mindestens fünf Vertreter von Bundestag und von Bundesrat zugegen sein bzw. mitwirken müssen (§ 68 Abs. 3 S. 1, Abs. 4 S. 2), können bereits drei Mitglieder eine (Sonder-)Sitzung des Beirats erzwingen, auch wenn sie sämtlich von der einen Seite (Parlament oder Zweite Kammer) „entsandt" sind (§ 68 Abs. 5 S. 2 TKG). Auch auf Verlangen der Regulierungsbehörde muß der Beiratsvorsitzende eine außerordentliche Sitzung anberaumen, etwa im Hinblick auf anstehende Entscheidungen nach § 73 Abs. 3 (i. V. m. § 69 Nr. 2) TKG.

Der Beirat beschließt mit einfacher Mehrheit; bei Stimmengleichheit ist ein Antrag abgelehnt (§ 68 Abs. 3 S. 2, 3 TKG).

---

1 4 Jahre als regelmäßige Zeitspanne ergeben sich im Hinblick auf den Bundesrat unmittelbar aus dem Gesetz (§ 67 Abs. 2 S. 4), beim Bundestag durch die Bezugnahme auf die Wahlperiode nach Art. 39 Abs. 1 GG (§ 67 Abs. 2 S. 1 GG).
2 Anders offenbar *Etling-Ernst*, TKG, 1996, § 67 Rz. 4.
3 So BT-Drucks. 13/4864 v. 12. 6. 1996, S. 81.
4 Daß für Sonder-Sitzungen etwas anderes gelten solle, ist weder aus den Materialien noch sonst ersichtlich; wie hier *Weber/Rommersbach*, in: Manssen, Telekommunikations- und Multimediarecht, 1999 ff., C § 67 Rz. 17; anders Beck TKG-Komm/*Geppert*, § 68 Rz. 18.

8.1.4 Wissenschaftliche Beratung des Regulierers

8.1.4.1 Wissenschaftliche Kommissionen

Die im Postressort bereits seit längerem übliche **Politikberatung** durch eine ständige, interdisziplinär zusammengesetzte Forschungskommission und weitere Ad-hoc-Gremien zur Begutachtung einzelner Fragen (etwa Numerierung[1], Zusammenschaltung[2]) wird durch § 70 Abs. 1 TKG auf eine explizite gesetzliche Grundlage gestellt; die Einrichtung beim Bundesministerium für Wirtschaft und Technologie selbst angesiedelter (weiterer) wissenschaftlicher Kommissionen ist hierdurch nicht ausgeschlossen[3]. § 70 Abs. 1 S. 2 TKG soll gewährleisten, daß alle Mitglieder über die erforderlichen (unterschiedlichen) fachspezifischen Erfahrungen und Kenntnisse verfügen. Eine Mitarbeit als Experte erfolgt aus freien Stücken; nähere Modalitäten müssen vertraglich festgelegt werden.

43

8.1.4.2 Ständige wissenschaftliche Unterstützung

Mitglieder wissenschaftlicher Kommissionen bringen externen Sachverstand aus Hochschulen oder der Unternehmenspraxis ein. Darüber hinaus ist jedoch ständig der Einsatz **eigener Forschungskapazität** geboten. Die Gesetzesbegründung verwies für die „fortlaufend(e) wissenschaftliche Unterstützung" (§ 70 Abs. 2 TKG) darauf, der Bund könne hierzu „das Wissenschaftliche Institut für Kommunikationsdienste (WIK GmbH) nutzen"[4]. Die Trägerschaft – und damit vorübergehend auch die Fortexistenz – dieser Einrichtung geriet freilich gerade mit der Entstaatlichung des Telekommunikationssektors in Bewegung[5]; schließlich blieb die Bundesrepublik Deutschland (Bundesministerium für Wirtschaft und Technologie) als alleinige Gesellschafterin übrig, das WIK finanziert sich nunmehr über Aufträge nationaler wie internationaler Stellen.

44

---

1 Abschlußbericht des Expertengremiums für Numerierungsfragen beim BMPT, 4. 12. 1995.
2 Forschungskommission für Regulierung und Wettbewerb beim BMPT, Netzzugang und Netzzusammenschaltung nach dem TKG 1996, 14. 5. 1996.
3 Seit Februar 1998 besteht bei der Regulierungsbehörde ein Wissenschaftlicher Arbeitskreis für Regulierungsfragen, während beim Wirtschaftsministerium weiterhin ein Wissenschaftlicher Beirat amtiert; vgl. Tätigkeitsbericht, BT-Drucks. 14/2321 v. 2. 12. 1999, S. 23.
4 BR-Drucks. 80/96 v. 9. 2. 1996, S. 51.
5 Vgl. bereits BT-Drucks. 13/4864 v. 12. 6. 1996, S. 74; Tätigkeitsbericht, BT-Drucks. 14/2321 v. 2. 12. 1999, S. 23 f.; http://www.wik.org.

8.2 Aufgaben der Regulierungsbehörde

8.2.1 Vorgaben des internationalen und europäischen Rechts

8.2.1.1 ITU und WTO/GATS

45 Das Recht der Internationalen Fernmeldeunion (**International Telecommunication Union**, ITU) als einer intergouvernementalen, aus Staaten gebildeten Organisation nimmt zwar zunehmend von der Tätigkeit privater Betriebsunternehmen[1] Kenntnis und macht die Mitgliedstaaten für deren (Fehl-)Verhalten verantwortlich[2]. Jedoch unterscheiden die ITU-Vorschriften nur allgemein zwischen (Staats-)Verwaltung[3] und Betriebsunternehmen und anerkennen seit je her ausdrücklich das uneingeschränkte („souveräne") Recht jedes Staates an, „sein Fernmeldewesen zu regeln". Zweck der Union ist nicht die Veränderung der Strukturen nationaler Telekommunikationssektoren, sondern in erster Linie „die internationale Zusammenarbeit zwischen allen Mitgliedern ... im Hinblick auf die Verbesserung und den zweckmäßigen Einsatz der Fernmeldeeinrichtungen aller Art zu erhalten und auszubauen"[4].

46 Das 1994 als „multilaterales" Übereinkommen unter dem Dach der Welthandelsorganisation (World Trade Organization, WTO) abgeschlossene und Anfang 1995 für die EG und deren Mitgliedstaaten in Kraft getretene **G(eneral) A(greement on) T(rade in) S(ervices)** findet auf alle „Maßnahmen der Mitglieder" (Art. I Abs. 3) Anwendung, die den „Handel mit Dienstleistungen" (Art. I Abs. 2) beeinträchtigen (Art. I Abs. 1 GATS)[5]. Neben „allgemeinen Verpflichtungen" insbesondere zur Meistbegünstigung (Art. II) – Ausnahmen hierzu dürfen freilich nach Maßgabe einer Anlage aufrechterhalten werden – ergeben sich für alle Parteien dieses

---

1 Zur Definition s. Anlage (Nr. 1008) zur I.T.U.-Konstitution v. 22. 12. 1992 i. d. F. der Änderung v. 6. 11. 1998 (s. Entwurf des Vertragsgesetzes, BT-Drucks. 14/3952 v. 27. 7. 2000, S. 8 ff.).
2 Insofern stellt § 7 TKG eine Verbindung zwischen den beiden Rechtsebenen her und vermittelt überdies auch die „Berechtigung, als Mitglied in internationale Gremien aufgenommen zu werden" (BR-Drucks. 80/96 v. 9. 2. 1996, S. 38). Zur Verpflichtung, die „Grundsatzdokumente" der I.T.U. auch Betriebsunternehmen gegenüber durchzusetzen, s. Art. 6 Abs. 2 der I.T.U.-Konstitution v. 22. 12. 1992/6. 11. 1998.
3 S. die Definition in der Anlage (Nr. 1001A) zur I.T.U.-Konstitution v. 22. 12. 1992/6. 11. 1998.
4 So Art. 1 lit. a) der I.T.U.-Konstitution v. 22. 12. 1992/6. 11. 1998. Vgl. z. B. Vfg. 46/1999 (Verfahren zur Anmeldung von Satellitensystemen in deutschem Namen bei der I.T.U.), ABl. RegTP 1999, S. 1371 f., Mitt. Nr. 436/1999 (Informationen hinsichtlich des Angebotes von „Call-Back-Diensten"), ABl. RegTP 1999, S. 2933 ff.; ferner OLG Köln v. 27. 3. 1998 – 3 U 31/97, MMR 1998, 361 ff. mit Anm. *Böhm*.
5 Weitere Definitionen enthält Art. XXVIII GATS.

völkerrechtlichen Vertrags „spezielle Verpflichtungen" zur Gewährung von Marktzugang (Art. XVI) und Inländerbehandlung (Art. XVII). Deren Art und Ausmaß werden durch von jedem Mitglied festgelegte, auf je bestimmte Wirtschafts-Sektoren bezogene Listen fixiert (Art. XX)[1]. Der hiermit erreichte Stand der Liberalisierung kann nur nach Maßgabe des Art. XXI GATS modifiziert werden. Umgekehrt hält Art. XIX die Abkommensparteien zu (weiteren) Verhandlungsrunden an („built-in agenda"), um schrittweise ein höheres Niveau der Liberalisierung zu erreichen.

Wesentliche Bestandteile des GATS sind gem. Art. XXIX diverse Anlagen; eine hiervon befaßt sich mit Telekommunikation im allgemeinen, eine andere mit Verhandlungen über Basistelekommunikation; hierzu wurde auch 1994 ein Zeitplan beschlossen[2]. 47

Im Februar 1997 kam es zu einer ersten Einigung, die der Rat für Dienstleistungen der WTO (Art. IV Abs. 5 WTO-Übk.[3]) in Gestalt des **Vierten Protokolls zum GATS** billigte. Mit dessen Inkrafttreten (Ziff. 3) werden die neuen Vereinbarungen die bisherigen Listen „spezifischer Verpflichtungen" und der Ausnahmen von Art. II in bezug auf die Basistelekommunikation ergänzen oder ändern (Ziff. 1). Dabei übernehmen die Europäischen Gemeinschaften (als Vertragspartei der WTO, Art. XI WTO-Übk.) und ihre Mitgliedstaaten auch „zusätzliche Verpflichtungen" (i. S. v. Art. XVIII GATS) im Hinblick auf den „Schutz des Wettbewerbs"[4], insbesondere die Verhinderung wettbewerbswidriger Praktiken in der Telekommunikation (Nr. 1), auf die „Zusammenschaltung" einschließlich von Vorkehrungen für eine Streitbeilegung (Nr. 2), in bezug auf „Universaldienstleistungen" (Nr. 3), die „öffentliche Zugänglichkeit der Lizenzierungskriterien" (Nr. 4), „unabhängige regulierende Stellen" (Nr. 5) und schließlich hinsichtlich der „Zuweisung und Nutzung knapper Ressourcen" inclusive Frequenzen, Nummern und Wegerechten (Nr. 6). 48

Der Denkschrift zum Entwurf eines deutschen Vertragsgesetzes (nach Art. 59 Abs. 2 GG) zufolge entsprechen diese „regulatorischen Prinzi- 49

---

1 Die EG und ihre Mitgliedstaaten gingen zunächst nur Bindungen im Hinblick auf gewisse Mehrwertdienstleistungen, elektronische Post, gesprochene Briefe, On-Line-Informations- und Datenbankabfragen, elektronischen Datenaustausch sowie Code- und Protokollkonvertierung ein (BGBl. 1994 II, S. 1701).
2 Vgl. *Barth*, ArchPT 1997, 112, 114; *Scherer*, CR 2000, 35, 40; *Paulweber*, Regulierungszuständigkeiten in der Telekommunikation, 1999, S. 180 ff.
3 Übereinkommen zur Errichtung der Welthandelsorganisation v. 15. 4. 1994, BGBl. II 1994, S. 1625.
4 *Barth*, ArchPT 1997, 115; *Strivens/Bratby*, International Regulatory Framework, in: Scherer, Telecommunication Laws in Europe, 4. Aufl. 1998, 24.13–24.21; *Holznagel u. a.*, Grundzüge des Telekommunikationsrechts, 2. Aufl. 2001, S. 204 f.; ferner *Moritz*, MMR 1998, 393 ff.

pien" denen des TKG und stehen „auch im Einklang mit den Verpflichtungen der Bundesrepublik Deutschland nach EG-Recht"[1].

8.2.1.2 EG

50 Das TKG bezieht sich in zahlreichen Vorschriften auf Pflichten und Bindungen aus dem Recht der EG; verwiesen wird teils auf primäres Gemeinschaftsrecht (so in § 5), meist aber auf genauer bezeichnete **Sekundärrechtsakte**, nämlich (Rats-)Richtlinien (§§ 23 Abs. 1, 33 Abs. 1, 34 Abs. 1, 35 Abs. 2, 5, 41 Abs. 2, 59 Abs. 3, 4, 60 Abs. 2, 3, 62 Abs. 1).

51 Diese konkreten Vorgaben fügen sich in ein umfassenderes (ordnungspolitisches) Konzept, welches seit Mitte der achtziger Jahre zunehmend zu Lasten der mitgliedstaatlichen Gestaltungsspielräume aus Art. 222 E(W)GV/Art. 295 EG[2] geht und aus Art. 90, 100a E(W)GV/Art. 86, 95 EG Befugnisse ableitet, die auch im Telekommunikationssektor regelmäßig nur öffentlichen Unternehmen gewährten Monopol- und Vorrechte abzubauen und letztlich mit ihrer Beseitigung unverfälschten Wettbewerb auf den im Verlauf der Entstaatlichung entstandenen Telekommunikationsmärkten zu ermöglichen und sicherzustellen[3]. Für die Umsetzung dieses Konzeptes und der auf seiner Grundlage schrittweise erlassenen Rechtsvorschriften ist freilich eine starke Behörde vonnöten: Die scheinbare Paradoxie erklärt sich aus dem Umstand, daß sie auf Unternehmen trifft, deren wirtschaftliche Macht durch die Beseitigung von ausschließlichen und besonderen Rechten nicht notwendig schwächer wird, so daß nunmehr gerade im Hinblick auf den Wegfall öffentlich-rechtlicher Bindungen strikte Kontrolle erforderlich wird, damit die tatsächliche Dominanz des Telekommunikationsunternehmens die Marktöffnung nicht konterkariert[4].

52 Schon in einer ersten Phase, in der seitens der EG Netz- und Telefondienstmonopol noch nicht prinzipiell in Frage gestellt wurden, hoben Rechtsakte hervor, nationale Regulierungsbehörden hätten eine „wichtige Rolle" bei der Durchführung von Richtlinien zu übernehmen – „nach dem Grundsatz der **Trennung von Regulierungs- und betrieblichen Funktionen** und in Anwendung des Subsidiaritätsprinzips"[5].

---

1 BT-Drucks. 13/8217 v. 14. 7. 1997, S. 19.
2 Zur neuen Zählung der primärrechtlichen Vorschriften in der EU nach dem Vertrag von Amsterdam (v. 2. 10. 1997, BGBl. II 1998, S. 387) s. die Synopse in dessen Anhang.
3 Vgl. insbes. *J. Scherer*, CR 1987, 743 ff.; *Fangmann*, EuZW 1990, 48 ff.
4 Zur Notwendigkeit (und Theorie) der Re-Regulierung s. *Eisenblätter*, Regulierung in der Telekommunikation, 2000, S. 89 ff., 107 ff.
5 So etwa Erwägungsgrund 14 der Richtlinie 92/44/EWG des Rates v. 5. 6. 1992 zur Einführung des offenen Netzzugangs bei Mietleitungen, AblEG Nr. L 165, S. 27.

Eine zweite Phase der Liberalisierung setzte nach der Entschließung des 53
Rates „zur Entwicklung des künftigen **ordnungspolitischen Rahmens** für
die Telekommunikation"[1] ein. Als Kernpunkte weiterer Regelungen[2]
wurden dort die „allgemeine Öffnung des gesamten Sektors für den
Wettbewerb", die „Aufrechterhaltung und Entwicklung eines Universaldienstes", die „Festlegung – zur Wahrung jedweder Kommunikationsmöglichkeit unter Endbenutzern – einer spezifischen Regelung für die
Zusammenschaltung" sowie die „Sicherstellung eines effektiven und
vergleichbaren Marktzugangs, auch in Drittländern", aufgeführt. Den
nationalen Regulierungsbehörden soll dabei vor allem obliegen:

– die Anwendung von „objektiven, transparenten und nichtdiskriminierenden" Kriterien und Verfahren für die Vergabe von Lizenzen,
– die „Aufsicht" über eine die Gleichbehandlung der einzelnen Marktteilnehmer gewährleistende „effiziente Verwaltung der Grundressourcen, insbesondere der Frequenzen, der Rufnummern und der Wegerechte",
– die „Aufsicht" über einen finanziellen Ausgleich beim Universaldienst,
– die Beilegung von Streitigkeiten im Hinblick auf eine Zusammenschaltung auf Antrag jedes Beteiligten,
– die „Anordnung" der Zusammenschaltung „in letzter Instanz zur Wahrung des Interesses der Allgemeinheit unter Beachtung des Grundsatzes der Verhältnismäßigkeit".

Zur Verwirklichung dieses Konzepts ergangene Richtlinien (nach 54
Art. 189 Abs. 3 E[W]GV/Art. 249 EG) behandeln so die **Regulierungsbehörde(n)** als Stellen, die „von einem Mitgliedstaat mit der Ausfertigung
und der Überwachung der Einhaltung von Genehmigungen beauftragt
sind"[3], und die „eine adäquate Zusammenschaltung im Interesse aller
Benutzer ... fördern und sichern"[4]. Daß die Bezeichnung bestimmter
Aufgaben gegenüber einer weiteren Verdeutlichung der (unabhängigen)

---

1 Vom 18. 8. 1995, ABlEG Nr. C 258, S. 1.
2 Überblick bei *Ordemann*, ArchPT 1997, 109 ff.; s. ferner *Scherer/Bartsch*, Telecommunication Law and Policy of the European Union in: *Scherer* (Hrsg.), Telecommunication Laws in Europe 4. Aufl. 1998 1.90–1.182.
3 So Art. 2 Abs. 1 lit. a) der Richtlinie 97/13/EG des Europäischen Parlaments und des Rates v. 10. 4. 1997 über einen gemeinsamen Rahmen für Allgemein- und Einzelgenehmigungen für Telekommunikationsdienste, ABlEG Nr. L 117, S. 15.
4 Art. 9 Abs. 1 der Richtlinie 97/33/EG des Europäischen Parlaments und des Rates v. 30. 6. 1997 über die Zusammenschaltung in der Telekommunikation im Hinblick auf die Sicherstellung eines Universaldienstes und der Interoperabilität durch Anwendung der Grundsätze für einen offenen Netzzugang (ONP), ABlEG Nr. L 199, S. 32.

Rechtsstellung in den Vordergrund tritt, verdeutlicht ein Vergleich der Richtlinie 95/62/EG mit der Neufassung 1998. Erwägungsgrund 10 des geltenden Rechtsakts hält fest, nach dem „Grundsatz der Trennung regulatorischer und betrieblicher Funktionen" seien in den Mitgliedstaaten nationale Regulierungsbehörden eingerichtet worden. „Entsprechend dem Subsidiaritätsprinzip[1] sollten die nationalen Regulierungsbehörden bei der Umsetzung dieser Richtlinie eine wichtige Funktion übernehmen, insbesondere bei der Veröffentlichung von Zielen und Leistungsstatistiken, Terminen für die Einführung neuer Leistungsmerkmale, bei der angemessenen Konsultation von Benutzern bzw. Verbrauchern und deren Organisation, bei der Kontrolle von Numerierungsplänen, der Überwachung von Nutzungsbedingungen und der Beilegung von Streitigkeiten sowie bei der Sicherstellung einer chancengleichen Behandlung der Benutzer in der ganzen Gemeinschaft. Die nationalen Regulierungsbehörden sollten über die erforderlichen Mittel zur vollen Wahrnehmung dieser Aufgaben verfügen". Obgleich inhaltlich zwischen Art. 3 ff. der Richtlinie 95/62/EG und Kap. III („Besondere Bestimmungen für Betreiberorganisationen fester öffentlicher und/oder öffentlicher mobiler Telefonnetze und/oder für die Öffentlichkeit zugänglicher Telefondienste") des an dessen Stelle tretenden Rechtsakts[2] weithin Übereinstimmung besteht, fehlt in diesem eine der bisherigen ähnliche zusammenfassende Charakterisierung der behördlichen Regulierungsfunktionen.

55 Das EG-Recht normiert zahlreiche **Notifizierungs- und Berichtspflichten** im Verhältnis von Mitgliedstaaten/Regulierungsbehörden und der Europäischen Kommission[3]. Darüber hinaus sehen sekundärrechtliche Bestimmungen auch ein Vergleichsverfahren auf Gemeinschaftsebene vor, wenn Telekommunikationsorganisationen aus mehr als einem Mitgliedstaat in einen Streit über eine angebliche Verletzung der jeweiligen Richtlinie verwickelt sind[4], oder gewährleisten, daß Beschwerden auch

---

1 Art. 3b (Abs. 2) EGV/Art. 5 Abs. 2 EG.
2 Art. 9 ff. der Richtlinie 98/10/EG des Europäischen Parlaments und des Rates v. 26. 2. 1998 über die Anwendung des offenen Netzzugangs (ONP) beim Sprachtelefondienst und den Universaldienst im Telekommunikationsbereich in einem wettbewerbsorientierten Umfeld, ABlEG Nr. L 101, S. 24.
3 Vgl. etwa Art. 26 RL 95/62/EG, Art. 18 Abs. 2 RL 97/33/EG; Art. 25 RL 98/10/EG; ferner Art. 2 Nr. 2 lit. b) und Art. 3 der Richtlinie 94/46/EG der Kommission v. 13. 10. 1994 . . . insbesondere betreffend die Satelliten-Kommunikation, ABlEG Nr. L 268, S. 15; Art. 10 der Entscheidung 710/97/EG des Europäischen Parlaments und des Rates v. 24. 3. 1997 über ein koordiniertes Genehmigungskonzept für satellitengestützte persönliche Kommunikationsdienste in der Gemeinschaft, ABlEG Nr. L 105, S. 4.
4 Art. 27 RL 95/62/EG, Art. 26 RL 98/10/EG; hierzu auch die Information der Kommission in: ABlEG 1997 Nr. C 238, S. 5.

an Regulierungsbehörden eines anderen Mitgliedstaates gerichtet werden können[1].

Aufgrund mehrerer Prüfaufträge unternahm die Kommission 1999 eine 56 „review" der europäischen Telekommunikationspolitik und legte im November jenes Jahres einen „Kommunikationsbericht"[2] vor, der dann Gegenstand einer Anhörung wurde[3]. Im Sommer 2000 mündete die Überprüfung in einen Verordnungsentwurf[4] und mehrere Richtlinienvorschläge im Hinblick auf **„elektronische Kommunikationsnetze und -dienste"**[5]. Die neuen rechtlichen Rahmenbedingungen – nicht nur für Telekommunikation, sondern für sämtliche Kommunikationsinfrastrukturen – sollen nunmehr den bereits bestehenden Wettbewerb lenken und fördern, mit dem Ziel, geltende Regelungen zu vereinfachen und Regulierung so weit wie möglich abzubauen[6].

Dem Erwägungsgrund 11 des Vorschlags für einen Rechtsrahmen zufolge[7] sollen die Mitgliedstaaten auch künftig „nach dem Grundsatz der Trennung hoheitlicher und betrieblicher Funktionen . . . die Unabhän-

---

1 Art. 17 RL 97/33/EG.
2 Entwicklung neuer Rahmenbedingungen für elektronische Kommunikationsinfrastrukturen und zugehörige Dienste, Kommunikationsbericht 1999, Mitteilung der Kommission v. 10. 11. 1999, KOM (1999) 539 endg.; vgl. *Bartosch*, EuZW 2000, 389, 390 ff.; *Kardasiadou*, RTkom 1999, 168 ff.; *Huber/von Mayerhofen*, MMR 1999, 593 ff.
3 Die Ergebnisse der öffentlichen Anhörung zum Kommunikationsbericht 1999 und Leitlinien für den neuen Rechtsrahmen, KOM (2000) 239 endg.
4 Vom 23. 8. 2000 über eine Verordnung des Europäischen Parlaments und des Rates über den entbündelten Zugang zum Teilnehmeranschluß, ABlEG Nr. C 365 E, S. 212; s. a. Verordnung (EG) Nr. 2887/2000 v. 18. 12. 2000, ABlEG Nr. L 336, S. 4.
5 Vgl. die Kommissions-Vorschläge für Richtlinien des Europäischen Parlaments und des Rates v. 23. 8. 2000 über einen gemeinsamen Rechtsrahmen für elektronische Kommunikationsnetze und -dienste, v. 25. 8. 2000 über den Zugang zu elektronischen Kommunikationsnetzen und zugehörigen Einrichtungen sowie deren Zusammenschaltung bzw. über die Verarbeitung personenbezogener Daten und den Schutz der Privatsphäre in der elektronischen Kommunikation, v. 28. 8. 2000 über die Genehmigung elektronischer Kommunikationsnetze und -dienste, über den Universaldienst und Nutzerrechte bei elektronischen Kommunikationsnetzen und -diensten, sowie den Vorschlag für eine Entscheidung des Europäischen Parlaments und des Rates v. 29. 8. 2000 über einen Rechtsrahmen für die Frequenzpolitik in der Europäischen Gemeinschaft, ABlEG Nr. C 365 E, S. 198, 215, 223, 230, 238, 256.
6 Vgl. dazu etwa *Scherer*, Die Überprüfung des europäischen Telekommunikationsrechts, 15 ff., und CR 2000, 35 ff.; *Beese/Merkt*, MMR 2000, 532 ff.; *Schulz/Leopoldt*, K&R 2000, 439 ff.; *Holznagel u. a.*, Grundzüge des Telekommunikationsrechts, 2. Aufl. 2001, S. 233 ff.
7 Vom 23. 8. 2000 (Fn. 5).

gigkeit ihrer Regulierungsbehörde(n) garantieren, um die Unparteilichkeit ihrer Beschlüsse sicherzustellen", wobei auf die notwendigen Mittel „in bezug auf Personal, Fachwissen und finanzielle Ausstattung" hingewiesen wird. Die Forderung nach Unabhängigkeit berühre aber „weder die institutionelle Autonomie und die verfassungsmäßigen Verpflichtungen der Mitgliedstaaten noch den Grundsatz der Neutralität im Hinblick auf die Eigentumsordnung" (Art. 295 EG). Gem. Art. 3 Abs. 2 des Richtlinienentwurfs müssen die EG-Mitgliedstaaten daher dafür sorgen, daß nationale Regulierungsbehörden „rechtlich und funktional von allen Unternehmen unabhängig sind, die elektronische Kommunikationsnetze, -geräte oder -dienste anbieten", zumindest aber „eine vollständige und wirksame strukturelle Trennung der hoheitlichen Funktion von Tätigkeiten im Zusammenhang mit dem Eigentum oder der Kontrolle sicherstellen"; Art. 3 Abs. 3 fordert eine unparteiische und (nach Maßgabe des Art. 6) transparente Ausübung der Regulierungsbefugnisse.

58 Zudem soll eine „hochrangige Kommunikationsgruppe" mit beratender Funktion eingesetzt werden, die aus von den nationalen Regulierungsbehörden benannten Vertretern besteht (Art. 21)[1]; sie kann Ad-hoc-Sachverständigengruppen bilden. Die Stellungnahmen und Empfehlungen beider Gremien zu kommunikationsspezifischen Fragen soll der Kommission sowie dem Kommunikations-Ausschuß (Art. 19) zugeleitet werden; ferner ist ein jährlicher Tätigkeitsbericht vorgesehen.

8.2.2 Aufgaben der Regulierungsbehörde im Telekommunikationssektor

59 Der Regulierungsbehörde nach § 66 Abs. 1 TKG wurde aufgegeben, die „sich aus diesem Gesetz und anderen Gesetzen ergebenden Aufgaben" wahrzunehmen, um „den Telekommunikationsmarkt aus seiner bislang monopolistischen Struktur herauszulösen und die Entwicklung eines chancengleichen und funktionsfähigen Wettbewerbs zu fördern"[2]. Eine explizite Zusammenstellung der verschiedenen Aufgabenbereiche – wie beim Beirat (in § 69 TKG) – fehlt. Ihre Systematisierung läßt sich am ehesten anhand des Aufbaus des Gesetzes vornehmen und kann sich inhaltlich an den drei Funktionen **(aktive) Gestaltung, Schlichtung, Überwachung**[3] ausrichten.

---

1 Dabei dürfte die bereits seit einigen Jahren zusammentretende (informelle) Independent Regulators Group (s. etwa Mitt. Nr. 233/1998, ABl. RegTP 1998, S. 2519) institutionalisiert werden.
2 BT-Drucks. 80/96 v. 9. 2. 1996, S. 51.
3 So *Piepenbrock*, Glossar, in: *Scheurle/Lehr/Mayen*, Telekommunikationsrecht, 1997, S. 357, 405; s. a. *Ulmen/Gump*, CR 1997, 397 f.; *Geppert/Ruhle/Schuster*, Handbuch Recht und Praxis der Telekommunikation, S. 534 f.

8.2.2.1 TKG

Dem TKG liegen „die verfassungsrechtlich garantierten Rechte der **Be-** 60
rufs- und Gewerbefreiheit" zugrunde, „wonach grundsätzlich jedermann berechtigt ist, Telekommunikationsdienstleistungen am Markt anzubieten"[1] und hierfür den selbst festgesetzten Preis zu verlangen. Weil jede Einschränkung von Betätigungen daher im Hinblick auf Art. 12 Abs. 1 GG einer Rechtfertigung bedarf, richtet sich das Augenmerk der Regulierungsbehörde auf den Großteil der im Bereich der Telekommunikation tätigen Personen und Unternehmen nur in zweiter Linie; insoweit werden lediglich deren Anzeigen über eine Aufnahme, Änderung und Beendigung des Betriebs entgegengenommen und – für eigene Zwecke, aber auch zur Information der Öffentlichkeit und nicht zuletzt der Marktteilnehmer – ausgewertet (§ 4 TKG)[2]. Das zentrale Interesse gilt demgegenüber der eher kleinen Gruppe von Lizenznehmern[3], vor allem dann, wenn diese marktbeherrschend (i. S. v. § 19 GWB) sind. Die Regulierungsbehörde darf nur zuverlässigen, leistungsfähigen und sachkundigen Personen (s. § 8 Abs. 3) Lizenzen erteilen und muß kontrollieren, ob diese Voraussetzungen auch hernach noch vorliegen, um ggf. ein weiteres Tätigwerden zu verhindern (1 Rz. 134 ff.)[4].

Nach der (ordnungspolitischen) Konzeption des Gesetzes soll eine 61
nicht nur zufriedenstellende, sondern möglichst optimale und gegenüber dem Status quo verbesserte Versorgung aller Nachfrager nach Telekommunikationsdienstleistungen – als dem **primären Regulierungsziel** (§ 2 Abs. 2 Nr. 1 TKG) – bereits durch Sicherstellung eines chancengleichen und funktionsfähigen Wettbewerbs auch in der Fläche bewerkstelligt werden; nur im Notfall, bei einem „Marktversagen", soll der (Zentral-)Staat eine Grundversorgung zu erschwinglichen Preisen aufrechterhalten können (vgl. § 2 Abs. 2 Nr. 2, 3 TKG). Auch dann sind „Universaldienstleistungen" (§ 17) freilich von Privaten zu erbringen, wobei nur Lizenznehmer hierzu herangezogen (§§ 18, 19) oder zumindest mit einer Ausgleichsabgabe (§§ 20, 21 TKG) belastet werden dürfen (1 Rz. 217 ff.).

---

1 BT-Drucks. 80/96 v. 9. 2. 1996, S. 34; vgl. *Scherer/Ellinghaus*, Telecommunication Law in Germany, in: Scherer, Telecommunication Laws in Europe, 4. Aufl. 1998, 7.18.
2 Vgl. Tätigkeitsbericht, BT-Drucks. 14/2321 v. 2. 12. 1999, S. 33 f.; Mitt. Nr. 31/1999, 307/1999, 410/1999 (Veröffentlichung der Anbieter von Telekommunikationsdienstleistungen einschließlich Lizenznehmer), ABl. RegTP 1999, S. 152 ff., 2078 ff., 2737 ff.; Mitt. Nr. 108/2000, 505/2000, ABl. RegTP 2000, S. 589, 2732.
3 Vgl. Tätigkeitsbericht, BT-Drucks. 14/2321 v. 2. 12. 1999, S. 73 ff.
4 Speziell zu „Alt-Lizenzen" s. Vfg. 38/1999, ABl. RegTP 1999, S. 1107 f.

62 Während bei einem chancengleichen und funktionsfähigen Wettbewerb erschwingliche **Preise** gleichsam von selbst zustande kommen, entspricht eine Entgeltregulierung zur Wahrung der Interesse aller „Nutzer" (§ 3 Nr. 11 TKG), nicht nur der Verbraucher, dann jedenfalls vorübergehend Zweck und Zielen der Regulierung, wenn und solange vor allem infolge der im Rahmen der früheren Rechtslage entstandenen Verhältnisse Ungleichgewichte zwischen Nachfolgeunternehmen und anderen („neuen") Marktteilnehmer (fort)bestehen, aus denen sich auch nicht hinnehmbare Abweichungen von den für sinnvoll erkannten Kriterien für eine „angemessene" Gegenleistung ergeben (können). Typischerweise drohen solche Gefahren von marktbeherrschenden Unternehmen, zunächst also von dem bisherigen Monopolisten. Die Regulierungsbehörde ist daher berechtigt und verpflichtet, teils ex ante, teils im nachhinein Entgelte und entgeltrelevante Bestandteile von Allgemeinen Geschäftsbedingungen auf ihre Vereinbarkeit mit allen oder einigen Maßstäben des § 24 TKG (im Sinne „abgestufter Intensität"[1]) zu untersuchen[2]. Dabei geht es sowohl um den Schutz der Endkunden (§ 24 Abs. 1 S. 1, Abs. 2 Nr. 1) als auch den aller oder einzelner Wettbewerber (§ 24 Abs. 2 Nr. 2, 3 TKG).

63 Ferner kann die Behörde einer weiteren Verstärkung von Marktmacht durch ein Zusammenschlußverbot nach § 32 TKG begegnen. Chancengleichem und funktionsfähigem Wettbewerb dient auch das Gebot struktureller Separierung (§ 14 Abs. 1) und nicht zuletzt die durch eine getrennte Rechnungsführung (§ 14 Abs. 2 TKG) erhöhte Transparenz, die Quersubventionen zumindest erschwert (1 Rz. 211 ff.).

64 Das Betreiben von Telekommunikationsnetzen und das Erbringen von Telekommunikationsdienstleistungen durch eine Vielzahl von Personen und Unternehmen im Wettbewerb bedingt ein **Zusammenwirken** zwischen den Anbietern, bis hin zu einer gemeinsamen Nutzung knapper Ressourcen durch mehrere (§ 51 TKG; § 3 NZV[3]), um das Ziel einer optimalen Verbindung zwischen den Endkunden zu erreichen. Gesetzliche Regelungen (§§ 35 ff.) über einen offenen Netzzugang und Zusammenschaltung (4 Rz. 141 ff.) müssen den Beteiligten Verhandlungsspielräume eröffnen, eine Kooperation muß jedoch notfalls auch gegen den Willen eines Beteiligten angeordnet und durchgesetzt werden können (§ 37 TKG).

---

[1] BT-Drucks. 80/96 v. 9. 2. 1996, S. 35.
[2] Zulässig ist auch eine bloße Feststellung (per Verwaltungsakt) einer Genehmigungspflicht; so OVG Münster, v. 24. 8. 2000 – 13 B 112/00, MMR 2000, 776.
[3] Verordnung über besondere Netzzugänge (Netzzugangsverordnung – NZV) v. 23. 10. 1996, BGBl. I 1996, S. 1568.

Eine wichtige regulatorische Aufgabe ist weiterhin die „Numerierung" 65
(§ 43 TKG), weil es sich auch bei Rufnummern aufgrund hierfür bestehender internationaler Festlegungen um ein knappes Gut handelt. Sowohl die Strukturierung und Ausgestaltung als auch die Verwaltung des Nummernraums müssen den Maßstäben der Transparenz, der Objektivität und der Nichtdiskriminierung genügen, „um chancengleiche Wettbewerbsbedingungen für alle Anbieter zu gewährleisten"[1].

Funk-Frequenzen stellen ebenfalls eine potentiell knappe Ressource dar; 66
überdies ist „ein hohes Maß an Koordinierung" notwendig, „um wechselseitige Störungen von Funksignalen auszuschließen"[2]. Die Festlegung einer Frequenzordnung ist daher eigens als Gesetzeszweck (§ 1) festgelegt, die Sicherstellung einer „effizienten und störungsfreien Nutzung von Frequenzen" ein Ziel der Regulierung (§ 2 Abs. 2 Nr. 5). Neben den Einzelheiten der Frequenzordnung (§§ 44 ff.), die auch außerhalb der Telekommunikation bedeutsam sind[3], stellt das Fehlen nutzbarer Frequenzen einen Versagungsgrund für Lizenzen dar (§ 8 Abs. 3 S. 1 Nr. 1) und rechtfertigt ihre Knappheit, die Anzahl der Lizenzen auf Märkten der Telekommunikation zu beschränken (§ 10) und besondere Vergabeverfahren durchzuführen (§ 11 TKG; 1 Rz. 137 f.).

Aspekte einer Bewirtschaftung kommen schließlich bei der Sondernut- 67
zung von „Verkehrswegen" (§ 50 Abs. 1 S. 2) für „Telekommunikationslinien" (§ 3 Nr. 20 TKG) ins Spiel (6 Rz. 49 ff.). Im Verhältnis von Lizenznehmer und (staatlichem) Träger der Wegebaulast ist dieser zur Abwägung der Belange berufen (§ 50 Abs. 3 TKG). Die Regulierungsbehörde hat freilich auch hier für chancengleichen und funktionsfähigen Wettbewerb zu sorgen, so daß sie bei drohender Interessenkollision der Wege-Benutzung über ein Zustimmungserfordernis eingreifen kann (§ 50 Abs. 4 i. V. m. Abs. 3 TKG).

Nicht nur, aber auch im Telekommunikationssektor dürfen riskante Tä- 68
tigkeiten nur von qualifizierten Personen ausgeführt werden und müssen Anlagen oder Einrichtungen so beschaffen sein, daß ein Normal-Betrieb ohne Gefahren insbesondere für Leib und Leben von Benutzern

---

1 BT-Drucks. 80/96 v. 9. 2. 1996, S. 35. Vgl. auch Mitt. Nr. 196/2000 und 658/2000 (zusammenfassende tabellarische Darstellung des Nummernraums für das öffentliche Telefonnetz/ISDN in Deutschland), ABl. RegTP 2000, S. 1043 ff., 3743 ff.
2 BT-Drucks. 80/96 v. 9. 2. 1996, S. 35.
3 Vgl. nur §§ 3, 4 des (sächsischen) Gesetzes über den privaten Rundfunk und neue Medien in Sachsen i. d. F. der Bek. v. 9. 1. 2001 (SächsGVBl. 69); sowie BVerfG v. 28. 2. 1961 – 2 BvG 1, 2/60, BVerfGE 12, 205, 227, 230; v. 4. 11. 1986 – 1 BvF 1/84, BVerfGE 73, 118, 121 f.; v. 24. 3. 1987 – 1 BvF 147, 478/86, BVerfGE 74, 297, 341.

(wie von anderen Personen) vonstatten gehen kann. §§ 59 ff. TKG wiesen daher auch Geräte- und Personen-**Zulassung** (7 Rz. 4 f.) der Regulierungsbehörde zu; § 64 Abs. 1, 2 TKG ermöglichte jedoch die Übertragung dieser Befugnisse im Wege einer „Beleihung"[1]. Die Regulierungsbehörde hat daher (gem. § 64 Abs. 1 S. 2 TKG) ihre Tätigkeit als Zulassungsbehörde zum 15. 6. 1998 eingestellt[2].

69 Als Ziele der Regulierung nennt § 2 Abs. 2 TKG weiterhin die „Wahrung des Fernmeldegeheimnisses" (Nr. 1) sowie die „Wahrung der Interessen der öffentlichen Sicherheit" (Nr. 6). Hierbei ergibt sich aus Art. 10 GG und in engem Zusammenhang hiermit aus Art. 2 Abs. 1 i. V. m. Art. 1 Abs. 1 GG („Recht auf informationelle Selbstbestimmung") nicht nur die Verpflichtung der Regulierungsbehörde zur Achtung der (Freiheits-) Grundrechte natürlicher und juristischer Personen. Vielmehr muß der Gesetzgeber selbst (Art. 1 Abs. 3 GG) dem objektiven Gehalt der Grundrechtsgewährleistungen durch ein Mindestmaß an Schutz-Vorkehrungen Rechnung tragen, die auch private Telekommunikationsunternehmen im Verhältnis zu anderen, insbesondere Nutzern zur Achtung **vertraulicher Kommunikation** anhalten[3]. Justiz-, Polizei- und Sicherheitsbehörden erfüllen freilich einen gleichermaßen verfassungsrechtlich fundierten Auftrag, so daß insoweit Einschränkungen des Rechts auf Privatheit zulässig sind. Ob die insoweit im Elften Teil des TKG (§§ 85 ff.) getroffenen Regelungen über „Fernmeldegeheimnis, Datenschutz, Sicherung" (9 Rz. 27 ff.) eingehalten werden, unterliegt ebenfalls der Kontrolle der Regulierungsbehörde (§ 91 Abs. 1 S. 1 TKG)[4].

70 Nicht explizit angesprochen, aber in diversen Vorschriften vorausgesetzt sind **weitere Regulierungs-Aufgaben**, wie Marktbeobachtung, aber auch die Entgegennahme und Bearbeitung von Beschwerden/Eingaben von Nutzern[5], insbesondere von Endkunden.

---

1 Vgl. Verordnung über die Anforderungen und das Verfahren für die Beleihung von benannten Stellen und für die Akkreditierung von Testlabors für Endeinrichtungen und Prüfstellen für Qualitätssicherungssysteme auf dem Gebiet der Telekommunikation (Beleihungs- und Akkreditierungsverordnung – BAkkrV) v. 10. 10. 1997, BGBl. I 1997, S. 2905; zu benannten Stellen s. Mitt. Nr. 133/1998, ABl. RegTP 1998, S. 1643. Dazu auch unten, Rz. 75.
2 S. Vfg. 65/1998, ABl. RegTP 1998, S. 1560; ferner Tätigkeitsbericht, BT-Drucks. 14/2321 v. 2. 12. 1999, S. 67.
3 Vgl. *Gramlich*, CR 1996, 102, 110 ff.; ferner *M. Rottmann*, ArchPT 1994, 193, 196; *Stern/Bernards/Dünchheim/Hufschlag*, in: Stern, Postrecht der Bundesrepublik Deutschland, 1997 ff., Art. 10 GG Rz. 49 ff.
4 Zur Sicherheit in der Telekommunikation als Regulierungsaufgabe s. *Helf*, CR 1997, 331 ff.
5 Vgl. hierzu Tätigkeitsbericht, BT-Drucks. 14/2321 v. 2. 12. 1999, S. 28 ff.; *Gramlich*, CR 1999, 489, 490 f., CR 2000, 509.

8.2.2.2 Verordnungen zum TKG

Aufgrund von Ermächtigungen des TKG bereits erlassene (und noch ausstehende)[1] Rechtsverordnungen beinhalten in der Regel weniger neue Aufgabenstellungen als vielmehr eine **Präzisierung** der gesetzlichen Handlungsaufträge, nicht zuletzt im Hinblick auf das jeweils einzuschlagende Verwaltungsverfahren. Insoweit ist die Praxis, normkonkretisierende Verwaltungsvorschriften zu erlassen[2] oder auch Auslegungshinweise[3] zu geben, im Sinne der Nutzerinteressen ebenso zu begrüßen[4] wie das Verfahren, Regelungsentwürfe (zu publizieren bzw.) zur Kommentierung zu stellen[5]. 71

Besonderer Erwähnung bedürfen freilich Vorschriften, nach welchen die Regulierungsbehörde **Schlichtungsfunktionen** wahrnehmen darf und muß: 72

§ 8 NZV sieht vor, daß bei Streitigkeiten im Rahmen von Verhandlungen über besondere Netzzugänge, bei denen ein marktbeherrschender Betreiber beteiligt ist, die Beteiligten „gemeinsam" die Regulierungsbehörde „zur Schlichtung anrufen" könnten; diese ist dann gehalten, „unter Berücksichtigung der beiderseitigen Interessen" zu entscheiden. Der Be-

---

[1] Insbesondere die Regelungen nach §§ 44 ff. und § 88 TKG.

[2] Etwa zur Festlegung des Qualitätskennwertes „Abrechnungsgenauigkeit" (§ 32 Abs. 1 Nr. 9 TKV), s. Mitt. Nr. 136/1998, ABl. RegTP 1998, S. 1646 f., Vfg. 9/1999, ABl. RegTP 1999, S. 6 ff.

[3] Vgl. Mitt. Nr. 184/1998 (Ergebnisse der Anhörung zur Auslegung der Telekommunikations-Kundenschutzverordnung [TKV] im Bereich des Einzelverbindungsnachweises), ABl. RegTP 1998, S. 2008 ff.; Mitt. Nr. 73/1999, ABl. RegTP 1999, S. 739 ff. (Öffentliche Anhörung über die regulatorische Behandlung von Verbindungsnetzen und öffentlichen Telekommunikationsnetzen im Hinblick auf die Zusammenschaltungsvorschriften des TKG); Mitt. Nr. 127/1999 (Kriterien der RegTP zur Sicherstellung einer flächendeckenden Bereitstellung von öffentlichen Telefonstellen), ABl. RegTP 1999, S. 1127; Mitt. Nr. 160/1999, ABl. RegTP 1999, S. 1259 f. (Lizenzpflicht von Verbindungsnetzbetreibern i. S. d. §§ 43 Abs. 6, 3 Nr. 23 TKG im Rahmen des Angebots von Sprachtelefondienst auf der Basis selbst betriebener Telekommunikationsnetze nach § 6 Abs. 1 Nr. 2, Abs. 2 Nr. 2 [Lizenzklasse 4]; Lizenzgebiet); Vfg. 158/1999 (Lizenzerteilung im Antragsverfahren [Lizenzklassen 1–4]), ABl. RegTP 1999, S. 4090 ff.

[4] Ebenso *Scherer*, NJW 2000, 772, 781.

[5] Vgl. Vfg. 131/1999 (Eckpunkte zur Neukonzeption des Bündelfunks und zur Vergabe einer bundesweiten Bündelfunklizenz), ABl. RegTP 1999, S. 3092 f.; Mitt. Nr. 413/1999 (Anwendungsregeln und Auslegungen des ETSI ETR 134 [Juli 1994] zur Messung der Qualitätskennwerte gemäß TKV § 32 Nr. 1–8), ABl. RegTP 1999, S. 2774 ff.; Mitt. Nr. 488/1999 (Konzept für einen internationalen Tarifvergleich für Mietleitungen), ABl. RegTP 1999, S. 3191 ff.; Mitt. 433/1999 (Vorläufige Regeln für die Zuteilung von Objektkennungsästen für Netzbetreiber und Diensteanbieter), ABl. RegTP 1999, S. 2931.

gründung (des Verordnungsentwurfs) zufolge wird die „Art und Weise" der Entscheidung durch die Parteien bestimmt, was freilich auch bei Rechtsbehelfen (wenngleich nur durch den Rechtsbehelfsführer) geschieht; die Schlichtung ist auch „weder Voraussetzung für eine Anrufung der Regulierungsbehörde in den im Gesetz vorgesehenen Fällen, noch schließt sie diese aus"[1].

73 Unter derselben Überschrift sieht § 35 TKV 1997[2] ein „außergerichtliches Streitbeilegungsverfahren" (vgl. § 41 Abs. 3 Nr. 8 TKG) vor der Regulierungsbehörde vor, das sich jedoch nach Parteien und Inhalt vom dem nach § 8 NZV erheblich unterscheidet. Beteiligt sind hier Endkunden und Anbieter von Zugängen zu einem öffentlichen Telekommunikationsnetz bzw. Sprachtelefondienstanbieter (Abs. 1); Abs. 4 eröffnet das Verfahren auch für Anbieter von Telekommunikationsdienstleistungen im Verhältnis zu einem marktbeherrschenden Anbieter von Übertragungswegen, dessen Kunden sie sind. Das Verfahren beginnt mit der Anrufung des Schlichters (nur) durch den Kunden, der die Verletzung eigener, ihm durch die TKV eingeräumter Rechte rügt. Die Regulierungsbehörde unternimmt einen „Schlichtungsversuch"[3] mit dem „Ziel einer gütlichen Einigung" (§ 33 Abs. 2 S. 1); gelingt diese nicht, endet das Verfahren mit der den Parteien schriftlich mitzuteilenden Feststellung, daß eine Einigung nicht zustande gekommen sei (§ 33 Abs. 2 Sätze 2, 3 TKV). Die Freiwilligkeit des Verfahrens legt den Schluß nahe, es sei auch dann abzuschließen, wenn eine Partei die Bereitschaft verweigere, hieran überhaupt oder weiter mitzuwirken[4]. Im Hinblick auf das angestrebte Ergebnis („Befriedigung", nicht Regelung) handelt es sich also nicht um ein Verwaltungsverfahren i. S. v. §§ 9 ff. VwVfG[5].

74 § 35 TKV beruht aus einer den Anforderungen des Art. 80 Abs. 1 GG entsprechenden Ermächtigung im TKG und soll zugleich Vorgaben aus (mehreren) EG-Richtlinien umsetzen (4 Rz. 13 ff.). Im Hinblick auf § 8 NZV ist jedoch die in § 38 S. 2 des TKG-Entwurfs enthaltene Bestimmung, die Regulierungsbehörde könne als „Schlichtungsstelle" angerufen werden, in der Gesetzesfassung entfallen; § 37 Abs. 3 TKG bezieht

---

1 Text in *Scheurle/Lehr/Mayen*, Telekommunikationsrecht, 1997, S. 95, 98; s. a. *Scherer*, NJW 1998, 1607, 1612; *Hoffmann-Riem*, DVBl. 1999, 125, 134; Beck TKG-Komm/*Piepenbrock*, Anh. § 39 § 8 NZV Rz. 9, 11.
2 Telekommunikations-Kundenschutzverordnung 1997 v. 11. 12. 1997, BGBl. I 1997, S. 2910, geändert durch Verordnung v. 14. 4. 1999, BGBl. I 1999, S. 705.
3 So die Begründung des Verordnungsentwurfs, BR-Drucks. 551/97 v. 24. 7. 1997, S. 53.
4 So die Begründung des Verordnungsentwurfs, BR-Drucks. 551/97 v. 24. 7. 1997, S. 53; ebenso § 12 Abs. 1 des Entwurfs und § 11 Abs. 1 der Endfassung einer Verfahrensordnung, ABl. RegTP 1998, S. 1644 bzw. 2626.
5 Ebenso Beck TKG-Komm/*Kerkhoff*, Anh. § 41 § 35 NZV Rz. 7.

eine Rechtsverordnungsermächtigung nur auf Einzelheiten einer Zusammenschaltungs-„Anordnung". Nicht nur insoweit, sondern auch hinsichtlich ihrer konkreten Ausgestaltung begegnet daher die Schlichtungsvorschrift der NZV Bedenken[1].

Für den Inhalt der Regulierungsaufgaben im Zulassungswesen ist entscheidend, ob die Regulierungsbehörde selbst als Zulassungsbehörde tätig wird. Schon auf der Basis der durch die 2. Postreform in das FAG eingefügten § 2c und § 2e sah § 6 Abs. 1 der Telekommunikationszulassungsverordnung 1995[2] eine **Beleihung** der „benannten Stellen" im Sinne der (früher) einschlägigen EG-Richtlinien[3] „mit der Aufgabe der Durchführung der Zulassung, der Produktkontrolle und den damit zusammenhängenden Überwachungsaufgaben für die Konformitätsbewertungsverfahren" vor und akkreditierte sie hierfür; Zuständigkeit und Verfahren im Hinblick auf Akkreditierung und Beleihung regelten § 6 Abs. 2 TKZulV 1995 und eine Anlage hierzu. § 64 (Abs. 2) TKG stellte im Anschluß daran klar, daß „per Rechtsverordnung nicht nur die Anforderungen und Verfahren für die Akkreditierung einer benannten Stelle geregelt werden, sondern für die Beleihung insgesamt"[4]. Der erst während der parlamentarischen Beratungen eingefügte Abs. 1 S. 2 verdeutlichte zudem, „sofern die Regulierungsbehörde sichergestellt hat, daß die Aufgaben der Zulassung von anderen Stellen ausgeführt werden", sie entscheiden kann, „ob sie selbst die Wahrnehmung dieser Aufgaben einstellt"[5] (und sich auf die Beaufsichtigung dieser anderen Zulassungsbehörden beschränkt). Die Telekommunikationszulassungs-

75

---

1 Vgl. *Gramlich*, CR 1997, 65, 70 f.
2 Verordnung über die Konformitätsbewertung, Kennzeichnung, Zulassung und das Inverkehrbringen von Telekommunikationseinrichtungen (TKZulV 1995) v. 13. 12. 1995, BGBl. I 1995, S. 1671, ber. 29. 2. 1996, BGBl. I 1996, S. 451.
3 Richtlinie 91/263/EWG des Rates v. 29. 4. 1991 zur Angleichung der Rechtsvorschriften der Mitgliedstaaten über Telekommunikationsendeinrichtungen einschließlich der gegenseitigen Anerkennung ihrer Konformität (ABlEG Nr. L 128, S. 1), Art. 10 Abs. 1; Richtlinie 93/97/EWG des Rates v. 29. 10. 1993 zur Ergänzung der Richtlinie 93/97/EWG hinsichtlich Satellitenfunkanlagen (ABlEG Nr. 290, S. 1), Art. 12. Beide Rechtsakte wurden konsolidiert durch die Richtlinie 98/13/EG des Europäischen Parlaments und des Rates v. 12. 2. 1998 über Telekommunikationsendeinrichtungen und Satellitenfunkanlagen einschließlich der gegenseitigen Anerkennung ihrer Konformität, ABlEG Nr. L 74, S. 1; Bezugnahmen auf die aufgehobenen Richtlinien gelten nach Maßgabe der Entsprechungstabelle in Anhang XI der Richtlinie 98/13/EG weiter. Der Rechtsakt wurde zum 8. 4. 2000 ersetzt durch die Richtlinie 1999/5/EG des Europäischen Parlaments und des Rates v. 9. 3. 1999 über Funkanlagen und Telekommunikationsendeinrichtungen und die gegenseitige Anerkennung ihrer Konformität (RTTE-Richtlinie), ABlEG Nr. L 91, S. 10; vgl. auch Rz. 78 f.
4 BT-Drucks. 80/96 v. 9. 2. 1996, S. 50.
5 BT-Drucks. 13/4864 v. 12. 6. 1996, S. 81.

verordnung v. 20. 8. 1997[1] hob zwar die Vorgängerregelung von 1995 auf (§ 22 S. 2), machte jedoch von der Ermächtigung des § 62 TKG, Anforderungen und Verfahren für die Beleihung von „benannten Stellen", die Akkreditierung von Testlabors für Endeinrichtungen sowie von Prüfstellen für Qualitätssicherungssysteme auf dem Gebiet der Telekommunikation festzulegen und hierbei auch Regelungen für den Widerruf und das Erlöschen von Beleihungen und Akkreditierungen zu treffen, noch keinen Gebrauch; dies erfolgte erst durch eine gesonderte Regelung in der BAkkrV (Rz. 68). Die Regulierungsbehörde hat daraufhin ihre Tätigkeit als Zulassungsbehörde zum 15. 6. 1998 beendet[2].

76 Auch für die Personenzulassung (im Rahmen des § 63 TKG) entfiel die auf eine Behörde abzielende Zuständigkeitsvorschrift des § 4 der Personenzulassungsverordnung 1995[3] mit Wirkung v. 31. 12. 1997[4]. Die Folgeregelung nahm lediglich auf die hierfür zuständige Stelle i. S. des § 64 Abs. 1 TKG Bezug (etwa in § 8 PersZulV 1997), so daß insoweit ebenfalls eine Beleihung (und damit die Einrichtung) benannter Stellen erfolgen konnte (s. §§ 2 Abs. 1, 3 Abs. 2 BAkkrV).

8.2.2.3 FTEG

77 Nach Art. 19 Abs. 1 der RTTE-Richtlinie[5] waren deren Bestimmungen ab dem 8. 4. 2000 von allen EG-Mitgliedstaaten anzuwenden. Im Hinblick darauf, daß bis zu diesem Zeitpunkt das deutsche Umsetzungsgesetz noch ausstehen würde, traf das Bundeswirtschaftsministerium Übergangsregelungen für das Inverkehrbringen von Geräten, die unter den Geltungsbereich dieses Rechtsaktes fallen[6]; vom o.a. Datum an brauch-

---

1 Verordnung über die Konformitätsbewertung, die Kennzeichnung, die Zulassung, das Inverkehrbringen und das Betreiben von Funkanlagen, die nicht zur Anschaltung an ein öffentliches Telekommunikationsnetz bestimmt sind, und von Telekommunikationseinrichtungen v. 20. 8. 1997, BGBl. I 2117.
2 Vgl. Vfg. 65/1998, ABl. RegTP 1560, mit der Einschränkung, dies gelte für die Zulassung von Qualitätssicherungssystemen erst bis zur Veröffentlichung „entsprechender Verfahrensweisen" für andere benannte Stellen.
3 Verordnung über die Personenzulassung zum Aufbauen, Anschalten, Ändern und Instandhalten von Telekommunikationsendeinrichtungen (PersZulV 1995) v. 13. 12. 1995, BGBl. I 1995, S. 1691.
4 Vgl. § 17 der Verordnung über die Personenzulassung zum Aufbauen, Anschalten, Ändern und Instandhalten von Telekommunikationsendeinrichtungen (Personenzulassungsverordnung – PersZulV) v. 19. 12. 1997, BGBl. I 1997, S. 3315.
5 Vom 3. 3. 1999, ABlEG Nr. L 91, S. 10; dazu *Holznagel u. a.*, Grundzüge des Telekommunikationsrechts, 2. Aufl. 2001, S. 228 f.; *Kartmann*, MMR 2000, 741 ff.
6 Vfg. 28/2000, ABl. RegTP 2000, S. 1007; s. a. Mitt. 197/2000 (Mitteilung und Veröffentlichung der Schnittstellenspezifikationen durch die Betreiber öffentlicher Telekommunikationsnetze), ABl. RegTP 2000, S. 1046, präzisiert durch

ten hierfür keine deutschen Zulassungen mehr erteilt zu werden. Das Anfang 2001 verkündete Gesetz über Funkanlagen und Telekommunikationsendeinrichtungen (FTEG)[1] hob dann ab 8. 2. 2001 sowohl §§ 59–64 TKG als auch die PersZulV 1997 auf (§§ 19 Abs. 1, 20 Abs. 1, 2); am 7. 4. 2001 traten auch die (durch § 19 Abs. 4 FTEG modifizierte) TKZulV sowie die BAkkrV außer Kraft (§ 20 Abs. 3 FTEG[2]).

Das Gesetz bezweckt, durch Regelungen über das Inverkehrbringen, den freien Verkehr und die Inbetriebnahme von Funkanlagen (§ 2 Nr. 3) und Telekommunikationsendeinrichtungen (§ 2 Nr. 2) einen **offenen wettbewerbsorientierten Warenverkehr** dieser Geräte (§ 2 Nr. 1 FTEG) im europäischen Binnenmarkt zu ermöglichen (§ 1 S. 1). Die Regulierungsbehörde ist, vorbehaltlich anderweitiger gesetzlicher Bestimmungen (s. § 1 Abs. 3, 4 FTEG)[3], zur Ausführung dieses Gesetzes berufen und hat die Einhaltung seiner Bestimmungen sowie der auf dessen Grundlage (gem. §§ 3 Abs. 3, 4 Abs. 2, 8 Abs. 1 S. 2 und § 12) erlassenen Verordnungen zu überwachen (§ 14 Abs. 1 FTEG). Gem. § 15 Abs. 1 FTEG verfügt sie dabei über die **Befugnisse nach §§ 8, 9 EMVG**[4] (Rz. 86), weitere spezielle Kompetenzen ergeben sich aus §§ 11 Abs. 5 S. 1 und 15 Abs. 3 FTEG[5]. Überdies treffen die Behörde eine Vielzahl von Verpflichtungen zu Veröffentlichungen in ihrem Amtsblatt (§§ 4 Abs. 1, 5 Abs. 3, 4, 6 Abs. 3, 10 Abs. 2)[6] und zur Unterrichtung anderer Stellen (§§ 6 Abs. 2, 11 Abs. 5

78

Mitt. Nr. 246/2000, ABl. RegTP 2000, S. 1373, Mitt. Nr. 198/2000 (Unterrichtung der RegTP über das beabsichtigte Inverkehrbringen von Funkanlagen, die in Frequenzbändern betrieben werden, deren Nutzung nicht gemeinschaftsweit harmonisiert ist), ABl. RegTP 2000, S. 1046 ff., Mitt. Nr. 199/2000 (Übersicht der Frequenzbänder, bei denen die Bedingungen der Nutzung für Funkanlagen gemeinschaftsweit harmonisiert sind), ABl. RegTP 2000, S. 1051; Mitt. Nr. 382/2000 (Muster einer Konformitätserklärung nach Richtlinie 1999/5/EG), ABl. RegTP 2000, S. 2099 ff.; Vfg. 45/2000 (Befristete Wahrnehmung der Aufgaben einer benannten Stelle nach Richtlinie 1999/5/EG), ABl. RegTP 2000, S. 1363, samt Ergänzung durch Vfg. 55/2000, ABl. RegTP 2000, S. 1763.
1 Vom 30. 1. 2001, BGBl. I 2001, S. 170.
2 Dem TKG und der TKZulV 1997 entsprechende, vor dem 8. 2. 2001 zugelassene Geräte dürfen aber nach Maßgabe von § 18 Abs. 2 FTEG weiterhin in Betrieb genommen werden.
3 Vgl. BT-Drucks. 14/4063 v. 11. 9. 2000, S. 14 f.; BT-Drucks. 14/4892 v. 6. 12. 2000, S. 5.
4 Gesetz über die elektromagnetische Verträglichkeit von Geräten (i. d. F.) v. 18. 9. 1998, BGBl. I 1998, S. 2882. „Hierdurch soll einerseits die besondere Nähe des FTEG zum EMVG zum Ausdruck gebracht" und zugleich „einer weiteren Zersplitterung der Eingriffsrechte entgegengewirkt" werden, BT-Drucks. 14/4063 v. 11. 9. 2000, S. 19.
5 Vgl. BT-Drucks. 14/4063 v. 11. 9. 2000, S. 18 und 19.
6 Vgl. (Bezug nehmend auf Art. 4 Abs. 2 der Richtlinie 1999/5/EG) Mitt. Nr. 318/2000, 692/2000, ABl. RegTP 2000, S. 1764, 4011.

S. 2); umgekehrt sind ihr (zuvor) bestimmte Informationen zu übermitteln (§§ 5 Abs. 1, 8 Abs. 2, 10 Abs. 4, 11 Abs. 6) und stehen ihr Auskunfts- und Prüfrechte zu (§§ 7 Abs. 4, 14 Abs. 2[1], 15 Abs. 2 FTEG; dazu allgem. Rz. 105 ff.). Schließlich ist die Regulierungsbehörde Verwaltungsbehörde i.S. des OWiG (§ 17 Abs. 3 FTEG).

8.2.2.4 AFuG

79 Gemäß § 10 Abs. 1 S. 1 des Gesetzes über den Amateurfunk[2] nimmt die Regulierungsbehörde auch die sich aus diesem Gesetz und den auf Grund dieses Gesetzes erlassenen Rechtsverordnungen[3] ergebenden Aufgaben wahr. Hierzu gehört vor allem die Zulassung natürlicher Personen zur Teilnahme am Amateur-Funkdienst (§ 2 Nr. 2), wenn diese die Voraussetzungen des § 3 Abs. 1 AFuG erfüllen, die Zuteilung eines bzw. weiterer Rufzeichen (§ 3 Abs. 2), deren (nach § 3 Abs. 4 S. 1 nur aus wichtigen Gründen zulässige) Änderung sowie der Widerruf der Zulassung auch bei fortgesetztem Fehlverhalten eines „Funkamateurs" (§ 3 Abs. 4 S. 2 i. V. m. § 2 Nr. 1 AFuG). Der Regulierungsbehörde obliegt ferner (nach § 7 Abs. 3 S. 4) das Ausstellen einer Standortbescheinigung im Hinblick auf Amateurfunkstellen (§ 2 Nr. 3). Allgemein ist sie damit betraut, die Einhaltung der Rechtsvorschriften über den Amateurfunk zu überwachen (§ 10 Abs. 1 S. 2); auch die Verfolgung und Ahndung von Ordnungswidrigkeiten ist ihr zugewiesen (§ 9 AFuG).

8.2.3 Aufgaben mit Bezug zum Telekommunikationssektor

8.2.3.1 PTNeuOG

80 Art. 10 PTNeuOG – das Post- und Telekommunikationssicherstellungsgesetz (PTSG) – bezweckt, eine ausreichende Versorgung mit Telekommunikationsdienstleistungen in **Katastrophen-, Not- und Krisenfällen** zu gewährleisten (s. § 1 PTSG). Das Gesetz bildet einen Rahmen für in

---

1 „Damit wird die in (§ 14) Absatz 1 allgemein beschriebene Überwachungstätigkeit näher spezifiziert und die Behörde zu einer stichprobenweisen Überprüfungspraxis verpflichtet. Da präventive Mechanismen, wie etwa die staatliche Zulassung von Telekommunikationsendeinrichtungen und Funkanlagen aufgrund der Richtlinie entfallen, bedarf es einer stärkeren Akzentuierung der Marktbeobachtung" (BT-Drucks. 14/4063 v. 11. 9. 2000, S. 19).
2 Amateurfunkgesetz (AFuG 1997) v. 23. 6. 1997, BGBl. I 1997, S. 1494.
3 Auf der Grundlage von § 6 AFuG können der Entwurfsbegründung zufolge „in Anlehnung an das TKG ... Eingriffsrechte der Regulierungsbehörde" ausgestaltet werden (BR-Drucks. 704/96 v. 27. 9. 1996, S. 13); vgl. Verordnung zum Gesetz über den Amateurfunk (AFuV) v. 23. 12. 1997, BGBl. I 1998, S. 42, geändert durch Verordnungen v. 12. 1. 2000, BGBl. I 2000, S. 26, und v. 13. 12. 2000, BGBl. I 2000, S. 1709; ferner Ausführungsbestimmungen für den Amateurfunkdienst, Vfg. 2/1999, 17/1999, ABl. RegTP 1999, S. 3 f., 503.

Gestalt von Rechtsverordnungen zu treffende Verpflichtungen (§§ 3 f., 9 f.) sowohl gegenüber der DTAG als auch gegenüber anderen Anbietern von Telekommunikationsdienstleistungen (§ 2 Nr. 1, 3 PTSG). Vollzugsaufgaben waren hier nicht dem BMPT (oder der Regulierungsbehörde), sondern speziell dem Bundesamt für Post und Telekommunikation übertragen (§§ 9 Abs. 3 S. 2, 15 PTSG)[1].

Die auf das PTSG gestützte Post- und Telekommunikations-Zivilschutzverordnung[2] bekräftigt die Zuständigkeit des BAPT (§ 3 Abs. 1) und konkretisiert dessen Befugnisse (§ 3 Abs. 2, 4 PTZSV). Insbesondere finden sich diverse Ermächtigungen an diese Behörde, Empfehlungen zu geben oder auch Anordnungen auszusprechen (§ 4 Abs. 1 S. 2) bzw. Genehmigungen zu erteilen (§§ 6 Abs. 3, 14 PTZSV). Dasselbe gilt für Bevorrechtigungen nach Maßgabe von § 6 TKSiV[3]. 81

Das Begleitgesetz zum TKG spricht im Hinblick auf das PTSG weiter von der Zuständigkeit des BAPT (Art. 2 Abs. 33 Nr. 4)[4]; auch im übrigen erfolgte keine Neufassung der (direkt) auf das BMPT Bezug nehmenden Bestimmungen der fortgeltenden PTNeuOG-Regelungen[5], sondern wurden sie ungeachtet der Anpassung in Einzelheiten beibehalten[6]. Soweit die Aufgaben vom Bundeswirtschaftsministerium fortgeführt werden[7] – wie bei der Aufsicht über die Unfallkasse Post und Telekom (gem. § 2 Abs. 5 i. V. m. § 1 PostSVOrgG) und die Museumsstiftung Post und Telekommunikation (nach § 13 i. V. m. § 1 PTStiftG[8]) –, wäre eine Klarstellung geboten, bei einem Wechsel in ein anderes Ressort hingegen eine förmliche Änderung nötig[9]. 82

---

1 Hierzu *Helf*, CR 1997, 331, 334 f.
2 Verordnung zur Sicherstellung der Post- und Telekommunikationsversorgung durch Schutzvorkehrungen und Maßnahmen des Zivilschutzes (PTZSV) v. 23. 10. 1996, BGBl. I 1996, S. 1539; vgl. *Helf*, CR 1997, 335.
3 Verordnung zur Sicherstellung von Telekommunikationsdienstleistungen sowie zur Einräumung von Vorrechten bei deren Inanspruchnahme (Telekommunikations-Sicherstellungs-Verordnung – TKSiV) v. 26. 11. 1997, BGBl. I 1997, S. 2751.
4 Insoweit ergibt sich jedoch aus Art. 3 TK-BegleitG eine generelle Zuständigkeitsanpassung; dazu BT-Drucks. 13/8776 v. 15. 10. 1997, S. 41.
5 Eine Befristung bis Ende 1997 galt nur für FAG, PostG und PTRegG.
6 So Art. 2 Abs. 30 Nr. 1 in bezug auf das BAPost-Gesetz und Art. 2 Abs. 31 Nr. 1 TK-BegleitG für das Postsozialversicherungsorganisationsgesetz (PostSVOrgG = Art. 2 PTNeuOG); anders aber Art. 2 Abs. 31 Nr. 2 BegleitG.
7 Hierzu *Fangmann/Lörcher/Scheurle*, Telekommunikations- und Postrecht, § 1 BAPostG Rz. 6, § 2 BAPostG Rz. 3 ff.
8 Gesetz zur Errichtung einer Museumsstiftung Post und Telekommunikation = Art. 11 PTNeuOG.
9 Der Organisationserlaß des Bundeskanzlers v. 17. 12. 1997 genügt diesen Anforderungen schon formal nicht.

8.2.3.2 EMVG

83 **Elektromagnetische Verträglichkeit** wurde auch im TKG als eine „grundlegende Anforderung" an Endeinrichtungen genannt, soweit sie für diese spezifisch sind (§ 59 Abs. 2 Nr. 3). § 7 AFuG modifizierte Schutzanforderungen des (alten) EMVG[1] im Hinblick auf den Betrieb einer Amateurfunkstelle; § 6 S. 1 Nr. 4 AFuG enthält andererseits eine Verordnungsermächtigung in bezug auf Verfahren zur Beseitigung elektromagnetischer Unverträglichkeiten zwischen einer Amateurfunkstelle und anderen Geräten i. S. v. § 2 Nr. 4 EMVG a. F., dort festgelegte Anforderungen sind nach § 7 Abs. 1 S. 2 von Funkamateuren zu beachten[2].

84 Die (erneut) der Umsetzung mehrerer EG-Richtlinien dienende Neufassung der EMVG v. 18. 9. 1998[3] gilt für alle Geräte (i. S. v. § 2 Nr. 3[4]), die elektromagnetische Störungen[5] verursachen können oder deren Betrieb durch diese Störungen beeinträchtigt werden kann (§ 1 Abs. 1); im Hinblick auf deren Inverkehrbringen (§ 2 Nr. 2), Weitergeben, Ausstellen, Inbetriebnehmen oder Betreiben bleiben allerdings spezielle Rechtsvorschriften unberührt (§ 1 Abs. 2 S. 2 EMVG). Den Vorschriften des EMVG unterfallen jedenfalls mobile Funk- und Funktelefongeräte sowie Telekommunikationsnetze und -geräte (Anlage I lits. c], d], j]); spezielle Anforderungen gelten für Sendefunkgeräte (§ 5 i. V. m. § 2 Nr. 14 EMVG).

85 Zur Ausführung des EMVG ist gem. § 7 Abs. 1, 2 die Regulierungsbehörde berufen[6]; sie kann jedoch im Rahmen einer Rechtsverordnung nach § 7 Abs. 5[7] geeignete natürliche und juristische Personen sowie rechtsfä-

---

[1] Gesetz über die elektromagnetische Verträglichkeit i. d. F. der Bek. v. 30. 8. 1995, BGBl. I 1995, S. 1119; dazu *Karst*, CR 1996, 436 ff.
[2] Vgl. BT-Drucks. 13/6439 v. 5. 12. 1996, S. 12, 13, sowie BT-Drucks. 13/7448 v. 17. 4. 1997, S. 10.
[3] BGBl. I 1998, S. 2882.
[4] Ausgenommen sind „militärische Geräte und Systeme" (§ 1 Abs. 3 und § 2 Nr. 5 EMVG); zu weiteren Spezialregelungen s. *Klindt*, NJW 1999, 175.
[5] Definition in § 2 Nr. 8 EMVG.
[6] Zu dieser Aufgabe zählt auch die Veröffentlichung der Titel und Referenzen (Fundstellen) einschlägiger DIN VDE-Normen; s. etwa Vfg. 44/1999, ABl. RegTP 1999, S. 1228 ff., Vfg. 38/2000, ABl. RegTP 2000, S. 1015 ff.; Vfg. 58/2000, ABl. RegTP 2000, S. 1904 ff.; Vfg. 9/2001, ABl. RegTP 2001, S. 173 ff.
[7] Verordnung über die Anforderungen und das Verfahren für die Beleihung von benannten Stellen und für die Anerkennung von zuständigen Stellen auf dem Gebiet der elektromagnetischen Verträglichkeit von Geräten (Beleihungs- und Anerkennungsverordnung – BAnerkV) v. 14. 6. 1999, BGBl. I 1999, S. 1361.

hige Personengesellschaften als zuständige Stellen für technische Berichte oder Bescheinigungen gem. § 4 Abs. 2 **anerkennen** (§ 7 Abs. 4 S. 1 i. V. m. § 2 Nr. 10)[1] oder sie im Hinblick auf die Ausstellung von EG-Baumusterbescheinigungen nach § 5 Abs. 1 **beleihen** (benannte Stellen, § 7 Abs. 4 S. 2 i. V. m. § 2 Nr. 12 EMVG)[2], was einer eigenen Betätigung allerdings nicht entgegensteht (§ 7 Abs. 3 EMVG)[3].

§ 8 EMVG weist der Behörde nicht allein die Befugnis zu, Geräte auf die Einhaltung der Schutz- (§ 3) und anderer gesetzlicher Anforderungen hin zu kontrollieren (Abs. 1), sondern ermächtigt sie auch zu den je „erforderlichen" Abwehr-Maßnahmen (Abs. 2–5). Spezielle Kompetenzen stehen ihr zum Einschreiten gegen elektromagnetische Unverträglichkeiten zu (§ 8 Abs. 6–8 i. V. m. § 2 Nr. 9 EMVG). Zur Durchsetzung kann die Regulierungsbehörde insbesondere Zwangsgeld festsetzen (vgl. § 13)[4]; als Bußgeldbehörde ist sie befugt, Geräte einzuziehen (§ 12 Abs. 3 EMVG). 86

8.2.3.3 IuKDG

Das Gesetz zur Regelung der Rahmenbedingungen für Informations- und Kommunikationsdienste[5] befaßte sich in Art. 1 – dem Gesetz über die Nutzung von Telediensten (TDG) – speziell mit solchen **„Telediensten"**, d. h. mit elektronischen Informations- und Kommunikationsdiensten, „die für eine individuelle Nutzung von kombinierbaren Daten wie Zeichen, Bildern oder Töne bestimmt sind und denen eine Übermittlung mittels Telekommunikation zugrunde liegt" (§ 2 Abs. 1 TDG). Das Teledienstegesetz gilt jedoch nicht für Telekommunikationsdienstleistungen und das geschäftsmäßige Erbringen von Telekommunikationsdiensten nach § 3 TKG (§ 2 Abs. 4 Nr. 1 TKG). Ohnehin sind die in § 2 Abs. 2 nicht abschließend aufgezählten Teledienste „im Rahmen der Gesetze zulassungs- und anmeldefrei" (§ 4 TDG)[6]; eine staatliche Kontrolle kann also nur nach Maßgabe des § 35 GewO erfolgen. 87

---

1 §§ 7 ff. BAnerkV; s. Mitt. Nr. 575/1999, 576/1999, ABl. RegTP 1999, S. 4124 f., 4125; Mitt. Nr. 218/2000, 219/2000, 381/2000, ABl. RegTP 2000, S. 1251, 1251 f., 2098 f.
2 §§ 2 ff. BAnerkV; s. Vfg. 147/1999, ABl. RegTP 1999, S. 3377.
3 Zu Überwachungsbefugnissen der Regulierungsbehörde s. §§ 14, 16 BAnerkV.
4 Vgl. *Klindt*, NJW 1999, 179.
5 Informations- und Kommunikationsdienste-Gesetz (IuKDG) v. 22. 7. 1997, BGBl. I 1997, S. 1870.
6 Vgl. *Bröhl*, CR 1997, 73, 75; *Müller-Using/Lücke*, ArchPT 1997, 101, 106; *Gounalakis/Rhode*, CR 1998, 487, 488.

Insoweit wird die Umsetzung der E-Commerce-Richtlinie[1] keine Änderungen bringen[2].

88 Art. 3 IuKDG – das Gesetz zur **digitalen Signatur** (SigG) – hingegen weist der Behörde nach § 66 TKG, d. h. der Regulierungsbehörde für Telekommunikation und Post, mehrere Aufgaben zu: Nach der ursprünglichen Fassung war sie zuständige Behörde für die Erteilung von Genehmigungen für Zertifizierungsstellen (§ 4 Abs. 1-4 i. V. m. § 2 Abs. 2), für die Ausstellung von Zertifikaten (§ 2 Abs. 3), die zum Signieren von Zertifikaten eingesetzt werden (§ 4 Abs. 5), für die Vornahme bzw. Anordnung einer Sperrung von Zertifikaten (§ 8 Abs. 3; § 13 Abs. 5 S. 2); zudem überwachte sie, ob die Vorschriften des SigG und der Rechtsverordnung nach § 16 SigG[3] eingehalten werden.

89 Die Novellierung – zur Umsetzung der EG-Signaturrichtlinie[4] wie der Ergebnisse der Gesetzesevaluierung[5] – beläßt die Aufgaben der zuständigen nach dem (neuen) SigG und der (ebenfalls neu zu fassenden) SigV bei der Regulierungsbehörde. Ihr werden vor allem die (freiwillige) Akkreditierung, die Anerkennung von (Prüf- und) Bestätigungsstellen obliegen, daneben die Aufsicht über die Einhaltung des Signaturrechts sowie die Verfolgung und Ahndung von Ordnungswidrigkeiten[6].

---

1 Richtlinie 2000/31/EG des Europäischen Parlaments und des Rates v. 8. 6. 2000 über bestimmte rechtliche Aspekte der Dienste der Informationsgesellschaft, insbesondere des elektronischen Geschäftsverkehrs, im Binnenmarkt, ABlEG Nr. L 178, S. 1.
2 Das geplante Gesetz über rechtliche Rahmenbedingungen für den elektronischen Geschäftsverkehr soll insbesondere – in Art. 1 – das TDG an die gemeinschaftsrechtlichen Vorgaben anpassen, wobei jedoch sowohl die Abgrenzung gegenüber der Telekommunikation als auch die Zugangsfreiheit unberührt bleiben wird.
3 Verordnung zur digitalen Signatur (Signaturverordnung – SigV) v. 22. 10. 1997, BGBl. I 1997, S. 2498; vgl. auch Bekanntmachungen der RegTP v. 9. 2. 1998, BAnz. 1998, 1787, v. 28. 9. 1998, BAnz. 1998, 14783, v. 7. 12. 2000, BAnz. 2000, 22 946, v. 19. 1. 2001, BAnz. 2001, 737.
4 Richtlinie 1999/93/EG des Europäischen Parlaments und des Rates v. 13. 12. 1999 über gemeinschaftliche Rahmenbedingungen für elektronische Signaturen, ABlEG 2000 Nr. L 13, S. 12.
5 Bericht der Bundesregierung über die Erfahrungen und Entwicklungen bei den neuen Informations- und Kommunikationsdiensten im Zusammenhang mit der Umsetzung des Informations- und Kommunikationsdienste-Gesetzes (IuKDG) v. 18. 6. 1999, BT-Drucks. 14/1191, S. 17 ff., 33 f.
6 Vgl. den Gesetzesentwurf der Bundesregierung, BT-Drucks. 14/4662 v. 16. 11. 2000; dazu etwa *Tettenborn*, CR 2000, 683 ff. S. nunmehr Art. 1 des Gesetzes vom 16. 5. 2001, BGBl. I 2001, S. 876.

8.2.4 Sonstiges

8.2.4.1 Aufgaben außerhalb des Telekommunikationssektors

Die Regulierungsbehörde hat schon ihrer Bezeichnung zufolge auch Aufgaben im Bereich des **Postwesens**. Das neue Postgesetz[1] ordnet diesbezüglich in § 44 (S. 2) die entsprechende Geltung zahlreicher Bestimmungen des TKG an und stellt zuvor klar (S. 1), die Regulierungsbehörde im Sinne des PostG sei die auf der Grundlage des TKG errichtete Behörde[2]. Ihre Zuständigkeit erstreckt sich auch hier auf die Verfolgung und Ahndung von – in § 49 Abs. 1 aufgelisteten – Ordnungswidrigkeiten (§ 50 PostG)[3]. 90

Das (auch) zur Umsetzung einer EG-Richtlinie[4] ergangene Fernsehsignalübertragungs-Gesetz (FÜG)[5] – das der „Förderung und Entwicklung fortgeschrittener Fernsehdienste" (§ 2 Nr. 1) sowie dem „chancengleichen Zugang zu fortgeschrittener Fernsehtechnologie" dienen soll (§ 1 S. 1) – ermöglicht jeder Person, die durch §§ 5–9 FÜG berechtigt oder verpflichtet wird, „zur Beilegung ungelöster Streitfragen in bezug auf die Anwendung dieser Vorschriften" eine „Schlichtungsstelle" anzurufen, die (ursprünglich) beim BMPT „oder einer seiner nachgeordneten Behörden" errichtet werden sollte (§ 11 Abs. 2), nach Bestimmung des Bundesministeriums für Wirtschaft und Technologie dann schließlich bei der RegTP entstand[6]. Das Schlichtungsverfahren „schließt die Geltendmachung von Ansprüchen auf dem Rechtsweg nicht aus" (§ 11 Abs. 7 S. 1 FÜG). Die Besetzung und Einzelheiten des Verfahrens ergeben sich aus weiteren gem. § 11 Abs. 2 FÜG getroffenen (An-)Ordnungen[7]. 91

8.2.4.2 Bereichsausnahme für den Verteidigungssektor

Gemäß § 2 Abs. 4 TKG bleiben „die hoheitlichen Rechte des Bundesministers für **Verteidigung**" von den Regelungen dieses Gesetzes „unbe- 92

---

1 Vom 22. 12. 1997, BGBl. I 1997, S. 3294; dazu *Gramlich*, NJW 1998, 866 ff. und Postrecht im Wandel, 1999, S. 14 ff., 21 ff.
2 Vgl. *Badura*, in: Badura u. a., Beck'scher PostG-Kommentar, § 44 Rz. 1.
3 Vgl. *Sedemund*, in: Badura u. a., Beck'scher PostG-Kommentar, Anm. zu § 50.
4 Richtlinie 95/47/EG des Europäischen Parlaments und des Rates v. 24. 10. 1995 über die Anwendung von Normen für die Übertragung von Fernsehsignalen, ABlEG Nr. L 281, S. 51.
5 Gesetz über die Anwendung von Normen für die Übertragung von Fernsehsignalen v. 14. 11. 1997, BGBl. I 1997, S. 2710.
6 Vgl. Errichtungsanordnung, Mitt. Nr. 42/2000, ABl. RegTP 2000, S. 172.
7 Vgl. Mitt. Nr. 43/2000 (Besetzungsanordnung), ABl. RegTP 2000, S. 172; Mitt. Nr. 44/2000 (Verfahrensordnung), ABl. RegTP 2000, S. 172 ff.

rührt". Die Regelung knüpft an die frühere Rechtslage (§ 1 Abs. 6 FAG) an. Sie stellt nicht nur klar, „daß der Bundesminister für Verteidigung, wenn er Telekommunikation betreibt – also Fernmelde- und Funkanlagen mit den dazugehörigen Übertragungswegen und Abschlußeinrichtungen errichtet und betreibt und die entsprechenden Frequenzen nutzt" –, keine Lizenz benötigt, „soweit dies für die Verteidigung des Bundesgebietes und für die Durchführung des Verfassungsauftrages der Bundeswehr erforderlich ist"[1], sondern enthält allgemeine Grenzen für Aufgaben und Befugnisse der Regulierungsbehörde. Damit ist nicht notwendig auch eine Befreiung von inhaltlichen Vorgaben des Telekommunikationsrechts (insbesondere solchen, die den Mitgliedstaat insgesamt bindenden EG-Richtlinien entstammen) verbunden.

8.3 Instrumente der Regulierung

8.3.1 „Allgemeine" Aufsicht

93 Zu Beginn des (lediglich zwei Vorschriften umfassenden) Abschnitts über „Aufgaben und Befugnisse" weist § 71 S. 1 TKG der Regulierungsbehörde – nach Wortlaut wie Inhalt an § 15 Abs. 2 PTRegG angelehnt (oben, Rz. 12 f.) – pauschal „Aufsichts"-Funktionen zu. Die im Normtext als **„Überwachung"** bezeichnete Aufgabenstellung[2] erstreckt sich nicht nur auf lizenzpflichtige Telekommunikationsdienstleistungen und/oder Lizenznehmer, sondern auch auf alle anderen Anbieter und Nachfrager in diesem Wirtschaftszweig; kontrolliert wird, ob sich diese Personen recht- und gesetzmäßig verhalten. Den Aufsichts-Maßstab bildet das gesamte Telekommunikationsrecht; bedeutsam sind also nicht nur die unmittelbar aus dem TKG[3] resultierenden Pflichten (z. B. nach § 4 S. 1), sondern auch die hierauf (etwa § 31 Abs. 1 TKG) oder auf eine Ausführungsverordnung (z. B. § 6 Abs. 1 TEntgV) gestützten Vollzugsakte. Bei solchen „Auflagen, Anordnungen und Verfügungen" handelt es sich um Ge- oder Verbote, die entweder Verwaltungsakte nach § 35 VwVfG oder (selbständig durchsetzbare) Auflagen hierzu (§ 36 Abs. 2 Nr. 4 VwVfG) sind. Einem Lizenznehmer gegenüber können letztere selbst ohne einen diesbezüglichen Vorbehalt im Hauptverwaltungsakt auch nachträglich ergehen (§ 8 Abs. 2 S. 2 TKG). Sowohl in diesem Fall als auch beim

---

[1] So BT-Drucks. 80/96 v. 9. 2. 1996, S. 37.
[2] Zu den Begriffen *Gramlich*, VerwArch 1997, 599 f.; *Badura*, Beck'scher PostG-Kommentar, § 44 Rz. 36; *Eisenblätter*, Regulierung in der Telekommunikation, S. 19 ff.
[3] Bzw. hierauf gestützter Rechtsverordnungen; s. *Weber/Rommersbach*, in: Manssen, Telekommunikations- und Multimediarecht, 1999 ff., C § 71 Rz. 2.

Einsatz als Nebenbestimmung sind sie selbständig mit Rechtsbehelfen angreifbar[1].

Bei Zuwiderhandlungen normiert § 71 (S. 2) TKG lediglich **eine** Möglichkeit behördlichen Einschreitens, nämlich eine **Untersagungsbefugnis** gegenüber dem Tätigwerden ohne Lizenz. Der letzte Halbsatz kennzeichnet diese Handlungsweise jedoch als ultima ratio, und die Entwurfsbegründung präzisiert „andere Weise(n)" des Vorgehens, indem dort für „wünschenswert und wirkungsvoller" erachtet wird, durch Maßnahmen „wie Mahnungen, Zwangs- oder Bußgelder rechtmäßige Zustände herzustellen"[2]. Auch wenn die Ermessensausübung (§ 40 VwVfG) der Regulierungsbehörde stets dem Verhältnismäßigkeitsprinzip genügen muß, ist jedoch auch für ein geeignetes milderes Mittel eine tragfähige gesetzliche Grundlage vonnöten, wenn und weil in „Freiheit und Eigentum" eingegriffen wird[3]. Insofern vermischen die in den Materialien angeführten Beispiele unterschiedliche Aspekte: 94

Wenn und soweit eine „Mahnung" (zur künftigen Einhaltung von Pflichten) keine (rechtsverbindliche) „Regelung" darstellt, sondern schlichtes Verwaltungshandeln, findet sie ihre Rechtfertigung bereits in § 71 S. 1 TKG. Die Verfolgung und Ahndung von Ordnungswidrigkeiten (durch Bußgeldbescheid) ist zwar durch § 96 Abs. 2 S. 2 TKG (i. V. m. § 36 Abs. 1 Nr. 1 OWiG) ebenfalls der Regulierungsbehörde zugewiesen und umfaßt zudem auch Verstöße gegen Anzeige- und Berichtspflichten (§ 96 Abs. 1 Nr. 1, 2); sie kommt aber nur bei schuldhaftem Fehlverhalten in Betracht (§ 1 OWiG). „Zwangsgeld" hingegen ist ein Zwangsmittel im Rahmen der Verwaltungsvollstreckung (unten, Rz. 135 ff.); seine Androhung, Festsetzung und Anwendung ist also regelmäßig nur zur zwangsweisen Durchsetzung eines Grund-Verwaltungsaktes (z. B. einer Anordnung nach § 31 Abs. 1 TKG) zulässig. Schließlich betrifft § 71 S. 2 lediglich einen „Spezialfall"[4] rechtswidrigen Verhaltens, der inhaltlich der allgemeinen Bestimmung des § 15 Abs. 2 GewO entspricht. Die Vorschrift findet auf nicht lizenzpflichtige Tätigkeiten keine Anwendung, und eine (nach § 43 Abs. 2 VwVfG) „wirksame" Lizenz muß erst durch „Rücknahme" (§ 48 VwVfG) oder „Widerruf" (§ 15 TKG) aufgehoben werden, bevor nach § 71 S. 2 vorgegangen werden darf. Eine Gebots- 95

---

1 Vgl. Beck TKG-Komm/*Schütz*, § 8 Rz. 23, 28.
2 BR-Drucks. 80/96 v. 9. 2. 1996, S. 51; vgl. auch Beck TKG-Komm/*Kerkhoff*, § 71 Rz. 17 ff.
3 Ein Beispiel hierfür ist die Befugnis der Regulierungsbehörde nach § 49 S. 2 TKG, die „Außerbetriebnahme von Geräten" anzuordnen; vgl. Beck TKG-Komm/*Ehmer*, § 49 Rz. 5.
4 BR-Drucks. 80/96 v. 9. 2. 1996, S. 51.

verfügung dahin gehend, einen Lizenzantrag zu stellen, kommt nicht in Betracht[1], jedoch kann dies als milderes Mittel anheimgegeben werden[2].

96 Eine demgegenüber auf die Kontrolle bestimmter Vorschriften beschränkte, ansonsten jedoch ebenfalls generalklauselartige **Befugnis** (in § 91 Abs. 1 S. 1 TKG) ermächtigt die Regulierungsbehörde zu allen „Anordnungen" und „anderen geeigneten Maßnahmen", um die **Einhaltung der Vorschriften** des Elften Teils des TKG (§§ 85 ff.) und der hierauf gestützten Rechtsverordnungen **sicherzustellen.** „Unbeschadet der einschlägigen Straf- und Ordnungswidrigkeitenvorschriften sowie der Vorschriften über die Lizenzierung erhält die Regulierungsbehörde damit die Möglichkeit, auf rechtswidriges Verhalten Beteiligter unter Beachtung des Verhältnismäßigkeitsgrundsatzes angemessen zu reagieren"[3].

97 § 91 Abs. 3 TKG ähnelt im Aufbau und Inhalt dem § 71 S. 2 TKG, betrifft jedoch nur die Nichterfüllung von Verpflichtungen aus §§ 85 ff. Der Regulierungsbehörde steht hier als letztes Mittel ebenfalls eine Untersagungsverfügung zu Gebote, die sich aber entweder gegen den Betrieb der „betreffenden" Telekommunikationsanlage (§ 3 Nr. 17) richtet oder das geschäftsmäßige Erbringen eines Telekommunikationsdienstes (§ 3 Nr. 5) verbietet und damit andere Eingriffsmöglichkeiten eröffnet als § 71 S. 2 TKG. Gegenüber Lizenznehmern kommt bei Verstößen gegen das Fernmeldegeheimnis (§ 85) oder gegen datenschutzrechtliche Regelungen (§ 89) allerdings auch ein Widerruf der Lizenz – und alsdann ein auf § 71 S. 2 TKG gestütztes Verbot – in Betracht (§ 15 Nr. 1 TKG). § 91 Abs. 3 TKG mag „insbesondere bei lizenzfrei betriebenen Anlagen" (1 Rz. 9 f.) die „einzige Möglichkeit" sein, Fehlverhalten zu unterbinden[4].

8.3.2 Spezielle aufsichtliche Befugnisse

98 Jenseits des engen Anwendungsbereichs des § 71 S. 2 TKG sieht das Telekommunikationsrecht[5] zahlreiche besondere Eingriffsermächtigungen für die Regulierungsbehörde vor; andererseits darf sie belastende Maßnahmen nur auf gesetzlicher Grundlage treffen.

---

1 Beck TKG-Komm/*Kerkhoff*, § 71 Rz. 19; unklar *Weber/Rommersbach*, in: Manssen, Telekommunikations- und Multimediarecht, 1999 ff., C § 71 Rz. 7.
2 So *Badura*, Beck'scher PostG-Kommentar, § 44 Rz. 43.
3 BR-Drucks. 80/96 v. 9. 2. 1996, S. 56.
4 Vgl. BR-Drucks. 80/96 v. 9. 2. 1996, S. 57; ähnlich Beck TKG-Komm/*Ehmer*, § 91 Rz. 7.
5 Außerhalb des TKG auch in Ausführungsverordnungen (z. B. §§ 16, 19 TKZulV 1997, §§ 8 Abs. 5, 11 Abs. 2, 12 Abs. 2 PersZulV 1997, §§ 2 S. 2, 13 Abs. 6, 17 AFuV) und in Spezialgesetzen, etwa in § 11 AFuG, § 13 Abs. 1, 3 SigG 1997, § 8 EMVG, § 15 Abs. 1 FTEG.

Eine **präventive Kontrolle** kann dadurch erfolgen, daß die Wirksamkeit privatrechtlicher Vorgänge von (vorheriger) behördlicher Zustimmung abhängig gemacht wird, wie bei der rechtsgeschäftlichen Übertragung der Lizenz auf eine andere Person an den ursprünglichen Lizenznehmer (§ 9 Abs. 1; 1 Rz. 167 f.). Eine Modifikation hierzu bildet die direkte Umgestaltung des Vereinbarten durch eine Genehmigung wie im Fall des § 29 Abs. 2 S. 1 TKG (3 Rz. 108). 99

Auch die ein Betreiben von Übertragungswegen (§ 3 Nr. 1) bzw. das Anbieten von Sprachtelefondienst (§ 3 Nr. 15) erst gestattende Lizenzerteilung (§§ 6, 8) ist der Aufnahme der Tätigkeit vorgelagert. Eine besondere Gestaltung im Vorfeld der Lizenzerteilung – den Ausschluß von der Beteiligung an einem Versteigerungs- oder Ausschreibungsverfahren – enthält § 11 Abs. 3 TKG (2 Rz. 232). 100

Erst **nachträglich** („repressiv") eingeschritten werden kann zum einen gegen ein nur anzeigepflichtiges Anbieten von Telekommunikationsdienstleistungen. Da hier ein (erlaubnisfreies) „Gewerbe" betrieben wird, kommt eine Untersagung aufgrund des § 35 GewO wegen fehlender Zuverlässigkeit in Betracht. Die Regulierungsbehörde ist für eine derartige Maßnahme jedoch sachlich nicht zuständig[1], sondern muß lediglich als „besondere staatliche Aufsichtsbehörde" am Verfahren beteiligt werden (§ 35 Abs. 4 GewO). 101

Im „lizenzpflichtigen Bereich" ist zwischen Maßnahmen einer **laufenden Aufsicht** und solchen zu unterscheiden, die nicht die Berufsausübung, sondern die Berufswahl – unter dem Gesichtspunkt der Betriebsfortführung – betreffen. § 15 TKG sieht insoweit nur einen „Widerruf" von Lizenzen vor, läßt also die Aufhebung eines bei Erlaß rechtmäßigen Verwaltungsakts durch Rechtsvorschrift zu (§ 49 Abs. 2 S. 1 Nr. 1 VwVfG); die weiteren allgemeinen Widerrufsgründe (Nr. 2–5) werden dadurch freilich nicht verdrängt, und auch § 49 Abs. 4 und 6 VwVfG finden Anwendung. Das Fehlen einer „Rücknahme"-Regelung bildet kein Hindernis dafür, auf die allgemeine Vorschrift des § 48 VwVfG zurückzugreifen; einschlägig sind hierbei § 48 Abs. 1 S. 2, Abs. 3 und Abs. 4 S. 1 (1 Rz. 145 ff.). 102

Die Regulierungsbehörde kann auch lediglich die **Modalitäten der unternehmerischen Betätigung** mit unterschiedlicher Intensität „feinsteuern". Zu ihren Instrumenten zählen einmal direkt wirkende Gebote, etwa die Verpflichtung zu einer Universaldienstleistung (§ 19 Abs. 2, 3), 103

---

1 Vom Vorbehalt zugunsten des Bundesrechts in § 155 Abs. 2 GewO (s. *Meyer*, in: Landmann/Rohmer, GewO-Kommentar, § 155 GewO, Rz. 12) wurde kein Gebrauch gemacht.

die mit der Festsetzung einer Ausgleichsabgabe verknüpfte Zahlungspflicht (§ 21 Abs. 2), die Rechte der Beteiligten begründende Anordnung einer Zusammenschaltung (§ 37 Abs. 1 TKG). Ein Widerspruch gegen Allgemeine Geschäftsbedingungen (§ 23 Abs. 2) oder im Rahmen der nachträglichen Entgeltregulierung (§ 30 Abs. 4 TKG) zielt hingegen auf eine Verhaltensänderung oder -anpassung ab, indem der zunächst angestrebte Vertragsinhalt nicht rechtswirksam werden kann. Nötigenfalls kann hier das beanstandete Verhalten (oder im Falle der Ex-ante-Genehmigung die Durchführung des Rechtsgeschäfts, § 29 Abs. 2 S. 2) untersagt werden (§ 30 Abs. 5 S. 1 TKG). Bei der „besonderen Mißbrauchsaufsicht" wie gegenüber wettbewerbsbeschränkenden Vereinbarungen über die Gewährung von Netzzugängen ist die Regulierungsbehörde gegenüber (marktbeherrschenden) Anbietern von „Telekommunikationsdienstleistungen für die Öffentlichkeit" (§ 3 Nr. 19) befugt, sowohl ein bestimmtes Verhalten vorzuschreiben als auch zu verbieten und zudem Verträge ganz oder teilweise für unwirksam zu erklären (§§ 33 Abs. 2, 38 Abs. 2 TKG). Im Hinblick auf Nummern und Frequenzen werden Nutzungsrechte durch begünstigende Verwaltungsakte „zugeteilt" (§§ 43 Abs. 3, 47 TKG). Den Charakter einer Erlaubnis hat auch das Erfordernis der Zustimmung anstelle des eigentlichen Trägers der Straßenbaulast, wenn ein (anderer) Lizenznehmer dessen Verkehrswege (§ 50 Abs. 1 S. 2) in Form der Verlegung neuer oder der Änderung vorhandener „Telekommunikationslinien" (§ 3 Nr. 20) benutzen will (§ 50 Abs. 4 i. V. m. Abs. 3 TKG). Solange und soweit die Regulierungsbehörde selbst noch als „Zulassungsbehörde" nach § 64 TKG tätig blieb, sprach sie ebenfalls Erlaubnisse im Hinblick auf (die Verwendung von) Anlagen/Einrichtungen[1] oder auf (die Tätigkeiten von) Personen aus; verblieben ist davon lediglich die Aufgabe nach dem EMVG (Rz. 83 ff.).

104 Der Umfang der Geschäftstätigkeit im Telekommunikationssektor kann schließlich (nur) bei gravierenden **Verletzungen spezifischer Berufspflichten** durch behördliche Anordnung nach § 90 Abs. 8 TKG vorübergehend eingeschränkt („eingefroren"[2]) werden.

8.3.3 Informationsbefugnisse

105 Maßnahmen der Aufsicht gegenüber in einem bestimmten Wirtschaftszweig tätigen Personen sind nur rechtmäßig, wenn sie sich auf umfassende und korrekte Informationen stützen können; dies wiederum bedingt ein Mindestmaß an „Überwachung", auch vor Ort. Allgemeine,

---

1 Vgl. zur Standortbescheinigung nach § 6 TKZulV 1997 VGH Kassel v. 29. 7. 1999 – 4 TG 2118/99, K&R 1999, 575, 576; *Kirchberg*, NVwZ 1998, 375, 377.
2 BR-Drucks. 80/96 v. 9. 2. 1996, S. 56.

d. h. nicht nur den Beschlußkammern übertragene Befugnisse[1] sind insoweit in § 72 Abs. 1–7 TKG enthalten[2], spezielle Ermächtigungen über das ganze Gesetz[3] verstreut. Dabei besteht zwischen den einzelnen „Ermittlungsbefugnissen"[4] eine gewisse Stufenfolge, zumindest aber ein sachlicher Zusammenhang.

8.3.3.1 Auskunftsverlangen

Im Unterschied zu Anzeigen, die ein Verpflichteter bereits kraft Gesetzes tätigen muß (z. B. §§ 4 S. 1, 9 Abs. 2, 47 Abs. 6 S. 1, 88 Abs. 2 S. 3 Nr. 2 und Abs. 5 TKG; ferner § 11 Abs. 1 SigG 1997), geht ein Auskunftsverlangen, mit dem eine Mitwirkungspflicht des hiervon Betroffenen korrespondiert (s. § 72 Abs. 3 TKG)[5], von der (Regulierungs-)Behörde aus. Darf ein „Bericht" (§ 5) oder dürfen „Unterlagen" gefordert werden (wie in § 31 Abs. 1 S. 1 Nr. 1 TKG), so muß der Adressat des Verlangens schriftlich Stellung nehmen, ansonsten darf eine Auskunft auch formlos und fernmündlich gegeben werden, sofern die Behörde keine besondere Form verlangt[6]. Eine Datenfernübertragung in Gestalt eines Abrufs im automatisierten Verfahren (online) kommt, wie ein Umkehrschluß aus § 90 Abs. 2 TKG zeigt, nur mit Einverständnis des Auskunftspflichtigen in Betracht[7].

106

Voraussetzungen, Gegenstand und Zweck von Auskünften sind für einige Sonderfälle detaillierter geregelt: Im Rahmen der Entgeltregulierung (einschließlich des Netzzugangs, § 39) muß ein Lizenznehmer auf Anordnung der Regulierungsbehörde dieser alle für die Ausübung des Genehmigungs- oder Widerspruchsrechts erforderlichen[8] „Angaben" ma-

107

---

1 *Holznagel u. a.*, Grundzüge des Telekommunikationsrechts, 2. Aufl. 2001, S. 45; wohl auch Beck TKG-Komm/*Kerkhoff*, § 72 Rz. 13.
2 Die Bestimmung lehnt sich eng an § 46 GWB a. F. („Befugnisse der Kartellbehörden") an; ebenso Beck TKG-Komm/*Kerkhoff*, § 72 Rz. 2.
3 Auch insoweit gelten diverse Sondervorschriften, wie z. B. § 10 PersZulV 1997, § 7 TKSiV, § 13 Abs. 2 SigG 1997, § 20 SigG 2001.
4 BT-Drucks. 80/96 v. 9. 2. 1996, S. 51.
5 In diesem Punkt unterscheiden sie sich von bloßen „Abfragen"; s. z. B. Mitt. Nr. 507/2000, 738/2000 (betr. „Powerline Communications" [PLC]), ABl. RegTP 2000, S. 2733, 4217 f., Mitt. Nr. 123/1999, 161/1999 (Frequenzbedarfsabfragen), ABl. RegTP 1999, S. 1124 f., 1260 f.
6 *Weber/Rommersbach*, in: Manssen, Telekommunikations- und Multimediarecht, 1999 ff., C § 72 Rz. 21.
7 Zur finanziellen Abgeltung von Aufwendungen für Auskünfte s. LG Oldenburg v. 10. 2. 1997 – 4 gr. AR 25/96, ArchPT 1997, 230, 231 f., mit Anm. *Simon*; LG Detmold v. 24. 3. 1997 – 4 AR 1/97, ArchPT 1997, 234, mit Anm. *Simon*; Pfälzisches OLG Zweibrücken v. 24. 6. 1997 – 1 Ws 313/97, MDR 1997, 980, 981; *Wuermeling/Felixberger*, CR 1997, 555, 560.
8 An die Intensität des „Anfangsverdachts" sind keine hohen Anforderungen zu stellen, s. OVG Münster v. 2. 4. 1998 – 13 B 213/98, CR 1999, 306, 307.

chen, die – wie die „sonstigen Unterlagen" – in Original oder Kopie, jedoch stets in verkörperter Form zur Verfügung zu stellen sind. Weiterhin ist der Regulierungsbehörde durch § 72 Abs. 1 Nr. 1 TKG in recht allgemeiner Art gestattet, von in der Telekommunikation tätigen[1] „Unternehmen" und „Vereinigungen von Unternehmen"[2] Auskunft über „ihre wirtschaftlichen Verhältnisse, insbesondere über Umsatzzahlen", zu verlangen; spezifische Umsatzmeldungen können im Falle von Universaldienstpflichten als Voraussetzung für die Festsetzung einer Ausgleichsabgabe nach § 21 allen tangierten Lizenznehmern abgefordert werden (§ 22 Abs. 1 TKG). § 92 Abs. 1 betrifft alle Personen, die „geschäftsmäßig" Telekommunikationsdienste erbringen (vgl. § 3 Nr. 5); die Regulierungsbehörde ist hiernach zu „Anfragen" nur befugt, wenn eine diesbezügliche Delegation durch das „BMPT"[3] vorliegt (§ 92 Abs. 2 S. 3 TKG). Grundlage der Auskunftspflicht ist ein „entsprechendes" Ersuchen des Bundesnachrichtendienstes zur Erfüllung seiner Aufgaben nach (Art. 1) § 3 G 10[4] (§ 92 Abs. 2 S. 1); ihr Gegenstand dürfen lediglich Angaben über die bestehenden oder beabsichtigten Strukturen von Telekommunikationsdiensten und -netzen sein (§ 92 Abs. 1 TKG)[5]. Allein durch das Merkmal der „Erforderlichkeit" grenzt schließlich § 91 Abs. 1 S. 2 die Befugnis der Regulierungsbehörde ein, der Kontrolle dienende Auskünfte zu verlangen, ob §§ 85 ff. TKG und die dazu gehörenden Rechtsverordnungen eingehalten wurden.

108 Ein Auskunftsverlangen stellt einen („verfügenden") **Verwaltungsakt** dar[6], für den Schriftform (§ 37 Abs. 3 VwVfG) gilt (§ 72 Abs. 2 S. 1

---

1 Diese nur hier verwendete Formulierung ist sprachlich wie inhaltlich wenig präzise, insbesondere im Hinblick auf ein „geschäftsmäßiges Erbringen von Telekommunikationsdiensten" (§ 3 Nr. 5 TKG). Nicht auskunftspflichtig sind hiernach jedenfalls die privaten Kunden solcher Unternehmen.
2 Der Entwurfsbegründung zufolge werde hier an die Terminologie des GWB (§ 1) angeknüpft; nicht umfaßt seien jedoch „Wirtschafts- und Berufsvereinigungen", BT-Drucks. 80/96 v. 9. 2. 1996, S. 51. Diese Einschränkung weicht vom Verständnis des GWB ab, s. *Immenga*, in: Immenga/Mestmäcker, GWB, 2. Aufl. 1992, § 1 Rz. 101.
3 In dessen Stellung ist das Bundesministerium für Wirtschaft und Technologie nachgefolgt; s. Beck TKG-Komm/*Ehmer*, § 92 Rz. 3.
4 Zur „strategischen Überwachung" s. BVerfG v. 20. 6. 1984 – 1 BvR 1494/78, BVerfGE 67, 157, 174 f.; BVerfG v. 5. 7. 1995 – 1 BvR 2226/94, CR 1995, 750, 751 ff., mit Anm. *Schmittmann*; *Arndt*, DöV 1996, 459 ff.; BVerfG v. 14. 7. 1999 – 1 BvR 2226/94, 2420, 2437/95, BVerfGE 100, 313, 366 ff.; dazu *Müller-Terpitz*, Jura 2000, 296 ff.; *Schrader*, DuD 1999, 650 ff.
5 Zur Auskunftspflicht von Diensteanbietern gegenüber Sicherheitsbehörden s. *Wuermeling/Felixberger*, CR 1997, 555, 559 f.
6 Ebenso *Etling-Ernst*, TKG-Kommentar, 1996, § 72 Rz. 3; Beck TKG-Komm/*Kerkhoff*, § 72 Rz. 18, 24; *Weber/Rommersbach*, in: Manssen, Telekommunikations- und Multimediarecht, 1999 ff., C § 72 Rz. 25.

TKG). Über die generell notwendige Bestimmtheit hinaus (§ 37 Abs. 1 VwVfG) fordert § 72 Abs. 2 S. 2 TKG die Angaben der Rechtsgrundlagen, des Gegenstands und des Zwecks[1]. Schließlich muß festgelegt werden, bis zu welchem Zeitpunkt die Auskunft zu erteilen ist; für die je „angemessene" Frist ist nicht nur das öffentliche Interesse an einer raschen Sachverhaltsermittlung, sondern sind auch die dem Verpflichteten möglichen und zumutbaren Dispositionen über Personen und Gegenstände von Bedeutung[2].

Nur als **Mittelsperson** fungiert die Regulierungsbehörde, soweit die in § 90 Abs. 3 bezeichneten Justiz- und Sicherheitsbehörden zur Erfüllung ihrer Aufgaben auf Inhalte von ständig zu aktualisierende Kundendateien (§ 90 Abs. 1) zugreifen dürfen (§ 90 Abs. 2, 4 TKG). Wenn sie bei geschäftsmäßigen Anbietern von Telekommunikationsdiensten in einem automatisierten Verfahren Daten oder Datensätze abruft, so geschieht dies allein zur Übermittlung an die um Auskunft ersuchende Stelle und auf deren Verantwortung (§ 90 Abs. 4 S. 1–3 TKG)[3]. 109

8.3.3.2 Vorlegungs-, Prüfungs-, Besichtigungs-, Betretungsrechte

Der Regulierungsbehörde **vorzulegen** sind: 110
- Allgemeine Geschäftsbedingungen für lizenzpflichtige Telekommunikationsdienstleistungen und für Universaldienstleistungen vor ihrem Inkrafttreten „in Schriftform" (§ 23 Abs. 2 TKG);
- genehmigungsbedürftige Entgelte und entgeltrelevante Bestandteile der AGB von marktbeherrschenden Unternehmen für das Angebot von Übertragungsdiensten und Sprachtelefondienst im Rahmen der Lizenzklassen 3 und 4 (§ 28 Abs. 1 i. V. m. § 25 Abs. 1, 3, § 6 Abs. 2 TKG) sowie Kostennachweise nach §§ 2, 6 TEntgV;
- Vereinbarungen über Netzzugänge nach § 35 Abs. 1 (§ 35 Abs. 2 S. 3 TKG, § 6 Abs. 1 NZV);
- Entgelte für die Gewährung eines Netzzugangs nach § 35 (§ 39 i. V. m. § 28 Abs. 1 TKG);

---

1 Vgl. OVG Münster v. 2. 4. 1998 – 13 B 213/98, CR 1999, 306, 307. Im Hinblick auf den mit § 46 Abs. 1 Nr. 1 GWB a. F. (§ 59 Abs. 1 Nr. 1 GWB 1998) identischen Wortlaut („ihre" Verhältnisse) ist ein Auskunftsverlangen betr. die wirtschaftlichen Verhältnisse Dritter (bzw. von diesen) unzulässig, *Klaue*, in: Immenga/Mestmäcker, GWB, 2. Aufl. 1992, § 46 Rz. 26; Beck TKG-Komm/*Kerkhoff*, § 72 Rz. 23.
2 Ähnlich *Klaue*, in: Immenga/Mestmäcker, GWB, 2. Aufl. 1992, § 46 Rz. 34; *Weber/Rommersbach*, in: Manssen, Telekommunikations- und Multimediarecht, 1999 ff., C § 72 Rz. 20.
3 Vgl. *Helf*, CR 1997, 334; krit. *Wuermeling/Felixberger*, CR 1997, 560 f.

– das Sicherheitskonzept mitsamt einem Umsetzungsplan nach § 87 Abs. 2 S. 2 TKG.

111 In derartigen Fällen ergibt sich jeweils aus dem Kontext, daß die „Unterlagen" nicht „vor Ort" in den Geschäftsräumen, sondern bei der Regulierungsbehörde „eingesehen" und „geprüft" werden und dieser daher übermittelt werden müssen; nur bei einer Pflicht zur „Übergabe" (wie nach § 11 Abs. 2 i. V. m. § 10 SigG 1997) verbleiben sie dort. Hingegen berechtigt § 72 Abs. 1 Nr. 2 TKG die Regulierungsbehörde, alle „geschäftlichen Unterlagen" auch „bei" den Unternehmen einzusehen – was eine (Verpflichtung zur) Vorlage (§ 72 Abs. 3) voraussetzt – und dort einer „Außenprüfung" zu unterwerfen.

112 Von der **Einsichtnahme** (in Unterlagen) unterscheidet sich die **Besichtigung**, welche jedoch ebenfalls zwecks Prüfung erfolgt. Sie ist nicht mehr nur im Hinblick auf „Endeinrichtungen" (§ 3 Nr. 3), bei Satellitenfunk- und Satellitenfunk-Empfangsanlagen sowie bei „Funkanlagen" (§ 3 Nr. 4) und bei Geräten, die der Nutzaussendung elektromagnetischer Wellen dienen, vorgesehen (§§ 59 Abs. 8, 60 Abs. 4, 61 S. 2 TKG a. F.); vielmehr ist sie generell für alle elektrischen und elektronischen Apparate (§ 2 Nr. 4), Systeme (§ 2 Nr. 5), Anlagen (§ 2 Nr. 6) und Netze (§ 2 Nr. 7 EMVG) gestattet, die elektrische oder elektronische Bauteile enthalten (§ 2 Nr. 3 i. V. m. § 9 Abs. 2 EMVG, § 15 Abs. 1 FTEG). Ferner enthält § 91 Abs. 1 S. 3 TKG bezogen auf die Kontrolle der Einhaltung der Verpflichtungen aus §§ 85 ff. ein Besichtigungsrecht in bezug auf „Geschäfts- und Betriebsräume" der Verpflichteten und für den Zeitraum der „üblichen Betriebs- und Geschäftszeiten"[1].

113 Auf denselben Zeitraum beschränkt ist schließlich das **Betreten** von Geschäfts(- und Betriebs)räumen sowie von Geschäftsgrundstücken. Dabei verpflichtet § 72 Abs. 3 den Inhaber oder die Leitung eines Unternehmens zur Duldung des mit dem Zutritt einhergehenden Eingriffs[2], während § 91 Abs. 1 S. 3 die Regulierungsbehörde – d. h. deren Personal – hierzu ermächtigt, was jedoch keinen Unterschied in der Sache ausmacht. Das Grundrecht aus Art. 13 GG (Unverletzlichkeit der Wohnung) wird lediglich in § 72 Abs. 4 S. 2 TKG für den Sonderfall (gem. Art. 19 Abs. 1 S. 2 GG) zitiert, daß nicht die eigenen Bediensteten, son-

---

1 Auf verfassungsrechtliche Bedenken des Bundesrates hin (BR-Drucks. 80/96 [Beschluß] v. 22. 3. 1996, S. 39) stellte die Bundesregierung in ihrer Erwiderung klar, ein Vorgehen gegen Privatpersonen und ein Betreten von Wohnungen sei nicht vorgesehen, BT-Drucks. 13/4438 v. 23. 4. 1996, S. 38.
2 Vgl. zum parallelen § 46 Abs. 2 GWB a. F. (§ 59 Abs. 2 GWB 1998) *Klaue*, in: Immenga/Mestmäcker, GWB, 2. Aufl. 1992, § 46 Rz. 18; ferner § 9 Abs. 2 S. 2 EMVG.

dern andere von der Regulierungsbehörde mit der Vornahme von Prüfungen betraute Personen[1] – die nicht notwendig oder auch nur regelmäßig im öffentlichen Dienst stehen müssen – Zugang zu „Räumen" von Unternehmen oder Unternehmensvereinigungen erhalten[2].

§ 72 Abs. 2 S. 1 TKG schreibt auch für die Anordnung einer **Prüfung** (von geschäftlichen Unterlagen) eine schriftliche Verfügung der Regulierungsbehörde gegenüber dem pflichtigen Personenkreis vor. Das Gebot muß dabei nicht zuletzt das Ausmaß der konkreten Mitwirkungs- und Duldungspflichten näher bestimmen[3]. 114

Im Hinblick auf Geräte i. S. des EMVG (Rz. 83) und des FTEG (§ 2 Nr. 1 i. V. m. Nr. 2, 3) haben Beauftragte der Regulierungsbehörde überdies die Befugnis, diese zur Prüfung betreiben zu lassen sowie vorübergehend zu Prüf- und Kontrollzwecken zu entnehmen (§ 9 Abs. 2 S. 1 EMVG, § 15 Abs. 1 FTEG); auch insoweit wird allen nach § 9 Abs. 1 S. 1 EMVG Auskunftspflichtigen die Duldung der hierbei erfolgenden Eigentumsbeeinträchtigung angesonnen, die jedoch gerade deshalb nicht weiter als (sachlich/zeitlich) unbedingt notwendig entschädigungslos hinzunehmen ist[4]. 115

---

1 Hierzu (im Hinblick auf § 46 Abs. 3 S. 1 GWB a. F./§ 59 Abs. 3 S. 1 GWB 1998) *Klaue*, in: Immenga/Mestmäcker, GWB, 2. Aufl. 1992, § 46 Rz. 52; Beck TKG-Komm/*Kerkhoff*, § 72 Rz. 41.
2 Nach Auffassung der Bundesregierung bietet Art. 13 GG bei Betriebs- und Geschäftsräumen nur einen „reduzierten Schutz. Soweit die dort vorgenommenen Tätigkeiten oder aufbewahrten Unterlagen nach außen wirken und Interessen anderer oder der Allgemeinheit berühren, liegt in der Kontrolle dieser Tätigkeiten und dem damit verbundenen Betreten der Räume keine Beeinträchtigung des Art. 13 GG", BT-Drucks. 13/4438 v. 23. 4. 1996, S. 38. Der zum Beleg angeführte Beschluß des BVerfG v. 13. 10. 1971 – 1 BvR 280/66, BVerfGE 32, 54 ff., bezieht sich allerdings nur auf „reine" Geschäftsräume und Betriebsgrundstücke (75) und erachtet insoweit „übliche Betretungs- und Besichtigungsrechte" nicht mehr als „Eingriffe und Beschränkungen" i. S. v. Art. 13 Abs. 3 GG, stellt hierfür aber gleichwohl (vier) Voraussetzungen auf. Im Gesamtzusammenhang dürfte jedoch § 72 Abs. 3 TKG „den (erlaubten) Zweck des Betretens, den Gegenstand und den Umfang der zugelassenen Besichtigung und Prüfung" (77) hinreichend deutlich erkennen lassen.
3 Vgl. (zu § 46 Abs. 7 GWB a. F./§ 59 Abs. 7 GWB 1998) *Klaue*, in: Immenga/Mestmäcker, GWB, 2. Aufl. 1992, § 46 Rz. 47 f.; Beck TKG-Komm/*Kerkhoff*, § 72 Rz. 34 f.
4 Vgl. *Scholl*, Behördliche Prüfungsbefugnisse im Recht der Wirtschaftsüberwachung, S. 171 ff.

8.3.3.3. Durchsuchung und Beschlagnahme

116 Behördliche „**Durchsuchungen**"[1] (beim in Abs. 1 bezeichneten Adressatenkreis) dürfen nach Art. 13 Abs. 2 GG außer bei Gefahr in Verzug nur durch einen Richter angeordnet und nur in der (parlaments)gesetzlich vorgeschriebenen Form durchgeführt werden. § 72 Abs. 5 S. 1 TKG begründet für den Regelfall die sachliche und örtliche Zuständigkeit des lokalen Amtsgerichts, d. h. eines nach der Geschäftsverteilung zuständigen Einzelrichters (§ 22 Abs. 4 i. V. m. § 21e GVG). Dessen Entscheidung kann mittels Beschwerde zum Landgericht (§ 73 Abs. 1 GVG) angefochten werden. Hierfür finden die §§ 306–310 (betr. Einlegung, keine Vollzugshemmung, Befugnisse und Entscheidung des Beschwerdegerichts, weitere Beschwerde) und § 311a StPO (Nachholen des rechtlichen Gehörs) entsprechende Anwendung (§ 72 Abs. 5 S. 2 TKG), nicht aber § 311 StPO, so daß keine sofortige, wohl aber eine weitere Beschwerde zulässig ist[2].

117 Zu Durchsuchungen ohne richterliche Anordnung ermächtigt § 72 Abs. 5 S. 3 TKG einen überaus großen Personenkreis, nämlich alle, auch private Personen, die im Auftrag der Regulierungsbehörde Prüfungen vornehmen; zum Einsatz von Mitteln unmittelbaren Zwangs sind diese jedoch nicht befugt (§ 6 Nr. 8 i. V. m. § 1 UZwG). Während dabei eine gewisse Einschränkung in der Hervorhebung der „erforderlichen" Durchsuchungen liegen mag, ist umgekehrt für Zeitpunkt und -dauer des Eingriffs nicht die „übliche", sondern lediglich die (konkrete) Geschäftszeit (des jeweils betroffenen Unternehmens) maßgeblich[3].

118 Bei jeder Durchsuchung verpflichtet § 72 Abs. 5 S. 4 TKG schließlich die hiermit befaßte(n) Person(en), noch an Ort und Stelle den Umstand dieses Eingriffs, das wesentliche Ergebnis und gegebenenfalls die Tatsachen zu protokollieren, die zur Annahme einer Gefahr im Verzug geführt haben (vgl. § 107 StPO). Die an sich erforderliche Angabe[4] des eingeschränkten Grundrechts fehlt hier.

---

[1] „Das ziel- und zweckgerichtete Suchen staatlicher Organe nach Personen oder Sachen oder zur Ermittlung eines Sachverhalts, um etwas aufzuspüren, was der Inhaber der Wohnung von sich aus nicht offenlegen oder herausgeben will", BVerfG v. 3. 4. 1979 – 1 BvR 994/76, BVerfGE 51, 97, 107); vgl. *Weber/Rommersbach*, in: Manssen, Telekommunikations- und Multimediarecht, 1999 ff., C § 72 Rz. 36.

[2] Beck TKG-Komm/*Kerkhoff*, § 72 Rz. 52; anders *Weber/Rommersbach*, in: Manssen, Telekommunikations- und Multimediarecht, 1999 ff., C § 72 Rz. 49.

[3] Vgl. *Klaue*, in: Immenga/Mestmäcker, GWB, 2. Aufl. 1992, § 46 Rz. 51; anders Beck TKG-Komm/*Kerkhoff*, § 72 Rz. 37.

[4] *Jarass*, in: Jarass/Pieroth, Grundgesetz, 3. Aufl. 1995, Art. 19 Rz. 3.

An „geschäftlichen Unterlagen" und anderen, nicht notwendig körperlichen „Gegenständen" kann entweder (bei Einwilligung des Eigentümers/Besitzers) öffentlich-rechtliche Verwahrung begründet, wenn die freiwillige Herausgabe[1] verweigert wird, können diese auch **beschlagnahmt**[2] werden. Gemäß § 72 Abs. 6 S. 1 TKG wird diese Befugnis lediglich generell auf den „erforderlichen" Umfang begrenzt (präziser wohl § 94 Abs. 1 StPO[3]). Im Fall einer Beschlagnahme gilt nicht nur – wie bei § 98 Abs. 1 StPO – grundsätzlich ein Richtervorbehalt; § 72 Abs. 5 ist vielmehr insgesamt entsprechend anwendbar (§ 72 Abs. 6 S. 2 TKG). 119

Im Wortlaut noch enger an das Strafprozeßrecht angelehnt ist die spezielle Regelung zur **Beschlagnahme während eines Beschlußkammer-Verfahrens** (§ 77 TKG). Dies gilt für die Voraussetzungen (mögliche Bedeutung als Beweismittel [„Urkunden" und „Augenschein"[4]], § 77 Abs. 1 S. 1), für Notwendigkeit[5] und Verfahren der richterlichen Bestätigung (§ 77 Abs. 2, 3 TKG; vgl. § 98 Abs. 2 StPO) sowie für das gegen die richterliche Entscheidung gegebene Rechtsmittel der Beschwerde (§ 77 Abs. 4 S. 1)[6]; § 77 Abs. 4 S. 2 deckt sich inhaltlich mit § 72 Abs. 5 S. 2 TKG. Die Verpflichtung schließlich, die Beschlagnahme dem davon Betroffenen „unverzüglich" (i. S. v. § 121 BGB) bekanntzugeben, geht sogar weiter als bei der Postbeschlagnahme (§ 101 Abs. 1 i. V. m. § 99 StPO). Andererseits ist eine vorherige richterliche Anordnung hier nicht für nötig erachtet worden[7]; ihre Notwendigkeit ergibt sich auch nicht aus Grundrechten des Betroffenen (Art. 14, Art. 12 bzw. Art. 2 Abs. 1 GG[8]). 120

8.3.3.4 Grenzen der Mitwirkungspflicht betroffener Personen

§ 72 Abs. 7 TKG begründet ein gegenüber behördlichen Informationsverlangen auch sonst (z. B. gem. § 17 Abs. 3 HwO, § 52 Abs. 5 BImSchG) 121

---

1 Vgl. *Weber/Rommersbach*, in: Manssen, Telekommunikations- und Multimediarecht, 1999 ff., C § 72 Rz. 31, 54.
2 Zum Verhältnis zu Verwaltungszwang und Betretungsrechten s. BVerwG v. 15. 3. 1988 – 1 A 23.85, BVerwGE 79, 110, 116.
3 Vgl. *Etling-Ernst*, TKG-Kommentar, 1996, § 72 Rz. 7.
4 So BR-Drucks. 80/96 v. 9. 2. 1996, S. 52.
5 Wobei die Verpflichtung noch strikter als in der StPO („Soll"-Vorschrift) ausgestaltet ist!
6 Vgl. *Etling-Ernst*, TKG-Kommentar, 1996, § 77 Rz. 4; Beck TKG-Komm/*Kerkhoff*, § 77 Rz. 22.
7 Vgl. BR-Drucks. 80/96 v. 9. 2. 1996, S. 52. Krit. hierzu *Etling-Ernst*, TKG-Kommentar, 1996, § 77 Rz. 3; *Weber/Rommersbach*, in: Manssen, Telekommunikations- und Multimediarecht, 1999 ff., C § 77 Rz. 2 ff.
8 Der Schutzbereich von Art. 13 GG kann, muß aber nicht betroffen sein; zu Abgrenzungen s. *Kunig*, in: von Münch/Kunig, GG-Kommentar, Bd. 1, Art. 13 Rz. 51.

übliches **Auskunftsverweigerungsrecht** für Inhaber von Unternehmen (im Telekommunikationssektor) und deren Stellvertreter sowie für die nach Gesetz oder Satzung zur Vertretung berufenen Personen, wenn sich die Verpflichtung an juristische Personen, (Personen-)Gesellschaften oder nichtrechtsfähige Vereine (§ 54 BGB) richtet. Das Recht zu schweigen bezieht sich lediglich auf solche Fragen, deren Beantwortung ein Straf- oder Bußgeldverfahren (auch aufgrund des TKG selbst) auslösen könnte. Der Schutz vor Selbstbezichtigung erstreckt sich nicht nur auf die eigene Person, sondern auch auf Verlobte, Ehegatten, auch geschiedene sowie nahe Verwandte oder Verschwägerte (§§ 1589 f. BGB), entspricht also dem Zeugnisverweigerungsrecht aus persönlichen Gründen (bzw. für Angehörige) vor Gericht[1].

122 Hingegen sollen mangels ausdrücklicher Regelung – wie z. B. in § 97 Abs. 1 StPO – andere „Überwachungs"-Eingriffe, insbesondere auch eine Beschlagnahme keiner solchen Beschränkung unterliegen, obgleich sie auf eine andere, den Betroffenen häufig stärker belastende Weise zum selben Ergebnis führt und das Bedürfnis nach Schutz der Privatsphäre damit nicht geringer ist[2]. Allerdings kommen hierfür auch Verwendungsbeschränkungen im Hinblick auf sensible Informationen in Betracht.

8.3.3.5 Einschränkungen bei der Verwendung von Ermittlungsergebnissen und anderen Daten

123 Nur für einen **konkreten Zweck**, nämlich zur Begutachtung der Markt- und Wettbewerbsentwicklung, darf die Regulierungsbehörde die ihr von den Statistikämtern in Bund und Ländern übermittelten Daten verwenden, und nicht länger, als sie hierzu noch benötigt werden (§ 84 Abs. 2 TKG)[3]. Auch die vom BMPT-Nachfolger oder der Regulierungsbehörde im Hinblick auf ein entsprechendes Ersuchen des Bundesnachrichtendienstes erlangten Auskünfte (§ 92 Abs. 1) dürfen nur zur Erfüllung der Aufgaben nach dem G 10 verwendet werden (§ 92 Abs. 2 S. 2 TKG); hierfür Sorge zu tragen sind beide Behörden verpflichtet[4].

124 Kenntnisse und Unterlagen, welche die Regulierungsbehörde von im Telekommunikationssektor tätigen Unternehmen auf Grund von Aus-

---

1 Zum parallelen § 46 Abs. 5 GWB a. F. (§ 59 Abs. 5 GWB 1998) s. *Klaue*, in: Immenga/Mestmäcker, GWB, 2. Aufl. 1992, § 46 Rz. 36 ff.; ferner § 9 Abs. 1 S. 2 EMVG.
2 Für Geltung der Verbote des § 97 Abs. 1 StPO auch im Rahmen von § 72 Abs. 6 TKG daher Beck TKG-Komm/*Kerkhoff*, § 72 Rz. 59; *Weber/Rommersbach*, in: Manssen, Telekommunikations- und Multimediarecht, 1999 ff., C § 72 Rz. 56.
3 Vgl. Beck TKG-Komm/*Geppert*, § 84 Rz. 4; *Badura*, Beck'scher PostG-Kommentar, § 44 Rz. 51.
4 BR-Drucks. 80/96 v. 9. 2. 1996, S. 57.

kunftsverlangen, Einsichtnahmen in und Prüfungen von Geschäftspapieren erlangt hat, sind ebenfalls Verwendungs-, nämlich **Weiterübermittlungsbeschränkungen** unterworfen. Dieser Schutz wirkt nach § 72 Abs. 8 S. 1 TKG insbesondere gegenüber Finanzbehörden (§§ 1, 2 FVG) und betrifft zum einen Besteuerungsverfahren, Bußgeldverfahren aufgrund von Steuerordnungswidrigkeiten (§§ 377 ff., 409 AO) und auch – in der Regel – Verfahren wegen Steuerstraftaten (§§ 369 ff., 385 ff. AO), zum anderen Verfahren wegen einer „Devisen"-Zuwiderhandlung oder -Straftat[1], d. h. Verstöße gegen §§ 33, 34 AWG im Bereich von Kapital- und Zahlungsverkehr, da insoweit (auch) den Zollbehörden Überwachungs- und Ermittlungsbefugnisse zustehen (§§ 37, 46 Abs. 4 AWG). Komplementär zur Einschränkung der Datenübermittlung wird die Beweiserhebung der Finanzbehörden begrenzt (§ 72 Abs. 8 S. 1 Hs. 2 TKG): Nicht anzuwenden sind die Vorschriften über Auskunftspflichten (§ 93) und Vorlage von Urkunden (§ 97), die Schweigepflicht öffentlicher Stellen ist nicht eingeschränkt und geht auch den Amtshilferegelungen vor (§ 105 Abs. 1, § 111 Abs. 5), und schließlich unterliegen insoweit Gerichte und Behörden von Bund, Ländern und Kommunen keiner Anzeigepflicht nach § 116 AO gegenüber den Finanzbehörden.

Nicht schutzwürdig sind – wie nach § 30 Abs. 5 AO – freilich Personen, wenn sie selbst oder für sie tätige Dritte vorsätzlich falsche Angaben machen, und auch bei Steuerstraftaten und damit zusammenhängenden Besteuerungsverfahren kann ein „zwingendes öffentliches Interesse" (i. S. v. § 30 Abs. 4 Nr. 5 AO) an deren Durchführung das Verwendungsverbot verdrängen (§ 72 Abs. 8 S. 2 TKG). 125

8.3.4 Zusammenarbeit zwischen Regulierungsbehörde und anderen Stellen

Als „sektorspezifische Regelung" in „Ergänzung zum allgemeinen Wettbewerbsrecht"[2] muß das TKG auch das Ineinandergreifen beider Materien sowie das Verhältnis der jeweils mit dem Gesetzesvollzug betrauten Behörden zueinander regeln. Die Bestimmung in § 2 Abs. 3 TKG, wonach die Vorschriften des **GWB** unberührt bleiben, soll der Entwurfsbegründung zufolge „unterstreichen", daß dieses Gesetz „subsidiär immer dann Anwendung findet, wenn keine Spezialregelung getroffen ist"[3]; Art. 85 ff. 126

---

1 Die altertümliche Formulierung ist wörtlich aus § 46 Abs. 9 GWB a. F. übernommen; vgl. *Klaue*, in: Immenga/Mestmäcker, GWB, 2. Aufl. 1992, § 46 Rz. 70.
2 BR-Drucks. 80/96 v. 9. 2. 1996, S. 34.
3 BR-Drucks. 80/96 v. 9. 2. 1996, S. 36; zu ersten Zuständigkeitskonflikten in der Regulierungspraxis s. 12. Hauptgutachten der Monopolkommission 1996/1997, BT-Drucks. 13/11291 v. 17. 7. 1998, S. 42 f.; eingehender *Martenczuk*, CR

EGV/Art. 81 ff. EG sowie die Fusionskontrollverordnung[1] beanspruchen ohnehin Anwendungsvorrang gegenüber jedem nationalen Recht[2].

127 Die verfahrensrechtliche Kooperation zwischen Regulierungsbehörde und **Bundeskartellamt** (§§ 48 Abs. 1, 51 Abs. 1 GWB) wird in § 82 TKG näher ausgestaltet: Ein „Einvernehmen" als stärkste Form der Mitwirkung an Entscheidungen anderer Behörden ist (nach Satz 2) vorgesehen bei der Abgrenzung sachlich und räumlich relevanter Märkte (z. B. nach § 19 Abs. 2, § 21 Abs. 1) sowie bei der Feststellung einer marktbeherrschenden Stellung (etwa im Hinblick auf § 25 Abs. 1 TKG)[3], ferner beim Ausschluß von Unternehmen vom Lizenzvergabeverfahren nach § 11 Abs. 3 (S. 1)[4]. Lediglich die Gelegenheit zu rechtzeitiger Stellungnahme ist vor Entscheidungen zu Fragen der Entgeltregulierung sowie des Offenen Netzzugangs und von Zusammenschaltungen zu geben (§ 82 S. 3)[5], desgleichen, wenn einer Lizenz diesbezügliche Nebenbestimmungen (§ 8 Abs. 2 S. 2 TKG) beigefügt werden sollen.

128 Umgekehrt beteiligt das Bundeskartellamt die Regulierungsbehörde in dieser schwachen Form[6] vor eigenen Entscheidungen im Bereich der Telekommunikation, die im Rahmen der Mißbrauchsaufsicht über marktbeherrschende Unternehmen (nach § 19 oder § 20 GWB 1998) ergehen sollen (§ 82 S. 4 TKG).

129 Um eine „einheitliche Marktbewertung" herbeizuführen, damit im Telekommunikationssektor „nicht andere Maßstäbe angewandt werden als in den übrigen Marktsegmenten"[7], sollen beide Bundesoberbehörden auf eine „einheitliche und den Zusammenhang mit dem GWB wahrende

---

1999, 363, 364; *Eisenblätter*, Regulierung in der Telekommunikation, S. 141 ff.; *Paulweber*, Regulierungszuständigkeiten in der Telekommunikation, S. 49 ff.; s. a. *Möschel*, MMR-Beil. 3/1999, 3.

1 Verordnung (EWG) 4064/89 des Rates über die Kontrolle von Unternehmenszusammenschlüssen v. 21. 12. 1989, ABlEG 1990 Nr. L 257, S. 13; vgl. *Schmittmann*, K&R 1998, 1, 5 ff.; *Bartosch*, EuZW 2000, 393; *Möschel*, MMR-Beil. 3/1999, 4.

2 Vgl. BR-Drucks. 80/96 v. 9. 2. 1996, S. 37; s. a. *Schwintowski*, CR 1997, 635; *Moritz*, CR 1998, 20; *Scherer/Bartsch*, Telecommunication Law and Policy of the European Union in: Scherer, Telecommunication Laws in Europe, 1.183–1.226; *Oertel*, Die Unabhängigkeit der Regulierungsbehörde nach §§ 66 ff. TKG, S. 469 ff.

3 Vgl. nur *Salje*, K&R 1998, 331, 332 ff.; *Mestmäcker*, MMR 1998, Beil zu H. 8, 1, 10 ff.

4 S. a. *Etling-Ernst*, TKG-Kommentar, 1996, § 82 Rz. 2.

5 Vgl. das 12. Hauptgutachten der Monopolkommission, BT-Drucks. 13/11291 v. 17. 7. 1998, S. 43.

6 Vgl. *Martenczuk*, CR 1999, 365.

7 BR-Drucks. 80/96 v. 9. 2. 1996, S. 52.

Auslegung" des TKG hinwirken (§ 82 S. 5). Neben der Kooperation in juristischen Fragen ist auch der Austausch von Beobachtungen und Feststellungen (tatsächlicher Art) geboten, die für die Erfüllung der „beiderseitigen", also für beide bedeutsamen Aufgaben relevant sein können (§ 82 S. 6 TKG)[1].

Außer im Verhältnis zum übergeordneten Wirtschaftsministerium (§ 4 Abs. 2 Nr. 1 VwVfG) leistet auch die Regulierungsbehörde anderen (inländischen) Behörden **Amtshilfe** (Art. 35 Abs. 1 GG, § 4 Abs. 1 VwVfG). Deren Grenzen ergeben sich zum Teil speziell aus § 92 Abs. 2 bzw. aus § 72 Abs. 8 TKG (§ 5 Abs. 2 S. 1 Nr. 1 VwVfG). 130

Die Zusammenarbeit mit dem Statistischen Bundesamt und den statistischen Ämtern der Länder (§ 84 Abs. 1 TKG) ist recht einseitig: Die Vorschrift über „**statistische Hilfen**" stellt sich als eine Durchbrechung der den Statistikbehörden obliegenden Geheimhaltungspflicht dar, denn insbesondere eine Übermittlung von Einzelangaben darf nur für bestimmte Zwecke – Sicherung der Datenbasis für den Tätigkeitsbericht nach § 81 TKG[2] – und dann erfolgen, wenn und soweit dies eine besondere Rechtsvorschrift gestattet[3]. 131

Zuarbeit zu dem alle zwei Jahre dem Bundestag und dem Bundesrat vorzulegenden Tätigkeitsbericht leistet auch die Monopolkommission (§§ 44 ff. GWB 1998). Ihre Analyse soll sich der Frage widmen, ob auf den Märkten der Telekommunikation ein funktionsfähiger Wettbewerb besteht (§ 81 Abs. 3 S. 1) und sich hierbei vor allem mit den Regelungen zur Entgeltregulierung befassen (§ 81 Abs. 3 S. 3 TKG). Sowohl der Tätigkeitsbericht der Regulierungsbehörde[4] als auch dessen von der Monopolkommission verfaßte Anlage[5] soll „eine regelmäßige parlamentari- 132

---

1 Die Vorschrift stimmt – von den verpflichteten Stellen abgesehen – wörtlich mit § 7 Abs. 1 S. 2 KWG überein.
2 Vgl. BR-Drucks. 80/96 v. 9. 2. 1996, S. 52. Auch hierfür findet sich ein Vorbild in § 50 GWB a. F. (§ 53 GWB 1998).
3 Nicht mehr normiert sind die Aufzeichnungspflicht (nach § 16 Abs. 9 BStatG) und eine fünfjährige Aufbewahrungsfrist (so § 87 Abs. 3 des Referentenentwurfs v. Okt. 1995). Da sich die Begründung des Gesetzesentwurfs hierzu noch verhält (BR-Drucks. 80/96 v. 9. 2. 1996, S. 52), mag hier ein Redaktionsversehen unterlaufen sein (s. *Etling-Ernst*, TKG-Kommentar, 1996, § 84 Rz. 2). Damit ergibt sich aber jedenfalls für „personenbezogene Daten" natürlicher Personen (§ 3 Abs. 1 BDSG) eine Löschungspflicht auch aus § 20 Abs. 2 Nr. 2 i. V. m. Abs. 3 Nr. 1 BDSG.
4 Vgl. den (1.) Bericht für die Jahre 1998/99, BT-Drucks. 14/2321 v. 2. 12. 1999.
5 Vgl. das Sondergutachten der Monopolkommission, Wettbewerb auf Telekommunikations- und Postmärkten?, BT-Drucks. 14/2321 v. 2. 12. 1999, S. 149; ferner das 13. Hauptgutachten (1998/1999) dieser Kommission, BT-Drucks. 4/4002 v. 16. 8. 2000, S. 49.

sche Kontrolle über die Notwendigkeit regulatorischer Maßnahmen"[1] ermöglichen, nicht zuletzt darüber, ob und inwieweit noch sektorspezifischer Regulierungsbedarf besteht[2].

133 Eine Zusammenarbeit mit diversen **Sicherheitsbehörden** ist vor allem im Elften Teil des TKG normiert (§§ 90 Abs. 2–4, 92 TKG; oben, Rz. 78, 80). Dem Bundesbeauftragten für den Datenschutz (§§ 22 f. BDSG 1991[3]) muß Gelegenheit zur Stellungnahme zu von der Regulierungsbehörde vorgesehenen Sicherheitsanforderungen für das Betreiben von Telekommunikations- und Datenverarbeitungssystemen gegeben werden (§ 87 Abs. 1 S. 4); umgekehrt übermittelt dieser Ergebnisse seiner Kontrolle (nach § 91 Abs. 4 S. 1 TKG) über Unternehmen, die geschäftsmäßig Telekommunikationsdienste erbringen, an das „BMPT" und richtet auch seine Beanstandungen (§ 25 BDSG 1991) an das Nachfolge-Ressort (§ 91 Abs. 4 S. 2 TKG)[4].

134 Lapidar – und sehr viel knapper als ähnliche Regelungen (z. B. § 44 a KWG) – berechtigt § 83 TKG die Regulierungsbehörde im Rahmen des Erforderlichen zur internationalen Zusammenarbeit mit Stellen – den zuständigen Behörden – **anderer Staaten** „im Falle grenzüberschreitender Auskünfte oder Prüfungen"[5]. Hoheitliche Befugnisse im Ausland bedürfen aber einer völkervertraglich oder ad hoc erteilten Zustimmung des betroffenen Staates, auch innerhalb der Europäischen Union.

8.3.5 Maßnahmen der Verwaltungsvollstreckung

135 Der Regulierungsbehörde sollen zur Durchsetzung der Regulierungsziele wirksame Instrumente, nicht zuletzt „abgestufte Sanktionsmöglichkeiten"[6] zur Verfügung stehen. Als Bundesbehörde kann sie nötigenfalls

---

1 BT-Drucks. 80/96 v. 9. 2. 1996, S. 52; s. a. *Etling-Ernst*, TKG-Kommentar, 1996, § 81 Rz. 4.
2 Vgl. die von der Bundesregierung im April 2000 zur Diskussion gestellten „Eckpunkte Telekommunikation", die Auswertung der öffentlichen Kommentierung und die im August 2000 beschlossene Stellungnahme zum Sondergutachten der Monopolkommission, alle abrufbar (http://www.bmwi.de).
3 Die (überfällige) Anpassung an EG-Datenschutzrecht durch Art. 1 des Gesetzes v. 18. 5. 2001 (BGBl. I 2001, S. 904) hat insoweit kaum Änderungen herbeigeführt (vgl. den Gesetzesentwurf der Bundesregierung, BT-Drucks. 14/4329 v. 13. 10. 2000).
4 Unklar ist, warum die Entwurfsbegründung davon spricht, die Reaktion in Form hoheitlicher Maßnahmen auf festgestellte Rechtsverstöße obliege der „Regulierungsbehörde" (BR-Drucks. 80/96 v. 9. 2. 1996, S. 57).
5 Zur Abgrenzung gegenüber § 7 TKG vgl. Beck TKG-Komm/*Geppert*, § 83 Rz. 3 f.
6 BR-Drucks. 80/96 v. 9. 2. 1996, S. 36.

auch **Verwaltungszwang** nach Maßgabe des Verwaltungs-Vollstreckungsgesetzes (VwVG) einsetzen.

Die **allgemeinen Zulässigkeitsvoraussetzungen** ergeben sich dabei aus § 6 Abs. 1 VwVG. Vollziehbarkeit ist nicht erst dann gegeben, wenn ein von der Regulierungsbehörde erlassener Verwaltungsakt unanfechtbar geworden ist, sondern im Hinblick auf § 80 Abs. 2 TKG bereits mit dem Wirksamwerden (§§ 41, 43 VwVfG), weil Rechtsbehelfen (Klagen) gegen Entscheidungen der Regulierungsbehörde keine aufschiebende Wirkung beigelegt ist. Wie sowohl die unterschiedlichen Fassungen von § 80 Abs. 2 einerseits, von § 79 TKG zum anderen als auch der systematische Aufbau des Zehnten Teils verdeutlichen[1], beschränkt sich dieser Fall des § 80 Abs. 2 S. 1 Nr. 3 VwGO nicht auf „Verfügungen" der Beschlußkammern[2]. Wenn § 96 Abs. 1 TKG in Nr. 7, 8 und 9 von „vollziehbaren" Anordnungen oder Auflagen handelt, werden nur die Fälle erfaßt, in denen das Verwaltungsgericht einem Antrag nach § 80 Abs. 5 (i. V. m. § 80 a Abs. 3) VwGO stattgegeben hat. 136

Die Zuständigkeit der Regulierungsbehörde als Vollzugsbehörde folgt aus § 7 Abs. 1 VwVG.

Als **Zwangsmittel** i. S. v. § 9 Abs. 1 VwVG nennen §§ 31 Abs. 1 Nr. 2, 43 Abs. 7 S. 2, 72 Abs. 10 und § 91 Abs. 2 TKG zwar jeweils nur das Zwangsgeld (§ 11 VwVG). Damit werden jedoch weder Ersatzvornahme (§ 10) noch unmittelbarer Zwang (§ 12 VwVG) von vornherein ausgeschlossen[3], vielmehr wird lediglich die allgemeine Obergrenze des § 11 Abs. 3 VwVG erheblich, wenngleich in unterschiedlichem Ausmaß (von 200 Tsd. bis zu 3 Mio. DM) angehoben, um den zu vollstreckenden Herausgabe- oder (sonstigen) Handlungspflichten Nachdruck zu verleihen[4]. Unmittelbarer 137

---

1 § 80 TKG war auch im Gesetzesentwurf (als § 77) bereits in einen eigenen (Vierten) Abschnitt eingestellt; zudem spricht die Begründung ebenfalls von Entscheidungen „der Regulierungsbehörde", BR-Drucks. 80/96 v. 9. 2. 1996, S. 52.

2 Deren Unabhängigkeit sollte lediglich begründen, warum „abweichend vom allgemeinen Verwaltungsrecht" auf ein Vorverfahren verzichtet wurde, so BT-Drucks. 13/4864 v. 12. 6. 1996, S. 82.

3 So heißt es auch in BR-Drucks. 80/96 v. 9. 2. 1996, S. 51, „eines" der „schlagkräftigen Instrumente zur Durchführung der Regulierungsaufgabe" sei das gegenüber dem VwVG erhöhte Zwangsgeld, und später wird allgemein von der „Möglichkeit der Durchsetzung der behördlichen Entscheidung mit den Mitteln der Verwaltungsvollstreckung nach dem VwVG" gesprochen (BR-Drucks. 80/96 v. 9. 2. 1996, S. 58). Wie hier wohl Beck TKG-Komm/*Kerkhoff*, § 72 Rz. 69.

4 Vgl. auch § 13 EMVG, § 15 Abs. 1 FTEG. Zu den im Verhältnis 2 : 1 umgestellten Euro-Beträgen s. den Entwurf des 9. Euro-Einführungsgesetzes (BT-Drucks. 14/5937 v. 26. 4. 2001), Art. 42 (TKG), 50 (EMVG).

Zwang kann etwa bei der Durchsetzung der Informationsrechte nach § 72 Abs. 1–7 TKG unumgänglich sein.

138 Anwendbar sind schließlich auch die **weiteren allgemeinen Bestimmungen** über eine Androhung (§ 13)[1], Festsetzung (§ 14) und Anwendung (§ 15) von Zwangsmitteln, über die Ersatzzwangshaft, wenn das Zwangsgeld uneinbringlich ist (§ 16), sowie über die Rechtsbehelfe gegen Maßnahmen in der Verwaltungsvollstreckung (§ 18 VwVG).

8.3.6 Ahndung schuldhaften Fehlverhaltens

8.3.6.1 Straftaten

139 Nach früherem Recht wurden Straftaten im Bereich des FAG (§§ 15, 18, 19 FAG) teils nur auf **Antrag** verfolgt. Der Strafantrag (gem. §§ 77 ff. StGB) oblag im Fall des § 15 Abs. 3 S. 2 FAG dem BMPT oder den hierzu von diesem ermächtigten Behörden. Die in §§ 94, 95 TKG enthaltenen Strafvorschriften folgen inhaltlich Regelungen des FAG, die erste § 15 Abs. 2 lits. c), e) i. V. m. §§ 5a, 5 e, die zweite dem § 18[2]. § 94 Abs. 2 TKG zielt weiterhin auf die Ahndung fahrlässiger Taten mit Ausnahme des fahrlässigen Besitzes von Sendeanlagen ab. Ein Strafantrag der Regulierungsbehörde oder einer anderen Stelle oder Person ist hier jedoch nicht (mehr) erforderlich[3].

8.3.6.2 Ordnungswidrigkeiten

140 „Der Katalog der Bußgeldvorschriften ergänzt die im Gesetz vorgesehenen Instrumente der Regulierung um die Möglichkeit der **bußgeldbewehrten Sanktion** und stellt damit einen wichtigen Baustein zur Durchsetzung regulatorischer Ziele dar"[4].

141 § 96 Abs. 1 TKG orientiert sich formal an der Reihenfolge der inkriminierten Tatbestände im Gesetz und läßt sich inhaltlich in vier Untergruppen gliedern[5]:

– Verstöße gegen bestimmte (neu) normierte Verhaltenspflichten auf dem Markt für Telekommunikationsdienstleistungen (Nr. 1–6, 10, 12–16);
– Verstöße gegen Normen aus Rechtsverordnungen, die aufgrund der vorgesehenen Ermächtigungen im TKG erlassen sind (Nr. 9; z. B. § 10 NZV);

---

1 Zu § 91 Abs. 2 s. Beck TKG-Komm/*Ehmer*, § 91 Rz. 6.
2 Vgl. BR-Drucks. 80/96 v. 9. 2. 1996, S. 57 f.; zu Unterschieden Beck TKG-Komm/*Büchner*, § 95 Rz. 1.
3 Mißverständlich Beck TKG-Komm/*Büchner*, Vor § 94 Rz. 15 i. V. m. 1.
4 BR-Drucks. 80/96 v. 9. 2. 1996, S. 58. Bußgeldvorschriften finden sich auch in § 13 PTSG, § 12 (Abs. 1, 2) EMVG, § 17 FTEG und in § 9 (Abs. 1) AFuG.
5 Vgl. BR-Drucks. 80/96 v. 9. 2. 1996, S. 58.

- Zuwiderhandlungen gegen bestimmte vollziehbare Anordnungen und Verfügungen der Regulierungsbehörde (Nr. 7, 8). Verstöße gegen Lizenzauflagen (§ 8 Abs. 2) werden hiervon jedoch nicht erfaßt[1];
- Fortführung bestimmter Tatbestände des FAG (Nr. 12; vgl. § 22a Abs. 1 Nr. 2 i. V. m. § 5 c Abs. 1 FAG 1994).

Zuständig für die Verfolgung und Ahndung ist die Regulierungsbehörde (§ 96 Abs. 2 S. 2 TKG, § 36 Abs. 1 Nr. 1 OWiG)[2], weil dies „dem Status und der unabhängigen Stellung der Behörde angemessen"[3] sei. Die Obergrenze für die Festsetzung des zu verhängenden **Bußgeldes** geht unterschiedlich weit über den Höchstbetrag des § 17 Abs. 1 OWiG hinaus: Die Summe von 1 Mio. DM „entspricht dem Rahmen im geltenden Wettbewerbsrecht und erscheint angesichts der prognostizierten Umsatz- und Steigerungsraten auf dem Markt für Telekommunikationsdienstleistungen gerechtfertigt"[4]. Werden hingegen Anzeige- oder Mitwirkungspflichten mißachtet, beträgt die zulässige Höchstsumme 20 000 DM. 142

Im übrigen bleiben jedoch Abs. 2–4 des § 17 anwendbar. Es besteht also nach § 17 Abs. 4 OWiG „die Möglichkeit, wirtschaftliche Vorteile, die durch Ordnungswidrigkeiten erlangt wurden, durch Abschöpfung z. B. des Mehrerlöses in den Fällen, in denen Verstöße im Zusammenhang mit den der Genehmigung unterliegenden Entgelten stehen[5], auszugleichen"[6], was im wesentlichen § 34 (Abs. 1–3) GWB[7] entspricht. 143

---

1 Anders BR-Drucks. 80/96 v. 9. 2. 1996, S. 58. Im Hinblick auf die nach Art. 103 Abs. 2 GG erforderliche „gesetzliche" Bestimmtheit, s. BVerfG v. 22. 6. 1988 – 2 BvR 234/87, 1154/86, BVerfGE 78, 374, 381 ff. muß auch eine Bußgeldbewehrung von Verstößen gegen vollziehbare Verwaltungsakte in einem Rechtssatz vorgesehen werden.
2 Vgl. Beck TKG-Komm/*Ehmer*, § 96 Rz. 28. Nur noch im PTSG (§ 15) wird weiterhin das in die RegTP aufgegangene BAPT als zuständige Behörde bezeichnet.
3 BT-Drucks. 13/4864 v. 12. 6. 1996, S. 85.
4 BR-Drucks. 80/96 v. 9. 2. 1996, S. 58; zu den (halbierten) Euro-Beträgen s. Art. 42 Nr. 5 des 9. EuroEG.
5 §§ 25 Abs. 1, 39 TKG.
6 BR-Drucks. 80/96 v. 9. 2. 1996, S. 58.
7 § 38 Abs. 4 GWB a. F.; hierzu näher *Tiedemann*, in: Immenga/Mestmäcker, GWB, 2. Aufl. 1992, § 38 Rz. 271 ff.; Beck TKG-Komm/*Ehmer*, § 96 Rz. 21.

8.4 Verfahren der Regulierungsbehörde

8.4.1 Verfahrensarten

144 Der ganz allgemein mit „Verfahren" überschriebene dritte Abschnitt des Zehnten Teils des TKG („Regulierungsbehörde") bezieht sich lediglich[1] auf (das Verfahren bis zu) Entscheidungen durch **Beschlußkammern** – in Form von Verwaltungsakten (§ 73 Abs. 1 S. 2 TKG). Die Zuständigkeit dieser Gremien erstreckt sich jedoch nur auf bestimmte Fälle, nämlich Vergabeverfahren nach § 11, Auferlegung von Universaldienstleistungen nach § 19, Entgeltregulierung nach §§ 23 ff. TKG und der TEntgV, Offenen Netzzugang und Zusammenschaltungen nach §§ 33 ff. TKG bzw. der NZV sowie das einer Frequenzzuteilung vorgelagerte Vergabeverfahren nach § 47 Abs. 5 S. 2 TKG. Dabei handelt es sich vornehmlich um Sachverhalte, „bei denen mehrere Parteien beteiligt sind"[2]. Ansonsten[3], etwa bei der normalen Lizenzerteilung[4], in Sachen Kundenschutz, bei der Numerierung, im Rahmen der Frequenzordnung, bei der Zulassung, im Hinblick auf den Elften Teil des Gesetzes (§§ 85 ff.) wie im Falle von § 96 TKG, wird kein „Kollegialspruchkörper"[5] tätig, sondern (nach außen hin) der Behördenleiter, also der Präsident – und intern der nach der Geschäftsordnung mit der Angelegenheit befaßte Bedienstete[6]. Außer bei Bußgeldbescheiden (s. § 2 Abs. 2 Nr. 2 VwVfG)[7] gelten hierbei freilich – wie auch im Hinblick auf § 73 Abs. 1 S. 2 TKG (und §§ 9, 35 VwVfG) bei Beschlußkammer-Verfahren[8] – die Vorschriften des (Bundes-)Verwaltungsverfahrensgesetzes über das nicht-förmliche Verfahren, wenn und soweit Verwaltungsakte

---

1 Insoweit anders als §§ 54 ff. GWB 1998 (§§ 51 ff. GWB a. F.), soweit das Bundeskartellamt (nach § 44 Abs. 1 Nr. 1 a. F.; § 48 Abs. 2 S. 1 GWB 1998) zuständige Kartellbehörde ist. Dann entscheiden stets Beschlußabteilungen (§ 48 Abs. 2 S. 1 GWB a. F., § 51 Abs. 2 S. 1 GWB 1998); s. *Klaue*, in: Immenga/Mestmäcker, GWB, 2. Aufl. 1992, § 48 Rz. 4 f.
2 BT-Drucks. 13/4864 v. 12. 6. 1996, S. 82; s. a. BR-Drucks. 80/96 (Beschluß) v. 22. 3. 1996, S. 40.
3 Zu eng insoweit BR-Drucks. 80/96 v. 9. 2. 1996, S. 51.
4 Vgl. BT-Drucks. 13/4864 v. 12. 6. 1996, S. 82.
5 Die in BR-Drucks. 80/96 v. 9. 2. 1996, S. 51, gewählte Bezeichnung findet sich auch bei *Klaue*, in: Immenga/Mestmäcker, GWB-Kommentar, 2. Aufl. 1992, § 48 Rz. 5 im Hinblick auf die ebenfalls dreiköpfigen (§ 48 Abs. 3 a. F., § 51 Abs. 3 GWB 1998) Beschlußabteilungen des Bundeskartellamts.
6 Ebenso wohl Beck TKG-Komm/*Kerkhoff*, § 73 Rz. 6 f.
7 Dazu *Geppert/Ruhle/Schuster*, Handbuch Recht und Praxis der Telekommunikation, S. 557 f.
8 Auch insofern wie im GWB; s. *K. Schmidt*, in: Immenga/Mestmäcker, GWB-Kommentar, 2. Aufl. 1992, Vor § 51 Rz. 9.

erlassen (oder verwaltungsrechtliche Verträge geschlossen[1]) werden sollen.

8.4.2 Beschlußkammern: Zusammensetzung und Aufgaben

8.4.2.1 Besetzung und Qualifikation der Mitglieder

Lediglich für **eine** Beschlußkammer sieht bereits das TKG selbst (in § 73 Abs. 3 S. 1) eine bestimmte **Besetzung** vor, indem dort die Gremiums-Mitglieder und ihre Funktionen normiert werden – der Präsident der Regulierungsbehörde (§ 66 Abs. 2) als Vorsitzender, die beiden Vizepräsidenten (§ 66 Abs. 3) als Beisitzer. Die gesetzliche Zuweisung von Aufgaben („Fälle der §§ 11 und 19") ist nicht abschließend, könnte vielmehr im Rahmen der präsidentiellen Geschäftsverteilung um weitere ergänzt werden. Solch fakultative Aufgaben müßten auch nicht notwendig „Fragen von besonderem Gewicht"[2] betreffen. 145

An die Mitglieder der Beschlußkammern – außer der präsidentiellen nach § 73 Abs. 3 S. 1 Hs. 2[3] – stellt § 73 Abs. 4 TKG die Anforderung, sie müßten (vor Beginn ihrer Tätigkeit im Spruchkörper) die Befähigung für eine Laufbahn des höheren Dienstes[4] erworben haben; damit soll sichergestellt werden, daß „an den Entscheidungen Kräfte mitwirken, die über die notwendige Fachkompetenz (Juristen, Wirtschaftswissenschaftler, Ingenieure) verfügen"[5]. Auf die weitere im Gesetzesentwurf (§ 70 Abs. 3 S. 1) geforderte Eigenschaft von Beamten auf Lebenszeit (§ 5 Abs. 1 Nr. 1 BBG)[6] wurde verzichtet, um „eine möglichst flexible Besetzung" der Beschlußkammern zu ermöglichen[7]. 146

Anders als in §§ 67, 68 ist keine allgemeine Regelung über Stellvertreter getroffen. Anders als bei Gerichten (Art. 101 Abs. 1 S. 2 GG) bedarf diese Festlegung jedoch nicht der Gesetzesform, sondern kann insbesondere 147

---

1 Vgl. *Scherer/Ellinghaus*, Telecommunication Law in Germany, in: Scherer, Telecommunication Laws in Europe, 4. Aufl. 1998, 7.35; *Geppert/Ruhle/Schuster*, Handbuch Recht und Praxis der Telekommunikation, S. 549.
2 BT-Drucks. 13/4864 v. 12. 6. 1996, S. 82.
3 Beck TKG-Komm/*Kerkhoff*, § 73 Rz. 1, 28.
4 Strikter demgegenüber § 48 Abs. 4 S. 2, 3 GWB a. F., wonach für Vorsitzende regelmäßig die Befähigung zum Richteramt (§ 5 Abs. 1 DRiG), für Beisitzer alternativ die Qualifikation zum höheren „Verwaltungsdienst" gefordert wird, vgl. *Klaue*, in: Immenga/Mestmäcker, GWB-Kommentar, 2. Aufl. 1992, § 48 Rz. 9; letzteres verlangt für alle Gremiumsmitglieder § 51 Abs. 4 GWB 1998.
5 BR-Drucks. 80/96 v. 9. 2. 1996, S. 51.
6 So § 48 Abs. 4 S. 1 GWB a. F./§ 51 Abs. 4 GWB 1998 für die Mitglieder der Beschlußabteilungen des Bundeskartellamts.
7 BT-Drucks. 13/4864 v. 12. 6. 1996, S. 82. Vgl. näher Beck TKG-Komm/*Kerkhoff*, § 73 Rz. 22 ff.

im Rahmen der Kammern-Bildung nach § 73 Abs. 1 S. 3 TKG berücksichtigt werden, zumal § 73 Abs. 2 TKG vom Wortlaut her keine starre Besetzung verlangt[1]. Die funktionelle (sachliche) Unabhängigkeit der Beschlußkammern kann auch dann gewährleistet bleiben, wenn ihnen jeweils mehr als zwei Beisitzer zugewiesen werden[2].

8.4.2.2 Aufgabenverteilung

148 Nur die in § 73 Abs. 1 S. 1 TKG bezeichneten „**Fälle**" werden durch Beschlußkammern entschieden. Insoweit sind freilich Art und Umfang der Tätigkeit dieser Spruchkörper einer Einflußnahme auch durch die eigene Behördenleitung entzogen; ihr (Fort-)Bestand wird von außen, durch das übergeordnete Bundesministerium für Wirtschaft und Technologie, vorgegeben (§ 73 Abs. 1 S. 3 TKG). Wie § 66 Abs. 2 S. 3 TKG klarstellt, stößt hier die Befugnis des Präsidenten, die Verteilung und den Gang der Geschäfte in „seiner" Behörde zu regeln, an Grenzen[3]. Die Einhaltung der Vorgaben wird dadurch gewährleistet, daß die Geschäftsordnung der Regulierungsbehörde der ministeriellen Bestätigung bedarf (§ 66 Abs. 2 S. 2 TKG).

149 Beschlußkammern sind **Ausschüsse** i. S. v. § 88 VwVfG[4], treffen also ihre Entscheidungen als Kollegialorgane in Sitzungen (§§ 89–91 VwVfG). Insoweit stehen dem Vorsitzenden spezielle Befugnisse zu. Aus §§ 88 ff. VwVfG, die ohnehin nur ergänzende Bestimmungen enthalten, ergibt sich jedoch nichts über die Aufgabenverteilung in der Kammer vor der mündlichen Verhandlung. Insoweit verdeutlicht § 76 Abs. 3 S. 1 TKG für einen speziellen Fall der Beweiserhebung, daß Ermittlungen auch von einem einzelnen Mitglied „der Regulierungsbehörde"[5] durchgeführt werden können[6]; innerhalb der vom Präsidenten nach § 66

---

1 Insoweit unbedenklich daher der durch Art. 2 Abs. 34 Nr. 1 lit. b) TK-BegleitG nach § 73 Abs. 3 S. 1 eingefügte Satz, den die Begründung als „Klarstellung" wertet, BR-Drucks. 13/8776 v. 15. 10. 1997, S. 39.
2 So die Praxis beim Bundeskartellamt; s. *Bechtold*, GWB-Kommentar, 1993, § 48 Rz. 1.
3 Vgl. zu § 48 Abs. 2 S. 1 GWB a. F. (§ 51 Abs. 2 S. 2 GWB 1998) *Klaue*, in: Immenga/Mestmäcker, GWB, 2. Aufl. 1992, § 48 Rz. 5, 8; ähnlich *Ulmen/Gump*, CR 1997, 396, 401, zum TKG Beck TKG-Komm/*Kerkhoff*, § 73 Rz. 7.
4 Ebenso zu Beschlußabteilungen nach § 48 GWB a. F./§ 51 GWB 1998 *Klaue*, in: Immenga/Mestmäcker, GWB, 2. Aufl. 1992, § 48 Rz. 5; zum TKG Beck TKG-Komm/*Kerkhoff*, § 73 Rz. 14 f.
5 Aus dem Zusammenhang mit § 76 Abs. 1 TKG folgt, daß nur Mitglieder der Kammern gemeint sind; ebenso Beck TKG-Komm/*Kerkhoff*, § 76 Rz. 34.
6 Vgl. zu § 54 Abs. 3 S. 1 GWB a. F. (§ 57 Abs. 3 S. 1 GWB 1998) *K. Schmidt*, in: Immenga/Mestmäcker, GWB, 2. Aufl. 1992, § 54 Rz. 19.

Abs. 2 S. 2 TKG aufgestellten Vorgaben dürfte also der jeweilige Beschlußkammer-Vorsitzende die Vorbereitung der einzelnen Sachen auch einem Beisitzer zuweisen bzw. sich selbst vorbehalten[1].

8.4.3 Beschlußkammern: Verfahrensgang

Wie bereits die Vorgängerregelung der §§ 16 ff. PTRegG (oben, Rz. 15), so folgen auch §§ 74 ff. TKG mehr oder weniger eng den Verfahrensvorschriften des **Kartellrechts** (§§ 54 ff. GWB)[2]. Soweit hier keine speziellen Regelungen getroffen sind, gilt für die öffentlich-rechtliche Verwaltungstätigkeit (von Einrichtungen) der Bundes(ober)behörde ergänzend das VwVfG (§ 1 Abs. 1 Nr. 1 VwVfG). 150

8.4.3.1 Einleitung des Verfahrens und Beteiligte

Nicht die Regulierungsbehörde, sondern eine spezielle Einrichtung innerhalb derselben, die nach Gesetz oder Geschäftsordnung zuständige Beschlußkammer, leitet ein Verfahren ein. Dabei muß sie auf Grund des § 74 Abs. 1 TKG entweder **von Amts wegen** tätig werden oder das Verfahren wird „durch" **Antrag** eingeleitet (§ 22 S. 2 Nr. 1 VwVfG). Ein Amtsverfahren findet z. B. in den Fällen der § 19 oder § 30 TKG statt, Anträge sind in § 28 Abs. 2 oder in § 37 Abs. 1 TKG vorgesehen[3], sie zielen auf eine bestimmte Entscheidung der Beschlußkammer ab. Zwar ist antragsberechtigt „nur derjenige, der in eigenen subjektiven Rechten betroffen ist"[4]; auch bloße Anregungen oder „Anträge" Dritter können freilich Anlaß zur Durchführung eines Verfahrens von Amts wegen sein. 151

Wer die Einleitung eines Verfahrens beantragt (und nicht bloß angeregt) hat, ist dann auch **„Beteiligter"** (§ 74 Abs. 2 Nr. 1)[5]. Wie nach GWB (§ 54 Abs. 2 Nr. 3) und VwVfG (§ 13 Abs. 1 Nr. 1) sind auch Personen, die vom Verfahrensausgang nachteilig betroffen werden können, obligato- 152

---

1 Anders wohl Beck TKG-Komm/*Kerkhoff*, § 73 Rz. 16.
2 *Ruffert*, AöR 124 (1999), 279.
3 Vgl. Beck TKG-Komm/*Kerkhoff*, § 74 Rz. 6, 9. Zu einer Teil-Anrufung vgl. Ziff. IV.4. der Hinweise (des BMPT) zur Zusammenschaltung von öffentlichen Telekommunikationsnetzen (Vfg. 194/1997), ABl. BMPT 1997, S. 603; hierzu *Tschentscher/Neumann*, BB 1997, 2437, 2439; *Bock/Völcker*, CR 1998, 473, 481 f.; *Scherer*, NJW 1998, 1612.
4 So BR-Drucks. 80/96 v. 9. 2. 1996, S. 52; ähnlich *Etling-Ernst*, TKG-Kommentar, 1996, § 74 Rz. 1; Beck TKG-Komm/*Kerkhoff*, § 74 Rz. 20.
5 Zu § 51 Abs. 2 Nr. 1 GWB a. F./§ 54 Abs. 2 Nr. 1 GWB 1998 s. *K. Schmidt*, in: Immenga/Mestmäcker, GWB, 2. Aufl. 1992, § 51 Rz. 3, 23 ff.; zum TKG Beck TKG-Komm/*Kerkhoff*, § 74 Rz. 18 ff.

risch beteiligt. Als solche „Störer"[1] kommen jedoch nur Anbieter („Betreiber") von öffentlichen Telekommunikationsnetzen (§ 3 Nr. 21) und von Telekommunikationsdienstleistungen für die Öffentlichkeit (§ 3 Nr. 19) in Betracht (§ 74 Abs. 2 Nr. 2 TKG). Weitere (natürliche oder juristische) Personen und (nicht rechtsfähige) Personenvereinigungen werden zu Beteiligten nur dann, wenn sie diese „Beiladung" – eine „Hinzuziehung" i. S. v. § 13 Abs. 1 Nr. 4 und Abs. 2 VwVfG[2] – beantragen und die Kammer[3] dem stattgibt, weil ihre Interessen durch die Entscheidung berührt werden (§ 74 Abs. 2 Nr. 3 TKG). Im Unterschied zu § 51 Abs. 2 Nr. 4 GWB a. F. bzw. § 13 Abs. 2 S. 1 VwVfG braucht es sich weder um „erhebliche"[4] noch um „rechtliche"[5] Belange der Interessenten zu handeln[6].

153 An die **Stellung als Beteiligter** knüpfen zum einen § 75 Abs. 1, 3 und § 79 TKG an; darüber hinaus ist sie für Fragen des allgemeinen Verwaltungsverfahrensrechts bedeutsam, etwa für eine Bevollmächtigung (§ 14), aber auch für die Regelungen über Ausschluß und Befangenheit (§§ 20, 21), Akteneinsicht oder Geheimhaltung (§§ 29, 30 VwVfG)[7].

8.4.3.2 Anhörung und mündliche Verhandlung

154 Das Verfahren vor einer Beschlußkammer vollzieht sich in **zwei Abschnitten**. Es ist „justizähnlich ausgestaltet"[8] auch insoweit, als zunächst Ermittlungen geführt werden und erst dann und auf deren Grundlage eine „Hauptverhandlung" vonstatten geht. Alle Beteiligten (§ 74 Abs. 2) müssen zunächst Gelegenheit zu einer (schriftlichen) Stellungnahme erhalten (§ 75 Abs. 1 TKG) und daher erforderlichenfalls erst einmal

---

1 K. *Schmidt*, in: Immenga/Mestmäcker, GWB-Kommentar, 2. Aufl. 1992, § 51 Rz. 28.
2 Ebenso Beck TKG-Komm/*Kerkhoff*, § 74 Rz. 24; zu § 51 Abs. 2 Nr. 4 GWB a. F. K. *Schmidt*, in: Immenga/Mestmäcker, GWB-Kommentar, 2. Aufl. 1992, § 51 Rz. 35.
3 Hier wie in § 76 Abs. 3 S. 1 TKG ist offenbar für die „Kartellbehörde" des GWB – wo es um mehrere Stellen geht (§ 44 GWB a. F./§ 48 Abs. 1 GWB 1998) – schlicht und unpräzise „Regulierungsbehörde" eingesetzt worden.
4 Vgl. K. *Schmidt*, in: Immenga/Mestmäcker, GWB-Kommentar, 2. Aufl. 1992, § 51 Rz. 40.
5 Vgl. *Bonk*, in: Stelkens/Bonk/Sachs, Verwaltungsverfahrensgesetz, 4. Aufl. 1993, § 13 Rz. 25 f.; wie hier Beck TKG-Komm/*Kerkhoff*, § 74 Rz. 28.
6 Ebenso *Bock/Völcker*, CR 1998, 482; krit. *Moritz/Neus*, CR 1997, 239, 244.
7 Hierzu *Tschentscher/Neumann*, BB 1997, 2440 f.; *Bock/Völcker*, CR 1998, 482.
8 BR-Drucks. 80/96 v. 9. 2. 1996, S. 51; *Ulmen/Gump*, CR 1997, 401; *Geppert/Ruhle/Schuster*, Handbuch Recht und Praxis der Telekommunikation, 1998, S. 552.

über den Sachverhalt informiert werden[1]; für diese Pflicht zur „Anhörung" gelten die in § 28 Abs. 2, 3 VwVfG vorgesehenen Ausnahmen nicht. Darüber hinaus kann ebenfalls schon im ersten Verfahrensstadium „Vertretern der von dem Verfahren berührten Wirtschaftskreise" – vor allem von im Telekommunikationssektor aktiven Verbänden, aber auch Verbraucher- oder Arbeitgeberverbänden, Gewerkschaften[2] – die Möglichkeit zu Äußerungen eingeräumt werden[3], allerdings beschränkt auf „geeignete Fälle". Hierzu mögen Konflikte zählen, durch deren sachgerechte Lösung auch für eine Vielzahl von anderen Unternehmen in ähnlicher Lage wie die Beteiligten Klarheit geschaffen wird.

Jeder Beteiligte – auch der „bloß" hinzugezogene – kann auf einer **mündlichen Verhandlung** vor der Beschlußkammer bestehen[4]; eine Entscheidung im schriftlichen Verfahren ist nur bei Einverständnis aller Beteiligten zulässig, aber auch dann nicht geboten (§ 75 Abs. 3 S. 1 TKG)[5]. Die Verhandlung soll „der Erörterung aller entscheidungserheblichen Sach- und Rechtsfragen" dienen und damit „Gelegenheit zu intensiver Aussprache" geben[6]; damit gleicht ihr Gang dem Modell des § 68 Abs. 2 S. 2 VwVfG. Anders als nach § 68 Abs. 1 VwVfG[7] muß die mündliche Verhandlung regelmäßig öffentlich stattfinden. Die Gründe für einen Ausschluß des Publikums entsprechen denen des § 53 Abs. 3 S. 2 GWB und im wesentlichen auch des § 172 Nr. 1, 2 GVG[8]. Liegt ein Ausschlußgrund vor, so hat der Spruchkörper in dieser Weise zu verfahren, ein Antrag eines Beteiligten kann dabei insbesondere auf die Gefährdung eines „wichtigen"[9] Geschäfts- oder Betriebsgeheimnis-

155

---

1 S. zu § 53 Abs. 1 GWB a. F./§ 56 Abs. 1 GWB 1998 *K. Schmidt*, in: Immenga/Mestmäcker, GWB, 2. Aufl. 1992, § 53 Rz. 4 ff.
2 Vgl. Beck TKG-Komm/*Kerkhoff*, § 75 Rz. 14; zu § 53 Abs. 2 GWB a. F./§ 56 Abs. 2 GWB 1998; *K. Schmidt*, in: Immenga/Mestmäcker, GWB, 2. Aufl. 1992, § 53 Rz. 22.
3 Dadurch werden sie nicht zu Beteiligten (§ 13 Abs. 3 VwVfG); s. Beck TKG-Komm/*Kerkhoff*, § 75 Rz. 16.
4 Insofern abweichend vom GWB (§ 53 Abs. 1, 3 a. F. bzw. § 56 Abs. 1, 3 GWB 1998); wie hier Beck TKG-Komm/*Kerkhoff*, § 75 Rz. 19.
5 Zur erforderlichen Transparenz auch *Bock/Völcker*, CR 1998, 482 f.; *Moritz/Neus*, CR 1997, 244.
6 BR-Drucks. 80/96 v. 9. 2. 1996, S. 52; Beck TKG-Komm/*Kerkhoff*, § 75 Rz. 18; ähnlich *K. Schmidt*, in: Immenga/Mestmäcker, GWB, 2. Aufl. 1992, § 53 Rz. 14.
7 Als Regelfall bei Verwaltungshandeln, auch bei Ausschüssen; s. *Sachs*, in: Stelkens/Bonk/Sachs, Verwaltungsverfahrensgesetz, 4. Aufl. 1993, § 68 Rz. 3 i. V. m. Rz. 2.
8 Krit. *Moritz/Neus*, CR 1997, 244.
9 Hierzu *K. Schmidt*, in: Immenga/Mestmäcker, GWB-Kommentar, 2. Aufl. 1992, § 53 Rz. 19.

ses¹ aufmerksam machen, berechtigt aber nicht schon als solcher, nichtöffentlich weiter zu verhandeln. Der Ausschluß der Öffentlichkeit darf auch – und muß ggf. im Hinblick auf das Verhältnismäßigkeitsprinzip – nur „für einen Teil" der Verhandlung andauern. Auch die schließlich getroffene Entscheidung muß jedoch – anders als in gerichtlichen Verfahren (§ 173 Abs. 1 GVG) – nicht öffentlich verkündet werden.

156 Daß **(Zwischen-)Entscheidungen** über den Ausschluß der Öffentlichkeit mit Klage angefochten werden können, erscheint allenfalls für den Fall der Ablehnung eines hierauf gerichteten Antrags eines Beteiligten denkbar².

8.4.3.3 Ermittlungen, insbesondere Beweiserhebung

157 § 76 Abs. 1 TKG verdeutlicht, daß das Verfahren (vor) der Beschlußkammer „vom **Untersuchungsgrundsatz** beherrscht" wird, diese also die entscheidungserheblichen Tatsachen von Amts wegen ermittelt, „ohne an das Vorbringen oder an Zugeständnisse der Beteiligten gebunden zu sein"³ (s. § 24 Abs. 1 VwVfG). Damit bestimmt die Kammer Art und Umfang der Ermittlungen, hat dabei jedoch alle für den Einzelfall bedeutsamen, (für die Beteiligten) günstigen wie ungünstigen Umstände zu berücksichtigen (§ 24 Abs. 2 VwVfG). Das TKG statuiert außer in § 72 keine spezifischen Mitwirkungspflichten der Beteiligten, so daß diese nur allgemein gehalten sind, „ihnen bekannte Tatsachen und Beweismittel an(zu)geben" (§ 26 Abs. 2 S. 2 VwVfG)⁴.

158 Die Beschlußkammer kann unabhängig von Beweisanträgen eines Beteiligten alle erforderlichen Beweise erheben (§ 76 Abs. 1 TKG) und sich dabei aller Beweismittel bedienen, die sie nach pflichtgemäßem Ermessen zur Ermittlung des Sachverhalts für geeignet und notwendig erachtet

---

1 Zu deren verfassungsrechtlichem Schutz s. *Wolff*, NJW 1997, 98 ff.; ferner Beck TKG-Komm/*Kerkhoff*, § 75 Rz. 22. Die in § 19 Abs. 1 Nr. 2 des FTEG-Entwurfs (BT-Drucks. 14/4063 v. 11. 9. 2000) noch vorgesehene Einfügung eines § 75 a TKG – als einer besonderen Vorschrift zur Behandlung von Betriebs- und Geschäftsgeheimnissen in den Verwaltungsverfahren der RegTP – wurde im Verlauf des Gesetzgebungsverfahrens aufgegeben.
2 Beck TKG-Komm/*Kerkhoff*, § 75 Rz. 25; differenzierend *Weber/Rommersbach*, in: Manssen, Telekommunikations- und Multimediarecht, 1999 ff., C § 75 Rz. 60 f.; zum GWB ebenso *K. Schmidt*, in: Immenga/Mestmäcker, GWB, 2. Aufl. 1992, § 53 Rz. 19.
3 BT-Drucks. 80/96 v. 9. 2. 1996, S. 52; Beck TKG-Komm/*Kerkhoff*, § 76 Rz. 1; ebenso für § 54 Abs. 1 GWB a. F. (§ 57 Abs. 1 GWB 1998) *K. Schmidt*, in: Immenga/Mestmäcker, GWB, 2. Aufl. 1992, § 54 Rz. 1.
4 Vgl. *K. Schmidt*, in: Immenga/Mestmäcker, GWB-Kommentar, 2. Aufl. 1992, § 54 Rz. 9.

(§ 26 Abs. 1 S. 1 VwVfG). Für wichtige **Beweismittel** – Augenschein, Zeugen- und Sachverständigenbeweis (s. § 26 Abs. 1 S. 2 Nr. 2, 4 VwVfG) – enthält § 76 in den Abs. 2–6 eine „Formalisierung des Verfahrens"[1].

Für den Beweis durch „Augenschein", d. h. unmittelbare Sinneswahrnehmung, kann die Kammer anordnen, daß beim Termin ein oder mehrere Sachverständige beizuziehen sind (§ 76 Abs. 2 S. 1 TKG i. V. m. § 372 Abs. 1 ZPO). Für einen Zeugenbeweis sieht § 76 Abs. 2 S. 1 TKG die entsprechende Anwendung der §§ 376 (Vernehmung von Richtern und Beamten), 377 (Ladung), 380, 381 (Ausbleiben), 382 (Vernehmung von Minister und Abgeordneten), 383–387 (Zeugnisverweigerungsrecht), 390 (Zeugniszwang), 395 (Vernehmung zur Person), 396 (Vernehmung zur Sache), 397 (Fragerecht der Beteiligten) und § 398 Abs. 1 ZPO (wiederholte Vernehmung) vor[2]. Eine Beeidigung (§§ 391 ff. ZPO) bleibt dem (nach § 157 GVG zuständigen) Amtsgericht vorbehalten (§ 76 Abs. 6 S. 2 TKG); sie muß auch dann nicht vorgenommen werden, wenn die Beschlußkammer um diese Rechtshilfe aus dem in § 76 Abs. 6 S. 1 TKG genannten Grund ersucht[3]. Für den Beweis durch Sachverständige schließlich sind §§ 404 (Auswahl), 406 (Ablehnung durch Beteiligte), 407, 407 a, 408 (Pflichten des Sachverständigen), 409 (Ausbleiben/Weigerung), 411 (schriftliches Gutachten) und § 412 ZPO (neues Gutachten) analog anwendbar[4]. Dasselbe gilt ferner für die auf die Rechtslage beim Zeugenbeweis ganz (§ 414 ZPO für sachverständige Zeugen) oder subsidiär (§ 402) verweisenden Bestimmungen sowie die Regeln zur Entschädigung von Zeugen und Sachverständigen (§§ 401, 413)[5]. Für beide Personengruppen begründet § 76 (Abs. 2–5) TKG Pflichten i. S. v. § 26 Abs. 3 S. 1 VwVfG.

159

Explizit ausgeschlossen ist die Anordnung von (Erzwingungs-)Haft (§ 390 Abs. 2 i. V. m. §§ 904 ff. ZPO) bei wiederholter unberechtigter Verweigerung einer Zeugenaussage (§ 76 Abs. 2 S. 1 Hs. 2 TKG). Die Festsetzung eines Ordnungsgelds und auch eine zwangsweise Führung

160

---

1 So BR-Drucks. 80/96 v. 9. 2. 1996, S. 52; *K. Schmidt*, in: Immenga/Mestmäcker, GWB, 2. Aufl. 1992, § 54 Rz. 13; insoweit als Sonderregelung gegenüber § 26 VwVfG, s. *Ruffert*, AöR 124 (1999), 279.
2 Anders als in § 54 Abs. 2 S. 1 GWB a. F./§ 57 Abs. 2 S. 1 GWB 1998 wird nicht auf § 378 ZPO verwiesen.
3 So (zu § 54 Abs. 6 GWB a. F./§ 57 Abs. 6 GWB 1998) auch *K. Schmidt*, in: Immenga/Mestmäcker, GWB, 2. Aufl. 1992, § 54 Rz. 21; Beck TKG-Komm/*Kerkhoff*, § 76 Rz. 38.
4 Hier fehlt gegenüber dem GWB die Einbeziehung auch des § 404a ZPO.
5 Hierzu ist anders als nach § 26 Abs. 3 S. 2 VwVfG kein Antrag erforderlich, *Stelkens*, in: Stelkens/Bonk/Sachs, Verwaltungsverfahrensgesetz, 4. Aufl. 1993, § 26 Rz. 54.

sind hingegen zulässig, desgleichen die Auferlegung der durch das Fehlverhalten verursachten Kosten[1].

161 § 76 Abs. 2 S. 2 TKG setzt voraus, daß gegen Entscheidungen der Beschlußkammern im Rahmen der Beweisaufnahme ein **Rechtsbehelf** – die „Beschwerde" – statthaft ist; sie kommt in den Fällen der §§ 380 Abs. 3, 390 Abs. 3, §§ 409 Abs. 2, 411 Abs. 2 S. 4, des § 387 Abs. 3 sowie des § 406 Abs. 5 ZPO in Betracht[2]. Obwohl es sich um die Kontrolle von in einem Verwaltungsverfahren ergangenen beweisrechtlichen Entscheidungen handelt, ist (auch) hier – wie bei § 57 Abs. 2 GWB – die ZPO sinngemäß anwendbar, wofür nicht zuletzt die Zuständigkeit des Oberlandesgerichts (Köln) als Beschwerdegericht (§ 568 ZPO)[3] spricht. Der betroffene Zeuge oder Sachverständige kann den Rechtsbehelf regelmäßig bereits zur Niederschrift der Beschlußkammer einlegen, wie überhaupt die Regeln der §§ 567 ff. ZPO (analog) gelten[4] – wenn auch nur mangels spezifischer Ausgestaltung dieses Verfahrens.

162 Eine **„Niederschrift"** ist nicht über jede Beweisaufnahme (wie nach § 159 Abs. 1 ZPO), sondern nur (und überdies lediglich in der Regel) beim Beweis durch Zeugen und durch Sachverständige aufzunehmen (§ 76 Abs. 3–5 TKG). Inhaltlich entspricht das Protokoll jedoch § 160 Abs. 1 (Nr. 1, 2, 4) und Abs. 3 (Nr. 4) sowie § 163 Abs. 1 S. 1 ZPO, indem es sich auf Tag und Ort des Beweistermins, die Namen der Mitwirkenden (Mitglieder der Beschlußkammer, „Urkundsbeamte" bzw. Schriftführer) und Beteiligten, die Aussagen der Zeugen oder Sachverständigen erstreckt[5]. Im Hinblick auf das Genehmigungserfordernis ist freilich über § 162 ZPO (bzw. § 27 Abs. 5 VwVfG) hinaus auch der Grund für eine unterbleibende Unterschrift des Zeugen oder Sachverständigen anzugeben (§ 76 Abs. 4 S. 3 TKG).

163 Daneben ergibt sich aus § 93 VwVfG auch für die kollegiale Einrichtung Beschlußkammer, daß über die mündliche Verhandlung (als „Sitzung") insgesamt eine Niederschrift zu fertigen ist. Deren Mindestinhalt[6] bleibt

---

1 S. zum GWB *K. Schmidt*, in: Immenga/Mestmäcker, GWB, 2. Aufl. 1992, § 54 Rz. 17 f., 23; Beck TKG-Komm/*Kerkhoff*, § 76 Rz. 31, 43.
2 Vgl. *K. Schmidt*, in: Immenga/Mestmäcker, GWB, 2. Aufl. 1992, § 54 Rz. 26; *Etling-Ernst*, TKG-Kommentar, 1996, § 76 Rz. 6, 10, 11; Beck TKG-Komm/*Kerkhoff*, § 76 Rz. 49.
3 *Etling-Ernst*, TKG-Kommentar, 1996, § 76 Rz. 12; Beck TKG-Komm/*Kerkhoff*, § 76 Rz. 50, 54.
4 Ebenso für das GWB *K. Schmidt*, in: Immenga/Mestmäcker, GWB-Kommentar, 2. Aufl. 1992, § 54 Rz. 28 ff.; eingehend Beck TKG-Komm/*Kerkhoff*, § 76 Rz. 48 ff.
5 Zu kleinen Unterschieden s. *K. Schmidt*, in: Immenga/Mestmäcker, GWB-Kommentar, 2. Aufl. 1992, § 54 Rz. 19; Beck TKG-Komm/*Kerkhoff*, § 76 Rz. 35.
6 *Bonk*, in: Stelkens/Bonk/Sachs, Verwaltungsverfahrensgesetz, 4. Aufl. 1993, § 93 Rz. 2.

jedoch hinter den Anforderungen aus § 68 Abs. 4 VwVfG zurück, weil er nicht auch die wesentlichen Vorgänge der Sitzung einbezieht.

Zur Sicherung der Beweisführung durch Urkunden und durch Augenschein dient die **Beschlagnahmebefugnis** der Beschlußkammer nach § 77 TKG (oben, Rz. 120), als Teil der dieser durch § 76 Abs. 1 TKG zugewiesenen Ermittlungsaufgaben[1]. Die Regelung präzisiert zugleich, daß stets – auch im Rahmen des § 72 Abs. 6 TKG – nur beweiserhebliche Gegenstände der Beschlagnahme unterliegen; diese müssen andererseits nicht notwendig im Eigentum oder Besitz von Beteiligten sein.

164

§ 79 Abs. 3 TKG ermächtigt die Beschlußkammer, die **Kosten** einer Beweiserhebung – aber auch nur diese – den Beteiligten nach „billigem Ermessen"[2] aufzuerlegen, also entweder einer Person zur Gänze oder auch mehreren zu gleichen oder unterschiedlich großen Teilen, und läßt insoweit differenziertere Lösungen zu als § 96 ZPO[3].

165

8.4.3.4 Einstweilige Anordnungen der Beschlußkammer

§ 78 TKG „ermächtigt die Beschlußkammer(n) zu einstweiligen Anordnungen, weil vielfach ein praktisches Bedürfnis für **vorläufige Regelungen** vor Erlaß einer endgültigen Entscheidung besteht, um nachteilige Entwicklungen zu verhindern"[4]. Der Wortlaut der Vorschrift schränkt im Unterschied zu § 56 GWB[5] die Befugnis nicht auf bestimmte Fallgruppen ein, setzt aber eine Beschlußkammer-Zuständigkeit voraus[6].

166

Formal muß bereits ein (Haupt-)Verfahren (nach § 74 Abs. 1 TKG) eingeleitet (und noch nicht endgültig abgeschlossen)[7] sein; ein Antrag ist

167

---

1 Vgl. BR-Drucks. 80/96 v. 9. 2. 1996, S. 52; Beck TKG-Komm/*Kerkhoff*, § 77 Rz. 1.
2 Der Aspekt der „Billigkeit" stammt wohl aus § 77 S. 1 GWB a. F. (§ 78 S. 1 GWB 1998); s. dazu *Sauter*, in: Immenga/Mestmäcker, GWB, 2. Aufl. 1992, § 77 Rz. 15 ff. *Etling-Ernst*, TKG-Kommentar, 1996, § 79 Rz. 4 hingegen weist auf § 91a ZPO, § 161 Abs. 2 VwGO hin.
3 Vgl. Beck TKG-Komm/*Kerkhoff*, § 79 Rz. 20 ff.; abweichend *Weber/Rommersbach*, in: Manssen, Telekommunikations- und Multimediarecht, 1999 ff., C § 79 Rz. 22.
4 BR-Drucks. 80/96 v. 9. 2. 1996, S. 52. Dieselbe Begründung wurde auch für § 56 GWB a. F. (§ 60 GWB 1998) gegeben, s. *K. Schmidt*, in: Immenga/Mestmäcker, GWB-Kommentar, 2. Aufl. 1992, § 56 Rz. 1.
5 Ob (dort) eine abschließende Aufzählung vorliegt, ist allerdings streitig; vgl. *K. Schmidt*, in: Immenga/Mestmäcker, GWB-Kommentar, 2. Aufl. 1992, § 56 Rz. 5; Beck TKG-Komm/*Kerkhoff*, § 78 Rz. 1.
6 *Mayen*, CR 2000, 155, 156; *Weber/Rommersbach*, in: Manssen, Telekommunikations- und Multimediarecht, 1999 ff., C § 78 Rz. 6.
7 Vgl. *Mayen*, CR 2000, 156 f.; *Hummel*, CR 2000, 291, 294; Beck TKG-Komm/*Kerkhoff*, § 78 Rz. 3, 5.

nicht vorgesehen[1]. Materiell gilt – ähnlich wie bei § 123 VwGO –, daß gerade eine vorzeitige Anordnung[2] im öffentlichen Interesse oder im überwiegenden Interesse eines oder mehrerer Beteiligter erforderlich ist, um schwere, zumindest aber erhebliche Nachteile zu verhindern[3]. Eine Vorwegnahme der Hauptsacheentscheidung kommt allenfalls bei Befristung der einstweiligen Anordnung in Betracht[4].

168 Im Hinblick auf Art. 19 Abs. 4 GG muß gegen einstweilige Anordnungen als „Akte öffentlicher Gewalt" der **Rechtsweg** eröffnet sein. Auch sie[5] sind „Entscheidungen" (durch „Verwaltungsakt"), gegen die Klage zum Verwaltungsgericht erhoben oder dort einstweiliger Rechtsschutz (nach § 80 Abs. 5 i. V. m. § 80 a Abs. 3 VwGO) begehrt werden kann. Eine analoge Anwendung von § 945 ZPO ist nur dann zu erwägen, wenn die einstweilige Anordnung auf Antrag und zum Schutz einer bestimmten Person ergangen ist[6].

8.4.4 Beschlußkammern: Verfahrensabschluß

8.4.4.1 Entscheidungen

169 Beschlußkammern entscheiden „durch **Verwaltungsakt**" (§ 73 Abs. 1 S. 2 TKG). Mit dieser Festlegung scheidet die (in § 54 S. 2 VwVfG prinzipiell eröffnete[7]) Alternative eines Handelns durch subordinationsrechtlichen Vertrag auch dann aus, wenn sie nicht schon deshalb außer Betracht bleiben muß, weil die Regulierungsbehörde Privatrechtsbeziehungen nicht mit, sondern zwischen („beteiligten") Unternehmen oder Privatpersonen (um)gestalten will[8].

---

1 Vgl. *Mayen*, CR 2000, 157; Beck TKG-Komm/*Kerkhoff*, § 78 Rz. 3.
2 Insoweit wie hier auch *Etling-Ernst*, TKG-Kommentar, 1996, § 78 Rz. 2.
3 Vgl. zum GWB *K. Schmidt*, in: Immenga/Mestmäcker, GWB, 2. Aufl. 1992, § 56 Rz. 12; *Bechtold*, GWB-Kommentar, 1993, § 56 Rz. 6; zum TKG Beck TKG-Komm/*Kerkhoff*, § 78 Rz. 8; *Weber/Rommersbach*, in: Manssen, Telekommunikations- und Multimediarecht, 1999 ff., C § 78 Rz. 8 ff.; *Hummel*, CR 2000, 295; eingehend *Mayen*, CR 2000, 158.
4 Vgl. *Mayen*, CR 2000, 161; Beck TKG-Komm/*Kerkhoff*, § 78 Rz. 14.
5 Beck TKG-Komm/*Kerkhoff*, § 78 Rz. 17; *Mayen*, CR 2000, 166 f.; *Hummel*, CR 2000, 292; *Weber/Rommersbach*, in: Manssen, Telekommunikations- und Multimediarecht, 1999 ff., C § 78 Rz. 13; zu § 56 GWB a. F. (§ 60 GWB 1998) s. *K. Schmidt*, in: Immenga/Mestmäcker, GWB, 2. Aufl. 1992, § 56 Rz. 23.
6 So *Mayen*, CR 2000, 155, 167; wohl auch Beck TKG-Komm/*Kerkhoff*, § 78 Rz. 16; *Weber/Rommersbach*, in: Manssen, Telekommunikations- und Multimediarecht, 1999 ff., C § 78 Rz. 20.
7 Vgl. *Bonk*, in: Stelkens/Bonk/Sachs, Verwaltungsverfahrensgesetz, 4. Aufl. 1993, § 54 Rz. 49, 54.
8 Ebenso *Etling-Ernst*, TKG-Kommentar, 1996, § 73 Rz. 3.

Kammer-Entscheidungen müssen inhaltlich so hinreichend bestimmt 170
sein (s. § 37 VwVfG), daß sie nötigenfalls mit Zwangsmitteln durchgesetzt
werden können. Schriftform wird in § 79 Abs. 1 TKG zwar nicht explizit
genannt, jedoch vorausgesetzt, da nur für Schriftstücke (Urkunden) eine
„Zustellung" erfolgen kann; daher findet auch § 37 Abs. 3 VwVfG Anwendung[1]. Die stets erforderliche Begründung (§ 79 Abs. 1 S. 1 TKG) muß
die „wesentlichen tatsächlichen und rechtlichen Gründen" nennen, die
den Spruchkörper zu seiner Entscheidung bewogen haben (§ 39 Abs. 1
S. 2 VwVfG)[2]. Die Entscheidung ist zudem mit einer Rechtsbehelfsbelehrung zu versehen (§ 79 Abs. 1 S. 2 TKG, §§ 58, 59 VwGO).

Entscheidungen sind, um wirksam zu werden, denjenigen Beteiligten 171
bekanntzugeben, für die sie bestimmt sind oder die von ihnen betroffen
werden (§ 41 Abs. 1 S. 1 VwVfG). § 79 Abs. 1 S. 2 TKG schreibt als
besondere Form hierfür die Zustellung nach dem (Bundes-)Verwaltungs-
zustellungsgesetz (VwZG)[3] vor. Dabei knüpft § 79 Abs. 1 S. 3 TKG an die
Regelung in § 15 (S. 1) VwVfG an, wonach die Regulierungsbehörde von
am Verfahren beteiligten Unternehmen[4] mit Sitz im Ausland die Benennung eines Empfangs- und damit auch Zustellungsbevollmächtigten (§ 8
VwZG) verlangen kann[5]. Kommt das Unternehmen dieser Aufforderung
nicht nach, greift jedoch weder die Zugangsvermutung des § 15 S. 2
VwVfG ein noch wird eine „Zustellung im Ausland" nach Maßgabe des
§ 14 VwZG betrieben. Vielmehr sieht § 79 Abs. 1 S. 4 TKG eine Bekanntmachung in einem auch für andere amtliche Mitteilungen verwendeten Blatt, dem Bundesanzeiger, vor; mit dem Erscheinen der betr.
Ausgabe ist die Zustellung der Entscheidung bewirkt (und beginnt der
Lauf der Rechtsbehelfsfrist)[6]. Hiervon zu unterscheiden ist die der Information des Publikums dienende Veröffentlichung bestimmter Entscheidungen im Amtsblatt der Behörde[7].

---

1 Vgl. (zu § 57 GWB a. F./§ 61 GWB 1998) *Bechtold*, GWB-Kommentar, 1993, § 57 Rz. 1; ebenso wohl Beck TKG-Komm/*Kerkhoff*, § 79 Rz. 10.
2 Vgl. Beck TKG-Komm/*Kerkhoff*, § 79 Rz. 4 ff.; *K. Schmidt*, in: Immenga/Mest-mäcker, GWB, 2. Aufl. 1992, § 57 Rz. 13 f.
3 Anders als in § 57 Abs. 1 S. 2 GWB a. F., aber wie nunmehr auch § 61 Abs. 1 S. 1 GWB 1998 enthält das TKG eine dynamische Verweisung.
4 Die an § 57 Abs. 1 S. 3, 4 GWB a. F. (§ 61 Abs. 1 S. 2, 3 GWB 1998) orientierte Regelung gilt nicht gegenüber natürlichen Personen, *Bechtold*, GWB-Kommentar, 1993, § 57 Rz. 6.
5 Hierzu *Bonk*, in: Stelkens/Bonk/Sachs, Verwaltungsverfahrensgesetz, 4. Aufl. 1993, § 15 Rz. 3 ff.
6 Vgl. *Weber/Rommersbach*, in: Manssen, Telekommunikations- und Multime-diarecht, 1999 ff., C § 79 Rz. 16; für das GWB *K. Schmidt*, in: Immenga/Mest-mäcker, GWB-Kommentar, 2. Aufl. 1992, § 57 Rz. 18.
7 Vgl. etwa Mitt. Nr. 85/1998, ABl. RegTP 1998, S. 1368 (zu § 30 Abs. 6 TKG); Mitt. Nr. 140/1998, ABl. RegTP 1998, S. 1648, Mitt. Nr. 461/1999, ABl. RegTP

8.4.4.2 Verfahrensbeendigung in sonstiger Weise

172 § 79 Abs. 2 TKG geht (wie § 61 Abs. 2 GWB) davon aus, ein Verfahren vor der Beschlußkammer könne auch durch andere Weise als durch Erlaß einer (endgültigen) Entscheidung enden; die Beteiligten sind dann schriftlich über die „**Einstellung**" (und deren Grund) zu informieren. Ein förmlicher Beschluß der Kammer ist nicht vorgesehen; auch ein Rechtsbehelf gegen diese Art der Verfahrensbeendigung scheidet aus[1]. Soweit freilich ein Verfahren nur auf Antrag durchgeführt wird, muß über diesen entschieden werden, sofern er nicht, was zulässig ist[2], zuvor wirksam zurückgenommen wird[3].

8.4.4.3 Fehlende Kostenregelung

173 Von § 79 Abs. 3 abgesehen (oben, Rz. 165), enthält das TKG insoweit keine Bestimmungen, anders als § 80 GWB für das Kartellverwaltungsverfahren. Zwar nimmt das TKG an einigen Stellen speziell auf die Maßgaben des Verwaltungskostengesetzes (VwKostG) des Bundes Bezug (§§ 16 Abs. 1, 43 Abs. 3, 48 Abs. 1, 64 Abs. 3; s. Rz. 175). Hierbei handelt es sich aber stets um Sachverhalte, die nicht in die Zuständigkeit der Beschlußkammern fallen.

174 Im übrigen können jedoch Gebühren und Auslagen (§ 10 VwKostG) für die öffentlich-rechtliche Verwaltungstätigkeit der Bundes(ober)behörde nicht direkt nach dem VwKostG erhoben werden, sondern dafür bedarf es auch im Anwendungsbereich dieses Gesetzes (s. § 1 Abs. 2 S. 1 Nr. 1 i. V. m. Abs. 1) eines weiteren Rechtssatzes, der den kostenpflichtigen Tatbestand näher bezeichnet. Solange dieser fehlt, ergehen Beschlußkammer-Entscheidungen kostenfrei[4].

1999, S. 3097 (zu § 28 Abs. 4 TKG, § 9 TEntgV); Mitt. Nr. 152/1998, ABl. RegTP 1998, S. 1833 (zu § 9 TEntgV, § 6 Abs. 5 NZV); Vfg. 104/1998, ABl. RegTP 1998, S. 1972 (zu § 9 TEntgV); Mitt. Nr. 172/1998, ABl. RegTP 1998, S. 1974, Mitt. Nr. 464/1999, ABl. RegTP 1999, S. 3097 (zu § 9 Abs. 6 NZV).

1 Vgl. *Weber/Rommersbach*, in: Manssen, Telekommunikations- und Multimediarecht, 1999 ff., C § 79 Rz. 20; zu § 57 Abs. 2 GWB a. F. (§ 61 Abs. 2 GWB 1998) *K. Schmidt*, in: Immenga/Mestmäcker, GWB, 2. Aufl. 1992, § 57 Rz. 23.

2 *Stelkens*, in: Stelkens/Bonk/Sachs, Verwaltungsverfahrensgesetz, 4. Aufl. 1993, § 22 Rz. 40; Beck TKG-Komm/*Kerkhoff*, § 79 Rz. 15.

3 Vgl. *Weber/Rommersbach*, in: Manssen, Telekommunikations- und Multimediarecht, 1999 ff., C § 74 Rz. 8, 19.

4 Im Ergebnis wie hier Beck TKG-Komm/*Kerkhoff*, § 79 Rz. 18 f.; *Weber/Rommersbach*, in: Manssen, Telekommunikations- und Multimediarecht, 1999 ff., C § 79 Rz. 28.

8.4.5 Kosten für sonstige Amtshandlungen

Gebührenpflichtig sind nach dem TKG[1] die Erteilung von Lizenzen[2], die Zuteilung von Rufnummern[3] und von Frequenzen sowie Amtshandlungen im Zulassungswesen. Die gebührenpflichtigen Sachverhalte, die Gebührenhöhe und meist auch die Erstattung von Auslagen werden dabei in Rechtsverordnungen[4] geregelt, die den allgemeinen Grundsätzen der §§ 3 ff. VwKostG entsprechen müssen. § 18 TKZulV 1997 bestimmte dabei nicht nur die Regulierungsbehörde (Abs. 2), sondern auch „benannte Stellen" (§ 2 Nr. 13) zu Kostengläubigern (Abs. 1)[5]. 175

Weniger deutlich auf ein konkretes Verwaltungshandeln bezogen und daher wohl zu Recht als **„Beitrag"** bezeichnet werden zum einen Abgaben zur Abgeltung der Aufwendungen der Regulierungsbehörde (gem. §§ 44, 46) für die Planung und Fortschreibung von Frequenznutzungen (§ 48 Abs. 2, 3 TKG). Schuldner ist gemäß § 1 FBeitrV[6] jeder Inhaber einer (Frequenz-)Zuteilung nach § 47 TKG. § 48 Abs. 2 S. 2 TKG verknüpft diesen Beitrag sowohl mit Gebühren für eine Frequenzzuteilung als auch mit Gebühren (§ 10)[7] und Beiträgen (§ 11) nach dem EMVG, wobei letztere nur von „Sendebetreibern", also Personen, denen zum Betreiben von Sendefunkgeräten (§ 2 Nr. 14) oder Funknet- 176

---

1 S. ferner § 8 AFuG; § 10 EMVG, § 16 FTEG.
2 Vgl. dazu VG Köln v. 25. 3. 1999 – 11 L 2914/98, K&R 1999, 524; OVG Münster v. 27. 10. 1999 – 13 B 843/99, CR 2000, 222 ff. mit. Anm. von *Nolte*, K&R 2000, 95, *Naumann*, MMR 2000, 116 und *Gebhardt*, MMR 2000, 117; s. a. *Schütz/Nüsken*, MMR 1998, 523; *Scherer*, NJW 2000, 774, sowie BVerwG v. 19. 9. 2001 – 6 C 12.00.
3 Telekommunikations-Nummerngebührenverordnung (TNGebV) v. 16. 8. 1999, BGBl. I 1999, S. 1887; dazu Mitt. Nr. 10/2001 (Gebührenaktion der RegTP), ABl. RegTP 2001, S. 44.
4 Telekommunikations-Lizenzgebührenverordnung (TKLGebV) v. 28. 7. 1997, BGBl. I 1997, S. 1936; Frequenzgebührenverordnung (FGebV) v. 21. 5. 1997, BGBl. I 1997, S. 1226, geändert durch Verordnung v. 16. 12. 1997, BGBl. I 1997, S. 3194, und v. 21. 9. 2001, BGBl. I 2001, S. 2504; § 15 PersZulV (i. V. m. Anlage 2); § 17 BAnerkV.
5 Dazu auch Vfg. 102/1998, ABl. RegTP 1998, S. 1971 (Gebühren Standortbescheinigung). Ebenso § 10 Abs. 2 EMVG.
6 Zum 1. 1. 2000 trat eine neue Frequenznutzungsbeitragsverordnung (FBeitrV) v. 13. 12. 2000, BGBl. I 2000, S. 1704 an die Stelle der bisherigen Verordnung v. 18. 11. 1996, BGBl. I 1996, S. 1790, geändert durch Verordnung v. 22. 12. 1998, BGBl. I 1998, S. 3894.
7 Die Kostenverordnung für Amtshandlungen nach dem Gesetz über die elektromagnetische Verträglichkeit von Geräten (EMVKostV) v. 22. 6. 1999, BGBl. I 1999, S. 1444 ersetzte die frühere Rechtsverordnung v. 8. 6. 1993, BGBl. I 1993, S. 914.

zen Frequenzen zugeteilt sind (§ 2 Nr. 13 EMVG), erhoben werden können[1].

177 Zu **Aufwendungs- und Auslagenersatz** verpflichtet schließlich § 72 Abs. 9 TKG Unternehmen nur dann und insoweit, als bei Prüfungen (nach Abs. 1 Nr. 2 und Abs. 2) Verstöße gegen Lizenzauflagen oder (andere) Verwaltungsakte der Regulierungsbehörde festgestellt werden. Die finanzielle Belastung trifft damit lediglich „Störer"[2] und begegnet daher nicht den Bedenken[3] gegen die allgemeinere Überwälzung von Prüfungskosten, wie sie nach § 51 Abs. 3 KWG erfolgt.

8.5 Rechtsschutz gegen Entscheidungen der Regulierungsbehörde

8.5.1 Rechtsbehelfe im Überblick

178 Der Vierte Abschnitt des Zehnten Teils, der nur eine einzige Vorschrift, den § 80, umfaßt, verdeutlicht schon in der Überschrift, daß es im Bereich des TKG auch **„bürgerliche Rechtsstreitigkeiten"** geben könnte[4]. § 80 Abs. 3 TKG nimmt allerdings inhaltlich auf §§ 87 ff. GWB Bezug, gilt also (nur) für zivilrechtliche Streitigkeiten „aus dem TKG"[5] zwischen Unternehmen und/oder Personen, insbesondere aufgrund des § 40. Die Regulierungsbehörde (bzw. ihr Träger) ist dabei nicht (beklagte) Partei, jedoch nach näherer Maßgabe des § 90 Abs. 1, 2 GWB (alter wie neuer Fassung) beteiligt[6].

---

1 Hierzu Verordnung über Beiträge nach dem Gesetz über die elektromagnetische Verträglichkeit von Geräten (EMVBeitrV) v. 12. 11. 1993, BGBl. I 1993, S. 1898; zur Nichtigkeit s. BVerwG v. 22. 11. 2000 – 6 C 8.99, DVBl. 2001, 920 ff.
2 Vgl. *Götz*, Allgemeines Polizei- und Ordnungsrecht, 12. Aufl. 1995, Rz. 450 ff.; zur Annexkompetenz des Bundes BVerfG v. 22. 6. 1988 – 2 BvR 234/87, 1154/86, BVerfGE 78, 374, 386 f.
3 Dazu *Ehlers/Achelpöhler*, NVwZ 1993, 1025, 1026 ff. Im Ergebnis wie hier *Etling-Ernst*, TKG-Kommentar, 1996, § 72 Rz. 8; Beck TKG-Komm/*Kerkhoff*, § 72 Rz. 66; s. a. VG Köln v. 15. 2. 2000 – 22 K 5896/96, CR 2000, 747, 748 ff.
4 Kritisch zur Mehrspurigkeit des Rechtsschutzes BR-Drucks. 80/96 (Beschluß) v. 22. 3. 1996, S. 2; *Leo/Schellenberg*, ZUM 1997, 188, 197; *Etling-Ernst*, TKG-Kommentar, 1996, § 66 Rz. 9.
5 Vgl. Beck TKG-Komm/*Geppert*, § 80 Rz. 16; *Weber/Rommersbach*, in: Manssen, Telekommunikations- und Multimediarecht, 1999 ff., C § 80 Rz. 19; zur parallelen Formulierung des § 87 Abs. 1 GWB s. *Bechtold*, GWB-Kommentar, 1993, § 87 Rz. 2.
6 Dies soll „der Effektivität der sektorspezifischen Regulierung des Telekommunikationsmarktes" dienen, BR-Drucks. 80/96 v. 9. 2. 1996, S. 52. Vgl. näher Beck TKG-Komm/*Geppert*, § 80 Rz. 17 ff.; *Weber/Rommersbach*, in: Manssen, Telekommunikations- und Multimediarecht, 1999 ff., C § 80 Rz. 20 ff.

Rechtsschutz gegenüber (hoheitlichen) Entscheidungen kommt in erster 179
Linie vor **Verwaltungsgerichten** in Betracht (§ 40 Abs. 1 VwGO)[1]. Davon
gehen auch § 80 Abs. 1 und 2 TKG aus, indem sie Regelungen der
VwGO (§ 68 bzw. § 80 Abs. 1) modifizieren[2].

Spezifische Anordnungen der Beschlußkammern (§§ 76 Abs. 2, 77 TKG) 180
können allerdings nur von ordentlichen (Zivil- oder Straf-)Gerichten
kontrolliert werden (Rz. 116, 120, 164).

8.5.2 Verwaltungsgerichte

8.5.2.1 Hauptsacheverfahren

Verwaltungsakte der Beschlußkammern – aber nicht nur sie[3] – werden 181
angesichts der Mehrzahl der Beteiligten oft **(Doppel- oder) Drittwirkung**
haben, den einen begünstigen, andere belasten. Insoweit ist, wenn auch
nur ein Adressat innerhalb der Frist des § 74 VwGO eine formgerechte
(§§ 81, 82) Anfechtungs- oder Verpflichtungsklage (§ 42 Abs. 1) erhebt,
eine „Beiladung" (§ 65 VwGO) der anderen am Ausgangsverfahren Beteiligten (§ 74 Abs. 2 TKG) geboten, jedenfalls aber zweckmäßig[4]. Freilich kann gerade bei Konkurrentenklagen bereits die Klagebefugnis (§ 42
Abs. 2 VwGO) fehlen[5]. Ähnliche Fragen werfen in privatrechtliche Verhältnisse hineinwirkende Entgeltgenehmigungen auf[6]. Ein weiteres

---

1 S. insbesondere die eingehendere Begründung der Bundesregierung, BT-
Drucks. 13/4438 v. 23. 4. 1996, S. 30; Beck TKG-Komm/*Geppert*, § 80 Rz. 1.
Auch EG-Recht erlegt den Mitgliedstaaten auf sicherzustellen, daß „geeignete
Verfahren auf nationaler Ebene bestehen, um einer von einer Entscheidung
der nationalen Regulierungsbehörde betroffenen Partei das Recht zu gewähren, bei
einer von den betroffenen Parteien unabhängigen Stelle gegen diese Entscheidung
Einspruch einzulegen" (Art. 5a Abs. 3 RL 90/387/EWG i. d. F. der RL 97/51/EG).
2 Ebenso BT-Drucks. 13/4864 v. 12. 6. 1996, S. 82; Beck TKG-Komm/*Geppert*,
§ 80 Rz. 3, 6, f.; *Weber/Rommersbach*, in: Manssen, Telekommunikations- und
Multimediarecht, 1999 ff., C § 80 Rz. 3, 5.
3 BR-Drucks. 80/96 v. 9. 2. 1996, S. 52, nennt als Beispiel „mögliche Konkurrentenklagen, die die Ausübung der Lizenzrechte verzögern" könnten!
4 Vgl. OVG Münster v. 9. 6. 2000 – 13 B 836/00, K&R 2000, 415.
5 Vgl. *Hiltl/Großmann*, BB 1996, 169, 172; *Nolte*, CR 1996, 459, 466; *Manssen*,
ArchPT 1998, 236, 240; weniger restriktiv *J. Scherer*, NJW 1996, 2953, 2957;
Spoerr/Deutsch, DVBl. 1997, 300, 308 f.; *Leo/Schellenberg*, ZUM 1997, 191.
6 Hierzu *Groß*, DöV 1996, 52, 54 ff.; *Ossenbühl*, ArchPT 1996, 207, 215 ff.;
Ladeur, CR 2000, 433, 438 ff.; ferner *Leo/Schellenberg*, ZUM 1997, 195, zur
Anordnung nach § 37 TKG; *Großkopf/Rittgen*, CR 1998, 86, 95, zu § 29 TKG.
Gegen Drittschutz bei der Entgeltregulierung OVG Münster v. 12. 5. 1999 –
13 B 632/99, CR 2000, 444, 445 f.; zustimmend *Zwach*, RTKomm 1999, 176;
krit. *Mayen*, MMR 2000, 117; offenlassend OVG Münster v. 9. 6. 2000 – 13 B
836/00, K&R 2000, 415; für Drittschutz bei § 24 Abs. 2 TKG VG Köln v. 27. 10.
1999 – 1 L 1917/99, CR 2000, 374, 375 ff., bei § 28 Abs. 2 TKG VG Köln
v. 20. 1. 1999 – 1 L 3890/98, CR 1999, 161, 163.

Problem ergibt sich bei der Abgrenzung von Verfahrens- und Sachentscheidung im Hinblick auf § 44a VwGO[1]. Örtlich (nach § 52 Nr. 2) und sachlich (gem. § 45 VwGO) für die Entscheidung über das Klagebegehren zuständig ist das Verwaltungsgericht Köln, für „Rechtsmittel" hiergegen das OVG Münster. Ein Vorverfahren nach §§ 68 ff. VwGO findet nicht statt (§ 80 Abs. 1 TKG)[2], „da regelmäßig ein Interesse an der sofortigen Vollziehbarkeit von Verwaltungsakten der Regulierungsbehörde besteht"[3].

182 Auch echte, d. h. keine bloß den Haupt-Verwaltungsakt modifizierenden Auflagen (nach § 36 Abs. 2 Nr. 4 VwGO) sind selbständig anfechtbar[4].

183 Auf § 33 Abs. 2 (Satz 1 oder 2) TKG gestützte Bescheide sind keine Verwaltungsakte mit Dauerwirkung; werden sie angefochten, so beurteilt sich ihre Rechtmäßigkeit demzufolge nach der Sach- und Rechtslage im Zeitpunkt ihres Erlasses (als der letzten Verwaltungsentscheidung)[5].

8.5.2.2 Einstweiliger Rechtsschutz

184 Im Hinblick auf die Gründe, auf die sich das „Überspringen" der verwaltungsinternen Kontrolle stützt[6], dürfte die Möglichkeit für die Regulierungsbehörde, aufgrund von § 80 Abs. 4 (S. 1) i. V. m. Abs. 2 S. 1 Nr. 3 VwGO eine **Aussetzung der Vollziehung** auszusprechen[7], praktisch kaum relevant werden. Die Anordnung des Suspensiveffekts einer (Anfechtungs-)Klage (§ 80 Abs. 1) obliegt so regelmäßig dem (Verwaltungs-)Gericht der Hauptsache (§ 80 Abs. 5 VwGO)[8]. In Fällen der Drittwirkung

---

1 Vgl. *Leo/Schellenberg*, ZUM 1997, 190; OVG Münster v. 12. 5. 1999 – 13 B 632/99, CR 2000, 444; VG Köln v. 19. 8. 1998 – 1 L 1717/98, CR 1998, 668, 669.
2 Anders gemäß § 17 TKZulV 1997, § 13 PersZulV gegenüber Entscheidungen beliehener Stellen (§ 64 Abs. 2 TKG a. F.); hier erließ, wenn keine Abhilfe (§ 72 VwGO) erfolgte, die Regulierungsbehörde den Widerspruchsbescheid nach § 73 Abs. 3 VwGO.
3 So BR-Drucks. 80/96 v. 9. 2. 1996, 52; *Ulmen/Gump*, CR 1997, 401; Beck TKG-Komm/*Geppert*, § 80 Rz. 7; s. a. OVG Münster v. 2. 4. 1998 – 13 B 231/98, CR 1999, 306, 307.
4 VG Köln v. 20. 10. 1999 – 1 L 1371/99, K&R 2000, 54, mit zust. Anm. von *Piepenbrock*, K&R 2000, 55; OVG Münster v. 23. 2. 2000 – 13 B 1996/99, NVwZ 2000, 706.
5 OVG Münster v. 7. 2. 2000 – 13 A 180/99, NVwZ 2000, 697; VG Köln v. 5. 11. 1998 – 1 K 5929/97, CR 1999, 79.
6 Sie betrifft jedoch nur Maßnahmen aufgrund des TKG (und des PostG); s. Beck TKG-Komm/*Geppert*, § 80 Rz. 6, 8.
7 Vgl. Beck TKG-Komm/*Geppert*, § 80 Rz. 9 f.; *Weber/Rommersbach*, in: Manssen, Telekommunikations- und Multimediarecht, 1999 ff., C § 80 Rz. 8.
8 S. hierzu VG Köln v. 18. 8. 1997 – 1 L 2317/97, CR 1997, 639 ff.; Beck TKG-Komm/*Geppert*, § 80 Rz. 11 ff.

kommen auch einstweilige Maßnahmen nach § 80 a Abs. 3 S. 1 i. V. m. Abs. 1 Nr. 2 VwGO zur Sicherung der Rechte des belasteten Antragstellers in Betracht[1].

Ein Einschreiten im Rahmen der nachträglichen Entgeltregulierung nach § 30 TKG oder eine mißbrauchsaufsichtsrechtliche Verfügung gem. § 33 Abs. 2 TKG könnte auch im Wege einer einstweiligen Anordnung nach § 123 VwGO verfolgt werden[2], ebenso die Gewährung von Akteneinsicht (gem. § 30 VwVfG)[3]. Dabei gelten die allgemeinen Grundsätze der Entscheidungsfindung im summarischen Verfahren, diese werden nicht etwa durch § 78 TKG modifiziert[4]. 185

8.6 Schluß

Der Bundesrat hatte vorgeschlagen, das System der detaillierten Entgeltregulierung bis Ende 2002 zu befristen; es „sollte deutlich werden, daß dieses marktwirtschaftsfremde Element einer Vorab-Preisregulierung des beherrschenden Anbieters nur auf Zeit hingenommen wird"[5]. Demgegenüber verwies die Bundesregierung (seinerzeit) darauf, „daß die künftige Entwicklung auf dem deutschen Telekommunikationsmarkt nicht zeitlich bestimmt vorausgesagt werden kann. Dies bestätigen auch alle Erfahrungen aus dem Ausland. Es wäre fahrlässig, einen Zeitpunkt festzulegen, zu dem funktionsfähiger Wettbewerb auf dem deutschen Telekommunikationsmarkt bestehen würde"[6]. Dieser lasse sich „nicht erzwingen. Man kann nur . . . günstige Rahmenbedingungen für seine Entstehung schaffen und einen existierenden Wettbewerb vor Verfälschungen schützen"[7]. 186

So ist bislang offen, ob das Telekommunikationsrecht richtungweisend für die Entwicklung der staatlichen Wirtschaftsaufsicht[8] sein wird. Nur 187

---

1 Vgl. *Weber/Rommersbach*, in: Manssen, Telekommunikations- und Multimediarecht, 1999 ff., C § 80 Rz. 15.
2 Vgl. OVG Münster v. 11. 2. 2000 – 13 B 1891/99, NVwZ 2000, 704; v. 9. 6. 2000 – 13 B 836/00, K&R 2000, 415, 416.
3 OVG Münster v. 12. 5. 1999 – 13 B 632/99, CR 2000, 444; v. 25. 11. 1999 – 13 B 1812/99, MMR 2000, 444, 445.
4 OVG Münster v. 11. 2. 2000 – 13 B 1891/99, NVwZ 2000, 704, 705; ebenso *Mayen*, MMR 2000, 381, 382.
5 BR-Drucks. 80/96 (Beschluß) v. 22. 3. 1996, S. 61.
6 BT-Drucks. 13/4438 v. 23. 4. 1996, S. 41.
7 BT-Drucks. 13/4438 v. 23. 4. 1996, S. 30.
8 Vgl. *Gramlich*, VerwArch 1997, 642; s. a. *Ruffert*, AöR 124 (1999), 279; *Schneider*, ZHR 164 (2000), 543; *Oertel*, Die Unabhängigkeit der Regulierungsbehörde nach §§ 66 ff. TKG, 2000, S. 349 ff.

falls sich freilich die Regulierungspolitik als erfolgreich erweist, weil alle Betroffenen an diesem im Zeitablauf veränderlichen Lernprozeß aus wohlverstandenem Eigeninteresse mitwirken und nachhaltiger Wettbewerb entstanden ist, wird sie entbehrlich und einer reinen Mißbrauchsaufsicht weichen[1].

---

1 Vgl. *Witte*, ZögU 1997, 434, 447 f., und in: Jung/Warnecke, Handbuch für die Telekommunikation, 1998, S. 6-45 f.; eher skeptisch *Schwintowski*, CR 1997, 637; *Knieps*, Ordo 48 (1997), 267; *Paulweber*, Regulierungszuständigkeiten in der Telekommunikation, 1999, S. 199 ff.; *von Meibom/von dem Bussche*, MMR 2000, 206.

9. Fernmeldegeheimnis – Datenschutz – Sicherung

9.1 Einführung

Die Liberalisierung des Telekommunikationsmarktes erfordert neben funktionsfähigen Marktöffnungsmechanismen Regelungen zum Schutz von Kunden und Nutzern. Das TKG[1] verläßt sich nicht auf rein marktwirtschaftliche Korrektive und reguliert insbesondere die Universaldienste (§§ 17–22 TKG)[2], den Kundenschutz (§§ 40–42 TKG)[3] und schließlich das Fernmeldegeheimnis und den Datenschutz (§§ 85–93 TKG). Alle Vorschriften zum Schutz von Kunden und Nutzern bemühen sich um die **Sicherung des Status quo aus den Zeiten des staatlichen Monopols**. Der Verlust von direktem politischem Einfluß auf die Anbieter von Telekommunikationsleistungen wird durch Schutzvorschriften kompensiert.

Vor der Privatisierung des Telekommunikationssektors schützte **Art. 10 GG** Kunden und Nutzer vor dem Abhören von Telekommunikationsverbindungen durch Mitarbeiter der Post oder anderen staatlichen Organen[4]. Jegliche Verarbeitung personenbezogener Daten durch die Post fiel unter den direkten Schutzbereich des Rechts auf informationelle Selbstbestimmung (Art. 2 Abs. 1 i. V. m. Art. 1 Abs. 1 GG), das vom Bundesverfassungsgericht im Volkszählungsurteil von 1983 spezifiziert wurde[5]. Eine der zentralen Forderungen des Bundesverfassungsgerichts im Volkszählungsurteil war, daß staatliche Eingriffe in das Recht auf informationelle Selbstbestimmung einer konkreten gesetzlichen Grundlage bedürfen. Im Anschluß an die Entscheidung wurden deshalb in vielen Bereichen des Verwaltungsrechts Sondervorschriften zum Datenschutz geschaffen. Vor dem TKG befand sich die zentrale Norm zum Schutz des Fernmeldegeheimnisses in § 10 des Gesetzes über Fernmel-

---

[1] TKG v. 25. 7. 1996 (BGBl. I 1996, S. 1120); zuletzt geändert durch das Gesetz zur Änderung des Gesetzes gegen Wettbewerbsbeschränkungen v. 26. 8. 1998, BGBl. I 1998, S. 2521.
[2] Die Vorschriften zu Universaldiensten haben in der Praxis noch keine Bedeutung erlangt, da die dort geregelten Grundversorgungsleistungen auch ohne gesetzgeberischen Eingriff erbracht werden.
[3] Siehe Teil 5 Rz. 206.
[4] Zur Historie *Garstka*, in: Bartsch/Lutterbeck, Neues Recht für neue Medien, S. 295.
[5] BVerfG 65, S. 1 ff.

deanlagen (FAG)[1]. Die bereichsspezifischen Regelungen zum Datenschutz beruhten auf einer Ermächtigungsgrundlage in § 10 Abs. 1 des Gesetzes über die Regulierung der Telekommunikation und des Postwesens (PTRegG)[2].

3 Aus verfassungsrechtlicher Sicht hat sich mit der Privatisierung des Telekommunikationssektors der Post eine wesentliche Änderung ergeben, denn das Recht auf informationelle Selbstbestimmung greift grundsätzlich nur im Verhältnis zwischen Staat und Bürger. Gegenüber einem privatrechtlichen Unternehmen kann sich ein Bürger nicht direkt auf den verfassungsrechtlichen Schutz berufen[3]. Dennoch stellt die Existenz des Grundrechtes auf informationelle Selbstbestimmung einen Schutzauftrag dar. Aus diesem Grund ist der Gesetzgeber angehalten, wirksame datenschutzrechtliche Vorschriften auch für das **Verhältnis von Bürgern untereinander** zu schaffen. Existierende Vorschriften sind im Lichte der grundrechtlichen Wertung auszulegen[4].

4 Durch die Privatisierung und die schrittweise Liberalisierung des Telekommunikationsmarktes hat sich die **Bedeutung** des in **Art. 10 GG** festgeschriebenen Fernmeldegeheimnisses **verändert**. Auch hier ist zu beachten, daß die Telekommunikationsdienstleistungen nicht mehr durch staatliche Organe erbracht werden. Art. 10 GG hat jedoch trotz dieser Veränderung noch eine wesentliche Bedeutung, denn staatlichen Organen wird über gesetzliche Befugnisnormen der Zugriff auf Telekommunikationsdaten gewährt. Art. 10 GG fordert diese Normen und schützt den Bürger vor ihrem Mißbrauch[5].

5 Das deutsche Datenschutzrecht beruht auf dem sog. **Verbotsprinzip**. Auf der Grundlage von § 4 Abs. 1 BDSG[6] werden die Verbotsnormen für die Verarbeitung von personenbezogenen Daten im Bereich der Telekommunikation in § 89 TKG ausgestaltet. Der Anwendungsbereich des in § 4 Abs. 1 BDSG verankerten Verbotes wird in § 89 Abs. 2 S. 1 TKG auf Daten juristischer Personen, die dem Fernmeldegeheimnis unterlie-

---

1 FAG v. 3. 7. 1998, BGBl. I 1998, S. 1455; zuletzt geändert durch Änderung des Gesetzes über Fernmeldeanlagen v. 20. 12. 1999, BGBl I 1999, S. 2491; zur Historie *Garstka*, in: Bartsch/Lutterbeck, Neues Recht für neue Medien, S. 294.
2 PTRegG v. 14. 9. 1994, BGBl. I 1994, S. 2325; das Gesetz ist am 31. 12. 1997 außer Kraft getreten.
3 *Jarass*, in: Jarass/Pieroth, GG, Rz. 22 zu Art. 1.
4 *Jarass*, in: Jarass/Pieroth, GG, Rz. 25 zu Art. 1.
5 *Gundermann*, Das neue TKG-Begleitgesetz, Digitalisierte Telekommunikation und staatliche Eingriffsbefugnisse, K&R 1998, 48, 51.
6 BDSG v. 20. 12. 1990, BGBl. I 1990, S. 2954; zuletzt geändert durch Art. 1 des Gesetzes zur Änderung des Bundesdatenschutzgesetzes und anderer Gesetze vom 18. 5. 2001 (BGBl. I, S. 904 vom 22. 5. 2001).

gen, erweitert. Ein zusätzliches Verbot ergibt sich aus § 86 TKG in bezug auf Funknachrichten. Neben den Datenschutzvorschriften im TKG sind alle informationsschützenden Normen (beispielsweise §§ 202a und 206 StGB[1] oder § 17 UWG[2]) als korrespondierende Verbotsnormen zu beachten.

Die **Datenschutzvorschriften** bieten eine Vielzahl von **Rechtmäßigkeitstatbeständen** als Ausnahmen zu den Verbotsnormen. Diese Befugnisnormen ermöglichen einerseits die Erbringung von Telekommunikationsleistungen und damit verbundenen Geschäftstätigkeiten (§ 89 TKG). Andererseits ermöglichen sie den staatlichen Zugriff auf Telekommunikationsdaten (§§ 88 und 90 TKG). Hierbei kommt es in der Struktur der Vorschriften zu systematischen Unschärfen, da nicht nur Befugnisse geregelt werden. Gleichzeitig enthalten die Regelungen Verpflichtungen der Anbieter von Telekommunikationsleistungen hinsichtlich des Zugangs zu Telekommunikationsdaten. Die eigentlichen Befugnisnormen für den staatlichen Zugriff sind außerhalb der Datenschutzvorschriften des TKG zu finden. Hier ist insbesondere auf das allgemeine Polizei- und Sicherheitsrecht sowie auf die Abhörbefugnisse in der StPO[3], dem G10-Gesetz[4] und dem AWG[5] zu verweisen. 6

Neben Verbotsnormen und Befugnissen findet sich in § 87 TKG eine **Vorschrift zur technischen und organisatorischen Absicherung des Datenschutzes**. Die Betreiber von Telekommunikationsanlagen werden durch die Vorschrift verpflichtet, die erforderlichen Sicherheitsstandards einzuhalten. Auch hier kommt es zu systematischen Unschärfen, da die technischen Schutzmaßnahmen nicht nur datenschutzrechtliche Ziele verfolgen. Zusätzlich sollen sie erheblichen Beeinträchtigungen von Telekommunikationsnetzen und Katastrophen vorbeugen. 7

Im folgenden werden zuerst eine Reihe von Grundbegriffen erörtert (9.2), die im Rahmen der Datenschutzvorschriften besondere Bedeutung ha- 8

---

1 StGB v. 13. 11. 1998, BGBl I 1998, S. 3322.
2 UWG v. 7. 6. 1909, RGBl. I 1909, S. 499; zuletzt geändert durch Gesetz zur Vergleichenden Werbung und zur Änderung wettbewerblicher Vorschriften v. 1. 9. 2000, BGBl. I 2000, S. 1374.
3 StPO v. 7. 4. 1987, BGBl. I 1987, S. 1319; zuletzt geändert durch Art. 1 des Gesetzes zur strafverfahrensrechtlichen Verankerung des Täter-Opfer-Ausgleichs und zur Änderung des Fernmeldeanlagengesetzes v. 20. 12. 1999, BGBl. I 1999, S. 2691.
4 G10-Gesetz v. 28. 4. 1997, BGBl. I 1997, S. 966; zuletzt geändert durch das Gesetz zur Änderung von Vorschriften über parlamentarische Gremien vom 17. 6. 1999, BGBl. I 1999, S. 1334.
5 AWG v. 28. 4. 1961, BGBl. I 1961, S. 481; zuletzt geändert durch das Gesetz zur Einführung des Euro v. 9. 6. 1998, BGBl. I 1998, S. 1242.

ben. Anschließend wird auf die einzelnen Regelungsbereiche (Fernmeldegeheimnis 9.3, Sicherheit 9.4, Datenschutz 9.5 und staatliche Überwachung 9.6) eingegangen. Da die Vorschriften im 11. Teil des TKG keine abschließende Regelung bilden, wird auf die für das Verständnis der Vorschriften im 11. Teil maßgeblichen korrespondierenden Vorschriften eingegangen. Hierzu gehören insbesondere die Verordnungen, die auf der Grundlage der entsprechenden Normen im TKG erlassen werden[1].

9.2 Grundbegriffe

9 Die Vorschriften im 11. Kapitel des TKG greifen auf Begriffe zurück, die in § 3 TKG definiert werden. Zusätzlich werden Begriffe verwendet, für die das TKG keine Definitionen bereit hält. Von wesentlicher Bedeutung für die Auslegung der Vorschriften des 11. Teils sind vor allem folgende Grundbegriffe:

– Telekommunikation

– Geschäftsmäßige Erbringung von Telekommunikationsdiensten

– Mitwirkende

– Betreiber einer Telekommunikationsanlage

10 Die Begriffe sind für den **Anwendungsbereich** und die Auslegung der Vorschriften des 11. Teils entscheidend. Über die Definitionen hat der Gesetzgeber im TKG Abstufungen im Anwendungsbereich der Vorschriften vorgenommen. Im Ergebnis wird dem 11. Teil des TKG ein sehr weiter Anwendungsbereich zugeordnet, so daß diese Vorschriften in bestimmten Bereichen Anwendung finden, ohne daß der Anwendungsbereich anderen Regelungen des TKG[2] – insbesondere der Lizenzpflicht – eröffnet ist. Darüber hinaus wurden durch das Begleitgesetz zum TKG (BegleitG)[3] zahlreiche Begriffe des TKG auch in korrespondierende Vorschriften aufgenommen. Dies gilt insbesondere für den strafrechtlichen Schutz des Fernmeldegeheimnisses und die Befugnisse der Sicherheitsbehörden[4].

---

1 Telekommunikations-Datenschutzverordnung (TDSV) v. 18. 12. 2000, BGBl. I 2000, S. 1740 und Fernmelde-Überwachungsverordnung (FÜV) v. 18. 5. 1995, BGBl. I 1995, S. 722, letztere stammt noch aus der Zeit vor dem Inkrafttreten des TKG und wird durch eine am 24. 10. 2001 durch das Bundeskabinett beschlossene Telekommunikations-Überwachungsverordnung (TKÜV) ersetzt, siehe *Felixberger*, Datenschutz-Berater 3/2001, S. 7 und *Eckhardt*, Datenschutz-Berater 7+8/2001, S. 17; 10/2001, S. 5.
2 Siehe Teil 1.3.
3 BegleitG v. 17. 12. 1997, BGBl. I 1997, S. 3108, 3120 und die neue TKÜV.
4 Siehe unten Teil 9.6.1.

9.2.1 Telekommunikation

Der Begriff der „Telekommunikation" ist als **einer der zentralen Grundbegriffe** in § 3 Nr. 16 TKG definiert. Danach ist Telekommunikation 11

> „der technische Vorgang des Aussendens, Übermittelns und Empfangens von Nachrichten jeglicher Art in der Form von Zeichen, Sprache, Bilder oder Tönen mittels Telekommunikationsanlagen".

Vom Gesetzgeber wurde damit eine Definition gewählt, die in abstrakter Form **jegliche Art der Telekommunikation** umfaßt. Auf eine Beschränkung der Definition auf bestimmte technische Verfahren wurde bewußt verzichtet, um sie offen für künftige technische Entwicklung zu halten. Entsprechend wird der in der Definition des Begriffs „Telekommunikation" verwendete Begriff „Telekommunikationsanlagen" in § 3 Nr. 17 TKG umfassend definiert. Danach sind Telekommunikationsanlagen 12

> „technische Einrichtungen oder Systeme, die als Nachrichten identifizierbare elektromagnetische oder optische Signale senden, übermitteln, vermitteln, empfangen, steuern oder kontrollieren können".

Zur elektromagnetischen Übertragung zählt dabei auch das Aussenden und Empfangen von Nachrichten über Funk, wie sich aus der Definition der „Übertragungswege" nach § 3 Nr. 22 TKG ergibt[1].

Die Definition des Begriffs der Telekommunikation umfaßt den **Vorgang des Aussendens, Übermittelns und Empfangens von Nachrichten** als einen einheitlichen Komplex. Deshalb wird das Wort „und" statt „oder" verwendet. Für den Bereich der Vorschriften des 11. Teils ergibt sich daraus jedoch keine für die Praxis wesentliche Folge, da die Voraussetzungen praktisch immer erfüllt werden. 13

Im Ergebnis läge damit Telekommunikation bereits bei der Verwendung von Radios, Fernsehern oder elektronischen Musikinstrumenten vor. Das Gesetz gibt keine weiteren Anhaltspunkte, wie dieses – in der Praxis absurde – Ergebnis vermieden werden kann. Es ist deshalb erforderlich, den Begriff der Telekommunikation auf der Grundlage der Zielsetzung des TKG einschränkend auszulegen. Hierbei handelt es sich um Einzelfallentscheidungen, die durch die Verwaltungspraxis und Rechtsprechung in der Zukunft zu treffen sein werden. 14

---

1 Siehe Teil 1.3.1.1.

9.2.2 Geschäftsmäßige Erbringung von Telekommunikationsdiensten

15 Nach § 3 Nr. 5 TKG ist die geschäftsmäßige Erbringung von Telekommunikationsdiensten das

> „nachhaltige Angebot von Telekommunikation einschließlich des Angebots von Übertragungswegen für Dritte mit oder ohne Gewinnerzielungsabsicht".

16 Die Definition verwendet den Begriff der „Telekommunikation", was zu einem weiten **Anwendungsbereich** führt. Fraglich ist, warum der Gesetzgeber zusätzlich das „Angebot von Übertragungswegen"[1] nennt. Hierbei könnte es sich einerseits um eine reine Klarstellung handeln, wenn das Angebot von Übertragungswegen gleichzeitig immer auch das Angebot von Telekommunikation darstellt. Die Definition der „Telekommunikation" erfaßt aber nur die Gesamtheit des Vorgangs des Aussendens, Übermittelns und Empfangens von Nachrichten. Es ist möglich, Übertragungswege anzubieten, ohne selbst den Vorgang des Aussendens und Empfangens zu erbringen. Deshalb war es erforderlich, das Angebot von Übertragungswegen zusätzlich in den Anwendungsbereich aufzunehmen, um die Definition auf solche Fälle zu erweitern.

17 Bei der Auslegung des Wortlautes der Definition der geschäftsmäßigen Erbringung von Telekommunikationsdiensten ergibt sich aus dem Satzaufbau die Frage, ob die Einschränkung **für Dritte** nur für das Angebot von Übertragungswegen oder insgesamt für das Angebot von Telekommunikation gelten soll. Darüber hinaus wird nicht deutlich, wie der Begriff „für Dritte" in bezug auf Leistungen anzuwenden ist, die Nutzern innerhalb einer juristischen Person angeboten werden. Anhaltspunkte für die Auslegung ergeben sich aus der Begründung zum ursprünglichen Gesetzentwurf des TKG[2]. Im Gesetzentwurf wurde der Begriff der geschäftsmäßigen Erbringung von Telekommunikationsdiensten ausschließlich in bezug auf das Fernmeldegeheimnis verwendet[3]. Nach der Begründung des Gesetzentwurfes sollten dem Fernmeldegeheimnis damit zum Beispiel „Corporate Networks, Nebenstellenanlagen in Hotels und Krankenhäusern, Clubtelefone und Nebenstellenanlagen in Betrieben und Behörden, soweit sie dem Beschäftigten zur privaten Nutzung zur Verfügung gestellt sind"[4], unterliegen. Nicht darunter sollten jedoch

---

1 Siehe Teil 1.3.1.1.
2 BT-Drucks. 13/3609, S. 5.
3 Siehe dazu und den Forderungen des Bundesrates zur Erweiterung des Anwendungsbereiches *Wuermeling/Felixberger*, Fernmeldegeheimnis und Datenschutz, CR 1997, 230, 231.
4 BT-Drucks. 13/3609, S. 53.

in der Regel „private Endgeräte, Haustelefonanlagen und hauseigene Sprechanlagen"[1] fallen.

Vor diesem Hintergrund wird deutlich, daß die Definition des geschäftsmäßigen Angebotes ausschließlich auf die **Erbringung von Telekommunikationsdiensten für Dritte** abstellt[2]. Die Einschränkung gilt insofern nicht nur für das Angebot von Übertragungswegen, wie es vom Wortlaut her auslegbar wäre.

18

Innerhalb einer juristischen Person können Dritte nur solche Personen sein, die nicht als Teil der juristischen Person betroffen sind. Dies ist insbesondere dann der Fall, wenn die Nutzung von Telekommunikationsdiensten für Privatzwecke vorliegt. Für das Angebot von Telekommunikationsdiensten an Beschäftigte zum Zwecke der Erfüllung der geschäftlichen Aufgaben der juristischen Person greift die Definition nicht[3].

19

Eine **Gewinnerzielungsabsicht** muß mit dem Angebot von Telekommunikationsdiensten nicht verbunden sein[4]. Es genügt ein „nachhaltiges Angebot". Nicht unter die Definition fällt damit das gelegentliche Angebot von Telekommunikationsdiensten. Entscheidend ist, daß es sich um ein „auf Dauer angelegtes Angebot"[5] von Telekommunikationsdiensten handelt. Die Abgrenzung zwischen einem gelegentlichen oder dauerhaften Angebot fällt in der Praxis schwer[6]. Die Gewinnerzielungsabsicht kann in diesem Zusammenhang nur als Indiz verwendet werden, da auch ein Mangel an Gewinnerzielungsabsicht nicht die Nachhaltigkeit des Angebots ausschließt. Vielmehr ist darauf abzustellen, ob sich aus der Art des Angebots oder der Erbringung eine Nachhaltigkeit ergibt. Dabei ist die Beurteilung nicht aus Sicht des einzelnen Nutzers vorzunehmen.

20

---

1 BT-Drucks. 13/3609, S. 53.
2 *Schaar*, Datenschutz in der liberalisierten Telekommunikation, DuD 1997, 17, 18.
3 Anders liegt der Fall, wenn innerhalb eines Konzerns Telekommunikationsleistungen zentral durch ein Konzernunternehmen erbracht werden. Zur Unterscheidung zwischen Nebenstellenanlagen im Eigen- und im Fremdbetrieb siehe *Wuermeling/Felixberger*, Fernmeldegeheimnis und Datenschutz, CR 1997, 230, 231.
4 Ein Vorschlag des Bundesrates, den Anwendungsbereich auf die „gewerbliche" Erbringung zu beschränken, folgte der Bundestag nicht; siehe zur Historie *Wuermeling/Felixberger*, Fernmeldegeheimnis und Datenschutz, CR 1997, 230, 231.
5 BT-Drucks. 13/3609, S. 53.
6 Zur Abgrenzung siehe *Gola/Jaspers*, Datenschutz bei Telearbeit, RDV 1998, 243, 248.

21 Ein **nachhaltiges Angebot** kann auch dann vorliegen, wenn es für den einzelnen Nutzer als gelegentlich wirkt, sich die Nachhaltigkeit des Angebots aber aus der Menge der potentiellen Nutzer ergibt. Wenn beispielsweise ein Unternehmen seinen Besuchern regelmäßig die Nutzung seiner Telekommunikationsdienste anbietet, ist deshalb eine Nachhaltigkeit des Angebots gegeben, wenn sich aus der Regelmäßigkeit des Empfangens von verschiedenen Besuchern die Nachhaltigkeit des Angebots ergibt. Ein weiteres Indiz kann die Schaffung fester Einrichtungen sein, die speziell für das Angebot von Telekommunikationsdiensten an Dritte erfolgt.

22 Der Begriff der geschäftsmäßigen Erbringung von Telekommunikationsdiensten wird im TKG ausschließlich im 11. Teil verwendet. Die Definition ist deshalb wesentlicher Anknüpfungspunkt für den **Anwendungsbereich** dieser Vorschriften. Außerdem findet sich der Begriff in korrespondierenden Vorschriften. Dies gilt insbesondere für § 206 StGB, der die Verletzung des Post- und Fernmeldegeheimnisses unter Strafe stellt. Außerdem bestimmt sich der Anwendungsbereich der Überwachungsvorschriften im AWG, dem G10-Gesetz und der StPO hiernach. Die korrespondieren Vorschriften wurden durch das BegleitG entsprechend geändert.

23 Als Reaktion auf diese Abgrenzung des Anwendungsbereichs haben zahlreiche Unternehmen den Mitarbeitern die **nachhaltige Nutzung von Telekommunikationsdiensten für private Zwecke** untersagt, um damit dem Anwendungsbereich der Vorschriften über das Fernmeldegeheimnis (§ 85 Abs. 2 TKG) und den Datenschutz (§ 89 Abs. 1 TKG) zu entgehen. Dies allein genügt jedoch nicht, wenn das Verbot nicht tatsächlich praktiziert wird.

9.2.3 Mitwirkende

24 In mehreren Vorschriften des 11. Teiles wird für den Anwendungsbereich nicht nur auf diejenigen abgestellt, die Telekommunikationsdienste erbringen, sondern auch auf diejenigen, die daran mitwirken (§§ 85 Abs. 2, 89 Abs. 1 und 2 TKG). Im TKG wird nicht definiert, wer als **Mitwirkender** zu behandeln ist. In Anlehnung an die strafrechtliche Definition der Beihilfe (§ 27 StGB) könnte der Kreis der Mitwirkenden weit zu fassen sein. Danach würde jede Förderung des Angebots von Telekommunikationsdiensten eine Mitwirkung darstellen. Vor dem Hintergrund des Schutzbereichs der betroffenen Vorschriften (Fernmeldegeheimnis und Datenschutz) erscheint eine so weite Definition unschädlich, da die Vorschriften nur dann ihre Wirkung entfalten, wenn der Mitwirkende im Rahmen seiner Tätigkeit tatsächlich die dort geschützten Rechtsgüter beeinträchtigen kann. Soweit dies der Fall ist, rechtfertigt sich auch die Ausdehnung des Anwendungsbereichs.

9.2.4 Betreiber einer Telekommunikationsanlage

In den Vorschriften des 11. Teils wird an verschiedenen Stellen auf den Betreiber einer Telekommunikationsanlage abgestellt[1]. Der Begriff des Betreibers ist im TKG nicht allgemein definiert. Aus § 3 Nr. 1 und 2 TKG[2] ergibt sich aber, daß damit derjenige erfaßt wird, der die **rechtliche und tatsächliche Kontrolle** (Funktionsherrschaft) über die Telekommunikationsanlage ausübt, die zur geschäftsmäßigen Erbringung von Telekommunikationsdiensten unabdingbar ist. Teilweise wird der Begriff des Betreibers ausschließlich auf Telekommunikationsanlagen bezogen, die der Erbringung von Telekommunikationsdienstleistungen für die Öffentlichkeit dienen[3].

25

Wesentliches Kriterium für die Abgrenzung ist in der Praxis der **Leistungsgegenstand** im Vertragsverhältnis zwischen den Beteiligten. In mehrstufigen Leistungsbeziehungen zwischen Eigentümer und Nutzer kann es dabei leicht zu Auslegungsschwierigkeiten kommen. Nach der Zielsetzung der Vorschriften im 11. Teil ist es nicht denkbar, daß keiner der Beteiligten als Betreiber der Anlage betrachtet wird. Juristisch ist dieses Ergebnis leicht zu erreichen, indem die rechtliche und tatsächliche Kontrolle auf zwei unterschiedliche juristische Personen aufgeteilt wird. Aus der Definition ergeben sich erhebliche Rechtsunsicherheiten. Andererseits erscheint es möglich, daß mehrere der Beteiligten als Betreiber angesehen werden. Um eine solche Situation zu vermeiden, ist auf eine klare Vertragsgestaltung zu achten, bei der die Funktionsherrschaft eindeutig zugeordnet wird.

26

9.3 Fernmeldegeheimnis

9.3.1 Schutzbereich und Regelungsrahmen

Der Inhalt der Telekommunikation und ihre näheren Umstände unterliegen dem **Schutz des Fernmeldegeheimnisses** gemäß § 85 TKG. Das Fernmeldegeheimnis hat seinen Ursprung in Art. 10 GG, der den Bürger gegen staatlichen Zugriff auf den Post- und Fernmeldeverkehr schützt[4]. Solange die Erbringung von Sprachtelefondiensten ausschließlich im Rahmen des staatlichen Fernmeldemonopols erfolgte, wurde durch das verfassungsrechtliche Post- und Fernmeldegeheimnis ein ausreichender Schutz sichergestellt. Ergänzend sahen die früheren Bestimmungen über

27

---

1 §§ 8, 87 Abs. 1 und Abs. 2, 88 Abs. 1, 2, 4 und 5, 89 Abs. 5 und 91 Abs. 2 TKG.
2 Siehe Teil 1.3.1.2.
3 § 3 Nr. 19 TKG; zum Begriff der Öffentlichkeit siehe Teil 1.3.1.3.2.
4 *Berger/Gramlich*, Corporate Networks im Telekommunikationsrecht, CR 1999, 158.

Straftaten im Amt eine Sanktion im Falle der Verletzung des Post- und Fernmeldegeheimnisses vor (§ 354 StGB a. F.). Darüber hinaus wurde das Fernmeldegeheimnis in § 10 FAG a. F. geregelt.

28 Wegen der Privatisierung der Post und der Liberalisierung des Telekommunikationsmarktes stellte sich die Frage, wie das Fernmeldegeheimnis unter den geänderten Rahmenbedingungen künftig zu schützen sei. Konsequent wurde die Vorschrift des § 10 FAG in überarbeiteter Form in die **§§ 85 und 86 TKG** übernommen. Eine spezielle strafrechtliche Sanktionierung schuf der Gesetzgeber aber nur für das Abhörverbot aus § 86 TKG (§ 95 TKG), das nur für Funkanlagen gilt. Ansonsten schützten unter bestimmten Umständen die §§ 354, 201 oder 202a StGB das Fernmeldegeheimnis. Erst durch das BegleitG erfolgte die Ersetzung des bisher nur für Amtsdelikte geltenden § 354 StGB durch einen neuen § 206 StGB. Durch die neue Vorschrift wird eine umfassende strafrechtliche Sanktionierung der Verletzung des Post- oder Fernmeldegeheimnisses sichergestellt.

29 Dem Fernmeldegeheimnis unterliegen der **Inhalt der Telekommunikation und ihre näheren Umstände** (§ 85 Abs. 1 S. 1 TKG). Inhalt der Telekommunikation können Nachrichten jeglicher Art in der Form von Zeichen, Sprache, Bildern und Tönen sein, die mittels Telekommunikationsanlagen ausgesendet, übermittelt und empfangen werden (§ 3 Nr. 16 TKG)[1]. Der Schutz des Fernmeldegeheimnisses ist damit umfassend geregelt und nicht nur auf Sprachtelefondienste[2] beschränkt. Die Teilnehmer eines Telekommunikationsvorgangs werden durch das Fernmeldegeheimnis vor den technikspezifischen Risiken der unbemerkten Kenntnisnahme von Inhalten und näheren Umständen eines Telekommunikationsvorgangs geschützt.

30 Dem Fernmeldegeheimnis unterliegt nicht nur der Inhalt der Telekommunikation, sondern auch ihre näheren Umstände. Eine entsprechende Formulierung befand sich bereits in § 10 FAG. Es liegt nahe, im Hinblick auf die Unterscheidung zwischen „näheren Umständen" und sonstigen Angaben auf die Unterscheidung zwischen Verbindungs- und Bestandsdaten entsprechend §§ 5 und 6 der Telekommunikations-Datenschutzverordnung (TDSV)[3] zurückzugreifen. Danach darf der Anbieter folgende **Verbindungsdaten erheben, verarbeiten und nutzen:**
- die Nummer oder Kennung des Anrufenden und angerufenen Anschlusses oder Endeinrichtung, personenbezogene Berechtigungskennungen, bei der Verwendung von Kundenkarten auch die Kartennummer, bei mobilen Anschlüssen auch die Standortkennung;

---
1 Siehe oben Teil 9.2.1.
2 Siehe Teil 1.3.2.
3 TDSV v. 18. 12. 2000, BGBl. I 2000, S. 1740.

- Beginn und Ende der jeweiligen Verbindung nach Datum und Uhrzeit und, soweit die Entgelte davon abhängen, die übermittelten Datenmengen;
- den vom Kunden in Anspruch genommenen Telekommunikationsdienst;
- die Endpunkte von festgeschalteten Verbindungen sowie ihren Beginn und ihr Ende nach Datum und Uhrzeit;
- sonstige zum Aufbau und zur Aufrechterhaltung sowie zur Entgeltabrechnung notwendige Verbindungsdaten.

Auch wenn die Definition der Verbindungsdaten in der TDSV für den Begriff der näheren Umstände Anhaltspunkte bieten kann, ist zu beachten, daß kein allgemeiner Gleichlauf zwischen beiden Vorschriften besteht. Die TDSV gilt ausschließlich für die Vorschriften über den Datenschutz. 31

Für den Schutz des Fernmeldegeheimnisses nach § 85 TKG entsteht durch die Verwendung des Begriffs „nähere Umstände" Rechtsunsicherheit. Auch der sog. **Fangschaltungsbeschluß** des Bundesverfassungsgerichts[1], der einer Beschränkung des Fernmeldegeheimnisses auf den Inhalt der Telekommunikation eine Absage erteilte, bietet keine ausreichende Grundlage für eine klare Grenzziehung. 32

Unter das **Fernmeldegeheimnis** fallen **Informationen, die sich auf Telekommunikationsvorgänge beziehen**. Das Fernmeldegeheimnis erstreckt sich auch auf nähere Umstände erfolgloser Verbindungsversuche (§ 85 Abs. 1 S. 2 TKG). Nicht Gegenstand eines Telekommunikationsvorgangs sind Angaben, die im Rahmen des Vertragsschlusses über das Angebot eines Telekommunikationsdienstes abgegeben werden. Dies bedeutet jedoch nicht, daß sie dem Schutz des Fernmeldegeheimnisses völlig entzogen wären. Soweit entsprechende Angaben Gegenstand eines Telekommunikationsvorganges werden, ist der Schutzbereich des Fernmeldegeheimnisses eröffnet. 33

Beispielsweise ist die **einem Teilnehmer zugeordnete Rufnummer** ursprünglich nicht Gegenstand des Fernmeldegeheimnisses. Sobald die Rufnummer jedoch im Rahmen eines Telekommunikationsvorganges genutzt wird, unterfällt die Übertragung der Nummer auch dem Fernmeldegeheimnis. Wenn der Anbieter der Telekommunikationsdienste die Rufnummer des Kunden weitergibt, ist der Schutzbereich des Fernmeldegeheimnisses berührt, wenn er im konkreten Fall im Rahmen eines Telekommunikationsvorgangs Kenntnis von der Nummer erhalten hat. Die Abgrenzung zwischen geschützten und nicht geschützten Informa- 34

---

1 BVerfG, Beschl. v. 25. 3. 1992 – 1 BvR 1430/88, ArchPT 1992, 57.

tionen muß deshalb nach der Erhebungsquelle der Information im konkreten Fall erfolgen. Hinsichtlich der Art der Daten können bei einer solchen Abgrenzung Überschneidungen entstehen, ohne daß die betroffenen Informationen damit absolut geschützt werden.

9.3.2 Verpflichteter Personenkreis

35 Zur Wahrung des Fernmeldegeheimnisses ist verpflichtet, wer **geschäftsmäßig** Telekommunikationsdienste erbringt oder daran mitwirkt (§ 85 Abs. 2 S. 1 TKG). Diese Definition, die sich auch in der Strafvorschrift des § 206 StGB findet, führt im Vergleich zu den Vorgängervorschriften in § 10 FAG und § 354 StGB zu einer Erweiterung des Anwendungsbereichs. Unter die geschäftsmäßige Erbringung von Telekommunikationsdiensten fallen auch Angebote, die nicht öffentlicher Fernmeldeverkehr sind. Für **lizenzpflichtige Anbieter** ergibt sich eine zusätzliche Sanktion bei Verstößen gegen das Fernmeldegeheimnis, da nach § 15 TKG ein Entzug der Lizenz erfolgen kann. Bei allen anderen Anbietern steht der Regulierungsbehörde für Telekommunikation und Post (RegTP) die Möglichkeit zur Verfügung, bei Nichterfüllung der Verpflichtung des 11. Teils das geschäftsmäßige Erbringen des betreffenden Telekommunikationsdienstes ganz oder teilweise zu untersagen, wenn mildere Eingriffe zur Durchsetzung rechtmäßigen Verhaltens nicht ausreichen (§ 91 Abs. 3 TKG). Damit liegen fast gleichwertige Sanktionsmechanismen vor.

36 Der **Begriff der geschäftsmäßigen Erbringung** von Telekommunikationsdiensten wird in § 3 Nr. 5 TKG definiert[1]. Er ist weit gefaßt und wird nur durch zwei Kriterien eingeschränkt: Erstens muß es sich um ein **nachhaltiges Angebot** handeln. Die Nachhaltigkeit des Angebots ergibt sich insbesondere aus seiner Regelmäßigkeit oder Dauerhaftigkeit. Gelegentliche Angebote werden nicht erfaßt. Zweitens muß das Angebot für Dritte erfolgen. Wenn eine natürliche oder juristische Person für eigene Zwecke Telekommunikationsdienste erbringt, werden diese nicht erfaßt. Es soll sich aber bereits um ein **Angebot für Dritte** handeln, wenn ein Arbeitgeber seinen Arbeitnehmern die Nutzung von Diensten für private Zwecke ermöglicht[2].

37 Das Fernmeldegeheimnis gilt auch für diejenigen, die **am Angebot mitwirken**[3]. Dies betrifft insbesondere Arbeitnehmer eines Unternehmens, das geschäftsmäßig Telekommunikationsdienste erbringt. Erfaßt werden darüber hinaus natürliche oder juristische Personen außerhalb eines

---

1 Siehe oben Teil 9.2.2.
2 Teil 9.2.2.
3 Siehe oben Teil 9.2.3.

solchen Unternehmens, die an der Erbringung des Angebotes mitwirken. Hierunter fallen insbesondere Personen und Unternehmen, die technische Dienstleistungen für das Angebot erbringen. Aus dem Begriff der Mitwirkung läßt sich keine wesentliche Einschränkung des Anwendungsbereichs für das Fernmeldegeheimnis entnehmen. Der Anwendungsbereich ist dadurch beschränkt, daß diejenigen, die im Rahmen ihrer Mitwirkung faktisch keinen Zugriff auf Informationen über Telekommunikationsvorgänge haben, auch nicht gegen das Fernmeldegeheimnis verstoßen können.

Um den **Organisationspflichten** eines Anbieters zu genügen, sollten jedoch alle Mitwirkenden auf die Existenz des Fernmeldegeheimnisses hingewiesen werden[1]. Bei der Vertragsgestaltung sollte neben den allgemeinen Geheimhaltungsvorschriften und der Verpflichtung auf das Datengeheimnis (§ 5 BDSG) das Fernmeldegeheimnis berücksichtigt werden. Auch die Mitarbeiter sollten auf das Fernmeldegeheimnis hingewiesen werden. Teilweise wird über die gesetzliche Bestimmung hinaus vorgeschlagen, eine Verpflichtung der Mitarbeiter auf das Fernmeldegeheimnis vorzusehen[2].

Das Fernmeldegeheimnis besteht nach **Ende der Tätigkeit** fort, durch die es begründet worden ist (§ 85 Abs. 2 S. 2 TKG). Auch diese Bestimmung sollte in Vertragsverhältnisse übernommen werden, um klarzustellen, daß die **vertragliche Verpflichtung** nicht mit Auflösung des Vertragsverhältnisses endet. Dabei sollten gegebenenfalls vorhandene vertragliche Sanktionen hierauf erstreckt werden.

9.3.3 Befugnisse

Die Kenntnisnahme von Informationen eines Telekommunikationsvorgangs ist nicht absolut geschützt. Der Anbieter ist berechtigt, sich oder anderen insoweit Kenntnis zu verschaffen, wie es für die geschäftsmäßige Erbringung der Telekommunikationsdienste erforderlich ist (§ 85 Abs. 3 S. 1 TKG). Außerdem greifen gesetzliche Ausnahmen, soweit sie sich ausdrücklich auf Telekommunikationsvorgänge beziehen.

Die entscheidende Frage für die Beurteilung der Befugnisse eines Telekommunikationsanbieters ist, was als „erforderlich" für die Erbringung von Telekommunikationsdiensten gilt. In einem statischen Markt, in dem sich feste Regeln für die Leistungserbringung gebildet haben, würde die **Beurteilung der Erforderlichkeit** nicht schwer fallen. Der durch die

---

1 *Königshofen*, Die Umsetzung von TKG und TDSV durch Netzbetreiber, Service-Provider und Telekommunikationsanbieter, RDV 1997, 97, 99.
2 *Rieß*, in: Bartsch/Lutterbeck, Neues Recht für neue Medien, S. 282.

Liberalisierung aufgebrochene Telekommunikationsmarkt zeichnet sich aber durch seine flexible Gestaltung und Durchführung der Leistungen aus. Sowohl die Vertriebsformen als auch die Arbeitsteilung im Rahmen der Leistungserbringung unterliegen einem steten Wandel. Eine enge Auslegung der Erforderlichkeit würde der Zielsetzung des Gesetzgebers entgegenlaufen, die Neuorientierung und Modernisierung des Marktes zu fördern. Die Erforderlichkeit darf deshalb nicht ausschließlich danach beurteilt werden, was marktüblich ist.

42 Eine **Grenzziehung der Erforderlichkeit** ergibt sich aus den spezifischen datenschutzrechtlichen Vorschriften, die für das Angebot von Telekommunikationsdiensten gelten. Was datenschutzrechtlich unzulässig ist, kann im Rahmen der Erbringung von Telekommunikationsdiensten nicht erforderlich sein. Insofern besteht eine enge Verknüpfung zwischen datenschutzrechtlichen Vorschriften und dem Fernmeldegeheimnis. Dies gilt auch für die gesetzlichen Grenzen der Überwachungsbefugnisse durch Sicherheitsbehörden und den Zugriff auf Informationen im Rahmen der Kontrolltätigkeit durch die RegTP oder die datenschutzrechtliche Aufsichtsbehörde (§ 91 TKG).

43 Weiterhin ist es zulässig, sich oder anderen Informationen über Telekommunikationsvorgänge zu verschaffen, wenn das TKG oder eine andere gesetzliche Vorschrift dies vorsieht und sich dabei ausdrücklich auf Telekommunikationsvorgänge bezieht (§ 85 Abs. 3 S. 3 TKG). Innerhalb des TKG gilt dies im wesentlichen für die technische Umsetzung von Überwachungsmaßnahmen (§ 88 TKG und TKÜV) und die Datenschutzvorschriften (§ 89 TKG und TDSV).

44 In § 91 TKG wird das allgemeine **Auskunftsrecht der RegTP** festgelegt und hinsichtlich der Kontrolle durch den Bundesbeauftragten für den Datenschutz, dem in diesem Zusammenhang Aufgaben der datenschutzrechtlichen Aufsichtsbehörde übertragen werden, auf die entsprechenden Vorschriften des BDSG verwiesen. Hier findet sich ein Hinweis auf die Einschränkung des Fernmeldegeheimnisses nach Art. 10 GG. Ausdrücklich auf Telekommunikationsvorgänge bezieht sich die Vorschrift aber nicht. Da es sich um eine Vorschrift im TKG handelt, ist dies auch entbehrlich. Hierfür spricht, daß § 92 Abs. 1 S. 2 TKG Informationen über Telekommunikationsvorgänge ausdrücklich ausschließt, was sonst nicht erforderlich wäre. Für den Auskunftsanspruch der RegTP nach § 91 Abs. 1 S. 2 TKG kann deshalb vertreten werden, daß er auch Informationen über Telekommunikationsvorgänge erfaßt. Hinsichtlich der Rechte des Bundesdatenschutzbeauftragten bestehen keine Bedenken, soweit § 24 Abs. 2 BDSG die Einschränkung des Fernmeldegeheimnisses zuläßt.

Eine Ausnahme hinsichtlich der Geltung des Fernmeldegeheimnisses ist 45
in § 85 Abs. 4 TKG geregelt. Danach gilt die Pflicht nicht gegenüber dem
Führer (oder dessen Stellvertreter) eines Fahrzeuges der Seefahrt oder
Luftfahrt. Die praktische Bedeutung der Vorschrift ist zweifelhaft, denn
es fehlt an einer korrespondierenden Befugnisnorm im Rahmen der
Datenschutzvorschriften. § 85 Abs. 4 TKG selbst kann nicht als datenschutzrechtliche Befugnisnorm ausgelegt werden, denn es fehlt an der
Beschränkung der Befugnis auf bestimmte Zwecke[1].

Außerhalb des TKG beziehen sich insbesondere die Überwachungsvorschriften im G10-Gesetz, AWG und der StPO auf Telekommunikationsvorgänge[2]. Wenn im Rahmen von Überwachungsmaßnahmen dem Fernmeldegeheimnis unterliegende Informationen weitergegeben werden, so 46
ist dies kein Verstoß gegen das Fernmeldegeheimnis.

9.3.4 Kontrolle und Sanktionen

Die Einhaltung des Fernmeldegeheimnisses unterliegt der allgemeinen 47
Kontrolle durch die RegTP nach § 91 Abs. 1 TKG. Soweit Daten natürlicher oder juristischer Personen betroffen sind, gelten auch die **Kontrollbefugnisse des Bundesdatenschutzbeauftragten** nach § 91 Abs. 4 TKG.
Zur Durchführung der Kontrollbefugnisse ist das Fernmeldegeheimnis
nach Art. 10 GG eingeschränkt.

Die Einhaltung des Fernmeldegeheimnisses gehört zu den Verpflichtungen, deren Einhaltung die RegTP notfalls durch **Untersagung des Betriebs** einer Telekommunikationsanlage oder der geschäftsmäßigen Erbringung des Telekommunikationsdienstes durchsetzen kann (§ 91 48
Abs. 3 TKG). Darüber hinaus können Verstöße gegen das Fernmeldegeheimnis bei lizenzierten Telekommunikationsanbietern zum Widerruf
der Lizenz führen (§ 15 Nr. 1 TKG). Eine allgemeine Bußgeld- oder
Strafvorschrift für das Fernmeldegeheimnis besteht im TKG nicht. Nur
das Abhörverbot für Funknachrichten nach § 86 TKG wird durch eine
eigene Strafvorschrift erfaßt (§ 95 TKG). Zuletzt normiert § 40 TKG ei-

---

[1] Die Vorschrift ist insofern mißglückt. Die praktischen Konsequenzen sind aber gering, denn die Weitergabe von Informationen über Telekommunikationsvorgänge ist nur dann zulässig, wenn der Weitergebende in zulässiger Weise Kenntnis von ihr erhalten hat. Verwendet beispielsweise der Gast eines Flugzeugs das im Sitz befindliche Bordtelefon, dann ist es für die Erbringung des Telekommunikationsdienstes nicht erforderlich, daß ein Crew-Mitglied Kenntnis von Informationen über den Telekommunikationsvorgang erhält. Deshalb kann es auch nicht zu einer zulässigen Weitergabe solcher Informationen an den Piloten kommen.
[2] Siehe unten Teil 9.6.1 und 9.6.3.2.

nen Unterlassungs- und Schadensersatzanspruch von Betroffenen im Falle von Verstößen gegen Schutzvorschriften des TKG. Hierzu gehört auch das Fernmeldegeheimnis. Daneben können auch Ansprüche nach allgemeinem Zivilrecht bestehen.

49 Die wesentliche Sanktionsnorm für Verstöße gegen das Fernmeldegeheimnis findet sich in § 206 StGB. Die durch das BegleitG geschaffene Strafvorschrift ersetzt den früheren § 354 StGB, der das Fernmeldegeheimnis nur als Amtsdelikt erfaßte. Die Strafvorschrift des § 206 StGB gilt ausschließlich für Informationen, die dem Fernmeldegeheimnis unterliegen, erfaßt aber nicht den gesamten Schutzumfang des Fernmeldegeheimnisses nach § 85 TKG. Während das Fernmeldegeheimnis bereits untersagt, sich über das für die geschäftsmäßige Erbringung der Telekommunikationsdienste erforderliche Maß hinaus Kenntnis vom Inhalt oder den näheren Umständen der Telekommunikation zu verschaffen (§ 85 Abs. 3 S. 1 TKG), richtet sich die Strafvorschrift nur gegen die **unerlaubte Weitergabe** von geschützten Informationen an Unbefugte.

50 Wenn beispielsweise ein Mitarbeiter eines Telekommunikationsunternehmens ein Telefonat unbefugt mithört, ohne ein Abhörgerät zu benutzen oder das Gespräch aufzunehmen (§ 201 StGB) oder dabei erworbene Kenntnisse anderen mitzuteilen (§ 206 StGB), erfüllt dies weder einen Bußgeld- noch einen Straftatbestand. Etwas anderes gilt für das Abhörverbot bei Funkanlagen gemäß § 86 TKG, das dem Straftatbestand des § 95 TKG unterliegt.

51 In § 206 StGB wird nicht ausdrücklich auf Vorschriften des Telekommunikationsgesetzes verwiesen. Den Inhalt des Fernmeldegeheimnisses definiert die Strafvorschrift selbst in Abs. 5. Dabei wurde auf den Wortlaut von § 85 Abs. 1 TKG zurückgegriffen. Abweichend von § 85 TKG wird der Kreis der Verpflichteten beschrieben. Ob sich hieraus ein Unterschied zwischen beiden Vorschriften ergibt, ist fraglich[1]. § 85 Abs. 2 wendet das Fernmeldegeheimnis auf diejenigen an, die geschäftsmäßig Telekommunikationsdienste erbringen oder daran mitwirken. Die Strafvorschrift des § 206 StGB bemüht sich um eine etwas bestimmtere **Definition des Kreises der Verpflichteten**. Hier ist die Rede vom „Inhaber oder Beschäftigten" eines Unternehmens, das geschäftsmäßig Telekommunikationsdienste erbringt (§ 206 Abs. 1 StGB). Außerdem soll die Strafvorschrift nach Abs. 3 auch für Aufsichtsbehörden (Nr. 1), betraute Unternehmen (Nr. 2) und Anlagenhersteller (Nr. 3) gelten. Abgesehen von der Erweiterung des Anwendungsbereiches auf die Aufsichtsbehörden (also die RegTP und den Bundesdatenschutzbeauftragten), weicht

---

1 Für eine einheitliche Auslegung *Felixberger*, Staatliche Überwachung in der Telekommunikation, CR 1998, 143, 147.

die Strafvorschrift des § 206 StGB hinsichtlich der möglichen Täter nicht erkennbar von der weiten Definition des § 85 Abs. 2 TKG ab[1].

Wer sich oder anderen im für die Erbringung der Telekommunikationsdienste erforderlichen Maße **Kenntnis** vom Inhalt und den näheren Umständen der Telekommunikation verschafft, erfüllt den Tatbestand des § 206 StGB nicht. 52

Im Falle eines Verstoßes gegen das Fernmeldegeheimnis kommen neben § 206 StGB häufig noch **weitere Strafvorschriften** zur Anwendung. Dies gilt insbesondere für § 201 StGB, der das gesprochene Wort schützt, und § 202a StGB, der das Ausspähen von Daten unter Strafe stellt. Dabei erfaßt § 201 StGB die Aufzeichnung oder das Abhören mit einer Abhöreinrichtung. Wichtigster Unterschied zwischen § 202a StGB und dem Fernmeldegeheimnis ist, daß neben der Handlung des Ausspähens als zusätzliche Einschränkung der Bruch eines technischen Schutzmechanismus erfüllt sein muß. Die Strafvorschrift kann in zwei Fällen Lücken des § 206 StGB füllen: Erstens, wenn sich Verpflichtete Informationen nur verschaffen, ohne sie jedoch weiterzugeben. Und zweitens, wenn Personen außerhalb des Kreises der Verpflichteten Daten über Telekommunikationsvorgänge ausspähen. 53

Bei **Abhörmaßnahmen** durch Arbeitnehmer im Betrieb liegt mit einem Verstoß gegen § 206 StGB regelmäßig auch ein Verstoß gegen das Geschäftsgeheimnis nach § 17 UWG vor, soweit es sich bei den Informationen um Geschäftsgeheimnisse handelt. Neben § 206 StGB spielt der Schutz des Geschäftsgeheimnisses insbesondere dann eine Rolle, wenn Bestandsdaten über Kunden weitergegeben werden, die weder Inhaltsdaten, noch nähere Umstände der Telekommunikation darstellen, aber unter den Schutz des Betriebsgeheimnisses nach § 17 UWG fallen. 54

Soweit die Verarbeitung von personenbezogenen Daten betroffen ist, kann außerdem ein Verstoß gegen die Bußgeldvorschrift (§ 43 BDSG) oder Strafvorschrift (§ 44 BDSG) in Betracht kommen. Die enge Verknüpfung des Fernmeldegeheimnisses mit den datenschutzrechtlichen Rechtmäßigkeitstatbeständen legt dies nahe. Es ist jedoch darauf zu achten, daß die Anwendung dieser Strafvorschrift ausschließlich im Rahmen des Anwendungsbereichs des BDSG möglich ist. Sie gilt deshalb nur für Daten über natürliche Personen und für solche Verstöße, die gleichzeitig nach den Vorschriften des BDSG rechtswidrig sind[2]. 55

---

1 Der Ansatz einer präziseren Definition in § 206 StGB war mit Blick auf das Bestimmtheitsgebot im Strafrecht erforderlich.
2 Siehe zur Abgrenzung *Wuermeling/Felixberger*, Fernmeldegeheimnis und Datenschutz, CR 1997, 230, 234.

9.4 Technische Schutzmaßnahmen

9.4.1 Schutzbereich und Regelungsrahmen

56 Die Betreiber von Telekommunikationsanlagen[1], die der geschäftsmäßigen Erbringung von Telekommunikationsdiensten[2] dienen, haben technische Schutzmaßnahmen zu treffen. Die **Ziele der Schutzmaßnahmen** sind in § 87 Abs. 1 S. 1 TKG definiert. Dabei geht die Vorschrift über den reinen Schutz des Fernmeldegeheimnisses und sonstiger personenbezogener Daten weit hinaus. Die Schutzmaßnahmen sollen auch vor erheblichen Beeinträchtigungen von Telekommunikationsnetzen sowie äußeren Angriffen und Einwirkungen von Katastrophen schützen. § 87 TKG kann daher nicht als reine Spezialvorschrift zu den Sicherheitsverpflichtungen nach § 9 BDSG oder als reiner Annex zum Schutz des Fernmeldegeheimnisses und des Datenschutzes im TKG angesehen werden. Geschützt wird das Interesse der Nutzer von Telekommunikationsanlagen an der Vertraulichkeit der Verarbeitung ihrer Informationen und der Funktionsfähigkeit der Telekommunikationsnetze und -systeme.

57 Eine weitere Regelung in bezug auf die **Sicherstellung des Telekommunikationsverkehrs** findet sich im Post- und Telekommunikationssicherstellungsgesetz (PTSG)[3], das im Rahmen des PostNeuOG erlassen wurde. Auf der Grundlage dieses Gesetzes können Telekommunikationsunternehmen im Wege der Verordnung[4] verpflichtet werden, zur Versorgung der Bevölkerung, Wirtschaft und Verwaltung sowie zur Unterstützung der Streitkräfte vorbeugende Maßnahmen zur Gewährleistung der Versorgung im Krisen- oder Katastrophenfall zu treffen. Hierzu gehören die Gewährleistung von Mindestangeboten, die Einräumung von Nutzungsvorrechten und Maßnahmen zum Zivilschutz.

58 Eine weitere korrespondierende Rechtsvorschrift findet sich in **§ 91 Abs. 2 AktG**. Sie ist seit dem 1. Januar 1999 in Kraft und verpflichtet Aktiengesellschaften, Maßnahmen zu treffen, um den Bestand der Gesellschaft gefährdende Entwicklungen zu erkennen. Im Abschlußbericht müssen die Wirtschaftsprüfer hierauf eingehen (§ 317 Abs. 4 AktG). Die Sicherstellung der Integrität und Verfügbarkeit im Bereich der Telekommunikation ist ein immer wichtiger werdender wirtschaftlicher Faktor, da sich viele Unternehmen Ausfälle und Datenverluste nicht mehr leisten können. Das **Sicherheitskonzept** sollte deshalb bei Aktiengesell-

---

1 Siehe oben Teil 9.2.4.
2 Siehe oben Teil 9.2.2.
3 PTSG v. 14. 9. 1994, BGBl. 1994, S. 2325, 2378.
4 Telekommunikations-Sicherstellungs-Verordnung (TKSiV), die seit 1997 als Entwurf vorliegt; siehe *Helf*, Sicherheit in der Telekommunikation als Regulierungsaufgabe, CR 1997, 331, 334.

schaften auch vor dem Hintergrund dieser Verpflichtung konzipiert werden, damit es Grundlage für die Prüfung sein kann. Nach Ansicht der Bundesregierung hat die Verpflichtung zur Schaffung eines Überwachungssystems im AktG darüber hinaus „Ausstrahlungswirkung" auf die allgemeinen Organisationspflichten der Geschäftsführung bei anderen Gesellschaftsformen[1], so daß auch hier entsprechende Maßnahmen erforderlich sind[2].

9.4.2 Verpflichteter Personenkreis

Die allgemeine Verpflichtung des § 87 Abs. 1 TKG gilt für die Betreiber von Telekommunikationsanlagen[3], die dem geschäftsmäßigen Erbringen von Telekommunikationsdiensten[4] dienen. Da die technischen Schutzmaßnahmen an den Telekommunikationsanlagen vorgenommen werden müssen, ist die Anknüpfung der **Schutzpflicht beim Betreiber der Anlage** sinnvoll. Einen Rückgriff auf den Anbieter der Telekommunikationsdienste ermöglicht die Vorschrift nicht. Im Einzelfall können sich daraus Hindernisse bei der Kontrolle und Sanktionierung von Verstößen ergeben. 59

Innerhalb von § 87 TKG wird **zwischen den lizenzfreien und den lizenzpflichtigen**[5] **Betreibern** von Telekommunikationsanlagen unterschieden. Während Abs. 1 für beide Gruppen die allgemeinen Verpflichtungen festlegt, enthält Abs. 2 spezielle organisatorische Verpflichtungen für lizenzpflichtige Betreiber. Diese müssen einen Sicherheitsbeauftragten bestellen und der RegTP ein Sicherheitskonzept vorlegen. 60

Wer Anbieter von Telekommunikationsdiensten ist und keine Telekommunikationsanlagen betreibt, fällt nicht unter die Verpflichtung zur Schaffung technischer Schutzmaßnahmen nach § 87 TKG. Soweit personenbezogene Daten verarbeitet werden, gilt § 9 BDSG. Nach dieser Vorschrift sind in angemessenem Umfang technische und organisatorische Maßnahmen zu treffen, um die Ausführung der Vorschriften des BDSG zu gewährleisten. In einer Anlage zu § 9 BDSG werden entsprechende Maßnahmen beispielhaft aufgezählt. Außerhalb des Anwendungsbereiches von § 87 TKG besteht damit eine ausreichende Schutzverpflichtung. Durch die Beschränkung von § 87 TKG auf den Betreiber entsteht aus diesem Grund keine wesentliche Schutzlücke. 61

---

1 BT-Drucks. 13/9712.
2 *Wuermeling*, KonTraG fordert Überwachungssystem, Datenschutz-Berater 2/99, 4.
3 Siehe oben unter Teil 9.2.4.
4 Siehe oben unter Teil 9.2.2.
5 Siehe Teil 1.3.

9.4.3 Technische und organisatorische Maßnahmen

62 Die nach § 87 Abs. 1 TKG zu treffenden Schutzmaßnahmen sollen **vier unterschiedliche Schutzziele** erreichen, die in § 87 Abs. 1 S. 1 TKG aufgezählt sind. Auf eine Beschreibung der Art der technischen Maßnahmen verzichtet die Vorschrift. Es ist der Stand der technischen Entwicklung zu berücksichtigen. Hierdurch soll grundsätzlich ein dynamisch zunehmendes Schutzniveau gewährleistet bleiben. § 87 Abs. 1 S. 3 TKG überträgt der RegTP die Aufgabe, Sicherheitsanforderungen für den Betrieb von Telekommunikations- und Datenverarbeitungssystemen im Benehmen mit dem Bundesamt für Sicherheit in der Informationstechnik (BSI) nach Anhörung von Verbraucherschutzverbänden und Wirtschaftsverbänden der Hersteller und Betreiber von Telekommunikationsanlagen zu formulieren. Der Katalog von Sicherheitsanforderungen wurde bereits im **Bundesanzeiger** veröffentlicht[1].

63 Die Rechtsnatur des Kataloges von Sicherheitsanforderungen wird in § 87 TKG nicht klar zum Ausdruck gebracht. Es handelt sich jedenfalls nicht um eine Rechtsverordnung[2], die für die Betreiber direkt verbindlich wäre. Die Sicherheitsanforderungen sind **Verwaltungsvorschriften**, da sie einerseits bei der Prüfung von Sicherheitskonzepten lizenzpflichtiger Betreiber und andererseits bei der Kontrolle und Durchsetzung nach § 91 TKG Grundlage für die Prüfung der Anforderungen sind und damit verwaltungsintern verbindlich sind[3]. Der Katalog der Sicherheitsanforderungen bietet **Hilfestellung zur Erstellung von Sicherheitskonzepten**, wie sie von lizenzpflichtigen Betreibern nach § 87 Abs. 2 TKG gefordert werden. Die einzelnen Sicherheitsanforderungen werden auch in diesem Katalog nur sehr abstrakt beschrieben.

64 Bei der Schaffung der Schutzmaßnahmen ist der **Stand der Technik** zugrunde zu legen. Um der Befürchtung zu begegnen, die technischen Anforderungen nach § 87 TKG würden zu unverhältnismäßig hohen Kosten führen, hat der Gesetzgeber in § 87 Abs. 1 S. 6 TKG eine Regelung eingefügt, nach der eine Abwägung zwischen Kosten und Schutzzielen erfolgen soll. Eine vergleichbare Angemessenheitsprüfung findet sich auch in § 9 BDSG.

65 Die **Abwägung zwischen Aufwand und Nutzen** fällt in der Praxis jedoch schwer. Dies liegt zunächst daran, daß den zu schützenden Rechtsgütern

---

1 Bekanntmachung des Kataloges von Sicherheitsanforderungen gemäß § 87 TKG v. 5. 9. 1997, BAnz. v. 7. 11. 1997, Nr. 208a, S. 1.
2 Hierfür spricht unter anderem auch die Nichtnennung in § 96 Abs. 1 Nr. 9 TKG.
3 Wie bei der TA Luft oder der TA Lärm besteht aber ein Gleichbehandlungsanspruch.

und der Bedeutung von Anlagen für die Allgemeinheit ein wirtschaftlicher Wert zugeordnet werden muß. Dem Betreiber einer Telekommunikationsanlage ist in der Regel nicht bekannt, welchen Inhalts die über die Anlage durchgeführten Kommunikationsvorgänge sind. Der Wert ließe sich durch den Betreiber der Anlage nur ermitteln, wenn er die wirtschaftliche Bedeutung der Telekommunikationsvorgänge kennen würde. Dies ist im Regelfall nicht möglich. Daraus könnte der Schluß gezogen werden, daß besonders hohe Anforderungen an den durch den Betreiber zu gewährleistenden Schutzstandard zu stellen sind, da er eine hohe Wertigkeit der zu schützenden Rechtsgüter jedenfalls nicht ausschließen kann.

Es darf jedoch nicht übersehen werden, daß auch dem Nutzer von Telekommunikationssystemen eine gewisse **Eigenverantwortlichkeit** hinsichtlich der Sicherheit der von ihm übertragenen Informationen zukommt. Wer hoch sensible Informationen überträgt oder besonders abhängig von der Funktionsfähigkeit der Systeme ist, muß selbst entsprechende Schutzmaßnahmen ergreifen, um diese in einem durchschnittlich geschützten Netz zusätzlich abzusichern. Für den Betreiber der Telekommunikationsanlagen bedeutet dies, daß er es bei Standardmaßnahmen belassen kann[1]. Nur wenn er aufgrund der besonderen Natur der von ihm angebotenen Dienstleistungen eine höhere Erwartungshaltung der Kunden veranlaßt, hat er auch die Schutzanforderungen entsprechend zu erhöhen. 66

Bei der Beurteilung der Erforderlichkeit von technischen Schutzmaßnahmen sollten sich die Betreiber von Telekommunikationsanlagen zuerst von der Frage leiten lassen, welche **Schutzmaßnahmen aus betrieblichen Eigeninteressen** erforderlich sind[2]. In der Praxis wird der Standard der Schutzmaßnahmen meistens nicht von gesetzlichen Verpflichtungen, sondern vom hohen Eigeninteresse der Betreiber getragen. Vor diesem Hintergrund sollte die Erfüllung der Verpflichtungen nach § 87 TKG nicht nur als lästige gesetzliche Verpflichtung, sondern als Gelegenheit zur Überprüfung der aus betrieblichen Selbstschutzinteresse zu schaffenden Schutzmaßnahmen gesehen werden. Es gibt nur wenige Bereiche, in denen das betriebliche Eigeninteresse von Telekommunikationsunternehmen unter den gesetzlichen Schutzanforderungen liegt. 67

---

[1] Zu den näheren Ausführung über die Anforderungen der RegTP an Standardsicherheit siehe *Helf*, Sicherheit in der Telekommunikation als Regulierungsaufgabe, CR 1997, 331, 333.
[2] Kritischer *Helf*, Sicherheit in der Telekommunikation als Regulierungsaufgabe, CR 1997, 331, 332, der die Interessen der Allgemeinheit nicht ohne staatliche Regulierung ausreichend geschützt sieht.

9.4.4 Anforderungen an lizenzpflichtige Betreiber

68 Lizenzpflichtige[1] Betreiber von Telekommunikationsanlagen haben einen **Sicherheitsbeauftragten** zu benennen und ein **Sicherheitskonzept** zu erstellen. Auf diese Verpflichtung des § 87 Abs. 2 TKG verweisen auch die Lizenzen für Telekommunikationsanbieter. Grundsätzlich ist danach ohne die Vorlage eines Sicherheitskonzeptes bei der RegTP der Betrieb von Telekommunikationsanlagen im Rahmen einer erteilten Lizenz unzulässig. Der Aufbau und Inhalt eines Sicherheitskonzepts geht aus § 87 Abs. 2 S. 1 TKG und dem Katalog von Sicherheitsanforderungen hervor. Danach sind die eingesetzten Telekommunikationsanlagen zu beschreiben sowie die Telekommunikationsdienste, die hiermit geschäftsmäßig erbracht werden. Weiterhin ist auf die Gefährdungen einzugehen, die im Zusammenhang mit den Telekommunikationsanlagen denkbar sind. Im dritten Teil sind detailliert die technischen Vorkehrungen und sonstige Schutzmaßnahmen zu beschreiben.

69 Sinn der Vorlagepflicht eines Sicherheitskonzeptes ist es, der RegTP die **Prüfung der Sicherheitsstandards** von lizenzierten Telekommunikationsanbietern zu ermöglichen und auf eine Verbesserung der Standards hinzuwirken. Es besteht jedoch keine **Genehmigungspflicht** für das Sicherheitskonzept. Der lizenzierte Anbieter muß nicht darauf warten, bis die RegTP das vorgelegte Sicherheitskonzept bestätigt, bevor er den Betrieb der Anlage unter einer erteilten Lizenz beginnen kann. Es könnte allenfalls sein, daß ein Sicherheitskonzept derartig unzureichend ist, daß die RegTP es insgesamt zurückweist und die Erstellung eines Sicherheitskonzeptes nach den Anforderungen von § 87 Abs. 2 S. 1 TKG verlangt.

70 Für Unternehmen, die ein Sicherheitskonzept bei der RegTP abgegeben haben, ergeben sich auch Vorteile. Die RegTP kann den Abschluß der Prüfung des Sicherheitskonzepte bestätigen und das Unternehmen kann damit gegenüber ihren Kunden werben. Ein Verfahren für Bestätigungen der Überprüfung sieht § 87 TKG zwar nicht vor. Bei der RegTP hat sich jedoch eine Praxis herausgebildet, wonach die Durchführung der Konzeptprüfung bestätigt wird. Damit wird aber nicht bestätigt, daß die Maßnahmen tatsächlich durchgeführt und effektiv sind, denn die RegTP prüft nur die Stimmigkeit des Konzeptes.

71 Wenn die RegTP im Sicherheitskonzept oder bei dessen Umsetzung **Sicherheitsmängel** feststellt, so kann sie vom Betreiber die Beseitigung der Mängel verlangen. Diese Bestimmung in § 87 Abs. 2 S. 3 TKG ist neben den allgemeinen Kontroll- und Sanktionsrechten nach § 91 TKG

---

1 Siehe Teil 1.3.

überflüssig, denn bereits nach den allgemeinen Bestimmungen kann die RegTP durch Anordnung die Einhaltung der Verpflichtung nach § 87 TKG durchsetzen.

Ohne detaillierte Regelung bestimmt § 87 Abs. 2 S. 1 TKG, daß von lizenzpflichtigen Betreibern von Kommunikationsanlagen ein **Sicherheitsbeauftragter** zu benennen ist. Ähnliche Beauftragte sind in verschiedensten Bereichen des Wirtschaftsverwaltungsrechtes vorgesehen. Der Sicherheitsbeauftragte ist zumindest für die Prüfung der Einhaltung der Verpflichtungen nach § 87 TKG verantwortlich. Er muß die Schutzanforderungen jedoch nicht selbst schaffen. Der Beauftragte ist ein Element der Selbstkontrolle und nicht Träger der Verpflichtung. In der Praxis wird dem Sicherheitsbeauftragten die Erstellung des Sicherheitskonzeptes überlassen, um sein Tätigkeitsfeld und die Anforderungen im Unternehmen abzustecken. Er ist in seiner Funktion der geeignete Ansprechpartner der RegTP, wenn es um die Prüfung der Einhaltung der Verpflichtung nach § 87 TKG geht.

In vielen Unternehmen wird die Funktion des Sicherheitsbeauftragten mit der des betrieblichen Datenschutzbeauftragten verbunden. Bei dieser Art von **Funktionsverbindung** ist darauf zu achten, daß die Aufgaben des betrieblichen Datenschutzbeauftragten nicht mit anderen Aufgaben in Konflikt stehen. Insbesondere darf es nicht dazu kommen, daß er sich selbst kontrolliert. Im Hinblick auf die Funktionen des Sicherheitsbeauftragten kommt es eher zu Überschneidungen der Ziele als zu Interessenkonflikten. Es bestehen deshalb keine wesentlichen Bedenken gegen die gleichzeitige Übernahme der Funktion des Sicherheitsbeauftragten[1].

9.4.5 Kontrolle und Sanktionen

Eine spezielle Sanktionsvorschrift für den Fall mangelnder technischer Schutzmaßnahmen nach § 87 TKG findet sich in § 96 Abs. 1 Nr. 9 TKG. Danach handelt ordnungswidrig, wer vorsätzlich oder fahrlässig gegen eine **Rechtsverordnung nach § 87 Abs. 3 S. 1 TKG** verstößt. Eine solche Rechtsverordnung **existiert bisher nicht**. Der Gesetzgeber hat zwar eine Ermächtigungsnorm für die Schaffung einer solchen Rechtsvorschrift geschaffen, jedoch soll davon nur Gebrauch gemacht werden, wenn sich hierfür ein tatsächlicher Bedarf ergibt. Insofern hat der Gesetzgeber eine Art Probezeit vorgesehen, in der sich die Betreiber von Telekommunikationsanlagen bewähren können[2]. Bisher greift deshalb der Ordnungswid-

---

1 Beck TKG-Komm/*Ehmer*, § 87 Rz. 34.
2 Solange der Sinn des Gesetzes von den Betreibern sachgerecht erfüllt wird, ist keine Verordnung geplant; siehe *Helf*, Sicherheit in der Telekommunikation als Regulierungsaufgabe, CR 1997, 331, 332.

rigkeitentatbestand des § 96 TKG im Hinblick auf technische Schutzmaßnahmen nicht.

75 Ein **Verstoß** gegen die Verpflichtungen aus § 87 TKG ist damit jedoch nicht **sanktionslos**. Für lizenzpflichtige Betreiber von Telekommunikationsanlagen gilt die allgemeine Sanktionsnorm des § 15 TKG, die insbesondere bei Verstößen gegen die Verpflichtung des 11. Teils des TKG die Möglichkeit des Lizenzentzugs vorsieht. Aus diesem Grund wird bereits bei der Erteilung von Lizenzen eine Nebenbestimmung aufgenommen, die diese Verpflichtung zum Ausdruck bringt[1].

76 Im Rahmen der Kontrollrechte der RegTP kann diese auch gegen Betreiber von Telekommunikationsanlagen vorgehen, die nicht lizenzpflichtig sind. Nach § 91 Abs. 3 TKG besteht die Möglichkeit, bei Nichterfüllung von Verpflichtungen des 11. Teils den Betrieb der Telekommunikationsanlage oder das geschäftsmäßige Erbringen des Telekommunikationsdienstes ganz oder teilweise zu untersagen, wenn mildere Eingriffe zur Durchsetzung rechtmäßigen Verhaltens nicht ausreichen. Damit steht der RegTP ein effektives Sanktionsmittel gegen Betreiber von Telekommunikationsanlagen, die gegen Verpflichtungen des § 87 TKG verstoßen, zur Verfügung.

77 Weiterhin ist zu beachten, daß für den Bereich der Verarbeitung von personenbezogenen Daten neben § 87 TKG auch die **allgemeinen Sicherheitsverpflichtungen nach § 9 BDSG** gelten. In den wesentlichen Fällen von Verstößen gegen die Sicherheitsverpflichtung nach § 87 Abs. 1 TKG wird auch ein Verstoß gegen § 9 BDSG vorliegen. Soweit gemäß § 91 Abs. 4 TKG der Bundesdatenschutzbeauftragte für den Bereich der geschäftsmäßigen Erbringung von Telekommunikationsdiensten zuständig ist, obliegt ihm die Kontrolle und Durchsetzung der durch die Bußgeldvorschrift in § 43 Abs. 1 BDSG sanktionierten Verpflichtungen nach § 9 BDSG.

78 Hinsichtlich der Verpflichtung zur Erstellung eines **Sicherheitskonzeptes** besteht die Besonderheit, daß sie gemäß § 87 Abs. 2 TKG nur **für lizenzpflichtige Betreiber** von Telekommunikationsanlagen gilt. Als Sanktionen sind hier die Kontroll- und Durchsetzungsbefugnisse der RegTP nach § 91 TKG sowie die Möglichkeit des Lizenzentzuges nach § 15 TKG einschlägig.

79 Wenn unzureichende Sicherheitsmaßnahmen getroffen werden, kann der betroffene Nutzer neben seinen vertraglichen Ansprüchen aufgrund von § 40 TKG Unterlassungs- und Schadensersatzansprüche gegen den Betreiber durchsetzen.

---

1 Siehe Teil 1.7.1.5.

9.5 Datenschutz

9.5.1 Schutzbereich und Regelungsrahmen

Neben der umfassenden Regelung zum Fernmeldegeheimnis in § 85 TKG finden sich in **§ 89 TKG** spezielle Vorschriften zum **Datenschutz**. Der Anwendungsbereich der Datenschutzvorschriften ist im Gegensatz zum Fernmeldegeheimnis auf den Schutz von bestimmten Daten beschränkt. Über das BDSG hinaus werden jedoch von § 89 TKG nicht nur Angaben über natürliche Personen, sondern auch über juristische Personen vom Begriff der personenbezogenen Daten erfaßt (§ 89 Abs. 1 S. 4 TKG). Die Datenschutzvorschriften des TKG sind deshalb nicht nur bereichsspezifische Regelungen zum BDSG, sondern gehen über deren Anwendungsbereich hinaus. Dabei ist eine wichtige Einschränkung zu beachten: Die Angaben über juristische Personen fallen gemäß § 89 Abs. 1 S. 4 TKG nur insoweit unter den Schutz der datenschutzrechtlichen Vorschriften, wie sie auch dem Fernmeldegeheimnis unterliegen. Bestandsdaten über juristische Personen sind deshalb nur insoweit erfaßt, wie sie Angaben über natürliche Personen enthalten. Wegen der entsprechenden Vorgabe in § 89 Abs. 1 S. 4 TKG fühlte sich die Bundesregierung daran gehindert, den Anwendungsbereich der TDSV in diesem Punkt weiter zu fassen[1]. 80

Ihre wesentliche Ausgestaltung finden die Datenschutzvorschriften des § 89 TKG in der **TDSV**. Noch kurz vor dem Inkrafttreten des TKG wurde die erste Version der Verordnung geschaffen[2]. Sie löste zwei Vorgängerregelungen ab, die zwischen öffentlich-rechtlichen Anbietern (TDSV)[3] und dem privatrechtlichen Anbietern (UDSV)[4] unterschieden. Im Unterschied zu § 89 TKG war ihr Anwendungsbereich auf Telekommunikationsdienstleistungen für die Öffentlichkeit beschränkt. Daraus ergab sich für die Übergangszeit der Geltung der alten Verordnung und des neuen TKG die Situation, daß die vom Gesetzgeber beabsichtigte Ausweitung des Anwendungsbereichs der Datenschutzvorschriften nur teilweise wirksam war. Eine Reihe von Bestimmungen in § 89 TKG galten nicht ohne ihre Umsetzung in einer Verordnung[5]. 81

---

1 Büttgen, Ein langer Weg – Telekommunikations-Datenschutzverordnung endlich in Kraft getreten, RDV 2001, 6, 7.
2 Zu den Entwürfen der ersten TDSV siehe *Rieß*, Neuregelung des Telekommunikationsdatenschutzes, RDV 1996, 109; *Rieß*, Der Telekommunikationsdatenschutz bleibt eine Baustelle, DuD 1996, 328; *Schaar*, Telekommunikations- und Informationsdiensteunternehmen-Datenschutzverordnung (TIDSV), Stellungnahme zu dem Entwurf des BMPT v. 6. 6. 1996, DuD 1995, 593.
3 TDSV v. 24. 6. 1991, BGBl. I 1991, S. 1390.
4 UDSV v. 18. 12. 1991, BGBl. I 1991, S. 2337.
5 § 89 Abs. 1, Abs. 2 und Abs. 9 TKG; siehe zur näheren Begründung *Wuermeling/Felixberger*, Fernmeldegeheimnis und Datenschutz, CR 1997, 230, 236.

82 Die seit 21. 12. 2000 geltende **TDSV ist an** die Bestimmungen des **Telekommunikationsgesetzes angepaßt**[1]. Darüber hinaus werden die europarechtlichen Rahmenbedingungen umgesetzt. Grundlage hierfür sind zwei Richtlinien zum Datenschutz. Die **Europäische Datenschutzrichtlinie**[2] harmonisiert das Datenschutzrecht in den Mitgliedstaaten der EU. Zusätzlich wurde eine spezielle **Telekommunikations-Datenschutzrichtlinie**[3] geschaffen[4], die Auswirkungen auf die Vorschriften der TDSV hat[5]. Die Umsetzungsfrist für beide Richtlinien war im Oktober 1998 abgelaufen. Gegenwärtig ist die Diskussion über eine Datenschutzrichtlinie für elektronische Kommunikation in der Ausarbeitung[6].

83 Die datenschutzrechtlichen Vorschriften im TKG sind auf einen bestimmten Bereich des Multimediarechts zugeschnitten[7]. Der Gesetzgeber geht von einer harten **Trennung** zwischen den Bereichen der Telekommunikation, den Telediensten[8] und des Rundfunks

---

1 Siehe dazu *Königshofen*, Die Telekommunikations-Datenschutzverordnung – TDSV, DuD 2001, 85 und *Büttgen*, Ein langer Weg – Telekommunikations-Datenschutzverordnung endlich in Kraft getreten, RDV 2001, 6.
2 Richtlinie 95/46/EG des Europäischen Parlaments und des Rates vom 24. 10. 1995 zum Schutz natürlicher Personen bei der Verarbeitung personenbezogener Daten und zum freien Datenverkehr, ABl. EG 1995 Nr. L 281 S. 31.
3 Richtlinie 97/66/EG des Europäischen Parlaments und des Rates vom 15. 10. 1997 über die Verarbeitung personenbezogener Daten und zum Schutz der Privatsphäre im Bereich der Telekommunikation (ABl. EG 1998 Nr. L 24 S. 1).
4 *Koenig/Röder*, Die EG-Datenschutzrichtlinie für Telekommunikation – Verpflichtungen auch für Internetdienstleister, CR 2000, 668; siehe zur Planung der Novellierung der Richtlinie *Krader*, Neuer europäischer Datenschutz im Internet? – Der Entwurf der Europäischen Richtlinie über die Verarbeitung personenbezogener Daten und den Schutz der Privatsphäre in der elektronischen Kommunikation – eine kritische Analyse, RDV 2000, 251.
5 *Felxberger*, Europäische Union regelt Datenschutz in der Telekommunikation, Datenschutz-Berater 2/1998, 1; zum Entwurf siehe *Königshofen*, Neuer telekommunikationsspezifischer Datenschutz für Europa?, ArchPT 1994, 198.
6 Vorschlag für eine Richtlinie über die Verarbeitung personenbezogener Daten und den Schutz der Privatsphäre in der elektronischen Kommunikation (ABl. EG Nr. C 365 v. 19. 12. 2000, 223). Siehe hierzu *Krader*, Neuer europäischer Datenschutz im Internet? – Der Entwurf der Europäischen Richtlinie über die Verarbeitung personenbezogener Daten und den Schutz der Privatsphäre in der elektronischen Kommunikation – eine kritische Analyse, RDV 2000, 251.
7 *Engel-Flechsig*, in: Bartsch/Lutterbeck, Neues Recht für neue Medien, S. 62.
8 Die Datenschutzregelungen für Teledienste unterscheiden zwischen einem Bundesgesetz (Teledienstedatenschutzgesetz) und Ländergesetzen auf der Basis des Mediendienstestaatsvertrages. Im Rahmen der Novellierung des Teledienstedatenschutzgesetzes aus Anlaß der Umsetzung der europäischen E-commerce-Richtlinie haben sich Bund und Länder bereits darauf geeinigt, daß die Länder auf ihre eigenständigen Datenschutzvorschriften für Mediendienste verzichten und der Anwendungsbereich des Teledienstedatenschutzgesetzes entsprechend erweitert wird.

aus[1]. Jeder einzelne Bereich ist wenigstens theoretisch einem bestimmten Gebiet zuzuordnen. In der Praxis ergeben sich aber Überschneidungen im Diensteangebot, die faktisch zu einer Doppelwirkung der Vorschriften führen, weil die einzelnen Verarbeitungen nicht zu trennen sind. Das Zusammenschmelzen unterschiedlicher Medienformen wird vom TKG und dessen datenschutzrechtlichen Vorschriften bisher nicht berücksichtigt[2]. Deshalb kann das TKG beispielsweise auch im Bereich von Internetdiensten Anwendung finden[3].

Gemeinsame Grundlage aller bereichsspezifischen Datenschutzregelungen ist das BDSG. Als korrespondierende Rechtsvorschrift bietet es eine Reihe von allgemeinen Regelungen zum Datenschutzrecht, die auf die Verarbeitung von personenbezogenen Daten durch Telekommunikationsunternehmen Anwendung finden. Dies gilt insbesondere für die Rechtmäßigkeitsvoraussetzungen einer Einwilligung oder die Geltung des Straftatbestandes in § 43 BDSG[4].

84

9.5.2 Verpflichteter Personenkreis

§ 89 TKG greift für **Unternehmen, die geschäftsmäßig Telekommunikationsdienste erbringen**[5] **oder** an der Erbringung solcher Dienste **mitwirken**[6]. Nur § 89 Abs. 8 TKG, der sich mit Kundenverzeichnissen befaßt, gilt nur für Diensteanbieter, d. h. nur für solche Unternehmen und Personen, die Telekommunikationsdienste gegenüber Kunden erbringen. Eine sachliche Einschränkung des Anwendungsbereiches enthalten auch die Vorschriften in § 89 Abs. 4 und 10 TKG, die sich auf die geschäftsmäßige Erbringung von Telekommunikationsdiensten beziehen. Damit ist aber nicht der Kreis der Verpflichteten (persönlicher Anwendungsbereich) eingeschränkt.

85

---

1 Übersicht in *Bergmann/Möhrle/Herb*, Datenschutzrecht, Vorbemerkungen MMuD, Rz. 7.
2 Siehe *Rieß*, in: Bartsch/Lutterbeck, Neues Recht für neue Medien, S. 277; zur Anwendung auf Telearbeit siehe *Wedde*, Datenschutz bei Telearbeit, DuD 1998, 576; *Kieper*, Datenschutz für Telearbeitnehmer, DuD 1998, 583; *Engel-Flechsig*, Teledienstedatenschutz, DuD 1997, 8.
3 *Wuermeling/Felixberger*, Fernmeldegeheimnis und Datenschutz, CR 1997, 230, 232; nach Ansicht der Aufsichtsbehörde für den Datenschutz in Baden-Württemberg soll das TKG Anwendung finden, wenn ein konzerninterner Internetdienstleister von Dritten E-Mails empfängt und an ein Konzernunternehmen weiterleitet (Hinweis Nr. 37, Staatsanzeiger Baden-Württemberg Nr. 2 vom 18. 1. 1999, S. 13).
4 *Schmitz*, in: Schuster, Vertragshandbuch Telemedia, Erster Teil, Kapitel 3, Rz. 3; kritisch *Spindler*, in: Hoeren/Sieber, Multimedia-Recht, Teil 19, Rz. 545 ff., Rz. 590 ff.
5 Siehe oben Teil 9.2.2.
6 Siehe oben Teil 9.2.3.

9.5.3 Rechtmäßigkeitstatbestände

86 Für den Bereich der Erbringung von Telekommunikationsdiensten verdrängt § 89 TKG die Rechtmäßigkeitstatbestände des BDSG (wie etwa § 28 BDSG). Ob und in welchem Umfang daneben auf Rechtmäßigkeitstatbestände des BDSG zurückgegriffen werden kann, ergibt sich aus dem Wortlaut des § 89 TKG nicht[1]. In § 1 Abs. 2 TDSV wird festgestellt, daß die Vorschriften des BDSG gelten, soweit die TDSV oder andere besondere Rechtsvorschriften keine Regelung enthalten.

87 Die einzelnen Regelungen in der TDSV decken weitgehend die denkbaren Fälle der **Erhebung, Verarbeitung und Nutzung von personenbezogenen Daten** durch Anbieter von Telekommunikationsdiensten ab. Konkreter als § 89 TKG bestimmt § 3 Abs. 1 TDSV den Geltungsbereich. Dort wird festgelegt, daß die Erhebung, Verarbeitung und Nutzung „nur" unter den dort geregelten Voraussetzungen zulässig ist (§ 3 Abs. 1 TDSV). Ob die Verordnung damit über die existierende Rechtsgrundlage hinausgeht, ist fraglich. In der Praxis stellt sich das Problem, wenn auf die allgemeine Interessenabwägungsklausel nach § 28 Abs. 1 S. 1 Nr. 2 BDSG zurückgegriffen wird. Dies ist nach der bestehenden Regelung vermutlich nicht zulässig.

88 Die Rechtmäßigkeitsvoraussetzungen bieten den Kunden zahlreiche **Wahlmöglichkeiten**[2]. Zur Abbildung dieser Wahlmöglichkeiten in Kundendatenbanken und zu ihrer Umsetzung ist erforderlich, die technischen Systeme auf die Anforderungen des deutschen Datenschutzrechts anzupassen. In der Praxis führt dies regelmäßig zu Schwierigkeiten, wenn sogenannte Customer Care and Billing-Systeme ausländischer Anbieter verwendet werden. Die datenschutzrechtlichen Vorschriften müs-

---

1 *Bizer*, TK-Daten im Data Warehouse, DuD 1998, 570, 571, sieht einen absoluten Vorrang der Vorschriften des TKG, da das Fernmeldegeheimnis nur durch Vorschriften beschränkt werden darf, die sich ausdrücklich auf Telekommunikationsvorgänge beziehen (§ 85 Abs. 3 S. 3). Jedenfalls für den Inhalt der Telekommunikation und die nähere Umstände dürfte dann nicht auf Vorschriften des BDSG zurückgegriffen werden. In der Konsequenz wäre beispielsweise die Auslagerung von Verarbeitungen im Wege der Auftragsdatenverarbeitung bei geschäftsmäßigen Telekommunikationsanbietern rechtswidrig. Bisher verweist § 1 Abs. 2 TDSV ausdrücklich auf das BDSG, wenn ansonsten keine Regelung besteht. Danach ist der Rückgriff auf das BDSG möglich. Dieser Verweis findet sich aber nur in einer Verordnung und ist von der Verordnungsermächtigung nicht ausdrücklich gedeckt, so daß streng genommen der Gesetzesvorbehalt in § 85 Abs. 3 S. 3 TKG nicht gewahrt ist. Diese gesetzgeberische Unschärfe sollte bei der nächsten Novellierung möglichst aufgeklärt werden.
2 Art und Dauer der Speicherung von Verbindungsdaten, Einzelverbindungsnachweis, Verwendung von Bestandsdaten zu Marketingzwecken, Eintragung in Telefonbücher und Aufnahme in der Auskunftsdienst.

sen deshalb bereits in der Auswahlphase und bei der Vertragsgestaltung über die Erstellung solcher Systeme vollständig Berücksichtigung finden. Außerdem ist darauf zu achten, daß genügend Flexibilität im Falle der Änderung der datenschutzrechtlichen Rahmenbedingungen besteht.

9.5.3.1 Abwicklung der Telekommunikationsdienste

Ähnlich wie die Einschränkungen zum Fernmeldegeheimnis in § 85 Abs. 3 S. 1 TKG erlaubt auch § 89 Abs. 2 Nr. 1 TKG die für die **betriebliche Abwicklung** erforderliche Verwendung von geschützten Daten. Die Datenschutzvorschrift ist wesentlich detaillierter als die Vorschrift zum Fernmeldegeheimnis. Es werden ausdrücklich fünf Gruppen von Fällen benannt, die der Gesetzgeber als zur betrieblichen Abwicklung des Telekommunikationsdienstes erforderlich ansieht. 89

9.5.3.1.1 Telekommunikationsverbindungen

Hierzu gehört zuerst die **Erhebung, Verarbeitung und Nutzung von Daten** zur **Begründung**, inhaltlichen **Ausgestaltung** und **Änderung eines Vertragsverhältnisses**. In der TDSV werden solche Daten als Bestandsdaten bezeichnet (§§ 2 Nr. 3; 5 Abs. 1 S. 1 TDSV). Im TKG hat der Gesetzgeber diesen Begriff nicht verwendet. Eine inhaltliche Änderung ist darin nicht zu sehen. 90

Im wesentlichen geht es bei Bestandsdaten um die **Angaben des Kunden**, die beim Vertragsschluß erhoben werden. Es handelt sich z. B. um Name, Anschrift, Auswahl der genutzten Dienste und die Kontoverbindung. Eine genaue Aufstellung der Art der Daten und deren Verarbeitung enthalten die Vorschriften nicht. Dies wäre auch wenig hilfreich, denn welche Daten zur inhaltlichen Ausgestaltung eines Dienstes erforderlich sind, hängt im wesentlichen von den Vertriebsformen und Dienstemerkmalen ab. Eine abschließende Aufzählung der zulässigen Daten hätte hier automatisch zu einer Einschränkung der künftigen Entwicklungsmöglichkeiten geführt. 91

Was „erforderlich" ist, muß nach objektiven Gesichtspunkten beurteilt werden. Aus Unternehmenssicht wird der Auslegungsspielraum häufig überzogen. Entscheidend für die Beurteilung der Erforderlichkeit ist, welches konkrete Angebot ein Kunde wahrnimmt. Beim Entwurf von Antragsformularen ist darauf zu achten, daß Daten **nicht auf Vorrat** erhoben werden. Einen Grenzfall bietet die Erhebung von zusätzlichen Daten, mit dem Ziel, dem Kunden später eine Ausweitung der genutzten Dienste zu ermöglichen. Eine solche Datenspeicherung auf Vorrat ist datenschutzrechtlich grundsätzlich nicht zulässig. Es ist darauf zu ach- 92 ten, daß die für bestimmte Dienstangebote relevanten Daten nur dann abgefragt werden, wenn der Kunde sich konkret hierfür anmeldet.

93 Als zweite Gruppe für eine zulässige Verwendung der geschützten Daten nennt das TKG die zur **Herstellung und Aufrechterhaltung einer Telekommunikationsverbindung** erforderliche Erhebung, Verarbeitung und Nutzung. Dies betrifft im Festnetzbereich beispielsweise die Übermittlung von Rufnummern und anderen Kennungen. Eine größere Bedeutung hat die Rechtsgrundlage im Bereich des Mobilfunks, denn sie ist Grundlage für die Verarbeitung von Roaming-Daten.

94 Die nächste Fallgruppe betrifft **Daten, die zur Erbringung der Telekommunikationsdienste erforderlich** sind. In § 2 Nr. 4 TDSV werden diese Daten als Verbindungsdaten bezeichnet. Welche Daten erforderlich sind, hängt von der konkreten Ausgestaltung des Dienstes ab. In § 6 Abs. 1 TDSV befindet sich eine abschließende **Liste von Daten**, die erforderlichenfalls erhoben werden dürfen. Die Aufstellung ist flexibler, als sie auf Anhieb erscheint. Ausschlaggebend hierfür ist § 6 Abs. 1 Nr. 5 TDSV, der „sonstige zum Aufbau und zur Aufrechterhaltung sowie zu Entgeltabrechnungen notwendige Verbindungsdaten" einbezieht. Mit dieser Regelung werden nicht nur die in § 89 Abs. 2 Nr. 1b TKG erfaßten Bereiche abgedeckt, sondern auch alle darüber hinausgehenden zur Entgeltabrechnung notwendigen Verbindungsdaten. Eine starre datenschutzrechtliche Grenze ist der Verarbeitung damit nicht gesetzt. Entscheidend ist, daß hinsichtlich der verwendeten Daten dargelegt werden kann, warum sie zur Erbringung des Telekommunikationsdienstes oder zur Entgeltabrechnung notwendig sind.

9.5.3.1.2 Entgeltermittlung und Entgeltabrechnung

95 Ebenso wie bei den Verbindungsdaten führt die Verordnung bei **Abrechnungsdaten** abschließend die Daten auf, deren Verarbeitung zulässig ist (§ 7 Abs. 2 TDSV). Auch hier findet sich eine flexible Regelung, denn in § 7 Abs. 2 Nr. 3 TDSV wird auf „sonstige für die Entgeltabrechnung erheblichen Umstände" verwiesen. Es folgt eine beispielhafte und nicht abschließende Aufzählung von Fallgruppen. Somit ist auch die Verarbeitung von Entgeltdaten für neue Dienst- und Abrechnungsarten offen.

96 Ein Sonderproblem stellt sich bei der **Einschaltung von Handelsvertretern** oder anderen Partnern beim Vertrieb von Telekommunikationsdiensten, wenn Vertragspartner des Kunden das Ursprungsunternehmen ist. In diesen Fällen ist jede Übermittlung von Umsatzdaten an den Handelsvertretern oder den anderen Vertriebspartner im Rahmen der Provisionsabrechnung nur zulässig, wenn eine Einwilligung des Kunden vorliegt.

Hierauf ist bei der Gestaltung der Kundenverträge zu achten. Die Einwilligung erfordert nach § 4 Abs. 2 BDSG in der Regel die Schriftform. In § 4 TDSV wird zusätzlich die Möglichkeit einer elektronischen Einwilligung geregelt.

Eine wichtige Frage beim Umgang mit Verbindungs- und Abrechnungsdaten bezieht sich auf die **Verpflichtung zu deren Löschung**. Hinsichtlich der Verbindungsdaten findet sich in § 7 Abs. 3 TDSV eine sehr restriktive Regelung. Danach hat der Diensteanbieter nach Beendigung der Verbindung aus den Verbindungsdaten unverzüglich die für die Berechnung des Entgeltes erforderlichen Daten zu ermitteln. **Nicht erforderliche Daten sind unverzüglich zu löschen.** Wenn der Kunde nicht eine vollständige Speicherung oder eine vollständige Löschung der Verbindungsdaten gewählt hat, sind die gespeicherten Zielnummern um die letzten drei Ziffern zu kürzen. 97

In § 7 Abs. 3 und 4 TDSV wird geregelt, wann die zur **Abrechnung** erforderlichen Verbindungsdaten gelöscht werden müssen. Grundsätzlich gilt hier das Recht zur Speicherung höchstens **sechs Monate**[1] **nach Versendung der Rechnung**. Mit Ablauf der Frist müssen die Daten gelöscht werden. Werden vom Kunden vor Ablauf der Frist Einwendungen erhoben, dürfen die Daten bis zur Klärung der Einwendungen gespeichert werden. Auf diese Weise wird dem Schutzinteresse des Anbieters hinsichtlich seiner Möglichkeiten zum Nachweis seines Zahlungsanspruches Rechnung getragen. 98

Wenn ein Wiederverkäufer einem Kunden eine Rechnung stellt, nachdem er eine Rechnung seines Lieferanten der Telekommunikationsdienste erhalten hat, tritt die **Löschungspflicht beim Erstverkäufer** bereits zu einem Zeitpunkt ein, zu dem der Kunde des Wiederverkäufers noch widersprechen kann. In diesen Fällen kann auf § 7 Abs. 5 TDSV zurückgegriffen werden. Danach dürfen Diensteanbieter Verbindungsdaten speichern und übermitteln, soweit dies für die Abrechnung des Diensteanbieters mit anderen Diensteanbietern oder mit deren Kunden sowie anderen Diensteanbietern mit ihren Kunden erforderlich ist. Im Ergebnis darf der Diensteanbieter die Daten zumindest so lange speichern, wie Einsprüche der Endkunden innerhalb der sechsmonatigen Frist zu berücksichtigen sind. Anderenfalls würde für den Wiederverkäufer in dieser Zeit das Risiko bestehen, daß er sich selbst nicht mehr bei seinen Lieferanten schadlos halten kann. Die genaue Zeitabfolge für die Löschung sollte zwischen den Anbietern genau vereinbart werden, um späteren Streitigkeiten vorzubeugen. 99

---

[1] Die Frist wurde unter anderem deshalb auf sechs Monate verlängert, weil die Sicherheitsbehörden länger Zugriff auf die Daten haben wollten.

100 Nach § 7 Abs. 3 S. 2 TDSV dürfen die Verbindungsdaten nur unter **Kürzung der Zielrufnummer** und der letzten drei Ziffern aufbewahrt werden[1]. Der Kunde hat jedoch eine Reihe von Wahlmöglichkeiten hinsichtlich der Speicherung seiner Daten. Einerseits kann er die **vollständige Speicherung** seiner Daten wählen und andererseits auch die **Löschung aller Abrechnungsdaten** mit Versendung der Rechnung verlangen.

101 Die Verpflichtung zur teilweisen oder vollständigen Löschung von Abrechnungsdaten bringt einen erheblichen **Beweisnachteil für Diensteanbieter** mit sich. Als Ausgleich hierzu findet sich in § 16 Abs. 2 Telekommunikations-Kundenschutzverordnung (TKV)[2] eine Beweisregelung, nach der ein Diensteanbieter insoweit von der Pflicht zur Vorlage von Abrechnungsdaten zum Beweis der Richtigkeit der Abrechnung befreit ist, als sie wegen einer gesetzlichen Verpflichtung oder auf Wunsch des Kunden gelöscht wurden.

9.5.3.1.3 Entgeltverbindungsnachweis

102 Auf Antrag eines Kunden dürfen Daten zur Darstellung der Leistungsmerkmale verwendet werden (§ 8 TDSV). Auf dieser Rechtsgrundlage beruht die **Erstellung von Einzelverbindungsnachweisen**. Die Vorschrift nennt die im Einzelverbindungsnachweis möglichen Daten nicht abschließend. Es besteht aber eine negative Eingrenzung: Nicht genannt werden dürfen die anrufenden oder angerufenen Anschlüsse von bestimmten Sozialeinrichtungen, bei denen ein Vertraulichkeitsinteresse besteht. Die konkrete Umsetzung der Einbeziehung solcher Gespräche in den Einzelverbindungsnachweis ist in § 8 Abs. 2 TDSV nicht ausreichend konkretisiert[3].

103 Ein schwieriges datenschutzrechtliches Problem in Bezug auf den Einzelverbindungsnachweis liegt darin, daß der Anschlußinhaber nicht immer Nutzer der Leistungen sein muß. Insbesondere in Familien und Betrieben sind es in der Regel **Mitbenutzer**, die Dienste in Anspruch nehmen. In § 8 Abs. 1 TDSV wird detailliert geregelt, wie Mitbenutzer einbezogen werden müssen. Dabei verlangt das Gesetz keine Einwilligung der Mitbenutzer. Es genügt, wenn Haushaltsmitglieder oder Arbeit-

---

1 In § 89 TKG findet sich eine solche Einschränkung nicht, was jedoch die Geltung der Vorschrift nicht berührt.
2 TKV v. 11. 12. 1997, BGBl. I 1997, S. 2910, zuletzt geändert durch Art. 1 Erste Verordnung zur Änderung der Telekommunikationskundenschutzverordnung v. 14. 4. 1999, BGBl. I 1999, S. 705.
3 Kritisch zur bisherigen Regelungslücke *Schaar*, Datenschutz in der liberalisierten Telekommunikation, DuD 1997, 17, 21.

nehmer über die Erstellung eines Einzelverbindungsnachweises **informiert** werden. Außerdem sind im betrieblichen Bereich arbeitsrechtliche **Mitbestimmungsfragen** zu berücksichtigen. Dies sollte schon bei der Erstellung von Antragsformularen berücksichtigt werden und diese so angelegt werden, daß der Anschlußinhaber die Einhaltung dieser Verpflichtung mit der Unterzeichnung bestätigt.

Bei der Verwendung von Kundenkarten[1] ist ein deutlicher Hinweis auf die mögliche Mitteilung der gespeicherten Verbindungsdaten vorzusehen (§ 8 Abs. 3 TDSV). Eine Ausnahme gilt nur dann, wenn der Erwerber der Kundenkarte sich verpflichtet hat, die anderen Mitbenutzer zu informieren. 104

9.5.3.2 Störungen und Leistungserschleichung

Als weitere Fallgruppe für die rechtmäßige Verarbeitung von geschützten Daten nennt § 89 Abs. 2 Nr. 1d TKG die Erhebung, Verarbeitung und Nutzung zur **Erkennung und Beseitigung von Störungen an Telekommunikationsanlagen**. In der nächsten Variante wird die Rechtmäßigkeit der Verwendung zur Aufklärung sowie zum **Schutz vor Mißbrauch** geregelt. Beide Varianten finden ihre konkrete Ausgestaltung in § 9 TDSV. 105

Hinsichtlich der Zulässigkeit der Verarbeitung zur Aufdeckung und Beseitigung von Störungen ist die Verwendung von Bestands- und Verbindungsdaten der Kunden zulässig. Eine Aufschaltung auf bestehende Verbindungen ist nach § 89 Abs. 5 TKG erlaubt, wenn dies zu Erkennung und Eingrenzung von Störungen im Netz erforderlich ist. Das Aufschalten muß dem betroffenen Gesprächsteilnehmer jedoch durch ein akustisches Signal angezeigt und ausdrücklich mitgeteilt werden. 106

Für die Verwendung von Daten zur **Aufklärung oder Unterbindung von Leistungserschleichung** enthalten § 89 Abs. 2 Nr. 1e TKG und § 9 TDSV strengere Vorgaben. Ausschlaggebend ist die Frage, ob eine Erhebung, Verarbeitung und Nutzung zum Zwecke der Aufklärung einer Leistungserschleichung erst beim Vorliegen tatsächlicher Anhaltspunkte zulässig ist. In der Praxis ist eine effektive Betrugsbekämpfung nur möglich, wenn alle Kundendaten elektronisch auf solche Anhaltspunkte hin überprüft werden. Die Vorschriften haben dies in einer Sonderbestimmung berücksichtigt. Nach § 9 Abs. 2 S. 1 TDSV können die Daten der vergangenen sechs Monate nach Anhaltspunkten für einen Leistungsmiß- 107

---

1 Der Begriff der Kundenkarte wird in § 2 Nr. 5 TDSV definiert als Karte, mit deren Hilfe Telekommunikationsverbindungen hergestellt und personenbezogene Daten erhoben werden können.

brauch durchsucht werden. Die Regelung bezieht sich nur auf Verbindungsdaten. Bestandsdaten dürfen nur in pseudonymisierter Form mitverwendet werden. Dort, wo sich Anhaltspunkte für eine rechtswidrige Inanspruchnahme bestätigen, greift als Rechtsgrundlage zur weiteren Verarbeitung die Grundregel in Abs. 1 ein. Alle anderen Daten sind unverzüglich zu löschen.

108 Da im Zusammenhang mit der **Leistungserschleichung** häufig Steuersignale imitiert werden, ist es für die Bekämpfung erforderlich, auch den **Nachrichteninhalt** zu **überwachen**. § 89 Abs. 3 TKG läßt dies nur zu, wenn es für Maßnahmen der Betrugsbekämpfung unerläßlich ist. Darüber hinaus ist im Falle einer solchen Maßnahme die RegTP darüber in Kenntnis zu setzen. Außerdem ist der Betroffene zu benachrichtigen, sobald dies ohne Gefährdung des Zwecks der Maßnahme möglich ist. Über die Erfassung solcher Steuersignale hinaus ist eine Erhebung, Verarbeitung und Nutzung anderer Nachrichteninhalte unzulässig, denn es greift keine andere Rechtsgrundlage ein.

109 Die geregelten Ausnahmen sind hinsichtlich der möglichen Erhebung, Verarbeitung und Nutzung von Nachrichteninhalten abschließend, denn Nachrichteninhalte unterliegen in Hinblick auf das Fernmeldegeheimnis nach § 85 TKG einem besonderen Schutz. Nur in § 89 Abs. 4 TKG wird eine Ausnahme eingeräumt für den Fall, daß die Aufzeichnung von Nachrichteninhalten für die Erbringung eines Dienstes aus verarbeitungstechnischen Gründen notwendig ist. Dies ist beispielsweise bei elektronischen Mailboxsystemen der Fall.

9.5.3.3 Marketing

110 Neben den Grundregelungen zu Bestands-, Verbindungs- und Abrechnungsdaten finden sich in § 89 TKG Vorschriften zur **Verwendung von Daten zu Marketingzwecken**, in Verzeichnissen und im Rahmen der Auskunft. Den Kunden werden hier weitgehende Wahlmöglichkeiten eingeräumt. Die Verwendung personenbezogener Daten, die für die Begründung, inhaltliche Ausgestaltung oder Änderung eines Vertragsverhältnisses erhoben wurden, zu Marketingzwecken ist nur mit **Einwilligung des Betroffenen** zulässig (§ 89 Abs. 7 TKG). Bei der Gestaltung von Antragsformularen ist dies entsprechend zu berücksichtigen.

111 Hinsichtlich der Verwendung von Kundendaten zu Marketingzwecken werden nur neue Anbieter aufgefordert, sich die Einwilligung ihrer Kunden einzuholen. Wurden die Daten schon vor dem Inkrafttreten der Regelung erhoben, genügt eine Information der Kunden. Wenn diese nicht widersprechen, gilt das Einverständnis als erteilt. Die DTAG hat dieses Verfahren erst unzureichend und dann mit ausreichender Infor-

mation betrieben[1], so daß ein Großteil ihrer Kundendaten zum Zwecke der Werbung, Kundenberatung oder Marktforschung genutzt werden kann. Bei Anbietern, die sich hierfür im Rahmen der Anmeldung eine Einwilligung der Betroffenen einholen müssen, fällt die Quote der erteilten Einwilligungen wesentlich geringer aus.

9.5.3.4 Kundenverzeichnisse und Auskunft

Eine Eintragung in **Kundenverzeichnisse** darf nur erfolgen, wenn der Kunde dies beantragt (§ 89 Abs. 8 TKG). Es ist ihm eine Auswahl einzuräumen, welche Angaben in Kundenverzeichnissen veröffentlicht werden sollen. Der Kunde hat hierbei nicht eine völlig freie Wahl des Inhalts. Die **Auswahl** beschränkt sich im wesentlichen darauf, welche Angaben er nicht eingetragen haben möchte. Außerdem soll dem Kunden die Wahl eingeräumt werden, ob er nur in gedruckten und/oder auch in elektronischen Verzeichnissen aufgenommen wird. Eine weitere Auswahlmöglichkeit ergibt sich aus der Vorschrift über die Erteilung von Auskünften über im öffentlichen Verzeichnis enthaltenden Daten gemäß § 89 Abs. 9 TKG. Wenn ein Kunde einer solchen Auskunft widerspricht, ist dies durch ein spezielle Kennzeichnung in den gedruckten oder elektronischen Verzeichnissen zu vermerken.

112

Nach § 12 Abs. 1 TKG besteht eine **Verpflichtung** für lizenzierte Telekommunikationsunternehmen, die Sprachkommunikation für die Öffentlichkeit anbieten, auf Anforderung **Teilnehmerdaten** unter Beachtung der anzuwendenden datenschutzrechtlichen Regelungen für Auskunftsdienste und Verzeichnisse in kundengerechter Form **zugänglich zu machen**[2]. Damit werden anbieterübergreifende Verzeichnisse ermöglicht. Auch jeder Dritte hat gegen eine angemessene Vergütung einen solchen Anspruch (§ 12 Abs. 2 TKG). Wenn dieser Dritte kein Diensteanbieter ist, dann richtet sich die weitere Verarbeitung der Daten in manuellen oder elektronischen Verzeichnissen nach den allgemeinen Vorschriften des BDSG[3]. Dies gilt auch für Auskunftsdienste von Anbietern, die nicht geschäftsmäßig Telekommunikationsdienste erbringen. Hierdurch entstand eine gewisse Schutzlücke, die der Gesetzgeber im Rahmen der Novellierung des BDSG geschlossen hat[4].

113

---

1 *Wuermeling/Felixberger*, Fernmeldegeheimnis und Datenschutz, CR 1997, 230, 236 Fn. 59.
2 Siehe für einen allgemeinen Überblick und den Regelungen in der Universaldiensteverordnung (TUDLV) siehe *Ruhle/Geppert*, Auskunfts- und Verzeichnisdienste in einem liberalisierten Telekommunikationsmarkt, K&R 1998, 374.
3 *Wuermeling/Felixberger*, Fernmeldegeheimnis und Datenschutz, CR 1997, 230, 236.
4 § 29 Abs. 3 BDSG.

9.5.3.5 Einwilligung

114 Eine wesentliche Bedeutung im Datenschutzrecht hat die **Einwilligung in die Verwendung von personenbezogenen Daten**. Die entscheidende Frage ist dabei, ob ein Vertragspartner die Erteilung einer Einwilligung zur Bedingung für den Vertragsschluß machen darf. In § 89 Abs. 10 TKG findet sich hierzu eine Regelung, die jedoch wenig zur Klärung beiträgt. Danach darf die geschäftsmäßige Erbringung von Telekommunikationsdiensten und deren Entgeltfeststellung nicht von der Angabe personenbezogener Daten abhängig gemacht werden, wenn sie für die Erbringung oder Entgeltfestlegung dieses Dienstes nicht erforderlich sind. Für letzteren Bereich wäre ohnehin keine Einwilligung notwendig, da die speziellen Rechtsgrundlagen greifen. Für die Praxis bedeutet dies, daß alle Einwilligungserklärungen im Rahmen von Anträgen so zu gestalten sind, daß ihre Zustimmung auch verweigert werden darf und kann. Die Nutzung des Dienstangebotes muß jedoch trotzdem möglich sein.

115 In § 89 Abs. 10 S. 2 TKG heißt es dann aber, daß die Kunden über Inhalt und **Reichweite der Einwilligung** zu informieren sind, wenn der Anbieter die Nutzung personenbezogener Daten eines Kunden von seiner Einwilligung abhängig macht. Diese Regelung könnte zweierlei Bedeutung haben: Erstens kann es sein, daß sie nichts weiter zum Ausdruck bringt als eine Wiederholung der Verpflichtung aus § 4 Abs. 2 BDSG zur Information im Rahmen einer Einwilligung. Als zweite Auslegungsmöglichkeit könnte die Regelung als eine Ausnahme zum generellen Verbot, einen Vertragsschluß von der Erteilung der Einwilligung abhängig zu machen, angesehen werden.

116 Wenn der Kunde entsprechend informiert wird, wäre es danach zulässig, das Vertragsverhältnis von der Erteilung einer Einwilligung abhängig zu machen. Dies würde Anbietern ermöglichen, beispielsweise werbefinanzierte Angebote im Bereich der Telekommunikation einzuführen. Hierbei handelt es sich um Angebote, bei denen die Nutzung der Kundendaten zu Marketingzwecken die finanzielle Einnahmequelle des Unternehmens ist und eine kostenlose oder verbilligte Erbringung des Dienstes zuläßt[1]. Solche Angebote sind nur möglich, wenn der Anbieter die Abgabe einer entsprechenden Einwilligung zur Voraussetzung für die Einbringung seines Dienstes machen kann. Die ausführliche Information würde den Kunden vor einem übereilten Vertragsschluß schützen. Ob eine solche Gestaltung nach der geltenden Vorschrift möglich ist, bleibt

---

1 Wobei wettbewerbsrechtliche Grenzen zu beachten sind. Beispielsweise hat das LG Berlin kostenlose, durch Werbung finanzierte Telefonate als unzumutbare Belästigung der Telefonteilnehmer gemäß § 1 UWG angesehen; LG Berlin, WRP 1999, 1188.

jedoch unklar. Wenn neben dem werbefinanzierten Angebot ein teureres Angebot ohne Einwilligung besteht, dann sind keine datenschutzrechtlichen Bedenken ersichtlich, denn die Vorschrift fordert nicht, das Angebot ohne Einwilligung zum identischen Preis anzubieten.

Hinsichtlich der **Form der Einwilligungserklärung** enthält § 89 Abs. 10 TKG bereits eine Regelung. Gemäß § 1 Abs. 2 TDSV ist auf das BDSG zurückzugreifen, wenn keine Sonderregelung greift. Danach sind Einwilligungserklärungen in der Regel **schriftlich** abzugeben. Es wird also die Unterschrift (§ 126 BGB) des Betroffenen verlangt, die jedoch nach Überarbeitung der Formvorschriften auch durch eine qualifizierte digitale Signatur nach dem Signaturgesetz ersetzt werden kann[1]. Eine **Ausnahme** vom Schriftformerfordernis gilt nach § 4 Abs. 2 S. 2 BDSG, wenn wegen der besonderen Umstände eine andere Form angemessen ist. Diese Ausnahme wird insbesondere bei Erklärungen angewendet, die über Telefon und andere Telekommunikationsverbindungen abgegeben werden. Hier ist die Einholung einer schriftlichen Einwilligung nicht erforderlich, wenn der mit ihrer Einholung verbundene Aufwand unangemessen wäre. Die Ausnahme wird sehr restriktiv ausgelegt, da bei datenschutzrechtlich bedeutungsvollen Einwilligungen die getrennte Einholung einer schriftlichen Einwilligung in der Regel für zumutbar gehalten wird[2]. 117

Als weitere Alternative bietet sich eine **elektronische Einwilligung** an. Die genauen Voraussetzungen einer elektronischen Einwilligung werden in § 4 TDSV geregelt. Die Voraussetzungen entsprechen nicht § 3 Abs. 7 Teledienstedatenschutzgesetz (TDDSG)[3]. Insbesondere findet sich in § 4 TDSV nicht mehr die Voraussetzung, daß der Urheber der Einwilligung erkannt werden kann. Diese Voraussetzung hat in der Praxis zu Rechtsunsicherheit geführt, da teilweise eine Art elektronische Signatur zur Abgabe der Einwilligung gefordert wurde[4]. Im Rahmen eines Gesetzes über rechtliche Rahmenbedingungen für den elektronischen Geschäftsverkehr (Elektronischer Geschäftsverkehr-Gesetz – EGG)[5] soll eine entsprechende praxisgerechte Anpassung der Vorschrift auch im TDDSG erfolgen. 118

Wenn eine elektronische Einwilligung eingeholt wird, fordert § 89 Abs. 10 S. 2 TKG, daß für einen angemessenen Zeitraum eine **Rücknah-** 119

---

1 Gesetz über Rahmenbedingungen für elektronische Signaturen (Signaturgesetz – SigG) vom 16. 5. 2001 (BGBl. I, 876).
2 Zu einzelnen Fallgruppe siehe *Schaffland/Wiltfang*, BDSG, § 4 Rz. 9.
3 A. A. *Büttgen*, Ein langer Weg – Telekommunikations-Datenschutzverordnung endlich in Kraft getreten, RDV 2001, 6, 8.
4 *Schmitz*, in: Schuster, Vertragshandbuch Telemedia, Erster Teil, Kapitel 3, Rz. 118.
5 Entwurf in BR-Drucks. 14/6098.

memöglichkeit eingeräumt wird. Die Rücknahmemöglichkeit soll nach § 4 Nr. 4 TDSV mindestens eine Woche betragen. Hier zeigt sich nochmals die Inkonsistenz der Vorschrift, denn eine Einwilligung, die nicht vom Abschluß eines Vertrages abhängig gemacht wird, kann ohnehin jederzeit zurückgenommen werden[1].

9.5.3.6 Übermittlung an ausländische Stellen

120 Die internationale Struktur von vielen Telekommunikationsunternehmen beruht auf zentralisierten technischen Einrichtungen. Dies gilt insbesondere für die Entgeltabrechnung und Betrugsbekämpfung. Nach Umsetzung der Europäischen Datenschutzrichtlinie in deutsches Recht kann auf Auftragsdatenverarbeiter i. S. v. § 11 BDSG innerhalb der EU zurückgegriffen werden, ohne daß damit eine Übermittlung im datenschutzrechtlichen Sinne erfolgt[2]. Die deutsche Tochtergesellschaft eines internationalen Telekommunikationsunternehmens kann deshalb beispielsweise die Entgeltabrechnung durch eine andere Tochtergesellschaft in Holland durchführen lassen, wenn vertraglich und tatsächlich eine **Auftragsdatenverarbeitung** vorliegt.

121 Die datenschutzrechtliche Privilegierung der Auftragsdatenverarbeitung gilt **nicht** für Verarbeiter **außerhalb der EU und dem Europäischen Wirtschaftsraum**. Hier kommt es zu einer Übermittlung im Sinne des BDSG. Zulässig ist eine solche Übermittlung nur, wenn die anwendbaren datenschutzrechtlichen Vorschriften sie erlaubt[3]. Darüber hinaus gelten nach Umsetzung der Europäischen Datenschutzrichtlinie besondere Beschränkungen für die Übermittlung in Länder ohne angemessenes Datenschutzniveau (§§ 4b und c BDSG)[4].

122 Fragwürdig ist in diesem Zusammenhang der **Regelungsgehalt von § 3 Abs. 6 TDSV**. Danach dürfen Diensteanbieter personenbezogene Daten nach Maßgabe des BDSG „nur" an ausländische Stellen übermitteln, soweit es für die Erbringung von Telekommunikationsdiensten, für die Erstellung oder Versendung von Rechnungen oder für die Mißbrauchsbekämpfung (§ 9 Abs. 1 Nr. 2 TDSV) erforderlich ist. Die Vorschrift beschränkt die Möglichkeiten des internationalen Datentransfers, denn unter anderen als den genannten Voraussetzungen ist eine Übermittlung unzulässig[5]. Damit würde auch die Einwilligung als Rechtmäßigkeitstat-

---

1 *Gola/Schomerus*, BDSG, § 4 Ziff. 7.1.
2 § 3 Abs. 8 S. 1 BDSG.
3 *Wuermeling/Felixberger*, Fernmeldegeheimnis und Datenschutz, CR 1997, 230, 237.
4 Siehe *Wuermeling*, Handelshemmnis Datenschutz, Köln 2000.
5 *Büttgen*, Ein langer Weg – Telekommunikations-Datenschutzverordnung endlich in Kraft getreten, RDV 2001, S. 6–12 (8).

bestand ausscheiden. Der Vorrang der Einwilligung ist aber ein übergeordnetes Prinzip, das vor dem Hintergrund des grundrechtlich geschützten Rechtes auf „informationelle Selbstbestimmung" nicht ausgeschlossen werden darf.

Einen Rechtsmäßigkeitstatbestand enthält § 3 Abs. 6 TDSV nicht[1]. Soweit die Übermittlung an ausländische Stellen „erforderlich" ist, ergibt sich die **Zulässigkeit direkt aus den §§ 5 ff. TDSV**. Aus § 3 Abs. 6 TDSV läßt sich allenfalls die Wertung des Verordnungsgebers ableiten, daß Übermittlungen in das Ausland für die genannten Zwecke erforderlich sein können. Insofern ist die Vorschrift hilfreich, denn sie stützt die Praxis, die stets auf eine Einwilligung der Betroffenen für Übermittlungen dieser Art verzichtet hat. Letztlich unbeantwortet bleibt die Frage, wann eine Auslandsübermittlung tatsächlich „erforderlich" ist. 123

Die juristische Fragestellung hinter diesem Problem ist, ob **betriebswirtschaftliche Standortentscheidungen** gegenüber der datenschutzrechtlichen Beschränkung vorrangig sind. Wenn dies der Fall ist, kann das Unternehmen erst entscheiden, in welchem Land welche Leistungen erbracht werden. Die datenschutzrechtliche Prüfung beschränkt sich darauf, ob unter Anerkennung der getroffenen betriebswirtschaftlichen Entscheidung die Übermittlung erforderlich ist. Wenn jedoch die datenschutzrechtliche Beschränkung der betriebswirtschaftlichen Entscheidung vorgeht, dann müssen auch organisatorische Umstellungen in Kauf genommen werden, um einen Auslandsdatentransfer zu vermeiden. Deshalb muß bei der Beurteilung der Erforderlichkeit auch das Zumutbarkeitskriterium einfließen, bei dem auch die Schutzwürdigkeit der Daten und das Schutzniveau beim Empfänger zu berücksichtigen sind. Die amtliche Begründung zur TDSV läßt beispielsweise die Möglichkeit, im Ausland kostengünstiger Rechnungen erstellen zu können, für die Erforderlichkeit der Übermittlung ausreichen[2]. Ein so weit gehender Vorrang wirtschaftlicher Interessen wird sehr kritisch beurteilt[3]. Vor diesem Hintergrund bietet die Konzeption der innereuropäischen Auftragsdatenverarbeitung mehr Rechtssicherheit für den Diensteanbieter, als sich auf die Frage der Beurteilung der Erforderlichkeit einzulassen. 124

Die Regelung des § 3 Abs. 6 TDSV enthält neben der Auslegungshilfe eine weitere Klarstellung, denn eine **Übermittlung an ausländische Stellen** soll nur nach Maßgabe des BDSG zulässig sein. Wenn personenbezo- 125

---

[1] A. A. *Schmitz*, in: Schuster, Vertragshandbuch Telemedia, Erster Teil, Kapitel 3, Rz. 20.
[2] BR-Drucks. 300/00 v. 29. 9. 2000, S. 16.
[3] Büttgen, Ein langer Weg – Telekommunikations-Datenschutzverordnung endlich in Kraft getreten, RDV 2001, 6, 8.

gene Daten im Sinne des BDSG in das außereuropäische Ausland übermittelt werden, gelten neben den allgemeinen Übermittlungsvoraussetzungen zusätzlich die in das BDSG im Rahmen der Umsetzung der Europäischen Datenschutzrichtlinie eingefügten besonderen Beschränkungen für Übermittlungen in Drittländer (§§ 4c und d BDSG).

126 Nach der sog. **Drittländerregelung** der Europäischen Datenschutzrichtlinie gelten besondere Beschränkungen, wenn Daten in ein Land übermittelt werden sollen, in dem kein „**angemessenes Datenschutzniveau**" besteht. Eine solche Übermittlung ist grundsätzlich unzulässig. Ausnahmen bestehen dann, wenn der Betroffene eingewilligt hat oder die Übermittlung im Rahmen der Durchführung eines Vertragsverhältnisses erforderlich ist (z. B. Übermittlung von Daten für internationales Roaming). Eine weitere Ausnahme greift, wenn durch vertragliche Regelungen zwischen dem Versender und dem Empfänger der Daten ausreichende Garantien für den Schutz der Daten geschaffen werden. Ob die Garantien ausreichend sind, beurteilt die jeweils zuständige Datenschutzaufsichtsbehörde im Rahmen eines Genehmigungsverfahrens[1].

127 Besonders in den **USA** wurde die Schaffung der Drittländerregelung mit großer Sorge beobachtet, da man in den meisten Bereichen nicht über ein angemessenes Datenschutzniveau verfügt und deshalb Hemmnisse für den Handel mit Mitgliedstaaten der EU befürchtete. In der Folge wurde zwischen dem US-Handelsministerium und der Europäischen Kommission eine **Sonderregelung** vereinbart, die unter dem Namen Safe Harbor Privacy Principles[2] bekannt ist, aber nicht für den Bereich der Telekommunikation greift.

128 Wenn kein angemessenes Datenschutzniveau vorliegt, kein Vertragsverhältnis die Übermittlung erfordert und keine genehmigten ausreichenden Garantieren geboten werden, bedarf die grenzüberschreitende Übermittlung personenbezogener Daten in der Regel der Einwilligung der Betroffenen.

9.5.4 Kontrolle und Sanktionen

129 Im allgemeinen Datenschutzrecht nach dem BDSG obliegt die Kontrolle der Einhaltung der datenschutzrechtlichen Vorschriften im Bereich der Privatwirtschaft den von den einzelnen Bundesländern eingesetzten **Aufsichtsbehörden** (§ 38 Abs. 6 BDSG). Im TKG wird von dieser Struktur in dreifacher Hinsicht abgewichen. Der RegTP wird in § 91 Abs. 1 TKG eine generelle Kontrollaufgabe zugewiesen. In diesem Rahmen darf

---

1 Siehe hierzu Standardvertragklauseln der Europäischen Kommission.
2 ABlEG Nr. L 215, S. 7–41, v. 25. 8. 2000.

die RegTP **Auskünfte** verlangen und **Überprüfungen** durchführen. Gemäß § 91 Abs. 3 TKG wird ihr das Recht eingeräumt, die geschäftsmäßige Erbringung von Telekommunikationsdiensten ganz oder teilweise zu untersagen, wenn mildere Eingriffe zur Durchsetzung rechtmäßigen Verhaltens nicht ausreichen. Zusätzlich besteht gegenüber lizenzierten Telekommunikationsunternehmen die Möglichkeit des Lizenzentzugs nach § 15 TKG.

Die RegTP erhielt durch das TKG stärkere **Eingriffsbefugnisse** als die Aufsichtsbehörden im BDSG. Dort fehlte es in bezug auf die Rechtmäßigkeitstatbestände des Datenschutzrechts an effektiven Befugnissen zur Durchsetzung der Rechtsauffassung der Aufsichtsbehörden. Eine Ausnahme bildete nur der Bereich der technischen und organisatorischen Maßnahmen zur Datensicherheit (§ 38 Abs. 5 BDSG). Geschäftsmäßige Anbieter von Telekommunikationsdiensten unterliegen damit einer stärkeren Kontrolle als die Privatwirtschaft in anderen Bereichen. Durch die Novellierung des BDSG wurden aber auch die allgemeinen Befugnisse der Aufsichtsbehörden erweitert. Dies gilt insbesondere für die erweiterten Bußgeldvorschriften in § 43 Abs. 2 BDSG und ein neues Strafantragsrecht der Aufsichtsbehörden. 130

Neben dieser zusätzlichen Kontrolle durch die RegTP besteht eine weitere Abweichung darin, daß dem Bundesbeauftragten für den Datenschutz in § 91 Abs. 4 TKG die Aufgaben der Aufsichtsbehörden zugewiesen sind. Da es sich bei Telekommunikationsanbietern meistens um bundesweit tätige Unternehmen handelt, sah der Gesetzgeber ein Bedürfnis, diesem Bereich einer **zentralen Aufsicht** zuzuordnen. Der Bundesbeauftragte ist zum Zeitpunkt der staatlichen Erbringung von Telekommunikationsdiensten bereits für diesen Bereich zuständig gewesen, da es sich um Bundesverwaltung gehandelt hat. Insofern wird durch die gesetzliche Regelung der Status quo aufrechterhalten. 131

Eine weitere Abweichung zu den allgemeinen Regeln der datenschutzrechtlichen Aufsicht besteht darin, daß die Aufsicht durch den Bundesbeauftragten sich nicht nach den allgemeinen Regelungen für die Aufsicht über die Privatwirtschaft richtet, sondern auf die entsprechenden Vorschriften der **Aufsicht gegenüber der Bundesverwaltung** verwiesen wird. 132

Die **Bußgeldvorschriften** in § 96 TKG verweisen nicht direkt auf Vorschriften des § 89 TKG. Es wird jedoch in § 96 Abs. 1 Nr. 9 TKG die Möglichkeit eingeräumt, im Rahmen der Rechtsverordnung Bußgeldtatbestände einzuführen. In der TDSV findet sich eine Regelung zu Ordnungswidrigkeiten (§ 17 TDSV), die auf § 96 Abs. 1 Nr. 9 TKG verweist. 133

134 Aufgrund von § 40 TKG bestehen Unterlassungs- und Schadensersatzansprüche des betroffenen Nutzers, wenn Verstöße gegen Datenschutzvorschriften des TKG[1] vorliegen.

135 Nicht zuletzt greifen **Sanktionen des BDSG**, soweit die Verarbeitung personenbezogener Daten im Sinne des BDSG betroffen ist. Die Sanktionen des § 44 BDSG sehen in eingeschränkten Fallgestaltungen eine Strafbarkeit vor. Ausgangpunkt der Strafnorm ist das im BDSG verankerte Verbotsprinzip mit Erlaubnisvorbehalt. Das Verbot muß sich demnach direkt aus dem Anwendungsbereich des BDSG ergeben. Wenn bereichsspezifische Regelungen gelten, kann auf die hierdurch verdrängten Erlaubnistatbestände des BDSG nicht zurückgegriffen werden. Die Sanktionierung von Verstößen gegen die Datenschutzvorschriften im TKG und in der TDSV nach § 44 BDSG ist deshalb möglich[2]. Aus § 44 BDSG ergibt sich beispielsweise keine Strafbarkeit, wenn es um die Verarbeitung von Daten geht, die ausschließlich einen Bezug zu einer juristischen Person haben.

136 Verstöße gegen datenschutzrechtliche Vorschriften können **wettbewerbsrechtlich sanktioniert** werden. Abgesehen von § 17 UWG kommt der Vorwurf der Erlangung eines Wettbewerbsvorteils durch Rechtsbruch nach § 1 UWG in Betracht[3]. Auf dieser Grundlage können Wettbewerber und Verbraucherschutzvereine gegen einen Anbieter vorgehen, der gegen die geltenden Datenschutzvorschriften verstößt. Nicht jeder Verstoß überschreitet dabei die Grenzen der Unlauterkeit im Geschäftsverkehr[4].

9.6 Unterstützung staatlicher Überwachung

9.6.1 Pflichten und Regelungsrahmen

137 Eine Reihe von Vorschriften im 11. Teil des TKG betreffen nicht den Schutz personenbezogener Daten, sondern deren **Zugänglichmachung**

---

1 Hierzu genügt jedoch nicht ein Verstoß gegen eine objektive Bestimmung des TKG, sondern es muß sich um einen Verstoß gegen eine solche handeln, die den Schutz des Anspruchsstellers bezweckt.
2 *Schmitz*, in: Schuster, Vertragshandbuch Telemedia, Erster Teil, Kapitel 3, Rz. 3; kritisch *Spindler*, in: Hoeren/Sieber, Multimedia-Recht, Teil 19, Rz. 545 ff., Rz. 590 ff.
3 OLG Köln, MMR 2000, 106; zuletzt einschränkend OLG Frankfurt v. 13. 12. 2000 – 13 U 204/98.
4 BGH, MMR 1999, 477; als weitere Variante könnten Verbraucherschutzverbände direkt über das AGBG vorgehen, wenn es sich bei Datenschutzvorschriften um Verbraucherschutzvorschriften handelt. Dies ist jedoch mehr als zweifelhaft.

für die Zwecke der staatlichen Überwachung[1]. In § 88 TKG findet sich eine Verpflichtung zur Schaffung von technischen Überwachungseinrichtungen. Eine allgemeine Auskunftspflicht über Bestandsdaten enthält § 89 Abs. 8 TKG. Darüber hinaus besteht nach § 90 TKG eine Verpflichtung zur Bereithaltung von Kundendatenbanken zum Zwecke der Auskunft an staatliche Stellen. Hierzu dient ein elektronisches Auskunftssystem, das den Behörden den Online-Zugriff auf diese Kundendatenbanken über die RegTP ermöglicht.

Durch die Liberalisierung des Telekommunikationsmarktes haben staatliche Stellen keine Möglichkeit mehr, im Rahmen der **Amtshilfe** Auskünfte über Kunden von Telekommunikationsdiensten zu erhalten. Die Überwachung der Telekommunikation spielt als Ermittlungsinstrument jedoch eine wesentliche Rolle. Deshalb werden die Zugriffsrechte durch die speziellen Regelungen in TKG in bezug auf die privatisierte Deutsche Telekom AG und die neuen Anbieter gesichert. 138

Der erforderliche organisatorische und technische **Aufwand zur Umsetzung** der geforderten Überwachungsmaßnahmen ist für neu in den Markt eintretende Anbieter erheblich. Bei einem bundesweiten Verbindungsnetzbetreiber können je nach Anbieter der Technik die Kosten für die Einrichtung des Überwachungssystems und die Begleitung des Genehmigungsverfahrens wesentlich über den Kosten für die Telekommunikationslizenz liegen. 139

Die gesetzlichen Verpflichtungen sind schon sehr früh von neuen Anbietern zu berücksichtigen. Sie beginnen bei der Auswahl der genutzten Vermittlungstechnik. Wenn die Vermittlungstechnik nicht die erforderlichen **Schnittstellen für Überwachungsmaßnahmen** bietet, sind nachträgliche Umstellungen entweder nur mit sehr hohem finanziellen Aufwand oder gar nicht möglich. Es ist darauf zu achten, daß die Hersteller von Vermittlungstechnik bereits ein sogenanntes Rahmenkonzept für die technische Umsetzung von Überwachungsmaßnahmen mit der RegTP abgestimmt haben. Dies erleichtert wesentlich das Verfahren zur Genehmigung der verwendeten Überwachungstechnik. Außerdem sollten alle für die Abgabe eines Überwachungskonzeptes und dessen Realisierung erforderlichen Leistungen schon im Kaufvertrag über die Anlagen vereinbart werden. Anderenfalls kommt der Käufer der Anlage in eine schwierige Verhandlungsposition, wenn er erst nachträglich die Zusatzkomponenten einkaufen will, denn der Hersteller ist hinsichtlich dieser Leistungen faktisch ein Monopolist. 140

---

1 Siehe zum Umfang staatlicher Überwachung *Kiper/Ruhmann*, Überwachung der Telekommunikation, DuD 1998, 155–161. Auf der Grundlage von § 100a StPO ergingen im Jahr 1999 10.832 richterliche Anordnungen und 1.819 staatsanwaltschaftliche Eilanordnungen (BT-Drucks. 14/4863 S. 8).

141 Wichtig ist auch, daß Telekommunikationsanbieter die für die Genehmigung von Überwachungstechnik erforderliche **Zeitspanne bei der Planung des Markteintritts** einkalkulieren. Im Gegensatz zum Sicherheitskonzept[1] ist vor Inbetriebnahme nicht nur die Vorlage des Überwachungskonzeptes, sondern dessen Genehmigung und Umsetzung erforderlich. Erst wenn die erforderliche Überwachungstechnik eingerichtet und von der RegTP abgenommen ist, darf der Betrieb aufgenommen werden (§ 88 Abs. 2 S. 4 TKG)[2].

142 Rechtliche Grundlage für die Verpflichtung zur Schaffung von technischen Einrichtungen und Verfahren sind die §§ 88 und 90 TKG. Hierzu enthält § 88 Abs. 2 S. 2 TKG eine Verordnungsermächtigung. Von dieser ist lange nicht Gebrauch gemacht worden. Es galt deshalb die bereits unter § 10b S. 2 des Gesetzes über Fernmeldeanlagen (FAG)[3] erlassene Verordnung über die technische Umsetzung von Überwachungsmaßnahmen des Fernmeldeverkehrs in Fernmeldeanlagen, die für den öffentlichen Verkehr bestimmt sind (FÜV)[4], fort. Die FÜV wird durch technische Richtlinien ergänzt, die als vertrauliche Dokumente deklariert sind. Um diese Richtlinien zu erhalten, muß zuvor eine Vertraulichkeitserklärung gegenüber der RegTP abgegeben werden[5].

143 Ein Referentenentwurf für eine **Telekommunikations-Überwachungsverordnung** (TKÜV)[6] wurde erstmals im Juni 1998 vorgelegt und sollte mit Wirtschaftsvertretern diskutiert werden[7]. Wegen heftiger politischer Proteste und der zu diesem Zeitpunkt nahenden Bundestagswahl hatte

---

1 Zu diesem Sicherheitskonzept nach § 87 TKG siehe Teil 9.4.4.
2 Nach § 88 Abs. 2 S. 5 TKG soll die RegTP über die Genehmigung binnen sechs Wochen nach Eingang des Antrags und über die Abnahme binnen 6 Wochen nach Eingang der schriftlichen Anzeige nach § 88 Abs. 2 S. 4 Nr. 2 TKG entscheiden. Eine Genehmigungs- bzw. Abnahmefiktion nach Ablauf dieser Frist ist gesetzlich nicht vorgesehen. Auch der TKÜV-Entwurf vom 25. 1. 2001 sieht eine solche Fiktion nicht vor. Aufgrund ihres Charakters als reine Soll-Vorschrift kann sich ein Unternehmen nicht auf die Wahrung dieses Zeitraumes verlassen. Damit werden insbesondere Anträge und Anzeigen, die gegen Ende der ersten „Antragswelle" bei der RegTP eingehen, erheblich größere Zeitspannen mit sich bringen.
3 Siehe dazu *Schäfer/Bock*, Überwachung des Fernmeldeverkehrs mittels privater Netzbetreiber, ArchPT 1996, S. 19; *Helf*, Sicherheit in der Telekommunikation als Regulierungsaufgabe, CR 1997, 331–335 (333).
4 Fernmelde-Überwachungsverordnung (FÜV) vom 18. 5. 1995, BGBl. I 1995, 722.
5 Formulare hierfür sind bei der RegTP erhältlich.
6 Entwurf vom 11. 5. 1998.
7 Siehe zu den Hintergründen *Wuermeling*, Telekommunikationsüberwachung: Ausweitung der Pflichten auf Kosten der Industrie, Datenschutz-Berater 6/1998, S. 1.

die Bundesregierung jedoch den Verordnungsentwurf zurückgestellt[1]. Im Zentrum der Kritik lag die Ausweitung der Verpflichtungen auf alle geschäftsmäßigen Anbieter von Telekommunikationsdiensten und die Konkretisierung der Verpflichtungen in Bezug auf Datenkommunikation[2]. Nach zwei heftig kritisierten Entwürfen einer TKÜV vom 25. 1. 2001[3] und vom 6. 9. 2001[4] wurde die TKÜV am 24. 10. 2001 in der Entwurfsfassung vom 27. 9. 2001 vom Bundeskabinett beschlossen. Unter dem Eindruck der Ereignisse am 11. 9. 2001 in den USA konnte die Bundesregierung die Widerstände der Wirtschaft überwinden.

9.6.2 Verpflichteter Personenkreis

Die unterschiedlichen Verpflichtungen im TKG zur Unterstützung der Sicherheitsbehörden treffen grundsätzlich **alle geschäftsmäßigen Anbieter** von Telekommunikationsdiensten. Dadurch ist der Kreis der Verpflichteten sehr weit. Aus den einzelnen gesetzlichen Regelungen und der TKÜV ergeben sich jedoch Abweichungen von diesem Grundsatz. Außerdem bestehen immanente Beschränkungen der Verpflichtungen. 144

Aus § 88 TKG, der die technische Umsetzung von Überwachungsmaßnahmen regelt, ist der **Kreis der Verpflichteten** nicht direkt ersichtlich. Die Verpflichtung trifft laut § 88 Abs. 1 TKG die Betreiber einer Telekommunikationsanlage[5]. 145

Der Kreis der nach § 88 TKG Verpflichteten wird jedoch dadurch begrenzt, daß nur solche verpflichtet sein können, bei denen es aufgrund der gesetzlichen Befugnisnormen zu Überwachungsmaßnahmen kommen kann[6]. Diese Befugnisnormen wiederum befinden sich in der Strafprozeßordnung (StPO), dem Außenwirtschaftsgesetz (AWG) und dem Gesetz zur Beschränkung des Brief-, Post- und Fernmeldegeheimnisses

---

1 *Wuermeling*, Neue Telekommunikations-Überwachungsverordnung vertagt, Datenschutz-Berater 7+8/1998, 31.
2 Nach einer Entscheidung des BGH ermächtigt § 101a StPO sogar zum Zugriff auf Mailboxen; BGH v. 31. 7. 1995, DuD 1996, 625; siehe auch *Eisenberg/Nischan*, Strafprozessualer Zugriff auf digitale multimediale Videodienste, JZ 1997, 74; zur Kritik der Industrie siehe VATM, Stellungnahme zum Entwurf einer Rechtsverordnung nach § 88 TKG, Köln, 7. 7. 1998.
3 *Felixberger*, Datenschutz-Berater 3/2001, 7; *Eckhardt*, Datenschutz-Berater, 7+8/2001, 17.
4 Grundlegend zur Kritik: *Eckhardt*, TKÜV – Ein Überblick, CR 2001, 670; *Eckhardt*, Datenschutz-Berater, 10/2001, 5.
5 Siehe Teil 9.2.4.
6 So ausdrücklich § 88 Abs. 5 TKG: „. . . nach den §§ 100a, 100b stopp der Strafprozessordnung verpflichteten Betreiber von Telekommunikationsanlagen . . ." (§ 88 Abs. 5 TKG regelt die Verpflichtung zur Erstellung einer Jahresstatistik).

(G10-Gesetz) und verpflichten alle geschäftsmäßigen Anbieter von Telekommunikationsanlagen zur Ermöglichung der Überwachung und Aufzeichnung[1]. Erst durch das BegleitG wurde der Anwendungsbereich dieser Befugnisnormen auf alle geschäftsmäßigen Anbieter und damit wesentlich erweitert[2]. Dies können auch Nebenstellenanlagen in Hotels und Krankenhäusern, Clubtelefone und Nebenstellenanlagen in Betrieben und Behörden, soweit sie den Beschäftigten zur privaten Nutzung zur Verfügung gestellt sind, sein[3]. Voraussetzung ist nur, daß die Telekommunikationsdienste Dritten angeboten werden.

146 Die Verpflichtung zur technischen **Umsetzung von Überwachungsmaßnahmen** trifft damit diejenigen, die Betreiber einer Telekommunikationsanlage sind, die zum Zwecke des geschäftsmäßigen Angebots von Telekommunikationsdiensten genutzt wird. In der Regel fällt die Eigenschaft des Betreibers und des Anbieters zusammen. Es sind jedoch auch Konstellationen denkbar, in denen der Anbieter nicht gleichzeitig der Betreiber einer Telekommunikationsanlage ist und umgekehrt. Verpflichteter der technischen Umsetzungspflicht ist immer der Betreiber[4].

147 Durch die FÜV wurde der weite Anwendungsbereich von § 88 TKG bisher nicht realisiert, da die Verordnung noch vor Schaffung des TKG und der Ausweitung der Befugnisnormen erlassen wurde. Die **FÜV** galt nur für Betreiber von Telekommunikationsanlagen, die für den öffentlichen Verkehr bestimmt sind (§ 1 FÜV). Die allgemeine Verpflichtung aus § 88 Abs. 1 TKG ist damit noch nicht vollständig durch eine Rechtsverordnung umgesetzt. Die TKÜV[5] sieht eine Reihe von Sonderregelungen für Bereiche vor, in denen eine Verpflichtung zur Schaffung von Überwachungsmaßnahmen unangemessen wäre[6]. Die von den Interessensverbänden und der Industrie geforderten Einschränkungen des Anwendungsbereichs der sich aus § 88 Abs. 1 TKG ergebenden Verpflichtungen unter dem Gesichtspunkt der Verhältnismäßigkeit sind jedoch nur unzureichend berücksichtigt worden. Die TKÜV gilt zwar nur für die Betreiber von Telekommunikationsanlagen, mittels derer Telekommunikationsdienstleistungen für die Öffentlichkeit (§ 3 Nr. 19 TKG) angeboten werden[7]. Die erforderlichen ausdrücklichen Einschränkungen

---

1 Zum Verhältnis der Regelungskomplexe des TKG und der StPO, des AWG und des G 10-G siehe *Eckhardt*, TKÜV – Ein Überblick, CR 2001, 670.
2 *Felixberger*, Staatliche Überwachung der Telekommunikation, CR 1998, 143; *Gundermann*, Das neue TKG-Begleitgesetz, K&R 1998, 48.
3 Siehe Teil 9.2.2.
4 Verpflichteter der Überwachungsanordnung nach StPO, AWG oder G 10 ist jedoch der Anbieter.
5 Siehe Teil 9.6.1.
6 *Eckhardt*, Die TKÜV – Ein Überblick, CR 2001, 670.
7 Siehe Teil 9.2.4.

der sich unmittelbar aus § 88 TKG ergebenden Pflichten durch die TKÜV sind nur unzureichend erfolgt[1].

In einem speziellen Bereich beruft sich die RegTP bereits heute auf den erweiterten Anwendungsbereich von § 88 TKG. Dabei geht es insbesondere um die **Weiterleitung von CLIs**[2]. Die Identifikation des Anrufers wird von der Vermittlungstechnik mancher Anbieter nicht weitergeleitet. Die RegTP fordert von den Anbietern auf der Grundlage von § 88 TKG, daß die Weiterleitung der CLI realisiert wird. Im Referentenentwurf der Telekommunikations-Überwachungsverordnung ist die Verpflichtung ausdrücklich festgeschrieben. Vor deren Verabschiedung ist fraglich, ob die Verpflichtung allein auf der Basis von § 88 TKG für Anbieter greift, die keinen Fernmeldeverkehr für die Öffentlichkeit anbieten. 148

In § 89 Abs. 6 TKG findet sich eine allgemeine Verpflichtung, den Sicherheitsbehörden **Auskünfte über Bestandsdaten** zu erteilen. Die danach berechtigten Behörden werden einzeln aufgeführt. Verpflichtet werden nur geschäftsmäßige Anbieter von Telekommunikationsdiensten, wenn sie Daten zur Begründung, inhaltlichen Ausgestaltung oder Änderung eines Vertragsverhältnisses erhoben haben. Andernfalls haben sie keine Möglichkeit, Auskünfte zu geben. Dies ist beispielsweise beim anonymen Verkauf von Telefonkarten der Fall. Das VG Köln hat vor diesem Hintergrund de lege lata keine Verpflichtung der Anbieter von Telekommunikationsdiensten erkannt, im Rahmen des Verkaufs von Prepaid-Produkten Kundendaten zu erheben, zu überprüfen und eine Kundenidentifizierung vorzunehmen, weil hierfür das TKG de lege lata keine Grundlage enthalte[3]. Gleichzeitig hat das VG Köln auch ausgeführt, daß bis zur endgültigen Klärung dieser Frage, gegebenenfalls auch nur eine gesetzgeberische Nachbesserung, weiterhin die Bestandsdaten auch bei Prepaid-Produkten erhoben werden müssen[4]. 149

Die Verpflichtung nach § 90 TKG, **Kundendateien für Sicherheitsbehörden** bereitzustellen, greift für alle geschäftsmäßigen Anbieter von Telekommunikationsdiensten. Gemäß § 90 Abs. 2 S. 1 TKG soll hierfür ein automatisiertes Verfahren eingerichtet werden, das den Sicherheitsbehörden Zugriff auf Kundendaten ermöglicht. Auch hier ist noch offen, welcher Kreis von Anbietern in die Verpflichtung zur Teilnahme am automatisierten Verfahren einbezogen werden soll. 150

---

1 *Eckhardt*, Datenschutz-Berater 10/2001, 5; *Eckhardt*, Die TKÜV – Ein Überblick, CR 2001, 670.
2 Calling Line Identity (CLI).
3 VG Köln, Urt. v. 22. 9. 2001 (11 K 240/00), RDV 2000, 275 ff.
4 VG Köln, Beschl. v. 22. 9. 2001 (11 L 406/00), RDV 2000, 278 f.

151 Im Gegensatz zur Verpflichtung nach § 88 TKG ist nach § 90 TKG keine Verordnung zur näheren Spezifizierung vorgesehen. Aus diesem Grund ist es der RegTP überlassen, wie sie im Einvernehmen mit den Sicherheitsbehörden und der Industrie das automatisierte Verfahren umsetzt. Für die Anbieter kann das automatisierte Verfahren Vorteile haben, denn die manuelle Auskunftsabfrage durch die Sicherheitsbehörden führt bei großen Anbietern zu einem erheblichen Verwaltungsaufwand[1].

9.6.3 Inhalt der Verpflichtung

9.6.3.1 Umsetzung von Überwachungsmaßnahmen

152 Wer zur Umsetzung von Überwachungsmaßnahmen verpflichtet ist, darf den **Betrieb** der Telekommunikationsanlage erst aufnehmen, wenn der Betreiber der Telekommunikationsanlage die erforderlichen technischen und organisatorischen Maßnahmen getroffen hat und diese von der RegTP **abgenommen** wurden (§ 88 Abs. 2 S. 4 TKG). In einer älteren Fassung des TKG findet sich die Regelung zur Abnahme nicht, da sie erst durch das BegleitG eingefügt wurde[2].

153 Die Verpflichtung zur Einrichtung von Überwachungsmaßnahmen bezieht sich gleichermaßen auf den Bereich der **Sprachtelefonie** und auf **Datenübertragungen**. Bisher sind die Anforderungen für die Überwachung bei Datenübertragungen nicht ausreichend spezifiziert[3] und deren Effektivität noch sehr umstritten. Durch die TKÜV und die noch auszuarbeitende Technische Richtlinie (§ 11 TKÜV) soll in diesem Bereich weiter Klarheit geschaffen werden[4].

154 Bei der **Auslegung der Befugnisnormen** in Hinblick auf technische Neuerungen und Veränderungen geht die Praxis sehr weit. Bereits 1995 hat der Ermittlungsrichter beim Bundesgerichtshof den Abruf von Informationen aus einer Mailbox auf der Grundlage des § 100a StPO zugelassen[5]. Hinsichtlich des Zugriffs auf Speicherinhalte ist eine gesetzgeberische Unstimmigkeit durch das BegleitG[6] entstanden, da in § 39 Abs. 1 S. 1 AWG die in Datenspeichern abgelegten Inhalte ausdrücklich mit

---

1 Der jedoch im Gegensatz zu den Aufwendungen für die Verpflichtung nach § 90 TKG von einer Kostenerstattungspflicht gedeckt sein kann; siehe unten Teil 9.6.3.3.
2 Jetzt in § 88 Abs. 2 S. 4 Nr. 3 TKG geregelt.
3 *Wuermeling/Felixberger*, Fernmeldegeheimnis und Datenschutz, CR 1997, 230, 232.
4 Zur insoweit an der TKÜV bestehenden Kritik: *Eckhardt*, TKÜV – Ein Überblick, CR 2001, 670.
5 Ermittlungsrichter beim BGH, CR 1996, 488–489.
6 BegleitG, BR-Drucks. 369/97 v. 23. 5. 1997, S. 1.

erfaßt werden. In der StPO und dem G 10-Gesetz fehlt es an entsprechenden Vorschriften. Im Rückschluß könnte daraus gefolgert werden, daß der Zugriff auf Speicherinhalte ausschließlich im Rahmen der Befugnisnorm des AWG zulässig ist[1]. Das LG Hanau hatte sich mit dieser Frage zu befassen und wendete § 100a StPO als Rechtsgrundlage für einen Zugriff auf die übertragenen Daten an, wobei das Gericht von einem einheitlichen Vorgang des E-Mail-Verkehrs ausging[2]. Eine Anspruchsgrundlage für den Zugriff auf elektronische Post kann sich aber auch aus der Befugnisnorm in § 99 StPO ergeben, die im Rahmen des BegleitG auf geschäftsmäßige Anbieter von Telekommunikationsdiensten erweitert wurde. Ob dadurch ein Zugriff auf E-Mails ermöglicht wird, ist jedoch nicht unumstritten[3].

Als Anspruchsgrundlage für den **Zugriff auf Verbindungsdaten** greift § 12 FAG. Auch die Anordnung zur Herausgabe künftiger Verbindungsdaten wird von einigen Gerichten auf dieser Grundlage für zulässig gehalten[4]. Die Vorschrift sollte ursprünglich bereits zum Jahresende 1999[5] ihre Gültigkeit verlieren. Eine politische Verständigung über eine Nachfolgeregelung im Rahmen des BegleitG ist nicht gelungen[6]. Die Gültigkeit des § 12 FAG wurde zuletzt bis zum 31. 12. 2001 verlängert[7]. Am 5. 9. 2001 hat die Bundesregierung einen Gesetzesentwurf für eine

---

1 Siehe hierzu *Felixberger*, Staatliche Überwachung der Telekommunikation, CR 1998, 143, 145.
2 LG Hanau MMR 2000, 175. Hiergegen wird vorgebracht, daß dies nur für die Vorgänge des Senden an den Mail-Server und des Abrufs auf den Rechner des Empfängers gelte. Für die Phase des Zwischenspeicherns auf der Festplatte des Mail-Servers liege keine Telekommunikation vor, so daß § 100a StPO nicht in Betracht komme und der Zugriff hierauf der Grundlage von § 94 StPO (Sicherstellung des körperlichen Trägermediums) zu erfolgen habe; *Bär*, MMR 2000, 472, 474 f. Die erweiterte Befugnisnorm des § 99 StPO wird von *Bär* hier nicht diskutiert.
3 Unschlüssig *Felixberger*, Staatliche Überwachung der Telekommunikation, CR 1998, 143 (145); ablehnend *Bär*, EDV-Beweissicherung im Strafverfahrensrecht, CR 1998, 434, 437.
4 Bejahend: LG Traunstein DuD 1997, 112; LG München MMR 1998, S. 613–614; LG Frankfurt DSB 1999 Nr. 2, 18; ablehnend LG Bremen StV 1999, 307; OLG Hamm CR 1999, 697; OLG Celle StV 2000, 70; ablehnend auch die überwiegende Literatur: *Lampe* in Erbs/Kohlhaas, Strafrechtliche Nebengesetzte, § 12 FAG Rz. 12; *Palm/Roy*, NJW 1996, 1796; *Welp*, NStZ 1994, 213.
5 Gemäß der Fassung des § 28 FAG durch Art. 2 Abs. 35 des BegleitG.
6 Der Vorschlag eines § 99a StPO als Nachfolgeregelung für § 12 FAG (BR-Drucks. 369/97) wurde in der parlamentarischen Diskussion bisher nicht wieder aufgegriffen.
7 Art. 4 des Gesetztes zur strafverfahrensrechtlichen Verankerung des Täter-Opfer-Ausgleichs und zur Änderung des Gesetzes über Fernmeldeanlagen vom 20. 12. 1999 (BGBl. I 1999, S. 2491 f.).

Nachfolgeregelung in §§ 100g, 100h StPO beschlossen[1]. Bei Mobiltelefonen kann die Anordnung der Überwachung und Aufzeichnung sich auch auf die elektronische Gerätekennung beziehen[2]. Es soll auf der Grundlage von § 100a StPO auch dann, wenn mit dem Mobiltelefon nicht telefoniert wird, vom Netzbetreiber die Information verlangt werden dürfen, in welcher Funkzelle sich das Telefon aktuell befindet[3].

156 Die technischen **Einrichtungen** zur Umsetzung der Überwachungsmaßnahmen erfordern einen erheblichen **Aufwand**. In der Regel sind sie nur mit Unterstützung der Hersteller der Vermittlungstechnik zu realisieren. Im Ergebnis wird ein System gefordert, das die Weiterleitung der Inhaltsdaten, Dienste, Merkmale und Verbindungsdaten an die Sicherheitsbehörden ermöglicht. Das System ist durch die RegTP strikt standardisiert, so daß es nicht ausreicht, irgendeine Form von Abhörtechnik zu verwenden.

157 Vor der Umsetzung ist der RegTP ein **Überwachungskonzept** vorzulegen, das neben der Beschreibung der technischen Umsetzung auch organisatorische Verfahrensregelungen enthalten muß. Wenn der Hersteller der Vermittlungstechnik bereits ein Rahmenkonzept mit der RegTP abgesprochen hat, erfolgt die technische Beschreibung der Maßnahmen weitgehend durch Verweise auf das Rahmenkonzept. Die organisatorischen Maßnahmen betreffen vor allem die Verteilung der Verantwortlichkeiten und die Absicherung der im Zusammenhang mit Überwachungsmaßnahmen anfallenden Informationen vor dem Zugriff Unbefugter. Für die Überwachungsmaßnahmen müssen die Zuständigkeiten klar geregelt werden. Die Mitarbeiter haben eine Vertraulichkeitserklärung zu unterzeichnen.

158 Auf eine staatliche **Sicherheitsüberprüfung der verantwortlichen Mitarbeiter** wird bisher weitgehend verzichtet, da das Verfahren sehr aufwendig ist. Dies führt jedoch dazu, daß Maßnahmen mit einer Geheimhaltungsstufe über „VS – Nur für den Dienstgebrauch" nicht durchgeführt werden können, denn die Sicherheitsbehörden dürfen die Überwachungsanfragen nur an Personen übermitteln, die einer staatlichen Sicherheitsüberprüfung unterworfen worden sind. Anfragen dieser Art sollten zurückgewiesen werden. Wenn die Sicherheitsbehörden eine Sicherheitsüberprüfung von Mitarbeitern eines Anbieters für notwendig halten, wenden sich diese mit diesem Anliegen an den Anbieter. Der Anbieter ist nicht verpflichtet, dies selbst anzuregen.

---

1 *Eckhardt*, Datenschutz-Berater 10/2001, 8; *Eckhardt*, CR 2001, 607.
2 Ermittlungsrichter beim BGH, CR 1998, 738–741.
3 Ermittlungsrichter beim BGH, CR 2001, 385 ff. mit ablehnender Anmerkung *Eckhardt*, zustimmend *Bär*, MMR 2001, 443; das VG Darmstadt hat für das Polizei- und Ordnungsrecht eine solche Anordnung verneint (NJW 2001, 2273).

Die **Kosten für die technische Umsetzung** von Überwachungsmaßnahmen müssen von den Betreibern der Telekommunikationsanlagen getragen werden[1]. Es gilt nur eine Ausnahme für Carrier, die über ihr Netz einen Netzzugang für Sicherheitsbehörden einrichten. Nach § 88 Abs. 4 S. 3 TKG gelten hierfür die jeweils für die Allgemeinheit angewendeten Tarife.

159

9.6.3.2 Allgemeine Auskunftspflicht

Geschäftsmäßige Anbieter von Telekommunikationsanlagen sind nach § 89 Abs. 6 TKG zur **Auskunft über personenbezogene Daten** verpflichtet, die sie für die Begründung, inhaltliche Ausgestaltung oder Änderung eines Vertragsverhältnisses erhoben haben. Diese Angaben sind auf Ersuchen der in § 89 Abs. 6 S. 1 TKG benannten Behörden zu erteilen.

160

Eine **Kostenregelung** hinsichtlich der Auskunftserteilung findet sich in der Vorschrift nicht. Ob sich ein Anspruch auf Kostenerstattung für die Erteilung der Auskunft ergibt, ist deshalb fraglich. Als Anspruchsgrundlage zur **Kostenerstattung** bietet sich das Gesetz über die Entschädigung von Zeugen und Sachverständigen (ZSEG)[2] an, das jedoch erst Anwendung findet, wenn die betroffene Person als Zeuge oder Sachverständiger zu Beweiszwecken dienenden Leistungen herangezogen wird (§§ 1 und 17a ZSEG). Dies ist häufig nicht der Fall, da das Auskunftsersuchen nach § 89 Abs. 6 TKG bereits im frühen Ermittlungsstadium ansetzen kann, ohne daß ein Ermittlungs- oder Gerichtsverfahren eröffnet wird. Das OLG Zweibrücken hat einen Kostenerstattungsanspruch nach dem ZSEG bei Auskünften nach § 89 Abs. 6 TKG anerkannt, da die Vorschrift entgegen den §§ 88 und 90 TKG keine ausdrückliche Verpflichtung zur kostenlosen Durchführung der Maßnahmen vorsieht[3]. Keine Anspruchsgrundlage ist ersichtlich, wenn der Anwendungsbereich des ZSEG nicht eröffnet ist.

161

9.6.3.3 Auskunftsersuchen der Sicherheitsbehörden

Das Auskunftsverfahren nach § 90 TKG bezieht sich auf die Rufnummern und **Rufnummernkontingente**, die zur weiteren Vermarktung oder sonstigen Nutzung an andere vergeben werden, sowie Name und An-

162

---

1 Diese Verpflichtung ergibt sich dem Grund nach aus § 88 Abs. 1 TKG. Dennoch ist die Diskussion um die Entwürfe einer TKÜV vor dem Hintergrund dieser Verpflichtung zu sehen.
2 ZSEG vom 26. 7. 1957, BGBl. I 1957, S. 861/902; zuletzt geändert durch das Kostenrechtänderungsgesetz vom 24. 6. 1994, BGBl. I 1994, S. 1355.
3 OLG Zweibrücken, Beschl. v. 24. 6. 1997, Az. 1 Ws 313/97, NJW 1997, 2692; ebenso LG Detmold, Beschl. v. 24. 3. 1997, Az. 4 AR 1/97, ArchPT 1997, 234.

schrift der Inhaber von Rufnummern und Rufnummernkontingenten. Diese sind beim Hersteller im Verzeichnis aufzunehmen, das auch solche Rufnummern erfaßt, die von der Aufnahme in öffentliche Verzeichnisse ausgenommen sind. Die Erstellung solcher Verzeichnisse sollte im Customer Care and Billing System vorgesehen werden. Ebenso sind alle mit der Auskunft nach § 90 TKG verbundenen Kosten vom Anbieter zu tragen, es sei denn, der Anwendungsbereich des ZSEG ist eröffnet.

9.6.4 Kontrolle und Sanktionen

163 Die Bußgeldvorschriften des § 96 TKG gelten für die wesentlichen Bereiche der Unterstützungspflicht zur staatlichen Überwachung. Nach § 96 Abs. 1 Nr. 13, 14 und 15 TKG werden **Bußgelder** angedroht, wenn der Verpflichtung zur Schaffung von Überwachungseinrichtungen unter Bereitstellung des Netzes nicht nachgekommen wird. In § 96 Abs. 1 Nr. 16 TKG sind **Sanktionen** hinsichtlich der Verpflichtung zur Bereitstellung von Kundendateien vorgesehen. Keine Bußgeldandrohung besteht jedoch für die allgemeine Auskunftspflicht nach § 89 Abs. 6 TKG. Eine spezielle Sanktion ist auch nicht erforderlich. Die Auskunftsbegehren der Sicherheitsbehörden beruhen in der Regel auf Befugnisnormen aus dem allgemeinen Polizei- und Sicherheitsrecht, die zu ihrer Durchsetzung eigene Sanktionsmechanismen vorsehen.

Stichwortverzeichnis

Fett gedruckte Ziffern verweisen auf den Teil, in Normalschrift gedruckte Ziffern auf die Randziffer des Teils.

Abgabenordnung, siehe AO
Abgabenrecht **2** 266
Abgeordnete, Vernehmung **8** 159
Abgrenzung
– räumliche **1** 88, 90
– technik- und diensteorientiert **2** 323
Abhörbefugnisse **9** 6
Abhöreinrichtungen **9** 53
Abhören durch Mitarbeiter der Post **9** 2
Abhörmaßnahmen **9** 54
Abhörtechnik **9** 156
Abhörverbot bei Funkanlagen **9** 50
Abnahmezeitpunkt **5** 148
Abordnungsverträge **1** 109
Abrechnung nach Aufwand **1** 183
Abrechnungsarten, neue **9** 95
Abrechnungsdaten **9** 95 ff., 110
– Löschung **9** 101
Abrechnungsgenauigkeit **5** 201
– Qualitätskennwert **8** 71
Abrechnungsmodus **5** 200
Abrechnungsschritte, unnötige **1** 187
Abrechungszeiträume **4** 256
Absatzkoppelung **4** 480
Absatzmärkte, Zugang **4** 64
Absatzmengen **3** 117
Abschalttermine **2** 202
Abschaltungen **6** 198
Abschläge, verbotene **3** 110
Abschlußeinrichtungen **1** 16, 21 ff., 54; **4** 34, 41, 134, 155, 432 f.; **8** 92
Abschlußpunkt der Linientechnik, APL **4** 439
Abschöpfung, Mehrerlös **3** 30
Abschreibungsdauer **3** 173
Absperrmaßnahmen **6** 86
Abwasserrohre **6** 27, 80, 282

Abwehrmaßnahmen **8** 86
Abwehrrechte, subjektiv-öffentliche, Grundrechte **2** 12, 256; **3** 209
actus contrarius, siehe auch Rückgängigmachung **1** 156
Adressenhandel **1** 197
ADSL, siehe Digital Subscriber Line
Advice of Charge, AOC **4** 306
AGB, Allgemeine Geschäftsbedingungen **1** 164; **3** 102 ff., 132, 175 ff.; **4** 79; **5** 72, 127 ff.; **8** 103, 110
– Bestandteile, entgeltrelevante **3** 45, 104 f., 110 f., 137 ff., 158, 213; **4** 256; **8** 110
– Einbeziehung **5** 111 ff.
– Einbeziehung durch Amtsblatt **3** 136; **5** 112
– Inhaltskontrolle **5** 142
– Klauseln, EG-rechtswidrige **3** 183
– Telefondienst **5** 164
– Widerspruchsverfahren **3** 101
Akkreditierung
– freiwillige **8** 89
– Widerruf und Erlöschen **8** 75
AKNN, Arbeitskreis für technische und betriebliche Fragen der Numerierung und der Netzzusammenschaltung **1** 187; **4** 306
Akteneinsicht **2** 222; **3** 174; **8** 153, 185
AktG, Ausstrahlungswirkung des **9** 58
Aktiengesellschaften, Verschmelzung **1** 168
Akzessorietät **6** 15
Allgemeine Geschäftsbedingungen, siehe AGB
Allgemeingenehmigungen **1** 283, 286

Stichwortverzeichnis

Allgemeinverfügungen **2** 88, 102, 220 f., 229, 235, 243
– personenbezogene **2** 221
Allgemeinzuteilungen **2** 88, 102, 132
Alternativfrequenzen **2** 124
Alternativzuteilung **2** 174
Alt-Lizenzen **1** 278, 280
Amateurfunk **2** 27, 103, 113, 114; **7** 33, 34, 36; **8** 79 ff.
Amateurfunkgesetz **7** 8, 33; **8** 79, 83
Amateurfunklizenz **7** 34
Amateurfunkstellen **8** 79 ff.
Amateurfunkverordnung, AFuV **7** 33
Amateurfunkzulassungen, ausländische **7** 36
Amtsermittlungsgrundsatz **1** 105; **3** 117; **4** 132, 337; **8** 157
– Ausnahmen **4** 337
Amtshilfe **8** 124, 130; **9** 138
Analogtelefone, schnurlose **2** 45
Analogübertragung, Einstellung, siehe Switch-Off
Anbieter **5** 16 ff.
– Organisationspflichten **9** 38
– Überwachungsvorschriften **1** 191
Änderungsmaßnahme **6** 70, 122
Anfechtungsklage **1** 157 ff., 270 ff.; **2** 364 ff.; **3** 209 f., 220; **4** 422; **8** 16, 181 ff.
– isolierte **1** 159
– Suspensiveffekt **8** 184
Angebot
– nachhaltiges **9** 20 f.
– öffentliches und nicht-öffentliches **4** 61
– Willenserklärungen **5** 66, 69
Angebotsformular **5** 70
Angebotspflichten **1** 165
Angebotswettbewerb **4** 79
Anhörung **1** 152; **2** 27, 218, 230; **3** 189; **6** 26; **8** 15, 154
Anhörungsanspruch **6** 26
Ankündigungsfrist **3** 72
Anlage
– Begriff **6** 271
– bevorrechtigte **6** 134
– elektrische **6** 104, 127
– Inverkehrbringen **7** 2

Anlagenteile **7** 12
Anlaufverluste **1** 131
Anliegergebrauch **6** 73, 118, 120
Anliegerschutz **6** 96
Annahmeerklärung **5** 74
Annahmeformular **5** 70
Annahmefrist **5** 118
Anordnung der aufschiebenden Wirkung **1** 158
Anordnungen
– straßenverkehrsrechtliche **6** 88
– vollziehbare **8** 136
Anpassungsgebot **3** 111
Anpassungsklausel **3** 165
Anpassungsrichtlinie
– erste **3** 70
– zweite **3** 71, 176
Anrufrückverfolgung **1** 207
Anscheinsbeweis **5** 102 ff.
Anschluß
– Bereitstellung **5** 73
– Entgelte **4** 372
– Gebühr **3** 56
– Inhaber **5** 72, 102, 144, 166
– für Onlinedienste-Anbieter, AfOD **4** 461 f.
– physisch-logischer **4** 372
Anschlußkomponente, Telefonvertrag **5** 42
Anschlußleitungen, physische **4** 25; **6** 325, 335 f.
Anschlußnehmer **6** 331
Anschlußnutzung **5** 164
Anschlußpunkte, physische **7** 16
Anschlußpunkte, Standorte **4** 277
Anschlußrahmenvertrag **5** 70
Anschlußvertrag **5** 43
Anstaltsgebrauch **6** 213, 215
Antrag auf Anordnung der aufschiebenden Wirkung **1** 270; **4** 422
Antragsablehnung **1** 238
Antragsbefugnis **2** 68
Antragsberechtigung **4** 130
Antragsformulare **5** 70, 117; **9** 92, 103, 110
Antragsteller **1** 92 ff.; **2** 146, 155, 228
– präferierte **2** 228

864

Stichwortverzeichnis

Antragsverfahren **1** 85 f.; **2** 224, 362
– Frequenzen **2** 362
any-to-any-Kommunikation **1** 178; **4** 328
Anzeige, Formblätter **1** 81
Anzeigepflicht **1** 76, 129, 164, 231, 233; **2** 89, 141, 354; **8** 124, 142
– allgemeine für Telekommunikationsdienstleistungen **1** 9
– bei Änderung der Eigentumsverhältnisse **2** 354
– Nichtbefolgung **2** 141
Apparate, elektrische und elektronische **8** 112
Äquivalenzprinzip **2** 384; **3** 6
Arbeitnehmerüberlassungen **1** 108 f.
Arbeitskreis für technische und betriebliche Fragen der Numerierung und Netzzusammenschaltung, siehe AKNN
Asset deal **1** 169
Audiotex **1** 78
Aufbruchgenehmigung **6** 89
Aufgaben, politische und hoheitliche **3** 14
Aufgabenbereich, gemeindlicher **6** 143
Aufgabenerfüllung, hoheitliche **6** 12, 23
Aufgrabesperren, gemeindliche **6** 147 f.
Aufgrabungen **6** 83
Auflagen **1** 147; **2** 136; **8** 93
– Abgrenzung zu Inhaltsbestimmungen **2** 134
– und Auflagenvorbehalte **2** 133
– Durchsetzung **2** 135
– individualisierte **1** 130
– selbständige Anfechtbarkeit **8** 182
– Überwachung **1** 228
– zulässige **1** 283
Aufnahmekapazität, Verkehrsweg **6** 79
Aufrechnung **4** 284
Aufschläge, verbotene **3** 110
Aufsicht
– Begriff **8** 93
– Einhaltung des TKG **1** 227

– staatliche **2** 2
Aufsichtsbehörden **9** 130 f.
Auftragsdatenverarbeitung **9** 120 ff.
– außereuropäische **9** 125
– innereuropäische **9** 124
Aufwendungen, neutrale **3** 117
Aufwendungsersatz **8** 177
Augenschein, Beweismittel **8** 120, 158 f.
Auktion, siehe Versteigerung
Auktionsteilnehmer **2** 239
Ausbauauflagen **4** 272
Ausbeutungsmißbrauch **3** 160
Ausgangsentgeltniveau **3** 121
Ausgleichsabgabe **1** 174, 218 f.; **8** 61, 103, 107
– Festsetzung **8** 107
Ausgleichsanspruch **6** 295, 299, 305
– Bemessungsgrundlage **6** 300
Ausgleichspflicht **6** 293 f.
Aushub **6** 71
Aushub, Lagerung **6** 153 f.
Auskunftsabfrage durch die Sicherheitsbehörden, manuelle **9** 151
Auskunftsdienst **1** 194, 197 f., 201; **4** 300, 456; **5** 72, 119; **9** 113
Auskunftserteilung **1** 78
Auskunftspflichten **1** 164, 221; **8** 107, 124
Auskunftspflichtige **8** 115
Auskunftsrechte **3** 112
Auskunftssystem, elektronisches **9** 137
Auskunftsverbote **1** 197
Auskunftsverfahren **9** 162
Auskunftsverlangen **1** 230; **8** 10, 108, 124
– Verwaltungsakt **8** 108
– Voraussetzungen, Gegenstand und Zweck **8** 107
Auskunftsverweigerungsrecht **8** 121
Auslagen **2** 377; **8** 174
Auslagenanspruch **6** 162
Auslagenersatz **8** 177
Auslagenerstattung **1** 230
Auslandsdatentransfer **9** 124 f.
Auslandsgespräche **1** 187; **3** 98, 150, 151; **4** 69

865

Stichwortverzeichnis

Auslandsverbindungen **4** 88
Auslauffrist von Lizenzen, siehe Lizenzen, Auslauffrist
Auslegung, richtlinienkonforme **1** 201, 283
Ausschluß der Öffentlichkeit **8** 155 f.
Ausschlußklausel, Rechnungseinwendungen **5** 178
Ausschreibung, öffentliche **1** 174, 219; **2** 224 f., 229, 239, 244
Ausschreibungsergebnis **1** 220
Ausschreibungsverfahren **1** 170; **2** 237, 249, 361; **3** 205; **8** 100
– Unterschied zum Versteigerungsverfahren **2** 251
Aussenden von Nachrichten **1** 40; **4** 149
Außenprüfung **8** 111
Außenwirkung **2** 71, 76, 88, 229
Außenwirtschaftsgesetz **9** 6, 22, 46, 145
Außerbetriebnahme **2** 389
Äußerungsfrist **2** 52
Aussetzungsmöglichkeit der freien Netzbetreiberauswahl **1** 190
Aussperrungen **5** 130
Austauschbarkeit, Produkte und Dienstleistungen **3** 149; **4** 66 ff.
Auswahl, diskriminierungsfreie **2** 13
Auswahlermessen **1** 152; **4** 130
Auswahlkriterien **2** 253, 295 f., 303 f., 307
Autobahnen **6** 97

Backbone **6** 45
– Trasse **1** 115
Bahngrundstücke **6** 269, 304
Bahnhofsgelände **6** 66
Ballungszentren **4** 389
Bandbreite **1** 16, 20, 173; **2** 303
– Wertschöpfungsebene **4** 36
Bandbreitenbedarf, ansteigender **4** 453
Bankbürgschaften **2** 275
Barzahler-Aufschlagsklausel **5** 150
Barzahlung **5** 174

– Ausschluß **5** 151
Barzahlung per Lastschriftklausel **5** 152
Basisanschlüsse **7** 31
Basisdienstleistungen **3** 51; **4** 299
Basisleistungen **3** 188
Basisstationen **1** 22; **2** 313 f., 340
Basistelekommunikationsdienstleistungen und Viertes Protokoll zum GATS **8** 22, 47
Bauarbeiten **6** 153
– Koordinierung **6** 152
Bauausführung, ordnungsgemäße **6** 96
BauGB, Baugesetzbuch
– Planerhaltung **2** 76
– Sicherung des Planungsvorgangs **2** 54, 154
– Verfahrensvereinfachung **2** 53
Baugenehmigung **2** 89
Baugesetzbuch, siehe BauGB
Baugrube, offene **6** 287
Baulastträger, kommunale **6** 143
Bauleitpläne **2** 53
Bauleitplanung **2** 154
Baumaßnahmen **6** 63, 69, 207
– Befristung **6** 146
– Wirtschaftlichkeit **6** 195
– zusätzliche **6** 200
Baumpflanzungen **6** 104
Bauordnungsziele **4** 219
Bauplanung **6** 31
Bauplanungsziele **4** 219
Bausubstanz **6** 68
Bauteile **7** 8
BDSG, Bundesdatenschutzgesetz **9** 80, 121, 130
– Auskunftsrecht, datenschutzrechtliches **1** 103 f.
– Datengeheimnis **9** 38
– Einwilligung, datenschutzrechtliche **9** 96, 117
– Interessenabwägung, datenschutzrechtliche **9** 87
– Novellierung **9** 113
Beamte
– auf Lebenszeit **8** 146
– Vernehmung **8** 159

Beamtenrechtsrahmengesetz, siehe BRRG
Beanstandungsverfügung **3** 199
Bearbeitungsentgelt **5** 151
Bearbeitungsfrist **3** 107
Bearbeitungsgebühr **5** 174
Beaufschlagung, gerechtfertigte **4** 234
Bedarfsabfrage, Feststellung der Nutzerbedürfnisse **2** 52
Bedarfsanfrage **2** 214
Bedarfsmarktkonzept **2** 320, 324; **4** 66, 84, 88
Bedingungen, aufschiebende **1** 169
Beeidigung **8** 159
Beeinflussungen, störende **6** 128
Beeinträchtigungen
– unannehmbare **7** 14
– unwesentliche **6** 337
Befähigung für höheren Dienst **8** 31
Befangenheit **8** 153
Befristungen, siehe auch Nebenbestimmungen **1** 131; **2** 133, 372
Befugnisnormen **9** 6 f.
Beglaubigung **1** 96
BegleitG, Begleitgesetz zum TKG **8** 37; **9** 22, 49, 152, 154
Begründung, schriftliche **1** 149
Begründungspflicht **4** 337 f.
Begünstigter, Mißbrauchsaufsicht **4** 99
Beherbergungsdienstleistung **1** 64
Beherrschungsverträge **1** 213
Behinderungsmißbrauch **3** 161
Behörde
– Begriff **8** 21
– Unterbau **8** 4
Beihilfe, strafrechtliche Definition **9** 24
Beiladung **8** 181
Beiträge **2** 266
Beitragspflicht **1** 174
– umsatzstarke Lizenznehmer **3** 148
Beitreibung, anwaltliche **4** 455
Bekanntgabe, Entscheidungen RegTP **8** 171
Beleihung **8** 68, 75 ff., 85

Beleihungs- und Akkreditierungsverordnung, BAkkrV **7** 5; **8** 68, 75 ff.
Bemühenszusagen **1** 101
Benachteiligung, unangemessene **5** 140, 152, 171, 174
Benehmensregel **2** 200
– verfahrensrechtliche **2** 189
Benutzergruppen, geschlossene **1** 39, 43 f., 71, 78, 191; **2** 192, 312; **3** 52; **4** 60; **6** 74 ff., 262 f.
Benutzerinformationen **7** 26
Benutzerwechsel **6** 345
Benutzungsrecht, unentgeltliches **6** 32
Benutzungsverordnungen **3** 5
Berechnungsfehler **1** 276
Berechnungsmaßstäbe **1** 253
Berechtigungskennungen, personenbezogene **9** 30
Bereicherung, ungerechtfertigte **3** 123; **5** 84; **6** 158
Bereicherungsanspruch **3** 213
Bereichsausnahme für den Verteidigungssektor **8** 92
Bereichsvermittlungsstellen, BVSt **4** 388
Bereithaltungsgebühr **3** 6
Bereitstellung
– effiziente **3** 143
– Entgelt **3** 169
– Fristen **4** 112, 131, 241, 256, 303
– Kosten **3** 96
Berichtspflichten **1** 81, 164; **8** 55
Berufsausübungsregelungen **3** 45
Berufsfreiheit, Grundrecht **2** 11 f., 256; **3** 44 f.; **8** 60
Berufspflichten, spezifische **8** 104
Beschaffungsmärkte, Zugang **4** 64
Beschäftigte, Anzahl **1** 261
Beschaltungseinheiten **4** 386, 388, 394
Bescheidungsurteil **4** 423
Beschlagnahme **1** 230; **8** 116, 119, 122
Beschlagnahme während eines Beschlußkammerverfahrens **8** 120
Beschlagnahmebefugnis **8** 164

Beschlußkammern **3** 103, 167; **8** 17, 19, 24, 158
- Aufgabenverteilung **8** 148
- als Ausschüsse **8** 149
- Beschlagnahmebefugnis **8** 164
- Besetzung **8** 146
- Bestellung des Präsidenten **8** 31
- einstweilige Anordnungen **8** 166, 168
- Entscheidungen **8** 174
- Ermittlungsaufgaben **8** 164
- flexible Besetzung **8** 146
- funktionelle Unabhängigkeit **8** 147
- Hauptsacheverfahren **8** 181
- Kammerbildung **8** 147
- kollegiale Einrichtungen **8** 163
- Kontrollzuständigkeit **8** 13
- Mitglieder **8** 146
- pflichtgemäßes Ermessen **8** 158
- Stellung **8** 34
- Verfahren **3** 174, 207; **4** 344; **8** 18, 144, 149, 154, 157, 169, 172
- Verfahrensabschluß **8** 169
- Verfahrensgang **8** 149, 157
- Zahl, Aufgabenzuordnung und -abgrenzung **8** 27
- Zusammensetzung und Aufgaben **8** 145

Beschränkungen des Netzzugangs, siehe Netzzugang, Beschränkung
Beschwerde
- gegen behördliche Durchsuchungen **8** 116
- gegen richterliche Entscheidungen **8** 120
Beschwerdeführer, Betroffenheit **2** 37
Beseitigungsverfügung **6** 158
Besichtigungsrecht, RegTP **8** 112
Besitzstörung **6** 254
Besoldungsrecht **8** 29
Bestandsdaten **9** 30, 91, 110, 149
- über juristische Personen **9** 80
- Legaldefinition **9** 90
- pseudonymisierte **9** 107
Bestandsschutz **1** 116, 279 f.; **8** 29
- Frequenzzuteilungen **2** 83
- Reichweite **2** 86

Bestandteile, wesentliche **6** 211, 332
Bestätigungsstellen, Anerkennung **8** 89
Besteuerungsverfahren **8** 124 f.
Bestimmtheitsgebot **8** 170
Bestimmtheitsgrundsatz, sachenrechtlicher **6** 221
Betätigungsfreiheit, wirtschaftliche **1** 132
Beteiligte, Anhörung im Beschlußkammerverfahren **8** 15
Beteiligungsmangel **2** 74
Beteiligungsrechte **6** 8
- Durchsetzung **2** 67 ff.
- gerichtliche Durchsetzung **2** 47
- Verletzung **2** 70, 75
Beteiligungsunternehmen für Telekommunikationsdienstleistungen **6** 99
Beteiligungsverfahren **2** 53
Beteiligungsverhältnisse **1** 89
- gesellschaftsrechtliche **1** 168
Betreiben, Übertragungsweg, Legaldefinition **1** 24 f.
Betreiber eines öffentlichen Telefonnetzes, Definition **4** 45
Betreiber einer Telekommunikationsanlage **1** 89; **9** 25 f.
Betreiberauswahl, fallweise **1** 186
Betreiberwechsel **1** 180; **3** 21
Betretungsrechte **8** 110
Betriebsfortführung **8** 102
Betriebsführungsvereinbarung **1** 168
Betriebsfunk **2** 113 f., 143, 319
Betriebsgeheimnis **3** 174; **4** 240, 245 ff., 281; **8** 155
Betriebsgelände **1** 34
Betriebskosten **1** 100; **3** 77, 97
Betriebsmittel, elektrische **7** 14
Betriebsnetz **1** 35
Betriebsräume
- Besichtigungsrecht **8** 112
- Betreten **8** 113
Betriebsunternehmen, anerkannte **1** 282
Betroffene
- Beteiligung **2** 27
- Einbeziehung **2** 24

Stichwortverzeichnis

Betrug, Verhinderung **7** 14
Betrugsbekämpfung **9** 107 f., 120
Beurteilungsspielraum **1** 121
Bevollmächtigung **8** 153
Beweis des ersten Anscheins **5** 106
Beweisanträge **8** 158
Beweisaufnahme **8** 162
Beweiserhebung **8** 157
– Begrenzung **8** 124
– Kosten **8** 165
Beweislast **5** 102, 107, 167
Beweislastumkehr **5** 108
Beweismittel **4** 344
– Augenschein **8** 120, 158
Bewerber
– Fachkunde **2** 233
– Zulassung oder Nichtzulassung, Verwaltungsakt **2** 237
– Zulassungsvoraussetzungen **2** 237
Bewerbungsfristen **2** 307
Bewerbungsunterlagen **2** 292
Bezugsberechtigung **4** 29
Bieterkonsortium **2** 284
Bieterschulung **2** 275
Bietrechte **2** 275
Bilanzierungsbestimmungen, siehe HGB, Bilanzierung
Billigkeit **1** 238
Billing-Systeme **9** 162
Billing-Systeme ausländischer Anbieter **9** 88
Bindungsdauer **5** 143
Binnenmarkt, europäischer **4** 124, 380; **7** 11; **8** 78
Binnenschiffe **2** 208; **7** 15
Binnenwasserstraßen **6** 67
Binnenwettbewerb **4** 78
– Fehlen **4** 65
Bitfehlerrate **2** 303
Bitrate **1** 16
Blitzschlag **4** 222
BMPT-Nachfolger **8** 123
Bodenbeschaffenheit **6** 241
Bodenfunkstellen **2** 209
Bodenstation **2** 317
Bonitätsauskünfte **1** 102
Bonitätsklauseln **5** 138

Bonitätsprüfungen **5** 74, 118, 138; **7** 167
BOS-Funk, Funk der Behörden und Organisationen mit Sicherheitsaufgaben **2** 206 f., 228
Break-Even-Point **2** 293
Break-in-Verkehr **1** 44
Break-out-Verkehr **1** 44
Breitbandanschluß, bestehender **6** 342
Breitbandigkeit **2** 323; **6** 37
Breitbandkabel **6** 37
Breitbandkabelanschlußverträge **5** 145
Breitbandkabel-Entscheidung **5** 176
Breitbandkabelnetze **6** 13
Breitbandkommunikationsnetz **3** 187
Breitbandverkabelung **2** 30; **6** 13, 24
Breitbandverteilnetze **1** 19
Briefe, gesprochene **8** 46
Broadcasting **1** 80
Bronner-Urteil **4** 11, 107
Bruchteilsnießbrauch **6** 211
Brücken, öffentliche **6** 65
Brückenbaulastträger **6** 66
Btx-Kommunikation mit erotischem Inhalt **5** 91
Buchführung
– getrennte **1** 212; **3** 69, 77
– transparente **3** 81
Buchführungsbestimmungen **3** 112
Buchführungsvereinbarungen **3** 68
Buchungsdienste **1** 78
Bündelfunk **1** 259; **2** 216, 319, 323; **8** 71
– Definition **2** 321
Bündelung **3** 83
Bundesamt für Post und Telekommunikation, BAPT **8** 2, 29, 34 ff., 80 f.
Bundesamt für Sicherheit in der Informationstechnik, BSI **9** 62
Bundesamt für Zulassungen in der Telekommunikation **8** 35
Bundesanstalt Post-Gesetz **8** 3
Bundesanstalt für Post und Telekommunikation Deutsche Bundespost **8** 21

Bundesanzeiger **8** 171
Bundesautobahnen **1** 114; **6** 93, 156
Bundesbeauftragter für den Datenschutz, BfD **8** 133; **9** 44, 51, 77
Bundesdatenschutzgesetz, siehe BDSG
Bundesfernstraßen **6** 93, 156
Bundesfernstraßengesetz **6** 76, siehe auch FStrG
Bundesgremienbesetzungsgesetz **8** 41
Bundesinnenministerium **2** 206 f.
Bundeskartellamt **1** 196; **2** 232, 291, 320, 331, 341; **3** 198, 221; **4** 80; **8** 127 f.
– Stellungnahme **3** 144
– Tätigkeitsbericht **2** 78; **8** 155
– Vollzug Europarecht **3** 221
Bundeskompetenz **2** 10
Bundesminister **8** 38
– für das Post- und Fernmeldewesen **3** 5, 10; **4** 3
– für Verteidigung **8** 92
– für Wirtschaft **3** 14, 27
Bundesministerium
– der Finanzen **8** 3
– für Post und Telekommunikation, siehe BMPT
– der Verteidigung, siehe Verteidigungsministerium
– für Wirtschaft und Technologie **2** 52, 27; **8** 77, 82, 148
Bundesmittelbehörden **8** 4
Bundesnachrichtendienst, BND **8** 107, 123
Bundesoberbehörden **8** 23
– selbständige **8** 4
Bundespostministerium **2** 289
Bundespräsident **8** 25, 31
Bundesrat **2** 16, 23, 28 ff., 46, 70 f., 97, 183, 189, 226; **3** 126; **4** 431; **6** 70, 178; **8** 132, 186
– Zustimmung **2** 16, 28, 31, 97, 183, 189; **3** 126
Bundesrechnungshof **8** 21
Bundesrecht, Vorrang vor Landesrecht **6** 148

Bundesregierung **2** 46, 121; **3** 109, 115, 126, 133, 154; **4** 56, 200; **6** 343, 345, 349, 353; **8** 5, 25, 36, 39, 186; **9** 80, 143
– parlamentarische Verantwortlichkeit **8** 5
Bundesstraßen **6** 12; **6** 66
Bundestag **8** 132
Bundestag, Zustimmung **3** 126
Bundesunterbehörden **8** 4
Bundesvereinigung der Kommunalen Spitzenverbände **6** 89, 96
Bundesverwaltung, unmittelbare **8** 4 f.
Bundesverwaltungsgericht, siehe BVerwG
Bundeswehr **8** 92
Bundeszentralregisterauszug **1** 94 ff.
Bürgschaft **2** 276; **5** 139
Business-case-Berechnungen **2** 250
Business-TV **1** 78, 80
Bußgeld **2** 135, 389; **3** 217; **4** 243
– Obergrenze für die Festsetzung **8** 142
Bußgeldbescheid **3** 219; **8** 95, 144
– Einspruch **3** 219
Bußgelder **8** 94
Bußgeldkatalog **1** 231
Bußgeldtatbestände **9** 133
Bußgeldverfahren **8** 121, 124
Bußgeldvorschriften **1** 231 ff.; **8** 140; **9** 48, 50, 133, 163

Call-Back-Dienste **1** 78; **8** 45
Call-by-Call **1** 186, 188, 190, 204; **4** 89 f., 456; **5** 53, 113, 119
Call-by-Call, Anbieter **5** 70
Calling Cards **1** 62
Calling Line Identification, CLI **9** 148
Carrier **3** 152; **4** 36, 42
Carrier Customer Access, CCA **4** 432
Carrier Selection **1** 187; **4** 300
– Spezifikation **4** 306
Carrier-Festverbindung, CFV **3** 208; **4** 33 ff.
Carrier-Kunden, siehe Netzbetreiber
Carrier-Markt **3** 150; **4** 74

Carrier's Carrier **1** 60
- Verträge, IC-Verträge **4** 317, 319
CB-Funk **2** 27
CB-Funkgeräte **2** 88
CE-Kennzeichen **7** 26 f.
City Carrier **4** 51, 333
Citynetzbetreiber **4** 70
Clubtelefone **9** 17, 145
Cluster-Bildung **4** 389
Codekonvertierung **8** 46
cold wire, siehe Kupferadern
Combiner **2** 335
Comité Européen de Normalisation, CEN **4** 134
Comité Européen de Normalisation Electrotechnique, CENELEC **4** 134
Communauté Européenne, CE **7** 27
Conférence Européenne des Administrations des Postes et Télécommunications, CEPT **1** 281; **2** 6 f.
Container **6** 71, 153
Corporate Networks **1** 43; **4** 60 f., 100 f.; **9** 17
Customer Care-Systeme **9** 162
- ausländischer Anbieter **9** 88

dark copper, siehe Kupferadern
dark fibre, siehe Glasfaserverbindungen
Darlegungslast **5** 107
Daseinsvorsorge **3** 1
- kommunale **6** 215
Daten
- Ausspähen **9** 53
- personenbezogene **1** 285; **9** 2, 5, 55 f., 77 ff., 110, 115, 125, 135, 137
- wettbewerbsrelevante **2** 336, 340
Datenaustausch, elektronischer **8** 46
Datenbankabfragen **8** 46
Datendienste **1** 80
- breitbandige **4** 430
Datenfunk **1** 259; **2** 319, 322
- Definition **2** 321
Datenfunkdienste, mobile **1** 79
Datenkommunikation **9** 143
- mobile **1** 292
Datenkommunikationsdienste **4** 56

Datenkommunikationsverkehr **4** 235
Datennetze **4** 25
Datennutzungsklauseln **5** 155
Datenschutz **1** 191; **4** 219, 227; **7** 11, 14; **8** 69; **9** 1, 7 f., 23 f., 31, 56, 135
- Aufsichtsbehörden **9** 126
- bereichsspezifischer **2** 333
- Schutzbereich und Regelungsrahmen **9** 80
Datenschutzbeauftragter, betrieblicher **9** 73
Datenschutzniveau, angemessenes **9** 126 ff.
Datenschutzrecht **1** 145, 153, 194, 197; **8** 97; **9** 3, 55, 83, 103, 113 f., 121, 124, 129, 132
- deutsches **9** 88
- Verstoß **1** 92
Datenschutzregelungen, bereichspezifische **9** 84
Datenschutzvorschriften **9** 6, 8, 43, 81, 134, 136
Datensicherheit **1** 191; **9** 130
Datenspeicherung auf Vorrat **9** 92
Datentransfer, internationaler **9** 122
Datenübermittlung **1** 79
- an ausländische Stellen **9** 122
- in Drittländer **9** 125
- Einschränkung **8** 124
- paketorientierte **1** 78
- paketvermittelte **2** 321
Datenübermittlungsdienste **1** 78
Datenübertragung
- schmalbandige **2** 323
- Überwachungsmaßnahmen **9** 153
Datenübertragungsdienste **3** 79
Datenverarbeitungsklauseln **5** 155
Datenverarbeitungssystem, sicheres Betreiben **8** 133
Datenverkehr **4** 465
Datenweitergabe **1** 197
Dauerschuldverhältnis **1** 198; **5** 43, 118
Dauerwirkung, Verwaltungsakt **1** 150; **8** 138
Deckungsbeiträge **3** 117
Deckungsvolumen **5** 153

871

Detailed Spectrum Investigations, DSI **2** 6
DeTeMobil Deutsche Telekom Mobilnet GmbH **2** 260
DeTeSystem, siehe T-Systems
Deutsche Bundesbahn **8** 32
Deutsche Bundesbank **8** 32
Deutsche Bundespost, DBP **3** 1, 6, 8, 9, 12; **4** 3; **6** 1, 13, 27; **8** 8
– Privatisierung der Handlungsform **3** 12
– Unternehmensverfassung **3** 9
Deutsche Bundespost Telekom **3** 15 ff.; **4** 3
Deutsche Post AG **8** 3
Deutsche Postbank AG **8** 3
Deutsche Reichspost **3** 2
Deutsche Telekom AG, siehe DTAG
Deutsche Welle **2** 184
Devisenstraftaten **8** 124
Dienstbarkeit **4** 440; **6** 253
– Berechtigter, Rücksichtnahme **6** 201
– beschränkte persönliche **6** 182, 256, 303 ff., 309, 318
Dienste
– netzunterstützende **1** 78
– unwirtschaftliche **3** 7
Diensteanbieter **1** 61; **5** 132, 154, 172
– Abrechnungsgenauigkeit **5** 201
– Einzelverbindungsnachweis **5** 229 ff.
– Entbündelung **5** 193
– Entstörungsdienst **5** 223
– Grundstückseigentümererklärung **5** 215 ff.
– Haftung **5** 207 ff.
– Leistungsstörungen **5** 203
– Netzzugang **5** 224
– Rechnungsstellung **5** 235
– Sicherheitsleistung **5** 221
– Verjährung **5** 211 ff.
– Vertragsgestaltung **5** 198
Dienstekennziffer 0130 **5** 62
Dienstekennziffer 0180 **5** 63
Dienstekennziffer 0190 **5** 64
Dienstekennziffer 0800 **1** 62; **5** 62

Dienstemarkt, potentieller **4** 10
Diensteportfolio **4** 290
Dienstequalität **4** 131
Diensterufnummern **1** 61, 181 f., 187
Dienstgebrauch **9** 158
Dienstleistung
– Angebot, Aufnahme, Änderung und Beendigung **1** 164
– Austauschbarkeit der **3** 149
– Erbringung für die Öffentlichkeit **1** 38, 42, 55, 59, 63, 125
– lizenz- und anzeigefreie **1** 73
– nachhaltige Ausübung **1** 41
– Sitz des Anbieters **1** 76
– Zusammenfassung von **3** 120
Dienstleistungsfreiheit **2** 254
Dienstleistungsmerkmale **4** 140
Dienstleistungsvertrag **5** 120, 123, 125, 128, 138, 146 ff., 176
Dienstverhältnis, Beendigung **5** 57
Dienstvertrag **5** 50 ff., 64, 142, 246
Differenzierungsgründe **4** 162
Digital Subscriber Line, DSL **2** 352; **4** 430
Digitalfernsehen **2** 30
Digitalisierung **2** 63, 204, 392
DIN-Vorschriften **6** 189; **7** 32
Diskriminierung **3** 55, 83, 89, 90, 94, 106; **4** 352
– technische **4** 18
– unbegründete **3** 91
Diskriminierungsfreiheit **4** 110 ff., 210
Diskriminierungsverbot **3** 43, 160, 195; **4** 18, 23, 119 ff., 164, 179, 483; **5** 186; **6** 32
– europarechtliches **6** 32
Dispositionen, unumkehrbare **2** 37
Dispositionsfreiheit **4** 260; **5** 152
– Verlust **4** 260
Dokumentationspflichten **6** 96, 171
Doppel- und Drittwirkung, Verwaltungsakte **8** 181
Doppelader-Metalleitung, siehe Teilnehmeranschlußleitung
Doppelbewerbungen **2** 282, 284, 328
Doppelkontrolle **2** 254

872

Doppelstellung, UMTS-Lizenznehmer und -Diensteanbieter **2** 330
Double-Transit-Verbindungen **4** 392 f.
Drittbegünstigung **5** 62
Drittländerregelung **9** 126, 127
Drittwirkung der Grundrechte **9** 3
Drittwirkung eines Verwaltungsakts **8** 181, 184
DTAG **1** 183 ff.; **3** 28 ff., 153 ff.; **4** 3 ff., 109 ff., 182 ff., 274 ff., 331 ff., 382 ff., 432 ff.; **5** 95 ff., 163 ff.; **6** 28 ff., 334 ff.; **8** 19 ff.
DTAG-Vorstand **3** 26
Duldungspflichten **8** 114
– private **6** 356
Dumping **1** 208; **3** 206
Durchsatz, Modifizierung **4** 434
Durchschießen eines Kabels **6** 287
Durchschnittsbenutzer, verständiger **6** 285
Durchschnittstarife **3** 99
Durchsetzungsbefugnisse **9** 78
Durchsuchungen **1** 230; **8** 116

Echtzeitkommunikation, Definition **1** 51
E-Commerce-Richtlinie **8** 87
Effizienz der Frequenznutzung **2** 152, 257
Effizienz des Netzes, Ausgangspunkt Kostenbetrachtung **4** 399
EG-Baumusterbescheinigungen **8** 85
EG-Datenschutzrecht **8** 133
EG-Datenschutzrichtlinie **9** 82, 121, 120, 125
EG-Rechtsakte **3** 177
EG-Signaturrichtlinie **8** 89
EG-Wettbewerbsregeln, Öffentliche Unternehmen **3** 78, 197; **8** 51
Eigenkapitalverzinsung **1** 200
Eigennutzung, konzerninterne **1** 212
Eigentum **1** 27, 143; **3** 46; **6** 65, 182, 251; **8** 94, 115
– Beeinträchtigung **8** 94, 115
– privatrechtlich **6** 65
– Schranken **6** 251
– Übertragungswege **1** 27

Eigentumsgarantie **3** 46; **6** 19, 22, 251, 264, 299, 344, 349; **8** 94
Eigentumsregelung **6** 333
Eigentumsschutz **6** 263
Eigentumsverhältnisse, Wechsel **1** 154, 168; **2** 90
Einbettung **6** 125
Einheitstarife, landesweite **3** 99
Einigung, gütliche **8** 73
Einloggen in Mobilfunknetze **4** 473
Einnahmeerzielung **2** 253
Einrichtungen
– in öffentlicher Hand **6** 213
– staatliche **1** 143
– übertragungstechnische **1** 20
– wesentliche **3** 85
Einsichtnahme **8** 124
– Antrag **4** 248
– Recht auf **4** 250
– Unterlagen **8** 112
Einwendungen **3** 135; **4** 284
– Ausschlußfrist **5** 179 f.
– Ausschlußklauseln **5** 176 ff.
– Verzicht auf **5** 177
Einwilligung
– elektronische **9** 96, 118 f.
– grenzüberschreitende Übermittlung personenbezogener Daten **9** 128
– Inhalt und Reichweite **9** 115
Einwilligungserklärung **9** 114 ff.
– Form **9** 117
Einwohnermeldeamt **1** 95
Einwohnerzahl, Lizenzgebiet **1** 243
Einzelfallanordnungen **2** 388
Einzelfallentscheidung, behördliche **2** 88
Einzelfrequenzen **2** 104, 124
Einzelgenehmigungen **1** 283, 286; **2** 8; **3** 117
Einzelkosten **3** 117
Einzelkundengeschäft **3** 77
Einzelrechtsnachfolge **1** 167
Einzelverbindungsdaten
– Löschung **5** 180
– Nachweis **3** 135; **4** 455 f., 458; **5** 229 ff.; **9** 102 f.

Stichwortverzeichnis

Einzelzuteilung, Antragsformulare **2** 101
Einzugsbereich, EZB siehe auch Grundeinzugsbereich **4** 383
- lokaler, LEZB **4** 292, 390, 401, 414
Einzugsermächtigung, Widerruf **5** 174
Eisenbahnbetriebsfunk **2** 45
Eisenbahngelände **6** 66
Eisenbahnkreuzungsgesetz, siehe EkreuzG
Eisenbahntrassen **6** 66
Eisenbahntunnel **6** 127
Eisenbahnverkehr **6** 66
Electronic Data Interchange, EDI **1** 78
Elektrizitätskabel **6** 39 f., 270
Elektrizitätsleitung **6** 27, 80
Elektronische Post, siehe E-Mail
Element Based Charging, EBC **1** 188; **4** 285, 298, 304, 376, 380 ff., 396, 399 ff., 408
E-Mail **1** 78
E-Mail-Kommunikation **4** 466
Empfangen von Nachrichten **1** 40
Empfangsanlagen **2** 137, 316; **7** 8
Empfangsbevollmächtigte **8** 171
Empfangseinrichtungen, elektrische **6** 35
Empfangsgeräte **2** 81, 204; **7** 28
Einziehung von Geräten nach EMGV **8** 86
Endeinrichtungen **1** 20 ff.; **4** 30, 155, 157, 226; **6** 43; **7** 4, 31; **8** 112
- Aufbauen, Anschalten und Betreiben **7** 31
- Legaldefinition **1** 21; **4** 157
Ende-zu-Ende-Angebot **1** 59
Ende-zu-Ende-Kommunikation **4** 235
Endgeräte **1** 48, 54, 72; **4** 134; **7** 18; **9** 17
- private **9** 17
- Verkauf **1** 72
Endkunden **1** 60; **3** 136, 152; **4** 203, 269; **5** 144, 163; **8** 70
- netzübergreifende Kommunikation **4** 269
- optimale Verbindung **8** 64

- vollständige Anbindung **4** 1
Endkundenentgelte **1** 221; **3** 161
Endkundenmarkt **3** 150; **4** 67, 72, 99, 206
Endnutzer **1** 186
Endverbraucher **5** 70
Energieversorger **6** 246
Energieversorgung **6** 271
Energieversorgungsleitungen **6** 339
Energieversorgungsnetze **6** 257
Energieversorgungsunternehmen **1** 212; **6** 335
Entbündelung **3** 51, 54; **4** 174, 201 f., 433, 436 ff., 477; **5** 189; **6** 354; **8** 56
Entbündelungsgebot **3** 139; **4** 164, 168 ff., 176 f., 202, 205, 208, 431 f.; **5** 189
- Reichweite **4** 435
Entbündelungspflicht **4** 105, 168 f., 203
Entgelt, angemessenes **1** 201; **3** 143
Entgeltabrechnung **9** 30, 94, 120
Entgeltänderung **3** 209
Entgeltänderungsantrag **3** 28, 125
Entgeltanpassung **4** 320
Entgeltantrag **3** 166
- unvollständig dokumentierter **3** 124
Entgeltberechnung **3** 138
- Modalitäten **4** 256
Entgeltdaten, Verarbeitung **9** 95
Entgeltdifferenzierung **3** 117, 141
Entgelt-Diskriminierung **3** 162
Entgelte **3** 138
- Definition **3** 137
- genehmigungsbedürftige **8** 110
- öffentlich-rechtliche **3** 1
- Transparenz **3** 65
- Veröffentlichung **3** 115
Ermittlung der Entgelte **3** 135; **4** 402
Entgeltfestsetzung **3** 132; **4** 375 f., 378, 397, 399, 403
- Beurteilungsspielraum der RegTP **3** 173
Entgeltfeststellung **9** 114
Entgeltforderung **5** 167
Entgeltforderungen, Nachweis **3** 135

Entgeltgenehmigung **3** 106 ff., 117, 136, 209; **8** 181
- Antrag auf **1** 183; **4** 302, 380
- Arten und Verfahren **3** 109
- Erteilung **3** 107
- Pflicht zur **4** 301
- Verfahren **3** 184 f.; **4** 377
- Versagung **3** 107
- Vorschriften zur **1** 200

Entgeltgestaltungen, verbotene **3** 159

Entgelthöhe **3** 135, 165, 188; **5** 180
- Kundenvorgabe **3** 135

Entgeltinformationen **3** 208; **4** 306
Entgeltlichkeit **5** 247
Entgeltregelung **3** 13, 18, 132; **6** 227
Entgeltregulierung **1** 221, 265; **3** 1, 38, 44 ff., 100 ff., 114 ff., 143 ff., 184 ff., 209, 215, 220; **4** 5, 21, 113, 114, 363 ff.; **5** 99; **8** 28, 62, 107, 132, 144, 186
- nachträgliche **3** 104 f., 110, 114 f.; **4** 352; **8** 28, 103, 185
- Praxis der **3** 112
- Verfahren **4** 352, 380 f., 397
- Vorschriften zur **1** 221; **4** 354, 369

Entgeltrelevanz **3** 138
Entgeltverbindungsnachweis **9** 102
Entgeltzahlung **3** 138
Entschädigung **1** 148; **8** 159
Entschädigung von Zeugen und Sachverständigen **8** 159
Entschädigungsanspruch **1** 155
Entscheidung, ermessensfehlerfreie **2** 50
Entscheidungsverfahren, Dauer **4** 348
Entschließungsermessen **1** 152; **4** 130
Entsprechungsgebot **5** 171
Entstaatlichung der Telekommunikationsversorgung **6** 12, 16
Entstörung **4** 256
- Maßnahmen zur **5** 39
- Zeiten **4** 112, 303

Entstörungsdienst **5** 223
Entwässerung **6** 215, 218
Entwässerungskanäle **6** 216
EPG, Electronic Program Guide **2** 196
Equipment-Housing **4** 190
Erbfall **1** 168
Erdarbeiten **6** 71, 153
Erdbeben **4** 222
Erdkabel **6** 83
Erdkörper **6** 66
Erdoberfläche, siehe Grundstück
Erfahrungen, Netzaufbau **1** 107
Erfolgskontrolle **1** 183
Erforderlichkeit der Datenerhebung **9** 92
Erfüllungsgehilfen **5** 160
Erlang-Regelung **4** 235 f., 297, 383
Erlaubnispflicht **2** 12
Erlaubnistatbestände **9** 135
ERMES, Funkrufstandard **2** 227, 232, 274

Ermessensausübung
- fehlerfreie **4** 130
- pflichtgemäße **4** 131

Ermessensfehler **2** 50
Ermessensreduktion auf Null **2** 118; **3** 220; **4** 130
Ermessensschwund **2** 149
Ermessensspielraum **1** 132, 135; **2** 258
Ermittlungsbefugnisse **8** 105, 124
Ermittlungsergebnisse, Einschränkungen der Verwendung **8** 123
Ermittlungsmittel **4** 344
Errichten von Übertragungswegen **1** 30
Ersatzansprüche, Verjährung **6** 161 f.
Ersatzvornahme **2** 389
Ersatzzwangshaft **8** 138
Erschließungsleerrohr **6** 334
Erschließungsrohre, vorhandene **6** 337
Erschließungsstrasse, vorhandene **6** 340
Erschwerniskosten **6** 166
Erstbindungsfrist **5** 142
Erweiterungsanträge **2** 175
Erziehungsberechtigte **5** 77, 79; **7** 35

Stichwortverzeichnis

Erzwingungshaft **8** 160
Eskalationsverfahren **4** 309
Essential facilities-Doktrin **3** 197; **4** 8 ff., 107, 109
Europäische Harmonisierung **1** 281, 283
Europäische Kommission **1** 81, 284, 287; **3** 78 f., 203, 222; **4** 9, 18
Europäische Konferenz der Verwaltungen für Post und Telekommunikation CEPT **1** 281; **2** 6 f.
Europäische Union **2** 7
Europäische Union, Mitgliedstaaten **1** 283
Europäisches Funkbüro **2** 6
Europäisches Funkkomitee **2** 6
Europäisches Institut für Telekommunikationsnormen, ETSI **1** 281; **4** 134
Europäisches Parlament **3** 176; **8** 56
Europarecht **1** 255, 266; **2** 254, 260; **3** 54, 64, 67, 74, 95, 175 ff.; **4** 7 f., 13, 24, 40, 66, 83, 107, 134 ff., 143, 200 ff., 255, 266 ff., 436; **6** 28 ff.; **7** 2; **8** 16, 45, 54, 74 ff., 134; **9** 82, 120
Europarecht, primäres Gemeinschaftsrecht und Sekundärrechtsakte **8** 50
European Radiocommunications Committee, ERC **2** 6
European Radiocommunications Office, ERO **2** 6
European Telecommunications Standards Institute, ETSI **1** 281; **4** 134
EUTELSAT-Übereinkommen **8** 24
Evidenzkontrolle **3** 109
ex ante-Genehmigung **8** 103
ex ante-Prüfung **3** 103, 109, 144, 164, 186
ex ante-Regulierung **4** 378
ex post-Kontrolle **3** 110, 118, 147, 172, 187, 199
Exklusivrechte, Wettbewerbsmöglichkeiten **4** 351
Experimente, technische **2** 117

Fachkunde **1** 88 ff., 106, 139, 141, 167, 219; **2** 146, 199, 233, 293 ff., 300; **4** 27, 29, 150, 152, 193
– Bewertungskriterien **1** 219
– Definition **2** 293
– Wegfall **1** 153
Fahrbahnrand **6** 81
Fahrlässigkeit **1** 232, 234; **5** 160 f.
Faktorpreise, minimale **3** 154
Fakturierung **4** 455, 457
– Dienstleistung **4** 455, 460
– System **4** 456
Fälligkeit **4** 284
– Entgeltpflicht **3** 35
– Klauseln zur **5** 146 ff.
– Zeitpunkt der **5** 147
Faxnummern **1** 196
Faxübertragung **1** 79
Frequenznutzungsbeitrag **8** 176
Federal Communications Commission, FCC **8** 33
Fehlverhalten, schuldhaftes **3** 215; **8** 95, 139
Feldstärkegrenzwerte **2** 131
Fernabsatzvertrag **5** 236 ff.
– Pflichten des Anbieters **5** 239
– Rückgaberecht **5** 241 ff.
– Widerrufsrecht **5** 241 ff.
Ferngespräche **3** 98, 150 f.; **4** 69, 72
– nationale **1** 187
– nationale und internationale **4** 67
– vermittelte **4** 90
Fernlinien **1** 113 f., 245 ff., 262, 269
– Legaldefinition **1** 113
– Lizenzen **1** 111, 269
– Netz **6** 47
Fernmeldeämter **8** 4
Fernmeldeangelegenheiten **8** 1
Fernmeldeanlagen **8** 92
Fernmeldeanlagenbegriff, funktionaler **6** 40, 63
Fernmeldeanlagengesetz, FAG **2** 81; **3** 24 ff.; **4** 16; **6** 40; **8** 11 ff., 19, 92
– begrenzte Weitergeltung des **8** 141
– Übergangsregelung **8** 11

Fernmeldedienste
- Entgelte und Gegenleistungen **3** 15
- internationale **3** 49 f.

Fernmeldegebühren **3** 7

Fernmeldegeheimnis **1** 132, 145, 153; **2** 387; **8** 69, 97; **9** 1 ff., 80, 89, 109
- Einschränkung **9** 44, 47
- Fangschaltungsbeschluß **9** 32
- Schutzbereich **9** 27, 33
- Wahrung **8** 69

Fernmeldeleitungen **6** 12

Fernmeldeleitungsrecht **6** 1, 11

Fernmeldelinien **6** 24, 37, 43
- Verlegung **6** 24

Fernmeldemonopol, staatliches **9** 27

Fernmeldeordnung, FO **6** 320

Fernmeldeteilnehmer **3** 1

Fernmelde-Überwachungsverordnung, FÜV **1** 89; **9** 142, 144, 147

Fernmeldeverkehr **6** 11
- Definition **3** 48
- Gewähr des ordnungsgemäßen **8** 11
- öffentlicher **9** 35

Fernmeldeverwaltungen **3** 54

Fernmeldewesen **2** 10; **3** 1, 4; **6** 11; **8** 2
- Monopolbereich **3** 13

Fernsehdienste, fortgeschrittene **8** 91

Fernsehen **2** 59 ff., 184, 202; **6** 342; **7** 8; **9** 14

Fernseh-Satellitenantennen **6** 342

Fernsehsendungen **7** 8, 28
- Empfang **7** 28

Fernsehsignale, Übermittlung **1** 78, 80

Fernsehsignalübertragungs-Gesetz, FÜG **8** 91

Fernsehübertragung, analoge, Abschalttermin, siehe Switch-Off

Fernsprechhäuschen, siehe Telefonstellen

Fernsprechverbindungen, internationale **5** 106

Fernsprechverkehr **3** 3, 7

Fernstraßen **6** 97

Fernstraßengesetz
- Gemeingebrauch **6** 68
- Wegebaulastträger **6** 123

Fernstrecken **6** 156

Fernverbindungen **1** 67

Fernverkehr **1** 188

Fernverkehrslinien **6** 194

Fernwirkdienste **1** 78

Festentgelte **3** 33

Festgebühren **1** 269

Festlandsockel **6** 67

Festnetz **4** 221, 451; **5** 118

Festnetzabdeckung **5** 55

Festnetzanschlüsse **3** 150; **5** 135

Festnetzanschlußvertrag **5** 43, 47, 116, 141
- rechtliche Einordnung **5** 53

Festnetzbereich **2** 352; **4** 50, 109; **5** 135

Festnetzbetreiber **2** 352

Festnetzmarkt **4** 79

Festnetzsektor, Verträge **5** 70

Festnetztelefon **1** 22

Festnetzübertragungswege **1** 78

Festnetzverbindungsvertrag **5** 49, 56, 58 f.

Festnetzvertrag **5** 42, 55, 71

Feststellungsklage **2** 36, 66

Festverbindungen, digitale **3** 186

Feuerwehr, -notruf **1** 203; **2** 206

Finanzbehörden **8** 124

Finanzberichte **3** 69

Finanzhilfen **5** 247

Finanzhoheit, kommunale **6** 25

Finanzierung, Nachweise **1** 101

Finanzstärke, Auswahlkriterium **2** 260

Flatrate **3** 56; **4** 113 ff.
- Internet **4** 461 ff.

Flottenmanagement **1** 80

Flugfunk **2** 34, 98, 208

Flugfunkdienst, mobiler **2** 209

Flugnavigationsfunkstellen **2** 209

Flugtelefondienste **1** 79

Flugtelefondienstleistungen **2** 321

Flugzeuge **2** 208

Flußquerung **6** 191, 195

Folgekostenpflichten **6** 6, 96, 108, 122 ff., 170 f., 305
- straßenrechtliche **6** 6
Folgepflichten **6** 305
- straßenrechtliche **6** 6
Forderungseinzug **5** 77
Forderungshöhe, unklare **3** 135; **5** 167 f.
Forecasts **4** 318
Form
- elektronische **1** 198
- kundengerechte **1** 198
Formfreiheit **5** 76
Formmangel, Heilung **4** 263
Form-Verwaltungsakte **2** 246
Forschungswettbewerb **4** 80
Forstgrundstücke **6** 269
Fragerecht der Beteiligten **8** 159
Freecall, Sonderrufnummer, 0130 bzw. 0800 **5** 53
Freephone, 0130 bzw. 0800 **1** 61 f.
Freiheitsgrundrechte **8** 69
Freischaltung, Mobilfunktelefon **5** 47
Freizeichnungsklausel **5** 160
Frequenz **1** 137; **2** 66; **8** 48, 53
- Benutzungsbedingungen **2** 221
- Brachliegen **2** 159, 199
- Entschädigung bei Widerruf **2** 162
- geheimhaltungsbedürftige **2** 102
- Grundausstattung **2** 216 f., 261 ff.
- GSM **2** 272, 276
- Höchstausstattung **2** 262
- Hortung **2** 151
- Knappheit **2** 80
- konkurrierende Ansprüche **2** 124
- Kosten **2** 374
- Mehrfachzuteilung **2** 142, 179
- Mindestausstattung **2** 247, 263, 265
- Neuzuteilung **2** 360
- nicht störungsfrei nutzbare **2** 125
- Nichterteilung **2** 365
- Nutzbarkeit, Beschränkungen **2** 83
- Nutzung, siehe Frequenznutzungen
- Nutzungsbeitrag **2** 375
- Nutzungsbestimmungen **2** 35
- Nutzungsrecht **2** 266
- terrestrische **2** 14
- Übertragung **2** 354
- unregelmäßig genutzte **2** 143
- unverfügbare **2** 125
- Verfügbarkeit **2** 105
- Vergabeverfahren **2** 92 f.
- Vorliegen zuteilbarer **1** 138
- Wert, wirtschaftlicher **2** 259, 384
- Widerruf ungenutzter **2** 159
- Zusicherung der Zuteilung bestimmter Frequenzen **2** 106
- Zuteilung, siehe Frequenzzuteilung
- Zuteilung an Dritte **2** 370
- Zuteilung von Amts wegen **2** 172
- Zuteilung von Nutzungsrechten **8** 103
- Zuteilung, ineffiziente **2** 149
- Zuteilungsanspruch, vorrangiger **2** 106
- Zuteilungsgebühr **2** 374 ff.
Frequenzauktionen **2** 277
Frequenzausstattung **2** 261
- Behörden und Organisationen mit Sicherheitsaufgaben **2** 123
Frequenzbänder **8** 77
- nichtharmonisierte **7** 25
Frequenzbedarf, kurzfristiger **2** 117
Frequenzbereiche **1** 282; **2** 6, 32, 45, 60
- Aufteilung **2** 45
- Entzug **2** 29
- Festlegung **2** 45
- Neuverwendung **2** 51
- nichtharmonisierte **7** 26
- Nutzung **2** 62
- Verteilung, Ermessensspielraum **2** 33
Frequenzbereichszuweisung **2** 29, 39, 121
- Gestaltungsspielraum **2** 39
- Novellierung **2** 121
Frequenzbereichszuweisungsplan **2** 19 ff., 37 f., 60, 78 f., 113, 117
- Aufstellung **2** 28
- Erlaß **2** 31

Stichwortverzeichnis

- Festlegung und Änderung **2** 30
- Inhalt **2** 32 f.
- Inzidentkontrolle **2** 40
- Konkretisierung **2** 45
- Prüfung, gerichtliche **2** 39
- Rechtsnatur **2** 22
- Teilpläne **2** 30

Frequenzbereichszuweisungsplanverordnung **2** 27, 31, 34, 59

Frequenzblock, digitaler **2** 65

Frequenzblöcke **2** 63, 247, 263 f., 276
- abstrakte **2** 247
- gepaarte **2** 263 f.

Frequenzgebührenverordnung **2** 376
- Buchstabe C **2** 381

Frequenzknappheit **1** 131, 135, 137, 170, 224; **2** 13, 91, 152, 160 f., 201, 213, 216, 224, 263, 265, 273, 289, 356

Frequenzlotterien, USA **2** 308

Frequenzmanagement **7** 25

Frequenzmangel **2** 146, 205, 355

Frequenznutzer, Beteiligung der **2** 27

Frequenznutzungen **1** 281 f.; **2** 81, 83, 87, 149, 390; **7** 11; **8** 92
- Art und Umfang **2** 130, 137, 178
- Aufnahme und Beendigung, Anzeigepflicht **2** 129
- Beendigung **2** 140, 165
- Beginn und Beendigung, Anzeigeverlangen der RegTP **2** 139 f.
- Beschränkungen **2** 131
- effiziente **2** 155, 159, 255, 258
- effiziente und störungsfreie **1** 132, 286; **2** 3, 32 f., 130, 134, 139, 187, 290; **7** 13, 24; **8** 12, 66
- Einschränkungen **2** 177
- erhöhte **2** 179
- Fortschreibungsbeitrag **8** 176
- fortschrittliche und effiziente **2** 178
- gewerbliche **2** 12
- ineffiziente, störungsträchtige **2** 143, 147, 151
- Legaldefinition **2** 82
- Lizenzpflichtigkeit **2** 128
- militärische **2** 123
- für Rundfunk, Letztentscheidungskompetenz **2** 46
- Störungen **2** 122, 143, 161, 369
- Störungsfreiheit **2** 32 f., 166, 173
- Überwachung **2** 2
- Unterbrechung **2** 140
- nach dem Zusatzabkommen zum NATO-Truppenstatut, siehe Militärfunk

Frequenznutzungsbeiträge **2** 385

Frequenznutzungsplan **2** 19 ff., 42, 60, 78 f., 120, 392; **8** 38
- Abweichung, befristete **2** 116
- Allgemeinverfügung **2** 41
- Änderungen **2** 47
- Aufstellung **2** 46, 48, 197
- Außenwirkung, keine unmittelbare **2** 41
- Handlungsanweisung für die RegTP **2** 42
- Inhalt **2** 45
- Novellierung **2** 121
- Öffentlichkeitsbeteiligung **2** 50
- Planungsverfahren **2** 52
- Rechtsnatur **2** 41
- Veröffentlichung **2** 47
- Verwaltungsvorschrift **2** 41
- Ziel und Inhalt **2** 44 ff.

Frequenznutzungsplanaufstellungsverordnung **2** 46 ff., 52, 70 f., 79, 162

Frequenznutzungsplanung **2** 58, 63, 64, 154

Frequenznutzungsplanverfahren **2** 74
- Beteiligungsrechte **2** 67 ff.
- Entscheidung **2** 55 ff.
- Vereinfachtes Verfahren **2** 53

Frequenznutzungsplanverordnung, Entstehung **2** 75

Frequenznutzungsrechte, Schaffung und Beseitigung **2** 37

Frequenznutzungsteilplan **2** 53, 57, 69
- Änderung **2** 50 f.
- Aufstellung **2** 49 ff.

Frequenzordnung **2** 388; **7** 13; **8** 144
– Aufgaben **7** 24
– Festlegung **8** 66
– gesetzlicher Rahmen **2** 391
Frequenzpläne **2** 206, 228
– Pflicht zur Aufstellung **2** 51
Frequenzplanung **2** 2, 7, 19, 88, 121
– Beteiligungsrechte, Verletzung **2** 370
– Grundlage der Frequenzzuteilung **2** 115
– Sicherung **2** 154
– Überwachung und Durchsetzung **2** 387
Frequenzpolitik **1** 285; **2** 7; **8** 56
Frequenzpool **2** 343
Frequenzspektrum **2** 34; **4** 438
– Doppelader-Metalleitung **4** 437
– effiziente Nutzung **4** 219, 228
– knappes Gut, siehe Frequenzknappheit
– Nutzung, effiziente und störungsfreie **2** 16
Frequenzvergabe **2** 211, 213; **6** 36
– Bewerber, Eignung **2** 295
Frequenzvergabeverfahren **2** 351
Frequenzverteilungspläne, geographische **2** 108
Frequenzverwaltung **2** 1, 3, 7, 15
– Regulierungssystem **2** 88, 110
– Ziel **2** 16
Frequenzzuteilungen **1** 137, 169, 170, 236; **2** 8, 54, 77, 80 f., 107, 187, 194, 294, 305, 354, 362, 366, 369, 393; **8** 144
– Ablehnung **2** 145, 147, 151
– Adressat **2** 88
– von Amts wegen **2** 99
– Anspruch auf **2** 104, 118, 124, 133
– auf Antrag **2** 99
– Anträge **2** 114
– Auflagen **2** 134, 136, 195
– Bestandschutz **2** 83
– Bewerbungsunterlagen **2** 306
– Bundeszuständigkeit **2** 189
– Chancengleichheit **2** 149
– Einzelzuteilungen **2** 100

– Entscheidungskriterien **2** 308
– Erlöschen **2** 167
– Fehlen **2** 388
– Flexibilisierung **2** 123
– Gebühr **8** 175
– Gegenstand **2** 87
– an Gesellschaften bürgerlichen Rechts **2** 100
– Grundlagen, planerische **2** 111
– an Handelsgesellschaften **2** 100
– Inhalt, Umfang und Verfahren **2** 97
– Kriterien **2** 109
– mehrfache **2** 142
– mündliche **2** 100
– nationale **2** 5
– Nebenbestimmungen **2** 133, 190
– Normalfall **2** 94 f.
– Nutzungsbestimmungen **7** 24
– Personenbezug **2** 90
– Prioritätsprinzip **2** 143
– Rechtsnatur **2** 87
– Rücknahme **2** 157
– Rücknahme, teilweise **2** 171
– Sonderfälle **2** 171
– Sonderregeln **2** 181
– Übertragbarkeit **2** 90
– Überwachung und Durchsetzung **2** 387
– Unverträglichkeiten **2** 179
– an Vereine, nicht-rechtsfähige **2** 100
– Verhältnis zur Lizenzerteilung **2** 17
– Verhältnis zur Lizenzierung **2** 91
– Verknüpfung mit Lizenzerteilung **2** 247
– Verpflichtungen, Mißachtung **2** 160
– Versagung **2** 145, 190, 365
– Versagungsgründe **2** 97, 146 f.
– Versteigerung von Frequenzen, siehe UMTS-Versteigerung
– Verwaltungsakte **2** 88, 99
– Voraussetzungen **2** 97, 105, 145, 160, 355
– Widerruf **2** 95 ff., 154, 155 ff., 160 f., 164, 176, 199, 370

Stichwortverzeichnis

- Widerruf, teilweiser **2** 171
- Widerrufsgründe **2** 160
- Zielkonflikt **2** 304
- Zweckbindung **2** 88

Frequenzzuteilungsentscheidung **2** 40

Frequenzzuteilungsgebühren **2** 383 f.

Frequenzzuteilungsverfahren **2** 214

Frequenzzuteilungsverordnung **2** 12, 54, 94, 98, 120, 133, 184, 198
- Bestandsschutz **2** 85, 113
- Begründung **2** 128
- Entstehung **2** 97, 128, 189
- Frequenzzuteilung, Versagungsgründe **2** 97, 104 ff., 127, 153, 185 ff., 206 ff.
- Mehrfachzuteilung **2** 107, 128, 142 f., 172
- Widerruf **2** 73 ff., 146 ff., 195 ff., 303, 370
- Zuteilungsbescheid **2** 89, 129 ff., 173 ff.

Führungszeugnis **1** 94 ff., 164
- Auszug Belegart O **1** 94

Funk der Behörden und Organisationen mit Sicherheitsaufgaben, siehe BOS-Funk

Funkamateure **7** 8, 36; **8** 79

Funkanbindung **2** 226

Funkanlagen **1** 22; **2** 12, 131, 136, 316; **7** 1 ff., 14 ff.; **8** 75, 92, 112
- Abhörverbot **9** 50
- Auslastung **2** 152
- Betrieb **7** 24
- Ersetzung **2** 140
- Inbetriebnahme **2** 140; **8** 78
- Inbetriebnahme und Betrieb **7** 11 ff.
- Inverkehrbringen **7** 11; **8** 77 f.
- Legaldefinition **6** 35
- Zulassung **7** 22

Funkanwendungen **2** 27, 88, 102, 228
- nichtöffentliche **2** 113
- Störungen **2** 108
- technische Standards **2** 132

Funkdienste **2** 28, 34, 63, 83, 98, 102
- feste und mobile **2** 45, 143
- primäre und sekundäre **2** 34, 37 f.
- zivile und militärische **2** 45

Funkeinrichtungen, Prüfung und Kontrolle **7** 29

Funkfernsteuerungen **2** 88

Funkfrequenzen **1** 286; **2** 1, 3, 66, 93, 309; **8** 66
- Nutzung **2** 12
- Zugang **2** 256

Funkgeräte **1** 22; **7** 26

Funkgeräte, mobile **8** 84

Funkkommunikation, terrestrische und satellitengestützte **7** 7, 14

Funkleistung **2** 336

Funklizenzen **6** 356

Funkmeßdienste **2** 387

Funknachrichten **9** 5

Funknetz **2** 144, 334; **8** 176
- effiziente Gestaltung **2** 152
- GSM-1800 **8** 38
- Netzplanung **2** 293

Funkruf **1** 79, 259; **2** 319, 322, 325
- Definition **2** 321
- Standard **2** 227, 232

Funkschnittstellen **7** 21

Funksignale, wechselseitige Störungen **8** 66

Funkspektrum **2** 1

Funkstellen, feste, für Luftverkehr und Seefahrt **2** 209

Funksysteme **1** 22; **7** 20
- Störungen **4** 228

Funktechnik **2** 174, 336
- veraltete **2** 174

Funktechnologie **2** 1

Funktelefongeräte, mobile **8** 84

Funktionseinheiten, Verbindung **1** 50

Funktionsherrschaft **1** 25 f., 29, 57, 110; **2** 333 ff.; **4** 46, 51, 154, 271, 446; **6** 186; **9** 25 f.

Funkverbindungen **1** 16; **2** 314
- terrestrische **2** 191
- weltweite **7** 33

Stichwortverzeichnis

Funkverkehr **2** 173
Funkwellen **2** 312
– Gesundheitsgefahren **2** 156
Funkzelle **2** 334
Fusionskontrollverordnung, Anwendungsvorrang **8** 126

Gasleitungen **6** 27, 80, 104, 127, 137, 270
Gastzulassung, Amateurfunk **7** 36
Gateway **1** 66; **4** 451 ff.
– internationaler **4** 42
GATS, General Agreement on Trade in Services **3** 51; **8** 22, 46 ff.
Gauß-Krüger-Koordinaten **1** 119
Gebäude **2** 332
– verwaltungseigene **6** 214
Gebäudedurchbruch, vorhandener **6** 340
Gebietsabsprachen **2** 341
Gebietskörperschaften **1** 112; **6** 22
Gebietslizenzen **1** 58, 111 ff., 117, 242 f., 260, 268, 272, 274; **2** 379 f.; **4** 334; **6** 58 ff.
Gebotsbetrag, Zahlung **2** 266
Gebotsverfügung **4** 131
Gebrauchsüberlassung **1** 168; **5** 44; **6** 313
– entgeltliche **5** 44
Gebühren **1** 236, 249, 262 f.; **2** 266; **3** 1; **8** 174 f.
– Aufkommen **5** 105
– Bemessung **3** 3
– Bemessungsmaßstab **1** 267; **2** 378; **6** 164
– Kostengläubiger **8** 175
– nutzungsabhängige **3** 58
– Verjährung des Zahlungsanspruchs **1** 251
Gebührenbescheide **1** 267, 273 f.
– Rechenfehler **1** 274
– Vollziehung **1** 275
Gebührenerfassung, Fehler **5** 102, 105 f.
Gebührenerhöhung **3** 79
Gebührenfreiheit **2** 382
Gebührenlast **2** 355

Gebührenmaßstäbe, siehe Gebühren, Bemessungsmaßstab
Gebührenpauschalen **6** 164
Gebührenpolitik **3** 1
Gebührenrahmen **1** 241 ff., 253, 259 f.; **2** 379
– Unbestimmtheit **1** 268
Gebührenregelung **6** 87
Gebührensätze **2** 384
Gebührensatzungen, gemeindliche **6** 90
Gebührenschuldner **5** 103
Gebührentatbestände **2** 379, 381
– Harmonisierung **1** 286
Gebührenverordnungen **1** 236; **3** 12
Gebührenverzeichnis **1** 237, 240, 243 f., 247, 265
Gefahrenbegriff, Netzintegrität **4** 236
Gegenstand
– beweiserheblicher **8** 164
– körperlicher **5** 44
Geheimhaltung **4** 248 f.; **8** 131, 153; **9** 158
– Interesse **4** 248 f.
– Pflicht zur **8** 131
– Stufen der **9** 158
Gehwege **6** 66, 80, 128
Geldbuße **1** 233; **3** 218 ff.
Geldstrafen **2** 280
Gemeinden **6** 22
Gemeindestraßen **6** 12, 66
Gemeingebrauch **6** 68, 73, 120, 214
– Legaldefinition **6** 68
Gemeinkosten **3** 117, 173
– angemessener Anteil **3** 86
– leistungsmengenneutrale **3** 117, 155
– Zuschlag zu **1** 200
Gemeinschaftsrecht
– Anwendungsvorrang **3** 222; **4** 436
– europäisches **3** 64, 67, 74, 175, 177, 190; **4** 218
Gemeinwohlinteresse **6** 74
Genehmigung
– Bedingungen einer **7** 28
– Fiktion einer **3** 28 f.; **5** 176
– Genehmigungsbescheid **3** 107, 221

Stichwortverzeichnis

– Genehmigungsbescheid, privatrechtsgestaltender **3** 30, 214
– medienrechtliche **2** 16
– natur- oder landschaftsschutzrechtliche **6** 88
– Pflicht zur **3** 136; **8** 62
– Recht **4** 61; **8** 13
– rundfunkrechtliche **2** 185, 200
– schriftliche **1** 167
– von schwebend unwirksamen Rechtsgeschäften **5** 77
– vorläufige **3** 165
– Verfahren **9** 126
– Wirksamkeit von **3** 136
Genehmigungsrichtlinie, Vorschlag **1** 286 f.
General Agreement on Trade in Services, siehe GATS
Generalbundesanwalt beim Bundesgerichtshof, Auslandsabteilung **1** 96
Generaleinwilligung **5** 77 ff.
Geräte
– elektromagnetische Verträglichkeit **8** 78
– Geräteklassen **7** 14
– Gerätetypen **7** 14
– Gerätezulassung **8** 68
– zur Nutzaussendung elektromagnetischer Wellen **8** 112
– sicherheitsrelevante **7** 15
– Verwendungszweck **7** 28
– Zusammenwirken über Netze **7** 14
Gesamtnichtigkeit, Rechtsgeschäft **3** 183
Gesamtrechnungssumme **4** 458
Gesamtrechtsnachfolge **1** 168 f.
Gesamtwohlfahrt **2** 255
Geschäftsaufnahme **4** 1
Geschäftsführer **1** 94
Geschäftsgeheimnis **3** 173; **4** 240, 245 ff., 281; **8** 155; **9** 54
Geschäftsgrundstücke, Betreten **8** 113
Geschäftspapiere, Prüfung **8** 124
Geschäftsplan **2** 301 f.
– mittelfristiger **1** 99

Geschäftsräume
– Besichtigungsrecht **8** 112
– Betreten **8** 113
Geschäftsstelle **5** 71
Gesellschafter, haftende **1** 94
Gesetz zur Beschränkung des Brief-, Post- und Fernmeldegeheimnisses, G10-Gesetz **8** 107, 123; **9** 6, 22, 46, 145, 154
Gesetz zur digitalen Signatur, SigG **8** 88 ff., 111
Gesetz über die elektromagnetische Verträglichkeit von Geräten, EMVG **7** 6; **8** 103
Gesetz über die Entschädigung von Zeugen und Sachverständigen, ZSEG **9** 161 f.
Gesetz zur Errichtung einer Museumsstiftung Post und Telekommunikation, PTStiftG **8** 82
Gesetz über die Vermögensverwaltung, FVG **8** 124
Gesetz über Funkanlagen und Telekommunikationsendeinrichtungen, FTEG **2** 137; **7** 8 ff., 12; **8** 78
– Befugnisse **8** 78, 112 ff.
– Begriffsbestimmung **7** 7, 16 ff., 78; **8** 115
– Schnittstellenbeschreibung **7** 16 ff.
Gesetz über das Kreditwesen, KWG **8** 134, 177
Gesetz über Ordnungswidrigkeiten, OWiG **8** 78
Gesetz zur Regelung der Rahmenbedingungen für Informations- und Kommunikationsdienste, IuKDG **2** 59; **8** 87 f.
Gesetz über die Regulierung der Telekommunikation und des Postwesens, PTRegG **3** 22 ff., 36; **4** 16; **8** 3, 12, 19
Gesetz gegen den unlauteren Wettbewerb, UWG **5** 82; **9** 136
Gesetz zur Vereinfachung und Verbilligung der Verwaltung **3** 4
Gesetz gegen Wettbewerbsbeschränkungen, GWB **1** 89; **3** 38, 159 f., 194 ff., 206, 220; **4** 354

883

Stichwortverzeichnis

Gesetzgebungsbefugnis, Bereich Telekommunikationsleitungen **6** 8, 10
Gesetzgebungsbefugnis, Postwesen und Telekommunikation **6** 10
Gesetzgebungskompetenz, Bund **2** 10
Gespräche
– Terminierung, Definition **4** 52
– Zuführung, Definition **4** 52
Gesprächsgebühren **5** 63, 78
Gesprächsguthaben, gespeichertes **5** 78
Gesprächsteilnehmer **9** 106
Gestaltungsmacht, rechtsgeschäftliche **5** 82
Gestattungsverträge **4** 440; **6** 25, 76, 86, 253, 304, 323, 307
– entgeltliche **6** 25, 76
– straßenrechtliche **6** 86
Gestehungskosten **3** 87
Gesundheit **1** 143; **7** 14
Gesundheitsgefahren, Funkwellen **2** 156
Gewährleistung
– Ansprüche **4** 419; **6** 162
– Ausdehnung der Gewährleistung **6** 163
– Gewährleistungsfrist **6** 161
– Mängel **6** 162
– Regeln der **3** 138; **4** 256
Gewaltenteilungsgrundsatz **2** 40
Gewässer, öffentliche **6** 65, 67
Gewerbefreiheit **3** 44; **8** 60
Gewerberecht **1** 140; **2** 146
Gewerblichkeit **1** 64, 72
Gewerkschaften **8** 154
Gewinn- und Verlustrechnung **1** 100
Gewinn, Abschöpfung **1** 233
Gewinnchancen **3** 46
Gewinnerzielungsabsicht **9** 15, 20
Gewerbeuntersagung wegen Unzuverlässigkeit **8** 78, 101
Gesetzgebungskompetenz, Mißbrauch wirtschaftlicher Machtstellung **3** 45
– Straßenbaulast **6** 12

– Telekommunikation **1** 3; **6** 10 ff.; **8** 2
Glasfaser **4** 429, 436; **6** 212, 144, 275, 309
– Anmietung von **6** 235
– Bestandteile eines Glasfaserkabel **6** 211
– einzelne Ader, **4** 432
– Glasfaserleitung **4** 429, 436; **6** 275
– Nutzungsverträge **6** 240
– Verbindungen, unbeschaltete **1** 19
– Vermietung oder Verpachtung **6** 167
Gleichbehandlung **2** 118; **3** 43; **4** 120, 122
Gleichheitssatz, grundgesetzlicher **1** 270; **2** 43; **3** 45; **6** 299
Globaldeckungsprinzip **3** 6, 9
Globalisierung, Telekommunikationssektor **7** 2
Gräben **6** 66
Grenzstreifen **6** 287
Grenzübergänge **4** 42
Grenzüberschreitung **1** 281
Grenzwerte **2** 156
Großkundengeschäft **4** 61, 98
Großstädte **6** 89, 97
Großveranstaltungen **2** 117
Group 3G **2** 284; **4** 470
Grundangebot **3** 132; **4** 252, 348
Grundbuch **1** 33
Grunddaten, unternehmensbezogene **1** 81
Grunddienstbarkeiten **6** 182, 201
Grundeinzugsbereiche, GEZB **4** 292, 296, 304, 391, 401
Grundrechtseingriff **2** 12
Grundressourcen, effiziente Verwaltung **8** 53
Grundsatzregelungen **4** 280
Grundstücke **2** 335; **6** 253
– Anschluß **6** 7
– Aufgrabung **6** 278
– Durchbruch durch die Fundamente **6** 337
– Instandsetzung **6** 329
– Legaldefinition **1** 33
– lizenzfreie Anlage **1** 34

Stichwortverzeichnis

- Notweg **6** 206
- notwendige und zumutbare Belastung **6** 328
- Nutzbarkeit, dauerhafte Einschränkung **6** 277
- öffentlich genutzte **1** 34
- private **6** 3
- veränderte Nutzung **6** 327
- wesentlicher Bestandteil **6** 253, 332
- Zufahrten und Zugänge **6** 73
- zusammenhängende **1** 34

Grundstückseigentümer **1** 30; **6** 243, 252, 304, 309, 313 ff.
- Ausgleichsanspruch **6** 250, 268, 289
- Duldungspflicht **6** 248, 254, 263, 269, 289, 292, 305, 316, 348 f.
- Einverständnis **4** 440
- Kündigungsrecht **6** 330
- Rechtsposition **6** 192
- Zumutbarkeitsschwelle **6** 295

Grundstückseigentümererklärung **4** 440 ff.; **5** 215 ff.; **6** 45, 307, 320 ff.
Grundstückseinheit, kommunikative **1** 36
Grundstücksgrenze **1** 11; **6** 326
Grundstücksnutzung **6** 335
Grundstücksoberfläche, Eingriff **6** 286, 289, 292
Grundstückssubstanz, Eingriff **6** 192
Grundstücksteil **6** 309
Grundstückszufahrten **6** 127
Grundversorgung **2** 258
- Aufrechterhaltung erschwinglicher Preise **8** 61
- Gewährleistung **2** 14
- Leistungen **3** 126, 148

GSM
- Alt-Lizenzen **4** 474, 477
- Definition **2** 321
- Dienstleistungen **4** 476
- Global System for Mobile Communications **1** 185, 259; **2** 7, 319, 323, 325, 345 ff.
- Lizenznehmer **4** 471, 478, 480, 482

- Markt **4** 480
- Mobilfunknetze **2** 45
- Netzbetreiber **4** 477, 483

Gutachten, schriftliches **8** 159
Güteverfahren, arbeitsrechtliches **8** 16

Hafenfunkdienst **2** 209
Haftung **5** 72
- Ausschluß **5** 131
- Begrenzung **5** 131, 160 ff.
- Erweiterung **5** 164, 168
- Freistellung **6** 96, 229
- Freizeichnung **5** 159, 162
- gesetzliche Haftungsgründe **5** 161
- Haftungsklauseln **5** 159, 163
- Haftungsregeln **3** 138; **4** 256, 284; **6** 96
- Haftungsrisiko, Erhöhung **6** 280
- Höchstsummen **5** 161
- bei der Miete von Leerrohren **6** 229
- Übernahme der **6** 96
- Verlagerung der **5** 167
- Verlagerungsklauseln **5** 164, 168
- verschuldensunabhängige **5** 168

Handel zwischen Mitgliedstaaten der Gemeinschaft **3** 95
Handelsregister **1** 101, 129, 164
Handelsregisterauszug **1** 130
Handelsvertreter **9** 96
Handlungsfreiheit
- allgemeine **3** 45
- wettbewerbliche **4** 357
Handlungspflichten **8** 137
handover **2** 334
Handy, siehe Mobiltelefon
Hardware-Erweiterungen **5** 135
Harmonisierung **3** 55
- rechtlicher Rahmenbedingungen **1** 281
Hauptanbieter, Definition **3** 51
Hauptleistungspflichten **4** 281; **5** 54
Hauptsacheentscheidung, Vorwegnahme **2** 73, 367; **8** 167
Hauptverkehrszeit **4** 297, 385, 395
Hauptverteiler **4** 434
Hausanschlüsse **6** 96, 146

885

Hausantennen **6** 342
Haushaltsmitglieder **9** 103
Haustelefon, tragbares **2** 45
Haustelefonanlagen **9** 17
Hausverkabelungen **4** 442; **6** 328, 333
– vorinstallierte **6** 328, 333
Hausverteilerkästen **1** 21; **5** 105
Heilung, Formmangel **4** 263
Herausgabe **8** 119
Herausgabepflichten **8** 137
Herstellerselbsterklärung **7** 1
Herstellungskosten **3** 76
Hilfsorganisationen **1** 206
Hilfstätigkeiten, keine Funktionsherrschaft **1** 29
Hinzuziehung, Antrag **8** 152
Hochpreisstrategie **3** 160
Hochrechnung **1** 266
Höchstgebote **2** 269
Höchstgebühren **1** 244; **2** 379
Höchstsätze **1** 258
Hoheitsaufgaben
– administrative **2** 10
– Bereich Postwesen und Telekommunikation **8** 4
– Bereich Telekommunikation **8** 6
Hoheitsrechte **2** 253
Höherlegung, Telekommunikationslinie **6** 134
Holländische Auktion **2** 270
Hörfunk **2** 59 ff.
Hotels **1** 64
Hotline, Überlastung **4** 456
Hubschrauber **2** 208

Image **2** 250
Immissionsschutzgesetz, 26. Verordnung **2** 156
Inbetriebnahmezeitpunkte **4** 307
Indefeasible Right of Use, IRU **6** 211
Independent Regulators Group **8** 58
Individualvereinbarung **5** 143
Informationen, Verwendungsbeschränkungen **8** 122
Informationsansprüche, Durchsetzung **8** 40
Informationsbefugnisse **8** 10, 105

Informationsdienste **2** 59
Informationsdurchsatzvermögen **1** 16, 20
Informationsfreiheit **6** 341
Informationspflichten **1** 165; **4** 238 ff., 419; **6** 228; **7** 28
Informationsrechte **4** 120; **8** 137
Informationsübermittlung, komplexe **2** 334
Informationsübertragung **1** 25
– Realisierung **2** 336
Informationsverarbeitung **2** 336
Informationsverlangen, behördliches **8** 121
Informationszugang **4** 14
Infrastruktur
– Anbieter **3** 87
– Aufbau **2** 332
– Auflagen **6** 356
– flächendeckende **4** 1
– gemeinsame Nutzung von **2** 335
– Lizenz **1** 30, 46, 63; **2** 310
– Lizenz, Abgrenzung **1** 38
Infrastrukturauftrag **8** 36
– Gewährleistung **8** 4
– grundgesetzlicher **6** 36, 264, 291
– und Telekommunikationsleitungsrecht, Akzessorietät **6** 15
Infrastruktureinrichtungen, Zugang zu **3** 198
Infrastrukturmonopol **6** 12
Infrastrukturrat **8** 2, 7
Infrastrukturverträge **6** 1, 158
Ingerenzbefugnisse **8** 36
Inhaberwechsel **2** 356
Inhaltsbestimmungen **2** 134 f., 372, 390; **6** 251, 263
– Mißachtung **2** 390
Inhaltskontrolle **5** 124 ff.
Inhouse-Infrastruktur **3** 208; **4** 109, 439 ff.; **6** 334, 354 f., 338
Initiative Digitaler Rundfunk, IDR **2** 201
Initiativrecht **4** 130
Inkassodienstleistungen **4** 455, 460
Inkassoverhältnis **4** 109, 455 ff.; **5** 64 ff.
Inländerbehandlung **8** 46

Stichwortverzeichnis

INMARSAT-Übereinkommen **8** 24
Innenumsatzerlöse **1** 175
Innovationswettbewerb **4** 80
Installationskabel **4** 439
Instandsetzung
– Anspruch auf **6** 162
– Anspruch, Verjährung **6** 113
– Arbeiten **6** 116
– Pflicht zur **6** 150
INTELSAT-Übereinkommen **8** 24
Interconnection, siehe auch Netzzusammenschaltung
Interconnection Agreements **4** 277
Interconnection-Anschlüsse, ICAs **4** 182, 276, 282, 287, 289, 307, 463
Interconnection-Partner, ICP **4** 287, 288, 290, 296, 303, 308, 315, 332
Interessenabwägung **3** 163
Intern/Extern-Gleichbehandlung **3** 199; **4** 18, 116, 129
International Carrier Connect-Verbindungen, ICC **4** 33, 41, 42, 182, 451
International Telecommunications Regulations **3** 49
International Telecommunications Union siehe ITU
Internationale Fernmeldeunion, siehe ITU
Internationaler Fernmeldeverein **2** 5
Internet Service Provider, ISP **1** 66 f.; **4** 113 ff.
Internet-Backbone **4** 468
Internet-by-Call **4** 459
Internetdienste, Datenschutz **9** 83
Internet-Telefonie **1** 65 ff., 292; **3** 103, 150
Internetverkehr **4** 385, 465
– breitbandiger und schmalbandiger **4** 385
Interoperabilität **1** 286; **4** 151, 219, 226, 235, 308, 346; **8** 54
Interoperabilitätstests **4** 308
Intra-Building-Abschnitt **3** 188
Investitionen, langfristige **1** 265
Investitionskosten **3** 97
Investitionsplan, mittelfristiger **1** 99

Investitionsplanung **4** 241
IP-Netze **4** 465 ff.
ISDN **1** 173; **2** 350 ff.; **8** 65
ISDN-Netzabschlußeinrichtung **4** 439
ISDN-Sprachtelefondienst, Universaldienst **2** 350, 352
ISM-Anwendungen **2** 82
ITU **1** 281 f.; **2** 5, 7, 30, 35; **3** 48, 53; **4** 134; **7** 33; **8** 45
– Konstitution **1** 282; **3** 48 f.
– nationale Umsetzung der Vorgaben **2** 20, 26
– T-Empfehlung G 114 **1** 51

Joint Venture **6** 237
Justizbehörden **8** 69, 109

Kabel **2** 335; **6** 47; **7** 8
– Anordnung **6** 87
– Anzahl **6** 77, 140
– Begriff **6** 78
– Eingraben und Einpflügen **6** 289
– Einziehen **1** 30
– Verkäufe, Verpachtungen oder Vermietungen **6** 144
Kabelanlage **6** 35 ff.
– Aufhängung **6** 189, 345
– Begriff **6** 78
– unterirdisch geführte **6** 37
Kabelfernsehen **3** 104
– Fernsehnetze **6** 13; **6** 28
– Infrastruktur **3** 81
– Kabelfernsehnetz-Richtlinie **3** 81
Kabelgräben **6** 189
Kabelkanäle **6** 189
Kabelkanalrohre **6** 34, 41, 186, 189
Kabelleerrohre **6** 189
Kabelnetze **1** 78; **3** 104
Kabelschacht **6** 34, 41, 96, 118, 151, 201, 253, 275, 332, 353
Kabelschäden **4** 217
Kabelsysteme **1** 22; **7** 20
Kabeltrassen **6** 196
Kabeltröge **6** 42
Kabelverbindungen **1** 16
– unbeschaltete **1** 19
Kabelverzweiger **6** 118 f.

887

Kalkulationssystematik 3 184
Kalkulationsunterlagen 4 246
Kammerentscheidungen, Bestimmtheitsgebot 8 170
Kampfpreise 3 161
Kanalbandbreite 2 131
Kanalisationsleitungen 6 104, 127
Kanalisierung 4 434
Kantinenräume, Pacht 6 219
Kapazitäten für Rundfunk 2 48
Kapazitätsbegrenzung 4 434
Kapazitätsengpaß 4 319; 6 187
Kapazitätserschöpfung 6 101, 142, 193
Kapazitätsgrenzen 4 386
Kapazitätsprobleme 6 194
Kapitalinvestitionen 1 100
Kapitalverkehr 8 124
Kartellbehörden 3 214, 221
Kartellrecht 2 234, 283, 333, 347; 4 66, 121 ff., 355, 480, 482; 6 99, 203; 8 13
− deutsches 4 66
− europäisches 4 66
Kartellverfahrensrecht 8 15, 150, 173
Kartennummer zu Kundenkarten 9 30
Katastrophenfälle 4 222; 8 80; 9 7, 56 f.
Kauf einzelner Vermögensgegenstände 1 169
Kaufmann, Sorgfalt des ordentlichen 4 256
Kaufvertrag 5 78, 143, 246
− über Geschäftsanteile 1 169
Kaution 2 275
Kennzeichnungsrecht 4 247
Kernnetz 3 77
Klageart, statthafte 1 157
Klagebefugnis 3 209
Klagefrist, Anfechtungsklage 1 157
Klageverfahren 1 270
Klagevermeidung, Vereinbarung bzgl. 1 275
Klauselkontrolle 5 125
Knappheit, Frequenzen, siehe Frequenzknappheit

Knappheit, siehe Knappheitssituation
Knappheitslage, siehe Knappheitssituation
Knappheitspreis 2 270
Knappheitssituation 2 13, 18, 80, 91, 152, 160, 211 ff., 241, 255, 260, 263, 273, 356, 393; 6 187, 203; 8 48, 64 ff.
Koaxialkabel 6 38
Kollokation 4 178, 180, 183
− physische 4 182, 184, 189
− physische und virtuelle 4 181, 184, 185 ff., 287, 310
Kollokationsflächen 4 190
− technische und räumliche Situation 4 241
Kollokationsräume 1 59; 3 165; 4 40
Kommentierungsphase 1 185
Kommission, Europäische 1 164; 4 83, 84, 107; 8 55
Kommunalrecht 6 215
Kommunalverfassungsbeschwerde 6 9, 21
Kommunen 6 8, 17 ff., 86, 146, 213
− Beteiligungsrechte 6 8
Kommunikation
− any-to-any 4 328
− firmeninterne 2 321
− mit erotischem Inhalt 1 284; 3 100; 5 83; 8 56
− vertrauliche 8 69
Kommunikationsdienste 2 59
− elektronische 4 13; 8 56 f.
− satellitengestützte persönliche 8 55
Kommunikationsgeräte, elektronische 8 57
Kommunikationsinfrastrukturen, elektronische 1 284; 3 100
Kommunikationsnetze, elektronische 1 284 ff.; 3 100; 8 56 f.
Kommunikationsverbindungen, dialogfähige 1 50
Kompatibilität 4 134
Kompatibilitätstests 4 308
Konditionsgestaltung 3 134; 4 209, 476

Stichwortverzeichnis

Konformität
- Bewertung **7** 3
- Bewertungsverfahren **7** 27; **8** 75
- Erklärung **7** 22, 28
- Überprüfung **4** 308

Konkurrentenklagen **8** 181
Konkurrenzschutz **4** 351
Konsolidierung **1** 291
Kontingentierung **6** 141, 152
Kontrahierungszwang **4** 207, 210; **6** 320 f.
Kontrollbefugnisse **9** 78
Kontrolle
- präventive **8** 99
- über den Betrieb der Übertragungswege **1** 26 ff.

Kontrollerwerb **4** 94 f.
Kontrollfreiheit, AGB **5** 124, 126
Kontrollrechte **9** 71
Kontrollverfahren **3** 211
Konvergenz von Sprach- und Datendiensten **2** 323
Konzentrationswirkung **2** 89
Konzentratorebene **4** 382, 384
Konzernklausel **3** 200; **4** 91, 112, 144
Konzernunternehmen **1** 175; **3** 145; **4** 92
Konzernverträge **1** 213
Konzessionsabgaben **6** 25
Konzessionsverträge **6** 39
Koordination, internationale **2** 4
Koordinationsspielraum, Bauarbeiten **6** 152
Koordinierung, Preise **3** 92
Koppelung, Produkte **4** 480 ff.
Koppelungsverbot **4** 482
Kopplungsvorschrift **2** 149
Körbe siehe auch price cap-Verfahren **3** 115, 119, 121 f., 123, 173
Korridor **6** 61
Kostenansatz **3** 156
Kostenausgleich, innerbetrieblicher **3** 7
Kostendeckungsprinzip **1** 271; **3** 7, 9
Kostenerhebung **6** 166
Kostenerstattungsanspruch **6** 118
Kostenerstattungspflicht **6** 114

Kostenkategorien **3** 61, 156
Kostenmodelle **3** 185; **4** 399, 402
Kostennachweise **3** 117; **4** 399, 408; **8** 110
Kostennachweisverfahren **4** 399
Kostenorientierung **3** 56 f.
Kostenrechnung **1** 216; **3** 77, 84, 96, 184
- Detaillierungsgrad **1** 216
- Informationen zur **3** 62
- Systeme bzgl. **3** 56 ff.
- transparente **3** 84

Kostenregelung, Fehlen **8** 173
Kostenschuld
- Entstehen und Fälligkeit **1** 248
- Säumnis und Verjährung **1** 248

Kostentragung **6** 96
Kostentragungspflicht **1** 206
Kostenüberdeckung **1** 266 f.
Kostenverursachung **3** 77
Kostenzurechnung **3** 86
Kreditgeschäfte **5** 245, 248
Kreditinstitute **1** 101
Kreditkarte **5** 246, 166
Kreditwürdigkeit **5** 140
Krisenfälle **8** 80
Kulturpflanzen **6** 292
Kunde **5** 22 f.
Kundenanschlüsse **5** 135; **6** 2, 48, 320
Kundenberatung **9** 111
Kundendaten **2** 340; **8** 109; **9** 111, 116, 150
- Datenbanken **9** 88, 137
- Nutzung zu Marketingzwecken **9** 111, 116
- Überlassung von **2** 340

Kundengruppen, unwirtschaftliche **3** 97
Kundeninformationen **3** 177
Kundenkarten **9** 30, 104
- Kartennummer **9** 30

Kundenlisten **4** 246
Kundenschutz **1** 235; **3** 101; **4** 200, 203; **5** 181 ff.; **8** 144; **9** 1
Kundenschutzverordnung, siehe Telekommunikations-Kundenschutzverordnung

889

Kundenstamm, Wettbewerbsvorteil 4 471
Kundenverhältnis 5 131
Kundenverzeichnisse 9 85, 112
Kündigung 5 170 ff.
– außerordentliche 5 172
– Kündigungsfrist 6 330
– Kündigungsklausel 5 169 ff.
Kupferader 6 309
– unbeschaltete 1 19
Kupferdoppelader 4 429
Kupferdraht 6 38, 275
Kurzstrecken 6 96
Kurzwelle 2 202
Kurzwellenradio 2 1
Küstenfunkstellen 2 209

Ladung 8 159
Länder-Regulierungsrat 8 36
Länderstraßengesetze 6 76, 96
Länderzuständigkeit 2 16
Landesbauordnungen 2 89
Landesbehörden 2 16, 55 f., 188, 199
Landesgebührenrecht 6 90
Landesrecht 1 206; 6 88
Landesregierung 8 37
Landesrundfunkgesetze 2 59
Landesrundfunkrecht 2 14
Landesstraßen 6 12, 66
Landesstraßengesetze 6 68
Landfahrzeuge, fremde 2 208
Landfunkdienst, mobiler 2 26, 34
Landgerichte 3 213
Landkreise 1 206
Langstrecken 6 88
Langwelle 2 202
Lastengleichheit 1 270
Lastschrift-Aufschlagsklausel 5 150
Lastschrifteinzugsverfahren 4 455, 458; 5 143, 151, 153, 174
Laufschein 6 86
Laufzeitklauseln 5 141 ff.
Laufzeitverzögerung 1 51
Lauterkeitsrecht 9 136
Lawinenverschüttete, Auffinden 7 15
Lebensläufe 1 107

Leerkosten 3 7
Leerrohre 6 47, 83, 101, 158, 186 f., 201, 212, 227, 253, 272, 276, 308 f., 314 ff., 332 ff., 353
– Anordnung 6 87, 96
– Anzahl 6 77, 140 f., 221
– Instandhaltung vermieteter 6 226
– Lagerung 6 153 f.
– Mitbenutzung 6 198
– Mitverlegung 6 156
– nebeneinanderliegende 6 170
– städtische 6 216 ff.
– technische Spezifikationen 6 223
– Verkauf 6 238, 242
– Verkauf, Verpachtung oder Vermietung 6 144
– Verlegen 1 30, 72
– Verlegung zusätzlicher 6 281
– Vermietung 6 209
– Vermietung oder Verpachtung 6 167
– Vermietung von Nutzungsrechten 6 183
– zusätzlich verlegte 6 271
– zusätzliche 6 62
Leerrohrkapazitäten 6 202
Leerrohrkaufverträge 6 243
Leerrohrmiete 6 209
Leerrohrmietvertrag, Beendigung 6 230
Leerrohrnetze, städtische 6 178
Leerrohrnutzung 6 209
Leerrohrnutzungsverträge 6 240
Leerrohrtrasse 6 191
Leerrohrverkäufe 6 235
Leistung
– Begriff 4 104 f.
– festnetzgebundene 1 77
– Legaldefinition 4 103
Leistungsanspruch 5 132
Leistungsbegriff, weiter 4 447
Leistungsbereitstellung 3 156; 4 403
– effiziente 1 199 ff.; 3 106, 117, 121, 128, 154 ff.; 4 381, 384, 406, 409, 410, 411; 6 343, 355
– entbündelte 4 478
– Kosten der 3 154 ff.; 4 404, 407

Stichwortverzeichnis

Leistungsbeschreibung **3** 117, 168; **4** 202, 255, 280, 332
– Klauselkontrolle **5** 123, 126, 130 ff.
– Unternehmen **3** 137
Leistungsbestimmung **5** 124
– gegenseitige **4** 312
Leistungsbeziehung
– Multi-Carrier-Umgebung **5** 27
Leistungsentgelte **3** 13, 24; **8** 9
– genehmigte **3** 32
Leistungserbringung
– als Vertragsannahme **5** 75 f.
– ordnungsgemäße **5** 68
Leistungserbringungsfrist **5** 133
Leistungserschleichung **9** 105, 108
– Aufklärung und Unterbindung **9** 107
Leistungsfähigkeit **1** 88 ff., 139, 141, 167; **2** 146, 234, 257, 295 f., 302, 304; **4** 27, 29, 150, 152, 193
– Definition **1** 98; **2** 293
– Nachweis **1** 99
– Wegfall der **1** 153
Leistungsklage **2** 74; **6** 208
Leistungsstörungen **4** 419
– Universaldienstleistung **5** 203 ff.
Leiter **2** 83
Leitlinien **4** 84
Leitungen **6** 47, 353
– Begriff **6** 345
– kabelgebundene **2** 93
– Transportmedium **6** 270
– unterirdische Verlegung **6** 26
Leitungsrechte **6** 1, 3, 33
Leitungsrechtsinhaber **6** 264
Leitungsverbindungen **1** 19
Leitungsvermittlung **1** 49
Leitweglenkung **4** 288
Letztentscheidungsrecht **8** 39
Letztweg **4** 383
Liberalisierung des Telekommunikationsmarktes **1** 208, 288; **2** 12; **3** 39, 100, 150; **4** 1, 3, 7, 84; **7** 29; **8** 46; **9** 1, 4, 41, 138
Liberalisierung, Telekommunikationsinfrastruktur **6** 28
Liberalisierungsrichtlinien **1** 284; **3** 78

Lichtwellenleiter, LWL **6** 38
Lieferbedingungen **4** 131
Lieferungsverträge **5** 246
Line-Sharing **4** 429 f., 438
Linie **6** 78
Linienführung **6** 41, 43
Linienlizenzen **1** 58, 111, 114, 116, 119, 242, 245, 257, 260, 269; **4** 334; **6** 59 ff.
– Beantragung **6** 59 f.
– Legaldefinition **1** 113
Linienverzweigung **6** 41, 43
Liquiditätsengpaß **5** 171
Lizenz
– Alt-Lizenzen **1** 278 ff.
– Anspruch auf Erteilung **1** 138
– Antrag auf Erteilung, Rücknahme **1** 238
– Antragsverfahren **2** 362
– Anzahl, Beschränkung **2** 92 f., 263, 356
– Anzahl, unbeschränkte **2** 357
– Auflagen **1** 153, 159, 164
– Auslauffrist **1** 150
– Beantragung **1** 107
– Beschränkung der Anzahl **1** 135; **2** 217 ff., 230
– bundesweite **1** 47
– Entfallen **2** 358
– Entziehung **1** 92
– Entzug **9** 35, 75, 129
– Erlaubnischarakter **1** 6
– Erteilung **1** 7, 83, 87, 144, 156, 225, 229, 278; **2** 213, 223; **8** 100, 144
– Erteilung, Erschleichen **1** 148
– Erteilung, uneingeschränkte **1** 159
– Erteilung, Voraussetzungen **1** 140, 154
– Fernlinien **1** 111
– Gebiet **1** 111
– Gegenstand und Inhalt **2** 309
– GSM **2** 232; **4** 471, 474
– Inhalt **1** 124
– Klasse 1 **1** 52, 117, 195, 203, 205, 259, 262, 268; **2** 309, 314, 315, 342
– Klasse 2 **1** 260

891

Stichwortverzeichnis

- Klasse 3 **1** 14, 53 f., 111, 119, 124, 129, 192, 243, 246, 257, 268 f.; **2** 291, 293, 310, 314, 351, 379; **3** 123; **6** 57, 59; **8** 28
- Klasse 4 **1** 46 ff., 111, 116, 193, 195, 203, 205, 243, 247, 265 ff.; **2** 315; **3** 114
- Klassen 1 bis 3 **6** 5, 55, 57, 74, 169, 175
- Klassen 1 bis 4 **8** 71
- Klassen 1 und 2 **1** 163, 241, 257, 276; **2** 1, 311
- Klassen 2 und 3 **2** 191
- Klassen 3 und 4 **1** 242, 245, 257, 260, 261 f., 272, 293; **2** 93; **3** 103, 119, 144; **8** 110
- Mindestausstattung **2** 261
- Nebenbestimmungen **1** 8, 129 ff.; **2** 327; **6** 57
- Neuzuteilung **1** 170
- Ortslinien **1** 111
- Personenbezogenheit **1** 166
- Rechtsnatur **1** 6
- Rücknahme **1** 146, 148, 149, 150, 238; **8** 95
- Status **1** 269
- Teilübertragung **1** 171
- für Telekommunikationsanbieter **9** 68
- TFTS **8** 38
- Übergang **1** 166 ff.
- Übergang kraft Gesetzes **1** 168
- Übertragung **1** 166 f., 239; **2** 90, 354
- Übertragung, isolierte **1** 170
- UMTS **1** 236, 280; **4** 471, 477; **6** 36
- Urkunde, Neuausstellung **1** 238
- Vergabeverfahren **2** 362
- Versagung **1** 133 f., 140 ff., 156, 226
- Versteigerung **1** 236
- als Verwaltungsakte **2** 327
- Wert, wirtschaftlicher **2** 384
- Wertgegenstand, eigenständiger **1** 169
- Widerruf **1** 133, 145 ff., 168, 226, 238; **2** 162, 164, 279, 358; **8** 95, 97, 102; **9** 48

- Widerrufsbescheid **2** 167
- Widerrufsgründe **2** 166
- Widerrufstatbestände **2** 158
- Widerrufsvorbehalt **2** 133
- Zuteilung **1** 224

Lizenzantrag **1** 85, 88, 90, 93, 109, 135
Lizenzauflagen **1** 225, 235; **2** 241, 260, 346; **3** 101; **8** 141
- Verstoß **1** 230, 234; **8** 177
Lizenzbedingungen **7** 28
Lizenzerfordernis **2** 260
Lizenzerteilung
- Verhältnis zur Frequenzzuteilung **2** 17, 91
- Verknüpfung mit Frequenzzuteilung **2** 247
- Verfahren **1** 121; **2** 214; **4** 152
- Voraussetzungen **1** 83, 140; **2** 234
Lizenzerweiterungen **1** 89, 97, 113
Lizenzgebiet **1** 111; **6** 57
- nicht zusammenhängendes **1** 118
- Übertragung **1** 171
Lizenzgebühren **1** 14, 100, 115, 236, 240, 261, 262, 265; **2** 379, 383 f.; **8** 175
- Erhöhung der **1** 115
- Höchstgebühr **1** 243
- Klagevermeidungsvereinbarung **1** 275
- Recht der **6** 59
Lizenzierung **1** 1, 5, 284; **2** 80 f., 211, 354, 393
- Einzelgenehmigung **1** 266
- zusätzliche **1** 114
Lizenzierungsbestimmungen, nationale **3** 51
Lizenzierungskriterien, öffentliche Zugänglichkeit **8** 48
Lizenzierungspflicht **1** 5
Lizenzierungsrichtlinie **1** 283; **2** 8, 307
- Gebührenhöhe **1** 255
- direkte Geltung **1** 264
- Umsetzung **1** 264
Lizenzinhaber, Namensänderung **1** 238

Stichwortverzeichnis

Lizenzinhalte **1** 123; **2** 241, 243
- besondere **2** 318
Lizenzinteressenten **2** 93
Lizenzklassen siehe auch bei Lizenz **1** 12, 70, 85, 89
Lizenzlaufzeit **2** 327
Lizenzlinien, Übertragung **1** 171
Lizenznehmer **1** 91, 125, 167, 194, 199, 282; **2** 327; **6** 55, 176 f., 264; **8** 60, 67
- Benachteiligung **1** 218
- Finanzkraft **1** 170
- Kooperation **2** 335 ff.
- marktbeherrschende **1** 208 ff., 224; **3** 144
- Pflichten **1** 128
- Qualifikationen **1** 140
- Zuverlässigkeit **1** 153
Lizenzpflicht **1** 9 f., 19, 34 f., 59, 61, 64, 140; **2** 89, 312; **6** 59; **9** 10
- Erbringen von Telekommunikationsdienstleistungen **1** 9 f.
Lizenzpflichtigkeit **1** 18, 23, 32, 50, 58, 71, 76
Lizenzrechte **1** 140; **4** 61
- Ausübung **2** 356
- Verwaltung **1** 238
Lizenzübergang, anderweitiger **1** 154
Lizenzübertragung **8** 99
Lizenzurkunde **1** 118, 125, 127, 162
Lizenzvergabe **2** 223; **6** 36; **8** 15, 38, 53
- Ausschreibung, E2 **2** 227
Lizenzvoraussetzungen **1** 84
Lizenzzahl
- Beschränkung **2** 211, 215 f., 320, 324, 331
- Knappheit **2** 283
Lizenzzuteilungsverfahren **2** 351
Lobbyarbeit **2** 332
Lokaltarif **4** 390, 393
long-run incremental costs, LRIC **3** 155
Losentscheidung **2** 308
Luftfahrt **9** 45
Luftfahrzeuge, fremde **2** 208
Luftliniendistanz **6** 59

Luftraum **6** 66
Luftraumkreuzungen **6** 287, 320
Luftschnittstelle **7** 16

Machtmißbrauch **3** 199
Mahnungen **8** 94
Mahnverfahren, gerichtliches **4** 455
Mailbox
- Dienste **1** 79
- Einrichtung einer **5** 143
- elektronische Systeme **9** 109
Maintenance Center **2** 337
major supplier, siehe Hauptanbieter
Mangel an Frequenzen **1** 137
Mängelbeseitigung **5** 57
Mangelsituation **2** 205
Manipulation **5** 103, 167
Mantelleerrohr **6** 311
Mantelrohr **6** 221
Marketingstrategie **2** 293
Marketingzwecke **9** 110
Markt
- Abgrenzung und Festlegung **2** 240
- national, regional, lokal **3** 152
- räumlich relevanter **4** 68
- relevanter, Bestimmung **2** 242 f.; **4** 71
- sachlich relevanter **3** 149, 205; **4** 66
- sachlich und räumlich relevanter **2** 239; **3** 153; **4** 61, 372, 446
- vor- und nachgelagerter **4** 72
Marktabgrenzung **2** 320; **4** 82, 86, 89, 101, 446
- Kriterien der **4** 85
- räumliche **3** 151; **4** 68 ff.
- sachliche und geographische **3** 149
Marktanteile **1** 164, 176, 217
Marktbeherrschung **1** 188, 216 ff.; **3** 144, 153, 160, 196; **4** 4, 14, 50 ff., 62 ff., 143, 192, 198, 244, 321 ff., 347 ff., 420 ff.; **5** 83, 95; **6** 203, 343, 352 ff.; **8** 60 ff., 103, 110, 127 f.
- Definition **4** 63
- Feststellung **3** 149
Marktbeobachtung **8** 70, 78

893

Marktbewertung, einheitliche **8** 129
Markteintritt **2** 232; **3** 87
– Erschwerung **2** 232
Marktentwicklung **3** 112; **8** 123
Marktforschung **9** 111
Marktführer **4** 170
Marktidentität **4** 99
Marktmacht **3** 71, 83, 100, 147, 181; **4** 14, 132, 479 f.
– Ausnutzung **3** 83
– beträchtliche **4** 83, 143
Marktnachfrage, allgemeine **4** 202, 204 f.
Marktneueinsteiger **4** 210
Marktöffnung **8** 51
Marktöffnungsmechanismen **9** 1
Marktregulierung **1** 4; **3** 190
Marktsegmente **3** 172
Marktsituation **3** 112
Marktstellung, überragende **4** 64
Marktsteuerung **2** 324
Marktstrategien **4** 246; **6** 144
Marktstruktur, Verengung **3** 205
Marktteilnehmer, etablierte **2** 227
Markttransparenz **3** 111
Marktüberwachung **1** 265; **7** 6, 22, 24, 28
Marktverdrängungsabsicht **3** 54
Marktversagen **8** 61
Marktzugang **3** 51; **8** 46
– effektiver und vergleichbarer, Sicherstellung **8** 53
– Hürde für **1** 271
– Voraussetzung des **3** 44
Marktzutritt **3** 159; **6** 260
– Barriere für **1** 270; **4** 99
– Kosten des **2** 227
Marktzutrittsschranken **4** 359
– Abbau **1** 287
Massenmedien **2** 59
Massenverkehr **5** 113, 178
Maßgrößen **3** 122, 124
Masten **2** 335; **6** 34, 41
Medien, elektronische **2** 59
Mediendienste **1** 72; **2** 59 ff., 197 ff.
Medienpolitik **2** 10, 30
Medienrecht **2** 184
Medizinprodukte **7** 9

Mehrerlös
– Abschöpfung **8** 13, 143
– rechtswidrig-schuldhaft erlangter **3** 30
Mehrmütterklausel **4** 93
Mehrwertdienste **4** 144, 300, 327, 331 f., 455 f., 459, 463; **5** 11 ff., 72, 113, 119, 137, 246
– 0130 **5** 60
– 0180 **5** 60, 63
– 0190 bzw. 0900 **1** 61 f.; **5** 60, 64, 107
– integrierte **1** 78
– Multi-Carrier-Umgebung **5** 27
– Shared-Cost **1** 61 f.; **4** 459
– sprachbasierte **5** 60
Mehrwertdiensteanbieter **4** 158; **5** 69, 74
Mehrwertdiensterufnummern **1** 61; **4** 288
Mehrwertdienstleistungen **8** 46
Meinungsbildung, öffentliche **2** 182
Meistbegünstigung **8** 46
Mengenrabatte **3** 43
Menschenwürde **5** 90
Meßdienst **2** 381
Meßeinrichtungen **2** 131
Meßgeräte **7** 31
Meßvorschriften **7** 18
Miete **6** 180
Mietleitung **1** 68, 129; **3** 79, 99, 152; **4** 67, 452, 454
– Ausgangs- und Endpunkte **4** 37
– Definition **3** 56
Mietleitungsangebote **4** 56
Mietleitungsgebühren **3** 79
Mietleitungsmärkte **3** 152
Mietleitungsnetze **4** 452
Mietleitungs-Richtlinie, siehe ONP-Mietleitungsrichtlinie **3** 129, 176; **4** 40
Mietvertrag **5** 43, 45, 49, 145; **6** 182 f., 207, 210, 219 f., 230, 232, 307, 315, 319, 323, 330, 341, 344, 347, 349
Migrationspflicht **4** 225, 229, 234 f., 255, 291, 294, 296
Migrationsregel **4** 237, 298

Stichwortverzeichnis

Mikromonopolbildung **4** 90
Mikrowellenöfen **2** 82
Militärfunk **2** 98, 103, 123, 210
Minderjährigenrecht **5** 77 ff.; **7** 35
Minderungsansprüche **6** 198
Mindestabstand **6** 63
Mindestangebote, Gewährleistung **9** 57
Mindestausstattung, finanzielle, Sicherstellung **6** 25
Mindestgebote **2** 271, 273, 275
Mindestinkrement **2** 276
Mindestlaufzeiten, Mobilfunkverträge **5** 141
Mindestvertragsdauer **3** 178
Mindestvoraussetzungen **2** 234
Minimalkonfiguration **1** 31, 58
Minister, Vernehmung **8** 159
Ministererlaubnis **8** 25
Mischkalkulation **3** 186
Mischtatbestand **2** 149
Mißbrauch, marktbeherrschende Stellung **3** 39, 54, 78, 87 ff.; **4** 12, 121, 129, 171 f.
Mißbrauchsaufsicht **3** 38, 43, 47, 50, 114, 195; **4** 5, 59, 101, 136, 140, 171, 253, 351; **8** 128, 185, 187
– Begünstigter der **4** 99
– besondere **3** 114, 200, 220; **4** 7, 17, 18, 55, 457, 484; **8** 28, 103
Mißbrauchsbekämpfung **9** 122
Mißbrauchskontrolle **4** 61
Mißbrauchstatbestände **4** 121
Mißbrauchsverfahren **4** 18, 129 f., 244, 307, 352, 417, 420 ff., 450
Mißbrauchsverfügungen **4** 133, 422
Mißbrauchsvermutungstatbestand **3** 43
Mißverhältnis, Leistung und Gegenleistung **5** 94
Mitbenutzung **6** 182, 193, 309, 347, 350
– Anspruch auf **4** 444 f.; **6** 195 f., 204
– Duldung **6** 174, 190, 204, 207
– Entgelt für **6** 355
– Entschädigung **6** 204

– geldwerter Ausgleich **6** 202
– Leerrohre **6** 224
– Regelungen **6** 344
– Vorrang vor Neuverlegung **6** 177
Mitbenutzungsrecht **6** 4 ff., 188, 192, 194, 310, 340, 343, 345, 349, 352 f.
– Begrenzung **6** 354
– Umfang **6** 351
Mitbenutzungsregelung **6** 344
Mitbenutzungsszenarien **6** 346
Mitbenutzungsverpflichtete **6** 176, 181, 198, 355
Mitbenutzungsverpflichtung **6** 184, 201
Mitbenutzungsverträge **6** 209
Mitbestimmung **9** 103
Mitgebrauch, unselbständiger **6** 309 f., 347
Mitgliedstaaten der Europäischen Union **1** 283
Mittelwelle **2** 202
Mitverlegungsverträge **6** 235 ff.
Mitwirkungspflicht **8** 114, 142
– Grenzen **8** 121
– Verfahrensbeteiligte **8** 157
Mitwirkungsrecht
– Länder **8** 36
– Verletzung **6** 26 f.
Mobile Switching Center, MSC **2** 342 f.
Mobilfunk **1** 52, 190; **2** 1, 3, 17, 93, 309, 310, 313, 334; **3** 205; **5** 36; **8** 11
– 2. und 3. Generation **2** 319
– Anbieter **4** 78; **5** 48
– Anschlüsse **3** 150; **4** 67
– Datenschutz **9** 93
– digitaler zellularer **1** 259
– GSM **2** 45
– Leistungskette **5** 25
– Lizenzgegenstände **2** 318
Mobilfunkanschlußverträge **5** 46 f., 113
Mobilfunkanwendungen **8** 38
Mobilfunkbereich **4** 77; **5** 71, 74, 137, 141
Mobilfunkbetreiber **4** 51

895

Mobilfunkdienste **2** 34, 320, 323
– lizenzpflichtige **2** 321
– Wiederverkauf von **1** 79
Mobilfunkdiensteanbieter **5** 168
Mobilfunkdienstleistungen **1** 77; **2** 311
– Kategorien **1** 79
– Sprache und Daten **2** 321
Mobilfunkgerät **2** 314
Mobilfunklizenz **1** 7, 12, 266, 280; **2** 314, 318, 326
– Befristung **2** 325
– GSM **2** 227
– Nebenbestimmungen **2** 326
Mobilfunkmarkt **1** 184; **4** 81
– Neueinsteiger **2** 345
– Wettbewerb **4** 78 f.
Mobilfunknetzbetreiber **1** 203; **4** 321, 333; **5** 130
Mobilfunknetze **1** 22, 54; **2** 332, 336; **3** 151, 186; **4** 50, 69, 89, 300, 472 f.; **5** 118, 131; **6** 36
– D1, D2, E1 **3** 186
– digitale zellulare **3** 21
– dritte Generation, siehe auch UMTS **1** 185, 190
– Vermittlungsknoten **2** 342
Mobilfunkrufnummer **5** 46
Mobilfunksektor, Verträge, siehe Mobilfunkverträge
Mobilfunkstationen **2** 156
Mobilfunkteilnehmer **2** 315
Mobilfunktelefon, Freischaltung **5** 47 ff., 115
Mobilfunkübertragungswege **2** 333
Mobilfunkverbindungsvertrag **5** 54 ff.
Mobilfunkvertrag **5** 42, 57, 70
– Dienstvertrag **5** 58
– Hauptleistungspflicht **5** 58
– rechtliche Einordnung **5** 142
Mobilkommunikation **1** 292
Mobiltelefon **5** 48, 78 ff., 143; **8** 84
– Subventionierung **4** 79
– Verlust des **5** 168
Mobiltelefondienste **1** 79
Mobiltelefonie **3** 150, 153
Modulationsverfahren **2** 131

Monopolbereich **2** 320; **3** 26
Monopoldienste **3** 16, 31, 35; **8** 13
Monopoldienstleistungen, Legaldefinition **3** 33
Monopole **3** 194; **6** 10; **9** 1, 140
– Wegfall **4** 56
Monopolist **5** 96; **6** 32
Monopolisten, ehemalige **1** 284
Monopolkommission **8** 132
Monopolrechte **2** 85; **8** 51 f.
Monopolstellung **3** 7, 153
Monopolstrukturen **4** 3
Monopoltarife, Genehmigungsfähigkeit **3** 19
Monopolunternehmen **4** 84; **6** 1, 47, 320
Müllabfuhr **6** 215, 218
Multi-Carrier-Umgebung
– Leistungsbeziehungen **5** 27
– Mehrwertdienste **5** 32
Multimediadienste, technische Bereitstellung **1** 78
Multimediarecht **9** 83
Multiplexing **2** 63, 192
Museumsstiftung Post und Telekommunikation **8** 82
Musikinstrumente, elektronische **9** 14
Musterlizenzen **4** 471
Muttergesellschaft **4** 352
Mutterunternehmen, ausländische **1** 101

Nachbarstaaten, Koordination von Senderstandorten **2** 5
Nachbesserung **5** 57
Nachfolgeunternehmen **8** 3, 13
Nachfrageermittlung **2** 213
Nachfragesubstitution **3** 149
Nachfrageverhalten **4** 204
Nachhaltigkeit eines Angebots **9** 20 f., 36
Nachrichten, Aussenden, Übermitteln und Empfangen **4** 59; **9** 13
Nachrichteninhalte, Erhebung, Verarbeitung und Nutzung **9** 109
Nachvollziehbarkeit **4** 162
Nachweisschwierigkeiten **5** 76

Stichwortverzeichnis

Naturkatastrophen **2** 176
Nebenbestimmung **1** 8, 123, 128 f., 132, 134 f.; **2** 188, 362, 371; **3** 107, 205
– Angreifbarkeit **8** 93
Nebenstelle **4** 439
– Drittnutzung **5** 100
Nebenstellenanlagen **9** 145
Nebenstellenanlagen in Hotels und Krankenhäusern, Betrieben und Behörden **1** 64; **9** 17
Nebenzeit **4** 395
Network Termination, NT, siehe ISDN-Netzabschlußeinrichtung
Netz, digital vermittelndes **1** 173
Netzabdeckung **4** 471
Netzabschlußeinrichtung **6** 43, 334, 340
Netzabschlußpunkt **1** 48, 52; **4** 429; **6** 345
– Kontrolle **4** 266
Netzaufbau, Kooperation **2** 328
Netzbetreiber **1** 31, 61, 177, 180; **4** 34; **5** 132; **6** 304, 323, 350; **7** 16
– Grundstückseigentümererklärung **5** 215 ff.
– marktbeherrschender **3** 146
Netzbetreiberportabilität **1** 180 ff.
– Mobilfunkmarkt **1** 184
Netzbetreiberstellung **4** 155
Netzbetrieb
– Funktionsfähigkeit **4** 233
– Sicherheit des **4** 23, 219, 222
Netzdienste, intelligente **1** 78
Netzdurchlaßwahrscheinlichkeit **4** 303
Netze
– behördeninterne **1** 43
– Betreiben **1** 57
– C-Mobilfunknetz, analoges **2** 6, 114
– D-Netz **2** 156
– E1, E2 **1** 278
– Einzelnetz **4** 49
– E-Netz **2** 156
– Festnetz **4** 67
– funktional unterschiedliche **4** 49
– GSM **1** 185; **2** 45, 51, 386; **4** 470, 475 ff., 483; **6** 36
– Internet Protocol, IP, siehe IP-Netze
– Kontrolle, tatsächliche **2** 336
– Leistungsmerkmale **3** 188
– Mobilfunk **4** 50, 67, 77, 300, 472 f.
– öffentlich vermittelnde **1** 68
– selbstbetriebene **1** 45
– Teilnetz **4** 49
– UMTS **1** 185; **2** 156, 347; **4** 322, 477 ff.; **6** 36
– unternehmensinterne **1** 43; **9** 147
– Zusammenbruch **4** 222
– Zusammenschaltung **1** 178, 285
– zwischen verbundenen Unternehmen **1** 43
Netzhierarchie **4** 120
Netzinfrastruktur, Kosten **3** 184 f.
Netzintegrität, Aufrechterhaltung **4** 219, 224, 232 ff.
Netzkapazitäten, Überlastung **4** 229
Netzkarte, Abhandenkommen **5** 168
Netzkartenvertrag **5** 141
Netzkennzahl **4** 51
Netzknoten **4** 25
Netzkonditionierungskosten **1** 180
Netzkonfiguration **4** 403
– Beschreibung **1** 58
Netzkonzept **4** 229, 291, 294, 296
Netzmanagementdienste **1** 78
Netzmonopol **8** 52
Netzressourcen
– Mißbrauch **7** 14
– Zugang **3** 55
Netzschnittstellen, NTP **7** 16, 19, 28
Netzstruktur **4** 119, 381
– Aufbau **4** 1
Netzträgerschaft, eigene **2** 84
Netzübergabepunkt **3** 152; **4** 52, 54, 229
Netzwerk-Backbone **6** 45
Netzwerksicherheit **1** 191
Netzwerktechnik **2** 332
Netzzugang **1** 223; **3** 102, 116, 139; **4** 5, 7, 24, 120, 126, 134, 142, 159, 194, 240, 417, 444, 484; **5** 167; **8** 107

897

- allgemeiner **4** 26, 40, 147, 163 f., 201; **5** 224 ff.
- allgemeiner und besonderer **4** 19, 25, 28 ff., 142, 167, 193 ff., 371
- Arten **4** 354
- Beeinträchtigung **4** 217
- Beschränkung **4** 102, 118, 215 f.
- besonderer **3** 114 ff., 125, 131 f., 139, 188, 191; **4** 1, 35 ff., 119, 148 ff., 165, 168, 198, 212 ff., 238 ff., 250 f., 257 ff., 269, 277, 350, 372, 422, 432, 453; **8** 28, 72
- besonderer, Grundangebot **4** 252 ff.
- diskriminierungsfreier **4** 160
- diskriminierungsfreier, offener **3** 43, 195
- Einschränkungen **4** 223
- funktionaler **4** 217
- Gewährung **8** 103
- gleichwertiger **4** 333
- Legaldefinition **4** 24
- offener **1** 129; **4** 1 f., 6, 13, 17 f., 23, 136, 138, 140, 201; **8** 54, 127, 144

Netzzugang, Berechtigtenkreis **4** 146
Netzzugangsarten, Abgrenzung **4** 29
Netzzugangsbeschränkung **4** 235
Netzzugangsdefizite **3** 98
Netzzugangsdienste **1** 78
Netzzugangsgewährung **4** 196, 366
Netzzugangsschnittstellen **7** 16
Netzzugangsvereinbarungen **3** 204; **4** 162, 165, 166, 243 ff., 252, 253, 260, 350, 352, 354, 357, 418, 419, 421, 422
- horizontale und vertikale **4** 355
- Inhalt **3** 132; **4** 269
- Rahmenvorschriften **3** 131
- Veröffentlichung **4** 249

Netzzugangsverordnung, NZV **3** 131; **4** 16, 31, 159, 211, 436; **6** 345, 350; **8** 144
Netzzusammenschaltung **1** 187, 281; **3** 46; **4** 17, 142, 152, 229, 239, 293 ff., 314 f., 322, 377, 424
- Beschränkung des Umfangs **4** 342
- Grundidee **4** 328
- Inbetriebnahme **4** 308
- unmittelbare **4** 270
- Verhandlungspflicht **4** 266, 268, 270, 272 f.
- Verweigerung **4** 230

Netzzusammenschaltungsvereinbarungen **4** 292
Neuaufgrabungen **6** 78
Neueinsteiger **1** 290
- Marktzutrittskosten **2** 227

Neuordnung des Postwesens und der Telekommunikation, PTNeuOG **3** 1; **8** 3; **9** 57
Neutralität, technologische **1** 284
Neuverlegung, Telekommunikationslinie **6** 200
Nichtdiskriminierung **3** 73 ff., 96, 190 ff.; **4** 14, 210, 223 f., 236, 238, 352, 479; **6** 30, 32; **8** 65
Nichtigkeit rechtswidriger Rechtsverordnungen **2** 40
Nichtigkeit wegen Sittenwidrigkeit, Fallgruppen **5** 86 f.
Nichtigkeitsgründe **5** 77, 82
Niederlassungen **7** 31
Niederschrift **8** 161 f.
Nießbrauch **6** 180, 211, 221, 232 ff., 303, 319
Node B **2** 336 ff.
Normadressat **4** 99
Normen, internationale **4** 134
Normenklarheit **3** 175
Normenkontrollverfahren **2** 36
Normungsinstitutionen **1** 281
Notärzte **2** 206
Notdienstträger, z. B. Rotes Kreuz **1** 203 ff.
Notfälle **2** 176 f.; **8** 80
Notifizierungspflichten **8** 55
Notrufabfragestellen **1** 203, 206 f.
Notrufmöglichkeiten **1** 202, 205; **2** 350
Notrufnummern **1** 203 f., 207
Notwegerecht **6** 206
Numerierung **1** 187; **8** 43, 65, 144
Numerierungsplan, nationaler **4** 266; **8** 54

Nummern, siehe auch Rufnummern **1** 180, 286; **8** 48
– Zuteilung von Nutzungsrechten **8** 103
Nummernbereich **4** 292
Nummernnutzung, effiziente **1** 286
Nummernportabilität **1** 181
Nummernzuteilung **1** 169, 236
Nutzbarkeit, dauerhafte Beschränkung **6** 269
Nutzer **3** 139; **5** 22 f.
– Legaldefinition **4** 26 f.
Nutzerbedürfnisse **2** 52, 251
Nutzergruppen **2** 386
– geschlossene **2** 319
Nutzerinteressen **3** 178, 209
– Störungen **2** 155
– Wahrung **3** 39
Nutzerschutz **3** 215; **9** 1
Nutzung
– bestimmungsgemäße **6** 288
– erweiterte Ausgleichspflicht **6** 297
– gleichgeordnete, siehe Mitbenutzung
Nutzungsänderung, eigentumsrechtlich relevante **6** 344
Nutzungsanspruch **6** 284
– abgeleiteter oder gestufter **4** 443
Nutzungsbedingungen **4** 131; **7** 28
Nutzungsberechtigte **6** 55, 83, 86, 96, 107 f., 112, 116 ff., 139, 144, 180, 254, 284, 306, 314
– Begriff **6** 275
– Entschädigungsanspruch **6** 130
– neu hinzukommende **6** 168
– potentielle **6** 143
– Privilegierung **6** 124
– Zugangsrechte **6** 303
Nutzungsberechtigung **6** 68, 145
– Erlöschen **6** 117
– Korridor **6** 61
– primäre **6** 49
– schuldrechtliche oder dingliche **6** 313
– Übertragung **6** 57 ff.
– Übertragungsumfang **6** 61
– Umfang **6** 58

Nutzungsbestimmungen, Numerierung **2** 35
Nutzungsentgelte **1** 286; **5** 152; **6** 91
Nutzungserweiterung **6** 246, 270, 280, 301
– zulässige **6** 272, 281
Nutzungsgebühren **1** 286
Nutzungsgegenstand **6** 305
Nutzungsintensität, Anzahl der Funkanlagen **2** 131
Nutzungsrecht **2** 3; **6** 1, 158, 233f., 283, 300, 309
– Beendigung **6** 172
– Begrenzung **6** 144
– Einräumung und Übertragung **6** 302
– exklusives **2** 12
– Konkursfestigkeit **6** 211
– private **6** 2, 302
– Rechtsnatur **6** 313
– sachlicher Anwendungsbereich **6** 64
– Übertragung **6** 55, 231
– Umfang **6** 77, 143
– unentgeltliches **6** 315, 356
– vertragliches **6** 304, 312
Nutzungsrechtsregelung **6** 260
Nutzungsregelungen, vertragliche **6** 332
Nutzungsumfang **6** 305
– Begrenzung **6** 140
Nutzungsverhältnisse, typische **6** 182
Nutzungsverträge **6** 304 f., 307
– Rechtsnatur **6** 210

Oberdecke, Wiederherstellung **6** 87
Oberpostdirektionen **8** 4
Öffentlicher Personennahverkehr, ÖPNV **6** 218
Öffentlichkeit **1** 76
Öffentlichkeit des Verfahrens, Ausschlußgrund **8** 155
Öffentlichkeitsbeteiligung **2** 24
– Ausgestaltung **2** 25
Offerte **5** 75
Offline-Billing **4** 455, 463
Öffnungszeiten **1** 196

Off-Peak-Tarif **4** 394
Oligopolunternehmen **4** 78 ff.
Online-Billing **4** 463
Onlinedienste **3** 187; **4** 113, 456
Online-Informationsabfragen **8** 46
Online-Vorleistungs-Flatrate, OVF **4** 352, 461 f.
ONP, Open Network Provision **4** 133
– Anforderungen **4** 127
– Ausschuß **3** 68
– Harmonisierung **3** 80
– Mietleitungsrichtlinie **1** 129, 173; **3** 124, 129, 176; **4** 13, 40
– Rahmenrichtlinie **3** 20, 55, 57, 70, 72, 175, 196; **4** 7, 13, 23, 40, 124, 235 f.
– Rechtsakte **3** 54; **4** 8, 15 ff., 23, 378
– Rechtsakte, Grundprinzipien **4** 14
– Regeln **3** 88
– Richtlinie **1** 188, 201; **3** 82
– Sprachtelefondiensterichtlinie **4** 7, 13
Operation Center **2** 337
Orbitpositionen **1** 282
Orbitressourcen **7** 14
Ordnung, öffentliche, Gefährdung **1** 142, 144
Ordnungsgeld, Festsetzung **8** 160
Ordnungsrecht **1** 143
Ordnungswidrigkeiten **1** 231 ff.; **2** 390; **3** 217; **8** 140, 143; **9** 74, 133
– Ahndung **8** 79, 89 f., 95
Ordnungswidrigkeitenverfahren **3** 217 ff.
Ort der Zusammenschaltung, OdZ **4** 52, 54, 229, 291, 293, 295, 304, 307, 400
Ortsanschlußnetz **3** 77
Ortsgespräche **1** 188; **3** 150, 151; **4** 67, 70, 72
Ortskennziffern, OKZ **4** 51, 292, 304
Ortslinien **1** 245 ff.; **6** 47
– Legaldefinition **1** 113
Ortslinienlizenzen **1** 111
Ortsnetz **1** 113; **3** 185; **4** 89

Ortsnetzbereich **1** 116; **4** 51, 292
– Wettbewerbsstärkung **3** 100
Ortsnetzkennzahlbereiche **4** 48
Ortungsdienste **1** 80

Pacht **6** 180 ff.
Pachtvertrag **6** 183, 207, 210, 219, 307, 319
Pagingdienste, siehe Funkruf
Paketvermittlung **1** 49
Papierausdruck **1** 198
Parlamentsvorbehalt **2** 204
Partnerunternehmen **4** 251
Pauschalentgelt, zeitunabhängiges, siehe Flatrate
Pauschalierungen in Zustimmungsverträgen **6** 165
Pauschalsatz, siehe Flatrate
Peak-Tarif **4** 394
Peering-Vereinbarungen **4** 465 ff.
PersBG, Personalrechtliches Begleitgesetz zum TKG **8** 21, 29
Personal, weisungsabhängiges **1** 108
Personalplanung **1** 108
Personalrecht **8** 39
Personalsteuerung **8** 6
Personengesellschaft, rechtsfähige **6** 307
Personenidentität, fehlende **5** 72
Personenschäden **5** 162
Personentransport **6** 215, 218
Personenzulassung **1** 107; **7** 31; **8** 68, 76
Personenzulassungsverordnung, PersZulV **7** 5, 30; **8** 77 f.
Petitionsrecht, allgemeines **2** 50
Pflichten des Lizenznehmers **1** 162 f.
Pflichtleistungen **3** 18, 34, 35; **8** 9
Physical Co-location **4** 182, 287
Planaufstellungsverfahren, dreistufiges Ausgestaltung **2** 52
Planentwurf **2** 52
Planung, geschäftliche und technische **2** 293, 295 f., 300 f.
Planungsabsprachen **4** 315, 318
Planungsentscheidungen, Beteiligung Betroffener **2** 16

Stichwortverzeichnis

Planungsfehler, Auswirkungen **2** 40
Planungshoheit **2** 336
Planungssicherheit **4** 16, 134, 236, 239, 378
Planungsunterlagen **4** 246
Planungsverfahren, Ausgestaltung **2** 52
Planungsvorgang, Sicherheit **2** 54
Planverfahren **2** 68
Plätze, öffentliche **6** 65
Platzmangel **4** 187
Plausibilitätskontrolle **3** 109, 164
POCSAG, Funkrufstandard **2** 232
Point of Presence, PoP **4** 42
Politikunabhängigkeit **8** 26
Polizeibehörden **8** 69
Polizeifunk **2** 228
Polizeirecht **9** 6, 163
Polizeiruf **1** 203
Portierung **1** 183
Portierungskennung **4** 288
Ports **4** 386
Positive Vertragsverletzung, pVV **5** 57
Post- und Fernmeldeverkehr, staatlicher Zugriff **9** 27
Post- und Telekommunikationssicherstellungsgesetz, PTSG **8** 80 ff.; **9** 57
Post- und Telekommunikations-Zivilschutzverordnung, PTZSV **8** 81
Postangelegenheiten **8** 1
Postausschuß **8** 37
Postbenutzer **3** 1
Postbeschlagnahme **8** 120
Postgeheimnis **9** 22, 28
Postgesetz, PostG **8** 90
Postneuordnungsgesetz, PTNeuOG **3** 1; **8** 3; **9** 57
Postreform **5** 41
Postreform I **3** 11; **5** 1; **8** 1, 8
Postreform I und II **3** 19
Postreform II **3** 1, 2, 22; **8** 3, 12, 75
PostStruktG, Poststrukturgesetz **3** 1, 12
Postumwandlungsgesetz, PostUmwG **3** 24; **8** 3
Postverfassungsgesetz, PostVerfG 1997 **3** 1, 12 ff.; **8** 1, 8 ff., 13
Postverkehr **3** 3
Postverwaltungsgesetz, PostVerwG **3** 5 f.
Postwesen **3** 4; **8** 2, 90
– Neuordnung **3** 1
Powerline **6** 39, 257, 339; **8** 106
Präferenz **2** 227 f.
Prägung, maßgebliche **1** 36
Präsident der RegTP **8** 145
Präsidentenkammer, Entscheidungen als Verwaltungsakte **2** 236
predatory pricing **3** 161
Preis
– erschwinglicher **3** 141
– marktüblicher **1** 201
Preisabschläge **3** 161
Preisabsprachen **4** 351
Preis-Auf- und Abschläge, mißbräuchliche **3** 106
Preisaufsicht **3** 144
Preisberechnung **5** 200
Preisbestimmung **3** 142; **5** 124
Preisdifferenzierungen **3** 122
Preisdruck **3** 89
Preiselastizität **3** 161
Preisgestaltung **3** 134; **4** 209, 476
– kostenorientierte **3** 100
Preishoheit **4** 331
Preishöhenmaßstab **3** 164
Preishöhenmißbrauch **3** 109
Preiskontrolle **3** 75
Preiskoordinierung **3** 92
Preis-Leistungs-Verhältnis **5** 124
Preismißbrauch **3** 87
Preismißbrauchsaufsicht **3** 110, 159
Preisobergrenze **3** 75, 130
Preispolitik **3** 164
– marktwirtschaftliche **3** 7
Preisregulierung **3** 39
Preissenkungsvorgabe **3** 123
Preissetzungsspielraum **4** 78
Preisspaltung **3** 162
Preissteigerungsrate, gesamtwirtschaftliche **3** 121
Preisunterbietung, systematische **3** 161

901

Preisvereinbarungen **5** 83
Preisverschiebungen **6** 203
Preiswettbewerb **3** 93; **4** 79 ff.
Premium Rate Dienste, siehe Mehrwertdienste
pre-paid-card **5** 78 ff.
Preselection **1** 186 ff., 204; **3** 137, 186; **4** 89, 456; **5** 53
Preselection-Verträge **5** 122
price cap-Verfahren **3** 109, 115, 119 ff., 173
Priorisierung **6** 152
Prioritätsprinzip **2** 34; **6** 126, 134 ff.
Prioritätsregelungen **6** 141
Privatautonomie **4** 166, 254
Privatgrundstücke **6** 191, 244, 252 f., 262
Privatisierung **1** 284; **9** 3
Privatisierungsgebot **2** 259
Privatsphäre **1** 285; **4** 227; **7** 14; **8** 56, 122
Probegrabungen **6** 86
Produkte, Austauschbarkeit **3** 149
Produktivitätsfortschrittsrate **3** 121, 173
Produktmarkt, potentieller **4** 10
Produktplanung **4** 241
Prognose, Verhalten **1** 140
Prognoseentscheidung **2** 324
Programmführer, elektronische, siehe EPG
Prokuristen **1** 94
Prostitution, verbale **5** 88 f., 92
Protokollführung **4** 340
Protokollkonvertierung **8** 46
Providerdienste **1** 79
Provisionszahlung **5** 143
Prozeßverarbeitung **2** 336
Prozeßzinsen **1** 275
Prüfgeräte **7** 31
Prüfung, handelsrechtliche und steuerrechtliche **1** 212
Prüfungskosten **8** 177
Prüfungskriterien **3** 164
Prüfungsmaßstab **4** 406
Prüfungsrechte **8** 110
Publikumsversion **4** 247
Punktaufbrüche **6** 96

Punktaufgrabungen **6** 146
Punktesystem, lineares additives **2** 296
Punktraster **2** 306
Punkt-zu-Mehrpunkt-Richtfunk **8** 38
Punkt-zu-Mehrpunkt-Verbindung **1** 16, 19
Punkt-zu-Punkt-Verbindung, PzP **1** 16, 19, 269

Qualifikationen, Lizenznehmer **1** 140
Qualität, technische **2** 303
Qualität und Zuverlässigkeit **1** 5
Qualitätsbedingungen **4** 256
Qualitätskennwerte **8** 71
Qualitätsmanagementhandbuch **7** 32
Qualitätsmanagementsystem **7** 32
Qualitätsparameter **4** 118, 303, 318, 320
Qualitätsprobleme **4** 276
Qualitätssicherungssysteme **8** 68, 75
Qualitätsstandards, Sicherstellung **4** 236 f.
Qualitätswettbewerb **4** 80
Quersubventionierung **1** 208; **3** 54, 81, 206
Querwege **4** 383
Quotennießbrauch **6** 211

Rabatte, Transparenz **3** 73
Rabattsysteme **3** 43, 57
Radio **9** 14
Radio Network Controller, RNC **2** 336 ff., 340, 343
Rahmenentgelte **3** 33
Rahmengebühren **1** 259; **2** 379
Rahmensätze **1** 256 ff.
– Unbestimmtheit **1** 258
Rahmen-Verbindungsverträge **5** 49
Rahmenvertrag **5** 70
– Mitverlegung **6** 236
Rahmenzusammenschaltung **4** 423
Randwettbewerb **8** 11
Ratenzahlung **5** 246 f.
Rating-Agenturen **1** 104
Rationalisierungskartelle **2** 341

Stichwortverzeichnis

Raumnutzung, Veränderung **6** 83
Raumordnung **6** 31
Rechnung **3** 135
– Manipulation **5** 148
Rechnungsabschluß **3** 63
Rechnungserstellung **3** 135; **4** 458; **9** 122
Rechnungserteilung **3** 35
Rechnungsführung, getrennte **1** 89
Rechnungslegung **1** 216
– getrennte **1** 214
– interne **1** 214
Rechnungslegungskreis **1** 89
– einheitlicher **1** 216
Rechnungsposten **4** 456
Rechnungsstellung **4** 455; **5** 235
Rechnungsunstimmigkeiten **4** 311
Rechtmäßigkeitstatbestände **9** 86 ff.
Rechtmäßigkeitsvoraussetzungen **9** 88
Rechtsanwendungssperre **2** 112
Rechtsbehelfe **8** 72
– aufschiebende Wirkung **8** 136
Rechtsbehelfsbelehrung **1** 8, 161; **2** 220; **8** 170
Rechtsbehelfsfrist **8** 171
Rechtsbehelfsverfahren **2** 168
Rechtsbeschwerde **3** 219
Rechtsbindungswille **5** 66
Rechtsfolgenverweis **3** 188; **4** 364, 366, 365, 369
Rechtsfolgeregelungen **5** 131
Rechtsgrundverweis **4** 364 f.
Rechtsgüter, zentrale **1** 143
Rechtsharmonisierung **8** 77
Rechtshilfe **8** 159
Rechtsmittel, Lizenzerteilung **1** 121, 123
Rechtsordnung
– Einheit **6** 183
– Unversehrtheit **1** 143
Rechtsschutz **4** 417 f., 425; **6** 103
– einstweiliger **2** 69 ff., 368, 373; **3** 171; **8** 184
– gerichtlicher **2** 362; **3** 209
– Verkürzung **4** 380
– vorläufiger **1** 158
Rechtssicherheit **1** 150; **4** 16

Rechtsstreitigkeiten, bürgerliche **3** 216; **8** 178
Rechtsverordnungen zum TKG **1** 228
Rechtsverordnungsermächtigung **8** 74
Rechtsvorschriften **8** 24
Rechtsweg gegen einstweilige Anordnungen **8** 168
Rechtsweggarantie **8** 168
Rechnungsstellung **4** 456
Redaktionsversehen **4** 371
Referenzen **1** 107
Regelungsziele **4** 5, 14
Regierungsverordnung **3** 115
RegTP, Regulierungsbehörde für Telekommunikation und Post
1 4 ff., 47, 58 ff., 89 ff., 214 ff.;
2 22, 40 ff., 76 ff., 101 ff., 216 ff.;
3 47, 66, 126 ff.; **4** 27 ff., 109 ff., 130 ff., 154 ff., 233 ff., 484; **6** 59;
7 16; **8** 7, 18; **9** 35, 151
– 48,8 Erlang-Regelung **4** 229 f., 383
– Amtsblatt **1** 14, 77, 83, 219; **2** 27, 102, 213, 218, 230, 242 ff., 261, 274; **3** 107, 111, 117, 120, 136, 147, 179; **4** 250, 255; **5** 112; **7** 18, 21; **8** 78, 171
– Anordnung **1** 234
– Anordnungsbefugnis **4** 272, 307, 322 ff., 332, 335, 345, 349, 380, 422; **8** 103
– Arbeitsüberlastung **2** 50
– Aufgaben **3** 39; **8** 44, 46
– Aufgaben und Verfahren **8** 1
– Aufsichtsfunktion **8** 93
– Auskunftsrecht **9** 44
– Befugnisse **1** 230, 235; **4** 362
– Beirat **2** 242
– Beschlußkammern **3** 114; **8** 27, 146, 148, 163
– Beweisaufnahme **8** 157 ff.
– Beschlußpraxis **4** 332
– besondere staatliche Aufsichtsbehörde **8** 101
– Beurteilungsspielräume **1** 121; **2** 300; **3** 173; **4** 252

903

- Bundesoberbehörde, unabhängige 8 20
- Bußgeldbehörde 8 86
- Eckpunktepapier 4 84
- Econophone-Entscheidung 4 52, 54
- Eingriffsbefugnisse 1 228; 8 98; 9 130
- Entgeltregulierungsentscheidungen 6 355
- Entscheidungen, Rechtsschutz 8 178
- Entscheidungspraxis 2 78
- Entwicklung und Rechtsstellung 8 1
- Ermächtigungsgrundlagen für Einschreiten 4 196
- Ermessen 2 172, 178, 180, 202, 288, 303; 3 164; 4 423
- Ermessen, gebundenes 4 423
- Ermessen, pflichtgemäßes 4 344
- Ermessensausübung 8 94
- Errichtung, Organisationsstruktur, Sitz 8 29
- ex ante-Überprüfung der Entgelte 3 103
- Flatrate-Entscheidung 4 113, 352
- Frequenzzuteilung 2 303, 306
- Gebührenfestlegung 2 380
- Geschäftsführung 8 30
- Gestaltungsspielräume 4 416
- Grundsätze 2 349
- Informationsrechte 4 120
- Inkasso-Beschluß 4 457
- Kooperation mit dem Bundeskartellamt 8 127
- Leitung 8 39
- Line-Sharing-Beschluß 4 438
- Lizenzerteilung 1 87
- Meßeinrichtungen, stationäre 2 131
- als Mittler 8 109
- Netzzugangsvereinbarungen, Inhaltskontrolle 4 243
- Organisationsstruktur 8 30
- Personal- und Sachausstattung 8 29
- Präsident 8 145
- Präsidentenkammer 2 219, 230, 236, 242, 290
- Prognoseentscheidung 4 252
- Prüf- und Meßdienst 7 24
- Prüfungspflicht 4 248
- rechtlicher Status und Ausstattung 8 20
- Schiedsgericht, öffentlich-rechtliches oder zivilrechtliches 4 263
- Schlichtungsfunktion 8 72, 74
- Schlichtungsstelle 8 91
- Schlichtungsverfahren 4 257, 259, 260, 261, 262, 264
- Sitz 8 35
- Strafantrag 8 139
- Streitschlichtung 4 460
- TAL-Entscheidung 4 122
- Tätigkeitsbericht 8 132
- Teilanrufung 4 325
- Türkei-Entscheidung 4 83 ff.
- Überwachungsbefugnis 1 228
- Überwachungstätigkeit 8 78
- Verfahrensabschluß 8 169
- Verfahrensarten 8 144
- Verfahrensgang 8 155, 158
- Verwaltungsakt, sofortige Vollziehbarkeit 8 181
- Verwaltungsaufgaben 4 249
- Verwaltungsgebühren 6 102
- Verwaltungsgrundsätze 2 78
- Vizepräsidenten 8 145
- Wahrnehmung der kommunalen Interessen 6 99
- Website 1 14, 77; 2 101, 332; 7 21
- Wettbewerb, Eingriffsmöglichkeiten 2 331
- Zulassungsbehörde 8 75
- Zuschlag 2 368
- Zuschlagsentscheidungen 2 301 f.
- Zuständigkeit 3 198; 8 85

Regulierung
- asymmetrische 4 5; 8 13
- sektorspezifische 3 153; 4 56, 76, 84 ff., 354
- staatliche 2 2
- als Übergangsstadium 1 266
- Zwecke und Ziele 8 62

Regulierungsansatz **4** 368
Regulierungsaufgaben **8** 8
Regulierungsbedarf, sektorspezifischer **8** 132
Regulierungsbehörde für Telekommunikation und Post, siehe RegTP
Regulierungsbehörden, nationale **1** 287; **3** 57, 68, 71, 73, 96, 178, 180, 190, 192; **4** 6, 223 f., 234; **8** 52 ff.
Regulierungsfragen, wissenschaftlicher Arbeitskreis **8** 43
Regulierungsinstrumente **8** 8, 93
Regulierungspolitik **9** 1
Regulierungspraxis **3** 207
Regulierungsrahmen **3** 82
Regulierungsrat **3** 27; **8** 7, 19, 26
– Aufgabenstellung und Mitwirkungsrechte **8** 14
Regulierungssystem **2** 17
Regulierungsziel **1** 132, 134; **2** 56, 149, 155, 226 f., 258, 330, 331; **3** 25, 33, 39, 163, 194; **4** 56; **8** 66, 69
– Abwägung **2** 225
– allgemeine **2** 33
– Beachtung **1** 135
– Durchsetzung **8** 135
– primäres **8** 61
– Sicherstellung **1** 135
– des TKG **2** 147
– Umsetzung **8** 38
Regulierungszwecke **3** 137
Reichspostfinanzgesetz 1924, RPFG **3** 2 f.
Reichspostminister **3** 3 f.
relevant cost trends **3** 50
Reparaturflecken **6** 114
Reparaturmaßnahmen **6** 83, 96, 295
Re-Regulierung **8** 51
Reseller, siehe Wiederverkäufer
Ressortverantwortlichkeit **8** 38
Ressourcen, effiziente Nutzung bei Knappheit **2** 241, 260
Ressourcenbewirtschaftung, kommunale Baulastträger **6** 143
Ressourcenengpaß **6** 194

Ressourcenknappheit **1** 286; **6** 187; **8** 48, 64 ff.
Rettungsdienste, Sicherstellung des Zugangs **7** 14
Revierfunkdienst **2** 209
Revisionsinstanz **1** 160
Reziprozität **4** 289
Richter, Vernehmung **8** 159
Richtervorbehalt **8** 119
Richtfunk **1** 266; **2** 45, 226, 241, 245, 289 ff., 298, 326, 350 ff., 379, 393; **4** 429; **6** 36, 342, 356; **8** 38
– militärischer **2** 45
– Punkt-zu-Mehrpunkt **2** 213
Richtfunkfrequenzen **4** 436
Richtfunkstrecken **2** 314
Richtlinienvorschläge **1** 285
Risikohaftung, verschuldensunabhängige **5** 166
Roaming **2** 330, 334, 344, 347; **4** 477
– Begriff **4** 472 f.
– internationales **9** 126
– nationales **1** 280; **2** 330, 344, 347 ff.; **4** 470 ff., 478, 483
Roaming-Daten **9** 93
Routenführungen, alternative **6** 194
Router **4** 25
Routing **4** 118
RTTE-Richtlinie **7** 1 ff., 22, 30; **8** 75, 77
Rückgängigmachung **2** 29
Rücknahmebescheide **2** 167
Rücksichtnahmegebote **2** 10
Rücktrittsklauseln **5** 138
Rückwirkung, unzulässige **1** 280
Rufnummer, s. auch Nummern **8** 53; **9** 162
Rufnummer
– Bekanntgabe **5** 73
– geographische **1** 181
– persönliche **1** 182
– Übermittlung **9** 93
Rufnummernauskünfte **3** 128
Rufnummernbereich, geographischer **4** 292
Rufnummerngasse 0190/1 bis 0190/9 **4** 332
Rufnummernkontingente **9** 162

905

Rufnummernmitnahme **3** 137, 186
Rufnummernportabilität **3** 137
Rufnummernportierung **1** 183
Rufnummernzuteilung, Gebühr
  8 175
Rundfunk **2** 3, 28 f., 56, 98, 182,
  197, 228; **9** 83
– analoger **2** 197
– digitaler **2** 392
– Kooperationen **2** 193
– privater **2** 204
– Satellitengestützter **1** 80
– Staatsfreiheit **2** 14
– technische Bereitstellung **1** 78
– Übertragungstechniken, digitale
  2 201
– Zuweisung von Frequenzbereichen **2** 29
Rundfunkanstalten **2** 184
– öffentlich-rechtliche **2** 84, 86
Rundfunkdienst, Definition **1** 72;
  2 59, 60; **3** 81
Rundfunkfreiheit **2** 14
Rundfunkkompetenz **2** 59
Rundfunkprogramm, Einstellung
  der Übertragung **2** 195
Rundfunkprogramme **2** 194, 228
Rundfunkrecht **2** 58, 60
Rundfunksendungen **7** 8
– Empfang **7** 28
Rundfunksignale **1** 78, 80
Rundfunkstaatsvertrag **2** 65, 193
Rundfunkübertragung **2** 199; **3** 104
– Anbieterwettbewerb **2** 196
– digitale **2** 30, 203
– Digitalisierung **2** 63, 65
– Frequenzzuteilung **2** 187, 190
Rundfunkübertragungstechnik, digitale **2** 197
Rundfunkveranstalter **2** 191, 194, 196
Rundfunkveranstaltung **2** 194

Sachbeschädigung **6** 285, 291
Sachen, Körperlichkeit **2** 102
Sachentscheidung, Abgrenzung zur
  Verfahrensentscheidung **8** 181
Sachsubstanz, Eingriff **6** 113

Sachverständigenbeweis **8** 158, 159
Sachverständiger, Pflichten **8** 159
Safe Harbor Privacy Principles
  9 127
Sanierungsmaßnahmen **6** 147
Sanktion, bußgeldbewehrte **8** 140
Sanktionierung **2** 141
Sanktionsmöglichkeiten, abgestufte
  8 135
Sanktionsrechte **9** 71
Satellite News Gathering **1** 80
Satelliten **2** 311
– geostationäre **1** 282
– Verbindung zur Erde **2** 317
Satellitenfunk **2** 1, 17, 93, 309, 310,
  316; **8** 11
Satellitenfunkanlagen **2** 316; **8** 112
Satellitenfunkdienste, mobile **1** 80
Satellitenfunkdienstleistungen
  1 77; **2** 191
– Kategorien **1** 80
Satellitenfunk-Empfangsanlagen
  8 112
Satellitenfunklizenzen **1** 12; **2** 317
Satellitenfunknetze **1** 54
Satellitenfunk-Richtlinie **8** 75
Satelliten-Kommunikation **8** 55
Satzungen, gemeindliche **6** 148
Säumniszuschlag **1** 277, 250
Schachtdeckel, Gestaltung **6** 151
Schadensbeseitigungsanspruch
  6 291
Schadensersatz **3** 215; **4** 277, 284,
  419, 424, 427; **5** 57, 160; **6** 104,
  112 f., 149, 198; **9** 48, 79, 134
Schalteinrichtungen **6** 34, 41
Schaltstellen **6** 127
Scheinbestandteile **6** 53, 253, 332
Schiedsgericht, öffentlich-rechtliches und zivilrechtliches **4** 262
Schiedsgerichtsverfahren **4** 311
Schienenbahnen **6** 104, 127
Schienennetze **1** 33, 37
Schiffahrtsverwaltung **2** 209
Schiffsausrüstungen **7** 8, 15
Schlichtung **8** 16
Schlichtungsgegenstand, Änderung
  4 264

Schlichtungsstelle **8** 74
Schlichtungsverfahren **4** 257; **8** 91
- Beendigung **4** 261
Schlichtungsversuch **8** 73
Schnittstellen **4** 120, 137, 140, 168, 179, 453; **7** 7, 14, 20
- Begriff **7** 16
- Gestaltung **4** 134
- übertragungstechnische **4** 306
Schnittstellenbeschreibung **4** 18, 133, 241; **7** 16 ff.
Schnittstellenspezifikationen **8** 77
Schnurlostelefon **1** 22
Schriftformerfordernis **3** 107; **5** 65, 76, 176; **6** 86; **8** 73, 106, 108, 110, 170; **9** 103, 117
Schriftführer **8** 162
SCHUFA-Auskunft **5** 118
Schutzanforderungen **9** 66 f.
Schutzauflagen **2** 369
Schutzmaßnahmen, technische **1** 89, 129; **9** 7, 53, 56, 59, 61, 64, 67 f., 74, 77
Schutznorm **1** 234 f.
Schutzpflichten **6** 305
Schutzstandard **9** 65
Schutzstreifen **6** 271 f.
Schutzvorkehrungen **6** 126, 129, 131, 135
Schutzvorrichtungen **6** 43
Schwärzungen **4** 245
Schweigepflicht **8** 124
Schwellenwert, Überschreitung **4** 297
Seefahrt **9** 45
Seefunk **2** 98, 208
Seefunkdienst, mobiler **2** 34
Seekabel **4** 451
- Anlandung **6** 67
- Betreiberkonsortium **4** 453
Seekabelendpunkte **4** 42
Seekabelkapazitäten **4** 453
Seekabelköpfe
- Anspruch auf ungebündelten Zugang **4** 451
- Seekabellandeköpfe **4** 451 ff.
Seeschiffe **2** 208
Seewasserstraßen **6** 67

Seitenbefestigungen **6** 66
Sekundärrechtsakte **8** 50
Selbstauskünfte **1** 102
Selbstbestimmung, informationelle **8** 69; **9** 2 f., 122
Selbstbezichtigung **8** 121
Selbstbindung **2** 78
Selbstkontrolle **9** 72
Selbstregulierung **2** 2
Selbstverwaltungsgarantie, kommunale **6** 19 f., 24 f., 143
Sendeanlage
- Digitalisierung **2** 86
- Errichtung **2** 89
- fahrlässiger Besitz **8** 139
- mobile **2** 132
- Montage **1** 30
Sendebetreiber **8** 176
Sendeeinrichtungen, elektrische **6** 35
Sendefrequenz **2** 196
Sendefunkgeräte **8** 84
Sendeleistung **2** 131
Sendemasten **2** 332
- Errichtung **1** 30
Sendenetze **2** 191, 194, 196
Sendernetzgestaltung **2** 151
Senderstandort **2** 5
Sendetechnik **2** 332
Separierung, strukturelle **1** 89, 130, 135, 211, 213; **6** 260; **8** 63
Seriennummer **7** 26
Service Levels **4** 34
Shared Trenching **6** 235
Shared-Cost-Dienste, s. Mehrwertdienste
Share-Deal **1** 169
Short Messaging Service, SMS **1** 79
Sicherheit **2** 146; **7** 14; **9** 8
- öffentliche **1** 132; **2** 48; **7** 8; **8** 69
- öffentliche, Definition **1** 143
- öffentliche, Gefährdung **1** 142, 144
Sicherheitsanforderungen **9** 62 f.
Sicherheitsaufgaben **2** 206
Sicherheitsbeauftragter **1** 89, 129; **9** 60, 68, 72 f.

Stichwortverzeichnis

Sicherheitsbehörden **8** 69, 107, 109, 133
- Befugnisse **9** 10
- Zugriff auf Kundendaten **9** 150 f.

Sicherheitskonzept **1** 89; **9** 60, 71, 78, 141
- Vorlagepflicht **9** 68 f.

Sicherheitsmängel **9** 71
Sicherheitsmaßnahmen, unzureichende **9** 79
Sicherheitsrecht **9** 6, 163
Sicherheitsstandards **4** 190, 241; **9** 7, 69
Sicherheitsüberprüfung, staatliche **9** 158
Sicherheitsvorrichtungen **7** 14
Sicherung **9** 1
Sicherungsrechte, dingliche **6** 256
Side-Letter **4** 455
Signale, elektromagnetische oder optische **6** 40; **9** 12
Signalisierungssystem **4** 120
Signalverstärker **4** 433
Signatur, elektronische **9** 118
Signaturgesetz, s. Gesetz zur digitalen Signatur
Signaturrecht **8** 89
Signaturverordnung, SigV **8** 88 ff.
SIM-Karte **4** 473
- Aktivierung **5** 46
- Freischaltung **5** 74, 143
- Überlassung **5** 36, 47 f.

Single-Transit-Tarif **4** 393
Single-Transit-Zusammenschaltungszone **4** 391
Site Support Cabinets, Definition **2** 335
Sittenwidrigkeit **3** 105; **5** 86, 88, 99, 107
Software-Erweiterungen **5** 135
Söldner-Koordinaten **1** 119
Sonderabgaben **2** 266
Sondergebrauchsrecht **6** 50
Sondernutzungen **6** 89
- gebührenpflichtige **6** 153

Sondernutzungserlaubnis, straßenrechtliche **6** 70, 76, 86
Sonderopfer **2** 177

Sonderrecht, hoheitliches **6** 50
Sonderrechtsfähigkeit, zivilrechtliche **6** 53 f.
Sonderrufnummer 0180, s. Mehrwertdienste
Sonderrufnummer 0190 bzw. 0900, s. Mehrwertdienste
Sondertarife
- kurzfristige ereignisbezogene **3** 136
- Transparenz **3** 73

Sondervermögen **3** 1
Sondervermögen Deutsche Bundespost **1** 3; **8** 3
Sozialbindung **3** 46
Sozialstaatsprinzip **3** 1; **8** 36
Spannungsfall **2** 176
Spannungsgrenzen **7** 14
Spektrum **1** 137
- ausreichendes **2** 216

Sperrbefugnis **5** 191 f.
Sperrklauseln **5** 175
Sperrmeldung **5** 165
Spitzenverkehrszeiten **3** 58
Sprachbox **1** 78
Sprachdienste **1** 78
Sprache **1** 40, 49
- Vermittlung in Echtzeit **1** 49, 51, 65

Sprachkommunikation **1** 51, 66; **2** 315, 321; **9** 113
- mobile **1** 292
- über Mobilfunknetze **1** 52

Sprachkommunikationsdienste **1** 52
Sprachkommunikationsdienstleistungen **1** 194 f., 202, 205; **3** 143; **4** 59, 61, 101, 458
Sprachkommunikationsverkehr **4** 235
Sprachmehrwertdienste, s. auch Mehrwertdienste **1** 78
Sprachnetze **4** 25
Sprachtelefonanbieter **5** 36
Sprachtelefondienst **1** 9, 45 ff., 116, 126, 173 f., 193, 231; **2** 18, 93; **3** 39, 60, 80, 103, 130, 150, 161, 186; **4** 13, 61, 154, 430, 438; **5** 170; **8** 19 ff., 54, 71, 110; **9** 27 ff.
- Anbieten **8** 100

Stichwortverzeichnis

- Definition **1** 54
- Erbringung gelegentlich des Gewerbes **1** 64
- Legaldefinition **1** 48; **5** 39
- leitungsvermittelter **1** 69
- Mindestvoraussetzungen **4** 46
- Substitution **1** 62

Sprachtelefondiensteanbieter **8** 73
Sprachtelefondienstlizenz **1** 46
Sprachtelefondienstmonopol **3** 153
Sprachtelefondienstnetz, Betreiben **4** 47, 156
Sprachtelefondienst-Richtlinie **1** 201; **3** 57, 70 f., 74, 176, 179, 191, 193; **4** 40, 220 f.
Sprachtelefonie **5** 42, 46
- Service-Provider **5** 61
- Überwachungsmaßnahmen **9** 153

Sprachtelefonieverbindung **5** 59
Sprachtelefonlizenzen **2** 93
Sprachübermittlung **1** 69
Sprachübertragung, schmalbandige **2** 323
Sprachverbindung **5** 59
Sprachverkehr **4** 385, 465
Sprachvermittlung **1** 79
Sprechanlagen, hauseigene **9** 17
Staatsleitung **8** 1
Städte, kreisfreie **1** 206; **6** 60
Stadtnetz **6** 93
Standardangebot **4** 437
Standardeinzugsbereiche, SEZB **4** 292, 296, 304, 390, 401
Standard-Festverbindung, SFV **4** 34, 40
Standardisierung technischer Parameter **1** 281
Standardisierung, technische **1** 187
Standardisierungsinstitutionen **1** 281
Standards
- europäische **4** 137
- international anerkannte **4** 134

Standardvertragsangebot **1** 203
Standardvertragsbedingungen **3** 179
Standardzusammenschaltungsangebot **3** 66; **4** 254
Standardzusammenschaltungsvereinbarungen **4** 253
Standleitung **1** 68
Standort
- automatische Anzeige **1** 205
- regionale Eingrenzung bei mobilen Sendeanlagen **2** 132

Standortbescheinigung, Amateurfunk **8** 79
Standortentscheidungen, betriebswirtschaftliche **9** 124
Standortkennung **9** 30
Statistik **1** 261
Statistikämter **8** 123, 131
Statistische Landesämter **1** 244
Statistisches Bundesamt **1** 244; **8** 131
Stellung, marktbeherrschende **1** 165, 176, 208, 214
Stellungnahme, schriftliche **2** 27
Steuern **2** 266
Steuerordnungswidrigkeiten **8** 124
Steuerstraftaten **8** 124 f.
Stillhalteperiode **2** 286
Stimmrechte **3** 145
Störer **8** 152, 177
Störung bestehender Funkanlagen **7** 25
Störungen
- elektromagnetische **8** 84
- bei Funkdiensten, schädliche **1** 282
- funktechnische **7** 14

Störungsbeseitigung **9** 105 f.
Störungsfreiheit, Frequenznutzung **2** 130
Störungsklausel **5** 136 f.
Störungsvermeidung **6** 129
Strafantrag **8** 139
Strafvorschriften **1** 93, 145, 153; **8** 96, 139; **9** 22, 48, 51, 53, 55, 84, 135
Strahlungsleistung **2** 89
stranded costs **3** 156
Straßenbauamt **6** 86
Straßenbaulast **6** 1
Straßenbaulastträger **6** 66; **8** 103
Straßenbaumaßnahmen **6** 228

909

Straßenbrücken **6** 127, 195
Straßengrundstück **6** 53
Straßennetze **1** 33, 37
Straßenrecht **6** 6, 50, 52, 65, 67, 123
Straßenuntergrund **6** 68
Straßenverkehrsbehörde **6** 88
Straßenverkehrsrecht **6** 86, 88
Streckenführung **6** 59, 63
Streckenkarte **6** 61
Streckenpläne **6** 59
Streik **5** 130
Streitbeilegung **8** 48, 53
Streitbeilegungsverfahren, außergerichtliches **8** 73
Streitigkeit
– öffentlich-rechtliche **1** 156
– zivilgerichtliche **3** 213
Streitschlichtung **4** 259 ff.; **8** 16, 72
Stromleitungen **6** 137
Stromlieferungen **5** 135
Strommasten **6** 282
Stromversorgung **2** 332, 335; **4** 241
Studiotechnik **2** 204
Stufenverhältnis **4** 197
Subsidiaritätsprinzip **3** 99; **8** 52, 54
Substituierbarkeit **4** 66, 68
Substitution **4** 61
Substitutionseffekte, asymmetrische oder einseitige **2** 324
Substitutionswettbewerb **3** 153
Subventionierung, Mobiltelefone **4** 79
Superentstörung **4** 372
Suspensiveffekt der Anfechtungsklage **8** 184
Switch-based Resale, switched-based-resale **1** 59; **4** 52
Switch-Off **2** 200 ff.
Switch-Partitioning **2** 343
Systemhersteller **1** 101
Systemkundengeschäft **4** 98

Taktzeiten **3** 138; **4** 256
TAL-Verordnung, Teilnehmeranschlußleitung **4** 429, 435 f.
Tankanlagen **6** 127
Tankstellenzufahrten **6** 127
Tarifanpassung, Kontrollmechanismen **3** 99
Tarife, genehmigungspflichtige **3** 111
Tariferhöhung **5** 96, 99
Tarifgestaltung, mißbräuchliche **4** 352
Tarifgradienten **4** 394
Tarifgrundsätze **3** 55
– effiziente **3** 57
– harmonisierte **3** 70
– Umsetzung **3** 56
Tarifhoheit **4** 300, 330
– gegenüber dem Endkunden **4** 331
Tarifierung **4** 463
Tarifierungssystem, netzelementebasiertes, siehe EBC
Tarifraum, vorgeschriebener **5** 84
Tarifrecht, s. PersBG
Tarifreform **5** 95, 98
Tarifstruktur **4** 464
Tarifsystem **4** 408
Tarifsysteme, gruppenspezifische **3** 75
Tariftableau **4** 395
Tarifunausgewogenheiten **3** 98
Tarifzonen **4** 380, 390, 393, 395, 401, 415
Taschengeldparagraph **5** 77, 79, 81
Tätigkeit, lizenzierte **1** 144
Tätigkeitsbericht der RegTP **8** 132
TDN-Vertrag **4** 61
TDSL, siehe Digital Subscriber Line
Teilentscheidung, rechtlich verbindliche **2** 223
Teilgenehmigung **3** 188
Teilhaberecht **2** 12, 256
Teilnahme am automatisierten Verfahren **9** 150
Teilnehmer **5** 22 f.
Teilnehmeranschluß, abzweigender **6** 45
Teilnehmeranschlüsse **1** 19, 285; **3** 150 f.; **4** 13, 70, 156; **5** 4 ff.; **6** 45, 47, 320, 322, 337, 340 f.
– Festnetz **5** 4
– Funkanbindung **2** 226

Stichwortverzeichnis

– Mobilfunk **5** 6
– Wireless Local Loop **5** 5
Teilnehmeranschlußleitung, TAL **1** 54, 173; **3** 152, 188, 207; **4** 25, 28, 67, 108, 131, 156, 177, 182, 429 ff., 436, 446; **6** 46, 343
– Zugang **4** 28, 131; **6** 343
Teilnehmerdaten **1** 194 ff., 196, 200; **3** 143; **7** 14
Teilnehmerendgerät **1** 207
Teilnehmernetz **1** 113; **4** 48, 50 f., 156 f.
– Definition **4** 51
– einheitliches bundesweites **4** 51
Teilnehmernetzbetreiber, TNB **1** 203; **3** 152
– bundesweit agierende **4** 70
– Wechsel des **4** 89 f.
Teilnehmerrufnummernbereiche **4** 292
Teilnehmervermittlungsstellen, TVSt **4** 382, 388, 394
Teilnehmerverzeichnisse **1** 78, 195, 197 f., 201; **3** 128
Teilunwirksamkeit **3** 213
Telecommunication Conformity Assessment and Market Surveillance, TCAM **7** 14, 19
Teledienste **1** 72; **2** 59 ff., 197 ff.; **9** 83
– Legaldefinition **8** 87
Teledienstedatenschutzgesetz, TDDSG **9** 118, 123
Teledienstegesetz, TDG **8** 87
Teledienstunternehmen-Datenschutzverordnung, UDSV **9** 81
Telefaxmehrwertdienste **1** 78
Telefonanschluß
– entgeltpflichtige Überlassung **5** 36
– Freischaltung **5** 73
Telefonapparat **6** 43
Telefonbucheintragung **5** 143
Telefondienste **1** 80; **3** 72, 114, 123; **4** 227 f.; **8** 28
Telefondienstmonopol **8** 52
Telefondienstvertrag **5** 38
Telefonie PC zu PC, siehe Internet-Telefonie

Telefonkarten **1** 205
– anonymer Verkauf **9** 149
Telefonmehrwertdienste, s. Mehrwertdienste
Telefonnetz **3** 52, 58, 72, 178, 192; **4** 221 f., 224, 227 f.
Telefonnummer, Nutzung im Rahmen eines Telekommunikationsvorganges **9** 34
Telefonsex **5** 83, 88 f., 92, 107
Telefonstellen, öffentliche **1** 205 ff.; **3** 128; **6** 43 f.; **8** 71
Telefonvertrag **5** 36, 39, 42, 70
– Hauptleistungspflichten **5** 39
– rechtliche Einordnung **5** 37 f., 40
Telefonzellen, siehe Telefonstellen
Telegraphenbetrieb **3** 2
Telegraphenlinie **6** 13
Telegraphenverkehr **3** 3; **6** 11
Telegraphenwegegesetz, TWG **6** 1, 11, 13, 25, 37, 81, 104, 120, 152, 174, 244, 320
Telekom-Aufsichtsrat **8** 9
Telekommunikation **1** 40; **4** 59; **6** 11, 13, 37; **9** 9, 16, 83
– Legaldefinition **3** 137; **9** 11
Telekommunikationsabschlußeinheit, TAE **4** 439 ff.
Telekommunikationsanbieter und Endkunden, Verträge **5** 41
– lizenzierte **9** 69
Telekommunikationsangelegenheiten **8** 1
Telekommunikationsanlage **1** 21, 40; **6** 78; **9** 13
– Betreiber **9** 7, 9, 25, 65
– Legaldefinition **1** 17; **3** 137; **8** 97; **9** 12
Telekommunikations-Datenschutzrichtlinie **9** 82
Telekommunikations-Datenschutzverordnung, TDSV **1** 196; **9** 31, 43, 80 ff.
Telekommunikationsdienst **1** 81; **5** 2 ff.
– Abwicklung **9** 89
– Datendienste **5** 10
– Erbringung für Dritte **9** 18

911

- funkbasierende **2** 15
- geschäftsmäßige Anbieter **9** 149
- geschäftsmäßige Erbringung **9** 9, 15, 22 ff., 36, 48, 56, 114, 160
- Legaldefinition **8** 97
- Lizenzierung **2** 18
- Mehrwertdienste **5** 11
- Nutzung für Privatzwecke **9** 19, 23
- öffentlicher **3** 51, 55
- Sprachtelefondienst **5** 9
- Teilnehmeranschluß **5** 4
- Übertragungswege **5** 14
- unternehmensinterner **9** 19
- Verbindungsleistung **5** 8

Telekommunikationsdienstleistung **1** 89; **3** 44, 104 ff., 117, 125, 127, 138, 154, 196; **4** 30, 59, 60, 103
- Anbieter, Liste **1** 14
- angemessene und ausreichende **4** 16
- festnetzgebundene **1** 78
- flächendeckende, angemessene Versorgung **2** 15
- gemeinsamer Markt **3** 54
- Legaldefinition **1** 75; **3** 137; **4** 36; **6** 212
- lizenzfreie **1** 9, 71, 212
- Lizenzierungspflicht **1** 5
- lizenzpflichtige **1** 9, 212; **2** 228
- nicht lizenzpflichtige **1** 173
- für die Öffentlichkeit **3** 147
- Qualität und Zuverlässigkeit **1** 5
- Regulierung **1** 1

Telekommunikationsendeinrichtungen **2** 136; **7** 1, 3, 7, 17
- Inverkehrbringen und Inbetriebnahme **7** 11
- staatliche Zulassung **8** 78

Telekommunikationsendeinrichtungs-Richtlinie **4** 226

Telekommunikationsendgeräte **8** 84
- gemeinsamer Markt **3** 54
- technische Anforderungen **7** 11

Telekommunikationsentgeltregulierungsverordnung, TEntgV **3** 37, 115 f., 132, 173; **4** 399; **6** 202; **8** 144

Telekommunikationsgesetz, siehe TKG

Telekommunikationsindustrie **1** 1

Telekommunikationsinfrastruktur **3** 81
- Lizenzpflichtigkeit **1** 18

Telekommunikationskabel **6** 183, 209, 270, 281
- Aufnahme **6** 188
- Hinzufügung **6** 281

Telekommunikationskabelanlagen **6** 35, 37, 39, 40, 42, 43, 45

Telekommunikationskanäle, analoge **7** 31

Telekommunikations-Kundenschutzverordnung, TKV **1** 165; **3** 20, 37, 102, 133, 177; **4** 16, 31, 159, 200; **5** 173; **6** 7, 45, 48, 202, 320, 322, 335, 345; **8** 13, 71
- Anwendungsbereich **5** 183 ff.
- Entbündelung **5** 189
- Transparenzgebot **5** 191
- Unabdingbarkeit **5** 185

Telekommunikationsleitungen **6** 1, 80

Telekommunikationsleitungsrecht **6** 4, 25
- Akzessorietät **6** 15
- Umsetzung **6** 6
- Unentgeltlichkeit **6** 18

Telekommunikationslinien **6** 35 ff., 75, 83, 94, 96, 100, 104, 114, 169, 288, 307
- Abänderung oder Beseitigung **6** 125
- Anzahl **6** 77, 78
- aufgrabungsfreie Errichtung **6** 287
- Ausführung **6** 126
- Begriff **6** 33, 44
- bereits errichtete **6** 108, 117
- Beschränkung **6** 144
- Beseitigung oder Änderung **6** 159
- Betreiber **6** 275, 284
- Betrieb **6** 275, 296
- Eigentümer **6** 56
- Entfernung **6** 173

Stichwortverzeichnis

- Erneuerung **6** 255, 276
- Errichtung und Erneuerung
  6 245, 274, 281, 289 ff.
- Lage und Tiefe **6** 303
- Legaldefinition **6** 34, 44, 46
- Neuerrichtung **6** 298
- Nutzungsberechtigte **6** 170
- öffentlichen Zwecken dienende **6** 74
- querende **6** 93
- Subsidiarität gegenüber vorhandenen Anlagen **6** 131
- überörtliche **6** 133
- Unterbringung **6** 136
- unterirdische und oberirdische Verlegung **6** 69 f., 81, 148, 244
- Veräußerung oder sonstige Übertragung **6** 54
- Verlegung **6** 76, 82, 134 ff., 286; **8** 103
- Vermietung und Übertragung des Nutzungsrechts **6** 167, 170
- als Vorprodukt **6** 34
- zivilrechtliche Sonderrechtsfähigkeit **6** 53

Telekommunikationslizenz **2** 127
- fehlende **2** 153
- Übertragbarkeit **2** 90

Telekommunikations-Lizenzgebührenverordnung, TKLGebV **1** 116, 128, 237 ff., 256 f., 263, 265, 267, 270 ff., 276
- Ermächtigungsgrundlage **1** 253
- Rechtmäßigkeit der Verordnung **1** 252, 274, 290

Telekommunikationsmarkt
- besondere Marktstruktur **3** 159
- Liberalisierung **1** 3 ff.; **3** 76, 100; **4** 1, 3, 7, 484; **7** 29; **9** 1, 138
- Regulierung **7** 11
- relevanter Markt **4** 99

Telekommunikationsmonopol **4** 3

Telekommunikationsnetz **2** 314; **4** 16, 43, 154, 156, 160, 213; **6** 2, 46; **8** 84
- Betreiben **1** 56; **4** 29, 145, 267, 271; **6** 14
- Funktionsfähigkeit **9** 56

- Integrität **4** 346
- kostenideales **4** 398
- Legaldefinition **4** 25
- neuartiges **6** 13
- öffentliches **3** 51, 69, 181, 189; **4** 23, 50, 135, 153, 206 f., 264, 266, 336, 346, 446; **5** 167; **6** 246, 299, 351; **7** 7, 16, 20, 31; **8** 22, 73, 75, 77, 152
- öffentlich-vermitteltes **3** 80
- physische und logische Verbindung **4** 466
- Zugang, siehe Zugang, Telekommunikationsnetz

Telekommunikationsordnung, TKO **6** 320

Telekommunikationsorganisationen **3** 180

Telekommunikationsrecht **6** 67
- europäisches **4** 238
- sektorspezifisches **3** 197
- Verstoß **1** 92

Telekommunikationsregulierung **2** 91

Telekommunikationssektor **3** 194; **8** 126

Telekommunikationsstellen, öffentliche **1** 78

Telekommunikationssysteme
- funkgestützte **4** 219
- sicheres Betreiben **8** 133

Telekommunikations-Überwachungs-Verordnung, TKÜV **9** 143, 147 f., 153

Telekommunikations-Universaldienstleistungsverordnung, TUDLV **3** 127 ff.

Telekommunikationsverbindung, Herstellung und Aufrechterhaltung **9** 93

Telekommunikationsverkehr, transatlantischer **4** 451

Telekommunikations-Verleihungsverordnung, §§ 4 ff. **1** 43

Telekommunikationsversorgung, Entstaatlichung **6** 12

Telekommunikationszulassungs-Verordnung, TKZulV **8** 75, 77

Telekommunikationszwecke, nicht-
  gewerbliche **1** 56; **4** 154, 466
Telekom-Pflichtleistungsverord-
  nung, TPflV **3** 18
Telex **1** 78
Terminierung **3** 152, 188; **4** 52 f.,
  328, 463
– wechselseitige **4** 328
Terminierungsdienst **1** 203
Terminierungsleistung **4** 330
terrestrisches Flugzeug-Telefonsy-
  stem, TFTS **2** 319 ff.,
TFTS-Lizenzen **8** 38
TK-BegleitG, siehe BegleitG
TK-Dienstleistungsvertrag, siehe
  Dienstleistungsvertrag
TKG-Novelle **4** 484
TK-Vertrag, Formfreiheit **5** 76
T-Net-Anschlüsse **5** 164, 173
T-Online **4** 114, 352
T-Punkt **5** 71
Transitebene **4** 382, 388
Transitleistungen **4** 300
Transitnetz **4** 270
Transitvermittlungsstellen **4** 391, 393
– vollvermaschte **4** 382
Transitverträge **4** 317 f.
Transparenzerfordernisse **2** 307
Transparenzgebot **4** 241, 347;
  5 175, 191
Transportleistungen, ungewollte
  4 451
Trasse **1** 114; **6** 47, 62 f.
Trassenanweisung **6** 89
Trassenbezeichnung **6** 87
Trassenbreite **6** 80, 96
Trassenführung **1** 120; **6** 63
Trassenlänge **6** 164
Trassennutzungen **6** 260
Trassenplanung **6** 86
Trassenverläufe **6** 86, 221
T-Systems **4** 98
Typenbezeichnung **7** 26

U-Bahn-Tunnel **6** 216
Überbauung **6** 87
Übereinkommen
– internationale **2** 317

– multilaterale **8** 46
Übergabe, unvermittelte **4** 48
Übergabepunkt **4** 296, 328
Übergabeverteiler **6** 334
Überlandstrecken **6** 59
Überlastverkehr **4** 319
Überlaufrouting, hierarchisches
  4 383
Übermitteln von Nachrichten **1** 40
Übermittlung, Ton- und Fernseh-
  signale **1** 78, 80
Überschreitung **6** 55
Überschwemmungen **4** 222
Übersichtsplan **1** 117
Übertragbarkeit, Frequenzzuteilun-
  gen **2** 90
Übertragung **2** 312
– diensteneutrale, transparente **1** 20
– digitale **2** 205
– satellitengestützte **1** 278
Übertragungsart **4** 67
Übertragungsdienste **1** 80; **8** 110
Übertragungsfunktion **4** 47
Übertragungskapazitäten **2** 196,
  198; **3** 152; **4** 34, 432
– Vergabe **2** 14
Übertragungsleistung **4** 434
– entbündelter Zugang **4** 431
– technisch-physikalische **1** 23
Übertragungsmedium, kabelgebundenes **6** 35
Übertragungsrichtlinie **3** 129
Übertragungstechnik **1** 19
– digitale **2** 192
Übertragungsweg **1** 12 ff., 50, 58,
  173 f., 279; **2** 17, 18, 93, 336;
  3 103, 114; **4** 25, 46, 59, 154,
  271, 466; **6** 46, 55, 212, 326;
  8 28, 92; **9** 16 f.
– Außerbetriebnahme **1** 27
– bestimmungsgemäße Nutzung
  1 29
– Betreiben **1** 9, 11, 24 f., 46, 125,
  231; **2** 191, 342; **3** 146; **6** 5, 78;
  8 100
– Betrieb **2** 312
– Betriebsfähigkeit **1** 21 f.
– Ende **1** 21

- Errichten **1** 30
- genutzter **2** 310
- Legaldefinition **1** 16, 21; **3** 137; **9** 12
- Lizenzpflichtigkeit **1** 21; **6** 56
- lizenzierte **2** 314, 317
- Mitnutzung **1** 27
- Weitervermieten von angemieteten **1** 78

Übertragungswegenetze **4** 25
Überwachung
- Begriff **8** 93
- staatliche **9** 8, 137

Überwachungsbefugnisse **8** 124
Überwachungseingriffe **8** 122
Überwachungseinrichtungen **9** 163
Überwachungsmaßnahmen **1** 89; **9** 139
- nach AWG **9** 154
- Einrichtung **9** 153
- Kosten **9** 159
- Rahmenkonzept für die technische Umsetzung **9** 140
- Schnittstellen **9** 140
- technische Umsetzung **9** 43, 142, 145, 146, 152, 157, 159
- technische Umsetzung, Abnahme durch die RegTP **9** 152

Überwachungspflicht **1** 230
Überwachungstechnik **9** 140 f.
UKW-Hörfunk **2** 86, 184, 202
Umsatz, Mitteilungspflicht **1** 100, 164 f., 175 f.
Umsatzmeldungen **8** 107
Umsatzmengen **3** 117
Umsatzrabatte **3** 43
Umsatzsteuer **4** 456
Umsetzungsdefizit **4** 452
Umstrukturierungen, gesellschaftsrechtliche **2** 360
UMTS, Universal Mobile Telecommunications System **1** 185, 190, 236, 259, 280; **2** 156, 221, 232, 236, 284, 286, 312, 319, 322 ff., 345, 347, 348, 393; **4** 322, 471, 477 ff.; **6** 36, 356
- Anbieter **4** 476
- Betreiber **4** 483

- Definition **2** 231
- Diensteanbieter **2** 330
- Entscheidung **2** 347
- Frequenzen, Preis **2** 268
- Infrastruktur, Aufbau **2** 333
- Kannibalisierung **2** 234
- Lizenzen **1** 236; **2** 327, 329
- Lizenzen, Inhalte **2** 318
- Lizenzen, Vergabe **2** 217
- Lizenzierung **2** 344
- Lizenznehmer **2** 260, 330, 341; **4** 475 ff.
- Lizenzvergabe **2** 222
- Markt **4** 480
- Musterlizenz, Teil C Ziff. 2 S. 3 **4** 477, 481 f.
- Netzbetreiber **4** 470
- Versteigerung **2** 237 f., 241, 245 f., 261, 263, 268, 271, 274, 280, 282, 284, 328

Umwandlungsgesetz, UmwG **1** 168 f.; **2** 359
Umwandlungsrecht **2** 357, 358
Umweltschutz **1** 286; **4** 219, 346; **6** 31
Unabhängigkeit, wettbewerbliche **2** 327, 332 f., 339, 347, 349
Unabhängigkeit der Richter **8** 17
unbundling, siehe Entbündelung
Unentgeltlichkeit **6** 25
Unerfahrenheit, Ausbeutung **5** 92
Unfallkasse Post und Telekom **8** 82
Ungleichbehandlung, wegerechtliche **6** 28
Universal Mobile Telecommunications System, siehe UMTS
Universaldienst **1** 172, 201, 217, 285; **2** 350; **3** 80, 96, 102, 106; **4** 13, 346; **8** 21, 38, 53 f.
Universaldienstbeitrag **1** 286
Universaldienstkonzept **3** 100
Universaldienstleistung **1** 81, 129, 132, 165, 174 ff., 218 f.; **3** 75, 126 f., 157 f., 176; **4** 2; **6** 44; **8** 8, 38, 48, 61, 103, 110
- Anspruch **5** 213
- Auferlegung **8** 144

Stichwortverzeichnis

- Beschränkungsmöglichkeit **5** 203 ff.
- Entgelt **3** 142
- Legaldefinition **3** 141
- lizenzierungsbedürftige **3** 148
- Pflicht zur **6** 321; **8** 107
- Qualitätsparameter **1** 174
- Unterversorgung **1** 218
- Verpflichtete **1** 176
- Verpflichtung **1** 217; **2** 352 f.; **3** 64, 67, 85, 99, 181

Universaldienstleistungsabgabe **1** 174, 176
Unschärfen, mathematische **2** 306
Unterbrechungen, physische **6** 62
Unterhaltungsmaßnahmen, Verhinderung **6** 121
Unterhaltungspflichtige **6** 106, 122
Unterlagen, Verwendungsbeschränkungen **8** 124
Unterlassungsansprüche **1** 234; **9** 48, 79, 134
Unterleerrohr **6** 201, 311
Untermiete **6** 182 ff., 232, 307, 344
Untermietverhältnis **6** 183
Unternehmen
- abhängige und herrschende **1** 175; **3** 145
- einheitliches **1** 144; **3** 145, 147; **4** 92 f.
- konzernangehörige **1** 110
- marktbeherrschende, siehe Marktbeherrschung
- Zusammenschlüsse **4** 94 ff.

Unternehmensteile, Ausgliederung **4** 91
Unternehmensumwandlung **1** 168
Unternehmensverbindung, wesentliche Verstärkung **4** 97
Unternehmensverbund **3** 145
Unternehmenszusammenschlüsse **2** 234
Unterrichtungspflichten **4** 417; **6** 224
Untersagung lizenzpflichtiger Tätigkeiten **1** 228 f.
Untersagungsbefugnis **8** 94
Untersagungsverfügung **3** 210, 221; **4** 131; **8** 97

Unterschrift des Zeugen oder Sachverständigen **8** 162
Unterseekabel **4** 451
Untersuchungsgrundsatz **8** 157
Untervermietung **6** 233, 242, 307, 313
- zustimmungspflichtige **6** 344

Unverträglichkeiten, elektromagnetische **8** 86
Unwirksamkeit
- AGB-Klausel **5** 137, 166, 177
- schwebende **1** 169; **5** 77
- eines Telekommunikationsvertrages **5** 82 f.

Unwirksamkeitserklärung **3** 214
Uplink **2** 317
Urkunden **8** 170
- Beweismittel **8** 120
- Vorlage **8** 124

Urkundsbeamte **8** 162
Uruguay-Runde **8** 22
US-Handelsministerium **9** 127
UMT-Gitter **1** 117

Veranlasserprinzip **1** 206, 266 f.; **2** 386
Verband der Alternativen Telekommunikationsanbieter, VATM **4** 314
Verbandsklageverfahren **5** 149, 165
Verbindung
- zum Endkunden, günstigste **1** 59
- festnetzgebundene **1** 19
- internationale **1** 67
- physische und logische **4** 28, 43, 473
- Punkt-zu-Mehrpunkt **1** 16, 19
- Punkt-zu-Punkt **1** 16, 19, 113, 269
- vermittelte, Definition **1** 50
- festgeschaltete **9** 30

Verbindungsdaten **2** 340; **9** 30, 95, 97, 100, 104, 110
- Erhebung, Verarbeitung und Nutzung **2** 340
- Legaldefinition **9** 94
- Löschung **5** 108; **9** 87, 98
- Speicherung **9** 98 f.
- Übermittlung **9** 99

916

Verbindungsentgelte **4** 372; **5** 153, 167
Verbindungskomponente, Telefonvertrag **5** 42
Verbindungsleistung **5** 59, 72
Verbindungsleitungen **6** 35
Verbindungslinien **4** 48
Verbindungsnetz **1** 58
Verbindungsnetzbetreiber, VNB **1** 50, 116, 186, 204; **4** 52, 89, 455 f.; **8** 71; **9** 139
– Lizenzpflichtigkeit **1** 58
– Netzbetreiberauswahl **1** 186, 188, 190; **4** 300, 306, 329
– Netzbetreiberauswahl, Aussetzung der Pflicht zur freien **1** 190
– Netzbetreiberauswahl, freie **4** 50
– Netzbetreiberkennung, 010xy **4** 267, 288, 329; **5** 75, 120 f.
Verbindungsnetze **3** 189; **4** 48 ff., 156 f.
– internationale **4** 48
Verbindungspreisberechnung **3** 134
Verbindungsrahmenvertrag **5** 70
Verbindungsvertrag **5** 56, 64
Verbindungswerkvertrag **5** 78
Verbotsprinzip, datenschutzrechtliches **9** 5
Verbraucherinteressen **3** 178
Verbraucherschutz **3** 23
Verbraucherschutzvereine **8** 154; **9** 62, 136
Verbundene Unternehmen **1** 43
– Schutzmaßnahmen, Gefährdung der Gesellschaft **9** 58
Verdingungsordnung für Bauleistungen, VOB **6** 161
Vereinbarung über Klagevermeidung **1** 275
Verfahren
– Beteiligung **8** 152
– Wettbewerbsrechtliches Verfahren, Anhörung **8** 166
Verfahrenseinstellung **8** 172
Verfahrensentscheidung, Abgrenzung zur Sachentscheidung **8** 181
Verfahrensregeln, Setzung von Rechtswirkungen **2** 245

Verfassungsbeschwerde **1** 272; **2** 36
Verfassungsrecht **1** 255; **2** 16; **6** 8, 18; **9** 3
Verfügbarkeit **4** 256, 303
Vergabeverfahren **1** 137; **2** 18, 94, 152, 214 f., 222 f., 230 ff., 260, 320, 326, 356, 366 f., 369; **8** 66, 144
– Anspruch auf Teilnahme **2** 223
– Bedingungen, dauerhafte Einhaltung **2** 241
– Bewerber, Mindestvoraussetzungen **2** 231
– Frequenzen **2** 362
– Frequenzvergabe **2** 211
– Lizenzierung **2** 211, 362
– Teilnahme **2** 231
– Verfahrensregeln **2** 211
– Vergabe-Entscheidung **2** 241
– Zielsetzungen, gesetzliche **2** 248, 250
Vergleichsmärkte **3** 117
Vergütung, taxmäßige **5** 56
Vergütungsansprüche **5** 170
Verhaltensaufsicht
– besondere **3** 190
– sektorspezifische **3** 194
Verhaltenspflichten **4** 273
Verhaltenssteuerung **3** 47
Verhältnismäßigkeit, Prinzip der **1** 131, 152, 229 f., 258; **2** 165, 388; **3** 111; **4** 223, 236; **6** 20, 23; **8** 94 ff., 155
Verhandlung, mündliche **8** 155, 163
Verhandlungsgegenstände **4** 341
Verhandlungspflicht **4** 323, 467
Verhandlungsplan **4** 340
Verjährung **5** 148; **6** 150, 163
– Ersatzansprüche **6** 161 f.
Verjährungsfrist **6** 113
Verkehr, Freiheit und Sicherheit **6** 114
Verkehrsausscheidungsziffer **1** 187, 204
Verkehrsbetriebe, städtische **6** 216
Verkehrsflüsse, abweichende und zusätzliche **4** 294
Verkehrsführung **4** 294

917

Stichwortverzeichnis

Verkehrskonzentration **4** 382
Verkehrsmanagementmaßnahmen **4** 309
Verkehrsmengen, abgewickelte **4** 468
Verkehrsmessung **4** 297
Verkehrssicherheit **6** 114
Verkehrsströme, atypische **4** 229, 235, 236
Verkehrsvorschriften **6** 68
Verkehrswege **6** 65, 73, 269
- Änderung **6** 122 ff.
- Benutzung **6** 3
- Entfallen der öffentlich-rechtlichen Sacheigenschaft **6** 119
- Instandsetzung **6** 104, 112 ff., 149 f.
- Mitbenutzung **6** 194
- Nutzung **6** 193
- Nutzungen, entgeltpflichtige **6** 105
- öffentliche **1** 125; **2** 314; **6** 79, 144, 148, 196, 214
- Sachsubstanz **6** 113
- sanierte **6** 148
- Sondernutzung **8** 67
- Unterhaltung **6** 165
- Unterhaltungsmaßnahmen **6** 121
- Widmungszweck **1** 125; **6** 49, 64, 78, 104, 109 f., 114, 120, 122, 152
Verkehrszeichenplan **6** 88
Verlaufsplan **6** 60
- Lizenzlinien **1** 119
Verlaufsplanung **1** 120
Verlegeabstand **6** 96
Verlegearbeiten **6** 27, 72, 153
- Abstimmung **6** 157
- Koordinierung **6** 152
Verlegebreite **6** 87
Verlegemaßnahmen **6** 26, 54, 70, 87, 96, 102, 158, 161, 162, 278
- Durchführung **6** 82, 98
Verlegetechniken **6** 279, 287, 289, 295
Verlegetiefe **6** 81, 87, 96
Verlegung
- einer Telekommunikationslinie **6** 286

- technische Auflagen und Bedingungen zur Zustimmung **6** 85
Verleihungsgebühr **2** 266 f.
Verlustanzeige **5** 168
Vermittlung, Definition **1** 50
Vermittlungseinrichtung **1** 21, 23, 58; **4** 25, 46, 48, 134, 154; **6** 46
Vermittlungsfunktion **1** 52; **4** 47
Vermittlungsinfrastruktur **3** 77
Vermittlungsleistung **1** 58
- entbündelter Zugang **4** 431
Vermittlungsstelle, VSt **1** 20, 59; **4** 382, 385 ff., 389, 391
Vermittlungstechnik
- Auswahl **9** 140
- gemeinsame Nutzung **2** 332, 342
Vermögenserwerb **4** 94 f.
Vermögensschäden **5** 161
Vermögensübertragung **1** 168
Verordnung zur digitalen Signatur, siehe Signaturverordnung
Verordnung über elektromagnetische Felder **2** 89
Verpachtung **1** 168; **6** 167, 182
Verpflichtungen, Lizenznehmer **1** 153
Verpflichtungsbegehren **3** 220
Verpflichtungsklage **1** 121, 157, 159; **2** 365, 367 f., 372; **3** 209; **4** 423; **8** 16, 181
Versagungsgründe **1** 7, 123, 133 ff., 143, 154, 229
Verschaltung, vollständige **4** 44
Verschmelzung, gesellschaftsrechtliche **2** 359
Verschulden **1** 232; **5** 166, 167
Versorgung mit Telekommunikationsdienstleistungen, flächendeckende **4** 2
Versorgungsaufgabe, verfassungsrechtliche **6** 18
Versorgungsauflagen **2** 241; **6** 356
Versorgungsauftrag **6** 44
- hoheitlicher **6** 14
Versorgungsbereiche **2** 289 f.
- kommunale **6** 213, 216
Versorgungsgebiete, Aufteilung **2** 339

Versorgungsgrad **2** 187, 292, 296, 303, 305
– räumlicher **2** 241
Versorgungsleitungen **6** 27, 79, 128, 137, 271
– Überbauung **6** 80
– Zubehör **6** 127
Versorgungspflichten **2** 326
Versorgungsrohre **6** 216
Versorgungstunnel **6** 216
Versorgungsunternehmen, rechtlich selbständige **6** 260
Versorgungsverpflichtungen **6** 36
Versorgungszusage **2** 304 f.
Versteigerung **2** 224 ff., 239, 244, 255 ff., 284, 287, 374
– Absprachen **2** 272, 277
– Absprachen, Sanktionen **2** 280
– Erlös **1** 236
– kollusives Verhalten **2** 279
– Kommunikation **2** 278
– Manipulationen **2** 270
– Verfahrensregeln **2** 269
– Zahlungsmodalität **2** 281
– Zusammenwirken von Bietern **2** 279
Versteigerungserlöse **2** 253, 266 f., 383
Versteigerungsverfahren **1** 137, 170; **2** 227, 233 f., 252, 258, 260, 269 f., 286 ff., 308; **3** 205; **8** 100
– Unterschied zum Ausschreibungsverfahren **2** 251
– Vorrang **2** 225
Verteidigungsministerium **2** 210
Verteidigungssektor **8** 92
Verteildienste **1** 80
Vertrag
– gemischt-typischer **4** 278; **5** 42, 53
– Nichterfüllung **5** 57
– öffentlich-rechtlicher **1** 8; **6** 92; **8** 144
– Schlechterfüllung **5** 57
– subordinationsrechtlicher **8** 169
– Unwirksamkeit **5** 82
– zugunsten Dritter **5** 62
Verträglichkeit, elektromagnetische **2** 82, 89, 136, 374; **7** 14

Vertragsabschluß **5** 68 f.
Vertragsabschlußklauseln **5** 114 ff.
– AGB-Kontrolle **5** 118
Vertragsannahme **5** 73
– schlüssige **5** 74 f.
Vertragsbedingungen **4** 79
Vertragsbeendigung **6** 172, 173, 230, 305
Vertragsbestandteile, wesentliche **5** 66, 126 f.
Vertragserklärung **5** 66
Vertragsgesetze **3** 53
Vertragslaufzeit **5** 153
Vertragsschluß **5** 65, 138
– wirksamer **5** 126
Vertragsstrafen **3** 138
Vertragstypologie **5** 66
Vertrauensschutz **1** 148, 155
Vertraulichkeitserklärung **9** 142, 157
Vertraulichkeitsinteresse **9** 102
Vertraulichkeitspflicht **4** 238, 251
Vertreter der vom Verfahren berührten Wirtschaftskreise **8** 154
Verwahrung, öffentlich-rechtliche **8** 119
Verwaltungsakt **1** 7, 156; **2** 222, 232; **4** 265; **8** 93
– begünstigender **6** 103
– belastender **3** 183
– Durchsetzung **8** 95
– Erlaß **2** 363, 372; **6** 92
– gebundener **6** 84
– Nebenbestimmungen **1** 8
– Rücknahme **1** 145, 147
– Versagung **1** 157
– vollziehbarer **3** 217
– Widerruf **1** 145, 147, 155
Verwaltungsakte der Beschlußkammern der RegTP, Doppel- und Drittwirkung **8** 181
Verwaltungsaufwand, unzulässige Pauschalierung **6** 91
Verwaltungsgebrauch **6** 213, 214, 217
Verwaltungsgebühr **1** 286; **6** 90, 96, 102, 116, 164
Verwaltungsgrundsätze, Frequenznutzung **2** 78, 113 f.

919

Verwaltungshandeln, schlichtes **8** 95
Verwaltungskompetenz, bundeseigene **3** 1; **8** 2
– Telekommunikation **1** 3 ff.; **2** 10 ff., 253 ff.; **3** 22; **4** 16; **6** 14 ff., 36 ff., 74, 217, 251 ff.; **8** 3 ff., 12
Verwaltungskosten **1** 263
Verwaltungstätigkeit, öffentlich-rechtliche **8** 150
Verwaltungsvermögen **6** 214
Verwaltungsvertrag **1** 7
Verwaltungsvollstreckung **2** 135, 281, 303, 389; **3** 12; **8** 135
Verwaltungsvorschriften **2** 71; **8** 24
Verwaltungsvorschriften, mittelbare Außenwirkung **2** 43
Verwaltungszwang **2** 141; **8** 135
Verwendungsbeschränkungen **8** 124
Verwendungsverbot **8** 125
Verwerfungsmonopol für Parlamentsgesetze, BVerfGE **2** 38
Very Small Aperture Terminal, siehe VSAT
Verzeichnisse, anbieterübergreifende **9** 113
Verzögerungstaktik **4** 276
Verzug **5** 172
Verzweigungseinrichtungen **6** 34, 41
Videokonferenz **1** 78, 80
Voice over IP, siehe Internet-Telefonie
Völkerrecht **2** 78
Völkervertragsrecht **3** 48; **8** 134
Volkswirtschaft **3** 121
Volkszählungsurteil **9** 2
Vollkostenrechnung **3** 57
Vollstreckung von Schiedsgerichtsvereinbarungen **4** 265
Vollstreckungsverfahren, Einleitung **2** 141
Vollversorgung **2** 293, 296
Vollziehbarkeit **8** 136
Vollziehung, Antrag auf Aussetzung **1** 158
– Aussetzung **8** 184

Vollzugsanordnung für den Funkdienst, VO-Funk **2** 5, 22, 34 f., 78, 114
Vorabkontrolle, AGB **3** 175
Vorab-Preisregulierung **8** 186
Vorabprüfung, Verzicht auf **3** 110
Vorauswahl **1** 188
Voreinstellung, dauerhafte, siehe Preselection
Vorfälligkeitsklauseln **5** 149
Vorlagepflicht
– von Netzzugangsvereinbarungen **4** 243, 245; **8** 110
– von Netzzugangsvereinbarungen, Umfang **4** 245
Vorlegungsrechte **8** 110
Vorlegungsverlangen **8** 10
Vorleistung **4** 329; **5** 135
Vorleistungsmarkt, Definition **3** 150, 152; **4** 67, 72
Vorleistungspflicht **5** 138
Vorprodukt **1** 221; **4** 1, 32, 99, 104, 168, 194, 203; **6** 34, 212
– rechtliches **6** 1
– Veredelung **4** 117
Vorprüfungsverfahren **3** 211
Vorrichtungen **6** 353
– Begriff **6** 345
– Beschädigung **6** 332
Vorsatz **1** 232, 234; **5** 160 f.
Vorteilsverbot **3** 162
Vorverfahren **1** 157, 273; **4** 419; **8** 16
– verwaltungsgerichtliches **4** 417
Vorwegnahme der Hauptsacheentscheidung **8** 167
VSAT-Dienste, Very Small Aperture Terminal **1** 80

Wahl im Einzelfall des Verbindungsaufbaus, siehe Call-by-Call
Wählverbindungen **8** 11
Währungsvorbehalt **3** 165
Warenverkehr, offener, wettbewerbsorientierter **7** 11
Wartungsmaßnahmen **6** 70, 83
Wasserfahrzeuge, fremde **2** 208
Wasserleitungen **6** 27, 80, 104, 127, 137, 270

Stichwortverzeichnis

Wasserrohre, siehe Wasserleitungen
Wegdecke, Wiederherstellung **6** 96, 161
Wege, öffentliche **6** 65, 158, 356
Wegebaulast **6** 51
– Träger, Zustimmung **6** 81
Wegebaulastträger **1** 30, 120, 123, 269; **6** 59 ff.
– Ersatz von Mehraufwendungen **6** 111
– Kostenbeteiligung **6** 138
– Kostenerstattungsanspruch **6** 115
– Schadensersatzanspruch **6** 113
– staatlicher **8** 67
– Unterrichtung **6** 171
– Zustimmung **6** 90
Wegeführung **6** 96
Wegekörper **6** 83
– Kapazität **6** 142
– Raumnutzung **6** 169
Wegeoberfläche, Nutzung **6** 70
Wegerechte **1** 30, 192; **6** 1, 3, 15, 28 ff., 41, 78, 158, 192, 242; **8** 48, 53
– Ausübung **6** 17
– eigene und abgeleitete **6** 243
– entgeltliche **6** 32
– öffentliche **6** 4 ff., 23, 44 ff., 82, 89, 104 ff., 154, 169, 266, 275
– öffentliche, Ausgestaltung **6** 90
– öffentliche, unentgeltliche **6** 79
– private **6** 4 ff., 48, 244 ff., 332
– Regulierung **6** 2
Wegerechte, Gesetzgebungskompetenz **6** 8
Wegerechtsbestimmungen **6** 356
Wegeunterhaltung **6** 78, 109, 152
– Rücksichtnahme **6** 114
Weisungsabhängigkeit, Definition **1** 108
Weisungsbefugnis **8** 23
Weisungsgebundenheit **8** 5
Weiterübermittlungsbeschränkungen **8** 124
Weiterveräußerungsverbote, vertragliche **4** 351
Weitvermittlungsstellen, WVSt **4** 388

Welthandelsorganisation, WTO **3** 51, 53; **8** 46 ff.
Weltraumsegment **2** 317
Werbung **9** 111
Werkvertrag **5** 43, 49, 57, 148
Wertminderung, Wohngrundstücke **6** 285
Wertschöpfungsebenen, betriebliche **4** 104, 168, 194
Wesentlichkeitsschwelle, niedrige **6** 291
Wettbewerb **2** 155; **3** 40; **4** 1
– Behinderung **1** 184; **2** 160
– chancengleicher **1** 167, 208; **2** 227, 231; **3** 38; **8** 65
– chancengleicher und funktionsfähiger, Sicherstellung **2** 330; **4** 5, 7, 18 f., 56, 210, 241, 272, 346, 481 ff.; **8** 59 ff.
– effektiver und chancengleicher **4** 170
– Förderung **1** 6, 288; **4** 166
– freier **1** 266
– funktionsfähiger **2** 329; **3** 43, 195; **4** 85, 127; **8** 132
– Liberalisierung **4** 86
– Öffnung **1** 228
– Schutz vor Verfälschungen **8** 186
– Sicherstellung **1** 132, 186 f.; **8** 48, 51
– Verfälschung **1** 208; **3** 206
Wettbewerber, Gleichbehandlung **4** 111
Wettbewerbsaufsicht **3** 42
Wettbewerbsauswirkungen, negative **2** 297
Wettbewerbsbedingungen **3** 149
Wettbewerbsbeeinträchtigung **3** 161, 205; **4** 351, 358
– sachlich ungerechtfertigte **3** 125
Wettbewerbsbehinderung **2** 264; **3** 159
Wettbewerbsbeschränkung **3** 92, 94, 194, 222; **4** 243, 350, 352, 362
Wettbewerbsdienste **3** 16, 31, 57; **8** 13
Wettbewerbsentwicklung **8** 123
Wettbewerbsförderung **1** 271; **4** 5

921

Stichwortverzeichnis

Wettbewerbsfreiheit **4** 127
Wettbewerbsgefährdung **1** 89
Wettbewerbsgrundsätze **3** 83
Wettbewerbsmöglichkeiten, Beeinträchtigung **4** 121
Wettbewerbsrecht **3** 38, 159; **5** 82; **8** 126
- europäisches **3** 54, 194
- europäisches und nationales **3** 149
- sektorspezifisches **3** 194
Wettbewerbsregeln **3** 82; **8** 126
- europäische **4** 107
Wettbewerbsrichtlinie **3** 98
Wettbewerbsverhältnis **4** 99
Wettbewerbsverzerrungen **3** 205
Widerruf von Frequenzen, siehe Frequenzen
Widerruf von Lizenzen, siehe Lizenz
Widerrufsgründe **8** 102
Widerrufsregeln **1** 145
Widerrufsvorbehalt **3** 165
Widerspruch **3** 111
Widerspruchsrecht **8** 13
Widerspruchsverfahren **1** 157; **3** 175, 182, 212
- Einlegung, Form und Frist **8** 16
Widmung **6** 53
Widmungszweck **6** 73, 78 f., 120, 152
- dauernde Beschränkung **6** 68, 70 f., 77, 110, 118, 153, 278
Wiederanschlußklauseln **5** 175
Wiederbeschaffungskosten **3** 76
Wiederverkäufer **1** 59 f.; **4** 88, 90, 144, 158, 214, 333; **5** 141; **6** 351; **9** 99
Willenserklärungen **5** 65; **6** 208
Willensschwäche, erhebliche **5** 92
Wireless Local Area Network, W-LAN **2** 312
Wireless-Local-Loop, WLL, siehe Richtfunk
Wirksamkeit privatrechtlicher Vorgänge **8** 99
Wirkung, aufschiebende **1** 158
Wirkungskreis, gemeindeeigener **6** 24

Wirtschaftsaufsicht, staatliche **8** 187
Wirtschaftsauskunfteien **1** 102 f.
Wirtschaftsministerium **2** 210; **8** 130
Wirtschaftstätigkeit, private **6** 23
Wirtschaftsverbände **9** 62
Wissenschaftliches Institut für Kommunikationsdienste GmbH, WIK **3** 185; **8** 44
Wohngrundstücke, Wertminderung **6** 285
Wohnung, Unverletzlichkeit **8** 113
World Radio Conference, WRC **2** 5
World Trade Organization, WTO **3** 51, 53; **8** 46 ff.
Wucher **5** 93, 98

Zählimpuls **3** 208; **5** 102, 120
Zahlungsbedingungen **4** 285
Zahlungsverkehr **8** 124
- elektronischer **1** 78
Zahlungsverzug **4** 284, 455; **5** 169 f.
Zahlungsweise **5** 152
Zeichengabezwischennetz **4** 306
Zentralstelle für Zulassungen im Fernmeldewesen **8** 2
Zertifikate **8** 88
Zertifizierungsstellen **8** 88
Zeugen, sachverständige **8** 159
Zeugenaussage, Verweigerung, wiederholte unberechtigte **8** 160, 162
Zeugenbeweis **8** 159
Zeugnisverweigerungsrecht **8** 121, 159
Zeugniszwang **8** 159
Zielländer **4** 89
Zielrufnummer **4** 329
- Kürzung **9** 97, 100
Zinsberechnungsklauseln **5** 127
Zivilgerichte **4** 420 f., 424, 427
Zivilschutz **9** 57
Zollbehörden **8** 124
- § 945 **8** 168
Zubehör **6** 78
Zufahrten **6** 73
Zuführung **3** 152, 188; **4** 52 ff., 329 f., 463
Zuführungsleistung **4** 299
Zuführungspreise **4** 114

Zugang
- Art und Umfang **4** 430 f.
- Begriff **6** 350
- Beschränkungen **4** 118
- zu bestehenden Einrichtungen **6** 31
- zum blanken Draht **4** 433 ff.
- Erschwerung **4** 183
- gleichwertiger **4** 19, 163, 167, 270
- gleichwertiger, nicht gleichartiger **4** 236
- zu Leerrohren **6** 224 f.
- Leistungen, wesentliche **1** 223
- offener und effizienter **3** 55
- Seekabelköpfe **4** 452
- Teilnehmeranschlußleitung **3** 207; **4** 177; **6** 343, 345, 350; **8** 56
- Telekommunikationsdaten **9** 6
- Telekommunikationsnetz, öffentliches **4** 219, 221, 468; **6** 325 f.
- zu Übertragungseinrichtungen **1** 28
- Unentbehrlichkeit des Zugangs **4** 448
- Verweigerung des Zugangs **3** 84
Zugangsanbieter **3** 94
Zugangsanspruch **4** 102, 121
Zugangsbedingungen, ungünstige **4** 126
Zugangsbeschränkungen **3** 196; **4** 126, 218, 230, 232, 237
- Rechtfertigungsnachweis **4** 128
- ungerechtfertigte **4** 124
Zugangsgewährung **4** 4, 106, 109, 165, 214
- diskriminierungsfreie **4** 18
- gleichberechtigte **4** 14
- räumliche **4** 178, 180
- Teilnehmeranschlußleitung **4** 430
- Umfang **4** 166
- unentbehrliche **4** 11
- Verweigerung **4** 216
Zugangsgewährungspflicht **3** 196; **4** 103, 468
Zugangsvereinbarungen **3** 82, 90 ff.; **4** 9, 107
- gleichwertige **4** 346 f.

- Vorlage und Veröffentlichung **4** 242
Zugangsvermutung **8** 171
Zugangsverweigerung **4** 10 f., 426
Zugriffsrechte **9** 138
Zulassungsvorschriften **7** 22, 34
Zulassungswesen, gebührenpflichtige Amtshandlungen **8** 175
Zumutbarkeit, wirtschaftliche **6** 132, 174, 177, 197, 199, 201
Zurückbehaltungsrecht **4** 284; **5** 41; **6** 250
Zusammenschaltung **1** 179, 188, 285; **3** 51 f., 76 f., 114, 131 ff., 188 ff.; **4** 1 ff., 43 ff., 120, 142 ff., 180, 193 ff., 227 ff., 255, 269, 304, 366, 375, 378, 422 f., 452 f., 463 f., 484; **8** 28, 74, 127, 144
- adäquate **8** 54
- Anspruch auf **4** 338
- Berechtigtenkreis **4** 427
- Durchführungsregelungen **4** 288
- Entgelte **1** 188; **3** 65, 67, 76, 92, 99, 181; **4** 255 f., 276, 397 ff.
- Funk-Draht **3** 188
- funktionale und effiziente **4** 241
- Ort, siehe Ort der Zusammenschaltung
- Partner der **4** 54, 403, 411, 464
- Pflicht zur **4** 323 ff.
- Streitbeilegung **8** 53
- Transparenz **3** 52
- Verhandlungspflicht **4** 20 f.
- verkehrsabhängige Definition **4** 54
- Verpflichtung **4** 50
- Verzicht **4** 343
- vollständige Verschaltung der TK-Netze **4** 44
- Zusammenschaltungsangebote **3** 66, 80
Zusammenschaltungsanordnung **3** 131, 139, 146; **4** 216, 234, 259, 265, 273, 323 ff., 333, 373 f., 419, 427; **8** 53, 103
- Anordnung als Verwaltungsakt **4** 419, 422
- Nichtumsetzung der Anordnung **4** 425 f.

Stichwortverzeichnis

- Subsidiarität der Anordnung gegenüber Verhandlungspflicht **4** 325
- Verfahren **4** 335, 395
Zusammenschaltungsdienste **1** 78; **4** 282, 290, 299, 307, 462
- 0190/0180-Dienste **4** 300
Zusammenschaltungsleistungen **3** 152, 192; **4** 67, 99, 298, 326, 463
Zusammenschaltungsort, siehe Ort der Zusammenschaltung
Zusammenschaltungsregime, künftiges **4** 406
Zusammenschaltungsrichtlinie **3** 65, 72, 176; **4** 7, 13, 40, 270, 452
Zusammenschaltungstarife, siehe Zusammenschaltung, Entgelte
Zusammenschaltungsvereinbarung **1** 178; **3** 64; **4** 20, 161, 257, 277, 284, 301, 318, 320, 321, 327, 345, 401, 418 ff., 463
- Rechtsnatur **4** 278
- Struktur und Inhalt **4** 274, 276, 279 f., 285
Zusammenschaltungsverhandlungen
- Scheitern **4** 339, 341
- Verzögerung, absichtliche **4** 424
- Ziel **4** 269
Zusammenschaltungsverträge **4** 277
Zusammenschaltungsvorschriften **8** 71
Zusammenschluß, Unternehmen **4** 96 f.
Zusammenschluß-Richtlinie **3** 96
Zusammenschlußverbot **1** 224; **2** 331; **3** 101, 205; **8** 63
Zusatzdienste **5** 72
Zuständigkeit für Rundfunk **2** 31

Zustellung
- Bußgeldbescheid **3** 219
- Schriftstücke **8** 170
Zustellungsbevollmächtigte **8** 171
Zustimmungsbescheid **6** 94, 144, 149, 167
- unzulässige Auflagen **6** 157
Zustimmungsgebühren **6** 90
Zustimmungsvertrag **6** 93 f., 95, 96, 97, 144, 167, 171
- kommunaler Vertrag **6** 159
- Kostenregelungen **6** 164
- Musterempfehlung **6** 96
- Nichtigkeit **6** 163
- Rahmenverträge **6** 146
- Regelungsgegenstand **6** 96
Zuteilungsauflagen **2** 195
Zuteilungsbescheid **1** 169
Zuteilungsinhaber **2** 137
- gravierende Rechtsverstöße **2** 199
- Wechsel der Eigentumsverhältnisse **2** 95
- Zurechnung der Verantwortung **2** 159
Zuteilungsregeln **1** 169
Zutritt, Geschäftsräume **1** 165
Zuverlässigkeit **1** 88 ff., 139, 141, 167; **2** 146, 155, 199, 234; **4** 27, 29, 150, 152, 193; **8** 101
- Lizenznehmer, Definition **1** 91
Zwang, unmittelbarer **2** 135; **8** 137
Zwangsgeld **1** 165, 230; **2** 135, 141, 303, 389; **4** 426 f.; **8** 86, 94, 137 f.
- Androhung, Festsetzung und Anwendung **8** 95
- Obergrenze **3** 113
Zwangslage, Ausbeutung **5** 92
Zwangsmittel **8** 137, 170
Zweckbestimmung **1** 197
Zweitanschlüsse **1** 196
Zweiwegeführung **6** 62 f.

Bitte beachten Sie
die nachfolgenden Verlagsanzeigen

Moritz/Dreier (Hrsg.)

Rechts-Handbuch zum E-Commerce

Herausgegeben von RA Dr. *Hans-Werner Moritz* und Prof. Dr. *Thomas Dreier*. Bearbeitet von Dipl.-Ing. *Jürgen Betten*, Prof. Dr. *Wolfgang Däubler*, RA Dr. *Jochen Dieselhorst*, Prof. Dr. *Thomas Dreier*, Dr. Dipl.-Phys. *Alexander Esslinger*, Dr. Ing. *Hannes Federrath*, RA Dr. *Stefan Freytag*, RA *Andreas Göckel*, Mag. Jur. *Gerhard Hermann*, RA Dr. *Christoph Holzbach*, *Stefan Hütig*, RAin Dr. *Tanja Jessen*, Prof. Dr. *Klaus Lammich*, RA Dr. *Theo Langheid*, *Frithjof A. Maennel*, RAin Dr. *Anja Miedbrodt*, RA Dr. *Hans-Werner Moritz*, RA *Eckart Müller*, RA *Axel Petri*, Prof. Dr. *Andreas Pfitzmann*, RA Dr. *Rainer Spatscheck*, RA Dr. *Christoph Süßenberger*, RA Dr. *Matthias Terlau*, Dr. *Alexander Tettenborn*, Dr. *Irini Vassilaki*, Dr. *Michael Wächter*. 1.224 Seiten Lexikonformat, 2002, gbd. 124,– €. ISBN 3-504-56016-9

Endlich bringt jemand einmal Ordnung in die rechtlichen Rahmenbedingungen des E-Business und gibt Ihnen damit ein brauchbares Werkzeug für die sichere Vertragsgestaltung an die Hand. Das beginnt mit der sauberen Trennung der Rechtsbeziehungen des Anbieters zu seinen Vertragspartnern auf dem Weg ins Netz und denen, die bei der Tätigkeit im Netz zu Stande kommen, zu B2B- wie zu B2C-Kunden. Das setzt sich fort in der Darstellung von Haftung, Schutz nach Urheber-, Wettbewerbs-, Marken-, Patent- und Strafrecht, und wird abgerundet durch arbeits-, steuer- und versicherungsrechtliche Ausführungen zum Thema. Klar, dieses neue Handbuch muß man haben.

Verlag Dr. Otto Schmidt · Köln

Spindler (Hrsg.)

Vertragsrecht der Telekommunikations-Anbieter

Herausgegeben von Prof. Dr. *Gerald Spindler.* Bearbeitet von Prof. Dr. *Andreas Fuchs,* RA *Axel J. Harder,* RA Dr. *Andreas Imping,* RA *Stefan Kropf,* RA *Steffen Pruggmayer,* RA Dr. *Klaus Riehmer,* RA *Markus Schmidt,* RA Dr. *Christoph Wagner.* 635 Seiten Lexikonformat, 2000, gbd. 89,80 €. ISBN 3-504-56035-5

Die umfassende Darstellung der vielfältigen Verträge von Telekommunikationsanbietern mit ihren Kunden.

Herausgeber und Autoren, seit langem intensiv mit dieser Thematik befaßt, zeigen Anbietern wie Nutzern von TK-Leistungen die rechtlichen Rahmenbedingungen auf. Sie stellen die relevanten Vertragstypen im einzelnen vor:

- Mobilfunk-Vertrag
- Festnetzvertrag
- Netzzusammenschaltung
- Netzüberlassung
- Mehrwertdienste
- Kabelnetzverträge

So erhalten Sie gezielt Informationen für eine sichere Vertragsgestaltung.

Für Anbieter jeder Art von Telekommunikationsleistungen sowie Unternehmen, die in großem Ausmaß TK-Leistungen in Anspruch nehmen und ihre Berater.

Verlag Dr. Otto Schmidt · Köln

Heun (Hrsg.), Handbuch Telekommunikationsrecht

● Hinweise und Anregungen: _____
_____
_____
_____
_____

● In Teil _____ Rz. _____ Zeile _____ von oben/unten
muß es statt _____
_____
_____

richtig heißen: _____
_____
_____

Heun (Hrsg.), Handbuch Telekommunikationsrecht

● Hinweise und Anregungen: _____
_____
_____
_____
_____

● In Teil _____ Rz. _____ Zeile _____ von oben/unten
muß es statt _____
_____
_____

richtig heißen: _____
_____
_____

Absender:

_____

_____

_____

_____

So können Sie uns auch erreichen:
lektorat@otto-schmidt.de

Wichtig: Bitte immer den Titel
des Werks angeben!

Antwortkarte

Verlag Dr. Otto Schmidt KG
– Lektorat –
Unter den Ulmen 96-98

50968 Köln

Absender:

_____

_____

_____

_____

So können Sie uns auch erreichen:
lektorat@otto-schmidt.de

Wichtig: Bitte immer den Titel
des Werks angeben!

Antwortkarte

Verlag Dr. Otto Schmidt KG
– Lektorat –
Unter den Ulmen 96-98

50968 Köln